D0643183

Les Éditions du Boréal
4447, rue Saint-Denis
Montréal (Québec) H2J 2L2
www.editionsboreal.qc.ca

Gaston Miron

DU MÊME AUTEUR

AUX ÉDITIONS DU BORÉAL

L'Hiver de Mira Christophe, roman, 1986.

L'Écologie du réel. Mort et naissance de la littérature québécoise contemporaine, essais, coll. « Papiers collés », 1988 ; coll. « Boréal compact », 1999.

Des mondes peu habités, roman, 1992.

Intérieurs du Nouveau Monde. Essais sur les littératures du Québec et des Amériques, essais, coll. « Papiers collés », 1998.

Lectures des lieux, essais, coll. « Papiers collés », 2004.

CHEZ D'AUTRES ÉDITEURS

Voies rapides, poèmes, HMH, 1971.

Épisodes, poèmes, L'Hexagone, 1977.

Les Mots à l'écoute. Poésie et silence chez Fernand Ouellette, Gaston Miron et Paul-Marie Lapointe, essais, Presses de l'Université Laval, 1979 ; Nota bene, 2003.

Couleur chair, poèmes, L'Hexagone, 1980.

La Poésie québécoise, des origines à nos jours (en collaboration avec Laurent Mailhot), anthologie, Presses de l'Université du Québec / L'Hexagone, 1981 ; Typo, 1986, 2007.

Mahler et autres matières, poèmes, Le Noroît, 1983.

Montréal imaginaire. Ville et littérature (sous la direction de Pierre Nepveu et Gilles Marcotte), essais, Fides, 1992.

Romans-fleuves, poèmes, Le Noroît, 1997.

Lignes aériennes, poèmes, Le Noroît, 2002.

Le Sens du soleil. Poèmes 1969-2002, L'Hexagone, coll. « Rétrospectives », 2006.

La Poésie immédiate. Chroniques 1985-2005, Nota bene, coll. « Nouveaux essais Spirale », 2008.

Les Verbes majeurs, poèmes, Le Noroît, 2009.

Pierre Nepveu

Gaston Miron

La vie d'un homme

biographie

Boréal

Powell River Public Library

© Les Éditions du Boréal 2011
Dépôt légal, 3ᵉ trimestre 2011
Bibliothèque et Archives nationales du Québec

Diffusion au Canada : Dimedia
Diffusion et distribution en Europe : Volumen

Catalogage avant publication de Bibliothèque et Archives nationales
du Québec et Bibliothèque et Archives Canada
Nepveu, Pierre, 1946-
    Gaston Miron : la vie d'un homme
    Comprend des réf. bibliogr. et un index.
    ISBN 978-2-7646-2103-5
    1. Miron, Gaston, 1928-1996. 2. Poètes québécois - 20ᵉ siècle. - Biographies. I. Titre.
PS8526.168Z854   2011   C841'.54   C2011-941180-6
PS9526.168Z854   2011

ISBN PAPIER 978-2-7646-2103-5
ISBN PDF 978-2-7646-3103-4
ISBN ePUB 978-2-7646-4103-3

À Jacques Brault et à Gilles Marcotte

À la mémoire de Robert Marteau

J'ai rêvé, j'ai eu foi, j'ai tellement aimé
Que je ne suis plus de ce monde

GIUSEPPE UNGARETTI, *Vie d'un homme*

Je n'ai pas de biographie, mais mes poèmes
sont autobiographiques.

Gaston Miron, 1990

Les plus à plaindre, ce seront les biographes…

Pierre Popovic

AVANT-PROPOS

Ce n'est pas à la demande de Gaston Miron que j'ai entrepris d'écrire cette biographie, pas plus qu'à celle de sa compagne, Marie-Andrée Beaudet. Paraphrasant Octavio Paz, Miron aimait répéter que les poètes n'ont pas de biographie et que ce sont leurs poèmes qui en tiennent lieu. Lui-même s'était pourtant beaucoup raconté, sans doute plus qu'aucun autre poète québécois, dans d'innombrables entretiens à la radio, dans les journaux et les revues. Cette autobiographie lacunaire, autant orale qu'écrite, était chez lui une autre forme de la pédagogie qu'il exerça toute sa vie : un récit sans cesse repris, souvent amplifié mais jamais vraiment modifié, mettant en relief des épisodes marquants, exemplaires, qui révélaient la vie d'un homme et d'un poète, et, à travers elle, le destin d'une société.

J'ai fait la connaissance de Gaston Miron en 1973 quand, un soir, ma tante Estelle Nepveu, qui avait milité dans de nombreux mouvements sociaux et politiques, qui avait travaillé aux Éditions Fides et qui le connaissait depuis plusieurs années, nous a invités tous deux à souper dans sa maison du quartier Ahuntsic. De ce repas, je me rappelle surtout l'interminable attente qui l'a précédé, Miron se trouvant comme souvent occupé ailleurs et étant arrivé très en retard. Dans ce genre de soirée intime, sans prétention, il pouvait être étonnamment calme, dépourvu de ce panache qu'il arborait volontiers en public.

L'automne suivant, en octobre 1974, j'étais invité par Jean-Guy Pilon à la Rencontre québécoise internationale des écrivains qui se tenait à l'Estérel, dans les Laurentides, et j'ai alors eu la chance d'assister à la conférence présentée par Miron, un récit condensé de l'avènement du Québec moderne et de la genèse de l'indépendantisme, devant un public d'écrivains québécois et étrangers, ces derniers passablement médusés par ce professeur débraillé mais éloquent qui consultait à peine ses rares notes et traçait des cercles concentriques sur un tableau noir pour expliquer l'enfermement du Québec dans la « globalité » canadienne et dans l'empire américain[1].

Durant la vingtaine d'années qui a suivi, jusqu'à sa mort en décembre 1996, je n'ai rencontré Miron qu'épisodiquement. À l'automne 1977, il était venu à l'Université de Montréal assister à ma soutenance de thèse dont une partie substantielle, « Miron dépaysé », portait sur *L'Homme rapaillé*. Nous nous retrouvions le plus souvent dans un même lancement, un même événement littéraire, telle rencontre d'écrivains ou de poètes, presque toujours au Québec, beaucoup plus rarement à l'étranger, deux fois seulement en France et pendant quelques jours en Irlande. Je n'étais pas un proche de Miron et je n'ai jamais passé, comme tant d'autres, de longues heures jusque tard dans la nuit à discuter avec lui de poésie et de politique. J'étais toutefois touché de ce qu'il m'eût fait confiance comme préfacier de la nouvelle édition québécoise de *L'Homme rapaillé* parue chez Typo en 1993, quand il savait très bien que je me situais en retrait des interprétations les plus politiques et nationalistes de son œuvre.

J'ai toujours eu des rapports fraternels avec Gaston Miron, mais en aucune manière je ne pourrais définir cette relation comme une amitié. La plupart des personnes dont j'ai recueilli les témoignages en vue de cette biographie l'ont bien mieux connu que moi. J'ai encore moins été un compagnon de lutte, n'étant pas enclin au militantisme politique. Plusieurs valeurs que défendait Miron étaient les miennes, mais je me tenais à distance, je m'y tenais autrement. Les mots, le langage, la poésie : c'était là (et cela demeure) mon terrain de prédilection, et la foi de Miron à leur égard inspirait la mienne. J'ai toujours cru, surtout, qu'il était un immense poète, le nombre de pages écrites ou de livres publiés n'y étant absolument pour rien, pas plus que pour François Villon, Louise Labé, Walt Whitman, Hart Crane, Saint-Denys Garneau ou Elizabeth Bishop, pour ne nommer que ceux-là.

Je suis entré dans la vie intime de Miron après sa mort, quand Marie-Andrée Beaudet a sollicité ma collaboration, en vue de l'édition de son œuvre éparse. Sans cette invitation généreuse et sans le consentement tant de la dernière compagne que de la fille unique du poète, je n'aurais jamais écrit le livre que l'on va lire, même si l'idée d'une biographie consacrée à ce personnage plus grand que nature m'habitait déjà. C'est à partir de 2001 qu'une vie a commencé à prendre forme, faite d'innombrables papiers intimes, de notes, de lettres et de témoignages aussi, d'abord recueillis en compagnie de Christine Tellier, qui préparait alors sa propre thèse sur la fondation des Éditions de l'Hexagone[2]. Jamais, j'en suis convaincu, Miron n'aurait incité quiconque à entreprendre sa biographie, et je dois dire qu'en écrivant ce livre j'ai souvent entendu son grand rire moqueur résonner d'outre-tombe. Aurait-il désapprouvé l'entreprise ? Comme il n'est plus des nôtres, la question est futile. Aucune biographie ne saurait prétendre éclairer de part en part le sujet Miron, encore moins remplacer *L'Homme rapaillé.* Que cc récit de « la vie d'un homme » ne soit pas le seul possible, c'est une évidence ; qu'il reconduise à la lecture de son maître livre et à ses autres écrits, c'est la seule chose qui importe et c'est mon plus cher souhait.

P. N.

PREMIÈRE PARTIE

1928-1953

1

De Sainte-Agathe à Saint-Agricole

On peut chercher longtemps, entre les rangées de pierres tombales du cimetière de Sainte-Agathe, avant de trouver le terrain où a été inhumé Gaston Miron, le 21 décembre 1996. Derrière la grande église qui dissimule sa nef modeste sous une allure de château fort, d'autres familles de la région occupent les premières rangées : les Raymond, Piché, Forget, tantôt pionniers ou bâtisseurs, tantôt simples habitants d'un rude territoire qui ne s'est développé que tout à la fin du XIXᵉ siècle. Au détour d'une allée, le patronyme des Grignon attire l'attention : ici repose le Dʳ Edmond Grignon, qui a été en son temps une sorte de légende des Laurentides, chantre du petit train du Nord, médecin de tous les villages, conteur d'*En guettant les ours* que Gaston Miron a songé un jour à rééditer. La notoriété de Grignon, homme généreux et lyrique, allait toutefois être supplantée par celle de son neveu, Claude-Henri, autre apôtre, mais plus tardif, de la colonisation des Laurentides, l'auteur d'*Un homme et son péché*, le créateur de Séraphin et autres *histoires des pays d'en haut*.

Tout près, une haute colonne surmontée d'une croix évoque la mémoire du plus célèbre curé de ce village devenu une petite ville, Mᵍʳ Jean-Baptiste Bazinet. Le prélat qui s'était fait construire un élégant presbytère et dont le prestige s'étendait bien au-delà de sa paroisse affiche désormais une vocation plus humble, une inscription laconique rappelant que cet homme de piété et d'autorité « a ouvert sa main au pauvre, son cœur à l'indigent ».

Ce n'est qu'en contrebas, presque à la limite du cimetière, que le nom de Miron apparaît sur une stèle que rien ne distingue des autres.

Trois hommes y reposent en paix, à l'ombre d'une épinette et d'un érable, leurs noms inscrits sous une colombe gravée dans le granit :

Charles Miron 1860–1930

Charles A. Miron 1896–1940

Gaston Miron 1928–1996

Trois générations : le grand-père, le père et le fils, égaux dans la mort, renvoyés au sort commun, sans même que le dernier se détache de l'anonymat des deux autres par quelque mention de sa gloire de poète. Gaston Miron n'est ici que Gaston Miron, un homme sans qualités. Une note griffonnée dans son carnet, à Paris en 1986, disait :

un jour lointain, je mourrai au loin

je reviendrai chez moi pour y être enterré

comme n'y étant jamais venu[1]

Voulait-il dire qu'il avait, d'une certaine manière, perdu Sainte-Agathe, qu'il y était devenu un étranger ? Voire qu'il n'y était même pas né, malgré la trace indiscutable de son baptême, attesté dans un registre par la signature d'un prêtre, baptême célébré dans cette même église et en présence des mêmes Charles et Charles-Auguste, un jour de janvier 1928 ? Être né quelque part suffisait-il à Miron, lui qui se disait « hanté par un fond d'avant [sa] naissance », lui dont l'origine se cherchait dans quelque âge très ancien, antérieur à sa propre vie ? Sans doute, mais ne laissait-il pas entendre en même temps qu'il reviendrait chez lui, au dernier jour, comme un parfait inconnu, à ce point confondu avec le destin de tous qu'il pourrait dire, comme il l'avait écrit dans un hommage à un ami décédé : « Je m'appelle personne[2] » ?

D'où vient Gaston Miron et où donc s'en est-il allé ? N'a-t-il pas aggravé encore l'incertitude en se donnant à lui-même, comme jadis François Villon, une épitaphe remplie de dérision, appliquée à dire d'un même souffle une chose et son contraire :

Ci-gît, rien que pour la frime

ici ne gît pas, mais dans sa langue

Archaïque Miron

enterré nulle part

comme le vent[3]

« Rien que pour la frime » ! Ainsi donc, comme s'il n'était jamais venu à Sainte-Agathe, il n'y serait pas davantage enterré, même si les poignées de terre jetées sur son cercueil par sa fille Emmanuelle, par sa compagne Marie-Andrée Beaudet et par un grand nombre de poètes et d'amis, à midi, au solstice d'hiver de 1996, en ont été la preuve irréfutable ? Quel homme se profile là, entre les lointains d'où il ne pouvait revenir et ce nulle part où il semblait aller ? Qui est ce poète enseveli dans sa langue et continuant pourtant de souffler comme un grand vent sur le vaste monde ?

De l'église de 1928 à celle de 1996, restée la même, on peut croire que le chemin a été long, et rien moins que simple.

*   *   *

Le chemin nous précède toujours, bien sûr : on naît sur une route déjà tracée, qui vient de loin et sur laquelle le destin nous lâche inopinément. Ce sera tout un travail ensuite, surtout si l'on s'appelle Gaston Miron, pour faire de ce coup du hasard une nécessité, pour lui donner un sens à ses propres yeux et au regard des autres. « Un jour, j'aurai dit oui à ma naissance » : toute sa vie, Miron sera occupé à naître, à retracer le long chemin d'une origine à la fois immémoriale et toujours à venir.

Il n'était jamais assez né, tout en ayant indubitablement vu le jour, en plein hiver laurentien, le dimanche 8 janvier 1928. Une naissance spectaculaire, frôlant la catastrophe : cet énorme bébé de plus de dix livres (quatre kilos et demi !), il a fallu l'arracher de justesse à une mère qui venait de sombrer dans un coma éclamptique, ce qui a provoqué du même coup l'évanouissement du père, effaré à l'idée que la venue de ce premier-né allait être fatale, selon toute vraisemblance, à sa jeune épouse. Ce qui n'allait pas se produire.

Le lendemain, 9 janvier, on les retrouve donc réunis pour la première fois, les trois Miron qui reposent aujourd'hui ensemble au cimetière. Ils sont là, dans la majestueuse église en pierre de Sainte-Agathe, devant l'abbé De Grandpré, vicaire de la paroisse : Charles, le grand-père, accompagné de sa seconde épouse, Wilhelmine Servais ; Charles-Auguste, le père, encore mal remis de ses émotions de la veille ; et le bébé que le prêtre baptise sous le nom de « Joseph Marcel Gaston Edgar Miron, né la veille[4] ». Edgar ? Est-ce une erreur de l'abbé qui aurait inversé les prénoms, à moins que le premier choix des parents n'ait été celui-là avant qu'ils ne se ravisent ? L'auteur de *L'Homme rapaillé* aurait peut-être pu s'appeler Edgar Miron, aussi cocasse et peu concevable que cela paraisse.

À la fin de la brève cérémonie, le grand-père désigné comme parrain s'est montré incapable de signer le registre : seuls la marraine Wilhelmine et le père apposent leur paraphe sous celui du vicaire. C'est que Charles Miron, le grand-père, vient d'un monde archaïque, quoique moins primitif que celui de Maxime Raymond dit Michauville, l'obscur grand-père maternel que l'on rencontrera à un autre détour, du côté de Saint-Agricole, le village perdu.

Les ancêtres de ces hommes des Laurentides ont cultivé, dès les XVIIIe et XIXe siècles, la terre fertile de ce qu'on appelle aujourd'hui « la couronne nord » de Montréal, sur l'île Jésus (devenue la ville de Laval) et dans les environs de Terrebonne. Au fil des générations, les terres sont venues à manquer, et dès lors a débuté la lente ascension vers les régions plus au nord, ascension qui s'est accélérée sous l'impulsion colonisatrice du curé de Saint-Jérôme, Antoine Labelle, à partir des années 1870. À l'époque, Sainte-Agathe est un village non négligeable, un relais important surtout pour les pionniers en route vers les vallées de la Lièvre, de la Diable et de la Rouge, vers Nominingue et jusqu'à Maniwaki et Mont-Laurier. Le curé Labelle souhaite en effet voir le plus grand nombre possible de Canadiens français catholiques s'établir dans les Hautes-Laurentides, surtout depuis que des anglo-protestants ont commencé à acheter des lots à Saint-Jovite et au mont Tremblant. Sainte-Agathe profite et souffre en même temps de sa situation intermédiaire : on y arrive nombreux mais on repart très souvent pour aller plus haut, de sorte que la population stagne jusqu'au début des années 1890[5].

Charles Miron est né un peu au sud de Sainte-Agathe, à Sainte-Adèle, en 1860, près de dix ans avant que le curé de Saint-Jérôme ne se mette à sonner le clairon de la colonisation et à concevoir son grand projet d'infrastructure : la construction du chemin de fer qui, parti de Montréal, s'interrompt alors à Saint-Jérôme. Devenu adulte, sans instruction, Charles a pratiqué une agriculture de maigre subsistance tout en s'adonnant à la menuiserie : bien que le poète Miron ait toujours décrit ses ancêtres Miron comme une lignée ininterrompue de menuisiers, c'est bien comme « cultivateur » que les registres de la paroisse de Sainte-Adèle identifient le grand-père en 1895, au moment de la naissance de son fils Charles-Auguste[6]. C'est une vie difficile sur des terres ingrates, et forcément sédentaire tant les déplacements sont pénibles et hasardeux. Un chemin primitif relie alors Saint-Jérôme à Sainte-Agathe et se heurte à une topographie accidentée, aux vicissitudes du climat, sans parler de la lenteur des véhicules eux-mêmes, charrettes, buggies et autres voitures à traction animale. L'ascension de Saint-Jérôme à Sainte-Agathe, qui se fera aisément un siècle plus tard en moins d'une demi-heure d'autoroute, constitue vers 1870 ou 1880 une aventure longue et éprouvante.

Charles Miron a eu pour première épouse Herméline Valiquette, cousine de Claude-Henri Grignon, devenu plus tard « le lion de Sainte-Adèle », pamphlétaire redoutable et romancier admiré par le jeune Miron. Remarié, le grand-père Charles a suivi son fils à Sainte-Agathe et habite en janvier 1928 au rez-de-chaussée d'une maison de bois située au 10-12 de la rue Saint-André, à deux pas de l'église, tandis que les parents du nouveau-né se sont installés à l'étage. Au baptême de Gaston (ou est-ce du petit Edgar ?), il n'en a plus que pour deux ans à vivre, de sorte que son petit-fils ne le connaîtra pas vraiment. C'est un homme d'allure racée, au front large, au visage harmonieux, tous traits dont Gaston n'a guère hérité, lui qui tient davantage de la branche maternelle des Michauville, plus carrée, moins gracieuse à tous égards, malgré la beauté étrange, on dirait un peu slave, de sa jeune mère. Plus tard, à vingt ans, l'apprenti poète se jugera même irrémédiablement laid, le nez trop gros, le visage allongé, voire difforme, comme s'il s'était éloigné encore davantage de la lignée paternelle. Même s'il exagérait quelque peu, il est clair que le Miron de 1950 n'aura pas l'apparence d'un jeune premier.

Le jeune premier, c'est plutôt Charles-Auguste, son père. Ce bel homme dans la force de l'âge en 1928 a la prestance et la distinction d'un petit-bourgeois bien établi. Il est surtout plus instruit et plus entreprenant que son propre père, il sait lire et écrire et aussi compter, et sa petite entreprise de portes et fenêtres est devenue prospère. C'est que Charles-Auguste a su tirer profit de la mutation provoquée par le prolongement du chemin de fer jusqu'à Sainte-Agathe. Par un ironique coup du destin, le curé Labelle n'a pas vu ce projet de toute sa vie entièrement achevé. Il est mort au début de janvier 1891, quelques mois avant l'inauguration officielle, saluée depuis Sainte-Agathe par Edmond Grignon, le pittoresque médecin installé depuis peu dans le village, et qui chante l'événement dans un hymne enflammé au progrès qui est aussi un éloge du curé visionnaire :

J'entendis pour la première fois le hennissement sonore du cheval de fer, traversant la montagne du Sauvage, cette barrière réputée infranchissable, pour venir s'arrêter tout haletant, aux pieds de ma nouvelle patrie. Quelle joie ! On aurait dit qu'au son de la trompette d'un nouveau Josué, les murs de Jéricho venaient de tomber et que, par la brèche laissée grande ouverte, entraient enfin, triomphants et glorieux, le Bonheur et la Prospérité, promis par le prophète, le roi du Nord[7].

Nouvelle ironie, tout à fait involontaire : cette exubérante rhétorique de l'Ancien Testament, typique du XIXe siècle vieillissant, ignore que « le petit train du Nord » aura, entre autres conséquences, la venue d'une importante population juive à Sainte-Agathe. Au déplaisir de plusieurs, à commencer par cet autre curé de forte stature : Mgr Jean-Baptiste Bazinet.

La naissance du père de Gaston Miron, Charles-Auguste, à Sainte-Adèle, le 1er juin 1895 (et non 1896, comme l'indique par erreur la pierre tombale du cimetière), a donc coïncidé avec l'essor de Sainte-Agathe : la forte église de pierre qui a remplacé l'humble construction en bois du XIXe siècle est un emblème de ce développement. La population a presque doublé (de 1 700 à 3 000 habitants) entre 1890 et 1915. Été comme hiver, le train a commencé à déverser les touristes : villégiateurs, excursionnistes, skieurs, souvent de langue anglaise, venus de Montréal et même du nord-est des États-Unis.

Au cours de la jeunesse de Charles-Auguste à la ferme de son père près de Sainte-Adèle, Sainte-Agathe est ainsi devenue une capitale régionale du tourisme, du sport et de la santé. Les hivers y sont longs, la neige est abondante et, surtout, l'air pur, vivifiant : la nouvelle s'est répandue très vite à Montréal, où l'on respirait trop souvent une atmosphère fétide et humide, saturée de fumées industrielles, d'odeurs d'écuries et de relents d'ordures domestiques propices aux maladies, à la tuberculose surtout, qui faisait alors bien des ravages. Profitant de son altitude salubre, Sainte-Agathe accueille donc dès le début du XXe siècle quelques grands sanatoriums : le Laurentien, construit par le riche Écossais McGibbon, le Mont-Sinaï, financé et érigé par le philanthrope juif montréalais Mortimer Davis. Plus tard, le poète et éditeur Miron viendra y refaire ses forces et y pratiquer le ski, son sport préféré.

Comme ailleurs, le train arrivé tout haletant à la nouvelle gare de Sainte-Agathe en 1891 va en outre donner une impulsion décisive à l'industrie et au commerce. On coupait et sciait du bois depuis plusieurs décennies dans les Laurentides, mais le transport s'en trouve désormais grandement facilité vers les villes, en même temps qu'une clientèle nouvelle, soit estivale, soit permanente, sollicite sur place les travaux de construction : après 1910, auberges, riches propriétés et chalets plus modestes se multiplient autour du lac des Sables et ailleurs dans la région.

Le développement de Sainte-Agathe correspond en fait à un véritable changement de civilisation auquel a assisté le père de Gaston Miron encore adolescent et dont il va bientôt tirer profit. Enfant du XXᵉ siècle, Charles-Auguste appartient à une génération qui aura vu le monde transformé de manière inouïe, au cours de sa jeunesse, par les technologies et les nouveaux moyens de communication : après l'arrivée du chemin de fer viennent le téléphone, la radio, le cinéma, l'automobile. On s'éloigne à toute vitesse de l'univers des pionniers à charrette, des bûcherons maniant la hache et des cultivateurs de misère : ceux-ci ne disparaissent pas des Laurentides — il suffit de monter à Saint-Agricole pour le constater —, mais cette manière ancienne de vivre et de survivre se trouve déclassée par une modernité qui s'avance sur tous les fronts. Même le monde animal recule quelque peu, et bientôt le fameux Dʳ Grignon constate nostalgiquement, lui qui a chanté avec éloquence le surgissement fougueux du « cheval de fer », qu'on ne voit plus beaucoup d'orignaux et de caribous dans les environs immédiats de Sainte-Agathe !

Au baptême de son fils premier-né, en ce jour d'hiver 1928, Charles-Auguste est en voie d'atteindre ses trente-trois ans et il se trouve déjà installé depuis plusieurs années dans la petite ville, ayant compris que l'agriculture n'a guère d'avenir dans ces parages et que la menuiserie apprise de son père à Sainte-Adèle peut être autrement profitable dans un milieu où l'économie est florissante. La matière première, le bois, est à portée de main grâce aux nombreuses scieries de la région ; quant à la clientèle, elle est souvent à l'aise financièrement, et comme elle ne cesse de construire, les besoins en portes et fenêtres risquent peu dc faiblir. Bien plus tard, en 1948, son fils Gaston, arrivé à Montréal et souffrant de pauvreté, évoque dans son journal cette trajectoire qui a éloigné Charles-Auguste du monde ancien qu'habitaient ses parents à Sainte-Adèle :

Mon père est né de souche paysanne. Il est issu de ces types spécifiques du Nord québécois. Cependant, peu à peu, mon père se détacha de l'artisanat terrien et forestier, pour s'orienter vers la technique. C'est, à ce que je sache, le premier essai, dans ma famille, pour s'intégrer dans une classe supérieure. Après dix ans de labeur et d'épargne, il s'était hissé dans une sorte de bourgeoisie, ayant son terrain, son industrie et son poste de commande[8].

En rappelant tout au long de sa vie la lignée continue des Miron menuisiers dont il aurait été le premier à se démarquer en accédant à la littérature, le fils de Charles-Auguste semble avoir oublié, en cours de route, le récit de l'ascension sociale de son père, encore frais à sa mémoire et évoqué à vingt ans avec nostalgie et admiration.

Un vicaire a béni le mariage de Charles-Auguste Miron avec Jeanne Raymond dit Michauville, de Saint-Agricole, le 6 octobre 1926, en cette même église de Sainte-Agathe. Charles-Auguste a alors trente et un ans, son épouse en a vingt-trois. Pour leurs fiançailles, quelques mois plus tôt, le futur mari a pu offrir à sa compagne une bague somptueuse, ornée d'un coussin de diamants monté sur platine. Jeanne, venue du milieu le plus indigent qui soit, peut profiter après son mariage d'un confort que sa propre mère n'aurait pu concevoir.

Jeunes mariés, Charles-Auguste et Jeanne envisageaient sans doute avec confiance d'élever une famille, d'autant plus que la jeune mariée n'avait rien d'une femme fragile et que sa carrure solide semblait promettre des naissances sans problème et une progéniture saine et nombreuse. Dès avril 1927, Jeanne est enceinte : impossible de prévoir qu'elle frôlera la mort devant son mari pris de panique et que chacun de ses accouchements ultérieurs sera un véritable combat entre un bébé trop gros et un corps maternel parvenant mal à lui livrer passage...

*　　*　　*

Il faut regarder un peu du côté de la femme forte qui a donné naissance à de tels enfants grand format. « Je viens de la pauvreté (celle de Saint-Agricole au début du siècle) et tous, en général, d'un traumatisme (inconscient ou non) de la pauvreté », a écrit Gaston Miron vers la fin de sa vie[9]. C'est une manière bien différente de raconter ses origines : non plus la longue lignée des Miron, attestée par la pierre tombale du cimetière de Sainte-Agathe, qui s'impose dans la belle assurance et l'impeccable continuité du patronyme, ni l'ascension sociale qui a conduit Charles-Auguste Miron à Sainte-Agathe et l'a fait accéder au statut d'entrepreneur concluant des contrats avec les propriétaires de la région — c'est quelque chose de beaucoup plus incertain et obscur, qui passe par la branche maternelle et qui puise dans un lieu inconnu, depuis longtemps effacé de la carte des Laurentides sous un nouveau toponyme ordinaire, celui de Val-des-Lacs, que Miron considérait comme un reniement et qu'il s'est toujours refusé à employer.

Il faut d'abord s'arrêter à une image qui en dit long : voici les parents de Jeanne, assis côte à côte au bas d'une de ces énormes roches précambriennes qui parsèment les Laurentides. Aucune photo des ancêtres de Gaston Miron n'est aussi connue et aussi mémorable que celle-ci. Derrière le couple, en haut d'une pente douce, traîne un vieux tombereau devant la grange en bois délavé. La mère de Jeanne, Eugénie Servais, ressemble à une grand-mère éprouvée par le temps et la misère : étrangement, elle tient un livre ou un album fermé sur ses genoux, mais cela étonne moins quand on sait que dans ce milieu dépourvu de tout, elle s'arrachait les yeux pour lire le soir à la chandelle. On se demande ce qu'il y a dans ce livre, mais on croirait qu'elle y a trouvé le signe fatal d'une condamnation, tant son visage raviné paraît souffrant. Son mari, lui, se dresse sévère et stoïque : le front plissé, la moustache épaisse, le regard dur mais comme hors du temps, il a les mains jointes dans un geste d'acceptation de son sort. S'il y a des choses écrites dans le livre que tient sa femme, il n'a pu les déchiffrer car il ne sait pas lire ni même signer son propre nom : Maxime Raymond dit Michauville. Derrière la dignité courageuse qu'il maintient, il en a ressenti toute sa vie une certaine honte, et l'on sait qu'il évitait le plus souvent d'assister au baptême de ses propres enfants, afin de ne pas avoir à afficher son ignorance au moment de la signature du registre paroissial.

Quelle est au juste la date de cette photo : 1915 ? 1920 ? Le couple marié depuis 1893[10] est sans doute moins âgé qu'il n'en a l'air, mais cela importe moins que le contraste saisissant entre cette photo et une autre, prise quelques années plus tard, exactement sous le même angle mais avec un peu plus de recul : cette fois, ce sont les parents de Gaston Miron, Charles-Auguste et Jeanne, qui occupent non pas la base de la grosse roche erratique en forme de banc, mais son sommet. D'un monde de misère atavique dont le roc lui-même semblait exprimer la fatalité, nous voici transportés dans une scène romantique qu'un cinéaste ne dédaignerait pas. Bien vêtu d'un complet-cravate, le front noble, le regard ténébreux et la chevelure bien en place, sans moustache, Charles-Auguste a croisé nonchalamment les jambes, tandis que sa jeune épouse, assise les jambes repliées, lui adresse un sourire tendre tout en appuyant la main sur son épaule. C'est un couple moderne, ce sont des jeunes mariés de la fin des années 1920, mais dans un décor d'une autre époque, devant la pente défrichée et la grange restées semblables à elles-mêmes.

Cela se passe dans le canton de l'Archambault[11], à une vingtaine de kilomètres au nord-est de Sainte-Agathe lorsque, ayant emprunté la route qui va vers Saint-Donat, on bifurque bientôt en direction nord, vers la montagne Noire et le mont Tremblant, sur un chemin qui, à l'époque, devient impraticable dès qu'il pleut ou que tombent les premières neiges. Loin du chemin de fer, en marge de l'axe principal de peuplement du nord qui passe par Sainte-Agathe et Saint-Jovite, ce canton est voué à un sous-développement qui en fera très longtemps une sorte de tiers-monde des Laurentides.

Quelques frères et cousins Michauville, parmi lesquels Maxime (on trouve souvent Michaudville, mais les documents officiels, actes notariés ou autres, écrivent tous ce patronyme sans le d), y ont acheté des lots du gouvernement du Québec vers 1885, comme les Chartrand, les Piché et autres pionniers, à l'incitation du curé de Sainte-Agathe, Théophile Thibodeau, qui jugeait cette région encore sauvage propice à de nouveaux établissements. La promesse de bois à couper et à vendre, comme de terres à cultiver, devait être convaincante pour les jeunes cultivateurs pauvres de la région, mais c'était compter sans la nature particulièrement rocheuse et accidentée de ces terres, et c'était ignorer que la forêt se trouvait déjà soumise, depuis les années 1870, à des coupes importantes de la part de plusieurs compagnies forestières, de sorte que les nouveaux arrivants trouvaient parfois leurs lots déjà en bonne partie déboisés.

Mais comme l'espace manquait au sud, pourquoi ne pas tenter l'aventure, d'autant plus qu'elle a reçu l'appui du curé Labelle, qui fait livrer une grosse cloche dès la construction de la première chapelle, financée par un bazar organisé par les fidèles de Sainte-Agathe. Le fougueux curé de Saint-Jérôme a toutefois négligé un détail : la chapelle érigée directement sur la terre battue, sans plancher, n'a même pas de clocher ! Cette humble bâtisse est appelée à demeurer longtemps le seul lieu de culte, à ceci près que le culte y sera des plus intermittents, faute de prêtre résidant. Il est en effet de notoriété publique que les conditions, là-haut, sont « effrayantes[12] », de sorte qu'aucun vicaire ne veut s'y établir et que les fidèles se trouvent souvent privés de toute messe pendant des mois et ne peuvent se confesser et communier au printemps, quand « faire ses pâques » constitue pourtant l'une des obligations essentielles pour tout fidèle catholique. On ne s'étonne pas que dans ces conditions, de nombreux colons aient perdu courage et repartent du canton après quelques années de vains travaux.

Saint-Agricole ! Bien peu de gens auraient entendu parler de ce village si Gaston Miron ne l'avait évoqué. L'appellation elle-même a toujours fait sourire tant elle semble relever d'une naïve antiphrase, voire d'une pure création fantaisiste, alors qu'il y eut bel et bien deux saints du haut Moyen Âge qui s'appelaient Agricole (Agricola, dans la forme latine), le plus connu ayant été évêque de Chalon-sur-Saône, en France, vers la fin du VIe siècle. C'est lui, sans doute, qui a donné son nom au premier établissement, mais on dirait que cet éloignement du saint patron dans la nuit des temps annonce déjà la nature archaïque de ce lieu laurentien. Car il n'y eut pas plus loin que Saint-Agricole : dans les années 1920, quarante ans après l'arrivée de Maxime Michauville et des autres colons, le village demeurait encore une simple mission, terme qui désignait à l'époque une communauté de fidèles trop peu nombreuse et trop isolée pour accéder au statut de véritable paroisse dotée d'un prêtre résidant, d'une église digne de ce nom et d'un presbytère.

Mais si le lieu est obscur et démuni, c'est toute la branche des Michauville qui est elle-même ténébreuse et qui demeurera longtemps affectée d'un incessant flottement identitaire. Le poète Miron, hanté toute sa vie par « l'héritage et la descendance » et par la question de l'identité, était loin d'avoir des origines limpides, outre le fait d'avoir pu s'appeler Edgar plutôt que Gaston. C'est que la généalogie est un savoir bien hasardeux et l'on sait combien, au fil des générations, les erreurs, les hésitations, les déformations se sont souvent multipliées, et pas seulement au Québec. Ainsi en était-il déjà du patronyme Miron, résultat d'une transcription fautive de la part d'un prêtre ou d'un fonctionnaire ayant mal compris le nom de Migneron. Mais Migneron avait aussi été, indistinctement, Magneron, apparenté à des noms comme Magnier et Magnan, patronymes d'origine germanique. Mis à part ces glissements et déformations somme toute banals dans l'histoire des noms propres, Miron semble avoir hésité au sujet de l'identité et du lieu d'origine du premier Migneron venu au Canada. D'après sa longue entrevue accordée à l'émission *Radioscopie* de Jacques Chancel en 1981, au moment de la publication de *L'Homme rapaillé* à Paris[13], il s'agirait de Laurent Migneron (ou Magneron) venu de Saint-Hilaire-de-Chizé, un petit village du Poitou au sud de Niort. Pourtant, dans une carte postale envoyée à Fernand Ouellette en septembre 1985, Miron annonce avec joie être de passage à Aulnay-de-Saintonge, en Charente-Maritime, d'où serait parti son ancêtre Charles-Auguste Migneron pour la Nouvelle-France en 1658[14]. Une recherche menée dix ans plus tard par un cousin de la famille tendra plutôt à confirmer la première version[15]. Mais la seconde, même fictive, n'est pas sans intérêt : il est révélateur que Gaston Miron ait pu pencher pour un lointain ancêtre portant le même prénom que son propre père, Charles-Auguste, dont la mort prématurée, dès 1940, devait changer le cours de sa vie.

Du côté des Michauville, les choses se compliquent davantage. Quel est d'ailleurs au juste le vrai nom de Maxime, établi dans l'Archambault en 1885 ? Est-ce Maxime Raymond dit Michauville, Michauville dit Raymond, Michaudville avec un « d » ou sans « d » ? Toutes ces appellations et ces graphies sont attestées ici et là et subsistent parfois jusqu'à nos jours. Quand la fille de Maxime et d'Eugénie, Jeanne ou plus précisément Marie-Jeanne, a été baptisée le 7 août 1903 (deux jours après sa naissance) en l'église de Saint-Faustin, paroisse à laquelle appartenait la mission de Saint-Agricole, le curé a identifié le père comme étant « Maxime Raymond », sans plus, et la mère comme « Julie [*sic*] Servais » ! L'erreur sur le prénom est cocasse, le curé ayant à l'évidence mal compris le prénom d'Eugénie, qui devait par élision ressembler à « Génie » ou « Geunie », d'où « Julie » ! Mais « Servais » n'est pas moins problématique et résulte certainement d'une autre erreur de transcription, plus ancienne : c'est en effet sous le nom de Maxime Raymond et Eugénie *Gervais* que se sont épousés les grands-parents maternels de Miron en 1893 à Sainte-Lucie, non loin de Sainte-Agathe[16].

Dans la même entrevue de 1981 à la radio française, Miron évoque les « origines alsaciennes » de sa mère, ce que tendrait à confirmer le fait que les patronymes Raymond et Gervais sont tous deux d'origine germanique (bien que le premier Raymond venu au Canada ait été originaire de la région d'Angoulême). Quoi qu'il en soit, une grand-tante de la famille, du côté de la grand-mère maternelle, arborait dans son salon les « armoiries » des Servais (Gervais) en racontant fièrement que ses ancêtres venaient de « Germanie ». Bref, il y a lieu de penser que Gaston Miron avait dans ses gènes du lointain Allemand. Quant à l'apparition du pseudonyme Michauville qualifiant une branche des Raymond, elle demeure obscure. Chose certaine, un Michel Raymond *dit Michauville*, ancêtre de Maxime, s'est établi à Saint-Martin de l'île Jésus vers 1810, sans que l'on sache au juste comment et pourquoi le surnom était apparu. À long terme, celui-ci allait finir par supplanter le premier patronyme.

Les couples de deux générations successives qui posent, dans les années 1910 et 1920, pour l'œil du photographe, sur un roc erratique paraissant être le symbole par excellence de la solidité et de la permanence, tissent ainsi à eux quatre un faisceau d'incertitudes et d'errances. « Inutile de rebrousser vie / par des chemins qui hantent les lointains », a écrit Miron dans ses *Courtepointes*[17] : sait-on jamais exactement qui l'on est et surtout d'où l'on vient ? Peut-on vraiment remonter jusqu'aux origines ? Le chemin suivi par les familles se perd, tel le nom de Saint-Agricole, dans des temps anciens ; plus concrètement, c'est inscrite dans une géographie que Gaston Miron entendra la voix des ancêtres, une voix qui résonne à travers un sol, une terre rocheuse, un paysage.

D'où l'importance capitale de ce roc et du lieu où il se trouve : Saint-Agricole en Archambault. Car né et baptisé à Sainte-Agathe, Gaston Miron devra contre toute attente renaître par ici, le pays réel de sa petite ville en plein essor étant remplacé par ce pays symbolique et mythique. « Depuis Saint-Agricole » : tel est l'un des titres, combien éloquent, qu'il donnera au poème écrit durant son séjour en France, en 1960, et que nous connaissons aujourd'hui sous le titre *Paris* :

> Dans les lointains de ma rencontre des hommes
> Le cœur serré comme les vieilles maisons d'Europe
> Avec les maigres mots de mes héritages
> Avec la pauvreté natale de ma pensée rocheuse
> […][18]

Comment ne pas voir, dans cette pauvreté rocheuse, les deux grands-parents Michauville apparemment résignés à leur condition, assis sur leur roche immémoriale ? Mais comment concevoir, par ailleurs, que leur héritage s'étendra si loin par le vaste monde et qu'un jour, dans le dernier tiers du XXe siècle, leur propre « cœur serré » sera porté par leur petit-fils, transposé dans un poème publié à Montréal et à Paris, et même affiché pendant quelques mois, en 1995, dans plusieurs stations du métro parisien[19] ?

Mais nous n'en sommes pas là, naturellement. Dans les années 1920, Saint-Agricole demeure toujours une mission dépourvue de prêtre, d'église et de presbytère, de médecin, de route convenable — et le canton où se sont établis Maxime et Eugénie n'est pas encore la « vallée de l'Archambault / étroite comme les hanches d'une femme maigre[20] », vallée poétique recréée par Miron sur le modèle d'autres vallées sillonnées par les rivières du Nord, la Lièvre, la Diable, la Gatineau, alors qu'il n'y a jamais eu de rivière Archambault.

Qu'importe : bien avant les poèmes, les pionniers ont tenu tête au climat et au roc, ils ont élevé leurs familles contre vents et tempêtes et les ont nourries grâce à un modeste potager et à quelques animaux, mais sans pouvoir leur donner une instruction qui dépasse le cours primaire. La mère de Gaston Miron est elle-même tout juste parvenue à compléter la 5e année du primaire, assez pour apprendre à lire et à écrire, mais trop peu pour bien maîtriser l'orthographe. Cette femme courageuse a toutefois des ressources dont profiteront ses enfants, nés dans de grandes souffrances mais élevés dans la paix et un bonheur sans histoire, du moins pendant la douzaine d'années qui suit le baptême du petit Gaston à Sainte-Agathe.

Une enfance heureuse
dans les pays d'en haut

L'enfance de Gaston Miron s'est déroulée dans les années 1930. Comme tant d'hommes et de femmes de sa génération, il devrait donc être un enfant de la crise économique qui a plongé dans l'indigence bien des familles des petites et des grandes villes. Or il n'en est rien. Cette dépression des années 1930, le jeune Gaston et ses sœurs ne l'ont pour ainsi dire pas connue, du moins pas par expérience. La pauvreté, c'était davantage celle de Saint-Agricole, mais l'enfant Miron qui y passait souvent quelques semaines estivales ne l'habitait pas, ce n'était pas la sienne, lui qui disait à vingt ans avoir connu à Sainte-Agathe « une enfance bourgeoise[1] » — et ce n'est que beaucoup plus tard, devenu jeune adulte et manquant de tout, qu'il a pu commencer à mesurer pleinement la teneur de la pauvreté et à se l'approprier.

Sans doute la région de Sainte-Agathe n'est-elle pas demeurée intouchée par les conséquences de l'effondrement des marchés boursiers survenu en octobre 1929. Le chômage est important au début de la décennie, de sorte que les œuvres caritatives se multiplient et que, notamment, les reprises de maisons sont nombreuses, leurs propriétaires devenant incapables de rembourser leur hypothèque et de payer leurs taxes. Mais les effets du ralentissement économique se trouvent amoindris par l'afflux de touristes et de villégiateurs à l'aise que la crise a largement épargnés. Le chemin de fer continue de remplir sa fonction, les skieurs sont toujours nombreux à descendre à la gare durant la saison froide, et voici que surgit maintenant l'automobile, une véritable révolution qui déferle sur la petite ville du

Nord grâce à la construction de la première route, achevée en 1924 : route de gravier qui n'a rien d'une voie rapide, qui reste fermée tout l'hiver et qui, par temps sec en été, soulève dans les rues du voisinage des nuages de poussière, si bien que la municipalité doit la faire arroser quotidiennement avant son asphaltage au début des années 1930. Mais cette voie carrossable permet à des Montréalais, et aussi à des Américains de la Nouvelle-Angleterre ou de New York, d'entrer de plain-pied dans le siècle de la mobilité et de la vitesse (même relative) pour venir respirer l'air du Nord et goûter les beautés de la forêt laurentienne. Les auberges continuent de faire de bonnes affaires et la construction de maisons et de chalets autour des lacs ou de la rivière du Nord se poursuit, tant au sud qu'au nord de Sainte-Agathe, jusqu'à Saint-Donat, Saint-Faustin, Saint-Jovite. La petite ville conserve ainsi une image de prospérité. Au cours de ces années, on y tient des festivals d'été ou d'hiver, des régates, en même temps que le camping et les camps de vacances deviennent populaires.

Charles-Auguste Miron a le sens des affaires : il a vite compris que ces voyageurs et ces villégiateurs, comme d'ailleurs les nouveaux résidants permanents, représentent de futurs clients. Il fabrique des panneaux publicitaires qu'il installe le long de la grand-route, à la hauteur de Val-Morin et de Val-David, de sorte que les automobilistes qui roulent vers Sainte-Agathe peuvent apprendre au passage qu'il existe un « Charles-A. Miron, contracteur général en portes et châssis[2] », selon la langue commerciale en usage à l'époque. Les contrats vont se multiplier et l'entrepreneur Miron doit engager tout près d'une trentaine de travailleurs durant la haute saison qui s'étend de mai à octobre. Les hommes se présentent tôt le matin devant la maison de la rue Saint-André, ils bavardent dans la rue et sur le balcon en attendant que le patron levé dès 6 heures ait terminé son petit-déjeuner et les conduise, tous assis dans la benne de sa camionnette Chevrolet, vers les lieux des travaux.

Dans un texte bien connu, « Le bilingue de naissance », écrit en 1974[3], Gaston Miron raconte qu'il accompagnait parfois son père chez les clients, en majorité de langue anglaise, ce qui causait des difficultés à Charles-Auguste, mal à l'aise dans cette langue. « Toi, tu sauras l'anglais », promettait-il à son fils sur un ton trahissant une certaine frustration. Charles-Auguste ne vivra toutefois pas assez vieux pour voir Gaston retrouver la même frustration à son arrivée à Montréal, à la fin des années 1940, alors que de nombreux emplois lui seront refusés parce que le « bilingue de naissance », qui a très tôt entendu les échos de la langue anglaise et lu ses mauvaises traductions en français, ne parvient tout simplement pas à devenir un bilingue tout court.

L'anglais n'est cependant pas le seul souci professionnel de Charles-Auguste : menuisier compétent, maîtrisant sans problème la langue écrite et le calcul nécessaire à la gestion de sa petite entreprise, il se plaint de ne pas s'y retrouver facilement dans la lecture des plans des maisons en construction où ses équipes de travail sont à l'œuvre. En homme tourné vers l'avenir et le progrès, il souhaite non seulement que Gaston sache l'anglais, mais aussi qu'il apprenne un jour à lire les plans : « Tu iras à l'École polytechnique », dit il parfois à son fils qui accumule déjà les succès scolaires. Gaston Miron ingénieur ? C'est un chemin sur lequel le jeune homme ne s'engagera pas, mais tout indique que ce souhait exprimé par son père a laissé en lui des traces profondes. La preuve, cette question posée à sa sœur Denise sur son lit d'hôpital quelques jours avant qu'il ne perde définitivement conscience, en décembre 1996 : « Penses-tu que papa aurait été déçu que je ne sois pas allé à l'École polytechnique ? »

*   *   *

À quoi ressemble donc la famille de Charles-Auguste Miron et de Jeanne Michauville au cours des années 1930, dans sa petite maison d'où l'on entend sonner les cloches de la grande église de Sainte-Agathe ? La venue au monde en catastrophe de Gaston, en janvier 1928, n'a pas empêché sa mère de donner naissance, quoique dans les affres des mêmes crises d'éclampsie, à trois nouveaux enfants, toutes des filles, dès le début de la décennie suivante : Denise naît en février 1930, Suzanne en avril 1931, Germaine en décembre 1933. Vient ensuite une véritable géante, pesant six kilos et demi et mesurant soixante centimètres, que le médecin ne parviendra pas à extraire sans lui briser le cou et qu'il verra mourir entre ses mains. La petite Yolande, vouée à passer l'éternité dans les limbes, sera ondoyée pour la forme avant d'être inhumée anonymement dans le lot des Miron. Après cet enfant mort-né, une dernière fille, Thérèse, naît en février 1938.

Gaston Miron se trouve donc entouré de femmes durant son enfance. C'est un monde heureux, confortable, dont il tire à titre d'aîné et de seul garçon certains privilèges. Si son père imaginait en lui un futur ingénieur, sa mère, elle, repère vite en Gaston « l'avocat », sobriquet dont elle l'affuble pour se moquer gentiment de sa tendance à faire la loi, d'une voix déjà forte et péremptoire, entrecoupée de ces bruyants éclats de rire qui feront le style de l'homme Miron. Non pas qu'il soit incapable de douceur et d'affection, loin de là : mais il aime bien régenter, il a la rudesse des garçons de son âge et il peut exercer aisément son autorité sur ses sœurs plus jeunes. Inutile pour elles de serrer le poing sur des billes que réclame leur grand frère : elles savent qu'il sera assez fort pour les faire lâcher prise. Et quand vient le temps de construire dans la neige une forteresse en vue d'un combat de balles de neige avec les voisins, elles se voient conscrites pour aider à fabriquer les munitions, mais leur frère leur interdit de participer à la guerre elle-même, réservée aux mâles.

La vie, pourtant, se poursuit sans heurts et sans histoire dans la maison de la rue Saint-André, dont Charles-Auguste est propriétaire et dont la famille habite maintenant le rez-de-chaussée depuis la mort du grand-père Miron survenue en 1930. Le couple, Jeanne surtout, éprouve beaucoup de fierté d'avoir un logement aussi confortable et bien meublé : un grand lit à tête moulée en noyer et une élégante « vanité[4] » dans la chambre du couple, une causeuse en cuir et un fauteuil berçant au salon, sans compter la machine à laver électrique du dernier modèle, avec cuve en cuivre. Avec quatre et bientôt cinq enfants en bas âge, Jeanne travaille évidemment à longueur de journée pour assurer les tâches ménagères, mais cette femme peu instruite n'en tient pas moins à lire des histoires à ses enfants, et surtout à ses filles : l'incontournable *Petit Chaperon rouge*, *L'Enfant perdu et retrouvé* de l'abbé Jean-Baptiste Proulx, et aussi, dans une édition de la Librairie Beauchemin, *Geneviève de Brabant*, la belle légende qui a enchanté l'enfance de Marcel Proust. Dans ses rares moments libres, elle parcourt avec attention les magazines dont les femmes de cette époque sont friandes : *La Revue moderne, La Revue populaire*. Mais lire ne lui suffit pas : elle découpe les poèmes publiés dans ces revues et dans les journaux pour les coller dans des cahiers, elle note consciencieusement les plus belles phrases entendues sur les ondes de la radio, elle collectionne les cartes de vœux. Tous ces papiers prennent le chemin de boîtes à chaussures conservées à cette fin et qu'elle range soigneusement dans un placard. Il y a une émouvante soif de culture en Jeanne Michauville, issue d'un monde terrien et forestier où tout manquait, où même les noms s'embrouillaient et où bien parler était le dernier des soucis.

Il reste que ni la lecture ni l'écriture n'intéressent Gaston outre mesure durant les douze ou treize premières années de sa vie. À l'histoire légendaire de Geneviève de Brabant ou à tout autre livre, il préférera toujours un match de hockey sur la patinoire ou, en été, une baignade dans le lac des Sables, même si sa curiosité s'éveille peu à peu à la lecture du journal. Le sport, les jeux le sollicitent sans cesse, mais ce qui l'appelle par-dessus tout, c'est l'espace, le grand air, la voix de la nature.

Malgré la croissance des dernières décennies, Sainte-Agathe n'est pas si grande et la campagne se trouve à ses portes : le jeune Miron aime parcourir à pied la petite ville (qui demeurera toujours pour lui un village malgré qu'elle ait obtenu son statut de ville dès 1915), mais il prend le plus souvent le chemin des champs et des bois, courant à perdre haleine, s'enfonçant dans la confrérie des grands arbres, escaladant des pentes et grimpant sur des rochers d'où il peut admirer *ses* montagnes environnantes. L'été, dès le mois de juin, il part avec ses sœurs cueillir les fraises qui poussent au bord de la route et sur les coteaux entourant le lac des Sables ; et plus tard dans la saison, ce seront les cerises, les framboises, les bleuets trouvés près des bosquets et le long des « brûlés » du chemin de fer.

« Le Sainte-Agathe de ce temps-là avait l'allure des choses simples », écrira Miron arrivé à Montréal à la fin des années 1940[5]. Plus tard, dans d'innombrables entrevues, il ne racontera plus sa petite ville natale que sous l'angle presque exclusif des tensions linguistiques qui s'y manifestaient. Mais cette image paraît absente de ses souvenirs quand il a vingt ou vingt-cinq ans. Chaque fois que Miron prend la route du Nord depuis Montréal où il s'est établi, et qu'il voit se profiler Sainte-Agathe et les montagnes voisines, il ne se contient plus d'émotion et d'une admiration mêlée de nostalgie : « Tout le Nord est à moi ! Il m'appartient, le Nord ! » écrit-il à dix-neuf ans dans son journal intime[6]. Et un an plus tard : « C'est beau, toute mon enfance est là. Elle me remonte à la tête, comme une fête. Ça me fait du bien, ça sent bon l'air de l'enfance[7]. »

À l'ombre d'une mère forte et généreuse et d'un père occupé à des travaux assurant qu'on ne manquera jamais du nécessaire, c'est en effet le bonheur paisible dans lequel baigne la petite famille au fil des semaines et des saisons : « Le dimanche après-midi, mes sœurs et moi demeurions au salon. Tranquillité des jours. Pas de bavures, pas de secousses. Suzanne tricotait ou lisait ; Denise jouait aux cartes. Moi, perdu dans ma rêverie, je peuplais le ciel d'illusions[8] », se rappelle

Miron au début de sa vingtaine. Au sein de ce monde paroissial, le jeune sportif un peu rude et fort éloigné de toute littérature est aussi, à huit ou dix ans, un romantique secret dont la tête déborde d'images et d'impressions qu'il engrange pour le moment sans trop savoir quoi en faire.

Il aime et admire son père, bien que celui-ci soit le plus souvent absent de la maison et ne rentre qu'en fin de journée des chantiers de construction où il dirige ses employés durant la belle saison ou, en hiver, de son atelier, situé au fond de la cour, où il poursuit du matin au soir avec un seul employé des travaux de menuiserie : fenêtres, portes, meubles. On le voit peu. De toute manière, lorsque Charles-Auguste réapparaît dans la maison, il prend le temps de lire ses journaux, *La Presse*, *L'Action catholique*, et il aime bien par ailleurs aller faire un tour en ville vêtu d'un élégant complet, pour y rencontrer des amis. C'est un homme connu et bien vu dans la paroisse, un entrepreneur respecté et un membre assidu des Chevaliers de Colomb, l'ordre de laïcs catholiques fondé aux États-Unis à la fin du XIXe siècle et qui attire alors de nombreux notables ainsi que des hommes de condition plus modeste, tous voués aux valeurs de la foi, de la famille, de la fraternité et de la tempérance. Les rites secrets qui entourent cet ordre suscitent les moqueries de Jeanne qui traite volontiers son mari de « franc-maçon » quand il part assister, le dimanche après-midi, aux assemblées des Chevaliers d'où les femmes sont exclues.

Même si Gaston a pu accompagner son père à quelques reprises sur les chantiers, c'est dans l'atelier qu'il peut le côtoyer et l'observer plus régulièrement, la plupart du temps après le repas du soir, un privilège qui semble avoir été refusé à ses sœurs. C'est un endroit dangereux, où une scie électrique peut couper en un éclair les doigts d'un enfant et une courroie en marche lui brûler la main, ce qui est arrivé un jour au jeune garçon. Mais l'important, c'est le travail lui-même, son sérieux, son application : ici, le distingué Charles-Auguste Miron, que son fils voyait en train d'accéder à la bourgeoisie, apparaît plutôt sous la figure de l'artisan, appliqué à couper, à tailler, à sabler et à vernir le bois : travail patient qui passe par un savoir, une culture dont les racines sont profondes et dans lesquelles un Miron peut reconnaître sa lignée. Le bourgeois, l'artisan : il y a une tension entre ces deux visages de Charles-Auguste. D'un côté, en effet, il a rompu avec un atavisme de misère et d'ignorance pour entrer dans la modernité, le progrès et l'aisance matérielle, animé par une ambition que le poète Miron va transposer dans le domaine de la culture ; de l'autre, il paraîtra par son métier, du moins aux yeux de son fils poète, fidèle à une tradition ancestrale, reprenant la riche et belle leçon des ancêtres. Double visage de Charles-Auguste : son statut s'est élevé mais il garde la mémoire, il innove mais il continue. Chose certaine, s'il hérite du passé, il a de l'ambition et il en a encore davantage pour son fils.

Celui-ci commence à fréquenter l'école primaire dirigée par les frères du Sacré-Cœur en septembre 1934 et il ne tarde pas à se montrer un élève brillant qui n'a guère besoin d'étudier de longues heures pour réussir dans toutes les matières qui figurent au programme prévu par le Département de l'instruction publique : français, arithmétique, catéchisme, histoire, géographie. Pour le reste, le jeune Gaston suit une trajectoire classique dans le Québec catholique de la première moitié du xxᵉ siècle. Il devient très tôt enfant de chœur et servant de messe, et il accède à l'ordre des petits Croisés, dont il revêt l'uniforme immaculé pour les cérémonies et les défilés : béret et cape blanche arborant la sainte Croix. Censés perpétuer l'esprit des croisades, vaillants défenseurs du Christ et de la foi, les Croisés font la fierté de leurs parents et du clergé, et le curé Jean-Baptiste Bazinet aime poser noblement au milieu de ces jeunes garçons qui forment un rempart, très symbolique, contre la présence menaçante des protestants et des juifs, déjà bien établis dans la ville.

Curé de la paroisse de Sainte-Agathe depuis 1911, au premier rang de toutes les tribunes et engagé sur de nombreux fronts, Jean-Baptiste Bazinet est de la race de ces curés qui ont régné longtemps sur les communautés canadiennes-françaises et y ont exercé une influence morale, sociale et même politique. Il a vu Sainte-Agathe se développer et, du même coup, croître le nombre de ses fidèles, la plupart suffisamment fortunés pour contribuer au budget de la paroisse, ce qui est loin d'être le cas dans des communautés plus isolées, où, tant à cause de la pauvreté que par indifférence religieuse, les paroissiens omettent fréquemment de payer leur dîme. Le curé Bazinet peut ainsi mener son ministère et se dévouer pour ses ouailles à partir d'une résidence digne de sa stature : s'il a hérité de la grande église construite au début du siècle, il se fait construire un confortable presbytère en brique, remplaçant la modeste habitation de bois détruite par un incendie peu après la naissance et le baptême du petit Gaston, en 1928. Signe de son prestige croissant, le curé Bazinet devient prélat et obtient ainsi le titre de Monseigneur en 1936.

Pourtant, les problèmes ne manquent pas pour ce curé dont la réputation s'étend désormais à tout le diocèse de Mont-Laurier auquel se trouve rattachée Sainte-Agathe. La crise économique a exigé la mise sur pied d'organisations de charité que le curé, par ses fonctions, se trouve souvent à patronner et à gérer. Le problème de l'alcoolisme, en outre, est préoccupant, d'autant plus qu'il divise la paroisse : alors que de nombreux hommes d'affaires, hôteliers et aubergistes considèrent l'alcool comme un mal nécessaire puisque c'est un attrait pour les touristes, les ligues de tempérance, Chevaliers de Colomb et autres groupes de fidèles se rangent du côté du clergé pour dénoncer ce fléau et lutter par exemple contre l'ouverture d'un comptoir de la Commission des liqueurs[9] où l'on pourrait se procurer de l'alcool.

Autre source d'inquiétude, partagée par le clergé et les élites traditionnelles : l'influence du socialisme et sa progression dans les milieux du syndicalisme ouvrier. Déjà, la fondation en 1921 de la Confédération des travailleurs catholiques du Canada, malgré l'appellation confessionnelle du regroupement, a marqué une prise de distance des milieux ouvriers à l'égard du clergé. Mais il y a des mouvements bien plus radicaux, notamment à Montréal, au sein desquels militent notamment des juifs ouvertement marxistes, telle Léa Roback, qui fera plus tard alliance avec Madeleine Parent pour syndiquer les travailleuses du textile. Malgré sa façade pittoresque et son altitude salubre, Sainte-Agathe n'échappe pas à ces turbulences ouvrières et Mgr Bazinet est aux premières lignes, durant les années 1930, pour combattre aux côtés du maire Euclide Forget les organisations syndicales qui veulent se soustraire à la mainmise du pouvoir religieux.

Mais Mgr Bazinet, si occupé qu'il soit à défendre sa vision du monde, n'en est pas moins un simple prêtre qui, tout comme ses vicaires, doit lire son bréviaire, célébrer les sacrements et dire sa messe, non seulement le dimanche, mais chaque matin de la semaine, assisté par un ou deux jeunes servants recrutés parmi les enfants de chœur. A-t-il senti l'intelligence et la sensibilité du jeune Miron, son goût pour l'ordre et la beauté des rituels religieux[10], a-t-il admiré la clarté de ses réponses en latin aux diverses oraisons, quand de nombreux servants de messe, âgés pour la plupart de huit à treize ans, marmonnaient trop souvent cette langue qui leur était étrangère ? Quoi qu'il en soit, il semble que Mgr Bazinet apprécie beaucoup les services de Gaston, qui s'amène avant six heures trente ou sept heures même par les matins d'hiver sombres et glacés pour aller rejoindre à la sacristie le curé en train de revêtir son aube et sa chasuble : moment unique de proximité et d'intimité avec le prêtre, occasion de brefs échanges parfois, loin des sermons et du confessionnal.

La maison et les rues environnantes, l'église et la messe du curé, l'école, les champs et les montagnes proches : tout pourrait être si simple, et ce l'est en effet quand on ne souffre pas de la misère et que l'on est encore un enfant, peu conscient des enjeux sociaux et politiques. « au nord du monde nous pensions être à l'abri / loin des carnages de peuples / de ces malheurs de partout qui font la chronique[11] » : ces vers de *L'Homme rapaillé* évoquent un état collectif d'isolement et d'inconscience auquel il fallait bien un jour mettre fin, mais ils ont surtout une forte teneur autobiographique, ils renvoient à la « grâce » de ce petit monde de la paroisse et d'une communauté que plusieurs voudraient voir demeurer un village. C'est ce « village » qu'habite le jeune Gaston Miron, même si les protestants ne sont pas loin et qu'il profite souvent de l'absence des Anglais, après les heures de classe, pour aller jouer dans leur cour d'école ; même aussi s'il n'est pas rare que lui ou ses sœurs croisent en marchant des groupes de jeunes juifs qui occupent « sans gêne » toute la largeur du trottoir…

Il n'est pas du tout sûr, d'ailleurs, que ce petit monde soit à ce point naïf et que le jeune Miron se sente « à l'abri » des menaces. Mgr Bazinet le sait, lui qui monte au front de toutes les batailles sociales et morales. Mais comment ignorer plus largement que les années 1930 sont fort remuantes, que le monde a changé et que la culture traditionnelle affronte alors des adversaires puissants ? Sans doute peut-on croire que les tensions politiques qui grandissent dans la vieille Europe concernent peu le petit monde de Sainte-Agathe, même si *L'Écho du Nord*, l'hebdomadaire le plus important des Laurentides, annonce dès janvier 1936 un danger de guerre entre, d'un côté, la France et l'Angleterre et, de l'autre, l'Allemagne en voie de réarmement massif, tant sur mer que sur terre[12]. Mais le danger touche aussi le tissu social lui-même, ses institutions, sa culture. Il y a les protestants et les juifs, sans doute, mais aussi des forces plus impersonnelles, plus insidieuses, qui ne sauraient laisser intact le *village* ancien. L'automobile, la radio, le cinéma, la publicité et l'avènement de la société de consommation, tout cela fait son œuvre, infléchit les manières de vivre et de penser. À lui seul, le cinéma semble redoutable : même si, avec l'apparition du parlant, il permet de voir les films français, ce cinéma arrive de plus en plus souvent des États-Unis, comme les Américains dans leur voiture, et dans une autre langue : il y a à l'époque deux cinémas à Sainte-Agathe, le Roxy et l'Alhambra, qui présentent des films américains en anglais seulement. Il faut dire que ni le jeune Gaston ni ses sœurs ne peuvent assister à ces projections, puisqu'une loi adoptée par le gouvernement du Québec interdit l'accès des cinémas aux jeunes de moins de seize ans depuis le terrible incendie du cinéma Laurier Palace, rue Sainte-Catherine à Montréal, en janvier 1927, dans lequel 78 enfants avaient péri — une loi qui ne déplaît pas au clergé, heureux de voir ainsi les jeunes éloignés du grand écran diffuseur d'idées et de mœurs délétères.

Entre le monde traditionnel des fermiers et des bûcherons que chantait encore, avec beaucoup de talent, le poète Alfred DesRochers dans *À l'ombre de l'Orford,* en 1929, et l'univers urbain que fera vivre dix ans plus tard un autre poète, Clément Marchand, dans *Les Soirs rouges*, c'est une bonne partie du Québec des années 1930 qui vacille et qui se cherche. Face à l'arrivée de nouvelles musiques et notamment de la chanson américaine que répand désormais le cinéma, comme d'ailleurs la radio, le folklore essaie de résister : c'est la grande époque de la Bolduc qui adapte la turlute et la chanson traditionnelle au goût du jour[13]. Et si Sainte-Agathe connaît avec une acuité certaine cette mutation des mœurs et de la culture, les grands événements qui s'y organisent, festivals, régates, compétitions de skieurs, sont l'occasion de soirées festives où se tiennent, souvent au bord du lac des Sables, des danses carrées animées par des « câlleurs de sets[14] » et par une troupe alors populaire, les Troubadours des Laurentides, danses et spectacles auxquels le jeune Miron et ses sœurs peuvent assister avant de rentrer dormir à la maison.

*   *   *

S'il y a un lieu où la culture et les modes de vie anciens se conservent, c'est bien à Saint-Agricole, même si la mission est devenue enfin une vraie paroisse avec un curé permanent, au début des années 1930. Mais ici, pas d'étrangers, ni touristes ni résidants, et l'on ne parle même pas d'électricité, encore moins de cinéma, de radio, de téléphone. Dans la société de Sainte-Agathe, il n'est pas rare qu'on se moque de ce canton rétrograde, de ses habitants ignares, et Jeanne en éprouvera longtemps de la honte. Comme il n'y a pas non plus de train, les autorités s'efforcent de garder le plus souvent ouverte la mauvaise route même durant la saison froide, faute de quoi la population serait coupée du monde.

La maison Michauville est de toute manière difficile d'accès, construite au sommet d'une colline trop abrupte pour le moteur de la camionnette de Charles-Auguste. Il faut gravir la dernière pente à pied. L'hiver, c'est encore pire, et avec plusieurs enfants en bas âge, on évite de faire le voyage sauf, de peine et de misère, au jour de l'An, qui demeure la fête la plus importante pour les Canadiens français de l'époque. Toute la famille se souviendra longtemps de l'un de ces 1er janvier, vers la fin des années 1930 : Charles-Auguste a décidé alors, pour une fois, de louer une autoneige, véhicule à chenilles et sur patins qui est l'ancêtre de la motoneige moderne, ce qui permettra à toute la famille de débarquer sans difficulté devant le perron de la maison des grands-parents.

C'est l'été que le jeune Miron peut s'imprégner davantage du pays de sa mère et y passer quelque temps. « Les jours de Saint-Agricole[15] », évoqués plus tard avec une vive nostalgie, ouvrent une parenthèse dans la vie ordinaire et confortable de la rue Saint-André. C'est une remontée dans le temps, une brusque plongée dans le terroir du début du siècle. Bien que Sainte-Agathe et ses environs puissent procurer de réels enchantements, la nature sauvage n'y est plus tout à fait ce qu'elle était. Mais Saint-Agricole, pays pierreux des « dompteurs de sol », conserve une saveur primitive : il y a là tout le charme exotique que recèlent, pour un enfant de la ville et du monde moderne, le retour momentané aux manières frustes, le côtoiement des animaux, chiens, poules, vaches, chevaux, les odeurs de l'étable, les vieilles charrettes, la huche à pain, l'eau remontée du puits par le grand-père, les lampes à huile et les chandelles à la lueur desquelles la grand-mère Eugénie persiste à lire, le soir, avant le coucher. Ce n'est pas la pauvreté qui impressionne le garçon de huit ou dix ans arrivant chez ses grands-parents Michauville, une pauvreté dont il n'a guère le temps de souffrir, ce sont plutôt le pittoresque et les joies de la vie paysanne à l'ancienne et de la forêt profonde, c'est la beauté des champs, des montagnes et des lacs.

La grande noirceur de Saint-Agricole se trouve balayée par cette beauté immémoriale, et le canton de l'Archambault pourra ainsi devenir le cœur d'un « triangle merveilleux[16] », tracé par les trois localités plus évoluées que sont Sainte-Agathe, Saint-Faustin au nord et Saint-Donat à l'est. L'imagination cartographique de Miron destine cet espace à la sacralisation et au mythe, elle le dote d'un pouvoir que n'aura jamais Sainte-Agathe. Le jeune rêveur y trouve matière à contemplation, du haut de la grosse roche erratique où ont posé pour le photographe ses grands-parents et ses parents, ou depuis le sommet d'une colline qui permet d'embrasser du regard les montagnes Noire et Tremblante avec leurs vallées boisées en contrebas. Mais l'enfant ne fait pas que contempler, il peut pénétrer ce monde laurentien, en éprouver l'âpreté enivrante, le sentir pleinement dans son corps sportif. Les frères de sa mère, Albert et Armand, l'amènent avec eux à la chasse, à la pêche en chaloupe ou en canot sur le lac Quenouille, le lac de l'Orignal et d'autres encore plus éloignés, que l'on n'atteint que par portage et au-dessus desquels s'envolent à grands cris corneilles et huards. Les frères Michauville sont des hommes de la forêt qui connaissent le terrain et qui, autour de la ferme, abattent avec vigueur les arbres à la hache, manient le godendart pour scier les troncs et les grosses branches et préparer le bois de chauffage. Avec leur père Maxime, ils montent souvent plus au nord, durant l'hiver, pour travailler comme bûcherons et faire flotter les billots sur les rivières, à la drave, au risque de leur vie. C'est en redescendant d'un de ces durs chantiers qu'Armand Michauville allait mourir bientôt, au printemps 1941, terrassé par une méningite aiguë dans un hôtel de Joliette.

Les jours de Saint-Agricole sont la première étape d'un long et tortueux chemin qui mènera Gaston Miron à *L'Homme rapaillé*. Le jeune garçon, pas même encore adolescent, a-t-il pour autant conçu dès cette époque le projet d'arracher le canton de l'Archambault à l'oubli et de faire connaître sa beauté, sa « diamantaire clarté[17] », à tout le vaste monde, comme il l'a raconté dans certaines entrevues ? C'est peu plausible, et il faut ici faire la part de l'illusion rétrospective, d'autant plus qu'à dix ans l'enfant Miron ne manifeste aucun intérêt particulier pour l'écriture et la poésie. Il reste que les paysages de Saint-Agricole et les hommes qui l'habitent (il n'est jamais question des femmes) font sur lui une forte impression, il en conserve des expériences, des sensations, des points de vue ineffaçables, encore vivaces quarante ans plus tard :

J'ai un souvenir d'enfance très précis. Les maisons québécoises, à l'époque, avaient une grande galerie et j'étais assis dehors, un soir vers sept heures, après la journée des hommes. Il y avait mes deux oncles et mon grand-père qui avaient travaillé dans les champs. On était tous assis sur la galerie en attendant le repas et j'entendais le son des cloches de vaches et il y avait les corneilles qui passaient d'une montagne à l'autre dans la vallée en faisant un feston avec leurs larges battements d'ailes et qui criaient… C'est comme si je me fermais les yeux et que je me remémorais toute cette vision-là. C'était très large du côté de la montagne Tremblante et cela devenait de plus en plus étroit dans la vallée, comme un défilé[18]…

Ainsi apparaît la vallée de l'Archambault, sonore, splendide et un peu inquiétante, avant d'être écrite et d'entrer dans la grande mythologie mironienne, mais c'est tout ce fruste arrière-pays qui sera un pourvoyeur d'images concrètes, de « chemins défoncés[19] », de « lacs de portage[20] », entre bois noueux, fardoche et âpre rocaille.

À dix ans, Gaston voit et rêve tout cela, il ne songe nullement à l'écrire. La vie quotidienne de ce monde paysan et forestier lui suffit, c'est un dépaysement qu'il n'aura connu que quelques étés avant d'en être privé définitivement au seuil de l'adolescence. D'où, durant toute sa jeunesse, le sentiment que Saint-Agricole est une sorte de paradis perdu, un lieu presque mystique où « l'âme laurentienne s'épanchait, écrira-t-il, en la mienne[21] ».

Il y a une brèche sans doute, une fracture dans cette plénitude heureuse, même si longtemps Miron semblera l'avoir enfouie dans sa mémoire et ne se mettra à la raconter que dans les années 1980. Cette brèche se révèle dans un événement que nous ne pouvons ignorer car le poète de *L'Homme rapaillé* l'a souvent relaté, parmi quelques autres épisodes fondateurs de son itinéraire et de son œuvre[22]. La scène se passe de nouveau sur la grande « galerie » de la maison Michauville : le jeune garçon lit les journaux que son père lui a apportés de Sainte-Agathe. Ce détail est important : Charles-Auguste Miron, pour qui c'était une habitude quotidienne de lire le journal et de se tenir informé, a très tôt transmis cette pratique à son fils, qui se précipitait d'abord sur la page des bandes dessinées, les *comics* inclus dans les journaux de l'époque, tout en s'essayant aussi à lire certains articles d'information ou d'opinion, sans en saisir entièrement le contenu. Mais voici que ce soir-là, Maxime Michauville se trouve à passer derrière son petit-fils absorbé dans sa lecture et laisse tomber : « Moi, je donnerais toute ma vie pour savoir lire et écrire. » Il ajoute ensuite, après un moment de silence : « Tu sais, quand on ne sait pas lire ni écrire, on est toujours dans le noir. » Que Maxime ait prononcé exactement ou non ces paroles importe peu : elles sont conformes à ce que nous connaissons de lui et à l'embarras qu'il éprouvait de ne pas même pouvoir signer son nom. On ne s'étonne pas par ailleurs que Jeanne n'ait jamais révélé à son fils l'analphabétisme de son grand-père : elle qui avait sa fierté ne voulait sûrement pas ternir son prestige et renforcer du même coup l'image déjà amplement négative de son canton natal.

Chose certaine, cet aveu de son grand-père provoque chez le jeune Gaston un véritable choc. Il n'avait jamais pu constater l'analpha-bétisme de son grand-père Miron, décédé au seuil des années 1930. Mais que le pionnier qui se dresse devant lui, ce grand-père maternel qui n'est pas loin d'être un héros à ses yeux, ne sache ni lire ni écrire, il n'aurait pu l'imaginer. Dans la nature exaltante de Saint-Agricole qui a trouvé des hommes à sa mesure et même plus grands qu'elle, une carence vient de se faire jour : celle de la culture qui ne saurait se limiter à l'oralité et qui passe par l'écrit. Dans la « clarté diamantaire » de l'Archambault, il y a du noir, le noir qu'habite Maxime Michauville et qui deviendra bien plus tard celui de Gaston Miron, debout dans « le noir du Bouclier[23] », et qui pourra lancer comme par provocation : « moi le noir / moi le forcené / magnifique[24] ».

*   *   *

Après les semaines trop brèves passées à Saint-Agricole, c'est déjà le retour à la maison familiale, la rentrée scolaire, les messes matinales de Mgr Bazinet, les petits Croisés, les jeux dehors avec les petits voisins avant la tombée de la nuit. Rien ne change beaucoup chez les Miron dans la deuxième moitié de la décennie, si l'on excepte la naissance de Thérèse en 1938. Gaston a alors dix ans. Quant à l'entreprise de Charles-Auguste, elle continue d'obtenir des contrats et de lui assurer de bons revenus.

Toutefois, à mesure que sa conscience s'éveille, le fils Miron ne saurait ignorer que le monde ne tient pas dans les limites de sa rue, de sa paroisse, de son *village*. On écoute la radio dans la maison de la rue Saint-André et les journaux que lit ou du moins feuillette le jeune homme à l'exemple de son père se chargent d'ouvrir des fenêtres dans son monde simple. Que peut retenir le jeune garçon de l'actualité tumultueuse des années 1930, qui ne se relèvent de la crise économique que pour s'enfoncer irrésistiblement dans un conflit mondial ? Charles-Auguste est un lecteur assidu de *L'Action catholique*, le quotidien nationaliste publié à Québec qu'il dévore une fois rentré du travail. Le journal traîne dans la maison, étalant ses manchettes souvent menaçantes, bien que sans doute assez obscures pour un enfant de neuf ou dix ans : « La terreur règne dans Shanghai dévastée », « Mussolini rendra visite à Hitler le 19 septembre », « Les communistes n'ont pu se réunir[25] » : il y a là tout un monde d'allusions à déchiffrer, de présupposés à comprendre. Pourquoi les Japonais attaquent-ils les Chinois ? Qui sont ces deux hommes politiques qui font trembler l'Europe ? Pourquoi interdit-on aux communistes de tenir une assemblée à Montréal ? Ils incarnent certainement les forces du mal puisque *L'Action catholique* souhaite leur écrasement là-bas, en Espagne, aux mains des « patriotes » d'un certain général Franco. Le Canada français de ces années-là est-il à ce point « à l'abri des carnages de peuples » comme l'écrira le poète Miron ? Il en est du moins largement informé, même dans la presse régionale des Laurentides, comme aussi des efforts souvent futiles que font les hommes d'État pour maintenir la paix. *L'Écho du Nord*, publié à Saint-Jérôme, rapporte ainsi le tête-à-tête apparemment cordial qui a lieu à Berlin en juin 1937 entre le premier ministre du Canada, Mackenzie King, et le chancelier Adolf Hitler. Comme beaucoup de Canadiens et de Québécois des années 1930, le premier ministre tient encore en bonne estime le führer allemand, il le considère comme un homme responsable et, à son retour au Canada, il ira jusqu'à écrire dans son journal personnel qu'Hitler pourrait bien être « l'un des sauveurs du monde » !

La planète s'assombrit tandis qu'au Québec la vie quotidienne, avec ses inévitables faits divers (accidents, crimes, tempêtes de neige), et l'activité sociale et politique suivent leur cours. Des noms surtout se répètent avec insistance dans les manchettes : Maurice Duplessis, élu premier ministre du Québec en 1936, Louis-Athanase David, le député du comté de Terrebonne qui englobe Sainte-Agathe, le cardinal Villeneuve, la figure dominante de l'épiscopat catholique, l'abbé Lionel Groulx, à qui *L'Action catholique* accorde souvent une bonne place et dont elle publie la photo en annonçant ses conférences sur l'histoire du Canada[26]. On imagine que Charles-Auguste, qui fait des affaires, n'est pas indifférent aux conflits sociaux, à la grève du textile notamment qui fait beaucoup de bruit au cours de l'été 1937, ni aux débats sur la vocation agricole ou industrielle du Québec. Sans doute aussi adhère-t-il aux propos de l'abbé Groulx, que son journal quotidien publie en exergue à l'une de ses éditions : « Nous ne songeons à dépouiller personne : seulement, nous n'entendons pas non plus être dépouillés. Nous n'empêchons pas de vivre, mais nous voulons vivre nous aussi. Et j'estime que ce n'est pas prendre la place des autres que de prendre la nôtre[27]. » S'affirmer, défendre son droit d'exister et de prospérer, c'est là un vieux combat dont Charles-Auguste, modestement et sans grandes envolées rhétoriques, peut donner l'exemple.

Au moment du déclenchement de la guerre en septembre 1939, son fils n'a encore que onze ans : l'événement qui fait les manchettes et dont tout le monde parle autour d'eux ne peut manquer d'avoir impressionné Gaston, mais rien n'indique que la Deuxième Guerre mondiale, même plus tard, ait beaucoup occupé ses pensées. S'il y a une question sociale et politique, par contre, dont il est à coup sûr conscient et dans laquelle il va même se trouver « enrôlé », d'une manière bien naïve et dérisoire, c'est celle des juifs.

Le rôle actif de Mgr Bazinet dans la campagne antisémite de la fin des années 1930 à Sainte-Agathe est bien documenté[28]. Survenant quelques mois seulement avant le début de la guerre, cette croisade est comme le chant du cygne d'un courant de pensée qui a parlé haut et fort tout au long de la décennie. L'éloge d'Hitler par Mackenzie King n'est pas la simple excentricité d'un homme politique manquant de jugement. Les journaux du Canada saluent souvent la montée du IIIe Reich et il y a plusieurs groupes nazis et autres Swastikas Clubs dans l'Ouest canadien et à Toronto. À Montréal, l'Université McGill contingente les admissions des Juifs, et ceux-ci n'ont pas accès aux clubs privés anglo-protestants. Il en est de même dans les Laurentides où certains hôtels tenus par des Anglo-Saxons refusent toute clientèle juive ; mais heureusement pour celle-ci, plusieurs auberges de la région de Sainte-Agathe appartiennent à des Juifs !

Dans le Québec français de l'époque, le style et les enjeux sont un peu différents. Au vieux fond antisémite classique s'ajoutent les questions indémêlables de la foi, de la langue et de l'identité. Les Canadiens français sont de plus en plus minoritaires au Canada, ils sont dominés économiquement au Québec et ils se comportent fréquemment comme un groupe assiégé qui défend farouchement son homogénéité ethnique. L'arrivée massive à Montréal d'immigrants juifs venus d'Europe de l'Est, depuis 1900, suscite l'inquiétude, parfois l'hostilité. Le ton monte : une grande assemblée du groupe des Jeune-Canada au Gesù, en novembre 1933, donne lieu à plusieurs discours antisémites, dont celui du jeune André Laurendeau, qui le regrettera plus tard, et les étudiants internes en médecine vont jusqu'à faire la grève à l'hôpital Notre-Dame, en 1934, parce que l'Université de Montréal a admis parmi eux un Juif.

Si l'antisémitisme est loin de faire l'unanimité, le clergé est souvent complaisant à son égard. Adrien Arcand, fondateur en 1934 du Parti national social chrétien arborant la croix gammée, peut souvent tenir sans problème ses assemblées au ton fanatique dans les salles paroissiales. À l'été 1939, 2 000 personnes viennent l'entendre dans le village de Saint-Faustin. C'est que le thème de la « menace juive » trouve un terrain particulièrement fertile dans les Laurentides, et en particulier dans les environs de Sainte-Agathe.

Dans aucune autre région du Québec à l'extérieur de Montréal les Juifs ne sont en effet plus visibles et plus nombreux. Très tôt, les familles juives de condition modeste vivant à Montréal ont pris l'habitude de monter dans le petit train du Nord pour aller passer leurs vacances d'été dans la région de Shawbridge (Prévost). Certaines s'y établissent en permanence, comme aussi à Piedmont, à Val-Morin, à Val-David. On verra bientôt apparaître des affiches qui leur interdisent certaines plages.

La présence de nombreuses institutions juives à Sainte-Agathe, le sanatorium Mont-Sinaï, une résidence pour vieillards, un orphelinat, sans compter l'école et la synagogue, a forcément attiré une population permanente assez importante, que viennent grossir les touristes durant l'été. De nombreux commerçants de Sainte-Agathe jugent malavisée, dans ce contexte, une campagne antisémite risquant de faire fuir cette population qui nourrit l'économie de la ville. Charles-Auguste Miron lui-même ne peut souhaiter le départ des Juifs, lui qui en compte un bon nombre parmi ses clients.

Il reste que le pouvoir religieux, encore souvent inspiré par l'idéologie de l'Action française pourtant condamnée par le pape dès la fin des années 1920, voit dans cette présence non chrétienne un danger pour la « race ». Mgr Jean-Baptiste Bazinet, alors au faîte de son prestige, prononce le 23 juillet 1939 un sermon qui évoque « l'invasion juive » et qui semble avoir un effet déclencheur[29]. Les incidents antisémites se multiplient : agressions, tentatives d'incendies, affiches placardées durant la nuit :

AVIS
Les Juifs ne sont pas désirés ici,
Sainte-Agathe est un village canadien-français
et nous le garderons ainsi.

NOTICE
Jews are not wanted here in Ste. Agathe,
so scram while the going is good[30].

« Déguerpissez pendant qu'il en est encore temps » ! Le ton agressif de la version anglaise en dit long, comme d'ailleurs la désignation de Sainte-Agathe comme un « village », qui renvoie à une idéologie de la conservation des valeurs traditionnelles, à un Québec paroissial et homogène qui doit résister à la modernité et aux modes de vie urbains.

Par un enfant de onze ans qui est son servant de messe et qui fait partie des petits Croisés défenseurs de la foi, nul ne s'étonnera que les positions de Mgr Bazinet soient prises au pied de la lettre. Miron lui-même racontera plus tard qu'il descendit avec d'autres jeunes de son âge chasser les Juifs de la plage de Sainte-Agathe à l'aide de fouets (sans doute des branches de roseau ou des branchages)[31]. Ironiquement, cette contribution dérisoire aux luttes antisémites trouve un écho inversé chez le plus grand écrivain juif du Québec, Mordecai Richler : dans un recueil de récits autobiographiques, *The Street* (*Rue Saint-Urbain*), il met en scène trois jeunes Juifs qui descendent aussi sur une plage des Laurentides, mais pour aller y vandaliser une affiche antisémite[32]. Pour le jeune Miron en tout cas, la « chasse aux Juifs » demeure un épisode sans lendemain : de toute manière, l'atmosphère va bientôt changer avec le déclenchement de la guerre à la fin du même été 1939.

Les juifs de Sainte-Agathe, presque tous de langue maternelle yiddish, parlaient l'anglais et c'est cette présence de la langue anglaise, on le sait, que Gaston Miron va retenir de la petite ville de son enfance. Dans ce cadre, l'identité particulière de cette population n'occupe aucune place. Mais lorsque le jeune homme s'installe à Montréal, à l'automne 1947, survient une anecdote qui jette un autre éclairage sur le rapport de Miron aux Juifs. Un soir qu'il se promène selon son habitude dans les rues de la ville, il entre en conversation avec un homme affable, un flâneur sensible comme lui à la beauté des choses.

L'homme lui fait remarquer le clair de lune qu'il décrit comme « le soleil de la nuit » : c'est Dieu, dit-il, qui l'a mise là, et sans Dieu le monde court à sa perte, comme la France contemporaine. Les deux hommes se présentent : Miron se rend alors compte que l'autre est juif, il s'appelle Joseph et il a une femme, Rebecca. Très religieux à cette époque, Miron est impressionné par cet échange et par la foi sereine de cet homme. Quelques jours plus tard, il note dans son journal : « Cette rencontre fut pour moi l'écroulement de nombreux préjugés, surtout celui de la barrière raciste et fanatique. Je comprends que ce bon Joseph était mon ami déjà, mon frère humain[33]. » Cette attitude demeure typique de l'auteur de *L'Homme rapaillé* : devant l'homme concret, ses idées préconçues et ses généralisations s'inclineront toujours volontiers, et même son credo politique saura se faire discret, dénué de mépris et d'hostilité.

*   *   *

Mais nous sommes pour le moment à la fin de l'été 1939. Ayant rangé son fouet, le jeune Miron est rentré à l'école, dans sa classe de 6ᵉ année, au moment même où le monde s'engage dans un conflit meurtrier qui va dévaster l'Europe et l'Asie. Au Canada, sans qu'on en soit encore à la conscription, c'est le début de l'effort de guerre, tandis qu'à la fin d'octobre les élections provinciales ramènent au pouvoir les libéraux désormais dirigés par Adélard Godbout : Duplessis devra patienter avant d'établir sa domination sur le Québec des années 1940 et 1950.

Chez les Miron, tous les enfants ont atteint l'âge scolaire, sauf la petite Thérèse, qui n'a qu'un an et demi. Ils entreront bientôt à tour de rôle dans l'adolescence : Gaston est sans doute promis à de longues études, jusqu'à l'université, jusqu'à Polytechnique peut-être… Jeanne tient toujours maison avec énergie ; le soir, elle se penche sur les devoirs des filles et continue de remplir ses boîtes à chaussures de poèmes et de citations. Puis vient très vite la splendeur rouge de l'octobre laurentien, les premiers gels : Charles-Auguste passe davantage de temps dans son atelier maintenant que s'achèvent les contrats de la belle saison et qu'il a payé une dernière fois ses hommes. C'est l'heure du bilan financier, qu'il dresse avec l'aide d'un comptable. Les revenus assurent à la famille un hiver confortable, sans compter ceux que lui apporteront les petites commandes des prochains mois. Au temps des fêtes, sans doute ira-t-on une fois de plus, à moins d'une forte tempête, passer le jour de l'An chez les grands-parents Michauville, au bout du chemin cahoteux qui monte à Saint-Agricole.

Mais au début de l'hiver 1939-1940, Charles-Auguste, qui n'a jamais été malade, éprouve soudain des malaises persistants : le médecin consulté lui fait passer des examens dans une clinique. Le diagnostic tombe, impitoyable, au bout de quelques semaines : c'est un cancer, à un stade avancé. La progression est rapide et il devient clair, au début de l'hiver, que Charles-Auguste devra être hospitalisé. Le problème, c'est qu'il n'y a d'hôpital ni à Sainte-Agathe ni même à Saint-Jérôme, aussi étonnant que cela paraisse[34]. Et la clinique de Sainte-Agathe n'est aucunement équipée pour traiter des maladies aussi graves.

Il n'y a pas d'autre solution que de transporter le malade à Montréal, à plus de 80 kilomètres, ce qui compliquera singulièrement les visites. Mais cet éloignement physique est aggravé par le fait que Charles-Auguste, plutôt que d'être soigné à l'hôpital Notre-Dame ou à l'hôpital du Sacré-Cœur, se retrouve dans le sud-ouest de la ville, à l'hôpital de Verdun, fortement anglophone. En effet, Gabrielle, la sœur de Jeanne qui, comme d'autres Michauville, a quitté Saint-Agricole, habite à deux pas de cet hôpital. Comme il ne saurait être question que la mère de Gaston, avec ses cinq enfants, s'absente de Sainte-Agathe durant la semaine, Gabrielle peut rendre visite quotidiennement au malade et Jeanne loge chez elle quand elle va voir son mari. Ce n'est que le samedi qu'elle peut laisser pour une journée la famille à une gardienne et prendre le train pour Montréal. Triste ironie ! Le père de Gaston Miron, qui a toujours eu du mal à communiquer avec ses clients de langue anglaise, se retrouve dans un hôpital dont il comprend mal la langue ! C'est Gabrielle qui doit souvent traduire, pour Charles-Auguste et pour Jeanne quand elle est là, les remarques des infirmières et des médecins.

Tout se passe très vite et, dès février, la condition du malade se détériore à vue d'œil. Charles-Auguste Miron meurt le 16 mars 1940, avant même d'atteindre ses quarante-cinq ans. Sa dépouille est ramenée à Sainte-Agathe pour les funérailles que célèbre Mgr Bazinet dans l'église remplie de parents et de paroissiens : Gaston et ses sœurs y assistent avec les élèves de leurs classes, mais Jeanne est absente, clouée au lit par une forte grippe et sûrement terrassée par le chagrin.

La terre est encore gelée en cette fin d'hiver et Charles-Auguste ne sera inhumé qu'au printemps, dans le cimetière derrière l'église, aux côtés de son père décédé dix ans plus tôt.

*   *   *

Gaston Miron dira plus tard qu'il n'a pas eu le temps d'avoir un père, qu'il n'a eu qu'un « papa ». Sans doute cela explique-t-il que, par-delà ce terrible manque, la figure paternelle se soit quelque peu estompée, qu'elle ait glissé dans un imaginaire qu'il devient parfois difficile de distinguer de la réalité. Ce qui restera de Charles-Auguste pour le poète Miron, c'est surtout l'image de l'artisan et son rapport difficile à la langue anglaise et aux Anglais. Cette dernière question ressurgit dans une anecdote étrange que le poète racontait encore à la fin de sa vie, comme c'est le cas en 1994 dans le film *Gaston Miron, les outils du poète*, anecdote étrange non par son contenu, mais parce qu'elle relève de l'impossible.

Un soir donc, au moment où la famille est réunie, le téléphone sonne et Charles-Auguste va répondre. C'est chose courante : ses clients sont nombreux à l'appeler pour régler certains détails concernant les contrats et les travaux. Mais à voir l'expression de son visage, il est clair que cet appel a un autre objet et qu'on lui apprend une nouvelle grave. Après avoir raccroché, il annonce d'une voix accablée : « La France vient de tomber. » Puis, après un lourd moment de silence, tandis que deux larmes coulent sur ses joues, il ajoute ces mots qui, dit le poète, lui parurent à l'époque énigmatiques : « Les Anglais vont nous mépriser encore plus. »

Si convaincante et émouvante soit-elle, cette histoire se heurte à un sérieux problème : comment la concilier avec le décès de Charles-Auguste survenu à la mi-mars ? Le père de Gaston Miron ne peut en effet avoir été témoin de l'entrée des Allemands en France au mois de mai, et encore moins de la défaite française, qui n'a eu lieu qu'en juin 1940. D'où vient cette histoire ? La beauté de l'anecdote n'a d'égale que son troublant mystère, elle fait entrer la figure paternelle dans ce monde de la légende, dans le grand récit que l'auteur de *L'Homme rapaillé* n'a cessé de peaufiner à partir de l'humiliation du peuple canadien-français.

Les deux vocations du frère Adrien

Le monde s'arrête de tourner : la guerre qui gronde en Europe, les petites batailles qui divisent Sainte-Agathe et enflamment les troupes du curé Bazinet, on dirait que plus rien de cela n'existe et n'a jamais existé. En ce printemps 1940, il n'y a qu'à mesurer une terrible absence et à organiser la survie. Et d'abord le deuil qui impose sa couleur noire à la veuve, naturellement, mais aussi aux enfants : au grand désespoir de ses filles, leur mère devra teindre plusieurs de leurs robes ; quant à Gaston, il portera la cravate noire tout au long de l'année. Pire encore : ce deuil est censé interdire l'écoute de la radio ! Jeanne juge que c'est beaucoup exiger d'elle et de ses enfants en bas âge, pour qui la radio est à la fois un outil éducatif et un divertissement : heureusement, le curé Bazinet se montre compréhensif et il accorde une dispense.

Faire vivre la famille pose un problème autrement plus grave. Charles-Auguste a eu la prévoyance de se procurer une assurance vie qui permet à sa femme de défrayer les funérailles et de payer les comptes en souffrance pour les matériaux et les outils que le défunt avait achetés au début de l'hiver, comptes qu'il aurait facilement acquittés dès l'arrivée du temps doux. Mais l'atelier lui-même ? L'entreprise de Charles-Auguste reposait entièrement sur sa personne et sur son image de compétence : lui disparu, il ne reste qu'à tout liquider. Un artisan juif de la région achète l'atelier pour la somme de 400 $: Gaston, assis dans un banc de neige en train de fondre devant la maison, regarde en pleurant se vider l'atelier où il a vu si souvent travailler son père.

Mais comment nourrir et éduquer désormais les cinq enfants ?
Jeanne, peu instruite, n'est aucunement préparée pour le marché du
travail, et de toute manière, ses enfants et surtout la petite Thérèse,
qui n'a que deux ans, exigent trop de soins pour qu'elle puisse songer
à s'absenter régulièrement de la maison. Charles-Auguste, peu avant
sa mort, a entrevu le pire : que Jeanne, faute d'une autre solution, en
vienne à placer les enfants dans un orphelinat, les plus âgés du moins.
Une lettre qu'il a laissée à sa femme pour lui exprimer ses dernières
volontés était claire : il lui demandait d'éviter à tout prix cette triste
solution.

Sans salaire provenant d'un emploi, sans même le soutien d'allo-
cations familiales (elles ne seront instaurées par le gouvernement
fédéral qu'en 1945), Jeanne essaie d'imaginer d'autres sources de
revenu : elle décide d'offrir un service de lessive aux familles aisées de
Sainte-Agathe, une tâche qu'elle pourra accomplir chez elle avec l'aide
de ses filles les plus âgées, Denise et Suzanne. C'est ainsi qu'à partir de
l'été 1940, à leur retour de l'école, celles-ci partiront régulièrement
avec de grands paniers pour aller chercher le linge dans les maisons
cossues autour du lac des Sables et pour le rapporter frais lavé aux
clients.

À court terme, le malheur est d'autant plus vif pour le jeune
Gaston qu'il est désormais le seul homme de la famille, alors qu'il
arrive à peine à l'adolescence et qu'il n'a pas même terminé son cours
primaire. La présence de son père incarnait pour lui une stabilité,
une assise qui inspirait confiance : désormais, plus rien n'est solide
et il va de soi qu'à douze ans le jeune homme ne saurait assumer les
responsabilités d'un chef de famille.

En septembre 1940, Gaston est sur le point d'entreprendre sa
7ᵉ année : une fois son cours primaire terminé, il y aura des décisions
à prendre. Les rêves universitaires de Charles-Auguste pour son
seul fils, la fréquentation très coûteuse d'un collège classique, tout
cela est maintenant hors de question. Le jeune adolescent devra-
t-il abandonner ses études, ce qui est d'autant plus plausible que la
scolarité obligatoire n'est pas encore instaurée au Québec en ce début
des années 1940 ? L'avenir ressemble à un tunnel, mais voici qu'au
cours de l'année scolaire qui commence une issue va se présenter,
quoique bien peu lumineuse au premier abord.

La communauté des frères du Sacré-Cœur, fondée à Lyon en 1821,
s'est établie à Sainte-Agathe dès le début du XXᵉ siècle : elle y a fondé un

collège et ouvert trois écoles. C'est l'une d'elles que fréquente depuis 1934 le jeune Gaston Miron, premier de classe, garçon bien élevé et enfant de chœur irréprochable. S'il entretient en son for intérieur de petites rébellions, il le cache bien sous ses allures timides. Comme déjà son père, ses professeurs ont rapidement entrevu en lui de belles promesses, mais les frères ne sont pas sans savoir que le drame qui a frappé la famille Miron remet en cause la poursuite de longues études. Convaincre le jeune garçon d'entrer dans la communauté, ne serait-ce pas lui assurer une bonne formation dans un cadre catholique et libérer du même coup sa mère d'une bouche à nourrir ?

Il y a de l'opportunisme dans cette intention. Les communautés religieuses de l'époque sont préoccupées par la question du recrutement, dans une société en pleine modernisation. Chez les frères du Sacré-Cœur et les autres communautés masculines du même type (frères des Écoles chrétiennes, frères de l'Instruction chrétienne), ce souci devient souvent une véritable hantise, d'autant plus que la plupart des écoles du Québec sont surpeuplées et réclament un personnel enseignant nombreux. Or le recrutement des jeunes hommes est plus ardu que celui des jeunes filles dans les congrégations féminines, et le statut de frère enseignant n'est guère attrayant, il correspond à une sorte de prolétariat de la hiérarchie religieuse. Pour les familles, voir un fils devenir prêtre est autrement plus prestigieux. Tout au long des années 1940, les autorités du Mont-Sacré-Cœur de Granby, où sont formés les futurs instituteurs de la communauté pour le sud et l'ouest du Québec, devront donc rester sur le qui-vive : partout dans les écoles et les paroisses, il faut battre la campagne, enrôler les jeunes garçons. Le nombre de nouvelles recrues a-t-il le moindrement baissé, d'une année à la suivante, qu'il faut se mobiliser pour renverser la tendance[1].

Qu'en est-il, dans ce contexte, de ce qu'on appelle la vocation ? On le devine un peu au récit que fera plus tard Gaston Miron de son recrutement :

> J'avais douze ans. Un jour, mon professeur me dit : « Gaston, si le Sacré-Cœur t'apparaissait et te demandait dans la vie religieuse, que ferais-tu ? — Je dirais : Oui ! Eh bien, c'est le Sacré-Cœur qui me le demande[2]. »

La suggestion est insidieuse, le garçon demeure un peu méfiant. Il a beau être un petit Croisé et le servant de messe préféré de

Mgr Bazinet, jamais il n'a envisagé une telle éventualité. Il faudra sans doute quelques mois pour le convaincre, et tout indique que c'est en mars 1941 que son professeur, le frère Roch, obtient finalement le consentement qu'il espérait :

> Un autre jour, il me demanda si j'acceptais d'entrer au Juvénat. Ah ! c'était sérieux et je demandai deux jours. J'arrivai chez nous en pleurant et je dis cela à ma mère, veuve d'un an. Elle pleura de même et se soumit. Moi, j'avais besoin de me cabrer contre cette offre — car j'avais toujours eu la peur des soutanes. Était-ce par timidité, à cause des amabilités de mon recruteur ou la grâce de Dieu, une force irrésistible me fit dire : oui[3] !

Dès lors, les événements se précipitent, non sans de grandes angoisses. Pour Jeanne, toujours en deuil de Charles-Auguste, l'entrée de Gaston chez les frères ne peut susciter que des sentiments contradictoires : il sera pris en charge et éduqué, mais la perspective d'une telle séparation lui paraît déchirante. Il en est de même pour Gaston, qui éprouve une immense culpabilité à laisser à elles-mêmes sa mère et ses sœurs qu'il aime, tout en se disant qu'il sera un fardeau financier de moins pour la famille.

La décision s'impose toutefois, sans retour possible, dans une sorte de résignation aveugle. Un matin d'avril 1941, un ami des Miron vient chercher en voiture le jeune garçon, qui apporte avec lui une seule petite valise. Toute la famille est en larmes, et après les embrassades, Gaston monte dans la voiture, qui disparaît au bout de la rue Saint-André, sous les yeux de Jeanne et de ses filles : difficile d'imaginer qu'ils se reverront très peu pendant de nombreuses années.

*   *   *

La route de Sainte-Agathe à Granby s'étire sur plus de 150 kilomètres vers le sud. Dans les années 1940, elle traverse tous les villages des Basses-Laurentides et de la Montérégie, en passant par Saint-Jérôme et Montréal, un voyage beaucoup plus long qu'à l'ère des autoroutes. Jamais le jeune Miron ne s'est éloigné ainsi de son petit pays laurentien : pour la première fois de sa vie, il va se trouver coupé du Nord de son enfance, de ses montagnes et de ses lacs, comme du Saint-Agricole de ses grands-parents Michauville. Mais à la distance géographique s'ajoute le fait qu'il s'apprête à entrer dans un univers sans commune mesure avec le milieu familial où il a grandi heureux, du moins jusqu'à la mort de son père : Gaston vivait entouré de femmes dans une relative liberté, et le voici bientôt plongé dans une institution exclusivement peuplée d'hommes qui lui imposera des règles de vie assez rigoureuses. Le « village » de Sainte-Agathe, ou du moins ce que le jeune garçon en connaissait, pouvait bien être « à l'abri » du vaste monde, mais que dire du Mont-Sacré-Cœur, isolé de la vie séculière, des turbulences sociales et politiques et largement autarcique dans son fonctionnement ?

Qu'a ressenti l'adolescent de treize ans lorsque la voiture a grimpé la longue allée bordée d'arbres menant au juvénat, en ce dimanche de début de printemps, avec ses arbres sans feuilles, son herbe jaune et ses lambeaux de vieille neige tenace dans les sous-bois ? De l'appréhension sans doute, peut-être un certain effroi de se retrouver soudain si seul et dépaysé. Dans les registres du Mont-Sacré-Cœur, l'admission de la nouvelle recrue : « Gaston Miron, né le 8 janvier 1928 à Sainte-Agathe-des-Monts, fils de Charles-Auguste Miron et de Jeanne Michaudville [sic] », porte la date du 13 avril 1941[4]. Ce jour-là, on peut dire que le jeune homme fait ses adieux définitifs à sa première enfance.

*　　*　　*

Son nouveau régime de vie ne tarde pas à s'imposer. Une semaine après son arrivée, il profite du dimanche pour écrire à sa mère et lui livrer ses premières impressions :

Chère maman,

[…]

Il y a déjà une semaine que je suis au Juvénat. [...] Je n'ai pas le temps de m'ennuyer. Jugez-en par le règlement : lever à 5 h et demie, ensuite toilette, prière du matin à 6 h moins un quart, messe et communion à 6 h, ensuite déjeuner et récréation ; à 8 h et demie : classe ; à midi, dîner ; à 1 h, classe ; à 4 h, récréation ; à 5 h, chapelet, méditation ; souper à 6 h, ensuite récréation ; à 8 h, étude ; à 8 h et demie, prière du soir et coucher à 9 h.

C'est avec votre plume que j'écris. Nous avons beaucoup de jeux : billard, dames, etc. Mardi dernier, nous avons eu beaucoup de plaisir, nous avons eu une partie de sucres et nous avons fait une promenade en ville […][5].

Emploi du temps inflexible, mais aussi : jeux, sports, excursions. Cette population de jeunes adolescents en pleine croissance a de l'énergie à revendre : en dehors du strict horaire d'études et de prières, les deux après-midi de congé par semaine permettent des activités nombreuses, et dès cette première lettre, Gaston signale à sa mère qu'il lui faudrait des chaussures de sport neuves. Le garçon qui aimait tant s'adonner aux activités sportives à Sainte-Agathe se retrouve du moins en terrain connu. Au Mont-Sacré-Cœur, on pratique tous les sports de balle et, en hiver, on arrose la patinoire dès les premiers froids. Le jeune novice se reproche d'ailleurs bientôt, dans une page de son journal, de mettre beaucoup plus d'ardeur dans ses matches de hockey que dans le progrès de sa vie spirituelle[6] !

Nul doute qu'il souffre d'être séparé de sa mère et de ses sœurs, même s'il essaie de se montrer fier et courageux et que dans ses nombreuses lettres à sa mère, il se plaît à répéter qu'il ne s'ennuie pas et qu'il persévère dans sa vocation[7]. À peine est-il arrivé à Granby, toutefois, qu'elle lui apprend une mauvaise nouvelle : la vente imminente de la maison familiale de la rue Saint-André. Il en éprouve une grande peine, surtout pour la mémoire de son père qui a travaillé « à la sueur de son front » pour en être le propriétaire[8]. Mais Jeanne a sans doute constaté que ni l'argent obtenu de la vente de l'atelier, ni ses travaux de lessive ne suffiraient à faire vivre bien longtemps la famille : la vente de la maison, au prix de 1 500 $, une somme appréciable à l'époque, lui permettra de tenir un an ou deux avant qu'elle ne trouve des solutions plus durables. Au printemps 1941, elle emménage donc comme locataire dans un logement du même quartier.

Gaston ne verra pas grandir ses sœurs, la petite Thérèse en particulier, le bébé de la famille dont il s'informe souvent. Avec ses autres sœurs, Denise, Suzanne et Germaine, qui ont alors entre sept et onze ans, il joue à distance le rôle du grand frère, et même celui du père qui rappelle à l'ordre : en novembre 1942, il promet à Denise qu'il lui donnera son album de timbres et déclare à Suzanne qu'elle aura « quelques beaux livres », à condition que toutes deux aident leur mère et soient obéissantes[9]. Il reçoit des nouvelles de la famille régulièrement : Thérèse et Germaine récupèrent après avoir contracté une maladie contagieuse ; l'état de santé de sa grand-mère Eugénie s'améliore ; son « oncle » Henri Miron, le cousin de son père, s'est engagé dans l'armée canadienne et il est maintenant stationné en Grande-Bretagne. En 1942 parvient au jeune novice l'annonce du décès de son grand-père, Maxime Michauville, le pionnier analphabète, à Saint-Agricole. Puis, en mai 1943, sa mère lui apprend qu'elle a fait la connaissance d'un voisin et qu'elle songe à l'épouser : Gaston, à quinze ans, se fait alors conseiller et lui recommande d'aller consulter le curé ou un vicaire, car, dit-il, « il faut un bon catholique qui se souciera des enfants[10] ». À l'été 1944, une lettre de Jeanne l'informe que Denise, qui a terminé sa 7e année, est au service d'une famille aisée de Sainte-Agathe, des commerçants d'origine syrienne pour lesquels elle tient maison tout en s'occupant de leurs enfants ; ce sont de bons employeurs qui la traitent comme leur fille et qui l'invitent même à les accompagner pour leurs vacances en Nouvelle-Angleterre.

Tout se passe au loin et en différé, bien que parviennent souvent au jeune Miron des paquets, des enveloppes plus tangibles : un pantalon, de l'argent, des chocolats et des bonbons envoyés par sa mère, un dollar économisé par Germaine pour faire réparer les lunettes que sa myopie l'oblige à porter depuis son jeune âge. Mais cela ne saurait remplacer la réalité quotidienne et l'affection de la famille. La séparation est totale et, surtout, elle s'éternise : pendant six ans, jusqu'à l'été 1947, le jeune homme ne retournera pas une seule fois chez lui, pas même pour les vacances d'été. Durant ces longues années, sa mère ne lui rend que deux visites, à l'été 1943 et l'année suivante, accompagnée des quatre sœurs de Gaston, au moment où il se prépare à revêtir la soutane du novice et à devenir le « frère Adrien », simple prénom qui va rejeter dans l'ombre, sinon dans l'oubli, Gaston Miron et qui marque d'un seul trait la mise à distance du lien familial.

On pourrait croire qu'ainsi séparé des siens et engagé, à un âge où il n'est guère possible de faire des choix éclairés, sur la voie qui va le transformer en frère enseignant, le jeune Miron s'est enfoncé dans un tunnel plus sombre encore que celui où il se trouvait piégé à Sainte-Agathe après la mort de son père. L'idée reçue voudrait le voir maintenant captif, au printemps 1941, d'une institution un peu sinistre, étouffante, hantée par des hommes à soutane plus ou moins pervers — une image que va populariser le Québec de la Révolution tranquille et dont *Une saison dans la vie d'Emmanuel* de Marie-Claire Blais demeure l'expression romanesque la plus mémorable. Pourtant, le jeune Miron qui entre à l'âge de treize ans au Mont-Sacré-Cœur n'a rien d'un Jean le Maigre, jeune poète de génie, happé par l'univers infernal de quelque frère Théodule aux allures de rapace. Cette

« grande noirceur » des institutions religieuses, jamais il n'en fera
l'expérience et, revenu dans la vie laïque, on le verra déplorer, après
avoir assisté à une pièce des Compagnons de Saint-Laurent en 1950,
que la vie des religieux soit toujours représentée sous l'angle « de leurs
travers et de leurs ridicules ». Il souhaite alors que ce thème soit abordé
« par un romancier sérieux qui voudrait bâtir un vrai drame humain.
La sainteté est humaine. Bernanos l'a frôlée. Mais pas encore assez à
mon goût[11] ». Toute sa vie, Miron conservera une profonde affection
pour les frères qui lui ont enseigné ou qu'il a côtoyés, que ce soit à
Sainte-Agathe ou à Granby.

En fait, il est loin d'être malheureux au Mont-Sacré-Cœur. Il
devait un jour y décrire sa venue comme guidée par un « dessein
providentiel » lui ayant permis de connaître une « seconde enfance[12] »
après celle qu'il avait vécue si heureuse à Sainte-Agathe. L'enfance !
Miron s'y cramponne longtemps, plus que de raison : s'il avait
complété son cours primaire à Sainte-Agathe, il sent bien qu'il aurait
dû assez rapidement se mesurer au monde réel, celui des hommes
et du travail. La vie bien réglée et confortable du Mont-Sacré-Cœur
reconduit au contraire un âge sans soucis, sans responsabilités, sans
choix déchirants. La rigueur des horaires, l'exigence de piété, les tâches
domestiques à accomplir, d'ailleurs assez bénignes (mettre la table au
réfectoire, épousseter la chapelle, sarcler le jardin, déneiger la patinoire
en hiver), s'imposent d'elles-mêmes et ne vont pas sans de nombreuses
compensations : activités sportives et culturelles, excursions de
groupe, camaraderie. Devenu novice, on peut même fumer, non pas
la cigarette qui est interdite, mais la pipe et aussi, pour les grandes
occasions, des cigares que distribue généreusement le directeur !

Le cadre physique du Mont-Sacré-Cœur n'y est pas pour peu dans
ce sentiment d'une vie agréable et moins contrainte qu'on l'imagine.
L'édifice lui-même, à l'époque où Miron y habite, est moderne et
spacieux ; bâti en 1934, c'est une construction d'une belle symétrie,
dont le revêtement en briques beiges n'a pas l'austérité de ces murs de
pierres grises qui caractérisent tant d'édifices religieux plus anciens du
Québec. À l'intérieur, les couloirs sont larges, les salles bien éclairées
par la lumière du jour. Surtout, les frères ont tiré le meilleur parti de
leur immense terrain situé sur un plateau : dès la fin des années 1930,
ils ont aménagé des allées plantées d'arbres, un « jardin botanique »
qui comprend un arboretum aux espèces variées, et aussi un vaste
potager. En contrebas d'un talus s'étendent des courts de tennis.

L'adolescent Miron a perdu ses Laurentides, mais il découvre une nature d'une beauté comparable, celle des Cantons-de-l'Est, pointant vers le pays du poète Alfred DesRochers qu'il lira bientôt. De l'emplacement surélevé du collège, la vue embrasse les collines qui bordent la ville : tout près se trouvent le mont Shefford où l'on emmène parfois les élèves faire du ski en hiver et, en bas, la rivière Yamaska, aussi langoureuse que la rivière du Nord et sur laquelle il arrive que l'on aille patiner s'il fait assez froid durant la période des fêtes. L'été, la campagne et les forêts environnantes se prêtent aux longues marches et aux pique-niques, mais aussi aux excursions occasionnelles en autobus à travers des paysages bucoliques, vers Roxton Pond ou Saint-Benoît-du-Lac. Dans les environs du Mont-Sacré-Cœur, comme jadis avec ses jeunes sœurs à Sainte-Agathe, Miron se joint à ses confrères pour la cueillette des fraises et autres fruits des champs. À partir de ces récoltes et de celle des légumes tirés en abondance du potager, la population du collège se voit enrôlée pour la préparation des conserves, en quantité industrielle, en vue de l'hiver.

C'est là tout un monde concret mais amplement en marge des réalités de la vie, même si l'on descend parfois dans la ville et que sur les chemins de campagne on croise des paysans. En juillet 1941, le collège organise un voyage à Montréal : Miron et les autres élèves du juvénat logent alors à l'Académie Roussin, rue Notre-Dame Est, et ils visitent la chapelle de la Réparation et l'oratoire Saint-Joseph. Mais que se passe-t-il vraiment dans la société et à travers le vaste monde ? Dans le journal mensuel du collège, *La Voix du Mont-Sacré-Cœur*, c'est à peine si la guerre qui fait rage en Europe est mentionnée : un article d'octobre 1942 a beau rappeler que, là-bas, « les peuples s'en-tretuent[13] » ou un frère dénoncer, en 1944, « l'irréparable dommage causé par l'hitlérisme, le fascisme et que sais-je encore[14] », ces réfé-rences à la situation mondiale sont exceptionnelles. La rubrique des éphémérides, dans chaque numéro, inclut bien quelques nouvelles des principales missions étrangères des frères du Sacré-Cœur, en Haïti, au Brésil, à Madagascar : ces échos dépassent toutefois rarement les faits divers, même s'il est vrai que débarquent aussi au collège, de temps à autre, des frères missionnaires qui viennent pour une soirée parler de leur expérience à l'étranger.

La vie interne du collège domine tout : l'arrivée de nouvelles recrues suscite l'enthousiasme, les dégels de la patinoire en janvier ou en février sont une catastrophe, l'inauguration d'un laboratoire de chimie et de physique est une bénédiction. La piété occupe une place importante mais aussi les activités d'animation, telles que la semaine missionnaire, les campagnes de la JEC (Jeunesse étudiante catholique), le scoutisme, de même que les événements culturels : récital de la chorale, pièce de théâtre, conférence sur le chant grégorien par un moine de Saint-Benoît-du-Lac.

La vocation essentielle des frères demeure la pédagogie. Le Mont-Sacré-Cœur a le statut d'une École normale, accréditée par le Département de l'instruction publique responsable de l'éducation au Québec : sa mission première est de former les futurs enseignants des niveaux primaire et secondaire, de sorte que la réflexion et les conseils pédagogiques y occupent une place centrale. *La Voix du Mont-Sacré-Cœur* ne cesse de consacrer des articles à ces questions : quelles méthodes employer pour enseigner l'orthographe et la composition française sans décourager d'emblée les moins doués ? Comment aborder le catéchisme en prévenant l'ennui ? Que faire devant les distractions ou ce qu'on appellerait aujourd'hui le déficit d'attention des élèves ? Comment corriger ceux-ci, comment gronder les tricheurs tout en évitant de se mettre en colère et d'imposer des châtiments excessifs ? La lecture d'ouvrages sur la psychologie des enfants, dont on propose une liste, est fortement recommandée à la veille des vacances d'été. Il arrive, plus rarement, qu'on lance un cri d'alarme : un article de mars 1947 se penchera ainsi sur « la crise de l'enseignement de l'histoire au primaire ». À l'appui de ce que l'auteur qualifie de « gâchis », on trouve quelques-unes de ces « perles » dont ont toujours été friands les milieux de l'enseignement. À une question d'examen : « Quelle demoiselle accompagnait Maisonneuve pour soigner les malades ? » un élève peu au fait de l'histoire de la fondation de Montréal a répondu : « Jeanne d'Arc », plus héroïque et plus sainte sans doute que la trop modeste Jeanne Mance[15]…

Quoi qu'il en soit, si les jeunes frères sont invités à devenir des « apôtres » qui parviendront à « changer les âmes » pourvu que leur vie intérieure éclaire et nourrisse leurs œuvres[16], il est certain que la formation offerte ne perd jamais de vue les problèmes pratiques qu'affronteront forcément les frères enseignants lorsqu'ils se retrouveront devant leurs classes d'élèves.

*   *   *

C'est dans cette institution bien tenue, sur les hauteurs qui dominent la ville de Granby, que Gaston Miron va vivre sa transformation en frère Adrien. Cette mutation, il ne fait pas que la subir : le considérer comme une victime de la fatalité serait du pur mélodrame. Tout indique au contraire qu'il assume sincèrement ce passage, d'abord dans sa naïveté pieuse de garçon de treize ans, puis à travers les aléas de l'adolescence, les crises de conscience, les interrogations, l'éveil des passions et la culpabilité qu'il en éprouve. Le chemin est tracé et il y avance en cherchant à être digne d'une vocation sur laquelle il lui arrive bien de se questionner, surtout lorsqu'il atteint l'âge de seize ou dix-sept ans, mais qu'il ne remet jamais vraiment en cause jusqu'en 1947.

Les étapes se succèdent sans surprises. À son arrivée au collège, il a d'abord terminé sa 7e année avant d'entreprendre deux années dites « complémentaires », les 8e et 9e années dont le programme couvre toute la gamme des matières, depuis la religion jusqu'à la comptabilité en passant par la littérature, l'histoire, les sciences, la didactique et même la législation scolaire. Comme à Sainte-Agathe, le jeune Miron obtient d'excellents résultats et parfois même des notes parfaites : en histoire littéraire française et canadienne, en pédagogie pratique, en physique notamment. Dès l'année scolaire 1941-1942, il figure régulièrement au tableau d'honneur du collège. Même ses résultats en anglais sont moins misérables qu'on aurait pu le croire, encore qu'il soit difficile d'évaluer la qualité de cet enseignement[17].

Un premier tournant survient à l'été 1943. Le jeune homme a maintenant franchi l'étape du juvénat et, dans une lettre à sa mère datée de la mi-juillet, il la remercie de lui avoir rendu visite et lui annonce que les postulants suivront une retraite au début du mois d'août pour se préparer intérieurement à leur entrée au noviciat[18]. L'événement a lieu le samedi 14 août : dans la chapelle du collège, on accueille dans le faste et la joie une nouvelle cohorte de frères du Sacré-Cœur. C'est alors que Gaston Miron devient officiellement novice et qu'il revêt la soutane pour prendre le nom de frère Adrien. Mais rien n'est joué : l'année qui commence est « un temps d'apprentissage à la vie religieuse », explique le novice à sa mère. « On essaie ses forces pour voir si l'on est apte à cette vie[19]. » Le propos est prudent : un adolescent de quinze ans peut difficilement être sûr de sa vocation. Mais il va y mettre beaucoup de bonne volonté ; et de toute manière, on n'en est pas encore à l'heure des vœux, même temporaires, de pauvreté, de chasteté et d'obéissance.

Qui est-il au juste, ce jeune frère Adrien ? Le visage légèrement allongé, le nez protubérant, la lèvre inférieure un peu épaisse, il nous regarde avec une certaine autorité et peut-être quelque arrogance, derrière ses lunettes rondes, sur une photo de l'époque[20]. Ne se soumet-il pas pourtant à la règle de la communauté avec une louable docilité ? Il devait affirmer plus tard que toutes ces règles et cette discipline lui pesaient. Mais s'il peut malgré tout accepter ce cadre assez rigide, c'est qu'il se garde en réserve, c'est qu'une part de lui-même n'a pas besoin d'une révolte ouverte pour s'y soustraire.

On dirait d'ailleurs que le fait d'avoir revêtu l'habit et adopté sa nouvelle identité de frère renforce cet espace intérieur où l'aspiration à la sainteté côtoie l'introspection attentive et, bientôt, des méditations lyriques assez débridées. Il est remarquable, en effet, que l'entrée de Miron au noviciat coïncide, à quelques semaines près, avec sa décision de tenir un journal personnel. « C'est en ce jour de la nativité de Marie que je commence à faire mon journal », écrit-il le 8 septembre 1943, au début d'un cahier d'écolier, le premier d'une douzaine qu'il remplira jusqu'au printemps 1950[21]. Par un détour qui n'est pas sans ironie, c'est précisément en devenant le frère Adrien que Gaston Miron, paradoxalement, commence à être un peu plus lui-même, le *vrai* Gaston Miron, celui qui optera en fin de compte pour la vocation littéraire.

Mais il va d'abord essayer d'être un saint, et la partie est loin d'être gagnée. « L'esprit de novice doit être un esprit de victime », écrit-il dramatiquement dès les premières pages[22] : c'est qu'il faut beaucoup d'abnégation et d'humilité pour s'incliner devant les règles et les petites choses. Or le frère Adrien, comme son regard peut le laisser croire, n'est guère doué pour de telles vertus. Il se connaît assez pour en être conscient et pour tracer de lui-même dans son carnet de retraite ce délicieux autoportrait, au cours de l'hiver qui suit son entrée au noviciat :

> Voici frère Adrien. Hum ! Quel type. Très drôle. Il semble être un arsenal
> de défauts. Aussi quelle misère à démêler ça. Il ne se comprend plus

lui-même. Nerveux tout pur, pardon, ayant une bonne dose de sanguin ; c'est son tempérament. Et comme tout bon nerveux, il a un bon mélange d'inconstance et d'orgueil plutôt intérieur. […] Orgueilleux à l'extrême, frère Adrien aime à parler, à avoir la note dominante de la conversation. Tout converge vers son moi. Aime à être écouté, coupe souvent la parole à un confrère, raconte ses bons coups, parle avec véhémence de ce qu'il aime ; quelquefois opiniâtre, tantôt sa parole est mordante, tantôt elle revêt le cachet moqueur, railleur. Tantôt il ne dit rien. Il est porté à ruminer cela. […] Frère Adrien veut faire un saint. Grosse besogne, mon vieux[23] !

Cette voix véhémente, lequel de ses contemporains ne l'a pas entendue plus tard et jusque dans ce « mon vieux » qui vient clore la tirade ! Et ces moments de silencieuse rumination… Il n'a que seize ans pourtant, et si cet orgueil démesuré pose tout un défi à ses saintes aspirations, le jeune frère Adrien profite des pages de son journal pour y pressentir une contradiction plus large. D'un côté, en effet, il prie Dieu de faire de lui « une âme d'élite, un saint[24] ». De l'autre, il comprend qu'« un saint, c'est un *gars* comme les autres *gars*[25] ». Cette tension entre la volonté d'élévation, l'aspiration à l'élite, et le désir de ne se distinguer en rien de la masse en demeurant « un gars ordinaire », thème connu de la mentalité québécoise, n'a pas fini de s'exprimer chez le jeune Gaston Miron, et on le retrouvera d'une manière plus vive encore dans son projet de devenir écrivain.

Pour l'instant, le frère Adrien doit composer avec son « arsenal de défauts » et il cherche vaillamment à voir clair dans « cet âge entre deux âges[26] » qu'est l'adolescence. Il peut bien parler fort et en mettre souvent plein la vue, son monde secret est rempli d'inquiétudes, de remous, d'émotions mal maîtrisées. Derrière sa fougue et sa carrure sportive, c'est au fond un timide et un hypersensible, facilement touché par l'attention que lui prête une personne, accablé au contraire par le moindre mot de réprobation. Par-dessus tout, il conserve en lui ce trésor de l'enfance, cette faculté d'émerveillement qu'il a toujours eue devant la beauté du monde. Elle est à portée de regard et d'oreille, cette beauté : avec des confrères et des amis, il aime flâner durant les périodes libres dans les allées du « jardin botanique », écouter les chants d'oiseaux en cherchant à les identifier, ici telle espèce de chardonneret, là un jaseur des cèdres, là encore un troglodyte. Dans l'arboretum, il retrouve la compagnie des arbres : c'est bien autre chose sans doute que les forêts de Sainte-Agathe et de l'Archambault, mais leur beauté et la variété des espèces l'exaltent. Comme les oiseaux, les arbres ont des noms : érable argenté, chêne rouge, cormier, sapin, qu'il se plaît à énumérer.

Que le sentiment de la beauté puisse passer par le langage, par les mots précis qui nous permettent d'en saisir les nuances, cela semble se révéler très tôt au jeune Miron. Jamais d'ailleurs il n'aura de grande inclination pour les arts non verbaux, dessin, peinture, sculpture, musique instrumentale (sinon l'harmonica !) ; jamais en tout cas il ne s'y adonnera sérieusement, contrairement à tant de poètes qui ont beaucoup peint, gravé ou dessiné. Dans le froc du frère Adrien, Miron aime avant tout dire et nommer, il a le verbe haut, et malgré les turbulences et les secrets de son monde intérieur, c'est un homme de toutes les paroles, à l'allure quelque peu dramatique. On ne s'étonne pas de son penchant pour le théâtre : déjà à Sainte-Agathe, il avait incarné plusieurs personnages dans les séances présentées à son école. Au collège, on le voit dès l'automne 1943 figurer au programme d'une soirée récréative au cours de laquelle il tient le premier rôle d'une petite pièce consacrée à saint Louis de Gonzague, dans une scène qui se passe « à Mantoue, le matin du jour des Morts 1585[27] ». Cette passion pour le théâtre allait plus tard faire les belles années de l'Ordre de Bon temps.

Pourtant, le théâtre ne suffit pas, même si l'on peut y trouver le plaisir de belles envolées poétiques sans doute édifiantes. Le fait que le jeune frère Adrien tienne régulièrement son journal dès cette époque indique assez sa prédilection pour la parole écrite, plus personnelle. À quel moment sent-il le besoin de donner à cette parole intime et à son sentiment de la beauté une forme esthétique ? Au départ, en 1943-1944, son année de noviciat, il note des impressions convenues et il se répand surtout en prières et en invocations : « Ô hostie ! Ô crucifix, je me tourne vers vous. Aidez-moi à bien passer mon adolescence », demande-t-il ainsi à Dieu sur un ton suppliant[28]. En août 1944, autre moment solennel, il accède au scolasticat et prononce ses premiers vœux : dans cette profession de foi et cet engagement, il voit une grande beauté, celle « de l'amour et du sacrifice[29] ».

Mais à la fin de l'été, le 8 septembre plus précisément, quelque chose se passe. C'est de nouveau la fête de la Nativité de Marie : un an plus tôt, jour pour jour, il a commencé à remplir les pages de son premier cahier. Cette fois, il veut donner à ses souhaits de bonne fête une tenue plus noble :

> Sur ton enfant, ô mère
> Verse ton bon et grand cœur.
> Sur le monde en misère
> Sème joie et bonheur[30] !

Il se pourrait bien que nous lisions ici les tout premiers vers jamais écrits par Gaston Miron. L'intention est louable, le contenu et la forme médiocres, mais ce pauvre quatrain est surtout digne de mention pour ses suites. C'est durant cet automne-là, en effet, que s'attise la flamme poétique du frère Adrien. Il se promène seul, le soir, dans la grande allée devant le collège : l'été révolu, le soleil déclinant et la chute prochaine « de la frondaison[31] », comme il l'écrit avec une coquetterie toute littéraire, le remplissent de mélancolie. C'est bientôt octobre, et voici que la piété mariale prend une autre tournure, devient une invocation à la nature multicolore :

> Octobre tout rouge
> Que j'aime à te regarder, mois du Rosaire
> ô octobre tout rouge
> Laisse monter vers le ciel ma douce prière
>
> Rouge vert, rouge vert jaune
> Succèdent vite à l'ancienne verdure
> Rouge vert, rouge vert jaune
> Apparaît sur le grand film de la nature[32]

Ce dernier vers peut étonner : l'image s'inspire-t-elle des projections que l'on présentait de temps à autre aux élèves du collège qui, tout comme Miron lui-même, n'avaient jamais pu entrer enfants dans un cinéma ? Cette nature en technicolor manifeste à tout le moins une aspiration, non plus seulement aux âpres altitudes de la sainteté, mais à un lyrisme de la nature, si empreint de piété soit-il et si maladroit dans son expression formelle.

*   *   *

Il y a peu d'anecdotes (sinon la découverte de l'analphabétisme de son grand-père maternel) que Gaston Miron aura racontées aussi souvent que celle de cette heure d'étude au collège où il a été pris en

fragrant délit de poésie. Une fin de journée, au moment où les élèves
étudient et font leurs devoirs, le surveillant croit observer que le frère
Adrien est plutôt en train de rêvasser et d'écrire autre chose. Ayant
exigé de voir son cahier, il constate : « Vous écrivez un poème ! » puis
il ajoute : « Mais vous ne suivez pas les règles[33]. » Le jeune homme en
sera quitte pour l'étude et la copie d'un traité de versification.

On doit présumer que cet événement ne se déroule pas avant
l'hiver 1944-1945. Les premiers essais poétiques de l'automne 1944 ont
révélé en effet bien des lacunes : vers mal comptés, chevilles énormes,
rimes banales, tous les ingrédients se trouvent réunis, sans parler de
la pauvreté du contenu, pour produire des poèmes médiocres. Reste
à savoir si l'apprentissage des règles de la versification parviendra
maintenant à transformer le frère Adrien en un poète convenable.
Mais il n'y a pas que la versification : on étudie plus largement les
« préceptes littéraires », on fait de l'« explication d'auteurs » dans les
cours de français du Mont-Sacré-Cœur.

En 1945, l'élève qui griffonnait des poèmes à la salle d'étude a
en main une anthologie maison qui regroupe des poètes français
et « canadiens », comme on disait alors[34]. Du côté français figurent
L'Âme du vin de Baudelaire, *Ma bohème* écrit par Rimbaud à l'âge de
seize ans, des extraits de *Sagesse* de Verlaine, deux ou trois poèmes
de Leconte de Lisle, Heredia et Samain, des passages des *Yeux d'Elsa*
d'Aragon et des morceaux choisis des *Géorgiques chrétiennes* de
Francis Jammes. Sous un passage du poème de Jammes décrivant une
vieille maison de ferme et se terminant par ces deux vers : « Le bonheur
entourait cette maison tranquille / Comme une eau bleue entoure
exactement une île », le jeune Miron a écrit un mot de commentaire
qui juge « admirable » cette comparaison. Qu'y a-t-il de plus poétique
que le bonheur perdu, surtout sur quelque vieille ferme ancestrale
isolée du monde ?

Aux côtés des poètes français, il faut ajouter un seul poète
étranger : Rainer Maria Rilke, représenté par quelques *Sonnets à
Orphée* dans la traduction de Maurice Betz[35], avec des extraits de la
préface qui cite largement Rilke lui-même, notamment ce passage
fameux des *Cahiers de Malte Laurids Brigge* : « Les vers ne sont pas,
comme certains croient, des sentiments, ce sont des expériences. Pour
écrire un seul vers, il faut avoir vu beaucoup de villes, d'hommes et
de choses. » Le préfacier compare le poète des *Sonnets à Orphée* à un
poète autrichien : le génial Hofmannsthal, fait-il remarquer, « dès

ses premières œuvres a atteint la perfection ; tout différent est le lent accroissement que Rilke tire peu à peu de ses couches profondes ». On le sait : le poète Miron ne sera ni Hofmannsthal, ni Rimbaud, ni Nelligan, il suivra plutôt avec une extrême lenteur le chemin de Rilke.

Ce sont les poètes du Canada français qui occupent la majeure partie de cette abondante sélection. À l'exception du *Metropolitan Museum* aux accents modernistes et urbains de Robert Choquette, il s'agit presque exclusivement de ces poètes qui, entre 1875 et 1930, décrivent le monde du terroir et les visages nombreux de la vie rurale : terre labourée, croix de chemin, soirées d'hiver au coin du feu, oiseaux qui tourbillonnent à l'orée des bois, crépuscules rustiques. C'est comme une procession intime et nostalgique, qui résiste vaillamment aux assauts de la modernité et de l'urbanisation : Pamphile Le May, Louis-Joseph Doucet, Nérée Beauchemin, Albert Dreux, jusqu'au maître par excellence, Alfred DesRochers, qui est venu couronner, à la fin des années 1920, ce demi-siècle de régionalisme en y injectant une dimension matérielle et physique, un réalisme dense et pesant, dans des strophes comme :

> L'odeur des foins coupés alourdit l'atmosphère
> Du matin, empêtré, çà et là, de brouillards ;
> La prairie est déjà pleine d'oiseaux criards ;
> Entre les monts de l'est sourd un rouge hémisphère.

ou encore dans ce poème qui ouvre le paysage intime à un espace sans limites :

> C'est l'heure où le chevreuil vient boire à la rivière,
> Le couchant, au milieu de l'horizon transi,
> Fleuve d'or et de sang que la nuit rétrécit,
> Dévale de l'Orford vers l'abîme polaire.

Depuis le pays des Cantons-de-l'Est que le jeune Miron a appris à découvrir, c'est la haute dramaturgie nordique, orchestrée avec un métier sûr. DesRochers n'a pas fini de hanter le jeune Miron.

Mais que retient vraiment l'apprenti poète de ces leçons littéraires compétentes quoique assez sages, qui excluent le vers libre et, naturellement, presque toute la modernité surréaliste ? En 1945, il s'est déjà fait une réputation parmi ses confrères : on sait qu'il aime contempler les ciels crépusculaires et leurs fleuves de sang, on le voit rêver au jardin ou devant l'horizon montagneux, et au réfectoire, on l'entend s'émerveiller de la beauté d'un sonnet. On raconte aussi que la nuit, il se lève pour se glisser sur la pointe des pieds vers la salle des professeurs, qui n'est pas fermée à clé et qui contient une riche bibliothèque. Que lit-il ? Des romans de jeunesse et d'aventures, souvent d'inspiration édifiante : *Percy Wynn* et *Tom Playfair*, du jésuite américain Francis Finn ; *Le Petit Robinson de Paris* d'Eugénie Foa ; des romans historiques sur d'Iberville, Frontenac, Évangéline ; et de très nombreuses biographies : *La vie héroïque de Guynemer*, d'Henry Bordeaux, celles du maréchal Lannes, de Jean Chouan, de Pie IX, de García Moreno, du frère André, de Péguy[36]. Des confrères l'ont aperçu : après s'être choisi un livre, il peut passer des heures à lire dans les toilettes sous une lumière jaunâtre qui lui arrache les yeux. Par ailleurs, il acquiert à cette époque une habitude qu'il conservera toute sa vie : au détour d'une conversation, il sort de sa poche un bout de papier sur lequel il a griffonné quelques vers qu'il tient à faire entendre pour en mesurer l'effet. Bientôt, au collège, on le surnomme « Ménestrel », un sobriquet qui ne lui déplaît pas et qu'il va utiliser à quelques reprises comme pseudonyme.

Mais Ménestrel est un poète bien parcimonieux, il se fait désirer, soit qu'il écrit moins qu'il ne paraît, soit qu'il n'en finit pas de peaufiner ses premières ébauches. Il faudra attendre janvier 1946 avant qu'il ne donne enfin l'une de ses œuvres à la revue du collège, un poème de circonstance écrit à l'occasion des fêtes — et le moins qu'on puisse dire est que l'exemple de Rilke, d'Aragon, de DesRochers, ni des honnêtes poètes du terroir canadien-français, ne s'y fait le moindrement sentir. *Comme à dix ans* commence ainsi :

> C'est si bon,
> ça fait tant de bien, tant de joie,
> se rappeler cela,
> que déjà,
> l'on a été enfantelet
> puis jouvenceau…
>
> Car en quelque coin du cœur
> si vieux sommes-nous
> chantent, revivent

> et ne meurent jamais
> les scènes charmantes,
> naïves, ingénues
> de nos six, huit, dix et douze ans[37].
> […]

On se prend à douter qu'une chose aussi puérile soit de la plume du futur Gaston Miron… N'oublions pas qu'il a fêté ses dix-huit ans le 8 janvier 1946, un âge où de nombreux poètes, et pas seulement Rimbaud, laissent déjà poindre un certain talent ! Mais se pourrait-il qu'il cache dans ses cahiers de meilleures productions, les gardant en réserve pour un coup d'éclat ? Rien n'est moins sûr, à en juger par cette page de son journal écrite six mois plus tard, en juillet 1946, et qui donne à lire cette strophe :

> Aux fils des jours
> J'écris toujours
> Car moi, je chante ;
> Cela m'enchante.
> Quelques bons mots
> De vrai, de beau
> Et de bien, sortent
> Les jours qui portent :
> Un bonheur[38]

On est forcé de conclure que le « lent accroissement » dont parlait Maurice Betz à propos de Rilke n'a pas encore commencé à faire son travail dans l'imaginaire poétique du frère Adrien. Mais en réalité, il y a quelque injustice à ne lire que de tels morceaux versifiés : sa prose est moins indigente et si la poésie stagne, la pensée, elle, montre des signes de développement.

*   *   *

Après son année de noviciat, le frère Adrien a accédé au scolasticat en août 1944, au cours d'une cérémonie où vingt-sept jeunes frères ont prononcé pour la première fois leurs vœux temporaires. Les élans poétiques du Ménestrel n'ont en rien affecté ses aspirations religieuses : même teintée d'orgueil, sa foi est demeurée simple et,

loin de douter, le jeune homme se sent plutôt conforté dans la voie
où il se trouve engagé depuis bientôt quatre ans. Dans son carnet
de retraite, il note cette prière : « Seigneur, je commence à croire
que c'est vrai : que vous voulez faire de moi un grand saint[39]. » Il
faut dire que c'est toute l'atmosphère du collège qui se prête à une
sanctification par la prière et à des formes de piété bien éloignées
des complications et ratiocinations théologiques. Le frère Cyprien,
directeur du scolasticat et figure particulièrement respectée au Mont-
Sacré-Cœur, en est un bel exemple : homme de culture, lecteur averti
des ouvrages mystiques, il a toujours su conserver les manières les
plus humbles, une simplicité à laquelle ne cesse d'aspirer le jeune
frère Adrien. Devenir « un grand saint », oui, sans doute, mais en
demeurant conscient de cette « indignité » dont il fait état dans
l'une de ses nombreuses lettres à sa mère, au moment même où
il va prononcer ses premiers vœux. Cherche-t-il à la rassurer, à la
convaincre qu'elle ne s'est pas trompée en laissant ainsi partir son
seul fils en communauté ? « Peut-être [que] si j'étais resté dans le
monde, je me serais déshonoré et vous aurais causé du chagrin[40] »,
suggère-t-il tout en lui rappelant que le fait de consacrer sa jeunesse
à Dieu ne va en rien diminuer son amour pour elle. Mais au-delà
de ces professions d'amour filial, il se sait assailli par des pulsions
dangereuses, ennemies de l'honneur et de la dignité : « Mon seul
bagage, c'est le péché », écrira-t-il dans son carnet de retraite de l'été
1945, en précisant de façon éloquente ce qui le préoccupe par-dessus
tout, comme d'ailleurs les autres frères, que l'on met en garde avec
insistance : « Chasteté. Ne pas jouer avec le feu, c'est très dangereux.
Devant un uniforme, un bel uniforme propre, les femmes perdent la
tête… donc attention[41] ! »

Les femmes ! Le frère Adrien est encore bien loin de s'en approcher :
elles se confondent pour lui en une seule image impersonnelle et
idéale, et cela va durer. Il ne connaît guère du féminin que sa mère
et ses sœurs, mais elles sont là-bas, au pays des Laurentides. Leur
présence à Granby avec leur mère pour la cérémonie d'intronisation
des nouveaux scolastiques, à l'été 1944, est d'autant plus émouvante :
le jeune Miron n'avait pas revu ses sœurs depuis plus de trois ans.
Tenant à immortaliser ces retrouvailles, Jeanne prend une photo
devant la façade du collège, sous le soleil éclatant de la mi-août. Pour
une fois, ils sont réunis tous les cinq, Gaston au milieu, en frère Adrien,
dans sa soutane noire, avec son crucifix tombant sur la poitrine, et

ses quatre sœurs autour de lui dans leurs robes blanches, tels des anges gardiens : Thérèse qui a déjà six ans et qui paraît un peu distraite, Germaine, dix ans, et les plus grandes, Suzanne et Denise, qui en ont treize et quatorze[42].

Ce que cette photo ensoleillée et souriante ne peut raconter, c'est que la vie des sœurs Miron a connu, avec celle de leur mère, une véritable révolution au cours des mois précédents : elles ont maintenant un nouveau père. Jeanne s'est en effet remariée avec Gilbert Forget le 14 décembre 1943 à Sainte-Agathe : est-ce le « bon catholique », le père responsable que lui avait recommandé son fils au moment où elle mûrissait sa décision ? Chose certaine, ce mariage aura entraîné un autre changement important : au début de l'été 1944, la nouvelle famille a déménagé à Saint-Jérôme, Gilbert Forget y ayant décroché un emploi au Plan Bouchard, une fabrique de munitions qui alimente alors les armées en guerre. À la suite de l'armistice de mai 1945, il occupera divers emplois, dont celui de fonctionnaire dans l'administration municipale de Saint-Jérôme.

Après la vente de l'atelier de son père puis celle de la maison de la rue Saint-André, ce déménagement marque pour ainsi dire chez le jeune Miron une rupture définitive avec son lieu de naissance : Sainte-Agathe appartient plus que jamais à un monde révolu, que la mémoire et l'imagination auront pour tâche de garder vivant. Il aura beau y retourner souvent, pour se reposer et y refaire ses forces, le fil est coupé. Ce n'est pas seulement la perte du lieu de l'enfance heureuse, c'est aussi celle de son père, Charles-Auguste, et de toute sa lignée. À dix-huit ans, voué en raison de sa vocation religieuse à ne jamais avoir d'enfants, le frère Adrien constate en même temps, et en oubliant quelques cousins, qu'il est pour ainsi dire *le dernier Miron*. Son grand-père et son père reposent au cimetière de Sainte-Agathe et il n'a lui-même aucun frère : « Je suis le dernier fils de ma race, je suis le dernier enfant de ma descendance », note-t-il en août 1946. C'est là une prise de conscience dont la portée est considérable : être « le dernier Miron » entraîne une dette à l'égard de la lignée et de tous les ancêtres. Tous en chœur, comme aux oreilles de la légendaire Maria Chapdelaine, ceux-ci réclament de ne pas mourir, ils exigent un dernier et flamboyant témoignage :

Ils couvent, mes ancêtres, dans mon âme, tout comme un feu dans l'âtre ; ils couvent et rêvent, pour se réveiller un jour ; oui, tout au fond de mon cœur. Et c'est moi, moi, qui abrite tous leurs rêves, tous leurs espoirs et tous leurs idéals [*sic*]. C'est moi qui suis le résumé de mille êtres ; moi qui suis cette gerbe de générations millénaires. [...] Il faut donc que j'écrive : [...] ce sont les ancêtres qui le demandent[43].

Il s'agit là d'une lourde mais enivrante responsabilité, que seul un *ego* puissant est en mesure d'assumer. Si orgueilleux et ambitieux qu'il soit, le frère Adrien n'est sûrement pas encore à la hauteur de cet héritage, du moins comme poète. Il reste que son imagination s'emballe : le paysage des environs de Granby trouve sous sa plume des accents hallucinés. Il ne se contente plus de tout observer, que ce soit la forme des grands ormes ou celle des nuages, sous les moindres accents de la lumière depuis l'aube jusqu'au crépuscule. Il se met à imaginer, à inventer : les arbres deviennent « des trois-mâts dont les voiles battent au vent », les rayons du soleil éclatent « comme des copeaux de hache musclée », le crépuscule est « un château d'or dynamité », on y voit « des charpentes brisées, des traverses fracassées, des pans déchiquetés, des voiles, des langes déchirés. Et tout cela enflammé, irradiant[44] ». C'est un tout autre registre, dans les pages de son journal, que celui des mièvreries poétiques de *Comme à dix ans* : la beauté mélancolique a des accents de cataclysme et de désastre, mais comment ne pas voir aussi dans ces « copeaux de hache musclée » et ces « charpentes brisées » une présence fantomatique du père menuisier et des ancêtres bûcherons ?

L'été 1946 sera déterminant : les souvenirs de Sainte-Agathe et de Saint-Agricole remontent à la surface, les « jours de Saint-Agricole » surtout, aux couleurs de l'ancien temps. « Ô Laurentie, ô terroir[45] ! » s'exclame le dernier des fils Miron. Les souvenirs d'enfance et la conscience de la lignée s'ouvrent à une réalité plus large, les sentiments sont mêlés d'idéologie : des Laurentides à la Laurentie, il y a toutes les résonances du vieux nationalisme canadien-français de la première moitié du xxᵉ siècle, qui désigne volontiers ainsi le pays québécois et qui n'a pu manquer d'imprégner l'atmosphère du Mont-Sacré-Cœur. Ce pays laurentien, c'est celui des valeurs traditionnelles que chante l'abbé Lionel Groulx depuis ses *Rapaillages*, celui de la langue française et de la foi catholique menacées par la modernité, par la vie urbaine cosmopolite, celui que défendait avec ardeur Mᵍʳ Bazinet à Sainte-Agathe à la fin des années 1930. Dans ce cadre qu'une institution religieuse ne saurait remettre en cause, on organise de temps à autre au Mont-Sacré-Cœur une Semaine de la fierté nationale, une Journée des Patriotes, des campagnes du bon parler français, et l'on célèbre dans l'allégresse la fête de Dollard des Ormeaux, que l'abbé Groulx est parvenu à opposer à la « fête de la Reine », ce *Victoria Day* institué dans tout l'Empire britannique mais rappelant un peu trop aux Canadiens français leur statut de peuple conquis et colonisé par l'Angleterre.

Depuis les belles années de Sainte-Agathe, le jeune Miron n'a pas connu autre chose que ce nationalisme d'inspiration traditionnelle. À dix-huit ou dix-neuf ans, c'est là toute sa pensée : il faut, proclame-t-il, aller vers « les fils du sol, les fils des villages qui n'ont pas perdu le sens de la race[46] ». L'appel des ancêtres est ainsi, résolument, un « restons en arrière », comme devait le dire ironiquement Réjean Ducharme dans l'un de ses célèbres romans des années 1960[47]. Et comme presque toujours dans les pensées conservatrices, cette nostalgie de l'origine se fonde sur le récit d'une décadence, d'une déperdition d'énergie :

> Comme mes ancêtres, race de forts, d'aventuriers, de trappeurs, race vivante en l'âme des bois, comme eux je suis resté un être rude, fruste de manière. Mais hélas, j'ai perdu leur force et leur ardeur. Et mes bras n'ont plus de vigueur, ne savent plus faire tournoyer la hache, pousser le godendart ; mes jambes ne connaissent plus les routes, les sentiers sylvestres. Mais bonheur, j'ai senti un autre appel, l'ai suivi, y suis parvenu. Et maintenant je parle et j'écris parce que j'ai été appelé : À mes ancêtres, pardon ! À mes ancêtres merci[48] !

On entend déjà ici, presque telle quelle, l'ouverture du poème en alexandrins que Miron allait écrire vers 1948 et qu'il récitait volontiers à la fin de sa vie, éclats de rire à l'appui, pour montrer d'où il était venu comme poète : « Mes ancêtres jadis, hommes de forte race[49] ». Évidemment, le motif vient tout droit d'un des poèmes les plus célèbres d'Alfred DesRochers, qui ouvre *À l'ombre de l'Orford* : « Je suis un fils déchu de race surhumaine ». L'hymne aux ancêtres en moins, il restera des traces de ce récit de la force perdue dans *L'Homme rapaillé* : « déchéance est ma parabole depuis des suites de pères[50] ».

Mais pour l'instant, la forme et le registre poétiques n'étant pas trouvés, c'est à une élection aux accents bibliques qu'il lui importe de répondre : « j'ai été appelé ». Le *dernier Miron* se trouve ainsi à assumer non plus seulement l'héritage de son père et de toute la lignée des Miron, mais aussi celui de son grand-père maternel et de ses oncles,

les hommes de la forêt du Nord, les « ancêtres » de Saint-Agricole. Il y a là, toutefois, un partage significatif : alors que l'écrivain va se faire un nom, celui de son père, jusqu'à « amironner[51] », le nom de la mère va s'effacer dans l'œuvre au profit du nom du canton où les ancêtres Michauville ont vécu : l'Archambault. En puisant dans leur vie archaïque, analphabète et anonyme, sa plume poétique remplacera la hache : autre vigueur, autre énergie.

Va-t-elle remplacer aussi la sainteté, à laquelle n'a pas renoncé le futur frère enseignant ? Au cours de l'été 1946, la question demeure entière, mais elle devra bientôt trouver une résolution avec la rentrée scolaire qui s'annonce. Le frère Adrien, qui a déjà renouvelé ses vœux en août 1945, a dû les reconduire pour une nouvelle année après la retraite des scolastiques, en juillet 1946. Mais il n'est pas sans savoir que la prochaine fois, c'est pour trois ans qu'il devra les prononcer, avant les vœux perpétuels qui consacreront sa vie entière à la communauté du Sacré-Cœur et à l'enseignement. Il vient de terminer sa formation d'instituteur selon le programme de l'École normale et il a réussi « avec grande distinction, annonce-t-il à sa mère, le concours du gouvernement » qui habilite les finissants à enseigner dans les écoles de la province. Dans sa dernière lettre, Jeanne lui a donné des nouvelles de Saint-Jérôme et des Laurentides, de ses sœurs, de sa grand-mère, de son oncle Albert Michauville : mais il a surtout été ému par son écriture de mère peu instruite qui semble tout à coup faire écho aux voix du passé qui résonnent en lui depuis quelques mois :

Vous écrivez notre belle langue française comme les gens du terroir. Et moi j'aime ça. Car j'aime les aïeux, les ancêtres. Tous ceux qui ont lutté pour nous, pour notre religion, notre langue, notre patrie. Moi, je suis dans le milieu. Je suis ancien, car j'ai touché à l'ancien. Je suis parti jeune et n'ai pas connu le monde moderne « trop tôt[52] ».

Le Mont-Sacré-Cœur l'a tenu à l'abri de ce grand péril. Son exil précoce vers le collège lui aura finalement été bienfaisant. Mais il sait à présent que le départ approche : ses promenades dans le parc du collège et dans les alentours commencent à se teinter de nostalgie. Toute son adolescence s'est déroulée ici, et c'est un « magnificat » qu'il entonne pour ces cinq longues années d'études et de formation chez les frères :

Salut ! Mont Sacré-Cœur, monument triomphal,
Placé bien haut sur la colline, en l'idéal.
[…]
Tu m'éduquas dans la grandeur, dans la beauté,
Me donnas le savoir, me comblas de bontés[53].

Cet éloge est aussi un chant d'adieu et, au mois d'août, le frère Adrien attend dans l'anxiété, comme les autres finissants, l'annonce de son affectation dans une des nombreuses écoles que dirige la communauté, sur un immense territoire qui va d'Acton Vale à Rouyn en passant par Montréal, Cornwall et Maniwaki. La nouvelle tombe le 15 août : le frère Adrien enseignera dans une classe de 3e année de l'école Meilleur, rue Fullum, à Montréal.

*   *   *

Comme tous les silences, ceux de Gaston Miron sont révélateurs, mais ils frappent d'autant plus que le poète de *L'Homme rapaillé* avait le verbe haut et l'éloquence facile. Or, dans les innombrables récits ou évocations de sa jeunesse, tant dans ses entrevues que dans ses écrits, son année d'enseignement à l'école Jean-Baptiste-Meilleur est presque totalement occultée, comme d'ailleurs l'année 1950-1951 au cours de laquelle il occupera le même emploi, comme laïc cette fois, à l'école Saint-Ernest sur la rive sud de Montréal. Mieux encore : la plupart des curriculum vitæ et des chronologies qu'il va fournir à des journalistes, à des professeurs ou à divers organismes durant sa carrière de poète et d'éditeur n'en font même pas mention. Miron a fréquenté le « collège » du Mont-Sacré-Cœur de Granby de 1941 à 1946 et il devient étudiant à la Faculté des sciences sociales de l'Université de Montréal à partir de l'automne 1947. L'année 1946-1947 à l'école Meilleur demeure le plus souvent un trou noir.

Ce silence a pu laisser croire que Miron a occupé durant une année complète des emplois manuels dans les Laurentides, notamment comme couvreur, un travail qu'il évoque dans certains récits et qui lui a fait prendre conscience des réalités de la condition ouvrière. Mais le séjour de Miron à Saint-Jérôme n'aura même pas duré deux mois, à l'été 1947. En fait, si l'année 1946-1947 est à ce point occultée, c'est que le métier d'instituteur n'a jamais trouvé sa place dans le grand récit mironien : la mythologie personnelle du poète devait privilégier

le travail physique et concret des bûcherons, des artisans et autres
travailleurs manuels. Il est vrai que le métier d'enseignant ne lui
convenait pas : Miron a sans nul doute été un grand pédagogue, mais
dans l'ordre du spontané et de l'impromptu, la plupart du temps en
dehors du cadre contraignant des programmes et des institutions.
Rien n'indique toutefois qu'il ait mal fait son travail d'enseignant : ses
supérieurs l'ont apprécié à l'école Meilleur et le cahier de préparation
de classe qu'il tient en 1950-1951 à l'école Saint-Ernest manifeste hors
de tout doute son sérieux et son application. Mais le cœur, la passion,
la *vocation* n'y seront jamais.

Située aux confins des quartiers Centre-Sud (Sainte-Marie) et
Hochelaga-Maisonneuve, dans un milieu ouvrier, l'école Meilleur
ressemble à toutes ces écoles de paroisse, très fréquentées, qui foisonnent à l'époque à Montréal. L'église, le presbytère, la salle paroissiale,
l'école des garçons, l'école des filles, la caisse populaire[54] : tel est le
noyau de ces paroisses urbaines canadiennes-françaises où les
activités sociales et de loisirs et la pratique religieuse sont fortement
imbriquées. Au cœur de la paroisse Saint-Eusèbe, l'école Meilleur a
accueilli jusqu'à 1 200 élèves dans les années 1930, mais sa population
scolaire s'est stabilisée autour du millier au moment où le frère Adrien
y fait ses premières armes comme instituteur : il n'a pas encore dix-
neuf ans et ses 37 élèves de 3e année en ont pour la plupart neuf !
Un écart d'âge aussi réduit joint au manque d'expérience pourrait
annoncer une année difficile, mais rien n'indique que le jeune frère
instituteur ait failli à la tâche.

La rentrée de l'automne 1946 est retardée jusqu'au 16 septembre à
cause d'une épidémie de poliomyélite, dite aussi « paralysie infantile »,
une maladie qui fait alors de nombreux handicapés permanents chez
les jeunes, avant la découverte d'un vaccin par le Dr Salk, en 1954.
Le Ménestrel du Mont-Sacré-Cœur profite de ce délai pour travailler
à un poème mélodramatique, *Le Caribou*, qu'il met au propre le
8 septembre. La bête blessée par un chasseur lutte frénétiquement
pour sa survie et, loin de s'effondrer, elle court, elle grimpe jusqu'« au
sommet d'un Olympe » avant d'y mourir « d'une mort très sublime » :

> Et c'est alors qu'on voit au faîte bleu
> Le Caribou ambré, le soleil dans les yeux
> Dresser sa tête avec panache. Et c'est vaillant.

> Dans un suprême effort, dans un ultime élan,
> Le cœur tout épuisé, les muscles tout raidis,
> Qu'on le voit exhaler son souffle au paradis[55] !

Ce n'est pas encore, loin s'en faut, l'orignal empanaché de *La Marche à l'amour*… Quelques années plus tard, en relisant ce feuillet, Miron griffonnera dans la marge ce commentaire ironique : « Il fut coppéen », en référence au style touchant et volontiers larmoyant du poète François Coppée, dont il avait lu quelques morceaux choisis au Mont-Sacré-Cœur.

À la mi-septembre, l'année scolaire ordinaire démarre à l'école Meilleur. Dirigée de manière compétente par le frère Euloge, l'institution a une bonne réputation et l'on s'y montre particulièrement intraitable sur la question de la qualité de la langue, dans le sillage des campagnes du bon parler français qui se multiplient au Québec depuis le début du XXe siècle. Déjà, au Mont-Sacré-Cœur, le frère Adrien ne jouait pas au *volleyball* mais à la « balle volante », encore moins au *hockey*, mais au « gouret », terme qui allait perdurer au moins jusqu'au milieu des années 1950. Dans un quartier ouvrier comme celui de l'école Meilleur, cette exigence de pureté linguistique se trouve redoublée et les élèves en sont sévèrement avertis.

L'école est un milieu de vie et, en dehors des classes, les activités sont nombreuses : sports, séances de théâtre et de chant, projections de films (en couleurs ! — chose encore assez nouvelle à l'époque), campagnes de la JEC, semaines missionnaires, conférences diverses. Le Québec des années 1940, largement sous-scolarisé, prend de plus en plus conscience des nécessités de l'éducation : le gouvernement libéral d'Adélard Godbout, élu en 1939, a fait voter une loi sur l'instruction obligatoire en 1943 et, depuis 1941, les ondes de Radio-Canada diffusent des émissions éducatives, *Radio-Collège* notamment, afin d'informer et d'instruire un public adulte qui a souvent abandonné prématurément les études ou qui est simplement assoiffé de connaissances. À l'école Meilleur, le Service d'éducation familiale organise ainsi des conférences à l'intention des parents : en février 1947, on présente une causerie sur « les devoirs des parents envers leurs enfants ». Un peu plus tôt le même mois, une activité moins éducative, une grande partie de cartes organisée pour recueillir des fonds, a connu un succès encore plus grand : le maire de Montréal en personne, Camillien Houde, longtemps député de Sainte-Marie et farouche opposant à la conscription — ce qui lui a valu d'être emprisonné par les autorités fédérales —, a gratifié l'école Meilleur d'une visite et y a prononcé un discours. *La Voix du Mont-Sacré-Cœur*, qui consacre toujours une longue section de ses « Éphémérides » aux diverses institutions d'enseignement des frères du Sacré-Cœur tant au Québec qu'à l'étranger, ne manque pas de souligner l'événement.

Mais où est-il, le frère Adrien, dans toute cette effervescence ? Étrangement absent, curieusement ailleurs, c'est-à-dire en lui-même. Ce n'est pas nouveau : le journal intime qu'il tient depuis 1943 l'a toujours montré bien davantage porté sur les considérations générales, les réflexions moralisantes et les rêveries paysagères que sur les circonstances concrètes de la vie. On a beaucoup de mal à trouver dans ces pages quelque détail précis sur son cadre de vie et son emploi du temps, et l'on y cherche en vain le moindre portrait d'un confrère ou d'un professeur. Même les lettres qu'il a écrites à sa mère du Mont-Sacré-Cœur à la même époque demeurent avares de précisions : on y apprend certes qu'il a pu jouer au « gouret », que de nouvelles jeunes recrues sont arrivées de Sainte-Agathe, qu'il a besoin d'un pantalon, que les élèves sont allés dans une cabane à sucre ou ont cueilli des framboises. Mais les détails plus précis font défaut, et pour le reste, le jeune Miron réitère des professions d'amour filial et de piété.

Il y a une carence de réalité chez le frère Adrien, et lui-même se reproche d'ailleurs souvent son trop grand idéalisme. L'adolescence, âge par excellence de l'égocentrisme et du narcissisme, n'explique pas à elle seule un tel degré d'absence aux choses et aux personnes. Malgré les dix-neuf ans qu'il atteindra bientôt durant son stage à l'école Meilleur, le jeune frère enseignant ne semble pas vraiment évoluer sur ce plan. On comprend volontiers qu'absorbé par ses nouvelles tâches, se trouvant en communauté et logeant dans la résidence des frères juste en face de l'école, rue Fullum, il n'ait guère la possibilité de se mesurer un tant soit peu à la réalité montréalaise qui l'entoure pour la première fois. Mais même son monde le plus proche semble évanescent, imprécis, immatériel. C'est à peine si l'on apprend que de la fenêtre de sa chambre, il aperçoit la rue de Rouen : mais rien sur cette chambre, sur ses collègues, sur la vie de l'école, sur le milieu ouvrier, sur son expérience toute neuve d'enseignant. À sa mère, en octobre, il confie : « J'ai 38 petits bonshommes. C'est intéressant que ce monde-là[56] ! » Même propos le printemps suivant, avec un élève en moins : « Toujours mes 37 marmots à éduquer et à remplir de vertu et de science. Tâche agréable mais patiente et longue[57]. » Les considérations du frère Adrien sur sa vie à l'école Meilleur ne dépassent jamais ce niveau de généralité.

Peu après son installation dans la résidence de la rue Fullum, il se rend avec d'autres frères visiter l'île Sainte-Hélène et son vieux fort par un beau samedi du début de septembre. Loin d'en tirer quelques impressions concrètes, il ne consigne dans son journal du lendemain qu'une envolée patriotique parfaitement convenue :

> Île historique où le grand Lévis brûla ses drapeaux palpitant de victoires. Ô souvenir, tu as frémi dans toute mon âme. Je voyais les labeurs, les luttes, le sang, le courage. Île charmante, île héroïque, île épique, faite des vieux arbres de mille et mille ans, des antiques manoirs et des vieux forts écroulés. Faite du sang et de l'âme de ceux que l'Iroquois ou l'ennemi a couchés dans la glèbe aux grands jours de notre histoire[58].

Des arbres de mille ans, des manoirs ? Il est clair que le frère Adrien vit pour l'essentiel dans sa tête et dans des discours.

En fait, à partir de 1946, il est plus que jamais absorbé par sa vocation de poète lyrique, et il cherche à tout prix à n'y voir aucune contradiction avec ses aspirations à la vie sainte et religieuse. Bien au contraire, c'est à Dieu lui-même qu'il veut exposer son « principe d'action en littérature », c'est au Très-Haut que le frère Adrien confie solennellement son projet le plus cher :

> Je veux donc, Seigneur, écrire. Je travaille sur le style, peine, essaie, corrige, analyse, tout en ayant cette spontanéité naïve. Par là, je veux vous faire honneur. Mon rêve, le voici. C'est l'édification de chef-d'œuvres [sic]. Oui, prouver à tous que la religion et le religieux sont capables [sic] et ne nuisent nullement à la littérature[59].

Son modèle, c'est le grand pionnier des sciences naturelles, le frère Marie-Victorin, qui a fait la preuve que la vocation religieuse et celle d'écrivain ne sont pas incompatibles. Le frère Adrien prendra le relais, il sera ce paradoxe vivant d'un religieux en soutane au « style vigoureux, comme un bûcheron en forêt », un chantre dont la voix poétique tiendra aussi bien de « la bourrasque du Nord » que de « la mélodie grégorienne[60] ». Il vise haut : tout comme il aspirait au carré des âmes d'élite, il se sent appelé à devenir un poète de première grandeur, et il commence à cette époque à rassembler dans un premier cahier noir ses meilleures productions, longtemps polies et mûries. Il y développe son bestiaire poétique :

> Sur un pieu de clôture, un troglodyte chante ;
> La bicolore prend le chemin de l'azur ;
> Un criquet noir stridule en les herbes mouvantes ;
> La vaillante fourmi s'attaque au travail dur.

Il y recrée le monde perdu de l'enfance et du pays laurentien :

> Ô paysages
> des premiers âges
> Mes beaux paysages d'alors !
> Ô vous, paisibles
> Ou bien terribles
> Au sein des montagnes du nord !
>
> Ô paysages
> Des entourages
> Avec un beau ciel boréal,
> Dans la ramure
> Et la verdure
> Parmi les grands lacs de cristal[61].

À l'entendre, lorsqu'il allait plus tard raconter ses débuts poétiques, ce poème aurait été son tout premier, et il n'aurait même pas su que c'était un poème ! On comprend la portée de cette légende : il fallait, dans le grand récit de Gaston Miron, que tout commence par un souvenir des Laurentides, absolument spontané et sans même le filtre déformant de la conscience esthétique.

Mais n'importe : toujours est-il qu'il écrit et qu'il s'essaie à plusieurs mètres, à diverses formes, sans atteindre encore aux chefs-d'œuvre rêvés. Ils viendront, c'est certain, et l'on dirait que c'est toute la communauté qui l'encourage dans cette voie, sans trop se rendre compte que cela pourrait finir par l'éloigner de la vie religieuse. On est tellement fier de compter un poète parmi les frères ! Au Mont-Sacré-Cœur, le départ du Ménestrel a laissé un grand vide et plusieurs de ses confrères restés là-bas lui écrivent : « *In Christo Jesu*, salut poète ! » lui lance depuis Granby le frère Sauveur, évoquant avec nostalgie leurs promenades au cours desquelles ils parlaient de poésie et d'auteurs : « Extases et enivrements poétiques inconnus de ceux-mêmes qui m'entouraient. Cela était pour moi choses sacrées qu'il me fallait cacher. Je ne suis pas comme vous. Il me semblait qu'elles disparaissaient si je les dévoilais [...]. *Deo Gratias*, pour m'avoir donné l'amour de la poésie[62]. » Même le très respecté frère Cyprien, directeur des scolastiques, vient lui rappeler que s'il profite, comme jeune frère enseignant à l'école Meilleur, d'un « nouveau champ d'apostolat », il n'en conserve pas moins des dons lyriques qu'il convient de cultiver. Après lui avoir donné des conseils de générosité, il ajoute avec sa modestie habituelle : « Est-ce que cela est trop prosaïque pour un poète comme vous ? Poétisez cela et me l'adressez[63] ! »

Il faut dire que Ménestrel se charge lui-même de garder vivante sa réputation, non sans ambiguïté. Personne n'ignore qu'il écrit depuis au moins deux ans ; il n'a jamais fait mystère de ses aspirations les plus hautes à la poésie, et pourtant, on n'a pu lire jusqu'à présent qu'un seul de ses poèmes dans *La Voix du Mont-Sacré-Cœur*. Durant ses études à Granby, il préférait lire ses pièces poétiques à des confrères au beau milieu du jardin, ou simplement les consigner dans ses cahiers. Depuis son arrivée à l'école Meilleur, il envoie quelques poèmes récents à des amis encore au scolasticat, le frère Sauveur, le frère Alban, tous deux actifs à la rédaction et à la production de la revue mensuelle du collège. Cependant, un seul poème, *Contemplation*, d'une religiosité surannée, tout en clair-obscur, paraît au milieu de l'automne 1946 :

> Les ombres et la paix coulent par les verrières
> Et l'église est déserte et mon âme, en prière.
>
> J'entends craquer les murs, vois mourir les lampions.
> La musique du vent semble une adoration.
>
> Tout autour, dans le bas, s'endorment les vieux saints
> Qu'on aime tendrement et qu'on prie à deux mains [...][64]

Le frère Alban admire la pièce sans réserve, il en voudrait davantage, mais Ménestrel persiste à se faire rare. Or voici qu'à la mi-décembre le frère peut revenir à la charge à la suite d'une fête qui s'est tenue au collège :

> Cher Frère Adrien, mon bon petit Ménestrel,
> [...] À la St-Cyprien, un scolastique nous a récité avec beaucoup de grâce un morceau littéraire de Ménestrel qui m'a enchanté. Je veux parler de « Ronde à la joie ». Je viens donc vous demander la permission de le mettre dans *La Voix* de Noël. Ce n'est pas que nous manquions d'articles mais bien parce qu'il est magnifique, ce petit morceau[65].

C'est donc par le détour de cette récitation publique que Ménestrel va consentir à se manifester dans la revue une nouvelle fois. *Ronde à la joie* paraît en janvier 1947 :

> Vive la joie !
> La joie des aurores, des printemps, des espaces et des rayons de soleil et puis des horizons.
>
> La joie des vies qu'on édifie bonnes et belles, pas méchantes du tout.
>
> La joie d'amour, d'extase et d'enthousiasme, comme un matin qu'on regarde.

Le frère Alban est un inconditionnel, il a l'enchantement facile… Ménestrel a beau avoir découvert Péguy et la forme libre du verset, ni « la bourrasque du Nord », ni la « mélodie grégorienne » ne paraissent au rendez-vous. Il y a quand même, dans la suite, quelques éclairs annonciateurs :

> Galope, mon âme, un plaisir libre, tel un poulain au printemps après le long internement de l'hiver.
>
> Saute mon âme, un plaisir d'Éden, comme le fait le saumon quand il danse sur les frayères.
>
> Et toi, mon cœur tumultueux, mon cœur pareil à une cascade aux bruits de vagues effrayantes, fais la paix douce, très douce et claire[66].

« frayères », « cascade », et cette âme qui « galope », présente plus tard dans *La Braise et l'humus* (« c'est moi cet homme au galop d'âme et de poitrine[67] ») : au mieux peut-on observer qu'un lexique, des images s'éveillent qui peupleront *L'Homme rapaillé*, mais Ménestrel n'a pas trouvé sa langue, sa syntaxe, il veut faire beau, et surtout, il veut faire joyeux, ce qui donne ensuite un vers comme « Gaîment, vis gaîment la vie de tes dix-huit ans ! », mot d'ordre éculé plutôt que poésie.

Son ambition ne se dément pas. Après le congé des fêtes, l'année scolaire vient de s'engager sur son second versant. Le frère Adrien retrouve sa classe, mais jamais, tout au long de cet hiver et de ce printemps 1947, il n'a été aussi fébrile, aussi exalté, tant dans sa soif de grandeur que dans sa crainte de quelque catastrophe morale. Même son discours patriotique passéiste se teinte d'impatience et de sombres appréhensions :

> Ça presse ! Il nous manque un nouveau Frontenac, avec un nouveau courage et une nouvelle audace. C'est le ressaisissement ! Allons ! C'est le choix ! […] Cramponnons-nous au sol encore aimant des aïeux ! Car [sinon] c'est la banqueroute, le désastre, l'anéantissement, l'oubli.

> Ste-Agathe, patronne de mon village en les montagnes ! Agathe, blanche de virginité et rouge de martyr[68] !

Dans les pages de son journal, le frère Adrien se fait prêcheur et prophète. Il voudrait tant être conforme au modèle d'humilité et de simplicité qui fait l'étoffe des vrais saints, mais ce n'est pas dans sa nature, lui qui se sait « nerveux, impétueux, sanguin, passionné[69] », lui qui aspire à voler haut et à vivre grand, comme il l'écrit dans un poème de janvier 1947 :

> C'est moi la forêt, la majesté et l'étendue !
> C'est moi la forêt dont l'âme est grande comme celle du nord !

> C'est moi la forêt aux échos de siècles effondrés, à la sève des races devenues terre et des générations sylvestres retournées humus !

> […]

Allons ! mon ami, viens baigner dans l'intimité des branches et tremper
dans les sous-bois de bien-être [...] étreins l'érable, le hêtre, et le chêne
ou bien l'épinette, penche sur l'érythrone, l'hépatique et le trille ou bien
sur la fougère.

Alors, connais et vois le pays en sa virginité sauvage, en sa beauté initiale[70] !

N'y aurait-il pas quelque part un point de rencontre, un lieu de fusion
entre le patriotisme, la nature, la religion et la poésie ? Le problème,
c'est que ni la routine, qu'il a en horreur, ni la religiosité conformiste,
ni la fade humilité ne permettent d'y atteindre. Il faut de l'élan, il faut
être, comme il le note dans son journal, « extrémiste par le bon
bout. L'œil neuf, avec une clarté de premier jour, en quête de création.
Bondir hors de cette vie creuse, vie de bagatelle et trop matérialiste.
Saillir dans l'espace comme un astre en reflétant la lumière du dernier
Évangile[71] ». Ménestrel, si souvent mièvre et scolaire, est appelé à la
fulgurance, mais il ne sait plus s'il doit s'abandonner à cette force ou
la combattre. D'un côté, il se prend pour un démiurge et entreprend
de récrire la Genèse :

Et quand Dieu eut pensé, et quand Dieu eut dit : soit
Il y eut des rumeurs innombrables de voix

Les pâleurs du néant, de douceur délicate
Virent sourdre de Dieu la lueur écarlate.

Et maintenant il y aurait le temporel
Cabré bien en face de l'immatériel.

Il survola longtemps l'Amérique inouïe
L'Esprit des eaux, et le pays de Laurentie.

Frémissement d'esprit, remuements invisibles
Palpitations d'amour, subtilités sensibles[72] !

Ce serait là son premier grand poème épique, dans le sillage de Victor
Hugo et de Louis Fréchette, s'il parvenait à le mener à terme. Mais,
d'un autre côté, il est tourmenté par le désir de « tout voir, tout

posséder, tant dire le monde, ne rien perdre », car c'est toujours le même orgueil insupportable, le même inconfort : « Ce révolté, ce cambré, ce mâté, je veux le tuer, le rejeter loin d'ici, je veux la simplicité, l'humilité[73] », perpétuelle résolution qu'il ne parvient pas à accomplir. N'est-ce pas pourtant dans ce combat qu'il trouve quelque chose qui commence à ressembler à la voix de Gaston Miron :

> Malgré la rafale des déceptions, des insuccès,
> des fatigues, des ennuis,
> Malgré la flore de meurtrissures, des serrements et des pleurs
> Malgré ce quelque chose comme une aile
> noire volant alentour
> Malgré ce cri de peur foudroyante comme
> en échappe l'orignal blessé
> [...]
> Je reste debout, de tout mon long, les pieds flanqués de terreau
> et les yeux hantés de clairvoyance et de nostalgie d'étoile,
> en quête d'approbation divine
> Ne pensant ni remords aux dents ni tombée d'inconscience en désespoir
> Vous priant comme hier, Seigneur[74].

Ne pas mourir comme le caribou blessé, rester debout dans sa blessure : Miron ne sera jamais autant chez lui que dans les batailles et les contradictions. Mais que la poésie ramène à la prière, que la littérature soit un chemin vers le divin, c'est l'espérance à laquelle il se raccroche.

Pour trouver un certain repos et se rassurer sur sa vocation, le frère Adrien multiplie les prières de gratitude au Seigneur, il se répand en alléluias sur la beauté du monde : « Beauté ! Beauté ! Beauté[75] ! » s'exclame-t-il en arpentant la longue galerie de la résidence des frères, parmi les effluves du printemps revenu, un printemps de grandes célébrations religieuses auxquelles il participe avec la meilleure volonté. Le mois de mai, traditionnellement consacré à Marie, est en 1947 l'occasion d'un événement important : la venue à Montréal de Notre-Dame-du-Cap, la Vierge dont le sanctuaire se trouve près de Trois-Rivières et qui est en route vers Ottawa où se tient une année mariale. À Montréal, la visite de la statue miraculeuse attire les foules : dans le quartier Rosemont, le 16 mai, 25 000 fidèles assistent à une messe de minuit en plein air, et deux jours plus tard, malgré la pluie battante de ce dimanche, c'est toute la paroisse Saint-Eusèbe qui acclame Notre-Dame et qui défile, en compagnie des prêtres et des communautés religieuses, derrière la statue précédée d'un char allégorique digne du peuple élu : « L'arche d'alliance ». De la rue Fullum, la procession parcourt tout le quartier avant de déboucher près du parc La Fontaine, devant l'église de l'Immaculée-Conception, où se tient le soir une grande réception en présence du maire Camillien Houde et des autorités ecclésiastiques.

Sentant remuer en lui « de grandes choses[76] », le frère Adrien persiste dans la dévotion : il a assisté à la messe du quartier Rosemont, défilé avec les frères et les fidèles de la paroisse Saint-Eusèbe, et il assiste quelques jours plus tard à une grand-messe à l'oratoire Saint-Joseph. L'année scolaire s'achève : dans sa classe, il cherche à calmer la fièvre printanière de ses jeunes élèves. Ce seront bientôt les vacances et une retraite est prévue, au début de juillet, pour les frères qui, comme lui, sont sur le point de s'engager plus à fond dans la vie religieuse. Mais il y aura un intervalle entre la fin des classes et cette retraite : dès la fin avril, il annonce dans une lettre à sa mère qu'il pourra venir passer quelques jours dans les Laurentides à la fin juin : son premier retour au pays natal en plus de six ans !

La famille, y compris la grand-mère Eugénie de Saint-Agricole, est établie depuis trois ans à Saint-Jérôme, rue Labelle. Dans ses lettres à Gaston, Jeanne n'a cessé de donner à son fils les dernières nouvelles, et tout indique qu'elle ne file guère le parfait bonheur. « N'ayez pas peur de me faire du chagrin. N'ayez pas peur de me dire vos peines… », lui écrit son fils au printemps 1947[77]. Elle se livre à mots couverts, avec cette dignité courageuse qui la caractérise. Il faut dire qu'elle doit composer avec toutes ses filles qui, à part Thérèse, sont maintenant de grandes adolescentes, s'occuper de sa vieille mère usée par la vie, tout en élevant un bébé, Robert, que Jeanne a eu de Gilbert Forget au début de 1945. Gaston a donc désormais un demi-frère, dont il ne fera jamais beaucoup état, lui qui demeure le seul (et le dernier !) fils Miron. Ses sœurs les plus âgées, par contre, Denise et Suzanne, à dix-sept et seize ans, le préoccupent : tout en encourageant sa mère à « prendre la vie par le bon bout », il explique, dans sa lettre de la fin avril, qu'elles sont à « l'âge ingrat », qu'il est normal qu'elles veuillent sortir, mais qu'elles doivent à tout prix éviter les « *grills*[78] » et les salles de danse, comme d'ailleurs la lecture des « livres dangereux ou douteux ». Le frère Adrien demeure fidèle à son rôle de conseiller moral, gardien des bonnes valeurs.

Mais sa mère a une autre source de chagrin, dont elle consent encore moins à parler ouvertement : elle a vite constaté que si Gilbert Forget est un bon travailleur et un chef de famille honnête, il a un penchant marqué pour la bouteille, dès que sa semaine de travail est terminée. Pour elle qui a connu un premier mari sobre, respecté et membre des Chevaliers de Colomb, c'est une dure épreuve qu'elle cachera de moins en moins à Gaston au fil des ans. Plus tard, durant les années 1950 et 1960, Miron ira très souvent jouer le rôle du fils protecteur et consolateur, impuissant en même temps à redonner à sa mère le bonheur qu'elle a partagé avec Charles-Auguste.

Il n'empêche que dans la dernière semaine de juin 1947, le frère Adrien prend l'autobus pour le Nord avec une profonde allégresse : le pays laurentien, ce « terroir » qu'il a tant évoqué et chanté dans ses écrits des dernières années, voici qu'il va le retrouver physiquement. Pour lui, cela demeure une région de villages, et il apprécie beaucoup le fait qu'à Saint-Jérôme, contrairement à Montréal où l'on circule dans l'indifférence, les gens ne manquent pas de vous observer avec curiosité. Mais on le sent, c'est moins Saint-Jérôme qui l'intéresse que le « vrai Nord », ce « pays de verdures massives, de conifères innombrables et de croupes arrondies d'avoir tant existé[79] ». Après avoir retrouvé la famille et fait la connaissance de son beau-père et de son demi-frère, il part pour Sainte-Agathe et surtout Saint-Agricole, où la vieille maison des grands-parents a été léguée à son oncle Emmanuel Michauville, qui y élève sa famille. En ce 29 juin, c'est l'exultation d'un matin d'été en Archambault :

> Aujourd'hui : à St-Agricole. À sept heures, depuis la côte jusqu'au cric [*sic*]. Seul, paix immense et sereine, blonde et chaude. Le chant des troglodytes, fauvettes jaunes, pinsons chanteurs. Bourdonnement d'insecte. Martyr des cousins. Les épinettes m'ont reconnu[80] !

Les piqûres de moustiques peuvent bien vous torturer pendant les travaux des champs ou les promenades en forêt, le frère Adrien, lui, a retrouvé son habitat naturel, ce monde « natal » que son imagination n'a cessé d'habiter.

S'est-il arrêté à Sainte-Agathe ? Sans doute, mais il n'en fait pas la moindre mention dans son journal. En redescendant vers Saint-Jérôme, le 2 juillet, on est sûr, par contre, qu'il s'arrête à Sainte-Adèle, le pays de son grand-père Charles Miron et aussi le repaire du « lion du Nord », Claude-Henri Grignon, le chantre de l'épopée des « pays d'en haut ». Le frère Adrien et ses confrères ont toujours écouté fidèlement, chaque soir, à leur résidence de l'école Meilleur, la série radiophonique à succès que l'auteur a tirée de son roman, *Un homme et son péché*. Grignon, c'est l'antidote à la « surexcitation moderne », le créateur qui sait faire vivre « des hommes sûrs d'eux-mêmes, paisibles dans leurs excès et dans leurs qualités », comme l'a écrit le frère Adrien dans son journal[81]. En passant à Sainte-Adèle, le frère enseignant décide donc de faire une visite de courtoisie à l'écrivain et pamphlétaire consacré, qui est en outre un lointain parent puisque la première épouse de son grand-père Charles Miron, Herméline Valiquette, était la cousine de l'auteur. Grignon le reçoit avec bienveillance et lui écrit une petite note que le jeune Miron conserve précieusement dans sa poche : « Vous êtes de passage dans le milieu même où vécut l'impitoyable Séraphin. Claude-Henri Grignon[82]. »

Mais le frère Adrien ne peut s'attarder : le lendemain, il passe une dernière soirée à Saint-Jérôme avec toute la famille. C'est un autre départ, un nouveau déchirement, tant pour sa mère, affligée de le voir s'éloigner, que pour lui-même, qui perd une fois de plus l'affection maternelle et familiale en même temps que son Nord bien-aimé, « ce nord de mes ébats et de ma respiration[83] ». Le lendemain, 4 juillet, il va entreprendre la retraite qui doit mesurer l'authenticité de sa vocation avant qu'il ne prononce ses nouveaux vœux.

*   *   *

La crise intérieure a culminé au cours du mois de juin. « Je ne sais quel drame se joue dans mes coulisses[84] », se demandait-il dans son journal. Il a écrit au frère Sauveur, au frère Laurent surtout, qui a été son professeur et son directeur de retraite au scolasticat. Celui-ci est un homme éclairé, tant en matière de religion que de culture. Au frère Adrien qui lui a confié qu'il se sentait « seul sur la route » et entendait « très fort le grand cri des ténèbres », le frère Laurent a répondu que ce combat était « naturel » et que contre les sollicitations du démon, il fallait aller avec courage « dans la grande lumière de Dieu[85] ».

Au Mont-Sacré-Cœur, on a souvent vu avec tristesse des novices et des scolastiques se décourager et faire leur valise. Le frère Laurent est conscient de la valeur du frère Adrien, il voit très bien la perte que son départ représenterait pour la communauté. Pourtant, il n'exerce sur lui aucune pression excessive et s'en remet au cheminement spirituel du principal intéressé tout en lui prodiguant quelques conseils. En fait — et c'est là le cœur du problème —, le conflit entre les deux vocations du jeune frère enseignant n'a jamais été aussi évident. Il est frappant de constater que le frère Laurent joue, durant cette période de réflexion, au moins autant le rôle d'un lecteur avisé et d'un conseiller littéraire que celui d'un guide spirituel. Il a lu *Facettes*, une brochure d'une quinzaine de poèmes que Ménestrel a fait circuler chez certains de ses proches : le frère Sauveur semble l'avoir reçue, le frère Cyprien lui-même y aurait jeté un coup d'œil. Dans sa lettre du 11 juin, le frère Laurent félicitait le jeune poète pour ses dernières compositions, qui manifestaient selon lui « un progrès sensible » par rapport à ses écrits antérieurs. Dans une autre lettre envoyée peu après, il jugeait favorablement un autre poème reçu quelques jours plus tôt : « "Force ivresse" me paraît une excellente application de la technique ultramoderne en littérature. Vous y montrez une grande force d'abstraction et de la maîtrise dans la coordination de vos images[86]. » Cependant, il croit qu'il ne faut pas s'engager trop vite dans cette voie.

Le frère Adrien lui a fait part de son admiration non seulement pour Péguy, mais aussi pour Aragon et pour son travail de modernisation du vers français. Le frère Laurent est-il choqué de ce que son ancien élève admire un communiste, comme semble l'avoir craint le jeune poète dans sa lettre précédente ? « Je ne suis pas effrayé [...], on peut applaudir au beau qu'un communiste peut créer », répond l'homme de culture, non sans que le moraliste émette du même souffle une mise en garde : bien des « couleuvres » se sont cachées sous la beauté, il convient de se méfier des idées « moins bonnes » qui risquent de s'infiltrer dans l'âme...

Quand il quitte Saint-Jérôme pour rentrer à Montréal, le 4 juillet, le frère Adrien est mûr pour la bataille finale. C'est l'heure de la récapitulation et du bilan : dans un long texte daté du 6 juillet, il se souvient de son recrutement à Sainte-Agathe, au printemps 1941, et de son entrée en communauté. Il a aimé l'ambiance du Mont-Sacré-Cœur et il est resté fidèle aux principes de sa vocation religieuse. Même à présent, il n'est pas sûr de devoir y renoncer, mais des « complications » se manifestent. À vrai dire, il y en a deux, tout aussi rédhibitoires l'une que l'autre. D'abord la chasteté, « ce malaise que je ressens depuis longtemps et qui me déprime, tel un rat qui gruge sa cloison. Ah ! Seigneur, sauve ma chasteté ! Par le bistouri ou la retraite[87] ». Pudique, il n'en a jamais beaucoup parlé, même dans les pages de son journal, mais quelques allusions suggéraient, depuis deux ou trois ans surtout, qu'il y avait là un nœud bien difficile à dénouer. L'autre obstacle, c'est évidemment son désir de se consacrer à l'écriture. « Écrivain, c'est une mission sublime, grande, noble, sacrée, apostolique », pense-t-il, mais comment concilier un idéal aussi exigeant avec la vocation religieuse ?

Il ne prend pas les choses à la légère, soupesant tous les arguments. Sur une simple feuille qu'il conservera toute sa vie dans ses archives[88], il dresse sur deux colonnes le « pour » et le « contre », sorte de bilan ultime en vue de la décision à prendre. D'un côté, il a « assez bien » observé ses vœux, il est très attaché à ses confrères et il n'a que du bien à dire de sa communauté, bonne, libérale, prospère : « J'ai été heureux chez les frères, j'ai aimé les frères », insistera-t-il très souvent par la suite. Et puis, comment gagnerait-il sa vie et affronterait-il « les dangers du siècle » s'il choisissait de partir ? Pourtant, les arguments allant à l'encontre de sa vocation religieuse ne sont pas moins nombreux : il n'a jamais suivi la règle qu'à contrecœur, détestant la routine, et, malgré sa bonne volonté, il a toujours manqué de piété. « L'action catholique » qu'il pourrait mener comme laïc serait peut-être plus conforme à son talent et à ses tendances ; qui sait même s'il ne pourrait pas devenir journaliste et écrivain ?

Il se cramponne et, comme pour conjurer ce dilemme, il se lance dans une étonnante diatribe, un sermon enflammé qui se réclame de l'unité et de la « vérité éternelle » du catholicisme, et se déchaîne contre « la corruption infecte et malsaine des *grills*, bals, théâtres, contre le contraste effarant des bizarreries sordides, contre l'érotisme venimeux, destructeur de notre vitalité[89] ». Le démon ne doit pas être bien loin. Mais il n'y a plus de retour possible dans la voie mystique vers la sainteté. Dans sa chambre de la rue Fullum, en face de l'école Meilleur, le frère Adrien conclut par ces lignes, datées du dimanche 13 juillet 1947 :

Déjà sur ma vie rougit la confirmation de mon rôle ; ô le sceau de mon souffle, le sceau de la bonne souffrance ! ô le baiser de Dieu à mon âme et mon frémissement sublime d'hommages ! J'ai un homme à rebâtir (physiquement), je le rebâtirai. Mon pupitre, mes livres, mon coin de rêve ; là ma pipe, là mes souvenirs, là mes peintures ; ici mon crucifix, ici mon travail, ici ma vie ; ô le soleil qui filtre, joue avec les rideaux ondulants des joies de brise[90] !

Ce n'est pas un renégat qui s'en va : c'est un homme de foi qui se prépare à affronter la vocation de vivre, dont il ignore presque tout.

4

La pauvreté Miron

Un soir de la mi-juillet 1947, quelqu'un sonne à la porte du 954, rue Labelle, à Saint-Jérôme. Les filles de la maison se précipitent pour ouvrir : c'est leur frère, vêtu d'un complet ordinaire et portant sa petite valise ! N'était-il pas reparti une dizaine de jours plus tôt, dans la tristesse d'une nouvelle séparation prolongée ? Mais une semaine de retraite et de méditation l'aura amené à une décision sans appel : le frère Adrien est mort, c'est Gaston qui revient. La communauté du Sacré-Cœur lui a donné quelques dollars pour qu'il puisse faire le voyage et se tirer d'affaire les premiers jours, comme elle le fait chaque fois qu'un frère retourne à la vie laïque. Quand sa jeune sœur Thérèse, qui était sortie jouer, fait irruption dans la cuisine quelques minutes plus tard, elle trouve la famille en émoi : son frère aîné est assis à la table, l'air piteux, tandis que leur mère est en larmes. Jeanne, qui avait beaucoup pleuré en le voyant s'éloigner, se désole tout autant de son retour, elle qui s'était faite à l'idée que son unique fils avait la vocation et ferait sa vie en communauté ; mais sans doute aussi mesure-t-elle d'instinct les épreuves qui se dressent maintenant devant lui. Elle n'a pas tort, à vrai dire, de se faire du souci à son sujet.

*   *   *

Le jeune Gaston Miron a alors dix-neuf ans. Il faut mesurer le choc brutal qu'il subit à la suite de sa sortie de communauté. Après une enfance heureuse et choyée à Sainte-Agathe, il a passé toute son adolescence en vase clos. Il a sûrement ressenti les tiraillements propres à son âge, mais il n'a jamais eu à mettre son désir d'affirmation et d'autonomie à l'épreuve du réel. Parvenu au seuil de l'âge adulte, il n'a connu que le confort d'une vie réglée par d'autres, à l'intérieur de laquelle il pouvait commodément se ménager un espace de rêverie et de liberté. Même si la rigueur des règles religieuses lui pesait souvent, il pouvait chez les frères s'enchanter de belles promenades dans le jardin et dans la campagne environnante, se bercer de souvenirs idylliques et d'un système de pensée qui idéalisait le bon peuple, les « fils du sol » et les ancêtres forestiers. Ses besoins matériels élémentaires, nourriture, logement, vêtements, il n'a jamais eu à s'en préoccuper et il ne connaît évidemment rien du marché du travail ni des luttes qu'impose la vie en société.

Son projet de devenir écrivain, l'une des raisons majeures qui l'ont amené à quitter la communauté, demeure évanescent, conçu comme une vocation « sublime » dont il mesure très mal les conditions d'exercice. Il s'adonne sans doute depuis quelques années au patient artisanat de la poésie, en s'appliquant aux formes fixes, mais aussi en ruant dans les brancards de l'alexandrin qui lui paraît de plus en plus une contrainte pénible. Le contenu de cette poésie est toutefois très éloigné de la vie immédiate et de la réalité contemporaine : c'est pour l'essentiel un univers conventionnel où n'affleure que rarement la trace d'une personnalité, d'un tempérament. Le Ménestrel du Mont-Sacré-Cœur avait beau connaître les noms des arbres et des oiseaux, il n'en a guère tiré un regard direct et original sur la vie.

Quant au vaste monde, le monde tel qu'il est en cette seconde moitié des années 1940, qu'en sait-il au juste ? Il devait raconter plus tard qu'il lisait régulièrement en 1947 le journal *Notre temps*, proche de l'Union nationale de Maurice Duplessis[1], mais on ne s'en douterait pas à voir la teneur de ses réflexions et son apparente indifférence au monde extérieur. Depuis la mort de son père au début de la guerre, on a l'impression que c'est presque toute l'actualité contemporaine qui a cessé d'exister pour lui, sinon par quelques lointains échos. Il a appris au collège qu'il fallait craindre le « siècle », que le monde moderne comportait bien des dangers. Mais au-delà de cette méfiance générale d'inspiration religieuse, son ignorance du monde paraît profonde et son narcissisme demeure celui d'un grand adolescent qui a peu vécu.

Au cours de ces années 1940, la planète n'en a pas moins été ravagée par la guerre, et les bombes atomiques lâchées par les Américains sur Hiroshima et Nagasaki donnent à la paix retrouvée un goût amer qui n'augure rien de bon, tandis que d'autres violences, en Indochine, au Moyen-Orient où se prépare la création de l'État d'Israël, prennent le relais et assurent un avenir prospère aux marchands d'armes. Le Québec a certes été touché par la guerre, tant par les morts qu'il y a laissés sur les plages et les champs de bataille que par la crise de la conscription qui l'a enflammé en 1942, mais il a aussi beaucoup évolué sur les plans social et politique : grâce au gouvernement d'Adélard Godbout, on l'a vu, les femmes ont acquis le droit de vote et la Loi de l'instruction obligatoire a été adoptée, avec d'autres mesures progressistes. Malgré le retour au pouvoir, en 1944, de Maurice Duplessis et l'hégémonie persistante du clergé catholique, c'est toute une société qui se modernise, à la faveur notamment de la montée en force de la génération des vingt à trente ans, qui voit l'essor de la société de consommation et des syndicats et qui, sous l'impulsion des mouvements d'action catholique, commence à critiquer les vieilles institutions et à proposer une nouvelle vision du catholicisme, de la démocratie et de la justice sociale. « Je veux rendre la sonorité de mon époque[2] », se promet au début d'août 1947 celui qui vient de quitter la soutane du frère Adrien pour redevenir Gaston Miron. Son ambition est louable, mais comment ne pas voir qu'il se trouve à des années-lumière d'une telle résonance, lui qui en est toujours à « l'âme du peuple », aux « fils du sol » et à la famille « rédemptrice[3] » ? Le frère enseignant doit maintenant retourner à l'école, mais ce sera celle de la vie et de la société qui l'entoure.

L'ignorance de cet apprenti écrivain quant à l'évolution récente des arts et de la littérature paraît encore plus abyssale ; et ni la réputation enviable qu'a acquise le Ménestrel à Granby, ni sa visite récente à Claude-Henri Grignon ne l'auront aidé à prendre le pouls du monde des lettres. La littérature canadienne-française a connu un regain important depuis les années 1940, au début desquelles ont disparu deux des figures majeures de la poésie québécoise. Étrange télescopage de deux époques, voire de deux siècles : Émile Nelligan et Hector de Saint-Denys Garneau sont morts en effet à deux années d'intervalle, en 1941 et 1943. Mais au moment de sa rentrée dans le monde profane, Gaston Miron ne connaît, au mieux, que quelques poèmes de l'auteur du *Vaisseau d'or* et de *La Romance du vin*, et il ignore jusqu'au nom de l'auteur de *Regards et Jeux dans l'espace*, qui a apporté un souffle nouveau à la poésie québécoise en 1937 — comme lui est inconnu Alain Grandbois, dont *Les Îles de la nuit* parues en 1944 participent, sur un autre registre, de la même rupture qui rend de plus en plus caduque la *patrie intime* chantée aimablement par Nérée Beauchemin.

Le Ménestrel de Granby aura été complètement coupé d'un paysage littéraire en pleine mutation durant cette décennie. Des revues importantes sont apparues dès 1941 : *La Nouvelle Relève*, prolongeant *La Relève* dont Garneau avait été l'un des animateurs depuis sa fondation en 1934, et *Amérique française*, animée par Roger Rolland et Pierre Baillargeon et bientôt prise en charge par Andrée Maillet, qui tiendra salon à Westmount et ouvrira les pages de sa revue aux jeunes auteurs, dont un certain Gaston Miron. Le jeune homme rentré à Saint-Jérôme n'a jamais entendu parler de ces revues, pas plus qu'il n'a eu connaissance de la parution, deux ans plus tôt, d'un roman qui tourne résolument le dos au monde des villages et qui donne à sentir pour la première fois au Québec la densité de la vie urbaine en quartier ouvrier durant la guerre, *Bonheur d'occasion* de Gabrielle Roy. *La sonorité de son époque*, voilà où il pourrait l'entendre s'il ne se trouvait aux antipodes de tout réalisme social, lui qui vise plutôt, comme il l'écrit dans son journal de l'été 1947, à « pressurer la matière pour en faire une ambroisie, pour en dégager une spiritualité[4] ».

Le frère Adrien est-il vraiment mort ? En fait, dans un premier temps, Miron croit pouvoir reconduire dans la vie laïque l'essentiel de ses idéaux religieux : « vivre pour une seule cause, la gloire de Dieu », pratiquer « l'esprit de sacrifice[5] » que son siècle a perdu, juge-t-il. Mais il éprouve du même souffle le sentiment que cette aspiration spirituelle doit s'incarner, s'enraciner dans le monde temporel, rencontrer la vraie humanité. Il se sait à un carrefour : faute d'avoir fréquenté l'école du réel, il a un énorme rattrapage à accomplir, mais ce qui joue malgré tout en sa faveur, c'est sa pugnacité, son volontarisme, son ambition fruste et acharnée. Comme tous ces Louis Lambert et autres héros exaltés dans lesquels se projetait Balzac en imaginant *La Comédie humaine*, l'homme neuf et candide qu'est alors Gaston Miron désire concentrer ses forces, obtenir « un rendement supérieur » de son cerveau en ébullition : « C'est là le secret des hommes de génie : de ne rien perdre de leur force nerveuse[6]. » Encore faut-il savoir appliquer cette énergie mentale à des objets et à des actions concrètes : au début du mois d'août 1947, ceux-ci demeurent bien vagues et incertains.

*   *   *

À court terme, même si son but est de devenir écrivain, il ne saurait rester à la charge de sa mère et de la famille. Parmi les métiers qu'il a envisagés, au cours des mois précédents, dans l'hypothèse où il quitterait la communauté, le journalisme figurait en tête de liste. Miron se présente donc à *L'Écho du Nord*, un journal hebdomadaire dont le dynamisme reflète l'essor de Saint-Jérôme et des Laurentides au cours de l'après-guerre. Si l'actualité régionale y est bien présente, le monde de la culture et des idées y occupe une place importante. Déjà dans les années 1930, on y publiait régulièrement des poèmes d'auteurs réputés, de Victor Hugo à Albert Samain. En 1947, la journaliste Solange Chaput-Rolland, que Miron retrouvera plus tard sur sa route à la Foire du livre de Sainte-Adèle, y tient des chroniques sur la littérature, les arts, le cinéma. À la mi-août, elle consacre une critique élogieuse au roman de Germaine Guèvremont paru en 1945, *Le Survenant*, qu'elle juge, malgré des réserves sur le manque de naturel de certains dialogues, traversé par « un beau mouvement poétique » et propre à fournir selon elle « un scénario merveilleux pour un film canadien ou étranger[7] ».

Une controverse récente dans le monde des lettres se trouve par ailleurs commentée dans les pages du journal à la mi-juillet et Mme Chaput-Rolland y reviendra elle-même au début de septembre. Il s'agit du débat qui s'est engagé entre le romancier Robert Charbonneau, fondateur des Éditions de l'Arbre et directeur de *La Nouvelle Relève*, et plusieurs écrivains français, dont Louis Aragon et François Mauriac. À la suite de la paralysie de l'édition à Paris sous l'occupation allemande, plusieurs maisons d'édition québécoises, dont celle de l'Arbre de Charbonneau et son ami Claude Hurtubise, sont devenues à Montréal un lieu majeur de publication pour les écrivains français de toutes tendances, y compris des auteurs aux sympathies fascistes comme Maurras, Drieu la Rochelle ou Jouhandeau. C'est précisément cet éclectisme indifférent aux positions idéologiques qu'Aragon, Mauriac et plusieurs autres reprochent à l'éditeur québécois, dans quelques articles virulents parus à Paris dans des journaux et des revues au lendemain de la guerre. Charbonneau a multiplié les réponses dans les pages de *La Nouvelle Relève* et dans diverses publications, et il les rassemble en 1947 dans une plaquette, *La France et nous. Journal d'une querelle*[8].

En fait, la polémique a pris une tournure plus large qui sera déterminante pour toute la carrière de poète et d'éditeur de Gaston Miron sans qu'il en soit encore conscient : bien plus tard, dans sa « Conférence de l'Estérel » prononcée dans les Laurentides en 1974 en présence de plusieurs écrivains français, il l'évoquera comme un moment clé dans l'évolution des mentalités et dans l'affirmation de l'autonomie de la littérature québécoise à l'égard de la littérature française[9]. La fondation des Éditions de l'Hexagone, en 1953, aura découlé directement de cette prise de conscience. Miron aurait d'abord eu connaissance de ce débat, selon ses souvenirs, en lisant le journal *Notre temps*, qui a accueilli quelques articles sur la question au cours de l'hiver et du printemps 1947. Mais le frère Adrien était alors trop absorbé par ses poèmes élégiaques et par sa crise de vocation pour accorder quelque attention à un tel débat, dont on ne trouve d'ailleurs pas la moindre trace, pas plus d'ailleurs que de sa lecture du journal *Notre temps*, dans ses écrits et ses lettres de cette époque.

Que *L'Écho du Nord* informe ses lecteurs de cette polémique montre en tout cas que celle-ci a pris de l'ampleur et déborde le milieu littéraire montréalais. Solange Chaput-Rolland se range résolument du côté de Robert Charbonneau et elle en profite pour faire l'éloge de sa revue, *La Nouvelle Relève*[10]. Le jeune Miron a-t-il rencontré la journaliste ? Rien ne l'indique. Dans son carnet de notes, il fait la liste des principes à respecter dans ce travail tout nouveau pour lui : « faire connaître le Nord, puisque c'en est l'écho », « faire des enquêtes sur des questions sociales, économiques, horticoles », proposer « des titres vibrants, énigmatiques », « créer une atmosphère d'idées », ne pas négliger la « typographie » et la « disposition[11] ». Quoi qu'il en soit, malgré sa bonne volonté, le passage de Miron à *L'Écho du Nord* sera très bref.

Il peut toujours se rabattre sur des emplois manuels. Un de ses oncles a une petite entreprise de plomberie qui fait aussi des travaux de réfection de toitures. Le jeune homme qui portait la soutane quelques semaines plus tôt devient ainsi apprenti plombier, mais il ne semble pas avoir beaucoup appris en tuyauterie : il passe plutôt les journées ensoleillées de ce mois d'août à travailler sur les toits, où il aide à l'épandage du goudron et à la manutention des matériaux. Cette expérience toute nouvelle lui fait une forte impression. Il se retrouve ainsi parmi un autre peuple que celui des bûcherons et des paysans : ce sont « de pauvres gueux, des ouvriers fatigués » qui

savent ce que c'est que « d'être de la *petite race* ». Ce dernier terme
désigne-t-il la simple appartenance de classe ou s'y ajoute-t-il une
référence à l'infériorité canadienne-française ? Le jeune Miron utilise
fréquemment, comme Lionel Groulx et toute l'élite nationaliste
de l'époque, le terme de « race » au sens d'ethnie ou de peuple.
Mais ce n'est pas une interprétation nationaliste qu'il retient de ce
compagnonnage ouvrier, bien différent de la confrérie qu'il a connue
à Granby. Dans les pages de son journal, ce travail éprouvant devient
l'occasion d'un hymne candide à l'humanité et au travail :

> Quand la cigale chante la chaleur, que nous sommes sur les toits
> de tôle, yeux aveuglés de réflexion, dos courbaturés, reins rivés de
> douleur, corps de sueur âcre, que la tôle sonne creux à nos oreilles
> et pleine de déraillement, que nous avons la cuisante et mélanco-
> lique image du Sahara, n'est-ce pas que nous sentons notre noblesse
> d'hommes ? Quand nous relevons la tête pour allumer, que nos yeux
> échauffés reposent dans l'air du pays de Laurentie, qu'ils trempent dans
> la couleur du ciel, qu'ils voguent sur notre rivière, qu'ils balaient l'hori-
> zon et folâtrent dans nos verdures, n'est-ce pas que nous sentons la belle
> fraternité du coin de chez nous ? Le travail est le plus beau métier de
> l'homme, son meilleur hommage, sa plus grande dignité[12].

Comment mieux dire que, sur ces toits fumants de Saint-Jérôme où
transpirent les « hommes de peine[13] », le poète lyrique et l'idéaliste
incorrigible sont plus que jamais au rendez-vous, mais avec cette
pointe dans l'expression qui pousse le poète à écrire que la tôle est
« pleine de déraillement ». L'image est déjà parfaitement mironienne,
car même dans l'affirmation des grands idéaux humanistes, il faudra
toujours chez Miron que quelque chose se dérègle pour que la poésie
advienne, il faudra ce fond paniqué, cet égarement, ce frôlement de la
catastrophe physique et mentale :

> celui qui n'a rien comme moi, comme plusieurs
> marche depuis sa naissance, marche à l'errance
>
> avec tout ce qui déraille et tout ce qui déboussole
> dans son vague cerveau que l'agression embrume[14]

Ce déraillement des « années de déréliction », Miron en a peut-être entendu le premier fracas en travaillant sur les toits de la petite ville du Nord, au cours du mois d'août 1947.

Ce dur labeur manuel le confirme dans sa vocation première, ce projet d'écrire qu'il rumine durant ses temps libres, tout au long de promenades pleines de bruit et de fureur : « Je vais sur le trottoir comme une sentinelle aux cent pas. Le vent chahute des clameurs de tempête. Je vais, et dans ma tête fiévreuse, je rêve ma vie. Oui, je sortirai de leur cale. J'amorce ma vocation, celle où tend mon être, ma véritable et ascendante voie[15]. » Plus que jamais, c'est le grand romantique qui parle, l'amoureux fou du Nord, l'homme des hauteurs qui va jusqu'à imaginer qu'il « marche dans la Voie lactée » ! Mais ce romantique a aussi un autre brûlant objet de désir, que son passage comme frère enseignant à Montréal avait déjà avivé : la femme, qu'il connaît toujours très mal et qu'il ne sait pas aborder. Il fantasme de loin, il reste timidement à distance.

Sa sœur Denise occupe à ce moment-là un emploi de serveuse au restaurant Ritz, et comme il va parfois lui rendre visite durant ses heures de travail, il remarque une certaine Rita, jolie serveuse dont les jambes parfaitement découpées déclenchent en lui un autre tumulte. Il n'ose cependant lui manifester son intérêt, et pendant des mois ensuite, il s'informera auprès de Denise pour savoir ce que devient cette Rita, délicieuse femme idéale tout juste effleurée du regard. Sa sœur nourrit d'ailleurs son romantisme au-delà même de ce qu'elle aurait pu penser. Elle amène Gaston au cinéma Rex, qui présente alors à Saint-Jérôme en version anglaise les grandes productions d'Hollywood, telles *The Best Years of Our Lives*, l'histoire du difficile retour à la vie civile de trois soldats américains après la guerre, dont Solange Chaput-Rolland a rendu compte avec enthousiasme dans *L'Écho du Nord*, ou encore *Great Expectations*, à partir du roman de Charles Dickens, qui connaît un franc succès au cours de l'été 1947. Bien que l'autre cinéma de Saint-Jérôme, le Théâtre du Nord, affiche fréquemment les derniers grands films français, le cinéma américain a déjà conquis à l'époque le cœur du public même au Québec, même si les films ne sont pas doublés ni sous-titrés. Or Miron, à plus de dix-neuf ans, n'a jamais mis les pieds dans un cinéma, même s'il a pu voir des films, des documentaires surtout, au Mont-Sacré-Cœur de Granby et à l'école Meilleur. Denise l'initie donc à la magie de la salle obscure et du grand écran en l'amenant voir *Sweethearts*, un classique de 1938 mettant en vedette Jeanette MacDonald et Nelson Eddy, couple qui a connu la gloire dans des comédies musicales racontant le plus souvent des aventures amoureuses. Cet univers de beauté et de séduction subjugue le jeune Miron, qui sort ravi de la projection et qui avoue à sa sœur, dans les jours suivants, qu'il est retourné seul en secret voir le film pour en goûter davantage l'enchantement.

*   *   *

Les récits que Gaston Miron a faits de sa jeunesse tout au long de sa carrière sont parfois quelque peu déroutants quand on les confronte avec ses écrits de la même époque. Ainsi, au cours d'une série de trois entretiens radiophoniques qu'il accordera en 1964 au journaliste Michel Roy[16], Miron affirmera avoir occupé « mille emplois » à Saint-Jérôme après son retour à la vie civile, ce qui paraît plus qu'hyperbolique, étant donné qu'il n'y est resté que quelques semaines. En fait, il n'a évoqué dans ses écrits que son expérience de couvreur, mais il y a là un autre télescopage assez étonnant. Il faut croire en effet que, dans l'espace de quelques jours à peine, il a complètement déchanté au sujet de cet emploi : alors que le 20 août, il faisait dans son journal intime l'éloge de la « noblesse », de la « beauté » et de la « dignité » du travail des hommes, il raconte au journaliste que « par une après-midi de la fin août », il s'est révolté contre la condition faite aux ouvriers et que, descendu soudain de la toiture surchauffée, il a lancé au patron : « Je m'en vais à Montréal étudier les sciences sociales. »

Si improbable soit-il, ce revirement exprime peut être surtout les contradictions que vit Miron au seuil de sa vie d'adulte. Pour un jeune homme appelé à l'« ascendante voie » de la vocation d'écrivain, le travail physique paraît vite aliénant et insupportable. Il a beau y projeter son idéalisme et viser au sublime, le choc du réel lui fait mal. En allant étudier les sciences sociales, il pourra à tout le moins transposer cette pénible expérience sur le plan plus noble des idées, sur la scène des grands enjeux contemporains qui touchent l'économie et les relations de travail. Mais pour cela, il devra une fois de plus abandonner le Nord de son enfance, ce pays lyrique dont il se sent habité dans toutes les fibres de son être et qui demeure l'objet de sa plus vive passion.

*   *   *

Il s'installe pour de bon à Montréal dans les premiers jours de septembre 1947. La question du logement est rapidement réglée car son oncle Henri Miron, le cousin germain de son père, habite à Montréal depuis son retour d'Angleterre à la fin de la guerre. L'année précédente, l'oncle Henri et sa femme ont rendu visite au frère Adrien à l'école Meilleur. Habitant au 505, rue Duluth Est, tout près de la rue Berri, le couple propose une chambre au jeune homme, moyennant une pension de 9 $ par semaine. Même si ce montant inclut les repas, il est loin d'être négligeable quand on sait que les emplois que décroche Gaston Miron après son arrivée à Montréal ne lui permettent guère d'espérer gagner plus de 19 $ ou 20 $ par semaine. Dans le carnet qu'il tient cet automne-là, il dresse un premier budget qui ne devrait laisser aucune place aux folles dépenses : une fois déduits ses frais de transport — les tickets de tramway (qu'il appelle, selon le langage populaire de l'époque, les « chars ») et le coût de l'autobus vers Saint-Jérôme où il a l'intention de retourner régulièrement —, une fois ajoutées quelques menues dépenses au 5-10-15[17], il lui restera bien peu pour ce qui compte le plus à ses yeux : les achats de livres et de journaux[18]. Dès le 20 septembre, la liste de ses dettes s'allonge dangereusement : il doit 5 $ à sa sœur Suzanne, le même montant à sa tante, 1 $ à sa mère, une ou deux autres petites sommes, mais surtout il devra acquitter des droits de scolarité de 50 $ pour ses cours du soir à la Faculté des sciences sociales de l'Université de Montréal. Même si l'institution prévoit l'étalement de la somme en quatre versements, il faut ajouter au premier de ceux-ci un montant de 9 $ pour divers frais afférents : inscription, association étudiante. C'est énorme pour le jeune homme, et le paiement de ses droits de scolarité ne cessera de constituer au cours de ses trois années d'études un objet de profonde anxiété, surtout quand il apprendra, en septembre 1949, que l'Université exige désormais le paiement intégral des droits dès le début du trimestre d'automne.

Il se prescrit donc un programme de vie à la hauteur de ses moyens, excluant tout repas au restaurant, toute cigarette, mais prévoyant malgré tout une fois par semaine une soirée aux « vues », divertissement dont il ne saurait se priver depuis que sa sœur Denise lui a fait découvrir le cinéma. En outre, il veut prendre soin de son corps, faire de la culture physique matin et soir et surveiller son alimentation en limitant sa consommation de viande et en évitant les condiments. Ce régime de vie est moins anecdotique qu'il n'y paraît : la question du corps, les problèmes de santé surtout, ne cessent à partir de cette époque de le préoccuper. Ce sera, toute sa vie, un de ses nombreux lieux de contradiction. D'un côté, ce grand marcheur aspire aux activités physiques et aux sports, pour lesquels il est d'ailleurs doué, lui qui se donnait corps et âme à ses matches de « gouret » du Mont-Sacré-Cœur, qui réalisera de belles performances sportives à l'Ordre de Bon temps et qui est un excellent skieur. Mais cet homme athlétique est aussi un nerveux, un anxieux profond : il en éprouve très souvent des malaises physiques et l'exclusion expresse des condiments, dès septembre 1947, révèle sans nul doute que l'angoisse de sa nouvelle situation lui cause alors des difficultés de digestion et des brûlures d'estomac. Ses lettres à son ami Guy Carle, au début de 1950, font état de malaises physiques nombreux résultant sans doute d'un stress intense. Plus tard dans les années 1950, les problèmes cardiaques finiront par l'obliger à interrompre ses activités d'éditeur. Au moment de s'embarquer pour Paris, en septembre 1959, il fera une terrible indigestion durant la nuit précédant son départ. Comme chez tous les grands nerveux, la maladie réelle et l'hypocondrie demeurent souvent difficiles à départager, mais il est certain que Miron ressent, dès l'automne 1947, des malaises psychosomatiques qui le harcèleront toute sa vie.

Dans ces conditions, on pourrait croire qu'il veille à sa santé, comme le suggère le programme qu'il se fixe à son arrivée à Montréal. Tout au contraire, il soumettra sans relâche son corps à un régime de vie excessif, que la pauvreté dont il fait l'expérience ne suffit pas à expliquer entièrement. Il ne fait aucun doute que cette pauvreté nouvelle est une épreuve terrible pour lui : elle l'oblige à accepter des emplois épuisants, le mine moralement et lui apparaît comme une dégradation de tout son être. Mais en même temps, Miron préférera toujours passer ses soirées et une partie de ses nuits dans sa chambre ou dans des cafés, à y poursuivre d'interminables conversations, plutôt que de se mettre au lit ; et toutes les personnes qui l'ont côtoyé au cours de sa vie peuvent témoigner du fait qu'il n'a cessé de se nourrir de manière irrégulière, erratique, sans souci de la qualité — comportement assez inconséquent pour un homme à ce point préoccupé de sa santé, mais conforme à ce qu'il pensait de lui-même à vingt ans : au fond, comme son ami Guy Carle le lui faisait remarquer, il ne s'aime pas, et surtout il ne s'aime pas physiquement, il n'a ni attention ni affection pour son propre corps[19].

Quoi qu'il en soit de ses malaises et de son strict programme de vie, il lui faut de toute urgence, à l'automne 1947, gagner de l'argent, cet argent dont il découvre soudain l'importance et le pouvoir, pour le meilleur et pour le pire. Il parcourt frénétiquement les petites annonces, il note des dizaines d'adresses, rue Saint-Paul, rue de La Gauchetière, boulevard Saint-Laurent. Il s'agit le plus souvent d'entreprises embauchant des commis de bureau ou d'entrepôts à la recherche de manutentionnaires. Miron a appris à taper à la machine durant ses études au Mont-Sacré-Cœur et les postes de commis devraient lui être assez aisément ouverts s'il ne souffrait d'un handicap majeur dans ce Montréal de l'après-guerre : sa maîtrise de l'anglais est déplorable, ce que lui reprochent parfois assez vertement les fonctionnaires de l'assurance-chômage. Il faut dire aussi que ces emplois de bureau répugnent à sa nature, lui qui déteste les tâches répétitives. Mais comme il est de constitution robuste, il peut aussi, comme il l'a fait un moment à Saint-Jérôme, se tourner vers les emplois manuels. Quant à son diplôme d'instituteur, qui pourrait très probablement lui procurer un emploi stable, il ne paraît même plus exister pour lui en cet automne 1947.

Une chose est sûre, il ne va pas donner dans la routine. Sans qu'il soit toujours clair s'il les a abandonnés par dépit ou s'il a été mis à la porte, tous ses emplois de l'époque sont éphémères et leur succession n'obéit pas à la moindre logique. Le jeune Miron court partout et nulle part : tantôt, le voici apprenti dans une entreprise de plomberie, tantôt, commis de bureau au centre-ville ; il devient photographe pendant une semaine, puis il se morfond à transporter des carcasses dans un abattoir, avant de se retrouver pendant quelque temps expéditeur-empaqueteur dans une librairie. Dès novembre, le voilà sans emploi et sans argent : « Je ne suis plus qu'une épave[20] », constate-t-il. Mais le naufrage lui-même est de courte durée : deux jours plus tard, il se livre tout entier à l'allégresse de marcher dans Montréal, un de ses grands bonheurs : « Marcher je ne sais pas où ! Marcher rien que pour aller, libre, dégagé, sans penser à hier, ni demain, pas même aujourd'hui[21] ! » Marcher : là serait la vie idéale, la vie de bohème que lui offrent parfois ses périodes de chômage, tout en le rappelant à la dure nécessité de se nourrir et de payer sa pension. L'oncle Henri est indulgent, il consent

à certains retards, mais il ne faudrait quand même pas abuser de sa
générosité. Il n'empêche que cette vie sans contraintes a ses bons côtés.

Au fait, le jeune homme n'était-il pas descendu de sa toiture
surchauffée à Saint-Jérôme afin de venir étudier les sciences sociales à
Montréal ? Parmi tant d'occupations frénétiques, épuisantes et assez
chaotiques, entre ces errances euphoriques dans « la grande Sainte-
Catherine Street » ou ailleurs, reste-t-il la moindre place pour ses
études ? Dans le mode de vie qu'il s'imposait à la mi-septembre, Miron
prévoyait une heure d'étude par jour. Il est vrai que le programme
dans lequel il s'inscrit pour l'année universitaire 1947-1948 comprend
un nombre réduit d'heures de cours : six par semaine, à raison de trois
soirées, les lundi, mercredi et vendredi, de 19 heures 30 à 21 heures
30. Cet horaire lui permet donc de prendre divers emplois le jour,
mais c'est là un horaire assez éprouvant, d'autant plus que l'étudiant
Miron prolonge ses soirées dans les cafés, au risque de grever encore
davantage son maigre budget.

À lire les pages de son journal intime, qu'il tient plus assidûment
que jamais en 1947 et 1948, on pourrait penser que Miron accorde
bien peu d'intérêt à ses études du soir à l'université. Il n'en parle jamais
et, comme jadis au Mont-Sacré-Cœur ou durant son année à l'école
Meilleur, il se répand en envolées lyriques, en généralités moralisantes
et en réflexions sur lui-même. Il ne parle d'ailleurs pas davantage de
sa vie chez son oncle Henri, et mentionne à peine et de manière vague
les emplois qu'il occupe. Sur ses professeurs, ses cours, il n'y a rien non
plus, et c'est plutôt le passage à Montréal de quelques conférenciers
prestigieux qui semble avoir frappé son attention. Ainsi en est-il quand
il rentre à sa chambre de la rue Duluth un soir de novembre :

> 11 heures du soir. Je viens de l'Université. M. Émile Henriot, de l'Acadé-
> mie, nous intéresse sur Paul Valéry. Toute sa personne annonce une
> noblesse. Son visage est le reflet d'une vie de travail. Ses rides, sa mous-
> tache, sa physionomie nous lancent des appels à la patience des longues
> recherches. Il m'est apparu comme un symbole austère ; son message est
> une invitation au labeur, qui donne la gloire[22] !

Mais cette auréole qui plane sur les travailleurs intellectuels (surtout
s'ils sont français) a aussi son revers : quand Miron note, en février
1948, la venue de France d'un autre conférencier, non identifié cette

fois, le savoir et le style cultivé de celui-ci renvoient le jeune homme à la pénible évidence de sa propre infériorité et de son ignorance.

Mis à part ces événements occasionnels, si l'université paraît occuper une place très réduite dans ses pensées, il y a pourtant peu de décisions, après son abandon de la vie religieuse, qui ont eu des conséquences aussi importantes et aussi durables pour lui que son inscription à la Faculté des sciences sociales. L'importance de ce choix tient à deux facteurs : le contenu des cours qui y sont offerts et surtout le réseau d'amis qu'il a pu ainsi se créer dès son retour à la vie laïque. On peut dire que, de ce point de vue (en ajoutant un autre ingrédient : l'expérience douloureuse de la pauvreté), s'enclenchent dès l'automne 1947 une série d'événements et de circonstances qui, de loin en loin, vont mener six ans plus tard à la fondation des Éditions de l'Hexagone et aussi, de manière plus indirecte, aux premières ébauches de *L'Homme rapaillé*.

*   *   *

C'est toute la complexité des problèmes sociaux contemporains que veut aborder le programme de la Faculté des sciences sociales de l'Université de Montréal, dont Édouard Montpetit est alors le doyen, en offrant des cours sur la politique, l'administration, les relations ouvrières, la sociologie, le journalisme, la diplomatie, dans la perspective d'une plus grande justice sociale et d'une ouverture sur le monde, tout en s'assurant de donner aux étudiants une bonne culture générale[23]. Plus que jamais, la société québécoise éprouve le besoin de réfléchir à ses problèmes actuels, dans le contexte de l'après-guerre où la défaite du nazisme et l'irrecevabilité du communisme stalinien ont laissé libre cours en Occident à l'essor du capitalisme libéral et à une ère de prospérité sans précédent. Sans renier l'héritage culturel canadien-français, le programme de la faculté reflète ce nouveau réalisme social prôné par une certaine élite intellectuelle. Lorsque Miron y devient étudiant à temps partiel, le corps professoral comprend des figures prestigieuses : Édouard Montpetit lui-même ; le sénateur Léon-Mercier Gouin, fils du politicien et ancien lieutenant-gouverneur Lomer Gouin ; Jean Bruchési, secrétaire de la province de Québec, et qui, à ce titre, appuiera plus tard les Éditions de l'Hexagone au moyen d'importants achats de livres par le gouvernement, en l'absence d'une vraie politique de subventions aux éditeurs sous le gouvernement de Maurice Duplessis.

À l'époque de la revue *Parti pris*, dans son entrevue de 1964 avec le journaliste Michel Roy, Miron soulignera l'importance qu'a eue pour lui, à la Faculté des sciences sociales, l'enseignement d'un professeur moins connu que les précédents, Anatole Désy, qui donnait depuis plusieurs années un cours sur l'histoire des doctrines économiques :

> Disons que je retiens une chose importante des sciences sociales : une espèce de découverte passive mais éblouie du marxisme. Nous avions un professeur, M. Anatole Désy, qui nous a fait la lecture de passages importants du *Manifeste du Parti communiste* lors de ses cours. L'audition de cette lecture a laissé une profonde impression sur moi, mais elle demeurera latente une dizaine d'années avant de revenir à la surface sous la forme d'un désir d'approfondir ces paroles[24].

À une époque où Maurice Duplessis résume sa pensée sur le communisme en le qualifiant de « maladie de l'âme » et où il tend à voir la plupart des syndicalistes et des intellectuels progressistes comme des « communistes déguisés », ce cours du professeur Désy, suivi par Miron à l'hiver et au printemps 1949, se situe décidément dans une autre sphère idéologique.

Pour le moment, et pour plusieurs années encore, il est loin d'être un jeune homme de gauche. En juillet 1948, à l'écoute des résultats des élections provinciales qui accordent une victoire écrasante à l'Union nationale de Duplessis (82 députés sur 90 et 51 % du vote populaire), Miron et son ami Guy Carle jubilent devant leur appareil de radio et Miron commente ainsi l'événement le soir même dans les pages de son journal :

> L'idée autonomiste triomphe ! À la bonne heure ! Victoire démocratique : Duplessis parle à la foule, la foule participe au triomphe. Elle est enthousiaste. L'enthousiasme national est le climat des grandes heures. Heure de la race. Une culture à sauver. Nous avons prouvé qu'aux grandes heures nous savions nous unir. Choix, liberté du suffrage. C'est autrement digne, noble, qu'en les pays totalitaires où la dictature s'impose et où les individus saluent le chef avec terreur[25].

Heureusement, il est contre les dictatures ! Mais le contenu, lui, demeure radicalement de droite et ne manifeste aucunement le fait que, au moment où il écrit ces lignes, Miron suit déjà ses cours en sciences sociales depuis un an…

L'influence progressiste fera lentement son œuvre, de manière souterraine. Miron en est au stade de la connaissance des faits et des enjeux fondamentaux : la démarche critique, sauf sur un plan très général qui condamne le matérialisme moderne, demeure largement au-dessus de ses moyens. Il suit des cours sur l'économie politique, la philosophie sociale, l'évolution des sociétés anglo-saxonnes et en particulier celle des États-Unis ; puis viendront des cours de droit industriel, d'économie du Canada et de l'Amérique latine ainsi que celui d'Anatole Désy qui couvre toute la gamme des théories économiques modernes, depuis le libéralisme d'Adam Smith jusqu'au communisme. Durant sa dernière année, Miron s'oriente davantage vers le journalisme tout en suivant des cours sur l'histoire diplomatique, les minorités françaises et les pays « à cultures multiples ».

Lui qui a toujours été un très bon étudiant, il obtient d'excellents résultats qui correspondraient généralement à la note A dans le système universitaire d'aujourd'hui — et cela, même s'il se morfond sur le marché des emplois précaires et qu'il maintient un régime de vie assez insalubre, caractérisé par une pauvreté chronique qui l'oblige parfois à gratter le fond de ses poches ou à emprunter pour manger ou prendre le tramway. À l'automne 1949, seule la générosité d'Henri Miron, qui lui avance alors les 25 $ manquants, permet à l'étudiant d'acquitter ses droits de scolarité et de poursuivre ses études. Il terminera ses cours au printemps 1950, mais son dernier relevé de notes est incomplet et ne porte pas la signature du doyen Montpetit, au contraire des précédents — ce qui semble indiquer que Miron n'a pas entièrement rempli les exigences du programme. Rien de très étonnant puisque, en 1949-1950, Miron est désormais en voie de s'engager dans les activités des mouvements de jeunesse et que son temps d'étude s'en trouve singulièrement réduit.

*   *   *

L'évolution qui va l'amener à l'Ordre de Bon temps et au Clan Saint-Jacques en 1949 est l'autre fruit de sa période d'études à l'Université de Montréal : ce sont en effet les amis qu'il rencontre à la faculté qui le conduisent ou l'accompagnent dans la voie des mouvements de jeunesse. En fait, ce réseau d'amis, qui permet à Miron de retrouver l'esprit de fraternité qu'il a connu au juvénat, apparaît bien plus déterminant que la formation reçue en sciences sociales. Celle-ci modifie d'ailleurs peu, dans l'immédiat, sa manière de penser, et quand il raconte, en 1964, qu'il lui a fallu dix ans pour commencer à réfléchir à l'enseignement d'un Anatole Désy, il exagère à peine. On peut croire aussi que les lectures, les influences ultérieures et toute l'atmosphère des années 1950, marquée par l'émergence d'une pensée critique et progressiste au sein de sa génération, l'auraient de toute façon amené à s'éloigner du duplessisme et à affiner sa pensée sociale. À cela, il faut ajouter une autre considération encore plus importante : même si sa pensée évolue vers la gauche à mesure que se rapproche la Révolution tranquille, jamais Miron n'accordera la prédominance à la révolution sociale, encore moins socialiste, sur la révolution nationale. On sait combien ce débat a été déchirant à l'intérieur du mouvement indépendantiste : pour toute une pensée de gauche qui s'exprimait souvent avec fracas dans les années 1960, faire l'indépendance sans renverser l'ordre social et économique établi en vue de construire un véritable Québec socialiste ne pouvait être qu'une entreprise futile et petite-bourgeoise. La gauche marxiste des années 1970 reprendra le même thème. Gaston Miron, au contraire, malgré son constant souci de justice sociale, ne cessera de réaffirmer la primauté absolue de l'indépendance nationale. De ce point de vue, son contact avec la pensée sociale progressiste et sa lecture, d'ailleurs bien lacunaire, de Karl Marx n'excluent pas une certaine filiation avec la pensée nationaliste traditionnelle : sa « terre de Québec » conservera quelque chose du « Nord » de sa jeunesse, pays idéal qui commande au moins autant la responsabilité de l'héritage que celle de la révolution, et qui appelle davantage à l'unité nationale qu'à la lutte des classes.

À l'inverse de l'action lente et limitée de la théorie sociale contemporaine, l'impact des réseaux d'amitié est rapide et d'autant plus puissant que le Miron de la fin des années 1940 est tombé de haut socialement, que la communauté du Sacré-Cœur est encore chaude à sa mémoire et qu'il est aussi, foncièrement, un homme qui souffre de solitude et n'y trouve de remède que dans un esprit de camaraderie souvent frénétique et une agitation fébrile.

Parmi les amis rencontrés dans ses cours à l'université, certains sont aujourd'hui oubliés, tels les Louis-Marc Monastesse, René de Cotret, Roland Lapointe, que Miron mentionne souvent dans son journal avec affection, à l'occasion d'une promenade, d'un pique-nique et surtout de nombreuses soirées passées entre amis à causer de littérature et de valeurs existentielles. Ce sont pour la plupart des jeunes hommes pauvres, sans statut social, en mal de reconnaissance, très idéalistes et pour qui les plaidoyers humanistes et les œuvres littéraires constituent souvent l'ultime refuge contre des conditions de vie assez douloureuses. Un soir de la fin de l'été 1949, Miron se rend à Verdun chez Monastesse, qui y partage un appartement médiocre avec un ami : Miron se trouve tout entier enveloppé par la misère du milieu, les mendiants, les ruelles sales avec leurs cordes à linge, les femmes à l'allure douteuse, bien différentes des élégantes qu'il croise rue Sainte-Catherine. Il trouve déprimant le logement de son ami Monastesse, et pourtant, écrit-il, « nous luttons pour le vital, pour nous réaliser dans l'unité et l'intégrité, pour devenir des hommes à leur vraie dimension, à la dimension du monde[26] ». Contre la réalité sordide, ces grandes aspirations sont un baume, et au sortir de longues soirées avec ses amis, Miron peut souvent s'exclamer : « Ah ! les copains, les amis, les camarades, les mots de la fraternité[27] ! » Cette fraternité dans l'idéal constitue son mantra, son leitmotiv, et il s'y cramponne comme à une bouée quand reviennent les jours de défaite et de naufrage.

Louis-Marc Monastesse disparaît rapidement de la vie de Gaston Miron au seuil des années 1950 sans laisser de traces durables, tout comme les Lapointe, De Cotret et un certain Boisclair, que Miron voit fréquemment à cette époque. Guy Carle et Olivier Marchand, par contre, représentent des amitiés profondes et déterminantes pour l'avenir, même si Carle retournera vivre dans son pays de l'Abitibi dès l'automne 1949 ; le contact se maintiendra toutefois par une riche correspondance, la plus importante qu'aura tenue Miron avant celle qu'il entreprendra en 1954 avec son ami français Claude Haeffely.

Avec Carle, qu'il rencontre à l'université dès l'automne 1947, Miron partage un exil : les deux étudiants ont laissé derrière eux la vraie patrie, le Nord de leur enfance, pour venir étudier dans la grande ville. L'Abitibi, c'est cependant un Nord bien au-delà de Sainte-Agathe et de Saint-Agricole, bien plus haut même que Maniwaki, où est né Guy avant que son père n'entasse meubles et famille dans un camion pour déménager à Rouyn-Noranda[28]. Pour Miron, il y a là tout un espace imaginaire qui évoque les grands mouvements de colonisation, les ancêtres pionniers, un monde dont il continue de célébrer en lui-même la dimension « mystique » et sacrée, même si l'exil qu'il partage avec son ami est aussi l'occasion pour eux de se mesurer virilement à la ville, à la surexcitation de ses rues, à l'éblouissement de ses restaurants et de ses cafés.

Guy Carle n'est pas le seul de sa famille à être descendu de Rouyn-Noranda à Montréal. Un de ses frères, son cadet de deux ans, l'a précédé en 1945 pour s'inscrire à l'École des beaux-arts et y suivre les cours de professeurs comme Alfred Pellan et l'écrivain Jean Simard : ce jeune homme effervescent, un peu « cowboy[29] », qui a fait cent métiers et qui aspire à la vie d'artiste n'est nul autre que Gilles Carle, promis à une carrière glorieuse dans le cinéma, futur réalisateur de *La Vie heureuse de Léopold Z*, de *La Vraie Nature de Bernadette* et de nombre d'autres films qui devaient marquer le cinéma québécois contemporain. Au-delà de leurs communes origines laurentiennes (Gilles, comme son frère, est né à Maniwaki), les frères Carle ont un passé familial et un bagage culturel autrement plus ouverts et modernes que ceux de Gaston Miron. Ils ont été élevés dans une ville minière, Rouyn, qui évoque toute la mythologie de la *frontière* avec sa population de migrants — Québécois venus du sud, Italiens, Polonais, Chinois, Juifs — et avec son atmosphère libre et assez délinquante : les frères Carle n'ont jamais connu de curé Bazinet et il leur est arrivé d'accueillir les prostituées fraîchement débarquées en ville pour porter leurs valises jusqu'au bordel en échange de chocolats ! Ils ont en outre connu un milieu familial très libéral, un père éclairé qui aimait les lettres et la poésie et qui détestait Maurice Duplessis depuis sa première élection en 1936. Dans cet univers qui tient du far-ouest, on discutait à table de Baudelaire et de Péguy tout en conservant la plus grande affection pour ce classique de la colonisation qu'est le *Maria Chapdelaine* de Louis Hémon.

Tandis que Miron, vêtu de sa soutane, cultivait le terroir et traversait son adolescence dans un milieu protégé, une sorte de bulle à l'abri de l'air du temps, les frères Carle vivaient pleinement leur jeunesse et s'ouvraient à la littérature et aux arts contemporains. Au moment où Miron le rencontre sur les bancs de la Faculté des sciences sociales, Guy écrit lui-même des poèmes et, lecteur d'écrivains peu recommandables comme Lautréamont, Baudelaire et André Gide, il s'occupe de parfaire l'éducation littéraire de son frère plus jeune.

Gilles, de son côté, a vite découvert à l'École des beaux-arts que la peinture de paysages et de nus féminins n'est plus de la dernière tendance, et que des peintres comme Picasso, Matisse et Dalí ont déjà depuis longtemps poussé le travail pictural vers d'autres territoires.

Pour celui qui était encore quelques mois plus tôt le frère Adrien et qui a un rattrapage immense à effectuer, la rencontre des frères Carle est une bénédiction. Dès l'année 1947-1948, le trio vit des moments intenses d'échanges philosophiques et de conversations littéraires, le long de promenades interminables dans la ville. Les voici, dans le journal de Miron, tels des personnages fiévreux de Pavese sur les collines de Turin[30], qui respirent l'air du printemps et de la bohème :

> Nous étions trois : Guy, Gilles et moi, trois ombres errant sur la montagne du mont Royal. Nous avons marché dans la nuit, sur le chemin qui tourne et se retourne, avec dans le cœur l'amour de la solitude, la saveur de l'air des altitudes, la poésie des pas après un autre pas et dans les yeux, l'assaut des lumières de la ville ! Heures de joies sublimées [..] ; la parole allait de l'Art à la littérature, de l'amour à la vie[31] !

Dans son style inimitable, le Miron de cette époque se montre moins perméable aux leçons de modernité littéraire qu'aux effluves de fraternité qui le propulsent immanquablement vers les hauteurs idéales ; durant ces heures d'amitié entière, même la solitude paraît aimable, parce qu'elle est partagée, et la misère des mauvais jours s'estompe dans une euphorie nocturne qu'il souhaiterait sans fin, sans le petit matin triste qui va le reconduire au bureau ou à l'entrepôt de Frozex, une entreprise de produits congelés pour laquelle il fait de la manutention au cours de l'année 1948.

Or, justement, Guy Carle est non seulement un passionné de littérature, mais aussi un apôtre de la fraternité. À la même époque, il a l'idée de créer un cercle d'amis sur le modèle du « Cercle Nouvelle-France » fondé par Édouard-Zotique Massicotte vers 1895 avec un groupe proche de l'École littéraire de Montréal, où Émile Nelligan devait connaître quelques heures de gloire. Comme celle de la fin du XIXe siècle, l'association informelle conçue par Guy Carle a pour objectif de perfectionner l'éducation intellectuelle de ses membres ; mais le Cercle vise aussi la promotion du « bon parler français », bien qu'il ne paraisse guère avoir engagé quelque action sur ce plan.

En fait, à lire les échanges de correspondance entre les membres du groupe, devenu rapidement le « Cercle Québec » à la demande de Miron qui, si conservateur qu'il fût, trouvait un peu vieillotte la première appellation, la morale contemporaine et le destin de la jeunesse semblent avoir été au cœur des préoccupations des amis étudiants[32]. Même si les frères Carle ont connu un milieu et une éducation très libres, ils ne sont aucunement antireligieux ni même anticléricaux. Le ton général des discussions, au Cercle Québec, est volontiers celui du sermon sur la dégradation des valeurs dans un monde devenu matérialiste. La jeunesse, laissée à elle-même, « insatisfaite[33] », doit se prendre en charge, faire fructifier ses talents, restaurer dans un esprit de simplicité les valeurs authentiques inspirées par l'humanisme chrétien. Seule une jeunesse imprégnée « d'amour et d'amitié » et qui a la « vocation de la joie[34] » pourra exercer efficacement une influence sur le siècle, qu'il ne s'agit pas de rejeter en bloc mais de réformer par une conduite morale irréprochable. Le thème du « nouveau Moyen Âge », développé par Nicolas Berdiaeff, Charles Péguy et Jacques Maritain, fréquemment invité comme conférencier au Québec durant les années 1930 et 1940, est sensible dans toute la pensée du groupe : il faut retrouver la « pureté », la « simplicité médiévale[35] », ce qui ne peut que conforter la sensibilité religieuse mais aussi littéraire de Miron, lui qui déjà, au Mont-Sacré-Cœur, écrivait des poèmes pieux d'atmosphère gothique, qui disait partager avec le vieux poète Louis-Joseph Doucet un amour sans réserve pour François Villon[36] et qui ne devait jamais cesser de se reconnaître dans le dénuement du poète Rutebeuf, celui de *La Pauvreté* et de *La Griesche d'hiver et celle d'été*[37]. Il ajoute toutefois à cette orientation médiévale une touche héroïque inspirée de la plus pure pensée messianique canadienne-française. Dans « Pour l'épopée de demain », une lettre circulaire qu'il adresse aux membres du Cercle en février 1949, Miron pense que le matérialisme contemporain pourra être mis en échec pourvu que les Canadiens français

> [offrent] au monde le témoignage vigoureux et indéniable d'un peuple enfant de la Lumière et de la Vérité, d'un peuple, d'une race et d'une civilisation qui ne sait pas mourir comme le veut *Menaud maître-draveur*, peuple au cœur d'or, capable de gestes homériques[38].

On mesure, ici encore, à quel point le vocabulaire de l'étudiant Miron est éloigné de l'esprit des sciences sociales, encore plus de la pensée marxiste !

Le Cercle Québec se maintient par des échanges de correspondance et des réunions occasionnelles entre novembre 1948 et l'hiver 1951, après quoi il semble s'être défait. Outre Miron lui-même, le noyau est constitué par les frères Carle et par Olivier Marchand, auxquels s'ajoutent les Gérard Boudreau, Louis-Marc Monastesse, Roland Lapointe et René de Cotret ainsi qu'un nouveau venu un peu plus jeune, Louis Portugais, qui les côtoiera tardivement. Même si Miron annonce sa démission du Cercle en mars 1949[39], on le retrouve à l'automne, lisant Saint-Exupéry avec Gilles Carle et déclarant que le Cercle, après une période de latence, retrouve son élan dans un style « plus épuré, plus moderne ». C'est que « nous vivons pour une cause concrète, immédiate », se félicite Miron, qui s'engage alors dans les mouvements de jeunesse, lui qui nourrit par ailleurs momentanément le projet de créer avec son ami De Cotret une revue au titre étonnant : *L'Avant-garde*[40], laquelle ne verra naturellement jamais le jour. Miron *avant-gardiste* ? L'idée ne peut que faire sourire quand on lit ses professions de foi traditionalistes et quand on sait à quel point il se sent à cette époque sur une tout autre longueur d'onde que les « surréalistes, dadaïstes, automatistes », comme il le révèle à Olivier Marchand au moment même où le groupe de Paul-Émile Borduas vient de publier son *Refus global* à l'été 1948[41]. S'il y a quelques accents modernes chez le Miron des années 1947-1950, ce ne saurait être en tout cas sur le plan idéologique, mais plutôt sur celui de l'action, d'un pragmatisme efficace qui n'a guère de propension aux analyses et aux théories. Cette action a d'ailleurs bien peu à voir avec le militantisme de gauche, encore moins avec l'avant-garde artistique et littéraire : ce sera, à partir de 1949-1950, la cause du scoutisme, du folklore et des loisirs.

*   *   *

Trois soirs par semaine durant ses études à l'université, après ses heures de travail ou d'attente au bureau de l'assurance-chômage, Gaston Miron monte dans le tramway 29 qui traverse le quartier cossu d'Outremont, le long du chemin de la Côte-Sainte-Catherine, avant de bifurquer vers l'avenue Maplewood, rebaptisée plus tard du nom du fondateur et doyen de la Faculté des sciences sociales : Édouard Montpetit. Parvenu au pied de la colline, l'étudiant emprunte l'interminable escalier extérieur en bois exposé à toutes les bourrasques, glaciales en hiver (il n'y a pas encore de tapis roulant intérieur…), pour atteindre l'esplanade où se déploie, en ailes multiples, le majestueux édifice de style Art déco conçu par l'architecte Ernest Cormier, terminé en 1943 après une vingtaine d'années de construction sur le versant nord de la montagne. Ce parachèvement a marqué le crépuscule du Quartier latin au centre-ville, quand l'université logeait encore dans ses vieux édifices de la rue Saint-Denis et de la rue Viger et que l'animation étudiante régnait autour de l'église Saint-Jacques. Voici donc désormais l'institution de l'autre côté de la montagne : depuis son inscription à la Faculté des sciences sociales, le mont Royal, dont Miron se souviendra dans ses grandes roulades euphoriques de *La Marche à l'amour*, est ainsi vite devenu un lieu de prédilection pour lui qui y étudie, qui y fait de longues promenades nocturnes avec les frères Carle et qui y pratiquera souvent le ski, faute de pouvoir profiter régulièrement des montagnes du Nord.

Dans le tramway, il lui est arrivé depuis l'automne de remarquer un camarade qui suit également les cours du soir à la faculté, un grand jeune homme à l'allure athlétique, au visage noble et aux yeux bridés qui paraissent attester quelque ancêtre autochtone. Contrairement à Miron et aux frères Carle, Olivier Marchand est un pur Montréalais, fils de bonne famille, petit-fils de journaliste, parent du poète des *Soirs rouges* établi à Trois-Rivières, Clément Marchand[42]. Il a fréquenté pendant sept ans le collège classique du Mont-Saint-Louis, rue Sherbrooke, dans un programme bilingue conçu selon le modèle des *high schools* anglophones, ce qui lui a permis de se familiariser avec la langue mais aussi avec la littérature anglaise, de Shakespeare à Wordsworth, à Keats et autres grands poètes du courant romantique. À contre-courant de la pensée nationaliste qui privilégie la différence et la résistance canadiennes-françaises, ce programme du Mont-Saint-Louis vise l'intégration des Québécois à l'économie nord-américaine et au savoir-faire anglo-saxon, tout en mettant l'accent sur une formation scientifique qui permet notamment à ses étudiants d'accéder à l'École polytechnique.

Mais, pas plus que Miron, Olivier Marchand ne va fréquenter l'école des ingénieurs, lui qui n'a aucune inclination particulière pour les sciences et les mathématiques. Sa passion, c'est la littérature et la poésie : au collège, il a été membre d'une modeste académie littéraire qui regroupait des lecteurs et des auteurs en herbe. Dès cette époque, il a commencé à écrire des poèmes et à tenir un journal. En 1948, sa culture est beaucoup plus étendue que celle de Miron : il écoute de la musique classique, Beethoven notamment, et il fréquente assidûment la Bibliothèque municipale. Il connaît bien mieux que Miron la poésie moderne, à la fois par les enseignements qu'il a reçus et par ses lectures personnelles : Baudelaire, Rimbaud, Mallarmé lui sont familiers, mais aussi des poètes du XXe siècle tels Apollinaire ou Patrice de La Tour du Pin, l'auteur de *La quête de joie*, auquel il a consacré un devoir au collège dès 1946. Quand Miron racontera plus tard avoir ouvert par hasard le recueil de La Tour du Pin dans une librairie de la rue Saint-Denis, en 1948, pour y lire ces deux vers qui vont déterminer toute son entreprise poétique : « Tous les pays qui n'ont plus de légende / Seront condamnés à mourir de froid[43] », il est difficile de croire que sa curiosité n'a pas été aiguisée par Marchand, qui lui avait sûrement mentionné le nom du poète.

Or, c'est par le livre d'un autre poète que les deux étudiants font connaissance dans le tramway 29, le soir du 31 mars 1948. Marchand a dans la poche de son paletot un recueil de poèmes dont le titre est en partie visible : *Regards et jeux dans l'espace*. Lui-même curieux de poésie et de littérature, Miron profite de l'occasion pour briser la glace et s'informer du livre que lit son camarade déjà aperçu sur les bancs de l'université. Les deux jeunes hommes se présentent : Marchand est surpris que le nom de Saint-Denys Garneau paraisse si peu familier aux oreilles de Miron. Mais pour celui-ci, qui feuillette un moment le livre, c'est la forme même de cette poésie qui a de quoi étonner : s'il est au courant des efforts de renouvellement du vers français qu'a mis en œuvre Aragon, s'il connaît les grands *Mystères* et les *Tapisseries* de Péguy écrits en versets, il ne se doutait pas qu'un poète québécois contemporain ait pu pratiquer le vers libre avec une telle audace, sans ponctuation, et rompre à ce point avec l'alexandrin classique en écrivant des strophes comme :

> Oh ! Oh !
> les oiseaux
> morts

Les oiseaux
les colombes nos mains

Qu'est-ce qu'elles ont eu
qu'elles ne se reconnaissent plus[44]

C'est là un tout autre langage poétique que celui auquel il n'a cessé de s'adonner depuis l'époque de Ménestrel. Dans son journal, au lendemain de leur rencontre dans le tramway, Miron écrit ces lignes :

Hier, j'ai fait la connaissance d'Olivier Marchand. Original, imagination bizarre. Du talent, c'est sûr. Peut-être devrait-il freiner un peu ? Quoi qu'on en dise, il m'a ouvert des horizons, des aperçus nouveaux[45].

Avec Marchand, une porte s'ouvre en effet sur la modernité, et dans les mois qui suivent, Miron sera davantage à l'affût des poètes contemporains.

Il a commencé à fréquenter la Cité des livres, située rue Saint-Denis, non loin de la maison de son oncle, et il bouquine parfois chez Henri Tranquille, rue Sainte-Catherine, où il se procure en 1948 un autre livre important qui rompt avec la tradition : *Les Îles de la nuit* d'Alain Grandbois, un recueil qu'il aura un jour le bonheur de rééditer[46]. Ses lectures contemporaines modifient-elles sa propre manière d'écrire ? C'est là une autre histoire. Comme pour la pensée sociale de l'époque, il fait figure d'apprenti un peu naïf, mais en même temps la poésie a le mérite de lui donner un ami précieux, qui fera longtemps partie de son cercle intime. Ce sera bientôt « Olivier l'ami des jours », comme Miron l'écrit à la dernière page de *Deux Sangs*, le recueil qu'il publiera avec Marchand en 1953[47].

Les meilleures années de l'amitié entre Gaston Miron et Olivier Marchand se situent entre 1950 et 1953 : c'est durant cette période qu'ils partagent les émotions les plus intenses, la grande aventure de l'Ordre de Bon temps et, finalement, celle de l'Hexagone. Bien qu'ils se voient régulièrement et qu'ils fréquentent le Cercle Québec à partir de novembre 1948, Marchand est rarement mentionné dans le journal de Miron avant l'hiver 1950. À partir de cette date toutefois, il devient une présence constante et un vrai compagnon, sur le plan poétique mais peut-être davantage encore sur celui de la pensée. Miron cite souvent son ami : « ne pas refuser la vie », « coller au réel », ce dernier mot d'ordre surtout, inlassablement répété dans son journal et ses carnets de notes, comme s'il n'en finissait pas de revenir au monde, de s'arracher à l'univers de rêves et d'idéaux qu'il a continué de nourrir depuis le Mont-Sacré-Cœur. Au-delà de ses professeurs de la Faculté des sciences sociales, Anatole Désy et tous les autres, Olivier Marchand devient l'un de ses principaux professeurs de réalité, ce qui inclut celle des activités physiques, des longues excursions dans la nature et des journées de ski, une autre de leurs passions communes : en février 1950, on trouve ainsi les deux compagnons en train d'ouvrir une piste sur le mont Royal, après une forte tempête de neige[48]. Le sport, la poésie, la foi, l'engagement concret, la quête de l'amour, tout alors les rapproche. « Mon ami Marchand », écrit Miron quelques mois plus tard : « Jamais homme ne m'a parlé comme lui de l'amour et de la femme[49]. » Mais jamais, il faut le dire, l'amour n'a autant manqué à Gaston Miron…

*   *   *

Un énorme problème apparaît en effet, une sorte d'hydre à deux têtes qui le tourmente depuis sa décision de quitter les frères en juillet 1947, un choix dont il doit désormais assumer toutes les conséquences et les vicissitudes. Deux raisons fondamentales, on s'en souvient, ont motivé son départ : le désir de réaliser sa pleine vocation d'écrivain, qu'il plaçait au-dessus de tout, et son attrait pour les femmes, qui lui rendait intenable la perspective d'une vie de chasteté. Or, à peu de chose près, le bilan des années 1947-1949 est au mieux fort mince dans le domaine littéraire et il n'est rien de moins que catastrophique dans le cas de sa vie amoureuse.

Les femmes, l'amour ? Olivier Marchand a beau lui en parler avec une superbe éloquence, la réalité est implacable : Miron, à vingt ou vingt-deux ans, ne s'en va nulle part sur le plan amoureux. Dès octobre 1947, alors qu'il venait tout juste de commencer à suivre ses cours, il a assisté au bal de la faculté et y a aperçu la femme de ses rêves. À la mi-novembre, il en était toujours à s'en remettre à Dieu pour la conquérir :

Seigneur, donnez-moi celle dont les yeux ont été faits pour moi et celle dont le cœur a le rythme de mon cœur. Je l'aime, celle-là ! Elle sera ma princesse [...] Nous serons devant vous, Seigneur, elle, la beauté aux lignes qui montent, moi, le gars qui veut s'élancer vers Vous[50].

Le ton est à la prière plutôt qu'aux stratégies d'approche. Il attend une « femme mystique », qui l'aimera « tout entier, tout l'homme intégral », comme il l'écrit au printemps suivant[51]. Existe-t-elle seulement, cette femme qui l'acceptera sans réserve et le sauvera de lui-même, de cette solitude irrémédiable où il cherche pourtant à se réfugier puisque rien n'arrive ? N'y aura-t-il jamais que cette belle Rita de Saint-Jérôme, telle secrétaire aguichante qu'il croise dans la rue, telle belle serveuse dont il savoure en secret le sourire d'ange dans un restaurant du centre-ville ?

L'élévation mystique et la prière suppliante tournent bientôt à l'amertume. C'est qu'il souffre d'une timidité profonde : « Le regard de la femme est terrible et terrassant », note-t-il dans un carnet[52]. Ce regard féminin le paralyse et le renvoie à son mépris de lui-même, qui est l'envers de son perpétuel orgueil. Les mois passent, une année complète durant laquelle il ne connaît toujours que des échecs. Plein de dépit, il en est réduit à se raconter à lui-même le roman de sa propre déchéance. Jadis, quand il était enfant, on le disait beau :

> J'étais acteur dans les séances. J'étais regardé. Hélas, aujourd'hui, après tant de manies, d'imprudences, d'excès, je me retrouve laid, la figure ravagée, difforme, disproportionnée. Ici, mère, je n'ai aucun reproche à te faire. Parce que tel j'étais petit, j'étais l'enfant idéal. C'est moi le coupable. Mais repentant, blessé d'orgueil, je prendrai le parti de tous ceux-là, les impotents, les mal conformés, les éclopés. Nous, la risée, l'horreur des belles dames, les rebutés de l'amour, nous avons du cœur quand même, nous avons de l'âme. Ne riez pas de nous, les belles, de ces monstres[53].

Même au milieu de ce gâchis physique et moral, il y aura donc le recours à cette autre confrérie : celle des handicapés de l'amour, pauvre parade qui ne soulage en rien le mal qu'il ressent quand il aperçoit, rue Sainte-Catherine, la jolie scène d'un couple d'amoureux qui s'embrasse ou, pire encore, quand une femme qu'il a osé accoster dans la rue l'éconduit sans ménagement et le laisse dans une tension sexuelle insupportable, avec le sentiment de n'être qu'un homme rebutant[54].

Quelle ironie ! Lui qui a quitté les frères faute de pouvoir envisager et assumer la chasteté, il s'y trouve plus que jamais enlisé, et cela le rend malade. À l'automne 1949, après plus de deux années de ce régime, il se sent souffrant, il éprouve « une douleur au côté droit », et il conclut que ce mal « n'est pas seulement d'ordre physique ». Non, c'est quelque chose de plus large, qui affecte tout son être : « Je suis atteint d'une maladie étrange. La peur ? La honte ? On n'en guérit guère[55] », écrira-t-il en octobre 1949. Et au printemps suivant : « Une maladie me gruge sournoisement. Elle m'enlève toute force intellectuelle. Tout fuit dans ma tête[56]. »

Il faut dire que ses conditions de vie demeurent très médiocres et n'ont rien pour atténuer ses déboires amoureux. Au cours de l'été, il va se trouver un emploi d'étudiant comme aide-serveur dans un hôtel de Pointe-Calumet, sur les bords du lac des Deux-Montagnes[57]. Mais dès son retour à Montréal à la fin août, il se retrouve chômeur, obligé d'affronter une fonctionnaire peu sympathique qui lui reproche une fois de plus son incompétence en anglais. Et puis, quelle idée de s'être inscrit en sciences sociales ! Croit-il vraiment que l'étude de la sociologie et de la politique va lui ouvrir le marché de l'emploi ? « Il y a d'autres manières plus pratiques de servir son pays[58] », lui lance patriotiquement l'employée… Il rentre rue Duluth en ruminant cette nouvelle humiliation mais résolu à ne pas se laisser abattre. Pourtant, à la mi-octobre, après un petit emploi de commis au palais de justice, le voilà de nouveau chômeur, inquiet de ne pouvoir payer son prochain mois de pension à l'oncle Henri.

Comme si ses constants soucis matériels ne suffisaient pas, son ami Guy Carle a décidé de ne pas poursuivre ses études à la faculté et est reparti vivre à Rouyn, au début de septembre 1949. Quand un autre de ses amis proches, Louis-Marc Monastesse, refait surface après une absence de quelques mois, il est tout heureux d'annoncer à Gaston qu'il vient de tomber amoureux ! Miron cherche quelque consolation en jouant aux échecs avec Olivier Marchand et Roland Lapointe. Puis survient un autre souci : sa mère est tombée malade et elle doit être hospitalisée pour subir une opération. Comme jadis Charles-Auguste dans les derniers mois de sa vie, Jeanne est traitée à l'hôpital de Verdun où son fils lui rend parfois visite cet automne-là, ce qui ravive en eux de bien tristes souvenirs, mais aussi la belle époque du bonheur, si lointaine à présent pour elle, qui doit travailler comme femme de ménage et qui souffre de l'alcoolisme de son second mari.

Depuis deux ans, malgré l'effervescence des filles qui y demeurent toujours, devenues grandes et coquettes, et le bébé Robert, leur demi-frère qui découvre le monde, la maison de Saint-Jérôme apparaît parfois à Gaston comme « la maison des larmes » quand il s'y rend les fins de semaine, tant sa mère lui paraît meurtrie par la tournure qu'a prise sa vie. Lui-même, il éprouve cruellement à quel point un guide lui manque en cette période de pauvreté et d'errance. Depuis son arrivée à Montréal, il n'a cessé de regretter l'absence d'un père qui pourrait le conseiller, le soutenir au moment où il en a le plus besoin. Ce qui est au moins aussi grave, c'est que l'évocation de la figure paternelle tend à le conforter dans son propre sentiment de déchéance : alors que Charles-Auguste s'était hissé, grâce à sa compétence et à son savoir technique, vers la bourgeoisie et avait ainsi procuré à sa famille une existence prospère, son fils unique se retrouve prolétaire, à contre-courant de l'ascension sociale tracée par l'entrepreneur Miron. Comment ne pas sentir que l'héritage s'est perdu, que la lignée a tourné court ; comment ne pas voir là une défaite personnelle dont il est coupable ? En juin 1949, Gaston a profité d'une visite chez sa mère pour monter à Sainte-Agathe se recueillir sur la tombe de son père et de son grand-père, derrière l'église. Lui qui est d'habitude si lyrique, si rempli d'allégresse dès qu'il retrouve le Nord de son enfance, il en revient cette fois avec des images de ruine, hanté par « le terreau de la mort » et en se disant qu'il aurait été bon de se coucher comme les deux autres Miron sous les grands arbres[59].

*　　*　　*

Le monde des livres et de la culture ne procure-t-il pas un baume au jeune homme en détresse ? Sans doute, mais qu'en est-il de l'écrivain, du poète qu'il a voulu être totalement quand il a abandonné la soutane du frère Adrien ? Si la situation sous ce rapport n'est pas aussi frustrante que sa vie amoureuse, Miron demeure, à la veille des années 1950, terriblement à court de son idéal. C'est d'abord qu'il trouve très peu de temps pour écrire et il ne manque pas de s'en plaindre : « Je n'ai pas encore composé de poèmes. Trop de soucis d'argent, de vêtements et de dettes m'assaillent. Puis mes cours me prennent pas mal de temps cette année. Cependant je lis beaucoup[60] », écrit-il à Guy Carle. Les soucis, le travail, les raisons diverses ne manqueront pas pour alimenter le leitmotiv de toute une vie : perpétuellement, Miron va « manquer de temps » pour écrire et faire tout en son pouvoir pour que ce manque de temps soit la règle.

Il reste que la période 1947-1949 est particulièrement ingrate à cet égard, compte tenu des emplois harassants qu'il occupe et des études qu'il poursuit le soir. Outre ses problèmes matériels, sa misère amoureuse elle-même n'est guère propice à la création, comme le lui font remarquer ses amis. Il passe parfois jusqu'à six mois sans produire rien qui vaille. Au cours de l'année 1947-1948, il a eu le projet d'un poème de cent vers : *La Communauté des hommes*. Il entretient alors une correspondance avec son ami Gérard Boudreau, qui a été l'un de ses confrères au Mont-Sacré-Cœur de Granby et avec qui il s'est retrouvé ensuite comme frère enseignant à l'école Meilleur[61], avant que l'un et l'autre ne décident de quitter la communauté. Comme Miron, Boudreau connaît une vie difficile : il aspire au journalisme, mais il se résigne pour le moment à un emploi de nuit dans une usine de Magog. Au printemps 1949, Miron joint à l'une de ses lettres une version dactylographiée de son long poème encore inachevé et qui a maintenant pour titre *La Mort temporelle*, une œuvre ambitieuse en alexandrins bien frappés et en plusieurs sections, dédiée à son ami René de Cotret. La deuxième section commence ainsi, et l'on dirait un pastiche d'Alfred DesRochers :

> Mes ancêtres, jadis, hommes de forte race,
> En plein corps, de plein cran, d'aucune concession,
> En faisant tournoyer une mortelle audace
> Dressaient sur l'inconnu leur campe de bois rond.

Pourtant, du même souffle, le poème convoque les « petites gens », les « prolétaires » qui, comme le poète descendu des Laurentides, ont quitté leurs régions natales, leurs « Bois-Francs », leurs « Outaouais », pour venir travailler dans la grande ville. Ce thème de la misère urbaine, Miron en a entendu les accents populistes en assistant, ces dernières années, à la Bibliothèque municipale puis au parc La Fontaine, à des lectures publiques de Jean Narrache, qui a été la voix poétique des ouvriers et des chômeurs de la crise économique des années 1930 :

> J'parl' pour parler pas rien qu'pour moi,
> Mais pour tous les gars d'la misère ;
> C'est la majorité su' terre[62].

Mais imiter la langue du peuple n'est pas l'affaire de Miron, bien plus proche là-dessus de Clément Marchand, qui a fait paraître en 1947 ses *Soirs rouges* écrits durant les années 1930, grand tableau lyrique du Montréal des « prolétaires » :

> Voici leurs galetas dégingandés, leurs seuils
> Que chauffe le soleil et qu'évide la suie
> Et leurs perrons boiteux où les marmots s'ennuient
> Leurs portes qui, s'ouvrant, grincent mauvais accueil.

Comment le jeune Miron ne se reconnaîtrait-il pas lui-même dans cette pauvreté, comme dans ces compagnons déchus auxquels s'adresse le poète des *Soirs rouges* :

> Ô tous vos corps de lente usure
> Mangés par tant de bénignes blessures,
> Vos mains de servitude et vos visages laids
> Sur qui rôde hébétée une exsangue luxure,
> La teinte de vos chairs et le pli de vos traits
> Et vos regards déshérités de l'aventure.
>
> Mes compagnons, vous vivez tard dans ma mémoire.
> Vos voix, je les entends ; je reconnais vos pas [...][63]

Plein de compassion et de fraternité, son propre chant aux prolétaires, dans *La Mort temporelle*, conserve toutefois davantage la fière mémoire des « villages vivants ». Entre les « ancêtres de forte race » et les « petites gens » arrivés en ville, c'est l'esprit religieux, à la hauteur des grands *Mystères* de Péguy, qui assure la continuité et promet le salut :

> Citadins, nous aurons, au jour du dernier terme
> Lors du hoquet strident de la pleine douleur
> Qui boutera hors de la chair par tout le derme
> L'âme, aussi nous aurons quelque droit à l'honneur.

Car voici Bonsecours et voici l'Oratoire,
Saint-Jacques, Notre-Dame et la Réparation
Et la Croix sur la nuit, les vérités notoires
De notre peuplement et de nos rédemptions.

Et cent flèches encore élevant nos misères,
Leurs cloches au midi par-dessus les maisons,
Leur curé parmi nous exhortant nos prières
Et à la Fête-Dieu leurs saintes processions[64].

Dans sa lettre à Miron datée du 16 mai 1949, Gérard Boudreau juge
« fameux » ce poème et espère en lire bientôt la suite, qui ne semble
pas lui être parvenue. En fait, ce chant des prolétaires aux accents de
piété héroïque n'est pas le plus caractéristique du Miron de cette
époque, qui préfère le plus souvent le registre élégiaque, le tableau de
genre vieillot, ce qui donne des quatrains comme : « C'est une maison
grise / que le temps martyrise / Et qui coule ses jours / Au vallon des
amours », parmi d'autres poèmes consignés soigneusement dans son
cahier noir[65]. Bien plus tard dans sa vie, il s'étonnera d'avoir connu
une telle indigence poétique à vingt et un ou vingt-deux ans, alors qu'il
a lu à l'époque Saint-Denys Garneau et Grandbois. Songeons aussi
qu'en 1948 le jeune Paul-Marie Lapointe a déjà publié, à l'âge de
dix-neuf ans, *Le Vierge incendié* : « je ne sais pas vivre   champi-
gnons dans les huttes   cloisons du crâne   je ne sais pas
vivre   les moutons de salpêtre broutent ma barbe   je ne
sais pas vivre[66] », et qu'en 1949, à l'âge de vingt ans, Roland Giguère a
fondé Erta, sa petite maison d'édition d'avant-garde, et commence un
poème par ces vers : « La lumière avait su me prendre / en plein délire
/ les yeux droits dans les miroirs / les mains au cœur du torrent[67] ».
Miron semble vivre sur une autre planète que les meilleurs poètes de
sa génération, qui deviendront ses compagnons et qui feront la gloire
des Éditions de l'Hexagone.

Comment expliquer une telle résistance, un tel entêtement dans des
formes et des thèmes surannés ? L'« absence de talent » qu'invoquera
Miron en 1990 n'explique rien, compte tenu de son évolution ultérieure.
On a plutôt l'impression, à l'approche du tournant de 1950, que le
personnage du Ménestrel, vedette du Mont-Sacré-Cœur, lui colle encore
à la peau. Il y a en lui un poète adolescent et un frère laïc qui croit
toujours que le salut passe par la souffrance et qui se réjouit de n'être

pas de son temps. « Coller au réel », comme le lui répète constamment Olivier Marchand, comme y aspire toute leur génération ? Mais le réel, chez lui, est voilé par une pesante construction idéologique qui ne cesse de valoriser la tradition, le « retour au village », la pérennité des valeurs chrétiennes. Cet univers stable et authentique, il le retrouverait si seulement il pouvait remonter à son enfance, dont la mort de son père et son entrée en communauté l'ont à jamais privé.

Il s'invente à l'époque un nouveau personnage, Cadou, qu'il voudrait au centre d'un roman qui aurait pour titre *Ferveurs* : ce serait, à partir d'un tableau du pays et d'une évocation des ancêtres, le récit de la crise existentielle d'un jeune homme venu vivre en ville, crise que ne parvient à résoudre qu'une remontée vers le village natal, qu'une reconquête du Nord, lieu de lumière et de consolation, pays mystique où pourra ressurgir l'espérance[68]. Cadou est évidemment un *alter ego*, beaucoup plus près de l'autobiographie que du roman : il est pauvre, laid et tourmenté, et il croit que le catholicisme est la seule réponse au chaos contemporain. Comme Miron se l'est souvent dit depuis l'âge de treize ou quatorze ans, Cadou songe que ses souffrances et ses difficultés sont inhérentes à la condition humaine, et qu'il en viendra un jour à aimer sa vie, « parce que c'est une vie d'homme[69] ».

Si ces essais pseudo-romanesques ne présentent guère de valeur littéraire, il reste que c'est dans la prose plutôt que dans la poésie que Miron semble alors trouver sa voix. À certains moments, voici que toutes les mièvreries et les conventions des poèmes laissent la place à une écriture emportée, véhémente, qui projette dramatiquement le corps et l'âme dans l'espace du destin. Ainsi en est-il de cette page de son journal écrite dès le début de 1948 :

Quand je reviens du travail, le soir, avec un sang qui charrie la fatigue, des cellules qui hèlent le repos et une tête vaste et vide comme l'Hudson, j'aime le pas bohème et tout le corps à la dérive, et tout le regard sur tout ; ou parfois, la marche rapide, raide et rectiligne, l'allure dressée et pleine de profil, et la fixité des orbites, et toute l'âme en tourmentes. Ah ! C'est que notre âme a des marées, qu'elle en creuse, des abîmes, et qu'elle en élève, des pics ! Au coin d'une rue, la voilà dans le rêve, cinq ans dans l'avenir, chevauchant des réussites, brandissant des gloires ; et quand arrive la lumière rouge de l'avenue suivante, elle se retrouve harcelée par un néant indéfinissable, ravalée par une dépression, assaillie de perspectives noires, quotidiennes, dépourvue de ressorts dynamiques, condamnée au long et monotone travail de prolétaire dans une vie emmurée et rampante[70].

On pourrait reprendre ligne à ligne ce passage pour y repérer des mots, des images, des tournures qui annoncent le « voyage abracadabrant » de *L'Homme rapaillé*. Mais rien à faire dans l'immédiat : cette grande marche tumultueuse ne parvient pas vraiment à s'écrire en poésie et Miron continue de remplir son cahier noir de petits quatrains mièvres pour la plupart sans conséquence.

Il élargit sa culture pourtant, en dehors de tout programme particulier, au hasard des livres trouvés dans des librairies, grâce à des spectacles auxquels son maigre budget lui permet d'assister, fût-ce au prix d'un repas ou de l'achat d'un nouveau pantalon. Sa vie est moins « emmurée et rampante » qu'on pourrait le croire, mais il faut dire aussi que le temps a passé depuis 1948. Quand il commence à écrire régulièrement à Guy Carle, au début de l'hiver 1949-1950[71], on le retrouve au courant des événements artistiques et théâtraux. Il a vu *Le Malade imaginaire* chez les Compagnons de Saint-Laurent, le *Fantasio* de Musset produit par les étudiants de l'université et il est sorti enchanté du spectacle des ballets Morenoff présenté au Plateau[72]. Il découvre même la vie nocturne des cabarets et assiste, au début de ce même hiver, au tour de chant de Charles Aznavour et Pierre Roche au Faisan doré, la célèbre boîte de nuit qu'a fondée le fantaisiste et chansonnier Jacques Normand : « Ça vaut ce que ça vaut », note-t-il laconiquement dans son journal[73].

Du côté des livres, en dehors des ouvrages d'économie et de politique rattachés à ses cours, l'inventaire est anarchique : entre les *Pensées* de Pascal et *Adrienne Mesurat* de Julien Green, « un roman puissant, étouffant[74] », il se plonge avec ferveur dans l'œuvre de Mallarmé mais se tourne tout autant vers des écrivains canadiens-français comme Laure Conan et Harry Bernard, tandis que son goût pour les biographies des grands personnages, tels Beethoven et Pasteur, ne se dément pas. Mais de tous les auteurs, il y en a peu qui lui soient aussi proches que Saint-Exupéry, une passion qu'il partage avec les frères Carle et Olivier Marchand. Il n'y a guère de valeurs affirmées par l'auteur de *Vol de nuit*, de *Courrier Sud* et de *Terre des hommes* que le jeune Miron ne reconnaisse comme siennes ou auxquelles il ne puisse à tout le moins aspirer : le sens du réel et de l'action efficace, l'éthique de la responsabilité, l'esprit de camaraderie

qui soude Saint-Ex à Mermoz, à Guillaumet, à tous ces frères humains
dans l'héroïsme tranquille et le devoir accompli au risque de la mort.
Rien de cela ne peut laisser indifférent le rêveur et solitaire Miron,
qui dévore à la même époque les biographies de tous ces pionniers
de l'aviation : lui qui a trop longtemps vécu dans sa tête, il se sent
chez lui dès que surgit la possibilité d'un combat, d'un défi moral et
physique. Ces hommes qu'il admire ont mené leur lutte dans le ciel,
celui du Sahara, de l'Atlantique Sud et de la Patagonie. Les années qui
viennent vont lui ouvrir amplement son propre terrain d'action, qui
sera terrestre, mais où il n'en cherchera pas moins une certaine forme
d'élévation. La poésie sera cette ascension.

*　　*　　*

Au moment où il se prépare à s'engager corps et âme dans
l'action sociale, le poète Miron ne va-t-il pas devoir mettre encore
davantage sous le boisseau ses aspirations au chef-d'œuvre ? Ce serait
bien fâcheux, d'autant plus qu'en cette année 1949 la voix du jeune
homme qui se prend encore trop souvent pour le Ménestrel du Mont-
Sacré-Cœur commence à muer. Sans doute peut-il retomber dans son
style adolescent imprégné d'une nostalgie villageoise qui lui fait écrire,
par exemple, ce pauvre hommage à Sainte-Agathe :

> C'est ici ma patrie dans ce cher coin du monde
> Des montagnes, un lac et le ciel par-dessus,
> L'église du curé puis les toits de son monde :
> Les habitants, les touristes, les Juifs en plus !
>
> C'est un petit village à la suite des autres ;
> En-deçà Val-David, au-delà Saint-Faustin.
> Un village, ma foi ! pareil à tous les autres
> Hommes, femmes, enfants, et du mal et du bien[75].

Il est clair que le jeune poète a peu d'avenir de ce côté. Mais Olivier
Marchand lui a fait lire Saint-Denys Garneau et, pour la première fois
peut-être, on entend des échos de cette lecture dans un poème de la
même année où il est question d'une « petite voix » qui « ne s'entend
plus du dehors » :

Il faut se pencher du haut de l'espace
Appuyer sa tempe contre l'espace :
Et de peur qu'elle ne se brouille
Déplacer du silence.

Peut-être l'entendrons-nous
Dans cet ordre et ce silence
En nous réintégrés.

Auscultation du temps !
Patience de l'essentiel[76] !

On reconnaît ici deux vers de la fin de la *Petite Suite en lest* publiée en 1953 dans *Deux Sangs* et reprise plus tard dans *L'Homme rapaillé*[77]. Est-ce bien là le même poète que celui de « ma patrie » de Sainte-Agathe ? Quelque chose en lui hésite, vacille : il aspire tant à la quiétude, à un passé révolu, alors qu'il entend tournoyer en lui une « vraie tempête[78] » et qu'il se sent partie prenante d'une douloureuse et mystérieuse aventure :

Et nous voici pantelants et tordus aux poutres,
Nous voici butés contre des mondes inconnus,
Nous voici à contourner des univers hermétiques
La tête contre
Cherchant la source bleue le long des murs[79]

L'œuvre à venir, le jeune homme semble deviner qu'elle devrait passer, si elle s'écrivait enfin, par un autre langage qui naîtrait d'une longue écoute du silence, patiente et tourmentée à la fois. Cela supposerait peut-être d'abord un adieu à la patrie intime, au monde connu, aux repères familiers qui procurent la paix : « Je m'en vais / Avec moi-même », conclut-il, « Je vais me chercher une âme / Dans des pays qu'on ne connaît pas[80] ». Partir pour mieux revenir et advenir : il commence à comprendre que c'est la voie fréquentée par les vrais poètes.

L'année 1949 va lui apporter à tout le moins l'encouragement qu'il lui faut pour ne pas désespérer de son pauvre talent. Au début du printemps, il a décidé de soumettre quelques poèmes à un concours littéraire tenu à Ottawa par la Corporation des lettres du Caveau, née de la compagnie théâtrale qui joue alors, depuis les années 1930, un important rôle d'animation culturelle en langue française dans la capitale canadienne[81]. Voué à sa mission théâtrale, le Caveau compte dans ses rangs un groupe de « diseurs », qui privilégient la récitation des textes et l'apprentissage de la diction. À l'occasion du congrès marial de 1947, la troupe a présenté un jeu scénique de la poète Simone Routier. En 1949, la Corporation des lettres du Caveau décide de lancer un concours de poésie dans le cadre d'une entente avec *Le Courrier littéraire*, une revue artisanale que dirige le père dominicain H. M. Robillard et dont l'équipe compte un influent critique littéraire fort versé en poésie : Guy Sylvestre, qui a fondé la revue *Gants du ciel*, qui collabore régulièrement à *La Nouvelle Relève* dirigée jusqu'à tout récemment par Robert Charbonneau, et qui deviendra le premier anthologiste à prendre acte de la poésie canadienne-française de l'après-guerre.

Miron s'est inscrit au concours à la fin mars, tout en poursuivant ses échanges épistolaires avec Gérard Boudreau, qui vient de temps à autre rendre visite aux amis du Cercle Québec au cours du printemps. La fraternité est plus vibrante que jamais entre les jeunes hommes du cénacle, mais les cours étant terminés à la faculté, Miron s'apprête à s'éloigner de Montréal pour une partie de l'été afin d'aller travailler à l'hôtel Mont-Éléphant de Pointe-Calumet. Le début de son contrat s'est trouvé cependant retardé et ce délai lui a permis de faire un détour par Saint-Jérôme et Sainte-Agathe avant d'arriver sur les bords du lac des Deux-Montagnes dans les premiers jours de juin. Ce séjour à la campagne, malgré le dur travail qui l'accompagne, n'est pas pour lui déplaire. Si affamé soit-il de livres et de culture, si attaché à ses amis et à sa chambre en ville, Miron demeure un homme de la nature, qui vibre de tout son être et qui oublie tous ses maux dès qu'il retrouve « le soleil, l'espace, les verdures, l'eau », comme il l'annonce joyeusement dans la lettre qu'il écrit à sa mère dès son arrivée à l'hôtel[82]. Sa chambre à l'étage donne sur le lac le long duquel on a construit des chalets d'été ; il respire le grand air et se laisse bercer par le chant des oiseaux, ceux qu'il ne se lasse jamais de réentendre et qui semblent lui redonner la quintessence de son enfance et de toute sa jeunesse : « Je crois reconnaître la ritournelle du troglodyte », confie-t-il à sa mère sur le ton ému du secret partagé.

Mais il n'est pas venu au Mount Elephant Lodge pour faire du tourisme et écouter les troglodytes ou autres oiseaux chanteurs. Son travail d'aide-serveur le tient fort occupé à la salle à manger et au bar, dont il doit faire le ménage chaque matin. Les fins de semaine, l'hôtel reçoit jusqu'à 500 clients qui viennent y boire et y danser au son d'un orchestre (« Le soir, ce sont les *nègres* qui nous font la musique. Les gens peuvent danser près de l'eau[83] », écrit Miron à sa mère). Une plateforme de danse a en effet été aménagée sur la rive. Parmi une telle clientèle sans doute bruyante, l'aide-serveur doit répondre à bien des demandes, et pas seulement durant les heures d'activité. Un client installé à l'hôtel le réveille au petit jour pour qu'il lui apporte de la bière à sa chambre : de la bière, à six heures du matin ! Mais Miron ne se plaint pas trop puisqu'il peut se recoucher un moment en écoutant le chant des oiseaux.

En fait, son contrat est double : durant les heures où la salle à manger et le bar sont moins fréquentés, il doit donner un coup de main aux ouvriers qui s'affairent à certains travaux d'agrandissement et de rénovation. Cela représente au total jusqu'à quinze heures de travail par jour, mais qu'importe puisque ce travail physique fera du bien à ses muscles[84]. Ainsi occupé, songe-t-il encore au concours littéraire du Caveau ? Or voici qu'une lettre lui parvient d'Ottawa le 14 juin, signée par le secrétaire de la Corporation : ce n'est pas un triomphe mais il a du moins obtenu une mention. Deux semaines plus tard, c'est le père Robillard qui lui écrit, cette fois pour obtenir l'autorisation de publier quelques-uns de ses poèmes dans *Le Courrier littéraire* dont il est le directeur : « Vous êtes un poète ! » ajoute le dominicain en postscriptum. Miron exulte : « C'est ma première palme de ma carrière d'écrivain », s'empresse-t-il d'écrire à sa mère. « Je ferai honneur à mon nom, à vous, à mon pays et ma religion. » Ses poèmes, continuet-il avec fierté, « seront lus à travers le Canada[85] ! ».

Le jury n'a sans doute pas vu si grand, mais deux pièces l'ont frappé qu'il a retenues pour leur publication. *Désemparé* se situe dans le registre épique et tourmenté du jeune Miron :

> Par la nuit de tempête où les phares s'engouffrent
> Comme des fouettés et des déterminés,
> Nous marchons, ignorants de la trappe des gouffres,
> Vers l'horreur des demains sans paix ni charité.
>
> Vents, étoiles, déserts, la Ville va nous prendre
> Chères amours, et bois et montagnes et prés,

> Et lacs de reflets bleus et couleurs de ciel tendre,
> Pour enchaîner et abrutir nos libertés […][86]

Les processions de la Fête-Dieu et de la Vierge du Cap ont fait place à un autre défilé : celui des exilés de l'âpre existence urbaine qui n'est qu'une prison dégradante pour les hommes et qui les dépossède de ce qu'ils ont de plus cher. Marchent-ils à leur perte, ces mystiques du malheur ? Dans sa suite, le poème ouvre pourtant la possibilité que « les forces de la vie », les « lumières d'été » puissent ressurgir, en quelque « pays fabuleux », sur de « secrètes îles » ou autour d'« un étrange village » — mais rien n'est moins sûr.

L'autre poème, qui conserve comme le premier la forme classique des quatrains d'alexandrins, a pour titre *Solitaire* : Guy Sylvestre, au dire du père Robillard, y a repéré « des vers d'anthologie[87] » ! Miron, cette fois, y parle à la première personne, du fond d'une solitude aux accents frénétiques :

> Je suis l'homme qui marche au-delà des frontières
> De ma vie ; et le rêve est le pays aimé
> De mes ailes. Je suis le farouche blâmé
> De ceux qui vont, criards, aux plaisirs des ornières.
>
> Je suis l'autour traqué de l'espace inconnu
> Le sanglé des appels chargés d'itinéraires
> J'ai toujours mes deux bras au large, solitaires,
> La nuit je rôde avec mon cri sauvage et cru […][88]

Jamais comme dans ce poème écrit à la mi-janvier 1949 il n'aura aussi bien pressenti sa veine propre et son personnage poétique, celui d'un marcheur hors de lui-même, ravagé et porté à la fois par son « mal de démanche », comme il le dira dans *La Batèche*[89]. C'est quand il puise à sa souffrance, à sa désorientation, à sa solitude farouche et égarée qu'il écrit le plus vrai. Le directeur du *Courrier littéraire* est ému par ce jeune poète qui s'est présenté à lui comme un simple « ouvrier » et qui ne devrait pas s'en excuser puisque lui-même, éditeur et prêtre, est un « fils de paysan[90] ». Cela dit, quelques tournures, à son avis, devraient être corrigées, « car ce qui compte quand on est artiste, c'est que l'œuvre soit belle ». Au bas de la lettre du père Robillard en date du 5 juillet, Miron a griffonné ce commentaire :

Il y a la beauté. Je n'aime que la beauté. J'admire depuis mon enfance. Mais avant d'être esthète, je suis un homme, crûment. Certains mots peuvent aller contre l'euphonie, paraître grotesques, mais ils rendent ma crudité et ma réalité. Il me faut des mots bruts comme la vie, heurtés comme elle, bêtes comme elle.

Est-ce que cette crudité rendra *la sonorité de son époque*, dont il voulait se faire l'écho à Saint-Jérôme, dès l'été 1947 ? À tout le moins, elle sera de lui, le trop humain Miron, pas très beau à voir mais homme vrai, à prendre d'un seul bloc.

Les deux poèmes paraissent à Ottawa, dans *Le Courrier littéraire* de décembre : pour la première fois, le poète Miron sort de son cercle intime pour atteindre, modestement, la scène publique. En outre, ces premières parutions engagent à plus long terme sa carrière d'écrivain : les deux pièces seront en effet republiées, *Désemparé* dans la revue *Amérique française*, en 1952, et *Solitaire*, sous le titre *Les Bras solitaires*, dans *Deux Sangs*, en 1953[91]. On peut donc parler d'un coup d'envoi, et l'honneur obtenu, si modeste soit-il, pourrait de manière plausible lancer la grande floraison poétique que connaissent souvent les jeunes gens au début de la vingtaine. Pourtant, entre 1950 et 1953, la récolte sera finalement mince, alors que le poète apprendra plutôt à marcher avec d'autres sur la terre des hommes.

Routes et danses carrées

La *terre des hommes*, l'action à la Saint-Exupéry : n'est-ce pas ce qui comptc autant, davantage même, que l'œuvre poétique en gestation ? « Je veux vivre à l'opposé de tout ce qui est littérature. Rien de plus exécrable que le livresque[1] », affirme Miron dans l'un de ses élans réalistes que l'on aurait tort, toutefois, de prendre entièrement au mot. Néanmoins, il est vrai qu'au milieu de l'année 1949, malgré sa modeste « victoire » au Caveau d'Ottawa, le jeune homme est voué à la déprime et que sa vie personnelle lui paraît dans un cul-de-sac. L'apprenti poète se montre plus que jamais préoccupé par les enjeux humains fondamentaux que ses études en sciences sociales lui permettent de saisir à grands traits. Ni ses élans poétiques sporadiques, ni ses conversations intenses avec ses amis du Cercle Québec ne lui suffisent : il s'applique à la rédaction d'essais qui, malgré leur facture un peu scolaire, définissent une certaine conscience politique et une ligne de pensée culturelle et littéraire. À vingt et un ans, le Miron qui porte haut sa souffrance est aussi un jeune homme qui s'exerce à une pensée plus personnelle, plus dégagée des idées reçues qui pesaient sur elle jusque-là.

Un article du journal *La Patrie* du 1er mai a attiré son attention : « S.S. Pie XII et l'immigration. Déclarations importantes[2] ». Il l'a découpé, et s'étant documenté sur les chiffres des derniers recensements canadiens, il réagit à la récente lettre papale qui, tout en reconnaissant la souveraineté des États, soulignait leur devoir d'accueil à l'égard des immigrants en quête de meilleures conditions de vie, dans un esprit de plus juste répartition mondiale de la richesse. Sous le titre « L'immigration et le Québec » et sur plusieurs pages manuscrites, le jeune Miron circonscrit l'ampleur du phénomène de l'immigration au Canada et au Québec tout au long du XXe siècle et particulièrement en cette période de l'après-guerre. Bien avant que cette question ne devienne un enjeu de société au Québec, celui qui était encore, il y a peu de temps, un chantre du terroir et des villages reconnaît à présent le caractère profondément cosmopolite de Montréal. Il est vrai, note-t-il, que la politique canadienne de l'immigration a injustement privilégié la langue anglaise, mais le Québec lui-même a fait preuve d'« insouciance et [d'] incompréhension » en ne cherchant pas à recruter des immigrants « qui ont des affinités avec notre langue, religion et culture ». Cet essai demeuré inachevé en appelle à une politique québécoise qui ne verra lentement le jour qu'à partir de 1968, à la suite de la création d'un ministère de l'Immigration[3].

En juillet 1949, alors qu'il occupe encore son emploi d'été à Pointe-Calumet, le garçon d'hôtel se sert du papier à en-tête de l'établissement pour rédiger, cette fois, une dissertation sur « L'existence d'une littérature canadienne[4] ». Si le débat de *La France et nous* animé par Robert Charbonneau a attiré son attention en 1947, ses lectures et sa pensée se sont élargies depuis deux ans : désormais, il a quelques idées bien arrêtées qui se retrouveront pour l'essentiel, bien que dans un cadre politique très différent, chez le poète de *L'Homme rapaillé*. En tout premier lieu, il y a cette thèse incontournable : « L'existence d'une littérature canadienne d'expression française et autonome confirme l'existence d'une nation canadienne-française. » Ce postulat tient au fait, explique le jeune essayiste, que

> la littérature découle de la culture. Et la culture est une manière d'être homme, c'est-à-dire de penser, de sentir, d'agir et de réagir. Et la littérature est moins l'ensemble des ouvrages et œuvres écrites d'un pays que cette présence d'homme caractéristique qui s'en dégage.

La littérature, les livres, cela naît d'un rapport spécifique et global au réel. Cette présence au monde s'inscrit évidemment dans le temps : sur plusieurs feuillets, Miron développe l'un de ces panoramas historiques dont il est toujours resté friand. Ce n'est rien de moins que la genèse d'une culture et d'une littérature distinctes de celles de la France, bien que le rôle persistant de la tradition religieuse prenne ici une place qu'elle perdra dans le récit mironien des années 1960 ou 1970. Une annotation en marge du texte manuscrit cite les noms de Charlevoix, de Marie de l'Incarnation, mais plus que la Nouvelle-France, c'est la suite qui importe, la longue marche « d'une littérature née des exigences de ce peuple distinctif » et qui accède davantage à sa personnalité et à sa liberté au début du XXe siècle. Il y a un « volet paysan : Grignon, Ringuet, Guèvremont, DesRochers », et désormais « il y a la ville avec *Bonheur d'occasion* de Gabrielle Roy ». Cette genèse, on le sent, est toujours en cours. Pour terminer, Miron reprend la question à partir des dates marquantes de l'évolution politique du Québec. De 1760 à nos jours, notre vie politique s'est en effet différenciée de celle de la France, elle « comporte moins d'exposés brillants, moins d'ergotage, elle est moins théorique, plus pratique » — surtout sous l'influence de « la politique anglaise », malgré les « trahisons » commises par celle-ci. Une note prend soin de préciser que dès le début du XXe siècle, notre littérature s'est toutefois détachée du politique pour trouver des accents plus personnels.

Plus tard, au terme d'une lente évolution, à l'idée d'une différenciation par rapport à la France s'ajoutera une autre différence, celle qui définit les Québécois comme des *colonisés* du Canada anglo-saxon. Pour le moment, sans encore le nommer ainsi, c'est *le phénomène anthropologique global* qu'est la culture québécoise face au vaste monde que le jeune Miron commence à concevoir. C'est dans cet espace que pourra avoir lieu *L'Homme rapaillé*, dont presque rien n'existe encore au seuil des années 1950, sinon le ton impétueux de quelques ébauches, un lexique qui se cherche et une certaine hauteur de ton, une manière d'affirmer qu'il faut se tenir debout même quand on en est à vouloir se coucher par terre, voire *dans* la terre, parce que les amours manquent et que la vie est trop pauvre et médiocre. Quelques poèmes de *L'Homme rapaillé* datant du début des années 1950 le disent de façon exemplaire : à la capitulation complète et dérisoire de *Déclaration* (« je m'étends par terre / dans ce monde où il semble meilleur / être chien qu'être homme ») succède sans transition un ressaisissement énergique : « soudain contre l'air égratigné de mouches à feu / je fus debout dans le noir du Bouclier[5] ».

De toute manière, malgré les déconvenues et les malheurs, Miron ne conserve-t-il pas des amitiés ferventes : Olivier Marchand, Gilles et Guy Carle, quelques autres et, avec eux, le monde des livres et de la culture, même si cela coûte parfois bien cher ? Quant à la femme de sa vie, elle viendra forcément tôt ou tard ; mais il se désolerait sans doute davantage s'il pouvait prévoir que sa *marche à l'amour* n'en a pas fini, c'est peu dire, de s'étirer « sur des longueurs de solitude[6] ».

*   *   *

Il a tenu deux mois à peine comme garçon d'hôtel et aide-ouvrier à Pointe-Calumet, et il est rentré à Montréal dans les premiers jours du mois d'août 1949 avant de s'élancer en auto-stop sur les routes de la province, une activité qui fait sa joie à partir de cette époque. Entre périodes de chômage et emplois précaires, les cours du soir reprennent en septembre à l'université : passionné par l'actualité et les problèmes sociaux, il a choisi l'option du journalisme pour sa troisième année et un professeur les amène, lui et d'autres étudiants, visiter le journal *La Patrie* et s'initier sommairement aux techniques de la typographie et de l'imprimerie. En général toutefois, l'étudiant Miron s'ennuie maintenant ferme dans les salles de classe : « Du vrai chloroforme[7] », se plaint-il en revenant de ses cours. Le cœur n'y est plus tout à fait, malgré qu'il obtienne des résultats plus qu'honorables en 1949-1950. C'est que les théories et les abstractions que lui propose l'université l'exaspèrent de plus en plus. Il pense beaucoup, mais il a soif de concret, il a faim d'humanité. Rien ne l'atteint et ne l'émeut davantage, durant ses longues marches, que le contact des gens ordinaires : tel cireur de chaussures qui accomplit son travail en sifflotant joyeusement, tel jeune épicier qui vit son amour avec une ouvrière sans se poser de lourdes questions sur ses sentiments. Le peuple de la ville ! Si la littérature a encore un sens, ce doit être d'en saisir la vraie réalité, et il songe à cet égard non seulement à écrire des romans, mais aussi à un nouvel essai qui porterait sur « les prolétaires et la poésie[8] ». Ne serait-ce pas toutefois un nouveau refuge dans la sphère des idées ?

Les projets littéraires n'aboutissent guère, les aspirations à l'engagement paraissent dérisoires. Comment d'ailleurs embrasser la cause du prolétariat quand on est si mal dans sa propre peau ? Celui qui se voit comme « le pauvre Cadou » a du noir dans l'âme en cette saison d'automne et il n'a d'autre recours que d'errer en solitaire dans la forêt du mont Royal, ce qui ranime en lui les bonheurs laurentiens de son enfance. Il faut dire que Cadou-Miron n'est pas seul dans cette triste galère de l'automne 1949. Sauf Guy Carle qui a peut-être eu raison, tout compte fait, de retourner dans son pays abitibien, aucun

des autres camarades n'a la vie facile : Monastesse « en arrache »,
Boudreau est « au bout de la corde », Gilles Carle se retrouve parfois
sans même un sou pour s'acheter un ticket de tramway[9]. Et que dire
d'Olivier Marchand ! Il s'est pris pour Saint-Exupéry et s'est inscrit
à l'École d'aviation de la Royal Canadian Air Force de Trenton, de
sorte qu'il fait désormais des allers-retours en train, y laissant une
bonne partie de sa solde, afin de venir passer les fins de semaine
avec ses amis à Montréal. Mais alors qu'il s'imaginait déjà en plein
ciel aux commandes d'un appareil, son manque de préparation le
relègue à des tâches de balayeur et autres humbles corvées. En outre,
ses compagnons de l'École d'aviation se montrent désagréables et
le sergent-commandant est un ivrogne enclin à des accès de folle
violence ! Marchand ne deviendra ni *pilote de guerre*, ni pilote tout
court, et il met fin à ce cauchemar ontarien dès le début de l'hiver.

Miron et ses amis du Cercle Québec ont beau réitérer leur désir
de lutter pour devenir des hommes complets, l'idéal paraît bien
utopique faute d'un terrain d'action clairement délimité. Tant le
monde du travail que celui des études ayant déçu les espérances, ce
n'est pas en marchant interminablement rue Sainte-Catherine ou sur
le mont Royal, ni en palabrant à perte de soirées que la reconquête
d'une vraie humanité pourra prendre forme. On comprend, dès lors,
que l'engagement dans les mouvements de jeunesse se soit présenté à
Miron et à son ami Marchand comme une solution logique.

Pour Miron lui-même, il faut parler d'une planche de salut, car aux
alentours de ses vingt-deux ans, il ne cesse de livrer un autre combat,
plus intime et secret. Rongé par le désir, hanté plus que jamais par les
corps féminins qu'il croise dans la rue, il se cramponne tant bien que
mal à son idéal de moralité et de pureté. Il ne lui reste, bien souvent,
que le seul secours de la religion et des sacrements : dans l'église du
Gesù où il est entré au hasard d'une promenade, il s'agenouille pour se
confesser, ce qui le soulage un moment de son sentiment d'indignité,
lui permet de communier et de retrouver ainsi « la clarté » que seule
peut accorder la « grâce[10] ».

Au cœur de cette lutte épuisante contre les démons de la chair,
la conscience sociale du jeune Miron prend une nouvelle tournure.
L'immigration ? Les injustices sociales ? La culture canadienne-
française ? Lui qui est enclin aux grands survols et qui semble n'avoir
accordé que peu d'attention à la cause des travailleurs de l'amiante,
dont la grève a été durement réprimée par le régime Duplessis plus

tôt cette année-là, il donne maintenant son appui sans réserve aux
« ligues de décence » et dénonce dans son journal les spectacles des
clubs de nuit et tous ces livres « qui nous offrent des laideurs comme
pâture[11] ». Devenu un lecteur fervent du journal *Le Devoir* dirigé
d'une main énergique par Gérard Filion, il lit assidûment une longue
série d'articles publiée par l'avocat Pacifique Plante entre novembre
1949 et février 1950. *Pax* Plante, vite devenu un héros médiatique,
a été congédié de son poste de chef de l'escouade de la moralité de
la police de Montréal, en 1948, pour s'être montré trop zélé dans la
chasse au crime organisé et à la corruption. Bien informé, son constat
est dévastateur.

C'est que la ville dont le marcheur Miron ne cesse de sillonner
les rues a singulièrement perdu l'auréole mariale et virginale dont
certains la paraient encore au moment des célébrations de son 300[e]
anniversaire, en 1942 : la noble cité de Chomedey de Maisonneuve,
la ville aux cent clochers, l'héritière de l'antique Ville-Marie ! Sous
la gouverne d'un Camillien Houde populiste et assez complaisant,
l'orgueilleuse métropole se voit de plus en plus qualifiée de « petit
Chicago » par des esprits moins naïfs. « *Le Devoir* a mon appui
moral[12] », proclame Miron en lisant la série d'articles de Pacifique
Plante, dont l'alliance prochaine avec l'avocat Jean Drapeau va mener
à la fondation de la Ligue d'action civique et porter celui-ci une
première fois au pouvoir à la mairie de Montréal, en 1954.

C'est peu dire que nous ne sommes plus ici dans la sphère des
pures théories sociales. Le jeune homme qui se passionne pour cette
question traverse plus que jamais, au cours de l'hiver 1950, une « crise
de la chair, l'aiguillon dont parle saint Paul[13] ». Un soir de janvier, rue
de Bullion, dans le fameux quartier du Red Light où il ne saurait se
retrouver par accident, une prostituée le sollicite. Troublé, il convoque
son idéal de vertu et fait appel à la conscience sociale qu'il a reconnue
dans les articles du *Devoir*. Les mouvements de jeunesse, la Jeunesse
ouvrière catholique (JOC) surtout, étaient déjà sensibles au danger
qui guettait les jeunes filles de province débarquant à Montréal
pour y trouver du travail dans les manufactures et que cherchaient à
recruter les réseaux de prostitution. Rentré de la rue de Bullion, Miron
se dit qu'il faudrait réhabiliter les prostituées, leur offrir du travail,
mais voici que cette cause le fait trépigner d'impatience, réveille en
lui le volontariste porteur d'une mission collective. Il faudrait faire
beaucoup plus :

Sortir notre peuple de ses ornières, voilà ma vie. Avachissement, étroitesse d'esprit, indifférentisme, indigence intellectuelle et artistique, opportunisme politique, conformisme, déviation nationale, fanatisme racial, inanition religieuse, etc.[14].

Ne faisait-il pas, hier encore, l'éloge de la simplicité du bon peuple de la ville ? Le cireur de chaussures, l'épicier, l'ouvrière, le chauffeur d'autobus ou de tramway, la serveuse de restaurant, tous ces humbles travailleurs qu'il aime de tout cœur, font-ils donc tous partie d'un peuple avachi, apathique, plutôt raciste et sans ferveur d'aucun ordre, pas même religieuse ? Dans la déchéance sexuelle qui le guette, dans la pauvreté qui l'accable, Miron porte toujours en lui le messianisme volontiers prêcheur qu'il nourrissait déjà à l'époque du frère Adrien. Le jeune homme qui vient voltiger comme un papillon de nuit autour des filles de joie du Red Light ne perd pas son désir de devenir un phare, un guide spirituel. Toutefois, à moyen terme, des fonctions plus modestes l'attendent.

*   *   *

Ce qui va se jouer en cette année 1950 pour Miron, à rebours d'un incommensurable mal de l'être le plus souvent tu, c'est moins la poésie elle-même, toujours rare et incertaine, que les conditions de sa pratique et de son épanouissement : une rencontre d'hommes, un faisceau d'idées, une expérience nouvelle du monde et du territoire. Au centre, il y a son esprit en bataille, son corps souffrant qui se met à danser, à jouer, à voyager — et son visage sans grâce qui parle haut, qui rit et chante fort pour oublier qu'il n'est pas aimé d'amour. C'est toute une conjoncture qui tient pour beaucoup aux contradictions énergiques d'un jeune homme, mais tout autant au contexte particulier de ce Québec de 1950 partagé entre tradition et modernité, de cette société qui vit l'apogée du règne de Maurice Duplessis, reporté triomphalement au pouvoir en 1948 — comme il le sera en 1952 et 1956 —, tout en assistant à une montée de forces progressistes, à l'avènement d'une génération critique et ambitieuse qui fera sa Révolution sans violence, le moment venu.

La grève des travailleurs de l'amiante de 1949 a durci les positions. Dans une rare mention de cet événement, au printemps 1949, Miron s'est réjoui de l'appui aux travailleurs exprimé par certains membres du clergé[15]. Un an plus tard, la réaction frappe. L'archevêque de Montréal, Mgr Joseph Charbonneau, qui, tout comme le père Georges-Henri Lévesque et sa Faculté des sciences sociales de l'Université Laval, a appuyé les grévistes, se voit contraint de démissionner en février sous les pressions de Maurice Duplessis : remplacé par Mgr Paul-Émile Léger, il finira ses jours exilé sur la côte ouest, à Victoria. Le clergé conservateur n'a pas dit son dernier mot, mais 1950 verra quand même aussi la disparition de Mgr Georges Courchesne, le virulent et dogmatique évêque de Rimouski, connu pour son hostilité à l'égard de l'Ordre de Bon Temps et de l'ensemble des mouvements d'action catholique, et parfois qualifié de « dernier ultramontain[16] ».

Le front intellectuel s'anime : le journaliste Gérard Pelletier, qui a suivi de près toutes les phases de la grève de l'amiante à titre de journaliste au *Devoir*, réunit au printemps plusieurs amis, parmi lesquels Pierre Elliott Trudeau, pour discuter d'un projet de revue dont le premier numéro est lancé le 14 juillet : *Cité Libre*[17]. L'héritage de Péguy et surtout d'Emmanuel Mounier, penseur du personnalisme et fondateur de la revue *Esprit*, y est manifeste. Mounier, que Pelletier a croisé à Paris vers 1946, vient de mourir en mars : Miron lit le dossier publié par *Le Devoir* peu après la mort du philosophe et qui rassemble des textes de Pelletier lui-même, d'André Laurendeau et du critique littéraire Gilles Marcotte[18]. L'existentialisme chrétien de Mounier, qui se réclame de l'homme réel, de la dignité et de l'intégrité de la personne mais qui nuance en même temps la conception radicale de la liberté que propose à l'époque Jean-Paul Sartre en insistant sur l'insertion de la personne dans sa communauté, dans des réseaux d'appartenance et d'action, trouve alors beaucoup d'échos au Québec, non seulement à *Cité Libre*, mais aussi dans les mouvements d'action catholique. C'est Mounier, bien avant Sartre, qui inspire, à partir de cette époque, la vision du monde de Miron. Quant à la revue *Esprit* elle-même, dont la relève est assurée à partir de 1950 par Albert Béguin et plus tard par Jean-Marie Domenach, elle constitue à elle seule tout un chapitre sur les échanges entre les intellectuels québécois et français dans les années 1950 et 1960[19] : nous allons la retrouver sur notre route et sur celle de Miron, au tournant de 1960.

Autre lien durable, dont on ne saurait assez souligner l'importance à long terme, tant pour Miron lui-même que pour son aventure de poète et d'éditeur : la présence dans cet hommage à Mounier de Gilles Marcotte, alors critique au *Devoir*. Or, une fois de plus grâce à Olivier

Marchand, Miron fait la connaissance de Marcotte, qui n'a alors que vingt-cinq ans, au cours de ce même printemps 1950. Dans sa lettre du dimanche de la Pentecôte à Guy Carle où il s'avoue atteint d'un « mal inconnu », il trouve quand même des raisons de ne pas désespérer, à commencer par cette rencontre avec un homme qu'il a admiré d'entrée de jeu :

> J'ai connu M. Gilles Marcotte, critique littéraire au *Devoir*. Un type cultivé, mon vieux, et, qualité rare, ouvert sur l'avenir. J'ai marché avec lui quelque vingt minutes, jusqu'à la [Bibliothèque] Municipale. Plus jeune, je m'imaginais ces sortes d'hommes comme des dieux, des dieux sur un Olympe. Aujourd'hui, je constate — quoique émerveillé encore, ayant encore mon enthousiasme de l'enfance — que ces hommes sont comme tous les autres, comme toi, comme moi. Je dois spécifier que cette heureuse rencontre, je la dois à Marchand (ce qu'il en connaît du monde, Marchand !)[20].

Qu'ils soient cireurs de chaussures ou critiques littéraires, le jeune et candide Miron n'en a jamais que pour les hommes qui savent se faire « ordinaires », dans une proximité chaleureuse. Quoi qu'il en soit, catholique fervent et ouvert en même temps à la modernité littéraire et poétique, progressiste dans la continuité plutôt que dans la rupture, Marcotte sera par excellence l'accompagnateur de l'aventure poétique et éditoriale de Miron, l'homme de l'Hexagone plutôt que de *Refus global*, à ceci près qu'il ne partagera jamais les convictions nationalistes et indépendantistes de Miron.

* * *

Au cours de l'hiver 1950, Olivier Marchand, rentré pour de bon de Trenton, amène son ami Miron visiter les bureaux de la JEC et du journal *Vie étudiante*, rue Sherbrooke ; à la fin janvier, les deux inséparables participent à une soirée de danse folklorique à l'église Saint-Jacques. Dès 1946, Marchand a des contacts aussi bien avec les mouvements d'action catholique qu'avec l'Ordre de Bon Temps (OBT), fondé cette année-là par Roger Varin. Durant ses études au Mont Saint-Louis, Marchand a collaboré au journal *François* de la JEC, destiné aux écoliers du primaire et aux adolescents, patronné par le jeune auteur Félix Leclerc et illustré par Jeanne Courtemanche, un des membres de la première heure de l'Ordre de Bon Temps. C'est par cette voie que l'intérêt d'Olivier Marchand pour l'OBT a pu s'éveiller et que, dès cette époque, il a commencé à assister à des soirées d'animation organisées par le groupe, avant de collaborer au journal *La Galette*, l'organe de liaison de l'OBT[21].

Le fondateur, Roger Varin, que Miron va côtoyer constamment au cours des trois prochaines années, est à lui seul tout un réseau. Il a été de la première troupe théâtrale des Compagnons de Saint-Laurent du père Émile Legault, il a milité à la Jeunesse agricole catholique (JAC) et y a notamment participé à l'organisation d'un grand mariage collectif, assorti d'un spectacle, au stade de baseball De Lorimier en 1939. Trois ans plus tard, il a fondé un Centre d'art dramatique et créé avec sa troupe, dans le cadre des fêtes célébrant le 300e anniversaire de la fondation de Montréal, le *Jeu de Dollard*, sur le modèle des jeux théâtraux d'Henri Ghéon, l'auteur de prédilection des Compagnons de Saint-Laurent. Autour du personnage de Dollard des Ormeaux, mis au palmarès des héros de la Nouvelle-France par Lionel Groulx, le jeu théâtral de Varin a été présenté sur le mont Royal et comptait dans sa distribution les jeunes comédiens Jean Gascon et Jean-Louis Roux, tous deux promis à un bel avenir, et aussi un certain Pierre Elliott Trudeau, dans le rôle d'un Amérindien ennemi…

C'est dans son bureau de chef du secrétariat de la Société Saint-Jean-Baptiste, au Monument-National, dès l'après-guerre, que Varin a conçu son projet d'un mouvement distinct des groupes d'action catholique, bien que mû par les mêmes idéaux personnalistes, par le même désir d'efficacité concrète et par la même foi en la jeunesse montante. Le coup d'envoi de l'OBT, en janvier 1946, a été un bal costumé : le jeu théâtral, la fantaisie, l'humour, cette couleur particulière du groupe ne sera pas pour déplaire à Miron, mais surtout le dosage de tradition et de modernité, la continuité avec le monde des ancêtres liée à la volonté d'action sur la réalité contemporaine, au moyen d'activités mixtes, garçons et filles, ce qui est une rareté à l'époque et fait sourciller bien des prêtres.

En pleine « crise morale », Miron accède, grâce à Olivier Marchand, à un monde bien plus large et varié que celui que formaient ses amis du Cercle Québec, d'autant plus qu'au cours des quatre années précédentes l'OBT n'a cessé de s'organiser non seulement à Montréal, mais aussi en province où les équipes se sont multipliées. La publication de *La Galette*, à partir de l'année 1948-1949, témoigne de ce souci de rayonnement. L'essor de l'OBT a même suscité l'intérêt de l'Office national du film, qui envoie en 1949 l'un de ses cinéastes, Gil La Roche, tourner un documentaire sur le groupe : *Vieux Airs… nouveaux pas* présente les activités de danse et de théâtre tenues par des jeunes de l'OBT au cours d'un camp estival au lac Ouareau, et La Roche accompagne une équipe dirigée par l'ethnologue Luc Lacourcière en tournée chez des habitants de l'île d'Orléans pour y recueillir de vieilles chansons de folklore[22].

*   *   *

Pourtant, comme en témoigne la correspondance très soutenue qu'il entretient tout au long de l'hiver et du printemps avec Guy Carle, Miron ne s'engage que progressivement dans les activités de l'Ordre de Bon Temps. On aura eu raison d'être sceptique quand il prétendait faire ses adieux à la littérature. Malgré ses déboires intimes, il lui tarde de compléter, à court terme, son rattrapage culturel et littéraire. Sa boulimie de lectures est plus intense que jamais, sans compter qu'elle le rapproche aussi d'une littérature contemporaine qu'il a longtemps ignorée. À l'automne, il a pu lire *La Peste* de Camus et *Au pied de la pente douce* de Roger Lemelin. Au cours de l'hiver, il découvre avec quelques années de retard *Le Survenant* de Germaine Guèvremont : « Un vrai roman. Un roman de roman ! » écrit-il avec enthousiasme à Guy Carle[23]. Autant que la qualité littéraire, c'est celle de la langue qui l'a fortement impressionné : « Je considère l'auteur comme étant parmi les cinq écrivains qui écrivent le mieux le français au Canada avec Félix-Antoine Savard, Ringuet, Robert Charbonneau et Léo-Paul Desrosiers. » Ce panthéon de la perfection linguistique, il le vénère d'autant plus que lui-même, comme apprenti écrivain, explore un autre domaine, celui d'une crudité impitoyable, d'une langue mal léchée qui est la seule à pouvoir dire le fond de son être : « je suis nu dans ma vérité / et dans mes os ma chair et sur le monde[24] », écrit-il dans « Cris de victoire », l'un de ses rares poèmes de l'année 1949-1950, ce qui le place bien en-dessous de ces aînés qui, eux, maîtrisent la belle langue…

Pour Guy Carle, Miron peut jouer le rôle non seulement d'un correspondant poétique, mais aussi et surtout d'un chroniqueur qui rapporte régulièrement l'actualité culturelle et littéraire du « Tout-Montréal » dont il est à l'affût. S'il frôle parfois les bas-fonds de la rue de Bullion, s'il s'agenouille en pauvre pécheur dans les églises, il demeure au fait des arts et lettres et il se montre capable de dresser un panorama des parutions récentes et de l'ensemble de la scène culturelle. Le dynamisme, pour autant qu'il puisse en juger, ne se trouve pas du côté de la poésie, qu'il trouve bien ensommeillée. Mais il faut dire que le modeste lauréat du concours du Caveau reste toujours peu informé des entreprises nouvelles qui sont apparues ces dernières années et qui sont encore, il est vrai, assez confidentielles : il ignore la naissance des Cahiers de la file indienne, fondés par Gilles Hénault et Éloi de Grandmont en 1946 et, plus récemment, des Éditions Erta, créées par le poète et peintre Roland Giguère, tout comme il ne fait nulle mention de la parution de recueils automatistes ou surréalistes comme *Les Sables du rêve* de Thérèse Renaud, en 1946, ou *Le Vierge incendié* de Paul-Marie Lapointe, en 1948. On ne parle même pas de Claude Gauvreau, qui s'est manifesté ces dernières années comme cosignataire de *Refus global* et qui a acquis suffisamment de prestige pour que Paul-Marie Lapointe lui ait confié la lecture du manuscrit de son *Vierge incendié*, et pour qu'un autre jeune homme de la génération de Miron, Jean-Claude Dussault, ait voulu entrer en contact avec lui et engager une correspondance intense sur la poésie et le surréalisme au cours de ce même hiver 1950. Le jeune Miron serait sans doute choqué, cela dit, par le modernisme sans ménagement de ce professeur d'avant-garde qu'est Gauvreau, et carrément chagriné d'apprendre que Claudel, un des auteurs qu'il admire aux côtés de Péguy et de Saint-Exupéry, n'est aux yeux du poète automatiste qu'un « tâteur de chasubles », un « joueur de picolo à l'Académie française » et qu'il est « devenu officiellement un drapeau pour la réaction universelle[25]. »

Le « Tout-Montréal » de Miron n'inclut pas des opinions aussi désobligeantes ni les bombes poétiques des Automatistes. Le « reporter » peut par contre signaler à son ami de Rouyn la réédition assez récente des poèmes de Saint-Denys Garneau, augmentée de nombreux inédits, *Les Solitudes*, dans la collection du Nénuphar que dirige Luc Lacourcière chez Fides. À la fin de l'hiver, il lui annonce la parution du *Torrent* d'Anne Hébert et d'un « essai remarquable » de Paul Toupin consacré à Berthelot Brunet ; mais « la vedette est tenue par Yves Thériault qui fait une vigoureuse sortie simultanément dans le roman et le théâtre (*La Fille laide* et *Le Marcheur*)[26] ». Il n'y a cependant pas que le Montréal littéraire, et il faut compter avec le théâtre, la musique, les expositions de peinture : « Voilà, explique

Miron dans cette même lettre de la fin mars, ce dont on parle, discute, parlemente, tonitrue, chuchote, siffle, chante dans les milieux dits intellectuels. » Bref, une fièvre urbaine apparaît, qui fait un heureux contrepoids aux histoires de corruption et aux tourments intérieurs. Il y a ainsi de ces moments euphoriques chez Miron : il penche alors du côté de la vie, il s'extériorise en marchant heureux contre le vent froid, comme un homme orgueilleux de gagner la bataille, il skie allègrement dans la neige fraîche du mont Royal, il multiplie frénétiquement les sorties, chez les Compagnons de Saint-Laurent, au Studio-Théâtre, au His Majesty's pour un spectacle des Ballets de Paris, au Théâtre Saint-Denis où il assiste même à « une parade de mode[27] » en février ; au cinéma aussi, où il voit *Stromboli*, le film de Roberto Rossellini mettant en vedette Ingrid Bergman, et *Les assassins sont parmi nous*, un film allemand tourné en 1946 par Wolfgang Staudte.

Pourtant, il a le plus souvent les poches vides, ce qui ne l'empêche pas de donner parfois une des rares pièces de monnaie qui lui restent à un mendiant croisé dans la rue. Comment fait-il pour se procurer ses livres et surtout pour payer ses sorties, même en tenant compte du fait qu'il n'achète pas les meilleurs billets et que certains spectacles sont gratuits ? Il est certain qu'il continue de mal se nourrir et qu'il emprunte fréquemment à ses amis, quand ce n'est pas directement à son oncle Henri. Les semaines où il n'a vraiment plus un sou en poche, Miron s'enferme dans sa chambre pour dévorer des romans ou des biographies, pour terminer *Les Pauvres Gens* de Dostoïevski, tel ouvrage sur la théosophie des Rose-Croix ou la correspondance entre Paul Claudel et Jacques Rivière. Ses amis Marchand, Gilles Carle, De Cotret, Roland Lapointe, et aussi Gérard Boudreau, qui travaille maintenant à la Cité des Livres, viennent l'y rejoindre : on joue encore aux échecs, on discute de littérature et de l'état du monde jusque tard le soir et même dans la nuit.

Mais dès qu'il se retrouve seul, le Miron des grands vents et du Tout-Montréal retombe vite dans son marasme intérieur, il se sent atteint d'un « mal étrange au côté droit », d'« un abcès à la gorge qui peut tourner au cancer[28] ». Il s'en est ouvert à Guy Carle, mais voici qu'en avril ce n'est plus seulement sa gorge qui « paralyse », dit-il, mais « des troubles intestinaux » qui le réduisent à l'insomnie[29]. Il lui faudrait voir un médecin, mais après ses autres dépenses, le paiement d'une visite médicale est au-dessus de ses moyens. En mai, alors qu'il se retrouve de nouveau au chômage en attendant une improbable réponse à sa demande d'emploi auprès des services du Bien-être social, il se résout à aller subir des examens à l'hôpital Notre-Dame, sans qu'on détecte rien de particulier, ce qui ne l'empêche pas, au cours des semaines qui suivent, d'éprouver de nouveaux malaises, « palpitations au cœur » et troubles de vision. « Un mal inconnu me ronge et m'intoxique », écrit-il à Guy Carle le 28 mai, après avoir montré, en en-tête, qu'il n'a pas oublié son calendrier religieux et que nous nous trouvons le « jour de la Pentecôte ». Du fond de son étrange maladie et de son désarroi, il arrive qu'une prière s'élève en lui : « Mon Dieu, il fait nuit. Toujours. Il me semble évoluer dans un néant. Que je connaisse votre lumière[30]. »

Heureusement, la tiédeur de la mi-avril enveloppe bientôt la ville, le printemps « plein de frissons nouveaux », le retour du « ménate bronzé », « des premiers merles » et surtout de ces grands oiseaux noirs dont le vol déchirait si souvent le ciel d'été en Archambault : « Les corneilles nous sont revenues depuis un bon mois ; j'aime leur cri rauque et solitaire[31]. » Il se reconnaît en elles, dans ce chant pas beau à entendre qu'il a découvert comme sien au terme des trois années difficiles qu'il vient de traverser. Mais ce n'est pas seulement sa voix poétique qui, la plupart du temps, manque de fluidité et d'harmonie, c'est lui-même tout entier, comme il tente d'en faire la démonstration à son correspondant d'Abitibi :

> Je ne puis résister à te peindre le Miron d'aujourd'hui. Tu le vois venir. Sa démarche n'a pas beaucoup changé. Son dos se voûte déjà. Par contre son visage a beaucoup transmué. Sa peau est jaunâtre, parfois livide. Autour de sa bouche, sur son menton, le long du nez, une légère acné ravage les tissus. Et ce nez qui s'acclimate au milieu de la figure. Ce nez rouge, de clown, de pilier de taverne. Qui s'acclimate et se nourrit. Et ces deux oreilles qui l'escortent. Et ce front qui se dévoile, qui recule. C'est Miron qui passe. Quelle tête qu'il fait ! Tout cela pour te dire qu'une chose demeure et s'amplifie : l'obsession de la laideur. Si ça continue, je deviendrai fou[32].

Mais non, pourtant : si le personnage a quelque talent pour la souffrance (« Nous qui sommes bornés en tout, comment le sommes-nous si peu lorsqu'il s'agit de souffrir ? » a écrit Marivaux cité en exergue à cette même lettre), il n'est guère doué pour la folie, et d'abord parce qu'il sait tourner le dos à la mauvaise image de lui-même que lui renvoie son miroir et s'élancer au dehors vers ses amis et ses incessantes activités.

Côté études, l'ennui de l'automne tourne à la panique printa-nière : il est « en retard de quatre dissertations[33] », écrit-il à Carle, même si, rassemblant ses forces, il peut déclarer à la mi-avril avoir laborieusement « repris intérêt à ses cours » et « rédigé deux disser-tations cette semaine[34] ». Ces efforts *in extremis* ne trompent pas : « J'essaie de sauver ce que je peux du naufrage », ajoute-t-il aussitôt, et l'on s'explique, dans ces conditions, qu'il n'ait pas obtenu son diplôme.

* * *

Il lui faut une bouée, pour tout dire : une thérapie. Les promenades sur le mont Royal ne suffisent pas et, avec le retour de la belle saison, l'appel de la campagne et des montagnes du Nord devient pressant. La nature lui manque, le dehors, le grand air pur, l'odeur des sapins. À la fin mai, il fait avec Olivier Marchand deux voyages coup sur coup en auto-stop dans les Laurentides, vers Sainte-Adèle, Val-Morin et Sainte-Agathe. À la nuit tombante, après les journées de route et de marche, les compagnons dressent leur tente : « Nous faisons un brin de jasette intime et dormons dans une épaisseur noire et paisible. Le matin, réveil dans l'air frais et la lumière vive et soleilleuse[35] », note Miron. On entend déjà, de loin, résonner ce vers de *La Marche à l'amour* où le poète décrit la femme aimée avec sa « frêle beauté *soleilleuse* contre l'ombre[36] ». Son Nord, ses Laurentides, c'est encore et toujours le bonheur de l'espace : « C'est bon d'aller là-bas, où les vents ont des départs de caravelles, où les rêves montent des échelles ! » raconte-t-il dans un élan lyrique à Guy Carle[37]. Ce n'est toutefois qu'un prélude à la grande équipée qu'il leur brûle d'entreprendre, Olivier et lui, pour rendre visite à leur ami abitibien, dont l'absence pèse lourd depuis son départ de Montréal en septembre 1949. Carle était après tout le grand animateur du Cercle Québec, un lecteur éclairé des écrivains modernes, un frère en poésie et en discussions que Miron a essayé vaille que vaille de garder proche par ses lettres des derniers mois. De Rouyn, Carle a envoyé quelques poèmes à Miron au cours de l'hiver tout en s'occupant d'organiser là bas une nouvelle équipe de l'Ordre de Bon Temps ; mais ces liens à distance ne peuvent que nourrir le désir d'aller le retrouver dans son milieu, dans une région devenue quelque peu mythique grâce à son amitié et à celle de son frère Gilles.

Le voyage en Abitibi avec Olivier Marchand, au mois de juin 1950, constitue un temps fort dans la vie du jeune Miron, même s'il dure tout au plus une semaine : on en trouve des échos jusque dans *La Batèche*, écrite vers le milieu des années 1950. Miron était mûr pour une telle aventure, mais il y a là bien davantage qu'une simple évasion : c'est d'abord une fête de l'amitié, qui réunira trois frères en poésie et qui offre aussi à Miron des journées uniques d'expériences partagées avec Olivier Marchand. En outre, même s'il n'a cessé depuis son adolescence de proclamer son amour du Nord et de cultiver, sur les traces de Claude-Henri Grignon, toute une mythologie des « pays d'en haut », Miron ne connaît encore, à vingt-deux ans, qu'une toute petite région des Laurentides, ne débordant pas le corridor d'une soixantaine de kilomètres qui va de Saint-Jérôme à Saint-Agricole, en passant par Sainte-Adèle et Sainte-Agathe. Le fameux « Bouclier » laurentien, l'immense territoire en demi-cercle qui descend depuis la baie d'Hudson, à l'ouest dans l'Ontario jusqu'au lac Supérieur, au sud-est jusqu'à la plaine de Montréal, avant de remonter vers Québec, Charlevoix, le Saguenay, il en ignore presque tout. Souvenir de ses cours de géographie plus qu'expérience sur le terrain, ce « Bouclier » le hante pourtant : il l'a évoqué dans « Cris de victoire », l'un des deux poèmes envoyés à Carle en février (« Les colonnes de vent s'exaltent / sur notre Bouclier irréductible ») et il le tiendra bientôt pour le sombre espace de sa révolte, dans *La route que nous suivons* (« soudain je fus debout dans le noir du Bouclier »).

Ce voyage de plus de 500 kilomètres à travers le Bouclier laurentien reste mémorable en raison de cette avancée nouvelle dans l'immensité nordique ainsi que de la découverte d'un autre nord, plus minier que forestier, et d'une ville, Rouyn-Noranda, qui suscite en lui l'exaltation. Il part de Montréal avec Marchand le matin du 3 juin. C'est l'époque glorieuse de l'auto-stop, pour des milliers de jeunes qui peuvent ainsi voyager à très petit budget, dans un pays où il n'y a pas encore d'autoroutes forcément peu propices à cette pratique (même aux États-Unis, elles sont alors embryonnaires), et dans un climat social beaucoup moins méfiant que de nos jours à l'égard de ces jeunes voyageurs. Les deux compagnons atteignent ainsi Rouyn sans grand problème, en une douzaine d'heures.

Dans une lettre-fleuve[38] envoyée à Guy Carle après son retour à Montréal, Miron fait longuement état des impressions que lui a laissées cette visite en pays abitibien : ce Nord québécois l'a « littéralement envoûté », tant par « ses espaces, ses distances, son ciel infini » que par son sol riche des métaux les plus précieux, « nid d'or, de cuivre, voire d'argent ». C'est un pays de « promesses qui surgissent de partout [...] ; la vie et les hommes y livrent un combat ». Or, rien n'excite davantage le jeune Miron que le « combat », contre lui-même, contre les vices des hommes ou contre toutes les inerties et les lâchetés ; d'ailleurs, s'il valorise si souvent la misère et le malheur, n'est-ce pas justement, mais non sans quelque perversité, parce que cela lui permet, dit-il, de lutter ? Rouyn-Noranda, à cet égard, lui est apparue comme un paroxysme d'énergie combative, « une ville lancée comme un poing prodigieux [..], une ville de chaleur et de vie ». Alors que, en 1949 encore, il décrivait assez anachroniquement la ville de Saint-Jérôme comme un « village de chez nous », intimiste, installé, familier[39], il découvre dans la ville de Carle un « carrefour d'hommes, de langues, de races », un milieu d'une rare effervescence où il a pu ressentir « une qualité, une densité de vie ».

Miron et Marchand passent cinq jours avec Guy dans la famille Carle, rue Taschereau. C'est là une autre révélation de ce voyage : au milieu d'une ville aventurière, dynamique et cosmopolite s'ouvre un vrai foyer, un espace d'accueil et d'affection qui laisse Miron, une fois rentré à Montréal, dans un état de totale gratitude : « Si j'ai vécu cinq jours heureux, dans ma vie, c'est bien ceux que j'ai passés chez vous, écrit-il à Carle. Car je me suis baigné dans une des plus belles atmosphères de famille que j'ai connues. » Il ne saurait assez dire combien il admire et remercie les parents des frères Carle, dont la chaleur ne peut manquer de réveiller en lui les souvenirs bienheureux de sa propre enfance à Sainte-Agathe. Retrouver la famille perdue, « fonder un foyer » : à partir de cette époque et durant la majeure partie de sa vie, Miron ne cesse d'en rêver, d'y aspirer et de constater à la fois ses échecs à répétition, en même temps qu'il se désole de « la maison de larmes » qu'habite désormais sa mère. L'un après l'autre, il voit ses amis se marier, avoir des enfants, alors qu'il demeure sur la touche, voit poindre puis s'estomper à tous coups ses espoirs d'une vie familiale « normale ». Bien plus tard dans sa vie de « père monoparental », au tournant de 1980, c'est encore ce qu'il voudra retrouver, avec sa fille Emmanuelle, chez des femmes comme Sandrine Berthiaume et Marie-Andrée Beaudet, toutes deux mères d'enfants nés d'une première union : l'atmosphère familiale, les moments partagés autour de la table ou d'un feu de bois, les sports et les jeux.

Lui qui aime tant les batailles, il ne va sûrement pas en livrer une contre la famille, et c'est là sans doute une autre valeur qui l'éloigne du groupe automatiste de Borduas et de Gauvreau : alors que ceux-ci et leurs amis artistes considèrent la famille comme un des piliers de l'édifice clérico-religieux qu'il importe de subvertir pour retrouver la vraie liberté créatrice, de sorte que bien avant la contre-culture des années 1970, ils iront jusqu'à fonder une commune non loin du mont Saint-Hilaire, avec des conséquences souvent néfastes pour « les enfants de *Refus global* [40] », Miron demeure un homme assez conventionnel, qui privilégie la famille, qui continuera toujours de rendre régulièrement visite à sa mère et à ses sœurs, qui assistera avec envie aux mariages successifs de ses amis et se précipitera volontiers lui-même dans des demandes en mariage irréalistes et prématurées, avec des résultats parfois désastreux.

Il n'y a pas jusqu'à la notion d'équipe, la cellule de base de l'Ordre de Bon Temps, qui ne devienne pour Miron à cette époque une sorte de prolongement ou d'élargissement du cadre familial. C'est bien ce qu'il a éprouvé à Rouyn, durant ses heures de parfait bien-être dans la famille Carle, comme au cours des deux soirées passées avec Guy et son équipe de l'Ordre de Bon Temps. La famille, l'équipe : voilà les deux lieux d'un même vrai bonheur, qui « n'est pas, confie-t-il après coup à son ami Carle, une définition [mais] un acte continu ». L'équipe accomplit dans l'ordre de l'action sociale les valeurs de générosité et d'amour qui soutiennent la famille. Ce n'est pas affaire de « définition », c'est-à-dire de théorie : c'est la réconciliation de la pensée et de l'agir, là où les liens d'amitié et de fraternité viennent prendre le relais des liens du sang. « L'Équipe, c'est le sel de Rouyn », pense Miron au terme de ce voyage : comme tout l'Abitibi, c'est une « promesse », mais dans un sens évangélique plutôt que purement économique et social. « Tu rejoins saint Paul ; tu rejoins l'Évangile », écrit Miron à son ami de l'Ordre de Bon Temps, après avoir retrouvé ses problèmes quotidiens et ses misères.

Le voyage de retour avec Olivier a été lui-même toute une aventure. On a beau dire que c'est l'âge d'or de l'auto-stop, il peut toujours survenir des imprévus, des attentes prolongées. Partis de grand matin de Rouyn, les deux amis ont abouti six heures plus tard à Louvicourt, entre Val-d'Or et l'entrée nord du parc de la Vérendrye. Dans une station-service de ce village isolé, ils ont dû parlementer avec

un riche homme d'affaires de Rouyn pour le convaincre de leur faire
une place dans sa voiture : pure malchance, l'homme avait tout juste
eu vent d'un meurtre commis par un auto-stoppeur dans la région de
North Bay, en Ontario ! Mais Miron et Marchand ne sont pas au bout
de leurs peines. Après plus de douze heures de route depuis le matin et
la traversée du parc, ils sont à la nuit tombante près de Grand-Remous,
en panne sèche. Ils se croyaient assez proches de Mont-Laurier,
l'agglomération la plus importante de la région, pour s'y rendre à pied,
alors qu'ils sont en fait à quarante kilomètres de la petite ville ! Il n'y a
toujours aucune voiture en vue et il leur reste à essayer de dormir dans
un champ en espérant que les choses seront plus faciles le lendemain
matin. Mais voici qu'au loin, et se rapprochant, on entend des cris,
des hurlements même : ce sont des loups ! Fatigués, affamés, les deux
voyageurs deviennent nerveux et ils songent à faire leur prière quand
tout à coup, chance inouïe, freine sur la route un camion-remorque
alerté par la lampe de poche qu'agitait Miron. Il est près de minuit :
les deux hommes dans la cabine, eux-mêmes de Grand-Remous,
expliquent aux jeunes voyageurs qu'ils ont eu raison d'avoir peur et
qu'eux-mêmes ne se seraient jamais risqués dans les champs au bord
de la forêt à pareille heure. Heureux dénouement puisque les deux
camionneurs se rendent à Montréal. « C'est ça l'aventure ! » exulte
Miron après coup, dans sa même lettre-fleuve à Carle, et d'ajouter :

> N'empêche que nous avons habité une belle nuit. Nous avons connu le
> silence, comme une chair. Nous avons vécu la fraternité des camionneurs
> des grandes routes. Nous avons éprouvé, tassés tous quatre dans une
> cabine de camion, la chaleur humaine, ce bien de l'âme.

Famille, équipe, camaraderie, proximité des hommes de métier,
chaleur humaine : on mesure à peine combien le Miron de 1950 peut
en éprouver un besoin sans limites, une faim insatiable ! Mais il restera
quand même quelque chose de cette nuit de panique dans les Hautes-
Laurentides ; c'est même cela seul qui tiendra bon dans la mémoire
poétique, déteignant sur tout le voyage désormais transposé dans une
autre saison, plus sinistre, plus affolée :

> Les lointains soleils carillonneurs du Haut-Abitibi
> s'éloignent emmêlés d'érosions

avec un ciel de ouananiche et de fin d'automne
ô loups des forêts de Grand-Remous
votre ronde pareille à ma folie
parmi les tendres bouleaux que la lune dénonce
dans la nuit semée de montagnes en éclats[41]

Entre cette démence nocturne de « la batèche de vie », qui contamine jusqu'au paysage, et la fraternité retrouvée avec des hommes vrais, c'est l'une des trajectoires essentielles de *L'Homme rapaillé* que paraît déjà esquisser ce retour d'Abitibi, en juin 1950.

*   *   *

Comme c'est si souvent le cas, le retour à la maison n'est pas rose. Dès le début de juillet, Miron rumine une fois de plus de noires pensées, il se retrouve « annihilé », « néantisé », « hahuri » (faute d'orthographe fréquente chez lui à l'époque, mais combien expressive !)[42]. Elle est vite oubliée, l'euphorie éprouvée là-bas chez les Carle : le voici replongé dans sa solitude, assailli par ses maux physiques, accablé par de vaines quêtes d'emploi qui le renvoient à son sempiternel handicap :

> L'anglais. Ce cher anglais. Partout où je me présente, c'est l'anglais exigé. Même avant le français. Ils n'ont qu'un mot : l'anglais. Démission générale. Et je ne parviens pas malgré ma bonne volonté à me mettre cette langue dans le « coco » et entre les dents. L'anglais... une langue de caniche[43] !

Quoi qu'il en soit de cette langue qui lui donne un mal de chien, il n'en peut plus de ces emplois précaires et médiocres, de ces postes de commis de bureau qui sont mal payés et d'un mortel ennui. Si au moins il avait fréquenté une école de métiers, mais sa formation ne l'a préparé à rien de précis, écrit-il avec dépit à Carle.

Il lui faudrait du temps pour trouver enfin un emploi à la hauteur de ses aspirations, mais il n'a pas prévu un nouveau choc : l'oncle Henri et sa femme lui annoncent, un beau matin de ce début de juillet, que leur patience a atteint ses limites. Au bout de presque trois années de pensions payées trop souvent en retard, d'avances consenties pour ses droits de scolarité, au terme d'études universitaires qui ne semblent devoir modifier en rien sa condition de chômeur intermittent et de travailleur instable, leur petit-neveu doit comprendre que c'en est assez. Ou bien il se trouve, « en attendant », un autre boulot d'occasion afin d'acquitter le loyer de sa chambre pour le mois de juillet, ou bien il devra faire sa valise.

Son oncle Henri lui accorde quand même un délai jusqu'au début de l'automne, le temps qu'il se trouve une autre chambre. De toute façon, c'est la belle saison et de nombreuses possibilités de voyages et d'activités s'offrent à lui, plus riches en perspectives que son emploi de l'été précédent comme garçon d'hôtel. Mais en se rapprochant de l'Ordre de Bon Temps, il n'a probablement pas prévu que son premier terrain d'action serait celui de l'enfance. Si le mouvement fondé par Roger Varin s'est rapidement fait connaître pour ses « veillées » folkloriques et ses jeux théâtraux, un autre champ d'intervention s'est en effet développé depuis un an ou deux : les visites dans les camps de vacances et les orphelinats.

Ces camps pour enfants sont un type d'institution en plein essor dans toute l'Amérique du Nord au cours de l'après-guerre. L'OBT va chaque été prêter main-forte aux moniteurs : ils organisent des ateliers de chant, de danse, de théâtre, de dessin, tout en participant aux jeux et aux baignades des jeunes. Le camp des Grèves à Contrecœur, le camp Notre-Dame sur les bords du lac Maskinongé à Saint-Gabriel-de-Brandon, le camp Bruchési au lac l'Achigan, près de Saint-Hippolyte, comptent parmi les destinations fréquentes. Miron, qui a commencé entre-temps à se chercher une nouvelle chambre dans les environs de la rue Duluth, se joint à plusieurs de ces voyages en juillet 1950 et il consigne notamment avec soin, dans un carnet de notes, le programme des activités tenues au camp de Saint-Gabriel, y compris la montée du drapeau et le chant d'*Ô Canada*, la messe du matin, l'excursion aux chutes qui se trouvent dans la région (sans doute celles de Sainte-Ursule), la cueillette des fraises, des framboises et des bleuets[44]. Son plaisir tient-il au fait qu'il y retrouve quelque chose de sa propre enfance ou certains souvenirs du Mont-Sacré-Cœur ? Sans doute, mais ces voyages dans Lanaudière sont aussi pour lui des occasions d'observation de la nature et de l'habitat humain. Fin juillet, l'équipe qui s'est rendue à Contrecœur poursuit sa route jusqu'à Sorel pour prendre le traversier vers Berthier, sur la rive nord du Saint-Laurent. En passant près des îles de Sorel, Miron a une pensée pour *Le Survenant*, dont la lecture récente a été une révélation. Mais ce sont surtout les villages et les paysages de Lanaudière qui attirent ses réflexions, lorsque l'équipe décide de faire une petite excursion en camion au nord de Saint-Gabriel. Situé sur les rives d'un lac de bonne étendue, ce grand village lui rappelle Sainte-Agathe. Saint-Damien est « un merveilleux village canadien, pas américanisé du tout ». On grimpe vers Sainte-Émilie et Saint-Zénon, « sur les belles routes de la province », en longeant la rivière Noire, « pleine de roches, de rapides, de torrents ». Debout dans la cabine du camion qui transporte le petit groupe, exposé au grand vent, parfois à la pluie, Miron oublie tout de sa méchante vie : « Joie. Exaltation », lance-t-il tout en observant avec curiosité le paysage et aussi la forme des villages, dont il conçoit même une typologie selon deux modèles : « a) compact comme un peloton de laine ; b) distendu sur deux rangées de maisons (le plus souvent) », note-t-il dans son carnet. Saint-Jean-de-Matha appartient au premier type, Saint-Félix-de-Valois au second. Mais cette équipée euphorique s'assombrit lorsque l'équipe redescend des Laurentides vers Joliette : « Nous entrons dans le pays industrialisé, maussade », remarque tristement l'homme des villages et des vieilles montagnes.

Olivier Marchand et son ami Laurent Crevier sont venus le rejoindre à Saint-Gabriel. Rentrés à Montréal, les trois amis n'ont pas le temps de chômer car dès le lendemain a lieu le grand pique-nique annuel des enfants des orphelinats à l'île Sainte-Hélène. Au sein de l'OBT, Laurent Crevier, qui fera par la suite une carrière d'ensei-gnant, a regroupé depuis quelque temps des bénévoles, « Les amis de l'orphelin », qui se rendent régulièrement faire de l'animation dans les crèches de la région de Montréal, celles d'Youville et de Saint-Paul surtout, mais aussi à l'extérieur, jusqu'à Huberdeau dans les Laurentides, non loin de Saint-Jovite. Le pique-nique du 27 juillet, dans l'île boisée et paisible au milieu du fleuve, est une fête pour ces enfants qui vivent toute l'année en institution, dans des conditions souvent difficiles. Tenus par des communautés religieuses, les orphe-linats de l'époque sont surpeuplés et Gérard Pelletier, éclairé par un psychologue qui connaît à fond le réseau, vient de signer au début de 1950 dans *Le Devoir* une série de reportages qui constate le sous-développement de ces enfants, souvent sous la garde de jeunes filles peu formées et mal payées, les religieuses ne suffisant pas à la tâche. Pelletier en tire bientôt un livre, *Histoire des enfants tristes*[45], qui annonce quarante ans à l'avance la mobilisation des « Orphelins de Duplessis », dont Bruno Roy, président de l'Union des écrivains québécois, sera le porte-parole dans les années 1990.

* * *

Il arrive que les tiraillements idéologiques de l'époque prennent une tournure cocasse. Le mois d'août 1950 est la scène d'un affrontement plutôt coloré entre les forces conservatrices et progressistes, entre la censure et la « cité libre[46] ». Le 18 août marque en effet le centième anniversaire de la mort d'Honoré de Balzac, un événement qui mérite sans nul doute d'être souligné aux yeux des intellectuels et des gens de culture, dont plusieurs deviendront des amis ou des alliés sûrs de Miron et des Éditions de l'Hexagone. Le romancier Jean-Jules Richard, alors employé chez le libraire Henri Tranquille, réputé pour sa libre pensée, en aurait lancé l'idée. Même Jean Bruchési, pourtant membre du cabinet Duplessis en tant que secrétaire de la Province, professeur à la Faculté des sciences sociales et président de la Société des écrivains canadiens, a approuvé l'initiative. Le problème est que l'auteur de *La Comédie humaine*, si chrétien qu'il fût, se trouve alors parmi les écrivains à l'index : les autorités religieuses québécoises ont donc déjà annoncé qu'elles interdisent toute commémoration officielle. La Librairie Tranquille bravera l'interdiction en exposant dans sa vitrine les œuvres de Balzac ainsi qu'un buste réalisé par le sculpteur Robert Roussil. De jeunes artistes organisent quant à eux une marche aux flambeaux, rue Saint-Denis, où l'on transporte théâtralement dans un cercueil la dépouille de Balzac jouée par un figurant, flanquée de jeunes comédiennes incarnant Mme Hanska et la duchesse de Langeais[47]. Il arrivait ainsi, comme parfois dans le groupe de Roger Varin et chez l'abbé Ambroise Lafortune, que l'humour fût une forme de rébellion souriante face au mortel sérieux des autorités…

* * *

Miron, lui, n'a guère le temps ni le goût de fêter Balzac. Il se trouve plutôt, à en juger par son journal intime, préoccupé par la béatification de Marguerite Bourgeoys, la fête de l'Assomption, les visites aux enfants et les soirées folkloriques à Saint-Eustache, à Pointe-Claire ou dans le quartier Hochelaga. Sa participation au pique-nique et aux autres activités du groupe de Laurent Crevier lui a en outre permis d'obtenir un emploi temporaire chez les orphelins de la crèche Saint-Paul jusqu'à la fin de l'été, ce qui occupe le plus clair de ses journées. La simplicité des enfants : voilà une réalité apte à soutenir son entreprise d'assainissement personnel. En outre, il s'est fixé comme jadis un programme : faire de la gymnastique chaque jour, éviter « les liqueurs douces et les bonbons, même le tabac ! Mais pour offrir un corps à Dieu, ça en vaut la peine », commente-t-il. C'est plus qu'une discipline à court terme, c'est le plan d'une vie, la préparation à une nouvelle vocation :

> Je ne sais pas encore au juste ce que Dieu veut de moi [...] Mais jusqu'à 25 ans, je reste dans la retraite de l'étude, du silence, des mouvements de jeunesse, pour me former, pour être prêt ! Je me remets donc à l'œuvre, après tant d'errements, tant de défaillances, de lâchetés, de paresses, malgré cette année (ces six derniers mois) où j'ai failli me dissoudre dans l'érotisme, dans les doctrines louches... [...] Mais la prière, la route m'ont redonné une volonté, une conscience non plus tourmentée, mais claire, saine, droite[48].

De 1950 à 1953, il manquera d'heures aux journées et aux soirées de Miron pour mettre en œuvre ce programme dans lequel la notion de *retraite* fait d'ailleurs problème : animation auprès des enfants, exercice physique, danses et chants folkloriques, réunions d'équipe, jeux théâtraux ou sportifs — sans compter la pratique scoute de l'excursion à pied —, on voit mal quel temps peut lui rester pour le silence et l'étude...

La « route », à elle seule, représente tout un programme. Ce n'est plus seulement celle dont il a goûté l'ivresse dans ses équipées en auto-stop jusque vers l'Abitibi, ni celle qu'il parcourt cet été-là en camionnette avec l'Ordre de Bon Temps dans les paysages de Lanaudière. C'est la *Route* avec une majuscule, qu'il convient d'éprouver physiquement, à pas comptés, à godillots usés et en chantant. C'est la voie supérieure que recommande un des mots d'ordre du Clan Saint-Jacques : « As-tu songé que pour avoir accès à la Route, il faut commencer par sortir de ta maison et de toi-même, renoncer à ton égoïsme, à ton confort, à ta sécurité, rechercher ce qui est difficile et vouloir vivre rudement[49] ? » Cette ascèse scoute qui tend vers une mystique et suppose un combat, comment le marcheur Miron ne s'y reconnaîtrait-il pas ? Ironiquement d'ailleurs, c'est dans ce quartier Centre-Sud dont il connaît trop bien les périls qu'est né le Clan, ce même quartier où « les problèmes pullulent autant que les coquerelles dans un garni du Red Light[50] », selon les propos du chef routier Louis Pronovost. Ici encore, comme le Gesù où entre parfois se confesser Miron, c'est une église qui se dresse face aux miasmes urbains, celle de Saint-Jacques, avec son clocher immortalisé plus tard par Miron dans *La Marche à l'amour* (« je me tiens aux écoutes des sirènes / dans la longue nuit effilée du clocher de Saint-Jacques[51] »). Les premiers membres du Clan ont en effet été de jeunes garçons occupés à déglacer la toiture de l'église et qui, réquisitionnés par un prêtre, allaient d'abord assurer dans les paroisses et autres institutions des tâches bénévoles de service social.

Louis Pronovost organise par la suite ce groupe de garçons serviables en clan de routiers. Il a dirigé une troupe scoute dans la paroisse Saint-Eusèbe-de-Verceil, celle-là même où enseignait le frère Adrien en 1946-1947. Il y a initié aux rigueurs et aux grandeurs de la Route quelques jeunes de talent : un futur aumônier promis à la légende, Ambroise Lafortune ; des garçons qui deviendront qui peintre, qui musicien : Jean-Paul Riopelle, Jean Vallerand. La chance de Miron en 1950, c'est non seulement d'avoir son ami Marchand qui entretient déjà une multitude de relations, mais aussi d'arriver à un moment où tant le Clan que l'Ordre de Bon Temps atteignent pour ainsi dire leur apogée. Les deux mouvements sont d'ailleurs en symbiose : bien des membres circulent de l'un à l'autre, on pratique des activités communes et on logera un certain temps à la même adresse, au 3425, rue Saint-Denis.

Ces mouvements cousins partagent aussi un aumônier qui est de tous les événements, de toutes les fêtes, surtout les moins orthodoxes, à tendance païenne ! Celui que tout le monde appelle *le père Ambroise* est rentré d'un long séjour en Martinique en juin 1949 : exclu de l'ordination à la prêtrise du diocèse de Montréal pour indiscipline, il a fait un pied de nez aux autorités en partant pour la Caraïbe où il a exercé son ministère comme prêtre séculier. Tout indique que Miron l'a rencontré dès l'été 1949 : « Ambroise. Martinique. Aurores boréales. Yeux de la ville et ailes de la terre[52] », griffonne-t-il alors lyriquement dans son carnet. La notoriété et la popularité d'Ambroise auprès des jeunes étaient si grandes dès la fin de la guerre que Roger Varin a organisé le bal inaugural de l'OBT en son honneur, le jour même de la Saint-Ambroise, le 12 janvier 1946, et qu'il a nommé l'abbé aumônier du mouvement, malgré le fait que celui-ci passe alors le plus clair de son temps en Martinique. Au cours de l'été 1950, Ambroise est devenu une présence essentielle et Miron pourra côtoyer ce prêtre rieur et chaleureux, cette sorte de frère Jean des Entommeurs rabelaisien, le côté guerrier en moins, durant les journées scoutes qui se tiennent à Vaudreuil aux derniers jours du mois d'août et durant lesquelles le jeune Félix Leclerc gratte sa guitare et chante quelques-uns de ses premiers succès.

*   *   *

Pourtant, il va se passer à la rentrée de septembre quelque chose d'inattendu. Au moment même où Miron s'apprête enfin à déménager du 505, rue Duluth sous les reproches de son oncle Henri, alors que ses activités de loisirs et d'animation le sollicitent de plus en plus, il décide de mettre à profit son diplôme d'instituteur et d'accepter contre toute attente un poste à l'école Saint-Ernest de Coteau-Rouge, sur la Rive-Sud. Coteau-Rouge est aussi connu comme Longueuil-Annexe, bientôt Ville Jacques-Cartier, banlieue misérable et brinquebalante qui, au tournant de 1950, tient à la fois du far-ouest et de la *favela* brésilienne. C'est la « frontière » où Jacques Ferron exercera longtemps la médecine et qu'il évoque dans plusieurs de ses livres — le bidonville méprisé de tous où grandit à cette époque, plein de révolte déjà, un jeune garçon de douze ans, Pierre Vallières, futur maître à penser du Front de libération du Québec et auteur de *Nègres blancs d'Amérique*[53].

De nombreuses familles des quartiers défavorisés de Montréal en manque de logements abordables débarquent à Longueuil-Annexe, comme l'a fait celle de Vallières : les écoles (rudimentaires) y sont surpeuplées, ce qui explique que Miron ne signe son contrat que le 13 septembre, à la suite d'un surcroît imprévu d'écoliers constaté par les autorités. On lui donne alors la charge d'une classe de garçons de 6e année, pour un salaire de 160 $ par mois, soit environ 37 $ par semaine[54]. C'est nettement plus qu'il n'a jamais touché depuis trois ans comme commis, manutentionnaire ou garçon d'hôtel, même s'il est vrai que de nombreux emplois manufacturiers offrent à la même époque des salaires de 40 $ ou 45 $ par semaine[55]. Le jeune homme va à tout le moins profiter d'une certaine marge budgétaire durant toute l'année scolaire 1950-1951, malgré ses dépenses importantes en achats de livres et en billets de cinéma. Sans doute des raisons purement alimentaires l'ont-elles incité à signer ce contrat, mais le fait qu'il n'ait pas mis à profit son diplôme d'instituteur plus tôt depuis 1947 indique assez qu'il s'agit là d'un dernier recours. En fait, à lire les écrits et les lettres de Miron durant ces années, on ne se douterait même pas qu'il détient une telle compétence, à un moment où le besoin d'instituteurs est pourtant pressant. Cette année à l'école Saint-Ernest, où il enseigne consciencieusement toutes les matières au programme (grammaire française, religion, arithmétique, géographie, histoire du Canada et du Québec), va d'ailleurs sombrer dans le même silence que son année 1946-1947 à l'école Meilleur, sinon dans quelques lignes d'une lettre à Guy Carle annonçant son engagement à Coteau-Rouge et soulignant le fait qu'il se sent « bien rouillé[56] ».

Ne pourrait-on pas supposer, à tout le moins, que le Miron du début des années 1950, compte tenu de ses trois années d'études en sciences sociales et de la conscience « prolétarienne » qu'il affiche dans certains écrits, vit une expérience marquante, voire un choc au contact du milieu particulièrement démuni qu'est le Longueuil-Annexe de Pierre Vallières ? « Coller au réel », regarder celui-ci à tout le moins, ne serait-ce pas l'occasion d'appliquer la maxime que ne cesse de lui répéter Olivier Marchand ? Mais c'est une autre réalité, celle des mouvements de jeunesse, qui mobilise désormais Miron : il ne fait aucune allusion dans ses écrits au milieu où il enseigne, il ne semble y jeter aucun regard, ni dans sa correspondance avec Guy Carle, qui se prolongera jusqu'en juin 1951, ni dans la lettre qu'il adresse à ses amis du Cercle Québec au beau milieu de son année scolaire, sorte de bilan assez narcissique de lui-même dans ses « défauts » et ses « contradictions » et qui résume ainsi sa situation : « Car je n'ai plus beaucoup d'idées ; j'ai surtout des faits derrière moi, des expériences, des amitiés, des mouvements de jeunes : Ordre de Bon Temps-scoutisme-Orphelins[57]. » Coteau-Rouge, c'est évident, ne figure pas dans cette sphère de réalité.

Cela dit, peu après le début de son contrat à l'école Saint-Ernest, il doit répondre à un impératif bien concret : celui de son déménagement, assez simple compte tenu de ses rares possessions. S'il s'est senti désemparé et plutôt blessé par le fait que son oncle Henri cesse de lui faire confiance et l'invite à partir, cette « éviction » en douce est finalement pour Miron un mal pour un bien. À deux ou trois cents mètres de la maison de son oncle, il a déniché en effet, au 3953, rue Saint-Hubert, non loin de la rue Duluth, un domicile extrêmement animé, un foyer de convivialité et de bohème heureuse où les jeunes causent et chantent jusque tard dans la nuit en tranchant le sort du monde et en oubliant quelque peu la tranquillité des voisins.

Le logement où Miron occupe une pièce dès septembre 1950 est connu, aussi bien par les membres de l'Ordre de Bon Temps que par ceux du Clan Saint-Jacques, sous le nom de la cabane à Cléroux. Il y a là une atmosphère ouverte et un style sans prétention qui doivent beaucoup à l'esprit du couple qui y élève sa famille tout en louant quelques chambres pour arrondir les fins de mois. Diplômé en escrime après des études à Toulouse, Gérard Cléroux est alors maître d'armes à la Palestre nationale et membre de l'Ordre de Jacques-Cartier, une association de type maçonnique vouée à la promotion des Canadiens français, tout en participant aussi aux activités du Clan Saint-Jacques. Sa femme, Pierrette Goyette, gère dans la bonhomie l'importante et incessante circulation qui y passe à toute heure du jour et de la nuit. Son mari amène fréquemment à la maison ses élèves escrimeurs, pour la plupart des immigrants italiens, allemands, slaves, à une époque où l'escrime est un sport très peu pratiqué par les Canadiens français. Des jeunes de l'OBT aiment bien débarquer chez les Cléroux afin de poursuivre des palabres et chanter en chœur, assis en cercle sur le tapis du salon. Olivier Marchand habite alors tout près, rue de Mentana, et à partir de l'automne 1950, il arrive accompagné fréquemment de Mathilde Ganzini, une jeune fille née de parents immigrants qu'il a rencontrée en septembre dans le groupe des « Amis de l'orphelin » et qui sera, avec lui et Miron, de l'équipe des six fondateurs des Éditions de l'Hexagone. En outre, quand Miron fait son entrée au début de l'automne, deux autres membres très actifs de l'OBT et passionnés de théâtre, Claude Caron et Jean-Marie da Silva, ont déjà chacun leur chambre chez les Cléroux. Bref, en quittant son repaire de la rue Duluth, Miron accède pour ainsi dire à un centre communautaire permanent, qui lui offre à la fois la chaleur du foyer familial et une ouverture à tous les vents des mouvements de jeunesse et du vaste monde. La cabane à Cléroux sera son port d'attache jusqu'au printemps 1952.

*   *   *

« Notre scoutisme colle-t-il au réel ? » Cette question ne vient pas cette fois d'Olivier Marchand. C'est un jeune homme formé au Clan Saint-Jacques et étudiant maintenant à Paris qui a osé la poser, non sans susciter de vives réactions dont s'est fait l'écho, à l'automne 1949, *Godillot,* le bulletin mensuel du Clan[58]. L'auteur de cette controverse est nul autre que Jérôme Choquette, futur ministre de la Justice sous le premier gouvernement de Robert Bourassa, et appelé à ce titre à gérer la crise d'Octobre 1970 pendant laquelle l'auteur de *L'Homme rapaillé* sera incarcéré.

C'est dire à quel point la question du réel, qui obsède Miron et Marchand au tournant de la décennie, constitue aussi un trait de l'époque. Un souci semblable s'exprime chez Pierre Vadeboncœur, dès les débuts de *Cité Libre*, quand il dénonce « l'irréalisme de notre culture » et qu'il précise, dans un article de l'été 1952 : « La culture a cessé de savoir où se trouve l'homme réel, quelles sont ses puissances et quoi lui révéler de désirs et de forces sous les espèces de l'idéal ; notre culture a totalement négligé de fouetter les puissances de l'homme[59]. » Où et comment exercer ces puissances ? Le militantisme politique n'est guère, en ce début des années 1950, un terrain praticable pour la jeune génération. Dans sa lettre parisienne de 1949, Jérôme Choquette accorde plus de prise sur la réalité aux mouvements d'action catholique qu'au scoutisme. Quant à l'Ordre de Bon temps, le groupe ne manque pas d'éveiller chez plusieurs, à commencer par Claude Ryan, alors secrétaire général de l'Action catholique à l'archevêché de Montréal, « un sourire condescendant[60] ». Cela montre que les mouvements de jeunesse auxquels Miron se donne corps et âme, entre 1950 et 1953, ont un statut bien relatif, souvent marginal, dans les grands enjeux de cette décennie qui va conduire à la Révolution tranquille. Leur coefficient de « réalité », en tout cas, ne va pas de soi.

Mais dans l'état de délabrement intérieur où il se trouve, dans ce « froid humain » de la vingtaine qui sera aussi celui « de la quarantaine d'années[61] », Miron y éprouve à coup sûr des vérités tangibles, immédiates. Lesquelles ? D'abord, une fraternité élargie et quotidienne, sous le signe de la joie ; ensuite, une pratique constante du corps, marcheur, ludique, sportif ; enfin, la mise en œuvre d'un sens très concret de l'organisation, qui va vite s'exercer dans le cadre d'un journalisme certes amateur, à *Godillot* et surtout à *La Galette*, mais sans lequel les Éditions de l'Hexagone n'auraient jamais pu, à partir de 1953-1954, prendre un tel essor ni même voir le jour.

Chose certaine, l'emploi du temps de Miron devient, à partir de l'automne 1950 et surtout du printemps 1951, d'une totale frénésie. Fuite en avant, sans doute, mais aussi joie des actions solidaires et efficaces, des discussions sans fin et des chansons partagées. À cet égard, la fréquentation des filles, nombreuses à l'OBT, n'est pas pour lui déplaire, même si aucune relation amoureuse n'en découle, du moins à court terme. Comme souvent, la timidité se donne chez lui des airs de bravade, de pure provocation. Dans le tramway qui ramène de la crèche d'Youville le groupe des Amis de l'orphelin, il entonne allègrement *Perrine était servante*, ravi de choquer, croit-il, Mathilde Ganzini, la pétillante mais distinguée jeune fille qu'Olivier Marchand vient de rencontrer. Ce que le Miron goguenard ne sait pas, c'est que pour faire rougir la nouvelle amoureuse de son ami, il en faut davantage qu'une histoire de servante de curé qui cache son amant dans la huche à pain et qui l'oublie là pour découvrir après des semaines qu'il a été mangé par les rats ! C'est en chœur que Gaston et Mathilde termineront dans le tramway la chanson grivoise et macabre : ainsi naît une affection durable, d'où n'est sans doute pas exclue une part de convoitise secrète, mais qui demeure teintée d'un certain provincialisme dont Miron ne se dépouille pas aisément. L'accent quelque peu pointu de la jeune fille n'est pas sans l'agacer, et quand elle parle de « l'heure de pointe », une expression peu en usage chez les Canadiens français de l'époque (on parlait plus couramment de « l'heure des travaillants »), il se moque gentiment d'elle : « Parle donc comme nous-autres[62] ! »

Sur des photos du début de ces années 1950, il tient tantôt du colon mal dégrossi, tantôt du notaire de village, grand jeune homme à moustache, l'air comiquement sérieux, l'allure dégingandée, le corps maladroit. « J'étais complexé », racontera-t-il plus tard[63]. Sa stratégie peu subtile, c'est d'en rajouter dans les tirades intempestives, de faire souvent le pitre pour donner le change et de se lancer à corps perdu dans toutes les activités qui s'offrent à lui. Celles-ci se multiplient au même rythme que les équipes, les groupes, les comités divers qui se greffent sur l'Ordre de Bon Temps et le Clan Saint-Jacques. Les Amis de l'orphelin n'en sont qu'un exemple, quoique très exigeant en temps et en énergie. Dès l'automne 1950, Miron figure aussi comme « trésorier » au comité régional de Montréal de l'OBT[64], une nomination assez cocasse pour un jeune homme qui manque chroniquement d'argent et dont le moins qu'on puisse dire est qu'il ne brille pas par la gestion de son propre budget. En même temps, il s'engage avec ses amis Olivier et Mathilde dans l'équipe des Quatre semelles, qui programme des spectacles de danse et de mime et anime des loisirs culturels. En janvier 1951, l'équipe organise ainsi une conférence de Jean-Marie da Silva, un des pensionnaires de la maison Cléroux, sur le thème « À la recherche de Claudel d'après son théâtre » ; au printemps 1952, c'est un concours de photographies dont l'exposition aura lieu à l'automne.

En parallèle, et souvent en collaboration, s'active l'équipe des Veillées que dirige Guy Messier, le grand complice de Roger Varin à l'OBT et le « propagandiste national » du mouvement. Dans son rapport du Conseil national qui a eu lieu à Vaudreuil au début de l'été 1950, Messier dit voir en la « veillée » un concept central, dont le but est l'animation des masses par le chant et la danse[65] Ici encore, au moindre appel, Miron pourra répondre : « Présent ! » ce qui signifie non seulement de nombreuses soirées dans les paroisses de la ville, mais aussi des réunions préparatoires, des répétitions et des bilans d'activités à établir. On ne peut douter un instant qu'il prenne les choses au sérieux : dans ses carnets, il consigne méticuleusement les réunions d'équipe et de comités, il esquisse des organigrammes et il note les détails des chorégraphies de « danses carrées » qu'il pourra ensuite diriger de sa voix de stentor, comme il va le faire toute sa vie quand l'occasion se présentera, dans des fêtes populaires comme celles de la Saint-Jean.

Au cours de l'année 1950-1951, l'instituteur de l'école Saint-Ernest ne rentre le plus souvent chez les Cléroux que pour tenir une réunion ou pour repartir vers une salle de loisirs ou aller se dépenser au Clan Saint-Jacques, où il n'a d'abord été que stagiaire avant de recevoir son admission officielle du chef Louis Pronovost en novembre 1950. « La route me fait découvrir l'essentiel[66] », note-t-il en faisant l'éloge de ces hommes qui, comme Pronovost, sont animés par la foi et « ont fait œuvre ». Les marches au hasard des rues de Montréal, entre le bon peuple et les femmes de mauvaise vie, deviennent des parcours plus noblement orientés : on va quelque part, vers l'oratoire Saint-Joseph, la chapelle de la Réparation ou, hors de la ville, vers tel lieu de campement, et on va surtout vers soi-même, en direction d'une vérité que seules l'épreuve physique et la camaraderie pourront faire advenir. Miron lit à cette époque, comme la plupart de ses compagnons, Guy de Larigaudie, l'un des grands inspirateurs du mouvement scout, voyageur des Amériques et du vaste monde et auteur à succès. C'est cette « vie échevelée, ardente, harassante » qu'il veut mener en s'engageant sur la route : il ne s'agit pas seulement de « coller au réel », mais de « coller totalement à la lumière de Dieu […] ; les poings sanglants, je lui dirai enfin, avec ma chair, mon poids d'homme, que je l'aime, qu'il est issue et vérité[67] ».

Larigaudie lui-même n'a-t-il pas voulu être un saint ? Le frère Adrien a longtemps titubé sur cette voie. Mais à présent, toujours éclairé par ce désir de lumière divine, c'est le monde temporel qui s'impose plus fortement que jamais. Au Clan, tout en marchant fréquemment avec les routiers, Miron participe à d'innombrables réunions d'équipe dont il revient tantôt enthousiaste, tantôt insatisfait parce qu'il juge avoir été brouillon ou cabotin. En outre, comme à l'Ordre de Bon Temps, des groupes spécialisés émanent du mouvement : ainsi est née la troupe des Ouaouarons et Sauterelles, qui donne des spectacles de chant et de danse. Miron devient un Ouaouaron, parmi le groupe des garçons chanteurs, tandis que chez les filles sautillantes, on verra entre autres une Hélène Pelletier, bientôt Pelletier-Baillargeon, future auteure et intellectuelle de renom, plus tard directrice de la revue *Maintenant* où Miron va la côtoyer avant de devenir le patient de son époux médecin, Jacques Baillargeon. La troupe des Ouaouarons et Sauterelles, très active au début des années 1950, présente notamment un spectacle à la salle du Gesù en juin 1951, mais il lui arrive aussi de vivre la joyeuse aventure de l'auto-stop pour aller se produire autour de Montréal, à L'Assomption, à Joliette ou ailleurs.

Corps dansant, corps athlétique, corps en marche : pour un jeune homme de vingt-deux ou vingt-trois ans qui se croit si aisément atteint par quelque ravageuse maladie du corps et de l'âme, l'entreprise de salubrité est bienvenue. Le sportif, l'athlète n'est jamais loin chez Miron. Après tant de malaises confiés à Guy Carle, quelle libération de s'élancer aux côtés d'Ambroise Lafortune, d'Olivier Marchand et d'autres amis dans les « challenges routiers », ces compétitions d'athlétisme qu'offre le Clan Saint-Jacques aux collégiens de Montréal, ceux de Grasset ou de Brébeuf notamment. Si Miron ne prend pas les danses carrées à la légère, il en est de même pour les activités sportives, et il est heureux de pouvoir dire qu'au challenge qui a opposé l'équipe du Clan à celle des étudiants du Collège Brébeuf, à la fin mai 1951, il a donné « une belle performance physique : premier dans la course finale de 220 verges, 2e dans la finale du 880 verges, 3e dans la finale du 75 verges, 1er en saut en longueur : une des journées où j'ai goûté une plénitude », peut-il conclure avec fierté[68].

Friand d'autoportraits tragiques ou dérisoires, le « farouche » et le « solitaire », voire le « proscrit » de l'humanité mis en scène dans l'un des poèmes primés par le Caveau en 1949[69], Miron se voit maintenant emballé, conquis par de telles performances et par les équipées frater-

nelles du Clan : « Merveilleux, belle vie communautaire[70] », s'exclame-
t-il au retour d'un camp routier auquel ont aussi participé ses amis
Olivier et Mathilde dans les alentours de Joliette. Les lettres qu'il
continue d'adresser régulièrement à Guy Carle en témoignent. Tandis
qu'il termine son année d'instituteur à Coteau-Rouge, le rythme de
son emploi du temps ne cesse de s'accélérer, en même temps que le ton
se fait syncopé, haletant.

> Je profite d'un moment de répit pour te glisser un mot. Un mot en style
> épars. Dru comme l'action. En vrac comme elle. Bien oui ! Toujours happé,
> toujours aux quatre coins de la terre. Par goûts et par sacrifices. Pour la
> cause des jeunes et à travers eux, la cause de Dieu, du pays, des hommes[71].

La suite de cette lettre, comme la suivante qui date du 12 juin, donne
une juste idée de cette hyperactivité, encore que Miron prenne soin de
préciser à son ami que la longue liste qu'il lui fournit exclut « la
cuisine », c'est-à-dire la plupart des réunions préparatoires et des
répétitions. Soir après soir, depuis le début mai, cela n'a pas dérougi :
spectacles de mime de l'équipe des Quatre semelles dans les paroisses
Saint-Vincent-Ferrier et de l'Immaculée-Conception, danse à l'École
des parents de Longueuil, cours sur les techniques de l'Ordre de Bon
temps à l'équipe Saint-Jacques, activité routière à Saint-Vincent-
de-Paul, spectacle conjoint des Quatre semelles et de l'équipe des
Veillées de Guy Messier dans Hochelaga (« Ce fut formidable ! »
commente Miron), grande danse pour la fête de Dollard au parc La
Fontaine, feu de camp des routiers sur le mont Royal, *barn dance* à
Laval-des-Rapides réunissant toutes les équipes — autant d'activités
dans lesquelles il s'est engagé énergiquement au cours du seul dernier
mois, et cela au moment même où l'instituteur devait préparer ses
écoliers pour leurs examens de fin d'année ! Doit-on s'étonner que,
rentré chez les Cléroux un soir de la mi-juin, après une danse en plein
air à Sainte-Madeleine d'Outremont, il puisse soupirer : « Fatigué au
coton (il y a deux semaines que je me couche passé deux heures de la
nuit)[72] » ? Ce qui étonne davantage, c'est qu'il parvienne à se lever tôt
le lendemain matin, au beau milieu de la semaine, pour aller enseigner
à Coteau-Rouge et que ce train d'enfer ne ralentisse pas le moins du
monde dans les jours et les mois qui suivent !

L'été, de toute manière, se prête une fois de plus aux sports, aux
excursions, aux rassemblements et aux fêtes. Et d'abord, à l'approche

du solstice, comme chaque année, c'est la Saint-Kayaboum, jeu festif, délicieusement exotique et païen, à la mode d'Ambroise Lafortune qui en est le maître d'œuvre : sur le mont Royal, près de l'Université de Montréal, c'est le rendez-vous de toutes les équipes du Clan et de l'OBT, divisées en forces du bien et en « grands Mattawins », diables grotesques qui peuplent les hauteurs et qu'il faut chasser pour établir le règne du roi Kayaboum nième et de la reine Pamela, incarnée chaque année par une nouvelle jeune fille élue par le groupe et couronnée en grande pompe[73].

Il n'existe guère de meilleur chef d'orchestre que le père Ambroise pour réaliser dans l'exubérance et la fantaisie le « sens communautaire » dont est assoiffé Miron et qui est l'un des objectifs fondamentaux de l'OBT, du Clan et des autres mouvements de jeunesse. Miron ne reste pas longtemps épuisé quand une Saint-Kayaboum se présente, lorsque l'aumônier barbu mène tambour battant un rallye scout ou qu'en plein hiver il anime un feu de camp ou célèbre une messe peu conventionnelle dans la forêt enneigée. Ambroise déborde de projets : il a aussi rapporté de son expérience scoute à l'étranger l'idée d'une pièce qui récapitule parodiquement l'histoire du théâtre depuis les origines de l'humanité. À partir d'un leitmotiv : « As-tu vu le chapeau vert / de ma belle-mère / sous le grand peuplier vert ? », les scènes loufoques se succèdent depuis l'invention du feu jusqu'à l'époque contemporaine d'*Aurore, l'enfant martyre*[74]. Le projet prend forme en 1951 et la pièce est présentée sous la direction de Guy Messier et d'Ambroise à plusieurs reprises avec un certain succès, à Montréal, à Québec et aussi à la maison mère des frères du Sacré-Cœur, à Arthabaska, en 1952 et 1953. Miron, qui a toujours aimé jouer et qui, on l'a vu, s'est adonné au théâtre quand il étudiait chez les frères à Granby, y incarne aussi bien un homme des cavernes que tel personnage de Molière, parmi une équipe qui comprend Claude Caron, son colocataire chez les Cléroux, et Kim Yaroshevskaya, une comédienne d'origine russe souvent invitée à donner des séances de formation à l'OBT. C'est l'époque des débuts de la télévision : bientôt, Caron y deviendra réalisateur tandis que Kim Yaroshevskaya sera la célèbre poupée Fanfreluche des émissions pour enfants.

Ambroise n'est toutefois pas seulement un animateur de fêtes, un remarquable conteur et un homme de jeu et de spectacle. Dès la fin de l'été 1950, au camp national de l'Ordre de Bon Temps tenu au lac Ouareau, à Saint-Donat, Miron a pu l'entendre développer, avec l'abbé Marc Lecavalier, un autre aumônier, toute une philosophie de la formation personnelle fondée sur l'ouverture au monde, une idée très répandue dans les mouvements d'action catholique de l'après-guerre : « Je suis catholique, donc universel », aime répéter Ambroise, et dans le document qu'il a rédigé avec son collègue pour le camp national, il précise son concept d'universalité dans des termes qui vont trouver bien des échos chez le poète Miron :

> — Universel dans la formation, mon épanouissement : tous mes talents doivent fructifier et rendre.
> — Universel dans le don de soi [...]
> — Universel dans le temps : « je suis avec ceux qui furent et ceux qui seront ». Solidaires et responsables.
> — Universel dans l'espace : ma famille, ma paroisse, ma ville, ma province, mon pays, mon continent, la terre, les galaxies, le cosmos.
> — Les murailles chinoises physiques, intellectuelles ou spirituelles doivent être démantelées.
> — Je dois ouvrir mon cœur aux dimensions du monde[75].

La leçon est claire : ainsi s'offre une manière d'assumer l'enracinement sans contraintes ni carcans, de vivre à partir d'ici le monde le plus vaste.

On comprend qu'Ambroise Lafortune ait pu représenter pour Miron, avec toute l'effervescence sociale qui l'entoure, une sorte de phare. Il n'est pas « l'ami des jours[76] » ni le complice en poésie qu'était Olivier Marchand : plutôt un modèle de générosité dans le verbe et dans l'action, un exemple d'énergie toujours en expansion. Il reste quelque chose d'Ambroise dans la « danse carrée des quatre coins d'horizon » et la « ceinture fléchée d'univers » de *La Marche à l'amour*[77], comme dans l'appel aux « vents universels » qui mettent un terme à « l'héritage de la tristesse » pesant depuis trop longtemps sur le pays et son peuple[78].

Dans un poème qu'il écrira en son hommage en septembre 1954, Miron associe métaphoriquement le vigoureux abbé « au saut à la perche » (« Ambroise du saut de Dieu à la perche dans notre vide amorti[79] »). Si le poète inclut le nom de son ami Olivier dans *Ma désolée sereine*, Ambroise est le seul à qui il consacre un poème entier, une pièce certes assez embrouillée qu'il n'a jamais jugée digne de figurer dans *L'Homme rapaillé*, mais qui n'en est pas moins significative : Ambroise n'y apparaît pas seulement en athlète du salut, mais en « passeur de grâce », en homme de « toutes les conflagrations de la joie », capable de ranimer et de purifier une collectivité fautive et affaiblie. Comme souvent dans la suite de son œuvre, Miron y parle au nom de cette communauté d'éclopés et d'anémiques, il constate « notre vide amorti », « nos frayères de péché », « nos genoux cagneux », « nos lassitudes », et il se met lui-même en scène comme une sorte de cas type de cette déchéance commune : « moi sans personne qui détourne mon destin malmené / [..] l'homme qui n'en peut plus de ne pas être là ». À l'inverse, Ambroise, lui, est une présence active, une sorte de Christ vigoureux, un prophète de l'espérance retrouvée et de la communion partagée :

> bonjour Ambroise […]
> toi le plus beau visage galbé d'avenir où s'annonce
> calcinée la justice des hommes pacifiques
> la force du pain et du vin déferlant de rumeurs solaires
> toi le meilleur gibier de Dieu d'entre nous[80]

Un vers de ce poème attire davantage l'attention : « je n'ai plus mes yeux de fil en aiguille » : on le retrouve tel quel, précédé des mots « père, mère », dans *Les Années de déréliction*[81]. Contre cet égarement et cet aveuglement, Ambroise aura offert sa lumière : une certaine misère de vivre prend fin avec lui, ou du moins elle s'enterre au plus profond de soi, avec le mal d'amour qui n'a toujours pas trouvé son remède.

*   *   *

À l'approche du même été 1951, Guy Messier a annoncé aux membres de l'OBT une souscription en vue de l'achat du chalet Beaumont de Val-David, « un magnifique camp de trois étages qui peut contenir 75 personnes à la fois[82] ». C'est bientôt l'inauguration d'un nouveau lieu de socialité, la première auberge de jeunesse, dirigée par Claude Dansereau, avant d'être relayée par celle de Val-Morin, « La Cordée ». Dansereau, devenu très actif à l'OBT au tournant de 1950, est un homme pratique, un bon organisateur et un cuisinier compétent. À partir de cette époque, on le voit souvent aux côtés de Miron, ami toujours fidèle partageant les mêmes logements, rue Sherbrooke en 1953, plus tard au carré Saint-Louis et jusque dans le logement qu'occupera Miron rue Saint-Hubert, dans les années 1980.

À Val-David, Dansereau voit débarquer, surtout les fins de semaine, la troupe bruyante de Miron et de ses amis, et il leur cuisine de copieux repas. L'auberge, ouverte à la fois aux garçons et aux filles, est plutôt mal vue par le clergé, à commencer par l'imposant chanoine Raoul Drouin, alors aumônier diocésain de tous les mouvements de jeunesse. On raconte même que Maurice Duplessis, ayant eu vent de la chose, a été assez mécontent et a refusé une petite subvention au groupe. L'abbé Ambroise, qui appartenait à une école autrement libérale que celle du chanoine Drouin et qui avait toujours le mot pour rire, aimait répéter que les garçons dormaient au rez-de-chaussée et les filles à l'étage et que lui, en bon gardien de la morale, passait sa nuit dans l'escalier…

Tel est donc, au seuil de la décennie, le monde qu'habite désormais Miron : un monde de joyeux lurons qui semble laisser loin derrière les errances douteuses dans le quartier du Red Light et les actes de contrition dans les églises. Ce qui étonne toutefois, c'est la distance apparemment infranchissable entre cette sphère associée aux loisirs, au folklore et au scoutisme et les milieux intellectuels et littéraires que fréquentent ordinairement les jeunes écrivains. À en juger par ses carnets du début des années 1950 et par le programme d'activités incessantes qui s'y déploie, le jeune Miron paraît davantage occupé à devenir un travailleur social et à pratiquer son « apostolat » qu'à devenir un poète. Quelle place reste-t-il pour l'écriture et la littérature ? Et comment le projet d'une maison d'édition qui marquera toute la poésie québécoise contemporaine peut-il surgir si rapidement et si efficacement au sein d'un groupe de jeunes qui semblent mobilisés pour l'essentiel par leurs soirées de danse, leurs spectacles de théâtre, leurs « routes » et leurs visites aux enfants des crèches et des camps de vacances ?

Pour le comprendre, il faut cerner d'autres motivations, d'autres centres d'intérêt qui conduisent sinon toujours à la poésie, du moins à l'écriture et à la réflexion sur la vie en société. On ne saisit pas tout à fait le Miron poète si l'on n'y perçoit non seulement l'homme du folklore et de l'aventure scoute, l'apôtre des bonnes causes, mais aussi, jamais loin derrière, l'observateur critique, l'analyste social, le journaliste — si l'on ne voit pas que sous l'énergumène se répandant volontiers en pitreries, il y a un être diablement sérieux qui regarde à la loupe son milieu et en détecte les défaillances et les carences profondes.

6

De journaliste à éditeur

Au milieu de 1951, on pourrait croire que l'avenir de Gaston Miron, en route vers ses vingt-quatre ans, se situe dans le domaine social. L'organisation et la gestion des loisirs, que ce soit pour les adultes des classes moyennes qui fréquentent l'Ordre de Bon Temps ou pour les enfants des orphelinats et des camps de vacances, voilà ce qui semble lui plaire et lui convenir bien davantage que des emplois de commis au palais de justice ou dans divers bureaux de la rue Saint-Jacques. Son expérience dans le domaine des mouvements de jeunesse lui a même ouvert des possibilités d'emploi qui auraient pu le conduire très loin de son milieu et peut-être aussi de toute littérature : en février 1952, il refuse un poste de travailleur social en Abitibi, où il aurait eu à s'occuper de délinquance juvénile[1]. Ses activités au Clan Saint-Jacques et à l'OBT le convainquent plutôt de demeurer à Montréal.

Son avenir ne se situe pas davantage du côté de l'enseignement : après avoir exercé pour une seconde fois pendant une année complète le métier d'instituteur au primaire, Miron choisit d'oublier pour de bon son brevet d'enseignant. À la rentrée de septembre, les autorités scolaires de Longueuil lui ont pourtant offert un nouveau contrat d'un an à Coteau-Rouge. Rentré tout juste d'une semaine d'études sur les loisirs en Mauricie, il ne s'imagine pas retourner à l'école Saint-Ernest et il l'explique à sa mère, inquiète comme toujours de ses moyens de subsistance : « Réunions, cercles d'études, soirées récréatives à diriger, scouts, etc., vous allez me dire que toutes ces choses-là, ça ne paie pas. Très bien. Mais j'ai là une expérience à prendre, un apostolat à faire, qui me sont indispensables [...] On est plus heureux, nos amis aussi, tous ces jeunes qui nous aident, que si l'on possédait les millions d'Henry Ford, le richard américain[2]. » Pour se nourrir et se loger, il se débrouillera donc en acceptant à droite et à gauche de menus travaux, du moins à court terme.

*   *   *

Qu'est-ce qui fait courir Gaston Miron ? L'adrénaline de l'action y est pour beaucoup, mais aussi le désir très vif de ne pas sombrer de nouveau dans la déprime. Quant au poète, il semble se tenir en réserve du monde des lettres, même si tout le monde sait, à l'OBT et au Clan Saint-Jacques, qu'il mijote certains projets et qu'il peut toujours tirer un petit papier de sa poche et le déplier pour déclamer quelques vers récents. Mais si le Ménestrel du Mont-Sacré-Cœur ne se livrait pas volontiers, il en est de même pour le chantre des Ouaouarons, le comédien du *Chapeau vert*, le câlleur de sets des veillées de l'OBT. On dirait qu'il s'applique à donner une image déphasée du poète qu'il est, un poète qui écrit bien peu il est vrai, mais qui a tout de même parcouru un important chemin depuis 1947. Au lieu de s'exposer, il préfère souvent caboter et faire le bouffon. Dans une soirée autour d'un feu de camp, il n'aime rien mieux que de réciter avec grandi-loquence quelques strophes et attendre la réaction d'un public encore peu au courant de ses activités. « De qui sont ces vers, pensez-vous ? » interroge-t-il à la ronde d'un air goguenard. Le plus souvent, la réponse fuse : plusieurs croient entendre du Victor Hugo ou du Lamartine, les plus perspicaces nomment Péguy. Après avoir bien mesuré son effet, il peut révéler en bombant le torse que ces vers sont de sa propre plume : « Je me présente : Gaston Miron, poète en quête de sa voie. J'emprunte actuellement le style des autres, mais le jour viendra où j'aurai ma manière, inimitable celle-là[3]. » Naturellement, de telles prestations se terminent dans le rire et la bonne chanson.

Curieusement, le seul poème qu'il daigne publier dans *La Galette*, l'organe de liaison de l'OBT, en septembre 1951, occulte son évolution des dernières années. Cette petite pièce dont les vers impairs font penser à Verlaine n'est qu'un autre de ces tableaux bucoliques dont Miron a jadis rempli son journal et son cahier noir :

> Au septembre des rosées
> Douceur verte d'un chemin
> Frôlent des odeurs de foin
> Dans l'aube fraîche érisée [*sic*][4]

L'erreur finale (au lieu d'« irisée »), la syntaxe boiteuse donnent à sourire, mais davantage encore le ton, qui semble être celui d'un auteur qui ignorerait tout de la poésie du XXe siècle ! Par rapport à son propre parcours, le décalage temporel est d'ailleurs souligné, puisque le poète prend soin de préciser l'année d'écriture de la pièce : « G. Miron / 1948 ». Doit-on mettre une telle publication en porte-à-faux sur le compte de la pudeur ? Il faut sans doute aussi mesurer le contexte : au-delà d'Olivier Marchand et du très restreint Cercle Québec qui survivait toujours en 1951, est-il si sûr que les publics de l'OBT et les habitués du Clan accueilleraient sans sourciller les vers beaucoup plus convulsifs et tourmentés qu'il a déjà commencé à écrire ?

La gestation secrète se poursuit donc, mais quand on observe que *Deux Sangs*, en 1953, ne contient que dix-sept poèmes de Gaston Miron et que plusieurs d'entre eux étaient déjà écrits en 1949 ou 1950, on conclut que l'animateur social l'a largement emporté sur le poète durant les grandes années de l'OBT et du Clan Saint-Jacques. Cette conclusion évidente oublie toutefois un élément important du tableau : à partir de 1951, dans le feu de l'action communautaire proprement dite, ressurgit l'écriture sous une autre forme, celle du journaliste, informateur et homme d'idées, proche de l'essayiste en herbe qui consignait ses idées sur l'immigration ou la littérature nationale en 1949.

Si Miron peut mettre ici à profit sa formation en sciences sociales et surtout sa spécialisation en journalisme, il faut voir que c'est dans un cadre très restreint et amateur. Rien de commun entre *Godillot* ou *La Galette* et les grands journaux et les revues à la mode : il s'agit d'organes de liaison interne qui ont la facture de la plupart des feuilles artisanales, ronéotypées à l'alcool et brochées, que publient les étudiants des collèges et qui atteignent à peine à la qualité éditoriale de *La Voix du Mont-Sacré-Cœur* que pouvait lire Miron à Granby. Il n'empêche que ces publications de l'OBT et du Clan sont de fascinants documents d'époque, qui définissent des préoccupations à la fois philosophiques et morales, qui traduisent un esprit pratique (les conseils sur le camping, sur le genre de vêtements à porter sur la route, sur la nature et l'organisation des veillées ou des fêtes ne sont pas rares) de même qu'un ton de camaraderie adoptant volontiers le tutoiement, comme dans cet article de 1952 où Miron incite les membres de l'OBT à la lecture durant la prochaine période estivale : « C'est que le livre t'exprime. Il exprime l'être, le réel, l'histoire. Il exprime la communauté des hommes, ton contexte passé, vivant, même à venir, voire ton milieu immédiat[5]. » Ce ton de connivence, ce sera bientôt celui des premiers prospectus de l'Hexagone.

Il est significatif que l'année où Miron fait ses adieux à l'enseignement soit aussi celle où il assume la direction de *Godillot*, à partir de mai, puis de *La Galette,* à partir de décembre 1951. Si l'inspiration philosophique n'est pas souvent explicite dans les pages de ces bulletins, elle apparaît clairement dans les notes personnelles de Miron à la même époque. Il a lu Gabriel Marcel et il en a retenu que « l'espérance n'est pas une sorte d'attente engourdie, qui sous-entend ou survole l'action », mais « le prolongement dans l'inconnu d'une activité centrale, c'est-à-dire enracinée dans l'être. D'où ses affinités non point avec le désir, mais avec la volonté[6] ». Cet existentialisme chrétien qui ne se contente pas d'accueillir la grâce est apte à faire vibrer un esprit combatif comme celui de Miron. Cependant, d'autres pensées, d'autres figures se dressent pour indiquer la voie :

> Mounier écrivait que Péguy fendait l'air devant lui. À son tour Mounier nous est une libération [...]. Nous ne nous défendons pas d'avoir des influences. Nous avons la pudeur et l'honnêteté d'indiquer ceux qui nous inspirent : Péguy, Mounier, Bernanos, l'équipe des cahiers [*Esprit*]. Cela montre assez clairement notre attitude, notre optique et nos tendances. Ouvrir sur le monde, à l'échelle du monde (catholicité). Jusqu'ici, nous nous sommes surtout repliés sur nous-mêmes, toujours un geste de défense comme premier réflexe[7].

C'est, formulée autrement, l'universalité que prêche un Ambroise Lafortune, fréquent collaborateur à *La Galette* et proche, lui aussi, de la pensée de Mounier soucieuse de situer cette ouverture au monde dans une *hiérarchie* des appartenances communautaires, à partir des plus proches. Dans l'un de ses derniers ouvrages parus avant sa mort, le fondateur d'*Esprit* critiquait à cet égard l'universalisme abstrait et rationnel du 18e siècle qui avait cru marcher à la paix universelle par l'instruction obligatoire, l'organisation industrielle ou le règne du droit. L'expérience devait montrer que le savoir ne bouleverse pas les cœurs, que l'organisation et l'idéologie, si elles font fi de l'absolu personnel, tournent, comme la passion, à la police, à la cruauté et à la guerre. En bref, qu'on ne peut établir l'universalité sur l'oubli de la personne[8].

Ce n'est pas là renvoyer à l'individualisme, car il y a « un monde des personnes », poursuivait Mounier, il y a un tissu de relations qui seules peuvent motiver l'action et la rendre efficace. Il est clair que, dans les domaines qui leur sont propres, Miron et ses amis de *Godillot* et de *La Galette* adhèrent profondément à cette pensée. La plupart d'entre eux, à commencer par Miron lui-même, en tireront à plus long terme des conséquences politiques bien différentes de celles auxquelles aboutiront les animateurs de *Cité Libre*, mais pour l'instant, il y a dans cette philosophie la clé d'une libération concrète, vécue au jour le jour. Au printemps 1951, encore simple collaborateur de *La Galette*, Miron résume cette pensée dans une série d'« aphorismes » :

> LIBERTÉ — La liberté est à l'intérieur d'un choix. [...]
> COMMUNAUTÉ — Le sens des autres est la nourriture de Dieu.
> VITALITÉ — Il y en a pour qui la civilisation est un refuge, nous avons appris que tout retranchement anémie ; que toute pensée qui n'explore pas se meurt. [...]
> LOISIRS — Il n'est pas question de s'occuper de loisirs catholiques, mais de s'en occuper en catholiques[9].

Ce qui se passe, en fait, à la faveur de son adhésion entière, souvent épuisante, aux mouvements de jeunesse et à leurs organes de diffusion, c'est un déplacement vers le dehors, une extériorisation énergique du combat intérieur que n'a cessé de mener le jeune homme au cours des années récentes. Il n'en est plus à l'heure des ligues de décence et de moralité qui, si légitimes fussent-elles, avaient pour défaut majeur d'être des mesures essentiellement négatives et répressives. Désormais, il n'y a de recours que dans des mots et des actions énergiques : le corps autant que l'esprit devraient y trouver leur plein épanouissement.

En assumant ses nouvelles tâches de directeur de *Godillot* et de *La Galette*, Miron n'a donc nullement l'intention de se limiter à un rôle de reporter complaisant ou de simple chroniqueur de la petite tribu effervescente du Clan et de l'OBT. Sans doute les deux publications sont-elles tenues de remplir cette fonction : rendre compte des réunions et des décisions récentes, annoncer les événements à venir, signaler les nouveaux recrutements, les mariages ou les voyages de certains membres, etc. De telles « éphémérides » font circuler l'information et nourrissent un sentiment d'appartenance. Ainsi voit-on Miron et Louis Portugais, une nouvelle figure dans le paysage de l'OBT, présenter à la rentrée de septembre 1952 un de ces longs bilans énumératifs de l'été finissant : tout y passe, depuis les séjours de tel membre ou de tel groupe sur la Côte-Nord, en Gaspésie, au Nouveau-Brunswick, et la visite d'une équipe (incluant Miron) chez la célèbre famille de chanteurs Von Trapp au Vermont[10], jusqu'au pique-nique des orphelins organisé comme chaque année par Laurent Crevier à l'île Sainte-Hélène, en passant par les fiançailles d'un couple ou le départ de tel membre (le musicien Gilles Lefebvre, fondateur des Jeunesses musicales du Canada) qui retourne étudier à Paris[11]. Mais cet aimable potinage ne saurait satisfaire Miron : « Que voulez-vous, quand j'écris, c'est pour irriter les gens », proclame-t-il avec emphase dans un texte au titre éloquent, « Haro sur la facilité », paru en 1951[12]. Sinon pour irriter, du moins pour déranger et critiquer, ce qui après tout est l'apanage de la jeunesse, comme le souligne à la même époque Guy Messier dans un éloge de l'esprit de contradiction, d'opposition et de protestation, bref d'une certaine critique apparemment « négative » qui, si on sait l'écouter, peut devenir très féconde[13].

De ce point de vue, Miron se montre un journaliste dérangeant aussi bien à *Godillot* qu'à *La Galette*. Ainsi, le reportage très étoffé qu'il fait du jamboree tenu à Vaudreuil, en août 1951, dans le journal du Clan Saint-Jacques, n'a rien d'un compte rendu euphorique[14]. Le reporter a passé toute une journée sur les lieux du ralliement des scouts, il a « observé, écouté, questionné », veillant à « ne pas [se] laisser dominer par des impressions ». Rien ne lui a échappé, ni la complaisance quelque peu hypocrite des dignitaires venus faire de beaux discours en hommage à un scoutisme qu'ils soutiennent pourtant bien peu par ailleurs, ni l'ennui des enfants présents qui bâillaient de fatigue, ni les failles dans l'organisation sur le terrain. Par ailleurs, comment ne pas blâmer l'attitude « sceptique, froide, insouciante » de nombreux membres du Clan qui n'ont pas daigné se porter bénévoles afin d'assurer les services d'ordre et d'entretien ?

Miron n'est d'ailleurs pas du genre à se contenter d'une critique de l'organisation comme telle : il lui faut, selon son habitude, aller au fond des choses, réfléchir à l'esprit et au sens de l'entreprise. Or, à cet égard, le journaliste est resté sur sa faim. Il aurait voulu que l'on perçoive bien davantage à cette occasion le côté formateur et « la portée sociale » du mouvement. Si d'aucuns ont pu saluer le « succès » de ce grand ralliement des scouts du Québec et du Canada français, depuis le Nouveau-Brunswick jusqu'à Saint-Boniface, le reporter de *Godillot* fait donc quelque peu figure de rabat-joie. On découvre ici un autre Miron, qui « colle » bien davantage au réel qu'on n'aurait pu le croire et que lui-même ne se l'imaginait, l'œil à l'affût, l'oreille tendue, et surtout suprêmement agacé par tout ce qui est brouillon, approximatif, superficiel ou tout simplement faux.

Au cours du même été 1951, un certain mécontentement s'est fait jour chez les membres de l'Ordre de Bon Temps à l'égard de *La Galette*. Il semble que la crise ait culminé au camp national de l'OBT tenu à Saint-Michel-de-Wentworth, au nord de Lachute, peu avant le jamboree. C'est dans cette atmosphère tendue que Miron s'engage de plus en plus à la revue au cours de l'automne et qu'il en vient à accepter le poste de directeur, succédant à Gilles Beauregard, surnommé Carrosse, son juron préféré, reconnaissable entre tous… Après un moment de silence causé par la réorganisation de la nouvelle équipe au cours de l'hiver 1952, le numéro du printemps s'ouvre par une lettre du Comité national de l'OBT qui en dit long sur le ton qui régnait parfois dans le mouvement et surtout sur l'image que pouvait projeter Miron :

> Pour remplacer Gilles à la direction, le Comité a nommé Gaston Miron. Le Comité, comme tout le monde, connaît depuis longtemps…etc…les mérites de l'ami Gaston…. et para tapoum patata … ses qualités d'écrivain remarquables ….lalalalala….son talent… et boum ! boum ! boum ! (remplacer les points de suspension par les phrases habituelles). Bref, Gaston devient directeur[15].

On cabotine joyeusement, mais à la suite d'un texte d'Ambroise qui vise à redonner un sens moderne au carême et à la notion de pénitence (nous sommes dans les semaines précédant Pâques), le nouveau directeur de *La Galette* adopte un ton moins ludique que celui du

Comité national : « le souci d'objectivité » doit triompher de « la gangue des préjugés [qui] entoure souvent la vérité », professe le nouveau directeur ; car il n'y a rien de pire que « les ouï-dire, indices, apparences » qui empêchent de juger des êtres et des situations[16]. Celui qui, dans son hommage poétique à Ambroise Lafortune, dira ne plus avoir ses « yeux de fil en aiguille » n'a en réalité de cesse de lever les illusions et autres voiles afin d'y voir clair dans le cours des choses.

Pas question, sous sa plume, d'être frivole et superficiel : l'auto-stop, par exemple, si populaire chez les jeunes de l'époque, ne saurait être un « *free for all* », une « pure évasion[17] », et il convient de rappeler ce que cette pratique exige « de connaissances techniques, de solidité dans la carcasse et dans l'âme, de maîtrise de soi et de spiritualité[18] ». Qu'on se le dise, voyager sur le pouce a un « sens profond ». Sans doute y a-t-il là toute une philosophie du corps et du sport, une éthique, voire une spiritualité, du plein air que Miron est loin d'être le seul à préconiser, comme en témoignent d'ailleurs les leçons d'Ambroise. Déjà en 1944, alors qu'il avait vingt-cinq ans, le jeune Pierre Elliott Trudeau ne maniait pas l'aviron sur les lacs et les rivières sans en tirer des leçons morales. « L'ascétisme en canot » dont il se faisait alors le prosélyte tenait du dépouillement et de la purification de soi en même temps que c'était « une école d'amitié[19] ». Dans le même esprit, on voit *Godillot* et *La Galette* proposer, sous la plume d'un spécialiste de la montagne, une véritable mystique de l'alpinisme, qui « élève le grimpeur » et qui suscite « l'harmonie des cœurs, l'harmonie des gestes, la communion même des joies et des souffrances[20] ». Il faut dire que dans ce cas, la source idéologique est douteuse puisque ce chantre de l'alpinisme mystique n'est nul autre que Julien Labedan, un Français collaborateur réfugié au Canada et dont les sympathies fascistes ne sont pas un secret[21].

« Haro sur la facilité ! » : même les remonte-pentes, qui se sont multipliés dans les centres de ski depuis l'après-guerre, apparaissent comme une technologie regrettable, l'indice d'une nouvelle recherche du confort et, pour tout dire, d'un embourgeoisement du ski alpin. Il faut donc privilégier, à en croire Louis Portugais, « le ski de piste » (ski de fond), seul apte à procurer « des qualités formatrices et enrichis-santes pour le corps et l'esprit[22] ». On ne lésine pas sur le sens de l'épreuve dans le milieu que fréquente Miron, et le volontaire de tous les combats est au premier rang pour en remettre. Tout en s'adonnant aux compétitions sportives du Clan et en livrant son corps aux danses endiablées, aux longues marches et au ski, il mène plus que jamais d'autres luttes, au bout de sa plume. Quand l'aumônier diocésain, le chanoine Raoul Drouin, publie une brochure sur le scoutisme, Miron riposte vivement : il a perçu dans *D'estoc et de taille* « un climat moyenâgeux », le défaut d'« un poids d'âme et de chair » qui le laisse insatisfait. Cela, sans parler du « tableau sombre à mourir » que l'ouvrage dresse de notre époque. On dirait que le chanoine se croit encore à l'âge des chevaliers, des héros et des martyrs prêts à donner leur vie, alors que « nous sommes nombreux à vouloir vivre une vie d'homme simple et vraie, à vouloir compter sur la grâce de Dieu, à aimer passionnément notre siècle : parce qu'il y a beaucoup à faire[23] ». Quel que soit l'esprit critique, condamner en bloc le monde contemporain n'est pas, et ne sera jamais, l'affaire du penseur Miron.

*   *   *

Jusqu'en 1950, il a consigné sa pensée, sous des formes souvent embryonnaires, dans ses carnets et ses cahiers personnels. Les années de *Godillot* et de *La Galette* lui fournissent une tribune, lui permettent désormais d'exposer ses idées face à un public qui partage largement sa philosophie mais qu'il cherche en même temps à éveiller et à remuer. Il y a du moraliste et du maître d'école (hors de l'école) chez le journaliste qui aime fouetter l'énergie des membres et qui déteste la routine et le moindre encroûtement dans le confort et les idées reçues.

Mais cette période est tout aussi importante pour les amitiés qui se créent ou se renforcent, et pour le travail d'équipe que supposent la rédaction et la production des bulletins de liaison. À mesure que s'est estompé le Cercle Québec et que se sont éloignés de la scène la plupart des anciens amis, les Boudreau, De Cotret, (Roland) Lapointe, Monastesse, sans parler de Guy Carle dont la correspondance régulière avec Miron a pris fin au début de l'été 1951, un nouveau réseau s'est tissé autour des activités de l'OBT et de la production de *La Galette,* à laquelle collaborent tous les amis proches de Miron, sauf Gilles Carle, qui fréquente toujours le milieu des beaux-arts et n'éprouve aucune attirance particulière pour les mouvements de jeunesse.

Il reste que le cercle d'amis de Carle à l'École des beaux-arts a eu son utilité. Le futur cinéaste y a connu entre autres Paul-Marie Lapointe, le brillant jeune auteur du *Vierge incendié* qui appartient pour le moment à l'école de Claude Gauvreau et des automatistes.

Carle a aussi eu comme camarade de classe Jean-Claude Rinfret, qui
se prépare à faire carrière comme décorateur au théâtre et plus tard à
la télévision. C'est Carle qui a présenté Rinfret à Olivier Marchand et à
Miron : dès l'automne 1950, le nom de Rinfret est apparu au sommaire
de *La Galette* comme responsable de la mise en page.

À Olivier Marchand et Mathilde Ganzini, toujours inséparables
depuis leur rencontre aux Amis de l'orphelin et fortement engagés
dans l'aventure de *La Galette,* s'ajoute Louis Portugais, plus jeune que
la plupart des autres membres du groupe. Il était encore aux études
en 1951 et il venait tout juste d'avoir vingt ans lorsque Miron l'a invité
à faire partie de sa nouvelle équipe de *La Galette* au début de l'année
suivante. La grande passion du jeune homme, c'est le cinéma, et dès le
premier numéro dirigé par Miron, il a signé un article sur l'histoire du
septième art depuis les frères Lumière jusqu'aux productions récentes
d'Hollywood[24]. L'équipe du bulletin, qui souhaite donner une culture
cinématographique aux membres de l'OBT, peut désormais compter
sur la collaboration régulière de Portugais, qui publie des articles sur
le travail de tournage et de production, sur le cinéma de propagande
ou encore sur Charlie Chaplin, et qui offre aux côtés de Guy Messier et
du comédien Guy L'Écuyer un stage de formation cinématographique
au camp des grèves de Contrecœur de l'OBT, au cours de l'été 1952.

Le cinéma, la télévision : l'âge de l'image est en train de triompher,
et pour la génération de Miron, c'est bientôt un espace de créativité
exubérante, tant à Radio-Canada qu'à l'Office national du film du
Canada (Portugais entre à l'ONF dès 1952), en même temps que
toute une société québécoise en voie de modernisation accélérée peut
y tracer un autoportrait d'elle-même, lui permettant de relire son
passé, de manifester son ouverture au monde et de prendre acte de
son urbanisation croissante. À cet égard, le contraste entre le feuilleton
radiophonique de Claude-Henri Grignon, *Un homme et son péché,*
que le frère Adrien écoutait encore assidûment le soir à l'école Jean-
Baptiste-Meilleur, et *La Famille Plouffe* de Roger Lemelin qui triomphe
à la télévision dès 1953, paraît emblématique : c'est toute la distance
qu'il y a entre les « histoires des pays d'en haut », rurales et forestières,
et celles d'une famille urbaine qui vit au jour le jour les aléas de la
vie contemporaine. Cela n'empêchera pas la télévision, et davantage
encore le cinéma (chez Michel Brault et Pierre Perrault notamment),
d'effectuer un vaste retour aux sources et de livrer un combat contre
l'oubli de certains modes de vie devenus archaïques. La technologie de

l'image joue ainsi un rôle essentiel dans la mise au jour d'une culture globale.

Si le lien entre ces pratiques de l'image et la poésie demeure le plus souvent lointain ou indirect, on ne saurait en négliger l'importance pour l'évolution de Miron durant les années 1950. Depuis que sa sœur Denise lui a fait découvrir *Sweethearts* à Saint-Jérôme en 1947, il est toujours demeuré un amateur de cinéma, et bien que ses soirées libres deviennent très rares à partir de 1951, il trouve ici et là le temps de voir quelques films : *Rendez-vous de juillet* et *Édouard et Caroline* de Jacques Becker, *Enamorada,* un film mexicain d'Emilio Fernández, *Le Paradis des pilotes perdus* de Georges Lampin, *Angèle* de Marcel Pagnol. Bientôt, grâce à Louis Portugais, le cinéphile Miron peut même exercer momentanément à l'Office national du film ses talents de comédien dans des courts métrages, *Le Chauffeur de taxi* et *Le Cas Labrecque*[25]. Ce goût pour le jeu, qui s'exerce aussi au théâtre dans *Le Chapeau vert* et dans divers spectacles de l'OBT, définit par ailleurs son orientation artistique et sa personnalité. Contrairement à Saint-Denys Garneau de même qu'à la plupart des poètes majeurs de sa génération, que ce soit Gilles Hénault, Roland Giguère, Paul-Marie Lapointe, Fernand Ouellette ou, un peu plus tardivement, Jacques Brault, le poète de *L'Homme rapaillé* n'a jamais eu une culture (encore moins une pratique) artistique très étendue : ni la peinture, ni la sculpture, ni la musique classique, ni même le jazz ne sont des références notables dans ses écrits, qu'il s'agisse de sa poésie, de ses textes en prose ou de sa correspondance. Miron sera un poète sociologue et anthropologue bien davantage qu'un poète artiste, en même temps qu'à travers son goût pour le cinéma et le théâtre se dressera toujours le joyeux cabotin de l'OBT et du Clan Saint-Jacques et l'homme qui, par-delà et contre sa timidité, aime se mettre en scène, incarner son propre personnage, se laisser prendre au flot de son discours et conquérir ainsi un public fasciné. Celui qui souhaite débusquer toutes les illusions, toucher la réalité vécue demeure aussi un redoutable joueur. Dire la vérité, ce sera en même temps la dramatiser ; se dire lui-même, ce sera aussi s'inventer. Toute sa vie, il va se tenir ainsi à la frontière du réel et de la fiction, de l'homme vrai et du comédien.

*   *   *

On imagine trop souvent que les poètes sont forcément des rêveurs dépourvus d'esprit pratique et de tout sens de l'organisation. Il est sans doute encore plus aisé de croire qu'un grand causeur volontiers cabotin, aux manières assez peu raffinées, n'est qu'un être sans rigueur qui bâcle tout ce qu'il entreprend. Or, comme pour son travail de reporter, le Miron fougueux (quoique secrètement meurtri) de 1953 ne correspond pas à ce stéréotype. L'héritage parental n'explique pas tout, mais il y est assurément pour quelque chose, surtout quand on sait combien le poète a aimé et admiré tant son père mort prématurément que sa mère qui mène toujours, cette année-là, sa vie courageuse et difficile à Saint-Jérôme. On se souvient que Miron, à vingt ans, souhaitait réaliser dans le domaine de la culture ce que son père avait pu construire grâce à son sens des affaires[26]. Quant à sa mère, son goût pour le découpage d'articles et de poèmes lus dans les journaux et les revues manifestait à coup sûr un sens de la conservation et du classement dont Miron allait suivre l'exemple — et pour le reste, la vie familiale et conjugale de Jeanne allait se charger de mettre à l'épreuve un sens des nécessités matérielles et de la débrouillardise qui n'allait jamais cesser d'émouvoir son fils poète.

De ce point de vue, le Clan Saint-Jacques et l'Ordre de Bon Temps auront constitué pour le jeune Miron à la fois un terrain d'exercice et une sorte de catalyse. Il suffit de lire les rapports que lui et son ami Portugais rédigent sur *La Galette* à l'intention du Conseil national de l'OBT, en 1952 et 1953[27] : c'est le même style, le même souci du détail qui caractérise plus tard les rapports que Miron rédigera à titre de délégué de l'Association des éditeurs canadiens à la Foire du livre de Francfort, au cours des années 1960[28]. Dans les textes soumis au Conseil national de l'OBT, chaque aspect du fonctionnement de *La Galette,* depuis la production jusqu'aux abonnements, en passant par le secrétariat, la composition, le tirage et la publicité, se trouve abordé selon des rubriques précises. Celui de janvier 1953 examine en outre la possibilité de demander au gouvernement québécois une subvention (un « octroi », dans le langage de l'époque) pour la publication du bulletin, une proposition que l'OBT souhaitait adopter. L'argumentation de Miron et Portugais est aussi systématique que révélatrice. Les deux amis rappellent d'abord que l'OBT s'est toujours voulu autonome et libre de liens politiques. Puis, ils font un détour vers la philosophie du mouvement, qui vise au développement intégral de la personne « sur tous les plans de sa vie ». Or, si l'on veut être logique, il

faut reconnaître que la « composante économique » fait partie de cette
« réalité totale de la personne ». On a eu tort à l'OBT et à *La Galette*,
selon les auteurs, de négliger trop souvent cette dimension essentielle.
Toutefois, la dépendance économique, l'attitude de la « main tendue »
trahirait précisément l'éthique de l'énergie et de l'effort qui anime
la philosophie du mouvement. En toute cohérence avec eux-mêmes,
Miron et Portugais lancent donc un nouveau « haro sur la facilité » : on
comprend que pour eux, critiquer les remonte-pentes des stations de
ski et les demandes de subventions gouvernementales procède d'une
même exigence et d'une même aversion à l'égard de toute « paresse »,
qu'elle soit physique ou spirituelle. La solution que propose le duo,
c'est plutôt « l'autofinancement », soit pour l'essentiel la collecte de
fonds, une pratique déjà répandue à l'OBT.

C'est ainsi qu'en janvier 1953, à la faveur de cette collaboration
étroite et pratiquement quotidienne entre Miron et Portugais, tout est
en place pour la mise en œuvre d'un autre projet « autofinancé », dans
le style de *La Galette* : la publication d'un recueil de poèmes. En fait,
depuis deux ou trois ans, divers projets d'édition maison ont circulé
à l'OBT[29] : un recueil de chants de Noël, des brochures utilitaires et
même un livre sur la ville de Montréal. En août 1951, Miron annonçait
à Guy Carle la fondation des Éditions du Bouleau qui devaient, selon
toute vraisemblance, publier des poèmes des membres de l'OBT. Sauf
pour les chants de Noël, rien de cela ne s'est toutefois concrétisé.

Mais l'idée a continué de faire son chemin, tandis que *La Galette*
établissait son secrétariat dans la maison familiale de Louis Portugais
située rue McKenna dans le quartier Côte-des-Neiges et dont le
sous-sol possède une entrée latérale autonome au 3074, avenue
Lacombe. Ce qui relance véritablement le projet, c'est le coup de fil
que donne Miron à Mathilde Ganzini, un soir de janvier 1953, pour
lui annoncer son projet de publier les poèmes d'Olivier Marchand.
Cette proposition est d'autant moins étonnante que depuis quelques
années, tout en dénigrant souvent sa propre pratique d'écrivain et en
gardant secret le meilleur de sa poésie, Miron considère que c'est son
ami Marchand le *vrai poète*. Celui-ci ayant publié un poème dans le
journal *Le Droit* d'Ottawa au printemps 1950, Miron exprime dans
son journal intime le « coup de joie » qu'il en a ressenti : « Mon ami
Marchand, Marchand le poète, Marchand, c'est "Dieu"[30]. » Quelques
semaines plus tard, alors que son ami traverse un moment difficile et
songe même à brûler son recueil de poèmes en préparation, Miron

s'emporte : « Olivier, Olivier, poète authentique ! Dieu est content de toi[31]. » Cette admiration religieuse ne se dément pas, nourrie par Gilles Carle, qui aime beaucoup la poésie de Marchand et qui encourage Miron à la publier. C'est d'ailleurs dans la chambre qu'il occupe alors au carré Saint-Louis avec sa jeune épouse Suzelle Lachapelle que Carle lui-même, Miron, Portugais et Mathilde Ganzini tiennent une première réunion. Mathilde a en main un bon nombre de poèmes mis au propre par son compagnon. L'ironie est que, en mettant en branle en toute amitié ce projet de recueil, Miron se trouve pris au piège ! Ses amis font remarquer que lui aussi écrit des poèmes, qu'il leur en lit de temps à autre des extraits. Après tant d'atermoiements et de dérobades, va-t-il enfin montrer son jeu, bien qu'il se décrive à la même époque comme « celui qui cache son visage[32] » ? Il est vrai qu'il a osé, quelques mois plus tôt, écrire à Mme Andrée Maillet-Hobden, directrice de la revue *Amérique française*, et qu'il a même joint à sa lettre quelques poèmes, « non pour publication », a-t-il précisé, mais simplement pour obtenir son opinion, en prétendant qu'« aucun art ne s'y révèle[33] ». La démarche était typiquement ambiguë, mais peut-être a-t-il eu raison de douter, puisqu'il n'en a résulté qu'une nouvelle publication à contretemps, la reprise dans *Amérique française* de son poème *Désemparé*, déjà remarqué par la Corporation des lettres du Caveau trois ans plus tôt avec *Solitaire*. À l'exception de son poème mièvre et daté paru dans *La Galette*, Miron n'a encore rien publié depuis l'époque du Mont-Sacré-Cœur. Pourtant, sous la pression de ses camarades les plus chers, il va consentir à ouvrir ses cartons.

L'entreprise paraît claire et somme toute banale : deux amis poètes décident de s'autopublier avec l'aide de leurs camarades, et ils seront lus avec sympathie par le groupe de loisirs auxquels ils appartiennent. Ce sont d'ailleurs, en très large majorité, les membres de l'OBT lecteurs de *La Galette* qui se voient sollicités pour financer la publication et qui postent dès le printemps leur contribution de cinquante sous, en pièces sonnantes, de sorte que l'équipe dispose bientôt d'une véritable liasse de formulaires dûment remplis et de liquidités suffisantes pour aller de l'avant[34]. La parution imminente d'un recueil de poèmes de Marchand et Miron éveille déjà l'intérêt de ce petit milieu : quand Miron assiste, au début de mars, à une pièce des Compagnons de Saint-Laurent et s'entretient après le spectacle avec la jeune comédienne Béatrice Picard, plusieurs personnes présentes se montrent curieuses du livre annoncé.

On a choisi un titre, *Deux Sangs*, qui évoque la rencontre de deux tempéraments énergiques et connote une poésie charnelle. Mais tout recueil digne de ce nom ne doit-il pas être publié par une maison d'édition ? Moins pittoresque que « Les Éditions du Bouleau » à la saveur toute laurentienne, le nom « Éditions de l'Hexagone » semble avoir été suggéré dès janvier par Marchand, une allusion aux six membres de l'équipe, c'est-à-dire, outre les deux auteurs, Ganzini, Carle, Portugais et Rinfret. Cent fois par la suite, Miron lui-même et d'autres commentateurs expliqueront ainsi cette appellation, en niant toute référence à la France, désignée assez couramment comme « l'Hexagone » depuis les années 1930. Il faut pourtant noter le récit divergent de Gilles Carle, selon qui cette référence, qui venait s'ajouter à « l'hexagone de poètes », marquait un lien sans dépendance avec la métropole littéraire[35].

En fait, qu'elle soit consciente ou non, l'ambiguïté du nom met en lumière celle du projet lui-même. Les témoignages des principaux acteurs semblent tous concorder sur un fait : il s'agissait de publier un recueil, non pas de fonder une maison d'édition — ce qui semble corroboré par le fait que jusqu'au 25e anniversaire de l'Hexagone en 1978, Miron et Portugais hésiteront souvent entre 1953 et 1954 (année de création de la collection « Les Matinaux ») pour dater la naissance de la maison[36]. Il n'empêche que sur la couverture de *Deux Sangs*, l'inscription « Éditions de l'Hexagone » produit un indéniable effet de réalité. En outre, malgré la modestie affichée, le cercle des camarades de l'OBT est d'ores et déjà franchi. En effet, le samedi 30 mai, Gilles Marcotte accueille dans *Le Devoir* un poème d'Olivier Marchand, *Matin*, et un autre de Gaston Miron, *Potence*, en précisant que ces deux poèmes « sont extraits d'un recueil conjoint, *Deux Sangs*, qui paraîtra à Montréal en juin[37] ».

Entre-temps, l'équipe fonctionne à plein régime. Gilles Carle et Jean-Claude Rinfret apportent leur compétence en dessin et en graphisme, et Carle a accès à une machine à ronéotyper qui se trouve à l'École des arts graphiques[38]. Miron, le chef de file, et Portugais misent sur leur expérience à *La Galette*, Olivier et Mathilde, qui sont alors sur le point de s'épouser, fournissent pour leur part à la fois la matière poétique (dans le cas d'Olivier), l'art du dessin (dans le cas de Mathilde), l'expérience journalistique, les réseaux d'amis et le pur enthousiasme apte à souder les énergies.

Les réticences de Miron sont-elles dissipées ? Jamais, sans doute, il n'aurait accepté une publication en solo, mais il compte sur le fait que les poèmes d'Olivier, plus achevés, plus harmonieux, aideront à faire passer les siens, d'autant plus que le hasard de l'ordre alphabétique justifie encore davantage que Marchand ouvre le recueil, sans compter qu'il présente vingt-sept poèmes, soit dix de plus que Miron. Il est vrai que la maquette de couverture conçue par Carle inverse justement cet ordre, en présentant *Deux Sangs* comme un « recueil de poésies de Gaston Miron et Olivier Marchand »… Mais l'astuce est manifeste : cette maquette fait en sorte que les mots « de Gaston Miron » apparaissent latéralement, à la verticale, tandis que « recueil de poésies » et le nom d'« Olivier Marchand » se lisent aisément à l'horizontale. Bref, l'inversion de l'ordre alphabétique sur la couverture vise précisément à rendre beaucoup plus visible le nom de Marchand, en bas, juste au-dessus du nom de la maison d'édition, alors qu'il faut pencher la tête à droite pour déchiffrer le nom de Miron ! Au centre de cette inscription qui, avec le titre en capitales, forme un grand S à angles droits, s'avance une silhouette rudimentaire, mi-noire, mi-blanche, un bras vers le bas, un bras levé, tenant dans chaque main une coupe en forme de croissant d'où s'échappe une poussière d'étoiles parmi lesquelles tourbillonne quelque comète.

Les deux cents souscriptions reçues ont permis d'amasser 100 $, ce qui suffit amplement à couvrir l'achat du papier et des autres matériaux ainsi que les frais postaux. Le reste repose sur le bénévolat : les artistes Carle, Rinfret et Ganzini travaillent à leur table à dessin, les pages sont imprimées à l'École des arts graphiques, puis assemblées et brochées par l'équipe chez Louis Portugais, avenue Lacombe. Tiré à 500 exemplaires dont 200 numérotés et autographiés à l'intention des souscripteurs, le recueil ne sort finalement des presses qu'au début de juillet[39]. Malgré l'enthousiasme et la bonne volonté de l'équipe de production, il faut reconnaître que c'est un cahier assez médiocre, qui ressemble davantage à une publication étudiante qu'à un travail d'éditeur professionnel. Il n'empêche qu'on peut maintenant songer à un lancement. Pourtant, le choix même du lieu et de la date indique assez que les membres de l'équipe pensent bien davantage à organiser une fête entre amis de l'OBT qu'un lancement en bonne et due forme. D'abord le lieu : la maison de Roger Varin, le fondateur de l'OBT, située boulevard Gouin Ouest, dans le secteur excentrique de Cartierville, peu susceptible d'attirer le Tout-Montréal. Ensuite la date : le samedi

25 juillet[40], en plein cœur de l'été. On pourrait difficilement trouver des circonstances moins aptes à atteindre des journalistes. C'est ainsi, par exemple, que Jean V. Dufresne, reporter et chroniqueur à *La Patrie*, très sympathique à l'égard de l'OBT, déjà auteur d'un article sur le groupe et homme sensible à la culture, ne peut confirmer sa présence[41].

Quoi qu'il en soit, la fête a lieu et le beau temps permet de profiter du jardin de Roger Varin, sur les bords de la rivière des Prairies. On prend des photos : Marchand et Miron lèvent leur verre sous le ciel nocturne et posent, recueil en main, devant la cheminée. Une autre photo prise dans la maison Varin est encore plus significative. Au centre se tient une femme élégante toute vêtue de blanc : il s'agit d'Hélène Pilotte, qui s'est jointe à l'équipe de *La Galette* sous la direction de Miron après avoir fait l'expérience du journalisme étudiant au Collège Marguerite-Bourgeoys. Comme les trois mousquetaires étaient quatre, on pourrait dire, en pensant à elle, que les six de l'Hexagone étaient sept, puisqu'il est attesté qu'elle a participé au recrutement des souscripteurs et qu'elle a contribué au travail graphique. La confusion qui en a souvent résulté quant à la composition de la première équipe[42] est attribuable au fait que son nom demeure absent du premier prospectus et qu'il n'apparaît que dans celui de 1954 annonçant la création des « Matinaux », en remplacement de Mathilde Ganzini qui a dû se retirer dès l'automne 1953 pour donner naissance à son premier enfant. Quoi qu'il en soit, ce beau soir de juillet 1953 chez Roger Varin, Hélène Pilotte se tient au centre, tournée légèrement vers Louis Portugais dont elle est devenue l'amie de cœur et qu'elle enserre discrètement de son bras gauche, tandis que les deux couples déjà mariés, Gilles Carle et Suzelle Lachapelle d'un côté, Olivier Marchand et Mathilde Ganzini de l'autre, complètent le groupe.

Le seul solitaire dans ce tableau, c'est Gaston Miron, à la droite d'Hélène Pilotte, homme à lunettes et à moustache, l'air grave, le visage allongé — et pour une fois, les apparences ne sont pas trompeuses eu égard aux tourments amoureux qu'il a vécus depuis plus d'un an. Ses amis de l'équipe sont au courant, ils ont vu se dérouler l'histoire, et quand ils lisent ce vers dans *Ma ravie*, l'avant-dernier poème de *Deux Sangs* : « *Ise* je ne dois plus te revoir », un vers qui disparaîtra de la version publiée dans *L'Homme rapaillé* sous le titre de *Je t'écris*[43], ils savent très bien de qui et de quoi il s'agit. Quelle femme se cache sous cette appellation, destinée pourtant à s'effacer de nouveau et à sombrer dans l'oubli ? Aucune femme n'aura pourtant joué, sans l'avoir voulu, un rôle aussi essentiel dans l'écriture de *La Marche à l'amour* et des grands poèmes de *La Vie agonique* et de *La Batèche*. Si cette histoire d'amour impose un retour en arrière, à l'hiver 1952, c'est en réalité une nouvelle phase de la vie de Gaston Miron qu'elle inaugure, la plus féconde pour l'écriture de l'œuvre poétique, en même temps que se déploiera l'aventure de l'Hexagone.

DEUXIÈME PARTIE

1953-1959

7

La légende d'Isabelle

« I se », c'est parfois Isa ou tout simplement Isabelle, dont le nom va s'inscrire en lettres de feu dans maints poèmes inédits de Miron, comme pour effacer ses sombres années de disette amoureuse et lui faire oublier toute laideur. Mais ce sera aussi, trop vite hélas, « Ise aux yeux de bûcher[1] », qui n'aura allumé le brasier de l'amour que pour disparaître « dans le froid des plus lointaines flammes », comme le dira un vers de *La Marche à l'amour*[2], et renvoyer ainsi à sa solitude l'homme qui n'aura pas su gagner sa confiance.

Cet épisode amoureux semblerait banal et il ne conviendrait pas de s'y attarder si l'histoire d'amour ne se trouvait bientôt transfigurée par le verbe poétique, transmutée en mythe et en légende — si elle ne donnait naissance à un poète qui y découvre enfin la voix « inimitable » qu'il promettait. Car s'il y a la « légende du pays », suggérée déjà par la découverte inopinée de Patrice de La Tour du Pin à la fin des années 1940 (« Tous les pays qui n'ont plus de légende / Seront condamnés à mourir de froid »), il faut bien voir qu'en 1952-1953 cette légende demeure encore largement inopérante. Le pays, avec toute la puissance qu'il va acquérir chez Miron, se dérobe toujours. La nostalgie des Laurentides, le souvenir (d'ailleurs assez pâle et discret à cette époque) des ancêtres, les innombrables routes à travers les paysages québécois, rien de cela ne suffit pour que Miron *habite* et possède poétiquement le pays ; et l'on ne parle pas du pays politique, plus tardif encore. Contre toute attente, c'est « la légende d'Isabelle » qui permettra à Miron de découvrir pleinement « le territoire de [sa] poésie[3] », c'est-à-dire d'en inventer la substance douloureuse, le paysage tourmenté et surtout la « distance lointaine[4] », bref de le créer et de se créer ainsi lui-même comme personnage, celui de « l'homme » de la longue marche qui n'en finit plus de revenir de son « voyage abracadabrant ».

*   *   *

Miron a fêté ses vingt-quatre ans le 8 janvier 1952. Aucune gigue endiablée, aucune route, aucun exploit sportif, et encore moins sa nomination récente comme directeur de *La Galette,* ne sont parvenus à tuer en lui le « pauvre Cadou », son *alter ego* misérable et miséreux. Tout près de la mi-vingtaine, il est devenu carrément défaitiste sur le plan amoureux : plus que jamais, il se voit comme « le laid », il étouffe de timidité, il a perdu confiance, ce qui lui fait multiplier les maladresses. Pourtant, les femmes sont nombreuses autour de lui, au journal, dans les auberges de jeunesse, les soirées de danse, les jeux théâtraux et autres activités de l'Ordre de Bon Temps. Certaines l'accompagnent parfois dans une soirée ou une fête sans que ces sorties aient jamais de suite. Il a bien quelques amies, une Denise Guénet surtout, à l'OBT, la seule femme qui l'ait « réellement compris[5] » avant ses vingt-quatre ans. Dans *La Galette*, comme pour tourner le fer dans la plaie, on annonce régulièrement des fiançailles, des mariages. Parmi ses amis les plus proches, Gilles Carle se prépare à épouser Suzelle Lachapelle ; Olivier et Mathilde, qui sont ensemble depuis 1950, font de même en avril 1953, sans parler de Guy Carle, qui s'est trouvé une douce Marcelle à Rouyn. Il y aurait matière à désespérer si l'agenda n'était rempli à ras bords, si n'existait le déversoir de l'action, tous azimuts.

Pourtant, voici la lumière inespérée qui jaillit : l'équipe du *Chapeau vert* animée par Guy Messier et Ambroise Lafortune a obtenu un certain succès, et ce grand jeu parodique continue de se produire à Montréal et dans la région. Ce dimanche 17 février 1952, le groupe se rend jouer à Saint-Jacques-de-Montcalm et l'on a, comme d'habitude, loué un autobus où d'autres membres de l'OBT et des gens du grand public ont pu réserver leur place. Parmi ces voyageurs se trouve une jeune femme, informée de l'activité par une annonce lue la semaine précédente dans le journal. Native de Saint-Grégoire, près de Bécancour sur la rive sud du Saint-Laurent, Isabelle Montplaisir aura bientôt vingt-trois ans. Vivant loin de la maison familiale, elle est alors institutrice dans une école primaire de Montréal et elle occupera un poste semblable à Granby dès septembre 1952, avant de se réorienter vers une carrière de bibliothécaire spécialisée en histoire de l'art à l'Université de Montréal.

Dès le départ de l'autobus pour Saint-Jacques, Miron remarque cette jeune femme délicate, réservée, sérieuse, qu'on n'a jamais vue à l'Ordre de Bon Temps. Au retour du spectacle, il décide de l'approcher et vient chanter près d'elle, ce qui lui permet de masquer sa timidité. La conversation s'engage et, après un moment, il a l'audace de lui dire qu'il aimerait bien faire une balade en auto-stop avec elle, un de ces jours. C'est une sorte de miracle, une vraie « révolution[6] », et quand le jeune homme en mal d'amour rentre ce soir-là chez les Cléroux, rue Saint-Hubert, il crie à toute la maisonnée : « J'ai rencontré une fille merveilleuse ! »

Pour une fois, on ne sait trop comment, il semble être parvenu à susciter chez une femme désirée autre chose que l'inconfort, la peur ou la pure aversion. Le problème de son emploi du temps n'est pourtant pas négligeable, d'autant plus qu'il se trouve en pleine production de son premier numéro de *La Galette* en tant que directeur, la sortie étant prévue pour mars. Plusieurs soirées, parfois jusqu'à minuit ou une heure du matin, sont consacrées à ce travail, et pour le reste, c'est le régime qu'il connaît depuis la fin de 1950 : durant cette seule semaine du 18 février, un voyage à Cowansville et des réunions d'équipe pour l'OBT, des veillées à l'Immaculée-Conception et à Saint-Jacques, des réunions chez Ambroise Lafortune pour *Godillot*, un souper avec l'équipe de la Bohème de Laurent Crevier, vouée à l'intégration des « Néo-Canadiens » (comme on désigne souvent à l'époque les immigrants), un événement scout au Forum. Reste-t-il quelque espace pour une femme, si merveilleuse soit-elle, dans ce train d'enfer ? Il semble que oui : du moins à court terme, et pour la première fois au cours des semaines qui suivent, on assiste à quelque chose que l'on n'avait jamais vu dans les notes, carnets ou agendas de Miron, l'apparition répétée d'un même nom de femme, attestant qu'elle n'est pas une simple ombre de passage : « cinéma avec Isa », à plusieurs reprises, et aussi cette mention révélatrice : « en auto-stop avec Isa vers Saint-Jérôme » le dimanche 2 mars. C'est un trait typique de toutes les relations de Miron avec des femmes : il n'a jamais rien eu d'aussi pressé que de présenter ses amoureuses à sa mère. Cela n'a évidemment rien d'anormal en soi, mais la précipitation (que devait d'ailleurs constater et parfois lui reprocher sa mère) était frappante, comme s'il s'agissait d'intégrer aussi vite que possible la femme aimée au cercle familial et d'assurer ainsi la réalité de son amour. Il y avait là, sans nul doute, un désir de permanence et de pérennité qui, hélas, allait presque toujours heurter des récifs…

Malgré les occupations de toutes sortes, Gaston et Isa se fréquentent de façon très régulière à la fin de l'hiver et au début du printemps 1952. Mais assez vite, l'harmonie se dérègle, un malaise grandit. Le miracle de février laisse déjà affleurer la souffrance en mars et, dès le début de juin, c'est la rupture : « Dernière fois, vu Isa, chez Louis [Portugais] », note Miron dans son carnet[7]. Rupture, c'est beaucoup dire, car après deux ou trois semaines de grande noirceur, l'été marque le temps des retrouvailles et ramène le bonheur. Autour de la Saint-Jean puis au début de juillet, Miron rend visite à Isabelle à Saint-Grégoire où elle passe l'été avec sa famille. Là-bas, dans son milieu, il l'a trouvée différente, il a aimé cette « fille à l'état sauvage, truculente, agressive, tout à l'aise ». Et puis Isa, c'est un pays en soi :

> J'ai donc aimé cette journée. Ces nappes de soleil. Ce calme ondoyant sur les campagnes horizontales, où frémissaient lentement les ormes dans les champs. Ce peuple accueillant, très français dans l'âme. Ces paysages très français. Et il y avait toi au beau milieu du jour, au beau milieu de ma route[8].

Après ce moment de grâce, il lui faut pourtant rentrer dans le tourbillon urbain. L'échange de lettres est intense, tandis que, toujours aussi fébrile, il prépare un nouveau numéro de *La Galette,* s'active à *Godillot,* fait les routes du Clan, multiplie les veillées, participe à des « journées fédérales » de l'OBT à Sherbrooke et se trouve entre-temps engagé pour travailler à la journée des élections provinciales, le 16 juillet, au terme de laquelle Maurice Duplessis sera réélu avec une forte majorité[9]. « Ouf ouf ouf », conclut-il, épuisé, dans sa lettre du 5 août. N'en fait-il pas un peu trop ? Mais il s'explique ainsi à Isabelle :

> Cela paraît être de l'activisme du dehors. Mais je ne crois pas que c'en soit. Dans tout cela il y a une sève, une mystique, une action engagée, un christianisme en jeu, une inquiétude « jeunesse » qui fait que l'on mature [*sic*], que l'on se réalise, que l'on augmente sa valeur d'homme[10].

A-t-il vraiment retenu la leçon de Saint-Exupéry dont cette phrase du *Petit Prince* lui est revenue à la mémoire au cours de l'été : « Tu es responsable pour toujours de ce que tu as apprivoisé[11] » ? Mais « excessif en tout » comme il le reconnaît lui-même, il l'est autant dans ses émotions et ses marques d'affection que dans son « activisme ». Avec toute l'équipe de *La Galette*, il a passé une fin de semaine du mois d'août à Claire-Vallée, le centre culturel de la journaliste Françoise Gaudet-Smet au bord de la rivière Bécancour, et Isabelle est venue l'y rejoindre depuis Saint-Grégoire. Il était tellement heureux de la serrer dans ses bras qu'il a exagéré, il s'est montré « brusque, dru » avec elle et il ne lui reste qu'à lui demander « pardon » une fois rentré à « Montréal ma grand'ville[12] ». Il semble que ces excuses n'aient pas suffi, car pendant un mois il reste sans nouvelles d'elle. De toute manière, Isabelle ne va pas rentrer à Montréal puisqu'elle entreprend bientôt son année scolaire à Granby, sans d'ailleurs se hâter de lui donner sa nouvelle adresse.

Il est clair que, cette fois, rien ne va plus. Et quand il peut lui réécrire, il cafouille davantage ! Rentré le 14 septembre d'un voyage d'une semaine en auto-stop qui l'a conduit chez des amis de l'OBT jusqu'au Saguenay et au Lac-Saint-Jean, il s'est empressé de lui communiquer son exaltation : « Toutes ces visions neuves, de prospérité, de sites uniques, de poésie, etc..., *après tout ça*, je pense que c'est toi qui es ma plus belle vision[13]. » « *Après tout ça* » ? L'ordre temporel ne serait-il pas aussi un ordre de priorités ? Ce sont pour la jeune femme des mots blessants, qui aggravent le manque de courtoisie et de délicatesse observé chez son amoureux.

L'évolution de ce premier amour éclaire déjà les déconvenues amoureuses que ne cessera de connaître Miron tout au long de sa vie jusqu'au seuil des années 1980. Les femmes qui ont le plus compté pour lui et qui, dans plusieurs cas, ont profondément marqué sa poésie étaient toutes des femmes d'esprit, instruites, cultivées et qui avaient à divers degrés un goût pour l'art et la littérature. Mais le grand amoureux Miron avait de drôles d'intermittences et l'homme qui rêvait de « fonder un foyer » aimait trop ses engagements multiples et ses amis pour ne pas s'absenter à répétition. Pour compenser, il avait en toute sincérité des extériorisations intempestives, mal mesurées, des emportements qui pouvaient embarrasser. Les moments de vraie tendresse, dont il était assurément capable, ne parvenaient pas à lever un certain doute sur son engagement profond. Il semble bien qu'Isabelle ait ressenti douloureusement cette inquiétude, et quand Miron lui écrit au tout début de 1953, alors que leur relation n'en finit plus de se dénouer, il n'est pas sans lui donner raison, en toute lucidité sur lui-même :

> De tout ce qui a pu arriver de désagréable entre nous, j'en veux prendre tout le blâme. Et je sais que cela est vrai. Au fond, vois-tu, j'avais peur. (Toi aussi de ta part, si je me réfère à une de tes lettres). Mais moi, c'était la première fois que j'aimais. Et j'avais peur des responsabilités concrètes que cela engageait. J'avais peur de te dire : Isabelle, nous allons marcher ensemble toujours, avec tout ce que cela entraîne… tu sais ce que je veux dire. Je fuyais, j'étais dur, impoli. Je luttais contre moi. Contre ma solitude, mon action sur le plan social. J'étais heureux mais j'avais peur. C'était trop beau pour moi, aurait-on dit, je n'étais pas encore arrivé à ma pleine maturité d'homme[14].

Cette fameuse maturité ! Dix ans plus tard, après le naufrage de son amour pour Rose Marie, il se demandera toujours s'il ne souffre pas d'« *immaturité* émotionnelle[15] ». Et puis il y a cette « peur », d'ailleurs partagée. Quand Isabelle rend à Gaston les lettres qu'il lui a adressées, l'une d'elles porte une longue annotation marginale au crayon, dans laquelle elle s'accuse à son tour, mais pour conclure sur cette phrase fatidique : « Il me fait affreusement peur » !

Sans que les échanges épistolaires se soient interrompus tout à fait au cours de l'automne, les deux amoureux en sont encore, au début de février 1953, à préparer leur rupture définitive, au moment même où l'équipe de l'Hexagone prend forme et où *Deux Sangs* se profile à l'horizon. En rendant à Isabelle les lettres qu'elle lui a adressées, Miron se montre à la fois mélodramatique et débordant de bonne volonté : « Ci-joint aussi, le portrait [la photo] que tu m'avais donné. Je m'en sépare comme quelqu'un qui perd un de ses bras. Tu vois, je fais un effort extrême, selon ton désir, tu veux que je t'oublie. » Par contre, tout en lui réclamant ses propres lettres, il consent à ce qu'elle garde les poèmes qu'il lui a envoyés, « car dès qu'ils seront publiés (si jamais je me décide sur les instances de mes amis), ils seront du domaine de la chose imprimée[16] ». Précision capitale à plusieurs égards : d'abord, elle montre qu'au début de février 1953, un peu plus de quatre mois avant la parution de *Deux Sangs*, Miron hésitait toujours à donner son accord pour que ses poèmes paraissent à côté de ceux d'Olivier

Marchand. De plus se trouve confirmé le post-scriptum annexé par Miron à sa lettre du 3 janvier, dans lequel il évoquait ses poèmes : « J'en ai beaucoup écrit depuis septembre et des plus beaux[17]. » Quand on sait que de tout temps, et souvent avec raison, Miron va déclarer le contraire — à l'entendre, il n'a pas écrit du tout, il n'écrit plus ou il n'a écrit que très peu, et de toute manière ce n'est pas beau —, il faut reconnaître que cette nouvelle transmise à Isabelle est digne d'attention. Du même coup, c'est le lien indissoluble entre Isa et plusieurs poèmes de *Deux Sangs* qui apparaît en plein jour, si l'on excepte des pièces anciennes comme *Le Laid*, *Dix-neuf ans* et quelques autres, écrites ou du moins largement esquissées, comme *Petite Suite en lest*, bien avant la rencontre de 1952. Il sera nécessaire d'y revenir, d'autant plus que *Deux Sangs* ne fait encore entendre que les premiers échos de « la légende d'Isabelle ».

Début février 1953 : la relation entre Miron et Isa semble donc bel et bien terminée. Qu'a-t-il pu se passer pour qu'à la fin du même mois on assiste à un renversement de la situation ? Bien des histoires d'amour rebondissent ainsi, souvent à répétition, et ne parviennent à leur terme que par à-coups, volte-face et autres tergiversations. Quels que fussent les différends, il y avait sans doute des accords nombreux sur le plan intellectuel, et il y avait eu des moments de tendresse et de joie partagées. C'est ainsi que, contre toute attente, dans les derniers jours de février, Miron prend l'autobus pour Granby où Isabelle s'est installée, rue Saint-Charles, depuis l'obtention de son nouveau poste d'institutrice.

Curieuse boucle du destin que ce retour dans les Cantons-de-l'Est et Granby… Une nouvelle fois, comme lorsqu'il était parti étudier chez les frères, c'est la route dans la plaine de la Rive-Sud entre les montagnes solitaires, la rivière Richelieu à Chambly, Rougemont et ses vergers enneigés, la montée de Saint-Paul-d'Abbotsford, le profil des Appalaches au loin, avec le grand massif bosselé de l'Orford. Ce paysage, Miron le connaît depuis longtemps, et désormais, adouci, rendu à sa fécondité presque printanière, c'est celui d'Isabelle :

> ISA lointaine et secrète
> Tu es belle comme la plénitude des Cantons
> Dans ton corps comme les vergers en fleurs
> Comme la croupe indomptée de Saint-Paul ou du Shefford
> ou de l'Orford[18]

L'Homme rapaillé et les innombrables récits de Miron auront tellement établi la souveraineté du Nord qu'il est facile de méconnaître le rôle important qu'a joué le sud du Saint-Laurent dans sa vie et dans sa poésie : toute son adolescence passée sur une colline de Granby et dans « la plénitude des Cantons », sa fréquentation du Centre culturel de Claire-Vallée, le pays d'Isabelle entre Granby et Saint-Grégoire, les chansons et les poèmes d'Alfred DesRochers[19]. Miron, chantre des Cantons et des Appalaches, ce n'est pas commun, mais il reste que le Sud aura été pour lui à la fois un lieu de formation, un territoire de bonheur, d'amour et de poésie, en même temps que, de là, sa terre natale de Sainte-Agathe et de Saint-Agricole pouvait apparaître comme un pays lointain, le pays du bonheur peut-être à jamais perdu.

Sur la route de Granby, l'euphorie de Miron en cette fin de février est d'autant plus intense qu'il n'espérait plus rien : les heures qu'il passe chez Isabelle lui procurent un « bonheur ineffable », et il exulte de gratitude dans l'autobus qui le ramène à Montréal par un samedi matin froid mais radieux, un travail urgent l'attendant à l'OBT. Quand, arrivé en ville, il fait un bout de chemin à pied, voici qu'une complice de toujours vient à sa rencontre comme un autre signe du destin :

> Un beau soleil dans nos bras. Les piétons sont rares, c'est samedi. Sur le Champ-de-mars, un petit vent. Et soudain, un croassement me fait lever la tête. C'est une lourde corneille qui passe. C'est le printemps ! J'ai un cœur de biche[20].

Miron n'écrira *La Corneille* que bien plus tard et pour une autre femme, mais quand le ciel retrouve sa pleine lumière, l'oiseau noir semble avoir le don de surgir et de faire entendre sa voix criarde.

Il aurait dû se méfier : l'oiseau rapace n'est pas un emblème de douceur, et s'il peut rendre « fou braque », son « *tragique* croassement rauque et souverain » n'annonce pas forcément le bonheur[21]. La soirée du 27 février à Granby a beau avoir été « merveilleuse », y compris pour Isabelle, qui craignait pourtant ces retrouvailles[22], et l'enchantement peut même aller jusqu'à se répéter quand Miron retourne à Granby la fin de semaine qui suit, des désaccords profonds ressurgissent. Dans sa lettre du 23 mars qui tente de réparer les dégâts d'une colère qu'il a faite à Isa, Miron met de nouveau en cause sa propre « maturité », il accuse « [s]on vieux fond d'adolescent en révolte, non-conformiste, en impossible pureté, incompris, aimant et se complaisant dans sa souffrance[23] ». Mais un autre facteur a sûrement joué : la famille et le milieu d'Isabelle à Saint-Grégoire, où Miron lui a déjà rendu visite et où il l'accompagne de nouveau à la mi-mars, voient d'un mauvais œil que la jeune femme veuille s'engager avec ce poète un peu énergumène, assez débraillé, sans revenu important et sans beaucoup d'avenir.

Aux incompatibilités personnelles, la pression du milieu vient ainsi ajouter une note fatale. Et dans quel contexte ! Olivier Marchand et Mathilde Ganzini viennent de faire les invitations à leur mariage, qui sera béni par Ambroise Lafortune le lundi de Pâques 6 avril, à l'auberge La Cordée de Val-Morin. Isa devait y accompagner Miron, mais on ne la verra pas. Quand Mathilde, selon la tradition, lance derrière elle son bouquet de mariée, normalement à l'intention d'une jeune fille qui gagnera ainsi l'assurance de son propre mariage, c'est nul autre que Miron qui l'attrape ! En l'absence d'Isabelle, cela semble une bien amère promesse, d'autant plus que le petit cadeau que Miron a apporté à ses amis était accompagné de cette carte :

Pâques 1953, à Olivier et Mathilde,

Nous aurions voulu vous offrir toute la terre, mais veuillez croire, chers vous deux, que notre intention dépasse de beaucoup la nature de cet humble présent. Qu'il soit donc, au seuil de la plus belle des vocations, l'amour, le visage de notre amitié de destin.

Gaston et Ise[24].

Ce présent, c'est le livre assez récent de Jean Rousselot, *Panorama critique des nouveaux poètes français d'aujourd'hui*[25]. Miron y a adjoint une dédicace plus personnelle : « À mon cher Olivier tendrement, à l'ami-frère… », dans laquelle le « nous » qui réunit cette fois les deux poètes sur le point de publier *Deux Sangs* camoufle mal un « je » blessé au plus profond de lui-même. Il y évoque

notre quête désespérée d'amour [...], nous sommes, dit-il, des fou-droyés de la poésie, c'est par elle qu'il nous a été donné d'être au monde, par elle que nous sommes des vaincus et des vainqueurs, que nous accé-dons à la vie[26].

Qu'Olivier soit maintenant « reçu par l'amour », ce ne peut être qu'une joie, mais il est clair que pour son complice en poésie, l'accomplissement se situe sur un autre terrain, au terme d'une autre bataille. Si Olivier se marie pour son plus grand bonheur, l'auteur de *L'Homme rapaillé* sera pour sa part, radicalement et souvent pour le pire, un poète célibataire…

*   *   *

Les vicissitudes et l'échec final de sa relation amoureuse avec Isabelle éclairent sans doute plusieurs facettes de la personnalité de Miron, mais les conséquences incalculables de cet amour malheureux sur son œuvre poétique importent bien davantage. La chose crève les yeux : il s'est produit, vers la fin de l'été 1952, après la brève éclipse d'Isa en juin, suivie de la reprise de juillet-août, une sorte de « débâcle », une explosion poétique. Jamais Miron n'avait autant écrit jusque-là, ni écrit de cette manière ; et ce qui s'amorce, c'est sa période la plus productive (on pourrait même dire la seule…) qui s'étend jusque vers 1958 et qui voit naître et prendre forme les cycles majeurs de *L'Homme rapaillé* : *La Marche à l'amour*, *La Vie agonique*, *La Batèche*. Plus tard, dans sa fameuse conférence de mars 1990 à l'Université de Montréal, en présence de nombreux professeurs, étudiants et poètes, Miron devait parler de cette « mutation » comme d'une « catharsis » qui tenait de la pure « énigme[27] », et il allait surenchérir sur cette idée d'une « mutation énigmatique » relancée par Jean Larose dans l'importante entrevue de l'automne suivant[28].

On ne peut cerner le rôle déterminant d'Isabelle à ce propos sans quelques mises au point. En lisant, au cours de sa conférence de 1990, des poèmes tirés de son « cahier noir », tous datés de 1946 à 1949, en reprenant avec Jean Larose des extraits du même cahier suivis sans transition de *Ma désolée sereine*, écrit en 1952, et même de *Jeune Fille*, poème que l'on peut dater avec assurance de 1953-1954, Miron crée une distorsion majeure, il ouvre un trou noir d'au moins trois ans qu'il a beau jeu de transformer en une sorte de saut quantique inexplicable. Plusieurs brouillons de la période 1949-1952, dont il ne souffle mot, montrent au contraire des signes d'évolution dans son écriture, et notamment plusieurs ébauches en vers libres. Qu'il faille nuancer son récit d'un accès presque instantané à sa voix poétique propre, c'est donc une évidence. La pudeur (à l'égard de sa relation avec Isabelle) et la mémoire défaillante (quarante ans après les faits) expliquent probablement en partie cette occultation, mais aussi le goût que Miron a toujours eu pour les chocs foudroyants, les révélations subites, spectaculaires, qui scandent le récit de son « long chemin » et en définissent souvent les épisodes canoniques. De la découverte de l'analphabétisme de son grand-père Michauville à celle de l'état de colonisés des Québécois (par un propos rapporté d'Albert Memmi), en passant par sa découverte de la poésie un certain soir d'étude au Mont-Sacré-Cœur, ou encore par le choc de la lecture de deux vers de Patrice de La Tour du Pin lus par hasard dans une librairie, c'est toujours le même modèle, c'est saint Paul frappé par la lumière sur le chemin de Damas, c'est l'aveugle ou l'inconscient qui accède d'un seul coup à la lucidité. Il devra en aller de même pour sa poésie : lui qui avait pourtant un sens aigu de l'histoire et du temps, qui parlait sans cesse de « maturité » et qui pouvait travailler pendant des années un même poème, voire un même vers, il avait besoin de ces illuminations, de ce surgissement de l'irrationnel ou du hasard, tout en sachant que les récits de révélations fascinent souvent bien davantage les auditoires que ceux d'un lent et fastidieux processus d'évolution.

Un autre facteur permet de nuancer ce récit d'un accès fulgurant à la « vraie » poésie. La période de sa relation et de sa rupture définitive avec Isabelle, soit du début de 1952 à la publication de *Deux Sangs*, a coïncidé avec une série d'événements qui, sans modifier radicalement l'univers mental de Miron, ont certainement contribué à son évolution et à son accès plus rapide à une certaine modernité. S'il n'a en rien délaissé son monde de danses folkloriques, de jeux théâtraux et de routes scoutes, il est en même temps entré en contact avec un tout autre univers, celui de la bohème littéraire et artistique, dont les hasards de ses déménagements successifs l'ont d'ailleurs rapproché. De toute sa vie, Miron ne connaîtra jamais une existence aussi instable et nomade qu'entre 1952 et 1954. Peu après sa rencontre d'Isabelle en février 1952, il s'est trouvé devant la nécessité de quitter le foyer chaleureux des Cléroux : ceux-ci ont en effet annoncé à leurs pensionnaires qu'ils allaient plier bagage le 1er mai, Gérard Cléroux ayant décroché un emploi à l'usine Domtar de Valleyfield. Où aller ? L'Ordre de Bon Temps, qui avait ses bureaux au 3425, rue Saint-Denis, tout juste au nord de la rue Sherbrooke, offrait quelques chambres à louer à ses membres, attenantes à ses bureaux, ce qui allait lui procurer à tout le moins un gîte de transition. Avec son ami Claude Caron, forcé comme lui de quitter la rue Saint-Hubert, Miron a donc emménagé à l'OBT. Quand, après s'être abonné à la revue *Amérique française*, il a écrit à Andrée Maillet au début de mai 1952, c'est l'adresse de retour qu'il lui a donnée, tout en évoquant sa période révolue chez les Cléroux[29]. En juillet, il a annoncé qu'il occupait une nouvelle chambre, au fond du « local » : « Enfin, je vais pouvoir respirer et me monter une table de travail[30]. » L'a-t-il fait, lui qui trouvait de toute façon si peu le temps de s'asseoir pour travailler ? Mais au retour de sa visite merveilleuse chez Isabelle à Granby, son « Journal » du 28 février 1953 indique qu'après une journée de travail à l'OBT il rentre souper au « 254[31] ». Il s'agit du 254, rue Sherbrooke Ouest, une adresse importante, car cette garçonnière située juste au-dessus du restaurant Pig'n Whistle, à l'angle de la rue Sainte-Famille, se situait à deux pas de l'École des beaux-arts et de cafés très fréquentés par les étudiants, les artistes et les écrivains : La Hutte suisse et La Petite Europe[32]. L'appartement du Pig'n Whistle était en fait une sorte de loft, une seule grande pièce sans cloisons pouvant abriter quatre locataires. Miron s'y est installé avec les deux Claude, Caron et Dansereau, auxquels s'ajoute un quatrième logeur venu d'Ottawa et étranger au groupe.

Miron fréquente le quartier depuis déjà un certain temps, à la faveur notamment de son amitié avec Gilles Carle. Au printemps 1952, à La Petite Europe, il a ainsi pu faire la connaissance de Georges Dor, futur chansonnier et auteur de l'Hexagone[33]. Entre routes, veillées et travaux à *La Galette*, il passe aussi des fins de soirées à La Hutte suisse, un café très fréquenté par le groupe des automatistes, notamment les frères Claude et Pierre Gauvreau ainsi que les peintres Jean-Paul Mousseau et Guido Molinari. Un événement tragique a frappé le milieu au tout début de l'année : le suicide de l'actrice Muriel Guilbault, la muse et l'amoureuse du poète Claude Gauvreau, la « beauté baroque » qui a ému le public au théâtre dans *Tit-Coq* de Gratien Gélinas et dans *Huis clos* de Jean-Paul Sartre. « Son mal était de se croire démon, quand elle était déesse », dira d'elle Gauvreau dans le roman poétique qu'il lui consacre peu après sa mort[34].

Même si ce groupe d'artistes et d'écrivains signataires de *Refus global* lui a toujours été assez étranger tant sur le plan de la sensibilité que sur celui de l'esthétique, Miron écoute, apprend, discute. Il lui arrive aussi de forcer la note, sans doute pour épater la galerie. Un soir que Paul-Émile Borduas, le maître du mouvement automatiste, s'est joint au groupe, Miron lance à l'emporte-pièce : « Il faut sabrer tout le passé[35] ! » Pour un adepte du folklore, le mot d'ordre paraît peu conséquent... Borduas s'empresse d'ailleurs de le corriger : « Non, il faut reconnaître dans le passé les valeurs dynamiques, les identifier et s'en faire des pères[36]. » Tout cela remet en cause son provincialisme et l'amène à préciser ses positions. Il a eu des conversations musclées, semble-t-il, avec le peintre Pierre Gauvreau et un jeune poète fort éloigné lui aussi des automatistes, Sylvain Garneau : « Bel échange, beau dialogue, mais dur à soutenir[37] », a-t-il noté après une de ses soirées de l'été 1952. Une autre tragédie est toutefois imminente : jeune poète célébré à la suite de la publication de ses *Objets trouvés* en 1951, avec une préface d'Alain Grandbois qui en soulignait à la fois la merveilleuse fraîcheur et la poétique quelque peu surannée[38], Sylvain Garneau va à son tour se donner la mort à l'automne 1953, à l'âge de vingt-trois ans. D'autres suicides ont lieu à la même époque dans le milieu artistique[39], et l'on commente beaucoup le destin funeste du pianiste et compositeur André Mathieu, l'enfant prodige des années 1930 qui sombre dans l'alcoolisme : à distance, on a l'impression que toute une jeunesse talentueuse est alors en manque d'espérance et a choisi de s'autodétruire.

Miron, sensiblement du même âge que tous ces jeunes gens, est plutôt, on le sait, du genre à faire front ou à porter bien haut le flambeau de la dérision, même à travers peines et misères. Quand Ambroise Lafortune parle, à l'époque, du « suicide de Gaston Miron », il s'agit de tout autre chose[40]. L'aumônier du Clan Saint-Jacques et de l'OBT a croisé son ami rue Sainte-Catherine et il a eu droit « à la riche litanie de ses imprécations » contre la pauvreté et la faim. « Demain, je me suicide... », a conclu le poète sans parvenir à impressionner trop fortement l'abbé. « Je deviens fonctionnaire », a fini par préciser Miron[41]. L'abbé Ambroise situe cette rencontre en 1951, mais cette date paraît douteuse. Ce qui ne fait aucun doute, c'est que Miron est « fonctionnaire », plus précisément commis au palais de justice à l'époque de la fondation de l'Hexagone, et qu'en 1954 il ira travailler au bureau des permis d'armes à feu de la Police provinciale, rue Saint-Gabriel. Une chronique parue dans un journal en août 1955 annonce finalement : « Gaston Miron, des Éditions de l'Hexagone, a quitté le fonctionnarisme provincial pour passer à la Maison Beauchemin[42] », mais il est vrai que la nouvelle est alors en retard de plusieurs mois...

Sa « bohème montréalaise », à l'époque du Pig'n Whistle, offre ainsi à Miron un emploi du temps plutôt bariolé. Le jour, il est « fonctionnaire provincial » ; en fin de journée, il s'active presque toujours à l'OBT ou au Clan Saint-Jacques ; plus tard seulement, il peut aller causer et discuter avec les artistes. Infatigable, il lui arrive même de faire ensuite un détour par le boulevard Saint-Laurent, pour y dépenser un reste d'énergie devant une machine à boules, un jeu qu'il adore. Quand il rentre à la garçonnière, bien après minuit, Caron et Dansereau dorment déjà, mais il n'est pas prêt encore à se coucher et les craquements de la chaise berçante où il s'installe au milieu de la pièce réveillent souvent ses camarades, ce qui n'est pas pour lui déplaire. Miron se trouve rarement à court d'envolées oratoires, entrecoupées de grands rires et de la récitation vibrante du dernier poème qu'il a griffonné durant la journée sur un bout de papier, ou encore de son classique de l'autodérision, ce poème-chanson qui se termine par un pathétique « au s'cours » et qui offre peut-être le meilleur antidote à son désir secret d'en finir, lui aussi, avec cette « baraque de vie[43] ». Cinquante ans plus tard, bien après la mort de son camarade poète, Claude Caron pourra encore le dire par cœur, ce poème, tant il l'a entendu résonner dans les nuits du Pig'n Whistle :

> Oui moi je suis le laid
> Devant qui l'on se gourme
> Et qui porte son faix
> Comme un de la chiourme
>
> Puis j'ai mal à vomir
> Et le cœur et le ventre
> Puis l'âme et ses chantres
> De l'ennui — j'veux mourir[44].

Dans les intermittences de son amour pour Isabelle, en 1952-1953, et dans le désastre trop tôt rencontré, « le laid » continue ainsi de clamer en quatrains grimaçants une souffrance qui vient de loin.

Mais quoi qu'ait pu penser Ambroise Lafortune, le « fonctionnaire provincial » n'a pas fermé pour toujours son grand cahier de poèmes : bien au contraire, il est sur le point de mettre à profit les ressources littéraires qu'il n'a cessé d'emmagasiner au fil des amitiés, des rencontres et des lectures. Le livre de Jean Rousselot qu'il a offert en cadeau de mariage à Olivier et Mathilde n'est qu'un indice de son désir de se tenir au fait des lettres contemporaines. Au printemps 1953, il vient de lire également le *Panorama de la nouvelle littérature française* de Gaëtan Picon[45]. Dès qu'il en a le temps, il bouquine à la Librairie Tranquille, chez Flammarion, dans les librairies d'occasion où il reste toujours à l'affût d'une aubaine : un Tristan Corbière, les *Feuillets d'Hypnos* de René Char, tel recueil d'Henri Michaux : « Je reviens chez moi, mes livres sous le bras, heureux de contentement et de chasse[46]. » C'est là sa véritable thérapie. En janvier 1953, il a pu dire en outre son admiration pour l'un des plus grands poètes contemporains en signant dans *La Galette* un court hommage à Paul Éluard, décédé à la fin de l'année précédente. Si « les journaux n'ont pas fait tellement écho à cette perte », ce que Miron explique par le « credo politique » du poète d'allégeance communiste, il importe de saluer « une poésie qui se situe bien au-delà des étiquettes [..], une poésie de sources, transparente, à fond de ciel et à substance de soleil, pleine de réfractions et de résonances intimes[47] ». Manière de donner raison, dans le plus pur style mironien, à l'un des propos les plus fameux d'Éluard, selon qui « le poète est celui qui inspire bien plus que celui qui est inspiré[48] ».

Bref, le poète de 1952-1953 a parcouru un certain chemin et s'il persiste à réciter *Le Laid* à ses amis de l'Ordre de Bon Temps, le genre paraît de plus en plus anachronique. Néanmoins, au-delà des nuances qu'on doit lui apporter, le constat rétrospectif d'une éclosion soudaine de sa poésie à partir de l'automne 1952 est loin d'être faux. Car jusque-là, malgré les rencontres et les lectures, des résistances formelles persistent, comme en témoignent *Le Laid*, *Potence* (paru dans *Le Devoir* en mai 1953) et les autres poèmes les plus anciens publiés dans *Deux Sangs*. Or, pudiquement tenue secrète, c'est l'histoire d'amour avec Isabelle qui aura, plus que toute autre chose, précipité cette mutation.

*   *   *

À la mi-juillet 1952, il inclut dans une lettre à son amoureuse ce quatrain sûrement écrit durant l'intervalle malheureux du mois précédent, quand tout semblait révolu :

Ô souvenir soleilleux
D'Isabelle et de la vie
Ô rosée ô merveilleux
Sur mon âme la prairie

C'était là, peut-être, son ultime effort pour écrire l'amour perdu dans le style de quelque lyrisme ancien, sur le mode d'une chanson archaïque :

[…] avant que grondent
les chiens de ton destin
l'âme était une ronde
et la terre un jardin[49].

Ces « chiens » méchants promettaient bien un ton plus âpre, pour se taire aussitôt dans une chute trop jolie et assez impersonnelle. Mais voici bientôt une strophe insérée dans son « Journal » du 28 février 1953 et qu'il joint à sa lettre à Isabelle :

Qui ne devine de nous deux ce soir
Ce qu'il nous faut écouter
L'oreille comme un coquillage
Quel pays du son bleu
Un chant ignoré
Mon amour en émoi dans l'octave du don[50].

On reconnaît la deuxième strophe de ce qui deviendra *Mon bel amour*, dont les premiers vers apparaissent dans une lettre datée de la mi-mars : « Mon bel amour navigateur / Mains ouvertes sur les songes / Tu sais la carte de mes mains[51] », accompagnant un immense montage typographique où les noms « Isabelle » et « Isa » sont dactylographiés une centaine de fois en une sorte de poème concret formant un blason. *Mon bel amour*, c'est là, sans aucun doute, l'un de ces « beaux » poèmes que Miron annonçait avoir écrits depuis septembre, et il en existe sûrement alors une version complète puisque la petite équipe de l'Hexagone en est déjà à la composition de *Deux Sangs*.

Une mutation « énigmatique » dans l'espace de six mois, comme le racontera Miron ? C'est bien ici, très exactement, qu'elle se produit, mais ce n'est qu'un début. Que dire de *Ma ravie* qui paraîtra également dans *Deux Sangs* et que Miron n'a pu écrire qu'entre septembre et février, durant un nouvel intermède noir :

> Je t'écris pour te dire que je t'aime
> Que mon cœur qui voyage tous les jours
> — le cœur parti dans la dernière neige
> Le cœur parti dans les yeux qui passent
> Le cœur parti dans le vent des cordages
> Le cœur parti dans les ciels d'hypnose —
> Revient le soir comme une bête atteinte[52]

Émouvante simplicité du premier vers, analogue au « Je ne suis pas bien du tout assis sur cette chaise » qui ouvre les *Regards et jeux dans l'espace* de Saint-Denys Garneau. C'est la suite qui change tout, comme chez les grands musiciens capables de transformer les mélodies les plus ordinaires en développements magnifiques. Ici résonne déjà, dans une forme libérée, le départ de Miron pour son fameux « voyage abracadabrant », en même temps que se fait entendre une tonalité unique, le gémissement de l'animal blessé. Car il l'a confié à Olivier Marchand au printemps 1952 : « Je suis une bête à souffrance. »

Le soir du 17 février 1953, un Miron tourmenté, au comble de la désolation, a griffonné un poème pour commémorer en un rite presque macabre « l'anniversaire de la connaissance d'Ise ». Il ignore que, dix jours plus tard, il passera des heures merveilleuses avec elle à Granby. Ce poème du 17 février, demeuré à l'état de manuscrit, est l'un de ses plus noirs :

> Ô nuit atroce, nuit de l'attente sans fond
> Ô nuit du tocsin dans mon cœur en déchirure
> Nuit qui roule sa meute d'angoisse sur mon corps
> Nuit où résonne le gong de mon destin
> O nuit du naufrage au large de l'espoir[53]

Présente ou absente, mais surtout absente, Isabelle le fait écrire, il touche à travers elle un fonds inépuisable, une souffrance sans doute éprouvée bien avant, dans sa solitude de jeune homme pauvre errant dans le centre-ville, mais ayant trouvé soudain en la figure de cette femme une sorte d'ancrage, un foyer poétique. Et alors, du même coup, ce sont toutes les formes apprises et les quatrains jolis qui

éclatent, pulvérisés par une force irrépressible. C'est comme la permission de tout dire, sans apprêt, de lancer une danse folle qui fait
voyager même le folklore vers l'espace du poème et qui pousse
violemment le corps vers les mots — comme le montre cet autre
poème écrit sur du papier à en-tête de l'Ordre de Bon Temps :

> ô violoneux de ma vie la grande baquaise et le chagrin
> légèrement seul la tête le corps manche à balai
> les pieds partout les pieds
> à se faire aller d'un bord et de l'autre
> par bourrées
> par désespoir de ne jamais en finir
> ah gigue gigue Miron
> jusqu'à disparaître dans l'immersion de ta fatigue
> jusqu'à la dérive des sens dans l'oubli
> jusqu'à la sueur de ton âme en lavette[54]

C'est déjà *La Batèche* qui se profile, avec son « corps emmanché d'un
mal de démanche[55] » et c'est peu dire qu'on se trouve loin des quatrains
maniérés que Miron écrivait au début de l'été 1952 (« te souviens de
la chère / d'elle et des floraisons / elle fut la première / à te faire
oraison ») et qu'il osera encore publier à la toute fin de 1953 dans
Amérique française.

Si les premiers jalons de *La Légende d'Isabelle* peuvent apparaître
comme un accès presque miraculeux au registre qui sera celui de
L'Homme rapaillé, c'est que Miron était en retard sur lui-même, lui qui
avait déjà compris bien des choses sur la poésie sans pouvoir mettre en
œuvre ses intuitions. N'avait-il pas cerné un enjeu fondamental de son
écriture et de son propre personnage d'écrivain dès juin 1950, dans ce
passage capital d'une lettre à Guy Carle :

> Je me moque bien de la littérature maintenant. Je ne veux être fidèle qu'à
> l'homme, à la vie […] Je ne crois plus à une carrière littéraire pour moi.
> Et j'écris de plus en plus mal. Ma phrase est informe et n'a plus de nerfs.
> Si j'ai perdu la clé de mon expression, le tourment d'écrire, de dire mon
> message demeure, lui. Quelque chose en moi, je crois, s'est pour toujours
> dissocié. Quoi ? L'expression et l'inspiration. […] Je suis un égaré, un
> enchaîné de l'azur, un prisonnier de l'inconnu. Il arrive un moment où
> l'expression : règles, cadres, etc., ne peut plus suivre l'inspiration, la pen-

sée. La plupart des poètes restent en deçà de la ligne de démarcation, de la ligne d'équilibre ; en deçà, les règles et les cadres ont leur place, en deçà, on peut parler. Dans cet étrange pays de l'au-delà, tout est impondérable ; tout se tait. Seuls les poètes qui ont engagé non seulement leur âme, mais aussi leur corps, ont traversé la ligne d'équilibre. Et ils se sont tus. Là est le mystère de Rimbaud, par exemple. Comme tous ceux-là, j'ai atteint le pays de l'inexprimable. Pays de tourmentes souterraines, de grands lacs bleus, d'êtres étranges qui passent[56]…

N'est-ce pas à « cet étrange pays de l'au-delà » qu'Isabelle lui permet d'accéder ? Le paradoxe est évidemment considérable, puisque ce qu'il annonçait à son ami de Rouyn, c'étaient ses adieux à la littérature et à la poésie, répétés d'ailleurs cent fois dans sa vie. Mais ces adieux, ces dénégations, sa lettre à Carle, écrite alors qu'il n'avait que vingt-deux ans, montraient bien qu'on ne pouvait les réduire à une pure coquetterie, ni à la mauvaise foi. Au contraire, quelque chose d'essentiel se disait là dans une perception fulgurante : le problème même d'une énergie physique et psychique qui emporte l'expression au-delà d'elle-même, qui va jusqu'à la briser par trop de force. Le poète à la fois en gestation et en refus de lui-même sentait bien que ce problème-là était le sien, le concernait au plus près, et que cela avait peu à voir, au fond, avec la langue et la grammaire. Là où il se trompait, c'est en croyant que ce besoin d'écrire au-delà de l'expression, de ses « règles » et de ses « cadres », confinait forcément au silence. Il n'avait pas vu, en 1950, que cette cassure du discours, cette perte de toute forme, ce deuil radical pouvait aussi, paradoxalement, être l'accès à une autre langue, à une voix inouïe : la voix de Gaston Miron. Ce qu'il pressentait toutefois, comme l'avait révélé sa réaction à la lecture de la lettre de l'été 1949 du père Robillard, qui lui recommandait de faire plus beau, c'était que « faire beau » n'était pas son affaire, ou plutôt, c'était que sa beauté à lui allait se gagner dans l'âpreté du malheur rageusement combattu.

Dans le naufrage de son amour pour Isabelle, trois grands mouvements d'écriture se dessinent en 1953-1954, dissimulés par la publication de *Deux Sangs*. En premier lieu, c'est le roman ou le récit autobiographique, le genre le moins « naturel » à Miron. Depuis 1949 au moins, il portait en lui un projet romanesque centré sur le personnage de Cadou. On pourrait croire qu'au gré des engagements au Clan et à l'OBT ce personnage accablé est finalement mort et enterré : mais si tel était le cas, le mal d'amour de 1953 signe la résurrection de Cadou. Le plan est clair dans les feuillets manuscrits de Miron : Cadou doit être la figure centrale d'un roman qui aura pour titre, nul ne s'en étonnera, « *ISABELLE* »… Celle-ci ne sera présentée qu'indirectement, on ne la verra jamais en scène :

> Mais nous sentirons sa présence profonde et dense tout au long. La connaîtrons à travers Cadou, ses gestes, ses actions, ses paroles — ses pensées, sa joie, sa tristesse, sa rédemption temporaire, sa déchéance, le risque du salut, sa chance d'une dernière grâce[57].

En réalité, ce roman aux intentions salvatrices va dévier presque aussitôt vers une autre forme, plus complexe et incertaine, dans laquelle le romanesque se trouve mêlé au journal intime, à l'analyse psychologique et au récit autobiographique. Le fait que Miron l'a soigneusement dactylographié, sur de nombreux feuillets qui portent fréquemment en en-tête la mention « Manuscrit : La bataille de soi », indique assez l'importance qu'il accordait à ce texte en prose. Il est certain par ailleurs qu'Isabelle en a reçu par la poste sinon le texte entier, du moins des extraits importants, au cours de l'été 1953[58]. Des traces bien visibles du projet romanesque subsistent, cela dit, dans « La Bataille de soi ». Ainsi en est-il de ce passage, quelque peu halluciné, mais qui va nous reconduire vers un lieu familier :

> C'est un pays désespérément morne. On y voit des yeux tout seuls sur les murs, dans les maisons. On y entend gémir des cœurs dans les murs des maisons. Sous nos pas, les souvenirs multipliés ressurgissent à nous soulever. Un seul être y grandit sans cesse, la solitude, sans cesse à chacun des jours qui tombent à l'horizon. Et le train roule et Cadou somnole. Et le bruit du train envahit peu à peu tout son corps, à mesure que son rêve perd de son touffu, à mesure qu'il se diffuse. Il n'y est déjà plus qu'une vapeur qui va se condenser quelque part. Cadou écarquille les yeux, ses yeux perçants. Regardant par la portière, il s'aperçoit que Sainte-Agathe est proche[59].

Sainte-Agathe : c'est donc là, par la force des choses, qu'Isabelle pourrait reconduire Cadou ! En lui ouvrant l'« étrange pays de l'au-delà », celui où l'expression se brise par trop de souffrance, elle le replacerait du même coup sur la seule voie possible : le *retour au pays natal*, le pays de l'enfance et du bonheur perdus.

De nombreux passages de « La Bataille de soi » sont d'une autre mouture : Cadou s'estompe devant Miron lui-même, les amis « Carle, Olivier, Crevier » refont surface, et tout le reste : l'autobus qui roulait jadis vers Saint-Jacques-de-Montcalm, la cabane à Cléroux, la lecture de Saint-Exupéry et de ses lettres à son amoureuse Renée de Saussine, à qui l'auteur-aviateur reprochait son indifférence (« Tiens, lui aussi ! » note Miron). Le récit s'effiloche, s'appesantit, tourne à l'analyse psychologique : Isabelle était « une fille équilibrée », mais « elle ne voulait pas croire en mon amour [...], elle avait peur de ne pas être heureuse [...], elle croyait en l'incompatibilité des deux caractères ». Et puis, soudain, au détour d'une page, surgit cette strophe écrite par Cadou tandis que son train s'approche de Sainte-Agathe :

> Pour toi j'ai marché des solitudes au goût de neige
> Et jusqu'à la racine des ombres dans le diamant
> J'ai marché pour ton visage à porter
> J'ai marché pour ta main intermittente dans l'écume
> *J'ai marché la nuit de mie de pain*
> *La nuit couleur de vin dans les caves*
> Pour toi ma fille de sources et de vents !
> Ah quand donc pourrai-je vivre de te vivre ?

Évidemment, le triste Cadou ne se doute même pas qu'il est en train d'esquisser quelque chose qui annonce à la fois *La Marche à l'amour* et (pour les vers en italique) *La Batèche*[60] ! Mais son destin semble inéluctable : quoi qu'il fasse, il est voué à perdre « la bataille de soi »…

*   *   *

L'auteur de ce récit pour le moins bancal n'est pas à l'aise, on le devine, dans la fiction narrative : Miron digresse et dérive, il ne soutient pas le ton, il moralise à l'excès et il finit par revenir au journal intime, ou carrément au poème. Bien davantage chez lui dans le fragment, il rédige parallèlement à « La Bataille de soi » de très nombreuses « notes », et c'est là un deuxième grand mouvement d'écriture qui s'ouvre à lui dans les retombées de son amour malheureux pour Isabelle. Aucune période de la vie de Miron n'est aussi fertile, à cet égard, que celle qui s'étend de 1953 aux environs de 1955. Il allait toujours s'en souvenir et accumuler dans ses dossiers de très nombreux feuillets dactylographiés avec l'en-tête « Notes », souvent suivi d'une date. Dans les années 1980, son œuvre poétique à peu près terminée, il continuait de mûrir le projet de publier un recueil de ces fragments à la fois autobiographiques, philosophiques et poétiques.

Ce n'était pas d'hier, sans doute, qu'il notait ses réflexions, le plus souvent dans une forme fragmentaire. Ce qui distingue les notes qu'il consigne désormais, c'est à la fois la puissance de l'introspection et la teneur proprement poétique. Le moraliste chrétien doublé d'un animateur social s'estompe au profit de l'écrivain. « Je suis un grand blessé solitaire, depuis deux ans déjà », écrit-il le 26 mai 1954[61]. La date est éloquente : elle situe la blessure à l'époque des premiers heurts dans sa relation avec Isabelle, en juin 1952. Deux semaines plus tard, il écrit ces lignes inspirées :

> Un an après cette consciente autodestruction de moi-même, je suis étonné. J'ai fait le vide le plus possible. J'ai effacé beaucoup de choses sur la terre, beaucoup d'empreintes. J'ai fait disparaître tous les objets, tous les paysages. La terre m'est à présent un grand désert désolé, noirci et charbonneux. J'avais donc cru me changer, ne plus croire à rien d'autre qu'à rien. Et je suis étonné, et immensément ému : je constate que je crois toujours en Dieu, que Dieu est la grande évidence de ce vide, de ma vie, et du monde courant. Je constate, je sens, je VOIS. Dieu est du solide. Sa présence crie sur toute la surface de la pierre nue[62].

« Un an après » : cela renvoie cette fois au naufrage final du printemps 1953. Mais cette allusion dépasse largement l'autobiographie : c'est la transmutation de la vie vécue en vision, en une expérience de la plus haute intensité spirituelle.

Les « Notes » sont en outre inextricablement liées à un projet poétique. Comme dans plusieurs lettres à Isa, on voit Miron découvrir progressivement, mot par mot, bribe par bribe, un ou deux vers à la fois, l'avenir de son œuvre. Il en est ainsi, par exemple, dans ce fragment poétique : « Je m'enfoncerai / dans ma mort / comme dans la voie lactée[63] », qui annonce la « voie lactée » de *La Marche à l'amour* (« constelle-moi de ton corps de voie lactée[64] »), mais surtout ce vers des *Monologues de l'aliénation délirante* que l'on lira ainsi en 1970 : « je voudrais m'enfoncer dans la mort nuit de métal[65] ». Cela éclate de partout, comme un feu d'artifice : ici, c'est « par à travers les tunnels de leur absence », qui fera son nid dans *Héritage de la tristesse*[66] ; ailleurs, on découvre un morceau des *Courtepointes* : « C'est mon affaire / la terre et moi / flanc contre flanc[67] ». Voici encore un autre feuillet : Miron, qui dessine rarement, y a esquissé quelques visages accompagnés du nom de famille d'Isabelle, écrit en ordre inversé (fautif, car le second *R* devrait être un A) : « RISI*R*LPTNOM ». La dérision était déjà grande dans le fait d'écrire le mot « plaisir » à contresens, mais voilà qu'en plus il le massacre ! Tout en haut de cette page orpheline, une strophe commence par ces mots : « rien n'est changé de mon destin ma mère mes camarades », premier vers de *La Braise et l'humus*, l'un des poèmes les plus douloureux du cycle de *La Vie agonique*[68].

Récit autobiographique, notes fragmentaires : ces deux ensembles pointent à l'évidence vers un troisième ensemble, le plus important : le projet poétique lui-même. À première vue, celui-ci se présente en lambeaux, en une trame si déchirée que l'on voit mal comment une œuvre continue et cohérente pourrait en résulter. Ce n'est pas pour rien que dans ce même poème de *La Braise et l'humus*, Miron dira avoir à la bouche « les mots corbeaux de poèmes qui croassent ». En atteignant à travers la douleur son plus haut degré d'intensité, le langage ne frôle-t-il pas du même coup son plus grand péril ? Pourtant, celui que le mal d'amour a transformé en « homme agonique » ou en « homme fini[69] » conserve une très haute idée de la poésie. Il a assez lu les poètes, Apollinaire, Aragon, Éluard comme les plus anciens, pour savoir que la poésie aspire, comme tout art, à vaincre le temps, la réalité éphémère et mortelle de tous les amours. Dans une « note à Isabelle » qui suit le lancement de *Deux Sangs*, il est très clair à ce sujet :

> Ma seule chance d'espérer et de vivre, c'est cette tour que je construis dans ma tête, la plus haute tour, où je t'ai mise. Cette tour de l'éternité de l'âme et de Dieu. C'est uniquement pour cela que je tenterai d'écrire et que tout au long de mon œuvre, je te dédicacerai des poèmes, non plus directement comme ça, puisque c'est ton vouloir (?), mais à la face du monde. Si jamais mes poèmes passent quelque temps dans la mémoire des hommes, ils sauront tous. Dans cette éternité, rien ne pourra plus nous séparer[70].

Si l'homme, à vingt-cinq ans, n'a plus d'avenir, il lui reste malgré tout l'avenir d'une œuvre, aussi contradictoire que cela paraisse. Quelle

sera donc cette œuvre ? Il en a vite trouvé le titre, dont la préciosité
même souligne la hauteur de l'ambition : *Paroles du très-souvenir*.
Plutôt étrange, ce « très », mais Miron ne parle-t-il pas aussi de « ma
très-très tête au loin » dans une de ses *Courtepointes*[71]. Dès l'été 1953,
la suite poétique prend forme.

Il a démissionné de *La Galette* en juin, *Deux Sangs* a vu le jour en
juillet et dans les mois qui suivent, appelé par le projet inchoatif des
Éditions de l'Hexagone, Miron va se désengager progressivement de
ses activités dans les mouvements de jeunesse. Il mène résolument
« la bataille de soi » en remplissant des dizaines et des dizaines de
feuillets. Bien qu'Isabelle lui soit devenue inaccessible, les ponts ne
sont pas coupés (ils ne le seront jamais tout à fait, d'ailleurs). Au
début de décembre, il lui écrit encore, à la fois pour lui faire savoir
que de nombreux lecteurs de *Deux Sangs* l'ont considérée comme
« l'inspiratrice » de ses poèmes et surtout pour l'informer de son
travail poétique en cours :

> Je travaille encore la seconde partie de « Paroles du très-souvenir ». Ce
> sera mon œuvre capitale et ma fin comme poète et écrivain […]. C'est
> l'idéalisation de la femme unique, éternelle, à travers toi. Je vis perpétuel-
> lement, jusqu'à la fin de ces paroles, avec cette supra-réalité. […] Que
> tout soit oublié […] sauf ce temps de mon amour pour toi qui vivra dans
> « Paroles du très-souvenir », éternellement, tant qu'il y aura des hommes
> sensibles à la poésie dans ce monde[72].

L'éternité par la poésie, telle est l'espérance qu'il lui reste. Quand il
parle de son « œuvre capitale », il faut comprendre que ces *Paroles*
constitueront un recueil entier, *le* livre unique et sublime de Gaston
Miron, poète du très grand amour perdu. Ce livre, bien sûr, on ne le
trouvera jamais sur les rayons d'une librairie ou d'une bibliothèque,
ce qui ne l'empêche pas d'exister, sous la forme d'une longue suite
demeurée à l'état de manuscrit. On le sait : les revirements et les
rebondissements ironiques ont souvent marqué le destin de Gaston
Miron mais celui-ci n'est pas le moindre, d'autant plus qu'il est
posthume. En effet, au début des années 2000, le manuscrit des *Paroles
du très-souvenir*, sorti d'on ne sait où, a été vendu aux enchères par un
marchand d'art montréalais, et l'on a même pu le voir exposé, rue
Sherbrooke Ouest, avant l'encan tenu en soirée à l'hôtel Ritz-Carlton.

Parmi des tableaux de Jean-Paul Riopelle et d'autres œuvres et objets de valeur, la longue suite poétique de Miron a été acquise par une riche collectionneuse de Westmount — mais comme une ombre qui passe, ce n'était que pour disparaître de nouveau, le manuscrit ayant été égaré par la suite dans un déménagement[73] !

                        *   *   *

Heureusement, il existe de nombreux brouillons des *Paroles du très-souvenir*[74]. Le poème en plusieurs parties est aussi bien un hymne à « Ise » / « Isa » que la complainte d'un homme meurtri. L'ensemble n'égale pas, il s'en faut de beaucoup, *La Marche à l'amour*, mais on repère partout des motifs, certains accents, des images encore embryonnaires que l'on retrouvera dans le grand poème de 1962. L'écriture de la souffrance y est omniprésente : « je souffre de tout l'écartèlement de mon âme et corps / à la croix de ton absence et du monde » ; le poème se fait appel, quête teintée de regret : « toi seule me rendais à ma réalité / j'ai soif de ta terre fertile ». Aucun passage de cette suite poétique n'est toutefois plus révélateur que celui-ci, qu'il faut citer en entier tant il donne à voir à la fois l'avenir de *L'Homme rapaillé* et le lien étroit, organique, qui s'y inscrit dès l'origine entre le thème de l'amour perdu et celui du pays :

> il y a des pays qui sont seuls avec eux-mêmes
> et que jamais ne rejoint le soleil
> Le regard est le seul pas qui traverse leur vie
> En eux le sommeil descend et gicle comme dans
> la soif des graviers
>
> Muets et blêmes ils s'étendent comme déjà dans leur mort
> On ne les entend qu'au printemps de chaque année
> quand ils se souviennent d'un amour jadis en fleurs
> quand ils respirent comme une nuit de fougères
>
> et qu'ils échappent des soupirs qui brûlent en longs peupliers d'oublis
> Mais les vents ployés de la saison leur donnent dans leur solitude
> Un visage amoureux

Écoute, ISE, j'ai un cœur de chute
Je passe les poings durs au vent
L'éclair dent dans ma chair
J'ai la prunelle exorcisée de bête battue
Il y a un chant mort d'oiseaux dans mon sang de fleur
Mille couteaux cuits s'élancent dans ma tempe

Mais toi, ISE, t'avais la tête d'abîme douce
La nuit de saule dans tes cheveux […]

La première partie, c'est déjà un peu *Héritage de la tristesse*, dont Miron rédige avec acharnement des dizaines de versions à partir de 1953, sous divers titres : *Les Pères, Le Chant de l'éloigné, Des pays et des vents*. Le premier vers, véritablement obsessionnel dans ses ébauches, se lit autrement dans certaines versions : ce ne sont pas « des pays », ce sont « des hommes » qui sont seuls avec eux-mêmes. Et parmi eux, on le devine : *un* homme.

La seconde partie contient déjà plusieurs vers de *La Marche à l'amour*, mais les « couteaux cuits » appartiendront aussi à *Héritage de la tristesse*. L'hymne à la femme ne trouve tout son sens que parce que son corps était « le parfait pays », mais on le verra d'une manière essentielle dans *La Marche à l'amour*, Ise est aussi une femme à venir, celle qui promet une nouvelle vie réconciliée : « Nous vivrons, Ise, nous vivrons / comme deux ombres au pays des légendes ». Cet avenir de la promesse, de la légende à construire, peut-on mesurer à quel point il définit tout un rapport au temps sans lequel *L'Homme rapaillé* ne serait pas le grand livre qu'on connaît ?

À Granby, Isabelle reçoit donc des extraits de ce grand poème qui est comme une interminable lettre d'adieu. Un jour, joint à une nouvelle lettre de Gaston, elle trouve un seul feuillet contenant un poème beaucoup plus classique, tout en quatrains, comme si Miron était parvenu à y réaliser la synthèse entre son goût ancien pour les formes régulières et le chant de douleur qui l'habite. Elle lit :

Jeune fille plus belle que toutes nos légendes
de retour à la maison que protègent les mères
secrète et enjouée parmi les êtres de l'été
elle aimait bien celui qui cache son visage

sur mon corps il ne reste que bruine d'amour
au loin les songes se rassemblent à sa taille
pour les bouquets d'eau de ses yeux trop beaux
les yeux qu'elle a lui font trop mal à l'âme

jeune fille plus perdue que toute la neige
les ans s'encordent sur mes longueurs de solitude
[…]

Ce poème dans lequel la douleur retrouve le sens de la beauté, il aboutit tout naturellement à ce qui donne leur raison d'être aux *Paroles du très-souvenir* : éterniser l'amour et le couple, selon cette émouvante image des « gisants » que devait un jour célébrer Jacques Brault dans sa fameuse conférence de 1966, « Miron le magnifique[75] », ce qui donne au poème son quatrain final :

je parle de ces choses qui nous furent volées
mais les voudra la mort plus que l'ombre légère
nous serons tous deux allongés comme un couple
enfin heureux dans la mémoire de mes poèmes[76]

Y a-t-il un vrai lecteur de Miron qui ne l'ait lu et relu cent fois, ce poème qui a pour titre *Jeune Fille* et qui ouvre, dans *L'Homme rapaillé*, le cycle de *La Marche à l'amour* ? Mais quand la jeune institutrice de Granby l'a reçu, au tournant de 1953-1954, il portait un autre titre : *La Légende d'Isabelle.*

8

La jeunesse de l'Hexagone

La perte d'Isabelle : telle est la chape de plomb qui pèse sur l'homme solitaire debout avec trois couples de ses amis dans le jardin de Roger Varin, un soir de la fin juillet 1953. Que ce poids existentiel soit aussi un trésor poétique, il en a peut-être l'intuition, mais c'est dire qu'il vit la naissance encore timide des Éditions de l'Hexagone sous le signe d'un assez terrible dédoublement. Quelques semaines avant le lancement, il s'en est ouvert à Gilles Carle, sur un ton sarcastique. À la suite de la perte d'Isabelle, il s'avoue « désespéré d'un désespoir en rase-motte », une image caractéristique de sa manière dont il s'empresse de donner la référence parodique dans une note en bas de page de sa lettre : « Image extraite d'un poème de Gaston Miron, *Œuvres complètes*, Éditions Multigone, 1985. Cette image peut présager un accident, quelque chose comme se faire sauter la cervelle. Un accident bien entendu[1]. » On peut sourire, mais il est peu fréquent, quel que soit son degré de détresse, que Miron évoque la possibilité du suicide, même sur le ton de l'humour.

Comme toujours, il va soigner sa mort dans l'âme en multipliant les rencontres, les activités et les évasions. À court terme, comme les étés précédents, Miron reprend la route, en quête d'expériences où sa solitude et son mal d'amour pourront s'oublier dans quelque communauté fraternelle. Une de ses destinations préférées, toujours riche en rencontres et en paroles, est le domaine de Claire-Vallée, sur lequel règne une femme au caractère fort, Françoise Gaudet-Smet. Dès septembre 1950, au milieu d'un voyage en auto-stop qui l'a conduit vers Saint-Hyacinthe et Drummondville, Miron s'y est arrêté l'espace d'une « belle journée », et il en a rapporté une photo[2]. Le nom de l'endroit semble évoquer à la fois la lumière et le repos auxquels aspire toujours en vain cet homme agité. Dans la grande plaine qui s'étale jusqu'aux Appalaches en face de Trois-Rivières, sur la rive sud du Saint-Laurent, on ne soupçonnerait pas que puisse se cacher un tel creux idyllique, non loin de Saint-Sylvère, sur une rive boisée de la rivière Bécancour.

Claire-Vallée, à l'époque, tient aussi bien du centre culturel, de l'école d'été, du camp de vacances pour enfants, du refuge pour artistes en difficulté que de la simple auberge. Il n'est pas rare qu'on y retrouve dans la belle saison plus d'une soixantaine de pensionnaires, sous la gouverne vigoureuse mais bienveillante de Françoise Gaudet-Smet, qui est née dans la région et qui a acheté le domaine avec son second mari, Paul Smet, un sculpteur originaire de Normandie. Françoise est, au féminin, un personnage de la race des Ambroise Lafortune, de ces êtres qui, comme le notait Miron à propos de Péguy et de Mounier, « fendent l'air » devant eux, dans une société où les pouvoirs officiels font souvent preuve d'inertie. Elle a fait carrière dans le journalisme et a été la secrétaire d'Olivar Asselin. Mais c'est surtout sa propre revue, *Paysana*, publiée de 1938 à 1949, qui lui a assuré la notoriété et un succès financier dont Claire-Vallée peut profiter depuis son ouverture après la guerre.

Les grandes entreprises de Françoise Gaudet-Smet, aussi bien sa revue que son centre social, sont à l'image de cette femme complexe et paradoxale, portée aussi bien sur le commerce que sur l'art, à la fois conservatrice et dynamique. Comme son mari français, elle a eu une admiration sans bornes pour le maréchal Pétain et le régime de Vichy, et sur la scène québécoise, elle a lutté avec énergie, au nom de leur mission essentiellement maternelle et domestique, contre le droit de vote des femmes finalement adopté par le gouvernement d'Adélard Godbout en 1940. Mais par ailleurs, elle a milité pour l'amélioration et l'électrification des écoles de campagne, les « écoles de rang » qui étaient souvent misérables durant les années 1930 et 1940. L'électrification rurale et l'opposition au vote féminin, ce sont aussi deux combats de Maurice Duplessis, et l'on ne s'étonne guère que le Chef ait apprécié cette femme au point de lui accorder une subvention pour Claire-Vallée, ce qu'il avait refusé à l'Auberge de jeunesse de Val-David.

Comme le jeune Miron est assoiffé de réalisme et d'action, et friand de folklore, on comprend qu'il se soit toujours senti chez lui à

Claire-Vallée. Une des grandes causes de la maîtresse des lieux, c'est l'artisanat et le développement de l'industrie régionale du tissage, en d'autres termes l'esprit d'entreprise appliqué à des domaines traditionnellement féminins. Mais c'est également, à l'intérieur de cette sphère, la lutte pour la langue française, à une époque où les patrons de robe utilisés pour la couture ne se trouvent la plupart du temps sur le marché qu'en version anglaise. La vente de patrons, de modèles de chapeaux et même de livres de recettes en langue française a été l'une des grandes réussites financières de la propriétaire de Claire-Vallée. En même temps, la femme d'affaires montre du goût pour les arts et elle collectionne les tableaux : on trouve chez le couple Smet des toiles de Suzor-Côté, de Rodolphe Duguay et d'autres peintres connus. Mme Gaudet-Smet a surtout une prédilection pour la poésie et la littérature : jeune journaliste, elle est passée à *La Tribune* de Sherbrooke et y a fait la connaissance d'Alfred DesRochers, l'auteur réputé d'*À l'ombre de l'Orford* paru en 1929, un des modèles du jeune poète Miron. Puis, elle a fréquenté un petit cercle littéraire qui, outre DesRochers, comprenait la romancière Germaine Guèvremont et le vieux lion du Nord, Claude-Henri Grignon. C'est ainsi que *Paysana* a accueilli dans ses pages des textes de DesRochers et aussi, sous forme de feuilleton, le roman *Marie-Didace* de Germaine Guèvremont, dans la suite du *Survenant*.

Miron, qui a été préoccupé dès sa jeunesse par la question de la « littérature nationale », retrouve chez Françoise Gaudet-Smet et dans son cercle l'objectif de la « canadianisation » qui est un vieux thème de la littérature canadienne-française, mais étendu ici à d'autres activités, notamment les affaires et l'éducation. Les affinités avec l'Ordre de Bon Temps sont évidentes. Comme à l'OBT durant les camps d'été, on invite de grands conférenciers, l'ethnologue Marius Barbeau, célèbre pour sa cueillette de contes et de chansons traditionnelles et pour ses recherches sur les cultures amérindiennes, ou encore l'économiste François-Albert Angers, professeur à l'École des hautes études commerciales, dont l'une des vocations est alors la reprise en main des pouvoirs économique et financier par les Canadiens français. Le ton de la devise de *Paysana* affichée dans la salle commune de la maison Smet : « Il ne faut pas attendre les temps meilleurs, il faut les faire ! » en dit long sur une volonté d'action en laquelle ne peut manquer de se reconnaître Miron, d'autant plus que cet esprit d'entreprise ne perd jamais de vue son port d'attache et n'est pas dépourvu de conservatisme : « Rentrons à la maison, la maison où il faut toujours revenir pour découvrir les grandes sources dans leur vérité éternelle et permanente[3] », a écrit la patronne dans un fascicule publié par sa propre maison d'édition de Claire-Vallée en 1950. Le retour au foyer, le désir de se retrouver « comme un homme dans une maison[4] », ne va-t-il pas toujours hanter le poète de *L'Homme rapaillé* ?

Suivant son premier passage à la fin de l'été 1950, Miron est devenu un habitué de Claire-Vallée : on le voit descendre la côte depuis la grand-route, certains vendredis soir d'été, en culottes de scout et portant son sac à dos, accompagné le plus souvent de l'un de ses amis : Olivier Marchand, Claude Dansereau ou Louis Portugais. À une époque où toute son énergie est mobilisée par la publication de *La Galette* et de *Godillot* et par d'innombrables veillées, présentations de spectacles, réunions d'équipe et conseils régionaux, les journées à Claire-Vallée durant l'été représentent un autre lieu de socialisation, mais dans un cadre champêtre, en dehors des groupes organisés. « Claire-Vallée est un état d'esprit, pas une école[5] », écrira Miron. Le domaine Smet, à l'image de son animatrice, n'est cependant pas de tout repos : plusieurs enfants y séjournent chaque été, mis en pension par leurs parents durant les vacances. En outre, afin d'assurer d'autres rentrées de fonds, Françoise a eu l'idée d'accueillir des noces, les samedis, en louant les lieux aux familles de la région. Les pensionnaires sont conscrits, le vendredi soir, pour préparer les sandwiches, les salades et les tartes qui seront servis le lendemain. Après le mariage à l'église du village, la foule des invités se déverse dans la cour centrale délimitée par les quatre bâtiments principaux qui occupent le domaine. C'est la fête campagnarde : parmi les cris des enfants qui courent de tous côtés, on mange à pleines tablées tandis que les grosses cruches de vin Saint-Georges coulent à flots[6], on danse à jupons retroussés et en fin de journée, à bout d'ivresse et d'excitation, il arrive qu'un couple s'éloigne vers une des voitures garées à l'écart pour aller y poursuivre des ébats plus intimes.

Dans cette atmosphère digne de Breughel, Miron croise des personnages parfois étonnants : un médecin, le Dr Desparois, qui a exercé sa profession en Chine et qui est spécialiste de l'opiomanie, ou un distingué professeur de piano, Rodolphe Mathieu, venu à partir de l'été 1953 y donner des cours, accompagné de sa femme et de sa fille. Son fils André, « le petit Mozart canadien » devenu à vingt-quatre ans un personnage dépressif et alcoolique, se joindra à la famille en 1955, et on le verra jouer brillamment du piano devant la fenêtre ouverte sur la cour centrale, pour le plus grand bonheur des pensionnaires et même des noceurs du samedi !

Deux jeunes filles très différentes l'une de l'autre fréquentent aussi le domaine de Mme Gaudet-Smet au cours de ces mêmes années, qui toutes deux vont jouer un rôle dans la vie de Gaston Miron. La plus jeune est une adolescente que ses parents de Shawinigan envoient passer quelques semaines à Claire-Vallée pour y suivre les cours de piano de Rodolphe Mathieu. Elle se nomme Rose Marie Arbour[7], elle a du goût et du talent pour les arts. Comment concevoir que cette adolescente deviendra quelques années plus tard la jeune étudiante dont Miron s'éprendra à Paris, pour laquelle il éprouvera l'amour le plus malheureux qui soit et à qui il dédiera *La Marche à l'amour* lors de la première parution du poème en 1962 dans *Le Nouveau Journal* ?

Moins troublante mais tout aussi fascinante est la présence d'une autre jeune femme. Elle vient de Victoriaville et s'appelle Denise Boucher. Plus âgée que Rose Marie, elle s'intéresse déjà beaucoup au théâtre et à la poésie, et elle a même créé sa propre émission, *Une vie de poèmes*, à la radio de Victoriaville. Au début de 1953, elle a eu vent d'une souscription lancée en vue de la publication d'un recueil par deux poètes de l'Ordre de Bon Temps. Elle s'est empressée de coller deux pièces de vingt-cinq sous entre deux bouts de carton et d'envoyer son enveloppe à l'adresse indiquée. Après avoir entendu parler de Claire-Vallée par une amie de son père, elle prend l'année suivante la route du domaine de Saint-Sylvère, où elle profitera d'une pension gratuite en échange de quoi elle s'occupera des enfants.

Dans cette galerie de pensionnaires plutôt bariolée, aucun n'est toutefois aussi remarquable et turbulent qu'Alfred DesRochers. Presque un quart de siècle après *À l'ombre de l'Orford*, le poète qui a inspiré le jeune Miron est devenu une légende vivante de la poésie québécoise, une sorte de barde sur le déclin mais qui conserve toute sa verve et n'en fait qu'à sa tête. Buveur invétéré, congédié en 1952 de son poste de journaliste à *La Tribune* de Sherbrooke et privé d'un revenu fixe, il a trouvé refuge chez son amie Françoise avec femme et enfants, parmi lesquels (durant les vacances estivales) sa fille Clémence, étudiante en théâtre et future vedette de l'humour. Entre le poète de l'Orford et la maîtresse de Claire-Vallée, les heurts sont fréquents, surtout quand Mme Gaudet-Smet apprend qu'il est allé boire au village, mais le vieux délinquant compense ses écarts de conduite en effectuant des travaux d'homme à tout faire et il apporte au domaine son personnage pittoresque et son impressionnante culture poétique. À l'automne 1953, il obtient un nouveau poste de journaliste à Montréal, mais Miron le revoit presque chaque été, quand la famille DesRochers revient passer ses vacances au bord de la Bécancour.

Pour Miron, la rencontre de DesRochers à Claire-Vallée, probablement dès l'été 1952, est un événement considérable, compte tenu de l'admiration que le jeune homme vouait au poète dès l'époque de ses études au Mont-Sacré-Cœur. « Mes ancêtres, jadis, hommes de forte race… », son poème retenu par Le Caveau et *Le Courrier littéraire* en 1949 était après tout un pur hommage à DesRochers.

Autoritaire et débridé, nimbé de son auréole de poète déjà classique, DesRochers ne s'attendait pourtant pas à trouver sur sa route un jeune poète un peu arrogant qui lui tiendrait tête. Car par-delà l'admiration et le respect que lui accorde volontiers le coauteur de *Deux Sangs*, c'est le choc de deux générations poétiques qui se produit ici. Sans doute Miron peut-il reconnaître en son aîné certaines valeurs que lui-même défend : l'idée que l'universel doit s'enraciner dans le local, l'importance de la tradition et des liens communautaires, la sensibilité à la dimension américaine de la culture et de la société québécoises. Cependant, avec une vigueur dépourvue d'animosité, les deux hommes qui se rencontrent chez Françoise Gaudet-Smet ont tôt fait de constater que ce n'est pas uniquement l'âge, mais aussi deux conceptions de la poésie qui les séparent.

C'est que tout en étant un promoteur de notre identité nord-américaine, DesRochers est un conservateur beaucoup plus radical que Miron, tant sur le plan des idées que sur le plan esthétique. Lecteur d'Oswald Spengler, il juge néfastes la révolution industrielle et la culture urbaine, et il voit dans la pratique du vers libre une manifestation caractéristique du désordre et de la décadence du monde contemporain. Cette vision explique que si Saint-Denys Garneau, dès 1931, a pu faire l'éloge d'*À l'ombre de l'Orford* en précisant que c'était « la seule poésie vraiment canadienne[8] » qu'il avait lue, la réciproque n'est pas vraie. *Regards et jeux dans l'espace,* le recueil même qui a ouvert au jeune Miron les voies de la modernité poétique, n'a pu que paraître irrecevable aux yeux du barde des Cantons. Par-delà le partage de certaines idées et un goût commun pour les chansons folkloriques, dont DesRochers possède un vaste répertoire, le terrain est donc propice à de beaux duels poétiques.

Denise Boucher, qui deviendra une habituée de Claire-Vallée, en conservera un vif souvenir[9]. Tous deux installés dans leur chaise berçante aux coins opposés de la salle commune de la maison Smet, en présence d'un public captivé, les deux poètes font valoir leurs arguments, DesRochers proclamant la grandeur de Hugo et de Valéry, le jeune Miron faisant valoir le souffle nouveau qu'ont apporté Apollinaire et Éluard. Si le premier pensait se trouver devant un blanc-bec peu au fait de la poésie classique et romantique, il se voit vite détrompé, mais à l'inverse, Miron découvre en DesRochers un fin renard qui, allergique aux audaces formelles d'Apollinaire, n'en connaît pas moins par cœur plusieurs de ses poèmes. Le ton monte, arguments et citations à l'appui s'échangent avec panache, les chaises berçantes ont tendance à progresser insensiblement l'une vers l'autre, de sorte qu'à la fin il arrive souvent que les deux protagonistes se retrouvent nez à nez, irréductibles dans leur passion et sans qu'un vainqueur clair en ressorte. Ce tournoi terminé, on peut fumer pipe ou cigare et DesRochers a le loisir d'apprendre à son jeune rival une des chansons traditionnelles dont déborde sa mémoire, cette fameuse *Complainte de la Mauricie* par exemple (« Ah ! que le papier coûte cher dans le Bas-Canada ») que le poète de *L'Homme rapaillé* chantera toute sa vie après avoir sorti de sa poche son harmonica — ou telle autre encore, moins connue, que DesRochers a tirée de son pays natal de Saint-Élie-d'Orford et que Miron n'oubliera jamais, au point de pouvoir la chanter en entier au début d'un entretien radiophonique des années 1970, avec ce qu'il appelait sa « voix de jubé » :

> L'autre jour en m'y promenant
> Le long d'un petit bois charmant,
> J'l'ai aperçue, la belle
> Qui gardait son troupeau,
> Dessur la fugère,
> Y avait rien d'aussi beau[10]

Ainsi résonnaient parfois à Claire-Vallée des airs de vieilles pastourelles où un soldat ou un chevalier tente en vain de séduire une jeune fille qui n'a pas même dix-huit ans et qui, dit-elle, « n'a pas besoin d'amant ». Alors, du même coup, se réconciliaient par la musique ou par des échanges sur le parler québécois deux poètes voués à devenir des classiques : un grand aîné sur le déclin et un héritier rebelle sur le point de faire sa marque. Mais le poète Miron ne devrait-il pas, pour avancer en poésie, réaliser l'impossible, la fusion des aînés ennemis, la très curieuse hybridation d'Alfred DesRochers et de Saint-Denys Garneau ? D'un côté, le terreau ancestral et son pays rocheux, et, de l'autre, la souffrance de « l'homme fini » réduit à ses os ou à moins que rien ? Bien sûr, il n'aurait pu lui-même expliquer ainsi sa démarche, du moins pas à l'époque de la parution de *Deux Sangs*. Quant à DesRochers, il n'aurait sans doute pu que hausser les épaules en ricanant, devant l'absurdité d'un tel croisement contre nature…

*   *   *

Les jours de Claire-Vallée sont éphémères, il faut bientôt rentrer dans la « grand'ville », au risque d'une nouvelle plongée dans le marasme. En fait, comme l'ont été l'Ordre de Bon Temps et le Clan Saint-Jacques trois ans plus tôt, l'Hexagone est pour Miron une planche de salut, à la différence près que, cette fois, il *écrit* en même temps qu'il agit. Tandis qu'il dédie les *Paroles du très-souvenir* à Isa, c'est dans quelques poèmes taillés au couteau, sculptés dans l'os, qu'il peut regarder bien en face et même afficher son désir de mourir, des pièces comme *Réduction*, *Ce monde sans issue* et surtout *Fait divers*, qui datent tous de cette époque. Parmi les lettres qu'il persiste à écrire à Isabelle, au début de 1954, il joint une ébauche de ce dernier poème qui porte alors le titre éloquent de *L'Homme fini*. Jamais il n'aura été aussi proche des poèmes les plus acerbes, les plus dévastés de Saint-Denys Garneau :

> Il s'est mis à se tasser [...]
> un homme de l'autre versant
> un homme que le monde a fermé [...]
>
> On n'a jamais vu ça
> un homme qui se mange[11].

La version finale joindra à cette autophagie la perspective sinistre de la pendaison : « le nœud coulant glissait bien ». Cette fois, l'idée de suicide paraît plus sérieuse…

Pourtant, un long post-scriptum à cette lettre vient rétablir, loin de la fiction poétique, le principe de réalité et rouvrir l'horizon des plus hautes ambitions :

Tout mon potentiel d'amour, de désintéressement, toute ma force dynamique, je l'ai vouée à l'édition de mes amis, les poètes de chez nous. Je
t'assure que l'Hexagone s'impose de plus en plus dans le monde de nos
lettres. Nous publierons bientôt deux plaquettes de poésie, un roman et
un essai. Je boulotte jour et nuit. Nous risquons tout là-dedans, nous en
mourrons ou en vivrons. […] ; ceux que tu as connus sont en train de
devenir les chefs de file de leur génération (sans vantardise). Ça me fait
plaisir à moi, pauvre poète, de les voir ainsi s'affirmer. Te souhaite un bel
amour, Isabelle. Moi je guerroie dans la littérature. C'est la dernière de
mes fois, ce à quoi je consacre toute ma vie, comme une dernière planche
de salut[12].

Cinq ou six mois après le lancement de *Deux Sangs*, tout indique que
l'Hexagone aura été bien autre chose qu'un feu de paille. Nous sommes
passés en une demi-année d'un petit cercle d'amateurs qui se faisaient
plaisir au « monde de nos lettres », d'un groupe d'humbles artisans
aux prochains « chefs de file de leur génération ». La métamorphose,
pour ne pas dire la révolution, est impressionnante tant par sa vitesse
fulgurante que par le fond de désespoir personnel sur lequel elle
s'inscrit. Que s'est-il donc passé ? Les élans combatifs dont est capable
Miron lui-même ne sauraient expliquer seuls un tel revirement. La
réussite de l'équipe de l'Hexagone tient tout autant à l'efficacité d'une
organisation, aux ramifications d'un réseau et à un contexte éditorial
propice qu'à l'énergie d'un « homme fini » ou même au talent des
poètes que la maison a su accueillir et faire connaître.

*   *   *

Sur le strict plan poétique, *Deux Sangs* n'aura pas été un recueil
marquant de la poésie québécoise moderne[13]. Quand Michel van
Schendel esquisse, en 1957, à la première Rencontre des poètes, ses
« Vues sur les tendances de la poésie canadienne-française[14] », il cite
les grands aînés, Saint-Denys Garneau, Anne Hébert et surtout Alain
Grandbois, il retient les principaux poètes d'allégeance surréaliste,
Roland Giguère, Gilles Hénault et Paul-Marie Lapointe, et, parmi les
poètes de l'Hexagone : Luc Perrier, Jean-Guy Pilon, Jean-Paul Filion et
Claude Fournier. Ni *Deux Sangs* ni ses auteurs n'occupent la moindre
place dans ce panorama critique des deux dernières décennies. Ce
silence reflète assez bien le sentiment général.

Pourtant, le recueil produit par la petite équipe de l'Ordre de Bon Temps n'est pas passé inaperçu au moment de sa publication. Même si les invitations de journalistes au lancement sont largement tombées à plat en ce milieu d'été, le service de presse, lui, a fait son œuvre, de sorte que la plupart des journaux importants consacrent une recension ou au moins une note de lecture au recueil : *Le Devoir*, *La Presse*, *La Patrie*, *Photo Journal*, *L'Autorité* (mais pas *Montréal-Matin*, le quotidien duplessiste peu porté sur la poésie). Que des figures influentes de la critique littéraire — Roger Duhamel, Andrée Maillet (dans une note sur deux pages de sa revue *Amérique française*) et Gilles Marcotte — accordent de l'attention à *Deux Sangs* constitue déjà une victoire en soi[15] ; que les jugements soient partagés et dans l'ensemble assez mitigés, cela peut faire mal mais ne constitue pas une catastrophe.

Chose certaine, Miron ne sort pas gagnant de cet examen d'entrée au collège de la jeune poésie. Gilles Marcotte surtout, dans *Le Devoir* et aussi dans *Vie étudiante*, accorde clairement la palme à Olivier Marchand, dont il « recommande très chaleureusement [l]es poèmes […], d'une jeunesse et d'une sincérité qui sauront trouver en vous des échos profonds[16] ». Miron, par contre, lui a paru passablement tordu : « La simplicité, c'est la grâce qu'il faut souhaiter à Gaston Miron, dont les images sont cherchées, travaillées comme il n'est pas permis[17]. » Animé par « un âpre désenchantement, une révolte amère », le nouveau poète s'acharne à exprimer ces sentiments authentiques dans de « laborieuses élégies ». Rares exceptions aux yeux du critique : des poèmes comme *Potence*, déjà publié dans *Le Devoir* mais voué à disparaître de l'œuvre ultérieure, *Semaines* (« Cortèges des semaines / Les voix qui chantent faux / Le jargon de nos peines / Les amours mécanos[18] ») et aussi l'ouverture de *Ce corps noueux* :

> Ce corps noueux
> Ce regard brisé
> Ce visage érodé
> Ce feu aux cheveux
> Ces mots dehors[19]

Cette strophe (mais le critique ne peut pas le deviner) est bien dans la veine de ces quelques poèmes durs et dévastés, tels *Réduction* et *Fait divers*, que Miron écrit en 1953 et qui forment une sorte de prélude tout en détresse à ses grands cycles poétiques.

Andrée Maillet, qui a déjà eu un échange épistolaire avec Miron et dont elle a publié un poème dans sa revue en 1952, considère les deux auteurs de *Deux Sangs* à égalité, comme des « poètes authentiques ». Si elle a trouvé « très beau » un poème de Marchand qui commence par « Calme éblouissement partage quotidien[20] », elle oppose à la « sensibilité jamais amère » de celui-ci le côté « triste, échevelé » de Miron. Comme Marcotte, elle a été séduite par *Potence* et *Semaines*, mais aussi par *Berceuse d'horizons* (« ne vois-tu pas ô blonde / quelque petit bateau[21] »), tous poèmes à l'allure de chansons qui « semblent avoir été écrits d'un premier jet ». La simplicité, le naturel : il faut bien reconnaître que Miron en est, sauf exception, singulièrement dépourvu et que « le premier jet » ressemble le plus souvent chez lui à un enfant malformé.

La présentation même du recueil suscite des réserves. Dans *Photo Journal*[22], la critique Lucette Robert exprime d'abord son irritation à la lecture du communiqué de presse rédigé par Louis Portugais, qui implorait l'indulgence des lecteurs et croyait utile de souligner : « L'Hexagone ne veut pas imposer quoi que ce soit à un public quelconque. » C'est là une « fausse humilité » assez déplaisante, aggravée encore par la note liminaire de Miron lui-même. En exergue à *Deux Sangs*, Marchand et Miron ont en effet affiché une excessive modestie dans deux notes qu'ils signent de leur seul prénom, comme s'ils s'adressaient à leurs copains. « Olivier » décrit le recueil comme « une *tentative* » de communion, mais c'est le propos de Miron qui a exaspéré la critique de *Photo Journal*. « Gaston » a écrit : « Ces poèmes s'échelonnent sur une période de huit ans. D'aucune façon ils ne se veulent définitifs, pas plus qu'ils n'ont de prétention "littéraires". » La journaliste est consternée : « Il place "littéraires" entre guillemets, comme un mot d'argot ou de langue étrangère ! » Lucette Robert, au-delà de son agacement, se montre une fine lectrice : comme Marcotte et Maillet, elle a aimé *Semaines*, mais elle signale aussi la qualité de la *Petite Suite en lest*[23] et surtout de deux autres pièces, dit-elle, « d'une force étonnante » : *Ma ravie* [*Je t'écris*] et *Ma désolée sereine* :

> Ma désolée sereine
> Ma barricadée lointaine

Ma poésie les yeux brûlés
Tous les matins tu te lèves à cinq heures et demie
[…]
Ma poésie le cœur heurté
Ma poésie de cailloux chahutés[24]

S'il est facile de voir rétrospectivement, dans ces deux pièces qui terminent *Deux Sangs,* la préfiguration la plus nette des grands poèmes de *L'Homme rapaillé,* il faut reconnaître qu'en 1953 leur caractère exemplaire ne pouvait être évident.

Sans doute flatté par ces compliments que lui adressent certains journalistes, Miron ne peut manquer par contre d'être blessé par la réaction sinon carrément négative, du moins très sévère, de Gilles Marcotte, dont l'avis lui importe davantage que celui d'aucun autre critique[25]. C'est peut-être à l'article de Marcotte que Lorraine Desjarlais, une des plus chères amies de Miron à l'Ordre de Bon Temps, fait allusion dans la lettre d'encouragement exempte de complaisance qu'elle lui adresse quelques mois après la parution du recueil :

Si les mauvaises critiques te donnent « froid dans la tête et froid dans la main », dis-toi que les pires critiques sont les meilleures […]. L'indifférence tue ; la critique, si mauvaise soit-elle, fouette. Un poète a souvent besoin d'un bon coup de fouet. Je ne suis pas critique, Gaston, mais je suis cependant assez amie pour te dire de laisser la mer dans les jours et le soir dans la tourmente. Tu peux faire mieux. Soit « Le laid » et « Les bras solitaires », cherche encore le monde et l'amour. Retrouve toute la simplicité de « Ma ravie ». Tu en es capable. Les chefs-d'œuvre sont créés par ceux qui souffrent ou qui jouissent. Continue. Amicalement, Lorraine D.[26]

Le jeune poète mortifié ne fera pas la sourde oreille à une telle leçon batailleuse.

*   *   *

Quelles que soient les réactions des critiques, *Deux Sangs* est un succès à la fois éditorial et institutionnel. Il y a eu plus de 230 souscripteurs et, avec les autres ventes qui totalisent près de 200 exemplaires, l'entreprise est parvenue à ne pas être déficitaire, ce qui est loin d'aller de soi dans l'édition de poésie[27]. Autant les deux poètes eux-mêmes ont manifesté une embarrassante timidité, autant le label « les Éditions de l'Hexagone », pourtant plus virtuel que réel en 1953, se trouve presque instantanément doté d'un certain prestige, ce qui s'explique aussi par le contexte de l'édition de poésie au Québec dans la période de l'après-guerre[28]. Les poètes, surtout les plus jeunes, ne se sentent plus à l'aise dans les grandes maisons d'édition comme Beauchemin et Fides, trop conservatrices et pour lesquelles la poésie constitue une activité marginale. La pratique du compte d'auteur est en outre très répandue : Anne Hébert a dû financer la publication de son premier recueil, *Les Songes en équilibre,* aux Éditions de l'Arbre, en 1942, et elle devra aussi acquitter les frais d'impression et acheter 200 exemplaires du *Tombeau des rois,* publié par l'Institut littéraire du Québec en 1953[29]. Depuis la fin de la guerre, la jeune génération cherche de nouvelles formules et se donne des lieux spécialisés dans l'édition de poésie. Gilles Hénault et Éloi de Grandmont ont ainsi fondé les Cahiers de la file indienne en 1946, mais l'entreprise très modeste a fermé ses portes dès 1948. Mithra-mythe, qui a publié à la fois le *Refus global* des automatistes et *Le Vierge incendié* de Paul-Marie Lapointe, n'a pas survécu à ces deux bombes artistiques et poétiques lancées en 1948 sur la scène culturelle montréalaise.

L'histoire est différente avec Erta, qu'a fondée Roland Giguère en 1949 en y publiant son premier recueil au titre prophétique, *Faire naître.* S'appuyant sur sa double pratique d'artiste et de poète de même que sur un solide réseau de collaborateurs rencontrés à l'École des arts graphiques, Giguère a pu établir une réputation et une tradition basées à la fois sur la qualité graphique et sur la portée poétique des livres publiés. Il reste qu'en 1953, après quatre années d'existence, Erta n'a encore publié pour l'essentiel que des recueils de Roland Giguère. En outre, même si celui-ci a toujours nié que les recueils d'Erta puissent être qualifiés de « livres d'artistes[30] », ils en ont la facture et leurs tirages sont souvent extrêmement réduits. Il est révélateur qu'Andrée Maillet, dans une note de lecture qui précède celle qu'elle consacre à *Deux Sangs,* commence par le commentaire suivant à propos du dernier recueil de Roland Giguère, *Midi perdu* :

Ce beau poème tiré sur du papier bleu qu'on appelle « blue-print » n'a été tiré qu'à vingt exemplaires. J'ai eu la veine d'en recevoir un en cadeau… Combien sommes-nous à le connaître, ce *Midi perdu* de Roland Giguère[31] ?

Il est clair que le projet des Éditions de l'Hexagone, une fois franchie la modeste étape initiale, sera d'élargir ce cercle restreint, tout en évitant le compte d'auteur que continuent de pratiquer en partie d'autres petits éditeurs des années 1950, tel André Goulet et ses Éditions d'Orphée[32].

On comprend mieux, sur cette toile de fond, qu'un journaliste ait pu, dès le printemps 1954, présenter au grand public les Éditions de l'Hexagone comme « un nouvel éclair dans le ciel morne de notre littérature[33] ». Ce qui frappe, c'est à quel point la publication d'un recueil démontrant si peu d'ambition a cristallisé dans l'espace de quelques mois un important réseau de collaborations et d'amitiés littéraires sur lesquelles tout l'avenir de l'Hexagone et la notoriété de Miron lui-même vont s'appuyer. Ainsi en est-il de la rencontre avec Claude Haeffely, fraîchement débarqué de France et amené au lancement de *Deux Sangs* par une amie québécoise qui connaissait Olivier Marchand depuis l'époque des journaux étudiants[34]. Natif du nord de la France, Haeffely a travaillé à Paris chez de grands éditeurs, Payot et Julliard, tout en publiant ses propres recueils de poèmes en tirages limités dans sa petite maison d'édition artisanale, Rouge maille. Cette expérience le met d'emblée sur la même longueur d'onde que l'équipe de l'Hexagone, qui va pour ainsi dire l'adopter. Au lancement, Miron s'empresse de l'informer qu'il existe à Montréal un petit éditeur de poésie dont le travail a des affinités avec le sien : Roland Giguère et ses éditions Erta. Chose assez cocasse, Miron n'a alors jamais rencontré Giguère et c'est Haeffely, le nouvel arrivant, qui va bientôt présenter l'un à l'autre les deux éditeurs-poètes, qui habitent à cette époque deux planètes poétiques fort éloignées, le surréalisme étant entre eux un objet de différend (même si Miron avait lu Éluard) et Giguère lui-même jugeant plutôt « boyscouts » et « catholicards » les gens de l'Hexagone[35]. À court terme, Erta bien davantage que l'Hexagone va profiter de l'expérience et du dynamisme de Haeffely, l'instigateur de la collection « La Tête armée » où paraîtront des recueils de Claude Gauvreau, Gilles Hénault, Alain Horic et Haeffely lui-même. Mais entre celui-ci et Miron, c'est le début d'une longue et fervente amitié, de collaborations multiples et, dès 1954, d'échanges épistolaires qui demeurent les plus importants qu'a connus Miron[36]. En outre, au cours de l'automne et de l'hiver, Miron (qui a quitté la garçonnière du Pig'n Whistle) cohabite avec Haeffely chez le couple Marchand-Ganzini, dans le quartier Parc-Extension, jusqu'à la naissance du premier enfant du couple en février 1954. Quant à Giguère, c'est à son heure que le poète de *Midi perdu* et des *Armes blanches* atterrira à son tour comme Haeffely à l'Hexagone, en publiant *L'Âge de la parole* qui rassemblera en 1965 la plupart de ses plaquettes parues chez Erta au fil des années 1950.

Haeffely, Giguère : d'entrée de jeu, avant même de prendre forme en tant que maison d'édition, l'Hexagone s'inscrit dans la longue durée, semblable en cela au poète Miron lui-même qui continue de jeter ses vers et ses strophes comme autant de cailloux qui marqueront le chemin. À Gilles Carle, parti momentanément travailler comme journaliste à Québec, il fait précéder sa lettre de la fin septembre d'une épigraphe : « ma vie beau désaccord qui divise le monde », que l'on va retrouver dans *La route que nous suivons*, avant que le vers n'atteigne sa forme définitive : « beau désaccord ma vie qui fonde la controverse[37] ». La même lettre inclut en outre des vers de *Self-défense* : « dru le corps / craquant le cœur / ahan le jour / les poings dedans / je défends ma peau [...][38] ». C'est le grand combat pour la survie, mais en même temps c'est l'Hexagone qui semble pris d'un irrépressible désir d'exister.

L'adresse du 3074, rue Lacombe, qui a été celle de *La Galette*, est devenue presque du jour au lendemain un siège d'éditeur et un carrefour des poètes. Haeffely se rend souvent dans le quartier Côte-des-Neiges pour causer avec Miron et Portugais. Les rencontres se multiplient, les manuscrits ont déjà commencé à s'empiler. Comme le programme d'édition n'a jamais été clairement défini, on reçoit un peu de tout, y compris des essais (d'Ambroise Lafortune, de Jean-Claude Dussault, notamment), des romans (*Monsieur Pélastim* de Jacques Languirand) et même une pièce de théâtre. À la mi-novembre, Miron annonce à Gilles Carle la réception par la poste, rue Lacombe, d'« une longue nouvelle de 125 pages dactylographiées » : l'auteur est un certain Hubert Aquin, inconnu de l'équipe et alors étudiant à Paris. « Je crois, commente Miron, que c'est le plus sérieux candidat pour notre prochaine publication[39]. » Il s'agit des *Rédempteurs*, soumis sans succès par le jeune auteur à divers éditeurs parisiens dès 1952. Après de longs atermoiements, Aquin va finalement retirer son manuscrit, qu'il ne publiera jamais sous forme de livre[40]. Miron annonce en outre à Carle que l'équipe a rencontré des jeunes poètes : Georges Cartier et surtout Gatien Lapointe, « un type charmant, très doué[41] », auteur et autoéditeur de *Jour malaisé*, son premier recueil, et futur chantre de l'*Ode au Saint-Laurent,* un classique de la « poésie du pays ». Faute d'avoir publié *Jour malaisé,* l'Hexagone décide sur-le-champ d'en faire la promotion en envoyant une lettre circulaire à tous les amis et connaissances figurant sur sa liste d'adresses :

> En plus de ses propres réalisations, l'Équipe se propose, comme service, le plus souvent qu'elle le pourra, de porter à votre connaissance des ouvrages que vous pourrez vous procurer par son entremise à des prix très avantageux[42].

C'est dire à quel point le groupe de Miron veut occuper un large terrain en débordant d'emblée le rôle normalement joué par un éditeur. S'inscrire dans la durée, ce sera aussi convoquer, rassembler, créer des ponts et des lieux d'échanges. La Foire du livre de Sainte-Adèle en 1955 et la Rencontre des poètes de la Maison Montmorency en 1957 seront des manifestations du même esprit, qui conçoit une confrérie ou une communauté de poètes et qui veut situer la poésie sur la place publique.

L'automne 1953 ressemble à un déferlement : « L'équipe a rencontré [Jean-Guy] Pilon, [Fernand] Ouellette, [André] Belleau, [Luc] Perrier », annonce fièrement Miron à Carle au début de décembre. Quelques jours plus tôt, dans une lettre envoyée à Granby, il a rendu un hommage sans espoir à Isabelle en lui déclarant, avec toute l'emphase d'un ineffable passé simple : « Tu es la femme par qui je *fus* un grand poète[43]. » Il explique maintenant à Carle qu'il travaille sans relâche « à élargir le réseau [...] car, comme éditeur, il faut se salir les mains[44] ». L'homme de métier, le journalier, l'artisan a pu s'exercer à *La Galette* ; on le sent excité de pouvoir descendre sur un terrain désormais plus vaste, se mesurer aux hommes, jeter les bases d'une action poétique. Il y a là, en outre, quelque chose de très matériel : dactylographier des lettres, sentir et toucher le papier des manuscrits, l'odeur de l'encre, la poussière, ouvrir ou cacheter des enveloppes — tout cela dans la proximité physique des amis, en fumant l'un de ces gros cigares bon marché et malodorants auxquels il a pris goût chez les frères du Mont-Sacré-Cœur, quand le directeur en distribuait aux novices les jours de fête. Un pauvre qui fume le cigare ! Son ami Jean-Claude Rinfret en a fait une caricature : « Gaston, le poète du désespoir[45] », cigare aux lèvres. Dans le sous-sol enfumé de la rue Lacombe, sans doute a-t-il le sentiment d'endiguer

cette désespérance et d'avoir trouvé le lieu propice à son « apostolat »,
le chemin de sa vraie vocation.

*   *   *

La grande « Fête des poètes » qui s'est tenue à la fin novembre à
Montréal a donné une résonance plutôt inattendue à la publication
récente de *Deux Sangs* et aux petits travaux qui se trament depuis
l'été dans le sous-sol étriqué de Louis Portugais. On ne pourrait
imaginer un plus spectaculaire changement de décor. Le lieu, c'est le
chic hôtel Windsor qui accueillait les belles soirées de la bourgeoisie
montréalaise et où le maire Jean Drapeau, plus tard, allait ouvrir
son restaurant haut de gamme poétiquement nommé « Le Vaisseau
d'or », d'après le très célèbre sonnet de Nelligan — un restaurant qui
allait susciter les sarcasmes prolétariens du manifeste du FLQ en 1970
avant de sombrer, avec l'hôtel tout entier, dans l'abîme du progrès et
de faire place à un gratte-ciel, angle Peel et boulevard René-Lévesque.
C'est dans le Salon rose de cet hôtel, sous les lustres, que la Société
d'études et de conférences a invité un public choisi à venir rencontrer
les poètes de l'année 1953. Le plus aristocrate et princier d'entre eux,
Robert Choquette, y occupe forcément une place privilégiée, en tant
que doyen des poètes présents et aussi parce qu'après un silence de
dix-huit ans l'auteur de « Metropolitan Museum » vient de publier sa
très attendue *Suite marine*, un long poème métaphysique de facture
traditionnelle, hymne à l'amour à travers l'espace et le temps sur
les mers tumultueuses du destin. On est à des années-lumière du
langage poétique que préconisent les jeunes auteurs de l'Hexagone.
Si Miron peut mentionner discrètement son « Ise » dans *Deux Sangs*
et chanter cette femme idéale dans des *Paroles du très-souvenir* mises
sous le boisseau, Choquette fait éclater au grand jour, dans *Suite
marine*, la figure mythique de son « Iseut », qu'il invite aux plus hautes
navigations :

> Iseut, voici la mer !
>   Du haut de ce rocher
> Où le goéland seul ose et vient s'attacher,
> Du haut du vent qui fait valser les grains de sable
> Regarde, Iseut : c'est elle, immense, intarissable,
> C'est elle avec l'ampleur qu'ont les gestes de Dieu[46].

Bien qu'une telle poésie, contemporaine des premiers grands recueils de Roland Giguère, de Gilles Hénault, d'Anne Hébert, puisse sembler après coup un anachronisme, elle a tout pour flatter les goûts classiques d'un public plutôt réfractaire aux avant-gardes et autres audaces surréalistes.

La soirée du 22 novembre 1953 commémore en même temps la mort, survenue dix ans plus tôt, de Saint-Denys Garneau, dont quelques tableaux sont exposés et dont des comédiens, parmi lesquels Jean Gascon, vont lire des poèmes. Il reste que les poètes de l'année, pour la plupart assez jeunes, occupent la première place. Parmi eux se distingue Anne Hébert, élégante et gracieuse dans ses trente-huit ans, la seule femme à avoir publié un recueil cette année-là, après s'être heurtée au refus de nombreux éditeurs[47]. *Le Tombeau des rois*, publié finalement grâce à l'appui du romancier Roger Lemelin, financé en partie par l'auteure elle-même et préfacé par le poète français Pierre Emmanuel, apparaîtra pourtant bientôt, hors de tout doute, comme l'événement poétique de l'année 1953.

Face à Robert Choquette et Anne Hébert, l'énergumène nommé Gaston Miron ne peut que détonner. Il est arrivé avec Olivier Marchand, Mathilde Ganzini et Claude Haeffely vêtu d'un imperméable sale et élimé, que la préposée au vestiaire n'a consenti à accrocher à un cintre qu'avec un air de dégoût, en le tenant du bout des doigts. Dire qu'il n'est pas homme à se sentir à l'aise dans les salons bourgeois est un euphémisme, même si on le retrouve parfois à cette époque dans celui d'Andrée Maillet, rue Arlington, à Westmount. Ses manières plutôt carrées, son énergie quelque peu impétueuse peuvent choquer, mais de telles fautes de style chez un jeune poète n'invitent-elles pas à quelque indulgence ?

Il est clair que ce jeune Miron mal léché n'est pas passé inaperçu parmi les invités. Si l'article du journal *La Presse* qui rend compte de la soirée, sous le titre « La Fête des poètes est de bon augure », le désigne d'abord malencontreusement comme « *Gustave* Miron », on corrige le tir dans la suite du reportage : « Gaston Miron a bondi sur le podium pour démentir tout ce qu'on a coutume de croire au sujet des commis au Palais de Justice. » Le « poète-fonctionnaire » qui manipule des dossiers juridiques ne s'est donc pas « suicidé », malgré les craintes d'Ambroise Lafortune. Tout indique au contraire qu'il est vivant et bien en voix : « Je suis un homme quotidien et je veux le droit de crier[48] », a confié le poète de *Deux Sangs* à Françoise Faucher, la jeune comédienne qui avait pour rôle d'interviewer les poètes avant que ceux-ci ne fassent la lecture de quelques-unes de leurs pièces.

Quant à Gilles Marcotte, envoyé par *Le Devoir*, ses réticences à l'égard des poèmes de *Deux Sangs* n'ont pas été démenties par l'extravagance physique et verbale de l'auteur. « Qu'est-ce que la poésie pour Gaston Miron ? » a demandé l'animatrice. « J'écris comme je vis, comme je marche, a répondu avec fougue le poète. (Il marche à grandes enjambées) », commente le critique narquois. « Il veut exprimer la vie d'ici jusqu'au fer-blanc, jusqu'à la leucémie s'il le faut. Comme on voit, la "vie d'ici" n'est pas toujours rose[49]. » Bref, même dans le manque de raffinement et de bon goût, la première apparition publique de Gaston Miron comme poète aura esquissé les traits d'un personnage propre à étonner la galerie, pour le meilleur et pour le pire. Dans la lettre qu'il écrit à Isabelle quelques jours plus tard, il dresse un bilan positif, non sans un important bémol, de cette soirée des poètes :

> J'ai remporté là un succès personnel (de même qu'Olivier) […]. Oui, je me suis battu pour la poésie, la mienne, celle à laquelle je crois. Mais intérieurement, cela avait un petit air absurde, puisque mon œuvre était centrée sur l'amour et que maintenant je n'y crois plus. Mais comme dit Éluard, le souvenir de la dignité que nous avons vécue vaut la peine que l'on continue de se battre […]. Olivier se cramponnait au bras de Mathilde. Mais nous avons passé à travers félicitations et snobisme. À la suite de cette performance, un directeur de revue canadienne-anglaise, John Sutherland, veut traduire nos poèmes. Je garde un souvenir inoubliable de ma présentation à la grande poétesse Anne Hébert[50].

Quel qu'ait été le « succès personnel » de Miron, c'est tout autant celui des Éditions de l'Hexagone qui se sera dessiné dans cette soirée d'allure mondaine, notamment avec la rencontre de John Sutherland, une figure importante de la poésie de langue anglaise à Montréal, grâce à ses revues *First Statement*, où se sont retrouvés à leurs débuts des jeunes auteurs comme Louis Dudek et Irving Layton, et *Northern Review*, où le poète-juriste Frank Scott a publié des traductions d'Anne Hébert en 1952. L'Hexagone profitera ainsi d'un écho appréciable dans les milieux canadiens-anglais de la nouvelle poésie, ce qui entraîne bientôt des collaborations, des traductions, des projets d'anthologies[51].

*   *   *

Sur la photo accompagnant l'article de *La Presse*, Robert Choquette et Anne Hébert sont assis côte à côte au premier rang. Debout derrière, on aperçoit le duo Miron-Marchand, Gatien Lapointe, dont l'Hexagone a décidé de se faire le diffuseur, et Jean-Guy Pilon, qui a publié, lui aussi à compte d'auteur, son premier recueil, *La Fiancée du matin*[52]. L'apparition de Pilon dans le paysage de l'Hexagone, dès l'automne 1953, est le signe précurseur de toute une évolution à venir. Il faut dire qu'à peine constituée l'équipe fondatrice commence à se désagréger, le groupe de jeunes tous au milieu de la vingtaine se trouvant à l'âge des choix de vie et de carrière. Au début de l'automne 1953, en même temps que Mathilde Ganzini s'est retirée de l'équipe dans l'attente de son premier enfant, Jean-Claude Rinfret est parti étudier à Paris : bien que son nom figure encore dans le prospectus qui annonce, en 1954, la création de la collection « Les Matinaux[53] », Rinfret n'est déjà plus un membre actif de l'Hexagone et il entrera bientôt à Radio-Canada. Gilles Carle, de son côté, n'a pas encore découvert sa vraie voie, celle du cinéma, mais il se multiplie littéralement (à l'aide de nombreux pseudonymes) en collaborations journalistiques dans les journaux et les revues, à Montréal et à Québec, tout en arrondissant ses fins de mois grâce à des emplois parallèles, tel celui, assez improbable, de contrebandier de cigarettes[54]. Il travaille à Québec à l'automne 1953, ce qui ne l'empêche pas de donner son avis sur certains manuscrits et de faire des démarches auprès d'imprimeurs afin d'obtenir des devis[55]. Louis Portugais, de son côté, passe ses semaines à Ottawa, au service de l'Office national du film qui ne déménagera à Montréal qu'en 1956. Cela explique que, dès ses débuts, l'Hexagone doive souvent fonctionner par correspondance tout en maintenant son secrétariat dans le sous-sol de la maison Portugais, rue Lacombe. Quant à Olivier Marchand, de moins en moins présent, il confiera bientôt à Miron qu'il se désintéresse de l'Hexagone, que la vie de l'équipe n'est plus ce qu'elle était et que ce travail perd de son sens pour lui[56]. À partir du printemps 1954, une distance se crée entre Miron et « Olivier, l'ami des jours » : Marchand va s'estomper progressivement comme membre actif de l'équipe pour aller faire carrière comme journaliste et traducteur à la Presse canadienne. Mais l'amitié, elle, va perdurer.

Dans cette situation de relative instabilité, l'arrivée d'abord discrète de Jean-Guy Pilon promet un équilibre et une continuité dont la jeune maison a un pressant besoin : le rôle de Pilon à l'Hexagone ne cesse d'ailleurs de croître à partir de 1954, pour culminer à la fin de la décennie. Au moment de la Fête des poètes, Pilon termine sa dernière année d'études de droit à l'Université de Montréal. Sous des allures bien plus réservées que celles de Miron, le jeune homme n'a pas froid aux yeux. Si les deux camarades se rejoignent dans un commun souci de l'action, leurs tempéraments sont aux antipodes. Le paradoxe est frappant : l'auteur de *Deux Sangs* qui a produit son effet sur le public de la Fête des poètes est au fond un angoissé timide, un écorché vif tourmenté par le doute, tandis que le poète de *La Fiancée du matin* a beaucoup plus d'assurance et de détermination que son apparence plutôt chétive ne pourrait le laisser croire.

Les chemins fort différents qu'ils empruntent pour faire valoir leur œuvre poétique encore embryonnaire ne sauraient être plus révélateurs à cet égard. Tandis que Miron adresse à Andrée Maillet, au printemps 1954, des lettres où il étale en toute impudeur ses tourments intimes, son processus d'« autodestruction » et son « suprême écœurement » de lui-même, tout en proposant avec contorsions et réticences à la directrice d'*Amérique française* deux maigres poèmes, mais seulement « si [elle trouve] que ce sont des poèmes[57] », Pilon, de son côté, a l'audace d'écrire à un géant de la poésie française contemporaine, René Char, pour obtenir de lui une préface au recueil qu'il se propose de publier bientôt aux Éditions de l'Hexagone, *Les Cloîtres de l'été*. Le jeune poète encore inconnu fait même d'une pierre deux coups puisqu'il demande aussi, au nom de l'Hexagone, la permission d'utiliser un titre bien connu de Char, *Les Matinaux*, pour baptiser la collection de poésie qu'a l'intention de lancer l'équipe avec la publication de *Des jours et des jours* de Luc Perrier et, bientôt, du recueil de Pilon lui-même[58]. Il est vrai que cette « permission » a été tenue pour acquise, car à l'arrivée de la lettre de Char à la fin juin, le recueil de Perrier avec la mention « collection Les Matinaux » est déjà sorti des presses depuis un mois. Par prudence et politesse, on en a quand même retardé la diffusion !

« Jean-Guy Pilon [...] passe chaque soir le même seuil que moi ! Nous respirons un air semblable[59] », écrira Char dans sa préface. Malgré un « océan de séparation », il existe un « même noyau » :

cette reconnaissance d'une fraternité en poésie rejaillit forcément sur l'Hexagone, et cela, moins d'un an après l'humble effort de *Deux Sangs*. On ne s'étonne pas que Pilon en acquière un prestige et une autorité presque instantanés au sein de la nouvelle maison. Si les premiers choix éditoriaux se sont discutés dès l'automne 1953 entre Miron, Portugais, Carle et Marchand, Pilon devient un acteur important dès l'été suivant : il passe de temps à autre « se salir les mains » au local de la rue Lacombe et il donne des avis éclairés sur de nombreux manuscrits, critiquant tantôt la mauvaise maîtrise de la langue, tantôt les clichés. Miron lui a donné à lire, comme à Gilles Carle, *Les Rédempteurs* d'Hubert Aquin : impressionné par « la qualité de l'écriture », Pilon en profite pour poser une question de fond qui concerne la mission éditoriale de l'Hexagone : « N'est-ce pas préférable de limiter notre action à la poésie ? Je pose la question en y répondant affirmativement[60]. » Il revient à la charge en décembre, sur le ton de l'humour, après avoir émis un avis favorable sur un roman soumis par Gilbert Choquette : « Mais j'oubliais que nous avions l'intention de publier de la poésie[61]. » En fait, l'enjeu soulevé par Pilon est destiné à tirailler l'Hexagone tout au long d'un demi-siècle, même si la création, dès 1956, de la collection « Les Voix » consacrée à l'essai constitue déjà une modeste dérogation à la vocation poétique première de la maison.

*   *   *

Ces éditions nous engagent en entier. Une aventure, oui, mais plus que cela. Un besoin vital, une présence de l'être, au contexte immédiat, au monde tout court. Et chez les jeunes, un souffle d'espérance et pour la première fois peut-être, de la part de la jeune génération d'écrivains, une prise de conscience collective, du moins une amorce, de la condition d'écrivain au Canada. Bref, un climat[62].

Tel est l'horizon sur lequel Miron envisage l'action de l'Hexagone en 1954, au moment du coup d'envoi de la collection « Les Matinaux ». Ce qui impressionne, au-delà du fait qu'il s'agit de bien plus que d'éditer et de publier des livres, c'est l'urgence qu'il éprouve de mettre l'Hexagone en paroles, de commencer déjà à en relater la genèse et l'histoire, à en exposer les ambitions et le sens. La réussite de l'Hexagone tient à plusieurs facteurs, mais ceux-ci auront tous été portés et amplifiés par le succès d'un discours — et il n'y a rien à cet égard qui puisse se comparer à celui de Miron. Roland Giguère et Claude Haeffely, pour ne citer que leur exemple, ont beau effectuer un travail d'édition d'une rare qualité à la même époque chez Erta, leur compétence est exempte de cette théâtralité et de ce besoin d'exposition qui accompagnent l'action du directeur de l'Hexagone. Au sein de l'équipe, ni Pilon ni, à plus forte raison, Portugais et Marchand, ne sont du genre à se répandre en longs récits et en explications sur leur propre travail.

Chez Miron au contraire, c'est une nécessité compulsive, qui s'exerce avec une exceptionnelle intensité au tournant de 1953-1954, sur tous les plans de sa vie et de son activité. À peine avait-il commencé à vivre son premier grand amour qu'il en était déjà, on l'a vu, à élaborer « la légende d'Isabelle » avant d'y greffer le récit de « La Bataille de soi ». Sa correspondance, à partir de 1954, prend un essor à la mesure même de l'ébranlement existentiel qu'il a subi. On pourrait dire que cela permet, ou plutôt accélère, la construction d'une autre « légende », plus fondamentale encore, bien que nouée à la précédente, celle de Gaston Miron lui-même : ce n'est plus le pauvre Cadou, personnage assez fade et misérable, c'est la projection dramatique d'un individu dans un espace en crise, d'un homme devenu lui-même cet espace ravagé. Voyons-le par exemple exposer son drame dans un brouillon de lettre (peut-être jamais envoyée) à Jean-Guy Pilon, « Jean-Guy de l'amitié » :

Hélas ! J'ai manqué le pied pour de bon. Et tant va la bagnole de cœur, aucune réconciliation possible, non seulement avec la vie et le monde, mais avec moi en premier lieu. Je me suis comme absent. Je me vis mort. Je m'attends peut-être quelque part, mais pas ici, plus ici. Cela est impensable. J'ai les mains desserrées, bien au large [...]. Je regarde autour de moi. Le beau carnage. Le grand pays désolé de ma vie, comme après des milles de feux de forêt. Il y a sans doute une souffrance qui rachète, soit ! Il en est une par contre, à force de rager, d'asséner, qui abêtit l'homme, le rend semblable au « ver de terre ». Il arrive à un homme de dépasser la souffrance, de tomber de l'autre côté de la frontière, dans le « no man's land » de l'humain. Hors d'atteinte à jamais. Plus rien à croire. Plus de passé, ni d'avenir. Oui, une souffrance malhonnête, qui frappe au bas de la ceinture. On gît dans son absence, l'absence de soi. Qu'importent alors le bien et le mal ? L'homme n'a plus rien à croire, pas même sa main, mais la force d'éclatement de la grenade qu'il tient[63].

Qu'il écrive à des proches comme Isabelle Montplaisir et bientôt à son ami Claude Haeffely, ou à des personnes du milieu littéraire et culturel comme Andrée Maillet ou encore le romancier André Langevin, consacré en 1953 avec *Poussière sur la ville*, à qui il envoie des textes pour qu'ils soient lus à son émission *Premières* sur les ondes de Radio-Canada, c'est toujours pour étaler, sans aucune pudeur, l'histoire de « l'homme fini » qui ne peut témoigner que de l'échec de sa propre vie, de son irrémédiable absence à lui-même, d'un effondrement intérieur qui devrait le réduire à un pur abrutissement mais qui ne lui laisse finalement que les mots et leurs métaphores, le « large », le « grand pays désolé de ma vie, comme après des milles de feux de forêt ». Ainsi peut-il conclure la lettre qu'il écrit à Langevin en septembre 1954 :

> Je n'ai pas de solutions, je n'ai pas d'idée, j'ignore de quel ordre est mon salut. Je travaille avec des mots. Ils me sont l'étoile-sonde, la vrille-tête. Je m'attaque à un langage. C'était l'échec. L'impossibilité à [*sic*] la présence. J'ai l'impression de parler de l'autre côté des murs de ma voix[64] […].

Cette « légende » qu'il se flatte et se plaint à la fois d'être devenu, en 1959, dans sa « Note d'un homme d'ici[65] », on voit comment elle a pu s'édifier et frapper les imaginations. Un des mots qui revient sous sa plume depuis la perte d'Isabelle, c'est celui d'*érosion*, et l'on pense volontiers à Antonin Artaud, qui employait ce terme pour décrire le processus destructeur de sa propre pensée dans ses lettres à Jacques Rivière. Comment ne pas évoquer du même coup l'étonnement de Rivière qui, tout en ne mettant nullement en doute l'authenticité de « ces phénomènes d'érosion » mentale dont parlait Artaud, lui demandait : « Mais comment y échappez-vous si bien quand vous tentez de définir votre mal[66] ? »

Sur ce fond de désastre, projeté dans l'espace et le paysage (un désastre qui donne bientôt *La Batèche*, *La Marche à l'amour*, *La Vie agonique*), le grand récit de l'Hexagone se donne au contraire comme très logique et orienté. Par la force pragmatique du discours, Miron prend en charge un projet qui engage le temps, un destin qui concerne *à la fois* la littérature et la société ; il construit, comme il le dit si bien, tant « une espérance » qu'« un climat ». La nouvelle maison d'édition ayant suscité très tôt la curiosité, les occasions ne manquent pas de déployer ce discours, que ce soit à ses correspondants ou devant des journalistes, tel Jean-Paul Robillard, que l'on avait invité en vain au lancement de *Deux Sangs* mais qui téléphone à Miron au printemps 1954 en vue d'un article à paraître en mai : « Les fruits ont passé la promesse des fleurs », commente poétiquement le journaliste[67]. Mais le besoin qu'a Miron d'expliquer et de raconter l'Hexagone va bien au-delà d'un légitime souci d'« exposition médiatique », pour parler dans des termes contemporains. À preuve, la longue lettre (suivie de plusieurs autres) qu'il adresse en juillet 1954 à une infirmière de la Mauricie, Jacqueline Jaried, qui s'est informée deux mois plus tôt de ce nouveau lieu d'édition. On pourrait difficilement concevoir un tableau plus détaillé et complet du projet de l'Hexagone que la réponse de Miron, en un texte serré : aucun aspect n'est oublié, depuis le financement, le choix des manuscrits, le travail éditorial jusqu'aux motivations profondes : le refus de toute « chapelle », de toute « mystique flottante », le désir de répondre à « des espérances qui se précisent et qui frémissaient confuses dans le cœur d'un grand nombre », la « présence au monde », etc.[68]. Que ce soit à lui-même, tout autant qu'à une lectrice inconnue, que Miron adresse cet exposé, on le devine sans peine : de même qu'il se dit « absent » à soi dans les lettres qui décrivent son « érosion » intérieure, de même l'Hexagone peut se penser en lui (et se dire) comme un véritable retour à l'être, au réel et au temps humain.

On saisit, du même coup, les effets pervers qu'un tel discours multiplié sur tous les fronts peut entraîner. Quand on lit les propos de Miron au cours de l'été 1954, on est en droit de juger que ce discours, dans une large mesure, précède la réalité ! En outre, ne peut-on pas être amené à penser que l'Hexagone est non seulement la principale, mais même *la seule* maison d'édition de poésie au Québec... ? Ce n'est sûrement pas ce que voudrait faire croire Miron, il a trop de respect pour ses collègues éditeurs. Mais le risque d'une certaine oblitération de ces derniers n'est pas théorique. C'est ainsi qu'en réponse à une demande de la Bibliothèque nationale du Canada, en janvier 1955, Louis Portugais se verra forcé de remettre les pendules à l'heure : non, on ne saurait « identifier l'Hexagone à tout ce qui se publie dans le domaine », il existe d'autres petites maisons, les Éditions Nocturne, par exemple[69], et de jeunes poètes, tels Pierre Léger et Claude Fournier, qui, précise-t-il, « publient à compte d'auteur ». Miron, de son côté, ne se prive pas d'insister souvent sur le travail des Éditions Erta, dont il est le distributeur à cette époque auprès de certains libraires[70]. En outre, à la Foire du livre de Sainte-Adèle, en août 1955, l'Hexagone se charge à son stand de la vente des recueils de la plupart des éditeurs de poésie, comme en témoigne l'état de comptes rédigé par Portugais[71]. La tendance de l'Hexagone à assumer très tôt un rôle de chef de file et à se constituer en carrefour des poètes est indéniable. Mais le pouvoir du discours de Miron n'en demeure pas moins fascinant et des plus efficaces : la maison existe superlativement sous sa plume et sa vocation est grandiose (même si Miron nie qu'il y ait là « rien d'héroïque ou d'extraordinaire[72] »). À long terme, on finira par parler de « la génération de l'Hexagone », ultime accomplissement, sans doute, du grand récit tenu par l'éditeur-poète.

Un autre effet pervers de ce discours inlassable touche la perception que l'on peut avoir du rôle de Miron au sein de sa maison d'édition. Dans l'ensemble de ses interventions privées ou publiques, orales ou écrites, il n'y a sans doute pas de terme qui apparaisse plus fréquemment à ce propos que celui d'*équipe*. Cette constante se manifeste aussi bien dès les origines, en 1953-1954, que beaucoup plus tard, jusque dans les années 1990, et il serait assez ridicule de prétendre que Miron a pu présenter l'Hexagone comme l'affaire d'un seul homme. Pourtant, le fait qu'il ait toujours été l'unique chroniqueur de cette aventure ne peut manquer de produire une telle impression, du moins aux yeux du public. La réalité est plus complexe et plus nuancée. Dans des conditions matérielles et financières très difficiles, faute d'une infrastructure digne de ce nom (secrétariat, agence de diffusion, etc.), il est vrai que Miron se dépense corps et âme pour la maison qu'il anime et dirige, dès la première phase qui va de 1953 à 1957. L'afflux des manuscrits et des demandes de toutes sortes ainsi que la mise sur pied des « Matinaux », dès le printemps 1954, ne lui laissent guère de repos : « Je suis pris dans un tourbillon de correspondance, de rendez-vous, de réunions, de préoccupations techniques, etc. […] Les Éditions et l'Équipe se portent très bien », annonce Miron à Raymond Barbeau, le futur fondateur de l'Alliance laurentienne alors étudiant à Paris, qu'il a dû connaître par l'intermédiaire de son colocataire chez les Cléroux, Jean-Marie da Silva, dont Barbeau était un ami d'enfance. Il faut sans doute tenir compte des lenteurs et des pertes de temps qui ont toujours caractérisé Miron, mais les tâches sont nombreuses : répondre aux lettres, rencontrer les auteurs, préparer le prospectus annonçant « Les Matinaux », rencontrer des imprimeurs pour obtenir les meilleurs prix possible, mettre en production les deux recueils annoncés, avec un souci de la qualité éditoriale qui sera toujours caractéristique de l'éditeur de l'Hexagone, volontiers pointilleux à cet égard. À cela, il faut ajouter l'essentiel du travail de relations publiques et de diffusion. En juillet 1954, Miron envoie une première lettre à Jean Bruchési, secrétaire de la Province, en vue de l'achat de 200 exemplaires de *Des jours et des jours* de Luc Perrier par le gouvernement québécois[73]. En l'absence d'un ministère des Affaires culturelles (jusqu'en 1961) et d'un véritable système de subventions aux arts et aux lettres, cette politique d'achat qui remontait au xixe siècle constitue une forme modeste de soutien gouvernemental à l'édition, les livres étant par la suite distribués dans les institutions d'enseignement, les bibliothèques ou comme cadeaux à des personnalités[74]. Surtout pour les petits éditeurs en dehors du circuit commercial, c'est là un apport financier essentiel, et à chaque parution d'un nouveau recueil de l'Hexagone dans les années 1950, on voit Miron adresser la même requête à Jean Bruchési.

La notion d'*équipe* n'en demeure pas moins vitale pour le fonctionnement de l'Hexagone. Avec l'éloignement plus ou moins rapide des autres membres du groupe, y compris Hélène Pilotte qui se trouve accaparée par son travail dans les services sociaux, ainsi que Gilles Carle, trop occupé ailleurs pour pouvoir se consacrer aux activités quotidiennes d'une maison d'édition, c'est essentiellement le trio Miron, Portugais, Pilon qui fait rouler la machine éditoriale et promotionnelle dans les années 1950. Tandis que Miron établit des contacts avec Claude Fournier, dont un poème paru dans *Le Devoir* a attiré l'attention de l'équipe de l'Hexagone et préparé son entrée prochaine dans la collection « Les Matinaux » avec *Le Ciel fermé*, Portugais relance Hubert Aquin dont le manuscrit traîne au local de la rue Lacombe depuis bientôt dix-huit mois, en mai 1955. Malgré l'option poésie privilégiée par Pilon et aussi par Miron, notamment pour des raisons de coûts de production, tout indique que l'équipe n'a pas renoncé à publier *Les Rédempteurs*, sauf que l'on demeure depuis un long moment sans nouvelles de l'auteur, toujours à Paris comme tant d'autres jeunes intellectuels et artistes québécois de cette époque. Dans sa réponse à Portugais datée du 3 juin, Aquin s'excuse de l'incertitude qu'il a laissée planer ; pour tout dire, il ne croit plus à son roman : « De plus en plus, je m'applique à [le] considérer comme un péché de jeunesse [...]. Vous avez été bien gentils de vouloir le publier[75]. » L'aveu s'avère d'autant plus savoureux que, dès 1952, Aquin en était arrivé à ce constat après avoir fait lire le manuscrit à des amis :

« Toutes ces critiques m'ont fait comprendre que *Les Rédempteurs* sont un péché de jeunesse qu'il me pressait de commettre [...][76]. »

C'est encore Portugais qui répond à une requête d'Anne Hébert, dont il a fait la connaissance à l'Office national du film à Ottawa (elle y a occupé un emploi de scripteur en 1953-1954) : séjournant en Italie au printemps 1955, la poète du *Tombeau des rois* voudrait bien qu'on lui envoie les recueils de Jean-Guy Pilon[77]. Au même moment, Portugais s'occupe des contacts avec le Centre d'art de Sainte-Adèle qui a organisé une petite Foire du livre à l'été 1954 et qui compte donner de l'ampleur à l'événement au cours de l'été qui vient : l'Hexagone souhaiterait en être, avec un stand ayant pour thème « La poésie vivante », précise Portugais en se renseignant sur les conditions de location d'un « kiosque[78] ». Miron informera en juillet l'organisatrice, Solange Chaput-Rolland, de la présence de plusieurs poètes à l'événement du mois d'août.

Si l'Hexagone profite d'un bureau gratuit grâce à la maison des parents de Portugais (jusqu'en 1957), celui-ci assure aussi une large part du travail régulier de secrétariat, un travail que son emploi à l'ONF d'Ottawa ne lui permet d'effectuer que durant ses fins de semaine à Montréal, alors que Miron, même s'il écrit des lettres, préfère par tempérament les contacts personnels, les rencontres sur le terrain avec les auteurs, les imprimeurs et les libraires, ce qui lui fait sans doute perdre beaucoup de temps. Une de ses expressions préférées à l'époque, c'est « à bout portant », leitmotiv par lequel il veut signifier une urgence, le besoin d'un contact immédiat et d'une parole en direct, d'un rapport plus enflammé que patient à la communication. « Je m'excuse d'écrire à bout portant, à l'état brut », confie-t-il à Andrée Maillet en mars 1954[79]. Il semble souvent ne s'asseoir devant sa machine à écrire que sous le coup d'une impulsion : « Je t'écris à bout portant », commence-t-il une lettre à Portugais lui-même, quelques mois plus tard[80]. Plus qu'une manière d'écrire, c'est pour lui une façon de vivre, un mode de sociabilité : « La semaine, j'en profite pour rencontrer un tas de gens, auteurs, collaborateurs… Il nous arrive de nous réunir à bout portant, dans un restaurant, à l'occasion d'un passage à Montréal, à l'heure du dîner[81] », explique-t-il dans une nouvelle lettre à Jacqueline Jaried, à qui il consacre décidément un temps précieux, à l'automne 1954, peut-être parce que cette inconnue pleine de curiosité est une femme… Que cette façon de vivre et de parler comme s'il vidait un chargeur soit peu économique et plutôt épuisante à la longue, on le mesurera trois ans plus tard dans les états d'âme qu'il confie alors à Claude Haeffely, rentré en France : « Et moi là-dedans, toujours le même sempiternellement, aujourd'hui comme hier, tout essoufflé, à bout portant d'existence, le corps en sciure de fatigue et l'âme mal encrouée au corps[82]. » On ne se trompe pas si l'on conclut que l'arme se sera finalement retournée contre celui qui la braquait : à l'automne 1957, Miron sera au bout du rouleau, sa santé gravement ébranlée, et c'est dans une large mesure la relève assurée par Jean-Guy Pilon qui permettra à l'Hexagone de tenir bon.

Bien qu'il soit la voix de l'Hexagone, Miron n'est donc pas seul. Ainsi, on ne peut négliger le fait que l'ouverture sur le vaste monde, la perspective d'un rayonnement de l'Hexagone et de la poésie québécoise à l'étranger ont été soutenues par les initiatives de Pilon. Ce n'est sûrement pas Miron qui aurait envoyé ses poèmes à René Char, ni à Alain Grandbois ou à Pierre Jean Jouve, comme le fait à l'époque une des nouvelles recrues les plus prometteuses de l'Hexagone, Fernand Ouellette[83]. Il semble d'ailleurs que ce soit Pilon, au départ, qui ait convaincu Miron des possibilités de diffusion des recueils de l'Hexagone en France, auprès de critiques tels Alain Bosquet, René Lacôte et Jean Rousselot. Tout indique que le directeur de l'Hexagone a vite compris le message. Pour autant qu'il ne s'agisse pas de ses propres poèmes, dont il parle volontiers avec une certaine honte, comme si « le laid » habitait maintenant son écriture, il est tout à fait disposé à s'engager dans le grand combat de la diffusion de la poésie et plus largement du livre québécois en France, combat dans lequel il va dépenser plus tard beaucoup d'énergie et connaître surtout des désillusions. Il faut dire que le succès de l'Hexagone dès 1954 fait que tout paraît désormais possible. Lancé le 2 juillet, quelques jours après la « permission » accordée par René Char, le premier titre des « Matinaux », *Des jours et des jours* de Luc Perrier, s'est épuisé en quelques semaines, et Miron prévoit déjà devoir doubler de 500 à 1 000 le tirage des *Cloîtres de l'été* de Pilon, devant paraître à l'automne. D'autres titres s'annoncent : *Du centre de l'eau* de Jean-Paul Filion, *Ces anges de sang* de Fernand Ouellette de même qu'un essai d'Ambroise Lafortune, *Perspectives de route*, le compagnon du Clan et de l'OBT, projet qui sera finalement abandonné. L'intérêt pour l'Hexagone est palpable, les critiques sont très positives et le système des souscriptions fonctionne si bien que la maison pourrait presque se passer des ventes en librairie, qui ne dépassent guère la cinquantaine d'exemplaires par titre.

Miron, déjà lecteur du poète et critique français Jean Rousselot et très fier de l'appui de Char, entrevoit des possibilités du côté de « l'hexagone » français. Raymond Barbeau, qui vient de publier un article sur Léon Bloy et Lautréamont et prépare une étude sur Nietzsche[84], fournira le relais nécessaire : on lui a fait parvenir une liasse de prospectus et, faute de pouvoir lui envoyer le recueil de Perrier déjà épuisé, Miron lui promet plusieurs exemplaires de celui de Pilon à paraître, en même temps qu'on fera le service de presse auprès des journaux et des revues. Quelle stratégie de mise en vente adopter, demande Miron à la fin juillet : « Est-ce mieux d'accorder l'exclusivité à un seul libraire (et faire publicité en ce sens) ou les répandre un peu partout ? » Qui sait si l'on ne pourrait pas obtenir aussi « quelques lignes » de Rousselot : « C'est un homme qui est au centre du mouvement poétique des vingt dernières années, sous le rapport de la documentation, de l'information, d'un panorama poétique, d'un accueil envers les jeunes... Ce serait intéressant[85]. »

Barbeau, occupé à étudier tout en gagnant sa vie comme surveillant dans un collège, ne semble pas avoir connu beaucoup de succès dans son rôle d'« agent officiel » de l'Hexagone. Il n'empêche que la perspective est ouverte. Pilon croit beaucoup au travail du temps, fondé sur les envois répétés : à force de recevoir des recueils du même éditeur, les critiques finiront bien par prendre la chose au sérieux et se mettre à les lire. Lorsque quatre ans plus tard, à l'été 1958, Rina Lasnier, devenue une auteure maison, transmet à l'Hexagone un message d'Alain Bosquet annonçant que celui-ci a fait une émission de radio entièrement consacrée aux recueils de Pilon et d'Olivier Marchand ainsi qu'à *La Poésie et nous*, le collectif issu de la première Rencontre des poètes — et qu'il va même en reparler dans la revue *La Table ronde* —, il apparaît évident que cette patience a porté des fruits. L'accueil de critiques comme Bosquet et bientôt René Lacôte sera essentiel ; c'est du côté du marché, de la présence des livres sur les tablettes des libraires que le problème va perdurer, sans jamais trouver de véritable solution.

*　　*　　*

« Je ne serai jamais qu'une bestiole de la pensée et qu'un chicot de poésie[86] », écrit Miron à Claude Haeffely en vacances sur la côte bretonne, ce même été 1954. Les choses, en réalité, sont beaucoup plus compliquées que ne l'indique cette prophétie dépressive. En retrait de l'homme public qui s'active « à bout portant », l'homme secret file sa toile à même une incessante oscillation entre vie et mort, entre lumière et ténèbres, et il persiste à consigner le plus précieux de ses états intérieurs dans des notes, des fragments de prose incandescente :

> Mes jours uniques, rares, j'ai le sentiment net et franc de durer en dehors du corps et du temps. C'est comme une exaltation de l'esprit qui atteindrait un sommet. Tout m'est terriblement limpide, je vois. Je suis lucide et pénétrant sans frayeur, au cœur des objets. Mon esprit se vitre, jusqu'à la dureté du diamant. Je coupe avec comme une lame, un couteau trempé dur… Je transcende.

*   *   *

> D'autres jours, je ressens avec acuité et une conscience acérée combien je suis vulnérable. Je pressens physiquement une fin prématurée. Il y avait une chance unique, l'amour, et c'est raté. Je ne savais pas que la présence d'un être pouvait être à ce point nécessaire à la vie tout court. Sans elle, je dépéris, je meurs dans tous les ordres de la vie. Elle m'est aussi nécessaire que l'air. Essentiellement, comme un élément dont l'absence fait mourir. Comme l'azote a l'air pour être qualifié d'air. Un être nécessaire comme une propriété[87].

Un jour visionnaire, le lendemain dans le noir opaque ; tantôt souverain, tantôt réduit à l'état de pauvre animalcule : habité par la perte irréparable d'Isabelle, c'est dans cette alternance qu'il s'active à l'Hexagone et qu'il écrit prose et poèmes au bout de ses journées. C'est un travail tout en fragments, tout en « courtepointes », retaille à retaille, pas encore bien cousues : « C'est mon affaire / la terre et moi / flanc contre flanc », noté sur un feuillet, n'a pas encore trouvé sa suite : « je prends sur moi / de ne pas mourir[88] », et le poème dérive plutôt vers des « vols de buildings », une image appelée à nourrir le grand hymne toujours en chantier à la femme aimée : « tu es mon amour […] dans les hauts vols de buildings[89] ».

Ce qui est encourageant, malgré le dépérissement proclamé haut et fort, c'est que des poèmes entiers trouvent maintenant leur fil conducteur et leur forme. Ainsi en est-il de ce fragment qui n'a cessé de l'obséder : « il y a des pays qui sont seuls avec eux-mêmes » et dont il a donné un développement dans ses *Paroles du très-souvenir*. Le poème s'est modifié et a grandi, comme croît une cellule pour devenir un organisme autonome, et quand Miron l'envoie à Claude Haeffely en Bretagne, à l'été 1954, il a pour titre *Des pays et des vents*, une pièce complète sur plusieurs strophes, dont la première se lit désormais ainsi :

> Il y a des pays qui sont seuls avec eux-mêmes
> et que jamais le soleil ne rejoint
> Muets et blêmes ils vivent comme leur mort
> triste et pêle-mêle dans les étoiles avariées
> le regard est le seul pas qui longe leur vie
> regard d'escale de vol de sillon de traverse
> en eux s'enfouit un sommeil désaltérant
> pareil à l'eau dans la soif de leur gravier[90]

Dans la version presque identique qu'il va publier (avec un autre de ses délais caractéristiques) dans *Le Devoir* du 15 novembre 1955, il intercale ce vers : « ces pays tant malheureux qu'ils me ressemblent[91] ». Cet effet de miroir trop appuyé, un peu mièvre, il le rature par la suite, comme ces étoiles bizarrement « avariées », et ce regard qui ne semble pas trop savoir ce qu'il est. Le temps est long, la genèse interminable : est-ce trop donner à un seul poème quand nous en lisons aujourd'hui l'état final, débarrassé de ses bavures, recentré sur le singulier (« *ce* pays ») et remanié de telle sorte que celui-ci n'apparaisse plus dès l'ouverture mais qu'il surgisse maintenant comme le survivant d'un désastre cosmique, d'une apocalypse digne de *La Légende des siècles* de Hugo ?

> Il est triste et pêle-mêle dans les étoiles tombées
> livide, muet, nulle part et effaré, vaste fantôme
> il est ce pays seul avec lui-même et neiges et rocs
> un pays que jamais ne rejoint le soleil natal
> en lui beau corps s'enfouit un sommeil désaltérant
> pareil à l'eau dans la soif vacante des graviers[92]

Il y a là un musicien qui a travaillé ses timbres, son rythme et ses harmoniques, qui a augmenté, étoffé quelques accords : « vaste fantôme »,

« neiges et rocs », « soleil *natal* », « beau corps », etc., autant d'ajouts qui font mieux résonner cette matière, qui conjuguent plus fortement l'absence à soi et le paysage, l'égarement et le désir de naissance. Qu'importe qu'il ait fallu attendre *La Vie agonique*, dans *Liberté* en 1963[93], pour que cela trouve à peu près sa tonalité — si cela donne finalement *Héritage de la tristesse* ?

D'autres fragments s'épanouissent de manière semblable en 1954 : « Il fait un temps fou de soleil carrousel », par exemple, n'était qu'un vers égaré dans des notes concernant Isabelle[94]. Et voici qu'un poème entier en est sorti, que Gilles Marcotte accueille dans les pages du *Devoir* à la mi-novembre :

> Il fait un temps fou de soleils carrousels
> la végétation de l'ombre palpitante
> du jour qui promène les calèches du bonheur
> Il y a du ciel en marche sur les visages d'escale
> et quand le vent s'éprend d'un arbre seul au hasard
> il allume tous les rêves des feuillages
>
> Belle vie où foisonnent tes mains, je te coupe !
> Je reçois en plein cœur tes objets qui brillent
> Voici des silences comme des revolvers éteints
> et mes yeux à midi comme des épées tranquilles
> Les fleurs sont belles de la santé des femmes [...][95]

C'est une année plutôt paradoxale pour un « chicot de poésie » : une année de grâce et d'abondance où l'action poétique et l'action éditoriale, loin d'entrer en conflit comme ce sera souvent le cas dans sa vie, semblent se nourrir mutuellement. La contradiction entre le « processus d'autodestruction », dont il expose volontiers les ravages à ses correspondants, et l'énergie débordante, dont il fait preuve dans l'action et dans l'écriture, paraît énorme, mais seule une logique au premier degré pourrait empêcher d'y voir à l'inverse le lieu même de sa créativité : « Je me contredis sans cesse, c'est *vital* pour moi, dialectique, eu égard à ma situation que je perçois de façon aiguë », va-t-il commenter quelques années plus tard[96]. Parler d'une simple stratégie compensatoire reviendrait à rater l'essentiel : travailler, s'activer pour oublier une peine d'amour, y a-t-il rien de plus désespérément banal ?

Il y a davantage : un nœud, un foyer affectif sans doute, mais aussi une curieuse résonance avec l'époque, écartelée elle aussi entre la dépression et l'activisme, entre la pauvreté culturelle et d'énormes désirs de création : « Je suis amputé. Il me manque affreusement quelque chose, une partie de mon corps et cette chaleur vitale qui, rencontrée, peut tenir lieu de tout », écrit Hubert Aquin à la même époque dans son *Journal*[97]. Il y a du Saint-Denys Garneau dans l'air : les poèmes posthumes de celui-ci ainsi que son *Journal* ont créé une forte impression, et l'on mesure maintenant combien ses héritiers sont nombreux dans la génération montante. Comme disait le poète mort en 1943, il y a « un trou dans notre monde ». Il est tentant d'extrapoler, de généraliser. À son ami Jacques Languirand, Aquin aurait dit un jour au sujet du pianiste André Mathieu, que Miron croisait ces années-là à Claire-Vallée : « C'est un raté…, *comme nous tous.* » Le jugement est accablant, mais s'il y a un phénomène typique des années 1950, c'est bien ce passage de l'individuel au collectif, conduit par une armée d'intellectuels et de sociologues qui entreprennent la psychanalyse de tout un peuple. Le constat, en général, est impitoyable ; la critique, acharnée.

Si Miron, dans ses lettres et dans ses poèmes, peut parler de sa propre « autodestruction », Pierre Vadeboncœur envisage le même processus à une autre échelle en proposant dans *Cité Libre* une « Critique de notre psychologie de l'action » : « Notre histoire s'avance-t-elle donc dans le sens d'une autodestruction[98] ? » demande l'impétueux analyste qui ne manque pas de formules pour décrire l'état de la société canadienne-française : « une culture inanimée », d' « une immobilité décourageante », dans une « impasse, qui tue l'action ». D'un même souffle, c'est contre tout un nationalisme empoisonné par la notion de fidélité et de survivance, celui de Lionel Groulx et de Maurice Duplessis, que s'insurge l'essayiste. Si le directeur de la revue, Gérard Pelletier, juge bon de marquer sa dissidence en faisant observer à son collaborateur que la fidélité à soi demeure pour les peuples une condition d'existence et que « couper avec son passé » ne serait pas davantage souhaitable pour le Québec que ce ne l'est pour l'Irlande ou l'Espagne, il n'en donne pas moins raison à Vadeboncœur sur l'appréciation générale : « Notre idéalisme, notre impuissance politique, l'anémie de notre culture me semblent des réalités évidentes que seuls peuvent dissimuler à nos yeux le préjugé ou l'inconscience[99]. »

À ce mal largement diagnostiqué dans les milieux intellectuels progressistes, le jeune Hubert Aquin voyait pour seule thérapie, en 1952, « l'affirmation fanatique de soi[100] ». On ne s'étonne pas, à la lumière de tels propos et tiraillements, que l'on ait pu décrire la période duplessiste tantôt comme « les années de plomb », tantôt comme « les années d'impatience », d'un côté comme « la Grande Noirceur », de l'autre comme « l'affirmation de la modernité[101] ». C'était, selon les souvenirs de Jacques Ferron, « une certaine pénombre où se fricotait très bien l'avenir[102] ».

Pour Miron, qui a de bonnes antennes, l'aventure de l'Hexagone se situe clairement dans ce passage : contre l'inertie et l'immobilisme, la petite maison d'édition incarne « une orientation commune, une conscience collective », comme il l'explique à Marchand et à Portugais au printemps 1954[103]. On n'en est pas au militantisme politique, les cadres concrets n'en étant pas encore définis, mais du moins s'en trouvent posés les préalables, les fondements. Toute l'action et tout le discours de Miron sont guidés par cette perspective. Comme il l'explique longuement encore à Jacqueline Jaried, sa correspondante de la Mauricie :

> [...] malgré tout ce qu'on peut dire de notre milieu, de son indigence, ses lacunes, son ignorance... il n'en demeure pas moins que c'est sur lui que nous comptons, que nous nous appuyons, surtout sur la classe jeunesse. Il y a beaucoup de réserves chez nous, qui ne demandent qu'à être libérées[104].

Ce n'est peut-être pas « l'affirmation fanatique » qu'envisageait Aquin, mais c'est le projet de « créer petit à petit un climat créateur ». Il ne faut pas se méprendre : malgré les relents de scoutisme et les références constantes à « l'équipe », ce n'est plus le regroupement « sentimental » de l'Ordre de Bon Temps, c'est une œuvre de rassemblement collectif, de reconquête des forces vitales dans l'action : « Nous voulons bâtir un humanisme canadien[105] », lance Miron dans une de ses formules à l'emporte-pièce. La manière, ce sera celle des petits pas qui mènent loin, de la patience quotidienne qui voit grand.

Rue Saint-Christophe

La rupture amoureuse du printemps 1953 ne cesse pourtant de le hanter. Contre toute logique, il espérait encore qu'Isabelle l'accompagnerait à Claire-Vallée l'été suivant et il est passé avec un pincement au cœur devant la maison de Saint-Grégoire où la jeune fille se rend souvent l'été voir ses parents ; il aurait tant voulu s'y arrêter, mais nul doute qu'on ne l'aurait pas accueilli à bras ouverts ! « ISA, je ne t'ai jamais oubliée », avoue, dans les *Paroles du très-souvenir,* ce déprimé hyperactif errant dans la plus totale confusion, promenant ses douleurs et ses malheurs sur le boulevard Saint-Laurent, la *Main Street,* entre les tables de billard et les juke-box, et qui ne peut que s'écrier : « Ah ! Batèche du cordon ombilical à la vie coupée / Batèche de batèche[1] ». Bien avant que ne prenne forme la figure du « Damned Canuck » qui, à l'époque du premier séjour à Paris, donne au cycle une tournure résolument politique en faisant entendre l'imprécation coléreuse de l'homme canadien-français, ce « *pea soup* » humilié et méprisé, *La Batèche* aura longtemps été l'hymne grinçant d'un amoureux qui souffre, se désâme et « hurle dans ses harnais[2] » comme un cheval blessé.

Si l'absence du contenu politique demeure frappante dans les brouillons de ce qui deviendra *L'Homme rapaillé,* ce thème n'en est pas moins présent dans la pensée de Miron. Son vocabulaire peut parfois tromper : « bâtir un humanisme canadien » en édifiant une maison d'édition de poésie, cela paraît louable mais d'un autre ordre que le militantisme. Pourtant, le chroniqueur de l'aventure de l'Hexagone ne perd pas de vue les thèses qu'il a esquissées dans son petit essai inachevé de 1949 sur « L'existence d'une littérature canadienne-française ». Il est probable que ses séjours à Claire-Vallée et ses échanges tumultueux avec Alfred DesRochers ont conforté son idée d'une « nationalisation de la littérature canadienne-française » proposée dès le début du XXe siècle par Mgr Camille Roy. C'est précisément cette écriture et cette sensibilité distinctes de celles des écrivains français que Saint-Denys Garneau et plusieurs critiques ont admirées chez le poète d'*À l'ombre de l'Orford*. Sans doute ce projet a-t-il connu des avatars, des inflexions rétrogrades et folklorisantes — et les adeptes du « canadianisme intégral », tel le critique Albert Pelletier, en ont tiré des conclusions extrêmes sur l'autonomie de la langue québécoise : « Si les Français veulent nous lire, ils nous traduiront, comme ils traduisent la littérature provençale[3]. » Jamais le terme de *nationalisation* n'avait signifié une telle rupture sous la plume de Mgr Camille Roy, bien au contraire, et Miron ne va pas davantage adhérer à ce « séparatisme » linguistique et culturel.

Dans une lettre adressée en novembre 1953 à Gilles Carle, il reformule la thèse de Mgr Roy désormais classique : « Il n'y a qu'une solution, qui nous coûtera, celle de nationaliser notre littérature *et, ce faisant, le peuple*. » En fait, la seconde partie de l'énoncé change tout : il ne s'agit plus seulement de thèmes littéraires, de contenus ou de langue, mais de la mutation d'une culture et d'une société passant forcément par le politique, comme il l'explique à son ami avec sa verve caractéristique :

> [...] peu à peu je me nationalise, en littérature. N'est-ce pas le suave, d'un suave malsain, le donc suave Gide qui disait qu'une littérature ne peut être universelle qu'à la condition qu'elle se nationalise ? On se nationalise en réussissant l'unité de soi. Donc, réussir la fusion de la Patrie et de l'État, à l'échelle personne, ville, comté, PAYS. (Je passe le mot *province*). PATRIE (sol, amour du sol, traditions, langue, foi...). ÉTAT (système politique, parlementaire, lois, forces économiques, industrielles et sociales...). JUSQU'ICI, j'étais français par la patrie [...] et britannique par l'État. C'est la fusion de ces deux éléments qui fait de nous des nationalistes vrais, larges, ouverts.

À plusieurs égards, l'essentiel est dit, dans une synthèse du personnel et du collectif, du culturel et du politique, du national et de l'universel. On mesure toute la portée d'une telle affirmation quand on lit dans la même lettre une conclusion dont l'esprit et le vocabulaire appartiennent déjà aux années 1960. Il faut dénoncer, selon le fondateur de l'Hexagone,

> ceux qui nous ont fait croire comme utopique et impossible et désavantageux la promotion d'un ÉTAT QUÉBÉCOIS, république indépendante du Canada. Car, du point de vue expression, il n'est plus pour moi [question] d'être ou canadien ou canadien-français, MAIS BIEN QUÉBÉCOIS.

Quand on sait que l'usage du terme *québécois* ne s'est vraiment généralisé qu'après 1965, on s'étonne d'une revendication aussi résolument politique dès l'époque de la fondation de l'Hexagone. Mais on s'étonne tout autant qu'un tel discours soit largement resté lettre morte dans les années suivantes. « Mon Canada, ma terre amère, ma terre amande », écrira Miron dans les premières versions de *Compagnon des Amériques*, toutes postérieures à 1955. C'est que l'ambiguïté du terme *Canada* demeure grande dans le discours québécois antérieur à la Révolution tranquille. Par ailleurs, l'absence d'un lieu institutionnel, d'un mouvement structuré ou d'un parti ne permet guère de concrétiser politiquement cette affirmation québécoise.

Il faut ajouter, sur un plan plus personnel, que le Miron des années 1950 a bien d'autres soucis que le militantisme. Si l'on excepte son bref engagement dans le Parti social-démocrate en 1957-1958, simple parenthèse, ou encore une pétition qu'il fait circuler à la même époque en faveur de la gratuité de l'éducation, la politique demeure au second plan de ses activités, sinon de ses préoccupations. Toute sa correspondance avec Claude Haeffely, qui couvre pour l'essentiel la période 1954-1959, en témoigne : le travail dans l'édition, l'écriture (difficile, entravée) et le manque d'amour, tels sont les trois pôles qui sollicitent, déchirent et finissent par miner l'homme Miron avant qu'il ne s'embarque sur un paquebot pour la France en septembre 1959. Après son retour seulement viendront les vraies années politiques.

*   *   *

En février 1954, après avoir dû quitter la chambre qu'il occupait chez Olivier Marchand et Mathilde Ganzini, dans le quartier Parc-Extension, à la suite de la naissance de leur premier enfant, Miron s'installe au centre-ville chez la grand-mère de Marchand, au 1664, rue

Saint-Christophe, à l'arrière du grand magasin à rayons Dupuis Frères. Il y occupera pendant trois ans une chambre aménagée au salon, pour un loyer très modique incluant la pension (5 $ par semaine) mais dans une peur panique, dès le retour des jours froids, que le système de chauffage au mazout, plutôt vétuste, ne provoque un incendie. Un poème des *Courtepointes* garde mémoire de cette *Rue Saint-Christophe* et surtout du désarroi où se trouve Miron cette année-là, malgré la naissance des « Matinaux » et l'essor de l'Hexagone :

> Je vis dans une très vieille maison où je commence
> à ressembler aux meubles, à la très vieille peau des fauteuils
> peu à peu j'ai perdu toute trace de moi sur place
> le temps me tourne et me retourne dans ses bancs de brume
> tête davantage pluvieuse, ma très-très tête au loin[4]

Du « très-souvenir » à cette « très-très tête », l'égarement et l'amnésie paraissent alors grandissants. Comment imaginer qu'une telle année va se terminer en beauté, quand tout ne semble que dévastation ? Pourtant, une splendeur poétique et presque mystique émane de ce désastre, qui lui fait écrire, durant les mêmes mois, quelques-unes de ses notes les plus denses, les plus incandescentes. Ainsi, à la mi-juin, en se souvenant toujours de la perte d'Isabelle :

> Sur le chemin du concret. Je marche toujours, la face attirée fascinée aimantée par une grande et forte chaleur. Je vis toujours avec le visage du malheur triste devant moi, à hauteur de visage, comme si le soleil était constamment à proximité devant mon visage, un soleil transparent et calciné[5].

Sa « marche d'amour » le mène-t-elle donc plutôt à Dieu ou à cet étrange soleil ? Même plongé dans sa vie sociale et professionnelle, il se sent souvent aussi seul qu'un homme dans un désert.

À l'époque, il fréquente toujours les cafés d'artistes où il a des discussions animées avec les peintres Jean-Paul Mousseau et Guido Molinari. On le rencontre aussi dans les parages du carré Saint-Louis, où il s'établira plus tard. C'est là, au restaurant Le Grill Saint-Louis, qu'il fait au cours de l'automne la connaissance d'une autre artiste, Thérèse Gagnon, jeune étudiante à l'École des beaux-arts, élève du sculpteur Armand Vaillancourt. Au fil de leur conversation, la jeune femme demande à Miron de lui indiquer une auberge pas trop chère dans les Laurentides où elle pourrait passer les vacances de Noël avec une amie. Il lui recommande La Cordée, l'auberge de jeunesse de Val-Morin, toujours fréquentée par les amis de l'Ordre de Bon Temps, les Rodolphe Guay et Gilles « Carrosse » Beauregard, et où l'on a fêté le mariage d'Olivier et Mathilde l'année précédente.

En fait, tombé immédiatement sous le charme de cette jeune femme très jolie et cultivée, Miron vient d'entrevoir une oasis au bout de son désert et il a déjà un plan en tête : faire une « surprise » à Thérèse en débarquant à l'improviste à l'auberge de Val-Morin quelques heures avant Noël. Hélas, les choses ne se dérouleront pas tout à fait comme prévu : à son arrivée le soir sur la petite route enneigée qui relie Val-David à Val-Morin, il croise le groupe des pensionnaires de La Cordée qui se rendent à pied sous un beau ciel étoilé à l'église de Val-David pour la messe de minuit. Il reconnaît bien Thérèse parmi le groupe, mais, ô malheur, elle est accompagnée d'un homme qui la tient tendrement par la taille ! Tout le plan s'effondre et il ne lui reste d'autre choix que de foncer tête baissée vers l'auberge, sans nul désir d'aller à l'église avec le groupe. Il ne peut se douter que tout cela est une méprise digne d'un mauvais film, l'inconnu étant un voyageur français plutôt entreprenant pour lequel Thérèse n'éprouve aucun sentiment. Au retour de la messe pour le réveillon, consciente et confuse d'avoir profondément blessé Miron, elle le retrouve dans la salle commune en train de chanter à côté du piano. La chanson demeure l'une de ses armes préférées et il en a une toute prête pour la circonstance :

> Elle a tant d'amoureux
> Elle a tant d'amoureux
> Qu'elle ne sait lequel prendre lon la
> Qu'elle ne sait lequel prendre

C'est le grand rituel de la séduction. Il a même préparé un cadeau qu'il vient lui remettre cérémonieusement dans le coin du salon où elle s'est assise, émue par cette naïve parade amoureuse : la boîte contient un œillet rouge et un poème, manuscrit à l'encre blanche sur fond noir… Dans son carnet, il va noter : « Passé Noël au camp de Val-Morin (La Cordée). Avec Thérèse. Je crois que je suis maintenant amoureux de Thérèse[6]. » On n'aurait pas cru possible une telle chose quelques mois

plus tôt : un nouveau chapitre de *La Marche à l'amour* vient de
s'ouvrir.

Rentré à Montréal le lendemain de Noël, euphorique, il s'empresse
de lui écrire. La lettre s'adresse à la « Thérèse-des-plus-beaux-jours »
et il se sent, explique-t-il, « un peu comme un jeune homme timide
qui rencontre une jeune fille pour la première fois ». Désormais, c'est
à elle qu'il pourra adresser ses poèmes, certains de ces vers lancinants
qui le hantent depuis deux ans, comme « c'est ton visage au loin posé
comme un phare », qu'il conservera plus tard dans *Et l'amour même
est atteint*[7]. Ce visage de femme qui lui permettrait de s'orienter vers
le rivage de l'amour heureux, il appartenait jusque-là à Isabelle, mais
c'est maintenant celui de Thérèse, « belle, belle, belle ! » à l'infini,
Thérèse dont il décide de faire une sorte de blason, un poème concret
formé de ce seul nom dactylographié cent fois sur plusieurs colonnes
et qu'il joint à une autre lettre datée du 28 décembre[8].

L'année 1955, celle de ses vingt-sept ans, s'annonce donc sous les
meilleurs auspices. Ce sera celle de Thérèse, entre la rue Saint-Denis,
le carré Saint-Louis et les Laurentides, et c'est elle qui l'accompagnera
au mariage de Jean-Guy Pilon et Denise Chassé, au début du mois de
mai : « Les plus beaux moments de ma jeunesse auront été ceux-là
même de cette année 1955[9] », lui écrira-t-il plus tard avec nostalgie.

Car on le devine, l'allégresse ne durera pas. Pour Thérèse, ce
Gaston Miron poète qui s'active sans relâche à l'Hexagone est un
homme fascinant, cultivé, un ami à la fois cocasse et chaleureux,
mais ce n'est pas un amoureux, encore moins un futur mari ! Quand
il s'en rend compte, au bout de quelques mois à peine, il se trouve
brutalement confirmé dans ses pires appréhensions, dans son fatalisme de toujours : c'est donc vrai, aucune femme ne peut l'aimer ! Il
est pris de panique : « Claude, il faut me pardonner, je souffre comme
un bœuf éventré », écrit-il le 4 juillet à Haeffely, au moment où son
histoire d'amour se trouve visiblement au plus mal. Dès lors, il devient
amer et violent, il s'indigne, il accuse, il injurie grossièrement, en
crachant par terre, même en public. « J'ai été très injuste en voulant
te détruire », avouera-t-il ensuite, mais en ajoutant du même souffle
que cette rupture douloureuse l'a fait passer « de l'adolescent attardé
à l'homme qui arrive à sa maturité[10] ».

Rien n'est moins sûr... S'il y a mûrissement, ce sera plutôt du
côté du poème lui-même, de ce grand hymne à l'amour auquel
Isabelle avait donné la première impulsion et dont Thérèse est venue

à son tour nourrir l'écriture. C'est le cas, en particulier, du passage qui s'ouvre par ce vers célèbre : « Montréal est grand comme un désordre universel » et qui va se développer sur un ton meurtri mais riche en espérance :

> si jamais je te rencontre fille
> après les femmes de la soif glacée
> je pleurerai te consolerai
> [...]
> puis je jetterai dans ton corps le vent de mon sang
> tu seras heureuse fille heureuse
> d'être la femme que tu es dans mes bras[11]

À rebours de ces retrouvailles promises, c'est à Thérèse que se rattache aussi le dénouement pathétique du poème : « je marche à toi [...] / [...] je bois / à la gourde vide du sens de la vie » et toute la suite jusqu'à « je n'attends pas la fin du monde je t'attends[12] ». À mesure que se multiplient les ébauches, Miron comprend que ce poème devient le concentré de tout ce qu'il a pu vivre en amour, le meilleur et le pire, la tendresse brûlante comme la froide absence. C'est cette tension entre l'amour trop rarement réalisé et l'amour jamais atteint, c'est ce présent et cet avenir enchevêtrés qui vont donner au poème son chant singulier et son ampleur.

Qu'il vive littéralement son poème à cette époque, cela confine parfois au pur mélodrame, quand ce n'est pas au théâtre burlesque. « Je m'affale tout le long de ma hampe », qui va devenir après 1970 « je m'affale de tout mon long dans l'âme[13] », est ainsi l'occasion d'une performance carrément loufoque. Par une belle journée de l'été 1955, en se promenant avec une amie rue Sainte-Catherine, Thérèse découvre Gaston effondré sur le trottoir, non pas comme un pauvre itinérant, mais vêtu d'un complet-cravate. Sans doute l'a-t-il aperçue au loin et s'est-il empressé de lui préparer cette mise en scène pathétique. Elle l'aide à se relever et à dépoussiérer son complet, puis elle le raccompagne chez lui, rue Saint-Christophe, où il bascule aussitôt sur son lit pour sombrer dans un profond sommeil. Pourtant, quand arrive une heure plus tard l'ami à qui elle a téléphoné pour qu'il vienne s'occuper de Gaston, celui-ci retrouve en un instant toute son énergie et toute sa verve, le trio repart se promener allègrement au centre-ville et

Miron confie joyeusement à son ami en désignant la jeune femme :
« Regarde-moi cette gazelle ! »

Seul avec lui-même, il retombe toutefois très vite dans son
marasme. Les images exubérantes que lui a inspirées son nouvel
amour éphémère tournent alors au grotesque et au délire ; *La Marche à
l'amour* ne s'en va plus nulle part et elle replonge dans les imprécations
et les images dérisoires de *La Batèche*. Dans ce registre, un des poèmes
les plus étonnants dédiés à Thérèse demeure la *Danse de l'écorché
vif* qui s'ouvre dans une tonalité et avec des mots qui annoncent *La
Marche à l'amour* :

> Thérèse mon *envoûtement*
> Thérèse ma tempête d'*abeilles*
> Thérèse ma *danse carrée* des étoiles[14]

mais qui vire à la pure frénésie dans une cascade interminable de
gestes fous, de calembours et d'images souvent affreuses, comme si
l'amoureux de Thérèse ne voulait plus danser à la grandeur des
constellations mais plutôt au ras du sol, pour en finir avec lui-même
et avec son propre corps devenu insupportable :

> je danse je saute
> je me danse la danse
> je me Rue St-Laurent
> je m'étang mort
> je me marre aux grenouilles
> je me batèle
> je me courcis
> je me poinçon
> je t'appelle je dis oui je dis non
> [...]
> je danse je saute
> pour me faire suer ma douleur
> je m'enfarine je me pèle
> je me tâte le mal du dedans
> je me gratte les furoncles dans les yeux
> je me bancale les os
> je souffre d'âme cutanée
> je me gave de rafale

je me lance-flamme

[…]

Le meneur de danses carrées, le gigueur de l'Ordre de Bon Temps a décidément bien mal tourné. Même sa haute conception de la poésie se trouve ici rageusement saccagée pour que triomphe enfin la laideur : « je vous danse la gratelle / dans le grand Malaise / dans le Hocquet / dans le Pet / pour le Grand Réquisitoire », clame-t-il plus loin, comme saisi de convulsions obscènes.

Au sortir d'un tel poème qui n'est pas sans évoquer certaines pages d'Henri Michaux, qu'apportera donc la vraie vie ? « je me Rue St-Laurent » est plus qu'un calembour, et les mystérieuses « femmes de la soif glacée » de *La Marche à l'amour*, dont il espérait s'éloigner pour enfin rendre heureuse la seule qui compte, ces femmes n'habitent-elles pas les parages de la *Main*, ce quartier du Red Light qui l'a toujours fasciné et dont il se protégeait à vingt ans en se réfugiant dans les églises ? Qu'il y ait eu là, au bout des pires danses macabres des années 1950, un dernier recours, tel aveu ancien à Isabelle[15] et quelques fragments poétiques sont explicites à ce sujet :

> Puisqu'il ne s'en est pas trouvé une
> quand mes yeux scintillaient de pureté
> dans le vent d'amour et de vallée aux seins
> pour me recevoir, et ma tempête grave
>
> moi je vous salue
> de votre beau nom de filles de joie
> ô vous qui avez voulu de moi[16]

Cette gratitude ne va pas sans un sentiment certain d'avilissement que Françoise Gaudet-Smet, qui n'est pas femme à rire avec la morale, lui reproche sévèrement : « Tant de jeunes m'ont raconté combien tu les scandalises en disant entre deux éclats d'un rire qui n'a rien de joyeux que tu vas au bordel […]. Tu te conduis comme un aveugle qui conduit d'autres aveugles », s'indigne-t elle tout en reconnaissant qu'il a « un bon fond » et « tout ce qu'il faut pour faire un maître[17] ». Dans *La Marche à l'amour*, il ne fera que des allusions pudiques à cette dégradation morale : « constelle-moi de ton corps de voie lactée / même si j'ai fait de ma vie dans un plongeon / une sorte de marais, une espèce de rage noire[18] », ou encore : « je m'en vais en délabre au bout de mon rouleau[19] » — avant l'épilogue d'un des poèmes de clôture : « déchéance est ma parabole depuis des suites de pères[20] ».

Quelle foi Miron conserve-t-il ? S'il n'en parle guère ouvertement, on ne doit pas sous-estimer, dans *L'Homme rapaillé*, ce qui vient d'un univers mental catholique assez proche de celui d'un François Mauriac : un monde marqué par la chute, la faute, une « déchéance » dont on cherche à se relever dans un acte de foi. Le « péché » individuel y rejoint le péché collectif : « le mal est dans les poutres du temps / la honte est une maladie sans nom dans nos profondeurs et nos surfaces [...] / que les hommes nous pardonnent / si nous ne valons que par notre absence », dira *Un homme...* en 1958 — à quoi le poème dans son état final, rebaptisé *L'Octobre*, ajoute : « nous avons laissé la lumière du verbe s'avilir[21] ».

La faute la plus grave, la tare irrémédiable et humiliante, c'est le manque d'amour. Ce n'est pas pour rien que l'*Art poétique* de 1958 commence par ce triste constat : « J'ai la trentaine à bride abattue dans ma vie / je vous cherche encore pâturages de l'amour[22] ». C'est dans ce « froid humain » que l'homme poète tombe et se relève, en constatant que sa mère, plus malheureuse encore, tient bon « les mailles du temps » et que son père disparu revit et s'avance en lui « avec le goût du fils et des outils ». Retour à la famille et à l'héritage du travail artisanal, évocation d'un temps révolu où les mots disaient juste et trouvaient là leur beauté : « mon père, ma mère, vous saviez à vous deux / nommer toutes choses sur la terre ».

∗   ∗   ∗

Puisque les pâturages de l'amour ne cessent de se dérober, il y a lieu de se rabattre encore et toujours sur l'Hexagone. La petite maison publie lentement, guère plus de deux recueils par année dans sa collection « Les Matinaux » : après ceux de Perrier et de Pilon en 1954, *Du centre de l'eau* de Jean-Paul Filion et *Ces anges de sang* de Fernand Ouellette paraissent en 1955, puis *Le Ciel fermé* de Claude Fournier et *Portes sur la mer* de Louise Pouliot en 1956. Les *Poèmes de Russie* de Pierre Trottier seront le seul titre des « Matinaux » en 1957, mais entre-temps, d'autres volets éditoriaux se sont ouverts. D'un côté, le projet de publier des œuvres en prose, des essais à tout le moins, n'a jamais été complètement abandonné, d'autant plus que

Miron lui-même est tout autant un homme d'idées qu'un poète. La création de la collection « Les Voix », dirigée par Louis Portugais, vient souligner l'intérêt de l'Hexagone pour la réflexion sociale et, en particulier, la relation entre littérature et société. Une conférence sur André Malraux prononcée à l'Université Laval en novembre 1955 en est l'occasion : l'auteur, André Patry, futur diplomate et conseiller politique, a rencontré Malraux à Paris, il peut dresser un portrait vivant de l'homme, évoquer son débit précipité, sa voix nasillarde, sa passion et retracer son itinéraire d'écrivain et d'intellectuel engagé dans les grandes luttes de son époque, en Indochine, en Espagne, en Chine comme en France, où l'auteur de *La Condition humaine*, en ces temps de grands changements qui se sont enclenchés dans l'après-guerre, « prêche une politique d'action et d'efficacité[23] ». La plaquette, *Visages d'André Malraux*, paraît à la fin de janvier 1956 et elle ne semble pas avoir connu un grand succès de ventes. Mais après le coup de chapeau donné à René Char et la caution apportée par celui-ci à l'aventure éditoriale de l'Hexagone, la référence à Malraux affiche une ligne directrice, le privilège accordé à des écrivains qui, tout en se consacrant à des œuvres d'une haute qualité littéraire, ont accepté de « se salir les mains », dans une conscience aiguë des enjeux et du sort de l'humanité. Char, Malraux : on notera l'absence de l'écrivain « engagé » par excellence des années 1950, Jean-Paul Sartre, dont le radicalisme et l'appui sans réserve au communisme semblent sans doute peu recevables dans le Québec d'avant la Révolution tranquille. Tout compte fait, ce Malraux qui jugeait Sartre « antilittéraire » et qui allait accorder son appui à un certain idéal national représenté par le gaullisme paraît plus proche de l'itinéraire de Miron que le Sartre dont se réclamera le poète de *L'Amour et le militant* à l'époque de la revue *Parti pris*.

Un second front éditorial sollicite Miron et son équipe. De prime abord, tout naturellement, l'entreprise de l'Hexagone était apparue comme l'émergence d'une nouvelle génération, née au tournant des années 1920-1930 et pour qui la poésie était un moyen privilégié d'expression. Or, si se manifeste très tôt le souci de penser la poésie et son édition dans leurs liens avec la société, l'inscription de la littérature dans la durée historique paraît tout aussi essentielle. Miron ne croit pas aux « écoles » littéraires, mais il a une conscience extrêmement vive des générations, à commencer par la sienne. « *Ma génération* » : cette référence est omniprésente dans ses écrits des années 1950, aussi bien ses notes éparses que sa correspondance. On peut y voir un héritage des mouvements de jeunesse et d'action catholique qui avaient eu tendance à durcir le conflit générationnel entre des « maîtres » conservateurs et encroûtés et des jeunes portés par l'esprit de liberté et d'innovation. C'est évidemment aussi, mais d'une manière exacerbée, l'esprit de *Refus global*, et l'on sait à quel point Claude Gauvreau pouvait être lyrique sur la question, lui qui haranguait ainsi son disciple Jean-Claude Dussault : « Jean-Claude, Jean-Claude, vous êtes JEUNE ! […] La jeunesse, c'est le soleil, c'est l'abondance, c'est l'ardeur, c'est l'amour, c'est le feu ! La jeunesse, c'est la liberté, c'est le rêve, c'est le don, c'est la possession ! La jeunesse, c'est la divinité terrestre[24] ! » Certes, Miron n'aura pas rencontré cette déesse, malgré les bons souvenirs qu'il a conservés du Mont-Sacré-Cœur, et c'est toujours dans des termes beaucoup plus tourmentés qu'il évoque l'itinéraire de sa propre génération :

> Longtemps nous avions vécu derrière nos tissus, nous alimentant par à travers eux. Voici. Nous n'avons pas eu de jeunesse ; notre adolescence : un tunnel bas, de longs corridors. Des enfants qui durant la guerre vivaient à l'échelle de l'homme, baignant dans leurs combats et leurs angoisses. Et maintenant, vingt ans, l'oxygène, vieux déjà de nous contenter et de bâtir avec des matériaux à notre disposition, sur place. Oui. Mais voici l'Ordre de Bon Temps. C'était comme une chance récurrente qui nous était donnée. Nous allions, aussi intensément mais avec beaucoup plus de fatalité, vivre notre jeunesse, nous qui n'en n'avions pas eue. Cela devait durer jusque vers ma vingt-cinquième année[25].

Peu de « feu » et de « possession » à la Gauvreau dans cette jeunesse-là… Mais c'est dire, du même coup, combien l'aventure de l'Hexagone est pour Miron portée par ce « nous », celui des jeunes qui ont eu vingt-cinq ans en 1953 et qui ont dû gagner leur place au soleil.

Pourtant, il juge en même temps que la clôture générationnelle serait néfaste dans la perspective de rassemblement et de continuité qui est la sienne. Plus tard, il contestera d'ailleurs vigoureusement que l'Hexagone ait été un pur phénomène de génération[26]. Le souci de déborder le réservoir des seuls jeunes poètes accueillis dans « Les Matinaux » se sera manifesté très tôt dans l'histoire de la maison, d'autant plus que l'équipe y voit un autre instrument de consécration. Il n'est pas question, toutefois, que cette ouverture vers les « aînés » se fasse aux dépens d'une certaine conception de la poésie moderne. Jamais, par exemple, l'équipe n'aurait songé à solliciter Robert Choquette, dont l'esthétique attestée par *Suite marine* paraît d'un autre âge. Quand un autre poète franco-américain, Rosaire Dion-Lévesque, né en 1900, écrit à l'Hexagone depuis le New Hampshire en mars 1956 et explique que, trop pauvre pour publier à compte d'auteur, il voudrait soumettre aux jeunes éditeurs un manuscrit, *L'homme qui cherchait Dieu*, la réponse que lui adresse Jean-Guy Pilon ne démontre aucun enthousiasme[27]. Derrière l'estime et les civilités, le drame est doublement cruel : un poète d'âge mûr et sans le sou se trouve poliment renvoyé chez lui par la génération montante — mais ce « chez lui », c'est en l'occurrence une Franco-Amérique en plein déclin, c'est le pays de la Nouvelle-Angleterre où Jack Kerouac, né d'immigrants québécois, ne pourra connaître à la même époque la gloire littéraire que dans la langue de l'autre, la langue souveraine du continent, l'anglais : *On the Road* (*Sur la route*) va triompher en septembre 1957.

Mais on ne construit pas davantage une maison d'édition qu'une œuvre littéraire uniquement sur les bons sentiments. Parmi les poètes québécois de la génération précédente, ce sont surtout Rina Lasnier et Alain Grandbois qui suscitent l'intérêt de l'Hexagone, Anne Hébert se trouvant à l'époque plutôt sollicitée par l'écriture de son premier roman : *Les Chambres de bois*. Une fois de plus, le rôle de Jean-Guy Pilon est déterminant. Au début de 1953, il a envoyé le manuscrit de son premier recueil, *La Fiancée du matin*, tant à Rina Lasnier qu'à Grandbois : tout indique que Pilon, comme Lasnier d'ailleurs, croyait Grandbois influent auprès des Éditions de Malte d'André Roche, l'éditeur de Sylvain Garneau et aussi de *L'Ange du matin* de Fernand Dumont, paru en 1952. Bien que Grandbois n'ait rien pu faire pour la publication de *La Fiancée du matin*, le lien entre les jeunes et les aînés est déjà établi, d'autant plus que Grandbois a trouvé « remarquables » plusieurs poèmes de Pilon[28].

Le contact s'est maintenu : quand, à la Foire du livre de Sainte-Adèle en août 1955, l'Hexagone décide de présenter son stand comme une vitrine pour l'ensemble de la poésie canadienne-française, l'équipe s'assure de l'appui de nombreux poètes, y compris Lasnier et Grandbois. Miron, à cette occasion, pique une sainte colère quand il constate que le reporter de *Radiomonde-Télémonde* regrette, dans son compte rendu, que les écrivains canadiens aient été « absents » de cet événement, à l'exception du dramaturge Marcel Dubé. La réplique du directeur de l'Hexagone est cinglante : où était donc la journaliste ? Il a beau jeu de confirmer que de nombreux poètes se sont présentés au stand et de déplorer l'ignorance teintée de mépris qu'affiche l'article :

> […] pour une fois, donc, que la littérature et la poésie adoptaient un front commun de représentation, une volonté unanime de présence, conférant à ce geste un caractère alors national (comme on dit LA littérature française, anglaise ou allemande) puisque ce n'était plus le fait de quelques auteurs, mais de la littérature en sa totalité, eh bien, on passe à côté. (Même Alain Grandbois, Rina Lasnier, des poètes comme [Claude] Gauvreau, [Paul-Marie] Lapointe, pour ne citer que ces opposants, avaient donné leur consentement avec ferveur et s'étaient groupés autour de l'idée)[29].

Le malentendu entre les écrivains (les poètes surtout) et l'univers des médias ne date pas d'hier ! Mais l'indignation de l'éditeur est ici à la mesure même du projet, qui impose tout autant la traversée de la frontière des écoles poétiques (les « opposants » automatistes se sont ralliés) que celle des générations.

La publication de *Présence de l'absence* de Rina Lasnier en 1956 et de *L'Étoile pourpre* de Grandbois en 1957 constitue de ce point de vue un double coup de maître, même si ce ne sera pas une sinécure pour les éditeurs. Rina Lasnier tient ferme au titre de son recueil, que Miron juge « mauvais », comme il le confie dès février 1956 à Claude Haeffely[30]. Une fois le recueil publié, l'auteure se montre difficile et chipote fréquemment sur les montants exacts qui lui sont dus, de sorte que Miron et Pilon se trouvent parfois forcés d'ouvrir leurs états de compte pour se justifier[31]. Sur le plan idéologique, les désaccords sont par ailleurs profonds : Miron et Lasnier partagent certes des positions nationalistes, mais l'éditeur est à l'époque devenu un social-démocrate, tandis que Lasnier est une catholique de droite à l'aise avec le régime de Duplessis. Ses idées seront assez bien reflétées par une revue trimestrielle, *Les Cahiers de Nouvelle-France*, qui voit le jour en 1957. Si la revue fait écho aux critiques d'André Laurendeau contre « un canadianisme niveleur dans lequel on a cherché à nous fondre[32] », elle se réclame bien davantage de l'autorité du magistère catholique que de la démocratie, elle insiste sur l'importance des chefs pour éclairer et guider le peuple, et elle accueille d'emblée dans ses

pages Raymond Barbeau qui, après avoir été un éphémère « agent
de l'Hexagone » à l'étranger, préconise désormais la création d'une
« Laurentie » qui a des relents de fascisme. « Il est permis de croire
que le nationalisme de *gauche* n'est pas loin d'être un reniement à tous
points de vue[33] », écrit Barbeau dans le premier numéro de la revue,
et Miron ne manquera pas de reprocher bientôt à Rina Lasnier ses
sympathies pour ce national-catholicisme à la Franco et ses positions
réactionnaires sur l'éducation. « Je ne crois pas à la démocratisation
de l'enseignement ; la gratuité nous conduira au socialisme et à l'école
neutre[34] », écrit-elle en effet sans ambiguïté en 1958 à Miron, qui la
retrouvera malgré tout sur le terrain de la poésie en publiant à ses côtés
dans *Les Cahiers de Nouvelle-France* deux poèmes : *Hiver* (*Les Siècles
de l'hiver*) et *Légende* (*Jeune Fille*)[35].

Grandbois, de son côté, est tout le contraire d'un idéologue,
mais c'est un inquiet et un grand timide qui cache un tempérament
souffreteux sous des allures de gentleman. Chargé de communiquer
avec lui, Jean-Guy Pilon doit composer avec les réticences et les
atermoiements du poète des *Îles de la nuit*, et avec de nombreux
rendez-vous reportés pour cause de malaises assez vagues. Pilon
et Miron se rendent à plusieurs reprises à Mont-Rolland, dans les
Laurentides, où habite alors Grandbois, afin de mettre au point le
manuscrit. Mais à peine un mois avant la publication, en novembre
1957, l'auteur en est encore à envoyer de nouvelles versions de ses
poèmes qui, explique-t-il, ont été « rassemblés à la hâte et dans une
plus grande confusion encore, ce qui n'est pas peu dire, que celle [qu'il]
apporte d'ordinaire au classement de [ses] papiers[36] » ! Il n'empêche
que *L'Étoile pourpre*, tiré à 1 500 exemplaires, peut être lancé en grande
pompe à l'École des beaux-arts le 18 décembre. L'Hexagone inaugure
à cette occasion une pratique dont l'objectif est surtout financier :
on fait un tirage spécial de cent exemplaires numérotés incluant une
« œuvre d'art », en l'occurrence un poème manuscrit de Grandbois.
Pour son recueil *L'Homme et le jour*, Pilon obtiendra même par
l'intermédiaire de René Char une gravure de Joan Miró.

Le désir qu'entretenait Miron de faire de l'Hexagone un carrefour
des générations ne saurait mieux se réaliser qu'avec la publication de
Grandbois, un poète admiré par les plus jeunes mais dont le silence
s'étirait depuis 1948. La consécration de la jeune maison d'édition
est d'autant plus frappante que la parution de *L'Étoile pourpre* vient
après que le prix David (décerné alors annuellement pour un ouvrage)

a été accordé à Jean-Guy Pilon pour *Les Cloîtres de l'été* en 1956 et
le prix Duvernay à Rina Lasnier pour *Présence de l'absence* en 1957.
Dans le cas de Grandbois toutefois, cette reconnaissance compense
en partie le fait que l'« Hommage aux littérateurs canadiens-français »
qu'avait publié le journal *La Presse* la veille de la Saint-Jean de 1956 (au
lendemain d'un nouveau triomphe électoral de Maurice Duplessis)[37]
n'incluait pas Grandbois dans les trente-trois écrivains honorés, qui
comptaient pourtant Roland Giguère, Anne Hébert, Rina Lasnier
et même les jeunes poètes de l'Hexagone, les Pilon, Perrier, Filion
et Fournier[38]. C'est la nouvelle génération, surtout, qui assurera la
renommée de Grandbois : Jacques Brault, notamment, qui prépare
à la même époque un ouvrage sur le poète pour la collection « Poètes
d'aujourd'hui » chez Seghers. Après l'hommage rendu à Grandbois
par la revue *Liberté* en 1960[39], c'est la publication par l'Hexagone de ses
Poèmes, en 1963, incluant *Les Îles de la nuit* et *Rivages de l'homme* alors
devenus introuvables, qui assurera la disponibilité et la permanence
de son œuvre.

*   *   *

Le 4 juillet 1956, devant un protonotaire de la Cour supérieure,
l'Hexagone s'est donné un statut juridique : Gaston Miron, Jean-Guy
Pilon, Gilles Carle et Louis Portugais (dans cet ordre) déclarent alors
être « les seuls membres » de la société enregistrée et faire « affaire
comme éditeurs au 3074 Lacombe[40] ». On pourrait croire, à la lumière
de cette institutionnalisation et du prestige acquis par l'Hexagone à
cette époque, que la réussite est atteinte et la permanence assurée. En
réalité, le petit édifice est beaucoup plus fragile qu'il ne paraît, pour les
raisons même qui ont causé l'effritement partiel de l'équipe en 1953,
chacun devant gagner sa vie. Pilon est réalisateur, Carle dessinateur
à Radio-Canada, tandis que Portugais est engagé avec d'autres, dont
le poète Claude Fournier, à la mise sur pied de la section française de
l'Office national du film. Quant à Miron, après ses emplois de commis
au palais de justice et au bureau des permis d'armes à feu de la Police
provinciale, il s'oriente enfin vers les métiers du livre : à l'automne
1954, il est commis de librairie au Palais du commerce et il entre
bientôt à la Librairie Beauchemin, qui se définissait durant les années
1940 comme « la plus grande maison d'édition de livres français hors
de France[41] » mais qui éprouve des difficultés financières et amorce

un déclin au milieu des années 1950. En regard de l'Hexagone, Beauchemin fait néanmoins figure de géant : il s'agit d'une vaste entreprise commerciale dont les activités couvrent aussi bien l'édition, l'impression que la diffusion du livre, et qui doit une bonne part de sa réussite à la littérature pour la jeunesse et au manuel scolaire. Malgré la publication de recueils de Rina Lasnier dans les années 1940, la « grande » littérature a occupé une place assez marginale dans son histoire, mais ce volet connaît un nouvel essor dans les années 1950, avec l'arrivée de Guy Boulizon comme directeur du secteur littéraire, qui sera à ce titre le supérieur immédiat de Miron. Par l'entremise de Claude Hurtubise, qui avait été du groupe de *La Relève*, on y a publié le *Journal* de Saint-Denys Garneau en 1954 et on assure la diffusion des *Écrits du Canada français*, la revue que vient alors de fonder Hurtubise. Une auteure aussi réputée que Gabrielle Roy y publie tous ses livres, *La Petite Poule d'eau, Alexandre Chenevert* et *Rue Deschambault*, au cours de la décennie.

Une liste des tâches datant du 1er février 1955 montre que, sous la direction de Boulizon, Miron assume à la Librairie Beauchemin des responsabilités diverses : « préposé à la vente, salle d'échantillons ; organisation et bon ordre de la dite salle ; étiquetage des livres ; vente par téléphone[42] ». Ce n'est pas le Pérou, mais cela le change à tout le moins de ses emplois antérieurs qui n'avaient rien à voir avec le monde du livre. Est-il pour autant heureux ? Il semble bien que non, à en juger par ce commentaire à Claude Haeffely six mois plus tard : « Pour le boulot, *statu quo* chez Beauchemin. Je m'aperçois qu'il n'y a rien à faire avec du vieux vécu. Il faut vraiment créer ses propres structures[43]. » Pourtant, en février 1956, il annonce qu'il est devenu l'« assistant du directeur[44] » et le printemps le trouve très occupé à répondre aux commandes de livres en vue des remises de prix de fin d'année dans les écoles et les collèges. Il connaît même la fierté de se voir délégué par la maison Beauchemin pour rencontrer un important éditeur américain de livres d'artistes à l'hôtel Mont-Royal, un style d'établissement qu'il n'a guère eu l'occasion de fréquenter depuis la Fête des poètes de 1953 à l'hôtel Windsor[45].

Miron est un impulsif dont la trajectoire n'est pas toujours aisée à suivre. Est-ce une fois de plus « à bout portant » qu'il envoie à la direction sa lettre de démission dès la rentrée de septembre 1956 ? Il explique que la réduction de personnel imposée par la maison a trop alourdi la tâche ; bien qu'il aime « passionnément » son métier d'éditeur et de libraire et qu'il se soit « plu » à travailler pour Beauchemin, et même « enorgueilli » de cela, la situation lui est devenue intenable[46]. Quoi qu'il en soit, il semble qu'on ait su l'accommoder puisqu'il va demeurer en poste à la librairie et même devenir directeur du service des ventes. À ce titre, il a momentanément sous ses ordres une jeune employée, Andrée Bertrand, qui sera mieux connue sous le nom d'Andrée Ferretti (du nom de son mari éditeur), impétueuse militante indépendantiste et amie de Miron dans les années 1980 et 1990[47].

Mais quelle que soit son ambivalence à l'égard de son emploi chez Beauchemin, Miron s'y trouve dans la position idéale pour élargir encore ses relations et multiplier les échanges littéraires et intellectuels. La rencontre de Claude Hurtubise, notamment, marque le début d'une amitié pleine de respect et suscite des collaborations. À la librairie, qui loge dans un vieil immeuble victorien de la rue Saint-Gabriel, des clients défilent, avec qui Miron engage volontiers la conversation. Une fin d'après-midi d'hiver, il remarque un collégien en train de bouquiner entre les grandes tables où sont exposés les livres : le jeune homme étudie au Collège André-Grasset où il vient de créer avec des amis une petite librairie coopérative. Il s'appelle Pierre Perrault et devenu cinéaste et écrivain, il retrouvera Miron dans les années 1960 et 1970.

Un autre jour, l'air timide, le regard brûlant, s'amène un jeune homme en colère, issu d'un milieu pauvre, dont les énergies créatrices se trouvent mobilisées, à dix-huit ans, par le désir de faire une « œuvre ». Pierre Vallières cherche alors à se libérer de Coteau-Rouge, la Ville Jacques-Cartier de son enfance où le Dr Jacques Ferron fait toujours du service, et il fréquente en étranger la bohème de l'École des beaux-arts. Un de ses amis, le poète Claude Fournier qui vient de publier *Le Ciel fermé* à l'Hexagone, lui a conseillé d'aller rencontrer Miron chez Beauchemin.

C'est le début d'une amitié intense nourrie de palabres sur la littérature et la politique. Jamais Miron ne retrouve mieux sa vocation de pédagogue que dans de tels échanges où il fait « l'éducation » d'un disciple sans grande expérience. Plus tard, à tour de rôle, défileront Gaëtan Dostie, Jean Royer, Jean-François Nadeau, pour ne nommer que ceux-là. À Vallières, jeune homme à peine sorti de l'adolescence, il peut tout apprendre sur les poètes modernes, sur la responsabilité poétique de René Char, sur Pablo Neruda qui a fait de son Chili natal un vaste monde, sur Aimé Césaire dont la lecture, en 1955, lui a fait découvrir le langage somptueux d'une « négritude » en pleine révolte — et comme éditeur et libraire, il peut lui faire part de ses nombreuses relations dans le milieu littéraire. Le jeune homme lui a donné à lire le manuscrit d'un roman, *Noces obscures*, l'histoire d'un jeune homme autodidacte et inadapté qui se cherche une pensée du côté de l'existentialisme. Miron juge l'œuvre publiable mais Vallières va finalement détruire son manuscrit, dont une copie refera surface dans les années 1980 et paraîtra à l'Hexagone[48].

La pauvreté de Vallières vient de loin, il y a baigné dès sa naissance, alors que Miron ne l'a vraiment découverte, avec effroi, qu'au tournant de la vingtaine. Le jeune homme a sans doute des histoires de misère à raconter sur le Coteau-Rouge de son enfance, cette banlieue délabrée où son mentor a passé une année en instituteur quelque peu myope. Mais le maître à penser a évolué : hanté par le projet d'une littérature et d'une culture nationales, il est depuis plusieurs années à l'affût des mouvements et des conflits qui tiraillent la société québécoise de l'époque et il peut en parler d'abondance. Devenu fort critique à l'égard du patriotisme traditionnel, il voit plus que jamais les carences de la démocratie au Québec et les inégalités qui déchirent la société. Sa propre condition d'employé souvent mal payé a sans doute contribué à l'éveil de sa pensée social-démocrate, mais il faut dire que dès sa jeunesse, Miron se montrait hypersensible aux réalités du peuple.

Une anecdote, racontée dans son journal et survenue dans l'autobus qui le menait à Saint-Jérôme en 1949, est à cet égard révélatrice. Au cours du voyage, Miron a entendu derrière lui une dame se réjouir du fait qu'elle était parvenue, en portant plainte, à faire suspendre un chauffeur à la suite d'une manœuvre trop brusque qui lui a fait briser ses lunettes. Indigné, Miron ne peut s'empêcher de se retourner pour prendre vivement à partie la passagère : a-t-elle songé un instant que le chauffeur était peut-être fatigué à la suite de longues heures au volant, qu'il avait probablement une femme et des enfants que dix jours de suspension sans salaire ont pu laisser affamés[49] ?... Cette colère était celle d'un jeune homme de vingt et un ans au caractère impétueux, et celle d'un chrétien progressiste qui allait se dévouer bientôt pour les jeunes des camps de vacances et les orphelins laissés-pour-compte.

Par ailleurs, l'empathie qu'il éprouvait, jeune homme, pour les gens du peuple dans l'autobus pour Saint-Jérôme ou dans les rues de Montréal n'a cessé de puiser, au cours des années 1950, à son propre milieu familial. Il lui suffit de lire les lettres de sa mère et de lui rendre visite pour se sentir solidaire d'une classe démunie et réduite à lutter pour sa survie. Depuis les années 1940, la « maison des larmes » n'a guère changé malgré le passage du temps. Gilbert Forget, le mari de Jeanne, est un bon travailleur et un homme affectueux mais il se retrouve parfois chômeur, son problème d'alcool persiste, ce qui crée des conflits avec les sœurs de Gaston et n'offre pas un bon exemple à Robert, son demi-frère qui a maintenant plus de dix ans. Avec ses maigres revenus comme femme de ménage, Jeanne parvient mal à soutenir la famille. En mai 1955, Miron a dû lui envoyer une partie de son salaire gagné chez Beauchemin pour qu'elle puisse payer ses trois mois de loyer en souffrance. Au cours de l'hiver 1956, elle lui écrit que Gilbert se trouve une fois de plus sans travail et que le paiement du loyer accuse un nouveau retard. « Je manque de courage pour supporter les épreuves que le bon Dieu m'envoie, et surtout de résignation[50] », écrit Jeanne à son fils, allergique à toute idée de renoncement et qui s'efforce de l'encourager : « Ce qui est important, lui répond-il, c'est de ne jamais démissionner vis-à-vis nous-même, de ne jamais cesser de lutter. Je crois que c'est là votre vraie grandeur, et à nous plus qu'à d'autres qui ont eu la victoire facile[51]. » La « vraie grandeur » : l'expression en dit long sur la fierté de l'homme Miron et sur les accents épiques de son œuvre à venir.

Le jeune Pierre Vallières est conquis par cette aspiration à la dignité qu'il perçoit dans les longs discours de son aîné. Mais où la trouver concrètement, cette « vraie grandeur » ? Dans l'œuvre littéraire, dans l'amour-passion peut-être, voire dans la vocation religieuse, qui avait tenté pendant un moment le frère Adrien ? Toutes ces voies divergentes, le jeune Vallières est sur le point de les explorer avant d'en découvrir une autre, beaucoup plus explosive : la Révolution. Dix ans plus tard, emprisonné pour ses activités terroristes, il va écrire son livre-choc, *Nègres blancs d'Amérique*, manifeste politique et autobiographie à la fois, dans lequel il évoque les années de la Librairie Beauchemin, de la rue Saint-Denis et du carré Saint-Louis, et rend hommage à Miron, « père spirituel (malgré son jeune âge) du FLQ, de *Parti pris*, de *Révolution québécoise*, de *Liberté* et de bien d'autres mouvements politiques ou littéraires[52] ».

On paraît bien loin, en 1956, de cet horizon révolutionnaire… Le triomphe électoral du Chef et de son équipe de l'Union nationale (72 députés élus sur 93 et près de 52 % du vote populaire) est plutôt celui d'une continuité qui semble présager une permanence. Miron, Vallières et leurs camarades progressistes en ressortent accablés. Huit ans plus tôt, le même Miron jubilait avec Guy Carle le soir de la victoire de Duplessis ! Mais tout comme son style poétique, sa pensée sociale et politique a mué. Ses cours en sciences sociales ont élargi ses perspectives, sa lecture assidue du *Devoir* lui a ouvert les yeux sur le régime, sur son parti pris contre les syndicats et sur sa complaisance à l'endroit de la corruption. D'autres lectures, celle des poètes surréalistes, d'Aimé Césaire et aussi du philosophe Mounier, ont fait leur œuvre, tandis que sa fréquentation du milieu des artistes, et notamment des automatistes, l'a éveillé à des courants de pensée radicaux dont il ne soupçonnait même pas l'existence à son arrivée à Montréal.

De toute manière, malgré une victoire décisive, le régime Duplessis montre des lézardes en 1956. La dénonciation de la corruption électorale et les appels à la démocratie, qui paraît bien déficiente, fusent de tous les côtés : de la revue *Cité Libre*, des milieux syndicaux et aussi de sources moins attendues. Un pamphlet signé par deux prêtres, les abbés Gérard Dion et Louis O'Neill, *L'Immoralité politique dans la Province de Québec*, connaît après les élections un grand succès et montre que la critique virulente du régime duplessiste n'est pas seulement le fait des « socialistes » et des « communistes ».

Le mouvement ouvrier est l'une des bêtes noires de Duplessis. Si Miron, encore jeune, avait bien d'autres soucis que la grève de l'amiante réprimée durement par la Police provinciale au service du Chef, la montée d'un syndicalisme indépendant des autorités religieuses et de plus en plus revendicateur ne peut manquer de solliciter le poète-éditeur. Il est significatif que, dès l'automne 1955, l'Hexagone accueille avec sympathie le manuscrit d'un militant syndical de la région de Québec, Laurent Hardy, très éloigné des préoccupations littéraires et poétiques de la maison. Comme l'équipe ne se juge pas tout à fait compétente pour évaluer la teneur documentaire de cette histoire des syndicats au pays, on décide d'obtenir l'avis d'un lecteur externe, soit Gérard Pelletier, toujours engagé à *Cité Libre* et journaliste au *Travail*, l'organe officiel de la Confédération des travailleurs catholiques du Canada, qui recommande la publication et préface l'ouvrage, *Brève Histoire du syndicalisme ouvrier au Canada*, publié avec un important délai dans la collection « Les Voix », sous la direction de Jean-Guy Pilon.

L'année 1957 concrétisera ces enjeux syndicaux sur le terrain, à la faveur d'une nouvelle grève qui illustre encore une fois, s'il en était besoin, la partialité du gouvernement de Duplessis en faveur du patronat, celle de Murdochville, en Gaspésie.

*   *   *

Le Miron de cette décennie 1950 est un homme aux multiples visages. De la Police provinciale (la Police de Duplessis !) à la Librairie Beauchemin, l'itinéraire paraît déjà assez déroutant. Mais l'humble locataire de la rue Saint-Christophe, l'apôtre du peuple, le social-démocrate en devenir a aussi d'autres personnages et d'autres tours en réserve. S'il habite toujours, rue Saint-Christophe, « cette damnée chambre où [il pourrit][53] », comme il l'écrit à son ami Haeffely, il peut toujours remonter du cloaque et accéder à des lieux plus nobles. C'est ainsi que, depuis son pauvre quartier Centre-Sud, il fréquente à l'occasion un salon distingué de Westmount où l'infatigable directrice d'*Amérique française*, Andrée Maillet, qui a commenté généreusement *Deux Sangs* et accueilli *L'Homme fini* et deux ou trois autres de ses poèmes dans sa revue, tient des soirées qui rassemblent écrivains et artistes. Fille de la grande bourgeoisie canadienne-française, elle a épousé un officier de l'armée canadienne, Lloyd Hamlyn Hobden, avec qui elle a séjourné en Provence après la guerre. Grâce à sa revue ouverte aux nouveaux écrivains tels Jacques Ferron, Roland Giguère, Jacques Brault et Miron lui-même, et à la chronique littéraire qu'elle tient dans *Le Petit Journal*, propriété de son père Roger Maillet, elle fait alors figure d'animatrice des lettres, un rôle auquel son salon littéraire, tenu « sans vrai snobisme, sans grande pédanterie » selon les souvenirs de Claude Jasmin, donne un cachet un peu aristocratique et suranné. Le jeune romancier, qui allait quelques années plus tard côtoyer comme Miron le groupe de *Parti pris*, fait alors ses classes dans le salon de la riche résidence de la rue Arlington :

> Nous étions, la bande-au-salon, des enfants du populo un peu intimidés, tous, de pouvoir ainsi faire partie de la cour-Maillet. Andrée, de plus, était notre aînée. Elle nous demandait des textes variés, elle publiait nos poèmes, nos petits essais. Nous lisions nos manuscrits, on en discutait un peu, Andrée poussait des cris d'admiration. Elle était stimulante de géné-rosité, elle pouvait aussi à l'occasion, rarement, être piquante et afficher une moue non équivoque à l'écoute d'une ponte quelconque de l'un d'entre nous[54].

C'est dans cette atmosphère aux antipodes de celle de la rue Saint-Christophe et où il détonne un peu que Miron fait dès 1954 la rencontre d'Alain Horic, qui a fui son pays natal de Bosnie en 1945 et s'est engagé au service de la France dans la Légion étrangère en Afrique du Nord et en Extrême-Orient avant d'immigrer au Québec en 1952. À la fois technicien, homme d'affaires et poète, il publie bientôt un recueil chez Erta, *L'Aube assassinée*, avant de jouer un rôle important à l'Hexagone.

Miron à Westmount, cela peut surprendre, mais Miron auteur pour la télévision, c'est là une voie presque aussi déroutante, d'ailleurs éphémère. Mais on l'a vu : les liens des anciens membres de l'Ordre de Bon Temps et de l'équipe de l'Hexagone avec Radio-Canada sont innombrables. Même Ambroise Lafortune, portant la soutane, est rapidement devenu une vedette de la télévision, d'abord dans le cadre de l'émission *Pays et merveilles* d'André Laurendeau. Ambroise, qui est un conteur naturel, conçoit à l'époque le projet d'un récit construit autour du personnage de Rodolphe Guay, une figure pittoresque, vrai homme du Nord, que lui et Miron ont beaucoup côtoyé à l'OBT. À l'automne 1956, la télévision de Radio-Canada lance une série ayant pour titre *Rodolphe*, dont le réalisateur est Claude Caron, le vieil ami et colocataire de Miron, et dont celui-ci et Ambroise Lafortune sont les coauteurs[55]. Le personnage éponyme est un gaillard de forte carrure, descendant direct des coureurs des bois, parfaitement chez lui dans la forêt et sur les cours d'eau des Laurentides, tandis que son compagnon, « Bozo » (un nom emprunté à une chanson fameuse de Félix Leclerc), est un jeune homme du genre artiste, un peu efféminé, effrayé devant la moindre descente de rapides et maladroit quand il s'agit d'allumer un feu et de se cuisiner un repas. Le futur chansonnier Claude Léveillée y joue son premier rôle, et lui-même autant que le nom de son personnage sont promis à la célébrité : ce sera la fameuse boîte à chansons de la rue Crescent et le groupe de chansonniers Les Bozos, qui regroupera en 1959, aux côtés de Léveillée, Jacques Blanchet, Clémence DesRochers, Jean-Pierre Ferland et Raymond Lévesque, celui-ci devant par la suite connaître le succès avec des chansons comme *Quand les hommes vivront d'amour* et *Bozo-les-culottes*.

Miron, lui, ne peut cependant tirer aucun titre de gloire de *Rodolphe* : la série qui oppose l'homme de la nature à des prospecteurs miniers véreux est d'un rythme languissant (même selon les critères de l'époque) et les dialogues d'une indigence navrante sont entrecoupés de longs plans sur la forêt et les rivières du Nord. On devine que le poète-éditeur a retrouvé avec bonheur les paysages de ses origines, mais il quittera rapidement la série pour être remplacé par l'auteur et poète Réginald Boisvert dès l'hiver 1957.

Le voici encore dans un autre rôle, le terme ayant cette fois sa pleine valeur littérale : Miron en acteur de cinéma. Si *Le Chauffeur de taxi*, court métrage réalisé par Louis Portugais deux ans plus tôt et dans lequel Miron jouait le rôle fugace d'un client pressé, pouvait passer inaperçu[56], *Le Cas Labrecque* de Bernard Devlin[57] est une production plus ambitieuse, une fiction de trente minutes dont Réginald Boisvert a écrit le scénario. Le film raconte l'histoire d'une famille d'un quartier pauvre évincée de son logement parce que le père ne parvient plus à payer son loyer. Des voisins charitables les abritent temporairement non sans qu'il y ait des complications avec les enfants, mais l'affaire vient bientôt aux oreilles du curé de la paroisse, joué par Roger Varin, le fondateur de l'OBT. À la sortie de la grand-messe du dimanche, Miron apparaît parmi le groupe des paroissiens qui ont écouté leur curé les inciter à la compassion envers les Labrecque durant son homélie : le paroissien Lesieur incarné par Miron émet des commentaires désobligeants, estimant qu'il n'y a pas lieu de venir en aide à une famille qui ne fréquente même pas l'église ! La suite du film montre les conseillers municipaux réunis dans une salle luxueuse, rénovée à grands frais, et qui tranchent finalement à la majorité contre tout soutien financier à la famille en difficulté.

Outre la délicieuse ironie qui fait de Miron un personnage de parfait réactionnaire, le contenu du film est révélateur d'un courant de critique sociale qui se manifeste dans le Québec des années 1950 et qui trouve notamment son expression dans les milieux syndicaux et sociaux-démocrates, à la faveur même d'une ère de prospérité économique qui rend d'autant plus criante la persistance de couches défavorisées. En même temps, c'est l'infériorité économique de l'ensemble des Canadiens français au Québec et en particulier à Montréal, largement dominée par les Anglo-Saxons, qui devient intolérable. La révolte n'éclatera qu'après 1960, mais on ne manquera pas de relever bientôt toute une chaîne d'événements qui, à partir de l'après-guerre, en auront été les signes précurseurs : le *Refus global* de 1948, la grève de l'amiante de 1949, l'émeute du Forum et de la rue Sainte-Catherine à la suite de la suspension du joueur de hockey Maurice Richard en mars 1955, la grève des mineurs de Murdochville en 1957 et celle des réalisateurs de Radio-Canada en 1959. Avant que ne surgisse l'image du « poète national », c'est à même cette accélération de l'histoire que commence à prendre forme, dans la seconde moitié de la décennie, un autre personnage de Miron, beaucoup moins éphémère que les autres : le militant politique.

La société des poètes

Au printemps 1957, un homme dans la cinquantaine avancée, de haute taille et à l'allure distinguée, marche à pas lents dans une rue du quartier Côte-des-Neiges en ayant l'air de chercher une adresse. Il hésite devant la jeune femme en tenue sportive occupée à aérer des objets sur sa pelouse, devant le 3074, avenue Lacombe. Les Éditions de l'Hexagone ? C'est bien ici, lui confirme-t-elle. Il doit être étonné, il s'attendait sans doute à un bureau plus officiel, pas à une entrée latérale dans un simple sous-sol.

Au début de l'hiver précédent, Louis Portugais a épousé Micheline Sainte-Marie, une jeune femme de bonne éducation, passionnée de littérature, lectrice fervente des chroniques de poésie de Gilles Marcotte et habituée des cafés d'artistes comme La Petite Europe et L'Échouerie. Elle en est à terminer l'écriture de son premier recueil, *Poèmes de la sommeillante*, qui paraîtra en 1958 aux Éditions Quartz. C'est dans un restaurant du carré Saint-Louis qu'elle a fait la rencontre de Portugais, qui y prenait un café avec Miron et son ami Claude Dansereau. À la même époque, elle travaille comme secrétaire dans le bureau d'avocats de Jacques Perrault, une des figures les plus influentes du socialisme au Québec, étroitement lié au Parti social démocratique (PSD), l'aile québécoise du Cooperative Commonwealth Federation (CCF) canadien, l'ancêtre du Nouveau Parti démocratique.

La maison Portugais a été mise en vente au début du printemps à la suite du décès des parents de Louis, mais le jeune couple y habite encore avant de vider les lieux, privant du même coup l'Hexagone de son secrétariat. L'homme de forte prestance que Micheline

Sainte-Marie a vu s'approcher ce jour-là parle un français plutôt raide, avec un net accent anglais : il s'agit de Frank Scott, figure majeure de la poésie de langue anglaise à Montréal. Né d'un pasteur anglican de Québec, il ne peut prévoir qu'il deviendra bientôt, sous la plume moqueuse et mordante du romancier Jacques Ferron, un obsédant personnage de fiction, l'emblème de l'anglophone québécois à la fois proche et étranger[1]. En attendant, Scott habite pleinement la réalité littéraire et politique de son temps. Sa sensibilité de gauche est celle des milieux intellectuels anglophones de Montréal, très hostiles au régime de Maurice Duplessis. Éminent juriste et professeur de droit à McGill, Scott vient d'ailleurs de faire déclarer inconstitutionnelle par la Cour suprême l'infâme « loi du cadenas », votée en 1937 pour combattre le communisme (avec l'appui, il faut le dire, aussi bien du Parti libéral que du clergé) et utilisée abusivement par Duplessis pour fermer les lieux de réunion des groupes syndicaux et socialistes. Opposé à la thèse des « deux nations » au Canada désormais en vogue au CCF, Scott demeure malgré tout un militant influent du parti dont il a été le président national dans les années 1940. On peut difficilement imaginer un poète et un intellectuel canadien qui soit engagé de manière plus exemplaire dans l'action.

C'est surtout la poésie qui ouvre un terrain de rencontre entre Scott et Miron[2]. Collaborateur occasionnel aux *Écrits du Canada français,* ami du sociologue Jean-Charles Falardeau qui l'oriente vers les nouveaux auteurs, le poète anglophone a commencé à traduire des poèmes d'Anne Hébert dès 1952, et John Sutherland, le directeur du magazine *Northern Review* où quelques-unes de ces traductions ont paru, lui a sûrement parlé de sa rencontre avec Miron, Marchand et Pilon à la Fête des poètes de novembre 1953.

Il faut dire que Scott n'est pas le seul à s'intéresser à l'ébullition poétique qui se manifeste au Québec français depuis l'après-guerre. Le poète d'origine écossaise Gael Turnbull, qui pratique la médecine dans le nord de l'Ontario, est déjà en contact avec Roland Giguère dont il a traduit plusieurs poèmes en même temps que ceux de Gilles Hénault. En 1955, un responsable de la section « Letters in Canada » du *University of Toronto Quarterly* a écrit aux éditeurs de l'Hexagone pour qu'on lui fasse parvenir les recueils de la maison parus en 1954 en vue d'une recension[3]. Des poètes de Toronto comme Raymond Souster ont leur propre maison d'édition de poésie, Contact Press, qui se reconnaît vite une parenté avec l'Hexagone, tant dans la manière de fonctionner que dans le désir de faire entendre de nouvelles voix poétiques et de contribuer à la création d'une culture canadienne autonome à l'égard de la Grande-Bretagne et des États-Unis, comme celle du Québec par rapport à la France.

Bien que le principal foyer littéraire du Canada anglais commence alors à se déplacer insensiblement vers Toronto, c'est toujours sur le terrain foulé par Miron et l'équipe de l'Hexagone à Montréal que se joue pour l'essentiel la modernité canadienne en poésie. Les poètes juifs ont apporté un souffle nouveau sur la scène anglo-montréalaise : après Abraham Moses Klein, qui a obtenu un prix du Québec pour son recueil *The Rocking Chair* (*La Chaise berçante*)[4] consacré au Canada français, il y a de jeunes loups comme Irving Layton, et plus récemment Leonard Cohen dont le premier recueil vient de paraître à l'Université McGill. Mais le Montréal anglo-protestant regorge tout autant de poètes de grand talent, tels les John Glassco, Louis Dudek, Ralph Gustafson et autres qui, avec Scott pour chef de file, veulent eux aussi « nationaliser » la littérature canadienne et rompre avec des formes poétiques qui leur semblent appartenir à un monde ancien. Comme Glassco, un esprit très peu conformiste qui a connu de belles années de bohème parisienne à Montparnasse, Scott est resté sous le choc en découvrant les poèmes et le *Journal* de Saint-Denys Garneau, et les deux hommes nourrissent des projets de traduction du poète, cousin d'Anne Hébert.

Quand Scott s'amène rue Lacombe en 1957, il a un autre projet en tête dont il a déjà fait part à Glassco, enthousiaste : une anthologie bilingue des poètes du Canada français, incluant naturellement ceux de l'Hexagone. Scott a eu la chance de tomber sur Micheline Sainte-Marie, qui donne fréquemment un coup de main à l'équipe depuis l'année précédente et qui a en outre une maîtrise de l'anglais bien supérieure à celle des Carle, Miron, Pilon et Portugais, ce qui pourra servir étant donné le français assez livresque de Scott.

On tarde un peu à organiser une rencontre, mais finalement, par un beau soir de la fin juillet, Miron, Portugais et sa femme partent rencontrer Scott chez lui, à Westmount. Y avait-il un peu trop d'exubérance dans la voiture sport que conduisait Portugais ? Toujours est-il que, rue Sherbrooke Ouest, une auto-patrouille immobilise le véhicule pour excès de vitesse. Soit parce qu'ils se sont montrés insolents, soit par manque de communication, les compères se retrouvent au poste de police de Westmount. C'est Scott lui-même, bien connu et respecté dans la municipalité, qui devra venir se porter garant du trio de délinquants et les sortir de ce mauvais pas.

Malgré cette rencontre et d'autres contacts ultérieurs, l'anthologie de Scott ne verra jamais le jour. L'intérêt évident d'une telle entreprise se heurte rapidement à des difficultés de communication et, sans doute, à des incompatibilités de style et de milieu. Déjà peu à l'aise dans le salon bourgeois d'Andrée Maillet, Miron se sent encore plus étranger parmi l'élite intellectuelle anglophone, toute socialiste soit-elle. La simple barrière de la langue se révèle plus impénétrable qu'on ne l'aurait cru. Les conversations guindées tombent souvent à plat. Certains poètes rencontrés chez Scott ou chez le plus populiste Irving Layton, à Côte-Saint-Luc, ne parlent pas français. Un célèbre poème bilingue en forme de haïku, dédié à Miron par Raymond Souster, résume avec un humour cinglant la tournure abrupte de l'échange qui suit trop souvent, dans de telles conditions, la première poignée de main : « After the hand-shake / "je ne parle pas l'anglais"/ "je ne parle pas le français[5]" ».

Tout indique que Miron a cependant continué de fréquenter les poètes de langue anglaise jusqu'à son départ pour Paris. Une lettre datée de la fin janvier 1959 à Gael Turnbull, retourné vivre en Grande-Bretagne, indique clairement que le poète-médecin est venu à Montréal rendre visite à Miron, qui souffrait depuis quelque temps de problèmes cardiaques et se trouvait en convalescence. Dans la même lettre, Miron évoque leur dernière rencontre chez Irving Layton et il ajoute : « Nous parlons souvent de vous quand je rencontre Dudek et F. R. Scott ; ils ont beaucoup d'estime pour vous[6]. »

Plus profondément, la réalité des « deux nations » ou des « deux solitudes », développée dès 1945 par le romancier Hugh MacLennan[7], un autre grand ami de Scott, mine sans doute les meilleures volontés d'échange et de dialogue. Sur le terrain commun de la poésie, de la démocratie et de la justice sociale, ce sont deux nationalismes litté-raires qui séparent Scott et Miron. Or, ces deux nationalismes ne sont pas symétriques : alors que Scott et les poètes canadiens-anglais voient tout l'intérêt et la nécessité d'intégrer leurs homologues canadiens-français dans le grand projet d'une littérature nationale pancanadienne, la réciproque n'est pas vraie et l'intérêt de Miron et des autres poètes de sa génération pour leurs confrères de langue anglaise va toujours demeurer négligeable.

En fait, la rencontre de Scott et de Miron coïncide avec l'émergence d'une nation que d'aucuns au Québec, tel Michel Brunet, désignent déjà comme la nation « *Canadian* ». On est à l'âge des grandes enquêtes sur la culture : le rapport Massey, qui a couronné en 1951 les travaux de la Commission royale d'enquête sur l'avancement des arts, lettres et sciences au Canada, débouche en 1957 sur la fondation du Conseil des Arts, appelé rapidement à devenir la principale source de financement pour les écrivains et les éditeurs canadiens et québécois. C'est justement grâce à une bourse du Conseil des Arts du Canada que Miron pourra s'embarquer pour Paris en 1959.

Sur un autre plan, la commission Fowler sur la radio et la télévision veut renforcer en 1956 le rôle central de Radio-Canada ; elle recommandera la création d'une régie des ondes, qui sera bientôt connue sous le nom de Conseil de la radiodiffusion et des télécommunications canadiennes (CRTC). Pilon et Portugais, engagés à Radio-Canada et à l'Office national du film, sont forcément sensibles à ces questions, et Miron, de son côté, est en contact aussi bien avec la radio (on l'a vu envoyer ses poèmes à André Langevin afin qu'ils soient lus à l'émission *Premières*) qu'avec la télévision, pour laquelle il est en train de préparer avec Ambroise Lafortune la série *Rodolphe*.

Il est difficile de mesurer la contribution exacte de Miron au mémoire déposé à la commission Fowler en avril 1956 par l'équipe de l'Hexagone : quoi qu'il en soit, ce mémoire veut souligner l'importance du rôle de l'État dans les communications et la culture, et il définit la radio et la télévision « comme facteurs de différenciation culturelle et ethnique ». L'ambiguïté d'un tel discours tient au fait qu'une expression comme celle de « culture nationale distinctive », utilisée dans le mémoire, renvoie très nettement à l'ensemble canadien et à l'État fédéral qui le gouverne, alors que l'équipe de l'Hexagone veut insister tout autant sur le caractère distinct de la communauté de langue française à l'intérieur de cet ensemble : « L'apport de la culture d'expression française à notre patrimoine national est inaliénable : l'État a le devoir non seulement de le conserver mais de l'épanouir[8]. » « *Notre* patrimoine national » : on se trouve encore à une époque où les intellectuels québécois peuvent employer un « nous » pancanadien sans que cela signifie un alignement politique qui s'imposera dans les années 1960, à partir du moment où le « nous » québécois deviendra hégémonique dans le discours social et culturel. En fait, c'est ce « nous » implicite qui parasite ici le « nous » canadien, non sans produire un certain brouillage.

Le rendez-vous manqué, finalement, entre Scott et Miron tient largement à cet enjeu, et ce n'est pas un hasard si le poète-juriste, depuis longtemps proche de Pierre Elliott Trudeau, appuiera celui-ci au moment de son saut en politique avec ses amis Jean Marchand et Gérard Pelletier en 1965, tandis que Miron et la revue *Parti Pris* désigneront au contraire en Trudeau l'ennemi juré. Pourtant, comme le Miron des « vieilles montagnes râpées du Nord », du pays « seul avec lui-même et neiges et rocs », Scott a trouvé dans le « Bouclier laurentien » le lieu par excellence de ce pays préhistorique, analphabète, dont la poésie peut seule capter avec éloquence les silences et l'absence au monde :

> Caché dans merveille et neige ou braquant son été
> Le pays fixe le soleil de son énorme silence
> Répète infiniment une parole inaudible
> Inarticulée, arctique,
>
> Non écrite par l'histoire, vide comme une page,
> Il tourne le dos au monde et fait chanter ses lacs,
> Plus vieux que l'amour et perdu dans ses lointains[9].

Ce territoire préhistorique ressemble comme un frère à celui d'*Héritage de la tristesse* : le problème, c'est que si ce pays mythique, encore à dire et à inventer, s'enracine chez les deux poètes dans une même géographie ou un même « tellurisme », pour reprendre un terme cher à Miron, on ne parle déjà plus tout à fait de la même entité politique. Le débat ressurgira avec virulence en 1963, au moment de la Commission royale d'enquête sur le bilinguisme et le biculturalisme, au sein de laquelle Scott côtoiera André Laurendeau et connaîtra *en direct*, si l'on peut dire, le choc des deux nations, tandis que l'opulente et sereine Westmount, la petite cité verdoyante de Frank Scott et d'Andrée Maillet, se réveillera un matin dans le bruit invraisemblable des premières bombes du Front de libération du Québec.

*　　*　　*

En ce printemps 1957, Miron suit de près la crise majeure qui secoue le monde ouvrier. Organisés en syndicat, les mineurs de Murdochville, en Gaspésie, ont vu leur accréditation férocement contestée par leur employeur, la compagnie Noranda. Les événements violents se multiplient et, comme dans le cas de la grève de l'amiante de 1949, l'intervention musclée de la Police provinciale et la complaisance de Duplessis soulèvent la colère dans les milieux sympathiques aux travailleurs. Des manifestations d'appui ont lieu à Québec et à Montréal : Miron, accompagné de Pierre Vallières, se retrouve aux côtés du militant syndical et politique Michel Chartrand.

Depuis plusieurs années, Chartrand et sa femme Simonne Monet naviguent à travers la plupart des courants de la gauche au Québec. Depuis son engagement dans l'Action catholique, le couple n'a cessé de soutenir les travailleurs sous-payés ou en grève (ceux du grand magasin Dupuis Frères notamment, en 1952) et de réclamer des progrès sociaux pour eux et leurs familles. Simonne Monet, ardente féministe, a alors pour amie Thérèse Casgrain, chef du PSD, l'aile québécoise du CCF, avant que Michel Chartrand n'assume momentanément sa succession. Né d'une coalition d'associations agricoles et de syndicats ouvriers dans les Prairies canadiennes au début des années 1930[10], le CCF offre à l'époque pour la gauche québécoise antiduplessiste la seule structure politique organisée, en l'absence d'une véritable tradition travailliste ou socialiste au Canada français. De plus, dès 1950, le CCF a séduit certains militants canadiens-français en reconnaissant pour la première fois, dans la controverse et contre l'avis de Frank Scott, la thèse des « deux nations » au Canada, sans qu'on en saisisse encore bien les conséquences politiques. Au Québec, certains n'ont d'ailleurs pas tardé à radicaliser cette thèse, à laquelle Miron est très sensible : s'il existe deux nations, les « Canadiens » (appellation d'origine des Canadiens français) et les « *Canadians* », chacune doit disposer de structures politiques propres à sa réalité : « Les Canadiens français n'ont qu'un seul gouvernement national auquel ils peuvent confier en toute quiétude le maintien, la défense et l'enrichissement de leur culture et de leur civilisation. Ce gouvernement, c'est celui de la province de Québec[11] », écrivait en 1953 l'historien Michel Brunet. C'était déjà, clairement formulé, le fondement de la thèse indépendantiste, bientôt reprise par André D'Allemagne en 1958 dans une conférence présentée à l'Université McGill[12].

Pour le moment, il est urgent d'en découdre avec Duplessis et d'affirmer les valeurs de la démocratie et de la justice sociale, que seule l'intervention de l'État peut assurer. Ce sont ces valeurs qui inspirent avant tout les militants québécois du PSD en 1957. Michel Chartrand, Jacques Ferron et Miron lui-même ont décidé de se porter candidats aux élections fédérales du 10 juin. Le programme du PSD, tel que cité dans le dépliant du candidat Miron, dénonce vertement tant les libéraux que les conservateurs pour leur inaction face au chômage : « Pendant la guerre, nous avions le plein emploi, plus le sang et les larmes. En temps de paix, pourquoi n'aurions-nous pas, sans le sang et les larmes, le plein emploi[13] ? » Aucun des candidats n'a évidemment la moindre chance d'être élu, surtout pas Miron qui se présente dans le comté d'Outremont–Saint-Jean, acquis d'avance au Parti libéral de Louis Saint-Laurent. « Permettez-moi de vous aider à régler vos problèmes[14] », propose-t-il assez timidement à ses électeurs. Devant un journaliste qui demande au candidat si « comme l'alcool et l'auto, la littérature et la politique ne font pas mauvais ménage », Miron est trop heureux de faire résonner toute une cascade de noms d'auteurs illustres qui, avant lui, ont dû subir tout au long de l'histoire les foudres du pouvoir : Dante, Agrippa d'Aubigné, Milton, Hugo, Whitman, jusqu'aux poètes espagnols des années 1930 ; en outre, observe l'apprenti politicien, « des poètes contemporains comme Léopold Senghor et Aimé Césaire n'occupent-ils pas en même temps des postes de député ou de maire[15] ? » On peut toujours rêver en imaginant Gaston Miron siégeant comme député au parlement d'Ottawa : peut-être aurait-il eu l'occasion de s'y lancer dans quelque envolée très sonore sur la misère des pauvres et l'oppression des travailleurs au Québec ? Mais le terme de *siège* convenait sans doute mal à un homme qui ne tenait pas en place et préférait de loin marcher… De toute manière, la question ne se pose pas : dans Outremont, Miron obtient environ 1 200 voix contre le candidat libéral qui en récolte onze fois plus. Ferron et Chartrand ne font guère mieux. Mais il y aura une seconde chance, puisque l'élection de 1957 a été remportée de justesse par les progressistes-conservateurs de John Diefenbaker et qu'après avoir gouverné en minoritaire pendant quelques mois ceux-ci doivent déclencher de nouvelles élections : le 31 mars 1958, Miron y obtient sensiblement le même résultat, contre le candidat libéral dont le parti subit toutefois, dans l'ensemble du pays, l'une des pires défaites de son histoire aux mains de celui de Diefenbaker.

Miron ne s'engagera plus jamais par la suite dans le jeu électoral, sauf par dérision, en 1972, au Parti Rhinocéros de Jacques Ferron : faire signer des pétitions, ameuter des passants dans la rue, intervenir dans une assemblée, manifester sur la place publique, voilà les modes d'intervention politique qui conviennent davantage à son tempérament. Ou encore, instruire un disciple, comme le jeune Pierre Vallières…

Au fond, on comprend peu de chose à sa pensée politique si on oublie que chez lui, le désir de rassemblement est toujours plus fort que celui d'opposition ou de conflit, l'idée d'humanité plus puissante que celle d'école, de faction ou de parti. Tel était bien le sens de sa lettre de 1953 à Gilles Carle : unifier tous les pôles, la patrie et l'État, le personnel et le collectif, tous les degrés d'appartenance, des plus proches aux plus larges. Dans une note de 1956, il écrit : « Pas de droite, pas de gauche ; il existe toujours, non pas conciliante ou médiatrice, ces faux fuyants, […] une troisième solution, celle de l'homme[16]. » Rien ne permet de croire que son engagement momentané au PSD soit venu contredire ce postulat humaniste. De la même manière, il note en mai 1956 : « Pas de nationalisme, de peau, de sang — ces notions abstraites. Mais question de présence ; d'une incarnation temporelle et charnelle ; d'un sol, des couleurs, une lumière (la culture quoi !)[17]. » Bref, réaliser une synthèse concrète, incarnée, de l'homme d'ici, en « collant au réel ».

*   *   *

Pourtant, au début de l'automne 1957, Miron est fatigué. Sa « marche à l'amour » se déroule depuis longtemps en plein désert : après Isabelle et Thérèse, aucune femme n'est venue habiter sa vie de façon durable et cette absence le ronge. Il a eu beau faire diversion en se dépensant à l'Hexagone, son énergie connaît de sérieux ratés. L'homme est tendu, agité, mais comme la plupart des impulsifs, il a des absences et des lenteurs quand une émotion forte n'est pas là pour le précipiter sur-le-champ dans l'action. Sans doute est-il capable des enthousiasmes les plus généreux. C'est ainsi, par exemple, qu'un samedi de juillet 1955 il arrive en trombe sur le parvis de la chapelle Notre-Dame-de-Lourdes, rue Sainte-Catherine, à la sortie du mariage de Fernand Ouellette, en brandissant *Le Devoir* où vient de paraître sous la plume de Gilles Leclerc une critique très favorable du recueil *Ces anges de sang* ! Peu d'éditeurs en font autant, même quand l'auteur est un ami…

Par contre, la monotonie du travail quotidien n'est pas son fort et tout indique que cela a fini par lui causer des problèmes chez Beauchemin. La force fragile de l'Hexagone, à la même époque, tient aussi en partie à ces intermittences. Chacun est souvent occupé ailleurs, et Miron lui-même disparaît parfois sans qu'on sache trop à quoi il s'active. On ne compte plus, surtout à partir de l'été 1956, les lettres à Claude Haeffely ou à Rina Lasnier dans lesquelles il explique qu'il s'est « éloigné des activités de l'édition », qu'« à l'Hexagone, tout est au ralenti[18] ». Les réunions de l'équipe s'espacent et l'éditeur semble fonctionner souvent par sursauts d'énergie, de manière sporadique. En août 1957, après une apparente panne sèche, Miron explique à Rina Lasnier que « les activités ont *repris* vers la fin du printemps. Coup sur coup, en juin et en juillet, nous avons sorti *Poèmes de Russie* et *L'Homme et le jour*[19] ».

Il y a par ailleurs des incohérences. Ainsi, malgré le fait qu'on parle de la création de la collection « Panorama », qui accueille Lasnier, Grandbois et aussi *L'Homme et le jour* de Pilon, le nom de cette collection n'apparaît nulle part dans les recueils et demeure assez fantomatique. En juillet 1955, la Bibliothèque nationale du Canada doit rappeler à l'Hexagone son obligation de faire le dépôt légal de ses publications, ce que l'éditeur a omis de faire pour les recueils de Pilon et de Ouellette parus en 1954 et 1955[20]. Surtout, il est clair que le traitement des manuscrits se fait à des vitesses hautement variables, au gré de la disponibilité et des humeurs. Miron peut certes faire preuve d'une grande attention et expliquer avec force détails ses impressions de lecture. Ainsi en est-il du commentaire critique qu'il adresse en 1956 à un certain Jean-Gilles Arcand à la suite de la réception de son manuscrit :

> Deux courants poétiques circulent dans *Fêtes oubliées*. L'un franchement négligeable du point de vue proprement poétique, c'est-à-dire en soi, considérant le poème comme un objet, même si celui-ci est conçu en fonction d'une efficacité plus ou moins avouée ou déterminée. Ce premier courant dont je parle est beaucoup plus près donc de la chanson poétique, voire de la chanson tout court, que du poème autonome, ayant sa vie propre. [...] L'autre veine poétique que nous rencontrons est de beaucoup meilleure, la vraie. On y retrouve la même qualité de simplicité, mais hors d'une fausse gangue lyrique. L'émotion y est sentie : au détour de certains vers, une nostalgie nous empoigne. On percute à des intonations et des accents qui sont bien de l'homme d'ici. Enfin, la familiarité

n'est pas la banalité. Une vie poétique interne qui se suffit : fixation de moments d'existence dans le temps et contre le temps[21].

Des critères, une vision de la poésie se manifestent : la « vie propre » du poème mais pas le style de la chanson ni le lyrisme facile ; l'expression de « l'homme d'ici[22] » ; le lien nécessaire avec l'existence et l'intériorité.

Malgré de tels exercices de précision, il devient clair que l'équipe se trouve de plus en plus débordée par les manuscrits qui déferlent de toutes parts. On n'imagine pas le nombre d'auteurs qui écrivent des poèmes au Québec au milieu des années 1950 et qui ne trouvent pas d'éditeur ! Un grand nombre d'entre eux, à l'évidence, sont dépourvus de talent et ne feront jamais surface dans l'histoire littéraire. D'autres, comme Gilles Vigneault qui soumet un manuscrit à l'été 1956, connaîtront la gloire sur une autre scène. Chose certaine, les délais de réponse deviennent parfois gênants. Une jeune auteure de Québec, Suzanne Paradis, qui a présenté un manuscrit d'une cinquantaine de poèmes au début de l'année 1956, est toujours en attente d'une décision un an plus tard. Pire encore, Louis Portugais a dû lui avouer, en février 1957, que son manuscrit n'a même pas encore fait le tour de l'équipe et qu'il va le donner à lire à Miron, qui est « très lent mais gentil[23] ». On pardonnera à la jeune poète de commencer à perdre patience, surtout quand Miron l'informe au début mars qu'« il n'a presque pas mis le nez à l'Hexagone depuis janvier » et que, faute de l'avoir encore lue, il ne peut pour le moment lui livrer qu'une « impression » :

> Vous êtes décidée, et c'est bien, vous avez la foi en ce que vous faites avec lucidité aussi, puisque je devine que vous êtes consciente de vos possibilités et de vos limites et du dépassement perpétuel qu'entraîne une authentique aventure poétique, vie poétique. Et de plus, vous n'avez pas peur de la démesure. Ça me plaît[24].

Il n'est pas sûr que Suzanne Paradis ait été bien satisfaite de recevoir au bout de quinze mois d'attente un tel mot d'encouragement plutôt paternaliste… Finalement, elle va se tourner vers un autre éditeur et publier l'essentiel de son œuvre chez Garneau à Québec.

En 1957, il y a une vingtaine de manuscrits en attente et les problèmes se multiplient : à la suite de la vente de la maison Portugais dans Côte-des-Neiges, l'Hexagone fonctionne désormais avec une simple case postale : « C.P. 31, station N, Montréal », qui apparaît dans *L'Étoile pourpre* de Grandbois en décembre et qui sera conservée, légèrement modifiée (C.P. 337) jusqu'au milieu des années 1980. Du même coup, l'essentiel du travail de secrétariat doit désormais se faire chez Jean-Guy Pilon, rue Northcliffe, dans le quartier Notre-Dame-de-Grâce. Quant à l'entreposage des livres, c'est le couple Marchand-Ganzini, maintenant établi dans sa maison de la rue Lemay dans l'est de la ville[25], qui va l'assurer pendant quelques années.

Si tous ces problèmes d'organisation et de manuscrits en attente préoccupent Miron, il en est de même pour les difficultés financières croissantes qu'éprouve l'éditeur. La formule de la souscription a constitué l'une des clés du succès rapide de l'Hexagone, mais elle parvient de moins en moins à couvrir les coûts de production. L'âge des demandes de subvention commence à se profiler, mais celle qu'a présentée Jean-Guy Pilon au Conseil des Arts de la région métropolitaine de Montréal se heurte à un refus : « On donne des 25 mille dollars aux arts du spectacle, parce que cela se voit, c'est un argument électoral [...] En janvier, je vais recommencer à me tuer durant des soirées pour trouver des fonds[26] », se plaint Miron. En fait, la décision n'est pas définitive puisqu'on a demandé à Pilon de fournir d'autres documents ; mais en avril 1958, le Conseil informe l'Hexagone qu'il ne peut lui venir en aide, faute de budget suffisant et pour une autre raison assez saugrenue : « Les œuvres que vous publiez sont destinées à toute la population canadienne et non pas exclusivement à la région métropolitaine[27]. » Bref, l'éditeur a eu le tort de ne pas faire construire un mur qui empêcherait ses livres d'atteindre même Saint-Jérôme ou Joliette ! La lettre oriente plutôt l'Hexagone vers le Conseil des Arts du Canada, nouvellement créé à Ottawa : à plus long terme, c'est de cette source, en effet, que proviendra le soutien financier indispensable à la survie de l'Hexagone, comme d'ailleurs de la plupart des maisons d'édition québécoises.

Toujours est-il que, rongé affectivement et débordé sur le plan professionnel, Miron se dit à bout de ressources : « Que m'est-il arrivé ? Que nous arrive-t-il[28] ? » Le glissement du « je » au « nous » dans sa lettre de la mi-septembre 1957 à Claude Haeffely est symptomatique. Autant, malgré ses activités à l'Hexagone et son expérience politique au PSD, il se sent « seul comme au sein d'une maladie », autant il a le sentiment d'être plongé dans une déprime collective, comme il l'explique au début de l'hiver à Rina Lasnier. La Société Saint-Jean-Baptiste vient de remettre à l'auteure de *Présence de l'absence* son prix Duvernay, mais les félicitations d'usage que lui adresse Miron ne constituent que le préambule d'un exposé tranchant sur leurs différends :

> Il est évident que nous n'avons pas la même conception, non de la poésie, mais du poète, je veux dire, de l'homme-poète. Il est évident que ma démarche, de même que celle de ma génération en beaucoup d'occasions, ne va pas toujours dans le même sens que la vôtre. Simone Weil refusait le baptême catholique parce qu'elle ne pouvait se dissocier de ceux — la majorité — qui ne seraient pas sauvés, du moins dans le sens de la catholicité. Pour ce qui est de mon peuple (nous disons *mon* chacun à notre façon, je crois), je veux disparaître avec lui, plutôt que d'accéder au salut d'un petit nombre. Ce peuple qui n'a jamais été aussi trahi qu'à cette heure. Qui est laissé à lui-même, à jamais condamné à la déchéance ethnique, par la faute même de ceux qui veulent sa régénération[29].

La rencontre des deux poètes sur le plan poétique fait d'autant mieux apparaître un gouffre générationnel et idéologique. Déjà, dans ses propos de 1953 à Gilles Carle, Miron dénonçait le patriotisme de la Société Saint-Jean-Baptiste se confortant dans une « fierté nationale » un peu trop béate et soumise, à l'image de ce petit garçon angélique et frisotté qui incarnait le prophète dans les défilés du 24 juin, flanqué d'un mouton. « Peuple moutonnant » toujours à rebours de l'histoire vers « Notre Maître le Passé[30] », écrivait dès 1948 un autre poète, Gilles Hénault, qui lançait du même souffle une flèche empoisonnée à Lionel Groulx, l'historien de la geste nationale. « On ne propose pas impunément en exemple à un peuple, surtout minoritaire, un mouton bien docile accompagné d'un enfant au sexe incertain, sans que ce peuple s'en ressente dans son caractère[31] », poursuit Marcel Chaput, indépendantiste de la première heure, en 1961.

Il n'est plus question de cette soumission drapée dans une fierté de parade, il s'agit de dénoncer une « trahison », une « défaite », une « déchéance », annonce Miron à Rina Lasnier. Il faut dire qu'il écrit alors sous le coup de l'indignation : à la fin octobre, la machine politique de l'Union nationale de Duplessis vient en effet de faire battre Jean Drapeau et son équipe au terme de leur premier mandat à la mairie de Montréal, en appuyant un politicien à tous égards médiocre, Sarto Fournier, « un zéro, une nullité exemplaire », comme le décrit un Miron exaspéré à Rina Lasnier. Mais plus largement, c'est le silence de toute une élite petite-bourgeoise, professionnelle et intellectuelle, incluant la plupart des écrivains, qui lui donne des haut-le-cœur. Curieusement, il semble oublier ou négliger tout à fait *Cité Libre* (il est vrai que cette revue est rarement mentionnée dans ses écrits ou ses lettres). Seuls, en remontant dans le temps, des journalistes comme Jules Fournier, Olivar Asselin, Gérard Filion et André Laurendeau trouvent grâce à ses yeux, seuls ils font exception à cette espèce de « trahison des clercs[32] » à laquelle Pierre Elliott Trudeau attribuera quelques années plus tard un sens bien différent, tourné contre les néo-nationalistes et autres tenants de l'option indépendantiste, d'André d'Allemagne à Hubert Aquin, de Marcel Chaput à Gaston Miron lui-même.

La critique de l'élitisme, typique d'une époque qui en appelle à la démocratie et à la justice sociale, s'exacerbe chez Miron à la fin des années 1950. Sa lettre à Rina Lasnier énonce un thème repris tel quel dans la « Note d'un homme d'ici » de 1959 : « j'aime mieux mourir avec le plus grand nombre que de me sauver avec une petite élite[33] » — un choix réitéré dans les *Monologues de l'aliénation délirante* qu'il écrit à la même époque : « je refuse un salut personnel et transfuge[34] ». Depuis ses années à l'Ordre de Bon Temps et au Clan Saint-Jacques, il n'a cessé d'être porté par un esprit communautariste privilégiant des valeurs de solidarité et d'identification à la condition commune. Ce qui lui a permis de tenir le coup dans ses détresses, ce sont les amitiés, les camarades, ce sont « les bivouacs de la chaleur humaine[35] ».

De plus en plus toutefois, c'est l'ensemble de la communauté elle-même qu'il voit en détresse, dans un état de déliquescence qui appelle un salut, une rédemption. Le défi est de prendre d'un seul bloc, comme un tout dynamique, la déchéance et l'essor, de coller à l'écrasement collectif tout en disant la résistance et la révolte. S'identifier au plus grand nombre, s'humilier, certes, mais dans la noblesse et la dignité. Ses modèles, ce sont Simone Weil et aussi, comme il l'explique encore à Rina Lasnier, Albert Camus, qui vient de recevoir le prix Nobel et dont le discours de réception devant l'Académie suédoise, en novembre, propose une éthique littéraire de la responsabilité et de la solidarité, à l'écart de tout populisme :

J'ai été soutenu ainsi par le sentiment obscur qu'écrire était aujourd'hui un honneur, parce que cet acte obligeait, et obligeait à ne pas écrire seulement. Il m'obligeait particulièrement à porter, tel que j'étais et selon mes forces, avec tous ceux qui vivaient la même histoire, le malheur et l'espérance que nous partagions[36].

Ce discours de Camus donne une autre version de la « vraie grandeur » à laquelle aspire Miron en paraphrasant l'auteur de *La Peste* : « Écrire oblige » (comme la noblesse), écrit-il, et si l'on peut y voir la critique implicite d'un esthétisme qu'il n'ose pas reprocher directement à l'auteure de *Présence de l'absence,* il y impose également la nécessité de parcourir tout le chemin entre « l'homme fini » et « l'homme magnifique », entre l'être déchu et l'être souverain, en même temps que le maintien de la tension entre écrire et ne pas écrire, entre le poème et « le non-poème ».

*   *   *

L'automne 1957 est l'occasion d'aborder de front cette question de la responsabilité du poète et de la poésie dans une perspective davantage sociale que nationale. Toute la démarche de l'Hexagone depuis sa fondation s'orientait logiquement vers l'échange public, vers la création d'une sorte de forum où les poètes puissent s'exprimer non seulement sur leur propre pratique, mais aussi sur les liens entre celle-ci et la collectivité. L'exemple de l'Institut canadien des affaires publiques, où des intellectuels débattent des grands enjeux sociaux du Canada français, s'est imposé au cours des années 1950. On y a vu Pierre Elliott Trudeau développer le thème de la souveraineté du peuple et le naturaliste Pierre Dansereau critiquer l'élitisme des collèges classiques et de toute une culture bourgeoise coupée de l'expérience vécue. À la faveur de la diffusion par Radio-Canada de ces colloques tenus habituellement dans les Laurentides, Jean-Guy Pilon a fait la connaissance du père Georges-Henri Lévesque, un des chefs de file de la nouvelle sociologie, qui, à partir de la Faculté des sciences sociales de l'Université Laval, expose la critique des institutions canadiennes-françaises, au grand déplaisir de Maurice Duplessis.

Les temps sont propices, à l'été 1957, pour donner la parole aux poètes et insuffler du même coup une nouvelle énergie à l'Hexagone.

Pilon a appris du père Lévesque que sa communauté des Dominicains est devenue propriétaire d'un vieux manoir anglais, Kent House, rebaptisé Maison Montmorency, qu'elle souhaite mettre à la disposition des groupes syndicaux et intellectuels pour des réunions et des colloques. L'idée de tenir une rencontre des poètes près de Québec plaît à Pilon et à Miron, qui y voient l'occasion de sortir du cercle montréalais et d'attirer des jeunes poètes de Québec déjà connus de l'Hexagone, même si leurs manuscrits n'ont pas été retenus : Suzanne Paradis de même que Gilles Vigneault, fondateur et animateur de la revue *L'Émourie*. Pour ce qui est du financement de la rencontre, on fera appel une fois de plus à la bienveillance de l'homme qui tient lieu presque à lui seul de ministère de la Culture, Jean Bruchési, invité à présider la séance d'ouverture.

Du côté des intervenants, des noms s'imposent assez vite. Michel van Schendel, qui a milité au Parti communiste français avant d'immigrer au Québec en 1952 et dont les *Poèmes de l'Amérique étrangère* paraîtront bientôt à l'Hexagone, est qualifié pour dresser un tableau critique de la poésie actuelle. Gilles Hénault, qui vient de rentrer d'un travail de quatre ans dans les syndicats miniers de Sudbury, représente un cas exemplaire d'alliance entre la pratique de la poésie et l'action militante de gauche. Quant à Jacques Brault, qui a lui-même suivi un itinéraire allant du prolétariat familial à la haute culture, Miron a pu lire ses textes sur Roland Giguère et sur la langue dans *Amérique française*, de même que ses poèmes dans un petit recueil à trois voix, *Trinôme*, qui vient de paraître[37]. Le codirecteur de l'Hexagone lui a donné rendez-vous dans un café, au début de septembre, et il l'a convaincu de présenter une communication. Deux autres poètes, Wilfrid Lemoine et Yves Préfontaine, complètent le programme. Sur un thème qui l'intéresse au plus haut point, on se serait attendu à un exposé de Miron lui-même : ne vient-il pas de publier en juin un texte aussi informé et étoffé que « Situation de notre poésie », dans lequel il cite en exemple le Mexique et le Chili pour revendiquer une poésie de langue française traduisant la sensibilité propre au Québec[38] ? Peut-être juge-t-il qu'il a tout dit dans cet article sur les liens entre poésie et société, mais outre son état d'épuisement, il faut tenir compte de sa perpétuelle réticence à présenter des interventions structurées dans des colloques, un pensum qui lui donne immanquablement des sueurs froides, presque autant que la perspective de publier.

Quoi qu'il en soit, la première rencontre des poètes se tient à la Maison Montmorency durant la dernière fin de semaine de septembre. En route vers Québec, Miron et Pilon ont pris au passage des amis poètes de Trois-Rivères, Alphonse Piché et Clément Marchand. C'est celui-ci qui va d'ailleurs imprimer pour l'Hexagone les actes de la rencontre, à l'Imprimerie du Bien public, sous le titre *La Poésie et nous*, qui paraît en 1958 dans la collection « Les Voix ». Cette plaquette de moins de cent pages demeure sans doute la contribution la plus importante à la réflexion sur les rapports entre poésie et société au Québec avant la Révolution tranquille. Michel van Schendel donne le ton dès l'ouverture de son exposé, qui applique à la poésie ce que Karl Marx voyait comme la mission nouvelle de la philosophie après des siècles de spéculation et d'interprétation : « La poésie est une tentative directe de *transformer le monde*[39]. » Ce pourrait être la première phrase d'un manifeste, et bien que *La Poésie et nous* n'en ait ni la forme, ni la cohérence, ni la densité polémique, il est permis d'y entendre la voix d'une même génération poétique qui établit ses positions, qui ne se contente plus de « coller au réel », selon le vieux mot d'ordre du duo Marchand-Miron, mais qui affirme une force agissante, transformatrice de la poésie dans son ordre propre, celui du langage, des formes, de la création.

La plupart des idées capitales de Miron trouvent un écho dans les discours tenus à la Rencontre : le refus de l'esthétisme, des conventions poétiques éculées, d'« une langue étriquée, lustrée par l'usure[40] », et à l'inverse, la critique (malgré certains mérites reconnus par Van Schendel) de l'avant-garde automatiste, dont Brault évoque « les bruits de jungle intérieure[41] » auxquels il oppose un ancrage nécessaire dans la langue commune, élevée au niveau du chant. La polémique de l'écrivain ou du poète « engagé » s'est trouvée congédiée par Gilles Hénault, qui se réclame plutôt du poète fétiche de l'Hexagone, René Char, incarnant une tension essentielle entre le verbe poétique et l'action. Même si la question de la littérature nationale n'a pas été au centre des débats, elle ne peut manquer de ressurgir par la bande. On retrouve inévitablement le thème d'une « sensibilité canadienne distincte de la sensibilité française[42] » que vient d'exposer Miron dans « Situation de notre poésie ». Cela ne suppose en aucune manière que les écrivains doivent cultiver une « langue canadienne » autonome, encore préconisée à l'époque par Claude-Henri Grignon. « Une langue, c'est avant tout une syntaxe », affirme Brault ; or, il n'y a pas de « syntaxe canadienne[43] » : Miron adhérera toujours à cette primauté de la syntaxe qui repousse au second plan les questions lexicales, à la différence près qu'il en tirera plus tard sa théorie du « traduidu »,terme qui désigne avec ironie un français québécois contaminé par les calques syntaxiques de l'anglais et qui lui permet, à partir des années 1970, de dénoncer les méfaits de la traduction institutionnelle et du bilinguisme[44].

Le succès de la première « Rencontre des poètes », loin d'être un feu de paille, apparaît plutôt comme un signe des temps qui engage l'avenir. Le modèle s'impose : des rencontres du même genre auront lieu dans les Laurentides sur « La poésie et les poètes » à Morin Heights en 1958 et sur le thème « Création et langage » à Saint-Sauveur en 1959. Sous le nom élargi de « Rencontre des écrivains canadiens », ce forum annuel deviendra, après une interruption de quelques années, la Rencontre québécoise internationale des écrivains. Mais le colloque de septembre 1957 aura eu d'autres retombées tout aussi importantes pour l'avenir de la vie littéraire au Québec : dans les mois qui suivent prend forme le projet d'une revue conçue comme « un centre de discussion des problèmes culturels qui compte accueillir toutes les pensées valables et favoriser le dialogue[45] ». De vive voix ou par écrit, le désir de discuter paraît irrépressible. Un événement malheureux, toutefois, va empêcher Miron de se lancer autant qu'il le voudrait dans ce chassé-croisé des idées et des échanges qui donne naissance à la revue *Liberté*.

*   *   *

Un peu plus d'un mois après la rencontre tenue à la Maison Montmorency, les tensions des dernières années et la fatigue accumulée ont finalement raison de sa constitution robuste. Plus jeune, on l'a connu quelque peu hypocondriaque, mais il s'agit à présent d'un mal bien réel dont il n'est pas facile de cerner la nature ni la gravité exactes. Lui-même a parlé tantôt d'une « syncope », tantôt d'un « effondrement » ou d'un « affaissement » du système cardiovasculaire, tantôt même d'une « crise cardiaque[46] ». Le fait qu'il doit être traité à l'Institut de cardiologie indique à tout le moins que le problème n'est pas bénin ; plus tard dans sa vie, un électrocardiogramme de routine révélera d'ailleurs des lésions causées par un léger infarctus.

Ses médecins lui recommandent le repos, et à plusieurs reprises au cours de l'hiver, il confie sa fatigue et sa déprime à Claude Haeffely, en train de mettre sur pied sa petite revue de poésie, *Le Périscope*, à Massugas, dans le sud-ouest de la France, où il vit avec sa femme et son fils nouveau-né dans une vieille maison de ferme[47]. À l'invitation pressante que lui fait son ami français de venir refaire ses forces en Gironde, Miron oppose sa défaillance cardiaque, son manque d'énergie et d'argent. En avril, il se dit « dans les dettes jusqu'au cou [...], plus de $2000[48] », notamment à cause de ses dépenses électorales à titre de candidat du PSD.

En réalité, comme l'a très bien senti Haeffely, le mal est tout autant moral que physique : Miron évoque lui-même une « névrose d'angoisse[49] » et il en vient à souscrire sans réserve au pessimisme sinistre d'un F. Scott Fitzgerald, le grand romancier américain mort en 1940 : « Toute vie est bien entendu un processus de démolition[50]. » Se trouve-t-il pourtant aussi « démoli » qu'il le soutient et obéit-il au conseil de ses médecins qui lui prescrivent le repos ?

On est forcé de constater que c'est durant les mêmes mois de l'hiver 1958 qu'il se prépare à se porter candidat une nouvelle fois pour le PSD aux élections fédérales prévues le 31 mars. Par ailleurs, bien que ce soit surtout Jean-Guy Pilon qui assure la bonne marche de l'Hexagone, la correspondance avec les auteurs et la publication de *La Poésie et nous* qui paraît à la fin de février, Miron s'affaire de son côté à réunir les poèmes des auteurs que Haeffely compte publier dans son premier numéro du *Périscope* : « J'ai déjà demandé à quelques gars [*sic*] de me passer des poèmes (Pilon, Ouellette, Micheline Sainte-Marie : ce sont trois des meilleurs). Je continue d'approcher les autres[51] », lui écrit Miron à la mi-février. Tout compte fait, les choses ne vont pas si mal pour l'Hexagone : à la fin mars, Pilon et Miron reçoivent conjointement, au nom de l'équipe, le prix du Cercle de la critique pour « l'importante contribution de ce groupe de poètes-éditeurs aux lettres canadiennes au cours de 1957 » et, plus largement, depuis la fondation des Éditions de l'Hexagone en 1953[52].

Le moins qu'on puisse dire, c'est que l'homme qui souffre d'une défaillance cardiaque n'est pas aussi inactif qu'il le devrait. Mais comment se reposer quand on songe sans relâche à créer une vraie poésie nationale et que la réaction et l'injustice sont toujours bien en place ? En février, le vase déborde lorsque le premier ministre Duplessis prononce un discours devant la Jeune chambre de commerce de

Montréal : « La gratuité scolaire est un leurre et un mythe », lance le premier ministre en réagissant à un mémoire déposé par les principaux syndicats (la FTQ et la CTCC, future CSN)[53]. Il n'en faut pas davantage pour que Miron soit submergé par l'indignation et qu'il entreprenne de faire signer une pétition par plus d'une centaine d'intellectuels en faveur de la démocratisation de l'enseignement. Le texte ne paraîtra toutefois pas dans les grands quotidiens mais dans *Le Quartier latin*, le journal des étudiants de l'Université de Montréal alors dirigé par André Belleau, futur pilier de la revue *Liberté*[54]. Parmi les signataires, on compte Pierre Elliott Trudeau, Gérard Pelletier, Fernand Dumont, Jacques Brault, Jacques Ferron, Ambroise Lafortune et Pierre Vallières ainsi que tout le groupe des poètes liés aux Éditions de l'Hexagone.

Malgré ce succès, au moins sur le plan du ralliement des forces progressistes, Miron conserve une blessure profonde de cette aventure. Peu étonné par le refus que lui a signifié Rina Lasnier, dont il connaît bien les positions conservatrices, il est consterné par la nouvelle que lui a transmise Jeanne Lapointe, professeure de lettres à l'Université Laval et lectrice avisée des poètes de l'Hexagone. Elle-même signataire de la pétition, elle a eu le regret d'informer Miron que son amie Gabrielle Roy a décidé de s'abstenir, parce que le texte de la déclaration lui a paru trop mal écrit ! Pour Miron, qui est un hypersensible de la langue et un complexé proclamant volontiers qu'il écrit mal le français, ce jugement de la part de la grande romancière a l'effet d'une brûlure au fer rouge. Il semble oublier d'un seul coup que presque tous ceux qui comptent parmi les écrivains et les intellectuels l'ont appuyé sans réserve. La lettre qu'il adresse en réponse à Jeanne Lapointe, au début de mars 1958, n'est pas loin d'être un chef-d'œuvre en matière d'autodénigrement et de victimisation :

> Il est sûr que je baragouine la langue comme je baragouine la vie — ma vie. Mais où l'ai-je apprise, cette langue ? Pas dans les écoles qui m'ont été littéralement fermées, étant le dernier des pauvres. Mon université à moi, ç'a été la rue ! Par conséquent, il faut s'attendre à ce que j'écrive comme je parle, comme ceux de ma rue parlent. Vous me direz que ce phénomène (linguistique autant que social) s'explique mais ne se justifie pas. D'accord. Et c'est pourquoi je hurle. Je suis une victime, mais une victime agissante. Comme la foi agissante, j'espère qu'elle me sauvera. (Cette dernière phrase n'a aucun sens, pardonnez-moi ; je continue)[55].

On croit rêver : est-ce bien ce baragouineur quasi analphabète qui a signé quelques mois plus tôt dans *La Presse* un essai sur la poésie actuelle commençant par cette phrase : « S'il y a beaucoup de demeures en poésie, pour ce qui est de nous, je ne vois pas l'utilité ici d'en faire des pôles contradictoires destinés à se nier, mais de les considérer plutôt comme les différents aspects de notre réalité poétique globale[56] » ? Est-ce l'ancien instituteur qui affirme que les écoles lui ont été fermées ? L'ex-étudiant à la Faculté des sciences sociales qui prétend n'avoir eu que la rue comme université ? L'employé de la Librairie Beauchemin (même médiocrement payé) qui affirme être « le dernier des pauvres » ? Personne ne pourrait prétendre sans sourire que Miron ait été à l'aise financièrement depuis son arrivée à Montréal en 1947, et les témoignages ne manquent pas au sujet de ses emplois éphémères entrecoupés de périodes de chômage. Mais il faut voir aussi que la pauvreté chez Miron dépasse largement toutes les conditions concrètes de son existence : poète sans amour, poète sans foyer, poète sans instruction, poète sans langue, poète sans argent — tous ces manques se rassemblent quelque part dans une même figure hyperbolique de la dépossession et de la déchéance, toutes ces carences créent aussi un extraordinaire appel d'air, un puissant désir de réalité, d'affirmation et de grandeur.

Que le promoteur d'une pétition d'intellectuels puisse affirmer du même souffle à sa correspondante qu'il est « un pauvre prolétaire, socialement et intellectuellement, fils d'ouvrier-menuisier, [un homme] comme ceux de ma rue, qui n'ont jamais eu accès, faute d'argent, aux études secondaires », cela repousse loin derrière l'époque où le jeune Miron parlait avec admiration de « l'ascension sociale » de son père et de son enfance « presque bourgeoise ». Mais quelle que soit ici la part d'une humiliation qu'il cherche à surmonter face à une universitaire en se prétendant exagérément dépourvu de tous moyens, l'identification de Miron au peuple et au prolétariat, on l'a vu, ne saurait être ramenée à une pure façade. Les réflexions qu'il se fait à lui-même à l'époque en témoignent : le thème de la pauvreté l'obsède plus que jamais ; davantage qu'une condition socioéconomique, il y voit « une mentalité, des habitudes aussi bien physiques, pratiques, que mentales, et un vif sentiment de classe, fait de pudeur et d'orgueil[57] ». Un note de 1958 trace d'une manière presque hallucinante le portrait d'un pauvre qui écrit à la sauvette, comme mange un affamé :

J'ai un sentiment très vif de ma classe. Je suis un pauvre. Même quand j'écris, cela me trahit. Dès que j'ai quelques étincelles, je me précipite sur un papier, écrivant vite, pressé, angoissé. J'ai peur à la minute d'après de n'avoir plus rien à dire (à bouffer — ou qu'un autre bouffe à ma place)[58].

Quand on sait que la plupart des grands poèmes de *L'Homme rapaillé* ont été écrits à la même époque, de telles réflexions jettent un éclairage saisissant sur l'écriture de Miron : à la fois griffonnée de toute urgence dans la crainte que les mots ne viennent à manquer, et infiniment corrigée dans la peur tout aussi grande de révéler une carence impardonnable, un défaut de maîtrise et de perfection.

11

L'homme en fuite

Ce prolétaire dans l'âme n'a pourtant pas cessé d'écrire. Tout au long des années 1950, l'œuvre va cahin-caha, à son propre rythme. Si la vie peut se vivre et les lettres s'écrire « à bout portant », les poèmes, eux, triturés dans tous les sens, remis vingt fois sur le métier, ne peuvent progresser qu'à pas de tortue. « Il y a des pays qui sont seuls avec eux-mêmes », « On demande un homme pour le passage du salut[1] » : combien de pages inlassablement reprises à partir de tels vers orphelins, combien d'impasses, et quand rien ne va plus, survient une image qui sera sauvée du chaos, un « clocher de Saint-Jacques », une « nuit de saule dans tes cheveux » et aussi, comme des lampes hallucinantes, « les tournesols de la nuit ».

Depuis *Deux Sangs*, à mesure qu'il publiait les plaquettes des Pilon, Perrier, Ouellette, Filion et Olivier Marchand lui-même, son compagnon des premières heures, Miron est devenu un cas, une curiosité : un poète sans recueil, aussi riche en promesses que mince en réalisations. Pendant presque deux décennies, cette situation ne cessera de le hanter. Sans doute autant pour se rassurer lui-même que pour temporiser face à des lecteurs qui s'impatientent, il annonce des titres, des parutions imminentes. Les *Paroles du très-souvenir*, hymne à l'amour perdu d'Isabelle, avaient l'ampleur d'un recueil, comptant plus de pages que la plupart des plaquettes parues dans la collection « Les Matinaux ». Sur les cendres de ce cycle, Miron continue par la suite de mijoter un autre recueil autour du thème de la femme désirée, aimée et toujours perdue.

En chemin, un journal montréalais apprend à ses lecteurs, au cours de l'été 1955, que le directeur et animateur de l'Hexagone « s'est enfin mis à la préparation d'une série de poèmes qu'on dit très virulents et très violents[2] ». Il y a quelque chose de savoureux dans cet « enfin »… On peut présumer qu'il s'agit de *La Batèche*, qui chapeaute longtemps dans ses papiers tout un cycle et même un recueil entier dont les éclats se retrouveront çà et là dans *L'Homme rapaillé*. La rumeur court dans les milieux de la poésie : on chuchote que cette fois, Miron prépare un grand coup, qu'il va cesser de publier avec parcimonie dans les journaux et les revues. Lui-même entretient le suspense : en 1957, en annonçant au *Petit Journal* qu'il sera candidat du PSD aux élections fédérales, il prend soin d'ajouter que « son activité politique ne va aucunement nuire à sa production littéraire » et qu'il fera paraître en 1958 deux plaquettes de poèmes : « *La Marche à l'amour* et *Petite Chronique de la dérision*[3] ». Ce dernier titre est nouveau, mais on peut supposer que c'est encore *La Batèche*, rebaptisée de manière à mieux traduire l'état d'esprit qui l'habite dans la période qui précède son séjour parisien. Mais quand il donne *Un homme…*, ébauche très composite de *L'Octobre*, au bulletin de liaison du PSD à la fin de 1958, il fait suivre le poème de cette mention : « Extrait de *Des pays et des vents*, à paraître[4] ». Les pistes semblent décidément assez confuses…

S'il n'y avait à l'horizon, certes encore lointain, *L'Homme rapaillé*, on se croirait face à un mystificateur, à l'un de ces pseudo-écrivains qui se prétendent, toute leur vie durant, attelés à l'écriture d'un chef-d'œuvre qui se révèle au bout du compte inexistant. De toute manière, Miron tient avec la même conviction le discours contraire, encore plus mystificateur : à l'entendre très souvent, il en aurait terminé depuis longtemps avec la poésie et, au mieux, *Des pays et des vents* serait, comme il l'écrit à Claude Haeffely, « le seul poème à proprement parler [qu'il ait] écrit dans [sa] vie[5] ». Affirmation stupéfiante, en 1958 ! Faudrait-il croire que *Les Impératifs de la petite solitude*, paru dans *Amérique française* (rebaptisé *Tout un chacun* dans *L'Homme rapaillé*[6]), ou encore *Pour mon rapatriement* et *La Route que nous suivons*, parus dans *Le Devoir* en 1956 et 1957[7], ne sont pas de « vrais poèmes » ?

On s'explique mieux ces contradictions quand on sait à quel point il habite d'un seul bloc et d'un seul corps la vérité du moment, combien il est peu apte à relativiser ses états d'âme. Son expression préférée, « à bout portant », n'a jamais exprimé une inclination particulière à la prise de recul. Il a beau avoir un sens très vif de l'histoire et parler volontiers de maturité, on dirait qu'il s'oublie lui-même de jour en jour, et l'on ne s'étonne pas que, dans ses notes de l'époque, il parle si souvent d'« amnésie ». Le poète qu'il était hier devient le non-poète d'aujourd'hui avant de renaître demain de ses cendres, et l'intellectuel peut toujours devenir l'inculte analphabète qui n'en recommandera pas moins à un ami, le jour suivant, de lire Aimé Césaire ou André Malraux.

Il n'est pourtant pas un caméléon. Par-delà les vicissitudes, il est demeuré depuis l'Ordre de Bon Temps fidèle à ses grandes idées et à l'écriture, même sur un mode intermittent. Mais il est vrai aussi que pour lui la littérature se déborde toujours elle-même, que la poésie ne trouve son plus haut sens que dans l'acte même de vivre, dans la présence la plus intense à ce qui est, ce qui risque toujours de la rendre superflue. Il l'a déjà noté dans un de ses carnets du début de la décennie, alors qu'il en était encore à balbutier en poésie :

> J'ai de ces moments. J'émerge au-dessus de tout. Il arrive un moment où je dépasse la littérature. Je n'ai plus besoin du langage. J'émerge. J'accède à une certaine plénitude [...] Je suis plein. Il n'y a plus de place pour autre chose, pour le vide, la poche d'air — Joie de la mer. Avec tout ce qui remue en elle. Toute la vie pleine. Je suis le vase sans fissure. Joie de l'espace. [...] Je suis l'espace. Je vis l'espace. Je n'ai plus besoin de m'exprimer. Je suis son acte — Joie de la terre. Je suis le ventre de la terre. Son feu central. Son archéologie, sa géologie. Je n'ai pas besoin de la littérature. Je suis l'action de la terre[8].

Que la poésie qu'il écrit ne puisse le plus souvent atteindre à cette plénitude, qu'elle ne soit pas tout à fait et constamment « l'acte » par lequel il se sent devenir lui-même espace, terre et feu, et qu'il en vienne dès lors à la juger insuffisante, médiocre, voire inutile, on le comprend assez bien.

On saisit encore mieux, à parcourir la masse de brouillons qu'il a accumulés durant les années 1950, qu'il ait pu sombrer cent fois dans le découragement. Si *La Marche à l'amour*, *La Vie agonique* et les fragments de *La Batèche* sont déjà pour une bonne part écrits en 1958, il demeure beaucoup plus malaisé de saisir comment des poèmes denses et cohérents ont pu naître à partir d'une matière poétique aussi inégale et chaotique. Pendant plusieurs années, les trois cycles demeurent inextricables, et s'il ne nous reste presque rien aujourd'hui de *La Batèche* (réduite à deux poèmes : *Le Damned Canuck* et *Séquences* dans *L'Homme rapaillé*[9]), c'est que ce grand cycle englobait pour une bonne part les deux autres qui s'en sont peu à peu dissociés, comme le montre notamment, dans *La Vie agonique*, le poème *Compagnon des Amériques*, dont il a publié une première version dans *La Presse* en juin 1956[10] et qui sera encore présenté dans la première édition de *L'Homme rapaillé* comme un « extrait de *La Batèche*[11] ». Il en est de même pour la séquence « la marche à l'amour s'ébruite en un voilier [*sic*][12] », qui figure dans la plupart des versions dactylographiées du même cycle. Au fur et à mesure s'est trouvée écartée une énorme quantité de scories et de variations parfois cocasses (« batèche à la vie des éclairs de chaleur la pouille la chatouille la ratatouille / la poulie la crinquante la soiffante / batèche de nos larmes de soupière chaude[13] », etc.), de sorte que *La Batèche* proprement dite se retrouvera au bout du compte singulièrement amincie.

L'œuvre se développe par extraction et par réduction : le poète Miron tient de l'alchimiste, mais on peut se demander si, au terme des opérations, il restera quelque matière au fond du creuset. Il est sûr, en tout cas, que l'absence d'un livre pourtant annoncé à répétition séduit et déçoit à la fois ses lecteurs ; mais surtout, ce perpétuel atermoiement le désespère lui-même, et son état physique n'a rien pour arranger les choses.

* * *

On l'a déjà vu s'absenter, errer hors de lui-même, perdre ses repères, comme si son perpétuel désir de coller au réel devait toujours se vivre dans un retour au monde à partir des lointains, comme s'il avait besoin de s'égarer, au regard de tous et à ses propres yeux, pour mieux réapparaître dans toute la densité de sa présence — comme s'il lui fallait ce détour pour inventer et vivre son propre mythe. N'était-ce pas le propos de l'un des premiers poèmes où, vers l'âge de vingt ans, l'inflexion de sa voix singulière se faisait entendre : « je suis l'homme qui marche au-delà des frontières / de sa vie [...]. Je suis l'autour traqué de l'espace inconnu[14] » ? Dix ans plus tard, après plusieurs longueurs d'action, de poésie et d'amour perdu, l'égarement semble atteindre un paroxysme. Être perdu à vingt ans, dans une prime jeunesse où les moyens font défaut et où rien n'est encore accompli, c'est chose assez courante, presque banale, bien que parfois tragique. Mais à trente ans, un accent supplémentaire de gravité s'ajoute, voire une certaine panique, comme le suggère l'*Art poétique* de 1958 : « J'ai trente ans à toute bride dans ma vie / et je vous cherche toujours pâturages de l'amour[15] ». Le Miron de ces années-là sait-il même encore précisément qui il est et où il habite ? Prisonnier d'une « légende » qu'il a lui-même contribué à construire, captif d'une image qui le dépasse et l'étouffe à la fois, il ne peut que s'agiter et se débattre en pure perte.

Jamais on ne le verra de toute sa vie à ce point amer, incohérent, voire cynique. Sur le strict plan physique, la crise de novembre 1957 a entraîné des séquelles durables et les périodes d'épuisement se multiplient. À la fin de 1958, il remet sa démission à la Librairie Beauchemin et il envisage un moment d'aller rejoindre son ami Claude Dansereau qui s'est trouvé du travail à Sept-Îles : « Je serai à 900 milles de Montréal, avec des hommes qui n'ont aucune préoccupation du coco, et ça me tente[16] », lance-t-il à Claude Haeffely qui n'en revient pas : « Que vas-tu faire à 900 milles de Montréal ? C'est du romantisme ou quoi, quelle idée mais quelle idée de filer si loin […][17] ? » Finalement, peut-être sensible à cette indignation, Miron se ravisera…

Dire qu'il est ailleurs, à côté de ses pompes, n'est pas une figure de style. N'est-il pas significatif de le voir dépenser le peu d'énergie qui lui reste à organiser avec l'aide d'Olivier Marchand et Mathilde Ganzini le contenu et la diffusion au Québec du *Périscope*, la petite revue de son ami Haeffely en Gironde, au moment même où tous ses amis proches s'activent à mettre sur pied et à lancer la revue *Liberté* à Montréal ? L'amitié pour Haeffely et la générosité à l'égard d'un projet sans grandes ressources y sont sans doute pour beaucoup, mais il y a là en même temps un étrange éloignement.

C'est ainsi que la nouvelle revue dont la Rencontre des poètes de 1957 a fait germer le projet devient pour l'essentiel l'affaire de Jean-Guy Pilon et de son équipe. C'est Pilon qui a convoqué les premières réunions au cours de l'hiver suivant la Rencontre et qui s'est adressé, sans succès, au Conseil des Arts de Montréal en espérant obtenir une subvention tant pour la maison d'édition que pour la revue[18]. On en est arrivé assez rapidement à définir la nature et les grands principes de la future publication : Michel van Schendel, nommé secrétaire à la rédaction, rédige au nom du groupe un programme qui présente

« les buts de la revue *Liberté 58* », les « prévisions budgétaires », le sommaire des premiers numéros, les notices biobibliographiques des membres du comité de rédaction[19]. L'esprit des Éditions de l'Hexagone y est sensible dans le refus de se constituer en école, l'ouverture à un public cultivé assez large, la « liaison organique » de la culture avec le monde, le rejet d'un « universalisme vague ». L'équipe assume « le fait national canadien-français » dans une approche de « renforcement des liens avec le reste du pays », ce que réaffirmera la présentation du premier numéro faisant appel à « la collaboration des intellectuels canadiens, qu'ils soient de Montréal, de Winnipeg ou de Vancouver », en précisant qu'il s'agit d'une « revue de langue française » qui traduira les articles au besoin[20].

Jean-Guy Pilon et Gilles Carle représentent l'Hexagone au sein du comité de rédaction. Avec Van Schendel et Gilles Hénault, qui ont pris la parole à la Rencontre des poètes, la plupart des membres de l'équipe ont des activités plus ou moins importantes dans le journalisme, soit dans la presse écrite, soit à Radio-Canada : André Belleau, Jean Filiatrault, Paul-Marie Lapointe, Lucien Véronneau. Fernand Ouellette œuvre alors dans la statistique et aux Éditions Fides, mais lui aussi fera bientôt carrière à Radio-Canada. Quant à Jacques Godbout, rentré récemment d'un long séjour en Éthiopie et promis à une belle carrière de cinéaste à l'ONF, il fréquente également les milieux du journalisme et de la publicité. Ce n'est pas par hasard que le premier article du premier numéro de la revue, en janvier 1959, commente sous la plume d'André Belleau les retombées de la commission Fowler sur la radio et la télédiffusion[21].

La convention signée entre les quatre sociétaires de l'Hexagone — Miron, Pilon, Carle et Portugais — et l'équipe de *Liberté* établit clairement un lien essentiellement « nominal » entre les deux parties. *Liberté* pourra « utiliser le prestige et la bonne renommée » de la maison d'édition pour atteindre son public, mais l'Hexagone ne sera responsable ni du contenu, ni du budget, encore moins d'un déficit éventuel de la revue. Le premier numéro, *Liberté 58*, était prévu pour octobre mais les problèmes de financement et d'organisation font que c'est plutôt *Liberté 59* qui paraît pour la première fois en février sans qu'on y trouve le nom de Miron, ni dans l'équipe de rédaction, ni parmi les collaborateurs. Il faudra d'ailleurs attendre le quatrième numéro pour qu'il laisse paraître *La Braise et l'humus* et un court extrait de *La Marche à l'amour*[22], mais on ne peut manquer de noter que ce consentement tardif coïncide avec l'imminence de son départ pour Paris.

On a déjà observé ce trait à l'époque de l'Ordre de Bon Temps : le poète Miron se défile volontiers et il peut toujours réapparaître là où on ne l'attendait pas. Absent de la revue *Liberté*, n'envoie-t-il pas pourtant plusieurs poèmes à Haeffely pour son *Périscope* et même, chose plus étonnante encore, à Rina Lasnier pour les *Cahiers de Nouvelle-France* qui publient *Les Siècles de l'hiver* et *Jeune Fille* dans leur état presque définitif[23]. Que peut bien signifier cette tangente vers une publication qui trouve peu d'échos chez les écrivains et les intellectuels qu'il fréquente et dont l'idéologie conservatrice le hérisse ? Il est vrai qu'il fait aussi paraître une version de *L'Homme agonique* (sous le titre *Ex officio*) dans la nouvelle revue *Situations* lancée par l'éditeur André Goulet en janvier 1959[24]. Mais dans une très large mesure, il donne l'impression d'être un poète qui pratique l'esquive et la fuite, qui ne cesse de faire faux bond à son public le plus proche et le plus naturel, encore que ses divergences profondes avec Rina Lasnier n'excluent pas une certaine affection.

D'ailleurs, il ne dédaigne pas de mettre en doute jusqu'à la raison d'être de ses maigres publications. C'est que le dépit amoureux est devenu chez lui une maladie chronique qui aggrave encore son cynisme : « Alors, qu'est-ce que ça me foute, la santé, la poésie et autres sornettes, quand je n'ai pas même le minimum vital d'affection humaine ? Si la pierre d'angle n'y est pas, quel sens a l'édifice[25] ? » demande-t-il à Haeffely. Celui-ci espère toujours le voir débarquer en France : voilà peut-être la meilleure direction possible, la prise de distance salutaire qui lui permettrait de se refaire, de retrouver ses assises. Mais Miron désire-t-il vraiment traverser l'Atlantique vers le Vieux Continent ? N'a-t-il pas claironné dans une autre lettre à son ami français : « Je suis Américain, c'est ma grande découverte, et je n'ai plus rien à faire avec l'Europe[26] » ? Pourtant, dans la plus parfaite inconséquence, c'est le même homme qui dépose alors une demande de bourse au Conseil des Arts du Canada justement pour aller y étudier !

Comme jadis quand il errait en mal d'amour dans les rues de Montréal, il lui arrive de trouver refuge et consolation à l'église. Il n'a jamais cessé de retourner chaque année chez Françoise Gaudet-Smet à Claire-Vallée, et à la fin de l'été 1958, se disant en « rupture totale avec le monde des lettres », il en profite pour proclamer son

« retour au catholicisme intégral ». Et il ajoute, pour dissiper tout doute : « Dimanche dernier, je suis allé à la messe à Saint-Sylvère. Le curé nous a grondés. J'étais bien content, j'appartenais à une vraie paroisse. Une paroisse avec des habitants frustes, aux mains d'écaille, au visage buriné[27]. » Plutôt que l'Europe, ce serait une autre destination envisageable : le retour en arrière, à la vieille religion du peuple solidement incarné, la communauté paysanne canadienne-française établie autour des villages sur les grandes terres labourées qui s'étendent des Laurentides aux Appalaches — une réalité enfin concrète, un ultime recours contre la solitude et le non-sens.

*   *   *

Les femmes qui pourraient combler ce grand vide semblent étrangement absentes, ou elles ne sont que des ombres de passage, telle cette obscure Ange-Aimée Danis évoquée dans une ébauche de 1957 :

> Ange-Aimée Danis de l'éternité passagère
> d'un oiseau d'espace au fil de lumière à son bec
> *d'un regard né entretenu de sources cachées*
> *ta voix me murmure les récits de ton domaine*

Les deux derniers vers se retrouveront presque tels quels dans deux séquences différentes de *La Marche à l'amour*, mais comme Isabelle et Thérèse, Ange-Aimée verra son nom disparaître dans les versions publiées du grand poème.

Après Ange-Aimée Danis, une autre femme encore apparaît, qui aura une « présence » beaucoup plus durable dans la vie de Miron et qui infléchira encore un peu le chant de son cycle amoureux, bien que le terme de *présence* paraisse à son sujet inadéquat. Car cette femme, qui porte toujours le surnom de « Nysette » dans les brouillons et les notes de Miron, et qui signe de ce sobriquet les nombreuses lettres qu'elle lui adresse, demeure pour l'essentiel une figure lointaine et impossible, une voix d'autant plus envoûtante qu'elle résonne seulement dans l'écrit et par-delà l'océan. Nysette, en effet, est belge, d'origine polonaise, et sous son vrai nom de Denise (ou Denyse) Karas, elle habite Liège où elle mène une vie bourgeoise qui l'horripile, captive d'un mariage sans amour qui lui a donné pour seule consolation deux enfants adorés. Mais elle est aussi une poète de talent que son premier recueil, *Fièvres pourpres*[28], paru en 1962, révélera comme une voix prometteuse de la jeune poésie belge.

C'est par l'intermédiaire de sa sœur Paulette établie à Montréal depuis quelques années que Denise Karas et Miron ont pu entrer en contact. Les circonstances de la rencontre entre Miron et Paulette demeurent inconnues, mais ils se connaissaient suffisamment pour qu'elle et son mari accompagnent le poète à Claire-Vallée à la même époque. Quoi qu'il en soit, seule Paulette a pu donner à Miron l'adresse de sa sœur à Liège. Au cours de l'été 1957, il travaille toujours pour la Librairie Beauchemin ; il va quitter au printemps sa chambre de la rue Saint-Christophe pour devenir le pensionnaire d'une certaine Mme Lapierre, au 4453, rue Saint-André, y remplaçant ainsi son vieil ami Gérard Boudreau qui vient, comme tant d'autres, de prendre femme. Saint-André, ce sera la « rue au nom d'apôtre » évoquée dans *La Batèche*[29], et à partir de cette époque, le Plateau-Mont-Royal demeurera pour de bon le quartier de prédilection de Miron.

Durant les préparatifs de la première Rencontre des poètes, à laquelle il s'affaire avec Jean-Guy Pilon, Miron envoie un mot, naturellement accompagné d'un poème, à cette jeune femme inconnue dont la sœur lui a sûrement fait valoir le goût pour la poésie. La réponse ne se fait pas attendre :

Cher Monsieur, puis-je dire cher Gaston ? Merci, merci infiniment de votre gentil message et aussi du magnifique poème. Je l'ai beaucoup aimé. Je ne cesse de le relire, plus je le lis et plus je l'aime, il émane d'un cœur qui a souffert et devant la souffrance, je ne puis que baisser la tête, émue[30] […].

Il ne se doute sûrement pas qu'il vient d'ouvrir les vannes d'un torrent, d'un déluge même ! Car il semble que Denise n'attendait que cette occasion pour déverser tout ce qu'il y avait en elle d'aspiration à la liberté et à la passion de vivre, pour s'exposer tout entière dans ses frustrations maritales et son immense soif d'évasion.

Avec son « cher Gaston », elle fonctionne en mode accéléré : elle passe sans transition au tutoiement, et « ton amie Nysette » devient vite « ta petite amie ». Ses lettres déferlent rue Saint-André au rythme d'une ou deux par semaine : en 1957-1958 seulement, Miron en reçoit une bonne centaine, toutes sur plusieurs feuillets à l'écriture fine, très serrée, sans marges. Personne, ni femme ni homme, ne l'aura à ce point gratifié non seulement de ses lettres, mais aussi d'innombrables cartes postales et photos, où elle apparaît dans toute sa beauté et son enjouement, en femme du monde, en fée radieuse, en mère de famille avec ses enfants, en hôtesse à l'Exposition universelle de Bruxelles de 1958, en jolie baigneuse sur une plage de la côte belge. Avec Miron, Nysette est aussi intarissable que multiple : elle est une Emma Bovary liégeoise, une séductrice tantôt sentimentale, tantôt rieuse, déchirante de lucidité, émouvante dans sa solitude morale, exaspérante de complaisance, brillante dans ses plus belles envolées, tendre et protectrice quand Miron lui fait part de ses problèmes et, en particulier, d'un début de calvitie qui compte parmi ses nombreux soucis de l'époque — mais n'est-ce pas, ose-t-elle avec malice, une « preuve de virilité » ? Maternelle, elle lui recommande de porter une écharpe autour de son cou pour se protéger du froid, mais à l'inverse, elle n'a pas sa pareille pour démolir l'institution du mariage, cette chaude image du foyer rempli d'amour à laquelle son cher correspondant n'a jamais renoncé depuis ses vingt ans. Qu'il le sache, elle peut en témoigner : le mariage est une infamie, une damnation ! Reste la poésie, encore conventionnelle et mièvre chez elle à cette époque : au poème qu'il lui a envoyé et qui était peut-être un extrait de *La Marche à l'amour*, elle peut répondre par ses propres pièces sentimentales sur l'amour ou sur Varsovie, la ville de son enfance : « Varsovie, tu m'es plus chère encore pour avoir tant souffert[31] ».

On se prend à imaginer le beau « roman épistolaire » que pourrait tisser la correspondance croisée entre Nysette et Miron, si les lettres de celui-ci n'étaient perdues, probablement brûlées par prudence, comme le laissent croire certains propos de la jeune femme, à moins qu'elles ne dorment encore en quelque tiroir ou coffret de la cité wallonne. Chose certaine, même s'il lui a été impossible de maintenir le rythme d'enfer de son épistolière, qui lui reproche d'ailleurs de temps à autre ses silences ou ses retards, il lui écrit assez régulièrement durant une période qui s'étend de 1957 à 1962. Nysette est-elle devenue pour lui, au fil des ans, la figure même de la femme idéale, splendide, inatteignable, à qui il pouvait répéter : « je n'attends pas la fin du monde, je t'attends », sans avoir à partager le poids du quotidien ? Durant son séjour à Paris, il ira la retrouver clandestinement à Liège et il y aura une rencontre mémorable dans une station balnéaire belge non loin de Bruges, en août 1960.

*   *   *

Les débuts de sa liaison épistolaire avec Nysette ont précédé de peu sa maladie de l'automne 1957. Désormais, tandis que cette femme passionnée mais lointaine lui fournit peut-être une autre façon de fuir, les moments d'épuisement et les sursauts d'activité alternent. Il songe surtout à partir, à aller retrouver sa pleine vigueur sous d'autres cieux. Au fond, malgré des dénégations fréquentes, « il rêvait, nous rêvions tous de la France, qui incarnait la Nation et l'Intelligence[32] », se souvient Pierre Vallières dans *Nègres blancs d'Amérique*. La France éternelle, oui, mais qui mène maintenant une guerre coloniale en Algérie, dont le journaliste René Lévesque a commencé à expliquer les tenants et aboutissants, carte géographique à l'appui, à son émission télévisée *Point de mire*. Miron lui-même lit avec passion, dès le printemps 1958, les articles de Sartre et de Mauriac, et se demande dans quel camp vont loger les intellectuels français[33]. Cette France tourmentée, déchirée, donnant souvent le pire d'elle-même en Afrique du Nord, ne risque-t-elle pas de perdre son auréole ?

Paris, pourtant, demeure Paris et on ne compte plus les connaissances ou les amis de Miron qui y ont déjà séjourné, d'Hubert Aquin à Roland Giguère, de Jacques Languirand à Jean-Guy Pilon, et bien d'autres encore. Et puis, son ami Haeffely l'attend toujours avec impatience à Massugas. Le problème reste celui du financement, et les choses vont plutôt mal sur ce plan puisque la demande de bourse qu'il s'est empressé de faire, au début de 1958, au Conseil des Arts du Canada récemment créé, a reçu une réponse négative : « De nouveau je vois mes espoirs s'effondrer pour un séjour en Europe[34] », écrit-il alors à Claude Haeffely.

Mais cet échec, d'un autre point de vue, est un coup de chance. S'il était parti pour Paris en septembre 1958, Miron n'aurait probablement jamais fait la connaissance du poète français Henri Pichette, qui allait être pour lui un relais essentiel dans le milieu intellectuel et littéraire parisien, un an plus tard, notamment pour accéder au cercle de la revue *Esprit*. Au cours de l'automne 1958 en effet, Pichette séjourne au Québec pendant plusieurs semaines, à l'occasion d'une tournée du Théâtre national populaire et d'une série de conférences qu'il doit donner aux États-Unis, mais pour laquelle il a du mal à obtenir un visa à cause de ses antécédents radicaux de gauche (jusqu'à la crise hongroise de 1956, il a été proche d'Aragon et des communistes). À l'occasion de son séjour au Québec, il fait découvrir aux Montréalais son grand poème dramatique, *Les Épiphanies*, très remarqué à Paris en 1947 dans une mise en scène de Gérard Philipe. Une lecture publique a lieu en novembre au Théâtre Anjou à Montréal. Avec l'auteur lui-même, les comédiens Robert Gadouas et Dyne Mousso, la femme du peintre Jean-Paul Mousseau, bien connu de Miron, défendent ce texte éclaté, exubérant, ouvert à tous les vents, à toutes les passions. « ET D'ABORD l'amour, au même titre que la liberté, chasse toutes les définitions […] La poésie est une salve contre l'habitude[35] » : ce sont là des formules faites pour plaire à Miron, d'autant plus qu'Henri Pichette (de son vrai prénom Harry Paul Pichette) est le fils d'un Franco-Américain d'origine québécoise qui a immigré en France et épousé une fille du Languedoc : plus qu'un cousin, Pichette est presque un demi-frère — sans parler des affinités politiques entre les deux hommes. Miron est immédiatement conquis : « Il est socialiste et militant, je le suis ; nous avons tout de suite fraternisé[36] », annonce-t-il à Claude Haeffely. Mais comme cela lui arrive parfois dans ses emportements, son jugement s'en trouve quelque peu obscurci, lorsqu'il apprend l'annulation d'une entrevue prévue avec Pichette sur les ondes de Radio-Canada et d'une autre qui a été censément amputée de quelques minutes. Alors qu'il devrait ménager sa santé, Miron décide plutôt de monter une fois de plus aux barricades et de rallier les intellectuels en vue d'une lettre collective contre la « censure ». Mais le sociologue Jean-Charles Falardeau de l'Université Laval, qu'il s'est empressé de joindre, refroidit sur-le-champ son enthousiasme en jugeant qu'il n'y a pas là une matière bien étayée et qu'« il ne faut pas desservir les bonnes causes avec de mauvais cas[37] ». L'affaire se dégonfle.

Sa passion urgente donne de meilleurs fruits du côté de la poésie. Au beau milieu de son agitation militante malavisée, Miron rédige en vitesse sur un feuillet, un matin de la mi-octobre, une nouvelle « Lettre à bout portant », qui est une sorte d'hommage poétique à celui qui est déjà devenu son ami Henri :

18 octobre 1958
9 h 15 a.m.

Lettre à bout portant.

Je t'écris Henri Pichette

J'ai peine comme une morsure
douleur de bête à son point d'équinoxe
je suis bœuf avec sa tête intolérable.

La femme a le sein agacé de soif.

Et toi tu n'es pas là
L'Histoire n'est pas à deux pas semblable.
L'Histoire ne sera peut-être plus.

Nous ne demandions rien qu'un peu de présence.
Nous ne demandions qu'une Parole.

Nous voici à nouveau vieux forçat d'enclos
et ce matin nos yeux ronchonnant
le bruit roux de chevreuil dans la lumière
à nouveau les hommes abandonnés des hommes
Nous ne demandions qu'une Épiphanie[38].

Deux vers, « J'ai peine comme une morsure » et la très belle évocation du chevreuil, préparent *L'Octobre*, dont Miron publie une version plus complète en décembre[39]. C'est « l'octobre » rouge de Pichette, le poète agitateur et engagé qu'on appelle au secours, le médiateur espéré entre le mal d'amour et « l'Histoire », entre un « je » à la tête abrutie de douleur et un « nous » tourmenté par le désir d'être. Pichette le sauveur possible, le créateur d'« épiphanies ». Rentré en France à la fin novembre, il fournit à Miron une raison supplémentaire de s'y rendre le plus tôt possible, dans le sentiment que là-bas les intellectuels sont au cœur de la lutte, font signer des pétitions, signent des articles efficaces, sont des acteurs sur la scène d'une Histoire ici absente ou du moins bien pauvre en signification.

Il est révélateur que, à peine un mois après le départ de Pichette, Miron dépose une nouvelle demande de bourse auprès du Conseil des Arts. À titre d'auteur, il veut terminer, explique-t-il dans sa lettre, « un recueil de poèmes de longue haleine intitulé *La Batèche* » et élargir sa culture littéraire ; comme éditeur, il souhaite parfaire sa connaissance du métier et s'informer du mode de fonctionnement des grandes maisons d'édition[40]. Il a demandé à Jean-Guy Pilon, à Guy Boulizon, son patron chez Beauchemin, et à l'éminent Frank Scott de lui faire des lettres de recommandation. Cette fois, sa démarche est couronnée de succès : en avril 1959, le Conseil des Arts du Canada lui accorde finalement une bourse de 2 000 $. On pourrait croire qu'après bien des misères et un premier échec Miron exulte ! Bien au contraire, il annonce la nouvelle presque en passant, à la fin d'une lettre à Haeffely : « Le Conseil des arts m'a offert une bourse. Ça ne me dit rien, j'aime mieux mes montagnes et j'ai trop de dettes[41]. » La coupe est pleine pour Haeffely, qui semble avoir choisi de ne pas répondre, en espérant sans doute que son ami reviendra bientôt à la raison.

*   *   *

Plutôt que sur les terres de Saint-Sylvère, Miron se retire temporairement à Sainte-Agathe où il cherche à refaire ses forces à l'auberge de jeunesse Rabaska, tenue par son vieil ami Gilles « Carrosse » Beauregard. À la veille de son départ pour Paris, il peut confier depuis Saint-Jérôme à Claude Haeffely : « Voici bientôt près de six mois que je suis au repos forcé (sur avis du médecin)[42]. » L'éditeur, le poète, l'intellectuel engagé se sont mis sur la touche, et c'est l'athlète des « défis sportifs » du Clan Saint-Jacques, le skieur du Mont-Royal et des Laurentides qui refait surface et se réjouit d'avoir « terminé premier dans le slalom, 21 secondes ! » dans une compétition qui s'est tenue au mont Blanc de Saint-Faustin, à la fin de l'hiver précédent. Lui qui aimait tant dater ses lettres à Isabelle, à Portugais, à Carle, de « Montréal ma grand'ville », et qui a fait de la métropole son terrain d'action et son théâtre, il savoure ses mois d'hiver à Sainte-Agathe-des-Monts où « il n'y a aucune préoccupation de l'esprit, [où] on parle bière, hockey, ski, femme, argent[43] ». C'est là, à partir de janvier 1959, qu'il tente en vain de redevenir un homme du commun, cet homme de la rue sans lettres et sans statut dont il a fait rageusement l'autoportrait devant Jeanne Lapointe.

À l'abri dans sa petite ville natale, il n'est donc pas mêlé de près à la zizanie qui s'est installée au sein du comité de rédaction de *Liberté* dès le lancement de la revue, survenu au beau milieu de la grève que soixante-quinze réalisateurs de Radio-Canada ont déclenchée en décembre après le refus de la Société de reconnaître leur accréditation syndicale au sein de la Confédération des travailleurs catholiques du

Canada. Rapidement, ce conflit d'allure classique a pris une autre tournure en raison du refus du gouvernement fédéral d'intervenir et de l'absence d'appui des réalisateurs anglophones de la CBC, attitudes interprétées par plusieurs comme un signe d'indifférence ou de mépris à l'égard des Québécois francophones. L'animateur René Lévesque et de nombreux comédiens comme Jean-Louis Roux et Jean Duceppe s'engagent activement dans la lutte. À *Liberté*, la situation devient particulièrement délicate car la grève suscite d'emblée un déchirement : Jean-Guy Pilon et Michel van Schendel, tous deux à Radio-Canada, ont adopté des positions opposées. Pilon ne fait pas la grève alors que Van Schendel l'appuie avec toute l'énergie de ses sentiments socialistes. C'est du même coup la nature et l'orientation de la revue, conçue par Pilon et ses amis Belleau, Filiatrault, Godbout et Ouellette comme un lieu de prise de parole et de réflexion, que mettent en cause Van Schendel et son groupe, qui souhaitent plutôt que la revue prenne parti pour les grévistes. Avec ce dernier, Gilles Hénault, Paul-Marie Lapointe et Gilles Carle démissionnent en bloc du comité de rédaction avant la parution du deuxième numéro. Pilon en ressort écorché, désormais qualifié d'*homme de droite*.

On devine que Miron n'est pas fâché de se trouver, au cours de l'hiver 1959, éloigné d'un tel conflit opposant des amis qu'il estime. Il est significatif que la lettre qu'il adresse l'été suivant à Michel van Schendel, bien après la fin de la grève qui s'est réglée en mars, manifeste un appui fervent et sans réserve à Pilon, tout en balayant du revers de la main les catégories de la droite et de la gauche, mais sans jamais non plus critiquer directement Van Schendel. On a eu beau insinuer que Pilon, notamment, faisait le jeu des patrons et du pouvoir en refusant que *Liberté* prenne parti pour les grévistes, il n'appartient pas aux intellectuels de Radio-Canada et de l'ONF, affirme Miron, de décider si Pilon ou qui que ce soit d'autre est un réactionnaire. Pour les besoins de la cause, le poète-éditeur retiré dans ses montagnes (mais se préparant à partir pour Paris) joue la carte de la diversion :

> Je ne suis ni à gauche ni à droite. Je suis anarchiste avant tout, je suis, à une échelle plus réduite, un Malaparte (je parle d'attitude) ou un Malraux. Je peux aussi bien finir comme Malraux, à droite, en axe de fascisme, [que] comme Gorki, à plate couture dans la révolution et ses jougs[44].

Il est difficile de mieux faire dans le brouillage idéologique à l'emporte-pièce, surtout de la part d'un candidat récent au titre de député social-démocrate ! Si le lien entre Malraux et le fascisme paraît étonnant, il faut se rappeler que l'appui de l'auteur de *L'Espoir* et de *La Condition humaine* au général de Gaulle lorsque celui-ci a accédé à la présidence de la Vᵉ République et revendiqué dans un premier temps une Algérie française, a été vivement dénoncé par toute la gauche et interprété comme un reniement de l'engagement politique antérieur de Malraux. Quoi qu'il en soit, la liberté syndicale des réalisateurs est maintenant chose du passé, et malgré les incohérences politiques, Miron demeure constant sur un point : l'amitié et la fraternité, surtout à l'égard de celui qui a été depuis 1954 son principal compagnon dans l'aventure éditoriale de l'Hexagone.

*   *   *

Tout indique que, peu avant son départ, Miron demeure dans un état d'esprit fort instable, encore qu'il faille faire la part d'une certaine rhétorique orientée selon chaque destinataire. Face à Michel van Schendel par exemple, dans sa défense de Jean-Guy Pilon, il oppose aux excommunications prononcées par la gauche intellectuelle de Montréal sa propre expérience du terrain : à l'entendre, il n'a pas cessé, pendant l'été 1959, de rencontrer des groupes de jeunes à Sainte-Agathe, à Claire-Vallée, ou « des groupes de syndiqués de Terrebonne[45] ». Ce que confirme d'ailleurs sa visite à son ami syndicaliste Gérard Boudreau, maintenant établi sur la côte de Beaupré : leurs échanges très animés le montrent toujours apte à donner sa pleine mesure d'écrivain, d'éditeur et de militant nationaliste passionné[46]. Pourtant, la lettre qu'il adresse à Henri Pichette au cours du même été révèle plutôt un homme brisé qui retient son « envie de pleurer » et qui ne peut que récrire en prose les pages les plus sombres de *La Vie agonique*, par grands cercles tournoyants autour de l'abîme :

Et d'un coup de bourrasque, d'un bond d'océan, j'aurais voulu te parler tout de suite, comme quelqu'un qui retrouve la raison. Et en fait, c'est un peu cela, je retrouve la raison et voici que je te parle, tout pêle-mêle dans mes propos, parce que c'est pêle-mêle & sans suite dans ma tête d'agonie depuis que déferle en moi ce désarroi sans nom. En ce moment même, il me faut ramasser toutes mes forces pour continuer cette lettre, car au plus profond de ma pensée agit comme un désamorçage de l'être, auquel s'ajoute un épuisement foncier de la carcasse. J'ai tellement voulu, tout au long cours de ma vie, que mes actes se vivent comme un don total. Et maintenant, je suis un homme diminué et miné par une maladie sans nom, invisible […].

Peut-il même songer, dans de telles conditions, à entreprendre le voyage ? À vrai dire, n'est-il pas terrorisé à l'idée de quitter son monde familier, bien que celui-ci le rende malade et le tue ?

> Au fond de moi c'est un exil, Paris. Ce peuple — dont je suis — je suis lié à lui, « jusqu'à l'état de détritus s'il le faut », ai-je dit dans un de mes textes. Mais j'irai quand même à Paris, même si je dois mourir loin de cette terre que j'aime « à mort[47] ».

Il devait s'embarquer le 31 août, a-t-il annoncé à Pichette, mais des problèmes de passeport l'obligent à remettre son départ d'une quinzaine de jours, un délai suffisant pour qu'un événement historique vienne confirmer, par un étrange coup du sort, qu'il s'agit bel et bien de la fin d'une époque. Dans la nuit du 6 au 7 septembre, Maurice Duplessis meurt d'une hémorragie cérébrale subie trois jours plus tôt au cours d'une visite à Schefferville, dans le nord du Québec. On ne le devine pas encore, mais la Révolution tranquille s'apprête à jeter sur la scène québécoise un tout autre éclairage.

Miron, occupé à faire sa malle et à régler des questions bancaires, a naturellement la tête ailleurs. Il passe les derniers jours chez sa mère, à Saint-Jérôme, d'où la famille au complet ira le reconduire dans le port de Montréal. Que la perspective de ce voyage le met dans tous ses états, pour ne pas dire qu'elle le rend malade, on le devine à la terrible indigestion qu'il fait durant la nuit précédant son départ. Mais s'il s'embarque en homme profondément perturbé, on peut tenir pour improbable, malgré ses propos à Pichette, qu'il aille « mourir » à Paris.

TROISIÈME PARTIE

1959-1971

12

Le *Canuck* parisien

L e rythme change tout à coup : à l'agitation frénétique, aux élans combatifs cachant mal l'épuisement, succède quelque chose qui n'est plus tout à fait la vie ordinaire, même s'il y a tout ce qu'il faut pour vivre sur un de ces paquebots qui font encore régulièrement, au tournant de 1960, la traversée de l'Atlantique. Ce rythme lent, maritime, d'un grand navire de ligne, l'homme de l'automne 1959 hors de ses gonds, à la fois survolté et défait, en a certes grand besoin. Il faut dire qu'il n'a jamais beaucoup largué les amarres, ses voyages avec l'Ordre de Bon Temps ou le Clan Saint-Jacques l'ayant rarement éloigné du bercail. Son équipée en Abitibi avec Olivier Marchand, sa brève tournée au Saguenay–Lac-Saint-Jean à l'époque d'Isabelle, un aller-retour au Vermont avec l'OBT pour rencontrer la famille Von Trapp : on a très vite fait le tour des voyages de Miron au cours des années 1950, d'ailleurs pour la plupart déjà anciens, et l'on ne parlera pas de destinations ordinaires comme Québec, Trois-Rivières ou Granby. En fait, à l'approche de ses trente-deux ans, Miron n'a toujours habité que son petit coin de pays et il ne connaît du monde extérieur que ce que lui en ont appris ses lectures, la radio et la télévision ou des amis comme Ambroise Lafortune ou Claude Haeffely. Quand il se proclame « lié à son peuple », cette solidarité à la fois nationale et sociale se situe encore, à ce moment-là, à l'intérieur d'horizons étroits et assez provinciaux.

Lorsque l'imposant *Homeric* de la compagnie anglaise Home Lines s'éloigne doucement du quai Jacques-Cartier à mi-journée, le vendredi 18 septembre 1959, devant la foule serrée des parents et des amis qui envoient la main aux voyageurs, il s'agit donc pour lui du début, sinon de l'odyssée annoncée avec quelque grandiloquence par le nom du navire, en tout cas d'une libération et d'une véritable découverte. On aurait tort de négliger cette dimension libératrice : « Bateau = euphorie. On est nulle part. Plus de barrières psychologiques et morales (sociales) », note-t-il durant la traversée dans son carnet[1]. Bonheur de ce « nulle part » : car s'ils lui sont essentiels comme une drogue, les liens sociaux de tous ordres représentent pour lui, étant donné l'intensité extrême qu'il y consacre, un poids, une responsabilité, une exigence qui tourne souvent à la frénésie ; de sorte que s'il est « lié » organiquement à son milieu et au Québec lui-même, il ne va pas moins éprouver le même apaisement chaque fois qu'il parviendra à partir pour l'étranger.

*   *   *

La mort de Duplessis en a été comme le présage : toutes les circonstances semblent converger, cet automne-là, pour que le séjour parisien de Miron constitue l'un de ces moments charnières qui définissent un *avant* et un *après*. Il faut dire qu'il n'arrive pas à Paris en exilé et en pur étranger. C'est avec exubérance que son ami Pichette lui a écrit, peu avant qu'il ne s'embarque sur l'*Homeric* : « On t'attend. Avec impatience [...] Si seulement tu pouvais être un peu heureux, avec ton grand rire par delà nos oreilles[2] ! » Le bonheur, pourquoi pas, et d'abord celui du poète ? Cette fraternité avec l'auteur des *Épiphanies* et avec les autres écrivains qu'il va fréquenter semble propice à un accord plus ferme entre l'homme et le poète Miron.

Par ailleurs, l'Histoire elle-même se charge d'orchestrer de grands changements. En France d'abord, où les débats sur la guerre d'Algérie atteignent leur paroxysme et entraînent de nombreuses violences, tandis que le général de Gaulle, sorti de sa retraite en 1958 pour piloter la Ve République, navigue irrésistiblement vers l'autodétermination puis l'indépendance pure et simple de l'Algérie ; au Québec ensuite, que les débuts de la Révolution tranquille rendront méconnaissable aux yeux d'un homme qui n'aura pourtant été absent qu'à peine dix-huit mois. Se trouvant à Paris au seuil de la nouvelle décennie, Miron peut donc vivre en direct la montée de la décolonisation pendant qu'au Québec s'organisent les premiers mouvements indépendantistes.

En même temps, la découverte de la France confirme en lui certaines intuitions politiques et, plus que tout, son identité de « Canadien » et d'« Américain ». Il y a longtemps qu'il proclame cette différence, mais cette fois, il l'éprouve concrètement, sur le terrain. Toutefois, alors que tant de Québécois ont vécu cet écart dans la conscience aiguë d'une infériorité, écrasés par la puissance et la profondeur historique de la culture française et portant leur identité canadienne-française comme un défaut, voire une honte, Miron conserve toujours cette force candide qui lui permet d'envisager un dialogue et un échange d'égal à égal. Étonnant paradoxe ! L'homme qui parle de « la pauvreté natale de [sa] pensée rocheuse » et qui, à la veille de son départ, expliquait à un ami journaliste qu'il essayait « d'assumer notre pauvreté existentielle et morale et aussi notre pauvreté d'expression[3] » affronte la différence française avec l'assurance d'une entière légitimité et même avec « fierté[4] ».

Durant la traversée, à la proue de l'*Homeric,* il n'a pas de mal à se trouver un auditoire pour définir cette approche avec son panache caractéristique. Une femme en est témoin, qui voyage avec ses deux jeunes enfants. Son mari, Yves Michaud, directeur et rédacteur en chef du *Clairon* de Saint-Hyacinthe, l'a devancée en France où il va poursuivre pendant quelques mois des études de journalisme à Strasbourg. Se promenant sur un des ponts du navire, Monique Morissette aperçoit un attroupement. Curieuse, elle s'informe : « C'est Gaston Miron », lui chuchote un autre passager. Elle a entendu parler du poète-éditeur, mais elle ne l'a jamais vu. Au public un peu ébahi, l'orateur est en train de faire connaître son plan : « Je m'en vais apprendre le Québec aux Français ! » clame-t-il à la ronde avec un grand éclat de rire[5]. Malgré ses airs de pure boutade lancée par un naïf qui n'aurait encore rien vu, cette intention affirmée au seuil même de la traversée sera pourtant l'une des clés de son succès en France : il y a un style Miron, et ce n'est pas celui du bon élève qui baisse la tête devant un maître. « Je vais à Paris dans l'intention de donner — 1er Canadien dans cet esprit[6] », a-t-il d'ailleurs noté avant son départ. Qu'on se le tienne pour dit, sur l'*Homeric* et ailleurs : le style Miron se veut la fin de l'ère des « retours d'Europe », l'instauration d'une attitude nouvelle des Québécois face aux Français !

* * *

Au terme du voyage en train depuis Le Havre où l'*Homeric* a accosté une semaine jour pour jour après son départ de Montréal, Miron arrive à Paris épuisé par la traversée. Le calme maritime ? En réalité, loin de se reposer dans sa cabine, il n'a cessé de faire la fête, a participé à tous les jeux (il a gagné au bingo, raconte-t-il à sa mère !), a dansé dans les bals costumés et chanté dans les concours d'amateurs organisés chaque soir durant la traversée. Il pourra quand même refaire ses forces chez son ami Jean-Paul Filion, l'un des premiers poètes de l'Hexagone, qui profite lui aussi d'une bourse et qui l'héberge quelques jours dans le petit appartement qu'il occupe avec sa femme Françoise dans le quartier Alésia, entre Montparnasse et le parc Montsouris. Le plus urgent est évidemment la recherche d'un logement, de préférence une pension familiale. Depuis qu'il s'est établi à Montréal en 1947, c'est ce qu'il a connu presque en permanence : chez son oncle Henri, chez les Cléroux, au local de l'Ordre de Bon Temps, dans la garçonnière du Pig 'n Whistle, chez les Marchand, la grand-mère d'Olivier, ou encore chez Mme Lapierre, sa logeuse de la rue Saint-André — bref, une sorte de foyer lui permettant de conjurer les démons de la solitude et l'exigence d'avoir à cuisiner. Mais Filion l'a déjà averti des problèmes de logement à Paris : rares sont les familles qui y louent des chambres à cette époque, et Miron doit plutôt s'orienter vers la Maison des étudiants canadiens de la Cité universitaire, boulevard Jourdan, où ont habité d'innombrables Québécois de sa génération au cours des années 1950, que ce soit Hubert Aquin ou Hélène Pelletier-Baillargeon, Camille Laurin ou Guy Rocher ou encore l'artiste Edmund Alleyn. Miron y est reçu par le directeur Charles Lussier, homme de culture, ami du groupe de *Cité Libre* et du peintre Paul-Émile Borduas, lui-même établi à Paris depuis 1955. Sous la direction de Lussier, la Maison des étudiants canadiens est devenue une sorte de petit centre culturel et les grands noms de la vie intellectuelle française figurent au programme des conférences : François Mauriac, Raymond Aron, René Huygue, Jean Rostand, Albert Camus. Des artistes importants sont aussi invités : le peintre Maurice Denis, le flûtiste Jean-Pierre Rampal. En l'absence d'un vrai centre culturel canadien et d'une délégation du Québec qui viendront bientôt, la Maison veut par ailleurs faire connaître (avec un succès relatif) des artistes québécois, musiciens, peintres, cinéastes, écrivains, de passage à Paris. Bien que Miron voie au premier abord un inconvénient à se retrouver dans un milieu où il côtoiera surtout des compatriotes plutôt que ces Français à qui il veut « apprendre le Québec », il pourra profiter de cette ambiance culturelle et participer lui-même à plusieurs activités.

Tout est nouveau pour lui à Paris, comme il le raconte avec candeur dans les lettres qu'il envoie à sa mère tout au long de l'automne et de l'hiver : le métro qu'il prend pour la première fois vers Montmartre où l'ont invité dès son arrivée Henri Pichette et sa femme, les rues bordées d'étalages, de fleuristes, de cafés, les cinémas qui présentent les plus récents films, les femmes d'une belle élégance et combien attirantes, les librairies dont la variété même le laisse pantois : « Ici, il y a autant de librairies que d'épiceries chez nous, et ça lit beaucoup ; les Français ne sont pas intelligents pour rien[7] »... Comme tous les nouveaux arrivants à Paris, il s'est empressé de faire le circuit touristique habituel : Notre-Dame, la tour Eiffel, le Quartier latin, les Champs-Élysées, « peut-être la plus belle rue du monde[8] », les quais de la Seine.

Pourtant, sous le naïf émerveillement de surface dont il fait volontiers état à sa mère, tout n'est pas aussi radieux qu'on pourrait le croire. À Claude Hurtubise, qu'il a connu chez Beauchemin et qui l'a chargé d'entrer en contact avec des éditeurs en vue de la diffusion du livre québécois en France, Miron écrit qu'il a du mal à s'adapter à la vie parisienne, qu'il souffre de maux d'estomac et d'insomnie, sa chambre de la Cité universitaire donnant directement sur le boulevard Jourdan : « Nuit et jour, il y a un trafic d'enfer ; il n'y a rien qui use les nerfs comme le bruit, et qui gruge le sommeil [...] Ce bruit, c'est à devenir fou[9]. » Les « chinoiseries de l'administration » n'arrangent rien, et puis, il faut le dire, même si les Français « sont le peuple le plus intellectuel de la terre, ils sont aussi le plus cupide », ne cessant de quémander des pourboires[10] ! Son ami Haeffely a beau lui faire remarquer que son jugement est « hâtif et un peu gros[11] », il en vient à avouer à sa mère qu'il déchante un peu au sujet de la France : « Plus je vois ce pays, plus je pense qu'il fait bon vivre au Canada, que notre pays est peut-être le meilleur endroit où vivre sur la planète[12] »... Claude Hurtubise lui propose pour sa part un diagnostic : ses insomnies et ses maux d'estomac relèvent sans doute d'une « angoisse d'éloignement », un véritable syndrome collectif, semble-t-il, puisque l'éditeur dit ne connaître personne au Canada, à commencer par lui-même, qui n'ait éprouvé de tels maux durant les premiers mois d'un séjour en France[13]. Hurtubise se souvient sans doute, entre autres, de son ami Saint-Denys Garneau, qui a paniqué jadis en mettant les pieds à Paris et qui, après une courte visite à Chartres, s'est tapi dans sa chambre d'hôtel avant de rentrer en catastrophe au Québec.

De toute manière, la traversée de l'océan n'efface pas ce que l'on est. Au début, on pouvait croire qu'il s'agissait seulement de difficultés d'adaptation et de sa maladie dont il ne s'était pas encore entièrement remis : « Je suis toujours aussi abattu physiquement et je n'ai toujours rien à dire comme poète ou écrivain ou quoi que ce soit[14] », confie-t-il à Michel van Schendel un mois après son arrivée. Mais à l'été 1960, le discours n'aura guère changé : « Comme tu as pu le constater, lance-t-il à Claude Haeffely qui l'attend encore à Massugas, je n'ai plus rien d'un poète. Et tant mieux (pour moi !)[15]. » Devant un tel cynisme, il y a de quoi se désoler : « Pourquoi toujours revenir là-dessus[16] ? » s'impatiente Haeffely. Chose certaine, l'année et demie passée en France ne paraît guère productive. Il y a bien les quelques vers de *La Marche à l'amour* dédiés à Nysette, ainsi que le poème *Paris*, daté de 1960 et portant le titre *Depuis Saint-Agricole* dans une de ses premières versions :

> Aux carrefours avancés de ma rencontre des hommes
> le cœur serré comme les vieilles maisons d'Europe
> avec les maigres mots frileux de mes héritages
> dans la pauvreté natale de ma pensée
> ma vie ahane comme un cheval de trait
> à la peine et l'oreille dressée à se saisir réel[17]

« Ma pensée *rocheuse* », va-t-il préciser un peu plus tard, pour mieux fusionner avec la terre laurentienne de ses ancêtres maternels : mais si émouvant que soit ce poème, à coup sûr l'un des plus beaux parmi les poèmes brefs de *L'Homme rapaillé*, *Paris* demeure un rare éclair d'inspiration, et pour l'essentiel, sauf à la toute fin de son séjour, Miron écrira surtout des notes et des lettres durant ses dix-huit mois en France.

En outre, les sempiternels problèmes de Miron, les femmes, l'argent, ne vont pas lâcher leur proie parce qu'il se trouve à Paris. S'il dit « vivre très convenablement » avec sa bourse quand il écrit à sa mère, la situation paraît tout autre quand il écrit à ses amis, même s'il faut toujours faire la part de l'hyperbole lorsqu'il évoque sa misère. À Michel van Schendel, il confie au début de décembre : « Je suis dépourvu de moyens, à cause de la situation pécuniaire. Quand je pense que je suis à Paris depuis deux mois et que je n'ai pas vu une seule pièce de théâtre [...] et ce, à cause de ce maudit argent[18]! » Non pas que sa bourse elle-même soit insuffisante, ce sont ses dettes qui rongent son budget : il doit faire des versements bancaires mensuels à Montréal et il a aussi à rembourser de l'argent à Claude Hurtubise, les circonstances de ce prêt demeurant obscures : heureusement, celui-ci se montre bienveillant et lui renvoie même un chèque en lui enjoignant de prendre le temps qu'il faut pour le rembourser.

On devine par ailleurs qu'il ne joue toujours pas avec une extrême finesse la carte de la séduction auprès des femmes. Dès qu'il a mis les pieds à la Cité universitaire, il s'est pourtant cru sur un terrain propice : « Inutile de vous dire, annonce-t-il sur un ton guilleret à sa mère, qu'il y a de jolies étudiantes de toutes les couleurs et de toutes les langues (qui parlent toutes le français)[19]. » Mais ce n'était que mirages, et s'il a tenté quelques approches, elles ont fait long feu. Quant à espérer conquérir l'une de ces Parisiennes si séduisantes qu'il croise dans les lieux publics, son allure plutôt fruste et son gros accent canadien, peu familier aux Français de 1960, n'aident pas sa cause, de sorte qu'il peut confier à Van Schendel que pour « le problème de la femme, c'est encore pis pour moi qu'à Montréal[20] ». À peine une occasion se présente-t-elle qu'il se voit de toute manière « évincé par un beau brummel[21] ». Si seulement la nature l'avait mieux avantagé ! À Jean-Paul Filion, qu'il voit de temps à autre, il ressort par dérision sa vieille rengaine de l'époque du Pig 'n Whistle et de *Deux Sangs* : « Je suis le laid / Devant qui l'on se gourre[22] ».

Il reste qu'il n'est pas venu à Paris seulement pour les sorties et les femmes. Son programme de bourse prévoyait qu'il allait parfaire ses compétences comme éditeur et il s'est mis dès les premiers jours à faire des démarches auprès d'institutions qui offrent des formations diverses dans ce domaine. Dans le Quartier latin, Miron s'informe auprès de l'Institut national des industries et arts graphiques et il songe un moment à s'inscrire à l'École de librairie et d'édition, boulevard Saint-Germain, qui donne des cours de perfectionnement au personnel des entreprises du livre. L'admission y étant toutefois compliquée, c'est finalement du côté de l'École Estienne qu'il va se tourner, une institution très réputée, fondée à la fin du XXᵉ siècle et qui n'a cessé d'évoluer avec le développement des nouvelles technologies de la gravure et de l'impression, tout en demeurant soucieuse d'assurer une solide formation artistique à ses étudiants. Le mariage de la technique de pointe et de l'esthétique la plus soignée est la marque de commerce de l'École Estienne ; des écrivains aussi prestigieux que Colette et Jean Cocteau y ont fait paraître de petits ouvrages à tirage limité.

Située boulevard Auguste-Blanqui à deux pas de la place d'Italie, l'École Estienne a en outre l'avantage d'une certaine proximité et Miron peut s'y rendre à pied depuis la Cité universitaire, en compagnie d'un camarade qu'il y a rencontré, Jean-Luc Herman, installé à la Maison de Belgique. Herman est liégeois, comme Nysette ! Il travaillera plus tard chez Gallimard et fera une carrière d'artiste peintre et graveur : sa rencontre avec Miron constitue le début d'une amitié qui se poursuivra jusque dans les années 1980 au Marché de la poésie de Paris et au Festival international de poésie de Trois-Rivières — et d'une relation durable avec un Québec dont il ignorait presque tout en 1959, ce qui allait l'amener à collaborer plus tard comme artiste avec plusieurs poètes québécois : Claudine Bertrand, Hélène Dorion, Louise Dupré.

Il ne faut pas croire, cela dit, que Miron passe ses journées à étudier à l'École Estienne. Comme jadis à l'Université de Montréal, il ne suit que quelques cours en début de soirée, à raison d'une heure et demie du lundi au jeudi. Il n'empêche que l'école laissera des traces importantes sur la suite de sa carrière d'éditeur : il peut s'y initier à l'histoire de l'imprimerie et de ses techniques et, surtout, y affiner une sensibilité déjà grande à l'égard de la mise en page, de la composition, du graphisme, de la typographie, de la reliure — en un mot, approfondir divers aspects de la fabrication du livre pour lesquels il lui manquait un certain savoir technique. Combien de fois verra-t-on plus tard l'éditeur Miron passer de longues heures à composer et à remanier la simple page titre d'un recueil ou rajuster le miroir d'une page pour s'assurer d'un parfait équilibre de la présentation ? Cette lenteur proche de la manie est sans doute le fruit de son perfectionnisme, mais aussi l'héritage de ses cours d'édition à l'École Estienne pour laquelle il conservera une profonde affection et la plus haute estime sur le plan professionnel.

*   *   *

Hors des murs de la Cité universitaire où fraternisent les jeunes du monde entier, à l'écart de l'École Estienne installée sereinement au fond de son allée bordée d'arbres, une réalité autrement violente se fait entendre. « Paris 1960 : la France dans le tragique de la guerre d'Algérie qui s'étire[23] » : c'est ainsi que Miron, en évoquant plus tard son ami Maurice Roche, se souviendra avant tout de son premier séjour parisien. Or, elle ne fait pas que « s'étirer », cette guerre dans laquelle s'est lentement enfoncée, depuis 1954, une France à peine remise de la période de l'occupation allemande puis de son humiliante défaite en Indochine. Au fil des ans, les manifestations, le terrorisme, les répressions tournant souvent au massacre ont fait monter la tension sur le sol algérien. Les « rebelles » indépendantistes du Front de libération nationale multiplient les actes de guérilla face à une importante population d'origine hexagonale qui est établie depuis longtemps en Afrique du Nord et qui ne veut évidemment rien entendre d'une rupture avec la métropole. La « bataille d'Alger » menée par l'armée française à la suite d'attentats meurtriers commis en 1957 par le FLN dans la capitale algérienne a marqué un point de non-retour. Tandis que le président de Gaulle manœuvre avec ambiguïté sur la voie de l'autodétermination, sinon encore de l'indépendance des Algériens, Miron débarque dans une France où s'affrontent les partisans d'une Algérie française, pour qui l'armée et son fameux corps de « paras », impitoyables dans la répression de la guérilla, constituent une gloire nationale, et les critiques de plus en plus nombreux d'une guerre coloniale dont la raison d'être autant que les méthodes sont à leurs yeux une insulte aux traditions démocratiques et aux aspirations civilisatrices de la France. La question de l'utilisation de la torture et même de l'assassinat contre les résistants algériens est au centre de l'actualité : *Les Temps modernes*, la revue de Jean-Paul Sartre, fait état de nombreuses disparitions de militants indépendantistes et publie un accablant dossier sur le sujet[24]. Même François Mauriac, fervent admirateur du général de Gaulle, dénonce la torture comme « un mal honteux » dans un de ses *Bloc-notes*[25]. Plusieurs journaux y font écho, les intellectuels s'indignent de cette dégradation morale et organisent un mouvement qui va culminer en septembre 1960 avec le « Manifeste des 121 » signé notamment par Sartre, Simone de Beauvoir, Marguerite Duras, André Breton, Simone Signoret, Alain Resnais et accusant l'armée française de mener « un combat criminel et absurde[26] ».

Miron se trouve donc plongé quotidiennement dans une atmosphère d'affrontements et de violence dont il n'a eu connaissance que par médias interposés au Québec. Trois semaines après son arrivée à

Paris, un attentat de l'extrême droite, partisane de l'Algérie française, qui visait des politiciens d'allégeance socialiste, Pierre Mendès France et François Mitterrand, frappe en plein cœur de la capitale et fait des victimes[27]. « Il n'est question que de l'Algérie », écrit Miron à Michel van Schendel à la fin octobre. Il ne s'agit plus seulement des journaux et des revues, mais d'une guerre descendue désormais dans la rue et dont il ne peut manquer de croiser les nombreux visages au gré de ses longues promenades :

> Hier encore, boul. Saint-Germain, les paras faisaient de la propagande, invitant les jeunes à se joindre à eux, distribuant des tracts (fascistes, oui, fascistes), et même on nous remettait une photo de paras au verso de laquelle on pouvait lire « La prière du para ». La voici (je garde ce document!!) :

> Donnez-moi, mon Dieu, ce qui vous reste
> Donnez-moi ce qu'on ne vous demande jamais.

> Je ne vous demande pas le repos
> Ni la tranquillité,
> Ni celle de l'âme ni celle du corps.

> [...]

> Je veux l'insécurité et l'inquiétude
> Je veux la tourmente et la bagarre[28]

Quand ce ne sont pas de telles oraisons glorifiant le combat des héros français, ce sont les propos incohérents d'un homme croisé dans la rue : « Où sont-ils tous les clochards ? Qu'est-ce qu'ils ont fait en Algérie ? Taratatata ! » hurle l'énergumène en faisant mine de tirer dans la foule avec une mitrailleuse[29]. Entre la dévotion guerrière et de tels délires, la raison paraîtrait en déroute s'il n'y avait tous ceux qui cherchent plutôt à penser le conflit et à en cerner les enjeux. Avec sa haute idée morale et spirituelle de la France mais son refus des dogmes et des extrémismes, Mauriac est de ceux-là — et aussi, dans une autre optique plus résolument anticoloniale, le groupe de la revue *Esprit*.

*   *   *

Quelles que soient ses misères, affichées en toute complaisance dans ses lettres, au point de laisser croire qu'il reste la plupart du temps cloîtré dans sa chambre, Miron ne cesse d'établir des contacts, et la rencontre du groupe d'*Esprit* est assurément un événement majeur de son premier séjour parisien. Des amitiés durables s'y tissent, en même temps que ses idées politiques s'y affinent. Mais à l'inverse, la revue fondée par Emmanuel Mounier dans les années 1930 et dirigée par Jean-Marie Domenach depuis 1957 voit arriver en Miron un porte-parole de la réalité québécoise à la fois fascinant et dérangeant, après avoir connu pour principal relais l'équipe de *Cité Libre* au cours des années 1950. Les ambitions de Miron exprimées avant son arrivée ne relevaient pas que de la vantardise : il va bel et bien « donner » quelque chose aux Français de la revue *Esprit*, et pour Domenach, c'est le début d'une lente évolution qui, tout au long des années 1960, le conduira à se rapprocher de plus en plus de la position souverainiste sur la question du Québec, jusqu'à assister, à la fin de cette décennie, à un congrès du Parti québécois[30].

On ne saurait trop insister sur le rôle de guide et de relais qu'a joué Henri Pichette pour introduire Miron dans le milieu intellectuel et littéraire parisien et le cercle d'*Esprit*. À peine son ami québécois est-il arrivé que l'auteur des *Épiphanies* lui fait rencontrer Jean Conilh et Robert Marteau, tous deux collaborateurs réguliers à la revue. Pichette, encore, lui présente l'écrivain et musicien Maurice Roche, coup d'envoi d'une autre amitié, ponctuée de soirées chez Roche dans Saint-Germain-des-Prés, en compagnie de Marteau, de Pichette lui-même, de Camille Bourniquel, un autre membre de l'équipe d'*Esprit*[31], ainsi que des poètes Michel Deguy, André Laude et Édouard Glissant, alors assigné à résidence en France pour ses activités indépendantistes dans les Antilles françaises. Marteau et Glissant, surtout, deviendront des amis indéfectibles, et tous ces noms se retrouveront à divers titres dans le parcours ultérieur de Miron. Le « Canadien » est lancé : en octobre, il fait la connaissance d'André Frénaud à la librairie Le Divan qui consacre alors une exposition au poète des *Rois mages*. Quand Miron, rentré à Montréal, racontera sa « Bibliothèque idéale » aux auditeurs de Radio-Canada en septembre 1961, c'est par un vibrant hommage à Frénaud, « poète de l'homme et du réel, poète de la signification

du monde et du sens de la vie[32] », qu'il bouclera le parcours, en se
réjouissant de l'avoir rencontré à Paris.

Grâce aux contacts déjà établis avec *Esprit*, Miron peut assister,
fin novembre, au congrès que tient la revue à La Rochette, en Seine-
et-Marne. Domenach et Conilh y sont évidemment présents, mais
aussi des penseurs comme Kostas Axelos et Edgar Morin. D'entrée de
jeu, Miron est ainsi plongé dans un cercle intellectuel dont la pensée
ne peut que conforter sa propre vision du monde. Cette pensée ne
lui était certes pas inconnue : dès le tournant de 1950, on l'a vu, il
était comme les gens de *Cité Libre* et un grand nombre d'intellectuels
québécois un lecteur de Mounier dont la revue, ayant survécu à son
fondateur, trouvait d'autant plus d'échos au Québec qu'elle prenait
racine dans l'humanisme chrétien de Jacques Maritain et dans une
pensée personnaliste apte à revivifier le catholicisme traditionnel. Ce
n'est pas pour rien que l'histoire des rapports entre *Esprit* et le Québec
peut devenir si riche et s'étendre sur plusieurs décennies. Depuis les
années de *La Relève*, fondée en 1934, soit deux ans après la création de
la revue de Mounier, en passant par la fondation du Parti québécois
par René Lévesque, jusqu'à la revue *Possibles*, aucune publication en
France n'aura suivi d'aussi près l'évolution du Québec moderne à
partir de ses origines catholiques, tout en entretenant des relations
très riches avec des intellectuels québécois. Miron, de ce point de vue,
surgit dans une histoire qui a déjà, en 1959, un quart de siècle et qu'il
va contribuer à relancer dans une direction que Domenach et son
équipe n'ont pas prévue.

Quelle est au juste cette histoire ? Au premier chef, celle d'un
échange dans la différence, d'un dialogue respectueux de la particularité
canadienne-française, sensible entre le groupe que forment en 1934
Robert Charbonneau, Robert Élie, Claude Hurtubise, Jean LeMoyne,
Paul Beaulieu et Saint-Denys Garneau autour de *La Relève*, d'une part,
et d'autre part Jacques Maritain, souvent invité comme conférencier
au Québec et devenu pour certains un ami. De retour à Paris, celui-ci
a pu mettre Emmanuel Mounier au fait de la réalité canadienne-
française, tandis qu'André Laurendeau, collaborateur occasionnel à
La Relève et alors étudiant à Paris, y rencontrait le directeur d'*Esprit*.
Bien qu'il n'y ait aucun lien explicite entre le personnalisme et le débat
entourant *La France et nous* qu'anime Robert Charbonneau — le
premier débat auquel s'est intéressé le jeune Miron en 1947 —, c'est au
nom de « l'indépendance spirituelle » des écrivains et de la situation

de la culture québécoise en Amérique que Charbonneau revendique l'autonomie de sa littérature, ce qui revient pour lui à « répudier toute conception *coloniale* de la culture[33] ». Cette référence au colonialisme est capitale : dès la fin des années 1940, Mounier, rentré d'un voyage au Sénégal et en Côte-d'Ivoire, parle d'un « éveil de l'Afrique noire[34] », et c'est dans les pages d'*Esprit* qu'on a pu lire en 1957 l'extrait d'un important ouvrage à paraître, *Portrait du colonisé* du Tunisien Albert Memmi, qui aura une influence majeure sur Miron et les écrivains de *Parti pris*. C'est aussi *Esprit* qui a publié, quelques années plus tôt, un grand dossier sur « Le Canada français » dans lequel Gérard Pelletier parlait d'un peuple réduit à l'état de « prolétariat spirituel » qui devrait bien, un jour, accéder « à la maturité[35] ».

Le *Canuck* colonisé et prolétaire de Miron se profile dès cette époque, dans le contexte d'un héritage chrétien qu'on ne saurait sous-estimer. L'idée que le Christ a été un prolétaire, le porte-parole des pauvres contre les nantis, et que son message peut être lu comme un appel à la révolution, déjà suggérée par Mounier, se développe chez ses successeurs et on en trouvera bientôt un écho dans la « théologie de la libération ».

En fréquentant le groupe à Paris, Miron habite ainsi une atmosphère de dialogue déjà établie par ses aînés, en même temps qu'il trouve des affinités idéologiques profondes privilégiant l'égalité entre les hommes, la dignité des pauvres, la nécessité d'une action concrète et solidaire nourrie par une pensée fervente — des idées qui, pour l'essentiel, ont pour horizon l'autonomie, la liberté. Cela dit, une question majeure reste en suspens, dans l'ordre du politique : expliquer à ces intellectuels français que le territoire de cette liberté, pour les Canadiens français, ce n'est pas le Canada fédéral, mais le Québec. Le numéro de 1952 sur « Le Canada français » annonçait déjà la bataille, en s'ouvrant sur un long article de Frank Scott, « Canada et Canada français[36] », dont le titre même recoupait la dualité « Canadians et Canadiens » posée par les historiens québécois nationalistes tel Michel Brunet, mais dans une perspective tout à fait différente. Pour Scott, l'histoire canadienne s'est fondée sur un double « miracle » : la survivance du Canada lui-même et celle du peuple canadien-français, mais cette survivance ne saurait remplir toutes ses promesses modernes que dans le cadre d'une « nation canadienne » biculturelle. Sans qu'on le sache clairement à l'époque, la table est déjà mise pour le programme politique de Pierre Elliott Trudeau et pour les grands déchirements des années 1960.

Rien n'indique que Jean-Marie Domenach et son groupe soient prêts, devant le « Canadien » fougueux et passionné qu'est Miron, à adhérer à une vision dichotomique du Canada qui les conduirait à prendre parti en faveur de la cause québécoise. En fait, pendant plusieurs années, l'équipe recevra les arguments des deux camps dans la position inconfortable d'un arbitre sympathique qui hésite à trancher et à déplaire. En 1965, Domenach affirme encore, dans un article consacré à cette « controverse » : « Nous avons des amis dans les deux camps[37]. » De toute manière, même si Miron raconte à la même époque dans *Parti pris* que c'est justement par la bouche d'un « collaborateur d'*Esprit* » qu'il a entendu pour la première fois, dès 1955 ou 1956, le mot *colonisé* appliqué aux Canadiens français[38], il ajoute aussitôt que ce terme a mis plusieurs années à faire son chemin dans sa réflexion.

*　　*　　*

En fait, durant ce séjour parisien, Miron cherche encore, sous ses airs de bravade, à démêler en son for intérieur la question de son identité et de ses raisons de vivre. « Je suis fini comme écrivain. Et comme homme, ce n'est guère plus encourageant[39] », insiste-t-il auprès de à Claude Hurtubise au début de février 1960. Le thème paraît usé, répétitif, assez complaisant. La guerre d'Algérie qui résonne lourdement autour de lui ? Ses rencontres et ses échanges avec les amis d'*Esprit* ? Étrangement, ses lettres et ses carnets y font peu allusion. Outre l'évocation de rares scènes de rue, il n'y a presque rien, à l'exception d'un paragraphe dans ses carnets sur *La Question*, un ouvrage-choc qui documente et dénonce l'usage de la torture à partir de la propre expérience de l'auteur, Henri Alleg, capturé en 1957 par les paras en Algérie. Miron commente : « J'en suis stupéfié, scandalisé, j'ai honte non seulement pour eux, mais aussi pour moi, de moi. C'est une étrange époque que celle qui donne à avoir honte de soi[40]. » Il est révélateur de le voir retourner en toute hâte ce scandale contre lui-même. Mais au-delà de quelques généralités sur l'histoire contemporaine, il ne pousse pas sa réflexion plus loin, et d'ailleurs ne confesse-t-il pas en même temps à Claude Haeffely que *La Question* est le seul livre qu'il a lu depuis son arrivée à Paris[41] ? Pour ce qui est d'*Esprit* et des discussions qu'il a sûrement avec ses amis écrivains, on n'en trouve à peu près aucune trace, surtout au-delà des tout premiers mois de son séjour, mais il est vrai que ce maître en amnésie prétend tout oublier de ses conversations[42]. Dans sa lettre très dépressive à Hurtubise, il dit voir rarement ses amis écrivains au cours de l'hiver et réserver sa mince énergie pour ses cours à l'École Estienne. Quant à voyager, il n'en a pas davantage la force : il est bien allé passer trois jours en décembre près d'Aix-en-Provence, mais il ne daigne même pas préciser à Hurtubise que c'était pour y rendre visite à Roland Giguère, qui séjourne en France depuis 1957 et vient de produire à Aix, sous l'étiquette Erta, son *Adorable Femme des neiges*. De ce court voyage, Miron ne retient qu'une chose : il est rentré à Paris malade et épuisé.

L'hiver 1960 a des accents funèbres. Au début de janvier, Albert Camus trouve la mort dans un accident de voiture : « À cause de cet accident, écrit Miron, nous n'aurons pas les œuvres de Camus qui, pourtant, nous seraient d'un grand secours pour contrer la confusion. Combien de fois n'ai-je pas dit : "Qu'est-ce que Camus penserait" ?[43] » Bientôt, c'est Paul-Émile Borduas qui meurt à son tour, d'une crise cardiaque dans son atelier de la rue Rousselet. « Aujourd'hui, 22 février, note Miron dans son carnet, Borduas est mort. Et je me promène dans Paris, piétinant dans mes pas, je veux rencontrer ceux qui l'ont connu, je veux qu'ils me parlent de lui… Ma vie est faite de rencontres manquées[44]… » Lui qui connaît les Automatistes, Mousseau, les frères Gauvreau, et qui a croisé le maître au début des années 1950, pourquoi n'a-t-il pas rendu visite à Borduas ? À titre d'ami proche du peintre, Charles Lussier, le directeur de la Maison des étudiants canadiens, doit remplir au lendemain de la mort un constat officiel sur l'état des lieux et faire l'inventaire des tableaux. Lussier se fait accompagner par le peintre Fernand Leduc, installé lui aussi à Paris, et par Miron. Un des tableaux les plus célèbres du Borduas dernière manière, *L'Étoile noire*, se trouve encore sur un chevalet…

L'arrivée de l'été ne semble rien annoncer de plus lumineux. Confiée à Haeffely en juin, sa déprime ramène Miron aux moments les plus sordides qu'il a passés dans le Red Light montréalais :

> Toujours pareil à Paris, les putains, le cinéma, tout ce qu'il y a pour oublier. Le suicide me hante depuis un mois comme jamais. À quoi ça sert de continuer si on n'a pas même une raison de vivre, ne fût-ce que de coucher avec une femme ? Il y a bien les putains mais c'est mécanique, avec ma gueule elles ne veulent jamais jouir. Je suis fatigué d'avoir un visage dégueulasse[45].

On comprend, à lire des propos aussi crus et exaspérés, qu'il puisse projeter bientôt dans une jeune fille de vingt-deux ans un peu éthérée, Rose Marie, l'image d'un ange de la pureté qui le sauvera une fois pour toutes de son bourbier et de son mépris pour lui-même…

*   *   *

Il se dit incapable de penser, toujours en pleine confusion, et il est vrai que ses notes parisiennes sont souvent effilochées. Un personnage s'y précise pourtant à partir de la perception qu'il a de sa différence comme Canadien en France : celui du « damned Canuck », figure centrale de *La Batèche. Canuck*, c'est une appellation d'abord revendiquée par les Canadiens anglais mais qui en est venue aussi à désigner avec mépris, dans la bouche des Américains, les Canadiens français de la Nouvelle-Angleterre. Henri Pichette lui-même n'est-il pas une sorte de *Canuck* en exil ? Il est toutefois frappant de constater que les brouillons de *La Batèche* antérieurs au séjour parisien de Miron ne semblaient pas connaître la figure du *Canuck*. Ainsi, une ébauche encore très éloignée du poème liminaire de *La Batèche*, sous le titre *Mon garçon*, contenait cette séquence :

> Ô mon grand Canayen aux éclats d'alouette
> Canayen de batèche
> Canayen du maudit
> du maudit à la volée de copeaux
> dans la misère prolétarienne de nos mots pour vivre[46]

Ce « Canayen » n'était déjà plus tout à fait un simple « Canadien », désignation citoyenne et neutre, la prononciation populaire voulant mimer dans l'écrit la condition de pauvreté et un certain atavisme. Un autre brouillon de *La Batèche* antérieur à 1959 proposait pour sa part une tentative d'autodéfinition :

> Je suis Gaston Miron et pas un autre
> — mais tous les autres
> […]
>
> J'me désâme — oui, un mot de la tribu
> je perds mon âme — la tête cuite

et recuite par le black-out des nôtres
en ce monde

Canadien français, c'est un baptême
de nom à porter
« *t'es grave en hostie* »[47]

Avec sa conscience linguistique affichée et l'utilisation de formules transcrites directement de la langue populaire québécoise, *La Batèche* devenait déjà l'ébauche sarcastique d'un portrait collectif validé par l'individu « Gaston Miron » : « Je suis […] tous les autres. »

À Paris, il entreprend maintenant de définir ce « Canayen » ou « Canadien français » rebaptisé « *Canuck*[48] ». Ce terme n'est pas le pur synonyme des précédents, il découle d'une avancée dans la réflexion. À partir de son propre sentiment d'échec, Miron s'interroge en hésitant sur l'appellation : « Qu'est-ce qu'un Canadien ? Canadien français ? Canadien d'expression française ? » La réponse lui paraît difficile, il ne se sent pas apte à la traiter d'une manière sociologique, juridique ou politique. Ce qui a toujours fondé sa pensée, c'est son expérience, son affectivité. Sur cette base, il peut cerner une identité en creux, qui ne s'exprime que dans des négations :

> Nos pères étaient franchement des Canadiens français. Quant à nous, nous ne sommes pas et ne serons jamais ni tout à fait français, ni tout à fait américains ou anglais. Nous aurions pu être québécois, mais cela ne semble pas devoir être notre voie…

Son pessimisme quant à l'identité québécoise peut étonner, surtout quand on se rappelle qu'il en cernait les contours dès 1953 et que, dans ce même ensemble de notes parisiennes sur le *Canuck*, il envisage clairement le projet de l'indépendance, dans des termes qui deviendront une constante de sa pensée : « Faux problème : penser que nous allons nous enfermer davantage en nous "séparant". Nous nous séparons pour mieux nous unir. Autrement, nous subissons l'universel à travers d'autres. » Pourtant, à ce stade et au moment même où, ironiquement, le « séparatisme » commence à devenir d'actualité au Québec, Miron se sent dans une impasse identitaire. Or, c'est dans la conscience de ce cul-de-sac que prend racine le *Canuck*.

« Qu'est-ce qui fait que, de deux Canadiens, l'un est canuck et l'autre pas ? » C'est que le *Canuck* est animé par la « conscience malheureuse » de sa carence identitaire : il en souffre, « il est *marqué* ». Portant en quelque sorte ce mal comme un stigmate, il ne se consume pourtant pas en pure solitude car sa souffrance même le rend « solidaire », elle signe l'alliance de son destin personnel au destin collectif. Sans doute cette solidarité a-t-elle des racines sociologiques : il y a, pense Miron, une « génération des canucks » qui n'a pas oublié son « extraction populaire » et qui demeure « fidèle à une pauvreté » tout en ayant changé de classe sociale, ce qui lui permet de jouer le rôle de « porte-parole » sans renier ses origines. Cependant, on ne saurait réduire le *Canuck* à cette trajectoire qui aura indéniablement été celle de toute une génération de nouveaux Québécois, à l'exemple d'un Fernand Dumont.

« Fidèle à une pauvreté » : il est clair, dans la réflexion de Miron à Paris, que cette expression n'a pas principalement un sens économique (surtout de la part d'un homme qui a été plus « riche » dans son enfance qu'à l'âge adulte !). Le jeune Fernand Dumont a défini l'intellectuel chrétien comme « un homme en marche vers la sainteté », « un homme de son temps » enraciné dans l'histoire et comme « un pauvre [se plaçant] dans le sillage du Christ et dans l'axe de la misère[49] ». Or il y a quelque chose de ce projet dans le *Canuck* de Miron, qui permet d'interpréter et de prendre en charge l'histoire canadienne-française dans « l'axe » d'un sacrifice personnel : « Canuck, solidaire, il me faut vivre comme tel, en cette qualité, pour ma damnation ou mon salut [...], Canuck d'une façon infernale, désespérée, lucide et tragique, et pourtant activiste et affirmative ». En intégrant la figure du « damned Canuck », *La Batèche* fera passer le mal identitaire canadien-français par l'incantation d'une espèce de sorcier, qui cherche à la fois à creuser le mal et à le guérir, en proférant une cascade de formules magiques empruntées au juron, au « sacre » à teneur religieuse :

> Damned Canuck de Damned Canuck de pea soup
> sainte bénite de sainte bénite de batèche
> sainte bénite de vie maganée de batèche
> belle grégousse de vieille réguine de batèche

Désormais, après avoir longtemps décrit la déchéance d'un amoureux « écorché vif », le poème scande rageusement l'attente d'une rédemption collective. Au fond, le *Canuck* aura d'abord été un autoportrait, et ne doit-il pas quelque chose à ce vieil *alter ego* canadien-français jamais complètement oublié, Cadou, mais en pleine révolte et en train de devenir un Québécois ?

*   *   *

Si l'on cherche des « Canadiens » ou des futurs Québécois à Paris en 1960, on risque d'en croiser un à chaque intersection, même s'ils n'appartiennent pas tous à la confrérie des *Canucks*. Que ce soit à la Cité universitaire ou hors de ses murs, on ne compte plus les étudiants boursiers, les artistes et les journalistes dont les noms remplissent le carnet d'adresses parisien de Miron. Certains, comme Anne Hébert, sont établis là-bas dans la longue durée. Roland Giguère, remonté de Provence, a son petit appartement dans le 9ᵉ, Gatien Lapointe élabore son *Ode au Saint-Laurent* dans le 15ᵉ. Comme Jean-Paul Filion, Lapointe figure dans la liste des écrivains *canucks* dressée par Miron, avec d'autres restés au Québec : Gilles Hénault, Gilles Leclerc, auteur du redoutable *Journal d'un inquisiteur* qui paraît au début de 1960, et Gilbert Langevin, même si celui-ci a été refusé comme auteur à l'Hexagone.

Des écrivains québécois à Paris ? Du vénérable Robert de Roquebrune à Éloi de Grandmont, de Jacques Brault à Lucille Durand (qui deviendra une des figures clés du mouvement féministe des années 1970 sous le nom de Louky Bersianik), de Monique Bosco — qui y a retrouvé temporairement le pays de son enfance — à Gilles Marcotte arrivé en juin 1960, ils ne cessent de débarquer pour se purger tous, semble-t-il, de la longue période duplessiste et pour préparer une nouvelle ère. Cela, sans parler des artistes, peintres ou cinéastes : Marcelle Ferron, la complice automatiste de Paul-Émile Borduas, vivant depuis 1953 dans la banlieue parisienne, Jean-Paul Riopelle devenu une vedette des milieux de l'art, ou le jeune artiste Robert Wolfe qui étudie la lithographie. Outre Claude Jutra, déjà connu comme un jeune cinéaste de talent et grand admirateur de Jean-Luc Godard, il y a Fernand Dansereau, installé à Versailles avec femme et enfants et préparant un film sur le général Georges Vanier pour le compte de l'ONF : la naissance de son nouveau fils est l'occasion d'une fête où Miron se retrouve en compagnie d'Anne Hébert, de Monique Bosco, de Claude Jutra et d'une quarantaine d'autres invités.

Le monde des journalistes, travaillant pour la presse écrite ou pour Radio-Canada, n'est pas moins riche en présences québécoises au tournant de 1960. Depuis sa rencontre avec Olivier Marchand, désormais au service de la Presse canadienne, Miron a toujours côtoyé des journalistes : tout au long de sa vie, il n'y a sans doute aucune sphère d'activité professionnelle (à l'extérieur de la sienne propre en tant que poète-éditeur) où il aura eu autant de connaissances et d'amis. Il faut dire que la lecture du journal est et va toujours demeurer son pain quotidien ou, pour reprendre la fameuse formule de Hegel, sa « prière du matin réaliste ». À Paris, il fréquente André Payette de Radio-Canada, et il retrouve un reporter au journal *La Presse,* Jean Vaillancourt, que lui a présenté Marchand dès 1954, à l'époque où Vaillancourt venait de remporter le prix du Cercle du livre de France pour son roman *Les Canadiens errants.* Peu avant le retour de Miron au Québec, le journaliste réalise avec lui un entretien qui paraîtra dans *La Presse* à la fin de décembre 1960[50].

Le foyer de Miron, tout au long de son séjour, reste cependant la Maison des étudiants canadiens, où logent aussi Jacques Brault et Lucille Durand, le psychanalyste René Major (qui se prépare à faire carrière à Paris) et de nombreux comédiens : Marcel Sabourin, Patricia Nolin, Marthe Mercure, Michèle Rossignol, François Tassé, qui ont créé une petite compagnie théâtrale dont le nom reprend un thème connu : « Les Canadiens errants ». Sous l'impulsion de Charles Lussier, qui ne cesse de réclamer des fonds supplémentaires à Ottawa (où siège le conseil d'administration de la maison) et auprès du gouvernement québécois, l'activité culturelle demeure intense à la maison. Durant toute l'année 1959-1960, des musiciens du Québec et du Canada anglais, pianistes, violonistes, viennent donner des récitals ; des films sont régulièrement projetés, et l'on consacre notamment une soirée au film d'animation dont Norman McLaren est devenu l'une des figures les plus inventives. L'historien Marcel Trudel vient y faire une conférence sur la Nouvelle-France.

Le printemps 1960 apporte une moisson particulièrement riche. Pauline Julien, dont la carrière est alors en plein essor dans les boîtes à chansons parisiennes, présente son tour de chant à la mi-mars : Miron, qui n'a pas craint de répéter une semaine plus tôt, dans une lettre à Fernand Ouellette, qu'il était « un homme fini en littérature et en poésie[51] », profite du récital de la chanteuse pour lire à l'emporte-pièce des extraits de sa fameuse *Batèche*[52]. Le « damned Canuck » y figure-t-il déjà dans toute sa colère ? Chose certaine, la lecture fait forte impression. Toujours en mars, la troupe des Canadiens errants propose un programme double : *Le Licou* de Jacques Ferron et *Le Médecin malgré lui* de Molière, dans des mises en scène de Marcel Sabourin.

La plupart de ces événements sont l'occasion pour Miron de faire valoir le métier qu'il est en train de peaufiner à l'École Estienne : c'est lui qui est responsable des cartes d'invitation et des programmes, dont il assure la conception graphique. Son expérience d'éditeur-libraire l'incite aussi à s'occuper de la bibliothèque et à proposer l'achat des nouvelles parutions. Avec la collaboration de Roland Giguère, il organise à la fin mai une exposition, *Aspects de l'édition de poésie au Canada*, qui présente des livres de l'Hexagone, d'Erta et de plusieurs autres éditeurs de poésie au Québec : Orphée, Quartz, Fides.

Ainsi est Miron : d'autant plus actif et agité à l'extérieur qu'il se sent miné à l'intérieur, gesticulant et palabrant à la puissance inverse de la pauvreté morale qu'il éprouve, vrai de vrai *Canuck* dont le sentiment tragique de la vie et la détresse du cœur servent de tremplins à un verbe haut et à un débordement d'actions tous azimuts. À lire un grand nombre de ses lettres de 1960, à Hurtubise, à Haeffely, à Ouellette, on pourrait douter qu'il s'agisse de l'homme que Jean Vaillancourt, dans l'entretien qu'il fait paraître dans *La Presse*, décrit comme « le plus militant des Canadiens français en France », comme un être qui impressionne fortement par « son dynamisme, son enthousiasme[53] ». Si Miron dit admirer « la puissance d'intégration intellectuelle de la France », il se montre parfaitement fidèle à son projet de départ, clamé hier du haut de son transatlantique : « À aucun moment de mon séjour en France n'ai-je eu le sentiment d'avoir des complexes vis-à-vis des Français. Je ne suis pas venu en France pour m'intégrer, mais pour me confronter. » Il dit avoir multiplié les échanges et il nourrit des projets : au moment où l'on parle de l'ouverture prochaine d'une délégation du Québec à Paris, il voudrait, explique-t-il, contribuer à y mettre sur pied une « bibliothèque canadienne-française », mieux pourvue que celle de la Maison des étudiants canadiens. Au Québec, les libéraux de Jean Lesage ont été portés au pouvoir en juin : la Révolution tranquille est officiellement lancée et bien des choses deviennent possibles. Ouverte en 1961, la délégation inaugurera sa bibliothèque trois ans plus tard, mais seul un devin pourrait alors prévoir qu'au début du prochain millénaire on la rebaptisera « Bibliothèque Gaston-Miron[54] ».

Pour ce qui est du poète Miron, dont la fin de carrière a été annoncée à répétition par le principal intéressé, à Paris même comme auparavant à Montréal, en 1953, 1955 ou 1958, les propos tenus à Jean Vaillancourt donnent une tout autre version de l'histoire :

C'est de l'expérience et de la présence vitale que j'entends tirer ma force et ma présence poétiques. Chez moi, l'amour du pays charnel et humain est à la mesure et à l'image de l'amour personnel. Par l'image spécifique et un rythme qui nous soit propre, je m'emploie à éprouver ce que j'appelle la « canadienneté » des choses. Je veux devenir tellement canadien que j'en devienne universel du même coup.

Bref, loin de faire ses adieux à la poésie, l'homme paraît plutôt en train de lui ouvrir de larges horizons !

*   *   *

Dans son bilan de décembre 1960, Miron fait état non seulement de son expérience française, mais aussi de sa découverte de l'Europe. Pourtant, jusqu'à l'été, ses cours à l'École Estienne l'ont empêché de quitter Paris. Sans doute a-t-il rendu une courte visite à son ami Giguère dans le Midi, mais, comme on l'a vu, le retour a été aussi rapide que pénible. Au milieu du printemps, on sent que Miron a la bougeotte, en même temps que Paris enfouit ses drames politiques sous un débordement de fleurs et devient « un immense jardin », comme il l'écrit à sa mère. Avec quelques amis, il fait un voyage au Mont-Saint-Michel à l'occasion du 1er mai, pour y participer aux « Grandes Fêtes internationales de la Saint-Michel de printemps » organisées par l'Association Normandie-Canada et le Groupe folklorique celtique d'Avranches. On y célèbre une messe pontificale et tient un gala folklorique sur les remparts :

Il y avait des centaines de personnes venues de la Bretagne et de la Normandie, toutes habillées selon les costumes de leur région ou de leur ville. J'étais officiellement délégué du Canada à ces manifestations. Le matin, il y eut le rassemblement de tous les groupes au pied du Mont, à la porte de la ville. Puis le cortège s'est mis en branle vers l'Abbaye au son du biniou (instrument de musique breton), des cloches, musettes, violons, avec les étendards des groupes, les bannières, etc. Ce fut un

spectacle impressionnant [...] J'ai chanté deux chansons canadiennes ;
j'avais ma chemise carreautée et une ceinture fléchée. Mon numéro a été
très apprécié et j'ai reçu des invitations pour d'autres manifestations au
cours de l'été[55].

Drôle de destin que celui du *Canuck*, capable de revêtir l'habit de
« délégué officiel du Canada », probablement parce que l'ambassadeur
Pierre Dupuy, qui assiste régulièrement aux événements de la Maison
des étudiants canadiens, a mandaté un groupe d'étudiants pour
représenter le pays à cette fête. Toujours est-il que le « délégué » Miron
se projette au naturel sur une telle scène qui lui permet d'oublier un
moment la « sainte bénite de vie maganée » et les filles sordides de
Pigalle — et de mettre du même coup en valeur son passé d'animateur
à l'Ordre de Bon Temps. À l'automne, on le verra danser la gigue à
l'ambassade du Canada au cours d'une réception, pour la plus grande
joie des invités et des journalistes présents[56].

L'aventure du Mont-Saint-Michel a dû l'inciter à faire d'autres
voyages, mais il ne peut être question de repartir au moment où il
prépare son exposition de livres de poésie et où les films présentés
au Festival de Cannes déferlent sur les écrans de Paris, ce qui ravit
le cinéphile qu'il est toujours. « C'est curieux, Montréal va me
paraître un désert à côté de Paris, où il se passe mille activités et
mille événements[57] », déclare-t-il à sa mère au début de juillet,
vraisemblablement remis des pensées suicidaires qu'il confiait dans une
lettre récente à Claude Haeffely. Il a envoyé à Jeanne une carte postale
de la place de la Concorde et celle-ci s'inquiète, bien à tort, de son
apparente conversion parisienne : « Est-ce que tu parles à la française ?
Mais surtout, ne te laisse pas pousser la barbe ! Je veux reconnaître mon
grand Gaston, te revoir pareil comme à ton départ[58]. » La barbe, emblème
de l'intellectualisme français, ce serait décidément un comble !

Prévoyant alors rentrer en octobre, il tient à profiter de son seul été en
France pour voyager. Bien qu'« extrêmement limité dans [s]es moyens[59] »,
comme il l'a expliqué à Claude Haeffely, tout indique qu'il dispose de
petites réserves, puisque le 5 juillet, il peut faire tirer un chèque de 220 $
de son compte montréalais vers la succursale parisienne de sa banque.
Dès lors, il peut préparer son sac à dos et partir sillonner les routes de
l'été 1960.

*   *   *

Et quel été frénétique ! À la mi-juillet, il descend en auto-stop vers le Sud-Ouest, en s'arrêtant à Chartres, à Tours où il visite l'imprimerie de missels et de bibles de l'entreprise Mame (dont Claude Hurtubise est l'agent au Canada), avant d'arriver à Bordeaux via Angoulême. Où va-t-il ? Chez Claude Haeffely naturellement, mais on a peine à croire qu'il ait tant tardé à se rendre chez son ami qu'il n'a pas revu depuis 1955 et qui n'a cessé de l'inviter. Cette amitié, l'une des plus belles et des plus fidèles qu'a connues Miron, se sera maintenue durant ces années par la seule force d'une intense correspondance et d'une passion commune : la poésie. À l'été 1960, toujours sur sa ferme du Bertrut, non loin de la grande région viticole de Saint-Émilion, Haeffely en est à cultiver les fraises, le blé et le maïs tout en fermant les livres du *Périscope*, où il a fait paraître, sur huit numéros, des poèmes d'auteurs français et belges, mais surtout de nombreux auteurs québécois : Miron, Giguère, Van Schendel, Micheline Sainte-Marie, Marie-Claire Blais et plusieurs autres. Il a eu jusqu'à deux cents abonnés au Québec, grâce au travail de diffusion accompli par Olivier Marchand et Mathilde Ganzini.

Maintenant, sa vie est sur le point de connaître de nouveaux bouleversements qui finiront par le replacer (pour de bon, cette fois) sur la route du Québec. En attendant, il passe l'été seul sur sa ferme tandis que sa femme et ses enfants sont en voyage aux États-Unis : sa femme demandera le divorce, la ferme sera vendue. Dans cette atmosphère de drame imminent, Haeffely et Miron se retrouvent donc en tête à tête pendant plusieurs jours : c'est un moment de rare intimité où Miron ne songe plus à se donner en spectacle et parle beaucoup de lui-même. Les deux amis profitent de l'été brûlant de la Gironde pour faire la tournée des vignobles et entreprendre quelques excursions. Mais Miron, toujours bien informé, a une autre idée en tête : reclus sur son lopin de terre, Haeffely ignorait qu'André Breton passait l'été non loin de Cahors, dans le village de Saint-Cirq-Lapopie[60], un lieu de prédilection pour les poètes surréalistes. Miron propose d'aller lui rendre visite, même si Saint-Cirq se trouve à une bonne distance de la Gironde. Mais quand même : arriver à l'improviste, sans invitation, chez un personnage aussi prestigieux et intimidant que Breton ? Haeffely, homme réservé, a des doutes, mais Miron n'est pas du genre à s'embarrasser de tels scrupules.

Partis de Massugas dans la petite voiture de Haeffely, les deux compères arrivent en plein midi à Saint-Cirq, vieux village paisible à demi dépeuplé, accroché à un cap rocheux qui surplombe le Lot. Il n'est pas bien difficile d'y apprendre où habite Breton, et sans tarder, Miron et Haeffely vont frapper à sa porte. « Nous sommes deux amis de passage, je suis canadien, poète, nous lisons vos livres chez nous », se présente Miron. Breton, qui passe l'été seul avec sa femme à Saint-Cirq, se montre aimable et indique aux deux visiteurs inattendus un restaurant tranquille où il ira les rejoindre. Quinze minutes plus tard, il arrive à leur table avec Élisa : le couple a voyagé au Québec en 1944 et Breton en a tiré quelques pages superbes, dans *Arcane 17*, sur la Gaspésie et l'île Bonaventure. La conversation se prolonge une bonne partie de l'après-midi. On cause de tout : du Québec, de la poésie, du sens du sacré chez les Amérindiens, de la conception de « l'amour libre » chez les surréalistes[61]. Loin de sa cour parisienne, Breton paraît un homme charmant, civilisé, un peu « vieille France ». Miron, à son habitude, occupe beaucoup de place, et quand Breton demande à Haeffely, un peu mis de côté, ce qu'il fait dans la vie, Haeffely se contente de répondre : « Moi, je suis cultivateur… »

La visite impromptue chez Breton est typique : que ce soit à Paris ou à Saint-Cirq, le style Miron en France aura toujours su prouver son efficacité. Gilles Marcotte, arrivé au début du même été, raconte que le poète-éditeur clamait volontiers qu'il voulait rencontrer « un écrivain français par jour » et qu'il était du genre, quand il reconnaissait une figure littéraire dans un cinéma, à aller se présenter à la fin du film : « Bonjour, je suis Gaston Miron, je suis canadien, nous lisons vos livres chez nous. » L'approche porte souvent des fruits : un tel sans-gêne, loin d'être partagé par tous, explique que, au fil du temps et d'autres séjours à Paris dans les années 1960, Miron n'ait jamais cessé d'enrichir son carnet d'adresses, constituant un réseau de relations et d'amitiés littéraires qu'il va maintenir toute sa vie.

Après quelques jours intenses encore dans le cadre champêtre du Bertrut, Miron dit au revoir à son ami qu'il ne retrouvera à Montréal que trois ans plus tard. Remonté sur Paris dans les derniers jours de juillet, il a maintenant la piqûre du voyage et ne souhaite que repartir. Puisque de nombreux Québécois parcourent l'Europe à cette période de l'année, il n'a pas à attendre bien longtemps pour saisir une occasion, même s'il en a raté une en direction de la Bretagne. Le 30 juillet, il est à Sérigny, en Bourgogne, d'où il peut écrire à sa mère qu'il a visité Auxerre, sa belle cathédrale et son abbaye dont la crypte date de l'époque de Charlemagne[62]. Profitant de la voiture de « trois Canadiens », il se trouve en route vers la Suisse, via Annecy. Après avoir visité Genève et Berne, il écrit à Haeffely en évoquant avec nostalgie sa chambre du Bertrut et leur « bonne amitié fidèle comme une vieille bête de race ». Annecy, dit-il, « est ce [qu'il a] vu de plus joli » ; il se trouve maintenant à Grenoble, où il a visité une exposition Paul Klee, « sensationnelle, c'est le mot[63] ! ».

Rentré de nouveau à Paris le 8 août, a-t-il seulement le temps de vider son sac à dos ? Le surlendemain, c'est de la côte normande qu'il écrit à sa mère, après avoir visité Rouen et s'être tenu « à l'endroit exact où Jeanne d'Arc fut brûlée[64] ». Cette fois, il voyage avec « un médecin canadien et sa femme », en route vers la Belgique, une destination où il trouve quelque intérêt, mais sans en souffler mot à personne, pas même à Haeffely. La fervente et exaltée Nysette demeure toujours son secret le mieux gardé. Il lui a rendu visite à Liège l'automne précédent, on se demande dans quelles conditions, étant donné l'extrême jalousie du mari, qui est du genre à engager un détective… La jeune femme n'a pas cessé d'inonder de ses lettres son « Gaston bien-aimé » à Paris, tandis que sa propre vie maritale oscille toujours entre les crises et les accalmies. En août, elle prend ses vacances sur une plage belge accompagnée de ses deux enfants et de sa mère. Avec le couple qui le conduit, Miron a remonté la côte normande par Dieppe où il visite le cimetière militaire canadien, puis Dunkerque, avant de rentrer en Belgique.

Les heures de Blankenberge avec Nysette seront brèves, tandis que la grand-mère garde ses deux petits-enfants : une seule journée jusqu'à la nuit, toute en confidences, en effleurements, en étreintes contenues, comme si rien ne devait jamais se consommer de cet amour jugé fatalement impossible, la jeune femme craignant par-dessus tout d'être accusée d'adultère et de perdre ainsi la garde de ses enfants au profit de son mari. Dans une lettre écrite peu après leur rencontre, elle va rappeler à Miron qu'il n'y a « rien eu de physique entre eux ». C'est possible mais ce ne sera que partie remise. En attendant, la séquence la plus érotique de *La Marche à l'amour* lui est dédiée dans une ébauche qui porte le titre de « Blankenberge, août 1960 ». Il y est question de « tes cuisses de ferveur sous-marine / à la faveur de nos cabrures [*sic*] de nos renverses », puis le poème s'enclenche sur des vers familiers aux lecteurs de *L'Homme rapaillé* :

Et je roule en toi
tous les saguenays d'eau noire de ma vie
je fais naître en toi
les frénésies de frayères
au fond du cœur d'outaouais

[…]

puis le cri
de l'engoulevent vient s'abattre dans ta gorge
terre-meuble de l'amour ton corps
se soulève en tiges pêle-mêle
je suis au centre du monde tel qu'il gronde en moi

[…][65]

Cette apothéose sexuelle et cosmique n'est peut-être qu'un rêve, mais si celui-ci ne s'est pas réalisé sur la côte belge, un voyage de Nysette à New York, en 1966, permettra à Miron d'aller la rejoindre pour une journée ou deux, loin du mari jaloux. Elle se fait alors photographier, le sourire coquin, par son cher Gaston sous la marquise d'un cinéma où est annoncé le film *Adulterous Affair*… Cette fois, aucune ambiguïté possible, mais ce rendez-vous d'amants en territoire neutre restera sans lendemain : il n'y a plus guère de trace de la jeune femme dans la vie de Miron après cette date. Il semble que Nysette ait songé à émigrer au Québec pour venir y habiter avec sa sœur. Elle demeurera plutôt prise au piège de sa vie liégeoise, poète douée mais malheureuse, cultivant un grand amour de plus en plus fantomatique. Miron, de toute manière, y a-t-il vraiment cru ?

Après Blankenberge, son voyage se poursuit vers Bruges, Gand, Bruxelles et Amsterdam (« le plus beau bordel du monde[66] », écrit-il à Henri Pichette), puis la vallée du Rhin après un détour par le Danemark : « J'ai le regret féroce de ne pas avoir voyagé durant l'année, car je découvre dans le voyage un de mes plus grands remèdes : enfin l'oubli. » Si Nysette pouvait lire cette lettre destinée à Pichette qu'il a écrite quelques jours à peine après Blankenberge, elle serait horrifiée tant son fol amour y compte pour peu, tant c'est plutôt le Miron de toujours que l'on retrouve à Cologne, humilié par cette « inaptitude fondamentale » qu'il a à se faire aimer d'une femme, « cette tare sans doute maligne » à laquelle il vient, depuis quelques semaines, de trouver le remède :

> Vivre si vite que la faculté de penser en soit neutralisée. Je voyage à 150 à l'heure, je tourne dans les pays, je plonge dans le ventre des villes et y descends dans les couches les plus fangeuses : mon auge à moi, puisque je ne suis pas capable de manger ailleurs. Ma voie à moi est désormais révélée, ma voie sacrée, ma méthode royale : l'aliénation, je n'ai pas de passé ni d'avenir, je suis incandescent, je brûle.

Pour une rare fois, il est ivre, rentré à l'hôtel à deux heures du matin d'une virée dans un bar où une fille lui a soutiré dix marks de consommations avant de l'éconduire. Cologne, c'est le bout du voyage, le comble de l'égarement dans un pays étranger dont il ne comprend pas la langue et où, explique-t-il à Pichette, seul l'anglais, « la langue internationale », permet de communiquer :

> Dans les pays où j'ai passé : Suisse, Allemagne, Flandre, Hollande, Danemark, c'est l'anglais qui fait office de passe-partout. Français ? On ne connaît pas. Le français est en train de prendre une dégringolade (une débarque comme diraient les Canadiens français !). Dans les vitrines des librairies, peu, très peu d'œuvres françaises traduites ; en revanche, les œuvres anglo-saxonnes pullulent en traduction.

En mal d'amour et de langue, les poches presque vides après ce circuit germanique, il ne lui reste qu'à quitter ses amis canadiens et à rentrer seul à Paris, probablement en auto-stop.

Mais Paris à la mi-août, ce serait un bien mauvais remède contre l'oubli. Par bonheur, une nouvelle occasion se présente : cette fois, c'est Gilles Marcotte et sa femme Lise qui partent en voiture pour Marseille, d'où ils se rendront chez la sœur de celle-ci, religieuse enseignante à Alger. Ce départ ne saurait mieux tomber puisque Miron projetait déjà de se rendre à Sète, où l'a invité Jean-Paul Filion en vacances, puis chez Robert Marteau, installé sur la côte espagnole. Le voyage avec les Marcotte dans une petite Renault poussive n'est pas sans péripéties : on s'égare quelque part dans les collines et on met du temps à s'y retrouver sur la carte. À la hauteur du Vaucluse, Miron se souvient tout à coup qu'un autre grand écrivain habite dans les parages, nul autre que René Char, le « parrain » de la collection « Les Matinaux », établi à L'Isle-sur-la-Sorgue. Mais cette fois, il a moins de chance qu'en ce qui concerne André Breton : les Marcotte ne sont pas d'humeur à aller frapper à la porte de Char, destiné à demeurer pour Miron (comme l'a été Borduas à Paris) une de ses « rencontres ratées ».

Char étant laissé derrière, Miron se sépare du couple Marcotte à Avignon et prend la direction de Sète, la ville du « cimetière marin » de Paul Valéry. Il passe quelques jours chez Jean-Paul Filion et visite avec le couple Les Baux-de-Provence, Nîmes et Avignon avant de repartir, toujours en auto-stop, vers Calafell, à une cinquantaine de kilomètres au sud de Barcelone, où l'attendent Robert Marteau et Camille Bourniquel. Voyager, encore voyager, pour oublier et en s'efforçant le plus possible de ne pas être seul. Mais il voyage négligemment, souvent distrait : lors d'un arrêt à Perpignan, il prend le tramway et se fait voler son portefeuille. Par quel moyen et dans quel état parvient-il malgré tout à atteindre la côte espagnole, on ne sait trop… Si ce ne sont pas là les meilleures dispositions pour arriver en vacances chez ses amis de la revue *Esprit*, un autre choc l'attend, d'une portée autrement considérable. L'Espagne du général Franco, dont on dit beaucoup de bien dans les cercles catholiques au Québec, comme du Portugal de Salazar, cette Espagne de 1960 se révèle sous son vrai jour : misérable, humiliée, réprimée, à l'exemple de ces étudiants qui subissent cet été-là leur procès à Barcelone pour avoir contesté le régime. Avec Marteau et Bourniquel, les échanges sont intenses sur l'état lamentable du pays de Lorca soumis à un régime autoritaire. Comment le poète Miron a-t-il pu être inconscient et naïf au point de donner, avant son départ du Québec, ses poèmes à une revue comme *Les Cahiers de Nouvelle-France* qui se montre volontiers sympathique à l'égard de ces régimes fascistes drapés dans la foi catholique ? Va-t-il oser déplaire à cette chère Rina Lasnier en lui disant crûment ce qu'il a constaté *de visu* en terre espagnole ? On sent qu'il hésite, et ce n'est pas avant la fin novembre qu'il se décidera à lui écrire, sur un ton toutefois sans aucune équivoque :

> Pour terminer, je voudrais vous demander quelque chose. J'espère que cela n'entamera en rien notre bonne entente. Voici : je ne sais pas si *Nation nouvelle*[67] ou *Les Cahiers de Nouvelle-France* continuent de paraître, mais j'aimerais que vous ne publiiez pas d'autres poèmes de moi, si vous en avez encore ; que même vous supprimiez mon nom des collaborateurs. Vous savez que je ne suis pas d'accord avec certaines idées

politiques de ces deux mouvements, non plus qu'avec la sympathie qu'ils manifestent pour l'Espagne, par exemple. Justement, j'ai passé quelque temps en Espagne. Ce fut le choc de ma vie. Jamais je n'aurais cru cela possible. Ce que j'ai vu (au procès des étudiants à Barcelone) m'a horrifié. Je ne peux en parler convenablement, je pense trop à la misère du peuple espagnol. Exemple un cimentier, à l'usine de ciment, en Catalogne, là où les salaires sont les plus élevés, gagne 35 pesetas par jour, soit 50 cents. Or, le coût de la vie est exactement le même qu'en France. Les gens nous suivaient et nous demandaient de l'argent. Une femme pleurait près de moi, disant : « Espagne, beau pays, mais pas manger ». […] Dans ces conditions, vous comprenez, chère Rina Lasnier, que je ne peux, dans ma conscience, souffrir que mon nom voisine avec des gens qui tiennent pour très haut et très bien le régime Franco. Et Salazar. À l'heure où la France elle-même est au bord du fascisme par l'action de quelques fous passéistes, il est temps que tous les hommes se réveillent[68] !

Curieusement, dans la conclusion de cette longue lettre, Miron s'en prend encore avec colère à « l'ignoble individu » qu'a été Maurice Duplessis : comment pourrait-il mesurer, lui qui est absent du Québec depuis plus d'un an, la mutation fulgurante en train de se produire au pays depuis la mort du Chef ? Chose certaine, ce bref séjour apparemment anodin dans une station balnéaire de la côte espagnole contribue contre toute attente à parfaire son éducation politique et lui montre, du même coup, qu'un poète responsable ne saurait publier n'importe où, en négligeant des enjeux idéologiques essentiels.

*   *   *

Calafell, après Cologne, aura été l'autre bout du voyage : après la dépravation morale, la lucidité retrouvée. À présent, l'été se termine, c'est l'actualité politique qui ressurgit en septembre, l'Algérie où rien n'est réglé, le « Manifeste des 121 » qui crée des remous. Comme il se propose de rentrer à Montréal au cours de l'automne, pas question pour Miron de se réinscrire à l'École Estienne. Il a déjà tiré de ses études un profit important, mais peut-on dire au total qu'il a fait bon usage de sa bourse ? Il regrette surtout de ne pas avoir vu l'Italie, voyage qu'il aimerait bien entreprendre s'il restait en Europe tout l'automne. Et puis, confesse-t-il à sa mère : « Je pourrais écrire mon livre, du moins *le commencer*[69]. » On croyait qu'il s'agissait plutôt de terminer quelque chose… Cette fameuse *Batèche* et son *Damned Canuck*, combien de temps encore cela va-t-il demeurer à l'état d'ébauche et de fragments ? Et sa *Marche d'amour* dont Haeffely a publié un extrait deux ans plus tôt dans *Le Périscope*[70] ? Comme l'écriture n'avance guère depuis son arrivée, il se rabat sur son rôle officieux de « délégué » culturel : « Ici, à Paris, je m'occupe beaucoup pour faire connaître le Canada », explique-t-il à sa mère en espérant qu'elle ne sera pas trop déçue de le voir prolonger son séjour.

Il est vrai qu'il multiplie les contacts. Il a rencontré le journaliste René Lacôte, qui consacrera un grand article à *L'Homme rapaillé* dans *Le Monde* en 1970, et aussi l'écrivain et éditeur Michel Bernard. Il a fait lire à celui-ci *Séquences de l'aile*, le deuxième recueil de Fernand Ouellette publié par l'Hexagone, ainsi qu'à Robert Marteau et à Maurice Roche qui se sont montrés emballés. Dans une lettre à Ouellette, il explique que, faute de pouvoir toujours voyager, c'est « en plongeant dans la réalité la plus brute et la plus immédiate, en pétrissant le plus possible de matière-vie[71] » qu'il parvient à oublier son grand vide amoureux. À la suite de l'exposition tenue en mai à la Maison des étudiants canadiens, il songe maintenant à enrôler la troupe des Canadiens errants en vue d'un récital qui permettra de faire connaître les poètes contemporains du Canada français : cette soirée consacrée à « la jeune poésie canadienne », dont il assume l'organisation et écrit les textes de liaison, a lieu le 4 décembre, Miron ayant reporté de deux mois au moins son retour au Québec. C'est que tout en pétrissant la « matière-vie », en jouant à fond son rôle de délégué et d'animateur, il a trouvé au début de l'automne une raison inespérée de retarder le plus possible son retour à Montréal : la rencontre d'une nouvelle amoureuse, une étudiante boursière en qui il place désormais toutes ses espérances.

*   *   *

L'épilogue de *La Marche à l'amour* est sur le point de s'écrire. Il faut mesurer tout le temps qui s'est écoulé (bientôt neuf ans !) depuis la rencontre d'Isabelle en février 1952, et le degré d'exaspération et de dépit qu'a atteint Miron en constatant qu'il a déjà largement dépassé le cap de « la trentaine d'années » sans avoir le moindrement progressé sur le plan amoureux. Les errances éperdues et les embourbements de son été européen l'ont convaincu encore davantage de son inaptitude et de sa déchéance. L'arrivée de Rose Marie Arbour à la Maison des étudiants canadiens, où elle loge pendant quelques semaines avant de prendre un appartement, change complètement la donne.

Elle a étudié les lettres à l'Université de Montréal et la bourse qu'elle a obtenue du gouvernement français au cours de l'été 1960 lui permet de s'engager maintenant dans des études de doctorat en histoire de l'art à Paris, où elle séjournera jusqu'en 1963. On se rappelle que, adolescente, elle a croisé Miron à Claire-Vallée où elle suivait les cours de piano de Rodolphe Mathieu. À vingt-deux ans, débarquant pour la première fois à Paris où elle ne connaît personne, cette jeune femme réservée et raffinée est sans doute impressionnée et même séduite, dans un premier temps, de se faire faire la cour par cet homme d'âge mûr qui en mène large à la Maison des étudiants canadiens et dans le milieu parisien, qui peut l'amener chez Henri Pichette, lui présenter Robert Marteau, Gilles Marcotte et d'autres amis écrivains ou artistes. Il se pourrait que Miron, de son côté, voie en elle, plus ou moins consciemment, une seconde Isabelle à qui elle ressemble à plusieurs égards, même physiquement.

Chose certaine, il se précipite dans cette relation comme un naufragé qui a trouvé sa bouée. Ce n'est pas pour rien que dans le *Poème de séparation 1* de *La Marche à l'amour*, il la qualifie de « Rose Bouée[72] ». De telles conditions sont mauvaises conseillères : il s'emballe, il s'illusionne, il en est rapidement à élaborer de grands projets de vie. Gilles Marcotte le met en garde : Rose Marie est jeune et elle vient tout juste d'entreprendre de longues études… Mais rien n'y fait et, à la mi-novembre, Miron annonce à sa mère qu'il vient de retarder de nouveau son retour au Québec. C'est qu'il est très occupé, explique-t-il, à constituer « une bibliothèque canadienne à Paris »… — raison « officielle » à laquelle il doit en ajouter une autre :

> Il y a aussi du nouveau, c'est un peu la raison pour laquelle je tarde à partir. J'ai rencontré une jolie Canadienne à Paris, elle est arrivée en septembre, elle a 22 ans […] et je crois que nous nous aimons. Elle va rester ici jusqu'en septembre prochain. Quand elle reviendra au pays, si rien n'est changé, il y a de grosses chances que je l'épouse. Mais ne le dites pas trop vite[73] !

La réponse de Jeanne ne tarde pas, sur un ton sceptique : nourrir des projets de mariage alors qu'il connaît cette jeune fille depuis à peine deux mois ? Et alors qu'il a si peu d'économies pour fonder un ménage ? Il ne faudrait pas qu'il s'avise de rentrer à Montréal avec un tel espoir, et surtout sans en avoir fait part à la principale concernée[74] !

De toute façon, les choses n'évoluent guère dans le bon sens. Miron peut bien être conquis par la « sensibilité déliée, souple, moissonneuse » de Rose, comme il la décrit lyriquement dans son carnet[75], la jeune femme est en revanche souvent embarrassée, voire effrayée par le mélange d'exhibitionnisme et de dérision qui caractérise les comportements sociaux du personnage. Elle le trouve lourd, narcissique et, fatalement, Miron va bientôt se découvrir avec indignation un rival, Pierre Mayrand, étudiant lui aussi — et pire encore, apprendre de la bouche même de Rose Marie qu'elle souhaiterait partir en voyage avec celui-ci en Italie, durant la période des fêtes. Et dire qu'il rêvait justement de voir l'Italie ! C'est la catastrophe et, un matin de décembre, une amie à la Maison des étudiants canadiens, Rita Labrosse, la future épouse du romancier polonais Witold Gombrowicz, trouve Miron effondré dans la salle commune : « Elle m'a quitté pour un autre… », sanglote-t-il. Le temps des grandes espérances aura été bref.

« Je suis seul dans la bibliothèque », dit un texte de plusieurs pages qu'il entreprend d'écrire, sans doute durant le temps des fêtes, et qui confirme qu'il se trouve toujours à la Cité universitaire : « Le doute et l'Italie m'ont pris ma blanche amour[76]. » Le blanc, c'est la couleur de Rose : « nénuphar son cou », écrit-il en une image qu'il va déployer dans la toute première strophe de *La Marche à l'amour* : « la blancheur des nénuphars s'élève jusqu'à ton cou / pour la conjuration de mes manitous maléfiques[77] ». Ce qui frappe, c'est l'écart entre la brièveté de cet amour, d'ailleurs irréaliste, et l'ampleur poétique et mythique qu'il acquiert dans l'œuvre de Miron. Tout se passe comme si la perte de Rose Marie, c'était Isabelle perdue une seconde fois, d'autant plus cruellement que le temps a passé et amené d'autres déconvenues. En outre, ce nouvel échec amoureux survient à contretemps : Paris lui a ouvert l'Europe et le monde, il en a récolté des amis, des idées, des images fortes ; en se détournant de lui, on dirait que Rose Marie vient, en fin de parcours, détruire d'un trait ce beau bilan. C'est tout le sens de son séjour français et celui de sa vie future au Québec qui semblent soudain échapper à Miron, et il en demeure à vrai dire un peu détraqué.

Après la perte d'Isabelle, il a tenté de se raconter et de s'expliquer à lui-même son échec en s'embourbant dans *La Bataille de soi*.

Désormais, le récit et la psychologie ne lui sont plus d'aucun recours. Le texte qu'il écrit, sous le titre de *Je ne voulais pas te perdre*, se veut plutôt un testament poétique : « Hommes de l'avenir, je vous laisse ce livre », proclame le poète avec une éloquence à la mesure inverse de l'anéantissement éprouvé. C'est le seul salut possible : le livre à venir, écrit par un homme qui a tout perdu et dont l'identité est en pleine déliquescence : « Gaston je m'appelle. Mais mon vrai nom est Chagrin. On m'appelle aussi : Boue » : « Je ne suis plus qu'un homme descendu à sa boue[78] », dira le *Poème de séparation 1* de *La Marche à l'amour*. Mais attention : cet écrasement de tout l'être ne va pas sans ambition littéraire, car en quittant Rose Marie, Miron lui a demandé les lettres qu'il lui a adressées (la même transaction a eu lieu jadis avec Isabelle) en lui expliquant qu'elles feront partie de son « œuvre » et de sa « biographie[79] » ! Un jour donc, Gaston Miron vivra plus que jamais d'avoir raconté ses amours perdues et sa propre dévastation survenue à Paris.

En fait, c'est une régression navrante au chaos que donne à lire ce texte, une sorte d'*Homme rapaillé* en ruine : lambeaux de poèmes déjà publiés ou d'autres encore à venir. La tonalité générale est d'ailleurs celle de la folie, de « l'aliénation délirante », moins grotesque qu'à l'époque de Thérèse et de la « Danse de l'écorché vif », mais pure condamnation à l'incohérence, malédiction pleinement assumée : « J'écris comme un fou grinçant [...]. Je délire. » Écrire en prenant à la lettre l'expression courante : être « fou de douleur » ; depuis les commencements, rien n'aura davantage nourri la poésie de Miron, rien ne lui aura davantage donné sa voix propre. De l'amour au politique, le passage essentiel est là, dans ce mal qui fait vaciller la pensée, qui perce l'être de trous noirs. Il arrive que ce soit si fort qu'il n'en résulte que gâchis et mauvais goût : « je suis pioché de coups de mal de dents », lit-on à la dernière page de *Je ne voulais pas te perdre*, un vers que le poète corrigera en montrant une fois de plus combien il a l'oreille juste : « maintenant je suis pioché d'un mal d'épieu ». Mais tout est racheté par « Rose », la rédemptrice, la femme florale de quelque printemps rêvé :

> Ô Mon Amour Ma Rose Stellaire Ma Rose Bouée Ma
> Rose Éternité
> ma caille de tendresse mon joug d'espérance
> mon amour aux seins de pommiers en fleurs dans la
> chaleur de Midi

Tels sont les derniers mots de *Je ne voulais pas te perdre* : le legs de Rose Marie demeure, malgré cette finale, un héritage terrible, magnifié par le seul pouvoir des mots, ce qui donnera l'ouverture du *Poème de séparation 1* :

> Comme aujourd'hui quand me quitte cette fille
> chaque fois j'ai saigné dur à n'en pas tarir
> par les sources et les nœuds qui m'enchevêtrent
> je ne suis plus qu'un homme descendu à sa boue
> chagrins et pluies couronnent ma tête hagarde
> et tandis que l'oiseau s'émiette dans la pierre
> les fleurs avancées du monde agonisent de froid
> et le fleuve remonte seul debout dans ses vents.

À la lecture de cette strophe, on est en droit de soutenir que rarement dans la poésie (et pas seulement celle du Québec) la douleur amoureuse a atteint de tels sommets d'intensité et de beauté.

*   *   *

Et pourtant, ultime illusion, il écrit encore à sa mère à la mi-janvier : « Mon amie est revenue d'Italie. Tout va toujours très bien entre nous. Espérons que notre séparation des six prochains mois ne brisera rien[80]. » Tout indique donc qu'il y a eu une réconciliation en janvier, suffisante pour que Miron croie en un avenir possible avec Rose Marie. Ce voyage avec son rival n'a-t-il pas été un signe assez clair ? Et puis, comment la jeune femme pourrait-elle terminer ses études de doctorat en six mois ? Cherche-t-il, contre toute vraisemblance, à endormir ses doutes et son chagrin ? De toute manière, voici qu'à court terme une heureuse diversion s'offre à lui, une relance fort opportune de sa vie professionnelle. Pétrir « la matière-vie », oublier ses malheurs dans l'action : il en aura bientôt une nouvelle occasion, grâce à la bienveillance et aux relations de Claude Hurtubise dans les milieux de l'édition.

Hurtubise vient alors de quitter la Librairie Beauchemin pour fonder sa propre maison, les Éditions HMH (pour Hurtubise-Mame-Hatier, les éditeurs français Mame et Hatier étant coactionnaires de la maison). La circulation du livre entre la France et le Québec et vice versa, c'est une des grandes affaires de celui qui a fondé avec Robert Charbonneau les Éditions de l'Arbre pour prendre la relève de l'édition française sous l'Occupation. En créant HMH, il a retiré à Beauchemin la distribution de sa revue *Les Écrits du Canada français* pour la confier à Fomac, la branche canadienne de Foma-France, une importante agence de distribution du livre mise sur pied par Hatier. Or, Hurtubise vient d'apprendre que Michel Foulon, le PDG de Foma-France, est à la recherche d'un directeur pour son bureau de Montréal. Le fondateur de HMH a de l'affection pour Miron, dont il connaît tant les angoisses existentielles et les tribulations financières que les qualités de poète-éditeur : son entregent, son dynamisme, sa passion pour les livres et son expérience à l'Hexagone, même s'il y a été beaucoup moins actif depuis deux ans, tout cela joue en sa faveur. Sans tarder, Hurtubise lui envoie un télégramme de Montréal pour l'informer du poste et pour l'inciter à joindre Michel Foulon.

Miron a deux entrevues avec le PDG de Foma-France dans les bureaux de la rue d'Assas, avant les fêtes. Foulon reste impressionné par la franchise, l'ouverture et l'enthousiasme de l'homme, ainsi que par l'exposé de son parcours dans le milieu littéraire au Canada. Mais il demeure « un peu hésitant » quant à ses qualités de gestionnaire et, le 21 décembre, il pose un certain nombre de questions dans la lettre qu'il adresse à Hurtubise : Miron peut-il faire preuve d'autorité ? De « continuité dans l'effort » ? De « goût, non pas des initiatives pour lesquelles il est particulièrement doué, mais des responsabilités » ? A-t-il des « qualités de gestionnaire financier et économique » ? Comment, en outre, est-il perçu « dans les milieux canadiens » du livre et de l'édition ? Apparemment, il ferait « un collaborateur précieux » mais « il n'est peut-être pas un numéro 1 pour une direction[81] ».

La réponse d'Hurtubise a dû être nuancée car, à la suite d'une nouvelle entrevue avec Miron, Michel Foulon lui adresse à la Maison des étudiants canadiens une proposition en bonne et due forme : plutôt que directeur, Miron sera « promoteur des ventes » et, à ce titre, il aura pour principales tâches « l'organisation des ventes » et du « travail des représentants », les relations avec les « grossistes » et les « clients importants » ainsi que « l'organisation des expositions ».

Son salaire provisoire hebdomadaire sera de 90 $ mais sera haussé à 100 $ dès le début de mars, ce qui paraît convenable. Avant de rentrer pour occuper ses nouvelles fonctions à Montréal, le nouveau cadre doit suivre un stage d'une semaine aux bureaux de l'agence à Lausanne et reviendra ensuite pour quelques jours de formation à Paris. « Mr Miron rentre de Lausanne où il a fait un excellent stage. Je suis enchanté de ses premières réactions[82] », annonce Foulon à Hurtubise le 30 janvier en comptant sur le soutien que celui-ci pourra apporter au nouveau promoteur des ventes chez Fomac.

Miron a prévu de rentrer au pays par bateau, comme il en est parti. A-t-il fait une ultime tentative auprès de Rose Marie ? Il semble à tout le moins avoir conservé des raisons d'espérer encore. Toujours est-il qu'au lieu de s'embarquer le 4 février comme il l'avait prévu il doit prendre l'avion pour revenir en toute hâte à Montréal le 13, deux jours avant son entrée en fonction. Le premier chapitre parisien est clos : si le bilan poétique est assez mince et le désastre amoureux total, son séjour lui a apporté une ouverture sur le monde, des connaissances nouvelles en édition et surtout des relations nombreuses, des amitiés durables qui joueront un rôle important dans l'accueil de son œuvre poétique en France. Pour l'heure, c'est dans un pays en phase aiguë d'autocritique que se replonge Miron, un Québec en train de régler ses comptes avec son passé canadien-français et d'interroger en profondeur la nature de ses liens avec le Canada.

Au carrefour des livres

Laissé loin derrière pendant dix-huit mois, le Québec où rentre Miron vient de passer politiquement et socialement en haute vitesse. La mort de Maurice Duplessis, le règne éphémère de son successeur Paul Sauvé, décédé à son tour, puis l'élection, en juin 1960, d'un nouveau gouvernement formé par le Parti libéral de Jean Lesage ont servi d'accélérateurs. La « Révolution tranquille » aurait dû normalement se dérouler sous le signe d'une modération toute québécoise et canadienne, la formule n'étant d'ailleurs que la traduction d'une expression anglaise, *Quiet Revolution*, proposée par un journaliste de Toronto venu faire un reportage au Québec après l'élection des libéraux et ayant observé une société en pleine mutation. On s'est empressé d'adopter l'équivalent français, tant il semble convenir à l'esprit du temps. Mais cette tranquillité se révélera toute relative.

Il y a, au départ, un changement de ton. Le grand exercice de psychologie collective, le portrait bien peu flatteur du peuple canadien-français dressé par les Vadeboncœur et autres intellectuels des années 1950, à *Cité Libre* ou ailleurs, toute cette autoanalyse critique donne désormais volontiers dans la dénonciation exaspérée et le sarcasme rageur. Ce n'est pas sans raison que plus de cent mille lecteurs se sont précipités sur *Les Insolences du frère Untel* dès les premières semaines qui ont suivi sa parution, en septembre 1960. Le sens de l'humour du bon frère enseignant ne doit pas tromper : « C'est à la hache que je travaille[1] », annonce-t-il dès la première phrase de son livre. Il s'agit là d'une réapparition plutôt surprenante du bûcheron chanté jadis par Alfred DesRochers, comme de ces autres « ancêtres de forte race » évoqués par son jeune émule, Gaston Miron… Le frère anonyme, plein de vigueur et de verdeur, dont on ignore encore qu'il s'appelle Jean-Paul Desbiens, a beau n'avoir pour outil que sa plume d'essayiste, celle-ci a un tranchant redoutable et elle peut sabrer allègrement dans les belles certitudes et autres visions satisfaites du Québec contemporain. La langue, l'éducation, la pensée ? Ce sont en ce pays de véritables désastres, dont l'instituteur a pu mesurer toute l'ampleur depuis son école de Dolbeau, au point de s'en ouvrir au *Devoir* et à son directeur André Laurendeau, qui l'a accueilli dans les pages de son journal avant de préfacer le best-seller que l'on connaît.

Quand Miron se réinstalle à Montréal, au 4451 de la rue Saint-André, à la mi-février 1961, l'onde de choc du frère Untel n'a pas encore cessé de déferler. Mais la charge contre une collectivité nationale perçue comme anémique, immature et impotente fuse de tous côtés, même si ces attaques n'ont pas le même retentissement public que le livre du frère Untel. Peu d'intellectuels auront porté en bloc un jugement aussi dévastateur sur leur propre société que ceux du Québec de 1960. À peine débarqué, Miron prend connaissance d'un numéro récent des *Cahiers de Rabaska*[2], publiés dans sa ville natale de Sainte-Agathe et auxquels se trouvent associés d'anciens camarades de La Cordée, l'auberge de jeunesse de Val-Morin, qui ont créé là-bas un Centre international de la jeunesse. Le numéro des *Cahiers* est parsemé de propos assassins signés de noms familiers, tel Louis Portugais, cinéaste, qui affirme : « Il faudrait apprivoiser la vie : on nous propose l'ignorance confortable », ou encore Jeanne Lapointe, professeure à l'Université Laval : « On nous a vidés du goût de la vie. Nous rétrécissons la vérité à la mesure de notre faiblesse. » L'essayiste Maurice Blain abonde dans le même sens : « Pétris de solitude, nous appartenons à une culture fermée. » Quelques-uns de ces constats sont repiqués d'un cahier spécial publié par *Le Devoir* en octobre 1960[3]. Anne Hébert, pourtant peu encline aux tirades enflammées, y fait un portrait affligeant du Canadien français, « vieil adolescent » à la « langue puérile, équivoque et humiliée », et elle conclut en une formule lapidaire que cite la publication des Laurentides : « Quand il est question de nommer la vie tout court, nous ne savons que balbutier. »

Ce n'est pas d'hier, certes, que l'on reproche au sujet canadien-français son manque d'énergie, sa velléité, sa soumission débilitante.

Le maître historien, Lionel Groulx, ne s'est-il pas donné pour mission de faire redresser la tête à une collectivité affadie, de lui redonner sa fierté et sa dignité ? Des adeptes du « canadianisme intégral » aux intellectuels de *La Relève*, le diagnostic négatif et le projet de relance n'ont cessé de se moduler depuis les années 1930. Ce peuple de « faux adultes [...], d'excellents seconds, ternes et obséquieux », au dire du père Ernest Gagnon, l'auteur de *L'Homme d'ici*, cité lui aussi par les *Cahiers de Rabaska*, accédera-t-il donc un jour à cette maturité que Miron lui-même, tout au long des années 1950, a en vain recherchée ?

Un tel barrage de propos pourrait confiner au pur autodénigrement s'il ne trouvait sa riposte dans l'impatience d'une reprise en main et d'un passage à l'action. C'est la position de la jeune poète Michèle Lalonde, bientôt active à la revue *Liberté*, dans son exposé à la Quatrième rencontre des écrivains tenue à Saint-Sauveur à l'automne 1960 — une intervention remarquée puisque *Le Devoir* a repris son texte dans son cahier spécial de la fin d'octobre. À la passivité et à la peur, évidentes selon elle chez les écrivains canadiens-français, Lalonde oppose la nécessité de l'engagement, un thème que *Liberté* approfondit en 1961[4]. La question reste de savoir quelles formes doit prendre cet engagement.

On a besoin de modèles et il est clair que la question brûlante de l'Algérie, que Miron a croisée plus d'une fois sur sa route à Paris, hante de nombreux esprits québécois malgré la différence de contexte. « L'homme algérien » : tel est le thème du colloque qu'a tenu l'équipe de *Rabaska* à Sainte-Agathe peu après la Rencontre des écrivains. On y a entendu Patrick Straram, intellectuel situationniste arrivé de France via la côte Ouest canadienne et actif sur plusieurs fronts culturels au tournant de 1960, lire le témoignage bouleversant d'un professeur français à Alger, partisan de l'Algérie indépendante, torturé par les paras. Un de ces redoutables paras, l'ex-lieutenant Doudeau de la 8e division, a même été invité dans les Laurentides pour y décrire les exactions souvent horribles commises par ses propres troupes sur le sol algérien ; à quoi un professeur venu d'Ottawa a tenté d'opposer le point de vue du gouvernement français. En liminaire du numéro des *Cahiers* rendant compte de ce colloque, le rédacteur en chef Maurice Beaulieu, auteur d'*Il fait clair de glaise,* publie un poème en hommage à Kateb Yacine, « poète de l'Algérie révoltée ».

Un certain idéal religieux, voire mystique, persiste pourtant en ce début de décennie : le futur révolutionnaire Pierre Vallières, entré en communauté, porte maintenant le nom de père Flavien et le jeune Paul Chamberland, qui adhérera à l'équipe indépendantiste-marxiste de la revue *Parti pris*, se prépare dans l'immédiat à faire ses vœux perpétuels chez les pères de Sainte-Croix. Comme chez Miron, mais d'une manière souvent plus radicale, la passion religieuse et la soif de justice vont se reconvertir très vite dans des pensées politiques de gauche : à court terme, les plumes s'affûtent, les clivages s'accroissent entre les impatients et les pragmatiques, entre les révolutionnaires et les réformistes. Plusieurs intellectuels dont Miron a pu faire la connaissance dans la seconde moitié des années 1950, notamment à la faveur de son poste chez Beauchemin, ne se manifestent vraiment qu'au tournant de cette nouvelle décennie. C'est le cas de « l'Apache Straram » (ainsi que Miron aime l'appeler) qui déploie une grande énergie afin de faire connaître le cinéma français de la nouvelle vague et de répandre la bonne nouvelle du jazz. Il est parvenu, exploit rare, à obtenir de Miron un court texte, « Note d'un homme d'ici », pour le premier numéro (qui restera sans suite) de son *Cahier pour un paysage à inventer,* où figurent le situationniste français Guy Debord mais aussi plusieurs compagnons de Miron : Louis Portugais, Gilles Hénault, Paul-Marie Lapointe. La « Note » de Miron, datée du 12 juin 1959, en dit long sur l'état dépressif qui était le sien à la veille de son départ pour Paris : « Je ne suis pas loin de croire que l'individu Miron est une maladie[5] », lançait l'homme épuisé par sa propre légende et par les trous noirs de son esprit. Cet autoportrait délabré n'était pas pour déplaire à Claude Gauvreau, qui s'était réjoui en 1957 de la clairvoyance de Miron sur « la situation de notre poésie », mais qui, lisant la « Note » de 1960, n'a pu qu'y reconnaître « des affinités psychologiques[6] » avec son propre état, même s'il n'y aura jamais de commune mesure entre la « maladie » mironienne et celle du poète automatiste, traité à répétition par des psychiatres qu'il tient d'ailleurs en horreur. Dans sa lettre adressée à Miron peu avant le retour de celui-ci à Montréal, Gauvreau s'est montré troublé par un autre passage de la « Note d'un homme d'ici », résonnant comme un leitmotiv : « J'aime mieux mourir avec le plus grand nombre que de me sauver avec une petite élite. » Miron est-il conscient du danger qu'il y a à refuser ainsi toute distinction, toute lucidité particulière ? Sans le dire brutalement, Gauvreau se sent en profond désaccord et il rappelle que son défunt maître Borduas pouvait certes aimer sans limites la terre et l'humanité mais qu'il n'avait « foi qu'en peu d'hommes ».

L'essence même de la pensée automatiste, surtout du point de vue de Gauvreau, est que l'artiste et le poète sont des éclaireurs et qu'ils ne sauraient se confondre purement et simplement avec la foule. Le démocratisme de Miron n'a-t-il pas des allures de renoncement à la clairvoyance supérieure de l'artiste et du poète ? Il faudrait d'ailleurs, pense Gauvreau, qu'il les publie « une fois pour toutes », ses poèmes éparpillés dans les journaux et les revues.

Quoi qu'il en soit, toutes les éditions de *L'Homme rapaillé* reprendront la « Note d'un homme d'ici », qui fait par ailleurs mention d'un autre camarade de Miron, resté dans l'ombre jusqu'au seuil de la nouvelle décennie. Gilles Leclerc a été journaliste au *Devoir* et à Radio-Canada. C'est lui qui a fait la recension de *Ces anges de sang* de Fernand Ouellette, apportée triomphalement par Miron au poète devant le portail de l'église le matin de son mariage. C'est surtout à partir de 1958 que Miron et Leclerc se sont liés d'amitié. Dans une lettre envoyée à son ami cet automne-là, Leclerc écrit, en toute connaissance de cause : « Parmi les rares vivants que je connaisse, tu serais le seul à pouvoir dire ce qu'est l'Enfer qui te colle à la peau comme une eau baptismale depuis ton enfance[7]. » Le ton est donné : Leclerc ne fait pas dans la dentelle, c'est un lyrique de l'indignation et de la révolte, un lucide de la damnation, un farouche imprécateur qui ne cesse de décrier les maléfices de la condition canadienne-française. Il a frappé fort au tout début de 1960 en publiant *Journal d'un inquisiteur*, qu'il s'est empressé d'envoyer à Miron à Paris. « Les Canadiens français sont un peuple d'ahuris professionnels[8] », clame l'impitoyable essayiste. « Ahuri », ou « hahuri », c'est un terme qu'affectionne Miron et qu'il s'applique volontiers à lui-même. L'« inquisiteur » travaille « à la hache » tout comme le frère Untel, mais sur un mode littéraire et philosophique plus grave et plus exigeant. Sa dénonciation de la paralysie intellectuelle et spirituelle du Canada français est aussi une fervente apologie de la liberté de penser et d'agir, une affirmation du pouvoir de l'individu face aux contraintes de la communauté.

Au début de juin 1960, Miron en était à la lecture des premiers chapitres et il écrit alors à Leclerc : « Tu remues un tas d'idées qui me forcent moi-même à m'interroger, à remettre en question le bon sens lui-même, le sens commun, les jugements les plus acquis, les faits les plus rassurants[9]. » Miron profite de l'occasion pour inviter son camarade à venir découvrir l'Europe, sans se douter à quel point l'autre est dégoûté par le lourd silence dans lequel est tombé son essai.

Dans une nouvelle lettre datée de la fin juin, Leclerc s'emporte au-delà de toute mesure : « Passe encore le silence des curés et le bêlement des bigots, mais le mutisme dédaigneux de la race de "cons" avec laquelle tu as tant frayé et perdu ton temps (Hénault, Lapointe, Pilon, Ouellette, Ferron, Dor et compagnie), ça, ça dépasse les bornes de ma patience et de ma bonne volonté[10]. » Il ne le pense pas vraiment, ayant trop d'estime et d'affection envers son ami pour croire qu'il ne fréquente que des imbéciles. Quelques mois plus tard, quand Miron se plaint de ses déboires amoureux avec Rose Marie, Leclerc peut convenir que la vie est bel et bien une « chiennerie », mais c'est alors pour faire, du même souffle, l'éloge de ce

> Miron que nous aimons bien, en un moment qu'il n'avait pas souhaité, le Miron né avec un cœur grand comme le monde et une intelligence capable de pulvériser les choses visibles, cœur qu'il se hait d'avoir sur la main et intelligence qu'il troquerait peut-être volontiers pour un morceau de bonheur au milieu des siens et non à Paris[11].

Entre-temps, le *Journal d'un inquisiteur* achève d'être enterré, sauf pour quelques esprits perspicaces, sous l'immense succès des *Insolences du frère Untel*, mais le livre obtiendra une certaine revanche, réédité à deux reprises, en 1974 et au seuil des années 2000.

*   *   *

L'« Enfer » ! La chienne de vie ! L'homme de *La Batèche* en connaît certes les régions, mais rarement s'y est-il enfoncé autant que lorsque s'écroulent, à la fin de l'hiver, ses dernières illusions au sujet de Rose Marie. Sa mère a eu beau le mettre en garde, il croit toujours, une fois rentré à Montréal, que sa bien-aimée viendra le retrouver dans quelques mois et que les plus radieux projets de couple brillent à l'horizon. Mais c'est peine perdue, et quand une lettre de la jeune femme lui ferme pour de bon la porte, sa réaction est plus terrible encore qu'à l'époque de Thérèse. Rose Marie lui a-t-elle donné, du moins au début de leur relation, des espoirs qu'elle ne pouvait pas combler ? Certains témoignages le laissent croire. Quel aura été leur degré d'intimité physique ? La première strophe de *L'Amour et le militant*, publiée plus tard dans la revue *Parti pris* mais écrite à Paris en 1960, paraît assez explicite à cet égard :

Chaque jour je m'enfonce dans ton corps
et le soleil vient bruire dans mes veines
mes bras enlacent ta nudité sans rivages
où je déferle pareil à l'espace sans bords[12]

Qu'à une telle apothéose érotique succède une douleur incommensurable, cela est compréhensible, mais Miron se comporte maintenant comme une « bête atteinte » qui, en désespoir de cause, lance de dangereux coups de patte et cherche à mordre. Sa rage lui fait perdre la tête : Rose Marie lui ayant signifié qu'elle restera à Paris, l'amoureux éconduit essaie de la discréditer à Montréal auprès de la famille de Pierre Mayrand, son rival victorieux, qu'elle va d'ailleurs épouser. Des épisodes disgracieux surviendront plus tard, quand il croisera par hasard, dans la rue ou dans telle librairie, la jeune femme revenue au pays après ses études. Pour elle, on s'en doute, l'expérience est de celles que l'on souhaite oublier : jamais elle ne se résoudra à lire *L'Homme rapaillé*, et pendant quelques décennies, aussi étonnant que cela paraisse, elle ignorera même le fait que la première publication de *La Marche à l'amour* en 1962, dans *Le Nouveau Journal*, lui était dédiée !

Ce qui frappe en même temps, c'est à quel point Miron fait étalage de sa douleur tandis qu'il s'acclimate à son nouvel emploi chez Fomac. Lui qui publie si peu, il semble se complaire à rendre public son nouvel échec amoureux, à exhiber encore une fois son personnage d'« homme fini », de perdant affectif. Aucune de ses connaissances, ni à Paris ni à Montréal, ne semble ignorer son histoire malheureuse avec Rose Marie, et chacun y va de ses informations, de ses mots de réconfort ou de ses conseils. « Tu sembles désespéré [...]. Je ne peux rien dire sur Rose. Je ne l'ai aperçue qu'une seule fois depuis ton départ. Elle était seule sur son scooter dans Paris[13] », lui écrit Rita Labrosse, son amie de la Maison des étudiants canadiens qui a vu se dérouler l'idylle, puis le drame de l'automne précédent. Robert Marteau, de son côté, voudrait bien communiquer avec Rose Marie, mais il se plaint à Miron de ne pas même connaître son nom de famille ! Il n'y a pas jusqu'à Camille Bourniquel, de la revue *Esprit*, qui ne compatisse à sa souffrance : « Nous sommes tristes pour vous », écrit-il à Miron, en ajoutant que « Marteau aussi est peiné[14] ».

D'autres interventions sont plus cocasses ou inattendues. Miron s'est aussi confié dans une lettre à la romancière Claire Martin, qu'il a croisée à Paris et qui vit maintenant à Ottawa. Dans sa réponse, elle essaie de lui expliquer que les femmes consentiraient davantage à s'engager avec lui si son anxiété et le sentiment de son insuffisance ne le portaient à précipiter les choses : « Sachant de quoi il retourne, vous auriez des chances d'être épousé parce qu'on vous aime au lieu d'essayer d'être aimé parce que vous êtes prêt à épouser. » Véritable conseillère en séduction, elle va jusqu'à aborder la question délicate de la tenue physique :

> Pourquoi n'essaieriez-vous pas de vous laisser pousser les cheveux ? Je peux me tromper mais cette coiffure « à la voyou », je trouve qu'il n'y a que Jean-Claude Brialy qui n'en soit pas enlaidi. Et encore ! Je trouve qu'elle donne à tous les garçons un petit air sournois de délinquant inintelligent, en rupture d'école de réforme[15].

Mais il ne semble pas que Miron ait écouté la leçon et renoncé à sa coupe de cheveux dans l'espoir de devenir le « beau brummel » qu'il n'était pas.

Plus sentimentale est l'intervention de l'inlassable et fervente Nysette, depuis Liège. À jamais hantée par son souvenir de Blankenberge, elle incarne désormais l'ange bienfaisant qui a renoncé à sa « splendeur de femme libre » et qui opte plutôt pour la grandeur d'âme. Elle le console d'avoir perdu Rose Marie, sur laquelle elle semble plutôt bien informée et, se sachant elle-même hors de la course, elle promet à son cher ami une femme qui saura enfin le comprendre :

> et tu commenceras à vivre, tout purifié et fort,
> les prairies seront vertes et les saules légers
> des mains dans les bouquets tresseront des guirlandes
> que tu accrocheras au front de ton amour[16]

Nysette a beau miser sur l'efficacité d'un tel baume poétique, Miron, lui, s'adonne plutôt à l'écriture (ou plutôt à la publication) de son malheur.

Presque absent de la revue *Liberté* depuis son lancement en 1959, il va se manifester dans deux numéros consécutifs du printemps et de l'été 1961, au moment où la revue, momentanément dirigée par Jacques Godbout, se trouve en plein essor et se prépare à passer à un rythme mensuel de parution. Le choix des deux poèmes publiés par Miron en mars-avril ne saurait être plus révélateur de sa déprime amoureuse. Le *Poème de séparation 1*, qu'on l'a vu écrire vers la fin de son séjour à Paris, a ici pour titre et pour dédicace *R.M., à ma fiancée quand j'en avais une*, référence codée, mais transparente pour ses proches, à la femme responsable de ses malheurs. Dans l'incessant processus de recyclage poétique qui est le sien, il accompagne ce poème d'un autre beaucoup plus ancien, *Déclaration*, qui faisait dès le milieu des années 1950 le constat grotesque et sans appel de sa condamnation au malheur et qui se concluait ainsi :

> or dans ce monde d'où je ne sortirai bondieu
> que pour payer mon dû, et où je suis gigué déjà
> fait comme un rat par toutes les raisons de vivre
> hommes, chers hommes, je vous remets volontiers
>
> 1. ma condition d'homme
> 2. je m'étends par terre
> dans ce monde où il semble meilleur
> être chien qu'être homme[17]

Une telle décision ne saurait mieux s'accorder avec la « chiennerie » dont lui a parlé Gilles Leclerc. Mais la datation ancienne a aussi une valeur de preuve : « Le plus terrible, c'est que je m'écris toujours à l'avance[18] », confiait-il dès 1954 à Andrée Maillet. Après Isabelle, après Thérèse, Rose Marie est donc venue confirmer le pire : une damnation écrite dans le ciel, un éternel retour de la souffrance dont l'écriture poétique a su pressentir la fatalité. Ni *R.M.* ni *Déclaration* n'offrent à cet égard de porte de sortie : l'« Enfer » y est sans appel.

À l'encontre d'une parcimonie et d'une discontinuité qui sont sa marque de commerce, Miron revient dans la revue dès le numéro suivant avec deux autres pièces qu'il traîne dans sa malle de poète depuis quelques années. Mais y a-t-il des vers qui demeurent davantage de circonstance que ceux, un peu retouchés, qu'il écrivait en 1958 ?

> J'ai la trentaine à bride abattue dans ma vie
> je vous cherche encore pâturages de l'amour
> je sens le froid humain de la quarantaine d'années
> qui fait glace en dedans, et l'effroi m'agite

Cette fois, il est écrit pour de bon, le fameux *Art poétique* auquel le Miron de 1961 donne pour le moment un titre crépusculaire *Les jours raccourcissent*[19]. Quant à l'autre poème, *Quand morte sera la mort*, il s'agit de *L'Ombre de l'ombre* que Miron racontera plus tard après avoir écrit sur le rythme de la gigue ou du câlleur de sets :

> la mort aux yeux de chavirement de ciel et terre
> en petits coups des à-coups de vitesse aux manettes au volant des roues
> en petites gorgées de secousses de laveuse de chemins carrossables
> en petits élans de kayak en descente et culbute et cascades et toboggan[20]

Cette danse qui devrait être macabre ne dit-elle pas au contraire la frénésie du mouvement et de la vie ? La version de 1961 se conclut sur le rêve d'une rencontre enfin réalisée avec la femme qu'il vient de perdre :

> ô dormir
> > dormir
> > fleurir ensemble
> s'en aller
> > être
> > sans feu ni lieu
> nous mon amour
> > nous
> > mon amour.

La poésie pourrait donc prophétiser autre chose que le malheur ? « Nous mon amour » : quel tourment, mais aussi quel désir que ce « nous » rêvé par un homme « seul avec lui-même »…

Quand il consent, au cours de l'été 1961, à participer à une série radiophonique, « Ma bibliothèque idéale », dans laquelle des écrivains parlent de leurs auteurs de prédilection, tout son propos demeure hanté par la perte de Rose Marie, sans que celle-ci soit nommée :

> Au cœur de cet été, où la solitude me pèse et où j'ai mal en creux à n'en plus finir des suites d'un amour malheureux, Rutebeuf, Joachim Du Bellay, Paul Éluard et André Frénaud sont mes compagnons et ils figurent à jamais dans ma bibliothèque idéale. Avec eux je fais le point[21].

C'est un autre ton, une autre voie, plus raisonnée que celle de la rage et de la dévastation. D'autres poètes aussi ont connu le mal d'amour et la misère physique : en eux, il se reconnaît et il trouve une consolation. Quand Miron parle de la poésie et des poètes qu'il aime, il retrouve d'un seul coup ses moyens. Comme en 1953 après la perte d'Isabelle, le revoici même tout proche de la maturité :

> Pour la première fois de ma vie, j'accepte qu'un amour soit périssable. Jusqu'ici en effet, la fin d'un amour dans ma vie était tragique, j'étais conduit à me détruire. Maintenant, je vois que tout amour dépose en nous ce qu'il a de meilleur avant de disparaître[22].

Cherche-t-il à se convaincre lui-même ? Cette belle leçon de sagesse ne tiendra guère le coup puisqu'à la fin de l'année suivante il pourra écrire :

> Il n'y a plus que ce visage, celui de Rose, lointain, imprécis, s'estompant toujours plus… La seule chance que j'ai eue. Quelle connerie, quelle vacherie. Moche. Ce qui est arrivé, sans moi, sans rien que je sache… moche, moche. Et maintenant, ce lent et long suicide[23] […]

Tandis que le Québec de l'époque se trouve en plein tumulte politique, l'homme de tous les combats paraît plus que jamais enlisé dans sa peine d'amour et prêt une fois de plus à renoncer. Mais la contradiction n'est qu'apparente. Depuis l'âge du « pauvre Cadou », la souffrance amoureuse a été la caisse de résonance du « Damned Canuck » : c'est dans cet espace ravagé où le corps n'est guère plus qu'une loque, dans cette absence glaciale de la femme aimée, qu'il éprouve au plus fort le terrible défaut de vie, la coupable apathie collective que constatent avec exaspération plusieurs de ses contemporains et que lui-même observe sans paraître pour l'instant y trouver de remède :

> Le moins qu'on puisse dire dans la situation où nous nous trouvons en tant que Canadiens français, en l'an 1961, c'est que ça fait mal — en admettant qu'on ait encore un réflexe de conservation ! Et la plainte silencieuse qui s'élève, de même que l'égarement révolté de certains groupes, n'a rien à voir avec la parturition. C'est plutôt celle d'un affalement, d'un effondrement par la base[24].

Les derniers mots de cette note qui a pour titre « Je ne marche plus » ressemblent à ceux qui concluent *La Marche à l'amour* : « je m'affale de tout mon long dans l'âme[25] ». L'énergie vitale semble décidément au plus bas.

*　　*　　*

Il y a pourtant le travail chez Fomac, il y a la reprise en main de l'Hexagone : cela aussi, c'est la vie, celle de tous les jours, de tous les soucis, des rencontres multiples, loin du visage obsédant de Rose Marie. Situé au centre-ville, côte du Beaver Hall, dans un Montréal en pleine mutation où commencent à pousser les gratte-ciel, Fomac offre à Miron un carrefour qui le garde en contact avec tous les milieux du livre. Il y croise régulièrement l'homme de confiance du PDG Michel Foulon, son ami éditeur Claude Hurtubise, dont les livres sont pris en charge par l'agence. Fomac distribue alors au Canada les livres de plus d'une vingtaine d'éditeurs français, dont le Seuil, Plon, Julliard. Miron peut y faire valoir l'expérience qu'il a acquise chez Beauchemin puisqu'à titre de « promoteur des ventes » il a la responsabilité des relations avec les libraires, notamment ceux que Michel Foulon appelle « les gros clients[26] ». En outre, ce travail a l'avantage de l'informer des toutes dernières parutions en France, y compris dans le domaine de la poésie, dont il est un fin connaisseur et qu'il aime faire découvrir à tous les vents.

Le milieu littéraire montréalais étant petit et « la légende Miron » faisant son œuvre, tout le monde a vite appris que le poète-éditeur est rentré de Paris et qu'il travaille chez Fomac. De jeunes auteurs appelés à une notoriété prochaine commencent à se pointer de temps à autre à son bureau. Un jour, c'est Paul Chamberland, jeune homme intense dont la vocation religieuse a tourné court, les pères de Sainte-Croix lui ayant refusé la prêtrise, effarouchés par son mysticisme exacerbé et sa passion trouble pour le Saint-Esprit. Poète de *Genèses*, un premier recueil qu'il a écrit pour une bonne part en communauté, il étudie à présent la philosophie à l'université et se trouve en voie accélérée de conversion marxiste. Une fois de plus, le mentor Miron peut orienter un jeune disciple : « Lis ça, mon vieux ! », tel est le mot d'ordre irrésistible, annonçant la bonne nouvelle de tel essai récent, de tel recueil de Frénaud, de Guillevic ou de quelque autre poète.

Un autre jour, c'est André Major, plus révolté que mystique, mais poète tout comme Chamberland. Son premier recueil, *Le froid se meurt*, qu'il publie cette année-là, est préfacé par l'« inquisiteur » en personne, Gilles Leclerc. Mais Miron connaît aussi l'éditeur de Major, un grand jeune homme dégingandé et plutôt extravagant, Gilbert Langevin, qui a fondé ses propres Éditions Atys après avoir vu le manuscrit de ses poèmes refusé à l'Hexagone. Il n'a pas dû en résulter une grande animosité puisque Langevin a parlé avec chaleur de Miron à son jeune auteur avant de lui faire faux bond, au moment où le second recueil de Major se trouvait en production. Le fondateur d'Atys est tout simplement rentré dans son pays natal du Lac-Saint-Jean sous le coup d'une profonde dépression ; on le reverra à Montréal un peu plus tard. Comme jadis les parents de Louis Portugais pour l'Hexagone, ce sont les parents de Major qui doivent accueillir temporairement le secrétariat d'Atys dans leur maison du quartier Rosemont. Major, alors employé au *Petit Journal*, fait connaissance avec Miron dans un restaurant de la rue Sainte-Catherine par l'intermédiaire d'une collègue de travail de Major, Lysiane Gagnon, qui a rencontré Miron dans un lancement et que le directeur de l'Hexagone a trouvée bien charmante… Après le repas, ce dernier ramène le jeune poète à son bureau et l'invite à descendre dans l'entrepôt au sous-sol. « Il faut absolument que tu lises Albert Memmi », lui lance-t-il en brandissant un exemplaire du *Portrait du colonisé*. L'essai paru en 1957 avec une préface de Jean-Paul Sartre va devenir l'une des références essentielles des Major, Chamberland et autres fondateurs de la revue *Parti pris*. Rabattue sur la condition canadienne-française, l'analyse psychopolitique de Memmi paraît lumineuse, et tous les constats ravageurs que l'on a pu lancer au Québec ces dernières années semblent y trouver une explication : dégradante sur le plan social, stérilisante sur le plan spirituel, aliénante sur le plan linguistique par l'imposition forcée du bilinguisme, la situation du colonisé ne peut mener qu'au mépris de soi et à la paralysie historique, observe l'essayiste. Une telle analyse déjà menée depuis 1959 par une autre publication qui intéresse grandement Miron, *La Revue socialiste* de Raoul Roy, annonce un déchirement imminent au sein de l'élite intellectuelle et politique du début des années 1960. Le Québécois encore en gestation est-il, oui ou non, un colonisé ? *Cité Libre*, la grande revue libérale de la décennie précédente, refuse catégoriquement d'adhérer à une telle vision, tandis que la génération de *Parti pris*, du côté de laquelle se range Miron, l'adopte au contraire résolument. Moins radicale et à l'écart du marxisme, *Liberté* va dans le même sens. Le débat est sur le point de se cristalliser dans deux textes célèbres : Pierre Elliott Trudeau signe bientôt dans *Cité Libre* « La nouvelle trahison des clercs », où il fustige au nom de la démocratie libérale le nationalisme des nouvelles élites québécoises, à quoi Hubert Aquin, dans « La fatigue culturelle du Canada français » que publie *Liberté*, oppose l'exigence historique, pour les Québécois, de se constituer en une « culture globale » seule apte à leur redonner une énergie créatrice[27].

*   *   *

Après avoir pratiqué bien des métiers, frôlé les carrières d'animateur de loisir, de travailleur social et fait ses premières armes chez Beauchemin, Miron semble avoir enfin trouvé chez Fomac un emploi qui convient à ses compétences et qui lui assure un certain statut et un revenu stable, l'édition de poésie n'ayant jamais procuré à quiconque un vrai gagne-pain. Après avoir fait ses preuves, il a accédé au poste de « directeur commercial », il a son bureau, son champ d'action. Ce serait toutefois mal le connaître que de l'imaginer installé et heureux dans ce nouveau travail. Quelques années plus tôt, dans son emploi du même type chez Beauchemin, on se souvient qu'il n'a pas tardé à déchanter. C'est que tout feu tout flamme au départ, lancé à corps perdu dans de nouvelles responsabilités, il éprouve bientôt comme une contrainte harassante le travail quotidien, les horaires réguliers, et comme un poids la structure d'une entreprise où il n'est tout compte fait qu'un employé. Dès juillet 1961, à son ami Pichette qui le joint au sujet de poèmes qu'il souhaite publier au Québec, Miron se plaint de travailler « comme un fou, dix à douze heures par jour, chez Fomac » et de n'avoir aucun loisir : « Quel carcan, mon vieux frère, que le poste de directeur commercial[28] ! » Déjà, la spirale descendante est amorcée. Sans doute connaît-il des accès sporadiques d'enthousiasme et d'énergie : il est heureux par exemple d'organiser à la mi-mars 1962 le lancement du premier roman de Jacques Godbout, *L'Aquarium*, dont Fomac assure la distribution puisqu'il est publié au Seuil. Il y a de l'excitation dans l'air : on dit le roman brillant, son mélange de poésie et de cynisme impose d'entrée de jeu un jeune écrivain original qui a séjourné en Afrique, déjà très connu dans l'intelligentsia québécoise, actif au sein de l'équipe de direction de la revue *Liberté* depuis sa fondation et auteur de trois recueils de poèmes, le plus récent publié à l'Hexagone en 1960[29]. Les camarades de *Liberté* et de l'Hexagone se pressent au lancement, et avec eux, un jeune couple rayonnant : la chanteuse Pauline Julien, dont Miron a vu le spectacle à la Maison des étudiants canadiens à Paris, et son compagnon Gérald Godin, natif de Trois-Rivières, journaliste et poète en début de parcours. Godin et Miron se sont déjà rencontrés au printemps 1961, probablement dans un vernissage à la Galerie Libre de Montréal. Une amitié très profonde et durable est en train de se tisser avec ce couple hors du commun par son talent, son énergie, sa pure beauté, et la vie ne va cesser de les rapprocher : la poésie, les engagements politiques, le futur voisinage au carré Saint-Louis, les voyages, les moments de gloire et les tragédies. Pour Miron, Godin compte déjà parmi les quelques amis qui seront des frères en poésie et en action.

Si le lancement de *L'Aquarium* est le genre d'événement dont a toujours raffolé Miron, où il peut en prendre large et faire entendre sa grande voix rieuse, la dure réalité du travail chez Fomac demeure inévitable, et il est clair qu'à cet égard l'homme engagé sur la recommandation de Claude Hurtubise déçoit de plus en plus et qu'il court après son souffle. Lorsque Claude Haeffely, toujours en France, lui annonce son retour au Québec, l'éditeur du défunt *Périscope* ne pourra compter sur son ami québécois pour lui obtenir un poste à l'agence du livre. « Je ne suis plus directeur chez Fomac, lui annonce Miron. On a jugé que l'état qui était le mien n'était pas propice à la direction (c'est juste). J'y fais de la vente pour y vivre et m'y occuper de *public relations* à l'occasion[30]. » C'est tout dire et ce n'est plus qu'une question de temps avant que l'aventure Fomac ne trouve son dénouement, à l'automne 1963. Alain Grandbois, désormais au faîte de la gloire poétique à la suite de la parution à l'Hexagone de *Poèmes*[31], où est rassemblée son œuvre, adresse un mot d'encouragement à son éditeur : « Je suis navré d'apprendre ce qui vous arrive et vous souhaite de tout cœur que vous trouviez une situation qui convienne à votre activité et à vos talents[32]. » Cette « situation », terme assez impropre en l'occurrence, Miron ne saurait la trouver ailleurs que chez lui-même, à l'Hexagone. Malgré des emplois divers par la suite, toujours à temps partiel et à forfait, jamais plus il ne se soumettra au régime qu'il a connu chez Beauchemin et chez Fomac.

*   *   *

À l'Hexagone, Miron n'est pas un employé. Comme jadis Charles-Auguste Miron à Sainte-Agathe, il peut se considérer comme un petit entrepreneur ayant innové, menant sa propre barque, travaillant à son rythme et contribuant au progrès d'un milieu. On ne doit jamais oublier la remarque capitale qu'il se faisait à vingt ans au sujet de son père et qui allait toujours faire contrepoids à l'atavisme dépressif de Saint-Agricole, si présent dans sa poésie. Son père, observait le jeune Miron, avait rompu avec la paysannerie et l'artisanat pour se hisser « dans une sorte de bourgeoisie, ayant son terrain, son industrie, son poste de commande[33] ». Le fils Miron, qui venait alors d'arriver à Montréal, se promettait de suivre le même parcours, mais dans le champ culturel. C'est bien à l'Hexagone qu'il les trouve, « son industrie, son poste de commande » ! À une nuance près : ce poste qui lui épargne les patrons et qui construit quelque chose de durable ne peut lui procurer que des revenus très médiocres. Il ne deviendra jamais un « bourgeois » et, de toute manière, il ne le voudrait pas…

Le développement de sa maison d'édition n'en est pas moins incontestable dès le début de la décennie, porté par l'effervescence, pour ne pas dire le raz de marée qui caractérise sur tous les fronts le domaine du livre durant la haute période de la Révolution tranquille. Pourtant, si l'Hexagone a établi sa constance depuis 1954, grâce à la collection « Les Matinaux » (au rythme moyen de deux titres par an), et confirmé son envergure en accueillant des auteurs majeurs d'une autre génération comme Alain Grandbois et Rina Lasnier, la maladie et les absences de Miron auraient pu lui être fatales si Jean-Guy Pilon n'avait pris les choses en main, puis assuré l'intérim durant le séjour parisien de son compagnon. La parution de recueils importants, *Poèmes de l'Amérique étrangère* de Michel van Schendel, en 1958, et *Choix de poèmes. Arbres*, de Paul-Marie Lapointe, en 1960, est venue en même temps dissiper toute crainte d'un épuisement : l'Hexagone demeure bel et bien, au seuil de la nouvelle décennie, un chef de file de la poésie dite *canadienne-française*. Mais dans quelles conditions ? « Nous ne sommes pas morts ! » a lancé Miron dans une entrevue enregistrée à Paris et diffusée sur les ondes de Radio-Canada[34]. Pilon a jugé le propos exagérément optimiste et il s'est empressé de lui écrire : « L'Hexagone édite avec des misères et des procédés de fortune et d'artisanat depuis cinq ans, et où en sommes-nous ? Nous avons une dette d'environ 5 ou 600 dollars[35]. » Il n'y a peut-être pas matière à claironner, dans des formules sans nuances, la vitalité de la maison, même si la qualité des titres a continué de se vérifier : le poète et diplomate Pierre Trottier obtenait en effet le prix David en 1960 pour son recueil *Les Belles au bois dormant*.

Le retour de Miron à Montréal permet un nouveau départ. Non pas que l'Hexagone connaisse un changement de vocation ni un virage commercial, loin de là, mais la conjoncture a changé. À Ottawa, le Conseil des Arts se montre de plus en plus généreux pour les éditeurs et leur accorde maintenant des subventions globales pour un ensemble de titres sélectionnés par un jury. À Québec, la vieille politique d'achat de livres se maintient, mais gérée désormais par le tout nouveau ministère des Affaires culturelles dont Georges-Émile Lapalme est le titulaire : un peu tardivement, en 1962, le recueil de Trottier, par exemple, fait l'objet d'une commande de 150 exemplaires, dont 25 pour la Délégation du Québec à Paris, une autre création récente du gouvernement libéral de Jean Lesage. À moyen terme, le système des ventes par souscription, qui a été un mode de financement essentiel pour l'Hexagone et qui demeure encore, de loin, son principal canal de diffusion à l'époque, va décliner, en même temps que le sous-ministre Guy Frégault, un des piliers du ministère, commence également à accorder de modestes subventions aux éditeurs.

L'équipe de l'Hexagone, en 1961, a changé de visage. Pilon s'est retiré pour se consacrer entièrement à son travail de réalisateur à Radio-Canada. Même si Louis Portugais fait toujours officiellement partie du groupe et reste actionnaire de la société créée en 1956, il ne participe plus guère aux travaux, ni d'ailleurs Gilles Carle, qui s'est tourné comme d'autres vers le cinéma et donne en 1961 ses premiers films, *Un dimanche d'Amérique* et *Manger*, des documentaires en « caméra directe » qui contribuent à faire la renommée de l'Office national du film. Le Québec nouveau entreprend une frénétique mise en images de soi, l'autoportrait à la fois savoureux et critique de ce qu'il était ou est en train de devenir.

Du sextuor fondateur de 1953, il ne reste donc plus en réalité que Miron lui-même. Avec le départ de Pilon, dont l'appartement de la rue Northcliffe a servi de secrétariat, il a fallu trouver un nouveau local et il ne saurait être question d'assumer le coût d'un loyer. Paul-Marie Lapointe et sa femme, l'artiste Gisèle Verreault, abriteront pendant trois ans l'Hexagone dans leur logement de la rue Bloomfield à Outremont. Mais Lapointe, pour qui Miron a beaucoup d'affection et dont il admire au plus haut point la poésie, a finalement peu de temps à consacrer à l'Hexagone, puisqu'il devient dès la fin de l'été 1961 le rédacteur en chef du *Nouveau Journal*, fondé à la suite d'une dissension chez les propriétaires de *La Presse*. Voué à une vie éphémère, le quotidien dirigé par le vieux routier du journalisme Jean-Louis Gagnon rassemble une équipe dont la sensibilité littéraire est exceptionnelle : outre Lapointe lui-même, on peut y lire Gilles Hénault, Gérald Godin ainsi qu'une jeune journaliste impétueuse que Miron a croisée à Claire-Vallée avant qu'elle ne vienne travailler à Montréal, Denise Boucher. C'est dans ce cadre accueillant que *La Marche à l'amour* pourra paraître dans le *Nouveau Journal* en avril 1962, un fait rare dans l'histoire de la poésie et du journalisme moderne au Québec.

Deux autres noms s'ajoutent à la nouvelle équipe de l'Hexagone formée en 1961 : Michel van Schendel, qui a démissionné de *Liberté* avec Lapointe et quelques autres au moment de la grève des réalisateurs de Radio-Canada, et Alain Horic, resté dans l'ombre jusqu'ici. Depuis leur rencontre dans le salon littéraire d'Andrée Maillet, Miron et le poète originaire de Bosnie n'ont jamais perdu le contact et Horic a souvent rendu de menus services à l'Hexagone, notamment en s'occupant de livraisons ou d'achats de fournitures. En parallèle, tout en ayant publié un premier recueil chez Erta[36], il fait maintenant carrière dans la gestion commerciale et il est monté en grade au magasin Dupuis Frères où il dirige un rayon.

Plutôt discrète, l'entrée de Horic au sein de l'équipe de l'Hexagone aura pourtant des conséquences durables sur la vie et l'évolution de la maison. Lapointe et Van Schendel étant souvent absorbés ailleurs, c'est bientôt le duo Miron-Horic qui, en pratique, fait marcher l'entreprise. Drôle de duo : autant Miron est tonitruant, autant Horic est tout en aménité. Autant le premier fonctionne encore et toujours « à bout portant », « à bride abattue », et volontiers tard dans la nuit, autant le second est mesuré, organisé, prudent, et préfère les travaux diurnes. Même si la poésie les unit, il y a là en même temps un mariage de raison entre l'éditeur guidé par son flair et sa passion, et le gestionnaire capable d'administrer l'entreprise. L'alliance va tenir plus de vingt ans.

Pour le moment, Miron, Horic et le reste de l'équipe se retrouvent régulièrement chez les Lapointe pour discuter des décisions à prendre et préparer les prochaines parutions. Gisèle Verreault, la seule femme du groupe, remplit le rôle de secrétaire et c'est elle qui, souvent, fait la correspondance avec des organismes comme le Conseil des Arts du Canada. Néanmoins, non seulement sa fonction demeure occultée, mais elle doit subir chaque arrivée de Miron à Outremont comme un affront : quand elle va lui répondre à la porte, il ne la salue ni même ne la regarde et fonce dans la cuisine en appelant Paul-Marie. L'anecdote serait de peu d'importance si d'autres femmes de ses amis ne subissaient le même sort, telle la brillante journaliste Adèle Lauzon, longtemps épouse de Michel van Schendel et qui se souvient d'avoir fréquenté avec son mari de nombreux poètes et artistes, « et bien entendu le génial et affreux Gaston Miron, qui pendant des années ne me dit jamais le moindre mot — même pas bonjour — quand je lui ouvrais la porte[37] ». Il s'agissait pourtant d'une professionnelle de la politique internationale, qui connaissait à fond les enjeux (et souvent les acteurs) de la décolonisation et des luttes révolutionnaires en Algérie et à Cuba ! Autre cas typique : la poète Micheline Sainte-Marie, épouse de Louis Portugais, gardera longtemps la mémoire d'une « hargne » et d'une « misogynie » à son égard qui ne devaient s'estomper que dans les années 1970[38]. Cet immense poète de l'amour n'a guère de considération à l'époque pour les femmes qui ne sont pas d'emblée des objets de conquête. La rupture avec Rose Marie a aggravé son ressentiment : ce n'est pas seulement elle, c'est LA femme qui l'a rejeté. Avec ses manières souvent frustes, il préfère se précipiter vers son cercle de « gars » où il est à l'aise, au risque de mépriser au passage les personnes de l'autre sexe.

*   *   *

Par-delà les petites misères de son directeur, l'Hexagone en pleine relance ne tarde pas à produire une nouvelle moisson poétique, marquée notamment par la publication de *Demain les herbes rouges* de Jean-Paul Filion et surtout de *Sémaphore* de Gilles Hénault, lancés conjointement en 1962. En pleine résonance avec son époque, *Sémaphore* annonce, au terme d'une longue traversée de l'hiver où « le mot naître gèle dans la bouche », le printemps de la parole et de l'amour retrouvés, « la grande insurrection des sèves[39] ». De telles images tombent à point : c'est toute une génération qui a le sentiment de sortir d'un monde de silence, de froid et de « grande noirceur » et qui vit l'urgence de parler et de créer. Il faudra attendre beaucoup plus tard avant que l'on ne relativise une telle coupure qui confinait le Canada français dans l'image caricaturale d'une longue période glaciaire où le soleil ne se levait jamais.

Magnifiquement écrit, le recueil de Hénault obtient une réception enthousiaste et reçoit le prix du Grand Jury des lettres canadiennes, présidé par Victor Barbeau, fondateur de l'Académie canadienne-française : une fois de plus, l'Hexagone a visé juste. En outre, avec l'accueil de Hénault, qui n'a publié jusque-là que dans ses propres Cahiers de la file indienne et par la suite chez Erta, l'entreprise de Miron et de son équipe s'affiche plus que jamais comme un foyer de convergence. L'intégration de Paul-Marie Lapointe aux auteurs de la maison annonce déjà que le vieux différend entre les Surréalistes et les Automatistes d'une part, et les poètes « humanistes » de l'Hexagone, d'autre part, est en voie de s'estomper, mais il faut dire que c'est à la faveur d'une évolution de Lapointe, qui s'est éloigné de l'esthétique fracassante du *Vierge incendié*, très appréciée par Claude Gauvreau. Avec Hénault, et bientôt Roland Giguère, Yves Préfontaine (qui a débuté chez Orphée) et Gauvreau lui-même, ce sont peu à peu tous les poètes majeurs associés de près ou de loin au surréalisme qui font leur entrée chez Miron.

Si cet élargissement consacre l'emprise croissante de l'Hexagone sur le domaine poétique, une autre décision éditoriale paraît encore plus lourde de conséquences. Elle survient quand Miron et sa nouvelle équipe constatent que *L'Étoile pourpre* d'Alain Grandbois, paru en 1957 et toujours très demandé, se trouve en rupture de stock. Il faudrait le réimprimer, mais pourquoi ne pas rééditer du même coup les deux autres recueils de Grandbois, *Les Îles de la nuit* et *Rivages de l'homme*, encore plus importants ? Miron obtient bientôt l'accord de l'auteur et se prépare lentement à publier les trois plaquettes quand il se rend compte que l'entreprise est absurde : il ne semble même pas, cette fois, avoir eu besoin des conseils d'Alain Horic pour mesurer l'avantage économique d'un volume unique qui rassemblerait les trois recueils. Pourtant, Grandbois résiste : il craint que l'on considère un tel volume comme ses œuvres complètes, alors qu'il a d'autres poèmes en chantier. Miron le convainc finalement grâce à un concept qui fera date : le livre sera présenté comme une « rétrospective » de l'œuvre, sans rien présumer de l'avenir[40].

Ainsi naît en 1963, avec la publication des *Poèmes* de Grandbois, une formule nouvelle que *L'Âge de la parole* de Roland Giguère, deux ans plus tard, rendra officielle. Pour l'Hexagone, la collection « Rétrospectives » devient rapidement la plus sûre garante d'un prestige qui ne peut que rejaillir sur le directeur de la maison. Succès de tirage : au moins 12 000 exemplaires seront vendus tant du Granbois que du Giguère. Réussite éditoriale : la couverture blanche, la maquette sobre conçue par Giguère lui-même et l'élégance typographique confèrent à l'ouvrage une qualité matérielle dont Miron s'était fixé l'idéal en fréquentant l'École Estienne. Le modeste cahier broché de *Deux Sangs* paraît bien loin derrière !

Mais importe davantage encore le sens même de l'entreprise. Le caractère de somme poétique inhérent à une collection surtout réservée à des poètes majeurs exprime à merveille cette période qui, de 1960 à 1970, constitue l'âge d'or de la poésie québécoise, moment historique singulier où la poésie résonne comme jamais sur la place publique et paraît signifier au plus haut point la renaissance de tout un peuple. Aux yeux de Miron, si intermittent et si éparpillé lorsqu'il s'agit de ses propres poèmes, cette collection assure une continuité, une permanence essentielle à l'existence d'une littérature nationale, ce projet qu'il ne cesse de ruminer et d'évoquer depuis le début des années 1950. La collection « Rétrospectives » s'inscrit pour ainsi dire dans l'ordre du « rapaillage » : ce n'est pas seulement l'œuvre d'un auteur, c'est la poésie de toute une époque et de deux ou trois générations qui, peu à peu, s'y trouvera rassemblée. Exception notable, presque incroyable : le créateur même de cette collection, le poète de *La Marche à l'amour* et de *La Vie agonique,* ne figurera jamais au catalogue…

*   *   *

L'épanouissement des Éditions de l'Hexagone n'est pas un cas isolé. Tandis que les grands éditeurs comme Beauchemin ou Fides représentent de moins en moins la « littérature qui se fait », selon la formule de Miron rendue fameuse par Gilles Marcotte[41], les nouveaux acteurs se multiplient. Mais les temps ne sont plus aux aventures éditoriales purement solitaires marquées par un amateurisme dont Jean-Guy Plion se plaignait encore à Miron en 1960. L'amitié du directeur de l'Hexagone avec Claude Hurtubise l'a rapidement mis en contact avec l'Association des éditeurs canadiens (AÉC), dont Hurtubise assure alors la présidence et où évoluent quelques-uns des éditeurs les plus importants de la décennie : Pierre Tisseyre, du Cercle du livre de France, Jacques Hébert, qui vient de fonder les Éditions du Jour, Jean Bode, directeur de la vieille Librairie Déom, rue Saint-Denis — personnalités auxquelles s'ajoute le nom de J. Z. Léon Patenaude, ancien allié politique de Pacifique Plante et de Jean Drapeau dans la lutte contre la corruption à Montréal, homme à l'énergie inépuisable qui paraît omniprésent sur la scène du livre et qui décide de fonder le premier Salon du livre de Montréal en même temps qu'il dirige le Conseil supérieur du livre. Or, s'il s'agit pour ces hommes de développer et d'organiser l'édition et la diffusion du livre au Québec et d'en améliorer le financement, l'intention est aussi de promouvoir le rayonnement du livre québécois à l'étranger, principalement en Europe. Le succès déjà ancien de Gabrielle Roy, gagnante du prix Femina pour *Bonheur d'occasion*, et la publication d'auteurs québécois par des éditeurs français (Claire Martin chez Robert Laffont, Anne Hébert et Jacques Godbout aux Éditions du Seuil) ne changent rien au fait que les livres publiés au Québec, eux, demeurent à peu près invisibles outre-Atlantique.

L'association d'Hurtubise et de Miron avec Fomac, agence dont la mission est exactement inverse, puisqu'elle s'occupe de diffuser le livre français au Québec, comporte dans ce contexte quelque chose d'ironique. Assez rapidement d'ailleurs, Hurtubise se rend compte que les livres publiés par HMH sont une préoccupation plutôt secondaire pour une entreprise comme Fomac, qui reçoit à pleines caisses les ouvrages des plus grands éditeurs français. Quant à Miron, on doit bien constater, en mettant de côté les facteurs personnels, que le déclin de son rôle chez Fomac coïncide avec son engagement croissant à l'AÉC. Dès 1954, on l'a vu avec son ami Pilon chercher à faire connaître les plaquettes des « Matinaux » en France, non sans quelque succès. Dans une entrevue accordée à *La Patrie du dimanche* en juin 1961, débordant d'enthousiasme et de bonne humeur, il se félicite de la vitalité de l'Hexagone et de l'énergie qu'il a déployée pour faire connaître notre poésie en France, jusqu'à obtenir des recensions dans *Le Figaro littéraire* et *Les Lettres françaises*[42]. Mais des recensions et des succès d'estime ne sont pas des ventes, et le problème concerne toute la production québécoise.

La présence de l'AÉC à la Foire du livre de Francfort découle de ce constat et, à partir de 1963, on verra Miron prendre l'avion chaque automne pour l'Allemagne à titre de délégué de l'AÉC et de responsable du stand collectif tenu par le groupe, grâce à une subvention du ministère des Affaires culturelles qui lui accorde près de 1 000 $ en frais de voyage et de séjour. C'est là une occasion inespérée pour lui de revoir l'Europe, destination qui se trouverait bien au-delà de ses propres moyens, et il peut en profiter pour faire chaque fois un saut à Paris (et même à Rome, en 1965) avant de rentrer au Québec.

À Francfort, dans cet énorme rassemblement d'éditeurs, d'auteurs, d'attachés de presse et de négociateurs de droits venus du monde entier, dans l'incessant chassé-croisé des rencontres et des conversations à l'improviste, il se retrouve sur son terrain de prédilection. Les visiteurs défilent à son stand, ils posent des questions, s'étonnent souvent de l'existence d'une activité d'édition en langue française au Canada. Un éditeur suédois, un italien, se présentent pour feuilleter les livres exposés en quête de traductions possibles : s'ils paraissent intéressés, le délégué de l'AÉC se fait un plaisir de leur expliquer la nature exacte de l'ouvrage et son actualité. Mais il constate rapidement, comme ses collègues Patenaude et Bode, que notre littérature d'imagination ne pèse pas bien lourd, que notre roman n'impressionne guère, et que, exception faite de la littérature pour la jeunesse, ce sont les manuels scolaires, les livres religieux et certains ouvrages de référence qui suscitent le plus l'intérêt.

Il y a des progrès à faire sur tous les plans, la présentation du stand à améliorer, les techniques d'édition à moderniser. Dès qu'il ne s'agit pas de son œuvre et des tourments qu'elle lui cause, Miron manifeste un redoutable esprit pratique, comme en témoigne le rapport qu'il joint à celui de ses collègues de l'AÉC sur la foire de 1963[43] : son attention au moindre enjeu, au moindre détail technique est exemplaire, portée par une vision d'ensemble qu'il s'empresse de confier à un journaliste du *Figaro littéraire* venu l'interviewer à son stand :

Le coût de fabrication [du livre canadien] est trois à cinq fois supérieur à celui de l'Europe. Il y a aussi un autre problème : nous avons été trop longtemps assimilés à la masse anglo-saxonne. Mais nous commençons d'exister [...]. L'essai et la poésie chez nous sont en train de créer une vision canadienne. Nous sommes à la recherche de notre identité, de notre « canadienneté ». Mettez ce mot entre guillemets, on ne respecte jamais assez le français[44].

« Nous commençons d'exister » : on sent l'homme exalté par cette entreprise collective, par cette naissance à soi-même et au monde, même si le vocabulaire demeure incertain. Il y participe, il se dépense, il envisage l'avenir.

A-t-il pour autant oublié une fois de plus son œuvre de poète ? Bien au contraire, celle-ci trouve, ces années-là, un degré de mise en forme et d'achèvement qu'elle n'a jamais connu. Ce n'est pas encore, loin s'en faut, *L'Homme rapaillé*, mais avec *La Marche à l'amour* et *La Vie agonique*, le noyau et la pleine ampleur de l'œuvre sont sur le point de se révéler. Quoi qu'il puisse affirmer, le poète Miron existe, la chose ne pourra plus être mise en doute.

14

L'effet *Parti pris*

On l'imagine rue Saint-André, son humble « rue au nom d'apôtre », rentrant chez lui après le travail chez Fomac, une réunion d'équipe chez les Lapointe, une soirée d'échanges à l'emporte-pièce avec des amis, à La Hutte suisse, rue Sherbrooke, chez Geracimo ou au Select, rue Sainte-Catherine, ou encore chez Harry's au carré Saint-Louis. Des heures de palabres, le verbe haut, la mâchoire hyperactive, la main brandissant *Le Devoir* du matin où il a lu quelque nouvelle politique et le dernier éditorial d'André Laurendeau. Il a ingurgité quelques cafés, dévoré en boulimique plusieurs pointes de tarte tout en réglant le sort du Québec et du monde. Il a arpenté « la grande St. Catherine Street » avec Denise Boucher, croisé un camarade de *Liberté*, Godbout ou Préfontaine, il doit voir demain Michel van Schendel avec qui il causera de poésie. Maintenant, tard le soir, il rentre chez lui, il sait que personne ne l'attend, sinon son inlassable correspondante, Nysette, dont la dernière lettre lui raconte les succès poétiques qu'elle a obtenus à Liège et l'enfer de sa vie maritale. Mais cette présence intangible change-t-elle quelque chose à sa vie d'homme ? Il n'aime pas beaucoup ce qu'il voit dans son miroir et il n'espère plus rien des femmes, qu'il juge malhonnêtes ou veules en amour. Heureusement que les livres l'accompagnent, empilés tout autour de son lit. Depuis quelque temps, il a pour livre de chevet *Le Métier de vivre* de Cesare Pavese[1], le grand écrivain italien qui s'est donné la mort en 1950, après avoir triomphé sur le plan littéraire : « L'homme auquel ma vie intérieure se rapproche le plus — à la lecture de son journal — c'est Pavese. En tout cas, singulièrement en ce qui concerne la misère et les femmes[2]. » À chaque page du *Métier de vivre*, il se reconnaît, il acquiesce en griffonnant dans la marge : « C'est moi en moi ! » Tant de ressemblances entre l'écrivain italien et le Miron tout intérieur caché derrière son masque : le manque fréquent d'argent (même avec un salaire…), le sentiment d'être un raté faute de pouvoir satisfaire une femme, la douleur qui sépare l'âme du réel, la solitude profonde dissipée en des liens sociaux innombrables mais qui engagent peu. Lorsque Pavese évoque une femme qui l'a quitté, le *Canuck* de la rue Saint-André inscrit en marge les initiales fatidiques : « RM ». Pavese, c'est un autre miroir : il peut y lire clairement toute sa vie, tous ses échecs.

Au jour le jour, l'auteur italien parle aussi de sa langue, du métier d'écrire, et pourtant, l'écriture ne l'a pas sauvé du désastre. C'est une question qui ronge Miron à propos de lui-même. Il a toujours écrit, pense-t-il, pour obtenir l'amour d'une femme : mais s'il n'y a plus de femme, quel sens y a-t-il à continuer ? En fait, le problème déborde la simple absence d'une destinataire, il concerne le rapport même entre la poésie et la vie, entre l'écriture et la réalité.

> Mes poèmes signifient un moment de ma vie qui n'a pas été, et c'est pour cela qu'il m'apparaît absurde de les voir publier ; intolérable. Ils sont une perspective ratée, une chance abolie. Ils font entrevoir ce qu'aurait été ma vie si un peu de bonheur l'avait visitée. Bref, ils ne constituent pas *un lieu habité ; un moment vécu* ; ou une période « historique » de ma vie, laquelle se serait consommée pour faire place à une autre phase. Il n'y eut jamais cette autre phase, il n'y a jamais rien eu. Ils ne sont que désir. Du « wishful thinking ». Ils n'ont pas rencontré leur chance d'incarnation, leur poids de chair et d'âme[3].

Cela ressemble, un quart de siècle plus tard, au vieil argument qu'a employé Saint-Denys Garneau après la publication de son seul recueil en 1937. Si la poésie ne s'inscrit jamais dans le monde réel et n'incarne pas la vie de son auteur, n'est-elle pas une pure suite de mots, foncièrement fausse, rendant le poète coupable d'illusionnisme ? La réussite d'une poésie peut-elle se construire sur l'échec d'une vie ? L'argument est dangereux, Garneau en a payé le prix, et voici que lui-même semble y souscrire à son tour.

On trouve des échos de cette logique, en tout cas, dans la réponse qu'il oppose à la demande que le poète et critique français Alain

Bosquet lui adresse chez Fomac, en mars 1962. L'Hexagone est alors déjà au courant de ce projet d'une anthologie de la jeune poésie canadienne que Bosquet prépare pour les Éditions Seghers, et l'équipe lui a offert sa collaboration pour fournir des recueils manquants et des informations sur les poètes de la maison, qui vont occuper une place de choix. Mais la question doit forcément surgir : qu'en sera-t-il de Miron lui-même ? Dans sa lettre de mars, Bosquet annonce qu'il a retenu de lui, outre une pièce de l'époque de *Deux Sangs* intitulée *Semaines*[4], ses quatre poèmes publiés dans la revue *Liberté* en 1961.

Malgré l'insistance de Bosquet, le refus de Miron est catégorique, même si ses raisons semblent plutôt sinueuses. Les allusions à Rose Marie sont évidentes, sans qu'elle soit nommée : consentir risquerait trop, explique-t-il, « de [lui] faire revivre un drame et [de] rouvrir des blessures[5] ». Mais il y a davantage : une souffrance et un désabusement qui remontent à la perte de sa première « fiancée » (il s'agit évidemment d'Isabelle), l'époque de « l'homme fini » dont il cite plusieurs vers : « Il n'a pas fait vieux os / ses os ont blanchi la nuit » — citation d'un poème écrit en 1954 qu'il fait suivre d'une affirmation qui apparaîtrait stupéfiante si elle n'avait déjà été lancée à Claude Haeffely deux ans plus tôt : « Je n'ai jamais plus écrit de poèmes », déclare-t-il maintenant à Bosquet. Il est vrai que plus loin dans sa lettre, il admet avoir été à tout le moins un poète oral, dont les œuvres comme *Pour mon rapatriement* et *Compagnon des Amériques*[6] étaient toutefois purement liées au contexte de l'époque. Justement, inclure ces pièces dans une anthologie serait leur accorder une « immortalité » qu'elles n'ont pas et qu'elles n'ont jamais recherchée… Au milieu de tout cela arrive l'argument politique, le « désespoir dans lequel [le] jette la situation canadienne-française, ce peuple emmuré dans la dualité linguistique ». Il l'a déjà exprimé à Rina Lasnier : il réitère son « refus de [se] sauver avec un petit nombre, l'élite ».

Quand, revenant de la Foire de Francfort l'année suivante, il fait la rencontre de Pierre Seghers à la Délégation du Québec à Paris, l'éditeur français ne peut que déplorer, comme l'a fait Bosquet, une décision qui ne rend pas service à la poésie du Québec et à la poésie tout court. Deux ans plus tard, ce sera le même scénario : le souhait que lui exprime Henri Pichette de préfacer « une plaquette de Gaston Miron chez Gallimard[7] » se heurte à l'inertie du principal intéressé. Qu'il y ait dans ces refus à répétition, outre des résistances personnelles, la crainte de ne pas être à la hauteur des grands poètes français, tels ses amis Frénaud et Guillevic, qui publient chez Gallimard, chez Seghers ou ailleurs, cela ne fait guère de doute : l'homme qui voulait « apprendre le Québec aux Français » tremble devant les exigences de la Littérature et l'idéal de la Poésie. Le « grand sur-moi français » retrouve alors à ses yeux une intimidante autorité et sa « pauvre poésie en images de pauvres »[8] se voit déclassée.

Il est trop facile, évidemment, de désigner les contradictions qui atteignent leur paroxysme chez le Miron de cette époque. Même en laissant de côté le facteur français, comment concilier les raisons qu'il invoque auprès de Bosquet et le fait que les années 1962 et 1963 sont celles où il donne au Québec ses publications les plus significatives avant la sortie de *L'Homme rapaillé*, sept ans plus tard ? C'est d'abord que l'argument de l'imposture de sa poésie, qui ne serait que désir non réalisé, n'est pas loin d'être un sophisme, et il le sait très bien. À preuve, ce propos qu'il se tient à lui-même un soir de l'automne 1962 :

> Comme poète, je n'ai pas cessé d'inventer ma vie ; l'inventant à chaque minute, je l'ai vécue intensément, d'une sensibilité poreuse à un envahissement du monde et des êtres. L'élan me porte, sans jamais perdre le fond du vent, le fond des eaux — le chenal — le fond du sol. Ainsi, c'est toujours la recréation d'une mémoire nouvelle — la vie et le temps récupérés donc d'un devenir nouveau[9].

Ne soutient-il pas d'ailleurs depuis longtemps que la poésie peut être prophétique, pour le pire sans doute, mais pourquoi pas aussi pour le meilleur ? Ce n'est un secret pour aucun écrivain, aucun artiste : la souffrance, qui peut paralyser, recèle en même temps la force des grands vents dont le pouvoir de destruction n'a d'égal que celui de faire ressurgir la vie, « la vie qui fait irruption en [lui], la grande bourrasque de la vie qui s'engouffre en [lui][10] », écrit-il encore ce même automne. À l'époque de sa jeunesse étudiante avec les frères Carle et Olivier Marchand, il n'aimait rien de mieux que de foncer sur le mont Royal dans la tempête d'hiver, comme si ce souffle glacé allait ouvrir en lui des espaces immenses, le libérant de son angoisse et de son mal de vivre. Il semble qu'en ces belles années de la Révolution tranquille l'heure des « vents telluriques, vents de l'âme, vents universels[11] » ait enfin sonné.

*   *   *

En fait, c'est d'abord un vent printanier qui a soufflé pour projeter le poète Miron au-devant de la scène, grâce à son amie Denise Boucher. Venue s'établir à Montréal depuis sa région natale des Bois-Francs en 1958, elle a occupé comme Miron un emploi d'institutrice à Coteau-Rouge tout en fréquentant le soir La Hutte suisse, où elle s'est liée d'amitié avec Jean-Paul Mousseau et Claude Gauvreau. Miron est peu présent à cette époque puisqu'il s'est retiré à Sainte-Agathe avant de séjourner à Paris ; mais depuis son retour, il voit assez régulièrement l'institutrice passionnée de poésie qui rêve d'un autre emploi. La rentrée de septembre 1961 a procuré à la jeune femme une chance inespérée : le lancement à Montréal d'un quotidien, *Le Nouveau Journal*, qui aspire à concurrencer *La Presse*. Son vieux maître Alfred DesRochers ayant jugé l'entreprise digne de confiance, Denise s'est présentée aux bureaux du quotidien à Lise Rossignol, la responsable des pages féminines, avec un exemplaire original de *Refus global* que Mousseau lui a offert. Ce « diplôme » a produit son effet et le rédacteur en chef Paul-Marie Lapointe a tout de suite intégré la jeune femme à son équipe, aux côtés de Gilles Hénault, Jean Paré et Gérald Godin, qui sera son voisin de bureau.

La journaliste encore en herbe peut bientôt sortir de son sac une autre surprise : la version dactylographiée d'un long poème de Gaston Miron, que le poète lui a donné à lire au terme d'une de leurs promenades, rue Sainte-Catherine. Un long poème sur le thème de l'amour ? On connaît trop l'homme, ses tourments amoureux, sa réticence à publier, pour ne pas sentir qu'il y a là un événement. À la lecture, Lapointe et ses collègues sont encore plus enthousiastes : le poème est magnifique, et même si ce n'est pas dans la politique du journal de publier des poèmes, il est évident qu'il faut dans ce cas-ci faire une exception.

L'accord de Miron étant obtenu, les lecteurs de l'édition du samedi 14 avril 1962 du *Nouveau Journal* trouvent ainsi dans le cahier « Livres », sur toute une colonne de gauche, le poème qui a pour titre *La Marche à l'amour* et est dédicacé à une certaine « Rosemarie » [*sic*]. Le poète si réticent à publier a donc consenti : est-ce une ultime tentative, plutôt désespérée, pour retrouver les grâces de sa « fiancée » ? C'est évidemment peine perdue, mais, à l'inverse, c'est une victoire pour le poète Miron. D'une manière inattendue mais somme toute logique de la part d'un lecteur passionné des journaux, son poème se trouve ainsi incorporé dans l'actualité quotidienne !

Dès le lendemain de la parution, le romancier Jean Simard lui envoie un mot à l'adresse de Fomac : voilà, écrit-il, « un maudit-beau-poème-d'amour » ; il n'a tout simplement pas d'autre mot tant il se dit ravi[12]. Le ravissement est général : jamais la « légende Miron » n'a démontré avec autant de force qu'elle repose sur la réalité d'un vrai poète. Pour tous ses amis et pour les lecteurs de poésie, *La Marche* apparaît d'emblée comme une pièce d'une ampleur inégalée dans la poésie canadienne-française, et cela, dès l'ouverture :

> Tu as les yeux pers des champs de rosée
> tu as des yeux d'aventure et d'années-lumière
> la douceur du fond des brises au mois de mai
> pour les accompagnements de ma vie en friche
> avec cette chaleur d'oiseau à ton corps craintif
> moi qui suis charpente et beaucoup de fardoches
> moi je fonce à vive allure et entêté d'avenir
> la tête en bas comme un bison dans son destin
> la blancheur des nénuphars s'élève jusqu'à ton cou
> pour la conjuration de mes manitous maléfiques
> moi qui ai des yeux où ciel et mer s'influencent
> pour la réverbération de ta mort lointaine
> avec cette tache errante de chevreuil que tu as[13]

La tendresse, la dimension cosmique, l'aptitude à s'approprier le paysage d'ici jusque dans ce beau québécisme, « fardoches », la lutte animale pour la vie : il a fallu bien des misères pour en arriver à cette voix unique qui réinvente les amours d'un grand solitaire.

Pour Miron lui-même, le poème représente un jalon capital. Jusque-là, il a certes publié des poèmes de valeur, mais à droite et à gauche, en pièces détachées. En ce qui a trait à *La Marche à l'amour*, il aurait été bien difficile, impossible même, d'en imaginer la structure à partir des rares fragments que leur auteur a pu en révéler, tel passage envoyé dès 1954 à Claude Haeffely (« tu es l'aube dans mes bras[14] »), telle strophe parue plus tard dans *Le Périscope* (« la marche d'amour s'ébruite comme un voilier[15] »). Depuis *Paroles du très-souvenir* et *La Légende d'Isabelle*, à temps perdu, le travail s'est poursuivi en secret, même quand le poète disait ne pas ou ne plus écrire. Mais c'est peut-être qu'il a toujours réservé le mot *écrire* à l'irruption initiale, au jaillissement inspiré, la suite n'étant qu'une longue et aride patience, le travail d'un artisan qui n'en finit pas de couper et de recoller, de jeter au rebut pour reconstruire autrement. Sinon, comment pourrait-il soupirer, dans une note de cette même année 1962 : « Trois ans sans écrire un poème[16] » ? Il semble bien que pour lui, qui aime tant vivre et écrire « à bout portant », tout ce labeur sur le matériau brut et ce temps long de la mise en forme ne relèvent plus tout à fait de l'écriture.

Chose certaine, la parution de *La Marche à l'amour* n'a rien d'un adieu à la poésie. Mais la reconnaissance qui en découle rend un peu plus flagrante l'absence du moindre poème de Gaston Miron dans l'anthologie que fait paraître Alain Bosquet cet automne-là à Paris[17]. Invité par Radio-Canada à commenter l'ouvrage, Miron ne souffle naturellement pas mot du refus qu'il a opposé à l'anthologiste français : c'est plutôt le connaisseur qui parle, qui juge heureuse la présence de Sylvain Garneau et surtout de Claude Gauvreau, qui regrette qu'Anne Hébert et Roland Giguère ne soient pas représentés par leurs meilleurs poèmes mais qui, par-dessus tout, considère qu'une telle anthologie donne tout son sens « au projet des poètes de l'Hexagone, d'Erta et d'Orphée dans les années 1950, qui voulaient hausser la poésie d'ici à sa dimension internationale » : de ce point de vue, l'anthologie de Bosquet constitue une véritable « consécration […], la reconnaissance de l'identité nationale de la poésie canadienne-française[18] ».

Les temps sont à l'accomplissement et à l'espoir. Cela se sent dans l'ouvrage critique majeur que publie cette année-là Gilles Marcotte, *Une littérature qui se fait*, consacré très largement à la poésie du Québec malgré deux chapitres initiaux sur le roman. D'Octave Crémazie à Roland Giguère, en passant par Saint-Denys Garneau et plusieurs autres, c'est toute une histoire psychique et spirituelle qui émerge, l'aventure d'une « âme canadienne-française » qui s'est depuis toujours sentie « en danger[19] », exilée d'elle-même, menacée d'étouffement. Mais voici qu'avec les œuvres d'Alain Grandbois, d'Anne Hébert dans *Le tombeau des rois* et de Roland Giguère, il apparaît désormais possible de surmonter l'aliénation, de traverser la douleur et le mal de l'âme pour accéder à une certaine maturité et embrasser pleinement la réalité. La conclusion l'illustre bien : « *Adorable Femme des neiges* [publié par Roland Giguère en 1959 chez Erta] contient les premiers poèmes d'"amour fou", d'amour heureux, de la littérature canadienne-française[20]. » Combien de lecteurs, de critiques, de sociologues ont pu se désoler de la pauvreté de la littérature amoureuse au Québec, notamment dans le roman ! Il était difficile de ne pas y voir une sorte de tare collective, de ne pas considérer que « l'échec amoureux », comme allait le répéter Michel van Schendel en 1964, découlait d'une aliénation plus générale, de l'impuissance de toute une société à se posséder elle-même[21]. Or, les nouveaux poètes, de Giguère à Paul-Marie Lapointe et à Gaston Miron, expliquera Van Schendel, tournent enfin le dos à cet héritage morbide et se montrent capables d'écrire l'amour dans toutes ses dimensions humaines. « Le monde entier sera changé en toi et moi[22] », écrit pour sa part Miron en 1962 : si titubante soit-elle, si ponctuée de rechutes dans le désespoir, sa longue marche semble aussi annoncer, dans son registre singulier, des temps meilleurs.

*   *   *

Le poète de *La Marche à l'amour* est sur le point de lancer une seconde salve poétique, encore plus retentissante. Le contexte est propice : au printemps 1963, dans une atmosphère politique exacerbée par la montée du mouvement indépendantiste et les premières bombes posées par le Front de libération du Québec, c'est « le pays » qui se trouve à l'avant-scène de la poésie, notamment grâce au succès de l'*Ode au Saint-Laurent* de Gatien Lapointe. Peu après le retour de Miron à Montréal en 1961, Lapointe lui a écrit de Paris en lui annonçant qu'il avait terminé l'écriture d'un long poème de quatre cents vers, son premier vrai poème et « le premier de ce paysage[23] », et il s'enquérait de son intérêt à le publier. Étrangement, cette lettre semble être demeurée sans suite et, finalement, ce n'est pas à l'Hexagone mais aux Éditions du Jour de Jacques Hébert que paraît l'*Ode au Saint-Laurent* : « Ma langue est d'Amérique / Je suis né de ce paysage / J'ai pris souffle dans le limon du fleuve[24] ». Le livre, qui lance la nouvelle collection « Les Poètes du jour », est accueilli triomphalement par la critique et se vendra à 6 000 exemplaires en quelques mois, pendant que Miron lance à l'Hexagone, toujours déficitaire, les *Poèmes* d'Alain Grandbois.

Sur un autre front, le libraire Jean Bode vient aussi de lancer une nouvelle collection, « Poésie canadienne », dont le tout premier titre, *Le Pays*, est signé par cinq auteurs, dont Paul Chamberland, Michel Garneau et André Major[25]. La Librairie Déom compte donc désormais parmi les acteurs non négligeables de cet essor poétique qui trouve son pendant du côté de la chanson. Les Gilles Vigneault, Pauline Julien, Claude Léveillée et autres multiplient à cette époque les récitals : le pays des neiges de Nelligan, moins inerte, muet et impuissant qu'on ne le croyait, se découvre également comme une terre humaine, pays de mémoire vive, d'énergie créatrice et de géants à la Jos Montferrand. Même le redoutable hiver québécois, dans cet élan d'enthousiasme collectif, change de visage et peut devenir un « pays » habitable.

À la revue *Liberté*, on déplorait depuis longtemps que le Miron « à la grande gueule » persiste à ne pas rassembler ses poèmes livrés avec parcimonie depuis *Deux Sangs* dans les journaux et des revues parfois obscures, sans compter ceux qu'il se contentait de lire à haute voix en les disant imparfaits ou inachevés. Les poèmes donnés à la revue en 1961 ont toutefois mis l'eau à la bouche de nombreux lecteurs, et Yves Préfontaine a pu écrire, peu après leur parution, que si la moisson d'œuvres « témoignant d'un enracinement dans notre réalité » demeure bien maigre dans la littérature canadienne-française, les poèmes de Paul-Marie Lapointe et de Miron ruissellent, eux, de « la sève du pays[26] ». Le coup d'éclat de *La Marche à l'amour* n'a pu qu'attiser les attentes. Au printemps 1963, Jean-Guy Pilon, revenu à la barre de la revue après l'intérim assuré par Jacques Godbout et le passage bref mais tumultueux d'Hubert Aquin comme directeur, décide que le temps des atermoiements a assez duré. Si c'est sans doute trop demander à Miron que de publier un recueil comme le font tous ses compagnons poètes, il est possible à tout le moins de réunir une bonne douzaine de ses pièces qui formeront un ensemble substantiel. Le directeur de *Liberté* ne manque pas de détermination et il a aussi en sa faveur l'argument d'une amitié de dix ans. Mais plus que tout, c'est le contexte politique et historique qui convainc Miron de céder sa petite liasse de feuillets, même s'il juge « misérables » les poèmes qui y sont réunis et qui ne sont à ses yeux que de « pauvres témoins d'une situation qui est plus qu'individuelle[27] ».

Ainsi paraît dans le numéro de mai-juin 1963 *La Vie agonique*, un titre qui paraît bien sombre et qui n'annonce pas, à en juger par l'épigraphe empruntée à Aragon — « En étrange pays dans mon pays lui-même[28] » — une ode, une célébration ou quelque autre éloge, ce que confirme le premier poème, *Tristesse, ô ma pitié, mon pays*, nouvelle version de *Des pays et des vents[29]* paru en 1955. En fait, à peu de chose près et dans un ordre différent, c'est déjà pour l'essentiel

La Vie agonique telle qu'on pourra la lire dans *L'Homme rapaillé*, y compris deux poèmes présentés comme des « extraits de *La Batèche* » : *Le Damned Canuck* et *Compagnon des Amériques*[30]. Le pays de Miron est certes douloureux, ravagé, lointain, et l'homme qui en éprouve la distance peut préfigurer dramatiquement : « je vais mourir vivant dans notre empois de mort[31] ». Pourtant, il en appelle en même temps aux vents rassembleurs et sa « tête de caboche » demeure obsédée par l'idée de « liberté[32] ». Un avenir, un « rapatriement », une rédemption se profilent : « un jour j'aurai dit oui à ma naissance[33] », et l'épilogue de la suite, *L'Octobre*, se hausse à la prophétie grandiose : « nous te ferons, Terre de Québec / lit des résurrections / et des mille fulgurances de nos métamorphoses[34] ».

Selon son habitude, Miron fait suivre chaque poème de sa date ou de sa période de composition, allant de 1954 à 1959 (jusqu'en 1963 dans un seul cas). Cela lui permet de signaler à ses lecteurs qu'il ne s'agit pas de poèmes récents et que leur écriture s'étend sur presque une décennie. Par cette inscription très visible des années 1950, *La Vie agonique* paraît ainsi faire le pont entre l'époque duplessiste et la Révolution tranquille en plein essor, entre ce qu'on commence déjà à appeler « la Grande Noirceur » et le printemps du renouveau. En outre, la scansion des dates donne à l'ensemble une portée autobiographique : moments d'une vie, écriture d'un homme dans le temps et dans l'histoire. « On ne peut rien comprendre de moi si on ne date pas mes écrits », avait averti Aragon. Le temps : voilà l'un des rares désaccords de Miron avec Pavese, qui a écrit que « la valeur esthétique, l'essence morale, la lumière de la vérité […] sont des absolus ». Laconiquement, le poète de *La Vie agonique* commente en marge de son exemplaire du *Métier de vivre* : « Je crois qu'elles sont *aussi* du temps[35]. » Contre un absolutisme et un fatalisme qu'il réprouve, il pense que nous nous créons dans l'histoire et au sein de situations concrètes. Son œuvre elle-même a eu besoin de la longue durée, et la gestation n'est pas terminée. Il en est ainsi lorsqu'une culture et un peuple tentent d'accéder à la maturité. Étonnante patience, chez un homme si impulsif, si apte à s'absorber dans le moment présent, au risque d'oublier tout ce qui l'entoure.

La Marche à l'amour a été admirée, *La Vie agonique* lui procure la consécration. À lire les recensions dans les journaux, on croirait que Miron vient de publier un recueil entier, tant s'impose avec force cette douzaine de pages d'un numéro de revue. André Major signe dans *Le Petit Journal* un compte rendu dithyrambique :

> Enfin, après de cruels débats intérieurs, vainquant sa mauvaise foi, Miron a accepté de publier cette fameuse suite : « La vie agonique ». C'est de la poésie, et de la grande, de la poésie brûlante, une dynamite de mots qui disent la misère de ce pays et des hommes qui en souffrent [...] Cette poésie, parce qu'elle nous fouille et nous révèle à nous-mêmes, fait de son auteur *notre poète national*[36].

La formule fait date : depuis la publication à Paris de sa *Légende d'un peuple* en 1887, seul Louis Fréchette a eu droit à ce titre, suggérant une vision héroïque, très peu moderne, de l'Histoire et une conception apparemment surannée de la poésie. « Poète national » : porte-voix de toute une collectivité, de sa mémoire et de son désir de durer. Un poète de trente-cinq ans qui n'a, pour ainsi dire, pas encore publié de livre peut-il donc, en pleine Révolution tranquille, prétendre à ce vieux rôle de barde ou de chantre de tout un peuple ? Une telle auréole semble une responsabilité bien lourde à porter.

Sur la photo accompagnant la recension de Gilles Marcotte, qui a entre-temps quitté *Le Devoir* pour *La Presse*, le poète en complet-cravate, la tête baissée, semble méditatif : « Gaston Miron dans un de ses rares moments de tranquillité », commente avec un sourire la légende... Dix ans après *Deux Sangs* et la Fête des poètes, Marcotte demeure visiblement dérangé par l'agitation et la voix forte du directeur de l'Hexagone, mais tout autant par « l'inspiration patriotique — d'autres diront : nationaliste — qui est l'une des constantes de la poésie de Gaston Miron ». Le critique n'en reproduit pas moins en entier *L'Octobre* après avoir reconnu que « pour de nombreux lecteurs », la publication de *La Vie agonique* est « un événement d'importance[37] ».

Pour Jean Hamelin, la suite parue dans *Liberté* confirme le statut de Miron comme chef de file de la poésie d'un pays qui est, à n'en pas douter, « le Québec, pas le pays *a mari usque ad mare* ». Le chroniqueur littéraire du *Devoir* juge que « cette poésie puissante et lucide », soutenue par « un verbe étincelant et rageur », signifie la fin de la sujétion et de l'humiliation : « Rarement, en outre, une poésie a-t-elle été aussi intimement liée à la langue que nous parlons et à la façon très particulière dont nous la parlons[38]. » C'était là une des lignes de force du projet poétique que le poète-éditeur formulait en 1957 dans « Situation de notre poésie » :

> C'est entendu, nous parlons et écrivons en français et notre poésie sera toujours de la poésie française. D'accord. Mais notre tellurisme n'est pas français et, partant, notre sensibilité, pierre de touche de la poésie ; si nous voulons apporter quelque chose au monde français et hisser notre poésie au rang des grandes poésies nationales, nous devons nous trouver davantage, accuser notre différenciation et notre pouvoir d'identification[39].

Avec *La Vie agonique*, la preuve est faite dorénavant que cette visée n'était pas pure théorie.

Des échos très positifs, d'ailleurs, parviennent à Miron au cours de l'été depuis la France, où *Liberté* compte des lecteurs et des abonnés. Michel Bernard, rencontré en 1960 et dont on reverra bientôt le nom dans la revue *Parti pris*, salue la beauté de *La Vie agonique*, où il perçoit « une flambée de forêt, un chant profond de fleuve, la plus belle coulée de poésie canadienne de ces dix dernières années[40] ». Même enthousiasme chez Roger Piault qui, à titre de secrétaire général des Éditions Seghers, a établi le premier contact avec l'Hexagone en vue de l'anthologie d'Alain Bosquet : « J'aime beaucoup vos poèmes et je devrais citer de très nombreux vers que j'admire. J'ai lu peu de poèmes cette année qui me touchent autant que les vôtres[41] », écrit-il à Miron à la fin août. En septembre, c'est au tour de Jacques Berque, professeur au Collège de France et éminent spécialiste de l'islam et du monde arabe, de dire son admiration à la lecture du numéro récent de *Liberté*, qu'il s'est empressé de transmettre au directeur de la revue *L'Observateur*[42].

*   *   *

Le nom de Berque, qui est venu au Québec à l'automne 1962 et dont l'essai important sur la condition coloniale, *Dépossession du monde*, paraîtra au Seuil en 1964 et trouvera des oreilles très réceptives parmi les intellectuels québécois de l'époque, permet à la fois de confirmer le statut de grand poète politique acquis par Miron avec *La Vie agonique* et de préciser le nouvel horizon idéologique qui s'est dessiné au Québec depuis le tournant de la décennie. Déjà, durant l'absence de Miron à Paris, les événements se sont précipités. Au cours de l'été 1960, Raoul Roy donnait à sa *Revue socialiste* récemment créée un front militant en fondant l'Action socialiste pour l'indépendance : pour la première fois, le nationalisme québécois moderne parlait le discours de la gauche radicale, à l'opposé de l'Alliance laurentienne d'un Raymond Barbeau. Peu après, dans un hôtel de Morin Heights, une trentaine de personnes réunies autour de Marcel Chaput et André D'Allemagne formaient le Rassemblement pour l'indépendance nationale ; le poète Yves Préfontaine, un des piliers de la revue *Liberté*, était du nombre. Sans doute ne s'agissait-il encore que de groupuscules, mais le succès du livre de Chaput, *Pourquoi je suis séparatiste*, paru aux Éditions du Jour en 1961, est venu confirmer le fait que bien des oreilles se montrent désormais sympathiques, ou à tout le moins curieuses, à l'égard de l'idée d'un Québec indépendant. L'argumentation de Chaput frappe par sa clarté : seule une rupture avec le cadre fédéral pourrait mettre un terme à l'infériorité économique, culturelle et linguistique des Canadiens français, voués à un statut de minoritaires, au mieux tolérés, mais le plus souvent méprisés par le Canada anglais.

Pour un grand nombre de syndicalistes et d'intellectuels de gauche québécois, cette conviction n'est pas acquise, mais, au milieu de l'été 1961, le congrès de fondation du Nouveau Parti démocratique à Ottawa, succédant au vieux parti CCF où a brièvement milité Miron, apparaît comme un révélateur. Aux yeux de Pierre Vadeboncœur et de plusieurs autres, il devient alors évident que les sociaux-démocrates souvent brillants du Canada anglais connaissent et comprennent très mal le Québec et son évolution récente — un constat déjà émis dans *La Revue socialiste* par Jacques Ferron, qui y annonçait en grande pompe son « Adieu au PSD » (l'aile québécoise du CCF)[43]. En 1961-1962, la dissidence québécoise au sein du NPD a pris de l'ampleur : aux côtés de Vadeboncœur, d'autres militants comme Michel Chartrand et Thérèse Casgrain, sous l'égide des grands syndicats québécois (la Confédération des syndicats nationaux ou CSN et la Fédération des travailleurs du Québec ou FTQ), ruminent le projet d'un NPD québécois, entièrement autonome par rapport au parti fédéral, qui naîtra finalement sous le nom de Parti socialiste du Québec (PSQ) en juin 1963, un parti voué toutefois à la marginalité et à une disparition assez rapide.

Tandis qu'à *Cité Libre* une ligne de résistance acharnée se dessine contre la montée de ce néonationalisme québécois, ailleurs le ton monte et, pour plusieurs, la question est déjà tranchée. « *Cité Libre* est une revue masochiste bourgeoise[44] », clame Raoul Roy. Quant au jeune André Major qu'il accueille dans les pages de sa revue, il affirme que le rêve pancanadien a été « une forme de messianisme mystique » et conclut son article par un cri du cœur : « Vive l'indépendance du Québec[45] ! » Le mot d'ordre est d'autant plus d'actualité que les indépendances se multiplient sur le front international, particulièrement en Afrique. Peu avant la rencontre de Miron et de Berque, invité par le Département d'anthropologie de l'Université de Montréal, les Algériens ont entériné, le 1er juillet 1962, les accords d'Évian déjà massivement approuvés par les Français et qui accordaient son autodétermination à l'Algérie.

Au Québec, les réalisations déjà impressionnantes du gouvernement de Jean Lesage tendent à donner à la « province » la stature d'un État et elles ont amené au premier plan la question nationale. L'automne 1962 est le théâtre d'une nouvelle campagne électorale sur le thème de la nationalisation des compagnies privées d'électricité, pilotée victorieusement par le ministre René Lévesque — et cela, au moment même où le grand patron d'une société d'État fédérale, Donald Gordon, déclare que s'il n'y a aucun vice-président de langue française parmi les dix-sept qui gèrent le Canadien national, c'est probablement parce qu'aucun Canadien français n'a la compétence voulue ! Le feu est aux poudres et des manifestants descendent dans la rue pour dénoncer des propos perçus comme typiques d'un mépris profond à l'endroit des Canadiens français, un mépris partagé par de nombreux Anglo-Québécois, que René Lévesque qualifiera de « Rhodésiens », une allusion aux colons blancs de la Rhodésie, qui ne s'appelait pas encore le Zimbabwe.

On comprend mieux, dans ce contexte, que les thèmes de l'humiliation et de la prise en charge du pays, la « terre de Québec », développés par Miron dans *La Vie agonique*, paraissent à tant de lecteurs d'une bouleversante pertinence. La poésie, pour une fois, dit avec une force exemplaire l'histoire en train de changer de cap, à partir d'une situation devenue intolérable. Il serait certes exagéré de prétendre que ses échanges avec Jacques Berque au cours de l'automne ont directement incité Miron à laisser enfin paraître, quelques mois plus tard, sa grande suite de poèmes politiques, mais la légitimité de sa démarche et de sa vision du monde n'a pu qu'être confortée par l'assentiment du professeur français. Les notes personnelles que Miron continue d'accumuler depuis les années 1950 en témoignent. Outre que leur teneur politique s'accentue considérablement au tournant de

1962-1963 (malgré les retours périodiques d'une détresse amoureuse apparemment inguérissable), aucune personnalité n'y est mentionnée avec autant d'insistance que Berque. Quand celui-ci, dès l'ouverture de *Dépossession du monde*, affirme que son séjour au Canada français lui aura « beaucoup révélé[46] », on peut penser que cette révélation a commencé dès la rencontre évoquée par Miron dans ses notes en date du 30 septembre 1962 : « Soirée avec M. Jacques Berque — très enrichissante. Il est optimiste sur notre sort » — une mention immédiatement suivie par cette réflexion : « Il est inconcevable, pour un Français européen, que le fait de parler français soit le signe d'une infériorité ! D'où que J. B. trouve notre situation "hallucinante", par plus d'un côté[47] ! » Deux semaines plus tard, une soirée a lieu chez Yves Préfontaine, en compagnie d'Hubert Aquin et de quelques camarades poètes : Lapointe, Ouellette, Pilon. C'est à partir du cas algérien et de contextes tiers-mondistes que Berque pensait jusque-là la décolonisation : mais voici que des intellectuels d'un pays développé, en pleine Amérique du Nord, paraissent vivre la même situation ! La complicité et la sympathie sont immédiates.

Parmi ces hommes brillants, Miron surtout émeut et impressionne Berque. Il doit bientôt repartir enseigner à Paris, mais l'hiver suivant, lorsqu'il fait escale à Montréal en route vers Los Angeles où on l'a invité, il s'empresse de téléphoner à son ami québécois et les deux hommes passent deux heures à discuter dans un café :

> Conversation, note Miron, qui me remplit d'admiration et du sentiment de me trouver en face d'un grand quelqu'un. Sa sympathie à la cause de notre « libération » est largement et sincèrement acquise. Je m'étonne — comme le pauvre que je suis toujours en vérité — que J. Berque ait bien voulu me consacrer cette seule soirée passée à Montréal[48].

En fait, malgré cette modestie qui l'honore, la relation est moins inégale que Miron ne le croit[49]. Berque a beau être un grand érudit, traducteur du Coran, titulaire d'une chaire universitaire prestigieuse, la sensibilité et l'empathie s'allient chez lui à la science : il reconnaît en Miron la vérité d'une expérience et la droiture d'un regard — une parole surtout, à la jonction de l'analyse et du lyrisme, de la lucidité et de la passion. Dans *Dépossession du monde*, Berque décrit le colonisé comme un « homme agonistique » et il cite des vers qu'il a lus dans *La Vie agonique* : « moi je gis, muré dans la boîte crânienne / dépoétisé dans ma langue et mon appartenance / déphasé et décentré dans ma coïncidence[50] ». Réciproquement, l'essai que Miron donne à *Parti pris* en janvier 1965, « Un long chemin », fait référence à *Dépossession du monde*, et les « Notes sur le non-poème et le poème », six mois plus tard, s'ouvrent sur un « oui à Jacques Berque[51] ». L'entente pourrait difficilement être plus grande sur le fond : s'il y a un homme du temps et de l'histoire, c'est bien l'auteur de *Dépossession du monde*. De son point de vue, la décolonisation annonce une « mutation anthropo-logique » qui signifie l'abandon, chez les peuples colonisés, d'une vision tragique et fataliste de l'histoire au profit d'une conception proprement active, partagée par tous les contemporains éclairés : « Soumettre notre vie à une certaine visée, selon laquelle le temps mènerait quelque part, la durée voudrait dire quelque chose. Tout dès lors se définit en fonction de cette marche [...][52]. » Comment s'étonner, en constatant une telle convergence dans les idées et le voca-bulaire, que Miron et Berque se soient sentis d'emblée sur la même longueur d'onde et aient pu fraterniser ? L'apparition de la revue *Parti pris*, au cours de l'automne 1963, va leur offrir un autre lieu de convergence.

*   *   *

Si les noms de Miron et de Berque apparaissent au sommaire de *Parti pris* dès les numéros de novembre et de décembre 1963, ce n'est pas avant l'été 1965 que Miron entrera au comité de rédaction de la revue, ce qu'il n'a jamais fait à *Liberté*, bien que celle-ci soit née de l'Hexagone et que les Pilon, Ouellette, Godbout, Préfontaine et autres aient été ses compagnons de longue date. Ce n'est pas qu'il remette en cause cette amitié avec les hommes de sa génération, mais Miron a plus que jamais soif de renouveau et d'avenir. Un échange qu'il a à l'époque avec son vieux compagnon de l'Ordre de Bon Temps et des débuts de l'Hexagone, Olivier Marchand, qui poursuit sa carrière de journaliste à la Presse canadienne, est révélateur. À la suite de leur conversation, Miron note :

Olivier me dit que les jeunes vivent présentement comme nous avons rêvé de vivre quand nous avions vingt ans. Je souscris. Il me dit qu'il vit sa jeunesse, qu'il découvre ce que normalement on aurait dû découvrir à vingt ans. Je souscris. Comment en sommes-nous arrivés à passer à côté de notre jeunesse[53] ?

Or, s'il est un moment où la jeunesse paraît enfin apte à changer le monde (et naturellement le Québec), c'est bien en ces années de la Révolution tranquille. Les hommes de *Liberté* appartiennent à sa propre génération tandis que ceux de *Parti pris* ont à peu près l'âge que lui-même et Marchand avaient en 1950 (c'était presque un autre siècle !). L'écart, de douze à quinze ans seulement, est énorme compte tenu de l'accélération de l'histoire en cette nouvelle décennie. « l'avenir dégagé / l'avenir engagé[54] » du poème *L'Octobre*, ces jeunes hommes paraissent en porter le flambeau, et inversement, c'est en des aînés comme lui qu'ils trouvent la source de leur engagement. Pour André Major, Paul Chamberland et André Brochu, un jeune poète devenu leur ami, Miron figure en effet comme un maître à penser, aux côtés de Jacques Ferron et de Pierre Vadeboncœur ; la publication de *La Marche à l'amour* et de *La Vie agonique* lui a assuré un prestige immense et définitif à leurs yeux comme poète de l'amour et du politique. De son côté, Miron aime et estime ces jeunes hommes, il a de fréquents échanges avec Major, il voit de temps à autre Chamberland et il connaît Brochu depuis que celui-ci a publié son premier recueil, *Privilèges de l'ombre*, à l'Hexagone en 1961, ce qui leur a permis de travailler ensemble à la préparation du livre. Avec Pierre Maheu et Jean-Marc Piotte, qui formeront le quintette fondateur de *Parti pris*, ces jeunes poètes et intellectuels brillants, iconoclastes, ont en horreur le *statu quo*. En leur présence et avec le recul, Miron mesure la limite des actions sociales jadis menées à l'OBT et qui ont fait l'erreur, pense-t-il désormais, de s'institutionnaliser à l'écart du politique, renonçant ainsi à changer le système en place. Or, dès le premier numéro de la revue, en octobre 1963, c'est bien un « système » global que les partipristes dénoncent et veulent contribuer à abattre, une structure religieuse, sociale et politique ayant réduit selon eux les Canadiens français à l'aliénation et à l'impuissance.

Ironiquement, malgré son caractère plus « réformiste » (un terme cher à Jacques Godbout) que révolutionnaire, c'est la revue *Liberté* qui sert de rampe de lancement à la création de *Parti pris*. Le nom même de la revue de Pierre Maheu reprend tel quel le titre d'un article d'Yves Préfontaine, paru dans *Liberté* en mai 1962 aux côtés de l'essai marquant d'Hubert Aquin, « La fatigue culturelle du Canada français[55] ». Presque un an plus tard, tandis que Miron et Jean-Guy Pilon en sont à préparer la publication de *La Vie agonique*, *Liberté* ouvre ses portes aux poèmes et aux essais de ces jeunes gens qui n'ont pas l'humeur à l'amour universel que proposait Aquin, éclairé par Teilhard de Chardin, à la fin de son essai, mais qui s'avancent plutôt « les armes à la main », selon les termes employés par André Major[56], une formule qui va lui coûter cher et lui fermer la porte de bien des emplois. Son compagnon Paul Chamberland n'est pas en reste, qui annonce lyriquement la « naissance du rebelle » et se réclame de Maïakovski dans une *Ode au guerrier de la joie* dédiée « à Jacques Ferron, à Gaston Miron, à tous les camarades[57] ». Autre rebelle en puissance : l'enfant *Adéodat* d'André Brochu dont la toute première phrase prononcée annonce une existence plutôt inconvenante : « Caca, câlice ! Caca, câlice[58] ! » On ne s'étonne pas que dans sa note de présentation de ce numéro ayant pour titre « Jeune littérature, jeune révolution », André Belleau tienne à préciser que « l'équipe de *Liberté* ne voit pas les choses de la même manière[59] » que ces jeunes, à qui elle veut pourtant donner l'occasion de s'exprimer avant qu'ils ne concrétisent leur projet de fonder une revue.

La parution de ce numéro de *Liberté* en mars-avril 1963 connaît toutefois une péripétie inattendue : la mort d'un homme ordinaire, qui interpelle tout le jeune mouvement indépendantiste, à commencer par Miron lui-même. Sans doute certains événements apparemment anodins, de valeur surtout symbolique, ont-ils présagé une quelconque agitation au cours de l'année précédente. Un commando étudiant clandestin, aussi obscur qu'éphémère, a volé le mouton qui devait accompagner, selon la tradition, le petit saint Jean-Baptiste blond et frisotté au défilé du 24 juin 1962 — et la fête du Canada aura incité un graffiteur à inscrire les mots « Je suis séparatiste » au square Dominion, sur le monument de John A. Macdonald, l'un des pères de la Confédération. Le RIN et ses sympathisants ont manifesté bruyamment en novembre contre Donald Gordon, PDG du Canadien national et contempteur des Canadiens français, et l'on a brûlé l'homme en effigie devant l'hôtel Reine-Élizabeth.

À la fin de l'hiver 1963, de nouvelles actions inquiètent : la semaine de la rencontre de Berque et de Miron dans un café du centre-ville, la police découvre une bombe à l'arrière d'une station de radio anglophone. Il est clair que devant les lenteurs du politique, quelques-uns sont en train de passer en mode plus actif. En mars, alors que le mouvement du RIN vient de se donner le statut d'un parti en bonne et due forme, le monument de Wolfe, vainqueur des plaines d'Abraham, est vandalisé à Québec, on lance des cocktails Molotov contre des manèges militaires à Montréal et un manifeste commence à circuler, signé par un certain Front de libération du Québec, sous le titre « Révolution par le peuple, pour le peuple ».

L'irréparable se produit au moment même où le numéro de *Liberté* ouvrant ses pages aux futurs fondateurs de *Parti pris* est sous presse. Dans la nuit du 20 au 21 avril, une bombe placée dans un centre de recrutement de l'armée canadienne, rue Sherbrooke, en face de l'Université McGill, tue le gardien de nuit William O'Neill. Ceux qui ne prenaient pas le FLQ au sérieux doivent admettre l'évidence : la violence vient de faire son entrée tragique sur la scène de la Révolution tranquille.

À *Liberté*, c'est la panique : l'« appel aux armes » de Major et les poèmes insurrectionnels de Chamberland n'ont plus du tout la même portée : le numéro sous presse sera forcément lu comme une caution littéraire accordée aux actions terroristes ayant causé la mort d'un innocent. À toute vitesse et sous le choc, Fernand Ouellette rédige un texte qui sera inséré *in extremis* dans un encart en tête de la revue. « Un homme est mort… », telle est la première phrase de cette « Lettre aux mystiques de la violence » qui dénonce le terrorisme, « guerre sainte » inventée par le marxisme « au nom du prolétariat ». Ouellette plaide en faveur de la dignité de chaque vie humaine : « On ne peut pas être contre les armes nucléaires, contre la torture et la dégradation et mettre sa confiance dans une révolution par les armes et les bombes[60]. » En fait, les jeunes rebelles n'auront été que de passage à *Liberté* — et dans le premier numéro de *Parti pris*, leur réponse à Ouellette fusera, dans la rubrique « Vulgarités », sur le ton du sarcasme et de la dérision à l'endroit même de son œuvre poétique[61].

Comme aux premiers temps de la revue née des Éditions de l'Hexagone mais déchirée d'entrée de jeu par la grève des réalisateurs de Radio-Canada, Miron semble pris entre deux allégeances : d'un côté, l'équipe éditoriale de *Liberté* et Ouellette lui-même, qui a été dès les origines et demeurera pour de bon l'une des figures majeures de l'Hexagone ; de l'autre, un groupe de poètes et d'intellectuels dont il aime la jeunesse fougueuse et avec lesquels il a des contacts et des échanges fréquents. S'il se garde de faire des reproches à Ouellette, les notes personnelles et presque quotidiennes que Miron écrit à cette époque ne laissent toutefois aucun doute sur le camp qu'il choisit. Au lendemain de l'attentat meurtrier du FLQ, dénoncé même par les principaux chefs indépendantistes, y compris ceux du RIN,

André Laurendeau signe en première page du *Devoir* un encadré impitoyable envers les terroristes : « Ces embusqués prétendent agir au nom du nationalisme canadien-français : ils font de leur mieux pour le déshonorer. Et ils sont peut-être en train de creuser la tombe du séparatisme[62]. » Le jour même, Miron commente :

> Pauvre, pauvre peuple, ô mon peuple, dans quelles ténèbres de l'intelligence es-tu ? Quelle opacité de langage ? L'article de Laurendeau, c'est une honte ! Bien sûr que je déplore le terrorisme et n'accepterai qu'en dernière instance une action violente, mais de là à me désolidariser de la justice que je réclame pour mon peuple, et assister aux funérailles de la victime ! C'est une honte[63].

À quoi il ajoute, dès le lendemain, un autre commentaire :

> Rencontré des amis qui réagissent « lamentablement » aux événements de la fin de semaine, en ce sens que leur condamnation du terrorisme s'étend à celle d'idée d'indépendance, même de la nécessité du français ! Tout cela est pénible. Alors qu'ils le disent ouvertement, qu'ils soient logiques : c'est aussi un crime de perpétuer, par le *statu quo*, l'agonie culturelle et intellectuelle d'un peuple en le maintenant dans le dualisme linguistique, dans une situation de créolisation de sa langue. La notion de solidarité est singulièrement absente chez la majorité de l'intelligentsia[64].

Sans doute est-il loin d'Hubert Aquin qui lui raconte, dans une lettre restée longtemps inédite, avoir « frémi » d'excitation devant les « déflagrations du FLQ » : le terrorisme porterait en effet la puissance de vie et de lyrisme du « grand amour[65] » ! Miron, lui, parle plutôt de justice et de solidarité. Malgré qu'elle soit moins « mystique », n'est-ce pas justement cette logique qui se trouve dénoncée par Ouellette, fidèle en ce sens à la pensée humaniste de la revue *Esprit* et aux positions de Jean-Marie Domenach ? Tel est bien le reproche que celui-ci adressait l'année précédente à Frantz Fanon, l'auteur des *Damnés de la terre*, pour son apologie de la violence : « Il s'agit de savoir si l'on confère à la violence ce pouvoir régénérateur que vante Fanon, au point que toute décolonisation lui paraît méprisable, qui n'a pas été obtenue par une lutte sanglante et longue[66]. » Au moins autant qu'Albert Memmi et Jacques Berque, Fanon va fournir une inspiration fondamentale à la pensée révolutionnaire de *Parti pris*. Il est vrai que si *Les Damnés de la terre* figurait dans sa bibliothèque, Miron ne l'a jamais cité, pas même dans les centaines de feuillets qui constituent ses notes personnelles. Mais dans ce débat sur la violence politique, il ne se range clairement pas dans le camp des Ouellette, Domenach et Laurendeau.

* * *

Rue Drolet, printemps 1963. La rue étroite bordée de maisons basses débouche sur le carré Saint-Louis, autour duquel Miron et plusieurs artistes, intellectuels et journalistes établiront leurs quartiers au fil des ans. Elle longe aussi le manège militaire situé à l'angle de l'avenue des Pins, contre lequel on a lancé des cocktails Molotov et où l'on craint des attentats plus graves. Miron vient souvent faire son tour dans le secteur, depuis la rue Saint-André ou à la sortie de son travail chez Fomac, pour discuter avec les jeunes écrivains qui ont provoqué tout un émoi par leurs propositions fracassantes dans *Liberté*. Trois d'entre eux — André Brochu, André Major et Paul Chamberland — y partagent un appartement. Brochu et Major se connaissent depuis la publication de leurs premiers recueils en 1961, à l'Hexagone et chez Atys. Étudiant à l'Université de Montréal, Brochu y a fait la connaissance de Pierre Maheu, qui deviendra l'âme dirigeante de *Parti pris*. Sur le même campus, dans des cours de philosophie encore marqués par la tradition thomiste, Paul Chamberland s'est mis de son côté à fraterniser avec Jean-Marc Piotte, qui a été un chef scout de stricte obédience catholique dans le quartier Rosemont, où il devait composer avec une recrue plutôt insoumise : le jeune André Major. Dans l'appartement de la rue Drolet, Piotte remplace d'ailleurs bientôt Chamberland, parti vivre avec son amoureuse Thérèse, la sœur de Major, la future « femme-aurore » de *Terre Québec* et l'amoureuse quotidienne de *L'afficheur hurle*[67].

L'atmosphère, en ce printemps 1963, est à trancher au couteau. La mort du gardien de nuit O'Neill a mis la police sur le qui-vive et une auto-patrouille stationne presque en permanence dans la rue Drolet, à proximité du manège militaire. Ailleurs dans la ville, sur les hauteurs du Westmount ombragé et cossu d'Andrée Maillet et de Frank Scott, une vingtaine de bombes artisanales explosent dans des boîtes aux lettres, l'une d'elles entre les mains d'un sergent de l'armée canadienne qui s'apprêtait à la désamorcer et qui subit de graves blessures. Parmi le groupe de la rue Drolet, André Major surtout a des raisons de s'inquiéter de la vigie policière, convaincu qu'il est, comme ses colocataires, que la ligne téléphonique de leur appartement est sur écoute. C'est qu'il connaît très bien plusieurs membres du FLQ, parmi lesquels Raymond Villeneuve, particulièrement enflammé, et les frères Gabriel et Robert Hudon qui ont été ses « protecteurs » à l'école primaire. Major a eu en outre plusieurs contacts avec deux autres felquistes, François Mario Bachand et Jacques Giroux, qui ont cherché en vain à le recruter dans un mouvement qu'il juge assez amateur et enclin au romantisme révolutionnaire. Lui et ses amis de la rue Drolet croisent parfois Bachand ou Giroux qui vagabondent sous les grands arbres du carré Saint-Louis : « Ça va sauter à soir, les gars ! » leur annonce un Bachand excité, mais après le cafouillage qui a entraîné la mort du veilleur O'Neill et semé l'émoi dans la population, Giroux est venu confier au groupe : « Je crois qu'il est arrivé un malheur. »

Bien plus tard, dans une entrevue de 1981[68], Miron évoquera cette période agitée en disant qu'il recueillait de l'argent auprès de ses connaissances pour aider certains membres du FLQ : à quoi servait cet argent ? À acheter du matériel pour fabriquer les bombes ? Ou peut-être seulement à payer la défense de ces membres après leur arrestation survenue dès la mi-juin ? Chose sûre, les actions d'éclat du mouvement ont suscité d'emblée sa sympathie et elles sont au centre de nombreuses conversations avec Major et ses camarades. Le groupe se retrouve parfois en soirée au restaurant Geracimo, rue Sainte-Catherine, pour commenter *Le Devoir* dont le numéro du lendemain matin arrive toujours un peu avant minuit dans un kiosque à journaux voisin. Les articles et les éditoriaux d'André Laurendeau aiguillonnent vite la discussion : le directeur du *Devoir* croit toujours que les Québécois ont leur place au sein du Canada et il coprésidera bientôt la Commission royale d'enquête sur le bilinguisme et le biculturalisme créée au cours de l'été par le gouvernement libéral fraîchement élu de Lester B. Pearson, indice évident d'une crise au sein de la fédération. Il est difficile de nier que les Canadiens français sont en situation d'infériorité au Canada, mais les analyses divergent. Chez Miron et ses amis, l'exemple encore récent de l'Algérie demeure vif, et les ouvrages de Memmi et de Fanon, sans oublier les échanges que Miron a eus avec Jacques Berque, donnent une force théorique indéniable à cette analogie, tout en soulevant des questions : y a-t-il une commune mesure entre la situation québécoise et celle des pays du tiers-monde, africains surtout, qui se sont affranchis de la domination coloniale ? Le recours aux bombes est-il justifié ? Miron a beaucoup réfléchi à ce sujet : « Ce que nous avons de commun avec les peuples noirs, ce n'est pas une *situation* mais une *condition*, la condition d'humilié[69]. » La pédagogie et l'autorité de Miron doivent beaucoup à de telles formules saisissantes jouant de la subtilité sémantique. La « situation » est un contexte sociopolitique, la « condition » est plutôt la perception subjective de ce contexte et l'état psychique qui en découle. La distinction paraît majeure, éclairante, et c'est d'ailleurs ce dernier terme que le poète privilégie au même moment dans *La Vie agonique* : « ma condition d'humilié », « sommes-nous sans appel de notre condition[70] ».

Cela ne règle pas la question de la violence : il est clair que, sans en préconiser directement l'usage, Miron la comprend et l'estime utile, comme d'ailleurs la majorité de ses camarades écrivains. L'exemple de l'Algérie continue de hanter les esprits, mais à ceux qui, par « malhonnêteté intellectuelle », ont comparé les attentats récents du FLQ aux actions terroristes de l'Organisation armée secrète en faveur de l'Algérie française, il fait observer que s'il existait un équivalent de l'OAS au Québec, il s'agirait d'hypothétiques commandos anglophones pratiquant la politique du pire pour défendre leurs privilèges. Le vrai parallélisme, corrige-t-il, c'est : « FLQ = FLN[71] ». De son point de vue, les poseurs de bombes réagissent à une réalité qui est bel et bien coloniale, et le FLQ joue le rôle d'un éveilleur de consciences.

C'est précisément cet éveil que compte susciter *Parti pris* sur le plan intellectuel. Pierre Maheu, qui a lu avec enthousiasme le numéro de *Liberté* où Major lançait son « appel aux armes », prend les choses en main, convoque l'équipe et lui ouvre son appartement de la rue Bellechasse, qui devient vite le quartier général de la revue. Miron participe à des réunions en compagnie de Jacques Brault, les deux aînés encouragent le projet, tandis que dans la rue l'agitation est toujours prête à ressurgir, malgré l'arrestation dès la mi-juin de la plupart des responsables des premiers attentats, qui seront jugés et condamnés à la prison au cours de l'automne.

Dans l'intervalle, une belle occasion se présente pour Miron et ses amis de descendre dans la rue lorsque a lieu, le soir du 21 septembre, l'inauguration de la Place des Arts, qui vient combler à l'époque l'absence devenue gênante d'une grande salle de concert et de spectacle à Montréal. Au-delà du conflit entre deux syndicats, l'Actor's Equity et l'Union des artistes, qui se disputent alors le droit de représenter les employés, le concert d'ouverture, à teneur très bourgeoise et anglophone, devient une cible de choix pour la gauche indépendantiste. La Place des Arts ne symbolise-t-elle pas aux yeux des militants radicaux la « Place des autres[72] » ? À la même époque, à propos cette fois de la Place Ville-Marie « crucimorphe » nouvellement érigée, Hubert Aquin écrit dans *Liberté* que « notre ville n'est pas tout à fait à l'image de ceux qui l'habitent[73] ». Là encore, Miron aura résumé en une image cette dépossession dans *La Vie agonique*, avec sa « grande St. Catherine Street[74] ».

Ce soir-là, rue Sainte-Catherine justement, en face de la Place des Arts où arrivent les dignitaires en tenue de soirée, des policiers à cheval repoussent brutalement quelques centaines de manifestants, et cet affrontement fait les manchettes de tous les quotidiens du lendemain. Le premier numéro de *Parti pris* est alors sous presse, mais dans le deuxième, celui de novembre, André Major fait un retour sur la manifestation en signalant que « les orateurs, dont Gaston Miron (oui, le poète), haranguaient la foule du haut d'une fenêtre[75] ». À cette époque, avant la construction du complexe Desjardins, de petits commerces en rangée avec des logements à l'étage, d'apparence médiocre, font face à la Place des Arts : la voix de Miron peut porter fort dans de telles circonstances… L'occasion est belle, quoi qu'il en soit, de prendre le parti des « *Canucks* » et du « pauvre peuple » contre les notables et autres apôtres du *statu quo*. Le risque est toutefois de sombrer dans la condamnation en bloc de toute culture classique, associée selon la plus stricte analyse marxiste à la classe dominante — ce qui permettra au jeune Denys Arcand, futur cinéaste de renom, d'écrire naïvement dans *Parti pris* que la *Première Symphonie* d'« un certain Gustav Mahler » jouée au concert inaugural n'est, comme toutes les œuvres du même compositeur, qu'un « monument d'ennui[76] »… Il faut dire aussi qu'on imagine mal à l'époque que de grands artistes étroitement liés au mouvement indépendantiste, comme Gilles Vigneault et Pauline Julien, triompheront quelques années plus tard sur cette même scène de la Place des Arts…

* * *

Si Miron fournit, avec quelques autres écrivains et intellectuels de sa génération, une inspiration essentielle au groupe de *Parti pris*, la réciproque est vraie. Aucune instance n'a davantage contribué à mettre au premier plan le personnage du « militant » Miron, dans la mouvance des actions du « premier » FLQ. Et jamais durant cette période, qui culmine en 1965, le vocabulaire de Miron n'a autant emprunté à celui de l'analyse marxiste et à celui de Jean-Paul Sartre, qu'il n'a lu (comme de nombreux auteurs) qu'en survol, comme a pu le constater Jacques Brault en discutant avec lui des liens entre littérature et politique. Dans le premier numéro de la revue, dont le tirage s'épuise en quinze jours, Pierre Maheu retrace l'évolution chez les Québécois d'une conscience historique malheureuse qui ne pourra trouver son remède que dans un « projet révolutionnaire » Il ajoute : « Quant au groupe de *Parti pris*, il ne me déplairait pas de dire qu'il veut être un Front intellectuel de libération du Québec[77]. » Miron, à la même époque, parle de la nécessité de mettre en branle un « processus révolutionnaire[78] ».

Tout un vocabulaire se rattache à ce militantisme au service de la révolution : *camarades, combat, système, classe, bourgeois, objectivement,* sans oublier le mot *militant* lui-même, dont l'usage est rare chez Miron avant cette date et montre ses sources religieuses. C'est ainsi que dans une lettre à Rina Lasnier, en 1958, il observe que les poètes républicains espagnols et, maintenant, les rebelles de Fidel Castro à Cuba, ont été pour la plupart « des militants de l'Action catholique ». Longtemps, dans le sillage d'Emmanuel Mounier, Miron s'est lui-même défini comme un chrétien d'allégeance socialiste, sans d'ailleurs y voir de conflit. En 1964 encore, dans sa longue entrevue accordée au journaliste Michel Roy, il insiste sur le fait que, tout en ne fréquentant plus l'église, il est « resté fidèle à [s]es sources religieuses, même sur le plan dogmatique[79] ». Le passage de l'Église militante à la révolution partipriste, voire felquiste, aura souvent été moins une rupture qu'un certain réinvestissement. Gérald Godin s'en prend à l'époque aux poètes du pays qui écrivent, trop souvent à son goût, « une poésie de prédicateur[80] ». La vie religieuse, assurément, a pu laisser des traces. Pierre Maheu estime pour sa part que Pierre Vallières, l'ex-frère Flavien qui vient de séjourner en Provence chez les Petits Frères de Jésus, a un peu trop les manières d'un curé pour qu'on veuille l'intégrer à l'équipe de *Parti pris* ! Journaliste à *La Presse,* un moment codirecteur de *Cité Libre,* Vallières se prépare à fonder en 1964 sa propre revue, *Révolution québécoise,* et à y recruter un professeur de littérature, Charles Gagnon, comme secrétaire à la rédaction : on réentendra parler du duo Vallières-Gagnon, bientôt porte-étendard du mouvement révolutionnaire et d'un « deuxième » FLQ.

Quoi qu'il en soit, le militant Miron, qui saluera plus tard Vallières et Gagnon dans un poème paru dans *Parti pris*[81], n'est pas une figure simple. Pas plus qu'il ne peut occuper longtemps des emplois qui le soumettent à des horaires fixes, il n'est du genre à entrer dans une action organisée exigeant une discipline et des réunions nombreuses. Andrée Ferretti, qui représentait l'aile gauche du mouvement indépendantiste, ne se souvient guère de l'avoir croisé au RIN. Il ne semble pas davantage avoir été bien présent aux séances du Club Parti pris, fondé par Jean-Marc Piotte dans l'esprit d'un cercle d'éducation et d'animation politiques adjacent à la revue. En fait, ainsi que l'observe le nouvel arrivant qu'est à l'époque Malcolm Reid, jeune journaliste anglophone lié d'amitié avec Paul Chamberland et le groupe de *Parti pris*, le militant Miron, très souvent absent ou en retard, joue surtout le rôle d'un éveilleur de consciences. Plus instruit que ne le laisse croire son allure désordonnée, il a le talent de poser des questions directes, faussement naïves, qui forcent la réflexion et orientent les stratégies[82]. On ne s'étonne pas que son verbe « à bout portant » privilégie le hasard des rencontres et les échanges informels.

Mais le militant est aussi une figure poétique et mythique, apparue dès le deuxième numéro de *Parti pris* et s'incarnant par excellence dans le cycle de *L'Amour et le militant*, contemporain de la revue. Le poème de quatre strophes que Miron publie sous ce titre en novembre 1963 est toutefois un nouvel exemple de ces publications à retardement dont il a le secret. Si l'on croit qu'il a oublié Rose Marie, on est détrompé par cette page qui présente deux poèmes datés de « Paris 1960 ». On l'a vu écrire le premier, *Depuis Saint-Agricole*, durant son séjour parisien :

> Dans les lointains de ma rencontre des hommes
> le cœur serré comme les maisons d'Europe
> avec les maigres mots de mes héritages
> avec la pauvreté natale de ma pensée rocheuse[83]

Quand au second poème, dédié « à toi, qui sais », il évoque une passion érotique intense (« Chaque jour je m'enfonce dans ton corps ») dont on a eu l'écho à l'époque de son amour parisien et qui procure une véritable assomption au-delà de la souffrance :

> sur les pentes d'un combat devenu total
> au milieu de la plus quotidienne obscurité
> je pense à toi comme au jour de ma mort
> chaque jour tu es la seule voie céleste
>
> malgré l'érosion des peines tourmenteuses
> je parviens à hisser mon courage faillible
> je parviens au pays lumineux de mon être
> que je t'offre avec le goût d'un ordre nouveau[84]

On semblerait assez loin ici du terrain politique sans le mot *militant* inscrit dans le titre et s'il n'y avait ce vers : « sur les pentes d'un combat devenu total », qui n'avait peut-être pas un sens très précis en 1960 mais qui devient l'indice d'un engagement passionné dans le contexte d'une revue qui se réclame de la révolution. Dès l'automne 1963, un « effet *Parti pris* » est d'ailleurs sensible chez les deux autres poètes qui côtoient Miron dans ce numéro : Jacques Brault, dont on ne peut pas dire qu'il incarne la figure typique du militant, y publie alors son plus grand poème politique, *Suite fraternelle*, et Paul-Marie Lapointe, journaliste de gauche peu enclin aux slogans et aux coups d'éclat, signe *Psaume pour une révolte de terre*.

Les temps sont à la révolte et aux révolutions : plus au sud, le mouvement des droits civiques a commencé à réclamer l'égalité pour les Noirs américains ; à la fin de l'été, au terme d'une gigantesque marche sur Washington, le pasteur Martin Luther King lance son mémorable « *I have a dream…* », dans un discours dont la péroraison relance le chant biblique d'une délivrance qui approche : « *Let freedom ring !* », « *Free at last !* ». Il y a des échos de ce mouvement noir et notamment des « nègres de Birmingham » chez le Paul-Marie Lapointe de cette époque, et Jacques Brault, dans *Suite fraternelle*, parle au nom de tous en disant que « nous [sommes] les seuls nègres aux belles certitudes blanches ». Le thème du « nègre blanc » va bientôt faire fortune, avec les *Nègres blancs d'Amérique* de Pierre Vallières et le *Speak White* de Michèle Lalonde.

Il est vrai qu'il n'y a pas de nègre blanc chez Miron, malgré sa lecture d'Aimé Césaire, de Léopold Senghor, de poètes haïtiens comme René Depestre, et les liens qu'il a établis à Paris avec Édouard Glissant. Des poètes noirs, il a retenu le mouvement qui va de l'humiliation à la dignité, une parole vibrante donnant accès à l'être. Pourtant, lorsque Jacques Berque observe, dans le numéro suivant de *Parti pris*, que de

nombreux Québécois ont appuyé la révolution algérienne, qu'ils ont
« la vitalité coléreuse des Américains noirs ou ibériques[85] », et qu'il y
a un « accent noir » dans la nouvelle poésie publiée au Québec, nul
doute qu'il songe à *La Vie agonique* de Miron. Paru d'abord en France,
l'article de Berque vise, quatre ans avant la fameuse visite du général
de Gaulle au Québec, à secouer l'indifférence et à corriger l'ignorance
des Français à l'égard de « ces oubliés, ces mis-à-part de l'histoire
occidentale[86] » que sont les Québécois. Les échanges avec Miron et ses
camarades ont porté des fruits : Berque paraît bien informé, conscient
de la spécificité du Québec et capable de saisir sans paternalisme les
enjeux profonds de son effervescence politique, à travers un langage
qui n'est pas sans rappeler celui de Mounier, le fondateur d'*Esprit*. Il
s'agit pour le Québec français, dans le cadre nord-américain qui est
le sien, de la liberté d'être soi-même, du refus de l'uniformisation et
de la dépersonnalisation qu'imposent les empires et qu'accentue le
monde actuel.

La question de la révolution sociale occupe une place très
marginale dans cette analyse et elle surgit essentiellement comme
un problème, sur un continent que Berque sait hostile au socialisme,
si souhaitable soit celui-ci. Sans peut-être le mesurer pleinement,
l'anthropologue soulève ainsi une question brûlante qui n'a pas fini de
diviser, et souvent de déchirer, la gauche indépendantiste québécoise.
Quand on dit *révolution*, de quoi au juste parle-t-on ? Les rapports
tendus de *Parti pris* avec le RIN, dont Miron est membre sans y militer
assidûment, sont éclairants à ce propos : le parti maintenant officiel
d'André d'Allemagne et de Pierre Bourgault, qui a vertement dénoncé
les attentats commis par le FLQ, n'a-t-il pas toutes les apparences
d'un mouvement petit-bourgeois peu enclin aux révolutions
prolétariennes ? À quoi donc servirait l'indépendance, du point de
vue de la gauche radicale, si elle laissait intact le système capitaliste
et se faisait au profit d'une bourgeoisie québécoise poursuivant
l'exploitation des classes populaires ? Dès 1964 d'ailleurs, la revue
de Pierre Maheu prendra soin de marquer sa distance idéologique
tout en consentant à une « alliance tactique » avec le RIN, seul parti
indépendantiste au Québec, dont la revue publie le programme
récemment adopté[87]. Plus que jamais, comme on le voit aussi au PSQ
de Pierre Vadeboncœur et chez d'autres dissidents du NPD canadien,
le sens à donner au mot *révolution*, sociale ou nationale (et surtout
dans quel ordre de priorité), paraît tirailler les forces militantes.

Miron a beau se sentir solidaire du prolétariat et incliner au socialisme, il entend sur le sujet des opinions troublantes à l'occasion de sa présence annuelle à la Foire de Francfort, où il se retrouve dès octobre à titre de délégué de l'Association des éditeurs canadiens. Plusieurs écrivains d'Europe centrale, Tchèques, Hongrois, Polonais, qu'il a l'occasion d'y croiser et qui vivent alors l'expérience de la domination soviétique derrière le « Rideau de fer », l'assurent — et on les comprend — que l'indépendance nationale devrait prévaloir sur la révolution socialiste. Lui-même a toujours été sensible à l'oppression exercée par les grandes puissances, qu'elles soient communistes ou non, sur les petits peuples : en 1956, il a été bouleversé en apprenant à la radio l'écrasement de la révolution hongroise par les Russes et l'exécution du premier ministre Imre Nagy, à qui il a immédiatement consacré quelques vers demeurés inédits[88]. Le droit des nations à l'existence et à l'épanouissement, quelle que soit leur taille, l'emportera toujours à ses yeux sur les diktats d'une orthodoxie marxiste. Il n'empêche que, dans la mouvance de *Parti pris*, il est sensible au débat et il le soupèse intérieurement. Loin d'être indifférent à l'argument des marxistes, selon qui les Québécois dominés par le capital américain devraient s'unir « au prolétariat continental pour abattre ensemble le capital yankee », il s'empresse le plus souvent de lancer son « contre argument » : « Soit ! Mais il me semble que c'est là sauter une étape[89]. » Comment ne songerait-il pas à Pierre Vallières, qui soutient désormais la perspective contraire ? « Sauter une étape », aux yeux du nouveau Vallières, ce serait s'engager dans l'indépendance politique sans que les rapports de classes et le système économique soient changés, sans l'expropriation du capital étranger, la nationalisation des ressources naturelles et des banques, bref, sans une « révolution globale » de type socialiste[90].

Subordonné à l'impératif national, le socialisme de Miron n'a pas cette flamme, mais il faut dire que le vocabulaire volontiers marxiste adopté par ses jeunes émules de *Parti pris* repose lui-même sur des bases assez fragiles. Un an après l'apparition de la revue, Piotte et Maheu se demandent, comme jadis Lénine, « Que faire ? » mais leur analyse en dit long sur le contenu imprécis de la révolution annoncée. « L'appui critique » au RIN et « à la néo-bourgeoisie », même cautionné par les thèses léninistes, paraît mal assuré[91], tandis que l'équipe se désole en éditorial que le peuple de Québec soit resté timidement à la maison plutôt que de manifester en octobre contre la visite de la reine Élisabeth, symbole du pouvoir colonial. La police n'aura ainsi eu que quelques manifestants à se mettre sous la dent et le « samedi de la matraque » demeure aux yeux de *Parti pris* un non-événement[92].

C'est peut-être du côté de la littérature que la « révolution » paraît la plus plausible : les nouvelles de Gérald Godin et d'André Major, les poèmes de Jacques Renaud, l'apparition des Éditions Parti Pris, qui publient *La Chair de poule* de Major et *Le Cassé* de Renaud, affichent un nouvelle sensibilité prolétarienne, font résonner un ton inédit, une langue entendue dans la rue mais qu'on n'osait pas écrire auparavant : « viens baisser l'zipper des banques [...] / kasouv la fly la banque / les gérants vont scramer[93] », lance Renaud dans une joyeuse attaque contre le capital. Ce n'est pas exactement, faut-il le souligner, la manière de Gaston Miron... Mais au-delà de cette pratique de la langue populaire, qui trouvera sa réalisation poétique la plus inventive dans *Les Cantouques* de Gérald Godin, c'est le vieux projet d'une littérature nationale cher à l'auteur de *La Vie agonique* qui semble trouver ici une expression inattendue et parfois cocasse, à partir d'une certaine « pauvreté natale ». Ce projet va s'affirmer plus théoriquement dans le quasi-manifeste de janvier 1965, « Pour une littérature québécoise », un des numéros majeurs de la revue auquel contribuent tous les écrivains de l'équipe, sans oublier Miron et Brault qui accompagnent *Parti pris* depuis ses débuts. Désormais, on peut de moins en moins parler d'une « littérature canadienne-française ». C'est que le Canadien français, cet « homme agonique » traité avec mépris de *Canuck* et de *pea soup*, est déjà devenu un être du passé, une dépouille honteuse dont tous se détournent avec dégoût pour revêtir les habits du Québécois moderne appliqué à transformer le monde.

*   *   *

Est-ce un hasard si celui qui était « directeur commercial » chez Fomac se retrouve sans emploi au moment même où *Parti pris* prend son essor à l'automne 1963 ? Déjà rétrogradé à la publicité, il a voulu, écrit-il à la mi-décembre, reprendre sa liberté « pour enfin écrire[94] » ! À tout le moins, il y a une coïncidence symbolique dans ce retour de Miron au statut de « prolétaire » et de « chômeur », tandis qu'il s'efforce de tenir à flot, capitaine sans grand équipage, le navire Hexagone. Mais la perte d'un salaire paraît fâcheuse, d'autant plus que ce revenu lui permettait d'aider ponctuellement sa famille dont la pauvreté paraît plus que jamais endémique. Les nouvelles de sa mère à Saint-Jérôme n'ont jamais été réjouissantes et elles sont fréquemment accompagnées d'une demande d'argent : l'automne a été sombre et non seulement le beau-père de Miron se trouve une fois de plus sans travail, mais Robert, son demi-frère, est également sans revenu. Peu instruit, le jeune homme a pensé s'exiler aux États-Unis dans l'espoir d'y travailler sur un ranch ; mais à présent, il cherche du travail à Montréal, incapable même de payer une pension à leur sœur Thérèse qui lui offre une chambre en attendant qu'il trouve sa voie. Cette voie, ce sera finalement pour le jeune homme une formation lui permettant d'entrer au Service de police de la Ville de Montréal.

L'année 1964 n'est guère plus reluisante pour Miron. Après plusieurs mois de chômage, il obtient un emploi à la Librairie de la Paix, rue de Bleury, en face du Gesù. « Sale métier que celui de libraire de détail : 49 heures de travail [par semaine][95] ! » confie-t-il à Claude Haeffely, toujours occupé à survivre et à régler les suites de son divorce, mais sur le point de rentrer pour de bon au Québec, ce qui mettra fin à une correspondance entretenue pendant dix ans. Vite harassé par son labeur de libraire, Miron ne tient le coup, rue de Bleury, que l'espace d'un été avant de repartir pour la Foire de Francfort. Le voyage en Allemagne lui procure un nouvel intermède salutaire et l'occasion de passer quelques jours à Paris pour y revoir Jacques Berque, qui vient de publier *Dépossession du monde*, et ses amis, Pichette, Marteau, Frénaud. Ce pourrait être une évasion, mais de là-bas il n'éprouve que davantage « la condition existentielle du colonisé », qui en conduit plusieurs à des comportements autodestructeurs et confine à la « schizophrénie ». Un recueil de poèmes l'accompagne, plein de sève et de tumulte révolutionnaire, *Terre Québec,* que Paul Chamberland a fait paraître chez Déom en février et qui, note Miron dans son carnet acheté en Allemagne, « résonne dans toute la poésie d'aujourd'hui[96] » ; Pierre Vallières vient de fonder *Révolution québécoise* ; Hubert Aquin, qui s'est pris pour un maquisard, a été arrêté puis interné à l'Institut psychiatrique Albert-Prévost où il rédige frénétiquement son roman qui fera l'effet d'une bombe : *Prochain Épisode.* Que ce soit dans la poésie ou sur le terrain, il y a un vent d'insurrection et parfois une certaine folie. « Le péril est dans nos poutres, la confusion / une brunante dans nos profondeurs et nos surfaces », a écrit le poète de *La Vie agonique.* Contre cette confusion, cette obscurité qui découle selon lui de la condition coloniale, il importe de se donner une pensée cohérente : c'est ce qu'il explique, rentré chômeur au Québec, dans une lettre à Henri Pichette venu comme conférencier à Montréal un peu plus tôt dans l'année : « Nous avons besoin de construire une idéologie qui colle à notre réel et une méthodologie (praxis) appropriée[97]. » « Coller à notre réel » : l'expression vient de loin… Le compagnon de *Parti pris* a beau privilégier l'indépendance nationale, il parle plus que jamais le langage du militant marxiste. De ce point de vue, il est aux antipodes d'Hubert Aquin, qui pense que le révolutionnaire doit être un praticien de l'incohérence. Délire verbal et bâtons de dynamite : même combat contre la logique bétonnée du système en place[98]. Mais pour Miron, il s'agit de reconquérir une pensée perdue, brouillée par le contexte colonial. Au contact et à la lecture des théoriciens de la gauche révolutionnaire il ressent cruellement ses carences intellectuelles, la fragilité des concepts qui soutiennent sa « pauvre pensée ». « Je lis beaucoup, annonce-t-il à Pichette, surtout de la philo[sophie], afin de mettre un peu d'ordre dans ma tête : Descartes, Kant, Hegel, puis après j'aborderai Husserl, Heidegger, Sartre et Marx, systématiquement. » Si jamais il remplit cet exigeant et louable programme, il sera enfin au même niveau que Chamberland et Piotte qui ont étudié la philosophie à l'université.

Il lui faut une méthode, un principe de cohérence. Il vient d'ailleurs d'écrire un essai dans lequel il s'est suprêmement appliqué à « mettre de l'ordre » dans ses pensées et à expliquer la logique de sa démarche. Sur quelques pages très denses qui paraîtront en janvier dans *Parti pris* et qui seront reprises dans toutes les éditions de *L'Homme rapaillé*, *Un long chemin* constitue une véritable autobiographie intellectuelle et littéraire en miniature. Si l'on excepte peut-être « Le bilingue de naissance », écrit une dizaine d'années plus tard mais consacré exclusivement à la question de la langue, il n'existe aucun autre texte où Miron expose de manière aussi ordonnée son itinéraire, aucun aussi qui soit à ce point imprégné par le langage de Sartre et celui du marxisme, affichés avec ostentation dès les premières lignes de l'essai :

> Tout écrivain conscient de sa liberté et de sa responsabilité sait qu'il doit écrire souvent *contre* lui-même. Il doit gagner sans relâche sur ses passions, sur ses scandales, sur sa mauvaise foi et sur ses préjugés de classe (puisque les schémas de la culture sont encore bourgeois)[99].

L'appel de note qui clôt ce paragraphe d'ouverture renvoie d'ailleurs à *Qu'est-ce que la littérature ?* de Sartre. L'enjeu est de saisir les « conditions objectives » d'une action et de se saisir « objectivement » soi-même contre les distorsions créées par le contexte bourgeois et les conditionnements coloniaux. L'homme qui se raconte ici a longtemps refusé de voir la réalité en face et d'analyser les causes de sa souffrance, préférant cultiver les alibis et n'offrir qu'une caricature de lui-même, comme en a été témoin son compagnon Gilles Leclerc. Puis, progressivement à partir de 1956, est apparue à ses yeux la clé d'interprétation de ce marasme intérieur et de ces comportements aberrants : le système colonial pesant sur l'être canadien-français, affectant chaque individu et tous les comportements. Malgré des dénégations réitérées et un refuge périodique dans la « mythomanie », cet homme tourmenté et confus a dû s'incliner devant l'évidence coloniale et devant l'impossibilité de s'en libérer seul, sans un engagement profond dans la transformation d'un système politique aliénant. Son œuvre poétique témoigne d'un combat contre cette aliénation, au nom d'une « appartenance » qui s'est toujours tenue « à égale distance du régionalisme et de l'universalisme abstrait » et selon un constant effort de lucidité désormais partagé par un grand nombre. Il est vrai que cette œuvre s'est pendant un temps refusée à la publication (du moins sous la forme d'un livre), « pour ne pas faire le jeu de ceux qui prétendent sans broncher que nous avons tous les moyens de nous réaliser en tant qu'êtres au monde de culture française ». Mais la littérature a valeur d'exemple, ce qui se concilie mal avec le secret, et elle est une force agissante : « Publier devient donc un acte aussi probant que l'action politique » et — ici Miron retrouve Sartre — « l'appel libre d'un homme à d'autres hommes ».

La logique de ce récit, il faut en convenir, est implacable et elle déploie une impressionnante dialectique hégélienne dans laquelle chaque moment négatif se trouve intégré et dépassé dans une conscience croissante de soi comme sujet libre et comme sujet dans le monde. Miron est davantage un penseur qu'il ne le croit ou le prétend. Mais l'efficacité rhétorique de cette rétrospection ne tient pas à la pure idéologie : comme toujours, l'homme convainc par le pouvoir du témoignage plus que par la théorie. Cette situation, il l'a vécue « dans sa chair et son esprit », et c'est « à la suite de durs combats intérieurs » qu'il en est arrivé avec d'autres au présent diagnostic : on ne saurait balayer ce vécu du revers de la main, comme le font Pierre Elliott Trudeau et ses amis de *Cité Libre.*

Sans doute. Mais on doit constater du même souffle que dans sa rigoureuse logique, cet essai gomme bien des contradictions et occulte quelques dimensions importantes. La poésie elle-même y occupe peu de place, sinon à travers quelques perspectives générales qui citent en exemple Federico García Lorca, à la fois très espagnol et très universel. Le contexte de *Parti pris* n'est par ailleurs nullement approprié pour l'évocation de ses déboires amoureux, si déterminants pour la genèse de son œuvre. Il en découle qu'à lire *Un long chemin* on croirait que toute la démarche du poète a été déterminée uniquement par un facteur : la prise de conscience de la condition coloniale. Le refus de publier, surtout, fait l'objet d'un coup de force qui occulte des facteurs personnels très complexes et en tout cas irréductibles au seul désir de ne pas faire le jeu du *statu quo*. Il est clair que « l'effet *Parti pris* » atteint son comble dans ce récit rétrospectif, jusque dans la note finale qui choisit la logique de la dénégation :

> Au terme de ce texte, je me rends compte à quel point je me suis empêtré dans une tentative de m'expliquer de façon rationnelle. Cela prouve combien je suis encore sous la coupe des ravages de notre système interne et du phénomène colonial qui s'y superpose.

Empêtré ? Miron a dû sentir, au terme de son parcours, la contradiction qu'il y avait à se montrer si logique et cohérent alors que sa thèse principale affirmait la confusion de son esprit en situation coloniale. D'où cette ultime mise au point qui parvient à la fois à nier l'évidence et à faire de cette négation une preuve…

Mais il aura bientôt l'occasion de se reprendre, fût-ce à son corps défendant. Cette fois, sans déployer la moindre logique dialectique, il va plutôt montrer la confusion en direct, dans une sorte de performance écrite du sein même de son « esprit brumeux ». Tard dans sa vie, Miron racontera comment Pierre Maheu lui a pour ainsi dire extorqué ces *Notes sur le non-poème et le poème* au printemps 1965, en vue du numéro d'été de *Parti pris*. Maheu arrive un beau jour rue Saint-André et réclame le texte que Miron lui a apparemment promis sur « la difficulté d'être québécois », thème du numéro. Il n'y a aucune dérobade possible et, pour s'en assurer, Maheu décide de rester en vigie dans la chambre même du poète tant que celui-ci n'aura pas rempli la commande. Miron s'affole un peu mais il n'a pas le choix, il travaille toute la nuit à partir de notes éparses et finit par rendre sa copie le lendemain après-midi, après que Maheu fut allé se reposer quelques heures[100].

Dans le sillage d'*Un long chemin*, c'est une des dernières pièces maîtresses de *L'Homme rapaillé* de 1970 qui vient ainsi de voir le jour, une pièce hybride, mêlant la prose et la poésie, unique dans l'œuvre de Miron. Lui-même a longtemps hésité sur le statut de ce texte : alors qu'il range les *Notes sur le non-poème et le poème* parmi ses écrits en prose (qu'il nomme « Recours didactique ») dans la première édition de son livre, il ramènera plutôt les *Notes* parmi les poèmes, aux côtés d'un texte de la même époque, *Aliénation délirante*, dans l'édition parisienne de *L'Homme rapaillé*, en 1981, et dans les éditions ultérieures.

En fait, malgré plusieurs passages en vers libres, les *Notes* font entendre un poète en péril, qui ne retrouve que difficilement le grand souffle qui a porté *La Vie agonique* et *La Marche à l'amour*. Le « *oui, à Jacques Berque* » qui résonne dès l'ouverture prépare un cri d'alarme, voire un appel au secours : « Délivrez-moi du crépuscule de ma tête. De la lumière noire, la lumière vacuum. Du monde lisse. Je suis malade d'un cauchemar héréditaire[101]. » C'est la reprise du thème qui a ému quelques années plus tôt Claude Gauvreau dans la *Note d'un homme d'ici*. Cette maladie a un autre nom : « altérité ». On peut la définir comme la « souffrance d'être un autre », comme une division entre « le dedans et le dehors », entre le monde subjectif et la réalité extérieure, comme une aliénation linguistique causée par le bilinguisme — bref, l'altérité désigne tout ce qui sépare ou divise l'homme Miron, incarnation de l'homme québécois colonisé, tout ce qui l'empêche, justement, de « mettre de l'ordre dans sa tête » et de refaire son unité. Pour qui conserve une vision euphorique et naïvement progressiste de la Révolution tranquille, ce texte à lui seul suffirait comme démenti, avant le portrait du Canadien français en « déprimé chronique » que va fournir Hubert Aquin dans *Prochain Épisode*, reçu glorieusement cet automne-là. « L'homme québécois » n'est donc pas encore né ? La poésie et la littérature ne sauraient en tout cas à elles seules procurer ce difficile accouchement. Sans doute y a-t-il, dans ces « Notes » que va publier *Parti pris*, des résurgences du lyrisme, des échos de *La Vie agonique* — une tendresse pleine de lassitude à l'égard du poème lui-même : « Mon poème [...] / comme de petits flocons de râles aux abords des lèvres / comme dans les étendues diffuses de mon corps ». Et il y a cette strophe admirable :

> Comment faire qu'à côté de soi un homme
> porte en son regard le bonheur physique de sa terre
> et dans sa mémoire le firmament de ses signes

Mais la réponse à cette question ne peut que renforcer l'empêchement et le refus du poème : « comment faire » en effet, sinon par le recours au politique, par le discours didactique ? « Je me fais idéologique, je me fais éthique, je me fais dialectique », scande la dernière partie du texte, « je me fais slogan, je me fais publiciste et propagandiste ». C'est le mot de la fin : le poème a rendu l'âme, et on ignore si sa résurrection reste possible.

Miron se montre toujours le lecteur le plus impitoyable de ses propres écrits. Dans un commentaire dialogué qui suit de peu l'écriture sous pression du texte commandé par Maheu, il s'adresse à lui-même en ces termes :

> — Tu es dépassé par les mots ; je suis sûr que tu ne sais pas de quoi tu parles, de même que tu ignores le sens des mots que tu emploies. Par exemple, je viens de lire tes *Notes sur le non-poème et le poème*. Elles confirment mon diagnostic à ton sujet, car tous les poètes ne sont pas comme toi, tu souffres d'une indigestion de notions mal digérées, de concepts mal définis, c'est un résumé lourd de lectures hâtives, il y a là un vocabulaire étranger à la poésie et mon malaise est grand devant les influences qui s'y manifestent trop crûment.
> — C'est juste […] Mais justement, c'est là mon propos. J'ai voulu montrer un phénomène de carence chez moi, que j'attribue en partie à une situation collective[102].

Il y a beaucoup de lucidité dans cet échange et un doute, notamment, sur le caractère exemplaire de son témoignage. Le poète Miron qui veut à ce point coller à la condition commune n'est-il pas en même temps une exception, un « cas » ? Même après avoir réglé apparemment l'affaire dans « Un long chemin », il semble encore hésiter…

Le paradoxe devient évident si l'on observe que les *Notes sur le non-poème et le poème* se présentent comme un « art pré-poétique ». Or, presque tout *L'Homme rapaillé* tel qu'on pourra le lire en 1970 est déjà écrit au milieu des années 1960, y compris la majorité des pièces, telle *La Corneille*, qui composeront la dernière partie du recueil, *J'avance en poésie*. Étrange retournement : Miron, qui a si souvent répété à tous vents qu'il n'écrivait plus, déclare maintenant qu'il n'a pas encore écrit, que sa poésie reste à venir. C'est un propos qu'il reprendra par la suite, en 1973 par exemple, dans un échange animé avec le poète franco-ontarien Robert Dickson et un groupe de ses étudiants de Sudbury[103] : un jour, explique l'auteur de *L'Homme rapaillé* désormais en pleine gloire, quand la nation québécoise existera à part entière, quand le poète n'aura plus à témoigner du « fait ethnique » canadien-français, il sera possible d'écrire vraiment, de faire de la littérature sans avoir à porter le poids du politique. Que serait pourtant *L'Homme rapaillé* sans ce poids du politique ? Et que pourrait être cette littérature à l'état pur, délestée de l'exigence de témoigner ? À la longue, le titre glorieux de « poète national » est devenu pour lui un carcan, et il s'abandonne parfois au désir d'une écriture et d'une solitude enfin heureuses, au beau rêve d'un poète enfin libéré de son rôle de porte-parole d'une collectivité et pouvant s'exprimer comme individu, comme être singulier face au monde. Miron se prend à rêver, en fin de compte, à un autre Gaston Miron.

*   *   *

Un fait s'impose, à l'évidence : les grands textes de 1965 donnés à paraître dans *Parti pris* annoncent sa période la plus pauvre en poésie depuis sa jeunesse. Sans doute a-t-il rarement connu l'abondance, mais les nouveaux poèmes deviendront particulièrement rares à partir de cette date. Les *Courtepointes* parues dix ans plus tard recyclent pour l'essentiel des pièces déjà écrites dans les années 1950, et ce n'est pas avant 1977-1978 que Miron entreprendra une nouvelle suite intitulée *Femme sans fin*, qui ajoutera un important volet à sa poésie amoureuse. Les facteurs tenant à la vie personnelle sont loin d'être négligeables dans ce quasi-silence poétique, notamment la naissance en 1969 de sa fille Emmanuelle, qu'il devra élever seul. Mais la voix de l'*alter ego* par laquelle Miron se reproche, en relisant son texte sur le « non-poème », de pratiquer « un vocabulaire étranger à la poésie » doit aussi être entendue : un certain embourbement théorique et idéologique paraît en effet peu propice à l'écriture poétique, sans oublier aussi une hyperconscience linguistique qui hante de plus en plus l'écrivain. « Aliénation délirante », le texte en prose de 1964 qui recense les anglicismes de la langue parlée au Québec, est à cet égard un symptôme. Comment écrire librement quand, à chaque mot ou presque, on flaire l'incorrection ou l'anglicisme ? La poésie a certes besoin d'une langue, et d'une langue juste, mais le soupçon radical à l'endroit de la norme risque fort d'entraîner la paralysie.

Une autre voix résonne sans doute en lui, cette voix sombre et accablante qui l'accuse plus fortement que jamais de se distinguer des humbles et des démunis. Depuis un quart de siècle, elle résonne à ses oreilles : c'est celle de Jeanne, sa mère toute de pauvreté et de chagrin qu'il évoquait dans son *Art poétique*. Quand il s'indigne contre la bourgeoisie capitaliste et les autres détenteurs du pouvoir, c'est à elle qu'il songe, comme dans ce brouillon de *La Batèche* où l'on croirait entendre les imprécations d'un Christ en colère chez les marchands du temple :

> Soyez maudits exploiteurs, complices, lécheurs
> au nom de la misère qui écorche
> soyez maudits du chagrin de ma mère,
> soyez maudits[104]

Contre ces puissants, Jeanne Michauville aurait bien du mal à envisager une révolution : sans doute n'a-t-elle jamais cessé de lutter contre l'adversité, mais son combat est celui des prolétaires qui se cramponnent au quotidien et qui vont au plus pressé pour survivre. Elle connaît certes la joie venue des petits-enfants qu'ont commencé à lui donner ses filles, mais pour le reste, elle sait que sa vie ne va plus changer, ni l'exiguïté financière, ni le caractère de son mari, ni les ménages à faire au jour le jour et qui l'épuisent. Un certain fatalisme n'est pas absent de cette lutte, ce fatalisme des masses opprimées dont Miron et ses amis voudraient sonner le glas. Miron a un autre mot pour le dire : *atavisme*, un héritage qui le relie, à travers sa mère, au monde lointain et misérable de Saint-Agricole, à ce temps immobile des générations toutes vouées au même sort. Le souvenir de son père s'étant estompé avec les années, il en est venu à oublier le bonheur et l'aisance matérielle de son enfance à Sainte-Agathe : « Ma mère nous raisonnait toujours en fonction de notre monde, de *notre pauvreté*[105]. » Dès lors, comment ne se jugerait-il pas lui-même, en son for intérieur, un parvenu de la pensée, un nouveau riche de la culture et de la poésie ? Les splendeurs poétiques de *La Marche à l'amour* et de *La Vie agonique*, les concepts marxistes et existentialistes des *Notes sur le non-poème et le poème*, tout cela doit être emprunté, tout cela sonne faux, surtout quand, au même moment, un des nouveaux poètes qu'il admire écrit ces lignes assassines :

la poésie n'existe plus

que dans des livres anciens tout enluminés belles voix d'orchidées aux

antres

      d'origine parfums de dieux naissants

moi je suis pauvre de mon nom et de ma vie

[…]

et tant pis si j'assassine la poésie

ce que vous appelleriez vous la poésie

et qui n'est pour moi qu'un hochet[106]

Si même un Paul Chamberland, né de bonne famille montréalaise, ancien du collège classique et diplômé de philosophie, peut se dire pauvre, un Gaston Miron né de Jeanne Michauville de Saint-Agricole ne l'est-il pas encore bien davantage ? « Ma pauvre poésie en images de pauvres / […] ma pauvre poésie dans tes nippes de famille[107] » : ce poème écrit en 1965-1966, *La Pauvreté anthropos*, n'est-ce pas un secret hommage à sa mère ? « [À] l'exemple des pauvres tu as ton orgueil » : oui, c'est bien la fierté, la dignité de Jeanne que son écriture voudrait assumer, au risque d'un silence définitif.

Définitif ? La victoire du « non-poème » n'est pourtant pas tout à fait acquise… Car comme chaque fois, contre toute espérance, il y a encore l'amour, la beauté d'une femme qui peut d'un coup de baguette magique redonner la chaleur, la lumière et une vibrante parole. Et pourtant, Dieu sait tout le mal qu'il pense des femmes à cette époque, toutes les choses infâmes qu'il peut écrire à leur sujet dans ses carnets : la femme veule, la femme foncièrement malhonnête, la femme informe et méprisable. Sa rancœur semble sans limites. Est-ce bien le même homme qui écrit ces vers somptueux de *L'Amour et le militant*, riches de la plus haute culture poétique :

      si j'étais mort avant de te connaître

      ma vie n'aurait jamais été que fil rompu

      pour la mémoire et pour la trace

      je n'aurais rien su de mon corps d'après la mort

      ni des grands fonds de la durée

      rien de la tendresse au long cours de tes gestes

      cette vie notre éternité qui traverse la mort[108]

On a pu lire quelques strophes de ce cycle poétique dès les commencements de *Parti pris*, mais il s'agissait de vers écrits pour Rose Marie.
Quand il ajoute d'autres strophes sur du papier à en-tête du Salon du
livre de Québec, à l'automne 1965, il fait suivre le titre, *L'Amour et
le militant ou le poème inachevé*, par une dédicace : « À Denise J., l'être
le plus beau de ma vie, et […] à Gérald Godin et Pauline Julien, qui
furent aussi de ce voyage[109]. » Il y a donc eu une autre Denise, dans l'été
solaire de la Gaspésie, avec le couple d'amis qui vivent eux-mêmes
depuis quelques années un amour fulgurant. Quand Miron écrit cette
dédicace, il est vrai que Denise s'est déjà éloignée, et pour de bon. Mais
le poème, lui, prétendra parler de « [leur] éternité ».

15

Le forcené magnifique

Le temps de l'amour est court chez Miron, et le passage de Denise Jodorowsky est à cet égard semblable à celui des autres femmes qu'il a connues jusque-là dans sa vie. Mais outre que cette passion brève lui inspire *L'Amour et le militant*, elle demeure assez singulière par sa nature. Comme la « Nysette » de Liège, avec qui elle ne partage pas seulement le même prénom, Denise vit à l'étranger et elle est comme la belle Liégeoise une femme mariée. Tout comme Nysette aussi, Denise Jodorowsky, femme brillante, douée pour les arts et la littérature, souffre d'une instabilité émotive confinant, dans son cas, à la pathologie. Toute sa vie va ressembler à un grand roman plein de bruit et de fureur.

Ce n'est pas, à l'évidence, l'histoire typique d'une jeune Québécoise née à Sorel au milieu des années 1930. Dans sa jeunesse, Denise Brosseau a fréquenté, comme Denise Boucher et Rose Marie Arbour, le centre culturel de Claire-Vallée, et elle en a profité pour s'éprendre de François, le fils de Mᵐᵉ Gaudet-Smet. La maîtresse des lieux décide alors de couper court à cet amour trop précoce à son goût en emmenant Denise en voyage à Paris à titre de « secrétaire » après avoir obtenu l'accord des parents. En fait, la jeune fille paraît plutôt encline à devenir comédienne et elle montre des signes de talent : Françoise Gaudet-Smet la prépare donc à passer des auditions en vue de son entrée à l'École de théâtre de la rue Blanche, où Denise aura comme professeur Alejandro Jodorowsky, un homme de théâtre né au Chili de parents russes, installé depuis peu à Paris où il fréquente les milieux de la scène et étudie l'art du mime avec Marcel Marceau. Vite attirée par cet homme charismatique, Denise devra pourtant, faute de ressources, rentrer à Montréal, y décrochant des rôles à la télévision de Radio-Canada, vivant un amour torride avec le comédien Robert Gadouas avant de repartir pour Paris, enceinte de Gadouas, grâce au soutien financier du comédien Guy Hoffman. Elle se fait avorter mais cette fois, entre la jeune comédienne et son professeur, la relation se noue passionnément et ils décident de se marier.

À l'époque, Jodorowsky fait ses premières armes en tant que cinéaste. Dans *La Cravate*, un court métrage surréaliste tourné en 1957, Denise incarne une jeune femme, cheveux bruns coupés à la garçonne, séduite par un homme, joué par le réalisateur lui-même, dont elle aime le corps mais non le visage et à qui elle implante (littéralement) une nouvelle tête, non sans avoir soigneusement rangé l'ancienne sur une tablette… Cette courte fiction doucement perverse n'annonce que de loin l'esthétique exacerbée que Jodorowsky affichera plus tard dans des films-cultes comme *La Montagne sacrée* et *El Topo,* mais elle présage quelque cauchemar de la vie réelle.

Le couple peu conformiste s'installe par la suite à Mexico, mais en 1963, souffrant de troubles psychologiques croissants, Denise rentre à Montréal accompagnée de son époux afin d'obtenir son admission à l'Institut psychiatrique Albert-Prévost (le consentement du mari étant encore nécessaire…). Traitée par Lorenzo Morin, le psychiatre de Claude Gauvreau et le confrère de Jacques Ferron, elle prend du mieux et choisit de ne pas retourner immédiatement chez son mari, d'ailleurs infidèle et souvent absent, d'autant plus qu'elle peut compter à Montréal sur la présence rassurante de sa sœur, mère d'une fillette sur laquelle Denise exercera toujours une grande fascination et qui deviendra plus tard la poète et romancière Élise Turcotte. C'est sans doute à sa sortie de l'hôpital, au tournant de 1963-1964, que Denise fait la connaissance de Miron et obtient grâce à lui un emploi dans une librairie, tout en s'inscrivant à la Faculté des lettres de l'Université de Montréal.

Si le silence public de Miron au sujet de Denise Jodorowsky se comprend compte tenu de la situation de la jeune femme, il est plus difficile d'expliquer que ses notes et autres écrits soient presque muets sur leur relation. C'est sûrement à elle que fait allusion une note elliptique du début de janvier 1964 : « Un chat qui passe — sensibilité extrême de Denise pour les animaux[1]. » Le fait que l'amertume misogyne des années précédentes s'estompe alors dans ses écrits personnels semble du moins indiquer que le chapitre Rose Marie est bel et bien clos. Ce que paraît confirmer *La Corneille*, écrit la même année :

> Corneille, ma noire
> jusqu'en ma moelle
>
> Tu me fais prendre la femme que j'aime
> du même trébuchant et même
> tragique croassement rauque et souverain
> dans l'immémoriale et la réciproque
> secousse des corps[2]

« [M]a noire », cela décrit bien Denise. Au printemps, Miron donne une lecture publique de ses poèmes, incluant des extraits de *La Marche à l'amour* et de *L'Amour et le militant*, au Bar des arts, rue Sainte-Catherine Ouest, où exposent aussi des artistes comme Armand Vaillancourt et Claude Tousignant. Or, dans une entrevue ultérieure, il rattache explicitement *L'Amour et le militant* à Denise et aux années où il entretenait des liens avec les membres du premier FLQ :

> [La femme que j'aimais à l'époque] refusait certaines parties de mon militantisme. Elle souhaitait que j'oublie ces rencontres, ces liens clandestins, comme si cela n'existait pas. Je lui disais : « Tu sais bien que je suis dans le FLQ, que j'aide ces gars-là, que je ramasse de l'argent pour eux, mais tu fais semblant de l'ignorer, tu ne veux pas te mêler de cela. Tu te mêles d'autres choses, du féminisme par exemple, mais tu ne veux pas entendre parler de mes activités. Même si cela te fait souffrir parce que j'y consacre beaucoup de temps. » Je me souviens, quand je parlais de cela avec Denise — « L'amour et le militant » est dédié à Denise Jodorowsky —, je me souviens qu'elle refusait cet aspect de mon militantisme, l'aspect violent, l'aspect clandestin, l'aspect terroriste[3].

Friande de culture, lectrice éclairée, Denise ne montre en effet aucun intérêt pour la politique, ses années passées à Paris et à Mexico l'ayant d'ailleurs rendue plutôt étrangère au Québec contemporain, à plus forte raison aux luttes, armées ou non, pour son indépendance. Mais la poésie, comme l'amour, possède le pouvoir souverain de transformer la réalité : *L'Amour et le militant,* loin de se faire l'écho de ce différend fondamental entre les amants, parle plutôt d'une réconciliation entre l'activité militante et la relation amoureuse :

> Quand je te retrouve après les camarades
> le monde est agrandi de nos espoirs de nos paroles
> et de nos actions prochaines dans la lutte
> c'est alors de t'émouvoir que je suis enhardi
> [...]
> je te parlerai de nous de moi des camarades
> et tu m'emporteras comblée dans le don de toi[4]

Pour Miron, ce cycle doit réparer en quelque sorte *La Marche à l'amour,* qui ignorait le militantisme politique et où le couple demeurait une promesse non tenue, abandonnant l'homme amoureux « au bout de [s]on rouleau », à l'état de pauvre pantin désarticulé. Le mot de la fin de *La Marche* était : « je t'attends », tandis que *L'Amour et le militant* se conclut, dans sa version « inachevée », par ces mots euphoriques : « et je n'en finis plus d'écouter les mondes / au long de tes hanches… ». C'est l'amour accompli dans l'érotisme, le couple enfin réalisé dont n'a jamais cessé de rêver l'homme de *La Vie agonique,* un couple au quotidien comme à la grandeur du cosmos.

L'accomplissement poétique coïncide rarement avec la vraie vie : l'amour pour Denise va tourner court, après avoir connu ses plus beaux jours au soleil du mois d'août 1965, dans le paysage grandiose de l'île Bonaventure. En ce milieu de décennie, la Gaspésie est dans l'air du temps, le tourisme se développe dans la péninsule et une colonie d'artistes se rassemble chaque été à Percé. Miron lui-même y est venu au printemps, en compagnie de Paul-Marie Lapointe, pour une tournée poétique dont il a rapporté un poème poignant de détresse, *Arrêt au village,* portrait de travailleurs néantisés par l'exploitation, signé comme un reportage :

> m'est témoin Paul-Marie Lapointe, en 1965, un soir
> de pluie cafouilleuse
> et de mer mêlées de tempête
>   en notre Gaspésie[5]

Ce n'est pas, faut-il le dire, la Gaspésie des touristes, mais celle d'« hommes devenus pauvreté » qui se plaignent du « mauvais gouvernement au loin », comme ils le faisaient sans doute à l'époque de la grève des mineurs de Murdochville.

L'été qui arrive offre une tonalité bien différente, grâce à l'invitation qu'a faite Gérald Godin à Miron et à son amie de les accompagner, lui et Pauline Julien, pour leurs vacances à l'île Bonaventure. Tout concourt à lier ce quatuor, même si Pauline, très sollicitée par sa carrière de chanteuse alors en plein essor, ne semble pas ravie d'apprendre que les vacances tranquilles et idylliques qu'elle espérait avec son jeune amoureux (de dix ans son cadet) se trouveront quelque peu perturbées par la présence sonore et remuante de Miron, qu'elle aimait bien par ailleurs depuis leur rencontre à Paris et à qui elle rendait visite de temps à autre quand il était chez Fomac, pour y acheter sur ses conseils les dernières parutions. Il faut dire en outre que les deux femmes du groupe sont loin d'être étrangères l'une à l'autre : à la fin des années 1950, durant ses nombreux séjours à Paris où elle donnait des tours de chant dans les petites boîtes et se liait au milieu de Saint-Germain-des-Prés, Pauline a fait la connaissance du couple Brosseau-Jodorowsky, pour ensuite leur rendre visite à Mexico, au cours d'un voyage en Amérique latine[6].

Malgré les appréhensions de Pauline, le séjour à l'auberge de l'île Bonaventure, qui n'est pas encore en 1965 un parc national fermé à toute habitation, permet aux deux couples de vaquer à leurs amours, ce qui ne va pas exclure pour autant des conversations animées sur la littérature, la politique et l'indépendance du Québec. Godin et Miron, à l'époque, sont devenus de vrais compagnons de route, surtout à travers l'aventure de *Parti pris* qui donne maintenant sa pleine mesure. Les deux camarades ont collaboré ensemble au numéro de janvier, « Pour une littérature québécoise » ; le même été, Miron fait tardivement son entrée au comité de rédaction de la revue, tandis que Godin prend en charge la Coopérative des Éditions Parti pris, qui publient cette année-là des titres majeurs : *L'afficheur hurle* de Paul Chamberland et *La Nuit* de Jacques Ferron. C'est dire que les matières à discussion ne manquent pas, d'autant plus que la conjoncture politique est en train de se corser : dès le retour des vacances, Jean Marchand, Gérard Pelletier et Pierre Elliott Trudeau annonceront leur entrée en politique fédérale : le trio, baptisé « les trois colombes » par un journaliste, précipitera ainsi l'affrontement entre les indépendantistes et les partisans d'un engagement accru des Québécois sur la scène canadienne.

Dans la splendeur de ce paysage maritime où résonne le tumulte strident des fous de Bassan, on peut quand même oublier que le Québec littéraire et politique se trouve à un moment crucial de son destin. Dans les termes de Miron, le voyage est un enchantement, y compris, au retour, un arrêt dans la baie des Chaleurs où le groupe peut visiter l'exposition d'« une femme de chez nous » qu'il ne nomme pas mais dont la murale lui apparaît comme un véritable symbole, « cette murale qui nous éblouit, mon amour, cette phrase où notre amour s'encastre dans un plus grand amour[7] ». À travers ces notes, le cycle de Denise est en train de trouver une forme plus achevée et Miron pourra lui adresser une version du poème, une fois la jeune femme rentrée à Mexico. Ironie amère et, on en conviendra, assez cruelle : l'autre Denise, la Nysette de Liège, recevra également une copie du poème et, grande âme comme toujours, elle songera même à le publier dans une revue belge…

On se méfie toujours des emportements de Miron lorsqu'il est question des femmes et de l'amour. Non sans raison, car à peine revenue avec lui à Montréal, Denise s'envole pour Mexico, d'où elle ne va pas rentrer de sitôt. Sans doute lui faut-il retrouver son mari, avec qui elle n'a pas encore l'intention de divorcer malgré les fortes turbulences de leur vie maritale ; Alejandro ne peut-il pas, comme elle le confie à Miron, être « gentil » ? Il reste qu'une fois encore dans les amours de Miron le choc des sensibilités est important, sans parler des désaccords sur un engagement politique auquel il consacre une trop grande part de son temps. Dans son état normal, Denise se montre pudique et réservée, au contraire de son amant plutôt débraillé. Elle conserve de son séjour parisien des manières un peu affectées et, tout comme Pauline Julien d'ailleurs, un accent pointu et un certain dédain pour la langue verte et populaire qu'elle entend à Montréal et que revendiquent alors les auteurs « joual » de *Parti pris*. La famille de Denise en est consciente : le ton et les comportements frustes de Miron la heurtent, de même qu'ils ont heurté Isabelle et Rose Marie. Comme s'il tenait à confirmer la chose, il s'est mis en tête d'attacher avec une corde sa valise un peu trop remplie avant qu'elle ne prenne la route de l'aéroport. Denise est indignée ! Ce genre de détail en dit long sur le style prolétaire de l'homme, à l'endroit d'une femme ayant fréquenté les milieux du théâtre à Paris et étant nourrie de haute culture.

Dans le canton de l'Archambault, deux images contrastées évoquent d'un côté la misère, de l'autre l'ascension sociale : les grands-parents maternels de Gaston Miron, Eugénie Servais et Maxime Raymond dit Michauville, sont assis au pied d'un roc précambrien sur leur ferme de Saint-Agricole, probablement vers 1920 ; sur le même rocher se retrouvent les parents de Miron, Charles-Auguste Miron et Jeanne Michauville, jeune couple moderne, à l'époque de leur mariage, en 1926.

(*Archives Emmanuelle Miron*)

Charles-Auguste Miron, entrepreneur et chevalier de Colomb, dans les années 1930.
À Sainte-Agathe, le père de Miron avait su développer une petite entreprise prospère
dans la fabrication de portes et fenêtres pour les propriétaires de la région. Son décès,
en 1940, allait plonger sa famille dans la pauvreté. (*Archives Emmanuelle Miron*)

Le jeune Miron (au centre) dans une dramaturgie religieuse, *Le Signe de la croix*,
à Sainte-Agathe, le 3 avril 1941. Son destin d'adolescent désormais orphelin
de père est déjà fixé : quelques jours plus tard, il quittera sa mère et ses sœurs pour le
juvénat du Mont-Sacré-Cœur, à Granby. (*Archives Emmanuelle Miron*)

Miron, devenu le frère Adrien, revêt la soutane et prononce ses premiers vœux comme scolastique en août 1944. À cette occasion, la famille lui rend visite à Granby. Au premier rang : Germaine et Thérèse ; à l'arrière : Denise et Suzanne.
(*Archives Denise Miron*)

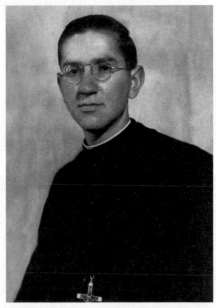

L'orgueil tranquille du frère Adrien, Mont-Sacré-Cœur, Granby.
(*Archives Emmanuelle Miron*)

Miron en compagnie de Guy Carle, vers 1949. Avec son frère Gilles, futur cinéaste, Guy fait partie du premier cercle d'amis de Miron à son arrivée à Montréal, en 1947. Les deux camarades échangeront une importante correspondance après que Guy sera retourné vivre en Abitibi, le pays d'enfance des Carle.
(*Archives Denise Miron*)

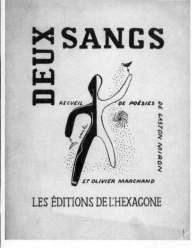

Le lancement de *Deux Sangs*, qui rassemble des poèmes de Miron et de son ami Olivier Marchand, est l'occasion d'une fête qui réunit surtout les camarades de l'Ordre de Bon Temps et du Clan Saint-Jacques. C'est sur les bords de la rivière des Prairies, dans le jardin de Roger Varin, fondateur de l'OBT, qu'a lieu le lancement, le 25 juillet 1953. Miron et Marchand lèvent leur verre au succès de leur premier recueil. Sur la photo de groupe, trois couples entourent un Miron solitaire encore mal remis de l'échec de son premier grand amour pour une jeune institutrice : Suzelle Lachapelle et Gilles Carle, Hélène Pilotte et Louis Portugais, Mathilde Ganzini et Olivier Marchand.

(*Archives Mathilde Ganzini et Olivier Marchand*)

C'est dans le sous-sol de la maison des parents de Louis Portugais, à l'angle de la rue McKenna et de l'avenue Lacombe (quartier Côte-des-Neiges) que se fait le travail d'édition et de production des Éditions de l'Hexagone jusqu'en 1957. Voici Miron en 1954, au moment de la création de la collection « Les Matinaux », maniant la colle avant d'apposer la couverture d'un recueil. Sur un mode plus festif, on le retrouve en 1956 aux côtés de Portugais et de la nouvelle épouse de celui-ci, Micheline Sainte-Marie, elle-même poète.

(*Archives Jean-Guy Pilon / archives Emmanuelle Miron*)

À partir de 1957, Miron s'engage dans une correspondance intense avec Denise Karas, surnommée « Nysette », une jeune poète de Liège, mariée et mère de deux enfants. En août 1960, Miron et Nysette connaissent un moment éphémère de bonheur à Blankenberge, une plage de la mer du Nord. Ils se reverront plus tard à New York mais ce sera, au bout du compte, un amour impossible.

(*Archives Marie-Andrée Beaudet*)

Dès son premier séjour parisien, Miron a établi de nombreux et solides contacts avec les milieux littéraires français. À Montréal, à l'occasion d'Expo 67, il reçoit deux amis poètes qui sont des figures majeures de la poésie française contemporaine : André Frénaud et Eugène Guillevic. (*Archives Marie-Andrée Beaudet*)

À son retour au Québec, en pleine Révolution tranquille, Miron fréquente le groupe fondateur de la revue *Parti pris,* qui trouve en lui un maître à penser. Un jeune anglophone de gauche, Malcolm Reid, a tracé de lui ce portrait : c'est l'homme animé, haut en verbe et en couleur, l'agitateur et le militant toujours appliqué à convaincre. (*Malcolm Reid, dans* Notre parti est pris)

Miron ne se séparait jamais de son harmonica, instrument qui lui permettait de séduire tous ses publics, au Québec comme à l'étranger, en accompagnant ses chansons de prédilection, comme *La Complainte de la Mauricie* et *La Rose et l'œillet.*

(*Archives Marie-Andrée Beaudet*)

La publication de *L'Homme rapaillé,* en avril 1970, a consacré le poète Miron. Dans les mois qui suivent, les prix littéraires ne cessent de couronner son œuvre et, à l'automne, son emprisonnement durant la crise d'Octobre accroît encore son prestige. En mars 1971, le Grand Prix littéraire de la Ville de Montréal s'ajoute aux honneurs déjà reçus. Miron fait alors l'objet d'une caricature de Berthio dans Le *Devoir.* (*BAnQ, Fonds Roland-Berthiaume*)

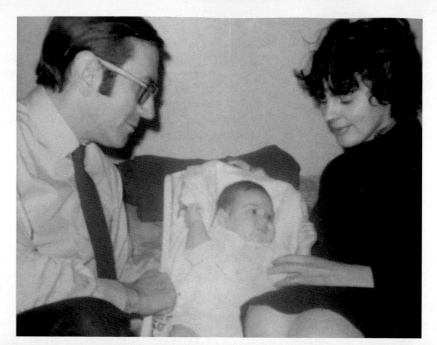

En juillet 1969, la compagne de Miron, Ghislaine Duguay, donne naissance à une fille, Emmanuelle, qui demeurera l'enfant unique du poète. Derrière l'image de parents attendris par leur nouveau-né se cache un drame : la maladie de la mère, qui sera source de grands soucis et de péripéties souvent affligeantes. À cinq ans, en 1974, Emmanuelle est une enfant à l'esprit aiguisé, au regard inquiet, qui en sait déjà long sur la vie ; pour Miron le poète, c'est « Emmanuelle ma fille », à qui il a dédié *L'Homme rapaillé*. (*Archives Denise Miron / archives Emmanuelle Miron*)

Habitué des lancements, des salons et foires du livre, Miron participe aussi à de nombreuses réunions d'écrivains, dont la Rencontre québécoise internationale organisée par Jean-Guy Pilon et la revue *Liberté*. En 1974, on le voit au moment de l'apéro avec Jean Éthier-Blais, longtemps critique littéraire au *Devoir* ; Jacques Godbout, cofondateur de la revue *Liberté* et devenu à la fois un romancier et un cinéaste de renom ; André Major, romancier et membre fondateur de la revue *Parti pris* ; et Réginald Martel, critique littéraire à *La Presse*. (*Archives Emmanuelle Miron*)

Au printemps 1980, peu après la défaite du camp souverainiste au référendum du 20 mai, s'organise une tournée de plusieurs poètes québécois en France. Le groupe des *Sept Paroles du Québec* se réunit à la fin juin à Montréal. Au premier rang : Yves-Gabriel Brunet, Michèle Lalonde, Raôul Duguay, Miron et Michel Garneau. Debout : Gilbert Langevin, le musicien Dominique Tremblay et Paul Chamberland.
(*Archives Emmanuelle Miron*)

Miron est toujours demeuré proche de sa mère, Jeanne Michauville, remariée après la mort prématurée de Charles-Auguste Miron en 1940 et établie à Saint-Jérôme. Dans les dernières années de sa vie, elle garde souvent Emmanuelle, la fille de Gaston. Un cancer emportera à l'été 1977, à quelques jours de ses soixante-quatorze ans, cette femme qui incarnait pour Miron le courage, l'humilité et ce passé ancestral de Saint-Agricole où elle avait grandi. (*Archives Denise Miron*)

À l'été 1978, Miron, de retour d'un voyage en France, arpente la rue Saint-Denis non loin de la petite rue Émery, en compagnie d'Emmanuelle, âgée de neuf ans. Depuis l'Ordre de Bon Temps, qui y avait ses bureaux, jusqu'aux Éditions du Jour, dont il fréquentait les lancements et où il allait causer avec Victor-Lévy Beaulieu, en passant par la Librairie Déom, qui abrita longtemps l'Hexagone, la rue Saint-Denis aura marqué plus qu'aucune autre le destin de l'homme, du poète et de l'éditeur. (*Photo Denis Plain*)

Peu avant la mort de sa mère, Miron lui a présenté une jeune femme, Sandrine Berthiaume, diplômée en psychosociologie, qui élève seule son fils Jean-Patrick. Miron a près de cinquante ans, elle en a trente-trois. (*Archives Emmanuelle Miron, 1978*)

Avec Sandrine, Miron accède enfin à la vraie vie de famille dont il n'a cessé d'être privé depuis son adolescence. Les enfants, Emmanuelle et Jean-Patrick, sont sensiblement du même âge et partagent des jeux. On loue des chalets, on fait des voyages et, au cours de l'été 1978, on profite des plaisirs de la navigation sur le bateau d'un ami.

(*Archives Emmanuelle Miron*)

La relation avec Sandrine se détériore à partir de 1979, et Miron fait à la même époque la rencontre d'une hôtesse de l'air portugaise, Ana Paula Araujo. Leur liaison souvent orageuse prendra fin en 1982. (*Archives Emmanuelle Miron, 1980*)

Au tournant des années 1980, l'aventure des Messageries littéraires mobilise beaucoup d'énergie et cause de grands soucis à Miron. Avec Alain Horic, depuis dix ans son associé à l'Hexagone, Miron se retrouve aux côtés de Victor-Lévy Beaulieu, Jean Bode, directeur de la librairie Déom, qui a été le distributeur de l'Hexagone, et (assis au premier rang) Gaëtan Dostie, directeur des Éditions Parti pris et associé à plusieurs entreprises de Miron depuis le début des années 1970. (*Photo © Kèro*)

En 1981, Miron connaît la gloire française lorsque la réédition de *L'Homme rapaillé* lui vaut une invitation à l'émission de télévision *Apostrophes* de Bernard Pivot et l'obtention du prestigieux prix Apollinaire. De retour de Paris en mai, il brandit avec un grand rire la poignée de francs qui accompagnait son prix, sous le regard amusé d'André Roy (portant un bandeau), de l'écrivaine féministe Louky Bersianik et, au premier plan, du jeune Michael Delisle. À l'arrière-plan (portant lunettes), Gilles Hénault. (*Archives Gaëtan Dostie*)

En juillet 1982, Miron part en vacances aux îles de la Madeleine chez son ami le poète Jean Royer, alors directeur des pages littéraires du *Devoir*. Miron est accompagné de sa fille Emmanuelle et d'une jeune femme qu'il a rencontrée en 1980, mariée et mère de deux jeunes enfants. Marie-Andrée Beaudet (qui porte alors le nom de son mari : Hamel) deviendra en 1984 la compagne de Miron jusqu'à la mort de celui-ci en 1996. Aux îles de la Madeleine, le couple qui partage une même passion pour la littérature lit une page du roman récemment paru d'Anne Hébert, *Les Fous de Bassan*.

(*Archives Emmanuelle Miron / archives Marie-Andrée Beaudet*)

À partir de 1981, Miron multiplie les séjours heureux en France. À Paris, il retrouve souvent Dominique Noguez, comme ici devant les bureaux de *La Quinzaine littéraire* et des *Lettres nouvelles*. Venu comme professeur au Québec (il fut témoin de la crise d'Octobre 1970) avant d'entreprendre une carrière d'écrivain en France, Noguez est demeuré un des lecteurs français les plus chaleureux de Miron. Aux Journées Poésie de Rodez, en mai 1986, Miron côtoie par ailleurs deux frères en poésie : Frédéric-Jacques Temple, à qui il rend parfois visite à Montpellier, et Robert Marteau, établi à Paris après avoir longtemps vécu au Québec, où il a fréquenté le groupe de la revue *Liberté*. (*Archives Marie-Andrée Beaudet*)

À Québec, où se tient un sommet francophone en septembre 1987, Miron manifeste pour dénoncer à la fois le gouvernement de Robert Bourassa, qui ne défend pas avec fermeté la Charte de la langue française (loi 101), et le gouvernement fédéral de Brian Mulroney, accusé de financer les anglophones du Québec qui multiplient les contestations juridiques, notamment contre l'interdiction de l'affichage en anglais. (*Archives Emmanuelle Miron*)

Miron a connu ses amitiés les plus durables et profondes avec des hommes de sa génération qui partageaient sa passion pour la poésie et pour le Québec. Au cours de l'hiver 1994, il assiste à deux événements artistiques qui lui permettent de renouer avec ses vieux camarades rencontrés dans les années 1950. Avec Claude Haeffely et Roland Giguère, il assiste en janvier au vernissage d'une exposition de Giguère à la maison de la culture du Plateau-Mont-Royal. En février, il se rend au Centre canadien d'architecture assister à la première du film *Cornouailles* de son ami poète et cinéaste Pierre Perrault. (*Archives Yolande Perrault / photo Josée Lambert*)

À partir de 1984, Miron trouve avec Marie-Andrée Beaudet un amour quotidien et stable qu'il n'a pas connu auparavant dans sa vie. En avril 1992, le couple visite Prague après un arrêt en Allemagne.
(*Archives Marie-Andrée Beaudet*)

Le sourire complice qui unit Miron et sa compagne à la fin août 1996 ne laisse pas deviner le drame qui se prépare. Invité à Val-David au lancement de *Ressac*, un livre de l'artiste René Derouin, le couple ne se doute pas que, dans les jours suivants, le poète subira une crise annonciatrice d'un cancer. Il ne lui reste plus que quelques mois à vivre. (*Photo Lucien Isabelle, archives Emmanuelle Miron*)

À distance, Denise ne va pas moins continuer d'exprimer son amour à son cher Gaston, tout en envoyant des salutations fréquentes à Pauline et Gérald comme à son psychiatre Lorenzo Morin, bientôt accueilli en tant que poète aux Éditions de l'Hexagone. Les nombreuses lettres qu'elle envoie à Miron sur une période de trois ans constituent une véritable chronique des hauts et des bas de sa vie mexicaine, à laquelle participe un peintre québécois, Alan Glass, que Denise appelle toujours Alain dans ses lettres. Glass est un grand ami de Pauline Julien, il vit à Mexico depuis plusieurs années, où il cohabite avec le couple Jodorowsky. Miron ne cesse pour sa part d'envoyer à Denise des livres et des numéros de revues, notamment le magazine *Maclean* où on l'a cité dans un article sur *Parti pris* accompagné de la célèbre photo « joual » de l'équipe réunie sur le mont Royal en plein hiver[8]. Il doit aussi s'occuper d'obtenir le relevé de notes des cours que Denise a suivis à l'Université de Montréal en vue de son admission en philosophie à l'Université de Mexico. Mais surtout, de manière plus improbable, il devient pour elle pendant quelques années un important pourvoyeur de médicaments, qu'il obtient par une amie française, Louise Péan, employée à Paris chez IBM mais ayant des relations dans le milieu pharmaceutique. Ce transit Paris-Montréal-Mexico, selon toute apparence clandestin, pose évidemment des questions. Le mystère s'accroît quand on sait qu'au cours de l'été 1961, donc bien avant sa liaison avec Denise, Miron a reçu une lettre du Bureau canadien des douanes lui annonçant la saisie d'un paquet qui lui était adressé rue Saint-André et qui contenait un médicament narcotique illégal au Canada. À quelles fins faisait-il venir ces médicaments, lui qui n'a jamais rien eu d'un toxicomane ? L'affaire avait été mise entre les mains de la GRC, mais tout indique que Miron s'en était tiré avec un sévère avertissement.

Quoi qu'il en soit, Denise devient, à partir de 1965, la destinataire de ces mystérieux paquets. Entre les moments où elle lit avec allégresse Butor, Sarraute et les autres auteurs du nouveau roman et où elle voit les films de Buñuel et de Godard, elle sombre en effet dans de profondes crises d'anxiété qu'elle soigne avec de la stélazine, un antipsychotique qu'elle ne semble pas pouvoir se procurer au Mexique. Lorsque son fournisseur montréalais tarde à renouveler la provision, elle s'alarme et l'implore d'agir au plus tôt. Fin 1966, malgré les notes élevées qu'elle a obtenues à l'Université de Mexico, l'atmosphère tourne à la folie : elle se bagarre avec son ami Alain, elle ne dort ni ne mange plus, se dit affreusement maigre (quarante et un kilos!) et se cherche en vain un psychiatre dans Mexico, tout en proclamant à Miron : « Je t'aime, je t'aime. Tu es un des êtres les plus merveilleux que j'ai connus[9]. » Malgré son état déplorable, elle n'en continue pas moins de lire l'œuvre de Joyce, et surtout *Ulysse*, qui l'a « laissée toute petite », *La Ralentie* d'Henri Michaux où, comme à Mexico, « on pèle du cerveau [10] », ainsi que la revue *Parti pris*, surtout les chroniques de Patrick Straram qui lui donnent le désir de voir tous les films. Mais il y a aussi ce roman qui l'a renversée, *L'Avalée des avalés*, écrit par un jeune homme de vingt-quatre ans que Gérald Godin et Pauline Julien sont parmi les très rares personnes à connaître et à fréquenter au Québec. Réjean Ducharme, le romancier invisible, dont l'existence a même été mise en doute, va pourtant se manifester à Mexico, à l'automne 1967, en même temps que le poète Gilles Hénault, qui est alors directeur du Musée d'art contemporain et qui connaît bien Alan Glass. Denise annonce à Miron qu'elle a trouvé Ducharme « très sympathique, très sensible », et que Hénault s'est montré « adorable ». L'impression d'elle qu'ont pu avoir les deux écrivains semble plus équivoque : Ducharme lui a demandé si c'est le Mexique qui le rendait si surréaliste, et Hénault a carrément jugé qu'elle était « folle », un diagnostic qu'elle ne désavoue pas… Elle continuera d'écrire régulièrement à Miron jusqu'à l'été 1968, après lui avoir annoncé qu'elle vit maintenant seule en appartement : s'il acceptait de faire le voyage à Mexico, elle pourrait, dit-elle, le recevoir. Mais occupé à bien d'autres choses, Miron ne donnera jamais suite à cette invitation.

Des retrouvailles auront pourtant lieu à Montréal. Divorcée de Jodorowsky, Denise a eu un fils, Esteban, d'un second mari. Après un séjour malheureux en France, elle revient vivre au Québec au tournant des années 1980 et elle revoit Miron, qui est lui-même désormais le père d'une fille, Emmanuelle. Mais la passion n'y est plus. Ravagée par la maladie mentale et par l'alcoolisme, cette femme belle et brillante ne parvient plus à remonter la côte. En 1986, à bout de souffrances, elle connaîtra une fin tragique en se jetant devant une rame de métro.

*   *   *

« Aider les gars du FLQ », approvisionner Denise Jodorowsky en médicaments, envoyer de temps à autre de l'argent à sa mère alors qu'il vit lui-même avec un minimum de ressources : il semble que Miron n'a jamais tout à fait abandonné l'idéal d'apostolat qu'il formulait à l'époque des Amis de l'orphelin et autres œuvres de bienfaisance. Le temps qui lui fait toujours défaut pour écrire, il en perd naturellement beaucoup, mais il en a toujours assez pour faire des démarches d'assistance, pour appuyer une cause sociale, pour prêcher interminablement la bonne nouvelle indépendantiste au coin d'une rue ou pour passer deux heures au téléphone avec un auteur qui se trouve dans une phase dépressive. Car le métier d'éditeur inclut souvent, il s'en est rendu compte, un rôle de psychologue. En outre, ne pouvant plus s'appuyer sur une véritable équipe à l'Hexagone depuis 1964, il porte tout le poids du fonctionnement de la maison sur ses épaules. Quand survient un problème, c'est lui qui doit monter au front : par exemple, l'avocat de l'Imprimerie Yamaska lui envoie une mise en demeure parce qu'il refuse de payer les nombreux exemplaires défectueux de *L'Âge de la parole* de Roland Giguère ; ce conflit va s'éterniser. Au moins peut-il profiter du travail de diffusion désormais assuré par la Librairie Déom de Jean Bode, rue Saint-Denis, où il a d'ailleurs son bureau. Quant à Alain Horic, il s'occupe toujours de l'administration, mais son poste de directeur de rayon au magasin Dupuis Frères exige de longues heures, sans compter qu'il doit composer comme cadre avec une grève des employés qui a d'ailleurs d'importants échos à *Parti pris*. En effet, payant cher son « appel aux armes » de 1963 et s'étant vu fermer la porte de plusieurs journaux, André Major a obtenu grâce à Horic un emploi chez Dupuis, mais au rayon des articles religieux : vendre chapelets, médailles et crucifix tout en appartenant à une revue révolutionnaire marxiste, c'est pour le moins savoureux... Mais son article sur le conflit, dans lequel il observe que tous les travailleurs n'appuient pas la grève et que la fameuse solidarité prolétarienne peut connaître des ratés, fait sourciller le comité de rédaction[11]. Gêné par une certaine orthodoxie marxiste, Major s'éloigne de *Parti pris* dès 1965. Par la suite, Miron aura l'habitude, quand il le croise, de s'exclamer de sa grande voix moqueuse mais jamais méchante : « Ah ! mais voici notre jeune écrivain de droite ! » Il n'en demeure pas moins qu'à partir de cette date, même si Miron fait partie du comité de rédaction de la revue, sa contribution se résume aux notes brèves qu'il rédige pour la rubrique « Marginales » et dans lesquelles, sur le ton de la boutade et du sarcasme un peu collégiens, il s'en prend à Pierre Elliott Trudeau, au ministre québécois de la Justice Claude Wagner ou encore aux méfaits de l'anglicisation[12]. On est bien loin des synthèses littéraires et idéologiques que proposaient « Un long chemin » et les « Notes sur le non-poème et le poème ».

Sans emploi depuis Fomac, sauf pendant le pénible intermède de la Librairie de la Paix, il peut du moins consacrer davantage d'énergie à sa maison d'édition. Son humour, comme souvent, masque bien des misères : « Ce long temps de chômage a été bénéfique à l'Hexagone, explique-t-il à Rina Lasnier au milieu de l'été 1964. Ainsi que souvent je l'ai répété : il n'y a rien comme le chômage pour faire avancer les arts ! C'est le *farniente* fécond des anciens[13]. » Il est vrai que la récolte paraît riche : après quelques années de production assez modeste depuis son retour de France, il annonce maintenant « huit ouvrages » pour 1964-1965. Des auteurs déjà publiés à l'Hexagone reviennent au programme, tels Luc Perrier, Michel van Schendel, bientôt Fernand Ouellette et Paul-Marie Lapointe, mais des noms moins connus apparaissent : Gertrude Le Moyne, Andrée Chaurette, comme il y a eu Louise Pouliot à la fin des années 1950. Miron, on doit le constater, a rarement la main plus heureuse avec les femmes poètes qu'avec ses amoureuses. Si l'on met à part Gertrude Le Moyne, une auteure peu prolifique mais de qualité, il reste qu'aucune de ces femmes ne construira une œuvre dans la durée, alors que Marie-Claire Blais et Suzanne Paradis, dont les manuscrits soumis à l'Hexagone sont restés en attente, doivent finalement se tourner vers d'autres éditeurs. À la même époque, Cécile Cloutier et Andrée Maillet, que l'on croirait devoir loger naturellement chez Miron, publient plutôt chez Déom, comme Micheline Sainte-Marie, jadis, était allée aux Éditions Quartz.

Rina Lasnier, en raison de son âge et de son statut, se trouve naturellement dans une classe à part. Miron s'est montré fort contrarié, après la réussite de *Présence de l'absence*, lorsqu'il a appris à son retour de Paris la publication de *Mémoire sans jours* et de *Miroir* aux Éditions de l'Atelier, un éditeur de livres religieux qui la relègue de nouveau, c'est bien fait pour elle, « parmi le flot de la littérature édifiante[14] ». Il n'empêche qu'elle reviendra au bercail avec l'un de ses plus beaux recueils, *L'Arbre blanc*, en 1966. Quoi qu'il en soit, l'éditeur prend toujours grand soin de ses relations avec cette femme tatillonne — comme il le fait avec son autre vieil auteur, Alain Grandbois, qu'il est heureux d'informer chaque fois qu'un nouveau tirage de ses *Poèmes* devient nécessaire, et à qui il voudrait bien aller rendre visite à Québec où s'est établi l'auteur des *Îles de la nuit*, natif de Portneuf, après son long détour par le vaste monde. Mais ces promesses à répétition de visite seront rarement tenues.

Il faut dire que Miron travaille ferme à produire de nouveaux livres sur lesquels il mise beaucoup, et non sans raison. La moisson faste par excellence vient en 1965, qui est aussi l'une des années de grands crus de la littérature québécoise, avec la parution d'*Une saison dans la vie d'Emmanuel* de Marie-Claire Blais, couronné par le prix Médicis, et de *Prochain Épisode* d'Hubert Aquin. Dans le sillage du numéro fameux de *Parti pris*, « Pour une littérature québécoise », les planètes semblent alignées pour un bel avenir, aussi bien chez *Parti pris* qu'à l'Hexagone, qui n'aura rien connu d'équivalent depuis sa fondation en 1953. Coup sur coup, *Le Soleil sous la mort* de Fernand Ouellette et *Pour les âmes* de Paul-Marie Lapointe apparaissent comme des recueils majeurs, et Gilles Marcotte, entre autres, leur consacre de longues recensions très chaleureuses dans *La Presse*.

Mais le vrai coup d'éclat survient avec la publication de *L'Âge de la parole* de Roland Giguère. L'auteur des *Armes blanches* s'est longtemps absenté en France et, depuis la disparition de ses Éditions Erta en 1959, il se consacre pour l'essentiel à son travail de graveur. Malgré les pages admiratives que lui consacrait Marcotte dans *Une littérature qui se fait*, Giguère demeure, en ce milieu des années 1960, un auteur confidentiel, ses plaquettes à faible tirage étant épuisées. Son arrivée à l'Hexagone, à la fois comme poète et comme graphiste, est un nouvel indice du ralliement de nombreux auteurs venus d'autres horizons, en même temps que *L'Âge de la parole* accomplit la naissance, jusque-là officieuse, de la collection « Rétrospectives ». Pour Giguère, aussi discret que Miron est expansif, c'est une consécration soulignée par le Grand Prix littéraire de la Ville de Montréal qu'il accepte en 1966 en présence de son éditeur, ainsi que par le prix Québec-Paris. *L'Âge de la parole*, ce titre qui désigne simplement pour son auteur une période de sa vie davantage consacrée à la parole poétique qu'aux arts plastiques, devient sur-le-champ l'emblème de toute une époque où les mots ne « gèlent » plus « dans la bouche », comme l'a écrit Gilles Hénault, mais où tous et chacun la prennent, cette parole, lyriquement ou à tue-tête, à coups de poèmes ou de slogans, sur tous les tons, des plus sérieux aux plus fous. « Les mots-flots viennent battre la plage blanche[15] » : c'est la grande marée du renouveau, et toute une jeune génération qui n'a pas lu le *Refus global* et ignore souvent jusqu'au nom de Giguère découvrira bientôt l'automatisme et le surréalisme et s'en trouvera inspirée. En 1968, une revue de jeunes écrivains nés dans les années 1940, *La Barre du jour*, lui consacrera un numéro entier ayant pour thème « Connaissance de Giguère[16] ». Miron y rend hommage à l'ami, à l'artiste, au fondateur d'Erta qui l'a « éveillé, comme beaucoup d'autres, aux exigences typographiques et graphiques requises par le métier d'éditeur », et qui contribue désormais à la beauté des livres publiés à l'Hexagone. Et il salue au bout du compte le poète Giguère, auquel il a longtemps résisté, lui trouvant « des airs d'ailleurs », alors que le poète des *Armes blanches* écrit en fait une « poésie d'invasion », disant notre « ici véritable[17] ».

Pas plus que dans les années 1950, les succès littéraires de sa maison, que ce soient ceux de Giguère ou d'autres auteurs, n'assurent toutefois à Miron un gagne-pain digne de ce nom. De quoi vit donc l'éditeur chômeur en ne publiant ainsi que trois ou quatre recueils de poésie par an, même s'ils se vendent parfois à plusieurs milliers d'exemplaires et remportent des prix ? Il y a d'abord sa présence au sein de l'Association des éditeurs canadiens, qui ne lui permet pas seulement de prendre l'avion chaque automne vers l'Europe, d'y loger dans de bons hôtels et de se sentir ainsi un peu moins pauvre. Le reste de l'année, J. Z. Léon Patenaude, qui a mis sur pied le Salon du livre de Montréal, et Claude Hurtubise, dont les Éditions HMH prennent de l'essor, lui accordent fréquemment de petits contrats. Il arrive aussi qu'un soutien momentané tombe du ciel : ainsi, Guy Sylvestre lui annonce, à la rentrée de septembre 1965, une allocation ponctuelle de 100 $ par mois accordée par la Société des écrivains canadiens, sans même que le bénéficiaire en ait fait la demande ! À partir de 1966, Miron peut profiter d'un autre petit revenu comme pigiste, grâce à la chronique « Les livres à lire » qu'il tient mensuellement dans le magazine *Maclean*, dont le rédacteur en chef est son ami Paul-Marie Lapointe et qui rassemble alors une équipe de journalistes de renom, tels Louis Martin et Adèle Lauzon, et des camarades écrivains comme Gérald Godin, Gilles Hénault et Monique Bosco. De Paris, Jean-Marie Domenach y signe régulièrement un billet sur des thèmes d'actualité, que ce soit l'état du socialisme en France ou la montée d'un nouvel antiaméricanisme. La rubrique de Miron ne relève pas vraiment de la critique littéraire : il s'agit plutôt d'une douzaine de notes de lecture consacrées à des titres récemment parus ou réédités en format de poche. Très souvent, ces quelques lignes ne dépassent guère ce que l'on peut lire sur une quatrième de couverture. Il en est ainsi, par exemple, de la note sur *La Route d'Altamont* de Gabrielle Roy, en mars 1966 : « [Après le demi-échec de *La Montagne secrète*], nous la retrouvons dans ces nouvelles avec son regard chargé d'humanité, le naturel de son écriture, évoquant une fois de plus l'Ouest canadien où elle est née[18] ». Peut-on reprocher à Miron de faire du journalisme alimentaire ? La chronique lui permet tout de même de manifester ses choix et de faire passer des messages littéraires ou politiques : ici, tel petit ouvrage sur Jean-Paul Sartre, écrivain de la liberté, là un essai de René Dumont, pionnier de l'écologie, sur la famine dans le monde ; tantôt la biographie d'Edgar Varese par Fernand Ouellette, ou encore *Nègres blancs d'Amérique* de Pierre Vallières, « livre véhément, délibérément de parti pris, souvent émouvant, [qui] fourmille d'analyses sur le Québec contemporain, sur la lutte révolutionnaire en général, et propose une action en vue d'une transformation radicale des structures de la société[19] ». Miron quittera les pages de *Maclean* peu après la naissance de sa fille Emmanuelle, en 1969 ; il dispose alors d'une bourse de 4 000 $ du ministère des Affaires culturelles du Québec obtenue pour mettre la dernière main à son œuvre poétique. Le fait qu'il puisse quitter sa pauvre chambre de la rue Saint-André et emménager pour la première fois dans un appartement du carré Saint-Louis, au cours de l'été 1968, n'indique certes pas qu'il connaît désormais le grand luxe mais qu'à tout le moins un progrès de sa situation financière est survenu.

*   *   *

De 1966 à 1970, il lui reste pour l'essentiel à achever la somme poétique qu'il annonce maintenant depuis quinze ans. Quelques pièces ajoutées tardivement à l'ensemble étaient déjà largement écrites quand il travaillait encore à *L'Amour et le militant*. Certaines ébauches des *Poèmes de l'amour en sursis*, qui n'allait compter de toute manière que quatre pièces, figuraient dans des brouillons de *L'Amour et le militant* : ainsi en est-il du poème *Quand détresse et désarroi et déchirure…*, dont quelques fragments apparaissent sur un feuillet dédicacé à « Denise proche et lointaine » ; ce sera le poème *Au sortir du labyrinthe*[20]. Il en est de même pour *Camarade*, contemporain de ses amours avec Denise et certainement écrit avant qu'une tragédie ne se produise à l'été 1966 : un jeune étudiant du Collège Brébeuf, Jean Corbo, meurt déchiqueté, le 14 juillet, par la bombe qu'il allait poser à l'usine de la compagnie Dominion Textile, dans le quartier Saint-Henri. « Homme tu passes invisible dans la foule », disent les premières versions du poème désignant plutôt un militant anonyme, et c'est encore cette version que lit Miron dans une entrevue accordée en 1967. *Le Camarade* ne viendra s'ajouter au cycle de *L'Amour et le militant* que dans l'édition Maspero de 1981, et sans que le nom de Jean Corbo y apparaisse encore — suivi d'un des poèmes les plus tardifs de *L'Homme rapaillé*, *Le Salut d'entre les jours*, dédié à Pierre Vallières et Charles Gagnon, tous deux en prison depuis septembre 1966 et en attente d'un procès.

De plus en plus dans la deuxième moitié des années 1960, Miron représente ce cas, rarissime en littérature, d'un auteur parvenu à la renommée sans même avoir publié un livre qui porte sa seule signature. On a vu Alain Bosquet se résigner à l'omettre de son anthologie parue chez Seghers en 1962. L'année suivante, Guy Sylvestre ne lui accorde que deux minces poèmes dans la section « Jeune poésie » de son *Anthologie de la poésie canadienne-française*[21], le laissant loin derrière les Gatien Lapointe, Jean-Guy Pilon, Pierre Trottier et Suzanne Paradis. Au mieux, du moins en dehors d'un cercle de connaisseurs, il demeurerait un poète parmi d'autres, n'était-ce sa personnalité flamboyante. La parution de *La Marche à l'amour* et de *La Vie agonique* a évidemment changé la donne, en même temps que le poète lui-même a révélé, bon gré mal gré, des failles importantes dans son mur de résistance à la publication. Quand Bosquet propose en 1966 une nouvelle édition de son ouvrage chez Seghers, en coédition québécoise avec HMH, Miron fait cette fois bonne figure avec cinq poèmes, dont *Héritage de la tristesse* et *Les Siècles de l'hiver*, même si plusieurs de ses contemporains, y compris le poète-sociologue Fernand Dumont, occupent une place au moins égale. « Ce dont il faut louer Alain Bosquet, commente Jean-Guy Pilon, c'est de parler de la poésie canadienne comme d'une poésie nationale, autonome, originale. N'oublions pas qu'il fut l'un des premiers en France à le faire avec cette dignité[22]. » Il est clair que le Miron poète et éditeur n'aura pas été étranger à cet avènement.

Le terme *poésie canadienne* employé par Pilon commence toutefois à faire problème et suscitera un heurt avec Guy Sylvestre, malgré la gratitude qu'a Miron envers lui, tant pour l'allocation qu'il lui a fait verser par la Société des écrivains que pour son important travail de critique, dont le directeur de l'Hexagone s'est empressé d'ailleurs de le remercier à la suite d'un compte rendu « très juste » de *L'Âge de la parole* de Giguère[23]. Le problème, c'est que Sylvestre travaille alors à la préparation d'une anthologie bilingue à paraître en 1967, *Un siècle de littérature canadienne / A Century of Canadian Literature*[24], commanditée par la Commission du centenaire de la Confédération. C'en est trop et, au printemps 1966, Miron écrit en toute amitié à l'anthologiste afin de lui signifier son refus d'accorder les droits pour la reproduction de *Tristesse, ô ma pitié, mon pays* (*Héritage de la tristesse*), pour des raisons politiques sans équivoque : il se trouve « en désaccord » avec la Société des écrivains « canadiens » de Sylvestre, et il serait « illogique » pour lui « de publier dans une anthologie "canadienne" eu égard à [s]on engagement pour l'indépendance du Québec ou pour les États associés[25] » ; il s'agit, explique-t-il, d'une question d'intégrité personnelle, une ligne de conduite adoptée aussi par Paul Chamberland. C'est un signe des temps : parler de littérature ou de poésie « québécoise » devient à l'époque un acte politique, et cette désignation gagnera du terrain au cours des années suivantes.

Si l'on s'explique aisément que la notoriété de Miron ne cesse de s'accroître au Québec tout au long de la décennie, grâce à ses publications de même qu'à des lectures publiques, à des entrevues à la radio et à des interventions nombreuses sur divers fronts, sa réputation (encore modeste) à l'étranger étonne davantage. En France, il demeure certes peu connu du public lecteur de poésie, malgré la publication de quelques poèmes de *La Vie agonique* (devenue par erreur *La Vie organique* !) dans *Les Lettres nouvelles*, la revue de Maurice Nadeau, à la fin de 1966[26]. Mais ceux qui connaissent Miron forment un cercle influent et prestigieux comprenant des poètes comme Frénaud, Guillevic, Marteau, Glissant, Bosquet, Maurice Roche, André Laude ainsi que des journalistes tel René Lacôte, ou encore les intellectuels Berque et Domenach. D'autres relations s'établiront avant la fin de la décennie, avec Denis Roche, Pierre Oster, Robert Sabatier, Georges-Emmanuel et Sylvestre Clancier. Le terrain se prépare pour la réception de *L'Homme rapaillé*, même si l'heure de gloire ne viendra que plus tard, en 1981.

L'amorce d'un rayonnement du poète de *La Marche à l'amour* en Italie est plus inattendue, mais deux brefs séjours de Miron à Rome, en 1965 et 1966, établissent une relation durable avec ce pays qui lui aura accordé plus qu'aucun autre, à l'exception de la France, une réception généreuse tant par plusieurs traductions que par des invitations répétées : Bologne, Milan, Turin, Venise vont figurer sur plusieurs itinéraires du poète de *L'Homme rapaillé*, tout comme Rome et Padoue, deux villes qui feront même l'objet de poèmes tardifs, au début des années 1980[27].

C'est grâce à son amitié de longue date avec Gilles Carle que Miron, de retour de la Foire de Francfort, débarque pour la première fois dans la capitale italienne en octobre 1965[28]. Carle a fait la connaissance de l'écrivain Ennio Flaiano lors d'un passage de celui-ci à l'Office national du film : scénariste des plus grands réalisateurs, dont Fellini, Rossellini et Antonioni, Flaiano invite alors le cinéaste québécois afin de lui présenter Fellini et de l'introduire dans les milieux romains du cinéma. Carle vient de tourner son premier long métrage de fiction, *La Vie heureuse de Léopold Z* et sa carrière de cinéaste est en plein essor. Sachant que Miron ne rentre jamais directement à Montréal après la Foire allemande du livre, Carle l'informe qu'il séjourne à Rome cet automne-là et qu'il serait ravi de voir son vieux camarade de l'Hexagone s'y arrêter quelques jours.

Dès leur première rencontre, Miron et Flaiano se prennent d'affection l'un pour l'autre : après Pavese, voici un autre Italien conscient des nombreux ratés que connaissent nos vies, constituées d'« une suite ininterrompue d'erreurs[29] ». Mais au tragique du premier, Flaiano oppose avec subtilité l'ironie et l'humour, ce qui plaît à Miron : les deux hommes discutent allègrement de poésie, de cinéma, de politique. Le temps fait pourtant défaut et une nouvelle escale à Rome sera nécessaire, l'automne suivant, afin de poursuivre la conversation. On se doute qu'il y est parfois question des Italiennes, que Miron juge « indiciblement belles » en se demandant comment il est même possible de choisir… Mais les deux hommes causent surtout de Pasolini, de Baudelaire, et même du sermon des Béatitudes ! Miron s'amuse de l'humour parfois absurde de son ami Ennio qui lance, un soir : « Je vais me coucher tôt car je me lève tard demain ! » et il prend note de son point de vue (très lucide, d'ailleurs) sur la situation économique et culturelle contemporaine : « Le néo-capitalisme a gagné, c'est le désengagement, il n'y a plus d'artistes et d'écrivains maudits ; tous sont publiés, joués, exposés[30]. » Pour un poète québécois qui veut se fondre dans la condition commune, ce démocratisme en perte de sens peut être matière à inquiétude…

Les deux séjours à Rome provoquent une autre rencontre aux conséquences plus directes sur la poésie de Miron et sur la diffusion des poètes québécois en Italie. En effet, par l'intermédiaire de Flaiano, il rencontre un poète de Padoue, Angelo Bellettato, qui prépare à l'époque un recueil de ses propres poésies amoureuses tout en travaillant à des traductions du poète latin Ovide. Miron, qui n'a jamais été du genre à faire la seule promotion de son œuvre, lui fournit immédiatement une initiation accélérée à la poésie québécoise moderne et lui donne à lire l'anthologie d'Alain Bosquet. En quelques mois, le poète et traducteur italien va développer une passion pour les poètes du Québec : au printemps 1966, il a déjà traduit au moins deux ou trois pièces de tous les poètes importants et jusqu'à une dizaine de poèmes de Roland Giguère. Il aime *Recours au pays* de Jean-Guy Pilon, il adore Anne Hébert qu'il compare à Anna Akhmatova, mais il a renoncé à traduire Claude Gauvreau, vraiment trop difficile... Miron lui a aussi donné à lire sa *Marche à l'amour* parue quelques années plus tôt dans *Le Nouveau Journal* ; Bellettato est immédiatement conquis, il y voit l'un des plus beaux poèmes qu'il ait pu lire, « et pas seulement au Canada[31] ». Bientôt, Miron lui envoie *L'Amour et le militant* et, outre son projet d'anthologie québécoise en traduction et de publications partielles dans des revues comme *Epoca*, *Dimensioni* et *Nuova Presenza*, Bellettato a rapidement en tête un petit livre de Miron en édition bilingue qui réunirait *La Marche à l'amour* et *L'Amour et le militant*. Ce projet tardera à se réaliser mais verra finalement le jour en 1972[32]. Lecteur des poètes italiens comme Giuseppe Ungaretti et surtout Salvatore Quasimodo, dont il admire l'universalité solidement ancrée dans la terre sicilienne, le poète de *L'Homme rapaillé* dispose donc désormais de quelques entrées poétiques au pays de Dante.

*   *   *

C'est tout de même au Québec, et pour l'essentiel à Montréal, que se construit et s'amplifie la « légende Miron » depuis une quinzaine d'années, et il est clair que cette légende culmine dans les années qui précèdent immédiatement la publication de *L'Homme rapaillé* : le poète-qui-n'a-pas-publié-de-livre se trouve plus que jamais commenté, invité, interrogé, interpellé même, tant sur son itinéraire que sur un « silence » poétique qui devient de moins en moins justifiable. Ce sont, en même temps, des années où la crise politique qui déchire le Québec et remet en question l'existence même du Canada tel qu'on l'a connu atteint son paroxysme : la visite du général de Gaulle et son « Vive le Québec libre ! », la fondation du Parti québécois, les grèves et les manifestations souvent violentes de 1968 et 1969, les tensions linguistiques de la fin de la décennie, la crise d'Octobre — autant d'événements auxquels Miron se trouve souvent mêlé, tantôt dans la rue, tantôt comme commentateur, parfois sur scène (notamment dans la tournée des *Poèmes et chansons de la résistance*), jusqu'à ce que, finalement, lors de la crise d'Octobre 1970, il soit emprisonné sous la Loi des mesures de guerre.

Mais pour ce qui touche à son œuvre poétique elle-même, il reste qu'aucun événement antérieur à la parution de son livre n'aura connu un retentissement aussi profond et durable que la conférence prononcée à l'Université de Montréal par Jacques Brault, le 10 février 1966, dans le cadre des « Conférences J. A. de Sève ». On peut parler d'un moment fondateur, d'un texte dont le titre même, « Miron le magnifique », fait date et dont le contenu demeurera une référence indispensable à toutes les lectures ultérieures de l'œuvre.

Le public d'amis, d'écrivains, d'étudiants et de professeurs qui se presse dans l'auditorium M-415 du pavillon principal en ce soir d'hiver est certes attiré par l'aura qui entoure la réputation de Miron, mais aussi par la qualité du conférencier. Depuis la fondation de *Parti pris*, le statut de Brault se trouve en effet en pleine ascension : lui et Miron, avec Paul-Marie Lapointe, ont été les premiers poètes à publier dans la revue à l'automne 1963 et *Suite fraternelle* a fortement impressionné. On a retrouvé les deux noms au sommaire de « Pour une littérature québécoise », le numéro-manifeste de janvier 1965, aux côtés des Chamberland, Godin et Major. Peu après, la parution de *Mémoire*, dans la collection « Poésie canadienne » de la Librairie Déom, est venue établir l'importance de Brault comme l'une des voix majeures de la poésie du pays, même si le recueil ne connaîtra sa pleine consécration qu'à sa sortie à Paris chez Grasset, en 1968.

Déjà proches depuis l'époque de la première rencontre des poètes à la Maison Montmorency, les deux hommes ont fraternisé à la Maison des étudiants canadiens à Paris, au moment où Brault poursuivait des études de doctorat à la Sorbonne, ce qui devait lui ouvrir par la suite les portes de l'Institut d'études médiévales de l'Université de Montréal, où il enseigne alors depuis quelques années. Dès leur séjour parisien, entre des conversations intenses sur la politique et la poésie, il arrivait souvent à Miron de confier à son ami des ébauches de poèmes et des notes diverses dont il le jugeait plus apte que lui-même, en tant qu'universitaire, à faire bon usage.

Brault a donc pu accumuler une certaine documentation et Miron, informé de cette conférence à venir, lui remet d'autres papiers. Brault sait qu'au-delà des poèmes déjà publiés se profile toute une masse d'écrits, de commentaires et peut-être de poèmes en friche et un peu mystérieux, tels ceux qui doivent constituer *La Batèche*. Il sait tout autant que pour parler de cette œuvre encore méconnue, il ne pourra éviter tout à fait le personnage, ne fût-ce que pour ensuite le repousser en coulisses, comme l'indique d'ailleurs l'entrée en matière de sa conférence :

> Qui parmi nous ne connaît pas Gaston Miron ? Cet homme répandu comme une légende, animateur et agitateur de première force, dont le visage se confond presque avec le visage de notre société, lui qui semble afficher tout son être sur la place publique, cet homme pourtant a ses replis et, comme chacun, ses contradictions le rendent inaccessible à lui-même[33].

Les notes préparatoires de Brault montrent en tout cas qu'il connaît à fond le tempérament de son sujet, agissant toujours par une « suite d'impulsions », « capable d'efforts intenses, mais non soutenus », préférant souvent assumer les tâches seul plutôt que de travailler en équipe. Le qualificatif même de *magnifique*, qui apparaît dans le poème *Foyer naturel* (« moi le noir / moi le forcené / magnifique[34] »), le conférencier l'a trouvé dans une note récente de Miron qu'il s'est empressé de recopier :

> Magnifique : comme un sportif dont on dit qu'il a fourni un effort magnifique, même s'il est vaincu. C'est cela, pour moi, être magnifique (dans un poème). C'est aussi me tenir en forme [...], de cette forme qui harcèle les confins de la résistance et de la découverte humaines, toujours plus poussées[35].

Cette poétique de l'athlète vient de loin : courir les quatre cents mètres au Clan Saint-Jacques ou écrire des poèmes, cela aura toujours été en quelque sorte une même performance, un seul corps luttant contre la répétition et l'inertie, une manière semblable de repousser les limites.

La conférence de Brault est avant tout une brillante traversée de l'œuvre elle-même. Le commentateur a voulu mettre en lumière un mouvement, une dynamique : les extraits de *La Batèche* et de *La Vie agonique* illustrent une poésie fondée sur la discordance et les contradictions, qui transforme le « désespoir » et l'« extrême lassitude » en une « énergie explosive ». Le cycle de *La Marche à l'amour* apparaît comme une superbe exploration du temps humain et une quête du couple toujours à venir. Mais Brault, qui ne cache ni son admiration ni son émotion, ne craint pas à l'inverse d'inscrire des bémols. Ainsi, la grandeur de *La Marche à l'amour* n'empêche pas le conférencier de constater qu'elle « impose au couple la nécessité d'un seul partenaire, qu'elle force l'absolu en niant l'altérité, qu'elle établit le consentement de la femme sur la sujétion ». Quant à l'épilogue des *Monologues de l'aliénation délirante* :

> à partir de la blanche agonie de père en fils
> à la consigne de la chair et des âmes
> à tous je me lie
> jusqu'à l'état de détritus s'il le faut
> dans la résistance
> à l'amère décomposition viscérale et ethnique
> de la mort des peuples drainés
> où la mort n'est même plus la mort de quelqu'un

le commentateur observe que, « hormis le dernier vers, cet extrait ne représente pas ce que Miron a écrit de mieux ». Mais l'œuvre qui veut « tenir l'agonique dans une position de progrès » n'en est pas moins bouleversante de « grandeur tragique ».

Quand Brault conclut sur l'évocation troublante d'un avenir où, Miron étant disparu, il ne restera plus que sa parole poétique, l'ovation fuse. Ils sont là nombreux, les amis de *Parti pris* et de l'Hexagone, y compris Claude Haeffely qui vient d'entrer au ministère des Affaires culturelles et qui a en tête d'organiser d'importants événements poétiques. Plusieurs collègues de Brault à l'université sont également présents, dont Georges-André Vachon qui dirige alors la revue *Études françaises*. Un jeune journaliste, Robert Barberis, qui a été délégué par l'hebdomadaire des étudiants, *Le Quartier latin*, signe une semaine plus tard un long compte rendu de la conférence de Brault[36]. C'est le témoignage d'un jeune au début de la vingtaine qui, faute d'avoir été un lecteur assidu du *Nouveau Journal* ou de *Liberté*, ignore presque tout de la poésie de Miron, même s'il a croisé l'homme à la Librairie de la Paix, le cigare aux lèvres, l'air affairé, en libraire peu orthodoxe qui s'est vite lancé dans de véhémentes envolées sur la politique et la littérature avant de lui recommander quelques lectures. Mais désormais, aux yeux du jeune homme, un « miracle s'est produit par la magie d'une approche critique profondément chaleureuse » : le poète Miron s'est révélé dans une ampleur insoupçonnée, et une « identité québécoise » a pris conscience d'elle-même.

Comme un grand nombre d'auteurs, Miron se serait senti mal à l'aise d'assister à une conférence ayant pour objet son œuvre, mais il a demandé à un ami diligent d'apporter dans la salle un magnétophone, ce qui lui permet d'écouter la conférence le soir même et d'appeler Brault dès le lendemain pour le remercier et lui faire ses commentaires. Il ne peut s'empêcher d'être flatté par une analyse qui cerne avec tant d'intelligence la teneur d'une entreprise poétique qu'il a lui-même si souvent dénigrée. Quel paradoxe, quelques mois seulement après son texte sur « le non-poème », lui qui disait en être réduit aux « slogans » ! Il sera donc, vaille que vaille, un poète malgré lui. Quant à la « légende Miron », elle ne repose plus sur une aussi profonde méconnaissance, mais elle en sort néanmoins grandie. Car si Brault n'a cessé de faire entendre les poèmes déjà achevés, il a aussi dirigé le regard vers des morceaux de l'œuvre qui demeurent selon toute vraisemblance enfouis, voire des cycles entiers en gestation. *La Marche à l'amour* et *La Batèche* pourraient bien être, pour autant qu'on puisse juger, toujours à venir. Mais les réticences et les atermoiements de Miron ne traduisent-ils pas précisément cela : le temps chez lui, que ce soit celui de l'amour, de la poésie ou du politique, se conjugue toujours au futur ? Les légendes qui, comme le disait Patrice de La Tour du Pin, puisent à la plus archaïque mémoire pour réchauffer les peuples ne vivent-elles pas tout autant d'un avenir encore inaccompli ? Miron, en 1966, est très loin d'en avoir fini avec son propre avenir.

*   *   *

Il y aura bien des illusions à cet égard. Dans sa réponse à une correspondante qui, comme tant d'autres à l'époque, souhaite obtenir de lui le récit détaillé de son parcours, il inclut une chronologie avec cette précision sur les poèmes qu'il a publiés : « Il n'y a pas d'inédits, ce sont les seuls, contrairement à la croyance des professeurs[37] ! » On ne l'écoute guère, on a du mal à croire qu'un poète « magnifique » qui publie parcimonieusement, à droite et à gauche, depuis plus de quinze ans, ne cache pas dans sa chambre un coffre au trésor : les éditions successives de *L'Homme rapaillé* ne feront rien pour étouffer cette croyance.

Mais à peu de chose près, il dit vrai, et il ne ment pas non plus, pour une fois, en soutenant qu'il a (presque) cessé d'écrire — ce qui lui permet d'autant plus de s'activer tous azimuts, comme le « forcené » qu'il dit être et qu'il n'est pas vraiment, ayant toujours profité d'un sain équilibre mental. Quelle est donc pourtant cette fascination qu'il a pour la folie, et surtout, par quel étrange coup du destin se trouve-t-il, à cette époque de sa vie, si fréquemment en présence de personnes qui souffrent de problèmes mentaux, de Denise Jodorowsky à Ghislaine Duguay, qui lui donnera une fille, en passant par Claude Gauvreau qu'il cherchera à soutenir avant que le poète automatiste ne mette fin à ses jours en 1971 ? Comme si la dose ne suffisait pas, voici qu'une autre figure inquiétante, Juan (ou parfois Jean) Garcia, un jeune poète né au Maroc de parents espagnols et arrivé au Québec à l'âge de douze ans, hante depuis quelque temps le milieu littéraire et les rues de Montréal. Très doué, il s'est rapidement attiré la sympathie de Miron et de Brault : celui-ci, devenu son protecteur, doit cependant composer avec des crises qui donnent au jeune homme des allures assez menaçantes. Un jour, c'est Gilbert Langevin, pourtant lui-même excessif, qui appelle Brault au secours depuis une librairie du centre-ville : « Viens vite, Garcia veut me tuer ! » Un soir, c'est Miron, très énervé, qui réclame son aide : « Jacques, est-ce que Garcia t'a téléphoné ? Il paraît qu'il m'attend quelque part avec une barre de fer ! » Mais les violences du jeune poète sont purement verbales, lui explique Brault, qui doit parfois aller cueillir le malheureux en pleine nuit, alors qu'il se trouve en détresse dans quelque rue obscure. Miron, de son côté, a bientôt compris que Garcia n'est pas aussi dangereux qu'il le paraît et qu'il est surtout un excellent poète, porté par une passion fulgurante et charnelle dans lequel l'auteur de *La Vie agonique* peut se reconnaître. En 1967, la parution d'*Alchimie du corps* à l'Hexagone va préparer le terrain à la consécration de Garcia par le Prix de la revue *Études françaises* en 1971, un an après que Miron aura obtenu le même prix pour *L'Homme rapaillé*[38]. Mais le poète de *Corps de gloire* n'habite déjà plus au Québec depuis quelques années. Trois ans plus tôt, en mars 1968, une émouvante lettre est parvenue à Miron par l'intermédiaire de Brault. Garcia habite alors chez sa sœur à Gandia Playa, en Espagne. Tout en demandant des nouvelles de la réception critique et des ventes d'*Alchimie du corps* paru quelques mois auparavant, Garcia s'y excuse de ses violences verbales, dues à sa maladie : « Mon amitié pour toi n'a rien de changé [...]. Tu es mon éditeur et mon camarade en poésie[39]. » Cet être de grande souffrance ne va plus rentrer au pays : traité dans un institut psychiatrique à Pau, dans le sud de la France, il continue pourtant à écrire, et la « rétrospective » de son œuvre paraîtra à l'Hexagone en 1989[40].

Il faut dire que par-delà les destins individuels souvent tragiques, le Québec de la fin des années 1960 atteint des extrêmes dans le refus de l'ordre et de la normalité, d'ailleurs en harmonie avec l'Occident entier qui vibre à toutes les révolutions, à toutes les subversions, que ce soit par la violence ou par l'amour universel (« *Make love not war* »), par la critique d'inspiration marxiste ou par le recours à l'irrationnel, nourri par la relecture des écrivains surréalistes, l'écoute de la musique rock et l'usage de substances « psychédéliques ». Quelle que soit la manière, l'objectif semble presque toujours le même : abattre enfin le vieux monde, détruire le système en place pour inventer, espère-t-on, une société meilleure. Les émeutes répétées dans les ghettos noirs américains, le mouvement croissant contre la guerre au Vietnam et la révolte de Mai 68 en France cristallisent cet esprit de rébellion sur le plan politique tout comme les grands rassemblements euphoriques, dont l'emblème absolu demeure le festival de Woodstock, en août 1969, qui attire près d'un demi-million de jeunes venus célébrer le nouvel âge dans les verts pâturages de l'État de New York. Une tentative d'imitation de ce happening collectif à Manseau, en pays québécois, connaît toutefois un échec retentissant.

Ce n'est pas par hasard que se développe en même temps au Québec un véritable culte pour des figures littéraires transgressives comme Émile Nelligan, Claude Gauvreau ou Jack Kerouac, dont le passage à Montréal pour une participation plutôt éthylique à la célèbre émission *Le Sel de la semaine*, en mars 1967, constitue une heure mémorable de la télévision et va conférer au romancier lyrique de *Sur la route* le statut de mythe canadien-français. Le cas de Nelligan, mort en 1941, est différent, mais sa psychose est tout aussi riche en pouvoir symbolique. Claude Fournier, un poète de la première heure à l'Hexagone et ensuite passé au cinéma comme plusieurs compagnons de Miron, tourne en 1968 un documentaire sur le poète du *Vaisseau d'or*[41]. Miron y est appelé parmi d'autres à la barre comme témoin, dans le cadre d'une enquête fictive visant à éclairer la vie et l'œuvre du jeune poète génial, interné pendant les quarante dernières années de sa vie dans un hôpital psychiatrique. À en croire l'avocat qui présente Miron sur un ton typique des extravagances de l'époque, celui-ci aurait déjà revendiqué le statut de « poète maudit » et il symboliserait aux yeux de plusieurs « l'impuissance de la littérature canadienne-française »... Loin de se laisser démonter, le témoin ne mâche pas ses mots pour marquer ses distances : « Nelligan, avec sa thématique aliénante, représente pour moi la dimension psychopathologique de notre littérature. » Même s'il a eu le grand mérite d'être le seul de son époque à considérer la poésie comme une vocation et non comme un loisir, Nelligan incarne, par son refus de la réalité qui confinait à la maladie, « l'aliénante délirante » que le poète de *La Vie agonique* rattache à la condition coloniale et au bilinguisme. *Le Dossier Nelligan* et l'interprétation proposée par Miron contribueront à établir pour de bon le poète interné comme un symptôme national. Mais c'est toute la littérature québécoise, et bientôt *L'Homme rapaillé*, qui tend à être lue, en cette fin de décennie, comme la manifestation d'un psychisme collectif longtemps déficient et désormais en voie de guérison.

*   *   *

Ni fou ni maudit, « l'homme agonique » est-il, comme le concluait Jacques Brault, « en progrès » ? Chose certaine, sur la scène culturelle, Miron se fait d'autant plus visible et omniprésent que son livre, lui, se dérobe. On le voit souvent à la Casa Pedro de la rue Sherbrooke en compagnie de Patrick Straram et depuis peu au Gobelet, une brasserie et galerie d'art du quartier Villeray où se réunit régulièrement une assemblée de « chevaliers » des arts et des lettres voués au bon boire et à la bonne chère. Reçu comme membre en règle, il peut y faire résonner son verbe mais aussi y signer le texte de présentation d'une exposition du sculpteur et graveur Robert Roussil, qu'il a souvent croisé et dont il salue l'insoumission et l'audace créatrice[42].

Une autre scène, plus exotique, s'est créée au centre-ville, rue Metcalfe, en 1965 : des poètes haïtiens ayant fui les terreurs du régime Duvalier cherchent à guérir les plaies de leur exil forcé en se réunissant au café-restaurant Le Perchoir d'Haïti et ont vite décidé d'y organiser des soirées de poésie. On y entend Anthony Phelps, Serge Legagneur, Gérard Étienne, Roland Morisseau. Les « lundis du Perchoir » trouvent un écho chez les poètes du milieu montréalais et Miron ne tarde pas à s'y manifester : lecteur d'Aimé Césaire, il a en mémoire un poème des *Armes miraculeuses* qui a pour titre *Batouque*, du nom d'une danse brésilienne importée d'Afrique. Il n'en faut pas plus pour qu'il baptise « Batèche batouque » le groupe métissé de poètes qui participe à ces soirées et parmi lesquels, aux côtés des Haïtiens, on retrouve Paul Chamberland, Denise Boucher, Gilbert Langevin, mais aussi des plus jeunes comme Nicole Brossard, Juan Garcia et Michel Beaulieu, qui vient de fonder les Éditions de l'Estérel, où la littérature d'une nouvelle génération va se manifester pendant quelques années. Entre le pays haïtien perdu et le pays québécois en gestation, la poésie ouvre un territoire commun où s'entrecroisent les voix et se tisse une fraternité. Même solidement écrite, c'est une poésie vocale, évadée des livres, qui aspire souvent à la performance : des poètes comme Raôul Duguay et Claude Péloquin font leur apparition au Perchoir et annoncent la grande époque d'une poésie scénique qui va culminer avec la Nuit de la poésie de mars 1970, dont Miron sera l'un des organisateurs.

Paul Chamberland qualifie Miron de « pollinisateur », et il est vrai que le captif du « non-poème » ne cesse d'animer, d'encourager, d'inspirer. Si l'on souhaite un regard informé sur la poésie et sur l'identité québécoises, on pense tout de suite à lui. Lorsqu'un journaliste français, Hugues Desalle, arrive à Montréal au printemps 1967 afin d'y réaliser un enregistrement dans le cadre d'une série consacrée aux cultures des pays francophones dans le monde, il choisit de rencontrer le duo de Gaston Miron et Gérald Godin[43]. En fait, l'entretien tourne plutôt au dialogue entre deux poètes québécois qui, tout liés qu'ils sont par l'amitié et un même projet politique, n'en ont pas moins des rapports très différents à la langue et à la poésie. Les lectures croisées qui scandent l'échange l'illustrent d'une manière savoureuse. Godin lit de nombreux extraits de ses *Cantouques*, parus quelques mois plus tôt aux Éditions Parti pris :

> ma turluteuse ma riante
> ma toureuse mon aigrie
> sans yeux sans voix échenollé tordu tanné
> démanché renfreti plusieurs fois bien greyé
> de coups de pieds dans le rinqué
> de malheurs à la trâlée
> flaubeur d'héritages et sans-cœur
> me voici tout de même ô mon delta ma séparure
> ma torrieuse mon opposée
> tout à toi rien qu'à toi par la rivière et par le fleuve
> ma grégousse ô mon amour

Le moins qu'on puisse dire, c'est que Miron n'a jamais parlé sur ce ton à son amoureuse, ce qu'il démontre d'ailleurs sans équivoque en enchaînant avec sa lecture de *La Marche à l'amour* :

> Tu as les yeux pers des champs de rosées
> tu as des yeux d'aventure et d'années-lumière
> la douceur du fond des brises au mois de mai

Jamais peut-être le mythe du « Miron poète oral » n'aura paru aussi trompeur, tant le contraste est saisissant entre la « parole verte et populaire » poétisée par Godin et l'écriture très littéraire du poète de *La Marche à l'amour* et de *L'Amour et le militant*. Godin étant de dix ans son cadet, Miron met en partie ce décalage sur le compte des générations qui, explique-t-il, se succèdent au Québec à un train d'enfer : il s'est agi pour lui de redonner sa « dignité poétique » à la langue parlée au Québec depuis deux siècles, tandis que Godin peut maintenant « récupérer cette langue dans toute sa vulgarité, dans toute sa saveur également, pour que les gens n'aient plus honte de leur langue ». Miron n'écrirait jamais : « j'en ai soupé j'm'en va cheu nous », comme le fait Godin en mimant la langue orale pour exprimer son exaspération. On voit poindre ici le fameux débat sur le « joual » qui fera se déchaîner bien des opinions dans la décennie suivante, non sans de profonds malentendus.

Pour Miron, trois ans avant *L'Homme rapaillé*, cet échange est l'occasion de résumer une fois de plus son projet poétique et politique : *dignité, émancipation, reconquête de soi*, tels sont les mots clés d'une entreprise dont le poète parle volontiers au passé : « Moi, j'ai voulu, par la poésie, investir ma vie, investir ma réalité et investir aussi un peuple de ses signes », ou encore : « Si un peuple disparaît, c'est une chose effroyable pour l'humanité. C'est aussi ce que j'ai essayé de crier au monde à partir de ma réalité à moi, à partir de cette agonie que nous vivons. » La poésie a parlé : mais l'enjeu politique, lui, demeure on ne peut plus actuel.

L'entretien réalisé par Desalle sera diffusé sur disque 33 tours à Paris, sous le titre *L'Âme du Canada français par deux poètes du Québec*, dans une collection, « L'âme de… », qui comprend plus d'une soixantaine de microsillons. « L'archaïque Miron » n'échappe pas à l'âge du disque et de l'image. Même la scène s'ouvre désormais à son personnage, à la faveur de la complicité qui s'est établie depuis quelques années entre la chanson et la poésie. Gilles Vigneault, Georges Dor, Gilbert Langevin et Jean-Paul Filion pratiquent les deux genres, et le thème du pays se répercute partout, en une sorte de grand-messe nationale célébrée dans d'innombrables boîtes à chansons. L'Hexagone va prendre acte de cette conjoncture en publiant Georges Dor et, bientôt, un essai de sœur Aline Robitaille sur Gilles Vigneault.

C'est dans ce contexte que Miron se présente, en ce même printemps 1967, sur la scène de La Butte à Mathieu, l'un des hauts lieux de la chanson québécoise, situé à Val-David dans les Laurentides. Le problème, c'est que La Butte est un lieu bien différent du Bar des Arts ou du Perchoir d'Haïti : le public n'est pas venu pour écouter un poète qu'il connaît d'ailleurs à peine, mais pour entendre Georges Dor, son camarade de longue date devenu une vedette de la chanson grâce surtout à l'immense succès récent de *La Manic*. L'accueil fait à Miron, que Dor présente en première partie de son spectacle, est pour le moins froid, voire hostile, ce que ne manqueront pas de déplorer les journalistes présents. Mais on le sait depuis longtemps, l'homme n'est pas du genre à se laisser vaincre : accueilli par quelques huées, il parvient à faire taire les mécontents grâce à des poèmes au grand souffle comme *Compagnon des Amériques* — et aussi, il est vrai, en sortant de sa poche son harmonica pour entonner de sa voix rustique quelques chansons du terroir, dont la fameuse *Complainte de la Mauricie* (« Ah ! que le papier coûte cher dans le Bas-Canada »), son refrain fétiche qu'il reprendra dans d'innombrables lectures publiques tout au long de sa vie. Mais malgré la publication à l'Hexagone des *Poèmes et chansons* de Georges Dor, coup d'envoi d'une nouvelle collection conçue par Miron, et malgré l'essai d'Aline Robitaille sur Gilles Vigneault qui sera publié l'année suivante, le mariage des deux genres demeure précaire, les publics ne coïncidant guère. Cependant, un événement d'une autre ampleur et d'une portée plus politique réunira poésie et chanson et remplira des salles à partir du printemps 1968, permettant ainsi à Miron de remonter sur scène.

Pour le moment, c'est l'année de l'Exposition universelle et, au début de septembre, Miron fait du service à la « Rencontre mondiale de poésie » tenue à l'Expo sur le thème « Les Poètes et la terre des hommes », dont le comité organisateur comprend des noms connus : Guy Sylvestre, Jean-Guy Pilon, Frank Scott, Louis Dudek. On espérait y voir des géants comme Senghor, Neruda ou Pound, qui se sont tous désistés, mais de nombreux poètes majeurs participent aux

séances de travail et à un grand récital de clôture qui voit Miron
lire des traductions du poète polonais Adam Wazyk. La rencontre
devient aussi l'occasion pour les poètes rassemblés d'appuyer un
groupe d'écrivains tchèques, dont un Milan Kundera encore peu
connu à l'Ouest, qui ont récemment réclamé une plus grande liberté
d'expression : le « printemps de Prague » commence à se profiler et
Miron signe sans hésitation la pétition qui circule durant la rencontre.

Les journaux font grand état des diverses manifestations liées à
ce colloque, qui permet à des personnalités littéraires comme Pierre
Emmanuel, Pierre Seghers et Georges Shéhadé de présenter des
conférences au Pavillon français, dont l'importante programmation
culturelle se trouve sous la responsabilité du poète et critique Georges-
Emmanuel Clancier, venu à Montréal avec son fils Sylvestre, lui-même
appelé à devenir un important animateur de la poésie à Paris. Pour
Miron toutefois, absent des débats et occupé surtout à rendre de
menus services, la Rencontre mondiale de poésie lui aura d'abord
fourni la possibilité de retrouver des amis déjà fréquentés à Paris :
Guillevic et Frénaud. Il nourrit des affinités profondes avec eux, ce sont
des poètes qui parlent juste et vrai, attachés qu'ils sont à la réalité des
hommes : Guillevic, solidement ancré dans sa terre bretonne, Frénaud,
qu'il a salué fraternellement dans « Ma bibliothèque idéale ». Il leur
fait visiter Montréal et peut même les emmener dans son pays natal
des Laurentides, qu'il aimera toujours faire découvrir à des visiteurs
étrangers. Ce sont quelques jours d'amitié partagée et d'échanges sur
la poésie et la situation actuelle du Québec.

Malgré cette rencontre prestigieuse, la poésie occupe une place
modeste dans le cadre euphorique d'Expo 67, qui se veut à la fois un
éloge de l'hypermodernité technique et culturelle, une consécration de
Montréal comme grande métropole et un hymne au Canada qui fête
alors son centenaire. Cette célébration à plusieurs volets est toutefois
troublée par un formidable séisme politique, survenu le 24 juillet : un
certain général qui a mis un terme à la guerre d'Algérie reçoit alors
un accueil triomphal de Québec à Montréal et ose reprendre à son
compte, du haut du balcon de l'hôtel de ville, le cri de ralliement des
indépendantistes : « Vive le Québec libre ! » Le retentissement est
planétaire, tandis que de Gaulle, conspué par le Canada anglais, est
sèchement invité par les autorités fédérales à rentrer chez lui.

* * *

L'année précédente, Pierre Vallières et son camarade Charles Gagnon ont tenté en vain d'alerter l'opinion mondiale sur la situation québécoise en manifestant à New York devant l'édifice de l'Organisation des Nations unies. Bientôt ramenés au Canada et emprisonnés, ils attendent toujours leur procès en 1967-1968, et un journaliste engagé dans la gauche indépendantiste, Jacques Larue-Langlois, imagine un grand spectacle-bénéfice qui réunirait chansonniers et poètes afin de recueillir des fonds pour la défense des deux prisonniers politiques accusés d'incitation au terrorisme. Le journaliste militant ne tarde pas à contacter Pauline Julien que ses positions politiques et sa notoriété auprès du grand public imposent comme une coorganisatrice et une tête d'affiche idéale : le spectacle *Chants et poèmes de la résistance* est déjà en train de prendre forme[44]. La chanteuse a des entrées partout dans le milieu des artistes et des auteurs, et elle n'a aucun mal à recruter des chansonniers déjà établis : Raymond Lévesque, Georges Dor, Clémence DesRochers mais aussi des étoiles montantes comme Robert Charlebois et Louise Forestier. Le Quatuor de jazz libre du Québec fera entendre la révolution en musique. Les poètes sont moins nombreux, mais Miron fait le poids en compagnie de Claude Gauvreau, et d'autres poèmes pourront être lus par des comédiens, Jean Duceppe et Michèle Rossignol. À la suggestion de Pauline Julien, Rossignol est rapidement partie à la recherche de textes engagés écrits par des femmes, un genre qui ne court pas les rues. C'est ainsi que son amie Michèle Lalonde, qui a alors en chantier un long poème politique, lui propose *Speak White* à temps pour la première du spectacle qui a lieu le 27 mai 1968 à la salle du Gesù. *Speak White* deviendra presque instantanément un classique de la poésie engagée et son mot de la fin : « Nous savons que nous ne sommes pas seuls », résonnera longtemps.

On pourrait croire Miron tout à fait à l'aise sur une scène, mais ce grand timide est davantage au naturel dans des prestations impromptues au coin d'une rue. Dans des représentations préparées, sous l'œil de projecteurs qu'il sait braqués sur lui, il s'applique un peu trop, il devient un peu guindé, ce qui n'empêche pas ses grands poèmes politiques de *La Vie agonique* de produire leur effet. Mais c'est davantage Gauvreau qui crée l'événement, comme il le fera à la Nuit de la poésie de 1970 : si Miron est un lutteur, que dire de cet homme trapu, la poitrine bombée, la moustache généreuse, le front haut, fonçant sur la scène avec l'intention d'en découdre avec un public souvent sceptique et prompt à la moquerie. Miron a pu faire entendre les accents nobles du militantisme :

> Mes camarades au long cours de ma jeunesse
> si je fus le haut-lieu de mon poème, maintenant
> je suis sur la place publique avec les miens
> et mon poème a pris le mors obscur de nos combats[45]

mais c'est une autre révolution que clame fièrement le poète automatiste, dans une langue « exploréenne » à faire trembler les colonnes du temple :

> Voluthlècle les criastons ogchuptent les tris de trayon à traîne
> seyante L'ogduma de la Douma à ventuple exacte et brêle
> Le chibois à uspuches transgondeines et galiwouples[46]

Entre *Bozo-les-culottes* de Lévesque et *CPR Blues* de Charlebois, « l'âge de la parole » ne paraît plus connaître ni contraintes ni frontières. Nous sommes, il est vrai, en mai 1968, et il est désormais « interdit d'interdire ».

Le succès du premier spectacle permet à Larue-Langlois d'envisager une tournée. Dans une lettre à tous les participants, il en résume les deux objectifs : « 1. Recueillir des fonds pour le Comité d'aide Vallières-Gagnon ; 2. Politiser les masses en les rendant conscientes du degré de colonisation dont elles sont chaque jour victimes[47]. » Pauline Julien demeure la coordonnatrice et Miron va partir avec la troupe du 10 au 14 octobre pour des représentations à Hull, à Québec, à Trois-Rivières et à Sherbrooke. Porté par l'enthousiasme, Larue-Langlois parle d'un impact comparable à celui de *Refus global*, que l'on vient d'ailleurs de rééditer et qui, vingt ans après sa parution, se trouve en parfaite consonance avec l'époque. Le spectacle sera repris une dernière fois à Montréal, sur la scène de la Comédie-Canadienne, le futur Théâtre du Nouveau Monde, en février 1969.

*   *   *

En coulisses, il y a toujours cet autre homme qu'aucune « place publique » ne saurait guérir de son mal et qui constate : « Me voici de nouveau dans le non-amour sans espace[48] ». Il l'a dit à son premier retour de Paris : il se voit volontiers comme une sorte de Rutebeuf du XXe siècle, privé de toute chaleur, car si le « non-poème » est une bien triste réalité, aucune misère ne se compare au « non-amour ». Au verso d'une lettre de J. Z. Léon Patenaude sur le Salon du livre de Montréal, il griffonne ces mots : « Seul. Depuis vingt ans je rentre seul. Regarder cela en face[49]… » Parfois, cette fatalité fait ressurgir en lui des accès de rage : quand la jeune photographe Kèro le joint au téléphone en croyant pouvoir venir, rue Saint-André, faire une séance de photos pour la pochette du disque *L'Âme du Canada français*, il l'injurie et profère des obscénités en affirmant qu'aucune femme ne va jamais mettre les pieds chez lui. Il connaît certes de meilleurs jours et il lui reste quelques mots pour dire en poème, sur un ton presque médiéval, sa solitude la plus nue :

> Si tant que dure l'amour
> j'ai eu noir
> j'ai eu froid
> tellement souvent
> tellement longtemps
> si tant que femme s'en va
> il fait encore
> encore plus noir
> encore plus froid
> tellement toujours
> toujours tellement[50]

Un autre amour a pourtant brûlé comme un grand feu de paille, pour une certaine Camille, probablement Camille Fournier, qui avait la beauté d'une Catherine Deneuve dans *Belle de jour*, le film de Luis Buñuel récemment sorti à l'écran. Ils ont visité ensemble l'Expo 67, il est allé jusqu'à la présenter à sa mère et à la demander en mariage, à la fin de l'été. Sourd aux conseils jadis prodigués par Claire Martin, il a donné dans la précipitation, mais en septembre, rien ne va plus : il écrit alors à Camille quelques lettres-fleuves pour décortiquer l'échec de leur relation. On croirait revivre l'époque d'Isabelle : voici de nouveau le Miron philosophe de l'amour et psychologue de la femme, analysant les causes de son immaturité et la sermonnant sur sa frivolité affective. Mais il peut à tout le moins se rabattre sur sa fierté d'homme et de poète : « Camille, je veux demeurer un homme magnifique, au sens où Brault a écrit sur moi. » Un interminable post-scriptum (en six points !) attire surtout l'attention : il a écrit, dit-il, « une longue nouvelle [...], près de 80 pages d'écriture », pour dresser le bilan de ce nouvel amour avorté et il en donne le titre : *Nathalie, ou un amour en sursis*. C'est un récit qui, comme jadis *La Bataille de soi*, mêle fiction et réalité, et pour les faits vécus, ajoute-t-il, « j'ai mon journal pour me guider[51] ». Tout indique en effet qu'il tient un journal intime, sans doute depuis le milieu des années 1950 : ni ce journal ni la nouvelle en question (qu'elle ait eu ou non quatre-vingts pages) n'ont jamais été retrouvés, détruits sans doute avec plusieurs autres documents par Ghislaine Duguay, la mère d'Emmanuelle, en 1971.

Quant à Camille, elle va s'estomper, non sans lui avoir écrit une dernière fois, en avril 1968 : c'est une lettre manuscrite[52] pleine de contrition et de fragilité, une demande de pardon et un aveu de grande souffrance. « J'étais malade, débalancée, perdue, déboussolée », s'excuse-t-elle avant de signer : « Camille, Institut Albert-Prévost, chambre 306, 6555 ouest, Boul. Gouin, Montréal ». Elle aussi ? On a peine à le croire... À l'étonnante question qu'elle lui a posée : « Dis-moi si je *mérite* une psychothérapie », il lui fait observer dans sa réponse que ce n'est pas une question de mérite, mais de besoin et de droit. Dans de telles circonstances, il montre le meilleur de lui-même : la compréhension du cœur, les mots de réconfort, l'absence de toute amertume, de toute mesquinerie. On est le 2 mai 1968 : il sort d'une réception au consulat d'Israël, où l'on a fêté le vingtième anniversaire de l'État juif, et la veille, il est allé à la remise du prix de la revue *Liberté* à l'hôtel Ritz-Carlton. Ainsi va sa vie sociale, jamais en manque d'action, mais il essaie surtout, explique-t-il à Camille, de trouver la voie du bonheur : « C'est comme ça qu'on est quelqu'un pour soi et pour les autres [...] et pour une collectivité. Je suis sûr que [pour] toi aussi il en sera de même[53]. »

Avec cet amour demeuré « en sursis », plusieurs chapitres de la vie de Miron se referment au tournant de 1968, sans que cela relève toujours de sa volonté. Ainsi en est-il de l'aventure de *Parti pris*, qui ne survivra que par sa maison d'édition à la disparition de la revue annoncée à la rentrée de l'automne 1968 : les discordes idéologiques au sein de la gauche auront été fatales à la publication, dont le déclin était sensible depuis plusieurs mois. Miron lui-même a d'ailleurs abandonné le navire l'automne précédent. En février, dans un texte au titre éloquent, « Engueulez Miron ! », Pierre Maheu a parlé au nom de plusieurs en se disant exaspéré par un poète dont la responsabilité doit être de publier enfin son grand livre, s'il croit autant qu'il le dit à la cause du Québec et à la révolution en marche[54]. Dans l'ultime numéro de la revue, on doit se contenter de trois poèmes de Miron, soit le « salut » à Vallières et Gagnon et *À bout portant*, écrit en 1956, qui deviendra *Doublure d'un combat* dans les *Courtepointes*[55]. Quant au dernier, connu plus tard sous le titre *Le Quatrième Amour*, il paraît avoir été écrit pour Camille :

> Et je te porte sur toute la surface de mon corps
> comme Lascaux
> moi pan de mur céleste[56]

Dès qu'il est question d'amour, les réserves de beauté poétique que possède Miron semblent décidément inépuisables…

Un autre chapitre important se clôt pour lui à l'automne 1968 : celui de la Foire de Francfort, où sa fonction de délégué des éditeurs canadiens lui a permis de fréquenter sur une période de six ans (sauf en 1967) le marché mondial du livre et de croiser de nombreux écrivains. Le dernier rapport qu'il présente à l'Association des éditeurs canadiens, à son retour de Francfort, s'avère particulièrement étoffé. Une fois de plus, l'homme du livre laisse parler son esprit pragmatique appliqué à la présentation des ouvrages et son habileté stratégique dans les contacts avec les éditeurs étrangers. La situation, explique-t-il, a changé depuis ses premières participations à la foire : la littérature s'est beaucoup développée au Québec, et plusieurs auteurs, tels Marie-Claire Blais, Réjean Ducharme et Jacques Godbout, ont acquis une renommée qui dépasse nos frontières. Il en est de même sur le plan politique, le Canada et le Québec ayant désormais inscrit leur présence sur la scène mondiale. Ce nouveau contexte serait propice, du point de vue de l'éditeur, à la création d'une « Agence littéraire permanente » destinée à promouvoir le livre québécois à l'étranger. L'année suivante, le Conseil supérieur du livre donnera son accord à la création de l'« Agence littéraire des éditeurs canadiens-français », mais l'organisme ne parviendra jamais à prendre son envol[57].

Les voyages de Miron à Francfort lui ont donné l'occasion, on l'a vu, de séjourner à Paris et même à Rome, mais cette fois, à la mi-septembre 1968, il se permet un crochet par Nice avant de débarquer à la Foire du livre. Ce détour est loin d'être anodin : qui aurait cru que le poète Miron et le grand romancier d'origine polonaise Witold Gombrowicz se retrouveraient un jour face à face sous le ciel de Provence ? En fait, la rencontre de 1968 est une reprise, car l'année précédente, on ne sait trop grâce à quelles ressources financières, Miron a déjà fait un court voyage dans la région de Nice et y a fait la connaissance du romancier. Seule la destruction de son journal et de ses notes en 1971 explique selon toute vraisemblance qu'il ne subsiste aucune trace de ces deux rencontres dans ses écrits[58].

Depuis son séjour à la Maison des étudiants canadiens à Paris, Miron n'a jamais perdu le contact avec Rita Labrosse, demeurée en France pour compléter sa thèse de doctorat en littérature, consacrée à Colette. Or, en 1964, la jeune femme a rencontré le romancier polonais, invité au Centre culturel de Royaumont après un exil d'un quart de siècle en Argentine. L'écrivain alors âgé de soixante ans l'a engagée comme secrétaire, mais la relation a vite débordé le cadre professionnel et, la même année, le couple s'est établi à Vence : plus tard, peu avant la mort du romancier en 1969, Rita Labrosse deviendra officiellement Rita Gombrowicz.

Est-ce sur les conseils de son amie ou simplement parce que Miron a toujours été très au fait des publications françaises qu'il s'est procuré dès l'automne 1964 le *Journal 1953-1956* de Gombrowicz, dont la traduction venait alors de paraître dans la collection « Les lettres nouvelles » chez Julliard ? Quoi qu'il en soit, comme à la même époque avec Pavese, Miron s'est trouvé en dialogue immédiat avec le romancier polonais et il a abondamment annoté son exemplaire du *Journal*, y soulignant également de nombreux passages. Combien fascinantes ces conversations écrites avec deux auteurs majeurs de la littérature européenne ! Mais chez Pavese, c'est pour l'essentiel sa vie intime et ses misères avec les femmes que Miron retrouve presque à chaque page. Dans le *Journal* de Gombrowicz, il découvre tout autre chose qu'un *alter ego* et la discussion s'anime déjà avec un écrivain qui n'a cessé d'entretenir un rapport tendu, souvent très critique, à l'égard de sa Pologne natale et de sa propre identité polonaise. Gombrowicz est dérangeant pour les Québécois, il sera un « casse-tête », un « problème » pour Jacques Ferron, qui lira à son tour le

Journal[59]. Miron, lui, constate que l'exilé polonais se montre volontiers hostile aux idéologies collectivistes : le national-socialisme des nazis qui l'a tenu éloigné de la Pologne à partir de 1939, mais tout autant le communisme qui a durant de longues années interdit ses livres, dont *Ferdydurke*, son célèbre roman paru en 1937. Dans son *Journal*, d'ailleurs peu sympathique aux poètes et à leurs élans lyriques, le désir d'« être un homme concret » signifie pour lui : « être un individu, ne pas s'efforcer de changer le monde dans sa totalité[60] ». Miron grince des dents devant une telle disqualification de toute révolution sociale, même s'il reconnaît par ailleurs le danger, pour tout écrivain, de prétendre parler au nom du peuple et lui « faire la leçon », comme le signale le romancier au détour d'une page : « le nous, un piège », acquiesce Miron dans la marge.

Le terrain est donc déblayé pour les deux rencontres de Vence, qui donnent lieu à des échanges serrés sur le militantisme littéraire et sur le nationalisme. Tout Polonais (même en exil !) en sait long sur la condition des nations opprimées par les empires, mais Gombrowicz ne craint pas d'ironiser sur les conséquences qui peuvent en découler : la perte de contact avec la réalité, le refuge dans le ressentiment, la recherche d'une consolation dans des valeurs nationales sacralisées. Avec toute l'habileté dialectique dont il est capable, Miron voit très bien que la dénonciation par son interlocuteur de l'irréalisme polonais recoupe son propre combat, mené depuis les années 1950, contre l'irréalité québécoise. Gombrowicz ne se montre-t-il pas un « vrai Polonais » en critiquant une polonité figée dans la nostalgie et l'idéalisme ? C'est là précisément le combat des nouveaux Québécois : refonder une identité québécoise dynamique, en mouvement, s'appuyant sur l'homme concret, et rendre ainsi possible l'émergence de vraies individualités et d'écrivains qui, comme Gaston Miron lui-même, n'auront plus à faire du service national.

Les conversations de Vence marquent le face-à-face de deux écrivains qui, par-delà leurs différends, se livrent dans leur authenticité et s'entendent sur leur commun refus des formes achevées et figées, ou d'un certain culte de l'Art et de la Beauté. L'artiste, l'écrivain, observe Gombrowicz, ne saurait être du côté de la « maturité » : son travail relève d'une certaine délinquance, il vise à déranger, à déconcerter, au risque de déplaire. Peut-être Miron a-t-il commencé à accepter, en 1968, que l'inachèvement et l'imperfection de son œuvre ne sont pas des vices absolus, ni les purs symptômes d'une déficience collective ou d'une coupable immaturité ? Peut-être a-t-il senti, dans cette maison de Provence où se dressait devant lui l'un des géants du roman moderne, que l'empire du non-poème n'était pas rédhibitoire et que son œuvre poétique, même incomplète, même tarée à cause de trop nombreux vers « en souffrance », devait enfin s'exposer tout entière ? Là aussi, comme pour Francfort et pour *Parti pris*, ce serait la fin d'une époque…

*   *   *

Mais pourquoi s'arrêter en si bon chemin, pourquoi la vie elle-même, au quotidien, ne pourrait-elle pas recommencer, autrement que dans une chambre minable où rentre le soir un homme fatigué en mal de tendresse ? « Le froid humain de la quarantaine d'années » : sa poésie, comme trop souvent, a bien prévu cette sombre saison et, maintenant qu'il y est parvenu, voici que pointe une lumière, et peut-être enfin cette réalité toute simple qu'il a toujours appelée de ses vœux : la vie de foyer, une femme, des enfants, l'amour partagé au jour le jour. Pour mettre en œuvre cette promesse, il lui faudra une nouvelle adresse : après les longues années de la rue Saint-André s'ouvre une autre ère, celle du carré Saint-Louis.

16

Miron le père

Tout pourrait être si simple, et pourtant, quel méli-mélo que cette fin de décennie ! Rarement depuis sa jeunesse a-t-il eu si peu l'esprit à l'écriture, alors que cette période réalise pleinement le destin que lui annonçait André Major en 1963, celui de « poète national ». Sur le plan politique, l'homme qui n'a jamais cessé de prêcher, par-delà toutes les factions idéologiques, l'unité vive de la conscience nationale québécoise en voie d'accomplissement se trouve partie prenante d'un Québec déchiré entre des camps adverses, s'affrontant volontiers jusqu'à l'émeute. Le poète qui disait avoir dans sa « tête de caboche » le mot « liberté » voit à l'inverse les pouvoirs en place durcir les mesures répressives contre l'agitation et envoyer à répétition la police matraquer et arrêter les protestataires. Sur cette lancée, la Loi des mesures de guerre adoptée, une nuit d'octobre 1970, par le Parlement fédéral sera le point culminant de ce qui ressemble de plus en plus à une bataille rangée opposant indépendantistes et fédéralistes, syndicalistes et patrons, révolutionnaires et réactionnaires, notables et gens du peuple, ce qui ne laisse guère de place aux nuances.

Mais le plus saisissant des paradoxes tient sans doute au fait que la renommée que connaît alors Miron en tant que poète et figure publique, il est loin de pouvoir la savourer comme la récompense d'un long travail et d'une fidélité à lui-même, elle ne procure pas vraiment un baume à sa vie personnelle fertile en tourments depuis vingt ans. Il n'aurait pas cru que ce fût possible, mais il y a plus noir que la solitude, il y a plus froid que d'être pauvre, il y a pire que de rentrer le soir dans une chambre monacale où personne ne vous attend — et s'il était possible de concevoir une nouvelle vie enfin apaisée, enfin « normale », dans un petit appartement du carré Saint-Louis, il lui faudra vite constater que le bonheur s'est trompé d'adresse et que sa nouvelle vie tourne au cauchemar.

*   *   *

Même sa maison d'édition, dont il mène toujours vaillamment la barque et qui a connu des succès importants au cours des années récentes, se trouve ébranlée par les turbulences publiques et privées. En 1967, la parution de *Dans le sombre* de Fernand Ouellette et de *Pays sans parole* d'Yves Préfontaine a pourtant contribué à maintenir l'Hexagone au premier rang des éditeurs de poésie, et *Comme eau retenue* de Jean-Guy Pilon, au tournant de 1968-1969, confirme le statut de la collection « Rétrospectives », même si l'impact est moindre que celui de *L'âge de la parole* de Giguère. En outre, l'étude d'Aline Robitaille sur Gilles Vigneault maintient les liens entre la poésie et la chanson. Mais un recueil de Fernand Dumont et une autre rétrospective, celle d'Olivier Marchand, tous deux annoncés en 1967, se font attendre et ne paraîtront que trois ans plus tard. Pire encore : il se produit un fait unique dans toute l'histoire de l'Hexagone : une année entière, 1969, sans qu'un seul titre voie le jour[1] !

Selon toute apparence, de tels ratés tiennent autant à l'épuisement des marges de crédit de l'Hexagone auprès de ses imprimeurs qu'à l'essoufflement d'un éditeur ne parvenant plus, à force de se multiplier sur toutes les tribunes, à maintenir le rythme. L'éloignement d'Alain Horic, qui a quitté Dupuis Frères alors en déclin pour aller travailler chez Freiman, rue Rideau à Ottawa, n'arrange nullement les choses. Dans son bureau de la Librairie Déom, au 1247, rue Saint-Denis, Miron croule sous les demandes de toutes sortes et les manuscrits en attente de lecture, y compris de tel obscur poète médaillé de la province française ou d'un auteur égaré qui a cru bon de soumettre à l'Hexagone un roman pour la jeunesse ! Quant au reste, l'histoire des délais de lecture n'est certes pas nouvelle, mais l'éditeur a-t-il besoin, par-dessus le marché, de se disperser dans de nouveaux projets ? À la mi-novembre 1967, *Le Devoir* annonce que « deux poètes-éditeurs, Gaston Miron et Michel Beaulieu », s'associent dans une compagnie qui chapeautera la Librairie Michel Beaulieu et un centre de distribution de livres et de revues d'avant-garde, dans le quartier La Petite-Patrie. Les Éditions de l'Estérel que dirige Beaulieu, lui-même un poète déjà très prometteur, peuvent alors compter sur des auteurs d'avenir comme Nicole Brossard, Raôul Duguay et Victor-Lévy Beaulieu (qui y a publié *Mémoires d'outre-tonneau*, son premier roman), sans compter les écrivains venus d'Haïti comme Gérard Étienne et Serge Legagneur, et la maison vient de lancer la revue *Quoi*. Chose certaine, devant le journaliste du *Devoir*, Miron est tout feu tout flamme à l'égard de cette association entre l'Estérel et l'Hexagone qui prévoit une collection commune de poésie, et il travaille fébrilement à préparer un catalogue et des dépliants publicitaires[2]. Pourtant, dès l'année suivante, les Éditions de l'Estérel et la revue *Quoi* disparaîtront de la scène littéraire, et la librairie elle-même fermera bientôt ses portes.

Son activisme fébrile n'empêche pas Miron de songer en même temps à une nouvelle collection d'essais à l'Hexagone. Les idées importeraient-elles davantage que la poésie, en cette période de fièvre sociale et politique ? Au poète Pierre Chatillon, dont il dit reconnaître « le talent fou », Miron annonce à regret qu'il n'« accroche » pas à son manuscrit : « Peut-être que je suis déformé par l'engagement, peut-être aussi que je prends un coup de vieux[3]. » Il y a une certaine usure et il y a d'autres urgences : les poètes devront attendre, et certains le prennent plutôt mal. Une jeune auteure de Québec va jusqu'à menacer l'éditeur d'une poursuite pour « recel de son manuscrit » dont elle a demandé en vain le renvoi ! Et cela, juste au moment où l'éditeur a déjà sur les bras une nouvelle mise en demeure de l'Imprimerie Yamaska, à cause de son refus persistant de payer les exemplaires défectueux de *L'Âge de la parole*. Un conflit qui traîne depuis deux ans…

On conçoit qu'il choisisse souvent d'avoir la tête ailleurs, et il est vrai que les occasions foisonnent, tout au long de 1968, pour penser à autre chose qu'à l'Hexagone. Dans une lettre à Alain Grandbois, à qui il est heureux d'annoncer la parution imminente chez Seghers d'un *Grandbois* préparé par Jacques Brault dans la prestigieuse collection « Poètes d'aujourd'hui », il déclare qu'il a deux priorités pour l'année : améliorer sa situation financière et publier à l'automne son fameux livre. « Salut Miron, et ne dis plus que tu n'es pas poète[4] », l'encourage Denise Boucher dans une pleine page du magazine *Perspectives*, avec une photo en couleurs du poète en spectacle l'année précédente à La Butte à Mathieu. L'attente n'en finira donc jamais ? D'ailleurs, ne profite-t-il pas de la bourse que vient de lui accorder le ministère des Affaires culturelles, justement pour publier son œuvre[5] ? Mais les diversions sont tellement nombreuses, c'est à croire que les dieux ont conspiré pour le retarder une nouvelle fois.

Pour tout dire, l'année est à la fête et à l'émeute, à la célébration et à la zizanie. Pour la zizanie, on passera au RIN, où la faction de la gauche radicale menée par Andrée Ferretti a farouchement combattu la fusion du parti de Pierre Bourgault avec le Ralliement national, un parti rural de droite d'allégeance créditiste, avant de combattre maintenant avec autant de fougue la fusion avec le Mouvement souveraineté-association de René Lévesque, le MSA, lui-même résultat d'une scission au sein du Parti libéral et sur le point de devenir le Parti québécois. Le RIN va finalement se saborder et le Parti québécois tiendra son congrès de fondation en septembre : Jean-Marie Domenach, le directeur d'*Esprit*, vient y assister et il en profite pour rencontrer Miron et Brault et prendre le pouls de la situation au Québec. Entre-temps, la dissidente Andrée Ferretti a fondé son propre parti, le Front de libération populaire, qui demeurera marginal.

Au moins, les adversaires sont connus : l'*establishment* anglophone montréalais, souvent allié aux multinationales, telle la compagnie 7-Up où une grève a dégénéré en début d'année. Les ennemis politiques sont tout aussi évidents : l'Union nationale de Daniel Johnson, revenue au pouvoir en 1966, mais surtout Pierre Elliott Trudeau qui devient premier ministre du Canada le 25 juin 1968, et le maire Jean Drapeau, qui s'est montré tiède et plutôt embarrassé par le passage fracassant du général de Gaulle à Montréal et qui paraît désormais aligné sur la réaction et la répression. Le jour de la Saint-Jean, au parc La Fontaine, Miron participe au grand affrontement entre les indépendantistes et le duo Trudeau-Drapeau, tous deux assis au premier rang de la tribune des notables devant la Bibliothèque municipale : c'est l'une des pires émeutes qu'a connues la métropole. L'automne étudiant et syndical ne sera pas moins chaud. Pour donner le ton, dès la mi-août, un nouveau réseau du FLQ, dirigé par Pierre-Paul Geoffroy, fait exploser des bombes à Montréal. Geoffroy est bientôt arrêté, avant d'être condamné à perpétuité le printemps suivant.

Dans une telle atmosphère, tout comme les poètes de l'Hexagone, le livre promis peut encore attendre. D'autant plus qu'il y a aussi la fête, en poésie et en chanson. Quel soulagement, sans doute, de pouvoir oublier les manuscrits qui s'empilent chez Déom, les cent lettres à écrire, et ses propres poèmes pour la plupart vieux de dix ou quinze ans et inlassablement retravaillés, pour laisser libre cours à cette camaraderie qui a toujours tant compté dans sa vie et qu'il peut goûter pleinement parmi la troupe de *Poèmes et chansons de la résistance* ; tous des amis, tous unis dans une même cause, avec ce bonheur physique de monter sur scène et de parler de vive voix au public.

On dirait que le Tout-Montréal, que le Québec entier a décidé d'en finir avec la solitude, cette année-là. La foule descend à la moindre occasion dans la rue et le public se masse dans les salles de spectacles et aux événements culturels. C'est l'année des *Belles-sœurs* de Michel Tremblay, un cataclysme dans le monde théâtral, et de *L'Osstidcho* qui fait souffler sur scène un vent d'irrévérence et de joyeuse folie en réunissant Robert Charlebois, Louise Forestier et Yvon Deschamps. « Vents ameutez-le », écrivait Miron dans *Héritage de la tristesse* en parlant du pays, et tout se passe comme si la prière du poète avait été exaucée et qu'il était bel et bien révolu, l'âge du « pays seul avec lui-même ».

Cette soif de rassemblement et de rituels collectifs s'est affirmée en mars à la faveur de la « Semaine de la poésie » organisée par Claude Haeffely à la Bibliothèque nationale, rue Saint-Denis. Le vieux camarade de Miron entré au ministère des Affaires culturelles est devenu un acteur majeur de la scène des arts et des lettres, en créant la revue *Culture vivante* et en organisant des événements culturels à la Bibliothèque. S'attendait-il toutefois à obtenir un tel succès avec cette semaine consacrée aux poètes ? La soirée du 4 mars, surtout, aura été euphorique, grâce à une nouvelle rencontre de la poésie et de la chanson, animée par deux figures familières : Gaston Miron et Georges Dor, « deux légendes vivantes », comme l'écrit le journaliste de *La Presse*, conquis par « ce joyeux happening » qui a débordé l'auditorium de la vieille Bibliothèque Saint-Sulpice tant la salle était « pleine à craquer[6] ». De nombreuses figures connues ont défilé sur scène : Pauline Julien, Louise Forestier, Gilbert Langevin, Gérald Godin, Claude Gauvreau, « d'une virulence étonnante à faire se tordre de rire les bourgeois que nous sommes », écrit le journaliste, un effet probablement inattendu de la part du poète automatiste… Miron a chanté de vieilles chansons apprises, dit-on, d'Alfred DesRochers. Parmi le groupe des poètes plus jeunes, un certain Denis Vanier, déjà auteur de *Je*, un recueil écrit à l'âge de seize ans et préfacé par Gauvreau, a attiré l'attention. Quelques mois plus tôt, le magazine *Maclean* consacrait un article à ce phénomène, en le décrivant comme un « hors-la-loi », un « poète motard » membre de la gang des *Hot*

Pistols[7]. La transgression et la marginalité sont désormais au menu de la poésie québécoise, bien au-delà du projet poétique de l'Hexagone et dans une autre optique que la révolution nationale espérée par la génération de Miron. Les émules de Claude Gauvreau parlent résolument une autre langue et ils donnent parfois l'impression de travailler au lance-flammes.

Ce soir-là, un cinéaste de l'ONF, sensible à la voix des poètes, s'est mêlé au public. À la fin du spectacle, il s'est frayé un chemin vers Claude Haeffely, l'air consterné : comment se fait-il que personne n'ait songé à filmer un événement aussi mémorable, ni même à prendre des photos ? Ce cinéaste, Jean-Claude Labrecque, a de la suite dans les idées : pendant deux ans, il travaillera à concevoir et à mettre sur pied un événement qui réunirait sur scène toutes les voix importantes de la poésie québécoise. Miron, Haeffely et quelques autres viendront l'épauler dans la préparation : ce sera la Nuit de la poésie du 27 mars 1970, un événement mythique de la poésie québécoise contemporaine et un film qui, cette fois, en conservera la mémoire.

*   *   *

Ni ces activités multiples, ni les impératifs politiques ne suffiraient cependant à expliquer à eux seuls que Miron ne remplisse toujours pas sa promesse de publier son livre et que l'Hexagone sombre bientôt dans une sorte de léthargie éditoriale. C'est qu'après la troublante Denise rentrée au Mexique, après la délicieuse Camille abandonnée à son « immaturité », une autre femme est apparue à l'horizon et que, cette fois, l'interminable « marche à l'amour » poursuivie contre vents et tempêtes a pris une tournure autrement lourde de conséquences.

Il faut comprendre à quel point l'homme est vulnérable : il n'a connu que des échecs dans ses histoires de cœur et il s'effraie de plus en plus de voir le temps passer. L'invraisemblable demande en mariage faite à Camille en 1967 illustre en outre combien il demeure irréaliste, en déficit d'intuitions justes, quand il s'agit des femmes. Or, celle qu'il rencontre en 1968 a tout pour le séduire, comme d'ailleurs elle a séduit de nombreux hommes, y compris des amis de Miron qui ont succombé à ses charmes à la même époque. A-t-il vraiment cherché à la connaître, à saisir ce qu'il y avait derrière ce sourire enjôleur ? N'a-t-il pas perçu le danger ?

Née en 1943 d'une famille bourgeoise de Chandler, en Gaspésie, Ghislaine Duguay a derrière elle, au moment où Miron la rencontre, une feuille de route assez chargée. À seize ou dix-sept ans, elle a pris l'habitude d'« emprunter » sans permission la voiture d'un de ses frères pour aller en pleine nuit faire la fête à Percé. De telles frasques pouvaient sembler somme toute anodines, mais sa liberté de mœurs allait causer des soucis plus sérieux à sa famille. En 1962, elle tombait enceinte à la suite de sa liaison avec le fils du propriétaire de la mine de Murdochville et, l'année suivante, elle donnait naissance à une fille, Claudia, placée immédiatement en adoption à Montréal à la crèche d'Youville.

Ghislaine Duguay est une jeune femme intelligente, au tempérament artiste, qui a fréquenté par la suite l'école de musique Vincent-d'Indy à Montréal, où elle a pu accomplir son désir de liberté et fréquenter les milieux d'artistes et d'intellectuels. Inscrite dans un cours à l'université, elle y a rencontré en 1967 un jeune journaliste, Robert Myre. Le couple a vécu la fièvre de l'Expo avant de s'établir quelque temps à Québec, où Myre venait d'obtenir un emploi au journal *L'Événement*. La vie commune s'étant toutefois vite détériorée, la rupture a suivi et Ghislaine, sujette à des phases dépressives, a fait une tentative de suicide. Rentrée à Montréal pour y retrouver sa vie de bohème, elle fait peu de temps après la connaissance de Denise Boucher, chez qui elle loge pendant quelques mois, rue Cherrier, en 1968.

Dans une entrevue ultérieure, Miron raconte : « La mère de ma fille, je l'ai connue à Percé en 1968[8]. » L'affirmation est douteuse : tout indique plutôt qu'il a connu Ghislaine dans un lancement ou quelque autre événement littéraire à Montréal dès le printemps, même si le couple a fort bien pu se retrouver en Gaspésie au mois d'août, puisque Ghislaine retournait fréquemment voir sa famille dans la baie des Chaleurs et que Miron est devenu à l'époque un habitué de Percé, qui accueille chaque été une colonie d'artistes et, de plus en plus, des militants politiques qui n'y vont pas seulement pour la beauté du paysage. L'année suivante, un des principaux acteurs de la crise d'Octobre 1970, Paul Rose, va fonder à Percé La Maison du pêcheur, une auberge de jeunesse fréquentée par plusieurs membres du FLQ, tels Francis Simard et Bernard Lortie, ainsi que par l'avocat Robert Lemieux, un des membres fondateurs, avec Miron, du Mouvement pour la défense des prisonniers politiques québécois en 1970.

Ce qui est sûr, c'est que la rencontre de Ghislaine Duguay tient pour Miron du coup de foudre. Au cours de l'été, il lui rend fréquemment visite, rue Cherrier, tandis que Denise s'éclipse discrètement pour quelques heures. Mais voici qu'à la mi-août celle-ci apprend qu'une amie doit quitter en catastrophe son appartement du 269, carré Saint-Louis pour aller vivre avec son amoureux en Californie. Comme l'amie en question a un bail jusqu'au 1er mai suivant, elle doit sous-louer l'appartement et se dit prête à vendre tous ses meubles pour une somme très modique. C'est une occasion qu'on ne saurait rater. L'opération se déroule à la vitesse de l'éclair, le bail de sous-location est signé le matin du 20 août, et du jour au lendemain, comme par magie, le vieux rêve de Miron vient de se réaliser : vivre en couple dans un logement à soi, partager sa vie avec la plus adorable des jeunes femmes. Et puis, habiter au légendaire carré Saint-Louis, qu'il fréquente depuis des années, où a vécu le jeune Émile Nelligan, où habitent maintenant de nombreux artistes et journalistes ! La chose est si subite et inespérée qu'elle paraît presque irréelle.

Malheureusement, l'automne 1968 ne s'annonce pas des plus propices aux réalités de l'amour au quotidien : à peine installé, Miron reçoit de l'agence André Malavoy l'itinéraire de son prochain voyage en Europe. Ce sera la visite chez les Gombrowicz à Vence, le séjour à Francfort, puis l'arrêt à Paris pour revoir ses amis Frénaud, Guillevic et Marteau. Il est donc à l'étranger lorsque le Québec apprend, consterné, la mort subite du premier ministre Daniel Johnson, le 26 septembre. Rentré au début d'octobre, Miron trouve presque aussitôt dans son courrier une lettre de Jacques Larue-Langlois au sujet de la tournée québécoise du spectacle *Poèmes et chansons de la résistance*, qui l'éloignera encore de Montréal pendant plusieurs jours. « J'irai te chercher nous vivrons sur la terre », promettait-il à la femme absolue de *La Marche à l'amour*. « Vivre sur la terre », peut-être bien, mais comment habiter une maison au jour le jour quand on s'appelle Gaston Miron ?

Pourtant, malgré ces conditions adverses, une heureuse nouvelle arrive vers la fin d'octobre : Ghislaine annonce qu'elle est enceinte. Cette grossesse était-elle voulue ? Ou est-ce un « accident » ? Il est vrai que l'événement arrive en principe à point nommé pour un homme de quarante ans qui n'a jamais renoncé, en dépit des apparences, à son idéal familial. La joie suscitée par l'annonce de cet enfant à naître n'est cependant pas limpide, d'abord pour des raisons économiques : si l'homme est parvenu, seul, à se tirer d'affaire malgré ses revenus très modestes de pigiste depuis son départ de Fomac, assurer le bien-être d'une femme sans emploi et surtout d'un jeune enfant paraît une autre histoire. Le facteur psychologique est encore plus sérieux : le couple a-t-il l'équilibre nécessaire pour assumer le rôle de parents ? L'emploi du temps de Miron est presque toujours extravagant ; son goût pour la « place publique » et les longues soirées avec des amis ne le qualifie pas nécessairement pour la paternité. Mais c'est la future mère qui suscite surtout des appréhensions : Denise Boucher a perçu des comportements troubles chez la jeune femme qu'elle a abritée chez elle, et d'autres amis s'inquiètent. Le temps presse, c'est bientôt novembre, et l'on raconte que Pauline Julien a eu une conversation avec la jeune femme : souhaite-t-elle vraiment avoir cet enfant ? A-t-elle songé à un avortement ? Pauline et Gérald ont des relations, ils pourraient sûrement trouver un médecin. Mais Ghislaine reste déterminée : elle va porter le bébé jusqu'à terme.

À Saint-Jérôme, l'excitation est grande dès qu'on apprend que la compagne de Gaston est enceinte. Sans doute Jeanne sait-elle à quoi s'en tenir au sujet de son fils aîné, trop souvent emballé par des amours qui se sont chaque fois effondrés en quelques mois — et rien ne permet de croire que cette nouvelle flamme surgie de nulle part annonce mieux. La perspective imprévue d'une naissance change toutefois la donne : Jeanne est déjà plusieurs fois grand-mère grâce à ses filles, mais cette femme vieillissante qui n'a jamais oublié ses années de bonheur avec Charles-Auguste ne peut manquer d'être émue en imaginant son seul fils Miron devenu père de famille. Ce sera bientôt le temps des fêtes et le couple viendra participer aux célébrations : elle a demandé à Gaston de préparer des chansons pour le jour de l'An, car on compte toujours sur lui pour animer les soirées. Mais la joie escomptée est-elle tout à fait au rendez-vous ? Il semble que Ghislaine ne vive pas très bien sa grossesse : « Je me suis bien adonnée avec elle, a écrit Jeanne à Gaston au lendemain de Noël, j'espère qu'elle va mieux ; des fois la maladie c'est un peu long, mais avec du repos[9]... »

Quelque chose cloche chez la future mère, et cela dépasse les malaises même sérieux que peuvent éprouver certaines femmes enceintes. Il est clair que Ghislaine n'assume pas cette maternité et qu'elle sombre tout au long de l'hiver dans une dépression profonde, voire dans la pure schizophrénie. La lettre que Jeanne adresse à son fils au début du printemps le confirme. Cette lettre compte parmi les plus émouvantes que Miron a reçues de sa mère, et c'est aussi la dernière en date qu'il va conserver d'elle : à partir de là en effet, et jusqu'au

décès de Jeanne en 1977, la mère et le fils se verront si souvent à cause
de l'enfant qu'il n'y aura plus lieu de s'écrire. Pour l'instant, il est clair
que la situation est grave, mais Jeanne se montre plus que jamais toute
en tendresse et en discrétion, en souvenirs nostalgiques et en esprit
de générosité. Elle croit nécessaire de rappeler à son fils combien elle
l'a toujours aimé, combien son départ à l'âge de treize ans pour le
noviciat de Granby l'a laissée inconsolable — et elle ne voudrait pas
que, devenu un homme d'âge mûr, il lui en veuille de s'immiscer dans
sa vie. Mais il est clair qu'elle mesure l'erreur qu'il a commise : ce qui
se présentait l'automne précédent comme le début d'une belle histoire
ordinaire est devenu en mars une hypothèse fragile : « Si tu aimes cette
personne quand elle sera mieux, prends-la pour veiller sur ton enfant
et en faire ta compagne[10]. » On dirait qu'on a reculé dans l'ordre des
décisions, mais Jeanne n'en multiplie pas moins les conseils à l'endroit
de la future mère : mieux se nourrir, manger des fruits, consommer
des produits laitiers, prendre l'air, se changer les idées, elle qui vit si
loin de sa famille et de sa Gaspésie natale. À son fils, Jeanne ne peut
que recommander la douceur et la bonté : une dépression, même
profonde, peut se guérir, l'encourage-t-elle.

Un passage troublant de cette lettre indique que Miron a dû
confirmer auprès de sa mère et de ses sœurs qu'il est bien le père de
l'enfant à naître ; Jeanne lui raconte qu'elle en a beaucoup discuté avec
ses quatre filles. C'est que dès cette époque, Ghislaine a commencé à
semer le doute sur sa paternité, ce qui pouvait avoir une apparence
de fondement, compte tenu de la vie amoureuse très libre qu'elle
menait quand ils se sont connus. Elle va d'ailleurs cultiver ce soupçon
bien au-delà de la naissance, malgré la ressemblance de plus en plus
évidente d'Emmanuelle avec sa grand-mère paternelle. En mai
1971, après une longue période de traitements psychiatriques entrecoupés de séjours en Gaspésie, Ghislaine écrira à Jeanne Michauville
pour s'excuser d'avoir ravivé récemment ce doute au cours d'une
conversation au téléphone. C'est la souffrance et le pur dépit, explique-
t-elle, qui l'ont poussée à dire des méchancetés :

> Mais aujourd'hui, c'est fini une fois pour toutes et je me sens soulagée.
> Je veux cependant que vous sachiez que Gaston est bien le père
> d'Emmanuelle. Ça, j'en suis certaine. Je le jurerais sur la Bible. Et je sais
> que vous avez été bonne pour notre fille. Plus que moi-même et je suis

heureuse qu'elle ait une grand-mère comme vous. J'espère qu'elle vous aimera comme je vous ai aimée. Pardonnez-moi, je vous en prie[11].

Malgré ce serment et cette demande de pardon, Ghislaine Duguay persistera, de loin en loin, à entretenir chez sa fille elle-même un doute quant à l'identité de son père. Lorsque, plus tard, Emmanuelle devenue enfant puis adolescente se rebellera contre l'autorité paternelle, il lui arrivera de lâcher cette phrase insidieuse, en mesurant tout son effet : « Tu n'es même pas mon père, c'est Robert Myre qui est mon père »…

*   *   *

Le jour de l'An 1969 se passe à Saint-Jérôme dans un mélange d'esprit de fête et d'appréhension. Quelques jours plus tard, rentrés à Montréal, Gaston et Ghislaine vont au cinéma voir le nouveau film de Gilles Carle, *Le Viol d'une jeune fille douce*. Ghislaine se reconnaît-elle un peu dans cette Julia Lachapelle aux mœurs légères qui a décidé de porter l'enfant dont elle est enceinte plutôt que de se faire avorter ? La folie insouciante, la violence désinvolte du film de Carle, ce mélange d'esprit de clan archaïque, de tonalité western et de modernité remettant en cause toutes les valeurs en disent sans doute aussi long sur ce qu'est devenu le Québec de Miron que les bombes du FLQ. Mais tandis que dérivent les vies intimes et que cavale la culture, entre Jazz libre et Infonie[12], « belles-sœurs » du Plateau-Mont-Royal et cowboys urbains, poètes iconoclastes et apôtres de l'amour libre, les conflits sociaux et politiques n'en continuent pas moins de s'envenimer.

Préoccupé par l'état psychologique de Ghislaine, angoissé par la perspective d'une naissance qui aura lieu sous les pires auspices, Miron ne quitte pourtant pas des yeux cette scène politique et il martèle sa machine à écrire avec un acharnement qui semble à la mesure même du nouveau marasme où se trouve plongée sa vie personnelle. On l'a rarement vu autant écrire, non pas des poèmes, certes, mais des lettres « à toute volée », tous azimuts, le plus souvent sous le coup d'un événement ou d'un propos qui font l'actualité. En janvier, la diffusion d'une « Journée France-Culture au Canada » sur les ondes FM de la radio d'État a été l'occasion, au gouvernement fédéral et dans les médias anglophones, de dénoncer le « noyautage séparatiste » de Radio-Canada, une accusation de plus en plus insistante à la fin des années 1960 : Miron s'empresse d'écrire une lettre-fleuve, accompagnée de coupures de presse, au journaliste et critique français René Lacôte pour lui brosser un tableau de la situation politique, caractérisée par une répression croissante des forces progressistes, tout en le félicitant au passage d'être « l'un des seuls à suivre la poésie québécoise dans son mouvement d'ensemble[13] ».

La machine à écrire crépite, les lettres déferlent. Tantôt c'est pour semoncer l'éditorialiste de *La Presse*, Renaude Lapointe, qui n'a jamais de mots assez durs contre les « séparatistes », tantôt c'est pour contredire telle déclaration du président de la Place des Arts, d'un député fédéral, d'un chroniqueur du journal *Montréal-Matin*, quand ce n'est pas pour dénoncer les pratiques mesquines de crédit au magasin Dupuis Frères. Plus tard dans l'année, le premier ministre Jean-Jacques Bertrand lui-même, le successeur de Daniel Johnson, recevra une lettre de « Gaston Miron, technicien en édition » (!), ironisant sur la prétendue « priorité » du français comme langue de travail, quand il est impossible de trouver un emploi pour lequel on ne demande pas d'entrée de jeu : « Parlez-vous anglais ? »

L'histoire n'est pas nouvelle : on l'a vu buter contre cette barrière dès l'époque de ses études en sciences sociales. Mais l'atmosphère politique, en 1968-1969, a bien changé. Toute une nouvelle génération éduquée trépigne d'impatience. En outre, le rapport final récemment déposé de la commission Laurendeau-Dunton sur le bilinguisme et le biculturalisme est venu documenter la situation, en démontrant l'infériorité du français partout au Canada et même au Québec, où les Canadiens français se situent toujours au bas de l'échelle sociale. Mais la solution proposée, le bilinguisme dans toutes les institutions fédérales, ne peut satisfaire Miron ni un grand nombre de Québécois. Le conflit scolaire de Saint-Léonard, banlieue ordinaire et paisible, où des parents pour la plupart d'origine italienne réclament pour leurs enfants le libre accès à l'école anglaise, attise les tensions et incite le Mouvement pour l'intégration scolaire (MIS) à militer en faveur de l'école française pour tous.

À partir de l'été 1968, les affrontements verbaux et parfois violents se multiplient et le conflit fait tache d'huile. Le combat du MIS s'étend désormais à une cause plus audacieuse, pour ne pas dire impro-bable : la francisation d'un des bastions de la culture anglophone à Montréal, l'Université McGill. La manifestation « McGill français » du 28 mars 1969, à laquelle participent Miron et plusieurs personnalités connues, dont le légendaire frère Untel, pourtant un modéré, tourne à la violence et donne lieu à de nouvelles scènes de matraquage et d'arrestations. Montréal est survolté et le maire Jean Drapeau, qui a vu croître l'agitation depuis l'émeute de la Saint-Jean en 1968, songe à un règlement qui interdirait carrément les manifestations. Quant au gouvernement du Québec, il réagit mollement, et quand il se décidera à intervenir, ce sera pour raviver la tempête en proposant une loi, le fameux « bill 63 », censée « promouvoir » le français mais consacrant en réalité le libre choix de la langue d'enseignement et un certain bilinguisme institutionnel.

Le surgissement de la question de la langue dans le champ politique est un fait majeur du Québec contemporain, et la figure familière de Miron en militant linguistique doit beaucoup à la crise de 1968-1969. Ses grands textes de réflexion sur la langue, qu'il finira par intégrer aux éditions tardives de *L'Homme rapaillé*, tel « Le bilingue de naissance » ou encore « Le mot juste », sont tous postérieurs à cette tumultueuse fin de décennie. Pendant longtemps, même s'il se désole de la domination de l'anglais dans l'affichage et de l'état déplorable du français le plus souvent traduit qu'on utilisait dans les affaires, la question de la langue s'est trouvée pour lui englobée dans un enjeu plus large : l'acquisition d'une conscience et d'une culture nationales. Peu à peu toutefois, comme pour plusieurs indépendantistes de la première heure, les Raymond Barbeau, Jacques Ferron, Raoul Roy et André D'Allemagne, il est devenu évident à ses yeux que cette affirmation collective doit s'appuyer sur une langue nationale, vivante, créatrice, s'exerçant dans toutes les sphères d'activité. L'époque de *Parti pris* l'a amené à la fois à préciser et à dramatiser cet enjeu : « Actuellement, nous avons besoin de plus que d'une langue maternelle pour nous épanouir, nous avons besoin d'une langue qui soit aussi natale[14] », peut-on lire dans des termes un peu sibyllins dans « Un long chemin ». « Une langue natale » : en clair, cela suggère qu'il doit y avoir coïncidence entre l'« être au monde » québécois et la langue permettant son expression dynamique : plus qu'un simple héritage, la « langue natale[15] » est celle dans laquelle toute une société, tout un peuple pourra, selon les termes de l'historien Michel Brunet, « agir, produire, construire et créer[16] ». Dans les *Notes sur le non-poème et le poème*, Miron reformule autrement la même idée : « Je dis que la langue est le fondement même de l'existence d'un peuple, parce qu'elle reflète la totalité de sa culture en signes, en signifiés, en signifiance[17]. » Le corollaire de cette symbiose entre l'être et la langue, entre l'identité et la parole, c'est que le bilinguisme ne peut être qu'une aliénation, une forme de schizophrénie, une souffrance ontologique que personne n'a exprimée d'une manière aussi déchirante que lui-même dans ses *Notes* parues dans *Parti pris*. Le « non-poème » présage pour ainsi dire la crise linguistique, en faisant de l'homme québécois colonisé un être d'abord et avant tout aliéné dans sa langue : « Le non-poème / c'est ma langue que je ne sais plus reconnaître / des marécages de mon esprit brumeux / à ceux des signes aliénés de ma réalité[18] ». Désormais, la lutte contre cette malédiction va l'emporter sur toutes les autres : à la fin de la décennie, le terrain est grand ouvert pour s'y engager, tandis qu'un enfant est sur le point de naître.

*   *   *

Ce devrait être une heure exaltante pour un homme qui a toujours eu le sens de l'histoire, mais cela ressemble davantage au point de vue de Macbeth : « La vie n'est qu'une fable racontée par un idiot... » Comment pourrait-il en être autrement quand la naissance imminente d'un enfant, la plus belle des promesses d'avenir, se prépare dans le chaos ? Ghislaine a d'étranges absences, une étonnante indifférence à l'égard de son état. Il arrive à Miron, exaspéré, de s'emporter contre elle : la tendresse est perdue, la vie commune tourne à la démence. L'été arrive, la naissance est prévue pour la mi-juillet et la question la plus inquiétante est de savoir ce qui adviendra d'un bébé dont les parents sont déjà en discorde et dont la mère n'a pas, à l'évidence, toute sa raison. Dans les premiers jours de juillet, Miron écrit à Rina Lasnier pour une nouvelle question de droits d'auteur, mais sa courte lettre laisse rapidement percer un profond désarroi :

> Je voudrais bien m'évader de Montréal, c'est pas l'envie qui manque. Mais je suis rivé à ma place par mon éternelle dèche, augmentée de problèmes personnels (un gosse sur les bras, que je ne veux pas, et ça ne marche pas avec la mère, et tout, et tout). À 40 ans, je vais devoir « refaire » ma vie. Mais pas dans la poésie, merde ! J'ai mon compte. Comme Rimbaud, je préfère me faire marchand de fusils (et pourquoi pas d'esclaves ? On s'anglicise joyeusement, youpi, youpi !)[19].

Macbeth avait vu juste, c'est le triomphe du non-sens, à moins que ce ne soit « une saison en enfer » au carré Saint-Louis.

Il n'y a pourtant plus de retraite possible : Emmanuelle Miron naît à l'hôpital Sainte-Jeanne-d'Arc, voisin de l'Hôtel-Dieu, à l'aube du 16 juillet 1969. Quelques années plus tard, entrée à l'école et ayant appris à écrire, elle tombera par hasard sur l'agenda 1969 de son père et y griffonnera ces mots de sa main enfantine : « 5 hres 30 du matin. MA naissance. Emmanuelle. » Elle est baptisée à l'église Saint-Louis-de-France, rue Roy, selon les rites catholiques auxquels Miron est toujours demeuré attaché. La suite tient du cauchemar. Portée dans les conditions que l'on connaît, Emmanuelle est née agitée, souffrant de terribles crises d'eczéma, d'otites graves et répétées, et elle est même affectée d'une infection urinaire, ce qui semble indiquer des conditions d'hygiène douteuses. Les consultations et même les séjours à l'hôpital se succèdent, son sommeil est précaire et elle pleure souvent pendant de longues heures. Sa mère la nourrit mal et même le geste simple de tenir son bébé dans ses bras lui semble étranger : Gaston et ses amis de passage ont peur qu'elle ne le laisse tomber au sol. Denise Boucher rend souvent visite au couple et elle prend chaque fois Emmanuelle dans ses bras pour tenter de l'apaiser. Le père, quant à lui, n'a aucune expérience, aucun talent particulier pour s'occuper des nourrissons. À l'hôpital Sainte-Jeanne-d'Arc, les fiches médicales identifient d'ailleurs sa fille comme « Emmanuelle Duguay », ce qui laisse supposer que c'est Ghislaine seule qui l'amène en consultation. De son côté, le personnel hospitalier a vite flairé une situation anormale : « Mésadaptation mère-enfant. À référer au service social[20] », conclut un rapport au début septembre.

Le père, ne sachant comment faire face aux événements, cherche-t-il à « s'évader », comme il le confiait à Rina Lasnier ? Est-il tout simplement inconscient ? On s'étonne que le *Montréal-Matin* du 7 août, trois semaines après la naissance d'Emmanuelle, souligne la présence en Gaspésie du poète et éditeur Gaston Miron, accompagné de Paul Chamberland et du jeune chanteur Claude Dubois, venus appuyer un groupe d'étudiants qui occupent alors la Maison du pêcheur fondée en juillet par Paul Rose. Est-ce bien l'heure d'aller manifester à l'autre bout du Québec ?

Au retour, la vie commune avec Ghislaine est devenue intenable. Lorsqu'il écrit au premier ministre Jean-Jacques Bertrand le 16 septembre, le « technicien en édition » donne pour adresse le

4451, Saint-André : aussi invraisemblable que cela paraisse, il est donc momentanément revenu à la case départ, dans la chambre qu'il occupait avant sa rencontre avec Ghislaine ! Seule avec le bébé, la mère abandonne celui-ci un jour dans l'appartement pour se rendre à l'hôpital : ayant appris la chose après l'avoir interrogée, les autorités de la santé décident que cette femme erratique doit recevoir de toute urgence des soins psychiatriques. Chose certaine, elle n'est plus apte à remplir ses tâches de mère. Au début décembre, Miron reçoit une lettre de Chandler : Ghislaine l'informe qu'après ses traitements elle est retournée vivre chez sa mère ; elle dit se porter mieux et occuper son temps à faire du tricot.

Mais que faire de l'enfant ? Complètement dépassé, Miron décide au cours de l'automne de placer sa fille en adoption à la crèche d'Youville où, pure coïncidence, elle se trouve sous la garde d'une voisine au carré Saint-Louis, Caroline Bussières, qui s'occupera fréquemment d'Emmanuelle dans les années à venir. Le séjour du bébé à la crèche ne semble toutefois avoir duré que deux ou trois semaines, car Miron se sent rongé par la culpabilité et décide de la reprendre. C'est Jeanne, la grand-mère, et pendant quelque temps Suzanne, la deuxième sœur de Gaston, qui en assument la garde à Saint-Jérôme pendant quelques mois, tandis que Gaston fait de fréquents voyages pour aller voir sa fille. Par la suite, on ramènera l'enfant au carré Saint-Louis, et c'est tantôt Jeanne, venue de Saint-Jérôme, tantôt Caroline Bussières, elle-même mère d'un jeune fils, qui se relaieront pour prendre soin du bébé.

*   *   *

Et pourtant, malgré ce chaos familial, la politique ne cesse d'insister. « je vais rejoindre les brûlants compagnons / dont la lutte partage et rompt le pain du sort commun » : en cet automne 1969, jamais le poème *L'Octobre*, écrit plusieurs années auparavant, n'aura paru aussi actuel, tant l'agitation croît en même temps que flamboie l'automne. Une grève des policiers et des pompiers à Montréal au début du mois crée un climat d'anarchie : la manifestation du Mouvement de libération du taxi contre la compagnie Murray Hill, qui détient un monopole sur le transport à l'aéroport, tourne encore une fois à l'émeute, on incendie des autobus et un policier de la Sûreté du Québec tombe au combat. Mais c'est surtout la crise linguistique,

plus virulente encore depuis la rentrée de septembre, qui mobilise
« les brûlants compagnons ». Ce même mois, le gouvernement
de l'Union nationale présente son nouveau projet de loi destiné à
« promouvoir » le français au Québec, après une première tentative
qui a avorté. Le « bill 63 » suscite aussitôt un tollé chez les militants
nationalistes, qui y voient une consécration du bilinguisme : un Front
du Québec français présidé par François-Albert Angers, professeur
à l'École des hautes études commerciales, est institué et Miron y
représente les écrivains. En quelques jours, le Front organise une
grande manifestation devant le parlement de Québec. Le matin de
la manifestation, le dernier jour d'octobre, alors que Gérald Godin
et Pauline Julien se préparent à partir pour la capitale, des policiers
se présentent chez Pauline, rue Selkirk, dans le centre-ouest de
Montréal, munis d'un mandat de perquisition contre les Éditions
Parti pris : parmi d'autres ouvrages et des numéros de la défunte
revue, on saisit *Nègres blancs d'Amérique,* de Pierre Vallières, toujours
en prison et maintenant accusé de sédition avec son camarade Charles
Gagnon. Le comité d'aide à Vallières-Gagnon, qui s'est déjà manifesté
grâce au spectacle *Poèmes et chansons de la résistance,* va beaucoup
solliciter Miron au cours de l'année qui vient.

À Québec, dès la mi-journée de ce vendredi 31 octobre 1969, vingt-
cinq mille manifestants ont commencé à se masser devant le parlement
(le reportage de *La Presse* dira qu'on en attendait cent mille). Tous les
groupes militants sont représentés, des écrivains, des artistes, souvent
venus de Montréal en autocar. Les étudiants sont en grand nombre,
parmi lesquels le jeune poète Claude Beausoleil, qui fréquentera Miron
par la suite et qui est accompagné de son amie Yolande Villemaire,
inscrite comme lui au collège Sainte-Marie sur le point de fermer ses
portes. Le soir, des jeunes restés sur place commettent du vandalisme
et affrontent la police. Dans *Le Devoir* du lendemain, le politologue
Léon Dion dit craindre « l'escalade de l'anarchie » et, comme plusieurs
politiciens, il critique les professeurs qui ont embrigadé leurs élèves de
quinze ou dix-huit ans dans des combats politiques qui les dépassent[21].
La manifestation, cela dit, aura été pour l'essentiel pacifique, sous le
regard impassible de René Lévesque, qui contemplait la scène du haut
d'une fenêtre du parlement. Aux côtés de vedettes comme Michel
Chartrand, Pierre Bourgault et autres tribuns dont parlent tous les
journaux, Miron a pris la parole pour dénoncer une loi qui équivaut
selon lui à un « autogénocide » :

> Il est temps de se donner, au Québec, une langue officielle de travail et de
> vie : l'unilinguisme français. Une fois pour toutes, nous l'exigeons, il nous
> le faut ! Notre lutte ne prendra pas fin avec le retrait du projet de loi 63
> mais seulement lorsque nous aurons obtenu l'unilinguisme français[22].

L'enjeu est clair, la grande bataille des années 1970 est désormais engagée, même si, au Parlement, l'opposition de députés indépendants comme Lévesque, son ami Yves Michaud et deux dissidents de l'Union nationale ne parviendra pas à empêcher l'adoption du projet de loi 63. Pour « l'unilinguisme », ce n'est que partie remise.

Le soir, de retour à Montréal, Miron, fatigué, demeure pensif : entre cette grande mobilisation sur la place publique et sa vie intime en lambeaux, le gouffre paraît infranchissable. À certains égards, tandis que résonne encore à ses oreilles la clameur de la foule, il a le sentiment que quelque chose se termine pour de bon : un certain Québec déjà ancien sans doute, avec son mouton de la Saint-Jean, son atavisme de la soumission, ses *pea soups*, ses *Canucks* et autres « nègres blancs » de la « batèche de vie », un Québec qui est désormais passé à l'âge de l'affirmation de soi, de la lutte pour la maîtrise de son destin. Mais du même coup, songe-t-il, n'est-ce pas son œuvre poétique elle-même qui prend fin, elle qui a tant assumé l'humiliation douloureuse, l'« aliénation délirante », et qui n'a pu qu'imaginer dans quelque avenir utopique l'octobre rouge de la révolution ? Sa « pauvre poésie en images de pauvres » n'appartient-elle pas à une époque révolue ? Depuis quelques années déjà, il parle de son œuvre comme d'une vieille histoire, en en dressant le bilan. Même sa « marche à l'amour », depuis longtemps écrite et tellement célébrée, ne semble-t-elle pas plus que jamais irréelle, voire dépassée, maintenant que son dernier rêve d'une vie heureuse avec une femme vient de s'écrouler ?

La seule différence par rapport à ses déboires des vingt dernières années, c'est ce bébé, Emmanuelle, qu'il aurait eu tort d'abandonner, qui se débat pour survivre même si lui-même se trouve démuni devant ce petit être qui semble si mal dans sa peau. C'est sa fille, elle porte son nom, Emmanuelle Miron : tout un avenir, si incertain soit-il. La langue qu'il défend avec passion et dont il voudrait assurer l'épanouissement, c'est elle qui la parlera un jour, et les enfants qu'elle aura. C'est peut-être la fin de sa poésie, mais c'est le commencement d'autre chose : la descendance, l'héritage à transmettre. Rentré au carré Saint-Louis, il se précipite vers sa machine à écrire et tape fiévreusement, d'une seule traite, son « dernier poème », un poème « pour Emmanuelle » :

> J'ai fait de plus loin que moi un voyage abracadabrant
> il y a longtemps que je ne m'étais pas revu
> me voici en moi comme un homme dans une maison
> qui s'est faite en son absence
> je te salue, silence
>
> je ne suis plus revenu pour revenir
> je suis arrivé à ce qui commence[23]

Voilà, tout est dit, dans une désarmante simplicité qu'il est bien loin de connaître dans sa propre vie et que sa poésie elle-même a rarement atteinte : il s'est égaré, il a erré mais, au bout du compte, le voici rendu à lui-même. Il a toujours espéré « dire oui » à sa propre naissance, mais il n'imaginait pas que c'est par la naissance de sa fille que commencerait son vrai « rapatriement ».

Il a trouvé un titre à ce poème : *L'Homme ressoudé*, qui va paraître le 10 décembre dans le journal *Le Clairon* de Saint-Hyacinthe. *Ressoudé* : le terme ne lui plaît guère, cela fait penser à une usine de montage ou à un robot dont on a ajusté les pièces. Il s'en accommode pour l'heure tout en cherchant des synonymes : *rapiécé, reformé, rassemblé*. L'idée est claire, mais le mot juste fait défaut. C'est dans sa mémoire qu'il va le trouver[24].

                              *   *   *

Décidément, c'est une période de sa vie qui semble se plaire à mélanger le pire et le meilleur, l'ombre et la lumière. Comment concevoir qu'en ces mois si tumultueux et si éprouvants, au moment même où il devient père dans le désastre, surgisse une grande nouvelle : on l'a désigné comme lauréat d'un prix littéraire, un prix universitaire par-dessus le marché, ce qui est tout de même peu ordinaire pour un poète, surtout quand celui-ci, oubliant son titre de « technicien en édition », se décrit rageusement comme un chômeur, au mieux un « journalier » sans l'ombre d'un diplôme, comme il lui arrive de le faire en réponse à des questionnaires qui lui sont adressés par des professeurs[25]. On pourrait s'étonner pour une autre raison : le poète couronné n'a même pas, à ce qu'on sache, publié de livre depuis sa jeunesse ! Mais c'est que ce prix est d'une nature particulière : il est accordé non pas à un ouvrage publié mais sur manuscrit. Pour un poète qui temporise depuis quinze ans, c'est pour ainsi dire à la fois une chance et un piège : accepter qu'on lui décerne le prix, c'est s'engager à livrer son manuscrit. Il n'y aura plus d'échappatoire possible !

Que cette issue s'ouvre du côté de l'Université de Montréal, où on le connaît bien et où enseigne Jacques Brault, cela est par contre moins improbable. Toujours professeur à l'Institut d'études médiévales, Brault a laissé des traces durables avec son *Miron le magnifique* et il est revenu à la charge au début de 1969 dans un numéro de la prestigieuse revue *Europe* ayant pour titre « Littérature du Québec » et préparé par Jean-Guy Pilon, Jacques Godbout et André Belleau[26], dans lequel il consacrait quelques pages au thème de l'« agonique » chez Miron, absent comme auteur sans doute par sa propre faute. Par ailleurs, Brault a des affinités, comme poète et comme essayiste littéraire, avec le Département d'études françaises de son université, fondé quelques années plus tôt et dont l'essor coïncide, en cette seconde moitié de la décennie, avec celui de la littérature québécoise et de son enseignement. Les œuvres majeures ont déferlé en grand nombre : désormais, un discours savant sur ces œuvres se construit pour leur donner un sens, et dans plusieurs institutions, on propose des cours, on organise des conférences, on crée des revues. La littérature exprime le pays en train de s'affirmer, elle dit la société en ébullition, la genèse du présent : cette vision sociohistorique est la perspective dominante. À l'université de Montréal, la revue *Études françaises* dirigée par Georges-André Vachon a commencé à faire sa marque. Ancien jésuite, spécialiste de Claudel, Vachon peut y parler d'une relecture nécessaire de toute notre littérature depuis la Nouvelle-France, d'une « tradition à inventer[27] ». Une équipe de professeurs brillants, dont André Brochu rescapé de *Parti pris*, et même Gilles Marcotte, immigré du journalisme, participent à l'entreprise.

La revue à vocation universitaire appelait un prolongement : dès novembre 1966, Vachon annonçait à Gérald Godin, qui l'interviewait dans le magazine *Maclean*, la création prochaine d'un « prix de la francité » qui serait décerné grâce à une contribution annuelle de 2 000 $ de l'éditeur J. Alex Thérien, un montant assez considérable pour l'époque. C'est un signe des temps : un prix littéraire accordé à un écrivain de langue française, mais hors de France, affirmant du même coup la maturité du Québec contemporain et de sa littérature. Le romancier ivoirien Ahmadou Kourouma en est le premier lauréat en 1968, un véritable coup de maître puisque son manuscrit couronné et publié, *Les Soleils des indépendances*, lance une œuvre qui confirmera Kourouma comme un des écrivains majeurs de l'Afrique francophone, d'ailleurs vite repris par l'institution littéraire française et publié au Seuil. Après avoir établi d'entrée de jeu son flair et son prestige, le prix ne pourra se permettre la moindre médiocrité : les manuscrits reçus n'ayant pas trouvé grâce aux yeux du jury, aucun lauréat n'est annoncé pour 1969. Mais une telle intermittence pour un prix encore jeune n'est guère heureuse : l'année avance et il devient urgent de s'assurer qu'un auteur sera couronné en 1970.

Georges-André Vachon et la directrice des Presses de l'Université de Montréal, Danielle Ros, convoquent au cours de l'automne une réunion du jury, dont font aussi partie Jacques Brault, Paul-Marie Lapointe et Naïm Kattan, devenu à l'époque un acteur important de la scène littéraire en tant que responsable des lettres et de l'édition au Conseil des Arts du Canada. On convient que le temps presse et qu'il vaut mieux ne pas compter sur des manuscrits reçus dont la qualité demeure douteuse. Pourquoi ne pas plutôt solliciter un auteur reconnu ici même au Québec et en qui l'on a confiance ? Le nom de Miron ne tarde pas à surgir : Brault et Lapointe l'estiment beaucoup et sont des camarades de longue date ; quant à Kattan, depuis son arrivée au Conseil des Arts en 1967, il a eu des contacts réguliers avec le directeur de l'Hexagone concernant des demandes de subventions. Pourtant, si la puissance de l'œuvre éparpillée dans des journaux et des revues ne fait aucun doute aux yeux de tous, le choix paraît risqué quand on connaît l'homme et ses légendaires atermoiements. Après tout, on n'a pas encore le manuscrit en main : il reste que la conjoncture littéraire et le moment politique, outre la stature de l'écrivain, semblent faire de Miron un lauréat évident, voire nécessaire. Et puis, on pourra compter sur Brault pour servir d'intermédiaire et suivre de près le poète, avec la fermeté toute diplomatique qu'on lui connaît. Pour l'instant, le mot d'ordre est de garder autant que possible l'affaire secrète.

Ce serait bien mal connaître l'homme que de croire qu'il exulte en apprenant la nouvelle et qu'il va se lancer avec un enthousiasme sans bornes dans la préparation de son manuscrit. Il y a d'abord ce sentiment d'illégitimité qu'il n'a cessé d'éprouver depuis ses débuts : tant d'autres poètes de grande valeur et qu'il a souvent lui-même publiés à l'Hexagone n'ont-ils pas, contrairement à lui, une œuvre et ne méritent-ils pas bien davantage un tel prix ? Il réentend la voix narquoise de Jacques Ferron, qui a laissé tomber, au détour d'une conversation : « Je me demande, Gaston, si tu es un *vrai* poète... comme Paul-Marie Lapointe. » Le romancier de *La Nuit* se doutait-il qu'il le frappait ainsi en plein cœur ? Mais il y a une autre voix ravageuse qui résonne aussi fortement dans la tête du poète lauréat : une voix venue de loin, des terres rocheuses de Saint-Agricole, avec un petit accent catholique, et qui lui chuchote que sa vraie vocation, c'est celle de l'humilité et de la pauvreté, celle de « la condition commune » à laquelle il entend rester fidèle. En outre, aux tortures de sa conscience s'ajoute la perspective de devoir mettre un point final à son œuvre : il sait qu'un grand nombre de ses poèmes cheminent en lui depuis les années 1950, inlassablement corrigés et améliorés, et pourtant, il bute encore fréquemment sur tel vers boiteux, telle expression malheureuse, il se désole d'un simple mot qui lui donne des sueurs froides à force de rumination et de recherches frénétiques dans les dictionnaires. Il est loin d'être convaincu, quoi qu'en pensent les connaisseurs, que sa « somme poétique » est mûre pour la publication.

Va-t-il une fois de plus se défiler ? Il a beau sentir, d'un autre côté, que l'heure est venue, qu'il se ferait un tort irréparable en refusant cet honneur émanant d'une institution qu'il estime et qui a l'avantage d'être neutre sur le plan politique, le fait demeure qu'il est déchiré, il lance des signaux contradictoires, il tergiverse et cela s'éternise. À l'université, l'impatience croît et l'on en vient à craindre le pire : qui sait si l'on n'a pas commis une grave erreur en voulant couronner « Miron le magnifique » ? Danielle Ros, Vachon et Brault ont un conciliabule, car l'hiver avance, la remise du prix est prévue pour le printemps et l'on ne peut plus se permettre une telle incertitude en voie de saboter tout le processus. Brault, qui connaît depuis longtemps les tourments de Miron, songe alors à une stratégie de dernier recours. Il lui donne rendez-vous un jour d'hiver avec l'intention apparente d'obtenir enfin une réponse et un engagement fermes. Comme il pouvait s'y attendre, les hésitations se confirment, et c'est alors qu'il lâche sa petite bombe, avec toute la nonchalance feinte dont il est capable : « Écoute, Gaston, j'ai parlé à la direction des Presses et les délais sont devenus trop courts. Nous avons décidé de renoncer au projet. » Miron reste figé, il blêmit à vue d'œil. Après un long silence, il soupire : « Bon, d'accord, on va en reparler. » Mais cette fois, le ton est au consentement. Dans la rue, Brault ne peut s'empêcher de sourire : il sait qu'il a visé juste et qu'il tient son homme.

*　　*　　*

Entre deux voyages à Saint-Jérôme pour y conduire sa fille et l'en ramener, Miron s'applique donc à remettre une bonne fois ses poèmes sur le métier et à composer son livre. Sur ce travail qui l'a toujours angoissé se greffe au cours de l'hiver une mauvaise surprise. Ghislaine est rentrée de Gaspésie ! Pire encore, il découvre un soir dans sa boîte à lettres une note qui, évidemment, lui est destinée : « Mon amour Emmanuelle, ce soir je sens que la fin approche, je veux que tu saches que je t'aime. Maman[28]. » Est-ce une vraie menace de suicide ou un pur chantage qui vise à le culpabiliser ? S'il savait, seulement, combien les manipulations de toutes sortes, les menaces et les intrusions ne font que commencer ! Une chose est claire : la rencontre de Ghislaine aura été la plus grande erreur de sa vie, une tragédie dont il a sans doute honte et dont seul ses amis les plus proches et sa famille mesurent toute l'ampleur.

En dépit de ce gouffre intime, il lui reste à être à la hauteur de sa propre légende de poète et de militant : achever son livre, coûte que coûte, tout en gardant l'œil ouvert sur l'actualité politique, assez déprimante, il faut bien l'admettre, depuis l'adoption du projet de loi 63 qui a consacré pour l'essentiel le *statu quo* linguistique. En outre, la répression s'est durcie au début de l'hiver avec l'adoption par l'administration du maire Jean Drapeau et de Lucien Saulnier, le président de son comité exécutif, d'un règlement interdisant toute manifestation sans autorisation expresse, à la suite des nombreuses violences commises depuis deux ans à Montréal. Drapeau, qui a entrepris sa carrière publique, au début des années 1950, avec la ferme intention d'épurer sa ville de la corruption et des méfaits du crime organisé, donne maintenant l'impression de vouloir la purifier de tout élément contestataire ou subversif. Le 10 décembre, plusieurs centaines de manifestants se regroupent devant le Monument-National, boulevard Saint-Laurent, pour défier l'interdiction. Aux nouvelles télévisées, on peut voir des figures connues au premier rang des manifestants : l'avocat Robert Lemieux, défenseur des membres du FLQ, le pionnier de l'indépendance Marcel Chaput, le syndicaliste Michel Bourdon de la CSN. Dans le frimas hivernal, tandis qu'un policier muni d'un porte-voix ordonne à la foule de se disperser, une sorte d'énergumène, Gaston Miron coiffé d'une tuque, entreprend de lire de sa voix de stentor la Déclaration universelle des droits de l'homme : « Considérant que le mépris des droits de l'homme a conduit à des actes de barbarie, qui révoltent la conscience de l'humanité, et que l'avènement d'un monde où les êtres humains seront libres de parler et de croire[29]… » Rapidement interrompu par un agent de la paix, il demande aux manifestants de s'asseoir par terre. Tandis que résonnent les cris de « Liberté ! Liberté ! » les arrestations se multiplient, mais l'émeute a cette fois été évitée et, malgré son rôle, Miron peut rentrer chez lui sans avoir été interpellé.

La tension demeure toutefois vive tout au long de l'hiver : le sort des prisonniers politiques — Vallières, Gagnon et Geoffroy — préoccupe toujours les militants indépendantistes, tandis qu'une opposition de gauche cherche à s'organiser pour faire échec au tandem Drapeau-Saulnier, ce qui va conduire à la fondation du Front d'action politique, le FRAP, en vue des élections municipales à venir en octobre. La scène politique québécoise est encore plus fébrile alors que le Parti libéral se donne un nouveau chef, Robert Bourassa, à l'approche de la campagne électorale, finalement déclenchée le 12 mars : la perspective d'un premier rendez-vous aux urnes pour le Parti québécois de René Lévesque suscite tout un branle-bas dans les milieux que fréquente Miron. Pour lui, l'année de ses quarante-deux ans, riche de nouvelles promesses politiques et de l'imminence du prix littéraire auquel il a fini par consentir, s'annonce sous une lumière qui devrait adoucir les affres personnelles qu'il a connues en 1969.

Pendant que Brault veille au grain et que le poète lauréat vit les douleurs d'un long accouchement, Georges-André Vachon s'affaire à préparer l'ensemble du livre. La conception en est pour le moins insolite : d'abord parce que les poèmes, qui sont la raison d'être de toute l'entreprise, ne vont finalement occuper que la moitié de l'ouvrage publié. Vachon a demandé à une assistante, Renée Cimon, d'établir une « chronologie de Gaston Miron » ainsi qu'une bibliographie aussi complète que possible, comprenant les études déjà consacrées au poète. De plus, il compte joindre non pas une préface, mais une importante étude, *Gaston Miron ou l'invention de la substance*, ce qui accentuera encore la facture universitaire de l'ouvrage. Mais ce qui est proprement renversant, c'est la lettre que Vachon adresse à Miron le 5 mars. Six semaines avant la publication du livre, il apparaît que non seulement Miron n'a jamais reçu de confirmation écrite de l'obtention de son prix, mais surtout qu'il n'était pas au courant de l'inclusion de ses textes en prose, puisque le directeur d'*Études françaises* l'informe de la chose tout en s'enquérant « s'il est propriétaire des droits et s'il autorise la revue [*sic*] à les reproduire[30] ». En fait, précise Vachon, cette lettre qui promet aussi à l'auteur vingt exemplaires gratuits de son livre tiendra lieu de contrat, déjà agréé par Danielle Ros, pour autant que le principal intéressé la contresigne et la retourne aux PUM. Le moins qu'on puisse dire, c'est que la manière est un peu brouillonne et surtout extraordinairement tardive…

L'inclusion de ses textes en prose se situe évidemment dans la logique de toute la trajectoire de Miron et il acquiesce volontiers. Le titre qui va les chapeauter, « Recours didactique », rend compte des dimensions réflexive et pédagogique qui ont toujours inspiré sa démarche, et il l'a lui-même utilisé comme titre ou sous-titre de certains poèmes. De « Situation de notre poésie » aux « Notes sur le non-poème et le poème », en passant par « Note d'un homme d'ici », « Ma bibliothèque idéale », « Aliénation délirante » et surtout « Un long chemin », selon un ordre chronologique allant de 1957 à 1965, c'est un Miron à la fois multiple et cohérent qui apparaîtra : le connaisseur de la poésie québécoise et de son évolution, le personnage mal dans sa peau et dans sa tête, l'amoureux des poètes français et l'amoureux tout court, l'homme déchiré par le bilinguisme, le penseur de la condition québécoise, le poète empêché dans sa poésie. Le résultat sera bien plus qu'un recueil de poèmes, ce qui ne va d'ailleurs pas sans risque, puisque ceux-ci pourront sembler ne pas se suffire à eux-mêmes, exiger un mode d'emploi ou de lecture. Quoi qu'il en soit, l'effet sera celui d'une somme poétique, intellectuelle, politique, située dans un temps à la fois personnel et historique. Si l'on ajoute à cela quelques pages manuscrites que Vachon obtient de l'auteur et qui, reproduites, permettront de lire de la main même de Miron un « extrait » de *La Batèche, Les Siècles de l'hiver* et le *Salut d'entre les jours* dédié à Pierre Vallières et Charles Gagnon, sans oublier une photo du poète devant sa machine à écrire avec sa signature au bas de la page, on peut penser que le livre sur le point d'aller sous presse aura l'allure d'un hommage et d'un bilan. Miron a toujours aimé l'idée d'« archéologie », il a toujours vu sa propre démarche et celle de la nation québécoise comme une prise en charge du passé orientée vers un progrès, une maturation : bien que le livre à paraître témoigne de ce mouvement, il aura aussi un aspect « œuvres complètes » normalement dévolues à un auteur accompli, voire décédé. On n'a peut-être jamais vu un « premier » livre qui ait autant l'allure d'une fin de carrière !

Mais quel livre ! L'homme qui s'y expose et s'y raconte n'a rien d'un objet de musée, et ses poèmes sont trop vivants pour ne constituer qu'un testament. Il a peiné sur eux tout l'hiver et, avec l'aide de Brault, il semble parvenu à une structure satisfaisante. De toute évidence, le poème à Emmanuelle doit figurer en ouverture, comme dans ces films où le dénouement est donné dès la première scène, avant que toute la suite n'en raconte la genèse par un long *flash-back*. On enchaînera avec les « Premiers poèmes », rescapés de *Deux Sangs* (mais pas *Le Laid* et quelques autres, jugés médiocres), ou repris dans plusieurs cas d'*Amérique française*. Après les pages les plus désespérées, comme *Fait divers*, écrites après la perte d'Isabelle, cette section va se clore sur un redressement, un réveil : *La route que nous suivons*, qui fait du désespoir une arme et annonce le grand combat pour la liberté. Puis viendront les grandes suites, qui s'imposent d'elles-mêmes : *La Marche à l'amour*, *La Vie agonique* et *L'Amour et le militant* : l'engagement pour le pays, le combat politique se trouve ainsi encadré par la quête et la réalisation de l'amour, tandis qu'une quatrième suite, la plus tardive et la plus brève, *Poèmes de l'amour en sursis*, rétablit le registre du « non-amour » et conclut dans l'ordre de la prière et de la promesse : « de nouveau je m'avance vers toi, amour, je te demande / passage, amour je te demande demeure[31] ». Toutes les femmes qui ont compté dans la vie de Miron avant sa mésaventure avec Ghislaine sont présentes : Isabelle, Thérèse, Nysette, Rose Marie, Denise, Camille, mais aucune n'est directement nommée et les dédicaces qui ont accompagné certaines publications antérieures sont toutes effacées. Ainsi, la figure du féminin, depuis la « jeune fille plus belle que toutes nos légendes », acquiert une généralité qui transcende les personnes et les circonstances.

Une des idées lumineuses de la composition, c'est l'ajout d'une section finale de poèmes dont le titre suivi de points de suspension, « J'avance en poésie… », fait contrepoids à l'idée d'une œuvre en fin de parcours et dégage un mouvement, même si elle inclut plusieurs pièces anciennes comme *Art poétique*, écrit en 1958, ou *Dans les lointains*, qui date du premier séjour parisien. « J'avance » : comme « je marche », il n'y a guère de verbe plus mironien, même si l'épilogue maintient la contradiction en renvoyant l'œuvre poétique au passé : « Je demande pardon aux poètes que j'ai pillés […] / je n'avais pas d'autres mots, d'autres écritures ». Brault avait bien raison de conclure sa conférence de 1966 en notant que « le poète Miron réussit l'impossible [en tenant] l'*agonique* dans une position de progrès ». Son livre sur le point de paraître va amplement le démontrer : non seulement l'auteur prétend que sa poésie est derrière lui et, paradoxalement, toujours en devenir, mais il se montre à la fois plus grand que nature (« moi le noir / moi le forcené / magnifique », dit l'avant-dernier poème) et plus petit que tous ces poètes à qui il a dû emprunter l'essentiel de son propos, tant il a manqué lui-même de ressources et de talent. Bref, le prix de la revue *Études françaises* va révéler dans tout son éclat « la légende Miron », ce grand amoureux privé d'amour, ce maître à penser et à imaginer qui n'a cessé de se dire aveugle et déboussolé, ce poète immense qui n'est qu'« un homme simple avec des mots qui peinent[32] » ou même, pour tout dire, un non-poète.

* * *

Après la lettre reçue de Vachon dans les premiers jours de mars, les choses se précipitent. Le mardi 10, les PUM convoquent une conférence de presse au Centre communautaire de l'université pour annoncer le nom du lauréat et le titre de son ouvrage : *L'Homme rapaillé*. Il a donc fini par trouver le terme exact qui aurait dû lui venir à l'esprit bien plus tôt, tant il paraît évident. *Rapaillé* : ce mot lui permet d'exprimer l'idée de rassemblement en puisant dans le fonds paysan, où l'on parle depuis longtemps de *rapailler* pour décrire l'action de ramasser la paille laissée sur un champ après qu'on en a fauché le blé. En outre, le mot renvoie à la langue familière québécoise, qui l'a repris métaphoriquement : « Rapaille tes vêtements, tes objets » ou même simplement « Rapaille-toi ». Mais l'histoire littéraire se trouve également évoquée, l'historien Lionel Groulx ayant publié un recueil de contes, en 1916, sous le titre *Les Rapaillages*.

Le surlendemain de l'annonce officielle, c'est un Miron déjà auréolé qui se voit invité à l'université dans le cadre des « Jeudis de la poésie » organisés à l'époque par le professeur Albert Le Grand, pionnier des études québécoises. Miron y lit plusieurs poèmes extraits de *La Vie agonique*, notamment *Le Damned Canuck*, les *Monologues de l'aliénation délirante* et *Compagnon des Amériques*, avant de se lancer dans l'un de ses exposés « didactiques » dont il a le secret. Comme il se trouve dans son *alma mater*, l'occasion est belle de rappeler que, tout comme Olivier Marchand et d'autres amis, il est passé par les sciences sociales. Ces racines sociologiques et politiques (« On a lu Marx », rappelle-t-il au passage) pourraient justifier le fait que certains lui apposent l'étiquette de « poète engagé », et il sait fort bien que *L'Homme rapaillé* viendra conforter cette image. « Ça n'existe pas, la poésie engagée », tranche-t-il avec véhémence. « L'engagement », c'est une invention des critiques bourgeois qui, au sortir de la guerre, voulaient dévaloriser la gauche. Les écrivains de droite comme Céline, Brasillach et Drieu La Rochelle ne se sont d'ailleurs jamais dits « engagés ». Ce qui existe, poursuit-il, « c'est la responsabilité, c'est *le texte* qui engage et qui dit ce qu'il veut dire ». Quand Aragon, de retour d'URSS, a écrit « Feu sur Léon Blum ! » parce que le chef socialiste s'était distancié de la politique soviétique et du Parti communiste français, les écrivains surréalistes se sont empressés de prétendre que c'était de la poésie, de la littérature, et non pas une franche incitation au meurtre. L'écrivain Miron réprouve cette légèreté qui tend à vider la littérature de son poids de vérité, de sa portée réelle sur le monde. La question des liens entre littérature et politique, surtout quand celle-ci préconise la violence, n'a certes pas fini de susciter la controverse, et lui-même aura à s'en expliquer. Comment, par exemple, devra-t-on lire son « salut » à Pierre Vallières et Charles Gagnon ? S'agit-il d'un appui explicite aux actions du FLQ ? La réponse n'est pas simple, et l'on peut penser que, sur ce plan, depuis les premiers événements terroristes de 1963, il a toujours cultivé l'ambiguïté[33].

*   *   *

Un événement d'une portée autrement considérable que cette lecture-causerie tenue à l'université précède la publication de *L'Homme rapaillé* : la « Nuit de la poésie » du 27 mars, dont l'idée a germé en 1968 et à laquelle Jean-Claude Labrecque, son collègue cinéaste Jean-Pierre Masse et leur équipe travaillent depuis plusieurs mois. Tout l'hiver, des réunions ont lieu chez Miron pour mettre au point la formule et dresser la liste des poètes invités. On conçoit une grande fête de la parole, où se manifesteront toutes les tendances, des plus classiques aux plus avant-gardistes. Ce sera « un immense marché aux poètes, la campagne électorale des poètes », dit Claude Haeffely[34]. Labrecque et Masse s'adjoignent Noël Cormier, un ami de Haeffely, à titre de conseiller, et du côté des poètes on peut compter sur Gérald Godin et sur Michel Garneau et Michèle Rossignol, voisins de Miron au carré Saint-Louis ; ce sont des habitués de la scène et de la performance orale, dont la récente tournée à travers le Québec, « Parlures, paroles et poèmes », a connu du succès. Cela dit, le risque est grand que la « nuit » projetée soit trop centrée sur Montréal ; Jean Royer, très actif à Québec comme poète, journaliste et organisateur de la série *Poètes sur paroles* avec Pierre Morency, se joint au groupe et pourra faire valoir sa connaissance du milieu. Parviendra-t-il à convaincre Alain Grandbois de faire le voyage et d'honorer les organisateurs de sa présence ? Miron décide de se rendre lui-même à Québec, en compagnie de Jacques Brault : mais le vieux poète qui a inspiré toute une génération mène désormais une vie de reclus et il n'est pas du genre à se mêler aux grandes célébrations collectives. Miron et Brault rentrent bredouilles.

Le comité parvient bientôt à une liste d'une cinquantaine de poètes confirmés. Au cours d'une des réunions, Miron suggère d'inclure quelques poètes anglophones de la région de Sherbrooke : Ralph Gustafson, Doug Jones, mais les camarades du comité organisateur font valoir que nous sommes en 1970 et que dans l'atmosphère politique et linguistique que l'on connaît, ces poètes dont la valeur n'est pas en cause risqueraient d'être mal accueillis... Reste à déterminer le lieu : la salle du Gesù, sous l'église jésuite du même nom, où a été lancé le spectacle *Poèmes et chansons de la résistance*, semble un choix logique. Mais les huit cents sièges à peine pourront-ils suffire ? Les avis sont partagés au sein du comité : certains craignent un auditorium à moitié vide, d'autres imaginent déjà une salle comble.

Personne, à vrai dire, n'aurait pu prévoir un tel déferlement : de trois à quatre mille personnes, en très grande majorité des jeunes, se pressent joyeusement dans la rue de Bleury, en ce frisquet vendredi soir, bien avant l'ouverture des portes, ce qui permettra à Jean Basile, envoyé en reporter par *Le Devoir*, de titrer ainsi son article : « Au Québec, il y a au moins 4 000 poètes ». Ce n'est pas seulement une boutade : en cette époque libertaire et volontiers antiélitiste, la fameuse phrase de Lautréamont prophétisant que « la poésie sera faite par tous » paraît d'une excitante actualité. Du haut du perron de l'église qui surplombe l'entrée de l'auditorium, le poète Michel Bujold essaie de divertir la foule qui n'a pas pu entrer et il suggère non sans quelque démagogie l'idée que chacun peut improviser des poèmes, ce qui sera bien mieux que le spectacle « arrangé » que l'on présente à l'intérieur. Ce démocratisme trouve un écho sur scène, où Raôul Duguay, arrivé en culottes courtes, psalmodie sur un ton grégorien le vœu « que tout le monde soit poète ». D'ailleurs, l'irrévérence à l'égard des aînés et des monstres sacrés est manifeste : dans le foyer, l'imposant Claude Gauvreau, qui voudrait être le plus grand poète du monde et de tous les temps et qui souhaite que « le meilleur » soit accessible à tous, se fait interrompre par un jeune frondeur qui le tutoie avec insolence : « Ce qui est *le meilleur* pour toi ne l'est pas nécessairement pour les autres ! » Quant à Miron, il est forcé de grimper sur une table et de crier « Écoutez-moi ! » pour gérer la cohue. Des jeunes lui reprochent d'avoir mal préparé l'événement et de ne pas avoir prévu un public aussi nombreux. Contrairement à Gauvreau, un peu désarçonné, ou à Gatien Lapointe, qui paraît effaré par cette poussée générationnelle, le poète de *La Vie agonique* contre-attaque : « Vous devriez être mieux informés, lance-t-il à un jeune homme dans un groupe, c'est pas parce que tu prends du *pot* qu'on a peur de te parler ! » Il a lu récemment dans un journal étudiant que les jeunes prennent de la drogue parce qu'ils craignent de devenir des machines. L'aliénation par la société de consommation, la technologie et les ordinateurs (encore embryonnaires) sera d'ailleurs un leitmotiv de cette Nuit de la poésie. « Nous, on n'a pas peur de devenir des machines », rigole Miron, à quoi son interlocuteur riposte : « C'est pas un poète que t'aurais dû être, c'est un humoriste ! »

Par-delà ces accrochages, la poésie et les poètes ne vont pas moins s'imposer, dans un joyeux tohu-bohu qui fait quand même une place importante à la performance et à la chanson, à la grande célébration festive de Raôul Duguay et du groupe de L'Infonie, aux « Panneaux-réclames » récités en polyphonie par l'auteure Michèle Lalonde accompagnée de Michel Garneau et Michèle Rossignol, au cabotinage de Claude Péloquin ou encore à Georges Dor, qui commence par lancer des exemplaires de son dernier livre dans le public avant de chanter. Pauline Julien impressionne en lisant *La Main du bourreau* de Roland Giguère et en interprétant *Le Temps des vivants* de Gilbert Langevin. L'atmosphère devient trouble à mesure que la soirée avance : on n'en est pas aux interdits du XXIᵉ siècle, et la fumée combinée du tabac et du *pot* envahit à ce point la salle que les trois caméramans ont du mal à faire leur mise au point, tandis qu'en coulisses le « poète motard » Denis Vanier se roule des joints en attendant son entrée en scène.

On a confié à Miron la responsabilité de la partie du spectacle consacrée aux poètes de sa génération, qu'il a pour tâche de présenter. Le contraste est saisissant entre l'allure et le costume souvent extravagant des poètes performeurs (y compris un Paul Chamberland vêtu comme un arlequin avec un cœur sur la poitrine) et ces poètes d'âge mûr en complet-cravate, tels Yves Préfontaine, Jean-Guy Pilon et Gatien Lapointe, qui disent sagement leurs poèmes. Claude Gauvreau, quant à lui, demeure un cas singulier : nerveux, il a demandé à un Michel Garneau quelque peu décontenancé de l'aider à préparer sa lecture et il a surpris les organisateurs en arrivant au Gesù à neuf heures du matin, pour ensuite passer la journée entière à faire les cent pas en répétant ses textes souvent presque imprononçables. Mais il va une fois de plus conquérir un public perplexe qui finit par l'acclamer : « Cela prouve, ajoute le poète revenu sur scène, que l'esprit créateur n'est pas mort au Québec. Et d'ailleurs, vive le Québec, vive la création, vive l'universel ! »

Si le film de Labrecque et Masse a retenu d'autres moments forts comme la lecture passionnée de Pierre Morency, la chanson *Fais d'l'air* d'Odette Gagnon et l'incontournable *Speak White* de Michèle Lalonde, les deux réalisateurs ont mis en sourdine les slogans trop ouvertement politiques et certaines références gênantes au FLQ. C'est ainsi qu'on ne voit pas Michel Bujold obtenir de la foule massée dans la rue qu'elle acclame Vallières, Gagnon et Geoffroy — ni un jeune poète venu de Sherbrooke, Gaëtan Dostie, lire un poème de Vallières qui proclame : « La liberté est au bout des fusils[35] ! » ce qui a d'ailleurs suscité la réprobation d'une partie du public vouée au *peace and love*. Une des forces du film est de faire confiance à la parole poétique elle-même et à sa manière propre de dire le politique, comme c'est évidemment le cas pour Miron, ce qui n'empêche pas sa prestation d'être un événement assez insolite.

En effet, un spectateur averti de *La Nuit de la poésie — 27 mars 1970* aura peut-être remarqué que la lecture de *Sur la place publique* et des *Monologues de l'aliénation délirante* se déroule dans une atmosphère étrangement paisible. Alors qu'un important remue-ménage accompagne la plupart des autres lectures, et que les ombres des personnes en déplacement troublent de temps à autre l'éclairage, Miron lit ses poèmes dans un silence de mort et une lumière tout à fait lisse. Seuls les applaudissements à la fin nous rappellent qu'il y a un public. Mais justement, tout cela relève de l'illusionnisme propre au cinéma. C'est que le soir du spectacle, avec la pagaille qui régnait dans la salle et les câbles qui couraient parmi les gens du public assis par terre faute de sièges, un fil d'alimentation du son s'est trouvé débranché à répétition durant la lecture du poète. Au visionnement, Labrecque et Masse sont consternés : toute la séquence se révèle inutilisable. Mais comment concevoir l'absence de Miron dans un tel film ? Ce serait impensable, et la seule solution, c'est de refaire un tournage séparé qui recréera en apparence les conditions de la lecture originelle, le montage se chargeant du reste. Miron refait donc sa prestation en solo devant la caméra vers la fin avril, ce qui donne lieu, dans le film terminé, à un savoureux anachronisme : en effet, il lit (en s'efforçant un peu trop d'être naturel) à partir de son exemplaire de *L'Homme rapaillé*, chose impossible le 27 mars puisque le livre n'était pas encore sorti des presses !

Quoi qu'il en soit de cette « erreur » qui passe aisément inaperçue, le pari de cette grande fête de la poésie tenu à l'âge des célébrations collectives est gagné, malgré les frustrations du public refoulé à la porte. Ceux qui ont eu la chance de se trouver une place, tels les jeunes poètes Claude Beausoleil et François Charron, ou même de participer au spectacle, tel Roger Des Roches, se souviendront de l'événement comme d'une véritable apothéose de « l'âge de la parole » prophétisé (involontairement) par Roland Giguère. Comme le remarque le journaliste du *Devoir* en concluant son compte rendu, non sans quelque clairvoyance : « On ne se bat déjà plus pour un Québec séparé, mais bien pour un Québec libre. » Au seuil d'une nouvelle décennie, cet « âge de la parole » s'annonce en effet comme celui de toutes les libertés, voire de toutes les licences.

*   *   *

L'Homme rapaillé sort de l'imprimerie Thérien et Frères le 8 avril. Miron n'a guère le temps d'y accorder quelque attention tant il travaille alors à toute vapeur à l'édition d'un petit essai que vient de lui soumettre Pierre Vadeboncœur, *La Dernière Heure et la première*, qu'il faut publier au plus vite en vue des élections québécoises qui auront lieu le 29 avril. Le caractère dramatique du titre exprime bien l'urgence d'appuyer la cause indépendantiste représentée par le jeune Parti québécois de René Lévesque. La thèse centrale de Vadeboncœur ne saurait mieux épouser le point de vue qu'exprime Miron depuis des années : le peuple canadien-français s'est longtemps laissé « porter » par l'histoire ; désormais, s'affirmant comme québécois, il entend « faire » l'histoire. Cette mutation transforme une persistance plutôt passive en une intervention active dans le cours des choses, ce que n'a pas compris la principale cible de cet essai-manifeste, Pierre Elliott Trudeau, « toujours captif des horizons étroits de Duplessis[36] » et d'une conception juridique du problème québécois ; alors qu'il ne s'agit plus des droits, mais de l'être même d'un peuple.

L'heure est au politique et l'éditeur de l'Hexagone accomplit presque un miracle en publiant l'essai en une quinzaine de jours, lui qui a temporisé pendant quinze ans pour publier son propre livre. Mais il n'empêche que l'université et son ami Brault auront eu raison de lui et, le soir du 14 avril, la grande confrérie littéraire chère au poète se presse dans un salon du centre communautaire, boulevard Édouard-Montpetit, pour assister à un événement que l'on ne croyait plus possible : la sortie de son maître livre. Pour étonner davantage tant le public que les journalistes, on peut voir « ce geste inouï, Gaston Miron acceptant, sous la lentille des appareils photographiques, un chèque de 2,000 dollars[37] » des mains de Danielle Ros, directrice des PUM. À titre de président du jury, Georges-André Vachon présente le lauréat dont le mérite, observe-t-il, se passe de justification et qui, « parmi les écrivains québécois, [...] poussa le plus loin le risque de la création puisqu'il n'écrivit jamais pour faire de la littérature, encore moins pour publier ». Typiquement, le Miron lauréat est du genre à éviter les longues envolées et à minimiser la portée poétique de son prix : « J'ai sans doute moins ce prix pour une poignée de poèmes que par une situation qui a fait de moi une sorte de cristallisateur[38] », déclare-t-il dans sa réponse, ajoutant que le prix reviendrait plutôt de plein droit aux équipes successives de l'Hexagone. Cela dit, le moment présent est aux réjouissances et les amis sont presque tous là : les autres membres du jury bien sûr, Brault, Kattan et Lapointe ; des professeurs de l'université, les amis de *Liberté,* les Belleau, Godbout, Lalonde, Pilon et autres ; ceux qui ont connu l'aventure de *Parti pris,* Chamberland, Godin, Maheu et Major ; la génération montante des Michel Beaulieu et Nicole Brossard ; sans oublier les compagnons de la première heure, le cinéaste Louis Portugais qui a connu « la fraternité collective » de l'Hexagone à ses débuts, et Hélène Pilotte, désormais rédactrice au magazine *Châtelaine*, qui raconte à un journaliste que Miron « n'a pas changé[39] » depuis 1953 et qui évoque son dévouement désintéressé, jamais démenti, à la publication des poètes.

Tandis que le héros de la soirée, affairé à multiplier les dédicaces de son livre tout neuf, trépigne parce qu'il ne peut circuler dans la salle et se mêler aux conversations, ses amis accumulent les définitions à l'intention des journalistes en mal de réactions : Miron l'ami, l'animateur, le conseiller, l'enraciné universel, le plus grand poète québécois, le laboratoire central de la pensée indépendantiste, l'homme québécois par excellence. Ce qui est certain, c'est que par-delà tous ces personnages qui n'en font qu'un, une page vient d'être tournée dans la vie de l'homme et de l'écrivain. Toute une histoire, non seulement vécue, mais racontée déjà à satiété par son protagoniste, ne cessait jusque-là de se manifester dans une attente jamais comblée. Si l'espérance politique demeure entière, l'accomplissement poétique, lui, s'est désormais pleinement réalisé.

17

La gloire d'un livre

L e succès de *L'Homme rapaillé* demeure un phénomène unique dans l'histoire de la poésie québécoise. Il est rare qu'un homme et son livre forment à ce point un seul bloc infrangible, que la qualité littéraire d'une œuvre et la personnalité publique de l'auteur puissent autant se nourrir mutuellement, à plus forte raison lorsqu'il s'agit de poètes dont les frasques, chez les plus turbulents, n'attirent guère en général que l'attention d'un cercle restreint. Porté par la personnalité flamboyante de son auteur et par une attente interminable qui a fatalement avivé la curiosité, *L'Homme rapaillé* profite en même temps d'une conjoncture sociopolitique dont le livre paraît cerner les fondements et la genèse d'une manière emblématique. Pourtant, à cause même de ces facteurs favorables, sa fortune aurait pu être éphémère, et l'on sait d'ailleurs combien Miron s'est plu à souligner à gros traits le caractère « circonstanciel » de ses poèmes. Le sentiment que lui-même éprouvait de signer la fin d'une époque n'était d'ailleurs pas sans fondement du point de vue littéraire : à force d'en retarder la publication, son livre qui aurait dû coïncider avec l'apogée de la « poésie du pays » venait plutôt en marquer l'épilogue. Après 1970, le grand hymne à la « terre Québec », l'âge de la « fondation du territoire » tel que l'a décrit Paul Chamberland dans *Parti pris*[1] est bel et bien révolu.

Plus largement, c'est tout le paysage poétique qui, dans la mutation culturelle de l'époque, bascule au tournant de 1970. L'insolence de certains jeunes lors de la Nuit de la poésie n'en était qu'un indice. En fait, depuis quelques années déjà, le ton général est à la fronde, à la critique, à la subversion, au « nouveau » sous toutes ses formes. Ni la révolution par l'amour, le sexe, les hallucinogènes, ni la poésie faite par « tout l'monde » ne pourraient se contenter d'une « révolution nationale » ou d'un « retour au pays natal », un projet certes crucial mais désormais laissé pour l'essentiel aux bons soins des politiques. Aux antipodes du mouvement libertaire contre-culturel, les cercles marxistes-léninistes, qui ont contribué à la chute de *Parti pris* et qui connaîtront une belle carrière dans les années 1970, ne peuvent que s'inquiéter d'un homme qui tantôt se dit socialiste, tantôt balaie du revers de la main l'opposition entre droite et gauche au nom du projet national. La guerre contre la confusion idéologique n'annonce rien de bon pour « l'âge de la parole », et à la Nuit de la poésie on a entendu un Michel van Schendel, absent du film de Labrecque et Masse, annoncer avec les sombres accents d'un Savonarole : « Je dis que le brûlement de cette nuit ne laissera à l'aube qu'une seule cendre, résidu de tous les mots entendus, qui les mêlera tous, qui les réduira tous[2]. » Un peu plus et le bûcher serait déjà allumé pour un autodafé, voire la juste punition des hérétiques… Toutes les voix ne sont certes pas aussi enflammées, mais le mouvement des jeunes poètes qui s'est cristallisé depuis 1965 autour de *La Barre du jour*, sous l'inspiration de la revue parisienne *Tel quel*, se distancie lui aussi, pour d'autres raisons, des conceptions poétiques défendues par Miron et ses éditions de l'Hexagone. Pour Nicole Brossard, France Théoret et certains de leurs compagnons les plus radicaux comme Marcel Saint-Pierre, le temps de l'écriture, du texte conscient de lui-même et sachant qu'il n'est que littérature doit succéder à un lyrisme attaché un peu trop naïvement à l'oralité et à la représentation du monde.

Si Miron et son *Homme rapaillé* font malgré tout l'objet, en 1970, d'un véritable couronnement, celui-ci, du moins pour une bonne partie de la nouvelle génération, ne va pas sans ambiguïté : Miron fait figure de maître, mais un maître en voie d'être dépassé par ses disciples ; il incarne un père en poésie à qui tous sont redevables, mais comme tous les pères, il devra accepter que son meilleur temps soit révolu et que désormais il revienne à ses enfants de mener le jeu. Cependant, qu'on se s'y trompe pas : l'homme est assez malin pour avoir prévu le coup et il leur montrera, notamment comme éditeur, qu'il n'a rien d'un attardé des années 1950 et 1960…

Malgré cette jeunesse turbulente, les éloges fusent, les témoignages se multiplient en ce printemps 1970, comme au soir de la remise du prix. Aux yeux des lecteurs, *L'Homme rapaillé* apparaît d'abord comme le succès d'une identification : entre l'homme et son livre certes, et plus largement entre l'homme, son livre et son peuple. « Miron, c'est tout l'homme québécois », a pu affirmer Georges Dor au lancement, faisant écho à Jacques Godbout : « Il écrit une poésie qui nous appartient en propre ; on a vraiment l'impression que c'est nous. » Cette identité semble pour la plupart des commentateurs aller de soi, comme si « l'homme québécois » ou le « nous » dont Miron se fait le porte-parole étaient des notions simples, faciles à définir. Cette identification du poète à son peuple ne va pas sans paradoxe : Miron est toute la collectivité et en même temps un être d'exception, un « totem », un « phare », parce que lui seul a su parler avec force au nom de tous. Il subsiste d'ailleurs un « mystère Miron », commente Ivanhoé Beaulieu dans la page que consacre au poète *Le Soleil* de Québec[3]. La parution du livre ne signifie-t-elle pas justement la fin du « mythe » ou de la « légende » ? Certains, comme Gatien Lapointe et Jean-Guy Pilon, en paraissent un peu trop convaincus : « La légende de Gaston Miron n'existe plus », proclame Pilon dans *Le Devoir* du samedi suivant[4]. Ce n'est pas un mythe, au dire de Pilon, c'est un homme concret, un camarade tenace, obstiné, qui a soutenu et inspiré l'aventure des Éditions de l'Hexagone, maintenant admirée de tous. Le livre nous renvoie non pas à un monstre sacré, si imposant soit-il, mais à « l'inflexible volonté » d'un être qui, loin de vous regarder de haut, possède « ce rare don d'accueillir chacun en égal », témoigne pour sa part Michel Beaulieu, dont la jeune carrière de poète et d'éditeur a croisé bien des fois le chemin de Miron ces dernières années et qui a eu avec lui maintes discussions nocturnes, rue Saint-Denis ou ailleurs : parmi la jeune génération, Beaulieu fait entendre, non sans une évidente affection pour l'homme, une des opinions les plus mesurées, les plus conscientes d'une dette à l'égard du poète.

À Trois-Rivières, Pierre Chatillon, refusé il n'y a pas si longtemps à l'Hexagone, et Gatien Lapointe, arrivé depuis peu à l'Université du Québec, consacrent eux aussi une page entière à Miron en y incluant plusieurs témoignages. Le moment choisi pour la publication paraît riche de sens : il y a de l'avril dans la poésie de Miron, entre neige et « terre grasse », entre « ravalement » et « rébellion », écrit Chatillon en regardant à sa fenêtre le printemps poindre dans les champs. Le poète « sourd du sol », acquiesce Clément Marchand, qui met en parallèle Miron et Alfred DesRochers. Pour sa part, Gatien Lapointe confirme le titre de « poète national » accordé jadis à l'auteur, à l'exemple des Maïakovski, Guillén, Neruda et des poètes français de la Résistance. En épousant la marche en avant du Québec, le recueil corrobore les mots du poème liminaire : « je suis arrivé à ce qui commence ». Finis l'exil et l'agonique : une « ère nouvelle » s'inaugure, à partir d'un « présent habitable[5] », et elle sera d'ordre politique.

Miron lui-même en rajoute volontiers sur son statut de « poète charnière », entre le temps de l'aliénation et de la poésie canadienne-française et celui de l'affirmation de soi et de la poésie québécoise. Les longs entretiens accordés à Jean Basile dans *Le Devoir* et à Jean Royer dans *L'Action* de Québec sont du plus pur Miron, toujours appliqué à définir les phases d'un processus historique dont il a été, comme poète, à la fois l'exemple et le catalyseur. Il a toujours aimé ces grands récits rétrospectifs scandés par des dates, des points tournants qui agissent comme une succession de prises de conscience et de commencements : « À partir de 1948, il y a eu des noyaux de conscience de libérés. À partir de [19]56, la poésie se concevait déjà comme indépendante, comme poésie nationale [...]. À partir de [19]63, le processus de la poésie canadienne-française est terminé[6]. » La fondation de *Parti pris* lui apparaît désormais comme une de ces dates clés qui ont changé la situation : « De ce moment, la marche vers ce que j'appelle l'identité nationale était irrémédiablement engagée[7]. » L'histoire en marche ! On a rarement vu un poète s'y inscrire avec autant d'insistance, au risque de gommer la complexité de ses motivations et de sacrifier certains faits. « Avant 1963 [...], le poème était empêché », raconte-t-il à Jean Royer, ce qui peut étonner quand on sait que les trois quarts de ses poèmes, au moins, ont été écrits avant cette date. Il se voit forcé de nuancer en précisant que cet empêchement portait sur la publication d'un livre, non de poèmes épars dans des revues et des journaux, en oubliant volontiers qu'il n'a jamais cessé d'annoncer la publication prochaine de son livre. En fait, l'argument de l'empêchement vise surtout, *a posteriori*, Pierre Elliott Trudeau et la génération de *Cité Libre*, qui ont soutenu que la collectivité canadienne-française avait tous les moyens de s'épanouir. Mais du même coup, le virage de 1963 oblige le poète à invoquer son éparpillement et ses engagements dans l'action pour justifier le fait qu'il n'a pas publié son livre dès cette époque et a temporisé encore pendant sept ans.

Il signalait quelques années plus tôt son projet de lire Hegel… Mais cette vision d'une histoire qui procède par prises de conscience successives, dont chacune dépasse la précédente et rend celle-ci caduque, ne risque-t-elle pas de s'appliquer à Gaston Miron lui-même, à la faveur de cette nouvelle date charnière de 1970 ? C'est là un grand embarras, surtout quand on sait que, au cours d'une table ronde avec Jean Basile et la dramaturge Françoise Loranger tenue en 1968, un étudiant lui a lancé que tout ce qu'il disait était « dépassé ». Malgré Michel Beaulieu et Jean Royer, malgré la sympathie même que lui expriment Nicole Brossard et son équipe de *La Barre du jour*, en dépit des éloges dithyrambiques qu'il reçoit de sa propre génération, cette question le hante : « Je ne suis pas un poète du passé, mais un homme nouveau[8] », insiste-t-il en mettant en garde tous ces jeunes « qui écrivent, donc vivent, comme si le Québec était déjà indépendant[9] ». Il a demandé à Jean Royer d'annexer à son entretien publié le texte fameux de T. S. Eliot affirmant qu'« aucun art n'est national avec plus d'obstination que la poésie » — accompagné d'une série de ses propres propositions, qui rappellent que « la poésie n'est pas la mode et pas forcément la nouveauté », qu'elle « est toujours d'une époque mais [...] n'a pas d'âge ». N'est-ce pas l'essentiel du propos de Georges-André Vachon, dans l'étude inspirée qu'il joint à *L'Homme rapaillé* et dans l'article qu'il signe aux côtés des Basile, Beaulieu et Pilon dans le cahier littéraire du *Devoir* ? Derrière les circonstances, sous le temps historique qu'elle porte, la poésie de Miron dit la « substance » du pays et de l'homme, le « commun fondement de l'homme et du monde », et il faut même oser dire qu'« elle propose une vision qui s'enracine dans l'invisible ». À force d'invoquer la déesse Histoire, Miron se rend compte qu'il est en train d'évacuer cette « vision » et cette « substance », et de piéger ainsi sa propre poésie.

Un autre objet de souci, c'est la fameuse question de l'engagement qu'il a abordée peu avant la parution de son livre et qui, naturellement, refait surface. Mais cette fois, elle donne lieu à un malentendu. Dans ses réponses à Basile, il se laisse emporter dans sa critique véhémente de l'engagement en littérature et une phrase lui échappe : « Je ne m'inscrirais jamais à un parti politique. Cela ne veut pas dire que je ne les aide pas dans la mesure de mes possibilités. » Des amis qui lisent *Le Devoir* sourcillent un peu et lui-même est plutôt embarrassé, d'autant plus que nous sommes à quelques jours des élections québécoises du 29 avril et que le poète donne alors un coup de main au candidat du Parti québécois Pierre Harvey dans le comté d'Outremont. Pourtant, il y a du vrai dans son affirmation à Jean Basile : il a eu beau se porter candidat du PSD, puis détenir sa carte du RIN dès son retour de Paris en 1961, cette « inscription » est loin d'avoir donné lieu à un militantisme soutenu au sein de ces partis, pas plus qu'au Parti québécois. Mais craignant de paraître tiède à l'égard de l'engagement politique, il s'empresse de faire parvenir un rectificatif au *Devoir*, qui va le publier le samedi suivant : « Je précise. Je crois ne m'être jamais dérobé aux refus et aux choix par lesquels un homme se définit concrètement[10]. » En fait, l'essentiel de cette mise au point vise à justifier le fait qu'il n'a pas adhéré au Parti québécois, même s'il juge qu'il faut appuyer « stratégiquement » le seul parti indépendantiste. L'argument selon lequel le parti de René Lévesque n'est pas un vrai parti de gauche est-il vraiment déterminant ? La liberté de l'écrivain et son droit à la dissension pèsent au moins aussi lourd : « Je ne fais pas de politique, dit Miron à Jean Royer. Je montre les rapports de la littérature et du politique. » Suivre une ligne de parti, ce n'est pas le genre du « forcené magnifique ».

C'est d'ailleurs comme un « excessif » que le caractérise Réginald Martel dans *La Presse*, mais ironie du sort, dans une chronique qui recense en même temps les mémoires posthumes du « modéré » André Laurendeau, récemment publiés par Claude Hurtubise[11]. Laurendeau, le coprésident de la Commission royale d'enquête sur le bilinguisme et le biculturalisme, celui-là même que Miron a couvert d'opprobre pour avoir condamné les attentats commis par le FLQ ! Ainsi vont les hasards de la célébrité et voici que les photos de ces hommes très contrastés cohabitent comme « deux témoins, deux acteurs » de l'histoire du Québec contemporain.

Il arrive aussi que le triomphe de *L'Homme rapaillé* donne lieu à des consécrations plus légères. Ainsi, l'astrologue en titre de *La Presse*, Lise Moreau, élit Gaston Miron « vedette de la semaine » et dresse la carte du ciel de ce Capricorne ascendant Lion, « poète harangueur public, fantaisiste, excentrique » et pourtant « grand timide », dont l'intelligence vive et la mémoire prodigieuse n'ont d'égales que l'impulsivité[12]. Entre la politique et l'astrologie, le poète Miron n'échappe pas aisément à son personnage.

*   *   *

La carrière de son livre n'en est pas moins lancée, y compris outre-Atlantique, où tout un cercle de poètes et de critiques attendait depuis longtemps sa publication. Au début mai, le délégué général du Québec à Paris, Jean Chapdelaine, reçoit de nombreux invités français et étrangers à l'occasion du lancement parisien de *L'Homme rapaillé*, dont la distribution en France est annoncée. Au fil des mois suivants et jusqu'au début de 1971, plusieurs recensions paraissent dans les revues et les journaux, à commencer par celle des *Lettres françaises*, en juin, sous la signature de René Lacôte, au bureau duquel Miron s'est présenté dix ans plus tôt pour une de ces prises de contact dont il a toujours eu le secret. Lacôte, gagné depuis lors à la cause de la poésie québécoise, exprime la plus grande admiration pour son « principal animateur » et pour sa « poésie de révolte et de combat sous-tendue par l'espoir de l'amour[13] », tout en faisant écho aux réserves de Miron lui-même sur la question de l'engagement.

Plus lyrique, plus personnel, Robert Marteau signe une longue recension dans le numéro d'été d'*Esprit*, en évoquant le rôle d'Henri Pichette dans leur rencontre et leur séjour espagnol avec Bourniquel en août 1960. Il s'agit moins d'un strict compte rendu que d'une lettre à l'ami américain, presque indien : « Tu es un jeune vieux sauvage, tu pousses ton cri de guerre ; tu es un fauve, on t'a blessé[14] » ; moins d'une lecture du recueil que du portrait d'un poète « venu des solitudes » et qui, comme jadis Dante faisant l'éloge de « la langue vulgaire », n'a cessé de revendiquer sa langue maternelle. Marteau en profite pour lancer un coup de griffe contre la presse française qui, surtout à gauche, a dénoncé le « Vive le Québec libre ! » du général de Gaulle. Reste le livre, et le grand rire du poète ami qui résonne « jusqu'aux terres romanes de Poitou[15] ».

Alain Bosquet, plus modestement, consacre une colonne du journal *Le Monde* à *L'Homme rapaillé*, à côté de ses deux colonnes sur *Kamouraska* d'Anne Hébert[16]. Quelques mois plus tard, après la crise d'Octobre qu'il a connue en direct comme professeur invité à l'Université de Montréal, Dominique Noguez conclut ainsi sa recension de *L'Homme rapaillé* dans *La Quinzaine littéraire* :

> Miron est la parole du Québec, comme le Ronsard des *Discours*, le Hugo des *Châtiments* ou les poètes de la Résistance [qui] se voulurent la parole de la France meurtrie. Il est le Césaire et le Senghor des Nègres blancs d'Amérique[17].

Pourtant, malgré cette généalogie éblouissante et une cascade de nouvelles distinctions, notamment le prix France-Canada et le prix

Canada-Belgique, il serait exagéré de parler d'une grande notoriété de Miron et de son livre en France dans les années 1970, en dehors des cercles les mieux informés et les plus sensibles à la poésie. Gérés en partie par le Québec et le Canada respectivement, ces prix obtiennent peu d'écho dans les milieux littéraires et auprès du public français. En outre, malgré les efforts de la délégation du Québec, un livre publié au Québec (et par des presses universitaires !) ne peut espérer trouver beaucoup de place dans les librairies. Il reste que la notoriété de Miron va lentement continuer de germer tout au long de la décennie, jusqu'à susciter l'intérêt de plusieurs éditeurs parmi les plus réputés : Gallimard, Belfond, Seghers, Maspero.

Au Québec, par contre, le succès des ventes est fulgurant et dépasse même en ampleur et en rapidité celui qu'a connu Gatien Lapointe avec son *Ode au Saint-Laurent* en 1963, ou encore Roland Giguère avec *L'Âge de la parole*. Dans leur rapport annuel déposé au cours de l'été 1971, les Presses de l'Université de Montréal annoncent qu'elles ont déjà atteint un tirage de 12 000 exemplaires ; pour des éditions universitaires dont la mission est essentiellement scientifique, de tels succès commerciaux sont tout à fait inhabituels. Avec *La Flore laurentienne* du frère Marie-Victorin (publiée en 1964), *L'Homme rapaillé* devient la locomotive des PUM : on n'a sans doute jamais vu un éditeur qui puisse affirmer que ses deux plus grands « best-sellers » sont une encyclopédie de botanique et un recueil de poèmes !

Une remarque glissée dans le rapport de 1971 est frappante : « L'ouvrage [de Miron] continue de connaître un grand succès surtout auprès des étudiants de cégeps, où il est inscrit au programme[18]. » Nul doute qu'un des facteurs importants de la longévité de *L'Homme rapaillé* tient à sa pénétration dans le réseau d'enseignement des collèges et des universités. Année après année, les PUM pourront faire état de ventes oscillant entre 2 500 et 3 000 exemplaires, de sorte qu'au seuil des années 1980 on aura atteint les 30 000 exemplaires vendus depuis la parution. Cette vigueur commerciale vaut à Miron des revenus qui sont loin d'être négligeables : en 1972-1973 par exemple, il touche un chèque de 7 243,10 $ en droits d'auteur. La persistance de cette réussite est d'autant plus saisissante qu'elle se produit au cours d'une décennie où la vente des recueils de poèmes est en chute libre, ce que l'éditeur Miron ne peut que déplorer. Après « l'âge d'or » des années 1960 et l'abandon définitif en 1971 de la formule des ventes par souscription, les Éditions de l'Hexagone elles-mêmes voient le public lecteur de poésie se rétrécir comme une peau de chagrin. Désormais, seuls les recueils inscrits dans les programmes d'enseignement peuvent espérer, sauf de rares exceptions, dépasser les 200 ou 300 exemplaires vendus. Or, avec Nelligan, Saint-Denys Garneau et Anne Hébert, Miron est de loin le poète le plus enseigné au Québec. En outre, *L'Homme rapaillé* demeure l'emblème par excellence, tout au long des années 1970, d'une génération (celle des baby-boomers) dont l'adolescence a été contemporaine de la Révolution tranquille et qui a connu la montée de l'affirmation nationale du Québec et l'épanouissement de sa littérature — une génération qui occupe désormais massivement les postes dans l'enseignement. Durant les dix ans qui suivent sa publication, le livre de Miron, riche en espérance et gros d'une naissance à venir, paraît incarner mieux qu'aucun autre le destin d'une génération, le « sens de l'Histoire ».

∗   ∗   ∗

« [J]e n'ai jamais voyagé / vers autre pays que toi mon pays » : dans une ébauche de ce poème souvent cité[19], l'ancien passager de l'*Homeric* se comparait à Ulysse : le voyageur qui a dû affronter mille épreuves avant de rentrer chez lui, l'homme qui n'en finit plus d'arriver. Mais à présent, le retour au bercail ne signifie-t-il pas l'épuisement de l'épopée ? Ce n'est certes pas la fin de tout, mais c'est sans doute la fin des commencements, pour l'homme qui avance maintenant dans sa quarantaine d'années : son livre a cessé de ne pas exister et il est entré dans la durée ; sa fille est née et il reste maintenant à l'élever ; le projet politique se trouve défini pour de bon et son accomplissement se profile à l'horizon ; l'existence de l'Hexagone ne saurait plus être remise en cause et la seule voie constructive est celle de sa modernisation (qui sera d'ailleurs spectaculaire) ; quant au « non-amour », il a une fâcheuse tendance à se perpétuer et il faudra plusieurs années avant qu'un nouvel épisode amoureux ne vienne conjurer « le froid humain ».

À court terme, le monde politique continue de tourner. Deux semaines après la parution de *L'Homme rapaillé*, la victoire du Parti libéral de Robert Bourassa se veut la relance d'une ère de progrès économique et de plein emploi, mais la grande nouvelle pour les indépendantistes, ce sont les 23 % du vote obtenus par le Parti québécois, bien que la maigre récolte de sept députés et la défaite

du chef René Lévesque dans son comté de Laurier confinent à la
« victoire morale ». Mais dix ans plus tôt, il n'y avait pas de parti
indépendantiste ! La défaite cuisante subie par l'Union nationale
marque un réalignement très prometteur des forces politiques, même
si le problème de la langue demeure en suspens : il empoisonnera
bientôt la vie du gouvernement Bourassa comme, hier encore, celle
de Jean-Jacques Bertrand. Le français, l'anglais, mais aussi le québécois
« joual » : peu de questions soulèvent autant de débats passionnés dans
les années 1970, et Miron fera entendre sur ce thème une voix de plus
en plus autorisée.

L'« appui stratégique » accordé au PQ ne l'empêche pas d'avoir
le cœur ailleurs, surtout du côté de celui qui a été son jeune disciple,
Pierre Vallières, en prison depuis bientôt quatre ans et toujours en
attente de procès. Mais la grève de la faim que le détenu a entreprise
le 18 mai portera des fruits : il obtient sa libération provisoire huit
jours plus tard et peut rejoindre son camarade Gagnon qui a déjà
été relâché en février. Sans avoir perdu sa raison d'être (puisque le
procès reste à venir), le comité d'aide Vallières-Gagnon sent le besoin
de s'élargir, plusieurs felquistes étant toujours en prison, dont Pierre-
Paul Geoffroy, condamné à perpétuité en 1968. L'objectif à moyen
terme est de récolter 50 000 $ grâce à une campagne de financement,
ce qui permettra notamment de payer les avocats. Une réunion a
lieu à la mi-juin, à laquelle participent des représentants des grands
syndicats, Fernand Daoust pour la FTQ, Guy Marsolais pour la
CSN. Miron y représente le milieu des écrivains et des artistes, qui
s'est mobilisé dès la première heure pour les prisonniers politiques,
et aux côtés de Marsolais, il est nommé au comité de coordination
du nouveau Mouvement pour la défense des prisonniers politiques
québécois, le MDPPQ, qui sera présidé par le Dr Serge Mongeau, un
médecin progressiste très en vue à l'époque, grâce à ses ouvrages sur
la sexologie, la contraception et l'avortement. Miron, qui est devenu
depuis quelques années un habitué des lancements aux Éditions
du Jour, rue Saint-Denis, y croise fréquemment Mongeau, un des
auteurs à succès de Jacques Hébert (le premier volume de son *Cours de
sexologie* s'est vendu à 85 000 exemplaires !). Entre le poète national en
mal d'amour et le médecin devenu un porte-étendard de la révolution
sexuelle, la relation ne peut être qu'assez loufoque. Dans le style peu
raffiné et totalement impudique qu'il adopte volontiers dans ces
circonstances, Miron salue souvent Mongeau de sa voix tonitruante

en lui demandant si, comme « spécialiste », il ne pourrait pas l'aider à régler ses « problèmes d'éjaculation précoce ». Pour le médecin et pour les témoins, cela devient plutôt embarrassant…

À la fin du printemps 1970, l'atmosphère n'est toutefois pas à de telles pitreries. Tandis que de nouvelles bombes du FLQ explosent un peu partout à Ottawa, à Montréal et à Québec, s'attaquant aux édifices fédéraux, à des bureaux de poste, à une raffinerie et même à un hôtel de la Vieille Capitale où loge le premier ministre Bourassa lui-même, la gauche militante se donne des structures d'action : la fondation officielle du MDPPQ présidé par Mongeau, le 30 juin, suit de quelques semaines celle du FRAP, le nouveau parti municipal qui entend faire la lutte à Jean Drapeau aux élections d'octobre. C'est à ces deux mouvements de gauche que Miron fera don d'une partie de la bourse accompagnant son Grand Prix littéraire de la Ville de Montréal, au début de 1971.

Au MDPPQ, il côtoie ses amis Gérald Godin, Pauline Julien et Jacques Larue-Langlois. Du point de vue de la police et des services de sécurité, le mouvement se trouve aisément assimilé à une aile militante du FLQ, d'autant plus que Robert Lemieux, l'avocat des felquistes, mal vu par le Barreau et l'*establishment* des juristes, fait partie du groupe fondateur. La désignation même de « prisonniers *politiques* » se trouve d'ailleurs vigoureusement récusée par les autorités tant à Québec qu'à Ottawa. Il n'y a aucun doute que le mouvement est surveillé de près et le restera à la suite de la crise d'Octobre : plus tard, Serge Mongeau racontera qu'avant chaque réunion du mouvement il fallait inspecter la salle, où l'on trouvait souvent des micros cachés, et repérer les agents infiltrés de la GRC venus recueillir des informations[20]. On ne s'étonne guère, dans ces circonstances, que les membres fondateurs du MDPPQ soient apparus en priorité sur la liste des personnes arrêtées après l'adoption de la Loi des mesures de guerre.

*   *   *

C'est pourtant un été ordinaire, durant lequel même le FLQ se fait discret. À côté des engagements politiques de son éditeur, qu'advient-il pendant ce temps de l'Hexagone ? Des recueils annoncés en 1967, ceux de Marchand et de Dumont, n'ont toujours pas paru, et Miron voudrait en faire son programme d'automne, avec une anthologie des poèmes québécois de l'année, compilée par Jean-Guy

Pilon, sur le modèle des Éditions Seghers à Paris. Deux recueils ont paru plus tôt dans l'année, *Débâcles* d'Yves Préfontaine et *Suite logique* de Nicole Brossard, dans un savant équilibre entre la génération du « pays » et celle du formalisme[21]. Le fait d'accueillir Brossard n'est pas anodin : pas plus qu'il ne veut être un « poète du passé », Miron n'entend se cantonner dans l'édition des poètes déjà arrivés. Cela dit, la production globale demeure mince, la collection « Rétrospectives » est en dormance et les affaires courantes sont toujours portées par un seul homme ; en fait, depuis 1968 la maison paraît fonctionner largement sur l'erre d'aller. Un matin, en lisant *Le Devoir*, Miron apprend en outre une nouvelle désagréable : Rina Lasnier publiera la rétrospective de son œuvre dans la collection du Nénuphar, chez Fides. « Est-ce une rumeur ou un fait en voie d'accomplissement[22] ? » s'inquiète-t-il auprès de la grande dame qui ne lui en a pas soufflé mot. Chose certaine, s'il contient son mécontentement, il juge désormais hors de question la réédition qu'il envisageait de *Présence de l'absence* et de *L'Arbre blanc.*

Sous des dehors sans grand éclat, une réorganisation de l'Hexagone ne s'en trame pas moins, dont les effets ne deviendront sensibles qu'à partir de 1972. Dans un premier temps, le 30 juillet, les trois coactionnaires de la société avec Miron depuis 1956, soit Gilles Carle, Jean-Guy Pilon et Louis Portugais, déclarent officiellement devant la Cour supérieure qu'ils se retirent de toute participation à la maison d'édition. Puis, deux jours plus tard, une nouvelle « société de l'Hexagone » voit le jour, enregistrée le 27 août. Si l'on excepte une part symbolique de 1 % conservée par Louis Portugais, qui ne jouera de toute manière aucun rôle dans la gestion et la prise de décision, seuls deux actionnaires subsistent : Miron à 51 % et Alain Horic à 48 %. En fait, il s'agit d'un partenariat égalitaire, car le contrat stipule que « *toutes les décisions* en rapport avec cette société devront être prises du consentement unanime de Gaston Miron et Alain Horic », quel que soit le partage des tâches, le premier privilégiant l'aspect littéraire, le second l'administration. La Librairie Déom, au 1247, rue Saint-Denis, se voit par ailleurs confirmée comme « dépositaire légal et officiel » des Éditions de l'Hexagone.

Désormais, Horic, que Roland Giguère désignait comme « l'éminence grise » de l'Hexagone, se trouve en position de commande. L'hiver suivant, dans des lettres à la veuve du poète Éloi de Grandmont ou encore à Gatien Lapointe, les invitant à soumettre des manuscrits pour la collection « Rétrospectives », il signe : « Alain Horic, directeur des Éditions de l'Hexagone[23] ». On peut parler d'une direction bicéphale, mais ce que cette expression, comme les termes du contrat signé en août, ne révèle pas, c'est l'asymétrie profonde dans la relation d'affaires entre les deux hommes. En effet, Horic est non seulement un administrateur de carrière, mais il dispose de ressources financières très largement supérieures à celles de Miron, grâce à son salaire de cadre et à des investissements judicieux dans le domaine immobilier. Jusqu'au début des années 1980, Miron pourra profiter d'un compte bancaire, à la Caisse populaire Saint-Louis-de-France, alimenté par Horic, sur lequel il pourra effectuer des retraits et tirer des chèques pour ses dépenses courantes, ses besoins familiaux, ses nombreux achats de livres ou pour l'entretien de sa voiture, une Renault 5 d'occasion que lui vend à l'époque son ami Serge Mongeau. Mais la générosité de Horic ne va pas sans une contrepartie, dont la teneur se révélera plus tard.

*   *   *

Le soir du lundi 5 octobre 1970, le Mouvement pour la défense des prisonniers politiques québécois convoque une conférence de presse pour le lancement officiel de sa campagne de financement. Si une cohue exceptionnelle de journalistes se presse devant Serge Mongeau et son équipe, c'est qu'une nouvelle bouleversante se répercute partout depuis le matin : l'enlèvement du chargé d'affaires britannique James Richard Cross par la cellule Libération du FLQ, qui exige la libération de tous les prisonniers politiques et l'obtention de sauf-conduits pour Cuba ou l'Algérie. Il est tentant de voir un lien entre les deux événements, d'autant plus que l'avocat Robert Lemieux offre ce soir-là ses services pour négocier avec les ravisseurs.

Le crescendo tragique de la crise d'Octobre est connu : la lecture du manifeste du FLQ à la radio et à la télévision, l'appui populaire au FLQ, l'enlèvement du ministre québécois du Travail et vice-premier ministre Pierre Laporte par la cellule Chénier, les tensions politiques croissantes entre les adeptes de la ligne dure et les partisans de la négociation, l'adoption de la Loi des mesures de guerre dans la nuit du 15 au 16 octobre par le Parlement fédéral, l'arrivée de l'armée canadienne à Montréal, les perquisitions et les arrestations arbitraires partout au Québec — puis, la découverte du cadavre de Pierre Laporte dans le coffre arrière d'une voiture, à Saint-Hubert, suivie, le lendemain, de la rumeur de la mort de James Cross, bientôt démentie.

Dans *Le Devoir*, Miron peut lire les éditoriaux de Claude Ryan qui, dès le début de la crise, pèse le pour et le contre : céder aux terroristes serait consentir à la violence et peut-être à la guerre civile ; mais l'intransigeance pourrait coûter la vie à un, et maintenant à deux otages innocents. Y a-t-il le risque d'une insurrection populaire, la révolution dont on a tant parlé dans les années 1960 est-elle enfin à nos portes ? Des proches de Miron, Pierre Vallières et Michel Chartrand appellent à la grève générale, sans grand succès. Il reste que la cause du FLQ est claire, telle que l'a exposée son manifeste dont la lecture publique a suscité la sympathie de la population : en dehors d'un processus démocratique jugé irrécupérable, il s'agit de faire l'indépendance pour abattre le système capitaliste et construire un Québec plus juste. Mais après l'enlèvement de Laporte, qui émeut beaucoup, les partisans de la ligne dure menés par Pierre Elliott Trudeau vont gagner du terrain.

Votée à Ottawa en pleine nuit, la Loi des mesures de guerre permet de lancer, avant l'aube du vendredi 16 octobre, les policiers et les militaires vers les personnes ciblées, avec la quasi-certitude de les trouver au lit. Gérald Godin et Pauline Julien, rue Selkirk, sont réveillés par un bruit de porte défoncée et des voix d'hommes. Godin, croyant que ce sont des pompiers, sort de sa chambre sans se douter qu'on est venu l'arrêter avec sa compagne. « Avez-vous un mandat ? » demande-t-il. Les policiers triomphent : « On n'a plus besoin de mandat, monsieur… »

Au carré Saint-Louis, l'arrivée des policiers est encore plus fracassante : ils enfoncent en même temps la porte d'entrée et la porte arrière du 269 et trouvent dans l'appartement un homme encore somnolent, un bébé qui se met à pleurer dans sa couchette et une grand-mère qui ne comprend pas ce qui arrive. Jeanne Michauville est en effet venue garder la petite Emmanuelle chez son fils, comme elle le fait de temps à autre à cette époque. Que peut bien signifier cette irruption brutale de policiers l'arme au poing, comme pour le plus dangereux des criminels ? La question inévitable surgit : « Avez-vous un mandat ? » demande à son tour Miron, maintenant tout à fait réveillé. Comme chez Godin et Pauline Julien, la réponse est jubilatoire : « Pas besoin de mandat, c'est la Loi des mesures de guerre. » Miron trouve le moyen d'être narquois : « Mesures de guerre ? Mais… on est en guerre contre qui ? » Les policiers ne sont pas d'humeur à rire et ils s'affairent déjà à fouiller sans ménagement l'appartement, la bibliothèque, les tiroirs, les matelas, y compris celui de la petite couchette, après avoir exigé de Jeanne qu'elle garde le bébé dans ses bras. Puis Miron reçoit l'ordre de prendre quelques effets personnels et de les accompagner. Pas question d'appeler un avocat, ni d'obtenir la raison de cette arrestation : cela aussi, ce sont les « mesures de guerre », ils n'ont pas d'explications à donner, ils ont désormais tous les droits. En voyant par la fenêtre l'auto-patrouille démarrer, Jeanne est prise d'une terrible appréhension : qui sait si Gaston ne va pas se retrouver en présence de son autre fils, Robert Forget, entré depuis peu au Service de police de la Ville de Montréal ? Pendant des jours, cette image va la tourmenter : ses deux fils soudain face à face, l'un poète en état d'arrestation, l'autre agent de l'ordre, deux demi-frères campés dans des rôles ennemis…

Le trajet n'est pas long jusqu'au Quartier général de la Sûreté du Québec, rue Parthenais. Dans le garage où on l'a fait descendre, Miron aperçoit vite des figures connues : Gérald Godin, Michel Garneau, Jacques Larue-Langlois, Patrick Straram et même, ô surprise, un vieux camarade de l'Ordre de Bon Temps, Jean-Marie da Silva, qui a été l'un des pensionnaires de la cabane à Cléroux ! Mais c'est d'abord le sort de son bébé qui l'inquiète : se doute-t-il qu'il ne s'agira pas d'une détention de quelques heures, pense-t-il que sa mère doit repartir pour Saint-Jérôme ? Toujours est-il que c'est la panique : « Qui va s'occuper de ma fille ? clame-t-il. C'est rien qu'un bébé ! » Personne ne parvient à le rassurer. « C'est rien qu'un bébé ! » répète-t-il en criant à la ronde. De toute manière, tandis que les femmes arrêtées défilent vers d'autres quartiers de détention, les hommes sont conduits par groupes vers un ascenseur qui les dépose à l'étage où seront remplies les fiches d'enregistrement et recueillies les empreintes digitales. À partir de cet instant, Gaston Miron, « poète national », porte le matricule 26D11 et prend le chemin des cellules. Pendant les premières heures, il est voisin de Gérald Godin, du duo Vallières-Gagnon, ainsi que de Gaëtan Dostie, que la police a amené de Sherbrooke après avoir fouillé pendant des heures sa maison familiale à la recherche du poème de Vallières qu'il a lu en mars à la Nuit de la poésie : *La liberté est au bout des fusils*, ce serait la preuve écrite que l'auteur de *Nègres blancs d'Amérique* a incité à la violence et à la sédition. Quoi qu'il en soit, Miron et Godin ne restent pas longtemps avec les autres camarades et sont bientôt déménagés vers un étage supérieur. Miron ne va retrouver sa liberté que onze jours plus tard, le 27 octobre.

Un des traits frappants de cette incarcération demeure l'étonnante discrétion que Miron a entretenue à ce sujet, du moins en public, contrairement à plusieurs de ses camarades. Aussitôt sorti de prison, Gérald Godin s'empressera de publier dans *Québec-Presse* son « Journal d'un prisonnier de guerre[24] » ; Serge Mongeau, intercepté dans sa voiture en ce même vendredi matin et libéré le 23 octobre, décrira dans les moindres détails ses jours de détention dans *Kidnappé par la police*, qui sera bientôt publié par Jacques Hébert[25] ; Michel Garneau relatera plus tard poétiquement son face-à-face avec un petit gardien « hitlérien[26] ». Rien de tel chez Miron. A-t-il pris des notes dans quelque carnet détruit en 1971 par Ghislaine Duguay ? C'est possible : Pauline Julien, notamment, a tenu une chronologie précise de son séjour en prison[27]. À Saint-Jérôme, dans les mois qui suivent, il fera part à sa mère et à ses sœurs de ses conditions humiliantes en prison, de la fouille à nu qu'il a dû subir, du mépris de certains gardiens. Il reste que le poète de *L'Homme rapaillé* est toujours demeuré très avare de détails sur sa détention, comme s'il en gardait une blessure secrète, presque honteuse, à l'exemple de nombreuses victimes d'injustices et de violence. Certes, compte tenu de la nette concordance des témoignages de personnes incarcérées en octobre 1970, il n'est pas difficile d'imaginer ces hommes et ces femmes venus, seule démocratie de cette opération, de tous les horizons sociaux : médecins et chômeurs, techniciens et chauffeurs de taxi, syndicalistes et étudiants, militants du FRAP et intellectuels — tous coupés du monde extérieur, ne pouvant contacter ni leur famille, ni un avocat, ignorants de quel crime ils sont accusés, ne sachant s'ils seront détenus pendant une semaine ou six mois, privés de journaux et des informations à la radio, où des postes musicaux sont syntonisés en permanence, avec des interruptions (non sans quelques ratés) lorsque commence un bulletin de nouvelles. Un univers que Miron, sans révéler le moindre détail personnel, qualifiera de « concentrationnaire[28] », bien différent de celui des prisonniers de droit commun, qui savent pourquoi ils sont détenus, connaissent la durée de leur peine, ont des droits, reçoivent des visites et demeurent informés du monde extérieur. L'emprisonnement d'octobre 1970, c'est l'ombre sinistre des régimes totalitaires qui assombrit le Québec, le délit d'opinion et de militantisme invoqué pour justifier la perte de toutes les libertés. Pour Miron et ses amis du MDPPQ, le renversement semble tragicomique : eux qui militaient encore au début d'octobre pour les droits des prisonniers politiques, ils se trouvent soudain dans la situation des détenus, et ce sont d'eux, à présent, que se soucie le comité spécial de la Ligue des droits de l'homme, formé notamment de l'éditeur Jacques Hébert et du poète-juriste Frank Scott, surveillant les conditions de leur détention et occupés à recueillir des fonds pour leur venir en aide — une ironie encore accrue par le fait que Hébert et Scott sont des amis de longue date de Pierre Elliott Trudeau, le maître d'œuvre de cette répression tous azimuts !

*   *   *

Personne, sans doute, n'aurait pu imaginer six mois plus tôt que le poète de *L'Homme rapaillé*, acclamé de toutes parts, se retrouverait bientôt derrière les barreaux. Mais si douloureuse qu'ait pu être cette incarcération, elle va encore ajouter à sa gloire. À l'Université de Montréal, la commotion est grande quand on apprend la nouvelle, d'autant plus qu'on se sent forcément visé par ce qui ressemble à une attaque des pouvoirs politiques contre *L'Homme rapaillé* et son auteur. Le lendemain des funérailles nationales de Pierre Laporte, exécuté par la cellule Chénier, le Département d'études françaises adresse un télégramme au ministre québécois de la Justice, Jérôme Choquette, pour obtenir, comme l'exige aussi la Ligue des droits de l'homme, les chefs d'accusation qui pèsent contre Gaston Miron. En même temps, on organise en vitesse un petit colloque, qui se voudra à la fois un hommage au poète et un geste de protestation contre son emprisonnement. L'équipe de *La Barre du jour*, dirigée par Nicole Brossard et Roger Soublière, se joint d'emblée à l'événement et publiera les textes dans un numéro spécial d'une cinquantaine de pages : *Document Miron*[29].

Tenu le vendredi 23 octobre, ce colloque improvisé est l'occasion de revenir sur le sens politique de la poésie de Miron, une poésie non d'« allégeance » mais d'« essence politique[30] », selon la distinction proposée par Jacques Brault, une poésie qui fait entendre, au-delà de tous les programmes, la parole de l'homme libre et solidaire de tous se projetant dans l'avenir. Quel symbole, en outre, que le moment de l'année où se produisent ces événements ! Laurent Mailhot, en relisant *L'Octobre*, le poème déjà célèbre de Miron qui clôt *La Vie agonique*, ne peut se douter que par la suite, au Canada anglais et aux

États-Unis, certains croiront qu'il a été écrit sous le choc de la crise d'Octobre et de l'arrestation du poète… Savoureux anachronisme, quand on sait que *L'Octobre* concluait le cycle de *La Vie agonique* dans *Liberté* en 1963 ! Mais du même coup, n'est-ce pas la réalité qui semble rejoindre la poésie, le politique et le poétique qui se marient dans « la grande artillerie [des] couleurs d'automne » ? Contre l'oppression qui invoque la peur et se réclame de « la majorité silencieuse », Mailhot explique que c'est l'« octobre » énergique, explosif, créateur qu'a chanté Miron, « l'octobre québécois essentiel[31] ».

Loin de se dérouler sous le signe du ressentiment et du deuil, le colloque du 23 octobre marque la revanche de la poésie et de la parole contre la « grande noirceur » politique, salue la puissance et la dignité du poète Miron contre les mesquineries de l'histoire. Il a beau être en prison, Miron demeure « un homme libre », affirme, avec Gilles Hénault[32], le romancier Roch Carrier. La participation du poète anglophone D. G. Jones, que Miron songeait à inviter à la Nuit de la poésie, est digne de mention. Jones était déjà un souscripteur de l'Hexagone au début des années 1960, alors qu'il habitait l'Ontario, sa province natale. À North Hatley, où il s'est établi en arrivant au Québec comme professeur à l'Université de Sherbrooke, il fréquente un groupe de poètes de langue anglaise, tout comme Roland Giguère et sa femme ainsi que Gérald Godin et Pauline Julien, qui y ont leurs résidences secondaires. C'est ainsi qu'il a pu faire la connaissance de Miron et découvrir sa poésie, qu'il envisage de traduire, avec celle de Paul-Marie Lapointe et de nombreux autres poètes québécois.

La participation à ce colloque d'un jeune professeur français, Dominique Noguez, n'est pas moins notable. Déjà lié à Paris avec les Éditions Gallimard et la NRF, il est venu enseigner à l'Université de Montréal en 1968 afin d'éviter, comme plusieurs de ses compatriotes, le service militaire alors obligatoire en France, suivi de près par son ami Sylvestre Clancier qui va comme lui fréquenter Miron. Georges-André Vachon a eu tôt fait d'organiser une rencontre entre Noguez et le poète de *L'Homme rapaillé* dans un restaurant de la rue Saint-Denis. Comme tous les visiteurs français, Noguez a ainsi eu droit au grand numéro du personnage, et, après le repas, à l'une de ces marches sonores et gesticulantes qui s'est arrêtée un moment au pied du clocher de Saint-Jacques, immortalisé par *La Marche à l'amour* et désormais englobé par l'Université du Québec à Montréal. Par la suite, oubliant en toute délinquance le devoir de réserve imposé aux coopérants par les autorités françaises, Noguez a manifesté avec Miron pour « McGill français » et à Québec contre la « loi 63 ». Une amitié fervente vient de naître et se maintiendra tandis que, rentré à Paris, le jeune professeur entreprendra une carrière d'écrivain. À court terme, les événements de l'automne nourrissent sa lecture de *L'Homme rapaillé* : le long compte rendu du recueil qu'il signe dans *La Quinzaine littéraire* de janvier 1971 est ponctué par la date fatidique du 16 octobre et par la figure d'un Miron résistant et combattant, « barde national d'une nation qui n'existe pas encore[33] ».

* * *

Incommunicado à la prison Parthenais, Miron ignore tout du branle-bas qui a suivi son arrestation. Tourmenté pendant ses onze jours de détention par le sort de sa fillette, il apprend à sa sortie, le 27 octobre, qu'elle est entre bonnes mains chez Alain Horic et sa femme, dans leur maison achetée récemment à Hull (aujourd'hui Gatineau), sur la rive québécoise en face d'Ottawa. Aussitôt alertés par l'incarcération de Miron, Denise Boucher et Claude Dansereau joignent la famille à Saint-Jérôme pour qu'on vienne chercher Jeanne, fortement secouée par les événements. Dansereau et Robert Myre, qui habite le quartier, se sont occupés de réparer les serrures brisées par la police. Mais que faire à présent d'Emmanuelle ? Et si son père restait en prison pendant des semaines, voire des mois ? Les voisins artistes, Caroline Bussières et Robert Nadon, eux-mêmes parents d'un jeune fils, peuvent difficilement garder à long terme un autre bébé. Finalement, les Horic, qui ont des enfants plus âgés, offrent leurs services : Denise et Claude ont donc pris la route pour conduire la petite Emmanuelle en Outaouais, où elle va demeurer pendant toute une année.

Pour Miron lui-même, le départ d'Emmanuelle pour l'Outaouais se révèle on ne peut plus opportun, puisque, peu avant son emprisonnement, il a reçu une lettre d'Eugène Roberto, directeur du Département des lettres françaises de l'Université d'Ottawa, l'invitant dans la capitale fédérale comme « écrivain résident » pour l'hiver et le printemps suivants. Au sortir de la crise d'Octobre, cette invitation, venue de la ville même d'où a été lancée la malédiction des « mesures de guerre », prend désormais une autre couleur. De manière imprévue, elle ressemble à un pied de nez plutôt piquant aux autorités fédérales, ce qui n'a d'ailleurs rien pour déplaire à ses hôtes de l'université…

En fait, Roberto, un spécialiste de Claudel, et son collègue Jean-Louis Major, féru de poésie québécoise, avaient depuis 1969 l'intention d'inviter un écrivain grâce à un programme du Conseil des Arts du Canada versant la moitié de la rémunération allouée. La publication de *L'Homme rapaillé* a conféré un caractère pour ainsi dire évident à la candidature de Miron.

À partir de janvier 1971, malgré ses nombreuses activités à Montréal, Miron prend donc chaque semaine l'autocar pour Ottawa, où il reçoit à son bureau de la rue Waller, tous les mercredis après-midi, les étudiants intéressés à parler de poésie et d'édition ou à obtenir ses conseils sur les textes qu'ils écrivent, « en *toute liberté, égalité, fraternité* », précise-t-il dans la lettre circulaire qu'il leur a adressée à son arrivée[34]. Très vite, il fait sentir la présence de l'animateur qu'il a toujours été, on entend sa voix retentir dans les couloirs, on le voit intervenir dans des cours et poursuivre des discussions passionnées jusque dans des cafés des environs, en compagnie d'étudiants et de professeurs. C'est sa manière d'être heureux, et tant mieux si cela se déroule à deux pas du parlement fédéral où règne Pierre Elliott Trudeau… De toute manière, ces journées outaouaises ont d'autres avantages : il peut partager de temps à autre un bon repas avec son ami Naïm Kattan, le grand patron du Service des lettres et de l'édition au Conseil des Arts et, bien sûr, en profiter pour traverser le pont interprovincial et aller voir sa fille, âgée maintenant de dix-huit mois, chez les Horic où il a une chambre pour passer la nuit.

À l'université, une erreur administrative assez cocasse se produit au cours de l'hiver. Déjà assuré d'un salaire très convenable, Miron a été payé en trop, probablement parce que sa rémunération a été calculée sur une base annuelle plutôt que semestrielle. Lorsque Eugène Roberto, très embarrassé, se voit chargé de l'informer que l'administration lui demande de rembourser l'excédent, Miron annonce qu'il a déjà tout dépensé ! On s'entend finalement pour que la compensation se fasse sous la forme d'activités supplémentaires durant le reste du contrat, qui se termine en mai, et même un peu au-delà. Bien que d'autres écrivains, tels Claire Martin, Gilles Hénault et Gérald Godin, aient occupé par la suite à Ottawa le même poste d'écrivain résident, aucun ne laissera un souvenir aussi vif, et l'on reverra par la suite Miron à Ottawa pour telle causerie ou telle lecture publique.

La conséquence principale de cette résidence d'écrivain sera d'un ordre plus proprement poétique, assez inattendue pour un poète qui, à l'époque, écrit moins que jamais. L'idée de conserver une trace durable du séjour de Miron a germé assez tôt dans l'esprit d'Eugène Roberto : pourquoi ne pas lui suggérer de rassembler des poèmes inédits susceptibles de faire l'objet d'une plaquette publiée par le département ? Le poète qui vient de se « rapailler » n'a-t-il pas autre chose dans ses cartons, quelques autres extraits de sa fameuse *Batèche*, à moins qu'il ne profite de son statut d'écrivain résident pour écrire de nouveaux poèmes ? L'idée est louable, mais combien hasardeuse ! Pourtant, c'est le projet des *Courtepointes* qui vient de s'esquisser et qui, par la patience bienveillante du professeur-éditeur, au pas de tortue que pratique l'écriture de Miron, verra finalement le jour à la toute fin de 1975, pour enrichir à plus long terme la structure de *L'Homme rapaillé*.

*   *   *

Le séjour outaouais de l'hiver 1971 ne permet certes pas de rattraper les retards souvent vertigineux accumulés à l'Hexagone, malgré les retours fréquents de Miron à Montréal. Mais les tribulations de l'éditeur ont une compensation : depuis sa sortie de prison, les honneurs et les hommages ne cessent de pleuvoir sur sa personne et sur son œuvre. En même temps que la parution du *Document Miron* de *La Barre du jour*, il apprend en novembre qu'un jury français présidé par Pierre Emmanuel, et composé notamment de Michel Bernard, Alain Bosquet et Jean Cayrol, lui décerne le prix France-Canada qui, malgré son nom, est en réalité un prix québécois offert par le ministère des Affaires culturelles. En janvier, la photo de Miron brandissant un micro fait la couverture de la revue *Maintenant*, avec ces vers en forme de graffiti : « et à force d'avoir pris en haine toutes les servitudes / nous serons devenus des bêtes féroces de l'espoir[35] ». L'article de Victor-Lévy Beaulieu, devenu deux ans plus tôt le directeur littéraire de Jacques Hébert aux Éditions du Jour, est dans le ton du jeune romancier en pleine ascension : au milieu de la « Grande Noirceur », Miron a braqué un miroir devant notre être collectif ; mais contrairement à Jacques Ferron, plus révolutionnaire que lui, il s'est fourvoyé en croyant que le silence pouvait tenir lieu de subversion. Heureusement, il a corrigé son erreur et désormais, aux côtés de Ferron, Dumont et Vadeboncœur, il figure parmi les « hommes de courage » qui, aux yeux de Beaulieu, conduisent le Québec vers « la Nouvelle Frontière[36] ».

En mars, tandis que Gérald Godin consacre une page de *Québec-Presse* à son « ami Gaston Miron[37] », portrait d'un hyperactif qui risque de s'envoler à force d'agiter les bras, une nouvelle récompense arrive : le Grand Prix littéraire de la Ville de Montréal, sur lequel plane forcément l'ombre d'Octobre et des mesures de guerre, puisque le maire Drapeau ne s'est pas gêné, avec l'appui de politiciens fédéraux comme Jean Marchand, pour associer ses adversaires politiques au terrorisme du FLQ, profitant ainsi de la crise pour se faire réélire avec une écrasante majorité. Entre Drapeau, adepte de la répression, et Miron, qui a dénoncé publiquement son règlement antimanifestations, on devine qu'il n'y a pas d'atomes crochus. D'ailleurs, lors de la remise du prix à l'hôtel de ville, le lauréat « retenu à Ottawa » brille par son absence (il a prié Georges-André Vachon de le représenter), tout comme le maire Drapeau, qui a prétexté une négociation urgente avec un syndicat. Quelques jours plus tard, le 8 mars, au cours d'une conférence de presse du Mouvement de défense des prisonniers politiques, Miron prononce le discours dans lequel il dénonce la Loi des mesures de guerre et l'appui accordé à celle-ci par les autorités de la Ville, avant d'annoncer qu'il remet la moitié de sa bourse de 3000 $ au MDPPQ et au FRAP[38]. Le réalisateur Roger Frappier et son caméraman Jean-Claude Labrecque captent ce discours en vue d'un film sur le poète dont la sortie est prévue à l'automne[39]. La teneur à la fois littéraire et politique de l'événement vaut à Miron de nouvelles photos dans les journaux et même, chose rarissime pour un écrivain, une caricature de Berthio dans *Le Devoir*, avec cette légende : « La poésie n'a pas à rougir de toi, Gaston[40]. »

La légende Miron se nourrissait surtout de promesses : désormais, elle s'appuie sur une œuvre dont l'une des forces tient à ces vers que l'on ne se lasse pas de citer et qui semblent habiter à jamais la mémoire collective : « la poésie n'a pas à rougir de moi » ; « je suis sur la place publique avec les miens » ; « la grande St. Catherine Street galope et claque » ; « j'ai retrouvé l'avenir ». Celui qui les a écrits, varlopés, polis pendant des années, s'embarrasse-t-il de cette gloire qui lui arrive de tous les horizons ? Il ne la dédaigne pas, mais il n'en porte nulle auréole, elle ne touche pas « l'homme simple » en lui. Son orgueil, sans doute imposant, n'a jamais tenu aux consécrations et autres couronnes de laurier, mais plutôt à son désir effréné d'arracher à l'informe un propos cohérent, de tirer de la confusion et de l'indigence une forme pleine, une action créatrice, une voie d'accès à l'être, une élévation.

Cet orgueil-là ne peut pas trouver de satisfaction ni de repos. Alors, l'homme doit poursuivre, avancer toujours, fût-ce dans l'inlassable répétition de ses leitmotivs : « Gaston Miron est une grande voix monotone », vient d'écrire Victor-Lévy Beaulieu, sachant que c'est précisément par la répétition inlassable de quelques grands thèmes que le « poète national » a toujours fondé sa démarche et inspiré l'avenir. Beaulieu se doute-t-il qu'il met ainsi à vif un des drames qui tiraillera désormais sans relâche Miron ? Comment survivre en tant qu'écrivain à *L'Homme rapaillé*, comment échapper en même temps au ressassement d'un discours qui a toujours accompagné et justifié cette entreprise poétique ? En bref, quel est l'avenir du poète Miron et de son double : le guide, le maître à penser ?

QUATRIÈME PARTIE

1971-1981

18

L'âge d'homme

Si le défi du poète est désormais d'éviter d'être tiré sans cesse en arrière par un livre qui paraît définitif, une angoisse d'une tout autre nature l'habite dans l'immédiat : l'obligation de composer avec la mère d'Emmanuelle. Un soir de la mi-janvier 1971, en rentrant d'Ottawa, il trouve une lettre tamponnée à la poste de Chandler. Si ce point d'origine peut rassurer à première vue, Ghislaine se trouvant en effet de nouveau en Gaspésie durant l'hiver, le contenu de la lettre est de nature à inquiéter : la jeune femme compte en effet se louer bientôt un appartement à Montréal et elle voudrait y reprendre Emmanuelle. Miron lui révèle-t-il que leur fille se trouve alors chez les Horic à Hull ? Cherche-t-il à temporiser ? La nouvelle lettre qu'il reçoit un mois plus tard est particulièrement hargneuse et tordue. On y retrouve un vieux démon de Miron : la figure du « laid », car c'est ainsi qu'il serait apparu à la jeune femme en 1968, « le corps difforme », la bouche répugnante à embrasser. Comment est-elle donc parvenue à l'aimer ? À l'entendre, c'était par pitié et en dépit de son exhibitionnisme détestable. Mais qu'importe puisqu'elle est maintenant amoureuse de son gynécologue et qu'elle compte l'épouser pour demander ensuite la garde exclusive de sa fille[1].

Avant même de recevoir la réponse de Miron, Ghislaine débarque à Montréal, se trouve une chambre rue Drolet, à deux pas du carré Saint-Louis, pour ensuite prendre l'autocar pour Ottawa. Qui sait si Emmanuelle n'a pas été placée pour de bon en adoption chez les Horic, assez loin de Montréal pour priver sa mère de tout lien soutenu avec elle ? On ne sait trop comment Ghislaine a pu trouver l'adresse à Hull, mais toujours est-il qu'elle arrive chez les Horic dans un état de grande agitation. On lui explique longuement la situation, on cherche à la réconforter avant de la reconduire en fin de journée à la gare.

La situation tend à se corser. Dans une lettre datée du 6 avril, Miron a beau jeu de souligner les sentiments contradictoires de Ghislaine à l'égard de sa fille et de dénoncer son « chantage ». Pas question, en tout cas, de lui laisser Emmanuelle. En fait, dans le chaos de la dernière année, le couple n'a jamais pu régler ses comptes et s'entendre même sur le partage de certains objets personnels. Il est révélateur que Ghislaine conserve encore, au printemps 1971, une clé du 269, carré Saint-Louis. Miron le sait, il a toutes les raisons d'en être préoccupé chaque fois qu'il part pour Ottawa, et pourtant, il néglige de faire changer la serrure ! À vrai dire, en homme qui a toujours été mal à l'aise dans les conflits, il ne sait trop comment agir avec cette femme malade et imprévisible. Il lui donne de temps à autre de l'argent parce qu'il la sait sans grands moyens, il tente de négocier un *modus vivendi*, de trouver des apaisements ; mais devant les colères de Ghislaine, souvent terribles, sa bonne volonté s'effondre, et alors, exaspéré, il ne fait qu'alimenter la guerre.

C'est dans cette atmosphère que survient, ce même printemps, un incident malheureux dont il aura à souffrir. Miron est toujours écrivain résident à Ottawa, mais rentré à Montréal pour quelques jours, il trouve la ville en pleine fièvre du hockey comme souvent à cette période de l'année. Comme il est un amateur, à l'instar de Roland Giguère, Gérald Godin et Paul-Marie Lapointe, le soir du 20 avril, il se retrouve avec le groupe chez Lapointe, à Outremont, pour assister au match télévisé des Canadiens, en marche vers un nouveau championnat de la Coupe Stanley. L'atmosphère joyeuse lui permet d'oublier un moment les tensions renouvelées qu'il connaît ces jours-là avec Ghislaine : la veille, il lui a remis un chèque comme il le fait de temps à autre, mais le matin même, elle lui a téléphoné pour réclamer le poste de radio qu'il a chez lui et qui, soutient-elle, lui appartient. De son côté, il l'a priée de lui remettre une bonne fois la clé de l'appartement : elle a refusé, le ton a monté et la conversation s'est conclue abruptement. Quand il revient peu après minuit de sa soirée chez Lapointe, il constate que le fil du téléphone a été arraché et qu'on lui a volé des livres, des dossiers, son journal personnel, son passeport. En l'absence de toute trace d'effraction, il n'a aucun mal à comprendre que c'est Ghislaine qui lui a rendu visite. Il court en pleine nuit vers une cabine téléphonique pour la mettre en demeure de tout rapporter, mais en vain.

Quarante-huit heures frénétiques vont suivre : d'autres requêtes à Ghislaine, un appel à la police, le recours à un avocat, des visites chez ses voisins Caroline Bussières et Robert Nadon, qui connaissent bien son ex-compagne et sont au courant de ses allées et venues. Malgré une démarche auprès de la cour municipale pour récupérer ses documents, Miron refuse de porter plainte formellement. Mais de retour chez ses voisins au carré Saint-Louis, il apprend que Ghislaine a commis l'irréparable : elle a brûlé son passeport, divers papiers et le journal personnel qu'il disait tenir depuis une quinzaine d'années. Tout au plus va-t-il pouvoir rentrer en possession de ses livres, le reste étant perdu à jamais, y compris sans doute la longue nouvelle écrite en 1967 pour Camille.

On ne saura jamais, évidemment, la teneur des écrits de Miron ainsi partis en fumée. Y avait-il dans ce journal intime une œuvre, un équivalent de ces journaux d'écrivains qu'il aimait tant lire ? C'est peu probable. Dans une note personnelle assez troublante, qui date de la fin des années 1980, il écrit : « Je me suis souvent demandé *pourquoi je n'ai jamais tenu de journal* [2]. » Il semble oublier à tout le moins celui qu'il a tenu régulièrement dans sa jeunesse et qui a été retrouvé. Mais cette remarque jette un doute sur l'ampleur de la destruction survenue en 1971 : il se peut qu'il se soit agi de notes datées plutôt que d'un véritable journal tenu au quotidien. Quoi qu'il en soit, il est clair que Ghislaine a détruit des papiers personnels, probablement les plus récents, correspondant à la période 1965-1970, même si des masses de brouillons, de notes et de documents divers ont survécu à cet autodafé. Quinze ans plus tard, Miron dira souffrir toujours de cette perte dans une conversation avec Jean Royer[3]. C'est là, selon ses termes, une des « malchances » qui ont marqué son existence.

Y a-t-il un lien entre ces événements et le fait que Miron change d'adresse quelques jours plus tard ? Le 1er mai, il signe un bail avec le propriétaire du 278, carré Saint-Louis, un appartement plus spacieux situé de l'autre côté du square. Pourtant, s'il tenait à s'éloigner de Ghislaine, il aurait pu tout simplement changer de quartier. Au fond, il sait très bien que toute tentative pour faire obstacle aux visites de la mère ne pourrait qu'aggraver la situation. Ghislaine a été libérée de l'hôpital, elle n'est pas constamment en crise : qui sait si elle ne pourrait pas aller jusqu'à obtenir la garde de sa fille ? De toute manière, elle ne paraît pas disposée à lâcher prise. Impossible, dans ces conditions, de ne pas faire de compromis, quitte à devoir vivre constamment dans l'angoisse d'un nouveau drame.

En réalité, le déménagement permet surtout à Miron d'accueillir un colocataire, nul autre que Claude Dansereau, son vieil ami de l'époque des auberges de jeunesse et des soirées folkloriques, ce qui lui évitera d'avoir recours trop fréquemment à des gardiennes. L'histoire de ces deux hommes dépareillés est assez insolite. Par une curieuse coïncidence, à l'époque où ils étaient colocataires dans le loft du Pig 'n Whistle avec leur ami Claude Caron, Dansereau et Miron étaient tombés amoureux de deux jeunes filles portant le même prénom, Isabelle : « Où sont Claude nos fiancées promises / les tant belles de l'album aux légendes[4] », allait écrire avec nostalgie Miron dans un *Poème dans le goût ancien* resté toute sa vie inédit. Les deux Isabelle, Montplaisir et Martin, s'étaient bientôt éclipsées, et Dansereau, meurtri par sa peine d'amour, vivait depuis ce temps en solitaire tout en gagnant sa vie dans divers métiers, mais surtout en conduisant un taxi. Emmanuelle allait ainsi grandir entre cet étrange duo : un poète-éditeur et un chauffeur de taxi, deux hommes célibataires liés par leur jeunesse, une amitié un peu rude et un sentiment commun d'avoir été floués par les femmes, ou par l'amour lui-même…

*   *   *

Le contraste demeure frappant entre la vie personnelle sens dessus dessous, toujours au bord du psychodrame, de Miron, et les multiples consécrations qui font de lui, au tournant de 1970, une célébrité. Sa promesse étant enfin tenue de faire paraître sa somme poétique, l'homme paraît plus crédible, son prestige s'est élargi, ce qui apporte des retombées non négligeables : les invitations se multiplient, l'argent qui a toujours manqué se fait moins rare. Après Ottawa, c'est à l'Université de Sherbrooke qu'il va occuper le poste d'écrivain résident au cours de l'hiver 1972. On l'invite comme conférencier à l'Université McGill, à l'Université Queen's de Kingston, dans les cégeps ; et à partir de 1974, on le verra enseigner la poésie aux futurs comédiens de l'École nationale de théâtre. On veut le rencontrer, on aime l'entendre, on lui envoie des questionnaires, comme le font à l'époque des professeurs ou des chercheurs tels Ron Sutherland, Axel Maugey, Cécile Pelosse, afin qu'il précise son cheminement : le grand récit mironien, qui est aussi un grand récit du Québec moderne, n'a pas fini de résonner.

En même temps, d'autres réalités exigeantes ne cessent de le solliciter au jour le jour. Le plus pressé, après le séjour à Ottawa, c'est de réparer au plus vite les pots cassés à l'Hexagone et de rattraper un retard qui, dans certains cas, remonte à quatre ans. Le prospectus que publie l'Hexagone en 1971 tient d'ailleurs de la lettre d'excuses, adressée aux souscripteurs qui méritent une compensation pour des recueils qu'ils ont payés en 1967 et qu'ils n'ont jamais reçus. Malgré la hausse des prix, ils recevront donc *Parler de septembre* de Fernand Dumont et *Par détresse et tendresse*, la rétrospective d'Olivier Marchand, pour le montant déjà versé. Du même souffle, ils se trouvent informés, assez laconiquement, que la formule de la souscription qui a soutenu l'Hexagone depuis ses origines a vécu[5]. Le dernier lien qui rattachait la maison d'édition à l'esprit de l'Ordre de Bon Temps, vivant de folklore, d'artisanat et de réseaux d'amitié sans prétention, est donc désormais tranché.

Il reste qu'à consulter ce prospectus peu dynamique, soucieux de corriger le tir plutôt que d'offrir un vrai programme, on ne soupçonnerait pas que l'Hexagone se trouve à la veille d'une floraison sans précédent. La parution, en juin, du *Réel absolu* de Paul-Marie Lapointe en est le coup d'envoi, d'un éclat qui n'est pas loin d'égaler celui des rétrospectives de Grandbois et de Giguère. Avec les recueils de Lapointe parus dans les années 1960, toute une génération peut enfin lire le légendaire *Vierge incendié* de 1948, écrit à l'âge de dix-huit ans et admiré par Claude Gauvreau. Une nouvelle fois, un fil conducteur se trouve déroulé entre l'âge de *Refus global* et celui de l'Hexagone, entre les fondateurs de l'après-guerre et les héritiers de la Révolution tranquille. Les précurseurs Borduas et Gauvreau paraissent plus que jamais des phares, et tout serait pour le mieux sans l'imminence d'une tragédie : le 7 juillet, à bout de souffrances et de déréliction, Gauvreau, le compagnon « épormyable » de Borduas, le poète « exploréen« de la Nuit de la poésie, se donne la mort en se jetant du toit de l'immeuble où il habitait. Les écrivains-médecins, Lorenzo Morin et Jacques Ferron, avaient accompagné ses crises et ses rémissions, ses ascensions et ses chutes, ils l'avaient écouté et soigné. La veille de sa mort, il aurait fait une visite apparemment banale, sans indice particulier, à Miron qui le côtoyait ces dernières années et qui cherchait à le soutenir, non sans buter contre l'opacité de l'homme en proie à ses démons. Comme avec Ghislaine, la bonne volonté ne suffisait pas. Dans une page en hommage à Gauvreau, signée par plusieurs poètes, que publie

La Presse du 17 juillet, Miron livre son témoignage sur un ton syncopé, comme sous le coup d'un choc sismique, charriant chaotiquement les échos des poètes modernes : Rimbaud, Mallarmé, Maïakovski, Char. Le poète Gauvreau, c'était le feu mis à la parole et, en même temps, « la plus haute lucidité[6] ». Au Théâtre du Nouveau Monde, on répète déjà *Les oranges sont vertes* pour la rentrée d'automne : comme l'écrira Jacques Ferron, c'est sur la scène, de manière fictive, que Gauvreau et son amoureuse Muriel Guilbault, qui s'est elle-même suicidée en 1952, accompliront leur amour[7]. Le poète-dramaturge est entré dans une autre durée : celle du mythe et de la renommée posthumes.

*   *   *

Pour l'Hexagone, l'année 1971 marque la fin d'une anomalie : pouvait-on imaginer que les deux codirecteurs puissent fonctionner efficacement en passant l'essentiel ou une partie importante de leur temps à Ottawa, à 200 kilomètres de leur terrain d'action et de leurs relations, à mille lieues de la culture montréalaise ? Miron ayant rempli son contrat d'écrivain résident, c'est bientôt au tour d'Alain Horic de quitter son emploi dans la capitale fédérale et de ramener au cours de l'automne sa famille à Montréal, afin d'occuper un poste de cadre pour une chaîne de magasins de l'ouest de l'île. C'est un bienfait pour l'éditeur Miron et l'effet sur la production de l'Hexagone sera presque immédiat. De ce point de vue, 1972 constitue une année charnière dans l'histoire de la maison. Depuis sa fondation, soit pendant près de vingt ans, c'est à peine si l'on a pu maintenir une moyenne de quatre parutions par an, avec des pointes exceptionnelles de six en 1958 et en 1960. Une chose est sûre : la réputation de l'éditeur ne tient pas à la quantité ! Or, au cours de la seule année 1972, pas moins de quatorze titres voient le jour, comme pour manifester un passage décisif à l'édition professionnelle et à l'âge de l'abondance. Jamais plus par la suite on ne retrouvera le bas régime des décennies précédentes.

Ce sont des années de maturité et de renouvellement, une période durant laquelle les compagnons de route de Miron, que l'on désigne de plus en plus comme « la génération de l'Hexagone », donnent leur pleine mesure, tandis qu'entrent en scène ou se confirment les poètes nés entre 1940 et le début des années 1950, une cohorte hétéroclite, souvent iconoclaste et à coup sûr moins préoccupée par la question nationale. L'immense succès de *L'Homme rapaillé* n'est d'ailleurs pas sans créer une certaine distorsion : on en est venu à croire que la poésie des années 1960 était centrée sur le thème du pays. La relecture des compagnons de Miron permet de nuancer cette vision. Les Lapointe, Ouellette, Hénault et autres ont créé une poésie vraiment québécoise, avec ses images et ses réalités propres, en abordant aussi bien des thèmes sociaux, spirituels, érotiques, universels (la menace nucléaire, notamment, véritable hantise dans l'atmosphère de guerre froide des années 1960). L'apogée que connaît la collection « Rétrospectives », au tournant de 1971-1972, illustre cette richesse et cette diversité. Lapointe obtient à la fois le Prix du Gouverneur général et le prix Athanase-David pour son *Réel absolu* qui peut aussi bien chanter le corps de la femme aimée ou célébrer les arbres nord-américains que dénoncer les injustices sociales et l'extermination des peuples autochtones. La publication successive de *Poésie* de Fernand Ouellette, en avril, et de *Signaux pour les voyants* de Gilles Hénault en septembre 1972, donne à entendre deux voix très contrastées qui ne sauraient mieux répondre au désir qu'a toujours eu Miron de faire de l'Hexagone un lieu de convergence établi dans la durée. La parution de la rétrospective de Ouellette coïncide avec son obtention du prix du Gouverneur général pour *Les Actes retrouvés*, recueil d'essais littéraires et politiques paru chez Claude Hurtubise en 1970[8]. Ouellette annonce aussitôt qu'il refuse le prix et s'en explique dans un communiqué, « Le temps des veilleurs », au nom de la responsabilité de l'écrivain et de l'« acte total » que doit être l'écriture :

> À cause de la proclamation de la loi des mesures de guerre par le gouvernement du Canada, beaucoup de personnes au Québec ont subi de graves injustices. Quelques-uns de nos dirigeants et beaucoup de citoyens ont alors manifesté à l'égard du langage un tel mépris, que cette inconscience a déchaîné les réactions les plus primaires. La mort d'un homme est suffisamment tragique sans qu'elle devienne l'occasion d'une immense perversion du langage qui fonde notre dignité d'homme[9].

Celui qui s'est élevé en 1963 contre le terrorisme du FLQ condamne donc à présent le terrorisme d'État dont Miron lui-même, son camarade et éditeur, a subi la violence avec plusieurs. Ironiquement, Pierre Vallières est d'ailleurs sur le point de semer tout un émoi en publiant aux Éditions Parti pris *L'Urgence de choisir,* un essai dans lequel il annonce la dissolution du FLQ et l'abandon de tout recours aux actions violentes et où il préconise, comme le fait Miron depuis la fin des années 1960, un appui stratégique au Parti québécois.

En publiant coup sur coup les rétrospectives de Lapointe, Ouellette, Hénault, sans oublier celle d'Olivier Marchand prévue depuis quatre ans, Miron confirme, s'il en était besoin, que son désir de « rapailler » s'applique à bien plus qu'à ses propres poèmes. La passion de réunir et de faire naître ne le quitte jamais. Depuis longtemps déjà, Denise Boucher a perçu chez lui, comme chez Pierre Vallières, un héritage religieux se traduisant à la fois par un rapport difficile à la sexualité et par un « messianisme » du rassemblement et de l'avènement collectif, envers et contre toutes les tensions et polarisations idéologiques. Miron, homme de la communauté réunie, enfin présente à elle-même : lui qui a pensé le projet national sous l'éclairage sartrien et marxiste de *Parti pris* fréquente à présent l'équipe de la revue *Maintenant*, fondée par les Dominicains et exerçant sa critique sociale dans les termes de l'humanisme chrétien et de la théologie de la libération. C'est toujours, finalement, l'héritage de Mounier et de la revue *Esprit* et le projet anthropologique de Jacques Berque : là se trouvent les fidélités les plus profondes du « poète national ».

Dans cette optique, recueillir la production poétique d'une génération, si prestigieuse soit-elle, ne saurait satisfaire l'éditeur-poète. En même temps qu'est consacrée la génération de l'Hexagone et que Hénault, à son tour, remporte le prix du Gouverneur général, les portes s'ouvrent toutes grandes, en 1972, à de nouvelles voix. C'est là un des faits saillants de ce foisonnement éditorial : l'arrivée remarquée des François Charron, Lucien Francœur et Louis-Philippe Hébert, sans parler de l'irruption du très peu conformiste (et moins jeune) Patrick Straram, alias le Bison ravi, l'émule anagrammatique de Boris Vian, celui-là même qui a su soutirer à Miron sa « Note d'un homme d'ici » en 1959. Peut-on imaginer un livre aussi étranger à la tradition poétique de l'Hexagone qu'*Irish Coffees au No Name Bar & Vin rouge Valley of the Moon*, chronique poétique d'un périple californien dans le goût « hippie » et contre-culturel de l'époque, imprimée en forme de cahier sur du papier médiocre ? Chez les plus jeunes, les assauts contre la « belle poésie » et un lyrisme jugé trop sage sont souvent encore plus directs : Charron, dans *Au « sujet » de la poésie*, s'inspire de Denis Roche, de la revue parisienne *Tel quel*, pour ironiser sur un ton faussement doctoral à l'endroit de ces « poètes qui ont su pénétrer l'âme des choses » et qui savent exprimer toute la gamme des sentiments humains[10]. Lancé à vingt ans par l'Hexagone, le jeune poète ira toutefois chez un autre éditeur pour parodier en langue jouale Jean-Guy Pilon et aussi Anne Hébert, devenue une « folle vieille fille » cavalant sur le boulevard Saint-Michel à Paris, tout en ne proposant rien de moins que « le viol de Rina Lasnier[11] ». Cette fois, il est probable que la dose aurait paru un peu forte pour l'Hexagone.

En décembre 1971, Miron reçoit deux lettres de « L'Os en gel », plus précisément de North Hollywood, illustrées d'une femme nue allongée lascivement sur le sable, d'un dessin de Superman et de quelques fleurs : comme Straram, le jeune Lucien Francœur fait son pèlerinage californien et, de là-bas, il attend les épreuves de son recueil tout en faisant ses recommandations pour l'édition[12]. Citations à l'appui, et en anglais, du légendaire musicien Jim Morrison, le chanteur des Doors qui vient de mourir subitement à Paris, la poésie de *Minibrixes réactés* n'habitera jamais la même planète que *La Marche à l'amour* : elle carbure à la cocaïne et autres drogues, elle confond joyeusement l'orgasme et le moteur à explosion et entend toucher la femme aimée « jusqu'aux spark-plugs de [s]on tacot ennyloné[13] ». Francœur, fougueux créateur d'images, amateur de voitures rutilantes et d'érotisme chrome et cuir, deviendra l'une des jeunes vedettes de l'Hexagone et fréquentera régulièrement Miron, avec sa nouvelle compagne Claudine Bertrand, au cours des années qui suivent.

La contre-culture chez le duo Miron-Horic ? On ne s'y attendait pas, mais c'est dans l'air du temps. Ce sont les belles années de la revue *Mainmise*, que Jean Basile, alias Pénélope, et son équipe ont lancée au tournant de la décennie et qui atteint des tirages de 30 000 exemplaires. Rien n'indique que Miron soit un lecteur de ce magazine qui entend promouvoir des arts de vivre alternatifs plutôt que la nouvelle littérature, mais il en est autrement pour la revue *Hobo-Québec*, lancée en janvier 1973 par Claude Robitaille et André Roy, et qui incarne le versant littéraire et culturel du mouvement. Miron, qui a toujours aimé les grands vents, en trouve un ici à sa mesure et qui pourrait lui donner toutes les raisons du monde de se sentir dépassé. La tempête couve depuis 1968 et s'est intensifiée à la Nuit de la poésie : pour certains jeunes loups qui se trouvaient dans la salle, François Charron ou Claude Beausoleil et son amie Yolande Villemaire, des poètes comme Jean-Guy Pilon, Gatien Lapointe, Yves Préfontaine et Miron lui-même étaient certes estimables, voire admirables à des degrés divers, mais ils apparaissaient comme des « poètes à cravate », un peu engoncés, sortis des collèges classiques ou des institutions religieuses. Miron a beau proclamer, moqueur, que lui et ses camarades n'ont nul besoin de fumer du *pot* pour se prémunir contre une prétendue oppression technologique, il marque involontairement par là une distance à l'égard d'une culture dont il ne maîtrise pas tous les codes, lui qui prononce le mot *joint* à l'anglaise et a davantage l'oreille aux chansons de Georges Dor qu'à celles des Doors et autres groupes-cultes.

En ce début de décennie, les Éditions du Jour jouent un rôle certain dans son éducation à cette culture éclatée et libertaire. Le patron Jacques Hébert appartient lui aussi à la génération distinguée des collèges classiques, mais il a un penchant pour la turbulence et la dissidence, et son jeune directeur littéraire Victor-Lévy Beaulieu a du flair pour les nouveaux talents. Miron, toujours séduit par les jeunes insoumis, lui rend régulièrement visite à son bureau et, oubliant les travaux qui l'attendent, y passe souvent des après-midi entiers à discuter de littérature et de politique. Aux lancements du Jour, il rencontre Louis Geoffroy, l'un des chefs de file de l'écriture contre-culturelle, lecteur de Georges Bataille, grand consommateur d'érotisme transgressif, de substances illicites et de jazz libre, auteur d'*Empire State Coca Blues* paru chez Jacques Hébert en 1971. C'est avec la maison d'édition fondée par Geoffroy, L'Obscène Nyctalope, que Miron et Horic s'associent pour publier la chronique poétique de Straram, avant d'accueillir Geoffroy lui-même et son *Totem poing fermé* l'année suivante. Du côté d'*Hobo-Québec,* le ton sera toutefois sans équivoque : ce ne sont pas les poètes consacrés de l'Hexagone qui sont en vedette, ni même Miron, mais les Francœur, Geoffroy, Straram, Vanier, sans parler de Nicole Brossard, plus intellectuelle, moins débridée, ou encore un Paul Chamberland nouvelle tendance qui, après un détour par Paris, où il a vécu Mai 68, et un passage peu conformiste comme professeur à l'Université de Montréal, anime désormais sa « Fabrike d'ékriture », atelier de création ouvert à tous, et compose de grands cahiers calligraphiés en hommage à l'énergie cosmique, à la jouissance infinie incarnée par l'enfant-dieu. Lui aussi va bientôt faire son entrée à l'Hexagone, avec *Demain les dieux naîtront,* et faire « sauter les boutons de la braguette morale[14] ».

Miron se cramponne, en sachant très bien ce que le choc des générations et des cultures peut avoir d'impitoyable. Il a toujours parlé aux jeunes, il a longtemps été leur maître à penser. Dans les lancements qu'il fréquente assidûment, il ne condamne pas, au mieux il ironise, il lance quelques boutades, il se donne une contenance avec des éclats de rire complices. Mais il contemple d'un air perplexe la photo de Francœur en « Billy the Kid », torse nu en jeans à taille basse, dans le premier numéro d'*Hobo-Québec*; et il lit pensivement la charge à fond de train de Claude Beausoleil contre le *Kamouraska* d'Anne Hébert et son « joli Québec du XIXᵉ siècle », et contre toute l'œuvre romanesque de Jacques Godbout, accusé de « faire québécois » à bon marché[15].

La contre-culture, cela dit, ne fait-elle pas erreur sur le plan politique, ne présume-t-elle pas que le Québec est déjà libre ? Il suffit d'écouter Chamberland qui proclame : « Vive le FLK ! », pour « Vive les enFants Libres du Kébec ». Ce pays utopique a-t-il encore quelque chose à voir avec le Québec de Miron ? Sans doute la plupart des jeunes écrivains de l'époque sont-ils indépendantistes, tout comme leurs aînés de *Liberté*, mais leur manière d'embrasser la culture américaine, d'affirmer l'érotisme jusqu'à la pornographie, de jouer l'individu contre les contraintes sociales, donne une tournure bien troublante à ce qui se voulait une « culture nationale »… En découvrant les propos de Gilbert Langevin, jadis refusé à l'Hexagone et devenu l'une des vedettes des Éditions du Jour où il a publié sa propre rétrospective, l'éditeur de l'Hexagone a un pincement au cœur. L'auteur des *Écrits de Zéro Legel* soutient que ses propres Éditions Atys étaient « plus proches du quotidien » que ne l'a jamais été l'Hexagone, « même si Miron ne serait pas d'accord ». À *Parti pris*, raconte Langevin, on lui a fermé la porte parce qu'il n'était pas assez « doctrinaire », et il commente : « Miron reste accroché à *Parti pris*, il voudrait toujours le refaire, comme Gauvreau voulait tout le temps refaire 1948. Il se peut que je me trompe et que Miron n'en soit plus là présentement[16]. » Malgré la précaution finale, l'insinuation de passéisme, et même de radotage, n'est pas loin. Où en est Miron, au juste ?

Personne ne conteste que *L'Homme rapaillé* soit un grand livre et que son auteur ait contribué d'une manière exemplaire à l'émergence d'une conscience québécoise et d'une culture vivante qui a su se libérer des vieux atavismes. Mais toute légende a un prix, et c'est le lot des pères d'être bousculés par les fils impétueux, voire par les filles, ce qui ne va pas tarder. En accueillant la contre-culture à l'Hexagone, l'éditeur-poète démontre à tout le moins qu'il n'est pas « doctrinaire », qu'il est prêt à considérer d'autres visions du monde, tout en évitant que sa maison se trouve isolée, dans un paysage éditorial qui n'a plus rien à voir avec celui des années 1950. Miron et Horic en sont conscients : l'hégémonie de l'Hexagone est désormais sérieusement ébranlée par la multiplication des lieux de poésie. Entre 1968 et 1971, au moment où la collection « Les Poètes du Jour », de Jacques Hébert et Victor-Lévy Beaulieu, publie Langevin, Geoffroy et un jeune Roger Des Roches plutôt dérangeant, trois nouveaux éditeurs de poésie font leur apparition, tous appelés à jouer un rôle central dans la poésie québécoise contemporaine : *Les Herbes rouges*, la revue fondée par les frères François et Marcel Hébert et qui deviendra une maison d'édition ; les Écrits des Forges, que Gatien Lapointe vient de créer avec un groupe d'étudiants à Trois-Rivières ; les Éditions du Noroît, que René Bonenfant et Célyne Fortin mettent sur pied dans leur demeure familiale de Saint-Lambert et qui va connaître, à partir d'une base artisanale, une progression lente mais continue. La baisse des tirages que déplore Miron au cours des années 1970 tient à plusieurs facteurs, parmi lesquels ce pullulement des éditeurs et, par le fait même, des poètes n'est pas négligeable : la production globale monte en flèche, mais la part de chaque titre, sauf exception, tend à se rétrécir. En outre, l'homme qui a mis vingt ans à faire paraître un recueil voué, tout compte fait, à demeurer son livre unique ne peut manquer d'observer que les poètes plus jeunes travaillent et produisent à un train d'enfer, tels les Michel Beaulieu et Nicole Brossard tout comme, bientôt, ceux de « la génération des Herbes rouges », qui maintiendront souvent sur quelques décennies un rythme d'un ou deux titres par année. Le changement de culture est aussi un changement de rythme ou, pour paraphraser un titre du prolifique André Roy, une « accélération d'intensité ».

*   *   *

La vision qu'a Miron du Québec et de sa culture a longtemps pivoté autour d'un groupe d'âge : « *ma* génération », cette formule revient comme un leitmotiv dans ses réflexions et ses analyses des années 1950 et 1960. L'histoire de cette génération a valeur d'exemple : elle a dû s'arracher à l'indigence culturelle et à de lourdes contraintes idéologiques pour accéder à la conscience de sa liberté. C'est le récit d'une identité reconquise contre la division et l'aliénation, de l'être québécois enfin affirmé contre la dualité canadienne-française. Sur un ton différent de celui des Dumont, Vadeboncœur et autres, Miron a exposé cette histoire avec une puissance rhétorique et poétique hors du commun. C'est une histoire qui donne aux hommes nés dans les années 1920 et 1930 un rôle unique, exorbitant, dans l'histoire québécoise, au risque de sous-estimer, voire de mépriser, ce qui s'était fait avant leur âge. Ce sont eux, pour l'essentiel, et notamment les Paul Gérin-Lajoie et René Lévesque, dès le gouvernement Lesage, qui ont fait la Révolution tranquille. Ce sont eux qui ont transformé le champ culturel, la littérature, le cinéma, les arts (à la suite de l'aîné Borduas). *Ma* génération : celle-ci a fait l'histoire d'après sa situation propre, selon l'âge qu'elle avait. Du même coup, elle aura contribué à réduire ce qu'on appelait jadis le Canada français à une « grande noirceur » froide et stérile, un nouveau mythe que Miron a involontairement nourri sans y croire vraiment.

Mais ce rejet ouvre forcément la possibilité d'autres ruptures créatrices, il permet des manières inédites, plus jeunes, de moduler le rapport à l'histoire et de concevoir la liberté. Miron, qui voit tout sous l'angle du temps historique et qui est hyperconscient de son âge, a senti très tôt le danger de s'enfermer ainsi dans le monde exclusif de sa génération, fût-ce celle de *Liberté*. C'est ce sentiment qui l'a rapproché de prédécesseurs comme Grandbois et Lasnier, et c'est dans le même esprit qu'il s'est rapproché des hommes de *Parti pris*, tous de dix à quinze ans plus jeunes que lui. Voici maintenant que surgit la révolution de l'individu, non pas certes un pur reniement, mais ce que Jean-Marc Piotte, lecteur et compagnon de Patrick Straram, appellera « la nécessaire liaison de l'individu et de la société dans tout projet révolutionnaire[17] ». Même Pierre Vadeboncœur, militant syndical et politique de longue date, en vient par d'autres voies à un constat semblable dans l'essai qu'il publie à l'Hexagone en cette même année fertile de 1972 : entre la contre-culture et l'indépendantisme, il n'y a pas de contradiction mais la commune contestation des systèmes de pouvoir et des rationalités technologiques par des êtres cherchant l'intégrité de l'esprit, l'autonomie du moi, « l'espace vital de la personne[18] ». Audacieusement, sur la piste ouverte par Borduas, Vadeboncœur ose même soutenir : « Désormais il y a un homme qui dans l'histoire s'avance selon lui-même, et non selon l'histoire[19]. » Sans doute est-il encore possible, comme le fait un Jean Bouthillette, proche de la pensée de Miron (et de Jacques Berque), de démontrer avec la plus grande rigueur que la Confédération canadienne a consacré le dualisme canadien-français, la scission entre une identité culturelle et une identité civique, véritable « dépossession nationale » équivalant à une « dépossession du monde[20] ». Mais en plaçant à quelques mois d'intervalle, dans la vitrine de l'Hexagone, deux essais aussi percutants que *Le Canadien français et son double* et *Indépendances*, Miron révèle bon gré mal gré que la raison historique est devenue une chose assez compliquée, quelles que soient les injonctions et les colères des marxistes-léninistes de l'époque, ennemis jurés d'une contre-culture décidément trop délinquante et trop hédoniste à leurs yeux. Finalement, en dépit de son didactisme et de ses démonstrations presque géométriques, à coups de grands cercles au tableau noir, c'est peut-être par ses déraisons et ses dérives que Miron demeure le plus actuel, le plus moderne : ce sont ses « Notes sur le non-poème et le poème », ce texte hybride tissé de contradictions, qu'admirent d'ailleurs les plus jeunes, davantage que la dialectique implacable d'« Un long chemin » ou même la trajectoire épique de ses grands poèmes.

*   *   *

Dans la tempête idéologique de la décennie, entre son désir de fidélité à lui-même et la pression de la nouveauté, quel espace intérieur conserve-t-il ? Il faut bien constater l'extrême rareté de ses écrits intimes, l'absence à peu près totale de ces « notes » qui, depuis les années 1950, condensaient en des images souvent saisissantes son rapport au monde et à l'Histoire. Comment expliquer que les expériences et les événements les plus marquants de sa vie tombent maintenant dans un tel silence : son incarcération en octobre 1970, ses tribulations avec Ghislaine (à l'exception de l'intrusion destructrice d'avril 1971, consignée dans un calepin, probablement à la demande de l'avocat) ? Sans doute a-t-il pratiqué à une autre époque l'introspection, mais celle-ci a surtout servi à mettre en lumière une démarche globale, collective. Miron n'a jamais beaucoup consigné le quotidien, le « vécu », ni décrit pour la peine le monde concret qui l'entoure. Non, ce qui l'obsède, c'est le sens d'une quête, la logique d'une prise de conscience menant à une libération. Ni son emprisonnement sous les mesures de guerre, ni la violence délirante de Ghislaine ne peuvent trouver une place dans cette logique : ce sont des aberrations, des épisodes disgracieux et dégradants qui contredisent la clarté de la démarche et l'horizon de la maturité.

Si l'on ajoute à cela sa peur d'être dépassé, on cerne mieux son agitation fébrile. N'est-il pas en train de succomber à cette « civilisation hyperactive », toute en actions immédiates, sans cette « délicate hésitation de l'âme devant la pensée[21] », à cette modernité vide dont son ami Pierre Vadeboncœur commence à faire le procès à cette époque ? On ne sait trop, et vraisemblablement sa présence physique et son verbe haut donnent le change aux yeux de ceux qu'il fréquente. Mais il est plus inquiétant de constater que, dans le secret de sa chambre ou de son bureau, il semble avoir renoncé à s'observer lui-même et à creuser le sens de sa vie.

Comme jadis, il cultive la compagnie des jeunes, qui n'appartiennent d'ailleurs pas tous à la contre-culture. Si des relations durables s'établissent avec le duo de Beausoleil et Villemaire, qui tiennent tous deux une chronique dans *Hobo-Québec*, ou encore avec le couple de Lucien Francœur et Claudine Bertrand, d'autres figures apparaissent qui n'ont guère de liens avec cette mouvance littéraire. Miron connaissait déjà Jean Royer depuis le milieu des années 1960, mais la Nuit de la poésie et la publication de *L'Homme rapaillé* ont rapproché les deux hommes. Désormais, bien que Royer habite toujours à Québec où il va fonder avec Pierre Morency, en 1976, la revue de poésie *Estuaire*, un lien d'amitié se renforce au fil des visites fréquentes que fait Royer au carré Saint-Louis, où habite aussi son frère Louis, qui endure parfois avec peine l'agitation de la petite Emmanuelle et les interminables complaintes de l'harmonica de Miron, à l'étage inférieur du 278. Poète de l'amour et journaliste friand d'entrevues avec des écrivains, dont il fera une spécialité, Jean Royer est un homme de la continuité qui demeurera toujours fidèle à Miron et jouera plus tard un rôle important, quoique controversé, aux Éditions de l'Hexagone. C'est aussi le cas de Gilles Cyr, originaire de Gaspésie, dont Miron apprécie vite la connaissance très sûre des poésies québécoise et étrangère et qui deviendra un conseiller littéraire indispensable au sein de l'équipe éditoriale, tout en poursuivant son propre travail de poète.

À plus court terme, c'est toutefois Gaëtan Dostie, poète venu de Sherbrooke et incarcéré comme Miron durant la crise d'Octobre, qui se trouve partie prenante dans la relance de l'Hexagone. En 1971, Miron et Horic l'engagent comme secrétaire et, à ce titre, il a pour tâche de faire un ménage qui s'impose dans la correspondance avec les auteurs. Si l'on croyait que les retards d'une année ou de dix-huit mois, qui s'étaient manifestés dès les premières années de l'Hexagone dans la lecture des manuscrits, étaient inconvenants et pouvaient à bon droit froisser certains auteurs, on n'a encore rien vu. Un seul exemple : en novembre 1973, parmi une rafale de lettres de refus envoyées par Dostie à des auteurs dont les manuscrits traînaient toujours chez Miron, l'une s'adresse à Denys Chabot, de Val-d'Or, en attente depuis dix ans ! On peut imaginer que l'auteur en cause a renoncé depuis des lunes à toute réponse, mais il ne va pas pour autant se décourager et il le prouvera en publiant en 1978, chez HMH, un superbe roman fantastique, *L'Eldorado dans les glaces*, avant de poursuivre son œuvre de romancier.

Qu'ils soient ou non ses collaborateurs, Miron maintient toujours à l'égard des jeunes qu'il fréquente son rôle de maître à penser et de guide littéraire. À Beausoleil, il prête son exemplaire annoté de *L'Intention poétique* d'Édouard Glissant, un livre essentiel à la compréhension de la poésie et aussi à la mise en rapport des conditions antillaise et québécoise. À Gilles Cyr, il recommande la lecture du *Métier de vivre*, le journal de Pavese dont lui-même a fait son livre de chevet, ou le roman d'un auteur tchèque encore peu connu à l'époque, *La Plaisanterie* de Milan Kundera, célébré par Aragon et ayant une résonance particulière depuis la répression du printemps de Prague, en 1968, par un pouvoir soviétique qui n'entend surtout pas à rire. Avec Royer venu de Québec, Miron parle avec passion des nouveaux poètes en arpentant à grandes enjambées les rues de Montréal. En compagnie de Dostie, il ne rate guère de lancements chez Jacques Hébert ou aux Éditions Parti pris, que dirige Gérald Godin malgré la disparition de la revue.

Le carré Saint-Louis et ses environs constituent plus que jamais le centre nerveux de ses activités, surtout depuis que Godin et Pauline Julien y ont emménagé. Le lieu a des relents mythiques : Émile Nelligan a vécu son enfance et son adolescence tout près, rue Laval, à la fin du XIXe siècle. Dans les années 1970, on y trouve une densité extraordinaire d'artistes, d'écrivains, de journalistes et autres intellectuels. Depuis qu'il habite au 278, Miron s'est découvert parmi eux un nouveau voisin, René Derouin, appelé à devenir l'un de ses grands amis. Artiste novateur, émancipé de l'automatisme tout en reconnaissant sa dette envers Borduas, Derouin a trouvé au Mexique, dès les années 1950, une inspiration nourrie par l'héritage des peuples autochtones et par une conscience tellurique du continent. Il n'y a pas meilleur « compagnon des Amériques », à partir de son enracinement nordique qu'il ne cessera d'exprimer : les Laurentides, un jour, réuniront Miron et Derouin. À l'époque, l'artiste travaille à son œuvre tout en dirigeant dans le Vieux-Montréal une petite maison d'édition, Formart, dont les ouvrages se présentent sous la forme de boîtiers. Grâce au parrainage de Miron auprès de J. Z. Léon Patenaude, Derouin peut être admis au sein de l'Association des éditeurs canadiens dont les normes se plient mal au type d'édition pratiqué par Formart.

Parmi ses voisins, Miron compte aussi le cinéaste Fernand Dansereau et le journaliste André Payette, qu'il a tous deux fréquentés dès son premier séjour à Paris. À l'ouest du square, rue Laval, se trouve l'élégante résidence du cinéaste Claude Jutra : ce sont les années les plus fécondes du réalisateur, qui donne coup sur coup *Mon oncle Antoine* en 1971 et l'adaptation cinématographique du *Kamouraska* d'Anne Hébert en 1973. Avec les couples Gérald Godin et Pauline Julien, de même que Robert Nadon et Caroline Bussières, elle-même peintre, c'est une véritable colonie artistique qui est ainsi rassemblée dans un étroit quadrilatère. On s'y croise au jour le jour, on se rend des services, on y tient des soirées animées et bien arrosées qui se prolongent tard dans la nuit. La carrière de peintre de Robert Nadon est alors en pleine ascension et sa première exposition, à la Maison La Sauvegarde, rue Notre-Dame, en 1972, est l'occasion pour Miron de se transformer en critique d'art dans un article que publie l'éphémère revue *Presqu'Amérique*, où il explique que Nadon, malgré les apparences, n'est pas un peintre « dépassé » proposant un retour à une « nouvelle figuration[22] ». L'héritage de l'automatisme et de l'« abstraction lyrique » est toujours prégnant en ce Québec des années 1970 et il commande certaines précautions. Nadon, quoi qu'il en soit, demeurera longtemps dans le cercle de Miron et sa peinture sera estimée par Robert Marteau, venu s'installer au Québec la même année avec sa compagne québécoise, Denise Villeneuve, surnommée « Neige ».

Si ce n'était de Ghislaine qui hante le quartier et vient régulièrement voir Emmanuelle — une source constante de tensions —, tout serait parfait. Le bon voisinage n'est d'ailleurs pas sans avantages pratiques pour Miron qui y élève sa fille. On le voit aller faire sa lessive chez Claude Jutra, faute de compter sur sa propre machine à laver, ou mener Emmanuelle chez Caroline Bussières, qui la garde régulièrement avec son propre fils Louis-Philippe avant que les deux

enfants n'atteignent l'âge scolaire. Dans la cour arrière, Emmanuelle
peut partager des jeux avec Julie, la fille de René et Jeanne Derouin.
Au centre du square, par beau temps, on retrouve souvent parents et
enfants dans l'aire de jeux, avec un carré de sable et des balançoires
entourant la vieille fontaine de l'époque victorienne, désaffectée
malgré son charme élégant et qui ne sera restaurée que dans les
années 1980.

Longer ou traverser le carré Saint-Louis à l'époque, c'est pénétrer
dans « le territoire » de Miron. Si on veut l'entendre commenter en
direct *Le Devoir* du matin, on a intérêt à aller prendre son petit-
déjeuner chez Harry's, à l'angle de la rue Saint-Denis, où on le
retrouve souvent avec Michel Garneau, avec les frères Hébert des
Herbes rouges, avec Denise Boucher ou quelque autre camarade.
Passer devant chez lui par beau temps, c'est toujours courir le risque
de le trouver en pleine discussion politique sur le trottoir ou même
de se voir interpellé à distance. Un jour qu'il traverse le square, le
père dominicain Laurent Dupont, secrétaire de rédaction à la revue
Maintenant, reconnaît la voix familière du poète qui l'apostrophe de
son perron comme s'il s'agissait de la dernière urgence : « Laurent,
viens écouter la plus belle chanson du monde ! » Interloqué, Dupont
se retrouve subito presto dans l'appartement à la suite de Miron,
qui met aussitôt en marche sa table tournante : il s'agit du *Temps
des cerises*, une chanson française du XIXe siècle remise à la mode par
Nana Mouskouri et qui plonge le poète de *L'Homme rapaillé* dans un
état proche de la béatitude :

> Quand vous en serez au temps des cerises
> Si vous avez peur des chagrins d'amour
> Évitez les belles
> Moi qui ne crains pas les peines cruelles
> Je ne vivrai pas sans souffrir un jour
> Quand vous en serez au temps des cerises
> Vous aurez aussi des chagrins d'amour[23]

Peu importe à Miron que Laurent Dupont ne partage pas tout à fait
son emballement : les vieilles chansons folkloriques ou sentimentales,
surtout quand elles touchent sa corde la plus sensible, auront toujours
à ses oreilles mille fois plus d'attraits que celles de Jim Morrison ou
de Robert Charlebois.

Les visiteurs qui se rendent chez Miron dans les années 1970 aperçoivent très souvent Claude Dansereau dans un couloir ou au fond de la cuisine, un homme qui n'affiche pas sa générosité devant n'importe quel étranger et qui est devenu pour Emmanuelle un second père. Pourtant, lorsque la télévision de Radio-Canada envoie chez Miron son équipe de tournage, en 1974, pour une entrevue d'une heure qui sera diffusée à l'émission *Femme d'aujourd'hui*[24], on croirait que le « père monoparental » vit seul avec sa fille, sans cet ami qui comble bien des absences, sans la cohorte nombreuse des femmes qui jouent, au fil des ans, le rôle de suppléantes, à commencer par Jeanne Michauville. Quant à Ghislaine, elle existe encore moins, et rien dans l'émission ne peut laisser deviner que la petite Emmanuelle a une mère dans les parages, qu'elle voit souvent…

La fillette a alors cinq ans. Lorsque l'intervieweuse de Radio-Canada, d'entrée de jeu, lui demande ce que cela lui fait d'avoir un père qui écrit des livres, elle répond candidement, en serrant son ourson contre elle : « Papa, il écrit pas, ça lui tente plus… » Miron doit reconnaître qu'elle a raison, qu'il est trop occupé par un tas de choses, même s'il ajoute : « L'écriture est une longue rumination ; on peut ne pas écrire et on écrit encore. » Chose certaine, avec la venue de sa fille, il dit avoir découvert en accéléré la condition féminine et les exigences du rôle maternel : le biberon et les couches quand sa fille était bébé, les repas, l'habillage, le bain, autant de tâches pratiques qui exigent du temps et de la patience. Heureusement, il y a l'affection, essentielle à un enfant, et surtout l'apprentissage du langage : il a toujours refusé de « parler bébé » à Emmanuelle et elle en a acquis une maîtrise supérieure de la langue pour son âge (à deux ans et demi, la petite savait le mot *bibliothèque*, se souviendra Denise, la sœur de Miron !). Néanmoins, sans amertume apparente, Miron évoque quelques problèmes : les critiques de certaines gens jugeant qu'il n'est pas « normal » pour une petite fille d'être élevée par son seul père, ce qu'il conteste avec véhémence, au nom des définitions nouvelles de la famille qui se multiplient à l'époque, et la difficulté croissante qu'il éprouve à établir des relations avec des femmes, soit qu'elles sont trop jeunes pour lui, soit qu'elles se méfient d'un homme dont les déclarations d'amour peuvent n'être qu'une parade en vue de procurer une vraie mère à sa fille. Ainsi va Miron le père, berçant sa fille dans son gros fauteuil, ruminant l'absence des « belles » et cherchant à assurer qu'il est encore un écrivain.

Quand il revient de Saint-Jérôme, où sa fille passe des moments heureux chez sa grand-mère, il en profite souvent pour s'arrêter chez Pierre Perrault et sa femme Yolande Simard, à Ville Mont-Royal. Il se rapproche beaucoup de Perrault à cette époque, dont il a vu les films fameux comme *Un pays sans bon sens* ou, plus récemment, *L'Acadie, l'Acadie*, et dont il entreprend de publier l'œuvre poétique à l'Hexagone, à partir de *Chouennes* en 1975. Chez les Perrault, gens de culture et de racines profondes, les échanges sont fervents sur le Québec, sa langue, sa littérature, tandis que Miron serre doucement contre lui sa fille endormie et qu'il la berce, infatigable, comme s'il retrouvait par là quelque rite familial et culturel très ancien, dans lequel le vieux poète juif A. M. Klein voyait un emblème de la société canadienne-française[25] : la chaise berçante de son propre père tant regretté lisant son journal à Sainte-Agathe, et celle de son grand-père Michauville, à Saint-Agricole, quand on s'assoyait sur le balcon pour voir tomber le jour et que résonnaient les cris d'amour ou de détresse des corneilles, dans l'étroite vallée de l'Archambault.

*   *   *

Le temps consacré au politique est forcément limité. Entre le goût amer qu'a laissé la crise d'Octobre 1970 et la victoire du Parti québécois de novembre 1976, qu'on ne voit pas encore venir, il faut dire que l'attente confine souvent à l'impatience et à la frustration. Le ton désabusé du bilan que proposera Miron en 1975 est typique : « On a pour ainsi dire accompli le chemin théorique de la libération nationale sans en avoir entamé la pratique réelle », déplore-t-il dans *Le Jour*, en précisant que cette lutte demeure « fragmentée, informe » et qu'elle laisse une « sensation pénible d'éparpillement, d'essoufflement[26] ». On voit poindre ici une critique que reprendront à l'époque plusieurs indépendantistes de la première heure : le parti de René Lévesque, oubliant « la théorie de la décolonisation », a réduit la lutte de la libération nationale à une lutte électorale, beaucoup moins exaltante. Cette critique gagnera encore en virulence après l'élection de 1976 et l'adoption, néfaste aux yeux de certains, d'une stratégie « étapiste » ou progressive, passant par la tenue d'un référendum sur une question très prudente.

Cette vision critique n'empêche pas des engagements ponctuels, même s'il faut considérer comme un épiphénomène la candidature de Miron pour le Parti Rhinocéros de Jacques Ferron aux élections fédérales d'octobre 1972. En fait, il s'agit surtout de régler des comptes avec Pierre Elliott Trudeau, le maître d'œuvre de la Loi des mesures de guerre. Miron « affrontant » Trudeau dans le comté de Mont-Royal, c'est un joli pied de nez, dans la logique d'un style dérisoire que le poète national a toujours privilégié, à l'endroit de son adversaire politique par excellence — un style que le parti de Ferron, fondé en 1963, pratique avec un talent certain dans le clownesque et l'absurde. Filmé au bar underground La Casanous, rue Sherbrooke, où la poète Janou Saint-Denis tiendra longtemps sa « Place aux poètes », le lancement de la campagne électorale de Miron demeure une pièce d'anthologie, d'autant plus savoureuse que s'y retrouvent, quinze ans plus tard, les vieux compagnons de route du PSD, qui ont cru bon de s'engager jadis dans la gauche sociale-démocrate canadienne. Ferron, revenu depuis longtemps du PSD, revêt pour la circonstance son costume d'« Éminence de la Grande Corne » pour tenir son rôle de maître de cérémonie, suivi au micro par le syndicaliste Michel Chartrand, victime comme Miron de la Loi des mesures de guerre et fermement résolu à présenter parodiquement le candidat en anglais ! Quant à Miron lui-même, s'il prononce son discours en français, c'est avec un fort accent anglais maintenu de bout en bout, et pour évoquer une conversation qu'il aurait eue avec Trudeau rencontré par hasard à Paris, au milieu des années 1960. Le futur premier ministre du Canada l'aurait alors mis en garde : « Si le Québec devient indépendant, tu risques de perdre tous tes droits de citoyen ! » Cette anecdote permet au candidat Miron d'offrir une nouvelle version de son arrestation d'octobre 1970. Il se serait exclamé devant les policiers : « Vous me dites que je n'ai plus de droits ? Le Québec est donc devenu indépendant ? »

La vidéo très « rhinocérienne » tournée ce soir-là à La Casanous, *De défaite en défaite jusqu'à la victoire*[27], ne raconte pas la suite de cette campagne du plus haut comique, durant laquelle Miron fait une tournée des cégeps en compagnie de deux autres candidats plutôt colorés : le poète Raôul Duguay et la comédienne Louisette Dussault. Au bout du compte, outre le plaisir de rire, il reste la douce vengeance de voir le Parti libéral de Trudeau frôler lui-même la défaite à l'échelle canadienne, puisqu'il ne l'emporte que par deux sièges sur le Parti conservateur de Robert Stanfield aux élections du 30 octobre et qu'il devra gouverner en minoritaire avec l'appui du NPD.

À la même époque, un engagement d'un tout autre ordre, plus sérieux, sollicite Miron, à la suite de la décision de la ministre des Affaires culturelles du Québec, Claire Kirkland-Casgrain, de retirer de la Bibliothèque nationale les fonds d'archives d'écrivains pour les intégrer aux Archives publiques, sous prétexte que seuls les imprimés sont du ressort de la Bibliothèque. Le tollé est immédiat chez les écrivains et plusieurs, parmi lesquels Miron et Michèle Lalonde, décident de retirer leurs propres fonds d'archives déjà déposés à la BN. Gaëtan Dostie, collectionneur et conservateur dans l'âme, coordonne l'opposition et fait circuler une pétition. Miron et lui signent dans *Le Devoir* du 25 janvier 1973 un texte virulent : c'est à croire que le gouvernement, par cette directive, veut donner raison à Lord Durham et qu'il craint qu'« un peuple avec une histoire et une littérature menacerait d'être un vrai peuple[28] » ! L'enjeu, pour les signataires, concerne la littérature comme un ensemble vivant : or, la nouvelle politique discrédite le rôle central à cet égard que doit jouer la Bibliothèque nationale. La pétition publiée une semaine plus tard dans le même journal compte 150 signatures, dont celles de Gérald Godin, Gilles Hénault, Jean-Guy Pilon, François Ricard et Michel Tremblay. La ministre n'a d'autre choix que de reculer, mais « l'affaire des manuscrits[29] » demeure emblématique des tensions qui marquent souvent, depuis les années 1960, les relations entre les milieux littéraire et culturel et un ministère québécois qui paraît souvent malavisé et cantonné dans une vision étriquée de la culture. Ainsi, c'est la même ministre Kirkland-Casgrain, une pionnière dans la lutte pour l'égalité juridique des femmes, qui refuse en 1972 de consentir une subvention pour la présentation à Paris des *Belles-sœurs* de Michel Tremblay et qui bloque la bourse de création accordée au dramaturge par un jury : le dramaturge Tremblay est coupable d'indignité linguistique, la langue québécoise, ou le joual, parlé par ses personnages risquant de ternir l'honneur de la culture québécoise…

Le français (bon ou mauvais), l'anglais, le joual : la « poudrière linguistique » est en pleine surchauffe en cette première moitié de la décennie, et cette question de la langue constitue désormais la ligne directrice de l'engagement de Miron, dans un contexte politique exacerbé qui ne trouvera un apaisement très relatif qu'avec la Charte de la langue française, la « loi 101 » conçue par le ministre Camille Laurin et adoptée en 1977. L'hypertrophie de la question linguistique n'est pas sans danger aux yeux de Miron : dans une intervention à la

Rencontre québécoise internationale des écrivains de 1974, il dit voir une véritable « menace » dans la possibilité que la langue « mange » ou « occulte complètement la question nationale et la question de l'identité, c'est-à-dire l'appartenance à une culture totale[30] ». De son point de vue, l'instauration de l'unilinguisme au Québec, quelles qu'en soient les modalités, « ne réglerait absolument rien », puisque l'inadéquation persisterait entre l'identité québécoise et une structure politique demeurée inchangée.

Il reste que sur un plan plus personnel, son rapport à la langue a toujours tenu de l'obsession. Depuis les années 1950, notamment dans ses lettres à Claude Haeffely, il n'a cessé de le répéter : « Je ne sais plus parler », se plaignait-il en 1957, Rimbaud à l'appui[31]. Il fallait entendre : « Je ne sais plus écrire », car y a-t-il une seule personne ayant connu Miron qui l'ait jugé inhibé dans l'exercice d'une parole qui ne se tarit jamais ? « Je suis quelqu'un qui se forme en même temps qu'il parle », confie-t-il à Roger Frappier dans le film de 1971. Le problème n'est donc pas là, et l'incapacité sans remède qu'il évoque, la confusion sémantique qui l'accable et lui donne le sentiment d'être dépossédé de ses signes, c'est exclusivement dans l'acte d'écrire qu'il l'éprouve. Comme il l'explique à la même époque au critique français Yves Berger :

> Je n'écris plus parce que j'ai peur de mal écrire. Parce que je perds de plus en plus la maîtrise de ma langue. Parce que, à chaque fois que je prends la plume, je dois me référer aux dictionnaires où je passe un temps de plus en plus long. Parce que chaque jour, un peu plus m'échappe le sens des mots et des constructions syntaxiques. Je sens encore ma langue, mais je ne sais plus m'en servir[32].

La peur de faire des fautes ! La terreur des dictionnaires et des grammaires ! Cette épineuse question de la langue écrite est naturellement une vieille histoire chez les écrivains et les intellectuels québécois. Jules Fournier, que Miron avait lu, ne déplorait-il pas en 1917 l'anglicisation du français parlé au Québec et, en conséquence, le fardeau que cela imposait aux écrivains d'ici : « N'oubliez pas que seulement pour apprendre à écrire le français avec correction, ils sont tenus à des efforts énormes[33]. » Les propos émis au début de la Révolution tranquille par des écrivains comme Anne Hébert ou André Langevin corroboraient ce diagnostic impitoyable.

La singularité de Miron vient d'abord de son aptitude à présenter avec une puissance dramatique inégalée cet état de fait : déjà, dans son texte de 1964 paru dans *Parti pris*, « Aliénation délirante[34] », il incarnait superlativement, jusqu'au délire, « l'unilingue sous-bilingue » québécois, c'est-à-dire l'homme dont le psychisme est envahi par l'anglais même quand il ignore tout de cette langue. On a beaucoup écrit sur la langue au Québec, et l'on écrira encore davantage, des milliers de pages, sur le mode de la dénonciation, de la prescription ou de la simple analyse, comme le fait notamment Fernand Ouellette dans un essai très étoffé, « La lutte des langues et la dualité du langage[35] », paru en 1964 dans *Liberté*. La manière Miron, c'est d'attaquer ce même thème du bilinguisme inégalitaire devenu diglossie à partir d'un point de vue intérieur, en parlant à la première personne, comme dans les *Monologues de l'aliénation délirante* qui ont tant impressionné Jacques Berque : « dépoétisé dans ma langue et mon appartenance / déphasé et décentré dans ma coïncidence / ravageur je fouille ma mémoire et mes chairs ». Cette panique de la dépossession, cette posture d'animal égaré cherchant sa piste, c'était bien là le style de *L'Homme rapaillé*.

Dans les années 1970, il a le sentiment d'avoir dit l'essentiel à ce sujet sur le plan poétique et il éprouve le besoin d'intégrer son expérience de l'aliénation linguistique à un cadre d'analyse plus rigoureux. Non pas qu'il cesse de témoigner : « Je suis né à Sainte-Agathe-des-Monts, P.Q. », la toute première phrase du « Bilingue de naissance[36] », en 1974, procure un écho autobiographique à celle qui ouvrait, l'année précédente, « Décoloniser la langue » : « Je veux préciser que je ne suis pas linguiste[37]. » Parlons plutôt d'un linguiste amateur, qui réfléchit à partir de sa propre histoire personnelle et de son lieu de naissance. Que ce théoricien non professionnel en impose et exerce une influence, cela ne fait du moins aucun doute, comme l'atteste Jean Marcel, auteur d'un des essais les plus marquants sur la langue au Québec paru à l'époque, *Le Joual de Troie* : « Je ne cacherai pas qu'en matière de linguistique, après avoir assidûment fréquenté Saussure, Chomsky, Guillaume, Sapir, Jakobson, Whorf et Martinet, je n'ai finalement retenu qu'un seul maître : Gaston Miron[38]. »

Si le poète de *L'Homme rapaillé* peut ainsi prendre la relève des plus prestigieux linguistes contemporains, c'est que sa « doctrine », exposée le plus souvent de vive voix, est aussi simple qu'irréfutable et tient dans un syllogisme que Marcel peut résumer ainsi : 1. Toute considération sur la langue au Québec qui fait abstraction de ses conditions politiques d'exercice est « nulle et non avenue ». 2. Or, cette langue se trouve asservie sur les plans « social, économique et politique ». 3. Donc, seul un changement de l'ordre établi pourra produire une authentique « révolution » linguistique.

Ce souci de méthode, qui va amener Miron lui-même à mettre par écrit sa « doctrine », s'explique en bonne partie par l'urgence et la complexité nouvelle des débats sur la langue au Québec avant l'adoption de la loi 101. C'est d'abord que le problème du rapport de force entre l'anglais et le français au sein de la société québécoise demeure entier et que la crise déclenchée à Saint-Léonard en 1968 ne s'est jamais vraiment résorbée. En confirmant pratiquement le *statu quo*, la loi 63 n'a laissé que de l'insatisfaction au sein de la majorité francophone, ce qui a contraint le gouvernement Bourassa à mettre sur pied la commission Gendron, chargée d'enquêter sur la situation linguistique. Déposé le 31 décembre 1972, son rapport recommande que le français soit décrété la « seule langue officielle du Québec », et que le français et l'anglais aient tous deux le statut de « langues nationales ». Le projet affirmé de faire du français « la langue commune » des Québécois corrobore pour la première fois, à un niveau officiel, le point de vue de Miron et des partisans de l'unilinguisme. Mais l'application politique de ce principe est une autre affaire, surtout pour un gouvernement libéral qui compte sur l'appui électoral massif des anglophones et des allophones. La loi 22 adoptée au milieu de l'été 1974 a beau proclamer, en son article 1, que « le français est la langue officielle du Québec », elle comporte tant de restrictions et de zones troubles, notamment au sujet de la langue d'affichage et de l'accès à l'école anglaise (désormais filtré par des tests d'admission peu applicables) que, déjà décriée par la grande coalition du Mouvement Québec français, elle parvient presque à faire l'unanimité contre elle, y compris du côté des anglophones qui se sentent directement menacés.

Cet affrontement de deux langues sur un même territoire serait malgré tout assez clair et classique si un troisième terme ne venait brouiller les cartes, depuis quelques années, à propos de la nature même du français parlé et écrit au Québec. Bien que davantage restreinte au milieu des linguistes, des écrivains et des intellectuels, la « querelle du joual » soulève en effet les passions, comme en témoigne le retentissement du *Joual de Troie* et du numéro de la revue

Maintenant, « Cheval ou bien donc joual ou bedon horse », paru en mars 1974, auquel va collaborer Miron[39]. Le génie des titres parle par lui-même, et si celui de Jean Marcel (nom de plume de Jean-Marcel Paquette, professeur médiéviste à l'Université Laval et spécialiste de Jacques Ferron) annonce avec humour qu'il y a péril en la demeure, le second est du plus pur Miron : le péril, comme il l'a expliqué familièrement dans « Décoloniser la langue » en 1973, c'est de perdre son temps à se demander s'il faut dire « cheval, joual, ouéoual », alors que toutes les conditions socioéconomiques font que c'est l'anglais « *horse* » qui s'impose par son prestige[40]. Bref, le débat du joual, ou de la langue québécoise, ressemble à une diversion : « Non pas un faux problème, comme l'observe Hubert Aquin, mais un problème usant, stérile et, on le croirait parfois, presque interminable[41]. »

L'impatience de Miron et d'Aquin à l'égard de ce qu'on a appelé « la querelle du joual », si fondée soit-elle, ne fait pas de ce débat une question aussi futile qu'on le croirait. La quantité d'articles, de lettres ouvertes et d'interventions diverses qu'il suscite, surtout entre 1969 et 1975, montre assez qu'il y a là des enjeux importants, que Miron lui-même pressentait dès « Situation de notre poésie », son essai de 1957, en soulignant que « notre tellurisme n'est pas français et, partant, notre sensibilité[42] ». Malgré l'affirmation sans équivoque de notre appartenance à la langue française, ce passage capital évoquait un écart géographique, physique et psychique qu'il ne s'agissait en aucune manière de nier ou de réduire, mais au contraire de revendiquer et d'explorer, comme l'avaient fait les autres littératures des Amériques.

L'Homme rapaillé, de ce point de vue, peut apparaître comme la mise en œuvre magistrale d'une langue incarnant notre sensibilité propre, une langue qui a du corps et de la substance. C'est du français, sans le moindre doute, mais infléchi par un rythme, un phrasé, émaillé ici et là par un lexique québécois, travaillé par quelques audaces syntaxiques à la limite de l'incorrection. Comme l'a souligné Georges-André Vachon en 1970, Miron sait s'écarter de la norme, voire la réinventer, mais son jugement sûr l'empêche « de tomber dans la littérature *joual*[43] ».

Voilà bien la pomme de discorde ! Après tout, n'est-ce pas Gérald Godin lui-même, compagnon inséparable de Miron, qui écrivait dans *Parti pris* : « Le bon français, c'est l'avenir du Québec, mais le *joual*, c'est son présent[44] » ? Miron, qui ne se prive pas de parler de notre langue comme d'une pathologie personnelle et collective, est sensible à cet argument. Sans doute vaut-il mieux assumer une langue malade, parlée par le plus grand nombre, que de se draper dans un « bon parler » factice et bourgeois — mais que penser du propos d'un autre partipriste, Jacques Renaud : « Je n'arrive pas à me révolter dans la langue de Camus. Ni à y souffrir[45] » ? Le risque paraît grand de consacrer pour de bon l'incapacité de la langue française à exprimer notre condition. Ce pas est franchi dès le tournant de 1970 avec l'essai remarqué d'Henri Bélanger, *Place à l'homme*[46], principale cible du *Joual de Troie* de Jean Marcel. À partir des mêmes prémisses que Miron selon lesquelles notre « tellurisme » et notre « sensibilité » ne sont pas français, Bélanger aboutit à la conclusion que la langue québécoise est destinée à se différencier naturellement du français parlé en France et ailleurs dans la francophonie. Ici, Miron s'inquiète : quel serait l'avantage, pour un petit peuple minoritaire de six millions d'habitants parlant une grande langue internationale, de s'isoler de plus en plus dans un parler dialectal ?

La confusion entre la langue parlée et la langue littéraire bat son plein, alimentée par l'usage de la langue populaire par Michel Tremblay dans *Les Belles-sœurs* et par le nouveau théâtre des années 1970. Entre-temps, Victor-Lévy Beaulieu s'est fait le porte-étendard de la langue québécoise et il dénonce dans *Maintenant* le fait que des commissions scolaires refusent de mettre au programme certains romans contemporains « parce qu'ils [sont] en partie écrits en québécois[47] ». Comme toujours lorsque des prises de position le dérangent, Miron ne se laisse pas démonter, il rigole volontiers tout en jetant quelques pavés dans la mare, l'air de rien, sans agressivité.

Ce qui impressionne dans ses interventions sur la langue dans les années 1970, c'est leur caractère à la fois rigoureux et mesuré. Qu'elles se manifestent pour l'essentiel dans la revue *Maintenant*, bien différente de *Parti pris*, est en soi révélateur d'un changement d'horizon intellectuel. Le projet d'une « révolution québécoise » est en déclin, la disparition du FLQ se confirme, et tandis qu'une certaine jeunesse exulte dans la contre-culture ou s'enrégimente au contraire dans un marxisme-léninisme doctrinaire, des intellectuels qui ont « fait » la Révolution tranquille cherchent à penser le Québec en devenir. Dirigée par le père Vincent Harvey puis, après son décès en 1972, par Hélène Pelletier-Baillargeon, *Maintenant* a su regrouper au sein de son comité de rédaction des figures prestigieuses de l'intelligentsia québécoise : Fernand Dumont, Jacques Grand'Maison,

Jacques-Yvan Morin, Guy Rocher, Pierre Vadeboncœur et quelques autres. C'est un cercle où Miron trouve beaucoup d'amis, à commencer par la directrice elle-même, qu'il a connue dès l'époque de l'Ordre de Bon Temps, quand la jeune fille dansait dans la troupe des Ouaouarons et Sauterelles. Par la suite, elle a épousé le Dr Jacques Baillargeon, qui devient le médecin de confiance de Miron à partir du milieu des années 1970, et qui le restera jusqu'à la fin, en 1996.

Sans entrer officiellement dans le comité de rédaction, Miron fréquente assidûment l'équipe, chez les Dominicains de la Côte-Sainte-Catherine, à un moment où la revue exerce sa plus grande influence, avant sa disparition en 1975. Réfractaire au Mouvement laïque de langue française, dont le rationalisme lui paraissait négliger l'homme concret et l'héritage religieux canadien-français, il se sent chez lui au sein d'un groupe indépendantiste qui exerce son esprit critique sans rupture radicale avec le passé, qui revendique à la fois l'enracinement et l'ouverture sur le monde. Après avoir intégré le catholicisme progressiste du concile Vatican II, la revue sympathise avec la « théologie de la libération » alors en plein essor. De 1971 à 1973, elle commente avec ferveur l'expérience de Salvador Allende, immense espoir d'un marxisme démocratique qui se conclut dans un bain de sang, en même temps que s'éteint Pablo Neruda, l'un des grands inspirateurs de Miron. Pour exprimer son deuil, la revue publie *Une chanson désespérée* du poète chilien à la fin de 1973.

L'équipe de *Maintenant* a tôt fait de constater ce que plusieurs, à *Liberté*, à *Parti pris*, à *Études françaises*, savaient depuis longtemps : obtenir un texte, un article, un poème, voire la moindre petite note de Gaston Miron est une entreprise herculéenne : inertie, faux-fuyants, promesses non tenues, arguments de mauvaise foi, l'homme a en main des armes redoutables. Lui qui est toujours le dernier à partir d'une réunion ou de quelque soirée, durant laquelle il a exposé en longueur et avec force ses idées, il ne semble jamais trouver le moyen de s'asseoir à sa table pour les mettre sur papier, et son excuse nouvelle, qu'il croit imparable, c'est le temps qu'il doit consacrer à sa fille en tant que père monoparental. Pauvre prétexte en fait, qu'Hélène Pelletier-Baillargeon, elle-même mère de famille, décide de prendre habilement au mot : soit, elle va donc garder Emmanuelle, ce qui privera Miron de son dernier argument pour ne pas écrire l'article sur la langue qu'il promet depuis longtemps à la revue, au moment où les débats linguistiques atteignent leur paroxysme.

C'est ainsi que coup sur coup, en avril 1973 et en mars 1974, il donne ses deux textes majeurs, « Décoloniser la langue » et « Le bilingue de naissance », qu'il intégrera à *L'Homme rapaillé* dans l'édition Maspero de 1981[48]. Pour surmonter sa terrible résistance à l'écrit, il a trouvé un subterfuge : « Décoloniser la langue » se présente sous la forme d'une « auto-interview », ce qui donne l'illusion d'un échange capté sur le vif. Quant au « Bilingue de naissance », le texte épouse le tracé autobiographique d'« Un long chemin », paru à *Parti pris* près de dix ans plus tôt, mais cette fois sous un angle exclusivement linguistique. Désormais, la mémoire de Sainte-Agathe se trouve fixée de manière très schématique : la petite ville apparaît comme un théâtre où s'affrontaient l'anglais, la langue du « dehors » parlée par une minorité riche et puissante, et le français, la langue du « dedans » parlée dans la famille, à l'école, à l'église et renvoyant « à une vague notion d'ethnie ». On n'est pas loin de la caricature, mais la suite du témoignage demeure probante. Miron y évoque au passage son père, « qui se débrouillait avec peine en anglais » chez ses clients anglophones, et il se souvient de sa petite école « championne du Bon Parler Français et championne du bilinguisme ». Puis, c'est l'arrivée à Montréal, les enseignes et les affiches en anglais, les sinistres bureaux d'emploi exigeant qu'il soit bilingue. Ce portrait de la société canadienne-française, soumise à un bilinguisme qui jouait toujours en faveur de la langue dominante, fait moins ressortir l'urgence d'une politique de la langue (la loi 22 et, à plus forte raison, la loi 101 ne sont pas encore adoptées) que la nécessité d'un changement politique, une « libération nationale » qui « décoloniserait » la langue parlée par les Québécois et lui redonnerait sa pleine légitimité.

Si Jean Marcel a pu résumer en quelques mots la « doctrine » du linguiste Miron, les deux textes de la revue *Maintenant* en exposent tous les éléments essentiels. La démonstration de l'aliénation produite par le bilinguisme inégalitaire y est d'une pédagogie sans faille, mais la question du joual et, plus largement, de la norme québécoise s'impose d'elle-même tant elle paraît d'actualité. Sur ce plan, Miron évite les dérives qui sont monnaie courante à l'époque. S'il y a une équation qu'il réprouve, c'est celle qui soutient qu'à une culture distincte doit nécessairement correspondre une langue distincte, comme l'a suggéré Henri Bélanger. Pour le dire simplement, ce n'est pas parce que « notre hiver » correspond à une expérience, à une mémoire et à une charge symbolique très particulières que nous devrions avoir un mot distinct

pour le désigner. Ce n'est pas pour autant tomber dans le purisme :
« Il existe bien sûr une langue québécoise », affirme Miron, mais
qui « demeure dans la famille du français, une variété de français ».
Condamner la créativité propre au français québécois serait absurde
et les écrivains québécois peuvent en toute légitimité exploiter tous les
niveaux de langue, y compris le joual. Mais on ne saurait en tirer une
norme : enseigner le québécois des *Belles-sœurs* de Tremblay ou du
Cassé de Jacques Renaud serait insensé. De toute manière, on revient
à la question de la diversion : s'éterniser sur ce sujet, c'est se détourner
de l'essentiel, à savoir que le français au Québec est, en 1974, « une
langue dominée », soumise à un « bilinguisme structurel » qui la rend
fragile et commande une action globale, d'ordre politique.

Le débat est-il clos ? Le numéro de *Maintenant*, « Cheval ou bien
donc joual ou bedon horse », dans lequel paraît « Le bilingue de
naissance » en mars 1974 montre qu'il n'en est rien. Si Miron ignore
cette fois complètement dans son texte la question du joual, son jeune
ami Victor-Lévy Beaulieu s'occupe de remettre le feu aux poudres
avec un article ouvertement provocateur, « Moman, popa, l'joual pis
moué ! », entièrement écrit dans cette langue orale et colorée, charge
à fond de train et d'une impayable drôlerie contre le « puritanisme »
linguistique et littéraire :

> d'abord, j'vas donner ma définition du joual : pour moué, c'te langue-là,
> ça comprend toute, même le français — le joual, cé toute c'qui peut s'dire
> au moment où j'le dis pis d'la façon que j'le dis, cé toute c'que j'écris au
> moment où j'l'écris pis d'la façon que j'l'écris
>
> toute définition autre que c't'elle-là du joual, ça vaut pas d'la marde, cé
> du lichage de cul de mouche pis d'la mathématique pour savouère
> combien cé qu'tu peux assire d'anges dessus une tête d'épingle[49]

On se doute qu'un tel texte, de la part d'un collaborateur régulier mais
atypique, ne suscite pas que des rires, mais aussi de sérieux remous au
comité de rédaction de *Maintenant*. « Le joual reste un handicap de
colonisé[50] », riposte Hélène Pelletier-Baillargeon dans le même
numéro, et Fernand Dumont exprime, non sans sa propre touche
d'humour, les « réticences d'un cheval ordinaire » qui, sur le fond,
rejoignent les positions de Miron[51]. Beaulieu, qui a quitté en 1973 les
Éditions du Jour pour fonder l'Aurore et bientôt VLB éditeur, n'en

publiera pas moins, en 1980, le très controversé et peu rigoureux *Dictionnaire de la langue québécoise* de Léandre Bergeron.

Quant à Miron, malgré un texte beaucoup plus tardif, « Le mot juste », paru en 1987 dans la revue *Possibles*, il a livré l'essentiel de sa pensée linguistique dans ses deux articles de *Maintenant*, et c'est désormais dans des interventions orales sur diverses tribunes qu'il va l'exposer sans se lasser. Le succès obtenu par le numéro de *Maintenant* sur la langue entraîne d'ailleurs immédiatement le projet d'une tournée, mise sur pied par Aline Robitaille, auteure de l'essai sur Gilles Vigneault publié par l'Hexagone en 1968, devenue enseignante au cégep de Rosemont. Admiratrice inconditionnelle de Miron, vouée à la promotion de la littérature québécoise, elle a lu avec le plus vif intérêt le numéro de *Maintenant*, elle en parle à ses élèves et décide d'organiser une causerie avec Miron et Hélène Pelletier-Baillargeon, non seulement dans son propre cégep, mais dans d'autres collèges de la région. Il n'y a pas de public que Miron affectionne autant que les collégiens, il n'y en a aucun avec lequel il soit aussi détendu et jovial. Expliquer à des jeunes ses idées sur la libération nationale, la culture, la langue, la poésie, convaincre une autre génération du bien-fondé de sa lutte : c'est toujours la même fougue rieuse, le même impératif de la transmission.

Depuis janvier 1974, cette passion pédagogique a d'ailleurs trouvé un autre débouché, l'École nationale de théâtre lui ayant offert un contrat pour donner un cours de poésie aux futurs comédiens. Il y côtoie Victor-Lévy Beaulieu, qui enseigne depuis quelque temps à l'ENT l'histoire du théâtre et qui y enseignera aussi le roman. En engageant comme chargés de cours des écrivains de prestige, l'école compte remédier à la piètre formation littéraire de ses élèves. En poésie notamment, ceux-ci ont presque tout à apprendre même si, au premier abord, le professeur qui arrive en coup de vent dans leur classe à neuf heures trente du matin, l'allure en bataille, la tenue négligée, n'augure pas le plus grand sérieux. Pas même un cahier ni la moindre note en main suggérant qu'il s'est préparé ! Ce qu'il dépose bien souvent sur son bureau avant de commencer, c'est plutôt un sac en papier brun d'où il sort un ou deux hamburgers, un gâteau Jos Louis ou Mae West et une cannette de Coca-Cola, qu'il engouffre à toute vitesse sous le regard médusé, mais bientôt habitué, de ses élèves, parmi lesquels se trouve le futur comédien Pierre Lebeau, qui en conservera un souvenir ému et donnera plus tard des interprétations publiques de *La Marche à l'amour*.

Miron n'enseigne qu'un matin par semaine à l'école de la rue Saint-Denis, et occupé ailleurs par mille activités, il doit fréquemment demander à ses élèves quel poète, quel sujet au juste il a abordés lors de la séance précédente. Mais sitôt remis sur ses rails, il ne tarde pas à démontrer que, sous des apparences trompeuses, il est un formidable professeur de poésie, capable de parler avec éloquence, et en connaissance de cause, de Saint-Denys Garneau ou de Roland Giguère, comme un vrai artisan amoureux des mots et des images. La poésie, explique-t-il, est une affaire de rythme et de sonorités autant que de sens, et il peut passer de longues minutes à leur faire entendre la résonance qu'il y a dans le simple mot *amour* ou encore dans ce vers qu'il a lui-même écrit, dans l'épilogue de *La Marche à l'amour* : « et j'ahane à me traîner pour aller plus loin[52] ». « J'ahane » ! Il le répète comme s'il venait de le découvrir, il le mime, il l'interprète devant eux : ont-ils bien saisi l'essoufflement, la fatigue, l'obstination qu'il y a dans ce seul verbe ?… C'est ainsi que pendant cinq ans, jusqu'en 1978, sans méthode, à corps perdu, il va tenir en haleine son jeune public et l'amener avec lui à comprendre un peu mieux la poésie.

*　　*　　*

Parler, toujours parler plutôt qu'écrire : les tribunes ne manquent pas avec tous ces engagements, ces invitations à droite et à gauche, sans oublier, chaque automne, celle qu'il reçoit d'office de la part de ses amis de *Liberté*. Ce sont les meilleures années de la Rencontre québécoise internationale des écrivains, que Jean-Guy Pilon a lancée en 1971 après la disparition des rencontres de poètes ou d'écrivains des années 1950 et 1960. Hubert Aquin y a claqué la porte dès la première année et lâché du même coup *Liberté*, en dénonçant une organisation et une revue généreusement subventionnées par le gouvernement fédéral, à travers le Conseil des Arts du Canada où officie toujours Naïm Kattan. Peut-on être un indépendantiste québécois et accepter des subventions, des bourses, des prix décernés par une instance fédérale ? La question éthique vaut d'être posée, surtout si « fédéral » signifie « colonial », mais plus on s'éloigne de la crise d'Octobre 1970, moins cela apparaît comme une contradiction, y compris pour Miron lui-même, qui entretient en outre de solides liens d'amitié avec Kattan, toujours présent à ce forum annuel.

La rencontre, qui a lieu chaque année en octobre dans les Laurentides, accomplit en fait, de manière exemplaire, l'ouverture sur le monde de la littérature québécoise que cherchaient Miron, Pilon et leur équipe dès les premières années de l'Hexagone. Des écrivains québécois de deux ou trois générations y discutent de plain-pied avec des auteurs venus d'ailleurs, souvent parmi les plus prestigieux. En quelques années seulement, on voit défiler les romanciers Julio Cortázar, Ernesto Sábato, Milan Kundera, les écrivains antillais René Depestre et Édouard Glissant, le poète américain John Ashbery, la poète et dramaturge d'origine égyptienne Andrée Chedid. Des amitiés naissent ou se poursuivent, des réseaux de collaboration s'élargissent, circonscrits pour l'essentiel aux Amériques et à l'Europe — les autres parties du monde, sauf de rares exceptions pour le Maghreb ou le Moyen-Orient, demeurant plutôt absentes. Les liens privilégiés avec le milieu littéraire français, surtout celui de la poésie, se trouvent évidemment mis à profit. Pour Miron, très sédentaire depuis 1968 et profondément nostalgique de la belle époque de la Foire de Francfort, qui lui permettait d'évoluer parmi les écrivains et les éditeurs du monde entier, la rencontre offre un nouveau carrefour littéraire et intellectuel, avec ce pur bonheur d'une parole en direct, d'échanges intenses qui se prolongent au-delà des séances de travail autour d'un repas et jusque tard dans la nuit. Et puis, comment ne pas avoir le sentiment que tous ces écrivains du monde, c'est un peu chez lui qu'on les reçoit : dans « son » octobre multicolore et fastueux, dans « ses » Laurentides ? Quand le programme prévoit un après-midi libre, il emmène volontiers quelques écrivains étrangers en voiture, à partir de Mont-Gabriel ou de l'Estérel, pour leur donner à voir dans toute sa puissance « la grande artillerie des couleurs d'automne » qui précède le long hiver.

On ne compte plus les liens que tisse Miron à l'occasion de ces rencontres et qui suscitent des projets ou des invitations. Ainsi, la venue du poète new-yorkais Louis Simpson, à la rencontre de 1974, débouchera sur une invitation aux États-Unis. Toujours en 1974, la présence pétillante et pleine d'humour du poète irlandais John Montague marque le début d'une amitié qui permettra à Miron de le retrouver sur une même tribune, à l'occasion d'un colloque Québec-Irlande, dans les années 1980.

De vieilles amitiés françaises refont surface : le poète Michel Deguy, rencontré à Paris au milieu des années 1960 grâce à Robert

Marteau, ou encore Camille Bourniquel, le directeur littéraire de la revue *Esprit*, que Miron a connu dès son premier séjour parisien, en 1959. De nouvelles figures apparaissent : Jean-Pierre Faye notamment, animateur de la revue *Change*, qui découvre avec admiration *L'Homme rapaillé* à l'occasion de sa visite et qui, en 1979, publiera la *Défense et illustration de la langue québécoise* de Michèle Lalonde dans la collection qu'il dirige chez Seghers/Laffont.

Avec la participation soutenue des écrivains de la génération de *Liberté*, les Jacques Godbout, Michèle Lalonde, Fernand Ouellette, Jacques Folch-Ribas, André Belleau, sous le regard paternel de Jean-Guy Pilon qui supervise les opérations, on voit ressurgir les grands débats qui ont animé les toutes premières rencontres de poètes, mais dans un nouveau contexte et en la présence souvent éclairante d'étrangers : les rapports entre la littérature et la réalité, la société, les pouvoirs de toutes sortes ; la question de l'engagement ; l'éternel problème de la langue ; l'appartenance aux Amériques ; le statut des (petites) littératures nationales face aux impérialismes culturels. La place croissante qu'occupent des écrivains plus jeunes, tels Nicole Brossard, André Brochu et André Beaudet, infléchit les regards et impose souvent des remises en question. L'allocution d'ouverture que prononce François Ricard à la rencontre de 1976, « Où en sont les littératures nationales ? », un mois avant la victoire électorale du Parti québécois, évoque la période de « combat » qui a été celle des Miron, Chamberland et Aquin pour mieux lancer une petite bombe :

> Pourquoi avons-nous aujourd'hui le sentiment, le soupçon plutôt, que cette littérature d'affirmation nationale, qui non seulement se perpétue chez les plus jeunes, mais s'étend au point de devenir étouffante, est en train de nous conduire dans une impasse[53] ?

Ce « soupçon », partagé par plusieurs, interpelle directement Miron : car même si « les plus jeunes », en fait, pratiquent déjà depuis la seconde moitié des années 1960 des formes d'écriture très diverses et souvent éloignées de la politique du pays, il reste vrai qu'il y a une « impasse » ou un poids du « national » ressenti même par le poète de *L'Homme rapaillé*, comme l'indiquent les propos qu'il tenait déjà à son public d'Ottawa en 1971 et au Franco-Ontarien Robert Dickson en 1973. En finir avec « l'affirmation nationale », sortir de cette conjoncture pour enfin écrire, seulement écrire, à partir de soi et dans la durée, comme le font les écrivains du monde ! Cela lui pèse tellement, « la parole-harangue, la parole-tribun[54] » à laquelle il en vient parfois à réduire très injustement *L'Homme rapaillé* ! C'est là tout son problème : comment écrire normalement dans un pays « anormal » ? Si les jeunes écrivains le font, n'est-ce pas qu'ils se cantonnent dans le déni et l'illusion ?

Face à de tels débats, comme à d'autres qui s'animent dans les rencontres de *Liberté*, il écoute, il réfléchit et se laisse tout le loisir d'intervenir au moment propice. Mais qu'on ne compte pas sur lui pour préparer une vraie communication, comme le font, au début de chacune des séances, trois ou quatre participants québécois et étrangers. Non, il lui faudrait s'installer devant sa machine à écrire et vivre le supplice d'un texte à préparer ! Malgré tout, son ami Pilon parvient, de peine et de misère, à obtenir de lui une « conférence » à la rencontre de 1974 tenue à l'Estérel. Comme auprès d'Hélène Pelletier-Baillargeon, Miron utilise d'abord le prétexte de sa fille pour annoncer qu'il ne pourra même pas assister à la rencontre, avant de se raviser, mais en refusant d'y donner quelque conférence que ce soit. Seule l'obstination de Pilon finit par le faire plier.

Ce dimanche soir d'octobre, tant les écrivains invités à la rencontre que des membres du public se rassemblent dans une salle de l'hôtel pour l'entendre. Les Français, Bourniquel, Deguy, Faye, le poète Jean-Claude Renard, sont assis côte à côte, et c'est Robert Marteau qui a la tâche de présenter son ami poète, avec l'émouvante simplicité et la ferveur contenue qui le caractérisent. Contrairement au professeur de l'École nationale de théâtre, le conférencier dépose devant lui une liasse de notes, mais si abondante et chaotique que lui-même l'estime d'entrée de jeu inutilisable ! Le tableau noir, à l'arrière, lui servira davantage puisqu'il pourra y tracer les trois cercles concentriques qui définissent la situation du Québec (premier cercle), entouré par le Canada (deuxième cercle), tous deux entourés par l'empire états-unien (troisième cercle) — schéma qui fera partie de son arsenal pédagogique jusqu'à la fin de sa vie. Pour commencer, il lit *Les Années de déréliction* et il arrive à ce passage qui tient du sublime :

> terre, terre, tu bois avec nous, terre comme nous
> qui échappes à toute prégnance nôtre et aimante

tu bois les millénaires de la neige par désespoir
avec comme nous une fixité hagarde et discontinue

cependant que la beauté aurifère du froid
t'auréole et comme nous dans la mort te sertit[55]

Quelques exclamations admiratives se font entendre du côté de Bourniquel et des autres poètes français. Avec un bref extrait des *Notes sur le non-poème et le poème,* ce n'est là qu'un préambule poétique à un exposé qui se présente comme celui d'un « petit-bourgeois » qui a néanmoins toujours consenti à se salir les mains et qui ira jusqu'à s'autodétruire, s'il le faut, pour décrire la condition commune. L'histoire qu'il veut raconter, c'est celle d'un homme qui n'est pas encore lui-même, d'un Québécois qui se situe toujours « en deçà » de « son être anthropologique ». Pour comprendre, il faut remonter le cours de l'histoire, repérer des moments de « prise de conscience » (l'expression reviendra à de nombreuses reprises, comme un leitmotiv). En 1945, le Canadien français a pris conscience du fait qu'il n'était pas un Français ; en 1960, qu'il n'était pas un Canadien. Mais cette différenciation ne s'est pas encore pleinement accomplie, il subsiste une « carence d'identité » ; « l'unité de l'homme canadien-français » devenu « l'homme québécois » ou, en d'autres termes, « l'unité du dedans et du dehors » demeure en gestation. Le conférencier s'active, il gesticule, il donne des exemples, il parle de la langue d'affichage fautive, de notre minorisation croissante et il écorche au passage Pierre Elliott Trudeau qui prétend que c'est le Canada qui assure la présence au monde du Québec. Après une heure trente, il peut conclure, en précisant que c'était un témoignage plutôt qu'une vraie conférence. Il ne nie pas qu'il y en ait « d'autres pour qui les choses ont été différentes », mais voilà, c'est le grand récit de Gaston Miron tel qu'il l'a vécu et tel qu'on le réentendra à de nombreuses reprises par la suite, avec ses modulations et ses variantes. Pour l'heure, en ce soir d'automne laurentien, il l'a livré non seulement à des Québécois, mais aussi à des écrivains étrangers qui repartiront bientôt en France, en Irlande, en Pologne, au Danemark ou ailleurs, et qui sauront qu'il y a, au nord de l'Amérique, une petite nation qui lutte pour exister[56].

*   *   *

Il arrive une seule fois, durant ces années, qu'il se trouve en manque de discours, mais il n'est pas le seul car c'est toute l'équipe de *Liberté* qui, décontenancée et plutôt muette, verra l'événement échapper largement à sa maîtrise. À la fin de la rencontre de 1974, Nicole Brossard a souhaité que les femmes soient plus nombreuses autour de la table l'année suivante, décrétée « Année de la femme » par l'ONU. Pilon et ses amis, peu préparés, ne se doutent guère de la commotion qui va résulter de cette rencontre de 1975 sur le thème « La femme et l'écriture ». Ni à l'Hexagone ni à *Liberté*, les femmes, à l'exception de Michèle Lalonde, n'ont occupé une place notable, sinon le plus souvent en tant que femmes de service, comme d'ailleurs à *Parti pris*. En outre, la publication sous forme d'affiche de *Speak White* par l'Hexagone, à l'automne 1974, vient rappeler combien ce grand poème classique écrit par une femme n'a jamais voulu faire entendre une parole « au féminin », mais plutôt la voix collective du « nous » canadien-français minoritaire et prolétaire.

Or, au tournant de 1975, la révolution féministe gronde et l'on se prépare à assister sinon à un nouvel « octobre rouge », du moins à un tir verbal nourri contre le règne du patriarcat et à la revendication d'une autre parole, d'un autre rapport au corps et à l'écrit. Outre Andrée Maillet, dont il vient de publier un roman, et Michèle Lalonde, Miron retrouve parmi le public (toujours invité jusque-là à assister aux séances) des amies de longue date : Denise Boucher, qui fera bientôt les manchettes avec sa pièce *Les fées ont soif*, et la comédienne Patricia Nolin, qu'il a connue à Paris à la Maison des étudiants canadiens et qui était du récital de poésie présenté à l'automne 1960. Il y a parfois de la colère et de l'agressivité dans les échanges, et les seuls hommes à monter vraiment au front, le Français Yves Navarre et l'Américain Herbert Gold, n'auront pas la vie facile. Mais l'atmosphère est tout autant à la fête, surtout lorsque la communication de Madeleine Gagnon donne lieu à un récitatif à plusieurs voix, au cours duquel Denise Boucher entonne *La Complainte de la Mauricie* chère à Miron. Quelque peu déstabilisés par cette « dérive » au féminin, Jean-Guy Pilon et son équipe tiendront prudemment les rencontres à huis clos à partir de 1976.

Quant à Miron, on l'a rarement vu si discret, si peu loquace. Il tente bien de rappeler le rôle de la réflexion théorique dans l'action militante, et il suggère un rapprochement entre la parole du colonisé et celle des femmes, mais ce sont des portes déjà ouvertes et son discours, cette fois, n'impressionne plus guère ni ne fait autorité. Alors il encaisse, il rumine en silence, il cherche à comprendre, lui dont le rapport aux femmes a toujours été si compliqué et si dépendant de vieilles représentations judéo-chrétiennes, comme il l'a confessé maintes fois. Même s'il n'y était pas préparé, il ne rejette pas davantage ce virage féministe que la révolution contre-culturelle qui l'a précédé. De toute manière, outre Denise Boucher, plusieurs figures majeures du mouvement font partie du cercle mironien : Madeleine Gagnon est proche de Jean-Marc Piotte et de Patrick Straram, avec lesquels elle vient de signer un ouvrage à trois voix, *Portraits du voyage* ; France Théoret publiera dès 1977 chez les frères Hébert des Herbes rouges et elle deviendra la compagne de vie d'Alain Horic ; quant à Nicole Brossard, Miron demeure l'un de ses principaux éditeurs et il se prépare à publier sa rétrospective, *Le Centre blanc*. Sans doute la lutte de libération nationale se poursuivra-t-elle, confortée par la victoire inespérée du Parti québécois en novembre 1976, mais le « Québec libre » ne pourra plus se concevoir sans des femmes elles-mêmes libérées.

*   *   *

Octobre 1975 : après les derniers éclats de voix de cette rencontre qui n'a pas été de tout repos, il repasse chez sa mère à Saint-Jérôme pour y prendre Emmanuelle avant de rentrer au carré Saint-Louis. « Les jours raccourcissent », comme il l'écrivait jadis en pleurant Rose Marie : le temps a passé et après tant d'années, après Ghislaine qui lui a apporté un autre désastre, l'amour se fait rare, et la poésie tout autant, tandis que résonne la lancinante complainte de son harmonica à longueur de soirées froides. « J'ai écrit des poèmes d'amour quand j'étais en amour, je ne suis pas en amour aujourd'hui et je n'écris plus[57] », confie-t-il à son ami Jacques Larue-Langlois. Il semble donc que la petite Emmanuelle avait raison : « Miron n'a plus envie d'écrire », confirme le journaliste au terme d'une brève entrevue téléphonique avec le poète.

Cette fois encore, la vérité est plus nuancée : à Ottawa, en ce début d'hiver, paraît une plaquette d'une cinquantaine de pages, sortie des presses des Ateliers Marquis de Montmagny le 20 novembre 1975. Mais que montrent ces *Courtepointes*, sous leur couverture rebutante qui porte la signature du seul et unique Gaston Miron ? La grand poète qu'il demeure, ou l'ombre du poète qu'il a déjà été ?

La femme éternité

Courtepointes ne fait l'unanimité que sur un point : la médiocrité matérielle du livre. La plupart des critiques déplorent le paradoxe d'un poète qui édite lui-même, avec la collaboration de son ami artiste Roland Giguère, des livres de la plus haute qualité graphique, et qui consent à soumettre ses propres poèmes à un traitement éditorial aussi ingrat, sur du mauvais papier et sous une maquette de couverture digne des éditions scolaires. Dans son article du *Soleil* de Québec, Jean Royer écorche du même coup les Presses de l'Université de Montréal, qui n'ont guère fait mieux avec *L'Homme rapaillé*. Cet entêtement de Miron à donner ses poèmes à des presses universitaires paraît en outre incompréhensible. Est-ce une humilité mal placée qui lui fait refuser de se publier lui-même ? S'agit-il d'une façon détournée d'obtenir un « diplôme universitaire » qui lui a toujours fait défaut ? S'efforce-t-il plutôt de se maintenir dans l'ambiguïté, en cédant ses poèmes à l'édition tout en n'habitant pas les lieux habituels de la poésie ?

Si tous ces facteurs agissent à des degrés divers, il est certain que la ténacité d'Eugène Roberto, comme celle de Vachon et de Brault pour *L'Homme rapaillé*, a été déterminante dans la publication des *Courtepointes*. Depuis l'invitation de Miron comme écrivain résident en 1971, Roberto et lui se sont revus à plusieurs reprises, tantôt à l'Université d'Ottawa et à Gatineau, où habite le professeur, tantôt au carré Saint-Louis. Pour le Département des lettres françaises, on devine aisément le prestige qu'il y a à publier ne serait-ce qu'une plaquette d'un Miron auréolé par la parution récente de *L'Homme rapaillé*.

Dans les séquences du film de Roger Frappier tournées à Ottawa en 1971, Miron explique de son côté qu'il s'agit de continuer à écrire tout en ne répétant pas *L'Homme rapaillé* : désormais, il veut privilégier la densité, la forme brève, à teneur plus « métaphysique » que politique, même s'il songe en même temps à « un grand poème épique sur le Rocher Percé », qu'il n'écrira évidemment jamais. Cet hyperactif plongé dans l'action conserve donc un espace intérieur que la poésie pourra seule sauver. À titre d'illustration de cette « parole condensée » d'un « homme face à lui-même », il lit à la caméra quelques fragments de ce qui constituera la dernière section de *Courtepointes*, celle qui a pour titre *L'Héritage et la descendance* dans l'édition augmentée de *L'Homme rapaillé*[1]. Le thème est révélateur : contre les épisodes désastreux de sa vie récente, il importe de rétablir à tout prix une logique, un fil conducteur. Jamais Miron n'a paru aussi hanté par le temps, mais ce n'est plus guère celui de l'Histoire, c'est « le temps plus nu / que la plus que pierre opaque », celui que l'on éprouve en soi-même, tendu entre la mémoire qui fuit et l'avenir qui n'est pas encore, entre un désir intense d'éternité et le souci de la continuité et de la transmission. En fin de parcours, *Courtepointes* fait ainsi écho au poème liminaire de *L'Homme rapaillé* dédié à Emmanuelle, la seule vraie héritière, la seule qui puisse reprendre le fil du langage et celui du temps :

> J'ai enfin rejoint mes chemins naturels
> les paysages les bordant depuis l'origine
>
> j'avance quelques mots…
> quelqu'un les répète comme son propre écho
>
> dans la floraison du songe
> Emmanuelle ma fille
> je te donne ce que je réapprends[2]

Ce n'est plus le « voyage abracadabrant », mais ce n'est pas non plus l'homme qui peut rentrer en lui-même « comme dans une maison ». C'est un autre voyage, moins agité, presque enchanteur, dans ce temps quotidien où un père transmet à sa fille les mots de sa langue et redécouvre la réalité à travers ses yeux. Telles étaient les dernières images du film de 1971 : par un jour de printemps, sous les arbres encore sans feuilles, Miron marche autour du carré Saint-Louis en tenant par la main la petite Emmanuelle, à qui il explique le monde, ses arbres, ses objets, ses jeux et jusqu'aux musiciens hippies qui sont déjà installés au milieu du square avec leurs guitares et qui célèbrent le retour du beau temps.

L'essentiel de *L'Héritage et la descendance* était donc écrit dès 1971, et c'est bien la date qui apparaît dans l'édition de *Courtepointes*. Que s'est-il passé par la suite ? On a vu que *L'Homme rapaillé* laissait entrevoir, en n'en livrant que quelques rares « extraits », ce monument fascinant et mystérieux que demeurait *La Batèche*. Il faut maintenant compléter, mais Miron se rend compte qu'il y a un problème : ce qui s'annonçait comme un grand cycle, voire comme un livre entier, s'est désagrégé peu à peu au fil du temps. Plusieurs fragments, et jusqu'à un poème entier comme *Compagnon des Amériques,* se sont détachés pour être recyclés ailleurs. Plusieurs autres pages apparaissent désormais, avec un recul de quinze ou vingt ans, comme de purs exercices thérapeutiques, la purgation cathartique d'une colère et d'une violence intérieure qui aboutit davantage au grotesque qu'à cette hauteur de poésie à laquelle aspire Miron.

Il s'agit de sauver les meubles, de récupérer des fragments qui peuvent constituer un ensemble cohérent. C'est ainsi que, en y travaillant sporadiquement, Miron donne forme aux *Séquences de la batèche*, trois pages tout au plus, quelques strophes de tourment au bord du délire, d'égarement terrible scandé par les imprécations et les jurons qui, dès les années 1950, donnaient au poème sa tonalité propre :

> Cré bataclan des misères batèche
> cré maudit raque de destine batèche
> raque des amanchures des parlures et des sacrures
> moi le raqué de partout batèche
> nous les raqués de l'histoire batèche[3]

On l'a entendu cent fois par la suite raconter l'anecdote de ce garçon de taverne qui, les écoutant, lui et ses amis, se lire des poèmes les uns aux autres, vers 1953, les avait interrompus ainsi : « Vous l'avez pas pantoute. Ce qu'il faut dire, c'est "crisse de câlisse de tabarnak d'ostie de saint-chrême[4]..." » D'un seul coup venait de se révéler au poète de *Deux Sangs* un des rythmes fondamentaux de la parole populaire québécoise, sans doute nourrie par des relents de gigue et de folklore.

Cela aussi devenait matière à poésie : l'exaspération de l'« homme de peine » dont la parole, réduite à ce joual de rage et de douleur, semblait puiser au fonds archaïque de Saint-Agricole : « Sainte Bénite de vie maganée / belle grégousse de vieille réguine de batèche ». Dans les *Séquences* que construit Miron pour les *Courtepointes*, ces moments de jurons (qui ne reprennent d'ailleurs aucunement tels quels les sacres du garçon de taverne) vont alterner avec des strophes d'une tonalité plus classique : *La Batèche* récupère de vieux souvenirs, salue et cite au passage Olivier Marchand, évoque leur fameux voyage chez Guy Carle en « Haut-Abitibi » et les « loups des forêts de Grand-Remous » qui ont terrorisé les deux compagnons sur le chemin du retour. On comprend que les *Séquences* soient l'un des rares poèmes non datés des *Courtepointes* : en fait, *La Batèche* est de toutes les époques, elle englobe à partir de 1950 un quart de siècle de vie et d'écriture — une trajectoire résumée par ce néologisme mémorable : « amironner », action énergique que condense un seul nom propre, synthèse de l'esprit de combat et de l'esprit sportif qu'a toujours privilégiés ce pagayeur au long cours.

Entre 1971 et 1975, le poète qui « n'a plus envie d'écrire » s'est donc attelé à la tâche d'éviter que *La Batèche* ne sombre dans l'oubli. En se replongeant de temps à autre dans le fouillis que sont les brouillons de *L'Homme rapaillé*, il récupère par ailleurs d'autres fragments, des bouts de poèmes entrepris vingt ans plus tôt et qu'il n'a jamais pu mener à terme : *Rue Saint-Christophe*, datant de ses pauvres années où il habitait chez la grand-mère d'Olivier Marchand et travaillait chez Beauchemin, ou encore son hommage à « Félicité Angers », mieux connue sous son nom de plume de Laure Conan, l'auteure d'*Angéline de Montbrun* dont il a visité le petit musée en passant à La Malbaie en 1955. « Oui, ce ne sont que retailles et courtepointes. Pas encore une œuvre poétique[5] », admettra Eugène Roberto au début de son avant-propos. Au cours de leurs rencontres, il encourage Miron à travailler, à organiser ses « retailles », tout en constatant peu à peu que le recueil ne correspondra sans doute jamais au projet initial, qui était d'obtenir de l'écrivain invité un texte écrit durant sa période de résidence à l'université.

On pourrait soutenir que, « retailles » ou non, cela importe peu au bout du compte ; mais ouvrir une présentation en soulignant à gros traits son caractère mal cousu n'est pas de la plus grande habileté. La réception critique de *Courtepointes* ne va d'ailleurs pas répéter le concert d'éloges ni déclencher la cascade de prix littéraires qui ont suivi la publication de *L'Homme rapaillé*. Les critiques les plus sympathiques viennent des proches de Miron : de Roberto lui-même, dont la recension du *Droit* d'Ottawa tient davantage de l'analyse littéraire que du compte rendu[6] ; de Jean Royer, qui parle dans *Le Soleil* d'un « événement littéraire », d'un « cadeau inattendu et tellement attendu », et qui insiste sur « le poète du sursis, de l'espoir, du combat et du futur de l'homme[7] » ; de Jacques Larue-Langlois, soulignant dans *Livre d'ici* la présence de « textes splendides » comme *Félicité, Le Vieil Ossian*, et saluant les belles pages « où triomphe l'euphorie du poète amoureux[8] » ; de Gaëtan Dostie enfin, qui parle aussi dans *Le Jour* d'un « événement littéraire », mais en ajoutant avec une certaine ambiguïté que Miron « déterre [ici] des textes qui dormaient dans ses cartons depuis même 1954 » — malgré qu'il y voie « l'étonnante permanence et durabilité de cette poésie[9] ». D'autres critiques seront plus sévères.

Il faut dire qu'en datant systématiquement ses poèmes, à de rares exceptions près, Miron semble s'être plu à confirmer qu'il s'agit surtout de vieilles « retailles », selon le terme de Roberto. Certes, bien avant *L'Homme rapaillé*, il ne manquait jamais de dater les poèmes qu'il publiait dans les journaux et les revues. Mais le lecteur de *Liberté* constatant, en 1963, que les pièces de *La Vie agonique* avaient toutes été au moins entreprises, et pour la plupart achevées, dans les années 1950 ne voyait pas là un défaut ; bien au contraire, il y percevait l'itinéraire d'un homme rescapé de la noirceur duplessiste, la fidélité à un travail de longue haleine, l'indice d'un *work in progress* dont l'aboutissement demeurait à venir. La publication de *L'Homme rapaillé* a forcément changé la perspective et elle a conforté chez plusieurs l'image du poète épique au grand souffle, dont la contribution essentielle demeure *La Marche à l'amour, La Vie agonique* ainsi que *L'Amour et le militant*, même si plusieurs poèmes brefs, souvent superbes, ouvrent et terminent le recueil. La déception affichée par Noël Audet au début de sa chronique de *Voix et images* consacrée à des parutions récentes est typique : ces *Courtepointes* sont toujours des poèmes de Miron, note-t-il, mais « en moins percutants, comme s'ils avaient été à dessein écartés de *L'Homme rapaillé* par l'auteur, précisément à cause de leur moindre densité[10] ». Bref, il s'agirait de restes ou de fonds de tiroir — et dire que Miron aspirait à une parole plus dense !

Les comptes rendus qui paraissent dans *Le Devoir* et dans *La Presse*, sous la plume de jeunes critiques eux-mêmes poètes, sont au mieux mitigés, au pire, carrément hostiles. Philippe Haeck, qui marche sur des œufs et prend soin de ne pas rouvrir le petit catéchisme marxiste-léniniste qu'il récite à l'époque dans la revue *Chroniques*, voit dans les *Courtepointes*, dont le titre plaira, ironise-t-il, aux « amateurs nouveaux d'antiquités », la mutation de toute une époque qui sent s'effilocher le temps historique et collectif au profit d'un temps plus individuel. En renouant avec une panique et une angoisse proches de Saint-Denys Garneau, ces poèmes d'un « homme fatigué », qui « n'apprennent rien de neuf à ceux et celles qui ont lu *L'Homme rapaillé* » et qui « datent des années cinquante-soixante », témoigneraient ainsi paradoxalement d'une actualité : celle du repli dans l'intériorité ou dans « l'intime » sensible partout en Occident[11]. Le constat n'est pas dépourvu de lucidité et, à le prendre au mot, il fait involontairement de Miron un précurseur des années 1980, où « l'intime » apparaîtra comme la tonalité dominante de la poésie. Mais il faut aussi lire entre les lignes de ce compte rendu : la « fatigue » du poète de *Courtepointes* trahit en fait aux yeux du critique sa démission à l'égard de la lutte des classes et du matérialisme dialectique. Dans *Chroniques*, sans doute embarrassé de devoir attaquer Miron, qui compte des amis comme Piotte et Straram à la revue, le critique préfère passer *Courtepointes* sous silence et se jeter plutôt à bras raccourcis sur Paul-Marie Lapointe, dont les *Tableaux de l'amoureuse* se réfugient fâcheusement dans l'érotisme et la contemplation des œuvres d'art, sur Michel Garneau, dont « le bon appétit pour le bonheur » se délecte d'amour et de pays québécois, dans *La Plus Belle Île*, mais souffre de ne pas avoir ajouté à son menu « la dictature du prolétariat », et sur Jacques Brault qui, dans *L'en dessous l'admirable*, préfère entendre « le chant nu de l'indicible », plutôt que de consacrer ses soirées à l'étude de la théorie marxiste-léniniste[12].

L'attaque la plus frontale contre Miron ne vient toutefois pas des marxistes radicaux, mais de Normand de Bellefeuille, qui est alors l'une des étoiles montantes de la génération dite *formaliste* des Herbes rouges. Si trouvent grâce à ses yeux les *Séquences de la batèche* par leur caractère « litanique et truculent », et aussi ce poème étrangement syncopé, « Le mal de / le mal de tête », qui prendra pour titre *De contre* dans les futures éditions de *L'Homme rapaillé*[13], le reste du recueil n'apporte au critique que déception et agacement :

Pendant que Miron thésaurise, ses textes vieillissent, perdent, tant formellement qu'au niveau du contenu, l'originalité et l'efficacité de l'instant de leur écriture. Même les textes récents du recueil accusent ce
vieillissement prématuré, et là, c'est nettement moins excusable[14].

Il faut rappeler que les poètes des Herbes rouges, à l'époque, préconisent une poésie critique, antilyrique, qui veut justement jeter aux
« vieilleries » les métaphores qu'affectionne « dangereusement » le
poète de *Courtepointes*. Le jeune critique a beau jeu d'isoler des
images : « la barque de la nuit », « les calèches du bonheur », « l'enton-
noir de l'espérance », et de désigner la « facilité » d'un tel bagage
poétique qui lui paraît éculé.

On le voit : malgré le succès de librairie de *L'Homme rapaillé*, les
temps sont souvent durs pour le poète Miron (mais il n'est pas le seul !)
en ce Québec des années 1970. On a tellement dit qu'il était « le poète
national », on l'a tellement réduit à la seule épopée politique, non sans
qu'il y ait lui-même contribué, qu'on parvient mal à lire les dimensions
plus personnelles et intérieures de son œuvre — à moins que, y étant
parvenu, on y reconnaisse le pur indice d'une régression ou d'un repli.
Au fond, du point de vue de tous les courants esthétiques, culturels et
idéologiques dominants, de la contre-culture au marxisme en passant
par le féminisme et le formalisme, Miron apparaît au mieux comme
le plus glorieux représentant d'une époque révolue, y compris dans sa
manière même d'écrire de la poésie.

Il est révélateur que quelques-unes des lectures les plus péné-
trantes de Miron durant ces mêmes années viennent de la France,
de la part de lecteurs avisés qui ne baignent pas dans la soupe
idéologique québécoise et qui abordent l'œuvre dans sa dimension
poétique propre — de Jean Cassou, par exemple, qui, dans un essai
publié par *La Presse*, soutient que la « difficulté » de la parole de
Miron et « l'angoisse consubstantielle » à celle-ci animent sa lutte
politique de motifs qui sont « de l'ordre du spirituel et du moral[15] ».
Le poète et critique français peut-il seulement concevoir que pour
de nombreux Québécois des années 1970, des mots comme *spirituel*
et *moral* appartiennent déjà au même bagage de « vieilleries » que
les métaphores ?... Quant à Georges Mounin, professeur à Aix-
en-Provence, grand admirateur du René Char de la Résistance et
vieux militant du Parti communiste, il est bien difficile de l'accuser

de vouloir dépolitiser Miron quand il dit avoir cru sentir que, depuis 1970, « on aime Gaston Miron au passé, parce qu'on l'a enfermé dans l'image du poète militant de la période héroïque — et, de plus, dans une image sommaire de la poésie militante[16] ». Lecteur de *Courtepointes*, il se dit « profondément d'accord » avec Eugène Roberto qui concluait ainsi son avant-propos : « Miron n'est pas le greffier d'un monde défunt[17]. » En fait, lumineusement, ce lecteur qui a du recul montre que c'est dans « ses petits poèmes, courts mais puissants », que Miron donne « le meilleur de lui-même ». L'erreur, c'est de croire qu'un grand poète (ou un grand écrivain) est forcément sans défauts : oui, concède Mounin, on peut repérer des maniérismes, des gaucheries, des métaphores ampoulées chez Miron — mais rien de cela n'importe au regard d'une voix qui peut dire : « Je demande pardon aux poètes que j'ai pillés », qui sait s'avancer en grande douleur aux confins de l'« aphasie » et, dans le chant retrouvé de *L'Amour et le militant*, qui ose parler du « couple », ce mot presque absent de la poésie française, et affirmer simplement : « Il me faut t'aimer femme de mon âge ». C'est ainsi que depuis sa Provence, un lecteur de qualité peut ranger le poète de *L'Homme rapaillé* et de *Courtepointes* parmi « une troupe très petite » de poètes qui, avec Char et Jules Supervielle, savent aller à l'essentiel. Un tel jugement panse bien des blessures tenues secrètes par Miron, qui a lu Mounin dès son premier séjour à Paris et admiré son essai *Poésie et société* paru en 1962.

*   *   *

La réputation croissante de Miron en France ne tient sûrement pas au fait qu'il fréquente beaucoup à l'époque les milieux parisiens. Entre 1968 et 1978, il ne traverse en effet qu'une seule fois l'Atlantique, pour un passage bref et peu remarqué à Marly-le-Roy, où un colloque a réuni en 1972 plusieurs de ses amis d'*Esprit* et de *Liberté* voulant faire le point sur la poésie québécoise. Cette parenthèse de sédentarité, en regard des nombreux voyages des années 1960 et 1980, s'explique aisément, au premier chef, par des raisons personnelles. Emmanuelle est encore une enfant, et si son père peut compter sur de nombreux amis et sur Jeanne, sa propre mère, pour garder sa fille, sans parler de la présence quotidienne de Claude Dansereau quand il rentre tard le soir (ce qui est habituel), la situation n'est guère propice aux longs voyages. Même si elle a quitté la rue Drolet, Ghislaine Duguay habite toujours le Plateau-Mont-Royal, jamais très loin du carré Saint-Louis, et elle rend des visites régulières à sa fille. Si Dansereau peut « superviser » ces visites quand Miron est absent, la situation change à partir du moment où Emmanuelle entreprend son école primaire au Collège français, en septembre 1975. Désormais, c'est une enfant « autonome », elle a sa propre clé pendue au cou et, quand elle rentre de l'école, son père est presque toujours occupé ailleurs et Dansereau n'a pas encore terminé sa journée de taxi. Ghislaine a vite compris qu'elle peut profiter de cet intervalle pour venir sonner à la porte en sachant qu'Emmanuelle lui ouvrira. Pour la fillette de six ou sept ans, de telles visites sont troublantes, mais sa plus grande angoisse est de voir, de temps à autre, sa mère apparaître derrière la clôture de l'école pendant les récréations et de se faire demander par ses petits camarades qui est cette femme à l'allure plutôt bizarre qui l'interpelle.

Chose certaine, la présence insistante de Ghislaine inquiète Miron, et l'on comprend aisément qu'il ne soit pas d'humeur à partir en Europe, même si, au quotidien, sa fille doit souvent aller au lit en son absence, ce qu'elle ne manque d'ailleurs pas de lui reprocher. De plus, il pourrait difficilement prendre congé de l'Hexagone, tant l'accroissement de la production et la multiplication des auteurs exigent du temps, faute d'une véritable équipe. La maison, qui s'apprête à fêter ses vingt-cinq ans, connaît de sérieux problèmes de distribution depuis qu'elle a mis fin à son entente avec la Librairie Déom de Jean Bode : le recours à Diffusion Québec, qui fait bientôt faillite, puis à l'Agence de distribution populaire, qui ne s'intéresse pas à la poésie, causera de nombreux soucis à Horic et à Miron[18].

Et il y a tout le reste : les invitations dans les universités et dans les collèges, ses cours hebdomadaires à l'École nationale de théâtre — et aussi, depuis 1973, un autre emploi à temps partiel qui exige sa présence aux Éditions Leméac, dirigées alors par Yves Dubé. Infatigable coureur de lancements, Miron fréquente alors régulièrement ceux de l'important éditeur-libraire de la rue Laurier, tout comme ceux des Éditions du Jour. Leméac connaît à l'époque une sorte d'« âge d'or » qui dissimule des problèmes majeurs de gestion. Les auteurs de théâtre, Michel Tremblay, Françoise Loranger, Marcel Dubé (le frère de l'éditeur) et l'Acadienne Antonine Maillet, qui y a publié *La Sagouine* en 1972, contribuent au prestige de la maison où logent aussi de nombreux romanciers. Miron se lie d'amitié avec l'un d'eux, le jeune Pierre Filion, qui est en même

temps responsable de la production chez Leméac : on offre bientôt
à Miron un poste d'attaché de presse. À ce titre, il doit s'occuper des
« relations extérieures » de la maison et notamment des contacts avec
les journalistes. Deux ou trois fois par semaine, on le voit arriver au
bureau, en milieu d'après-midi, pour mettre au point les dossiers de
presse des auteurs et préparer les envois aux critiques des principaux
journaux. Fébrile, il travaille toujours debout, en manipulant com-
pulsivement l'extrémité de sa ceinture de cuir, comme s'il rejouait
sans relâche son vers de *La Batèche* : « mon grand sexe claque[19] » —
un tic qui, avec l'incessante rumination de sa mâchoire inférieure,
campe pour de bon le personnage. Toute l'équipe du bureau l'entend
semoncer vertement au téléphone les journalistes qui n'ont pas réagi
à ses envois, et, haussant encore le ton, leur enjoindre de parler des
ouvrages de Leméac, faute de quoi ils ne devront plus compter sur
ses services de presse !

Les semaines ne sont pas assez longues pour caser toutes ces
tâches, y compris les réunions de l'Association des éditeurs canadiens
où il demeure actif, sa présence occasionnelle aux assemblées du Parti
québécois et, de plus en plus fréquemment, à celles de la Société Saint-
Jean-Baptiste, où il a de nombreux amis. S'il travaille debout, c'est
sans doute qu'il est déjà mentalement en marche vers la prochaine
activité… À partir de l'hiver 1976, après la disparition de la revue
Maintenant, il va en rajouter en faisant son entrée dans le comité
de rédaction d'une nouvelle revue, *Possibles*, qui entend participer
intellectuellement à la naissance d'un Québec libre et socialiste, mais
à l'écart du dogmatisme marxiste ambiant. Miron s'y retrouve en
compagnie de sociologues comme Marcel Rioux, Marcel Fournier,
Gabriel Gagnon, et aussi de ses amis poètes Gérald Godin, Roland
Giguère et bientôt Gilles Hénault. Ce n'est plus l'âge de *Parti pris*, où
le clairon révolutionnaire sonnait sur les barricades, où l'analyse se
faisait volontiers dénonciatrice et tournait souvent au sarcasme, de
concert avec les textes littéraires. À *Possibles*, le ton est davantage celui
de la sociologie professionnelle, ouverte à de nouveaux thèmes : la
cogestion syndicale-patronale, les problèmes de la santé, l'émergence
de la question autochtone, qui sera d'ailleurs l'occasion pour Miron,
l'anthropologue Rémi Savard et plusieurs autres de signer en 1977
une lettre ouverte condamnant le Parti québécois pour avoir retiré de
son programme un article qui reconnaissait les droits territoriaux des
Premières Nations[20]. Quant à la poésie, malgré une question posée

sur son avenir à une vingtaine de poètes (mais non Miron) à l'hiver 1979, sa présence à *Possibles* demeure somme toute marginale, tel un accompagnement.

Dans cette surenchère d'activités et d'emplois divers, les départs pour l'Europe ne sont donc guère au programme, et c'est surtout à cause de la venue des auteurs étrangers à la Rencontre des écrivains de *Liberté* que Miron peut conserver des contacts directs avec la France et d'autres pays européens, et aussi grâce à son amitié avec Robert Marteau, dont il publie le premier recueil écrit au Québec, *Atlante*, en 1976. Curieusement, tout se passe comme si son domaine retrouvait l'exiguïté qui a été celle de sa jeunesse, avant son premier voyage à Paris : pour l'essentiel, c'est le territoire cntre Montréal et le « petit Nord » de son enfance, où ses amis ont des chalets ou des maisons : Paul-Marie Lapointe à Saint-Sauveur, Aline Robitaille à Sainte-Adèle, René Derouin à Val-David — mais sa route s'arrête très souvent au pied des Laurentides, à Saint-Jérôme, chez sa mère et ses sœurs Denise et Suzanne. Combien d'allers-retours, tel vendredi, tel dimanche, pour y laisser ou y reprendre Emmanuelle, sans compter les grandes fêtes et les anniversaires de naissance de tous et chacune.

Jeanne fête ses soixante-dix ans à l'été 1973 et, malgré l'usure et les problèmes de santé, elle ne cesse de jouer vaillamment son rôle de gardienne et de protectrice. Gaston lui a donné avec fierté un exemplaire de *Courtepointes*, en lui signalant des poèmes où se retrouve ce vieux pays « de jointures et de fractures », la vallée de son enfance à elle : l'Archambault, Saint-Agricole ! Ce monde-là n'était pas nommé dans *L'Homme rapaillé* de 1970, même si Georges-André Vachon en faisait mention dans son étude. Désormais, le pays de Maxime Michauville et d'Eugénie Servais accède pleinement à la poésie : un monde sans pitié qui a sa beauté, sa « diamantaire clarté », ses longues soirées d'été où, avant son fils, Jeanne a joué tant de fois elle-même avec ses frères et ses sœurs autour de la grange délavée et sur le gros rocher qui résistait à tout et traversait les générations. C'est écrit en toutes lettres dans le nouveau recueil : « vallée de l'Archambault[21] », et encore, dans ce petit poème où il évoque « l'hiver ! / sa nuit de merveille et de misère noire » et qu'il a signé : « 1957 / Saint-Agricole[22] ». Bien qu'elle s'y connaisse peu en poésie, c'est le plus beau cadeau que Gaston puisse présenter à sa mère — et c'est aussi un don qu'il a voulu faire au vaste monde, comme il l'explique à la même époque dans une entrevue à la radio[23] : oui, qu'un jour des lecteurs des

Amériques, de France ou d'Italie, de Grèce ou d'Algérie découvrent, en lisant ses poèmes, cette obscure vallée lointaine, qu'ils en sachent l'émouvante beauté animée par le cri des corneilles, et que du même coup ils se sentent un peu québécois, comme on se sent un peu russe en lisant Akhmatova, un peu italien et sicilien en lisant Quasimodo…

Mais Jeanne souffre d'un mal secret. Quelques années plus tôt, elle a dû subir une ablation partielle de l'estomac à cause d'un cancer. Au printemps 1977, elle ne se doute pas que la maladie la mine de nouveau. Elle a plutôt la tête à se réjouir de ce que son fils, tout proche de la cinquantaine, vive enfin un nouvel amour avec une jeune femme avenante et raffinée, Sandrine Berthiaume, qu'il est venu lui présenter. Et il y a cette autre joie : sa petite-fille Emmanuelle fait sa première communion le 22 mai. La vie familiale, le bonheur de ses enfants et de ses petits-enfants : après Charles-Auguste, c'est ce qui a porté sa vie, comme celle de tant de mères, dans un effacement auquel a participé son fils écrivain, lui dont les ancêtres n'ont toujours paru être que des hommes : la lignée des Miron, le grand-père maternel analphabète, les oncles légendaires. A-t-il eu le temps de lui montrer la magnifique édition d'art de *Courtepointes* que vient de réaliser l'artiste graveur d'origine française James Guitet ? À défaut d'être jamais nommée elle-même, son canton natal dont elle a eu si honte à une certaine époque se trouve comme racheté par ce livre somptueux.

À la fin juin, Gaston va la chercher et la ramène à Montréal pour qu'elle subisse des examens de routine à l'Hôtel-Dieu. Le diagnostic tombe dru : on a détecté une récidive du cancer et on devra l'opérer encore une fois. Pourtant, comme son fils, Jeanne est une femme *debout*, qui n'a jamais cessé de faire front : une semaine avant son opération, elle gardait Emmanuelle ! Mais l'intervention, qui a lieu à l'hôpital de Saint-Jérôme le jeudi 14 juillet, connaît des complications graves, pendant que Miron vaque à ses affaires à Montréal. Appelé de toute urgence, il accourt au chevet de sa mère déjà agonisante. Jeanne Raymond, dit Michauville, s'éteint vers midi, le jeudi 15 juillet ; elle aurait eu soixante-quatorze ans trois semaines plus tard. À ses funérailles le mardi suivant, dans le cercle de la famille, Miron est accompagné de Sandrine Berthiaume et de son amie Aline Robitaille. Cet été-là, il emmène Sandrine voir la maison natale de sa mère à Saint-Agricole, devenu à son grand regret Val-des-Lacs. Le pays de l'Archambault vient d'entrer un peu plus dans l'espace mythique de la mémoire.

*   *   *

Quatre mois avant le décès de Jeanne, jour pour jour, une autre mort a eu un retentissement public autrement important. À Montréal, le 15 mars, sous un soleil radieux, un coup de feu a retenti dans les jardins du collège Villa-Maria : Hubert Aquin venait de s'y donner la mort. Presque au même moment, le « Manifeste des quatre » qu'il avait signé avec Miron, Michèle Lalonde et Pierre Vadeboncœur paraissait à Paris dans la revue *Change* de Jean-Pierre Faye[24]. Le manifeste refusait la minorisation croissante du Québec au sein du Canada fédéral, il lançait un plaidoyer pour l'« émancipation [...] d'une société développée[25] » et ouverte sur le monde, et il annonçait un progrès à venir, l'espoir d'une libération. Mais pour Aquin, selon qui le thème de l'échec était l'emblème du destin canadien-français, il n'était plus temps d'espérer. « Me suicider partout et sans relâche, c'est ma mission », lançait le narrateur de *Prochain Épisode*. L'ultime tâche était donc accomplie, comme le point final à un roman longuement médité.

*   *   *

1977 : année de mort, année d'amour. Une fois encore, les contrastes violents, la vie qui prend plaisir à se contredire, à donner en même temps le pire et le meilleur. Le meilleur, c'est Sandrine, la femme qui vient combler, contre toute attente, la promesse du « couple ininterrompu[26] » énoncée dans *L'Amour et le militant* : un homme et une femme, sans doute, mais aussi, à travers eux, le mariage tant souhaité de « L'Amour la poésie », ce titre d'Éluard qu'a célébré le jeune Miron et qu'il va citer dans une lettre à Sandrine du printemps 1980, au moment où il publie *Femme sans fin* dans la revue *Possibles*[27].

Tout commence sur « le banc du parc en juillet », auquel fait référence la « Dédicace » de *Femme sans fin* à Sandrine Berthiaume : une rencontre sans lendemain par un bel après-midi de l'été 1976, près de l'aire de jeux pour enfants aménagée autour de la fontaine désaffectée du carré Saint-Louis. Emmanuelle, ce jour-là, s'amuse dans les manèges sous le regard flâneur de son père. Sandrine, qui vit à l'époque près du parc La Fontaine, est venue se promener dans le quartier avec son fils de cinq ans et demi. Pendant qu'Emmanuelle et Jean-Patrick s'adonnent à leurs jeux, Miron entame la conversation avec la jeune mère assise sur un banc : elle est jolie, distinguée, a étudié en psychosociologie à l'UQAM et est recherchiste à la pige pour diverses institutions : les universités, Radio-Canada, le ministère de l'Éducation. Sans doute causent-ils aussi de littérature, mais il ne se passe rien de plus, et ils repartent, chacun avec son enfant, sans se laisser d'adresse.

Miron, à l'époque, n'est pas loin du renoncement définitif à l'amour. Au tournant de 1975-1976, après un long désert, il a connu une nouvelle relation éphémère avec une certaine Johanne : c'est sans doute cet amour avorté qui lui a fait écrire, à la suite de *Courtepointes*, *La Fin du passé*, un court poème qui, avant la mort d'Hubert Aquin et de Jeanne, orchestre sombrement de tout autres funérailles, celles de « l'amour la poésie » dont le poète semble bel et bien résolu à faire son deuil.

> Le temps de son corps fut bref.
>
> Et la femme n'a pas existé
> avec son beau corps de rupture
> dans mes bras d'espérance
> déjà son corps d'oubli.
>
> Enterrez le corps de poésie
> mon cadavre d'amour en automne
> dans le corps de la terre
> près du dernier écriteau
> où flageole une lumière brûlée[28].

Miron n'a sans doute jamais écrit, et avec une telle redondance, un poème sur l'amour qui tienne autant de l'inhumation et du testament. Un autre poème bref sans doute écrit dans le même état de défaite, *Le Mémorable*, justifie ce ton funèbre :

> Mais il n'y avait personne en toi amour
> il y avait toujours ce qu'il y eut
> le froid, la fêlure, le bout du monde[29]

N'est-ce pas le Miron de toujours, celui d'Isabelle, de Rose Marie et de tant d'autres, l'homme si semblable à « ces pays seuls avec eux-mêmes », à jamais privés de la chaleur du soleil ? « Un jour il y aura quelqu'un en toi amour », conclut pourtant le poème : après l'enterrement, l'hypothèse improbable d'une résurrection…

Or, un soir de l'hiver suivant, Miron entre par hasard dans un bar de la petite rue Émery, à deux pas du clocher de Saint-Jacques. Parmi un groupe attablé, il reconnaît tout de suite la jeune femme rencontrée au carré Saint-Louis l'été précédent. Il s'approche et fait un bout de conversation, mais cette fois, avant de repartir, il lui glisse un petit bout de papier dans la main : « Gaston, 278 Carré, 288-4774. Ne m'oublie pas trop. » Ni l'un ni l'autre, chose certaine, n'oubliera la date de ces retrouvailles : 23 février 1977, mercredi des Cendres.

Peu après cette rencontre, Miron publie une petite suite de cinq poèmes, *La Troisième Saison ou le premier printemps* dans le numéro de mars de la jeune revue *Estuaire*, fondée l'année précédente à Québec par ses amis Jean Royer et Pierre Morency. Le fait que cette suite, outre *La Fin du passé* et *Le Mémorable*, comprenne un poème qui a pour titre *Sandrine* et un autre, *Le Non verbal*, dédié « à S., qui m'érotise », ne va pas sans poser problème. Une revue ne se prépare pas en quelques jours : il faut la composer, corriger les épreuves, la faire imprimer. Le titre et la dédicace ont-ils été ajoutés *in extremis* à des poèmes déjà écrits (et qui, d'ailleurs, ne mentionnent nulle part une jeune femme précise) ? Ce ne serait pas la première fois que Miron recycle des poèmes d'amour… Quoi qu'il en soit, l'inscription précipitée de Sandrine est éloquente : après le sinistre enterrement du « cadavre d'amour », une résurrection est en vue.

*   *   *

La passion de Miron pour Sandrine Berthiaume ne ressemble à aucune autre jusque-là dans sa vie. D'abord parce que le couple s'inscrit dans une relation à quatre, les deux enfants sensiblement du même âge y occupant d'emblée une place majeure. Contre tout espoir, et plutôt tardivement, c'est la « vraie » famille enfin réalisée, dans la vie quotidienne, les jeux partagés, les voyages. Surtout, si seize ans séparent Miron de Sandrine, celle-ci est à trente-trois ans une femme mûre, dont l'« équilibre remarquable » a été constaté par ses professeurs de l'UQAM[30]. Rien de commun entre Sandrine et les femmes souvent instables ou carrément perturbées, Denise Jodorowsky, Camille et, bien sûr, Ghislaine Duguay, sur lesquelles Miron semble avoir jeté son dévolu comme à plaisir depuis les années 1960.

Toujours à l'affût des augures, avide d'échapper au « maudit raque de destine » de *La Batèche*, il découvre avec une émotion naïve que sa nouvelle amoureuse est née un 21 août sous le signe astrologique du Lion, avec un ascendant Gémeaux, conjuguant ainsi le signe de sa mère Jeanne, née un 5 août, et celui de son père Charles-Auguste, né un 1er juin. Assurément, cela doit signifier quelque chose ! Mais l'essentiel, comme il le lui écrit au mois d'octobre suivant, c'est « la certitude absolue de la réciprocité de l'amour entre nous », et c'est aussi ce

> dont j'ai toujours rêvé et ai été empêché et qu'on veut se donner : être ensemble, faire des choses ensemble, lire, écouter de la musique, acquérir des objets aimés, ta présence d'une pièce à l'autre, travailler ensemble, etc. — et que ce soit doux, intense, plénier[31].

Y a-t-il un mot plus doux à ses oreilles que celui-là et qu'il voudrait répéter à l'infini : *ensemble* ? À l'époque ancienne de *La Légende d'Isabelle*, il ne pouvait concevoir une telle réunion que dans l'image de ces gisants médiévaux admirée par Jacques Brault : « nous serons tous deux allongés comme un couple / enfin heureux dans la mémoire de mes poèmes[32] ». Puis il y a eu l'époque de *L'Amour et le militant*, où il s'imaginait toucher avec Denise ce point de parfaite harmonie : « ce que je veux te dire, nous sommes ensemble / la flûte de tes passages, le son de ton être[33] ». Mais cette bienheureuse musique des profondeurs s'était tue peu après.

Avec Sandrine au contraire, tout indique que la durée la plus intense s'établit dans un quotidien partagé. À partir de la fin de l'hiver 1977, on voit la jeune femme accompagner Miron partout : à un spectacle de Georges Dor, aux lancements de Clémence DesRochers et de l'Hexagone, à celui du psychanalyste Julien Bigras qui publie *L'Enfant dans le grenier*, offert par Miron en cadeau à son amoureuse avec cette dédicace : « À S., ma femme debout dans mon cœur. » On la voit aussi à la Galerie Saint-Denis, quand est lancé à la mi-mai le livre d'artiste de James Guitet qui donne toute son ampleur à *Courtepointes*.

C'est un amour très concret, très érotique, au diapason de la littérature et de l'art : avec Sandrine, Miron est un peu Éluard, un peu Pétrarque — tandis qu'elle est Gala, Laure ou encore Louise Labé, qui a su chanter l'amour physique et plaider pour l'éducation des femmes en pleine Renaissance. Le couple communie à Mozart et à Vivaldi, il se reconnaît chez les peintres, Picasso et surtout Chagall, dont Sandrine a des reproductions laminées chez elle, rue de l'Épée à Outremont, où elle vient d'emménager avec son fils après avoir quitté le parc La Fontaine. Tout communique, tout signifie, et dans *Femme sans fin*, on retrouvera quelque chose des jeunes mariés en apesanteur du peintre d'origine russe : « ainsi éloignés malgré moi nous reposons / aériens comme en Chagall et de tout temps[34] ». C'est une autre éternité, moins lourde et funéraire que celle des gisants.

Le plus beau, c'est que cela se passe dans la vraie vie, et qu'il n'y a pas d'hiatus entre l'intimité ardemment partagée et la vie sociale, l'immense réseau d'amitiés que Miron n'a cessé d'élargir au fil des années. C'est un feu roulant, les visites chez les amis poètes, Giguère ou Hénault, les soirées chez Aline Robitaille, boulevard Saint-Joseph ou à son chalet de Sainte-Adèle, avec Gilles Cyr et Jean Royer. On voit beaucoup Michèle Lalonde, et à la fête de la Saint-Jean, rue Bloomfield à Outremont, Miron renoue avec le plaisir d'animer des danses carrées et de chanter le folklore québécois. Les enfants, Emmanuelle et Jean-Patrick, surnommé « Papy », y trouvent leur profit : on passe des journées à La Ronde, au Parc Safari de Hemmingford, au zoo de Granby. Les partys très animés chez Gérald Godin et Pauline Julien, à la campagne, peuvent surprendre : un jour d'été que Miron a décidé d'emmener en voiture la famille à North Hatley, on découvre en arrivant que presque tout le monde est nu au bord de la piscine. Embarrassés en présence des jeunes enfants, Miron et Sandrine vont s'en tenir pudiquement au maillot de bain… Quelques semaines plus tard, le petit Jean-Patrick a la surprise de reconnaître à la télévision le même monsieur qu'il a vu en tenue d'Adam, mais vêtu cette fois d'un complet-cravate et identifié comme député à l'Assemblée nationale… Victorieux contre Robert Bourassa dans le comté de Mercier en novembre 1976, l'hôte très déluré de North Hatley vient en effet d'entreprendre une carrière politique et, d'abord adjoint parlementaire, il sera bientôt nommé ministre. Entre-temps, sur la recommandation de Miron, c'est Gaëtan Dostie qui prend la succession aux Éditions Parti pris.

*   *   *

L'amour retrouvé et avec lui la vie de famille : un peu plus, ce serait le parfait bonheur ! Mais si la mort de Jeanne Michauville vient assombrir le milieu de l'été 1977, une autre ombre plane, plutôt féroce, sur les environs du carré Saint-Louis : celle de Ghislaine Duguay. Avec le temps, depuis le psychodrame de 1971 et malgré des inquiétudes constantes, Miron s'est résigné à sa présence intermittente, entre les séjours répétés qu'elle fait à l'hôpital psychiatrique Louis-H. Lafontaine. Qu'il cherche à éviter de nouvelles crises, la preuve en est qu'il laisse Ghislaine toucher l'allocation mensuelle pour enfant versée par le gouvernement québécois, alors qu'à l'évidence c'est lui qui subvient aux besoins d'Emmanuelle ! « Je veux bien être généreux, naïf, "poisson", mais pas au point de devenir débonnaire et masochiste[35] ! » lui a-t-il écrit à l'époque où elle réclamait la garde de leur fille. C'était davantage un aveu qu'une dénégation… Peu importe : toute mesure d'apaisement devient caduque à partir du moment où Ghislaine, logeant la rue de Mentana au printemps 1977, constate qu'il y a une femme dans la vie de Gaston et que celle-ci lui fait des visites régulières. Avec lui comme avec sa fille, Ghislaine a toujours oscillé entre l'amour et la répulsion, la possession et le rejet. Cette fois, à la vue de cette séduisante jeune femme dont il est sûrement amoureux, elle se déchaîne. En quelques semaines, les actes de vandalisme se multiplient contre la voiture de Miron et celle de Sandrine : essuie-glaces arrachés, plaques minéralogiques volées, feu de papier et de branchages allumé sous la voiture de Sandrine. Des cailloux sont lancés contre la porte d'entrée, mais le plus grave survient lorsqu'une pierre fracasse la vitre du salon et atterrit dans la pièce, heureusement sans blesser personne.

Ce devrait être la pure saison de la « femme éternité », mais Miron doit s'adonner à la tâche mesquine de consigner dans les moindres détails les méfaits et les témoignages de ses voisins, afin d'étoffer le dossier pour son avocat. Dans une lettre adressée à la cour municipale, un psychiatre atteste que Ghislaine Duguay est gravement malade et qu'elle peut perdre le contact avec la réalité[36]. Entre-temps, un jugement de la Cour supérieure, prononcé le 6 juillet, rend officielle la garde exclusive d'Emmanuelle par son père et interdit à la mère toute visite en l'absence d'un adulte. Ghislaine se trouve-t-elle de nouveau internée après ces événements ? Difficile de le confirmer. Ce qui est clair, c'est qu'il ne saurait y avoir de solution juridique à ce drame humain : « Les larmes des femmes attirent le feu céleste sur ceux qui les font couler[37] », annonce Ghislaine dans un message envoyé à Miron à la fin juillet. Ce n'est pas de la littérature : violences, menaces, lettres hargneuses, ce « feu céleste » n'a pas fini de tomber sur Miron et sur Emmanuelle.

On respire mieux loin de Montréal, en cet été torride. Avec Sandrine et les enfants, Miron part en voyage au Québec, dans Charlevoix où la famille rend visite à Pierre Perrault et à Yolande Simard à Baie-Saint-Paul, puis, en août, jusqu'à Rivière-au-Tonnerre, sur la Côte-Nord. Si on oublie Ghislaine, c'est une période de belles espérances où même la réalité politique semble en harmonie avec l'amour humain et où le pays semble plus que jamais habitable. Voyager le long du fleuve tant célébré par Perrault, c'est comme un retour aux sources, scandé par des arrêts rituels chez d'autres amis poètes : Gatien Lapointe et Alphonse Piché à Trois-Rivières, Cécile Cloutier à Neuville, au bord du chemin du Roy, puis Pierre Morency à l'île d'Orléans. Le point de chute à Rivière-au-Tonnerre se trouve chez des amis de Pierre Perrault, le couple Verreault, grands connaisseurs en folklore chez qui le cinéaste d'*Un pays sans bon sens* se documente à l'époque pour une grande enquête anthropologique qu'il mène sur le fleuve. Il y aura une seconde visite à Rivière-au-Tonnerre l'été suivant, avec Sandrine et les enfants, un séjour dont Perrault va conserver un enregistrement sonore. Au cours d'un long échange, Miron chante une bonne partie de son répertoire de folklore : *Isabeau s'y promène*, apprise de sa mère, ainsi que plusieurs chansons de drave, surtout la *Complainte de la Gatineau* dont *La Batèche*, explique-t-il, a retenu un beau mot : « C'est icitte qu'est la destine / qu'il faut bâtir mon enfant ». La *destine* : éloquent mariage du destin et de la destination : comment ne pas penser que, cette fois, le mot a changé de couleur et que le *damned Canuck* est bel et bien parvenu à bon port ? Plus que *rapaillé* : réconcilié, « collant au réel » comme jamais son vieil ami Olivier Marchand n'aurait pu l'imaginer : femme, famille et pays, amour et poésie, paroles et musique. À Rivière-au-Tonnerre, ce jour-là, son harmonica résonne avec moins de mélancolie que dans les longues soirées de solitude qu'il a connues au carré Saint-Louis. D'ailleurs, il joue mieux, raconte-t-il à Perrault et à ses amis, depuis qu'un certain Ti-Jean Lacasse, un antiquaire de la rue Laurier rencontré à North Hatley chez Pauline Julien et Gérald Godin, un virtuose de l'harmonica, lui a enseigné à utiliser sa langue et ses mains, autant que son souffle, pour faire vibrer ses mélodies.

Afin d'éviter le plus possible le carré Saint-Louis en attendant des jours plus paisibles, Miron et Sandrine louent un chalet à Val-David au cours de l'automne et de l'hiver, ce qui permet au nid familial de se resserrer un peu plus. Pour la première fois de sa vie, Miron se trouve dans la position d'un vrai père de famille, heureux de la présence de « Papy » qu'il aime comme un fils et avec qui il entretient une complicité masculine dont Emmanuelle est parfois jalouse. C'est l'arrivée de la saison froide dans les Laurentides, les promenades en forêt, les soirées à causer et à régler les problèmes familiaux devant le feu de foyer, le plaisir d'aller en ski de fond ou, à l'approche de Noël, de partir en traîneau pour aller scier et rapporter un sapin — sans compter les visites chez René Derouin, dans la maison familiale qu'il a lui-même construite, adossée à une vallée boisée où dorment, dans « les siècles de l'hiver », les grands rocs précambriens.

Avec Sandrine est revenu le goût de la poésie. Miron écrit *Polyphonie pour nous* le 23 octobre, « pour nos huit mois ». Ce sont des fragments d'« amour vrai » qui veulent embrasser « la durée de nous deux » et un vaste espace conjuguant ciel et terre. S'est-il souvenu de la remarque de Jacques Brault qui constatait, dans « Miron le magnifique », la domination totale du point de vue de l'homme sur la femme dans *La Marche à l'amour* ? Maintenant, il voudrait donner la parole à Sandrine, il songe à un poème dialogué :

> Lui : il y a en moi quelque chose
> de plus grand que moi
> [...]
> Elle : il y a en nous quelque chose
> de plus grand que nous[38]

Ce sont des ébauches parfois naïves et maladroites, mais des images naissent, « la prairie charnelle », « la rosée sexuelle », d'autres encore qui trouveront leur place dans *Femme sans fin*.

Plus tard, il écrira : « J'aurai 50 ans jusqu'à la fin de ma vie[39] ! » Pour souligner ce 8 janvier, Jean-Guy Pilon organise dans sa grande maison de Notre-Dame-de-Grâce une fête pour son compagnon de route. Hiver 1978 : le demi-siècle de l'homme, bientôt les vingt-cinq ans de l'Hexagone, sous le signe de l'amour et de la maturité enfin atteinte. La crise de l'été précédent semble oubliée, c'est un moment parfait pour arrêter le temps : « plénitude de l'éternité », disait le poème d'octobre à Sandrine. Mais la voix de l'amoureux Miron n'est jamais seule : « Ce que j'ai à dire, comme d'habitude, ne concerne [...] pas l'éternel mais le présent, voire l'actualité », va objecter la voix du militant, dans son discours de réception du prix Duvernay que lui décerne en février la Société Saint-Jean-Baptiste. On est sans doute loin du prix Nobel suggéré par André Major quelques mois plus tôt dans une lettre à l'Académie de Stockholm publiée par la revue *Forces*[40]. À l'époque, plusieurs pensent plutôt que c'est Gabrielle Roy, voire Anne Hébert, qu'il conviendrait de proposer au jury suédois. En tout état de cause, le prix Duvernay, c'est le retour à l'histoire et à la sphère nationales, un retour auquel l'interminable discours de présentation de Pierre Perrault donne une tournure teintée de passéisme : dans son acharnement à défendre Miron contre les fils déchus, « américanisés », qui « réfutent sa paternité », le cinéaste et poète en vient à se réclamer de « la race » contre « une vision du monde importée[41] ». « La race » ! Et comme si cela ne suffisait pas, barricadée contre les influences étrangères ! On croirait retourner un demi-siècle en arrière — Perrault semblant oublier que son ami ne craint pas de publier à l'Hexagone les Lucien Francœur et autres consommateurs de valeurs « importées ». Miron, soudain confondu avec Félix-Antoine Savard, demeure imperturbable et se contente de présenter son habituel plaidoyer fervent pour l'indépendance.

Entre l'éternité amoureuse et le temps historique, la tension demeure. De toute façon, si les amours avec Sandrine peuvent connaître quelques nuages, le couple se montre apte à les traverser et la famille passera tout un été heureux dans un autre chalet, cette fois au lac des Becs-Scies à Saint-Sauveur, entrecoupé par le second voyage à Rivière-au-Tonnerre, où l'on retrouve Perrault, et, en août, par des vacances vers les plages de Cape Cod, au sud de Boston.

*   *   *

La dévastation promise par Ghislaine va-t-elle se produire ? Comme toujours, Miron manifeste une extraordinaire aptitude à faire diversion, à enfouir ses angoisses au fond de lui-même tout en n'affichant que fougue et énergie sur la scène publique. Sa vie d'éditeur est plus intense que jamais et son engagement politique s'enracine désormais dans une réalité pleine de promesses. Dans l'immédiat, l'adoption en 1977 de la Charte de la langue française, une loi que Miron et ses camarades appelaient de tous leurs vœux depuis au moins quinze ans, est une source de grande satisfaction :

l'époque de « l'aliénation délirante » paraît bien révolue, maintenant
que le français affirme son statut de langue commune et de langue
d'enseignement pour tous les enfants d'immigrants.

Toutefois, par un curieux paradoxe, la langue anglaise aura
rarement été aussi présente dans la vie de Miron qu'à la fin des
années 1970. Sans doute ne s'agit-il plus de la langue de travail
qu'on lui braquait sous le nez à chacune de ses demandes d'emploi
dans les années 1950. Cela n'a rien à voir non plus avec les grands
débats linguistiques et la critique implacable du bilinguisme qu'ont
développée ses textes parus dans *Parti pris* et dans *Maintenant*.
L'ironie de cette fréquentation de « l'autre langue » est néanmoins
accrue par le fait que Miron, dans ses essais linguistiques, dépeint
volontiers l'anglais affiché, public, comme une langue hostile, conta-
minatrice — et la traduction comme une sorte de virus dont le
psychisme québécois doit se purger afin de retrouver son intégrité,
voire son « homogénéité ». Rien de commun avec les positions de son
ami Jacques Brault, qui explore les vertus du « décentrement » et de
« l'étrangeté » dans *Poèmes des quatre côtés*, consacré à la traduction
poétique[42].

Un écrivain majeur peut-il se priver de la traduction ? Miron sait
très bien que la traduction littéraire est une autre question que celle
qu'impose au français québécois le contexte du bilinguisme. D'ailleurs,
tout au long des années 1960 et 1970, il a commencé à être traduit
dans d'autres langues, bien que le seul recueil entier de ses poèmes
demeure, jusqu'en 1980, celui d'Angelo Bellettato, qui a rassemblé
dans une plaquette ses traductions italiennes de *La Marche à l'amour*
et de *L'Amour et le militant*, en 1972. Ailleurs, des traductions éparses
et peu nombreuses existent déjà : *Les Siècles de l'hiver* ont paru en
arabe dans la revue *Shir* du poète Adonis, à Beyrouth, dès 1963, et
des auteurs canadiens d'origine ukrainienne ont traduit des extraits
des *Notes sur le non-poème et le poème* et des pièces de *L'Homme
rapaillé* dans une anthologie bilingue parue aux Éditions du Jour en
1972[43]. Il reste que c'est surtout en langue anglaise que les traductions
éparses de Miron se multiplient au cours des années 1970, à la faveur
de l'intérêt que plusieurs poètes canadiens-anglais, dans le sillage de
Frank Scott et de John Glassco, traducteur de Saint-Denys Garneau,
nourrissent depuis deux décennies au moins à l'égard de la poésie
du Québec. À la fin des années 1960, un groupe de Sherbrooke et
de North Hatley, comprenant Joseph Bonenfant et Richard Giguère,

Doug Jones, sa compagne de l'époque Sheila Fischman, auxquels s'est joint un professeur de l'Université de Montréal, Philip Stratford, ont créé la revue de traduction *Ellipse* consacrée aux poètes québécois et canadiens. Le numéro de l'automne 1970, coïncidant avec la crise d'Octobre, réunissait une sélection importante des poèmes de Miron et du poète ontarien Raymond Souster, fasciné et inspiré dès les origines par l'aventure des Éditions de l'Hexagone[44].

Le numéro d'*Ellipse* sur Miron n'est pas passé inaperçu au Canada anglais. Un jeune poète-éditeur de Toronto, devenu en quelques années une figure clé du renouveau de la littérature canadienne après avoir créé sa propre maison d'édition, retient au détour d'une page ces deux vers : « je n'ai jamais voyagé / vers autre pays que toi mon pays ». Pour Dennis Lee, fondateur de House of Anansi, c'est une révélation : voici un poète du Québec qui a trouvé sa « cadence », c'est-à-dire son langage et son rythme, son horizon et son lieu. Cette quête du pays à partir d'un état de dépossession, c'est exactement ce que doivent mettre en œuvre les poètes du Canada, un pays qui, aux yeux de Lee, est demeuré culturellement soumis à une double condition coloniale, à l'égard de la Grande-Bretagne et des États-Unis. C'est cette aliénation, ce manque de réalité et de langage que Lee lui-même a commencé à explorer dans la première version d'un grand poème national, *Civil Elegies*, paru en 1968. La lecture de Miron et de l'essai de Georges-André Vachon traduit dans le même numéro d'*Ellipse* confirme toutes ses intuitions, et Lee donne en 1972 une nouvelle version de ses *Élégies* qui lui valent le prix du Gouverneur général.

Ce qu'ignore le poète-éditeur torontois, c'est que, de son côté, Miron vient de tomber sur une anthologie de la poésie canadienne-anglaise où il a découvert un extrait des *Civil Elegies* de Lee qu'il a tout de suite admirées. À North Hatley, où il côtoie de temps à autre le groupe proche de la revue *Ellipse* dans des soirées chez Roland Giguère, Miron croise Sheila Fischman, qui s'apprête à devenir la plus importante médiatrice entre la littérature québécoise et le Canada anglais, comme traductrice des Michel Tremblay, Marie-Claire Blais, Yves Beauchemin et d'innombrables autres romanciers. Un soir, chez Giguère, Miron se précipite vers elle en brandissant l'anthologie pour savoir qui est ce poète canadien avec lequel il éprouve de si profondes affinités et dont il peut très bien lire à haute voix quelques vers, lui qui s'est toujours fait un point d'honneur de se prétendre incompétent dans la langue de Shakespeare !

Miron et Lee auraient dû faire connaissance dès la Rencontre des écrivains de 1972 sur « L'écriture et l'errance », à laquelle le groupe de *Liberté* a invité le poète de Toronto. Mais en ce mois d'octobre, Miron était tout absorbé par sa campagne électorale comme candidat du Parti Rhinocéros et, pour une rare fois, on ne l'a pas vu participer aux échanges. Il n'empêche que les deux hommes se sont déjà rencontrés en poésie et que bientôt va germer le projet d'une traduction des *Civil Elegies*, entreprise par Marc Lebel, un étudiant de D. G. Jones et de Ronald Sutherland au Département d'anglais de l'Université de Sherbrooke. Mis en contact avec Lebel, Miron voit dans ce projet l'occasion d'ouvrir les Éditions de l'Hexagone à la poésie en traduction, que ce soit à partir de l'anglais ou d'autres langues. Entre 1975 et 1979, il a de nombreuses séances de travail en duo avec Lebel, et parfois en présence de Lee que Sheila Fischman lui a finalement présenté au carré Saint-Louis, en 1977. Lee, peu à l'aise en français et terrorisé à l'idée de se trouver en présence d'un farouche indépendantiste québécois qui va sans doute lui faire payer le prix de la victoire anglaise aux plaines d'Abraham, se retrouve au contraire devant un homme affable, chaleureux, dépourvu d'hostilité, qui le tutoie d'emblée et le traite comme un frère en poésie.

Sous de tels auspices, la traduction et la publication des *Élégies civiles* auraient dû être une aventure heureuse. Mais pour Lee du moins, l'expérience va tourner au supplice. C'est d'abord que Marc Lebel n'est pas poète, ce qui représente d'emblée un handicap sérieux, aggravé par le fait que, bilingue intégral, il n'a pas l'oreille la plus juste pour le français. Mais la présence de Miron n'arrange rien : Lee découvre avec consternation que le poète qu'il aime et admire est obsédé par la correction linguistique, alors même que les *Élégies* prennent des libertés avec l'anglais standard et revendiquent un langage enraciné dans l'expérience canadienne. Peut-on les traduire en vérifiant chaque mot dans le dictionnaire *Robert* et en soupçonnant chaque tournure d'être un calque de l'anglais ? On dirait que toutes les hantises de Miron au sujet du « traduidu » refont surface ! Dans ces conditions, on ne s'étonne pas que les *Élégies civiles* parues à l'Hexagone en 1980 parviennent mal à reproduire l'admirable phrasé des amples méditations de Lee et semblent prises dans un corset linguistique. Comble de malheur, le livre va sortir des Presses Élite deux mois avant le référendum sur la souveraineté du 20 mai 1980, assez pour lui assurer un enterrement de première classe[45]. Quant à la collection « En tous lieux », que dirige Michel Beaulieu et dont les *Élégies civiles* se veulent le coup d'envoi, elle sera tuée dans l'œuf par Alain Horic, de plus en plus seul maître à bord de l'Hexagone et convaincu que la mission exclusive de la maison est de soutenir la littérature québécoise…

Durant la même période, Miron se trouve associé, mais dans le rôle inverse, à une autre expérience de traduction. Un étudiant de Philip Stratford à l'Université de Montréal, Marc Plourde, anglophone malgré son nom et lui-même poète, entreprend en effet de traduire, dans le cadre de sa maîtrise, un choix de poèmes de *L'Homme rapaillé*. C'est ainsi que, au terme de plusieurs séances de travail à la fin des années 1970, *The Agonized Life* va paraître chez un éditeur montréalais en 1980[46] : pour la première fois, un recueil entier de Miron paraît en anglais, incluant toute *La Vie agonique*, de nombreux poèmes des autres sections de *L'Homme rapaillé* à l'exception des cycles amoureux, ainsi que l'essai de 1965, *Un long chemin*. Dans le court entretien joint au recueil par le traducteur, Miron s'affiche comme « l'anthropoète » pour qui l'idéal d'un socialisme démocratique au Québec est indissociable de l'accès à sa pleine souveraineté. Quelques années plus tard, Plourde collaborera avec Doug Jones pour présenter le même choix de poèmes aux Éditions Guernica sous un nouveau titre, *Embers and Earth*, intégrant cette fois la traduction de *La Marche à l'amour* par Jones[47].

L'américanité dont s'est souvent réclamé Miron ne s'est jamais appuyée sur des affinités poétiques et culturelles particulières avec l'Amérique anglo-saxonne. S'il fait deux courts voyages au Canada anglais, à Toronto et à Vancouver, dans la seconde moitié des années 1970, ce sont surtout deux invitations mémorables aux États-Unis qui le mettent en contact avec le tout-puissant empire du Sud, ce « troisième cercle » qu'il aime tracer au tableau noir pour décrire l'hégémonie de l'impérialisme américain sur le Québec et le Canada.

Si Pittsburgh n'apparaît pas, à première vue, comme une destination culturelle évidente, c'est dans cette grande ville industrielle de la Pennsylvanie, capitale américaine de l'acier, que Miron offre une prestation remarquée, à l'occasion de la remise du prix de l'International Poetry Forum à Paul-Marie Lapointe, en décembre 1976 — un prix qu'il recevra à son tour dix ans plus tard. Fondé et dirigé par un professeur de l'Université Duquesne, Samuel Hazo, un Américain d'ascendance libanaise et lui-même poète, cet organisme de prestige financé par des donateurs privés accueille depuis le milieu des années 1960 les plus grands poètes des États-Unis, dont W. H. Auden, Robert Lowell et Denise Levertov ; de futurs Prix Nobel comme Czeslaw Milosz, Joseph Brodsky et Seamus Heaney y seront également invités. En 1975, Hazo contacte Naïm Kattan au Conseil des Arts du Canada afin qu'il lui suggère des noms de poètes canadiens de langue française dignes d'obtenir le prix annuel offert par le forum. Anne Hébert est le premier choix de Kattan, mais les membres du jury réunis à Pittsburgh écartent cette proposition : certes, à la lecture, l'auteure du *Tombeau des rois* leur semble une cousine très estimable d'Emily Dickinson, mais on voudrait couronner un poète aux accents plus contemporains. Finalement, Kattan oriente le directeur du forum vers Miron, qui s'empresse de proposer Paul-Marie Lapointe. Comme la remise du prix est assortie de la publication d'un choix de poèmes du lauréat, le nom de Doug Jones s'est tout de suite imposé comme traducteur : publié par les Presses de l'Université de Pittsburgh, *The Terror of the Snows* propose, dans une édition très soignée, un choix de tous les recueils de Lapointe, du *Vierge incendié* aux *Tableaux de l'amoureuse*[48]. Entre-temps, Hazo rend visite à Miron au carré Saint-Louis au cours de l'été 1975 et les deux hommes fraternisent, s'entendant sur l'idée d'une littérature « natale » qui ne soit pas le simple écho d'une autre culture (« *a literature that is* native *to the country* », comme Hazo l'exprime dans une lettre adressée à Miron à la suite de leur rencontre à Montréal[49]).

Miron fait le voyage en avion le 7 décembre avec Jones, Lapointe et Gisèle Verreault. La comédienne Geneviève Bujold, vedette du film *Kamouraska* de Claude Jutra et devenue une star à Hollywood, a été pressentie pour lire à Pittsburgh les poèmes de Lapointe, mais un tournage imprévu l'a obligée à se désister. La cérémonie du lendemain ne manque quand même pas de piquant. Les poètes et les artistes ne fréquentent guère en général les milieux de la haute finance et de l'industrie. Or, au banquet offert par le consul canadien venu de Philadelphie, Miron et ses amis québécois se retrouvent attablés parmi des magnats de l'acier, des présidents d'entreprises minières, des banquiers fumant le cigare, des industriels tel le sénateur républicain John Heinz, propriétaire de l'entreprise du même nom. Le choc culturel est total. Quand Lapointe informe son voisin de table qu'il est originaire du Lac-Saint-Jean, dans le « nord du Québec », l'Américain lui répond que sa compagnie est établie, justement, dans ce Québec nordique et que lui-même fait partie du conseil d'administration de la Quebec Cartier Mining…

Puis, vient la lecture publique au Carnegie Lecture Hall, dont l'enregistrement est conservé dans les archives de l'International Poetry Forum. Si Lapointe offre une interprétation « à la française » de ses poèmes, plutôt dramatique et emphatique, en compagnie de Jones qui lit sobrement les versions anglaises, Miron ne craint pas de jouer la carte de la couleur locale et, avant même de lire ses poèmes, il a déjà sorti de sa poche son harmonica pour jouer l'air de *La Bastringue* en tapant du pied : « *I want to sing an old song of Quebec because it is the atmosphere of my poetry* », enchaîne-t-il avec un gros accent pour entonner l'incontournable *Complainte de la Mauricie*. On ne peut nier qu'une telle performance crée une « atmosphère », mais est-ce tout à fait celle de sa poésie ? Heureusement qu'il a ses poèmes pour faire contrepoids au style des soirées folkloriques : *Les Siècles de l'hiver*, *La Marche à l'amour*, *Compagnon des Amériques*. Après de tels textes, *La Rose et l'œillet*, sa propre composition dans un style traditionnel, prend une autre couleur, poignante de simplicité — comme aussi l'air d'*Un Canadien errant* joué à l'harmonica spécialement pour Samuel Hazo, qui aime beaucoup cette vieille chanson du XIXᵉ siècle.

Chose certaine, le public est conquis, mais force est de constater que, sans intention maligne, Miron a volé la vedette au lauréat de la soirée. C'est d'ailleurs Miron que cite d'emblée le quotidien de Pittsburgh dans un compte rendu de l'événement, le lendemain : « Nous sommes le plus vieux peuple de l'Amérique, après les Indiens[50] », a-t-il lancé avec sa fougue habituelle, ce que la journaliste ne peut s'empêcher de corriger : il a oublié les Espagnols ! L'essentiel est l'affirmation contemporaine de l'identité québécoise et la lutte pour l'autonomie de ce qui n'est pour l'instant qu'une province. Lapointe, plus à l'aise en anglais que son ami éditeur, peut prendre le relais pour expliquer les enjeux de cette quête, mais il n'empêche que l'article se conclut non par un poème du lauréat, mais par la version anglaise complète de *Pour mon rapatriement* de Miron.

Une autre occasion de lecture publique aux États-Unis survient au printemps 1978. Cette fois, c'est The Academy of American Poets qui invite Miron, Jacques Brault et Robert Marteau à venir lire leurs poèmes au musée Guggenheim et à l'Université Columbia de New York, ainsi qu'à l'Université Stony Brook, sur Long Island, où enseigne Louis Simpson, dont Miron a fait la connaissance, on l'a vu, à la Rencontre des écrivains de 1974. La lecture à Columbia sera finalement annulée, mais deux semaines avant l'arrivée des poètes, le *New York Times* envoie un journaliste interviewer Miron à Montréal : clairement, ce sera lui la vedette, en tant que « voix poétique du nationalisme québécois[51] ». L'article publié le 2 avril porte presque exclusivement sur les raisons qui justifient selon Miron le soutien à l'indépendance. Un encadré, « *Miron's Creed in Verse* » (« Le credo de Miron en vers ») présente un extrait de *L'Octobre* comme un écho de la « violence nationaliste d'octobre 1970 ». L'anachronisme a la vie dure…

Pour Miron, qui n'a visité qu'une seule fois New York à la fin de l'été 1966, le plaisir de se retremper dans l'atmosphère effervescente de la métropole américaine, avec deux poètes qui comptent parmi ses amis les plus chers, se trouve accru par le bonheur de voyager avec Sandrine. Leur amour est alors au beau fixe et Miron a entrepris à l'époque de rassembler une « Anthologie pour elle », ensemble hétéroclite de poèmes et de textes en prose, incluant une épître de Louise Labé et plusieurs fragments de *Femme sans fin*, dédiés à « ma belle amour Sandrine, tant qu'Éternité durera[52] ». Le voyage ne va toutefois pas sans quelques ratés : la valise de Miron se retrouve en Floride avant qu'il ne puisse la récupérer à New York, et le lendemain de la lecture au Guggenheim, il se fait voler par pure négligence son imperméable dans un restaurant. Mais au célèbre musée de la 5e Avenue, le soir du 18 avril, dans une lecture à trois voix accompagnée par Louis Simpson, qui a traduit à l'avance les poèmes et peut aussi donner la version de *La Marche à l'amour* achevée par Doug Jones, des airs d'harmonica enveloppent de nouveau la poésie de rythmes ancestraux et d'une belle exubérance. Comme à Pittsburgh, le public enchanté applaudit à tout rompre. Après une journée libre qui permet au groupe une tournée des musées et une visite à la Délégation du Québec, on fait le trajet vers Stony Brook avec Louis Simpson, pour une autre prestation publique avant le retour à Montréal. Simpson, pour sa part, publiera un poème de Marteau et plusieurs poèmes extraits de *L'Homme rapaillé* et des *Courtepointes* dans l'importante *American Poetry Review* de Philadelphie, à l'hiver 1980[53], tout en insistant, dans sa notice de présentation, sur l'engagement politique de Miron et sur sa conviction que le processus conduisant à l'indépendance du Québec est irréversible.

*   *   *

Pourtant, cette fenêtre nord-américaine n'est guère destinée à s'agrandir pour Miron, même si, à la suite des traductions de son œuvre qui paraissent, il ne fait plus de doute que sa réputation dans les milieux poétiques du Canada anglais est établie. C'est qu'à partir de 1978 le poète-éditeur, qui a si souvent souhaité une conversion américaine de la littérature et de la poésie québécoises — en quoi il admire particulièrement Paul-Marie Lapointe —, amorce son retour vers une France qu'il a largement délaissée depuis 1968 et qui, plus qu'une destination, deviendra son port d'attache dans la dernière partie de sa vie.

Comme pour l'annoncer, quelques jours seulement après le retour de New York, il s'envole avec Pierre Perrault pour participer comme éditeur au Salon international du livre de Nice, un salon qu'il juge assez peu international mais où il retrouve des amis québécois, Victor-Lévy Beaulieu, Jean Royer, ainsi que des Français qu'il aime et fréquente depuis longtemps : Jean-Marie Domenach, Georges-Emmanuel et Sylvestre Clancier, le poète Robert Sabatier, et des collègues du milieu de l'édition : Robert Laffont, Jean-Marie Borzeix, sur le point de devenir directeur littéraire du Seuil. En l'absence de Sandrine, retenue à Montréal par son travail, Miron multiplie les cartes postales et les lettres à son amoureuse : « Ça fait du bien de se retrouver dans la blancheur des maisons et les toits rouges (j'avais oublié que j'aimais ça autant)[54] », lui écrit-il de Nice le 16 mai. Il redécouvre, dit-il, « une sensation de bien-être » et cette « lumière méditerranéenne » dans laquelle il a baigné, à Sète, à Collioure, près de Barcelone au cours de l'été 1960, et plus tard à Vence, chez les Gombrowicz. Il fait une excursion avec Perrault et les Clancier père et fils jusqu'à Tourrettes-sur-Loup, un village voisin de Nice où est établi depuis longtemps l'artiste Robert Roussil très estimé de Miron.

Si l'ancien délégué à la Foire de Francfort porte un jugement sévère sur la participation québécoise au Salon du livre qui, malgré la présence du ministre de la Culture Denis Vaugeois, manque « terriblement d'organisation », son bonheur est entier dans ses retrouvailles avec le vieux pays de France, tout le long de la remontée en voiture sur Paris avec Perrault et Jean Royer, à travers cette succession de paysages harmonieux et de hauts lieux de culture : le mont Ventoux, le Dauphiné, la Bourgogne, Vézelay où le trio s'arrête

quelques heures pour visiter la cathédrale. Seule déception : en passant
près de L'Isle-sur-la-Sorgue, on aurait pu aller saluer René Char, mais
comme jadis Gilles Marcotte, Perrault qui tenait le volant a opposé
à cette visite une fin de non-recevoir : « Vous et vos pèlerinages de
poètes… », a-t-il tranché sur un ton sarcastique. Miron, finalement,
ne rencontrera jamais le poète des *Matinaux*.

Mais rien ne peut remplacer Paris. Sitôt arrivé, il renoue avec
la boulimie de rencontres que lui fait toujours éprouver la capitale
française, une frénésie d'autant plus intense, cette fois, qu'il a des
années d'absence à rattraper. Revoir Pichette, Frénaud, Guillevic,
Faye, tant d'amis écrivains, éditeurs, journalistes, sans compter les
Québécois de passage toujours nombreux. Pour la première fois, il peut
aussi se joindre à ses confrères de l'Académie Mallarmé à l'occasion
de la remise du prix annuel qui a lieu à l'Hôtel de Massa : Guillevic
encore, mais aussi Pierre Oster, Jean Rousselot, Jean-Claude Renard,
Léopold Sédar Senghor et plusieurs autres. Si l'auteur de *L'Homme
rapaillé* doutait toujours de sa notoriété dans le milieu littéraire
français, les propositions qu'il reçoit de toutes parts se chargent de le
rassurer. Claude Roy, qui l'a déjà approché, lui rappelle que les Éditions
Gallimard sont prêtes à publier son livre dès qu'il le jugera bon. Alain
Bosquet lui fait la même proposition pour sa collection de poésie chez
Belfond. Bernard Delvaille, quant à lui, souhaiterait beaucoup faire un
« Miron » dans sa collection « Poètes d'aujourd'hui » chez Seghers.
Dans une lettre à Sandrine, Miron indique qu'il n'a encore écarté
aucune de ces propositions, toutes alléchantes. Cependant, il incline
vers une autre voie, ouverte dix-huit mois plus tôt par la lettre reçue
d'un éditeur français croisé dès les années 1960 à Francfort : « Je ne
sais si vous vous souvenez de moi, mais moi, je me rappelle bien le
seul sourire, la seule gentillesse jamais rencontrés à Francfort[55] », lui
confiait François Maspero, en ajoutant que son plus cher désir, jamais
exprimé, serait de publier *L'Homme rapaillé* dans sa maison d'édition
du Quartier latin.

Cette proposition chaleureuse reçue en 1976 a dû murir dans
l'esprit de Miron : peu après le 24 mai 1978, il prend rendez-vous avec
l'éditeur et, à la suite d'une courte réflexion, il décide de signer un
contrat pour la publication de son recueil dans la collection « Voix »,
la seule collection vraiment littéraire de Maspero. Fidèle à lui-même,
il choisit donc la voie la moins probable, car si l'éditeur parisien jouit
à l'époque d'une solide réputation, la poésie occupe une place très

marginale, pour ne pas dire infime, dans son catalogue. Les affinités politiques auront été déterminantes : c'est l'éditeur de gauche que Miron a élu, celui qui a publié toute la mouvance révolutionnaire allant de Frantz Fanon à Régis Debray en passant par Che Guevara, l'éditeur français des *Nègres blancs d'Amérique* de Pierre Vallières et de nombreux ouvrages sur la décolonisation et le socialisme — ce qui lui a valu, depuis la guerre d'Algérie, d'incessantes brimades et tentatives de censure de la part des autorités politiques. Quoi qu'il en soit, les dés sont jetés en vue de la parution à Paris de *L'Homme rapaillé*, attendue par un grand nombre. Certes, ce n'est pas demain que le livre sortira des presses, bien qu'une gestation de trois ans paraisse relativement courte à l'échelle de Miron !

Au-delà de la promesse du livre lui-même, ce séjour parisien de mai 1978 porte une autre signification de grande portée : ce qui s'esquisse, ce sont les quinze dernières années de sa vie, scandées par d'innombrables voyages et séjours en France et dans d'autres pays. L'Europe, le vaste monde enfin habités, et prêts à entendre la voix de Gaston Miron.

Le temps de quelques naufrages

Pour l'éditeur Miron, l'itinéraire a été long et souvent ardu depuis 1953, mais c'est maintenant l'heure des célébrations puisque l'Hexagone fête son quart de siècle : en 1978 pour la publication de *Deux Sangs*, en 1979 pour la création des « Matinaux ». L'hésitation sur l'année de la fondation de l'Hexagone ne s'est d'ailleurs pas complètement dissipée, comme l'illustre le propos de Louis Portugais au début de la série de cinq émissions que la chaîne culturelle de Radio-Canada consacre aux *Vingt-Cinq Ans de l'Hexagone*, en novembre 1978 : invité en tant que membre fondateur, Portugais se demande d'entrée de jeu si ce n'est pas en 1954 qu'a vraiment été fondée la maison d'édition.

Sollicité pour commenter ce double anniversaire, Gilles Marcotte souligne combien l'extrême modestie du projet initial a paradoxalement nourri « une action concertée » et surtout « durable », dépassant largement le strict domaine de la poésie[1]. Dix ans plus tôt, le point de vue de Jean-Louis Major était le même : « La notion d'« action en littérature » pourrait contenir en germe l'orientation de l'Hexagone et les choix qui s'ensuivront[2]. » C'est dire à quel point l'Hexagone a été imprégné de bout en bout par la personnalité de son plus illustre fondateur — Gaston Miron, son désir irrépressible d'« agir » sur le monde, de changer en profondeur les conditions d'exercice de la littérature, d'infléchir tout le champ culturel, voire les « signes de l'identité », bref, d'étendre l'action poétique à l'action politique au sens large. Curieusement, cette réussite indubitable de l'Hexagone semble rejaillir sur le poète lui-même aux yeux de Marcotte, qui n'a jamais été jusque-là le lecteur le plus enthousiaste et inconditionnel de Miron, et encore

moins un sympathisant de ses convictions politiques. Dans le numéro
« Pour l'Hexagone » que publie la revue *Liberté* à la fin de 1978, celui
qui a accueilli et commenté plus qu'aucun autre la poésie de toute une
génération termine son texte d'introduction en saluant Miron « grand
poète, grand éditeur[3] ».

Jean-Guy Pilon offre une page de ce numéro anniversaire à
chacun des auteurs qui ont publié chez Miron depuis 1953. Une
quarantaine répondent à l'appel, y compris Juan Garcia hospitalisé
en France et même Dennis Lee, avec un poème en anglais, avant que
les *Élégies civiles* ne paraissent en 1980. Pilon a sollicité un jeune
chercheur, René Lapierre, qui joindra bientôt la nouvelle génération
des François Ricard, Yvon Rivard, François Hébert et Jean Larose au
comité de rédaction, pour consigner une chronologie détaillée de
l'Hexagone. Comme il se doit, un tel numéro anniversaire inclut des
photos hors texte : Miron et Marchand le soir du premier lancement
chez Roger Varin, des prospectus des années 1950, le travail en équipe
rue Lacombe dans le sous-sol de Louis Portugais, des moments
de célébration avec Pilon et Giguère, une visite chez l'imprimeur
en compagnie de Horic, Lapointe et Ouellette. Miron est présent
partout : rédacteur, colleur d'enveloppes, artisan du livre, éditeur
heureux de voir ses amis publier des recueils et gagner des prix, tel
Giguère en 1965 pour *L'Âge de la parole*.

Au moment où paraît ce numéro, Claude Haeffely et une équipe
du ministère des Affaires culturelles et de la Bibliothèque nationale
du Québec s'affairent à mettre sur pied une exposition qui relatera
l'aventure de la maison d'édition en présentant des documents
d'archives, des recueils originaux, des photos. On a demandé à
Michel Beaulieu, à Marcotte et à Miron lui-même des textes en vue
d'une publication, *L'Hexagone 25*, accompagnant l'exposition. « Si
l'Hexagone a un passé, écrit Miron, il reste qu'elle est plus que jamais
dans l'aujourd'hui et qu'un nouvel avenir prend forme[4]. » A-t-il jamais
écrit avec autant de conviction le mot *avenir*, qui est dans ses poèmes
la plus radieuse des promesses, non sans accents utopiques ? C'est que
l'avenir semble bel et bien arrivé, et pas seulement pour l'Hexagone.
Au jour de l'An, Miron exprime toute sa gratitude à Sandrine,
« pour ces deux années de bonheur & pour la suite des jours[5] ».
Avec l'amour enfin réalisé, et les enfants qui grandissent, il n'y a plus
qu'un avenir encore à accomplir, mais il est désormais imminent : la
pleine souveraineté du « pays » dont le poète a porté les blessures et

les espérances dans son œuvre, et assuré l'essor littéraire grâce à son travail d'éditeur. Cette « naissance » ne saurait tarder.

Le soir du 12 février 1979, une foule d'amis et de gens du milieu littéraire se presse dans la belle salle Saint-Sulpice de la Bibliothèque nationale, rue Saint-Denis, pour célébrer l'Hexagone et l'ouverture officielle de l'exposition qui lui est consacrée. Les caméras de Radio-Canada sont venues capter l'événement en vue d'un reportage pour l'émission *Femme d'aujourd'hui*. Mais l'atmosphère de fête sera brutalement refroidie par un incident. Une femme à l'allure nerveuse, enceinte de plusieurs mois, s'est glissée parmi le public et surgit tout à coup devant Miron pour interrompre les premiers mots de son discours. C'est Ghislaine Duguay… Loin d'espérer des lendemains qui chantent, elle se dresse dans toute sa colère et son ressentiment. Elle porte un fils dont le père est inconnu, mais c'est avec le père de sa fille qu'elle entend régler ses comptes, et la présence d'une bonne partie du milieu littéraire à la fête de l'Hexagone ne pourrait pas lui offrir un moment plus propice. L'attaque est foudroyante : l'homme dont on célèbre la réussite est un salaud et un imposteur ! On fête un éditeur qui ne lit même pas les manuscrits qui lui sont envoyés et qui les laisse s'entasser dans un coin de son bureau. Le « grand » Gaston Miron ? Elle l'a vu à l'œuvre, elle sait de qui elle parle et il est temps de le démasquer. Emmanuelle, venue à l'événement avec son père, s'enfonce dans son siège, effarée et honteuse à la fois. D'autres insultes pleuvent devant le public sidéré, sauf quelques femmes qui applaudissent, parmi lesquelles la photographe Kèro, durement injuriée naguère par le poète-éditeur pour avoir voulu aller prendre des photos chez lui, rue Saint-André. Finalement, quelques personnes escortent Ghislaine hors de la salle afin que la célébration se poursuive.

Évidemment, aucune trace de cette interruption gênante n'est conservée au montage de l'émission *Femme d'aujourd'hui* présentée le 28 février. Il reste que l'extrait conservé de Miron en dit long : de toute sa vie, jamais il n'aura prononcé un discours aussi éteint, aussi peu inspiré. Déstabilisé, l'air absent, il cherche ses mots et se contente de formules toutes faites, telles que « L'Hexagone, une aventure en poésie québécoise », titre de l'article-bilan qu'a signé Jean-Louis Major en 1969. Heureusement, le discours plus animé de Gérald Godin, représentant du gouvernement québécois et compagnon de route depuis *Parti pris*, va permettre de sauver les meubles, suivi d'une entrevue de Miron enregistrée les jours suivants avec Lise Gauvin, jeune professeure à l'Université de Montréal, ce qui permet de faire le point sur l'évolution de la maison d'édition[6].

*   *   *

Quelle que soit l'indécence de sa sortie publique, Ghislaine Duguay a su viser l'éditeur autant que l'homme, en nommant son point faible : les manuscrits qui s'empilent de manière invraisemblable. C'est un fait bien connu dans le milieu, que l'on déplore tout en considérant ce défaut avec une certaine indulgence, comme les manières frustes et les envolées tonitruantes du personnage. De toute manière, ce 25ᵉ anniversaire souligne une réussite qui fait l'objet d'un consensus tout en engageant l'avenir : désormais, Miron entend consacrer toutes ses énergies au développement de la maison et, à cette fin, il renoncera bientôt à sa charge de professeur de poésie à l'École nationale de théâtre et quittera son emploi chez Leméac. Une phase de croissance accélérée et de grands projets s'annonce, pour laquelle on ne saurait se contenter de demi-mesures. À l'interne, les responsabilités paraissent bien définies au sein d'une équipe qui marie expérience et sang neuf : Miron et Giguère à la production, Horic aux finances, Jean Côté comme secrétaire général, Gilles Cyr en tant que responsable des manuscrits ; quant à Louis Portugais, seul survivant avec Miron de la première équipe, son titre de préposé aux « affaires spéciales » paraît purement honorifique. Sous les arbres du carré Saint-Louis, ils sont tous là, posant pour la photo qui figure dans la publication anniversaire de la BNQ : drôle de groupe, non pas compact, mais dénoué (telle, jadis, l'équipe de *Parti pris* sur sa photo « joual »…), comme si chacun habitait son propre espace. En fait, c'est Miron qui soude ces personnalités très diverses en une équipe fonctionnelle : Giguère, Horic et Portugais sont des amis indéfectibles, Jean Côté est une nouvelle acquisition estimable, Gilles Cyr est un des lecteurs de poésie les plus avisés qui soient et, à la même époque, Miron lui demande souvent conseil pour préparer la nouvelle édition largement remaniée de *L'Homme rapaillé* qui doit paraître chez Maspero.

Cette structure éditoriale ne serait qu'un squelette si les livres publiés n'étaient pas à la hauteur. Or, 1978 est une autre année faste, sans doute l'une des meilleures qu'aura connues l'Hexagone, avec la rétrospective de Nicole Brossard, *Le Centre blanc*, le retour en force de Roland Giguère avec *Forêt vierge folle* et l'arrivée triomphale de

Gilbert Langevin, jadis refusé par l'Hexagone mais bientôt lauréat du prix du Gouverneur général pour *Mon refuge est un volcan*. Le retour de Pierre Morency avec *Torrentiel*, du flamboyant Lucien Francœur, dont *Les Néons las* demeurent sans doute le meilleur livre, ainsi que la parution du premier recueil de Gilles Cyr, *Sol inapparent*, assurent, s'il en est besoin, que l'Hexagone fête son anniversaire avec le vent dans les voiles et résolument « pour demain ».

On voit grand, de plus en plus grand ! Au gré de bouleversements qui secouent le domaine de l'édition littéraire, l'Hexagone a racheté les stocks de nombreux petits éditeurs qui ont fermé boutique : l'Estérel, Danielle Laliberté, Quartz, la collection des « Poètes du Jour », d'autres encore. La maison de Miron et Horic s'agrandit, tisse des liens, crée des regroupements. Il faut remonter à 1973 : la démission de Victor-Lévy Beaulieu de son poste de directeur littéraire des Éditions du Jour a provoqué une réaction en chaîne dont l'Hexagone reçoit l'impact. À la suite de la faillite rapide, en 1976, des Éditions de l'Aurore fondées par Beaulieu peu après son départ des Éditions du Jour, la collection de poésie « Lecture en vélocipède » risque de disparaître. Les frères François et Marcel Hébert, de la revue *Les Herbes rouges,* proposent alors que l'Hexagone accueille la collection dont ils assumeraient la responsabilité. Mais on convient plutôt de créer, en marge de la revue, les « Éditions » des Herbes rouges, dont les frères Hébert, Miron et Horic seront désormais partenaires à 25 % chacun. À distance, cette association peut étonner : la revue des frères Hébert ne s'est-elle pas imposée dès le début de la décennie comme un lieu de dissidence par rapport à l'esthétique de l'Hexagone, avec des poètes comme François Charron et Roger Des Roches, publiés aussi par l'Aurore, ou encore André Roy, l'un des chefs de file du courant formaliste ? En outre, y a-t-il quelque intérêt économique à une association entre l'Hexagone et les Herbes rouges, une maison qui, comme la revue du même nom, entend se consacrer exclusivement à la poésie et n'a aucune visée commerciale ? Mais on sait que Miron n'a jamais envisagé les choses sous l'angle de la concurrence : dès la foire du livre de Sainte-Adèle, en 1955, l'Hexagone ne se privait pas de faire la promotion des autres éditeurs de poésie. Selon la même logique, « L'Hexagone pour demain » s'inscrit à ses yeux dans un avenir plus large : celui de toute la poésie québécoise, quels que soient ses lieux et ses tendances. Ni les Herbes rouges, ni les Écrits des Forges de Gatien Lapointe, ni le Noroît de René Bonenfant et Célyne Fortin, des amis qu'il fréquente d'ailleurs beaucoup à l'époque, ne peuvent être vus comme des concurrents. Les frères Hébert sont également des camarades, qui viennent déjeuner avec lui au carré Saint-Louis, grâce auxquels il a fait la connaissance de plusieurs jeunes poètes et qui, surtout, incarnent à ses yeux ce qu'il y a de plus noble dans l'édition de la poésie : la pure vocation, l'intégrité désintéressée, au prix d'une pauvreté dont il a lui-même souffert. Bref, ce sont des compagnons en poésie plutôt que des rivaux.

Du côté des Éditions Parti pris, c'est aussi la camaraderie qui nourrit les liens d'affaires. Gérald Godin étant parti siéger à l'Assemblée nationale, Miron a suggéré que Gaëtan Dostie prenne la relève, ce qui est l'occasion d'une restructuration incluant un partenariat avec l'Hexagone. Depuis la Nuit de la poésie et la crise d'Octobre, Dostie est demeuré un protégé de Miron, qui l'a amené dans tous les lancements, lui a fait connaître la plupart des écrivains et l'a engagé comme secrétaire à l'Hexagone. À trente ans, le jeune homme intense et déterminé vole maintenant de ses propres ailes et la direction de Parti pris lui offre une chance en or de s'affirmer. Le problème, dont va forcément écoper l'Hexagone, c'est que la situation financière de Parti pris est mauvaise et qu'elle s'aggrave encore après la publication en 1977 des *Œuvres créatrices complètes* de Claude Gauvreau, dont les 1 500 pages sous couverture cartonnée ont quelque chose de la mégalomanie de l'auteur lui-même : « Le rêve a droit de cité ! Le merveilleux a droit de cité ! » proclamait le poète de *Beauté baroque*[7]. Mais pour Parti pris, le rêve littéraire donne dans le gouffre financier et il faudra des années pour réparer les dégâts.

Tout n'est pas qu'harmonie dans ces partenariats. Pour les frères Hébert comme pour Dostie, s'associer à l'Hexagone, c'est d'abord s'associer à Miron, au poète, à l'éditeur, au militant qu'ils admirent. Aucune chimie particulière ne les lie à Horic, avec lequel les relations s'envenimeront d'ailleurs au fil des ans. Miron, plutôt naïf en affaires, vogue dans ces entreprises avec une certaine inconscience et en croyant que l'amitié et la bonne entente sont garantes de tout. Le duo qu'il forme avec Horic ne va d'ailleurs pas sans différends tant dans le style que dans le contenu. Le portrait posthume que Horic fera de lui dans *Mon parcours d'éditeur avec Gaston Miron* est éloquent par son affection teintée de réticences :

Si Miron, le personnage et l'individu, était doué pour jouer sur plusieurs registres, amuseur, vedette ou cabotin, c'était une personne attachante,

spontanée, mais aussi envahissante, accaparante. Il était doté d'une forte
prestance, présence physique et mentale, existentiellement et intellectuellement, souvent brassé par la tourmente. [...] Il nous gardait captifs dans
le filet de ses propos en cascade, nous retenant sans relâche bien au-delà
des limites de notre intention de le quitter. Gaston nous retenait allègrement tard dans la nuit sans lâcher prise[8].

Entre Miron et Horic, il y a pour ainsi dire un écart de métabolisme...
Sur le plan pratique, « l'éminence grise » de l'Hexagone tolère, au
mieux, les lenteurs et les pertes de temps de son ami, ses présences
irrégulières au bureau, sa prédilection pour l'artisanat plutôt que pour
l'édition professionnelle. Il y a des années qu'il tente de convaincre
Miron que l'Hexagone gagnerait à publier aussi des romans. La
parution des *Remparts de Québec,* de *Profil de l'orignal* et autres titres
d'Andrée Maillet n'a été qu'une heureuse exception, encore une fois
fondée sur de vieux liens d'amitié et de gratitude. Quand Horic revient
à la charge, Miron prétexte qu'il ne lit pas de romans, que cela ne
l'intéresse pas, une demi-vérité qui l'arrange.

À ces divergences de tempérament et de vision s'ajoute de plus
en plus, à la fin des années 1970, une question de reconnaissance :
l'identification constante de l'Hexagone au seul Miron, particulièrement manifeste au moment des célébrations de 1978-1979,
relègue Horic à un rôle de subalterne dont la présence paraît presque
fantomatique dans cette « aventure en poésie ». Sur ce plan, Miron
n'est sûrement pas à blâmer, d'autant plus que Horic, dix ans plus
tard, admettra lui-même qu'il a choisi d'être « stratégiquement
effacé[9] », sans que les raisons de cette « stratégie » soient bien
claires... Il n'empêche qu'il souffre, indéniablement, de ce rôle de
soutien, en sachant qu'une « éminence grise » ne peut rivaliser avec
une légende vivante. Comme gestionnaire, il dispose toutefois d'un
important pouvoir et il est à même d'infléchir de manière durable le
destin de l'Hexagone. Deux entreprises malheureuses, les Messageries
littéraires des éditeurs réunis et la Société immobilière du livre, seront
à cet égard emblématiques d'un virage professionnel malavisé qui
contribuera, avec d'autres facteurs, à la désaffection de Miron.

Au départ, la création des Messageries littéraires paraît pourtant
une idée prometteuse : le regroupement des éditeurs à vocation
littéraire dans une même structure de diffusion et de promotion
compte régler un problème chronique à ce chapitre. Depuis l'abandon

par l'Hexagone de la vente par souscription, Miron et Horic eux-mêmes en savent quelque chose : un petit distributeur comme Déom manquait de moyens pour assurer une diffusion efficace. Quant aux grandes agences généralistes, telle l'Agence de distribution populaire dont l'Hexagone a utilisé les services, la littérature proprement dite et à plus forte raison la poésie constituent une part négligeable de leur chiffre d'affaires, assuré surtout par le livre utilitaire et le best-seller. Par ailleurs, il faut se replacer dans le contexte de la fin des années 1970, caractérisé par le paradoxe d'une littérature québécoise plus vivante et diversifiée que jamais auparavant, mais dont les tirages demeurent modestes et sont même pour la poésie en net recul. Le principe des Messageries se veut à cet égard fort simple : on n'est jamais mieux servi que par soi-même.

L'agence fondée en 1978 rassemble quatre éditeurs principaux : l'Hexagone, Parti pris, le Noroît et VLB éditeur, la nouvelle maison que vient de créer Victor-Lévy Beaulieu après l'échec de ses Éditions de l'Aurore. Chacun de ces éditeurs se retrouve actionnaire à 20 % de l'entreprise, la cinquième part revenant à Georges Laporte, désigné comme président-directeur général. Miron et Laporte ont été voisins au carré Saint-Louis avant de se retrouver tous deux chez Leméac, où Laporte a occupé pendant quelques années la fonction de représentant des ventes auprès des libraires. À ce titre, il a frayé avec des figures influentes du monde du livre, tel Alain Stanké, avec qui il a eu de nombreux échanges et qui, alors employé chez Sogides, aura eu très tôt le génie de l'édition et de la promotion à grande échelle. Miron, pour sa part, s'est pris d'affection pour Laporte en le côtoyant chez Leméac et il a même passé avec Emmanuelle de courtes vacances d'été en sa compagnie sur la côte du Maine, où les deux amis jouaient ensemble, paraît-il, de formidables parties de mini-putt que Miron, très habile à ce jeu, gagnait le plus souvent.

Le *Catalogue général* publié par les Messageries au cours de l'hiver 1980, dix-huit mois environ après leur fondation, offre toutes les apparences d'une entreprise florissante. L'agence a son siège social et son entrepôt sur trois étages rue Saint-Denis, dans le quartier La-Petite-Patrie, et elle distribue environ 800 titres de 14 éditeurs, ainsi que 3 périodiques littéraires. Dans son mot de présentation du catalogue, Georges Laporte se félicite de tels résultats obtenus en si peu de temps et qui « constituent pour le monde de l'édition littéraire une réussite autant sur le plan financier que culturel[10] ». Hélas, cette

« réussite » tient du mirage. Tout indique que la comptabilité de l'entreprise est déficiente et fait peu de cas, notamment, des « retours de livres », les exemplaires invendus que les libraires renvoient au distributeur. Plus fondamentalement, malgré un chiffre d'affaires de 600 000 $ par an, les Messageries n'atteignent pas leur seuil de rentabilité. Ce n'est pas parce qu'une agence distribue presque toute la poésie québécoise contemporaine qu'elle peut prospérer pour autant. Du côté du roman, si l'on excepte les œuvres de Jacques Ferron et de Victor-Lévy Beaulieu lui-même, dont les tirages sont d'ailleurs modestes, le catalogue demeure très mince, privé de quelques « locomotives » qui assureraient un roulement intense, de sorte que, dès 1980, les Messageries sont en manque de liquidités et commencent à accuser des retards dans les paiements aux éditeurs.

À l'interne, la machine connaît de sérieux dysfonctionnements. Horic et Dostie sont davantage des rivaux que des alliés, la qualité du personnel est déficiente. On en vient à un point où ce sont Miron et Beaulieu qui, très souvent, doivent entasser les caisses de livres dans leurs propres voitures pour aller faire la livraison aux libraires ! Un jour, en apportant une caisse dans une librairie, Miron tombe sur Pierre Tisseyre, l'éditeur du Cercle du livre de France qu'il côtoie depuis le début des années 1960 à l'Association des éditeurs canadiens. Homme distingué aux allures de grand seigneur, Tisseyre n'en revient pas de trouver le poète Miron affecté à un rôle de livreur. Embarrassé, il ne parvient qu'à murmurer ces mots : « Pauvre vous ! » La démission de Laporte, à l'été 1980, vient confirmer que les affaires ne tournent pas rond à l'agence.

L'aventure des Messageries suffit à causer bien des maux de tête à Miron, mais il en faudra une autre, encore plus ruineuse, pourtant fondée sur une intention tout aussi louable : donner pignon sur rue à l'Hexagone et à ses principaux éditeurs partenaires, Parti pris et Les Herbes rouges. Il est vrai que depuis 1953, la maison fondée par Miron et ses amis s'est toujours maintenue dans l'itinérance et la précarité, logeant successivement chez Portugais, Pilon, Lapointe, entreposant ses livres chez Olivier Marchand et Mathilde Ganzini. Une simple case postale a tenu lieu d'adresse jusqu'à ce que l'Hexagone trouve refuge chez Déom, au 1247, Saint-Denis. Par la suite, on a loué des locaux temporaires, toujours rue Saint-Denis, si bien que, au moment des anniversaires et du grand essor de la fin de la décennie, l'Hexagone est toujours privé d'un domicile fixe à la mesure de son prestige comme éditeur. La création de la Société immobilière du livre promet de remédier à la situation.

La brochure promotionnelle distribuée par l'Hexagone au stand du Québec de la Foire de Francfort, à l'automne 1980, affiche sur sa pleine page de couverture une élégante résidence mansardée, en pierres de taille, dotée d'un large escalier donnant accès à la porte centrale, du type d'immeubles qu'on voit en grand nombre dans les environs du carré Saint-Louis. C'est cette maison de prestige, située au 543, rue Sherbrooke Est, à l'angle de la rue Saint-Hubert, qu'a achetée la Société immobilière du livre incorporée en septembre 1979. Les deux principaux actionnaires, Alain Horic et Jean Côté, siègent au conseil d'administration en compagnie de Miron, qui a lui-même souscrit près de 4 000 $ en actions sous la forme d'un prêt consenti à ses deux associés. Tous les autres membres de l'équipe de l'Hexagone, Gilles Cyr surtout, qui y a mis toutes ses maigres économies, Roland Giguère et Louis Portugais pour une moindre part, sont des actionnaires minoritaires. Du côté des Éditions Parti pris, l'ex-directeur Gérald Godin ainsi que Gaëtan Dostie sont également montés, bon gré mal gré, à bord de l'ambitieuse entreprise.

Quelle magnifique progression accomplie en apparence depuis le sous-sol enfumé de Louis Portugais, rue Lacombe ! En réalité, des problèmes majeurs, peut-être prévisibles, surgissent dès l'acquisition. Le propriétaire précédent a fait de l'édifice une maison de chambres et certains locataires contestent vigoureusement leur éviction. Une fois leur résistance vaincue, force est de constater que les pièces elles-mêmes, trop étriquées, conviennent mal à des bureaux d'éditeurs et qu'il faudra abattre des cloisons et réaménager les lieux. C'est le cas classique de la rénovation d'une vieille propriété dont on découvre au fur et à mesure la décrépitude : tuyauterie rouillée, câblage électrique usé et impropre aux équipements modernes. Les travaux et l'achat du mobilier (haut de gamme) coûtent une petite fortune, au-delà même des 150 000 $ déboursés à l'achat de l'immeuble ! Et puis, il y a le temps qui s'étire, les inconvénients à subir : pendant un assez long moment, il faut couper l'alimentation en eau pour effectuer les travaux de plomberie. On a prévu des bureaux pour les frères Hébert des Herbes rouges, mais ceux-ci doivent prendre leur mal en patience…

En fait, tout comme les Messageries, que l'on cherchera en vain à sauver en appelant au secours les organismes gouvernementaux, la SIL est vouée au naufrage et, malgré des prêts et divers arrangements consentis par les banques, les actionnaires se désistent tour à tour dans les années suivantes. C'est finalement Horic qui, après avoir racheté les parts de Miron et de tous les autres actionnaires, parviendra non sans peine à vendre l'immeuble au prix de 485 000 $ en 1985. Entre-temps, il aura acquis une autre propriété, beaucoup moins élégante et prestigieuse, le 900, rue Ontario Est, angle Saint-André, une ancienne usine plutôt délabrée qui devient l'adresse permanente de l'Hexagone jusqu'à sa vente à Sogides, au début des années 1990. Mais Miron, à cette époque, ne s'intéresse plus que de loin à la maison dont il a incarné le dynamisme et porté presque à lui seul le destin.

*   *   *

Il peut s'impatienter, s'emporter, faire des colères noires, mais pas plus que dans sa guerre d'usure avec Ghislaine Duguay, il n'est à l'aise dans les affrontements professionnels et idéologiques. S'il a de rudes adversaires politiques, a-t-il jamais eu un véritable ennemi ? Quand les choses se corsent, il temporise, il esquive en lançant une boutade. Seule la douleur amoureuse, parfois, l'a entraîné à des propos et à des gestes mauvais, inexcusables.

Le virage de l'Hexagone, si étranger soit-il à son tempérament, il n'y résiste pas, sinon passivement, en traînant un peu les pieds. Finalement, devant la pression et la nécessité, il consent, mais les difficultés et les conflits qui apparaissent à présent l'ébranlent. Il est plus enclin à se faire livreur pour les Messageries, une tâche matérielle bien définie, qu'à régler le problème de personnel qui est en cause ou à critiquer le travail de Georges Laporte. Entre des partenaires d'affaires qui sont tous amis avec lui, mais beaucoup moins entre eux, il n'est pas du genre à souffler sur le feu ou à choisir un camp. Mais en son for intérieur, il se ronge d'inquiétude.

Il s'est souvent comporté ainsi dans les débats d'idées. Il a défendu Pilon contre Michel van Schendel à l'époque de la grève des réalisateurs, mais non sans balayer du revers de la main l'opposition entre la droite et la gauche. Aux Rencontres des écrivains de *Liberté*, on l'a vu le plus souvent naviguer entre les tendances, se poser en arbitre ou en rassembleur. Devant la révolte des femmes à la rencontre de 1975, il a tout de suite cherché des accommodements, des points de convergence. Quand le ton a monté, en 1976, sur le thème « Où en sont les littératures nationales ? » entre l'écrivain français Dominique Fernandez et des écrivains francophones, l'Algérien Rachid Boudjedra et le Martiniquais Édouard Glissant, un ami de longue date de Miron, celui-ci ne s'est pas joint à eux pour critiquer l'impérialisme littéraire et culturel français. Pas plus qu'il n'a consenti à ce qu'on fasse de lui le défenseur d'une « cause », celle de la littérature québécoise. Son combat a toujours été celui de la liberté, la quête d'une « anthropologie » et d'une « existence » : « Je suis trop tête de cochon, tête de cabochon et réfractaire pour lutter pour une cause quelconque, même si les apparences sont contraires[11] », a-t-il lancé lors de la dernière séance. Fernandez lui-même a été agacé par de telles pirouettes : « Quand donc allez-vous déboulonner Miron ? » l'a-t-on entendu demander aux jeunes écrivains québécois durant un dîner.

Même s'il est vrai que la lutte pour l'indépendance du Québec ne relève pas à ses yeux de l'esprit partisan et que son enjeu profond est la reconquête de soi et la plénitude de l'être collectif, l'homme ne peut pour autant se réfugier dans la pure métaphysique. L'« appui stratégique » au Parti québécois (qu'il juge plutôt petit-bourgeois) demeure inévitable, surtout à l'approche du premier référendum sur la souveraineté. Quant à l'Hexagone dont il a tant de fois raconté le projet, la maison d'édition a été à ses yeux un autre lieu concret de cette reconquête et de cette plénitude réalisées. D'où son souci d'éviter aussi bien les conflits générationnels que le fractionnement en tendances adverses. *Ensemble* : ce mot n'a pas seulement pour lui une signification amoureuse. Toutefois, avec les grandes entreprises de la fin des années 1970, cette vision conviviale se trouve sérieusement compromise. On dirait que cela lui tombe dessus de tous les côtés. Ainsi, dans sa candeur, il a toujours cru que les liens avec ses auteurs pouvaient être soutenus par la simple amitié ou le modèle rassurant d'une confrérie de poètes. Il ne voit pas venir le coup quand, en 1977, Jacques Godbout regroupe une cinquantaine d'écrivains autour d'un projet qui mijotait depuis longtemps dans le milieu littéraire : créer un véritable syndicat des écrivains, capable de défendre leurs droits et de promouvoir leur statut professionnel.

La création de l'Union des écrivains québécois constitue une petite révolution, à tout le moins un autre de ces « virages » qui mettent fin à l'époque glorieuse mais déjà surannée de l'amateurisme, des ententes de bonne foi ou des contrats souvent bafoués entre les éditeurs et les auteurs. L'Hexagone ne peut échapper à ce changement de régime et l'évidence va en être fournie à la fin de 1979 lorsque Michèle Lalonde, qui fait partie du groupe fondateur de l'UNEQ, adresse une lettre circulaire à tous les auteurs de l'Hexagone pour annoncer que l'ère de l'artisanat, de l'idéalisme et du bénévolat a assez duré, et qu'il est temps que la maison accède à « un véritable professionnalisme[12] ». Lalonde est alors au faîte de sa renommée, à la suite de la publication récente à Paris de sa *Défense et illustration de la langue québécoise* dans la collection « Change » de Jean-Pierre Faye, qui cite Miron dans sa préface du livre : « Je dis que la langue est le fondement même de l'existence d'un peuple[13]. » Le propre cas de Lalonde aux Éditions de l'Hexagone est éloquent : dès 1975, un an après la publication de *Speak White* sous forme de poème-affiche, l'auteure s'était plainte que, faute d'un contrat en bonne et due forme, on diffusait au Canada anglais une traduction et une mise en musique de son œuvre sans autorisation ni versement de droits. Il devenait urgent, observait-elle dans une lettre adressée à l'Hexagone, « qu'on signe un papier quelconque[14] ». Or, quatre ans et demi plus tard, sa requête demeure toujours lettre morte, par une autre de ces négligences d'autant plus gênantes qu'il n'est aisé pour personne de critiquer, même obliquement, le travail de Miron :

> Quelque admiration ou confiance personnelle qu'on puisse porter à Gaston Miron (ce qu'il n'est même pas nécessaire de mettre en question ici pour s'inquiéter de la situation), il est extravagant qu'une maison d'édition devenue aussi importante que l'Hexagone ait à sa responsabilité l'œuvre ou les œuvres d'une quarantaine d'auteurs et négocie systématiquement sur une base de pure confiance morale ou de réputation d'honnêteté attachée aux personnalités des fondateurs ou au caractère de l'actuel directeur.

Sans acrimonie, la circulaire de Lalonde réclame une normalisation trop longtemps différée. Michel Beaulieu et Paul Chamberland, que l'on ne soupçonnera pas d'inimitié envers Miron, sont du même avis. En compagnie de Lalonde et de quelques auteurs, ils rencontrent Alain Horic à l'Hôtel de l'Institut à la mi-janvier, afin que l'Hexagone leur soumette un projet de contrat type, sur le modèle désormais préconisé par l'Union des écrivains. Le malaise est évident : représenté par son secrétaire Michel Gay, l'UNEQ joue à la fois un rôle de médiateur et de syndicat. En recevant le contrat type de l'Hexagone, rappelle l'UNEQ, les auteurs ont le droit de négocier et de faire des contre-propositions, sur une base collective plutôt qu'individuelle. Mais pousser cette logique jusqu'au bout, ne serait-ce pas considérer l'éditeur comme un employeur ou un patron contre lequel il faut tenir la ligne dure ? Bien qu'elle soit l'instigatrice du débat, Michèle Lalonde se demande elle-même s'il ne faut pas reconnaître à l'Hexagone un statut particulier. Chamberland, de son côté, va retirer son propre dossier des mains de l'UNEQ, dont il ne remet aucunement en cause la légitimité, en faisant valoir qu'il est satisfait par la proposition de son éditeur et que ses liens amicaux de longue date avec lui l'empêchent d'adopter une perspective purement syndicale.

L'ombre de Miron ne cesse de planer sur ce litige : l'impatience de Lalonde et de ses amis écrivains et l'urgence même qui les pousse à revendiquer leurs droits sont tempérées par le caractère singulier d'une entreprise dont Miron n'a cessé d'être le pivot et le porte-parole. Dès sa circulaire aux auteurs, Lalonde a d'ailleurs pris soin de rappeler « les conditions psychologiques et matérielles » dans lesquelles s'est développée péniblement l'Hexagone et « le projet global de littérature nationale » qui l'a inspirée et dont il n'est pas question de se « désolidariser ». C'est signifier d'entrée de jeu que l'exigence de « professionnalisme » ne peut ignorer l'histoire et l'héritage de l'homme qui incarne ce projet depuis 1953. S'il n'y avait que Horic dans le décor, faisant d'ailleurs de plus en plus figure de patron, nul doute que l'attitude des auteurs serait différente. En fait, au tournant de 1980, la direction apparemment bicéphale de l'Hexagone entretient une ambiguïté entre deux visions de l'édition, ce qui n'empêchera pas le litige de se régler à l'amiable, ni le virage professionnel de s'accomplir contre vents et marées.

*   *   *

Il serait facile de perdre de vue l'essentiel : la poésie elle-même, celle qui s'écrit et qui compte plus que tout aux yeux du poète de *L'Homme rapaillé*. Ce ne sont pas les tribulations des Messageries littéraires et de la Société immobilière du livre qui vont l'en distraire, pas plus que les tensions momentanées avec les auteurs. Oui, ces problèmes le contrarient et l'angoissent, en même temps que le mobilise l'imminence d'un référendum sur la souveraineté, annoncé au début de l'été 1979 par René Lévesque et prévu pour le printemps suivant. Et pourtant, la poésie reste un espace de travail où, entre mille soucis, ne subsiste plus que celui du langage, du mot et de l'image justes. Ce sont les poèmes de Dennis Lee à traduire avec Marc Lebel, ceux de *La Vie agonique* pour lesquels il s'attable de temps à autre avec Marc Plourde, en éprouvant cette étrange expérience de lire ses propres poèmes dans la langue de l'autre : « *And you, Land of Quebec, Mother Courage*[15] ». Il y a aussi les poèmes à Sandrine, ce chant d'amour éternel qui dépasse sa propre voix, qui voudrait accueillir celle de son amoureuse et de tous les poètes qui, avant lui, ont su célébrer la seule raison qui vaille d'exister. « L'anthologie pour elle » qu'il collige à temps perdu annonce *Femme sans fin* qu'il publiera dans *Possibles*, mais elle convoque aussi les poètes frères dans une même célébration amoureuse. Voici René Char : « Tu es mon amour depuis tant d'années » ; Claude Roy : « Je dis simplement la merveille / de tous les jours te retrouver » ; ou encore Robert Desnos : « Coucher avec elle / Pour le sommeil côte à côte / Pour les rêves parallèles[16] ». Cela paraît simple, l'amour en poésie… Mais la vie concrète présente d'autres défis : « Il me semble que nous gagnerions à échanger plus souvent[17] », lui fait remarquer Sandrine, au moment même où l'on célèbre le quart de siècle de l'Hexagone. De retour d'un voyage dans le Maine avec les enfants, à l'été 1979, elle explose, lui reprochant ses dérobades : « Tu ne vas pas me rendre folle, comme la mère de ta fille ! » La phrase est malheureuse et Miron la corrigera auprès d'Emmanuelle : « Ta mère n'est pas *folle*, elle est malade. » Mais a-t-il entendu et compris les reproches de Sandrine ? Le 21 août, le jour où elle fête ses trente-six ans, il lui écrit : « Pour la vie de l'amour et l'amour de la vie, j'ai mis toutes les chances de ton côté[18]. » Voilà bien le problème de cet amoureux débridé : depuis la lointaine époque d'Isabelle, il a toujours cru que ce *credo* peut satisfaire les femmes qu'il aime et leur faire oublier ses trop nombreuses absences au quotidien. Ce pari pour la femme salvatrice ne va pas sans illusions et, chose certaine, nul concert de voix poétiques ne saurait garantir qu'il soit gagnant.

L'homme vit, en même temps, un drôle de décalage qui le ramène à la poésie par un autre chemin, loin de la nouvelle suite amoureuse qu'il consacre à Sandrine. Il n'a pas le choix depuis qu'il a signé son contrat avec François Maspero : il lui faut se replonger dans *L'Homme rapaillé*, se remettre à « courir [s]es milles de poésie[19] », comme il le disait jadis dans « Un long chemin ». Trente années d'écriture, un livre qui date d'il y a bientôt dix ans : un tel retour en arrière n'est pas aisé. Dès l'automne 1978, après son séjour à Paris, Miron confie à Gilles Cyr que la nouvelle édition inclura *Courtepointes*, non sans de nombreuses corrections. Selon sa vieille habitude, il annote et corrige directement les poèmes dans des exemplaires de ses deux recueils, traités comme des jeux d'épreuves. En compagnie de Cyr, il repasse page à page *L'Homme rapaillé* : le long du parcours, il signale des influences, ici Verlaine, là Apollinaire, là encore René Char. Plus loin dans le livre, il se juge quelque peu libéré de ses maîtres en poésie : « Ça commence à ressembler à ma propre voix. » En retravaillant la première section de *Courtepointes*, il note une parenté avec Ungaretti, le poète de la densité existentielle, de la douleur surmontée dans la dignité — Ungaretti qui a donné à l'ensemble de son œuvre poétique ce simple titre : *Vita d'un uomo, Vie d'un homme*. Ah ! cette belle continuité, cette persévérance d'un écrivain qui a su exister en poésie, de bout en bout, sans défaillir ! Le poète Miron s'en est toujours voulu de ne pas avoir pu écrire ainsi, presque chaque jour, et d'avoir trop souvent cherché des alibis.

Il n'empêche que cette nouvelle édition représente l'occasion de donner à son livre unique une solidité sans précédent, voire sa pleine permanence. Alors, il relit, il bûche et il s'échine, sur tel mot, telle image, jusque sur la moindre conjonction, un simple « et » à conserver ou à biffer. La conséquence, nous la connaissons, toujours aussi fâcheuse, mais Maspero, lui, ne devine pas le degré de patience nécessaire à quiconque veut publier Gaston Miron. En toute candeur, il croyait recevoir le manuscrit dès l'automne suivant la signature du contrat et faire paraître le livre en février 1979, un échéancier auquel Miron a d'ailleurs souscrit. Après tout, il ne s'agit que de rééditer en un seul volume deux recueils déjà publiés, en y apportant quelques corrections mineures. Mais l'hiver 1978-1979 s'écoule sans que l'éditeur reçoive de nouvelles. À la mi-avril, ayant dû annuler un voyage qu'il comptait faire au Québec pour diverses affaires, il décide d'écrire à son auteur : « Je suis bien inquiet de ton silence total... Je ne t'ai pas écrit plus tôt, d'abord parce que cela me semblait très déplaisant de te harceler[20]. » Gentiment, Maspero lui fait remarquer qu'à Paris, où il a commencé à annoncer la parution, il « passe maintenant pour un bluffeur ». Sa conclusion tient de la supplique : « Je t'en prie, donne-moi de tes nouvelles. Et envoie-moi le texte ! »

À distance, trop poli pour recourir au chantage, Maspero n'a pas en main les armes dont disposait Jacques Brault en 1970. Dès lors, il est condamné à se languir et à espérer : ce seront dix-huit longs mois en fait, puisque le manuscrit n'arrive pas sur sa table avant l'automne

1980. Et ce n'est pas terminé puisque, en février 1981, Miron tenait encore des séances de travail avec Gilles Cyr pour ajouter des corrections d'auteur sur les épreuves reçues en janvier.

*   *   *

Pour se soulager de l'anxiété qui l'habite dès qu'il relit ses propres poèmes, dans lesquels il ne cesse de repérer facilités, maladresses et mauvais vers, les voies d'évitement ne lui ont jamais fait défaut. Ce n'est pas seulement la production courante de l'Hexagone toujours en croissance, avec les multiples tâches et rencontres que cela entraîne, ni les soucis concernant les Messageries littéraires, les travaux de traduction avec Marc Lebel et Marc Plourde, les griefs de Michèle Lalonde, les réunions de la revue *Possibles* et de l'Association des éditeurs canadiens, les assemblées politiques. D'autres travaux sont en cours, parmi lesquels, en collaboration avec les Presses de l'Université du Québec (PUQ), la compilation d'une anthologie de la poésie québécoise, un projet cher à lui qui s'inscrit dans le bilan critique du corpus littéraire québécois amorcé à la même époque, notamment par le monumental *Dictionnaire des œuvres littéraires du Québec*, entrepris à l'Université Laval par l'équipe de Maurice Lemire et dont le premier de plusieurs volumes paraît en 1978[21]. Pour Miron, de tels travaux spécialisés consacrent le projet d'une littérature nationale à part entière pour laquelle il s'est battu toute sa vie. En outre, comment l'Hexagone, qui a publié trois générations de poètes, pourrait-il ne pas être partie prenante d'un tel projet ?

Autour de Laurent Mailhot, de l'Université de Montréal, une équipe assez hétéroclite s'est constituée, à laquelle participe Gaëtan Dostie, qui dispose d'une incomparable bibliothèque de poésie québécoise, y compris plusieurs documents iconographiques rares. Dostie vient en outre d'organiser *Le Solstice de la poésie québécoise*, une sorte d'anthologie sur scène en cinq temps qui incluait naturellement le poète de *L'Homme rapaillé*, présentée au Théâtre de Verdure du parc La Fontaine lors des Jeux olympiques. Deux ans plus tard, le travail progresse toujours à pas de tortue, à cause de divergences de conceptions et de querelles intestines[22].

Lorsqu'à l'automne 1978, récemment engagé comme professeur à l'Université de Montréal, je suis invité par Laurent Mailhot à me joindre à l'équipe de l'anthologie, je n'ai guère revu Miron depuis notre souper de 1973 à Ahuntsic, sinon dans le cadre de la Rencontre des écrivains de *Liberté* à laquelle j'ai participé en 1974 et en 1976. Le hasard des emplois m'a mené de Sherbrooke à Vancouver puis à Ottawa, de sorte que malgré la publication de mon recueil *Épisodes* à l'Hexagone, l'auteur de *L'Homme rapaillé* demeure pour moi une figure lointaine et plutôt mythique. Nous avons eu, toutefois, un contact épistolaire : il n'a pas apprécié que, dans une lettre au *Devoir*, j'exprime mes réserves à l'égard de l'euphorie « majoritaire » célébrant l'adoption de la Charte de la langue française et que, malgré mon appui à cette loi, je juge « mesquine » l'idée de remettre à sa place la minorité anglophone[23] — et il me l'a fait savoir dans la lettre sans acrimonie qu'il m'a adressée au cours de l'été 1977.

Un an après cet accrochage suivi de la soutenance de ma thèse où je parlais de « Miron dépaysé », je me retrouve au sein d'une équipe où je côtoie régulièrement l'homme, l'éditeur, le connaisseur en poésie. Jusqu'en 1981, Laurent Mailhot et moi serons seuls responsables de la sélection des poèmes, tandis que Miron et Dostie jouent le rôle de personnes-ressources et participent à de nombreuses séances de travail. Sans doute par crainte de paraître en conflit d'intérêts, Miron ne se prononce jamais sur les poètes de sa propre génération ni sur les plus jeunes. Cette anthologie lui procure par contre le rare bonheur de revisiter les poètes anciens, antérieurs à Saint-Denys Garneau, ceux que les frères lui faisaient lire au Mont-Sacré-Coeur et dont lui-même s'est apparemment détourné, comme tous les poètes contemporains de l'Hexagone, en quête d'un ton et d'une forme plus modernes. Maintenant, en cette fin des années 1970, on peut relire avec plus d'indulgence et d'affection la vieille poésie. On ne peut toutefois compter sur Miron pour arriver à une réunion avec des choix précis : il est plutôt là pour inspirer, pour suggérer des pistes et des lectures. On a tant célébré et mythifié Nelligan qu'on a négligé les belles pages d'Albert Ferland, les sonnets mélancoliques d'Albert Lozeau, le terroir de Blanche Lamontagne-Beauregard. Il a un attachement particulier à ces poètes du bord du fleuve : le vieux Nérée Beauchemin né à Yamachiche, ou encore l'aimable Louis-Joseph Doucet, le poète de *La Chanson du passant*, qui a grandi à Lanoraie et navigué sur le Saint-Laurent avant de faire carrière à Montréal. Garder une petite place pour ces poètes d'un autre âge, c'est une manière encore d'affirmer une culture dans sa continuité, de donner à sentir ce « fil conducteur de l'homme[24] » tissé d'âge en âge par les poètes et leurs langages.

Pourtant, quelle que soit l'estime accordée à ces solides artisans du vers, on revient toujours à Nelligan, parfois par des chemins inattendus. Le jeune poète de *La Romance du vin* qui a sombré dans la folie demeure toujours une figure fascinante au tournant de 1980, comme en témoigne l'essai consacré alors au *Mythe de Nelligan* par Jean Larose, jeune professeur à l'Université de Montréal et bientôt membre du comité de rédaction de *Liberté*. Mais Nelligan, c'est aussi une œuvre et un héritage. Au printemps 1979, Miron reçoit un appel de Gilles Corbeil, propriétaire d'une galerie d'art, rue Crescent. Neveu et légataire du poète, le galeriste a pu prospérer grâce à sa prestigieuse galerie et accumuler les importants droits d'auteur que l'œuvre de Nelligan n'a cessé de générer avec les années. À l'occasion du centième anniversaire de la naissance du poète, Corbeil vient de concevoir l'idée de créer un prix de jeune poésie, conforme à l'image de son oncle. Il a bien sûr pensé à joindre Miron, indispensable quand il s'agit de mettre sur pied un projet concernant la poésie québécoise, lui qui connaît si bien le milieu et les diverses tendances de la poésie actuelle. Durant les mois qui suivent, Miron et Corbeil se rencontrent à plusieurs reprises pour définir les règles d'attribution, constituer le jury, s'occuper des contacts avec les éditeurs en vue d'obtenir les recueils, prévoir un échéancier. À titre de membre du premier conseil d'administration de la Fondation Émile-Nelligan, Miron supervise le processus et propose des noms, à commencer par Gilles Hénault, qui semble posséder toutes les qualités et l'autorité nécessaires pour présider le jury. Autour de lui travailleront Nicole Brossard, Suzanne Paradis et deux professeurs et critiques de poésie, Joseph Bonenfant et moi-même. La remise du prix le soir du 27 novembre, au Théâtre Maisonneuve de la Place des Arts, brille d'un éclat particulier puisqu'il s'agit en même temps d'un hommage à Nelligan. La chanteuse Monique Leyrac, dont les interprétations de certains poèmes de Nelligan mis en musique sont déjà admirées, remporte un grand succès, et c'est elle qui décerne la médaille à l'effigie de Nelligan, accompagnant la bourse de 3 000 $, à François Charron pour son recueil *Blessures*. Miron éprouve là une nouvelle satisfaction : de Nelligan à Charron, il y a un siècle entier de poésie québécoise, et la maison d'édition de Miron et Horic peut trouver une certaine gloire indirecte dans le choix de Charron, puisque son éditeur, Les Herbes rouges, fait désormais partie de la grande famille de l'Hexagone. Le prix Nelligan semble ainsi une autre fenêtre ouverte sur l'avenir et, jusqu'à la fin de sa vie, Miron conservera ses fonctions au sein du conseil d'administration de la fondation, en compagnie de son ami Pierre Vadeboncœur.

*   *   *

La remise du prix Nelligan tire le rideau sur une décennie qui s'est ouverte dans l'agitation et la répression politiques et qui se conclut, semble-t-il, sous les meilleurs auspices. Pour Miron lui-même, l'âge de la maturité a des airs d'accomplissement, et pas seulement à cause de l'imminence du référendum sur la souveraineté. Au début de 1980, il est encore permis de croire au succès des Messageries littéraires, comme en témoigne l'optimisme affiché par Georges Laporte dans le catalogue de l'agence. Sur le plan personnel, tout est loin d'être rose, mais le père célibataire est parvenu vaille que vaille à élever sa fille jusqu'au seuil de l'adolescence — elle aura onze ans en juillet — tout en composant avec les assauts répétés de Ghislaine qui ne lui pardonnera jamais de l'avoir « dépossédée » d'Emmanuelle — envers qui, pourtant, elle peut parfois manifester la plus profonde aversion.

L'étoile du poète, par ailleurs, continue de briller malgré certaines lectures mitigées ou parfois dédaigneuses qui ont accueilli *Courtepointes.* La plaquette parue à Ottawa demeure de toute manière une sorte d'épiphénomène, ignoré de la majorité des lecteurs, puisque la seule édition disponible de *L'Homme rapaillé* (excluant forcément *Courtepointes*) est toujours celle de 1970, dont les ventes, qui ont atteint leur régime de croisière, oscillent entre 2 500 et 3 000 exemplaires par année. Sur dix ans, les Presses de l'Université de Montréal peuvent faire état de plus de 32 000 exemplaires vendus, un succès hors du commun pour un livre de poésie au Québec. Et ce n'est pas fini, sans compter que pour Miron se profile à l'horizon la sortie chez Maspero, qu'il continue laborieusement de préparer.

De nouveaux projets poétiques se concrétisent ou s'élaborent. Le travail de l'anthologie va bon train et Miron peut se réjouir de voir sortir des presses en janvier une nouvelle rétrospective, *Desseins* de Michel Beaulieu, à qui l'Hexagone a aussi confié la direction de la collection « En tous lieux », où vont paraître les *Élégies civiles* de

Dennis Lee mais qui, on l'a vu, aura la vie courte. À la même période, Miron a des rencontres avec Jean-Claude Labrecque et Jean-Pierre Masse qui ont décidé de souligner le dixième anniversaire de la fameuse Nuit de la poésie de 1970 en organisant un autre événement semblable, qui sera filmé à l'UQAM à la fin mars. Le moment ne saurait être meilleur puisque le gouvernement québécois vient de faire connaître en décembre le libellé de la question et la date du référendum tant attendu sur la souveraineté : ce sera le 20 mai 1980. Belle occasion de rappeler, par une nouvelle fête de la parole, le rôle essentiel qu'ont joué les poètes, et d'abord Miron, dans l'affirmation d'une identité nationale québécoise. En parallèle, un autre projet se trame, auquel Miron est convoqué par Michel Garneau en février : celui d'une tournée, l'été qui vient, de plusieurs poètes québécois en France, depuis La Rochelle jusqu'en Avignon, et qui doit être filmée une fois encore par Jean-Claude Labrecque.

L'harmonie entre l'amour, la poésie et la politique, sa trinité personnelle, paraît solide aux yeux du poète en cette aube des années 1980. Avec Sandrine, ce seront bientôt trois années d'amour partagé depuis leur rencontre de février 1977 dans un café de la rue Émery. Partagé ? C'est du moins ce qu'il semble toujours croire malgré les frictions croissantes. Sandrine lui a beaucoup donné, elle l'a tiré de l'insondable détresse amoureuse dont il souffrait depuis sa jeunesse. Même physiquement, cela peut s'observer : l'homme dans la cinquantaine a meilleure mine et il soigne mieux sa tenue que jamais auparavant. Aussi étonnant que cela paraisse, « le laid » de 1950 est devenu un assez bel homme en vieillissant, auréolé par la réussite. Mais cette allure agréable rehaussée de prestige n'est pas pour autant une garantie de clairvoyance… Certains indices sont troublants, à commencer par le fait que le couple n'a jamais partagé le même toit, malgré la visite de nombreux appartements, les chalets loués dans les Laurentides et les nombreux voyages avec les enfants. Par ailleurs, on ne saurait envisager de vivre ensemble dans l'appartement chaotique et trop étriqué du 278, carré Saint-Louis, que Miron, Emmanuelle et Claude Dansereau occupent déjà amplement et où débarquent fréquemment les auteurs en tout genre.

En réalité, l'exaspération déjà manifestée par Sandrine s'aggrave et le couple n'est pas noué aussi fermement que les écrits de Miron, les ébauches de poèmes, l'« Anthologie pour elle » et autres serments d'amour le prétendent. Dès l'automne 1978, Sandrine, qui est inscrite à la maîtrise en psychologie à l'Université de Sherbrooke, a dû souvent s'absenter, ce qui l'arrangeait. Au fond d'elle-même, elle doute de la solidité de cette relation, quels que soient les emballements lyriques d'un homme qui aime peut-être plus l'amour, et surtout l'amour en poésie, que la femme réelle qui sollicite sa présence et son attention. Au cours de l'été 1979, à l'occasion d'un stage de plusieurs semaines dans un centre de psychologie de Los Angeles, elle peut méditer à distance sur ses insatisfactions ; mais l'automne et l'hiver donnent au couple un dernier sursis, tandis que la jeune femme achève son mémoire de maîtrise et que Miron continue vigoureusement d'« amironner ».

*   *   *

Il y a des anniversaires empoisonnés : le soir du 23 février, croyant encore pouvoir sauver un amour qui montre de sérieuses lézardes, Miron arrive tout joyeux chez Sandrine, apportant fleurs et cadeaux pour célébrer les trois ans de leur amour. Mais au cours du repas en tête-à-tête dans le Vieux-Montréal, la fête s'assombrit : Sandrine lui apprend qu'elle a rencontré un autre homme, avocat au contentieux de la Ville de Montréal. C'est la rupture, le retour brutal à une « déréliction » très ancienne dont *Femme sans fin* décrira le paysage ravagé :

> Nul horizon. Le désamour de nulle part
> un passage plus noir que le froid noir de l'hiver
>   Je te dis adieu
> je te dis que j'ai mal, mais mal
> avec ma tête d'éternité, ma tête de revenant
> (comment revient-on indemne de l'éternité ?)[25]

Revoici donc, comme autrefois, l'hiver des hommes seuls et des pays sans soleil, la saison glaciale des errances et de l'amnésie. Cela pourrait confiner au silence, mais Miron n'est jamais aussi intarissable, pour ne pas dire verbeux, que lorsqu'une femme l'abandonne. Dans la nuit bissextile du 28 au 29 février, au son de Mozart et de Mahler, deux musiciens chers à Sandrine, il dresse dans une lettre-fleuve, sur dix-huit feuillets manuscrits, le procès-verbal de ce nouvel échec. « Ah oui, jésus, j'ai compris pour de bon cette fois[26] », écrit-il à cette femme qui a su le convaincre qu'au-delà du temps et de l'histoire il y a l'éternité. Cependant, on est loin de *La Bataille de soi* et autres bilans qui s'embourbaient jadis dans l'autobiographie complaisante et la mauvaise psychologie féminine. Certes, le poète de *La Marche à l'amour*, comme nombre d'écrivains, ne cesse pas de vivre ses passions à la lumière de la littérature, et l'on peut sourire de le voir invoquer, en ce février noir, le mal de Rutebeuf, le savoir humain de Shakespeare, l'humilité désarmante de Verlaine : « Voici des fruits, des fleurs, des feuilles et des branches / Et puis voici mon cœur qui ne bat que pour vous » — sans oublier l'écho de ses propres poèmes toujours aptes à commenter sa vie :

> Ça me rend malade, malade, de me rendre compte que je t'ai fait « *mourir de langueur* », comme si tu t'étiolais, mon amour, et je me dis : maudit, que cette femme m'a aimé, et j'enrage, combien j'ai été aveugle et sourd par *le bourdonnement de l'inessentiel*[27].

Auparavant, il ne faisait jamais son propre procès sans tourner l'accusation contre la femme qui l'avait rejeté. Cette fois, dans un bilan dépourvu de hargne et de condescendance, Sandrine n'est l'objet que de ses éloges, et il remercie la vie pour leurs trois années de bonheur, bien que sa souffrance n'en soit pas moins vive. Qu'a-t-il donc « compris pour de bon » ? La chose lui crève les yeux : s'il a tant de mal à être présent à la femme aimée, c'est qu'il n'est pas davantage présent à Gaston Miron ; s'il peut négliger l'autre à ce point, c'est qu'il se néglige d'abord lui-même. Cette prise de conscience, comme une lumière fulgurante, lui fait relire tout autrement le fameux poème liminaire de *L'Homme rapaillé*, évoquant son « voyage abracadabrant » : « il y a longtemps que je ne m'étais pas revu ». Ce poème, sans le savoir peut-être, a nommé avec une extraordinaire justesse son mal : celui qui consiste à s'éloigner, à s'absenter de ce qu'il est, comme le « cheval de trait » dont il parle dans son poème *Paris*, absorbé à ce point dans sa lourde tâche qu'il ne peut même plus savoir qu'il existe, ni dresser l'oreille « pour se saisir réel ». À présent, tout est clair et l'amoureux éconduit peut dire merci à Sandrine pour cette révélation et constater : « je suis arrivé à ce qui commence »…

Sans doute faut-il faire, une fois de plus, la part de la rationalisation et de la rhétorique. On l'a trop vu tirer de ses peines d'amour des leçons de maturité, comme après la rupture avec Rose Marie, pour ne pas demeurer sceptique. Sa sagesse n'est jamais exempte d'entêtement et d'orgueil. Piqué au vif, le poète en pleine gloire confie d'ailleurs son dépit amoureux à des proches : « Elle m'a quitté pour un petit avocat qui plaide des contraventions ! » En juin, au milieu d'une autre nuit d'insomnie fébrile, il griffonne encore une note à la femme qui l'a ainsi dédaigné : « Je t'aime, je suis cet homme enlacé avec toi dans les airs […] et je te fais l'amour[28]… » Faute d'une telle étreinte hantée par Chagall, il va jusqu'à espérer qu'elle pourrait l'accompagner dans la tournée des *Sept Paroles du Québec* en France : un espoir vain, bien entendu.

L'homme, malgré tout, n'a-t-il pas un peu changé ? Il ne semble plus la « bête atteinte » de jadis, il n'est plus agité par cette souffrance féroce qui lui faisait faire des gestes excessifs. De toute manière, les circonstances vont vite le distraire de son mal et Sandrine elle-même ne disparaît pas pour de bon, même si leur relation, destinée à se poursuivre encore quelques années, sera désormais platonique. Dans l'intervalle, en ce printemps fébrile de 1980, qu'y a-t-il d'autre que la poésie pour signer l'épilogue d'un amour qui s'est voulu à la fois concret et définitif ? Jusqu'à la fin juin, à la veille de s'envoler pour la France, il travaille sans relâche à terminer la grande suite poétique à Sandrine qu'il prépare depuis trois ans.

Femme sans fin, qui paraît au cours de l'été dans la revue *Possibles*[29], n'est pas une nouvelle *Marche à l'amour*, ni par la forme, ni par le ton. Miron, cette fois, veut écrire une vraie poésie du « couple » et, dans ce dessein, il met en œuvre le « dialogue » dont il a exposé l'idée à Sandrine dès 1977. Chacun des douze poèmes de la suite s'ouvre ainsi par l'extrait d'une lettre de « Sandrine B. » en épigraphe : « Je suis ta femme éternelle[30] » ou encore « Je m'adresse à l'homme au front éhonté d'amour[31] ». Alors que l'ampleur cosmique et mythique de *La Marche* s'appuyait sur l'anonymat (« la » femme plutôt qu'« une » femme en particulier), *Femme sans fin* met en scène deux amants dans leur vie réelle, nommés dès le premier poème : « le corps de l'amour est deux / sandrine berthiaume / gaston miron[32] ». Mais est-ce un hasard si l'un des plus beaux vers de la suite évoque plutôt un ailleurs très peu terrestre : « nous reposons / aériens comme en Chagall et de tout temps[33] » ? Quoi qu'il fasse, Miron n'est pas plus que dans *La Marche à l'amour* un poète du couple accompli ou de l'amour réalisé au jour le jour, il n'est ni Éluard ni Aragon, comme le montre encore ce quatrain aussi éblouissant que tragique :

Est-ce la fin de l'amour, la fin
dans la souffrance blafarde des os
la tristesse sans tain des lacs glacés
où luit, fabuleuse, la solitude érotique[34] ?

Il est rarement plus inspiré que dans ce registre aux antipodes de la vie de couple, et le poème central de *Femme sans fin* récupère d'ailleurs des images et des vers que l'on pouvait lire dès les années 1950 dans des brouillons de *La Batèche* :

Homme de la douleur d'une anthropoésie
ma voix de rapides giclant dans les mots
ma parole concassée sur la courroie en marche
miron des malchances et des résurrections […]
je baratte mon amour à la roue d'infortune[35]

Certes, il y a de beaux moments d'érotisme pur dans *Femme sans fin* (« notre chair polarisée de verrières », « les cieux du dedans la prairie charnelle »), et cette pure grâce d'un soir d'hiver, « au moment où le foyer s'allume » :

Fenêtre qui vole, ma tendre amour
dans la brunante où s'attardent
les fantômes et l'arcane de neige

et tout là-haut, ma blanche amour
notre montagne heureuse et déliée
batik dans la soie de mon regard[36]

Jamais peut-être le génie poétique de Miron ne s'est montré si lumineux, presque diaphane. Pourtant, on observe aussi des lourdeurs : « mon désir s'éternise / *dans l'ouvert et le fermé d'en elle* », et l'éloge du couple n'évite pas toujours les abstractions morales et les banalités :

Nous nous choisissons
dans le couple et nous élevons en lui
pour lui-même et sa mouvance
magnétique dans l'institution de tous

> nous nous aimons et le dire
> comme nuls autres au monde[37]

Les qualités de Sandrine n'y sont pour rien et les leçons de la vie réelle, si précieuses soient-elles, ne produisent pas nécessairement des œuvres achevées. Le principal intéressé a un jugement poétique trop sûr pour ne pas en être conscient : sans doute lui deviendra-t-il impossible d'intégrer plus tard à *L'Homme rapaillé*, au moment où il vivra un nouvel amour, une suite qui nomme Sandrine à chaque page, mais on peut penser que, de toute manière, des raisons strictement littéraires, de trop nombreux vers et strophes « en souffrance », rendent imparfaite à ses yeux cette suite poétique, la dernière écrite dans sa vie.

*   *   *

La perte de la « femme sans fin » n'est que le prélude à un second séisme, d'une autre ampleur : car c'est tout le grand récit sans cesse exposé par Miron qui semblait conduire naturellement, sur un mode triomphal, au 20 mai 1980. Le retour au pouvoir de Pierre Elliott Trudeau en février, avec l'une des plus fortes majorités qu'ait jamais connues un parti au Québec (68 % des votes et 74 députés sur 75), annonce sans nul doute que le champion du fédéralisme canadien est armé pour le combat. L'optimisme n'en demeure pas moins grand chez les souverainistes, surtout chez les écrivains, les artistes et les intellectuels, très majoritairement gagnés à un espoir dont Miron est l'emblème et le porte-voix. « Je m'écris toujours à l'avance », aime-t-il répéter depuis ses débuts : comment ne pas croire que ce prophétisme a aussi un sens politique, qui redonne à *L'Homme rapaillé* la plus brûlante actualité ?

Une image résume à elle seule cette vision des choses : celle de l'apparition-surprise de René Lévesque à l'UQAM, le 28 mars, au lever de rideau de la nouvelle Nuit de la poésie, une séquence qui sert de prologue au film tourné par Jean-Claude Labrecque et Jean-Pierre Masse[38]. S'excusant presque de surgir des coulisses comme un intrus avant que les poètes ne prennent la parole, le premier ministre du Québec est plutôt venu dire que les poètes l'ont précédé :

> [...] On a été très chanceux au Québec d'avoir ce genre de précurseurs
> que sont les poètes, qui nous proposent l'idéal. En vieux grec, qu'on
> apprend au collège et qui ne sert plus à rien par la suite, on apprenait que
> « idéal » venait d'un mot grec signifiant « voir » : voir ce que les autres
> n'ont pas encore vu, ce qui va être ou ce qui devrait être vu, si on peut en
> convaincre assez de le voir aussi...

Curieux prologue, comme si l'idée devenue commune, depuis les années 1960, selon laquelle la poésie québécoise « fondait » le pays à venir, butait ici sur un doute : d'autres, en assez grand nombre, pourront-ils voir ce que les poètes ont vu ? Argument à double tranchant aussi, quand on considère que la poésie québécoise a largement oublié le thème du pays depuis la fin des années 1960... Mais qu'importent ces nuances, s'il y a Gaston Miron ? Qui, mieux que lui, peut se dire un « précurseur » ayant su proposer « l'idéal » ?

Ce soir-là, quand le poète redit à la foule, du haut d'un balcon : « je suis arrivé à ce qui commence », chacun sait de quel commencement il s'agit, et sa lecture en crescendo de *Compagnon des Amériques* apparaît plus que jamais de circonstance : « mais donne la main à toutes les rencontres, pays / toi qui apparais / par tous les chemins défoncés de ton histoire[39] ». Il est vrai qu'en contrepoint il y a la chanson triste de l'amour perdu, *La Rose et l'œillet*, qu'il accompagne de ses lancinantes plaintes d'harmonica :

> Dans les départs et les paroles
> elle m'a aimé en coup de vent
> était-ce vrai ou bien frivole
> je n'ai pas su savoir comment[40]

Mais le mal d'amour reconduit cette fois irrésistiblement au rendez-vous prochain avec le pays. Ce mal est-il d'ailleurs si entier ? Dans son agenda en date du 28 mars, à côté de la mention « Nuit de la poésie », il ajoute après coup ces simples mots : « Ana est venue ! » Cette femme que l'on dirait surgie de nulle part, c'est Ana Paula Araujo, une belle hôtesse de l'air portugaise, qu'il fréquentera assez régulièrement jusqu'en 1982. Ana ne saurait effacer Sandrine, mais un poème de Miron, *Lisbonne*, jamais publié comme tel de son vivant[41], témoigne du passage de cette femme dans sa vie. À tout le moins, sa

présence dès le printemps 1980 indique que Miron est déterminé à
ne pas se languir interminablement dans la solitude « glacée » qu'il a
connue à d'autres époques.

La Nuit de la poésie de 1980 demeure un curieux événement,
qui ne sera pas parvenu à retrouver l'état de grâce de 1970, et dont
la volonté prophétique, soulignée à gros traits par le discours de
René Lévesque, paraît en porte-à-faux avec les réalités poétiques du
tournant de la décennie. Si le verbe exploréen et impérial de Claude
Gauvreau a conquis la salle enfumée du Gesù dix ans plus tôt, l'un
des moments forts à l'UQAM réside dans l'apparition bouleversante
de la jeune poète Marie Uguay, arrivée en claudiquant sur la prothèse
qui remplace sa jambe amputée à cause d'un cancer, pour lire des
poèmes tout en nuances intimes, disant « la passion des entrenuits »
et les « fruits de Cézanne » dans l'espoir de conjurer « le temps des
destructions ». À vingt-quatre ans, il lui reste moins de dix-huit mois
à vivre.

Miron, lui, est déjà prêt à se plonger corps et âme dans la campagne
référendaire, non sans déchirements. Dans une lettre datée du
15 avril à Sandrine, il avoue qu'elle lui manque « atrocement », avant
d'annoncer :

> Je pars pour Mont-Laurier, où je suis l'orateur principal pour le « oui »
> au congrès régional du mouvement. Mon Dieu, mon Dieu, ce soir du
> 20 mai, tous sauteront de joie et ils prendront dans leurs bras la femme
> qu'ils aiment et l'étreindront. Je serai dans mon coin, les larmes aux yeux,
> seul comme les pierres de l'Ungava, et dingue, dingue[42].

L'évocation de cette soirée triomphale tourne au pathos : va-t-il
devenir fou, comme Nelligan, se demande-t-il, tout en évoquant la
mort récente de Roland Barthes et de Jean-Paul Sartre. « Il me semble
que je t'en parlerais pendant des heures. »

En réalité, il se dépense pour d'autres discours et il ne cesse,
dans les semaines qui suivent, de proclamer la bonne nouvelle de
l'indépendance. L'une de ses forces, cette fois encore, c'est son sens
de la synthèse et de la formule saisissante — à partir d'informations,
souvent glanées dans les journaux et les revues. Une anecdote
survenue au cours d'une soirée chez Gérald Godin et Pauline Julien à
cette époque illustre parfaitement cette aptitude qui est la sienne. Des
écrivains, des artistes, des journalistes, des figures publiques se pressent

ce soir-là chez le couple au carré Saint-Louis. Au milieu du brouhaha, Miron se retrouve en vive discussion avec Jacques Parizeau, qui est alors le ministre des Finances de René Lévesque. Le débat porte sur le système de péréquation fédérale, une question technique à faire bâiller d'ennui le commun des mortels. Parizeau, faut-il le dire, n'est pas tout à fait un enfant d'école en économie et en finance, mais le Miron-à-la-grande-gueule s'emballe, tient son bout, lance des chiffres, fait état de rapports sur la question. Un des journalistes les plus respectés de Radio-Canada qui assiste à l'échange, Louis Martin, n'en revient pas : « Il connaît les dossiers mieux que nous ! » lance-t-il à quelques invités qui se sont retirés à la cuisine. Quoi qu'il en soit, il est probable que de telles prestations ont nourri l'affection de Jacques Parizeau pour Miron qui ne s'est jamais démentie par la suite.

À mesure que l'heure de vérité approche, les tribunes se multiplient pour l'orateur Miron. Au congrès de la Société Saint-Jean-Baptiste sur le thème « Préparons notre indépendance », c'est lui qui, au dire d'un journaliste, « a trouvé les mots qu'il fallait pour réchauffer le militantisme des délégués[43] ». De retour des Hautes-Laurentides, on le voit au cégep de Rosemont, invité par Aline Robitaille, et dans diverses assemblées souverainistes, sur le Plateau-Mont-Royal, au Rassemblement des écrivains pour le oui, tenue au Gobelet sous la présidence de Pierre Vadeboncœur. Près de cent cinquante écrivains se sont ralliés au mouvement encouragé par le ministre Camille Laurin, mais c'est la photo du seul Miron et des extraits de son discours qui sont en vedette dans *La Presse* du lendemain :

> L'écrivain rencontre un jour son peuple, ne serait-ce que parce que son matériau, la langue, est lié à ce peuple. Je sais, a déclaré Gaston Miron, que la crainte des écrivains est d'être récupérés par le pouvoir. À l'heure actuelle, je ne pense pas qu'on puisse se faire récupérer par quelque pouvoir que ce soit. Ce qui nous récupère, c'est le peuple[44].

Reste à savoir ce que pense le peuple et s'il va embrasser la cause de ses écrivains.

Mais rien ne semble arrêter Miron, qui trouve le temps, en pleine campagne référendaire, de faire un saut au Salon du livre de Québec, de lire des extraits des *Élégies civiles* avec Dennis Lee au café Chez Temporel (« Ensemble, nous les ferons, ces deux pays », a confié Miron au poète de Toronto), puis, rentré à Montréal, d'assister à la remise du prix Duvernay à Michèle Lalonde et, dans un curieux aparté, de faire une lecture bilingue de *The Agonized Life* avec Marc Plourde au collège John Abbott, en plein « West Island » très peu souverainiste.

Malgré cette énergie impressionnante, est-il tout à fait confiant ? Un sondage de Radio-Canada réalisé à la fin avril l'a remis devant ce qu'il appelle, dans une note inédite, « les contradictions d'un peuple qui se décolonise » : en effet, si une majorité saisit bien la notion de souveraineté-association et se dit satisfaite du gouvernement Lévesque, une majorité tout aussi importante croit que celui-ci perdra son référendum et serait même prête à élire un gouvernement libéral. Miron se fait sarcastique : « *Go ahead*, masochisme ! Oui, s'il vous plaît, non, merci[45]. » En fait, ce sondage, dans lequel seulement 41 % de la population se dit prête à accorder au gouvernement québécois le mandat de négocier une nouvelle entente avec le Canada, prédit déjà presque exactement le résultat du 20 mai.

Les résistances les plus farouches à la souveraineté se trouvent chez les personnes de plus de soixante ans, que cherchent à influencer les forces fédéralistes en brandissant le spectre de la perte des pensions de vieillesse versées par Ottawa. Au cours de la dernière semaine avant le scrutin, Miron fait la tournée de plusieurs résidences pour personnes âgées sur le Plateau-Mont-Royal et dans le Centre-Sud, avec Michel Garneau, Pauline Julien et un jeune étudiant qui deviendra éditeur et journaliste, Jean-François Nadeau. Au mieux, l'accueil est poli, mais l'opposition est palpable. Au terme d'une rencontre, Miron entend une vieille dame s'indigner auprès de ses amies : « C'est-y pas honteux, *ils* veulent plus qu'on soit une province ! » C'en est trop. Sur le chemin du retour, accompagné de Robert Girardin qui est venu l'entendre, il répète inlassablement la phrase comme pour mieux en apprécier l'aberration. À des ouvriers grimpés sur un échafaudage, il la lance à tue-tête depuis le trottoir : les hommes le regardent d'un air éberlué, en se demandant quelle mouche l'a piqué. Et cela continue dans un restaurant, où Miron se promène dans les allées en répétant la phrase : « C'est-y pas honteux, ils veulent plus qu'on soit une province ! » Non, décidément, un tel éloge de l'existence provinciale a de quoi rendre fou, plus encore que les souffrances amoureuses ou les crises de Ghislaine…

Le soir du 20 mai, tout est consommé. Ovationné malgré la défaite, René Lévesque parvient tant bien que mal à prononcer sa phrase historique : « Si je vous comprends bien, vous êtes en train de dire : à la prochaine fois », tandis que dans cette foule rassemblée au Centre Paul-Sauvé, image dramatique qui sera cent fois reprise, un père berce doucement son bébé en pleurant à chaudes larmes.

*   *   *

Ce qui frappe, comme après Octobre 1970, c'est le silence de Miron à propos de cette défaite. La majorité, plus de 60 %, a fait le choix de la vieille dame : le Québec demeure donc une province. Pour un homme dont l'action sur tous les plans visait, depuis trente ans, à mettre littérairement et politiquement son peuple sur la carte des nations de plein droit, un homme pour qui il fallait en finir avec le statut « régional » et « provincial » du Québec pour accéder au vaste monde, le choc est immense. Lui est-il même possible d'analyser un choix qui équivaut à un inexplicable refus de soi-même ? Car il faut bien voir en quels termes Miron a toujours traité du politique : au-delà des aliénations qui confinaient à l'irréel, il s'agissait de commencer, d'entreprendre, c'est-à-dire de naître, d'être au monde. Comme il le confiait à Jean Royer après avoir obtenu le prix Duvernay, son poème *Pour mon rapatriement* inscrivait dès 1954 le « oui » au cœur même de sa démarche : « un jour j'aurai dit oui à ma naissance[46] ». Ce n'est pas pour rien qu'on a très tôt reconnu en lui le « poète national ». À la suite de la prise du pouvoir par le Parti québécois, l'accomplissement de la prophétie semblait désormais inéluctable :

> Aujourd'hui, vingt-cinq ans après, dans le cheminement d'un peuple, ce poème, avec son vers central [...] trouve enfin à se réaliser, trouve enfin le lieu de sa collectivité et de son histoire. Je pourrai bientôt me dire oui à moi-même. Nous pourrons tous nous dire oui à nous-mêmes. Le peuple québécois, pour la première fois de son histoire, pourra se dire oui à lui-même[47].

On mesure à quel point l'option provinciale de la vieille dame peut lui avoir été indigeste. Ce n'est même pas une question de choix car, comme il l'expliquait en 1978, on ne peut choisir de « crever bête-ment ». Le soir du 20 mai 1980, l'impensable s'est produit : démocrati-quement, le peuple québécois a décidé de « ne pas naître ». Que faire ? À une amie française, Cécile Pelosse, qui a consacré une étude à *L'Homme rapaillé*, il écrit le 25 juin : « Je ne te parlerai pas du référendum. Nous sommes déçus mais pas découragés. Je suis un vieux militant, je continue *la longue marche*[48]. » C'est tout, il n'y a rien d'autre à dire : si mourir n'est pas une option, il ne reste qu'à poursuivre, un peu comme s'il ne s'était rien passé, quitte à recommencer plus tard.

* * *

Sa volonté trouve un appui dans les travaux courants qui le sollicitent à l'approche de l'été : maintenir à flot les Messageries littéraires, mettre au point le programme d'édition de l'Hexagone pour la rentrée d'automne, s'occuper de demander les droits pour l'anthologie de la poésie québécoise. Sans oublier un certain manuscrit qu'espère toujours recevoir à Paris François Maspero. Et dire que le poète pourrait l'apporter en main propre à son éditeur, ce manuscrit tant attendu, puisqu'il doit bientôt s'envoler pour la France en vue de la tournée *Les Sept Paroles du Québec*. Dans les circonstances, quel titre d'ailleurs que celui-là, même s'il est motivé par la participation de sept poètes : outre Miron, Yves-Gabriel Brunet, Paul Chamberland, Raôul Duguay, Michel Garneau, Michèle Lalonde et Gilbert Langevin. Mais l'allusion aux « sept paroles du Christ » n'est-elle pas résolument « agonique » ? Le Québec serait-il en croix ? Quoi qu'il en soit, Miron retrouve ses compagnons poètes pour les répétitions tenues à Montréal avant le départ. Mais Maspero, encore un peu, devra prendre son mal en patience.

La compagnie des femmes est le meilleur baume : malgré leur rupture, Miron revoit Sandrine qui l'accompagne pour saluer le départ du consul de France, en juin, et il fête la Saint-Jean avec Ana Paula chez Michèle Lalonde. Les femmes ? Quel alignement providentiel des planètes les rend-il donc si nombreuses en ce tournant de décennie ? Même en France, il se promet d'en revoir une autre, Ewa Lewinson, rencontrée à Montréal l'automne précédent. D'origine polonaise, comédienne et metteure en scène au caractère flamboyant, elle a travaillé à Paris avec Antoine Vitez, l'une des figures de proue du théâtre français, artisan du retour en force de Claudel dont il a monté *Partage de midi* en 1975. Invitée par le Centre d'essai des auteurs dramatiques, Ewa a pu s'initier au milieu théâtral québécois, elle a vu *Les fées ont soif* de Denise Boucher et c'est au hasard d'un cocktail qu'elle a fait la connaissance de Miron, qu'on lui a dit être « le plus grand poète du Québec ». En réalité, elle lui a plutôt trouvé l'allure d'un concierge, un concierge jouant de l'harmonica… Il n'empêche que, par-delà les apparences, la séduction a joué de part et d'autre et que des retrouvailles s'annoncent au cours de l'été 1980.

Tout compte fait, malgré l'amère déception politique du 20 mai, les consolations ne manquent pas. Et que dire d'une nouvelle rencontre encore, qui se produit seulement dix jours après le référendum perdu ? En effet, une autre femme fait alors une apparition discrète dans la vie de Gaston Miron : mariée, début de la trentaine, mère de deux jeunes enfants. À première vue, malgré ses charmes et ses qualités certaines, il n'y a pas là un grand avenir. Et pourtant…

Le deuxième souffle de *L'Homme rapaillé*

Si la sensibilité d'Ewa Lewinson a été heurtée par la tenue et les manières du « poète national », le choc est encore plus grand pour Marie-Andrée Hamel. Ce vendredi 30 mai 1980, la jeune femme a pris la route à Saint-Boniface-de-Shawinigan, avec André, son mari, et leurs deux jeunes enfants, pour venir assister au lancement à la Bibliothèque nationale d'un livre de François Ricard, *Le Prince et la ténèbre*, illustré de gravures de Lucie Lambert, qui y expose en même temps ses œuvres. Le couple Hamel se retrouve ainsi à Montréal en pays de connaissance, avec des compatriotes de la Mauricie qui se sont connus durant leurs études classiques au Séminaire Sainte-Marie de Shawinigan : outre Lambert et Ricard, le romancier Yvon Rivard et le critique Réjean Beaudoin, proches en même temps de la revue *Liberté*.

Pendant la tournée de l'exposition en compagnie d'une amie artiste venue au lancement, Marie-Andrée est importunée par un homme d'âge mûr à qui les deux femmes n'ont rien demandé mais qui persiste à les interrompre sans manières pour faire le drôle et piquer la jeune femme : « Vous parlez bien, madame, vous devez être professeur... » De peine et de misère, elles parviennent à éloigner l'intrus. « C'est Gaston Miron... » chuchote son amie à Marie-Andrée, qui ne parvient pas à le croire : non, ce n'est pas ce « clown triste » qui a pu écrire un poème aussi senti, aussi grandiose que *La Marche à l'amour*. Mais l'autre, qui connaît mieux qu'elle le milieu littéraire montréalais, est catégorique : « C'est bien lui, je t'assure ! » Le dragueur ne lâchant pas prise, Marie-Andrée cherche à faire diversion côté littérature : « J'aime beaucoup vos poèmes… » risque-t-elle. « Je ne veux pas qu'on aime mes poèmes, je veux qu'on m'aime, moi ! » lui lance Miron. Le personnage paraît tout simplement pathétique.

Durant le cocktail qui suit le lancement, il cherche toujours une voie d'accès en rôdant aux alentours de la jeune femme dont le charme l'a séduit. Elle est en train de commenter à Yvon Rivard son dernier roman, *L'Ombre et le double*. Avant même que Miron n'ait le temps de s'introduire dans l'échange, elle s'enfuit pour aller se présenter à Paul-Marie Lapointe, dont elle admire aussi la poésie mais qui, lui, est un homme raffiné, d'une impeccable élégance. C'est une mauvaise journée pour le séducteur Miron, mais impressionné par ce qu'il a entendu, il s'approche de Rivard et il lui lance : « Voilà en plein la femme qu'il me faut ! » La déclaration pèse lourd, mais comme la principale intéressée n'en a pas eu vent, on voit mal comment l'affaire pourrait connaître une suite.

De toute façon, les circonstances sont rien moins que favorables. « La-femme-qu'il-me-faut » en a plein les bras avec sa propre vie en Mauricie, son couple qui va mal après onze ans de mariage, ses deux enfants de sept et quatre ans, son retour récent aux études à l'Université du Québec à Trois-Rivières, après un itinéraire sinueux qui, le long des années 1970, l'a vue étudiante malheureuse en lettres à l'Université McGill, rédactrice pour les syndicats de la CSN à Shawinigan et professeure à temps partiel au cégep. À trente-trois ans, elle est toujours en train de démêler son avenir. Du côté de Miron, la situation est assez trouble : malgré ses avances peu subtiles à une inconnue, il espère toujours reconquérir Sandrine et, entre-temps, Ana est une délicieuse consolatrice tandis qu'Ewa embellira son périple français. On en est d'ailleurs aux préparatifs en vue de la tournée des *Sept Paroles du Québec* : Miron a décidé d'y emmener Emmanuelle qui fera ainsi sa découverte de l'Europe et y fêtera ses onze ans le 16 juillet.

Partis le jour de la fête du Canada, les poètes accompagnés du musicien Dominique Tremblay et de Jean-Claude Labrecque atterrissent à Paris et repartent aussitôt en train pour le Festival de La Rochelle, où ils sont reçus à la gare par Bernard Mounier, directeur de la Maison de la culture et organisateur de l'événement. Le lieu est riche en histoire : c'est d'ici que de nombreux voyageurs se sont embarqués pour la colonie, des régiments entiers, des religieux, de simples colons. Marc Lescarbot, poète des *Muses de la Nouvelle-France*, y a fait ses adieux au vieux pays et le sieur Chomedey de Maisonneuve y a fait connaissance avec Jeanne Mance avant d'aller fonder Ville-Marie, la future Montréal.

Mis en scène par Michel Garneau, que Miron appelle « le *coach* » parce qu'il a décidé d'imposer un peu de discipline à cette troupe plutôt délinquante, le spectacle des *Sept Paroles du Québec* souhaite (malgré les relents de Passion christique) faire valoir l'énergie créatrice du Québec contemporain, en exploitant une large gamme de voix poétiques. Quelques semaines après le 20 mai, il y a là une manière d'exorciser la défaite et d'affirmer que « le temps des vivants » chanté par Gilbert Langevin pourra toujours advenir. Dans la vidéo émouvante qu'en a tirée Jean-Claude Labrecque (sous le titre allégé de *Paroles du Québec*[1]), la thérapie ne paraît pas tout à fait accomplie. Le pays n'étant pas advenu, on reconduit l'espoir contre-culturel : « J'ai pour matrie la Terre », annonce Chamberland, relayé par Duguay : « La parole est mon acte d'amour planétaire. » Sans doute le violon primesautier de Dominique Tremblay maintient-il une atmosphère de danses carrées et de gigues teintées de musiques du monde, mais le cœur québécois est meurtri : Miron ne peut que redire ses grands classiques, ses *Monologues de l'aliénation délirante* et des extraits de *La Batèche*. Langevin parle des « années de malheur » et Garneau ironise amèrement sur la fête de la Saint-Jean qui a eu lieu quelques jours plus tôt sur le mont Royal, « pleine de canettes de bière, de pollution, de saleté : la seule fête que ce peuple aura ». Avec le *Speak White* de Michèle Lalonde, la mesure est pleine : on dirait que peu de choses ont changé depuis les années 1960, quand la grande fête de l'indépendance brillait sur un horizon encore lointain. Reste, pour Miron du moins, la fête de l'amour : en gros plan dans le film, ses yeux pétillent et semblent sourire quand il redit par cœur des extraits de sa fameuse *Marche* — « Tu as les yeux pers des chants de rosées » — entrecoupés d'envolées lyriques à l'harmonica, comme une confidence sans paroles à quelque femme absente.

S'il y a une consolation ou une thérapie politique, elle est dans le succès de la tournée (« Éclatante consécration de la poésie québécoise à La Rochelle[2] », titre *La Presse*), mais aussi dans le plaisir qu'ont de vieux camarades de tout partager pendant trois semaines, jour et nuit : les repas, les hôtels, les promenades en ville, les voyages en train. L'arrêt de quelques jours à Paris permet à Miron de renouer avec son rôle de marcheur urbain qui, à grands pas, mène ses amis vers les lieux littéraires et historiques. On ne compte plus les Québécois qui ont vécu l'expérience, sous le signe de l'urgence. Jean-Marc Piotte se souvient de s'être fait réveiller à l'hôtel, tôt un matin, par une voix de stentor qui criait dans la rue vers sa fenêtre : « Lève-toi, Piotte, on s'en va visiter Paris ! » Les poètes des *Sept Paroles du Québec* sont entraînés à leur tour par cet éclaireur hors du commun, qui semble tout savoir des lieux où ont vécu les écrivains, des secrets de Jean-Paul Sartre et Simone de Beauvoir et de l'histoire des grands monuments. Au pied de la tour Saint-Jacques, devant la verve et la précision du topo, c'est à s'y méprendre : un attroupement se crée, les passants croyant qu'il s'agit d'un guide touristique — très informé et surtout passionnant ! Le quiproquo n'est pas gratuit : pendant son premier séjour à Paris, quand il manquait d'argent, Miron s'improvisait volontiers guide auprès de touristes croisés dans la rue, pour gagner quelques francs…

Tout le long de la tournée, on compte sur lui pour nourrir les conversations (ou les monologues…) jusque tard dans la nuit, pendant qu'Emmanuelle, lasse de ces palabres, va dormir. Le vin coule à flots et de vieilles blessures refont parfois surface, maquillées sous le grand rire familier : « Tu écris trop, tu ne passeras jamais à la postérité ! » lance-t-il un soir à Michel Garneau. Ce n'est qu'absurde bravade, pour mettre un baume sur sa propre rareté poétique, dont il n'a jamais cessé de souffrir tout en la cultivant. La nuit venue, il va chercher dans sa valise des brouillons de poèmes qu'il exhibe à Garneau et à Chamberland : voilà les bribes et les lambeaux de l'œuvre qu'il n'a pas écrite. Les deux autres ont beau lui rappeler le grand souffle de *La Marche à l'amour* et de *La Vie agonique*, rien n'y fait : le vin est devenu triste et le poète ne se console pas d'être l'auteur d'un seul livre, même s'il y a tout mis dans l'espoir d'accéder à « la postérité ».

Le spectacle lui-même demeure une fête de la poésie, un événement inhabituel en France à l'époque : le public est conquis. Après La Rochelle et Paris, où la troupe se produit à Beaubourg, la tournée descend vers Avignon. À l'ombre du palais des Papes où le fameux festival de théâtre bat son plein, les poètes du Québec font salle comble cinq soirs de suite à la chapelle des Célestins. C'est le point culminant de la tournée et, pour Miron, le bonheur de retrouver Ewa Lewinson, qui lui a annoncé qu'elle serait au festival et qu'elle en profiterait pour venir assister à son spectacle. Ils se revoient en tête-à-tête, ils causent de théâtre et surtout de Claudel, qui a subi au Québec comme en France, depuis vingt ans, une certaine désaffection. La mise en scène de *Partage de midi* par Vitez a changé la donne ; Miron, qui a lu la pièce, l'admire au plus haut point. Un couple qui vit une passion impossible sur un paquebot, au milieu de l'océan, voilà une image romantique propre à l'exalter.

À Avignon, après les belles heures avec Ewa, le rideau se referme sur *Les Sept Paroles du Québec*, au son du violon et de l'harmonica. Après un arrêt à Lyon, où Miron rend visite à Cécile Pelosse, moment heureux pour Emmanuelle, choyée par cette femme maternelle après une tournée somme toute fastidieuse pour elle, c'est la rentrée à Montréal, début août, juste à temps pour un déménagement. En effet, le bail de location au 278, carré Saint-Louis n'a pas été reconduit et Miron se prépare avec Claude Dansereau à se déplacer dans l'appartement voisin, le 272, plus spacieux, occupé quelques années plus tôt par René Derouin et sa famille avant leur départ pour Val-David.

Tandis qu'il s'installe avec sa fille et son perpétuel colocataire dans leur nouveau logement, une idée fixe l'habite : revoir la jeune femme de la BN, dont il ignore presque tout, réparer le ratage du 30 mai, même s'il ne parvient pas à oublier Sandrine. La preuve, en cette fin d'été et durant l'automne, les balades en voiture qu'il propose fréquemment à Emmanuelle : comme par hasard, il s'agit toujours d'aller saluer ses amis Jean-Guy Pilon et Robert Girardin, qui habitent tous deux le quartier Notre-Dame-de-Grâce, où il a appris que Sandrine vient d'emménager. Rapidement conclues, les visites ne sont qu'un prétexte pour aller ensuite garer sa voiture près de l'appartement de son ex-amoureuse et faire le guet pendant une heure ou deux en espérant l'apercevoir avec « son petit avocat »… Pour Emmanuelle, qui n'est pas dupe et qui s'impatiente, c'est tourner le fer dans la plaie : avec Sandrine, elle a en effet perdu une vraie mère, et un demi-frère en Jean-Patrick, malgré leurs querelles nombreuses.

Voilà donc le poète Miron dans le rôle du fin limier : tandis qu'il espionne les allées et venues de Sandrine, il mène son enquête sur la jeune femme de la BN, bien connue d'Yvon Rivard et de ses amis de la Mauricie. Il a pu apprendre qu'elle fait sa maîtrise en lettres à l'Université du Québec à Trois-Rivières et qu'elle y fréquente le milieu des Écrits des Forges, la maison d'édition de poésie de Gatien Lapointe qui attire un cercle de jeunes poètes prometteurs : Yves Boisvert, Louise Blouin, Bernard Pozier, quelques autres encore. Voilà une filière intéressante et qui risque de lui servir, sait-on jamais, s'il se rend au lancement de la saison littéraire des Forges, annoncé pour le 26 août.

Ce beau soir de la fin août, Miron, parti de Montréal avec
Gaëtan Dostie, arrive par hasard en même temps que Marie-Andrée
à l'entrée du pavillon de l'université où se tient l'événement. « Vous
me reconnaissez ? » lui demande-t-elle, plutôt sur la défensive,
en constatant qu'il la fixe intensément. « Marie-Andrée Hamel,
365, chemin Saint-Onge, Saint-Boniface-de-Shawinigan, G0X 2W0 »,
déclame-t-il fièrement. C'est aussi imprévu que comique, aussi
flatteur qu'intrigant : comment diable a-t-il fait ? Quoi qu'il en soit,
tout au long de la soirée, c'est un tout nouveau Miron qui se manifeste.
L'homme — contre toute attente, il a du charme et il sait captiver,
raconter avec éloquence la tournée des *Sept Paroles du Québec* — se
montre à la hauteur du poète qu'il est. La conversation vient à tomber
sur Claudel, dont Marie-Andrée est une lectrice fervente. Miron a sans
doute encore frais à la mémoire ses échanges avec Ewa sur *Partage de
midi*. À bien y penser, même sans océan ni paquebot, n'y a-t-il pas
une parenté entre la pièce de Claudel et la situation présente ? Lui-
même n'est-il pas un peu Mésa, cet homme trouble dont le cynisme
et la solitude amère se voient soudain éblouis par la beauté d'une Ysé
infiniment désirable, bien que mariée et mère de quelques enfants :
« J'ai quitté les hommes […]. Vous êtes belle et joyeuse, et moi, je suis
sinistre et seul… Un de ces affreux chiens parias[3]… » Miron en Mésa :
l'*alter ego* du boute-en-train, du poète auréolé, de l'homme « debout »,
celui-là même qui se disait jadis « un chien de la terre[4] » et qui voulait
se coucher par terre plutôt que vivre.

Quelques jours plus tard, il reçoit une lettre de la Mauricie : au
lancement des Forges, il a soutenu qu'il ne croyait pas en l'absolu,
mais celle qui lui écrit et qui refuse « le triste rôle de l'admiratrice
hébétée[5] », y croit encore, même si c'est comme à une chanson qu'on
ne parvient plus à fredonner. « Je suis si peu Ysé, tout Mesa que vous
soyez », lui écrit-elle : même à demi refusé, le parallélisme est suggestif.
Un homme « absent », une sorte de « mort vivant » qu'une femme
révèle à lui-même ? Cela ne peut que toucher en lui une corde sensible.

On pourrait penser qu'il va se hâter de répondre à cette femme
pour laquelle il a remué ciel et terre afin de simplement trouver son
adresse et l'apprendre par cœur. Au contraire, ce n'est qu'en janvier
1981, quatre mois plus tard, qu'il lui écrit

> Ma-rie An-drée Ha-mel, c'est comme ça que je me surprends à prononcer votre nom, en le scandant, syllabe par syllabe. Ne sais pourquoi : je le trouve beau, comme ceux des romans de Stendhal[6]…

Il ne sera jamais en manque de références littéraires, mais au-delà de cette petite musique stendhalienne, il y a plus important : « cette chanson qui nous trotte dans la tête », son absolu à lui qu'il préfère appeler « l'éternité ». Encore et toujours elle : l'« éternité » de Rimbaud, « la mer allée / avec le soleil », celle que lui-même évoquait dans les *Courtepointes*, si « passagère » et « éphémère » fût-elle — et celle dont il a raconté la perte dans *Femme sans fin* : « comment revient-on indemne de l'éternité ? ». Simplement, suggère-t-il, il s'est sans doute « trompé d'éternité ». Cela ouvre une porte sur la vraie, même si on peut l'attendre longtemps, dit-il, comme « on attend Godot »… Il conclut pourtant sur une note d'espoir : « Ne m'oubliez pas trop encore. Il y a des êtres que l'on croise et tout devient réel. » Néanmoins, la distance et d'autres embûches risquent de retarder encore cette sortie des limbes.

∗   ∗   ∗

L'ombre de Sandrine le hante toujours et il fréquente régulièrement Ana, avec qui il fête d'ailleurs le jour de l'An 1981 – Ana qui lui a fait toute une scène après avoir découvert *Femme sans fin* dans la revue *Possibles*. Rien de tel que des poèmes d'amour pour éveiller la jalousie… Les turbulences affectives semblent tourner à la confusion et la situation de Marie-Andrée n'a rien pour arranger les choses. Si, au moins, la vie professionnelle baignait dans l'huile ! Mais les soucis s'aggravent à l'Hexagone, les Messageries littéraires s'enlisent et, pire encore, son retard à rendre *L'Homme rapaillé* nouvelle mouture est devenu franchement intolérable. S'il peut écrire à Marie-Andrée : « Tout l'automne, j'ai été absent à moi-même », c'est peut-être aussi pour ne pas avouer que l'envoi de son manuscrit à François Maspero l'angoisse au plus haut point et qu'il est davantage « présent » à la poésie qu'à une jeune femme brillante et jolie qui l'a prié de se souvenir d'elle.

Il reste que ce travail acharné n'est pas vain, même si Emmanuelle n'apprécie guère le fait de voir ainsi son père, si souvent absent par ailleurs, disparaître pendant de longues heures derrière une porte close. Au tournant de l'automne, les poèmes sont scrutés à la loupe et purifiés de leurs scories. Il faut d'abord réaménager la table des matières : pour la première fois (après trente-cinq années d'écriture et de tâtonnements !), *La Batèche* figure en bonne place, sans toutefois constituer une section à part entière comme dans les éditions ultérieures. Avec son *Damned Canuck* suivi des *Séquences* déjà publiées dans *Courtepointes*, *La Batèche* apparaît désormais comme un prélude à *La Vie agonique*, le chant tourmenté des « raqués de l'histoire » qui n'ont pas encore trouvé les moyens de leur libération. L'intégration d'une section regroupant *Cinq Courtepointes*, à la suite de *J'avance en poésie*, est un autre événement considérable : quoi qu'on ait pu dire de la plaquette de 1975, l'accès de ces petites pièces au maître livre de Miron confirme hors de tout doute l'importance qu'il leur accorde, *a fortiori* lorsque l'on connaît son exigence presque maniaque. Mais il est probable aussi que le vibrant éloge de ses poèmes courts par Georges Mounin, en 1978, l'a confirmé dans sa décision.

Avec l'ajout des *Courtepointes*, c'est toute la fin du livre qui se trouve profondément modifiée par rapport à l'édition de 1970. L'appareil critique et autres « annexes » disparaissent : l'étude de Georges-André Vachon, la chronologie et la bibliographie préparées par Renée Cimon, la photo du poète à sa machine à écrire, les poèmes manuscrits, comme *Le Salut d'entre les jours* à Vallières et Gagnon, déplacé maintenant vers *L'Amour et le militant*. L'édition Maspero ne sera pas ce « bilan de fin de carrière » auquel ressemblait l'édition de 1970. Vachon est-il froissé d'apprendre que *L'Homme rapaillé* sera amputé de sa « postface » percutante, souvent citée ? La lettre tardive que Miron envoie à François Maspero en février 1981 semble indiquer qu'il a pris soin d'en parler à son éditeur des PUM : « Vachon n'y tient pas[7] », note-t-il laconiquement.

Dans la même lettre accompagnant les épreuves corrigées, Miron explique qu'il n'a « *pas eu le temps* de revoir les textes en prose ». Mais ici encore, le remaniement est important : les *Notes sur le poème et le non-poème*[8] [*sic*] se détachent des autres écrits en prose pour devenir un texte autonome, plus proche des poèmes. « Situation de notre poésie » disparaît : ce texte datait de 1957 et précédait toute l'évolution de la littérature et de l'édition québécoises à partir de la Révolution tranquille, ce qui le prive de pertinence, surtout pour des lecteurs français. La suppression de « Ma bibliothèque idéale » est plus surprenante : à Maspero, Miron écrit qu'il s'agit d'un « texte de circonstance, trop naïf et superficiel, et qui date de 20 ans[9] ». Craint-il de ne pas rendre justice à ces grandes figures de la poésie française que sont Rutebeuf, Du Bellay, Éluard et Frénaud et de paraître simpliste à leur égard ? C'est d'autant plus plausible qu'il va rétablir ce texte, écrit après la perte de Rose Marie, dans les éditions québécoises de *L'Homme rapaillé* publiées à la fin de sa vie.

Malgré les nombreuses suppressions, l'édition Maspero compte sensiblement le même nombre de pages (du même format) que l'édition des PUM, ce qui s'explique par l'ajout non seulement des *Courtepointes*, mais aussi des deux textes sur la langue que Miron a donnés à la revue *Maintenant* dans les années 1970, son interview fictive « Décoloniser la langue », et « Le bilingue de naissance ». Il reste que, tout compte fait, la poésie comme telle occupe une place plus importante qu'en 1970. Le nouveau titre de *Circonstances* donné aux écrits en prose ne confère-t-il pas d'ailleurs implicitement aux écrits poétiques, par contraste, un caractère de nécessité ? Ceux-ci apparaissent clairement distincts des conditions dans lesquelles ils ont été écrits, même si ces dernières en éclairent la genèse. Longtemps, Miron a prétendu que ses poèmes étaient trop « circonstanciels » pour mériter la publication en livre — et l'on se souvient que c'était le prétexte servi à Alain Bosquet, en 1961, pour lui refuser des poèmes en vue de son anthologie de la poésie du Québec. Vingt ans plus tard, le point de vue a changé et cet homme qui dit ne pas croire en l'absolu semble tout de même avoir investi celui-ci par la poésie. C'est d'autant plus vraisemblable qu'en mai 1980 l'Histoire, la grande Histoire qu'écrivent les peuples, lui a fait faux bond. Désormais, c'est son ami Paul-Marie Lapointe qui semble avoir raison, après Novalis : « La poésie est le réel absolu. » Et si la quête de la « femme éternité » se poursuit, il semble que Miron, dans son dernier âge, mise de plus en plus sur la « poésie éternité », celle par laquelle il survivra à sa propre mort. D'où toute l'énergie déployée en vue de l'édition Maspero.

De nombreuses traces nous restent de ce travail, dans ses propres exemplaires de *L'Homme rapaillé* (version 1970) et des *Courtepointes* confiés à Gilles Cyr, dans le cahier de fabrication conservé par les éditions Maspero — et aussi, oralement, dans la longue entrevue sur deux jours menée, peu après la publication du livre, avec son traducteur brésilien Flavio Aguiar, lui-même poète, militant au Parti des travailleurs de Luiz Inácio Da Silva (dit Lula) et mis en contact avec Miron par Lise Gauvin dès son arrivée à Montréal en 1980. Quelle que soit la source, il apparaît évident que tous les aspects du texte ont été revus ligne à ligne. Parfois, ce sont de simples répétitions devenues agaçantes : Miron enlève « mon amour » dans le vers « Qu'es-tu devenue toi mon amour comme hier[10] ». À son traducteur, il explique : « Il y a trop de « mon amour » là-dedans ; dans ma poésie, c'est un tic[11]. » Et ce n'est pas le seul. Il y a aussi les « hasards », qui surgissent partout, sans oublier les « yeux » : « Je suis toujours en train de parler des yeux », se plaint-il, presque découragé, à Aguiar. Mais faut-il s'étonner de cette insistance, chez un écrivain qui a toujours privilégié la prise de conscience, l'acte de voir contre une aliénation qui confinait à l'aveuglement ?

L'édition de 1970 comportait des imprécisions, voire certaines incohérences. *La route que nous suivons* parlait de « ma vie qui divise le monde », une tournure assez obscure qui se voit remplacée par : « ma vie qui fonde la controverse[12] ». Dans *Compagnon des Amériques*, le poète se disait « *au-delà* d'une vivante agonie de roseaux au visage », alors qu'il se trouvait encore en pleine douleur : c'est « *dans* une vivante agonie » qu'il fallait écrire[13]. Chose certaine, on ne peut pas écrire n'importe quoi dans un poème, planter par exemple des « perce-neige » dans une scène où une femme marche pieds nus près d'une grève en été. Cette fleur du jeune printemps est donc biffée au profit d'une de ces fleurs nordiques que Miron affectionne, ce qui donne ce vers de *La Marche à l'amour* : « par ce temps profus d'épilobes en beauté ».

Le danger, dans un travail aussi méticuleux, est de faire de l'hyper-correction comme un athlète fait parfois de l'hyperentraînement. Dans un élan de rectitude linguistique, Miron corrige *Art poétique* en remplaçant « je sens le froid humain de la quarantaine d'années / *qui fait glace en dedans* » par « qui déjà me glace en-dedans[14] ». Dans la lettre à Maspero qui accompagne les épreuves corrigées, il se ravise, sans doute parce qu'il voit bien que si « faire glace » n'est pas une tournure reçue, elle est bien plus expressive que la formule courante, qui casse d'ailleurs le rythme du vers. Il est vrai qu'à l'inverse, après la parution du recueil à Paris, Miron se reproche parfois de ne pas avoir suffisamment travaillé. Le leitmotiv est connu : s'il n'a pas corrigé davantage, c'est qu'il n'a pas eu le temps… Dans son dialogue sur la traduction avec Aguiar, il dit même « détester » carrément deux vers de *Plus belle que les larmes*, dans lesquels un martin-pêcheur voit passer dans le ciel « les longs courriers de mes désirs[15] ». Mais un oiseau qui tombe, un oiseau plongeur, s'exclame Miron, ne saurait avoir les yeux tournés vers le ciel ! On se dit que, tout de même, son oiseau doit bien parfois se reposer au bord du cours d'eau et regarder le ciel… — et d'ailleurs, les éditions ultérieures montrent que le poète ne parviendra jamais à modifier cette image.

Ses impatiences face à de telles bavures, réelles ou imaginaires, agissent souvent en lui comme de l'adrénaline : il est cocasse de le voir annoncer à Aguiar, fin juin, qu'il va se remettre au travail tout l'été pour faire disparaître les négligences qui subsistent encore dans l'édition Maspero — plus amusant encore de le voir annoncer « l'édition québécoise » de son livre pour novembre… Nous sommes en 1981 : l'édition en question va paraître dans Typo douze ans plus tard, en 1993 ! Pourtant, peu de détails ont été laissés au hasard pour l'édition parisienne, Miron ayant même tenu d'ultimes séances de travail avec Gilles Cyr en février. En outre, dans sa lettre qui accompagne les épreuves corrigées et qui multiplie commentaires et nouvelles corrections, il prend soin d'avertir son éditeur, dont les réserves de patience doivent s'épuiser :

> Il y a […] une dizaine de poèmes où j'aimerais apporter encore quelques corrections. Surtout trois poèmes mal foutus au possible. Je les ai notées et te poste ces corrections lundi par avion. Si elles arrivent trop tard, eh bien tant pis[16].

Devant un tel acharnement, on comprend mieux pourquoi Miron insistera pour que l'édition Typo de *L'Homme rapaillé* porte en page titre la mention : « édition non définitive ». Certes, de nombreux poètes savent que leurs poèmes ne sont pas parfaits et se relisent d'un œil critique ; mais la plupart tentent de faire mieux dans leur prochain livre plutôt que de s'échiner sur les poèmes déjà parus. Miron, au contraire, appartient à ce groupe très restreint de poètes voués à une seule œuvre qui, comme une asymptote, tend à se rapprocher de plus en plus de la perfection. Au fond, la boutade lancée en France à Michel Garneau avait du sens : écrire peu de poèmes, mais aussi solides que le diamant, aptes à résister au passage du temps. Étrangement, il y a du Mallarmé dans ce poète pourtant si engagé dans l'histoire et si peu enclin à l'esthétisme.

*　　*　　*

Tiré à 5 000 exemplaires, *L'Homme rapaillé* sort de l'Imprimerie Corbière et Jugain à Alençon dans les premiers jours d'avril 1981. Malgré les inquiétudes que l'auteur a entretenues jusqu'à la fin, François Maspero savait, cette fois, qu'on ne le traiterait pas de « bluffeur » et, dans le numéro d'hiver de son bulletin trimestriel, *Livres partisans*, il a pu préparer le terrain en consacrant une page entière au livre à paraître : « Sortir de l'amnésie héréditaire pour retrouver et affirmer la liberté d'une langue, d'une collectivité nationale, c'est le but que Gaston Miron a fixé pendant des années à son travail : sortir du "non-poème"[17]. » Deux poèmes accompagnent ce texte de présentation : *Les Siècles de l'hiver* en version manuscrite, et *Arrêt au village*, mettant en relief le thème du pays et celui des travailleurs exploités.

Le milieu littéraire parisien flaire là un événement et Maspero a déjà alerté les médias. Le livre à peine sorti des presses, le téléphone sonne chez Miron au carré Saint-Louis : c'est une recherchiste à Paris qui l'appelle de la part de Bernard Pivot, dont l'émission littéraire *Apostrophes* connaît depuis quelques années un succès retentissant à la télévision française, les vendredis soir. Diffusée en différé par Télé-Québec, l'émission touche aussi un public québécois non négligeable. L'invitation à *Apostrophes* est vite devenue l'une des plus convoitées par les écrivains et leurs éditeurs. Une présence réussie, même sur le mode timide et bégayant du romancier Patrick Modiano, est une garantie de notoriété publique et de ventes nombreuses en librairie. Miron chez Pivot ! Cela lui cause tout un émoi, d'autant plus qu'il se sait le premier Québécois invité à *Apostrophes* et que les poètes y sont rares. Mais profitant de la sortie de *L'Homme rapaillé*, Pivot a décidé de faire une émission entière consacrée à la poésie.

Le voyage pour le lancement du livre et l'émission diffusée sur Antenne 2 doit s'organiser à la hâte et il faut prévoir un retour rapide, puisque Miron veut participer au Salon du livre de Québec, où aura lieu à la fin du mois d'avril, après plusieurs années de travail, le lancement de l'anthologie *La Poésie québécoise des origines à nos jours* à laquelle il tient beaucoup. Au moment du départ pour la France, une autre invitation prestigieuse arrive : l'animateur de radio Jacques Chancel, qui a reçu à son émission *Radioscopie*, depuis les années 1960, tout ce qui compte comme personnalités politiques, intellectuelles, artistiques et littéraires, de Brigitte Bardot à Jean-Paul Sartre, de Raymond Devos à Jacques Chirac, souhaite dialoguer une heure entière avec Miron à son émission quotidienne de grande écoute sur France Inter.

Avant de s'envoler pour Paris, Miron a le temps de faire un saut à Sudbury pour y prononcer une conférence et, surtout, il assiste à la réélection du Parti québécois aux élections du 13 avril : lui qui ironisait durant la campagne référendaire sur ce peuple du « oui-non », le voilà conforté dans son sentiment d'une ambivalence collective en quelque sorte « atavique ». Mais peut-être ce maintien au pouvoir du parti souverainiste annonce-t-il que rien n'est perdu et que le combat doit se poursuivre ? Que dira-t-il à Paris de ce destin politique quelque peu incertain ? Débarqué le 19 avril, il s'y trouve en tout cas « parti pour la gloire ». C'est le lancement chez Maspero, où se pressent plusieurs amis poètes, la réception aux services culturels de la Délégation du Québec, rue du Bac, et par-dessus tout les deux émissions à la radio et à la télévision, qui projettent d'un seul coup le poète québécois sur la scène médiatique. Même si Robert Sabatier, sur le plateau d'*Apostrophes*, note que « Miron a été le cas curieux d'un poète que tout le monde connaissait alors qu'il n'avait encore rien publié », le grand public français, même lettré, l'ignore encore largement, d'autant plus qu'on ne l'a presque pas vu à Paris depuis 1968.

Chez Jacques Chancel, un remarquable intervieweur, l'échange vise au portrait en profondeur d'une personnalité et de son itinéraire. Les circonstances sont propices pour que le poète fasse un retour sur sa généalogie, évoque le « premier Miron » (ou plutôt Migneron) venu à l'île d'Orléans depuis Saint-Hilaire-de-Chizé, dans le Poitou, la patrie de son ami Robert Marteau — et aussi, fait unique dans toutes les entrevues qu'il a jamais accordées, les origines censément alsaciennes de sa mère, dont les ancêtres ont « fui la domination allemande » pour immigrer en Gaspésie, vers 1815. Autre lien avec la France : les frères du Sacré-Cœur chez qui il a fait ses études et dont la communauté a été fondée à Lyon sur les hauteurs de Fourvière. Mais la filiation poétique reste essentielle : Claudel, Péguy, les surréalistes, Patrice de La Tour du Pin, les poètes plus contemporains comme Pichette, Frénaud, Marteau. Cela dit, l'invité de Chancel explique que pour comprendre son œuvre, il faut remonter à son enfance. Sainte-Agathe, sa petite ville natale, était à « la lisière » des terres cultivées et de la forêt, et c'était un « microcosme » de la société québécoise, alors que

Montréal, ville bilingue, pouvait apparaître comme le « macrocosme de Sainte-Agathe ». Lui-même se définit comme un « forestier » qui a voulu exorciser par sa poésie le « noir analphabétisme » de ses ancêtres. Chancel, frappé par la solitude et la souffrance si présentes dans l'œuvre de ce grand poète politique, fait la lecture de *Seul et seule* et d'*Art poétique*. Miron lui confie que « l'Homme rapaillé » rentré en lui-même « comme dans une maison » se définit, en 1981, comme un « père célibataire ». Sa foi politique n'est pas éteinte pour autant. Les chansonniers, les poètes québécois ont fait la preuve que « l'Amérique peut se dire en français ». Cette affirmation de la langue s'inscrit dans un projet national qui, à ses yeux, malgré le revers de 1980, demeure nécessaire et « irréversible ». Pour conclure, l'animateur fait observer à Miron que ses amis l'ont proposé pour le prix Nobel : embarrassé, l'invité juge la démarche quelque peu « prématurée »…

Le passage de Miron à *Radioscopie*, le 21 avril, a un impact certain, mais rien ne peut égaler la télévision. Le succès de l'émission *Apostrophes* tient en outre au direct, non sans risques : le passage en 1978 de l'Américain Bukowski, complètement ivre et osant caresser le genou de sa voisine Catherine Paysan en plein plateau est resté mémorable, et les polémiques sur le vif peuvent s'enflammer. Mais pour le direct, il y a cette fois un autre problème : l'*Apostrophes* de Pivot sur les poètes est programmé pour le vendredi 1er mai et Miron doit rentrer au Québec avant cette date. L'émission ayant pour thème « Toujours bien vivante, la poésie » sera donc, exceptionnellement, préenregistrée. L'effet Miron ne se limite pas à cette dérogation : seule sa photo accompagne la publicité présentant les poètes invités[18]. Sur le plateau, Pivot a décidé d'asseoir l'invité québécois immédiatement à sa droite et c'est avec lui qu'il ouvre l'émission avant de discuter successivement avec les six autres poètes invités. Tant la mise en place que l'ordre choisi font en sorte que l'échange avec Miron ressemble presque à une entrevue en tête-à-tête, comme si les autres poètes se trouvaient encore en coulisses.

Malgré une allure très « intellectuel rive gauche », veston noir et chemise blanche au col détaché, Miron ne pose pas à l'écrivain parisien dans cette émission, pas plus qu'il ne croit bon d'incarner le Québécois de service et de jouer la carte du pittoresque et du folklore. Un peu appliquée dans les premières minutes, son élocution redevient vite naturelle, soignée mais sans trace de ce pseudo-accent français qu'empruntent si souvent les intellectuels québécois en France.

Sans surprise, Pivot l'interroge au départ sur le sens du mot *rapaillé* et il note la double présence du militant et de l'amoureux dans son livre. Mais *J'avance en poésie…*, n'est-ce pas un peu étrange, peut-on « faire du progrès » en poésie ? Miron s'en dit convaincu et il expose à grands traits les fondements de sa démarche : « Tout ce que j'ai écrit est existentiel », insiste-t-il. Cela part de lui-même pour s'élargir à une « anthropologie », dans une « passion de naître » et le désir de redonner sa dignité à une langue humiliée. « Il est inconcevable en France que le fait de parler français, quelque part dans le monde, soit un signe d'infériorité », lance-t-il avec fougue. C'est ce qui lui était apparu dès sa première rencontre avec Jacques Berque, en 1962.

Pivot est conquis : la puissance des poèmes est confirmée par la ferveur de l'homme et son sens sûr de l'exposition. Tout au long de l'émission, l'animateur ne cesse de le prendre à témoin et de solliciter son avis. Quand Robert Sabatier, grand historien de la poésie française, observe que le poids des clichés et des mots usés est plus lourd pour les poètes français que pour les poètes du Québec, Miron inscrit son désaccord : un poète québécois lutte aussi contre les redites, il doit tout autant « laver, décrasser » la langue, comme lui-même et d'autres poètes ont changé, par exemple, le sens du mot *pays*. Pivot voit en Tristan Cabral, qui vient du pays occitan, le poète le plus proche de Miron parmi les invités : Cabral acquiesce en soulignant que lui aussi, comme poète minoritaire, a senti le poids de l'humiliation, face à une culture française dominante. Marcelin Pleynet, représentant de l'avant-garde issue de la revue *Tel quel*, préfère chez Miron les poèmes de *La Batèche*, qui le rapprochent selon lui de François Villon, une parenté que Jacques Brault a déjà soulignée au Québec. Lionel Ray, pour sa part, dit retenir ce vers de *L'Homme rapaillé* : « J'élève une voix parmi les voix contraires », mais avant d'entendre l'auteur, il n'en avait pas mesuré toute la dimension politique. Après Marie-Claire Blanquart, la seule femme invitée, Alain Breton, de la revue *Poesia*, et quelques échanges hostiles entre le Parisien Pleynet et l'Occitan Cabral, c'est à Miron le rassembleur que Pivot donne le mot de la fin en lui demandant de lire *En une seule phrase nombreuse*, son hommage aux « poètes de tous pays, de toutes époques ».

Il a plus que réussi l'épreuve et son livre s'envole des librairies : Maspero doit commander un second tirage et 7 000 exemplaires de *L'Homme rapaillé* sont vendus en quelques semaines, un succès important pour un recueil de poésie en France. Le passage chez Pivot a fait du poète une figure connue, comme lui-même pourra le constater une fois revenu à Paris plus tard en mai. Le jour de l'investiture de François Mitterrand à la présidence de la République, dans un café près du Panthéon où Miron se retrouve avec Françoise Careil, de la Librairie Gutenberg à Montréal, les gens le reconnaissent et s'arrêtent à sa table pour lui parler. Rapidement, les échanges tournent à la fête et Miron donne bientôt un spectacle impromptu en jouant de son harmonica debout sur une chaise, pour le plus grand plaisir du public.

Le 8 mai, il fait la première page du *Monde des livres* avec l'entrevue accordée au poète André Laude peu après le lancement de son recueil en avril. Il a beau s'en défendre souvent, « sa poésie est furieusement *engagée* », affirme le texte de présentation[19], une formule que Laude va d'ailleurs corriger dans son compte rendu des *Nouvelles littéraires*, en précisant que Miron est un « poète totalement politique » plutôt qu'« engagé au sens borné du terme[20] ». Mais Miron a-t-il deviné qu'il peut nourrir certains clichés aux accents folkloriques ? « Mes ancêtres étaient des coureurs des bois », titre *Le Monde*. Fermiers, défricheurs, menuisiers, sans doute, mais « coureurs des bois » ? Et « la population canadienne-française » de Sainte-Agathe était-elle vraiment « cernée », tel un village gaulois, par « une vaste population anglophone » ? Le risque des distorsions et des mythes n'est jamais loin… Il reste que faire la une du « *Monde* des livres », c'est tout un honneur, d'autant plus que par une pure coïncidence, le poète québécois s'y retrouve en compagnie de nul autre que Witold Gombrowicz, décédé en 1970, mais dont deux nouveaux volumes du fameux *Journal* traduit en français viennent alors de paraître. Miron et Gombrowicz se partageant la vedette dans *Le Monde* : c'est un épilogue plutôt inattendu pour leurs conversations de Vence à la fin des années 1960.

Pendant que, toujours retenu au Québec, il profite à distance de son succès médiatique, le cercle plus discret des poètes s'apprête à le couronner à Paris. L'Académie Mallarmé, qui l'a accueilli parmi ses membres en 1977, a ainsi confirmé son prestige déjà établi dès les années 1960 chez quelques connaisseurs, et il y jouit de solides appuis auprès d'amis comme Georges-Emmanuel Clancier, Guillevic, Pierre Oster et plusieurs autres. Influente dans les milieux de la poésie, l'Académie n'est sans doute pas tout à fait étrangère à la nouvelle annoncée officiellement chez Drouant, le 15 mai, dans le célèbre salon des Goncourt : c'est *L'Homme rapaillé* de Gaston Miron qu'a choisi le jury du prix Apollinaire 1981, présidé par Robert Mallet et comptant des figures connues comme Marc Alyn et Luc Bérimont. « C'est un Baudelaire, l'homme d'un seul livre », lance Jean-Pierre Faye chez Drouant, et Luc Bérimont surenchérit : « Un des plus grands poètes de langue française. Au Canada, c'est Victor Hugo[21]! » Trois jours plus tard, Miron écrit à Sandrine Berthiaume : « Il va m'arriver encore toutes sortes de célébrités et d'honneurs et, ironie des choses, je me retrouverai encore seul à vivre tout cela[22]. » Triste sort que d'être Hugo et Baudelaire à la fois, mais dans la solitude du « non-amour sans espace ». Il repart donc sans compagnie à Paris pour recevoir en main propre le « Goncourt de la poésie », le 25 mai. Deux jours plus tard, l'Assemblée nationale du Québec adopte une motion unanime le félicitant pour cet honneur qui rejaillit sur la nation.

« Miron aura fait le plein des suffrages », note Alain Breton dans *Poésie 1* au début de 1982[23]. Après la radio et la télévision, tous les journaux importants parlent en effet de lui élogieusement : *Le Monde, Le Figaro, L'Humanité. Les Nouvelles littéraires* reviennent à la charge avec un long article de Jean-Pierre Faye rappelant que l'auteur de *L'Homme rapaillé* a marqué, dès 1970, « l'entrée d'un peuple et de sa langue dans la littérature universelle[24] ». Dans son « Palmarès des 20 meilleurs livres de l'année », le magazine *Lire* de Bernard Pivot ne retient qu'un seul poète, Gaston Miron, qui figure aux côtés de romanciers majeurs comme William Styron, J. M. Coetzee, Joyce Carol Oates et, pour un essai posthume, la philosophe Hannah Arendt[25].

*   *   *

Le grand paradoxe de la publication de Miron chez Maspero est qu'elle coupe l'herbe sous le pied à l'édition québécoise de son livre : cela étonne de la part d'un homme qui se bat depuis sa jeunesse pour l'autonomie et la vitalité de l'édition québécoise et qui n'a cessé de donner en exemple le rôle de substituts joué par les éditeurs d'ici au moment où l'édition française se trouvait bâillonnée par l'occupation allemande — un homme pour qui la polémique de *La France et nous* est toujours apparue comme un moment fondateur de la littérature québécoise. Cette apparente contradiction serait négligeable si Miron tenait sa promesse de préparer rapidement une nouvelle édition québécoise de *L'Homme rapaillé*. Or, comme on le sait, il n'en est rien, de sorte qu'il faudra attendre les toutes dernières années de sa vie pour qu'une version mise à jour de son livre phare soit publiée au Québec, tandis que, pendant douze ans, circulent à la fois l'édition Maspero et la vieille édition des PUM, déphasée par rapport aux importantes transformations du recueil. Il en résulte que de nombreux lecteurs québécois, surtout parmi les plus jeunes, découvriront souvent *L'Homme rapaillé* sans connaître les *Courtepointes* ni les très nombreuses modifications apportées à la majorité des poèmes du recueil : ce paradoxe n'est pas moins énorme de la part d'un poète qui s'est dépensé corps et âme pour corriger les moindres détails de ses poèmes pour l'édition française de son livre, mais qui accepte en même temps que de nombreux lecteurs québécois, son premier public, n'en sachent rien. Car l'édition de 1970 continue de se vendre, bien qu'elle soit en déclin au tournant de la nouvelle décennie. De 3 000 exemplaires vendus en moyenne annuellement jusqu'en 1979, le chiffre des ventes baisse soudain à environ 1 500, ce qui peut s'expliquer en partie par la désaffection générale qui suit la victoire du Non au référendum de mai 1980. Il reste que malgré son caractère daté, le recueil des PUM se vendra encore au rythme d'environ 1 000 exemplaires par année au milieu de la décennie.

Au-delà de cette situation assez insolite pour un poète dit *national*, la publication chez Maspero et l'accueil dithyrambique reçu à Paris entraînent une conséquence majeure dont sa propre maison d'édition et son partenaire Horic sont les premiers à accuser l'impact. À partir de 1981, celui qui incarnait depuis toujours la grande aventure des Éditions de l'Hexagone s'absente à répétition pour des voyages et des séjours souvent prolongés en France et ailleurs en Europe. Un fait à lui seul est éloquent : alors qu'il n'a traversé que deux fois l'Atlantique, en 1972 et en 1978, pendant les douze années précédant la publication chez Maspero, ce sont six voyages qu'il fera maintenant en une seule année : « Depuis 1981, Miron ne vaque plus à nos affaires, il est rendu ailleurs[26] », dira plus tard Alain Horic. Si l'affirmation doit être tempérée, il est difficile de lui donner entièrement tort. Certes, Miron est loin de se désintéresser de la maison qu'il a fondée ; il participe toujours à des réunions, il travaille de temps à autre avec des auteurs, il s'occupe de la production de certains livres et de dossiers litigieux. Il n'en reste pas moins que le poète est souvent heureux de prendre ses distances en s'envolant pour Paris, soulagé de ses fonctions de directeur, et laissant à son partenaire le soin de mener la barque dans la tempête.

En fait, si 1981 a été une année de gloire pour Miron, s'il a aussi la satisfaction de voir le lancement de l'anthologie de la poésie québécoise

dont il remet même un exemplaire en main propre à Bernard Pivot
(« un rêve de ma vie qui se réalisait, publier une grande antho de notre
poésie[27] » a-t-il écrit à Sandrine à la mi-mai, en s'excusant d'avoir
été rude avec elle au lancement), les problèmes à l'Hexagone et aux
Messageries littéraires s'aggravent au point d'affecter même sa santé.
On a vu ce grand marcheur encore jeune et au corps sportif hanté
par la maladie. « Le morbide est un penchant chez moi[28] », confiait-il
naguère à son ami Guy Carle. Il fallait, et il faudra toujours, faire la part
de l'hypocondrie, Miron dramatisant à l'extrême des malaises souvent
mineurs ou ordinaires. « J'ai appris des médecins [...] que mes jambes
sont condamnées : quelques années encore[29]... », annoncera-t-il
dramatiquement en 1983 à son ami poète Frédéric-Jacques Temple.
Plus tard, ce seront ses yeux : il serait en train de devenir aveugle,
comme Borges. Pourtant, depuis la crise sérieuse de 1957 qui l'a
terrassé, il ne semble guère avoir éprouvé de maux importants, sinon
un problème de reflux gastrique, de nature congénitale, dont il souffre
depuis sa jeunesse et dont il s'accommode malgré des brûlements
chroniques à l'œsophage. Or, la consécration française du poète, en
1981, coïncide avec de nombreuses consultations et une batterie de
tests médicaux, notamment auprès du Dr Jacques Baillargeon, son
médecin de confiance. Tout indique que ses mauvaises habitudes
alimentaires et, surtout, un stress professionnel intense font leur
œuvre. À quoi s'ajoutent les soucis du « père célibataire » dont la
fille entrée dans son adolescence connaît des difficultés scolaires et
une aggravation de maladies qui l'affectent depuis son enfance :
une crise d'asthme aiguë force son hospitalisation en juin 1982, et
d'importantes éruptions d'eczéma continuent de l'affliger, à un âge
où le moindre bouton d'acné est souvent une catastrophe.

« Svp, Miron, ne pas fuir, ne pas éluder[30] », essaie-t-il de se
convaincre lui-même dans une note griffonnée à l'époque. Pas
question, naturellement, de fuir sa propre fille qu'il aime, encore moins
son propre corps... L'aveu n'en est pas moins révélateur, en ces années
de tourmente professionnelle et d'espérances politiques déçues. Même
aux pires moments de sa relation avec la mère d'Emmanuelle, la foi et
l'action militantes l'ont tenu ancré dans la réalité, solidaire du destin
collectif. Mais à présent, dans les retombées néfastes du référendum,
au moment où le Québec demeuré une province subit l'affront d'une
nouvelle Constitution canadienne adoptée sans sa signature[31], la
tentation de renoncer affleure parfois. Le triomphe de Pierre Elliott

Trudeau paraît entier et, assez cruellement, voici que les souvenirs amers de la crise d'Octobre refont surface quand Paul Rose, condamné pour le meurtre du ministre Pierre Laporte, se voit refuser sa libération conditionnelle. Bien que Miron assiste à des réunions du Comité Rose en 1981, ce retour à l'époque des comités de défense des prisonniers politiques n'a-t-il pas quelque chose de déprimant ? Le désarroi est indéniable dans les milieux indépendantistes, et notamment à la Société Saint-Jean-Baptiste, que Miron fréquente assidûment. Reste l'espoir d'une « internationale des petites cultures », préconisée par Michèle Lalonde et Denis Monière dans *Cause commune*, l'essai-manifeste que publie l'Hexagone à l'automne 1981[32]. Du « grand peuple » évoqué par René Lévesque aux « petites cultures », il semble qu'une certaine réduction des ambitions soit dans l'air.

*   *   *

Il y a du vrai à soutenir que Miron vit son assomption française à la mesure même de la déflation québécoise. Ce qui perturbe cette équation un peu schématique, c'est la présence simultanée de trois femmes dans sa vie au Québec, une conjoncture unique et inespérée. S'il s'envole à répétition vers l'Europe, il ne rentre pas à Montréal dans un désert affectif. Pourtant, aucune de ces histoires n'est simple et le beau projet d'une vie de couple stable reste en veilleuse. Certes, il voit beaucoup Ana Paula Araujo en 1981 : la Portugaise l'accompagne dans des soirées chez des amis, chez ses sœurs à Saint-Jérôme et aussi chez Lise Gauvin, en juin, pour les séances de travail avec Flavio Aguiar, Miron comptant sur l'oreille de la jeune femme seule capable d'apprécier les versions du traducteur brésilien. Mais la relation se détériore rapidement, les ruptures et les retrouvailles s'enchaînent tout au long de l'automne jusqu'au dénouement ultime, en janvier 1982. L'amour chez Miron, c'est toujours par-dessus tout le souvenir de l'amour, dramatisé, projeté dans quelques retrouvailles futures au-delà du temps. Jacques Brault avait remarqué l'image des gisants dans l'œuvre encore en gestation que Miron avait conçue pour Isabelle et qui refait surface au moment de la rupture avec *Inscription des gisants*, un chant d'adieu resté inédit à son amoureuse portugaise :

Ana Paula Araujo
est la nom de la femme en dedans de moi
que j'ai rencontrée à jamais
dans les labyrinthes aimantés du destin

[...]

son visage déjà repose près du mien
dans la terre de souvenance
je serai mort pour de vrai depuis longtemps
avant qu'un jour de mourir pour de bon

je meurs de toi Ana je meurs du temps Ana[33]

L'autre poème à Ana, *Lisbonne*, publié sous la forme d'un brouillon en 1994[34], est tout aussi sombre : c'est l'homme seul de toujours qui parle, pris dans ses « reflets schizophrènes » et son rêve perdu de « L'Archambault », incapable de retrouver « le corps lointain d'Ana » sinon dans cette même image d'une inhumation commune pressentie. En fait, la distance avec la Portugaise tourne ironiquement à un dialogue de sourds assez révélateur, quand on observe que le poète a recours, sans doute par erreur, à la langue espagnole (« *si quiere* », « si vous voulez », au lieu du portugais « *se quiser* ») dans sa demande d'amour qui conclut le poème !

Le cas de Sandrine est différent : malgré la rupture de février 1980 et le deuil poétique assumé dans *Femme sans fin*, la relation s'inscrit dans une certaine durée : « Nous n'en aurons jamais fini l'un avec l'autre », lui écrit Miron peu avant d'aller chercher à Paris son prix Apollinaire. Le hasard faisant bien les choses, ils se croisent quelques jours plus tard au parc d'attractions de La Ronde, elle avec Jean-Patrick, lui avec Emmanuelle : le quatuor familial réuni ! Tout indique que pour Sandrine le chapitre de l'avocat municipal est clos, même si les choses ne seront plus jamais comme avant avec Miron : c'est l'amitié tendre plutôt que la grande passion érotique qui lie désormais le couple. Ils partagent de temps à autre un repas au restaurant, ils rendent visite à Gérald Godin et Pauline Julien à North Hatley avec les enfants, au cours de l'été 1981, et quand il se trouve en Europe,

Miron lui envoie des cartes postales, de Paris, de Pise ou Vérone, de Copenhague ou de Bergen. En novembre 1983, elle va même s'envoler pour Paris afin de le retrouver, accompagnée d'Emmanuelle. « Très chère Sandrine de mes errances », lui écrit-il encore, en voyage entre la capitale française et Le Mans, au printemps 1984.

Les « errances » ne sont pas seulement les siennes. Du côté de Marie-Andrée, malgré les élans claudéliens et « l'éternité retrouvée » de Rimbaud, l'affaire demeure particulièrement compliquée. Par ses amis de Trois-Rivières qui croisent souvent Miron à Montréal, elle a appris qu'il s'informait d'elle et songeait même à lui téléphoner à Saint-Boniface : mais a-t-il oublié qu'elle est mariée et mère de deux jeunes enfants ? La tension est insupportable, il vaut mieux couper court à cette histoire sans avenir, et c'est ce qu'elle a résolu de faire lorsqu'elle prend le train pour Montréal au début de l'été 1981. La démarche n'allait pas sans ambiguïté et de fait, au lieu de rompre avec lui, elle se trouve à l'accompagner à un banquet de la SSJB où il la présente à Andrée Ferretti et au cercle de ses amis indépendantistes. Il y a bien davantage, ce soir-là, que des mondanités : l'attirance se confirme, entre désir et frayeur ; un pas est franchi, apparemment sans retour possible. Ils vont se revoir les jours suivants. Marie-Andrée ne cache même pas la liaison à son mari, qui ne semble guère s'en formaliser. Elle fait le trajet à plusieurs reprises entre la Mauricie et Montréal au cours de l'été et le couple fait un voyage dans les Laurentides, en direction de Sainte-Agathe. C'est la tournée de la paroisse natale de Miron : la maison de son enfance, rue Saint-André, la grande église où il a servi la messe et, derrière elle, le cimetière où reposent les deux Miron père et grand-père :« Tu vois, c'est ici que je serai enterré », confie-t-il avec gravité à Marie-Andrée.

Bien qu'il s'envole de nouveau en septembre pour Paris afin d'y donner une lecture de ses poèmes au Centre Georges-Pompidou, on le voit ensuite aux lancements des Écrits des Forges à Trois-Rivières, cet automne-là. Marie-Andrée quitte chaque fois la demeure familiale de Saint-Boniface pour venir le rejoindre, et le couple peut compter sur l'hospitalité de Gatien Lapointe pour la nuit, avant le retour de Miron à Montréal. Il est sollicité de toutes parts, et pas seulement en France : Amnistie internationale l'a invité à un grand colloque sur les droits de la personne à Toronto, au début d'octobre. C'est l'occasion pour lui de revenir sur une question qui lui est chère, celle de la responsabilité de l'écrivain. Son exposé[35] fait valoir, non sans audace dans un tel contexte, que le principe de tolérance valorisé par les Lumières a été un cadeau empoisonné fait aux écrivains par la bourgeoisie, afin de vider leur travail de sa pertinence. Désormais, il est permis de tout dire, comme Aragon qui commandait de faire feu sur Léon Blum. La défense de cette liberté de parole par les écrivains de gauche fait le jeu de la bourgeoisie, en contribuant, pense Miron, à vider les mots de leur signification et de leur poids de réalité. L'écrivain contemporain a le devoir de lutter contre cette « mythologie bourgeoise », mais il faut dire que ce plaidoyer déjà ambigu s'aggrave quand Miron aborde le problème sous l'angle des « petites cultures ». En effet, la lutte pour la survie exige de telles communautés, explique-t-il, qu'elles posent des limites à la tolérance. L'écrivain qui veut se désolidariser d'une petite culture risque « l'autodestruction ». Dès lors, comment trancher entre le devoir de solidarité et le sentiment de conscription ou d'emprisonnement ? Miron ne cherche même pas à explorer ce dilemme — et tout son exposé, en fait, témoigne à mots couverts de sa propre perplexité en ce début des années 1980. Accueilli à bras ouverts par la grande culture française, ne se sent-il pas libéré de son petit monde québécois, devenu pour lui une sorte de « prison » ? Tentation de fuite d'autant plus forte que le poids de réalité de ses propres mots et de son œuvre entière paraît sérieusement remis en cause dans le contexte postréférendaire. Désormais, que veulent dire, par exemple, les vers fameux de *L'Homme rapaillé* : « je n'ai jamais voyagé / vers autre pays que toi mon pays / un jour j'aurai dit oui à ma naissance » ? Au printemps, il vient justement d'expliquer aux Français, sur le plateau d'*Apostrophes*, que les écrivains québécois sont parvenus à changer le sens du mot *pays*… Mais à quoi bon, si la réalité demeure la même ? Quel crédit accorder à une prophétie qui ne s'accomplit pas ? N'est-ce pas sombrer dans la pure littérature, aussi futile que l'appel d'Aragon ? En cet automne 1981, il y a là matière à de graves inquiétudes.

Heureusement, l'Italie l'attend en décembre : il doit y faire une tournée de conférences et de lectures à l'occasion du lancement de la traduction italienne de *L'Homme rapaillé*, à laquelle travaille depuis quelques années Sergio Zoppi, de l'Université de Turin. Mais dans l'intervalle, la venue de la saison froide réserve à l'amoureux Miron une très mauvaise surprise. Marie-Andrée a souhaité mettre fin à cette relation dès juin, avant même que celle-ci ne prenne son élan ; elle mesure mieux, à présent, l'engrenage dans lequel elle a mis le doigt.

Elle n'est tout simplement pas prête à assumer toutes les conséquences de cet amour naissant, et l'anxiété devient invivable. Cette fois, c'en est terminé, ils ne doivent plus se revoir.

Tout au long de l'hiver 1982, dans la maison du chemin Saint-Onge près de Shawinigan, le téléphone sonne parfois le soir. Quand c'est André Hamel qui répond, il n'y a personne au bout du fil. Quand c'est Marie-Andrée, il n'y a pas un mot non plus, pas le moindre « bonsoir ». Bouleversée, elle entend seulement l'appel d'une mélodie plaintive venue de loin, la lancinante musique d'un harmonica.

CINQUIÈME PARTIE

1982-1996

22

Une vie française

Tout n'est pas perdu pour le voyageur « abracadabrant » : il lui reste quelques moments heureux avec Ana avant la rupture finale, des heures tendres avec Sandrine, et surtout le vaste monde, celui qu'il a toujours désiré si fort pour le Québec et qui accueille le poète Miron comme s'il en incarnait à lui seul toute l'énergie créatrice et le refus de renoncer. En décembre 1981, il y a eu l'Italie, le pays d'Ungaretti et de Pavese, terre de beauté et de poésie, mais aussi de grandes violences, attisées depuis 1970 par les actions des Brigades rouges et par certains groupes d'extrême droite. Le comble de l'horreur a été atteint le 2 août 1980 : 140 morts et des centaines de blessés innocents dans l'explosion d'une bombe à la gare de Bologne, attentat attribué à la droite proche de groupes néonazis.

En dehors de la France, l'Italie est le premier pays où il a lié des amitiés fortes, avec le cinéaste Ennio Flaiano et avec le premier traducteur de ses grands poèmes d'amour, Angelo Bellettato. En novembre 1980, il a fait la connaissance marquante d'un autre Italien, de passage à Montréal : Pasquale Jannini, professeur à l'Université de Rome. Les deux hommes ont tout de suite fraternisé et passé des heures à parler de poésie. Jannini venait alors de rédiger sa préface pour la traduction de *L'Homme rapaillé* par Sergio Zoppi, sous le titre *L'Uomo rappezzato*[1], « l'homme rapiécé » ou « recousu », en voie d'être publiée à Rome. Pour Miron, la lecture que Jannini propose de son œuvre arrive comme un baume, en pleine déprime postréférendaire : voici un lecteur qui ne l'enferme pas dans son rôle de porte-voix d'une collectivité et qui, au-delà de la dimension politique de son œuvre, en saisit la portée métaphysique : « Vous êtes un des seuls poètes qui ose

encore poser la poésie dans l'ordre de l'être[2] », lui a affirmé Jannini
à Montréal, en lui donnant pour preuve des passages précis de son
livre : « poésie mon bivouac / ma douce svelte et fraîche révélation de
l'être[3] ». Quand Miron évoque cet échange au cours de son entretien
avec Flavio Aguiar, en juin 1981, il en parle comme de l'un de ces
éblouissements qui, tout au long de son parcours, ont dessillé les yeux
d'un aveugle :

> Ce qui sauve de la névrose, ce qui sauve de l'annihilation par le colonia-
> lisme, c'est la poésie, c'est-à-dire l'être, l'*anima*. [Jannini] disait :
> « Vous posez la poésie comme une ontologie face à cette aliénation. »
> Moi je n'avais jamais vu cela ! J'avais toujours pensé que c'était une
> anthropologie.

Il exagère un peu, comme d'habitude… Quelles que soient les vertus
de l'action et de la parole militantes et malgré certaines dénégations,
il a toujours su que la poésie a son pouvoir propre, qu'elle est « une
forme de transcendance [et que] le poème est souverain[4] ». Et pourtant, l'incontournable impératif politique n'a cessé de se dresser :
« Miron n'achèvera son livre, ne sera libéré de son livre que lorsque le
Québec sera libre[5] », lançait-il à Robert Dickson en 1973, au moment
même où il espérait se mettre à écrire « des poèmes métaphysiques ».
Et voici qu'un professeur romain lui apporte cette bonne nouvelle : il
n'y a pas de contradiction entre le politique et le métaphysique, au sens
du moins où la poésie vient combler un défaut d'être, où elle est
précisément une réponse « souveraine » à l'aliénation.

Le voyage de décembre 1981 en Italie est l'un des plus frénétiques
qu'ait connus Miron. En une douzaine de jours, c'est un véritable
chassé-croisé : prestations à répétition dans les universités et les
instituts, multiples voyages en train parfois perturbés par des grèves ou
des incidents, réceptions quotidiennes qui sont rarement la meilleure
manière de se reposer. Pris en charge par la Délégation du Québec à
Milan, il fait un aller-retour à Turin le 1er décembre, pour intervenir
dans le séminaire de Sergio Zoppi et y présenter une conférence en
présence du délégué général du Québec, Jean Martucci. Après Milan,
c'est le trajet vers Bologne, la ville des arcades où il débarque avec
émotion : avant de quitter la gare, il se recueille un instant devant le
mémorial dédié aux victimes de l'attentat de l'été 1980. Après une
autre rencontre à l'Association culturelle italo-française, au cours de

laquelle Zoppi venu de Turin présente sa traduction, Miron est reçu avec son traducteur chez Franca Marcato, la pionnière des études québécoises en Italie : professeurs et étudiants lèvent leur verre à *L'Homme rapaillé* qui vient de migrer dans la langue de Dante. À une étudiante, Giuliana Rossi, venue l'année précédente en séjour d'études à Montréal, il griffonne cette dédicace :

> À Giuliana Rossi, des poèmes d'une terre et d'une réalité qu'elle connaît, pour que les choses changent, pour que l'avenir arrive, et en souvenir d'une merveilleuse *passegiata* à Bologne, amitiés tout en arcades, Gaston Miron, « je me souviens »[7].

À distance du Québec, dans le bonheur italien, il semble plus facile d'espérer, et moins douloureux de se souvenir… Sa tournée se poursuit à Pise, où il voit l'étonnante tour « qui penche depuis des siècles[7] » : il en envoie des cartes postales à sa chère Sandrine, devenue « *cara* Sandrine », et à « Papy ». À Florence, où il profite d'une rare journée libre, il se réjouit de voir le *David* de Michel-Ange et plusieurs chefs-d'œuvre qu'il ne connaît qu'en reproduction, puis c'est Rome, où il va renouer avec le professeur Jannini et se voir invité à un dîner offert par l'ambassadeur du Canada. La situation est cocasse, emblématique peut-être de cette « tolérance » dont il montrait les pièges deux mois auparavant à Toronto. Certes, Miron est loin d'être le seul écrivain ou artiste indépendantiste québécois à être pris en charge et reçu par les services culturels et diplomatiques canadiens à l'étranger. En outre, les études québécoises et les études canadiennes, en Europe et ailleurs, loin d'être des univers étanches, évoluent tantôt en bons voisins, tantôt en rude concurrence, au gré des personnalités et des contextes. La diplomatie, les euphémismes et l'humour sont en général les meilleures stratégies sur le terrain souvent miné du perpétuel combat culturel et politique que se livrent le Québec et le Canada. Miron raconte à Jean Royer, quelques mois plus tard, qu'il a « corrigé » l'ambassadeur canadien, Ghislain Hardy, qui parlait uniquement de « culture canadienne » dans leurs échanges. « Vous voulez dire : *les* cultures canado-québécoises ? » aurait rétorqué Miron, narquois, ce qui a bien fait rire les autres invités[8]. Finalement, tout se passe dans la civilité, chacune des deux parties connaissant parfaitement les positions de l'autre. Il reste que la notoriété même de Miron va susciter d'autres situations analogues au cours des années

1980 : un voyage en Scandinavie, à l'automne 1983, est entièrement organisé et financé par le ministère des Affaires extérieures à Ottawa, où il compte d'ailleurs sur de solides amitiés, dont celle du poète Guy Gervais souvent appelé à organiser ses tournées.

La tournée italienne de 1981 donne le ton aux innombrables interventions de Miron en Europe durant les quinze dernières années de sa vie. Inlassablement, il reprend ses explications sur la situation de la langue française au Québec, sur l'humiliation et le mépris dont elle était l'objet quand il était plus jeune, sur le combat qu'il a fallu mener pour lui redonner sa dignité. Il lui faut convoquer l'histoire et ses dates marquantes, remonter jusqu'aux plaines d'Abraham s'il le faut, mettre en évidence le travail des écrivains qui ont assumé cette langue opprimée afin d'exprimer une situation unique en Amérique, celle d'« une culture qui se considère totalisante, au sens anthropologique du terme, […] une culture complète[9] ». Or, et c'est ici que le bât blesse, faute d'un statut politique à part entière, explique-t-il, la culture québécoise demeure inachevée, en manque de plénitude, toujours menacée de provincialisme et de folklorisation.

À coups de syllogismes, de formules bien frappées, d'exemples concrets, l'homme provoque, interroge, séduit — même quand il ne convainc pas tout à fait des publics étrangers, pour qui le Canada demeure un pays idéal, quand ce n'est pas une sorte d'Eldorado. Mais un pédagogue aussi passionné et éloquent ne peut que susciter un sentiment de révélation et de vérité, d'autant plus qu'à un certain degré en France, et à plus forte raison dans les autres pays européens, Italie, Angleterre et Irlande, Espagne et Portugal, Allemagne, Danemark et autres pays scandinaves — partout où Miron est invité à cette époque —, la connaissance que le public même lettré a de l'histoire et de la situation québécoises ne dépasse guère, la plupart du temps, deux ou trois idées reçues. Le « Vive le Québec libre ! » du général de Gaulle paraît déjà bien loin et le référendum de 1980 semble avoir réglé la question une fois pour toutes. Le Miron des années 1980 doit lutter contre une mécon-naissance du Québec qui n'est pas nouvelle, mais aussi, ce qui est plus lourd, contre un certain désintérêt à l'égard d'une « province » dont la marche irrésistible vers l'indépendance, teintée d'accents révolutionnaires, a tourné court. En France même, en dehors des cercles gaullistes et de certains fidèles, le romantisme à l'égard du Québec a subi un dur coup, l'enseignement de la littérature québécoise est en régression et il faut souvent ramer, ou plutôt « amironner », à contre-courant.

On a vu jadis le personnage, debout sur le pont d'un paquebot, annoncer fièrement qu'il s'en allait « apprendre le Québec aux Français ». À Francfort, année après année, il a poursuivi son travail de promoteur littéraire aux yeux du vaste monde. Même le sceptique Gombrowicz s'est montré ébranlé par sa défense et illustration du cas québécois. Mais il semble que ce travail pédagogique ne soit jamais terminé et qu'il exige même l'obstination d'un Sisyphe. Sa réputation de poète à l'appui, Miron se trouve donc plus que jamais, à partir de 1981, campé dans son rôle d'« ambassadeur » du Québec, de « chantre officiel » d'un peuple qui n'est pas encore advenu, dont la vraie « naissance » est toujours à venir. De qui, de quoi au juste, est-il le porte-parole ? Ses amis québécois plus jeunes, plus « modernes » ou « postmodernes », sont parfois agacés. Certains, dont Claude Beausoleil, n'ont guère aimé que l'illustration sur la couverture de l'édition Maspero reprenne la fameuse *Chasse-galerie* d'Henri Julien (incorrectement identifié comme « *André* Julien » sur le rabat de la couverture) : certains voudraient en finir une fois pour toutes avec le folklore. L'auteur de *L'Homme rapaillé* ne prend-il pas plaisir, d'ailleurs, à se désigner ironiquement comme l'« archaïque Miron » ? Aux yeux des étrangers, cet infatigable porte-parole a tant d'attraits et de panache qu'il risque d'incarner à lui seul le Québec et, ainsi, de donner involontairement de celui-ci une image passéiste ou déformée.

Pourtant, on ne peut sûrement pas l'accuser de faire uniquement la promotion de Gaston Miron et de son œuvre. Dès mars 1982, on le voit au Salon du livre de Paris dont, chaque printemps ou presque, il devient désormais un habitué. Sa notoriété y est pour quelque chose, mais il y a aussi le vieux problème de la diffusion du livre québécois en France, dont lui-même et Jean-Guy Pilon se sont souciés dès les premiers moments de la collection « Les Matinaux ». Comment justifier la rareté apparemment endémique, chez les libraires de Paris comme des régions, d'une littérature québécoise qui a pourtant connu un essor spectaculaire depuis les années 1950 ? S'il y a un thème obsessionnel dans la pensée de Miron depuis ses débuts, c'est bien celui de la présence du Québec au monde, qui plus est en domaine français ! L'entente que les Messageries littéraires ont conclue avec le distributeur Distique se veut une solution nouvelle et durable, espère-t-il, à ce problème. Sa « carrière » française lui offre maintenant une belle occasion de travailler sur le terrain, d'autant plus qu'il a établi des liens très amicaux chez Distique avec Michel Parfenov, bien disposé à l'égard du Québec où il fera quelques visites au cours des années 1980.

À Paris, Parfenov trouve toujours sa place dans l'emploi du temps de Miron, que ce soit pour des repas au restaurant ou des rencontres à son bureau où l'on parle du marché du livre, du Québec et même de la Russie, le pays natal de l'administrateur de Distique. Relais-Québec, un réseau de librairies créé par le distributeur, permet à Miron d'exercer son génie de la communication en exposant sa démarche et la situation du Québec à des publics restreints. À l'automne 1983, rentré à Paris après sa tournée scandinave, il reçoit ainsi de Parfenov l'itinéraire des rencontres prévues dans plusieurs librairies : après un arrêt à Mantes-la-Jolie en banlieue parisienne, il ira à Nantes avant de descendre en TGV vers le Midi, à Arles (chez Actes Sud) et à Aix-en-Provence. L'« ambassadeur » Miron taxe décidément beaucoup une santé qui n'est pourtant pas au beau fixe. Le printemps suivant, les lecteurs peuvent le rencontrer à la mi-mars à la Librairie L'Imaginaire de Lyon, accompagné de Jean Royer qu'il emmène voir son amie Cécile Pelosse et visiter le Sacré-Cœur de Fourvière — puis, après un passage à Paris, c'est un nouveau départ par le train Corail, vers Le Mans cette fois, où les deux hommes donnent une prestation conjointe avant de rentrer dans la capitale pour le Salon du livre. Ce sont les meilleures années de son amitié avec Royer, devenu directeur des pages littéraires et culturelles du *Devoir*, qu'il fréquente beaucoup à Montréal et qui devient à l'époque, dans son *Voyage en Mironie,* le véritable chroniqueur d'un poète et d'un « ambassadeur » hors norme[10].

Miron aime cette vie d'artiste en tournée qui lui permet de sillonner la France, de ville en ville, de gare en gare, porté par ce bonheur qu'il a toujours eu de la parole « à bout portant ». Il connaît toutefois suffisamment les réalités du livre pour ne pas se faire d'illusions sur la portée de ces tournées promotionnelles : si le personnage Miron impressionne, il ne saurait prendre sur ses seules épaules la diffusion de la littérature québécoise sur un marché réputé pour son peu d'ouverture. Au fil des ans, quelle que soit la bonne volonté de Parfenov et de Distique, les déceptions se font sentir. Dans la longue lettre qu'il adresse à Horic de Paris, en février 1985, Miron dresse un bilan très négatif de la situation, dans le style précis et pratique de l'ancien délégué à la Foire de Francfort. Distique, explique-t-il, n'est qu'un « distributeur » et le réseau des Relais-Québec n'a guère résolu le problème de fond :

C'est toujours au point mort pour la diffusion et la promotion. Les livres sont là, mais pas de représentant pour les librairies, pour obtenir des comptes rendus critiques, pour envoyer des communiqués de presse, être présent à des manifestations, etc. Pas de budget pour un catalogue et des listes de parutions nouvelles [...]. La diffusion, c'est le nœud[11] !

À l'exception de Boréal, dont les livres sont bien représentés grâce à des partenariats avec plusieurs éditeurs français, les éditeurs québécois demeurent largement ignorés en France, et eux-mêmes, déplore-t-il, tardent à se regrouper pour demander des subventions à l'exportation. L'appui de la déléguée générale du Québec à Paris, Louise Beaudoin, pour la location d'un stand au Salon du livre ne saurait suffire : il faudrait un représentant permanent, « choisi sur concours, qui s'installerait à Paris » et qui serait tout à la fois un attaché de presse, un animateur et un vendeur auprès des libraires. Miron pense que l'Union des écrivains québécois serait « bien placée » pour obtenir la subvention de 60 000 $ qu'il estime nécessaire à cette fin. Mais quatre ans plus tard, en juin 1989, une nouvelle lettre à Horic n'est guère plus encourageante[12] : l'Hexagone et Distique en sont à négocier une meilleure entente de diffusion, et des envois de livres sont restés dans les cartons à l'entrepôt, faute d'avoir été adressés personnellement à Bernard de Fréminville, responsable de la littérature québécoise à l'agence. Bref, absences et ratés sont trop souvent au programme, et à Paris du moins, c'est l'ouverture en 1995 de la Librairie du Québec, rue Gay-Lussac, qui va assurer à plus long terme une vraie vitrine au livre québécois, tandis que des bibliothécaires compétentes et dévouées, Ursula Matlag à la Délégation du Québec et Yolande Lefebvre au Centre culturel canadien, vont veiller à la constitution d'un fonds permanent, indispensable aux étudiants et aux chercheurs.

*   *   *

Ce n'est pas par hasard qu'il lance à Jean Royer, à la même époque : « Joyce a inventé le monologue intérieur, moi j'invente le monologue *extérieur*[13] ». La formule en dit long : celui qui avouait dans *L'Homme rapaillé* se parler « à voix basse voyageuse » n'a sûrement pas gagné en espace intérieur et en recueillement avec les années. N'est-il pas plus que jamais avalé par le dehors, siphonné par le monde social et la représentation de lui-même ? A-t-il encore le temps de vivre autrement qu'à haute voix ? Il sait trop bien, il a toujours su qu'il lui faudrait se rebrancher sur l'essentiel, vivre et écrire pour Gaston Miron. Ce qu'il a de plus proche, de plus intime, c'est son propre corps, qui est aussi son « corps de poésie », marcheur, chahuteur, brandissant ses « moignons » de voix — mais ce corps qu'il disait « emmanché d'un mal de démanche » n'est-il pas en train de le rattraper dans la vie réelle ? L'arthrose à sa hanche qui le fait souffrir, son cœur et sa pression artérielle qui l'inquiètent, sa digestion, sa thyroïde, la liste est longue pour un homme à peine au milieu de la cinquantaine. Que ce soit à Paris, à Rome ou à Montréal, comment échapper à ce corps, qu'il voudrait parfois plus léger, plus aérien ?

Et puis, c'est toujours le même Québec à chaque retour de France, ce presque pays égal à lui-même et qui fait un peu mal, lui aussi. Miron n'est pas le seul à en souffrir : « Nous subissons toutes les conséquences désastreuses d'un référendum perdu [...]. Nous sommes bien malades et je me demande de plus en plus si nous ne sommes pas en présence d'une société en déliquescence[14] », lui écrit en 1983 l'historien Michel Brunet. Le pays était « incertain » : Jacques Ferron, dont les jours sont désormais comptés, songe encore à un dernier recueil, *Sornettes et contes du pays perdu*[15]. Ce Québec qui a dit non, c'est un comble d'absurdité, c'est à vous rendre fou. Le « monologue extérieur » du poète Miron ne paraît plus très efficace contre un tel diagnostic, même s'il continue de résonner comme dans un haut-parleur, au gré d'une vie sociale incroyablement chargée. Est-il possible d'imaginer une seule journée de Gaston Miron, à Montréal comme à Paris, où il ne rencontrerait personne, une journée et surtout une soirée qu'il passerait tout simplement chez lui, à lire tranquillement un bon livre et à se reposer ? Apparemment, c'est une chose inconcevable, et si l'impossible vient à se produire, c'est avec l'un de ces « ouf ! » qu'il lançait jadis dans telle lettre à Isabelle et qu'il inscrit parfois sur une page de son agenda : son corps surtaxé vient d'atteindre sa limite, et alors il lui faut dormir quinze, dix-huit heures, mais ce ne sera que pour mieux relancer la machine dès le lendemain, sur un rythme tout aussi endiablé : interminable est le cortège des amis à voir, des auteurs à rencontrer, ininterrompue la série de réunions, de lancements, de remises de prix, de réceptions, d'entrevues, de prestations diverses.

En outre, s'il passe beaucoup de temps, quand il se trouve à Paris, avec les nombreux Québécois de passage, la réciproque est également vraie à Montréal, où débarquent fréquemment les visiteurs français, qu'il a toujours aimé promener dans sa « grand-ville » et conduire dans les Laurentides, comme il l'a fait avec Guillevic et Frénaud et, plus tard, avec les écrivains invités par *Liberté*. C'est ainsi qu'à l'hiver 1982 il descend la rue Saint-Denis avec les poètes du Languedoc, Tristan Cabral et Frédéric-Jacques Temple, et les emmène découvrir son pays rocheux de Saint-Agricole, effacé depuis longtemps de la carte : c'est à partir de cette époque surtout qu'une amitié profonde se resserre entre Miron et Temple, ami de Blaise Cendrars et de Henry Miller, grand voyageur des Amériques et figure nourricière de la vie littéraire et culturelle à Montpellier, sa ville natale.

Certains visiteurs sont célèbres : Régis Debray par exemple, qui a côtoyé Che Guevara et Salvador Allende, qui a publié des essais révolutionnaires remarqués chez Maspero et que François Mitterrand a chargé de missions internationales. Miron fait sa connaissance dans une soirée chez Denis Monière et Michèle Lalonde à la même époque. Bientôt, c'est son vieil ami Édouard Glissant qui s'amène à Montréal et avec qui il peut poursuivre un dialogue poétique Québec-Antilles amorcé dès 1959. Après un nouveau voyage printanier à Paris et à La Rochelle, Miron aurait sûrement aussi revu Albert Memmi, à l'occasion du congrès de la FIDELF, la Fédération internationale des écrivains de langue française, auquel il assiste à la fin juin à Québec, si l'auteur du *Portrait du colonisé* n'avait dû annuler son voyage pour cause de maladie. Néanmoins, Miron peut lire dans *Le Devoir* du 17 juillet des extraits de la conférence que Memmi devait prononcer à Québec[16]. Le penseur qui a déterminé plus qu'aucun autre sa vision de la situation québécoise raconte qu'il a eu des échanges à Paris avec de jeunes écrivains québécois : la question politique ne les intéresse plus, le thème du Québec colonisé leur apparaît d'un autre âge et il leur suffit d'« être Québécois », tout simplement. Memmi est « agacé » par cette attitude de ceux qu'il appelle affectueusement « nos impavides cadets » : sait-il que « l'archaïque Miron » éprouve souvent le même agacement quand il cause avec ses jeunes amis Beausoleil et Francœur ou qu'il discute avec les auteurs de *La Barre du jour* devenue *La Nouvelle Barre du jour*, qui ont fait de la « modernité » un mot d'ordre, qui écrivent des « textes » plutôt que des poèmes et qui en ont depuis longtemps terminé avec « la poésie nationale » ? « Ils transforment l'échec en évasion ou en négation[17] », note-t-il amèrement à la même époque, lui qui sait assez combien on peut être tenté par la fuite. Dans sa conférence, Memmi indique, non sans ironie, qu'il lui faudrait écrire un *Portrait du décolonisé...* Son propos prend pourtant par la suite une tournure quelque peu inattendue et devient un éloge de la francophonie. La « décolonisation », explique-t-il, aura à tout le moins apporté ce bienfait : « Le français a cessé d'être la langue d'une nation dominante [...] et il n'est plus scandaleux d'être un écrivain francophone si on n'est pas né sur les bords de la Seine. » Sans les nommer, Memmi pense sûrement à Miron, à Glissant, à d'autres encore — mais le propos risque de laisser croire qu'au Québec du moins, où le rapport à la France n'est qu'un aspect du problème, la décolonisation serait chose faite.

Dans *Le Devoir* du samedi 31 juillet 1982, on peut lire ce titre : « Une impavide cadette répond à Albert Memmi[18] ». La jeune femme qui n'a pas froid aux yeux et qui ose l'affronter est nulle autre que Marie-Andrée Hamel. Oui, admet-elle, il règne « une grande fatigue » dans le discours québécois sur l'identité nationale et sur l'indépendance, mais « je ne crois pas, comme vous, qu'on en ait terminé avec l'aliénation ». La langue est un lieu de pouvoir et d'idéologie : choisir le français plutôt que l'arabe, comme le fait Memmi, ne comporte-t-il pas d'ailleurs un jugement sur la langue et la littérature de son pays natal ? Memmi n'aura d'autre choix que de répliquer, dans un long article publié à la mi-septembre[19].

Le plus cocasse dans cette histoire, c'est que le 31 juillet, Marie-Andrée Hamel se trouve dans une petite Renault entre Rimouski et la Gaspésie, conduite par Miron lui-même qui aimerait bien trouver quelque part *Le Devoir* du jour pour qu'ils puissent y lire sa réponse à Memmi ! Ainsi donc, l'aventure entreprise sous le signe de Claudel n'était pas un feu de paille, même si la jeune femme a paru rentrer sagement dans ses terres pour y jouer son rôle d'épouse et de mère. Les appels lancinants à l'harmonica n'auront pas été vains. Le 19 juillet, ils se sont parlé au téléphone et elle lui a posté une copie de son texte à Memmi, en joignant une lettre où elle avouait à la fois son désir et sa peur de le revoir, après la souffrance et la « terreur sans nom » éprouvées durant cette longue année[20].

Ils sont en route pour Chandler, dans la baie des Chaleurs, où Miron a placé sa fille dans un camp de vacances, à proximité de sa grand-mère Duguay et de ses oncles et tantes. Sans doute cherche-t-il aussi à se purifier l'esprit du drame terrible qu'il a vécu quelques jours plus tôt : le 23 juillet, à Montréal, il a dû accompagner Alain Horic pour faire un constat d'identité à la suite de la découverte d'un corps en décomposition dans un logement du Plateau-Mont-Royal. C'était celui de leur ami Louis Portugais, mort plusieurs jours auparavant dans la solitude la plus sordide. Miron lui avait rendu visite au printemps : l'ancien cinéaste de l'ONF, le plus jeune des compagnons fondateurs de l'Hexagone, n'était plus que l'ombre de lui-même, miné par l'alcool et la dépression.

Après une telle tragédie, les retrouvailles avec Marie-Andrée et le voyage en Gaspésie sont une bénédiction, une belle revanche de l'amour-passion contre la mort. Après une soirée dans la famille Duguay avec Emmanuelle et un arrêt à Percé, c'est la folle équipée vers l'île du Prince-Édouard, le traversier pour les îles de la Madeleine et l'arrivée chez Jean Royer, qui y passe ses vacances d'été avec sa compagne d'alors, France Bertrand, la sœur d'Andrée (Bertrand) Ferretti. Plus de 1 000 kilomètres de route, et des heures de bateau pour deux journées à peine sous le signe de l'exaltation amoureuse et de conversations poétiques sur la plage, avant le long retour à Montréal, où Marie-Andrée passera une semaine. En souvenir de leur voyage, il lui offre en cadeau un roman de l'écrivain polonais Jerzy Kosinski et *Regards sur le monde actuel* de Paul Valéry, qu'il lui dédicace : « À M.A., toi/moi, dans le double voyage du monde & dans le monde, au long cours de nos errances et de nos attaches, Gaston[21]. » Les livres, la littérature : c'est sur cette planète qu'a été lancée depuis le tout début leur marche d'amour.

Lancée ? Pas encore, car après le voyage exalté de l'été 1982, rien ne va plus dès l'automne, malgré la décision de Marie-Andrée de venir habiter rue Cherrier, à Montréal, laissant derrière elle mari et enfants — mais c'est pour une véritable descente aux enfers, marquée par le sentiment de culpabilité, la pauvreté et une liaison malheureuse avec un jeune Ontarien, tandis que là-bas en Mauricie, son mari entreprend des procédures de divorce, fait changer les serrures de la maison et que ses parents établis à Grand-Mère signifient à leur fille leur réprobation. Miron, de toute manière, a la tête ailleurs et ne lui est d'aucun secours, accablé qu'il est par ses propres problèmes et la chute catastrophique du chiffre d'affaires des Messageries. Rien n'y fait : réunions d'urgence, démarches auprès du ministère des Affaires culturelles du Québec et du Conseil des Arts du Canada — et même, en désespoir de cause, auprès de la Société de développement des industries de la culture et des communications, la SODICC, qui finira, en août 1983, par opposer à Alain Horic une fin de non-recevoir. Le

« rattrapage » à effectuer est trop important et, conclut sans équivoque l'organisme, « les actionnaires devront se questionner sur la pertinence de continuer les opérations[22] ». Entre-temps, la Société immobilière du livre qui gère la maison de la rue Sherbrooke a dû fermer ses livres : ni un prêt de 70 000 $ de la Banque fédérale de développement, ni un élargissement de la marge de crédit obtenu à la Banque de commerce ne parviennent à combler le gouffre financier, qui a forcé dès 1982 le déménagement de l'Hexagone et de ses partenaires au 900, rue Ontario Est, une ancienne usine d'allure plutôt délabrée.

À ces tribulations qui minent le moral de Miron vient s'ajouter la malheureuse aventure de la collection « Balises ». En 1980, un professeur de Québec, Robert Dessureault, directeur des Éditions Minerve, a proposé à l'Hexagone un partenariat en vue d'une collection de grands classiques mondiaux. Miron et Horic sont vite conquis par ce projet de coédition : pourquoi l'édition française garderait-elle le monopole du marché lucratif des classiques en format de poche, souvent mis au programme des institutions d'enseignement ? Entre 1981 et 1983, quatre titres paraissent dans la collection « Balises » : le *Discours de la méthode* de Descartes, *Le Prince* de Machiavel, *De la désobéissance civile* de Thoreau et *Les Voyages en Amérique septentrionale* de Lahontan. Mais malgré le succès obtenu, les choses tournent mal quand l'éditeur de Québec veut mettre fin à l'entente et rapatrier la collection chez Minerve, en faisant valoir que le « concept » est le sien. Le conflit s'envenime et, faute d'une entente à l'amiable, il va perdurer pendant trois ans et se rendre jusque devant les tribunaux : Dessureault aura finalement gain de cause.

Au printemps 1983, c'en est trop pour Miron. L'Hexagone aura bientôt trente ans mais celui qui en a été de tout temps l'animateur et le chroniqueur infatigable décide de renoncer à ses fonctions de gestion. Sa lettre au ton sec, datée du 21 avril, en dit long sur son exaspération :

Messieurs,

Veuillez prendre avis qu'à compter du 1ᵉʳ mai 1983, je démissionne du poste de Président [*sic*] des Éditions de l'Hexagone, ainsi que de toutes autres charges.

Afin de ne pas enrayer la bonne marche de la maison, je terminerai les trois ouvrages que je pilote dans les meilleurs délais, à savoir : *De la parole aux actes*, par Pierre Perrault, *Pages tournantes* (titre provisoire) par Nicole Brossard, *Doux et autres* (titre provisoire) par Michel van Schendel.

Veuillez agréer l'expression de mes meilleurs vœux pour l'Hexagone, ainsi que l'expression de mes meilleurs sentiments.

Gaston Miron[23]

Même si cette démission est loin de signifier dans les faits un pur désengagement, elle traduit un état d'esprit que l'on a rarement observé chez l'homme de tous les combats. Ce qui se termine du même coup, c'est l'essentiel de la participation de Miron à l'Hexagone en tant qu'actionnaire. Le compte bancaire alimenté par Alain Horic et servant depuis le début des années 1970 aux dépenses personnelles de Miron acquiert ici toute sa portée. Sur une période d'une douzaine d'années, près de 70 000 $ ont été prélevés sur ce compte. Réunis dans les bureaux de la rue Ontario en présence de Gaëtan Dostie, Horic et Miron conviennent que cette somme représente la part du « président » démissionnaire comme propriétaire de la maison d'édition. Dostie, par la suite, parlera d'une « reddition des comptes » qui équivaut à une « spoliation », mais il ne semble pas que Miron ait vécu les choses de cette manière. Les lettres qu'il adresse à Horic par la suite ont toutes un ton amical, même si le fondateur de l'Hexagone regrette visiblement la tournure des événements : « Mon cher Alain, vieux compagnon, le temps presse. Nous avons plus de 55 ans [...], il ne nous reste qu'une quinzaine de bonnes années actives[24]. » Trève de vaines querelles et d'entreprises hasardeuses : la lassitude est évidente, un coup de barre s'impose.

Quand Miron écrit à Frédéric-Jacques Temple, en mai 1983, l'humeur est en tout cas morose :

J'ai vécu une année épouvantable aux éditions (Hexagone & Message-ries) : nous avons frôlé le désastre ; puis ce fut aussi dans le même temps le désert de l'amour et les reflets schizophrènes de la femme aimée et partie [...]. Je n'ai eu la force que d'écrire trois poèmes, dans un état à demi conscient. Il y en a un qui se termine par ces vers : "Je manque au temps, je meurs du temps / tout absent de ce qui en moi s'est tu[25]."

Mais n'importe, finalement, puisqu'il doit s'envoler le lendemain pour retrouver sa chère Italie et que ses jambes usées pourront bien le soutenir encore un peu pour arpenter Padoue, Ravenne et surtout Venise, qu'il brûle de découvrir. Il adore les villes et il demeure hanté par les femmes, souvenirs fuyants, ombres de passage, emblèmes de sa détresse intime. Marie-Andrée s'étant éclipsée, il a revu plusieurs fois Sandrine (mais sans la passion d'autrefois), il a écrit sans succès à Ana, et voici qu'à Padoue, à un congrès des littératures francophones où on l'a invité, une jeune femme se montre tendre avec lui — et il suffit d'un geste pour que le nom de cette inconnue s'immortalise à jamais dans un poème, *Padoue*, qu'il va écrire à temps perdu durant le reste de son voyage qui, après Venise, le ramène à Paris :

> Les choses sont loin, les êtres, le monde
> toujours plus loin en avant
> dans les régions obscures de l'âge
> Mais un jour vous marchiez près de moi parmi les autres
> vous avez tout ainsi passé votre main sous mon bras
> Il y a longtemps que ce geste m'était étranger
> alors encore une fois trop tard l'éternité m'était revenue
> et presque en même temps le désespoir
> Oublierez-vous jamais Rossana Carrer la lumière de vos yeux
> quand nos regards se sont épris de côté
> l'espace de traverser la rue sous la pluie à Padoue [...][26]

C'est sa dernière manière : des poèmes écrits comme au bout du monde et du temps, dans un effort ultime pour revenir à lui-même et recueillir quelques éclats de réalité. Une jeune femme qui lui a pris le bras, une autre aperçue sur le quai de la gare, à Lyon, alors qu'il rentre à Paris avec Royer, en 1984 :

> À Lyon, parmi toutes sortes de pas perdus
> les miens me déportant à la hauteur
> de ce banc de gare où elle est assise
> mais la cohue m'emporte et sur le quai

son sourire palpite en mes yeux absents
la fin d'un générique qui s'égarouille[27]

Quand, selon sa vieille habitude, il sort de tels poèmes de sa poche pour les lire à des interlocuteurs québécois, il arrive qu'on lui dise, avec un sourire indulgent : « Oui, c'est bien, mais… ce n'est pas tout à fait du Gaston Miron[28]. » Cela l'irrite et l'attriste à la fois : va-t-on l'enfermer pour toujours dans *La Marche à l'amour* et *La Vie agonique* ? Est-ce le prix à payer pour être l'homme d'un seul livre, le livre d'une vie ? Au diable *L'Homme rapaillé* quand le « nouveau » poète Miron prétend capter son désir d'amour et d'absolu en France ou en Italie — et, par-dessus tout, dire son entier bonheur d'habiter l'éternité de Rome, une éternité antique et chrétienne qui est le temps même devenu glorieux, en une suite ineffaçable de monuments et de chefs-d'œuvre :

Lorsque je suis à Rome, de tout temps
je vois déambuler Monsieur Jannini

À Rome, chacun est dans son siècle
qui sur sa place devant sa fontaine
qui en son église devant son tableau
chacun passe son temps dans le temps

De même, à Rome, je ne quitte pas
mais d'un pas, mon frère ancien, le Caravage[29]

A-t-il jamais mieux montré qu'il peut écrire autre chose que *Compagnon des Amériques* et habiter un autre temps que *Les Siècles de l'hiver* ? Peut-il mieux faire écho à ce professeur romain qui a su lire dans son œuvre l'immémoriale quête de l'être ? Quand l'Hexagone et les Messageries « frôlent le désastre », que les femmes ne sont plus qu'images fugaces, que le corps s'essouffle ou se désagrège et que le Québec « remonte à la gorge », dans le *TGV Lyon*, comme « une morsure au cœur », il reste ceci à l'homme debout : entrer dans un musée du Vatican ou dans une église et se recueillir devant *La Conversion de saint Paul* ou *La Mise au tombeau*, se baigner dans cette lumière surnaturelle et sentir une fraternité qu'aucun aléa du destin ne saurait menacer.

*   *   *

Il a cinquante-cinq ans, il est célèbre : l'heure des bilans s'annonce. Sans doute n'a-t-il cessé de récapituler son propre « long chemin » et celui du Québec moderne. Il a toujours été un maître dans l'art de raconter et d'interpréter ce qui a eu lieu, de remonter le cours de l'histoire et de « son » histoire, pour cadrer la situation présente et « dégager l'avenir ». C'est d'ailleurs ce que son rôle de délégué officieux l'oblige inlassablement à faire et à refaire, en France et ailleurs en Europe ; c'est le même grand récit mironien qui a résonné au printemps en Italie et qui, à l'automne, résonne — un peu moins fort — dans les pays nordiques, où sa voix mise à rude épreuve connaît des défaillances. Il faut dire qu'il n'a pas atterri à Copenhague frais et dispos : l'« année épouvantable » dont il parlait à son ami Temple s'est prolongée malgré sa « démission » d'avril, et le nouvel honneur qu'il vient de recevoir exige qu'il se raconte et s'explique pour la millième fois. Le jury du prix Athanase-David 1983 l'a en effet couronné pour l'ensemble de son œuvre et il s'est rendu à Québec avec Pierre Filion pour la cérémonie de remise des Prix du Québec tenue à l'Assemblée nationale le 11 octobre — événement boycotté par les députés de l'opposition libérale, qui ne digère pas une liste de lauréats comprenant, outre Miron, des indépendantistes aussi notoires que Gilles Vigneault, l'historien Michel Brunet et la peintre Marcelle Ferron. « Un dur moment à passer », note Miron laconiquement dans son agenda. Le boycottage lui paraît certes bête et ridicule, mais en outre, par-delà une fierté légitime, il faut considérer que les honneurs ont toujours suscité en lui un certain malaise, comme s'il n'était pas certain d'y avoir droit en l'absence de ses compagnons de route. N'est-ce pas aussi le poids du passé qui écrase un peu dans un tel prix, consacrant forcément « l'archaïque Miron », le poète national dont « l'œuvre complète » tient dans un livre unique ? On l'oblige à un autre bilan, alors qu'il voudrait tellement être « en avant », comme il le confie à Jean Royer le soir de la cérémonie à Québec :

> Je sens qu'aujourd'hui j'arrive à l'âge de l'écriture. On dirait qu'il y a en moi un reflux de tout ce que j'ai fait sur le plan verbal comme littérature parlée. Je sens que maintenant, c'est comme si j'avais brûlé toutes mes ressources dans ce domaine-là. Mais c'est positif parce que, là, je vais écrire. Peut-être qu'une œuvre nouvelle s'annonce[30].

En lieu et place, son discours de réception, « Les signes de l'identité[31] », reprend non sans fatigue les mêmes repères historiques, les mêmes thèmes connus, sous le signe de son « histoire d'amour avec la langue » qui a pour « seule patrie […] le Québec ». Pierre Filion, qui dirige sa propre maison d'édition artisanale, les Éditions du Silence, à côté de son poste de directeur littéraire chez Leméac, publiera le texte à tirage limité quelques mois plus tard, sans aucun succès au Québec : à peine quelques exemplaires trouvent-ils preneur, tandis qu'une cinquantaine seront vendus à Toronto ! Miron rigole : les Canadiens anglais semblent toujours s'inquiéter de la question nationale québécoise, alors même qu'une immense lassitude a gagné le Québec, où un grand nombre voudrait passer à autre chose.

Au Danemark, deux semaines après la réception du prix David, le vice-consul du Canada accueille et accompagne Miron. « L'œuvre nouvelle » attendra donc encore un peu… À l'université, à l'Institut français de Copenhague et dans d'autres institutions danoises, à Aarhus et à Odense, ce sont plutôt « les signes de l'identité » qu'il faut encore retracer, pour un public qui a presque tout à apprendre de cette culture nordique qui parle le français en Amérique du Nord. Dans les jours qui suivent, c'est Stockholm, Oslo, Bergen à un train d'enfer, entre des réceptions dans les ambassades du Canada. Hors du cadre officiel et de l'horaire chargé, il reste bien peu de temps pour le tourisme : « Stockholm est une ville formidable », écrit-il dans une carte postale à Sandrine, mais le marcheur des villes aurait besoin de « deux semaines tant il y a de choses à voir[32] ». À Bergen, le fjord l'émerveille. Guéri d'une extinction de voix partielle, il a pu y donner « une très bonne conférence », mais il s'est surtout découvert des affinités : « Les Norvégiens sont nos frères », s'exclame-t-il. Au bout du compte, de Rome à Bergen, de Dublin à Vienne, où il donnera une conférence avant de retrouver Paris, il y a ce bonheur de découvrir que le Québec n'est pas seul.

« La poésie a changé / J'ai fait un feu de toutes mes métaphores / Du fond des mots de nouveaux poètes me parlent[33] », écrit-il malgré son année noire. On croirait entendre l'Apollinaire d'*Alcools*, « las de ce monde ancien », et ce jeune délinquant du XIXᵉ siècle, Arthur Rimbaud, qui l'encourage du fond de la scène : « La poésie sera en avant » ! Facile à dire… Le poète Miron y croit, très certainement, lui qui dit se trouver « toujours en état d'écriture[34] » et qui annonce à son ami Temple de Montpellier, comme il l'a fait à Royer : « Je sens un

retour vers la poésie[35]. » Mais s'il désire autant avancer dans sa nouvelle
manière, pourquoi donc, au moment même où il démissionnait de
l'Hexagone, a-t-il demandé une bourse pour écrire non pas le recueil
de poèmes auquel il rêve, mais un ouvrage rétrospectif, « l'itinéraire
du poète depuis 30 ans, l'homme et sa vie[36] » ? Une autobiographie ?
À tout le moins une sorte de bilan pour la collection « Parcours »
de l'Hexagone, aux côtés de *Forêt vierge folle* de Roland Giguère et
de *La Pointe du vent* de Claude Haeffely paru en 1982, mosaïque de
textes circonstanciels, de documents, de photos, de lettres reçues (y
compris celle d'un certain Gaston Miron)[37]. Force est de conclure que
l'« adieu » au monde ancien n'a été prononcé que du bout des lèvres
et qu'une pente irrésistible ramène l'homme Miron sur ses propres
traces, comme s'il n'en avait jamais fini avec le décryptage de son
« long cheminement épars » et, davantage encore, avec la « situation »
littéraire et politique dans laquelle sa vie et son œuvre ont évolué.

Il faut dire que de toutes parts fusent les opérations rétrospectives
et que « l'archaïque Miron » tient solidement l'affiche. L'hommage
que lui rend la Maison de la poésie de Paris en 1984 se veut, en trois
séances étalées sur dix jours (les 4, 7 et 14 juin), la somme d'un
parcours commenté à la fois par le principal intéressé et par des
lecteurs informés. Une exposition, incluant la vidéo d'une entrevue
avec Pierre Dalle Nogare tournée en mars, accompagne l'événement
présenté au Forum des Halles, au cœur de la capitale. Miron peut
y discuter avec de vieilles connaissances : Alain Bosquet, Albert
Memmi, Édouard Glissant, Jean-Pierre Faye, auxquels se sont joints
Jean Royer, qui anime deux des trois séances, et Claude Filteau, un
des rares Québécois à faire carrière dans l'université française et dont
l'étude sur *L'Homme rapaillé de Gaston Miron,* à laquelle est jointe une
importante entrevue réalisée à Montréal deux ans plus tôt, paraît au
Québec et en France la même année[38].

« Gaston Miron, comment peut-on être à la fois aussi intériorisé et
aussi public que vous[39] ? » lui lance dès le premier soir son perspicace
présentateur Alain Bosquet, l'un des premiers à l'avoir lu en France. Si
« intériorisé » et si « public », en fait, qu'on parvient très difficilement
à le faire parler de lui-même ! « Gaston, tu nous parles de Miron… »,
l'implore son intervieweur, passé au tutoiement. Mais l'homme est
tellement voué au récit collectif, tellement happé par la récapitulation
des étapes qui ont mené, surtout depuis 1945, à l'affirmation de
l'identité et de la littérature québécoises ! Son récit, d'ailleurs, est

déjà fixé pour l'essentiel depuis sa conférence prononcée à l'Estérel en 1974, devant les écrivains français et étrangers invités par *Liberté*. Ce qui s'est ajouté, c'est pourtant une anecdote puissante, qui vient dramatiser davantage toute une histoire personnelle et collective : Miron l'a tellement répétée dans les quinze dernières années de sa vie qu'on croirait qu'elle a été de tout temps un passage obligé de son récit autobiographique. La découverte, vers l'âge de dix ou onze ans, de l'analphabétisme de son grand-père maternel, alors que le jeune garçon lisait le journal sur le balcon à Saint-Agricole, est pourtant absente de tous ses écrits et de ses grandes entrevues antérieurs à 1981. Miron a raconté longuement son enfance et sa jeunesse à Sainte-Agathe et au pays de son grand-père sans en faire nulle mention, ni à Michel Roy en 1964, ni à Pierre Paquette en 1976. Il est vrai qu'en publiant pour la première fois dans les *Courtepointes* les *Séquences de la batèche*, en 1975, il évoquait implicitement ce moment de révélation sans doute enfoui dans sa mémoire : « batèche de mon grand-père dans le noir analphabète[40] ». Mais c'est seulement à partir de l'entrevue accordée à André Laude dans *Le Monde*, après la publication de *L'Homme rapaillé* chez Maspero, que ce choc vécu dans sa jeune adolescence entre pour de bon dans son récit de vie. Dès lors, il ne cessera plus de rappeler l'instant où il a découvert que ce « fondateur de pays » vivait dans le noir : il répète l'histoire à Bosquet au cours de l'hommage de 1984, à Claude Filteau dans l'entrevue publiée la même année, à Jean Larose puis à Lise Gauvin dans les grands entretiens des années 1990, et finalement au réalisateur André Gladu, dans le film *Les Outils du poète*, deux ans avant sa mort. Au moment où il se voit célébré au pays des lettres françaises et consacré au Québec, on le dirait plus que jamais obsédé par ce dénuement originel, comme si celui qui préférait « mourir avec le plus grand nombre » au lieu de se « sauver avec une petite élite[41] », et qui pourtant, bon gré mal gré, s'est « fait un nom », n'en finissait plus de payer une dette coupable à l'égard de l'anonyme Maxime Michauville et du peuple obscur de Saint-Agricole.

Quoi qu'il en soit, c'est le Miron de *L'Homme rapaillé* plutôt que le « nouveau poète » des années 1980 que l'on entend à la Maison de la poésie, grâce aux lectures d'un comédien et de l'auteur lui-même — et ce sont les questions de l'identité et de la langue qui occupent presque toute la place, aux dépens de l'œuvre et de sa teneur propre, malgré l'impatience d'un Filteau qui a entendu à ce sujet Miron proférer une énormité, comme cela lui arrive parfois dans le feu de la conversation… « Moi, je ne travaille pas trop la forme, vous savez, je m'engage, donc j'ai laissé ces problèmes-là un peu de côté parce que la nécessité m'obligeait à parler sans trop me préoccuper des problèmes formels[42]. » Il y a de quoi, en effet, demeurer bouche bée devant un tel mensonge de la part d'un poète qui a toujours critiqué la notion d'*écrivain engagé* et qui, surtout, peut passer des mois, voire des années, à polir et à peaufiner la moindre charnière de chacun de ses poèmes. La contradiction est si criante qu'il choisit, plutôt sagement, de ne même pas relever la critique que lui fait Filteau.

Si l'intervention de Memmi, à la deuxième séance, tient du témoignage et du salut à ce « miracle québécois » qu'est Miron, c'est surtout avec Édouard Glissant, le dernier soir, que l'hommage prend l'allure d'un vrai débat, entre deux amis indéfectibles auxquels s'est joint Jean-Pierre Faye. À l'écoute des poèmes de *L'Homme rapaillé* que Miron a lus en ouverture, *Pour mon rapatriement*, *Les Siècles de l'hiver*, *La Batèche*, *La Pauvreté anthropos*, Glissant affirme que, après avoir longtemps hésité, il en est maintenant convaincu : « C'est de la poésie orale ! » Or, le Martiniquais établi à Paris sait très bien que son ami québécois refuse vigoureusement l'étiquette de « poète oral ». Pourtant, Miron a toujours soutenu qu'il faisait « de la poésie *écrite pour être dite* », une formule dans laquelle le premier terme est aussi important que le second. À Glissant, il objecte que son problème, comme Québécois, a toujours été de faire passer dans l'écriture une langue parlée qui se trouvait disqualifiée par son statut social et pervertie par le bilinguisme. Il y a une différence de point de vue : Glissant, tout comme Faye, est sensible au pouvoir subversif et régénérateur des langues orales, face à une langue officielle qui les méprise et se réclame toujours de l'écrit et de la norme. Miron, sans nier ce point de vue, veut faire accéder la langue orale humiliée à la dignité de l'écrit et de la littérature. L'éloge de la diversité et du multilinguisme qu'incarnent les langues orales trouve toujours en lui les résistances du linguiste, hypersensible aux brouillages créés par le bilinguisme, et celles du poète, qui dit avoir dû réapprendre sa langue pour écrire avec précision. « Je suis un obsédé du mot juste », lance-t-il à Glissant, une phrase qu'il va répéter dans son dernier grand texte sur la langue, en 1987[43]. Mais paradoxalement, l'animateur de l'Ordre de Bon Temps, le folkloriste des danses carrées et des chansons du terroir n'est jamais très loin non plus dans de tels débats : peut-être parce qu'il vient de ce monde ancien qu'il a assimilé et transcendé dans une écriture pleinement littéraire, il a tendance à confondre poésie orale et folklore, alors que toute la question soulevée par Glissant est de savoir comment une poésie très écrite peut conserver des éléments ou des traces d'oralité. Mais la folklorisation, c'est la bête noire de Miron, c'est la langue et la culture empaillées et mises au musée de l'Histoire. À ses interlocuteurs de la Maison de la poésie, il a beau jeu de rappeler le vieux paternalisme des Français face à la langue parlée au Québec : « Vous parlez un bien meilleur français que nous, vous avez conservé la vieille langue, disaient-ils, ils nous folklorisaient au boutte ! » Le poète Miron peut bien chanter *La Complainte de la Mauricie* sur toutes les tribunes, on ne va pas l'enfermer dans cette vision passéiste : « Je parle une langue contemporaine », proclame-t-il avec véhémence.

Un fait demeure : dans *L'Homme rapaillé*, il y a indéniablement une « voix » Miron, une voix écrite qui a des inflexions québécoises, où affleurent ici et là les sources folkloriques et les tournures familières. Élever cela à la haute poésie, il y a peu de choses dont il soit plus fier : ainsi, d'avoir pu, à partir de la langue parlée, écrire cet alexandrin parfait, digne de *Phèdre* de Racine, « je m'en vais en délabre au bout de mon rouleau », un exemple qu'il donnera plus tard à Lise Gauvin, ou recycler littérairement les rythmes du câlleur de sets » dans *L'Ombre de l'ombre*[44]. N'est-ce pas, au fond, la même démarche que celle d'Aimé Césaire et des autres écrivains antillais qui se sont approprié la langue française en lui donnant une signature propre teintée d'oralité créole ? Pourtant, on le voit dans cet échange passionné à la Maison de la poésie, il reste toujours un écart, voire un malentendu, lorsque Miron traite de la question de la langue avec des écrivains francophones : pour Glissant, comme pour Memmi, et même pour Faye, qui veut contester l'impérialisme français du sein même de l'institution parisienne, c'est le français métropolitain qui est ou qui a été la langue dominante et oppressive, face au créole, à l'arabe ou à tout autre parler indigène ou régional — alors que c'est la domination de l'anglais qui aura toujours été pour Miron la cible principale. Si la folklorisation de la culture et de la langue québécoises l'inquiète à ce point, c'est qu'elle signifierait forcément le triomphe de la grande langue dominante en Amérique du Nord : le destin de la Louisiane, malgré tout le respect qu'on doit à celle-ci, ne quitte jamais l'horizon.

*   *   *

En pleine gloire à Paris, campé dans sa légende au Québec, on le dirait en suspens entre une fin qu'il appréhende et une origine dont le sens lui échappe. À Jean Royer, dans un bistro de la place Saint-Michel, il confie dès le printemps 1984 une version de son épitaphe : « Archaïque Miron [...] enterré nulle part / comme le vent[45]. » N'est-ce pas un peu prématuré ? Mais le Miron qui avance en âge est tout aussi obsédé par les commencements, comme le montrent à profusion ses derniers poèmes, « naissance erratique, narrative douleur » ; « partir de rien parce qu'on n'est rien d'autre » ; « les origines sont menacées[46] » — autant de traces d'une inquiétude lancinante, mais faut-il s'en étonner ? La vision d'un peuple « parti de rien » devient absurde à mesure que son accomplissement retarde et qu'il « n'en finit pas de ne pas naître[47] ». Tout aussi grave, il y a un drôle de *self-made man* en Miron, autodidacte de « petite extrace » qui constate avec peine que le Québec entier n'a pas suivi, du moins à ses yeux, la même courbe ascendante et glorieuse. Quelques jours avant l'hommage à Paris, il écrit de Montréal à Frédéric-Jacques Temple :

> Il y a ici une espèce d'accablement (après le référendum perdu) qui dure toujours et dont on a du mal à se sortir. Nous cherchons tous le passage, comment reprendre notre élan et notre création. Les jeunes vont mieux en général, ils foncent dans la langue, l'écriture. Je suis tout penaud de ne pas donner signe de vie plus souvent. Je suis encore obsédé par la question politique et la question de la souveraineté. Il me semble que je suis incapable de porter mon esprit en d'autres choses[48].

On dirait que le 20 mai 1980, c'était hier, alors que plus de quatre années se sont écoulées ! Est-ce un hasard s'il passe de plus en plus de temps à Paris ? Il y a fait une dizaine de voyages depuis son triomphe de 1981, et c'est loin d'être terminé. Mais étrangement, il tait la grande nouvelle à son ami de Montpellier : il pourra passer une année entière dans la capitale française grâce à la bourse du Centre national des lettres qu'il vient d'obtenir avec le soutien de Pierre Oster qui a piloté le dossier.

Paris plutôt que Montréal, le jardin du Luxembourg plutôt que le carré Saint-Louis ? Tout appelait ce grand déplacement, et l'on dirait même que l'incendie qui a lourdement endommagé au printemps son logement montréalais en a confirmé le caractère inéluctable. À l'époque, il habite toujours à proximité du carré Saint-Louis : toutefois, au printemps 1982, il a quitté avec Claude Dansereau et Emmanuelle l'adresse du 278 pour traverser au 3449, rue Saint-Denis, en haut de la Librairie Gutenberg, dans un immeuble qui est la propriété du café Les Gâteries, très fréquenté par Miron lui-même et par le cinéaste Claude Jutra. Mais le mardi 10 avril 1984, les pompiers sont appelés sur les lieux pour éteindre un incendie qui s'est déclaré à l'étage supérieur, habité par l'éditeur Robert Davies. Les dommages causés par l'eau et la fumée sont importants, mais heureusement, « l'essentiel a été sauvé : archives, livres d'art, etc », annonce Miron à Temple dans sa lettre du 30 mai. « J'ai perdu deux mois dans cette "cochonnerie" », ajoute-t-il — et puis, forcément, il a dû déménager. La grande époque du carré Saint-Louis vient de se terminer. Sa nouvelle adresse, qu'il conservera à Montréal pendant plus de six ans, est le 3850, rue Saint-Hubert, un peu au nord de la rue Cherrier, un grand logement situé au rez-de-chaussée, typique du Plateau-Mont-Royal avec son long couloir sombre et sa petite pièce à l'arrière de la cuisine, donnant sur la cour. Toutefois, pendant les deux années qui viennent, c'est le plus souvent à une adresse bien différente que l'on pourra trouver Gaston Miron : au 11, rue de Vaugirard à Paris, à deux pas du Luxembourg, appartement beaucoup moins spacieux mais superbement situé, qu'il partage entre septembre 1984 et l'été suivant avec sa fille Emmanuelle, inscrite pour une année scolaire difficile au lycée Montaigne.

« J'ai fait un feu de toutes mes métaphores » : après l'incendie du printemps, ce vers de son poème sur « les nouveaux poètes » envoyé à Temple, le seul poème récent qu'il daigne lire à la Maison de la poésie, a des airs de *tabula rasa*. Ce n'est pas tant, explique-t-il, qu'il éprouve de la morosité, ni un sentiment d'échec : « Je décèle un changement en moi » : tout brûler peut-être pour recommencer, renaître comme un phénix ? C'est le monde à l'envers : Paris sera son « Nouveau Monde », le lieu de sa renaissance, porté par une poésie inédite et aussi, ô surprise, par l'amour ! Car il y a une revenante, tout juste rentrée en scène : Marie-Andrée Hamel, qui a retrouvé depuis son divorce son nom de jeune fille, Marie-Andrée Beaudet.

Après tant de péripéties et de tergiversations qui ont duré quatre ans, on pourrait ne pas y croire. Au terme d'une année infernale à Montréal, la jeune femme est retournée à Grand-Mère passer l'été 1983 chez ses parents : Miron lui a écrit, simplement pour prendre des nouvelles et lui rembourser un peu d'argent qu'il lui doit. Le temps a passé, l'automne a permis à de grandes décisions de mûrir. De son côté, lui-même mesure ses propres choix : séjournant à Paris en novembre d'où il fait les « Relais-Québec », il y retrouve, en même temps que son amie Denise Boucher, Sandrine venue lui rendre visite avec Emmanuelle, et il les emmène dans sa tournée vers Arles et Aix-en-Provence. Dans l'un des deux poèmes qu'il publie peu après pour le 150e numéro de *Liberté*, il écrit : « je ne connais toujours pas / le nom de la femme en dedans de moi [...] j'erre devant moi où rien n'a de sens[49] ». Il n'y a pas si longtemps, il disait l'avoir trouvé, ce nom : c'était Ana Paula. À présent, la chasse est de nouveau ouverte et l'errance, sans recours.

L'année 1984 va tout éclaircir. En janvier, Marie-Andrée met le cap sur sa vraie vocation : inscrite au doctorat en lettres à l'Université Laval, elle se prend un petit appartement rue Sainte-Anne, dans le Vieux-Québec. À peine rentré du Salon du livre de Paris, Miron doit s'occuper des suites de l'incendie de son logement, rue Saint-Denis, mais fin avril, il se rend à Québec en compagnie de Jean Royer et d'Emmanuelle pour assister à la Rencontre québécoise internationale des écrivains, puis, au début mai, au Salon du livre. Il fait garder Emmanuelle par une amie de Québec et court chez Marie-Andrée. Cette fois, ce sont les vraies retrouvailles et la fin de cet « amour au noir » vécu « dans le cours de l'automne alchimique[50] » qu'il évoquait en décembre dans *Liberté*. Marie-Andrée se trouve maintenant libre et n'est plus la jeune femme exaltée et tourmentée qu'il a connue : en même temps qu'elle a trouvé sa voie en littérature, elle a acquis une sérénité nouvelle qui sera bénéfique à Miron. En juin, elle va le retrouver à Paris pour l'hommage à la Maison de la poésie. De retour au pays, ils font la tournée des amis dans les Laurentides et se voient tantôt à Québec, tantôt à Montréal.

C'est un été frénétique, car Miron sait qu'il va bientôt s'absenter pendant au moins une année entière. Il lui faut s'occuper des dossiers d'auteurs qui demeurent sous sa responsabilité à l'Hexagone : Pierre Perrault, qu'il appelle « le maître de langage[51] » et dont il veut depuis quelque temps rassembler les essais (*De la parole aux actes* paraîtra en 1985), Robert Girardin dont il aime le goût pour les aphorismes, l'anthropologue Rémi Savard qui lui a beaucoup appris sur les questions amérindiennes. Il rencontre Gilles Corbeil, pour faire le point sur le prix Nelligan dont il demeure l'un des administrateurs avec Pierre Vadeboncœur, et il va saluer ses amis de la revue *Possibles*, dont il a décidé de quitter le comité de rédaction. Cela ressemble à une cérémonie des adieux, qui le conduit chez Cécile Cloutier et Jean-Paul Filion, dans la région de Québec, chez Jacques Brault désormais établi dans les Cantons-de-l'Est à Saint-Armand, sans compter la visite rituelle à Gérald Godin et Pauline Julien, à North Hatley. Godin, devenu ministre de l'Immigration, a été la planche de salut dans le naufrage des Messageries littéraires : il a pu aller frapper à la porte du Conseil du trésor et, comptant sur l'affection que nourrit depuis longtemps Jacques Parizeau à l'endroit de Miron, obtenir une somme de 100 000 $ pour sauver les meubles. La faillite pure et simple a été évitée, mais à l'automne, *La Presse* annonce celle des Éditions Parti pris, rumeur qu'Alain Horic va toutefois démentir[52]. En fait, Godin et Miron évaluent très bien l'ampleur des dégâts et doivent constater que la zizanie a fait des ravages entre les partenaires éditeurs. Le conflit au sujet de la collection « Balises » traîne en longueur, et surtout, Alain Horic et Gaëtan Dostie sont plus que jamais à couteaux tirés. De Paris, au cours de l'hiver, Miron raconte à Horic que le directeur de Parti pris a colporté partout, jusqu'à la Foire de Francfort et chez Distique à Paris, l'automne précédent, que ses partenaires veulent « le spolier de ses biens », lui enlever Parti pris et ont même utilisé des subventions « à des fins personnelles[53] ». Bref, la situation ne saurait être plus navrante, la réputation de l'Hexagone est compromise. Mais il y a plus grave, que ni Miron ni Godin ne soupçonnent en ce milieu d'été 1984 au bord du lac Massawippi : celui que Miron appelle affectueusement Gerry, le camarade de tant de combats, le voisin heureux du carré Saint-Louis, ne sera plus jamais le même, miné insidieusement par une tumeur au cerveau dont les signes avant-coureurs sont apparus en mai et provoquent bientôt de graves crises d'épilepsie. Dix années de maladie s'annoncent. C'est la fin d'un bel âge, tandis qu'une autre déroute, sur le plan politique cette fois, se prépare : la chute de René Lévesque qui, faute de mieux, a préconisé le « beau risque » fédéral au grand dam de Jacques Parizeau, Camille Laurin et autres ministres dissidents — prélude à la cuisante défaite du Parti québécois en 1985 et au retour de Robert Bourassa au pouvoir, celui-là même que Godin a battu dans son comté de Mercier en 1976.

*   *   *

Emmanuelle s'envole seule le 3 septembre et est prise en charge à Paris par Ewa Lewinson, qui restera une fidèle amie de Miron et qui fait les démarches d'inscription de l'adolescente au lycée Montaigne, très réticent à reconnaître son niveau d'études. Entre-temps, Miron s'occupe des derniers préparatifs : malgré leurs déboires professionnels et les événements du printemps 1983, Alain Horic demeure toujours son homme de confiance pour les questions financières et il lui fait dresser une procuration notariée, lui confiant la gestion de tous ses biens, y compris de son compte bancaire à la Caisse populaire Saint-Louis-de-France, que Horic pourra renflouer de nouveau au besoin et d'où il effectuera, comme y est aussi autorisé Claude Dansereau, des transferts de fonds vers le compte parisien de Miron à la BNP[54]. Il faut dire que la bourse du Centre national des lettres n'est pas le pactole : 14 000 $ pour une année entière à Paris ! Ce serait à peine assez pour mener « une vie d'étudiant[55] », s'il ne pouvait compter sur les petits cachets que lui vaudront ses nombreuses invitations à donner des lectures ou des conférences. Ce départ pour la France, « est-ce un retour aux sources ? » lui demande candidement un journaliste étudiant peu avant son départ. Aucunement : « Mes sources sont au Québec [...], j'ai grandi dans nos forêts », se défend l'homme du Nord, le natif de Sainte-Agathe. Mais voilà : il n'a pas pu lire un livre « depuis cinq ans » et il lui est « impossible d'écrire au Québec, trop pris par l'action et l'édition ». La preuve ? « Cinq ans depuis mon dernier poème, et avant celui-là, ça faisait sept ans… pratiquement douze ans[56]. » Il faut l'arrêter, car s'il poursuit, il parviendra peut-être à soutenir qu'il n'a écrit que pendant un mois ou deux, vers 1954 ! Mais n'importe puisque, à Paris, ville où il ne se passe rien et où Gaston Miron ne connaît personne, il lui sera aisé de tromper l'ennui en s'assoyant chaque jour à sa table pour écrire…

À l'aéroport de Mirabel, le 24 septembre, tout un comité est venu le saluer : Marie-Andrée, les amis Perrault, Royer et Vadeboncœur, ses sœurs Denise et Suzanne. Il y a quelque chose de solennel dans ce grand départ, et l'on peut croire Miron lui-même euphorique. « Partir pour la France le rend heureux[57] », a observé Royer. Pourtant, les premières semaines seront difficiles : Miron emménage rue de Vaugirard dans un état de surmenage dont il a déjà senti les effets au milieu de l'été à Montréal. « Jamais de ma vie je ne me suis senti aussi épuisé[58] », écrit-il à Marie-Andrée dans les jours qui suivent son arrivée. Ses maux de hanche ne le lâchent plus et, par-dessus le marché, Emmanuelle se trouve tout aussi mal en point, angoissée par la perspective de fréquenter un milieu scolaire qui lui est étranger, le visage boursouflé par l'eczéma. Miron et Ewa Lewinson doivent multiplier les démarches au lycée Montaigne en vue d'obtenir qu'un examen d'admission réévalue ses compétences et d'éviter ainsi son reclassement à un niveau inférieur. Les difficultés d'adaptation, l'exiguïté de l'appartement, la crise d'adolescence : tout concourt à exacerber les tensions entre le père et sa fille. Au terme d'une dispute particulièrement acerbe, le doute insinué jadis par Ghislaine Duguay sur la paternité de Miron refait surface, et Emmanuelle va même jusqu'à exiger une preuve pour en avoir le cœur net, ce qui paraît bien difficile à une époque où la technologie de l'ADN demeure encore embryonnaire… Chose certaine, les rapports entre le père et la fille sont tendus : les amis qui les fréquentent à l'époque ont souvent l'impression d'un drôle de vieux couple chez qui, au fil d'une longue vie commune, l'affection mutuelle a sécrété de multiples causes d'agacement et de contrariétés.

Il n'empêche que la vie française de Miron peut désormais s'épanouir et, pour tout dire, se déchaîner, « toujours à la course, aux quatre vents de Paris et de Province[59] », quels que soient ses maux physiques et sa fatigue. On pouvait s'étonner, en 1959, de le voir annoncer à Claude Hurtubise qu'il n'avait même plus la force de quitter sa chambre, alors qu'il s'affairait déjà à multiplier les contacts. L'épuisement dont il fait état à Marie-Andrée ne l'a pas davantage empêché, à peine débarqué à Paris, de partir pour Bruxelles avec Emmanuelle afin d'assister au congrès de la FIDELF. Comment pourrait-il rater un congrès d'écrivains francophones où il retrouve une foule de camarades heureux d'entendre résonner son grand rire et son « monologue extérieur » ?

À Paris, la liste de ses relations, déjà impressionnante à l'époque de la Foire de Francfort, a quelque chose de vertigineux. Il a ses entrées partout, des contacts chez tous les grands éditeurs : Michel Deguy chez Gallimard, Pierre Oster au Seuil et il aime s'arrêter chez Sylvestre Clancier, qui a sa propre maison d'éditeur-libraire, rue Saint-André-des-Arts. Tantôt, il débarque chez Parfenov pour causer de Distique, avant de courir à un rendez-vous avec le Belge Guy de Bosschère, le président de la FIDELF, ou avec Dominique Daguet, qui dirige *Les Cahiers bleus*, une importante revue de poésie. À l'Académie Mallarmé, on se réjouit de pouvoir enfin compter sur sa présence régulière. « Tu es plus Parisien que moi ! » lui lance Édouard Glissant, pourtant établi dans la capitale depuis quelques années. Un drôle de Parisien, ce Miron, sans les tics et l'accent, et qui se contente d'être lui-même. Il connaît la ville sur le bout de ses doigts et se tient au courant comme pas un de l'actualité littéraire. Une lecture du poète syro-libanais Adonis, celui-là même qui avait publié une version en arabe des *Siècles de l'hiver* dans sa revue *Shi'r* donne à Miron l'occasion de causer à la Maison de la poésie avec des poètes qu'il a connus à Paris ou au Québec : Claude Esteban, Jean Grosjean, Henri Meschonnic, Bernard Noël. Tel événement sur les écrivains maghrébins, au Centre Gérard-Philipe, conforte une amitié avec le poète tunisien Tahar Bekri installé à Paris. Sa longue expérience des foires et des salons du livre, comme celle des rencontres d'écrivains, le sert dans tous ces échanges, comme sa personnalité engageante qui fait qu'après cinq minutes de conversation on est happé et fasciné par l'homme.

Il retrouve les amis de la première heure : outre Glissant, il revoit parfois Henri Pichette, place de la République ; Maurice Roche, le complice du Paris de 1960, le brillant acrobate du verbe à qui il vient de rendre hommage dans la revue québécoise *Lèvres urbaines* (un texte obtenu à l'arraché par Claude Beausoleil[60]) ; Rita Gombrowicz occupée désormais à gérer l'héritage littéraire de son mari romancier ; Robert Marteau aussi qui, après de longues années au Québec, est revenu vivre non loin de la place d'Italie, avec Neige, sa compagne québécoise. Quand Frédéric-Jacques Temple vient de Montpellier pour régler des affaires ou pour une lecture à la Maison de la poésie, le trio aime partager un bon repas : aucun des trois n'est un vrai Parisien, Temple est un vieux sage qui porte en lui l'âpreté brûlante de son Languedoc natal, Marteau a conservé une admirable lenteur poitevine qui charge sa parole d'une solennité sans emphase. Miron retrouve en eux quelque chose de sa propre substance, de sa fidélité aux origines, même quand elles sont « menacées ». Ces hommes un peu plus âgés que lui (Temple est né en 1921, Marteau en 1925) incarnent ce qu'il y a de meilleur : la continuité créatrice, l'éternelle poésie, indifférente aux modes, aux avant-gardes et autres parisianismes.

Paris n'en est pas moins un monde, depuis les tapisseries du musée de Cluny jusqu'aux impressionnistes de l'Orangerie, de Watteau au Douanier Rousseau dont il visite les expositions cet hiver-là au Grand Palais, entre un concert Bartók et une soirée au cinéma pour voir *Paris Texas* de Wim Wenders. Entre les sorties culturelles, il lui faut assister à quelques réunions de parents au lycée Montaigne. Le tourisme, la kyrielle de rendez-vous, les obligations familiales : facile de ne pas écrire dans de telles conditions, surtout si l'on tient compte du défilé ininterrompu d'écrivains et d'intellectuels québécois qui, venus mener un bout de vie parisienne, savent très bien qu'ils pourront y retrouver Gaston Miron. N'y a-t-il pas un symbole dans l'inauguration de la place du Québec, à laquelle il assiste lui-même à Saint-Germain-des-Prés, fin octobre ? Il n'est pas le seul, sans doute, à respirer mieux à Paris. Gérald Godin y fait un saut à l'automne, peut-être pour conjurer le mal qui envahit sa tête ; puis, ce sont Denise Boucher, Michèle Lalonde, Lise Gauvin en transit vers l'Allemagne, André Gaulin de la revue *Québec français*, à laquelle collabore régulièrement Marie-Andrée. À l'approche des fêtes, il voit arriver Lucien Francœur et Claudine Bertrand, avec qui il passe beaucoup de temps et qui l'emmènent en voyage avec Emmanuelle vers le pays de Van Gogh et de Vermeer, à Amsterdam et à Delft.

« Je n'avance à rien dans mon travail, écrit-il à Marie-Andrée en janvier. Pas d'inspiration. Je n'ai lu qu'un livre en quatre mois[61]. »Même constat à la mi-mars dans une lettre au couple Bertrand-Francœur[62]. Cela, avoue-t-il, l'« angoisse inconsciemment », ce qui veut dire aussi qu'il a des ressources inépuisables pour refouler cette angoisse : une vie sociale effrénée du matin au soir, depuis le Café Rostand, en face du Luxembourg, qu'il appelle son « quartier général » et où il donne souvent rendez-vous à des amis dès le petit-déjeuner, jusqu'aux soirées chez Guillevic, Clancier et autres, ou dans les restaurants qu'il préfère, L'Empire céleste, Le Mandarin, Les Charbonniers, le Relais Saint-Germain. À quoi il faut ajouter les voyages en province et ailleurs en Europe, faciles à effectuer à partir de la plaque tournante qu'est Paris.

Après Bruxelles et avant les Pays-Bas, il y a une fois de plus l'Italie à la mi-automne, encore avec Emmanuelle : l'Italie dont il ne se lasse pas, Venise dont les dédales et les petites places lui font presque oublier ses maux de hanche, et puis Turin, la ville de Pavese où il partage de belles heures avec son traducteur Zoppi. Il fait une excursion dans le Piedmont verdoyant, entre mer et Alpes, avec des amis italiens et il note cette impression : « Plaine de Cuneo : le miroitement de l'âme dans les peupliers [...]. Je regarde cette plaine, je regarde en moi, je me vois dedans et dehors. Je suis rien et je suis tout. J'ai perdu le vent et le vent s'est perdu[63]. » Indicible égarement : on dirait que tout ce qu'il reste en lui de poésie s'est réfugié ici, dans cette plaine où il ne s'appelle peut-être même plus Gaston Miron, trop vaste pour s'habiter lui-même, trop emporté vers nulle part ou quelque infini. Rome lui permettrait peut-être de se réincarner, mais, faute de temps, il ne peut s'y rendre cet automne-là. Le printemps suivant, profitant de la présence là-bas de Dominique Noguez, écrivain invité à la villa Médicis[64], le revoilà frère du Caravage et du professeur Jannini, ravi de déambuler encore une fois entre églises et ruines antiques et d'aller saluer la fontaine du Bernin, piazza Navona. Emmanuelle vient le rejoindre, on dîne avec Noguez, il y a une soirée en hommage à Chagall à la villa Médicis.

S'il était au bord de l'épuisement en octobre, son emploi du temps semble ignorer cette fatigue en 1985. Il est traité, comme d'ailleurs sa fille, par le Dr Diane Beaulieu, une Québécoise qui pratique la médecine à Paris et qui soigne souvent les compatriotes de passage. Il faut quelques mois d'adaptation à Emmanuelle, et la vie à deux dans un appartement très exigu suscite encore de nombreuses frictions. Mais l'engrenage des sollicitations a tôt fait de le happer et de réduire à presque rien le temps qu'il peut s'accorder à lui-même. Comment faire autrement, explique-t-il à Horic en février :

> J'ai été obligé de me commettre avec plus de participation, surtout quand il s'agissait de notre littérature ou du Québec, ou auprès d'organismes auxquels je suis redevable de ma bourse, ou envers certains amis français[65].

Il semble ne jamais finir de payer des dettes, d'être « redevable » à d'autres qu'à lui-même. Les services culturels de la Délégation du Québec peuvent-ils d'ailleurs se passer d'un tel émissaire ? Louise Beaudoin, à qui il rend visite rue Pergolèse, en mars, compte sur lui. En outre, il est devenu une figure familière sur la scène de la poésie française : partout en province, il se tient des événements poétiques où l'on veut voir et entendre Gaston Miron. Dans l'espace de quelques semaines, au printemps, il se rend à Metz, en Sologne, à Grenoble, puis à Aubigny en Vendée, tout en participant au Salon du livre de Paris et au Festival franco-britannique qu'organise le Québécois Jacques Rancourt — ce qui lui laisse quand même du temps pour un colloque sur les littératures francophones à l'abbaye de Royaumont où, aux côtés des Deguy, Faye, Memmi, il retrouve Jean-Marcel Paquette et Jean-Pierre Guay, qui séjourne à Paris après avoir occupé pendant deux ans la présidence de l'UNEQ et qui tient à l'époque un journal intime sulfureux. La fatigue est-elle à ce point conjurée ? Il n'en peut plus de « donner son *show* », confie-t-il à Guay, « on nous tue, on nous vide de nous-même, on nous désanguinise, on nous retourne à l'envers, on fait de notre vie privée une vie publique[66] », alors que c'est le contraire qu'exigerait la simple hygiène mentale : enfouir toute cette agitation en dedans de lui-même, avaler tout ce dehors. « Je me demande comment je tiens debout », écrit-il à Marie-Andrée, espérée à Paris dès qu'elle aura terminé son année universitaire. « Notre littérature semble à un point mort en France [...]. C'est pourquoi je me démène pour en parler partout où on m'invite[67] », et tant pis s'il lui faut se saigner à blanc.

L'intérêt semble parfois plus grand à l'étranger, en Italie notamment, en Irlande aussi où le gouvernement canadien lui organise une tournée d'une semaine, à la mi-avril, à Dublin, à Cork et à Maynooth, collège catholique non loin de la capitale : il est reçu par Padraig O'Gormaile, un fervent ami du Québec et un fier défenseur de la langue gaélique. Si le Québec a des « frères » en Scandinavie, que dire de cette Irlande qui est parvenue (sauf pour le Nord) à faire son indépendance face à l'Angleterre et qui a envoyé tant d'immigrants en terre québécoise ? O'Gormaile, ravi par la visite de Miron, songe déjà à un événement de plus grande ampleur pour le printemps 1986. Les choses paraissent toutefois s'être gâtées à Dublin avec l'ambassadeur du Canada : rentré à Paris, Miron raconte à Jean-Pierre Guay que ses citations de Lord Durham sur la nécessaire assimilation des Canadiens français auraient déplu et qu'on a interrompu sa conférence... L'histoire étonne : l'ambassadeur en Irlande est-il à ce point mal informé des idées de Miron ? Ce n'est pas d'hier que le poète indépendantiste fréquente les ambassades du Canada un peu partout en Europe, de Rome à Oslo...

Finalement, l'inévitable va se produire : à force de se « démener », le voyageur infatigable se retrouve fin avril à l'hôpital de la Cité universitaire où il doit subir de nombreux examens, dont une endoscopie au cœur. Il souffre d'angine et d'hypertension, il éprouve des vertiges, bref le corps Miron semble au bout du rouleau. De tels problèmes de santé, comme ceux d'Emmanuelle, lui coûtent très cher, car n'étant pas citoyen français, il ne bénéficie d'aucune protection sociale, il n'a pas d'assurance et sa bourse très modeste ne saurait suffire quand les frais du moindre examen s'élèvent à des centaines de francs. Alertés, des amis québécois battent la campagne pour lui venir en aide. Jean Royer écrit à des amis écrivains pour créer un fonds d'urgence, Jean-Pierre Guay contacte l'UNEQ à Montréal, Alain Horic est mis à contribution pour qu'on verse à Miron des droits de photocopie. On finit par renflouer les coffres.

Dès le mois de mai pourtant, c'est à croire qu'il n'y a eu qu'une fausse alerte, tant le Miron épuisé et exsangue de la fin avril paraît avoir retrouvé en quelques jours la santé et la bonne humeur. L'arrivée de Marie-Andrée rue de Vaugirard y est pour beaucoup, mais c'est compter sans une sérieuse entrave : si la vie de couple avec une adolescente dans un espace aussi exigu n'est déjà guère propice à l'intimité, cela tient de l'impossible quand s'ajoute une quatrième personne… Marie-Andrée n'est en effet à Paris que depuis trois jours quand y débarque Ghislaine Duguay, qui connaît un état plus stable à cette époque et à qui la bienveillante Aline Robitaille a acheté un billet d'avion pour qu'elle aille voir Emmanuelle, dont elle est séparée depuis la fin de l'été précédent. Malgré un voyage à quatre au jardin de Monet, à Giverny, et un détour par la côte normande à Honfleur et à Deauville, ce seront deux semaines difficiles : à Paris, Gaston et Marie-Andrée doivent loger dans un petit hôtel pendant que la mère et la fille cherchent à rattraper en quelques jours des années de mésententes qui les ont rendues étrangères l'une à l'autre. Amour, angoisse et amertume s'entremêlent : partis en week-end chez André Frénaud en Bourgogne, Miron et Marie-Andrée doivent rentrer en catastrophe à Paris parce que le feu est aux poudres, rue de Vaugirard, et que Ghislaine veut précipiter son retour à Montréal. Après ce nouveau psychodrame, la mère d'Emmanuelle va s'éloigner de la vie de Miron et sombrer encore davantage dans la maladie après avoir retrouvé sa première fille, Claudia, la demi-sœur d'Emmanuelle laissée en adoption en 1963. Retournée vivre en Gaspésie après une période d'internement, Ghislaine sera retrouvée morte dans un fossé au bord d'une voie ferrée, à la fin des années 1990.

* * *

Marie-Andrée puis Emmanuelle étant tour à tour rentrées au Québec, Miron cherche à savourer jusqu'à la dernière goutte sa vie française avant de rentrer à Montréal à la fin septembre. Sa santé toujours vacillante qui l'oblige à de nombreuses consultations médicales ne l'empêche pas de répondre à de nouvelles invitations :

la Semaine culturelle québécoise organisée par son ami Temple à Montpellier en juin, des conférences à Berlin en juillet, une Rencontre Saint-Malo–Québec en août. Mais le temps est beau et, entre les obligations professionnelles, il y a des moments de pur bonheur : un retour dans l'été brûlant du Languedoc pour fêter les seize ans d'Emmanuelle dans le jardin de Temple à Montpellier, avant que la jeune fille ne reparte pour Montréal ; une tournée des églises romanes du Poitou, le pays de ses ancêtres Migneron, avec Marteau et Neige, au début septembre. Et Paris, toujours Paris, où continuent de défiler les camarades québécois et où s'annonce la rentrée littéraire. Au fond, il ne tient guère à quitter cette effervescence parisienne, étant donné surtout la situation politique au Québec et les sombres perspectives financières qu'il y entrevoit. Aucun emploi ne l'attend, il doit subvenir aux besoins de sa fille et il a son loyer à partager avec Claude Dansereau : en fait, si ce n'était cette colocation et surtout d'Emmanuelle qui a repris ses études au Collège français, il se verrait très bien demeurer en France et y vivre modestement de ses lectures publiques et de ses conférences, comme il l'explique à la fin-août dans une nouvelle lettre à Horic[68].

La question, en réalité, n'est pas seulement de savoir s'il parviendrait à subsister matériellement en France. Depuis le début des années 1980, on l'a vu, il ne cesse de multiplier les séjours à Paris, il vient d'y passer une année entière en 1984-1985 et il va y habiter de nouveau avec Marie-Andrée pendant cinq mois, entre mars et août 1986 ; par la suite, et jusqu'à la fin de sa vie, pas une année ne passe sans qu'on retrouve Gaston Miron sur les bords de la Seine, pour des séjours qui s'étendent souvent sur plusieurs semaines. Il y a là un paradoxe de sa « carrière française » : personne ne peut faire, mieux que lui, la promotion du Québec et de sa littérature en France et en Europe, mais plus il séjourne sur le Vieux Continent, plus la distance se creuse avec un pays natal dont l'évolution l'indigne et le meurtrit.

Ce n'est pas qu'il perde le contact avec le Québec ni qu'il s'en désintéresse. Marie-Andrée lui donne régulièrement des nouvelles durant son séjour parisien : sur le plan politique, Camille Laurin, qui a démissionné du Parti québécois, a annoncé la fondation du Rassemblement démocratique pour l'indépendance et un jugement de la Cour supérieure est venu invalider un volet important de la loi 101 sur la langue d'affichage — de quoi osciller entre l'espoir et le découragement. Jean-Guy Pilon lui envoie des coupures de presse,

Aline Robitaille lui donne au téléphone les dernières nouvelles (y compris, en avril 1985, la triste annonce du décès de Jacques Ferron, et, en juillet, celle de la mort subite de Michel Beaulieu). À Paris même, il est constamment alimenté par les visiteurs qui lui font un rapport sur les vicissitudes du Parti québécois et les projets constitutionnels du gouvernement fédéral depuis l'arrivée au pouvoir des conservateurs de Brian Mulroney. Dans les cafés et bistros du Quartier latin, la voix porteuse du Québécois Miron continue de résonner : il cause de souveraineté avec ses amis Vadeboncœur et Perrault, avec Marcel Fournier de la revue *Possibles*, à la FIDELF où il retrouve Michèle Lalonde et Denis Monière, avec des militants de la Société Saint-Jean-Baptiste et du Mouvement Québec français, Nicole Boudreau et Guy Bouthillier.

Pourtant, la distance parisienne teinte d'étrangeté ces échanges souvent fervents, d'autant plus que les nouvelles ne sont pas bonnes. « Ce qui s'est passé au Québec cette année me donne un sentiment d'exil. Et j'aime tellement Paris[69] », avoue-t-il dans un mot à Sandrine Berthiaume, peu avant de rentrer à Montréal en septembre 1985. Ce « sentiment d'exil », il en fait état à Marie-Andrée, qui en saisit parfaitement la nature : « L'exil ne serait pas d'être éloigné du Québec mais d'y revenir[70] » ! Ce sera encore pire l'année suivante, tant son retour de six mois au pays l'a consterné :

> Ce qui m'a le plus affecté, ce fut cette espèce de décomposition politique et culturelle du Québec, cet assaut contre notre langue, qui m'ont laissé pendant longtemps désemparé et démuni, dans un état étrange & schizo, incommunicable. Comme le sens d'une vie qui se défait[71].

raconte-t-il cette fois à Frédéric-Jacques Temple, tout juste avant de s'envoler de nouveau pour le Salon du livre de Paris.

Je le côtoie moi-même plus qu'à toute autre époque, ce printemps-là, à l'occasion d'un séjour européen de plusieurs semaines avec ma compagne. Sans soupçonner un seul instant que je raconterai un jour sa vie, je le revois avec Marie-Andrée, rue de Vaugirard, j'ignore tout de ses maladies et des pensées secrètes qu'il rumine. Il paraît simplement heureux, détendu, et il me montre avec fierté la liste invraisemblable des rendez-vous inscrits sur son agenda, avec des figures majeures du milieu littéraire français. Il arrive d'une autre tournée, en Espagne et au Portugal, où il a beaucoup parlé du Québec avant de se faire voler son portefeuille dans un tramway de Lisbonne où il voyageait avec Pierre Oster. Y a-t-il cible plus facile à repérer que Miron dans le feu d'une conversation, oubliant tout ce qui l'entoure ? À Dublin, quelques jours plus tard, nous marchons tout un après-midi sur les traces de Joyce et des patriotes irlandais, nous traversons émus la Liffey sur le pont O'Connell. Dans un vieux cimetière, il déchiffre des patronymes presque effacés : Ryan, O'Neill, Johnson. « Tous des Québécois ! » lance-t-il dans un rire à troubler le repos éternel de ces compatriotes imprévus. Je ne devine pas qu'il parle peut-être autant de son propre exil que de l'indissoluble parenté Québec-Irlande. Je l'entends lire ses poèmes de *L'Homme rapaillé* et jouer de son harmonica à Maynooth, au banquet de clôture du colloque organisé par Padraig O'Gormaile : tout heureux de partager l'étroite tribune avec le Nord-Irlandais John Montague (une tribune d'où ils sont tous deux tombés à la renverse avant de commencer, ce qui a suscité un moment d'inquiétude…), il traîne sa « patrie d'haleine » avec lui, il porte le pays dans sa passion douloureuse et ses espérances, comme si la réalité politique québécoise n'existait plus et que le chant poétique demeurait la seule vérité, le seul destin qui tienne. Quelques semaines plus tard, nous rejoignons Marteau et Temple à Rodez, pour des journées de poésie. Un autre terroir : celui de l'Aveyron où, une fois de plus, il fait de la littérature et de l'identité québécoises une sorte d'épopée toujours en route vers son accomplissement.

À force de fréquenter et d'aimer cette France profonde et de parcourir les quartiers de Paris où il entend toutes les modulations de la langue française, un effet pervers se fait sentir. Il voit mal comment il pourrait quitter cette habitation simple et toute naturelle de la langue : « Par trois fois j'ai reporté mon retour à plus tard, comme si je ne pouvais m'arracher à Paris. Je suis bien ici, dans le sentiment, le bruissement et l'exactitude de la langue[72] », écrit-il à Jean Royer en vacances aux îles de la Madeleine au cours de l'été 1986. Chez nous, poursuit-il,

> c'est une langue approximative et bilingue qui prévaut. Les gens ne savent pas quelle langue ils parlent. Comment allons-nous nous en sortir ? La situation linguistique est presque désespérée au Québec. En France, je suis sûr que l'on parle un bon français.

Se rend-il compte qu'il est en train de reproduire ainsi un vieux stéréotype de colonisé, teinté de honte et de mépris de soi ? Les Français parlent bien, les Québécois parlent mal… Mais le choc est trop grand à l'écoute de la langue parlée ici lorsqu'on rentre de Paris, comme il l'explique dans une entrevue accordée à un petit hebdo du nord de Montréal[73]. Le « linguiste » Miron a jadis proposé la défense d'une langue québécoise considérée comme une variété du français, mais dans le marasme politique et linguistique des années 1980, le revoilà plus que jamais « bilingue de naissance », prisonnier avec tout un peuple d'une « langue approximative » et, par là, obsédé au-delà de toute mesure par « le mot juste[74] ». Cela n'est certes pas nouveau chez lui — Dennis Lee a eu à en souffrir — mais tout concourt désormais à rendre ce soupçon presque maladif, voire paralysant. C'est au point où il croit voir des fautes là où il n'y en a pas ! Un jour, il est invité avec son ami Girardin au lancement d'une campagne de publicité par le ministère fédéral de l'Environnement, assez nouvelle pour l'époque, incitant à la protection de notre planète : « C'est la seule que nous avons », conclut le slogan projeté sur une image de la Terre. Miron s'agite sur sa chaise, tique de la mâchoire, se gratte le front. Mais non, après « la seule que » il faut mettre le subjonctif, il fallait plutôt dire : « C'est la seule que nous *ayons* ». Son ami a beau lui opposer que s'il parlait de sa fille, il dirait : « C'est la seule que *j'ai* », Miron n'en démord pas, il traîne Girardin à la maison pour consulter les grammaires, il cherche frénétiquement les articles portant sur l'usage de l'indicatif et du subjonctif afin d'en avoir le cœur net. Finalement, il est forcé d'admettre, comme le soutenait d'ailleurs son compagnon, que les deux se disent, selon qu'on insiste sur le fait lui-même ou qu'on évoque un doute, l'hypothèse d'une alternative.

Cette quête de l'exactitude linguistique est probablement la même à laquelle il soumet son œuvre poétique, ce qui explique au moins en partie son immense retard à faire paraître une édition québécoise mise à jour de *L'Homme rapaillé*, qu'Alain Horic attend toujours pour la nouvelle collection « Typo » qu'il a créée en 1984. En outre, il est difficile de ne pas voir un lien entre ce paroxysme de l'inconfort langagier et le fait que l'on peut compter sur les doigts de la main les poèmes qu'il va écrire encore durant les dix dernières années de sa vie. Sans doute faut-il aussi tenir compte tant de son immense déception politique que de sa vie affective enfin comblée : depuis les commencements, la douleur amoureuse est un aiguillon essentiel de son écriture, et c'est presque toujours sous le signe de la « solitude érotique » qu'il a écrit et publié ses grands poèmes, y compris *La Vie agonique*. Même sa suite *Femme sans fin* n'a été achevée et publiée qu'après le départ de Sandrine. Désormais, avec Marie-Andrée, il a trouvé « le nom de la femme [qu'il] aime » : certes, entre Montréal, Québec et Paris, la distance physique les sépare souvent, mais le fil ne se rompt plus, et chaque fois qu'ils se retrouvent, c'est le même bien-être dans la vie quotidienne et les voyages. Cet amour est en outre nourri par la complicité littéraire qui s'est manifestée entre eux dès 1980. Les femmes que Miron a aimées, d'Isabelle à Sandrine, avaient toutes une sensibilité artistique et un goût pour la culture, mais jamais il n'a pu côtoyer une femme qui, passionnée par les livres, connaît aussi tous les ressorts et les enjeux de la littérature. La question linguistique, Marie-Andrée en sait l'histoire puisqu'elle prépare une thèse sur les rapports entre langue et littérature au Québec au début du XXe siècle. Quand il lui écrit, l'infatigable chasseur d'articles qu'est Miron joint régulièrement à ses lettres des coupures de presse sur ces sujets. Au fil des ans, il ne cessera de lui offrir en cadeau, au risque de grever son maigre budget, des livres rares du XIXe siècle québécois auquel elle s'intéresse. « Ce sera pour ta bibliothèque », lui dit-il quand elle lui reproche d'avoir fait cette dépense.

À l'hiver 1986, Marie-Andrée retourne vivre seule rue de Vaugirard, pour suivre le séminaire du sociologue Pierre Bourdieu à l'École pratique des hautes études. De Montréal, il lui communique les fruits de sa récolte quotidienne : « La langue de l'avenir au Québec, c'est l'anglais[75] » titre *Le Devoir* en mars 1986 pour chapeauter les inquiétudes du bibliothécaire d'une école secondaire qui voit les élèves se désintéresser du français. L'autre coupure la concerne puisque Réginald Martel donne dans *La Presse* une recension élogieuse de l'essai qu'elle vient de faire paraître sur *L'Élan d'Amérique* d'André Langevin[76]. Miron est fier qu'elle habite avec lui le monde littéraire et il va bientôt la rejoindre à Paris pour le Salon du livre. Ce qui gâche un peu sa joie, ce sont les « onze conférences », précise-t-il, qu'il devra avoir préparées pour sa tournée prochaine en Espagne : « Je vais être en massacre quelque temps », la prévient-il pour conclure. Gaston Miron « en massacre » ou « en vacarme », comme disait jadis sa mère, ce n'est pas toujours joli à voir… Et avec le Québec entier, sa langue, sa culture proches à ses yeux de la « déliquescence » dont parlait Michel Brunet, la mauvaise humeur serait peut-être incurable sans la douce promesse de retourner vivre une fois de plus dans le printemps parisien.

Le Québec malgré tout

« J e n'ai pas encore la force de reprendre un combat et mon esprit est quelque peu désarçonné[1] », avoue-t-il dans une lettre à son vieux camarade Pichette avant de repartir pour Paris. C'est l'hiver 1986 : le Parti québécois dirigé par Pierre Marc Johnson vient de subir un balayage aux élections de décembre. Mais rendre les armes, baisser les bras, ce n'est pas dans le style Miron, quels que soient les constats amers (et souvent injustes) qu'il fait sur son Québec inachevé. Il veut, dit-il à Pichette, se tenir « dans un qui-vive intérieur », sur la brèche, véritable « tête de phare » servant de repère dans les pires tempêtes. La consécration, la célébrité dans tout cela, ce ne sont que des épiphénomènes et parfois même une mauvaise pente. En 1981, au lendemain de la réception de son prix Apollinaire, il lançait à Pierre Filion cette citation d'un auteur couronné : « Mon vieux, je *descends* aux honneurs. » L'escalier est plus long qu'il ne le croyait : après les nouveaux prix qu'il reçoit en 1985 et 1986, décorations et médailles vont scander les dernières années de sa vie.

Dans la morosité de l'automne 1985, le « phare » Miron brille une fois encore, bon gré mal gré, et non sans que le lauréat pressenti surmonte de profondes angoisses et quelques insomnies. Aucun des honneurs acceptés depuis la première publication de *L'Homme rapaillé* ne lui posait problème, à l'exception du Grand Prix littéraire de la Ville de Montréal obtenu peu après la crise d'Octobre, un prix qu'il s'est empressé de partager avec des organisations de gauche : dans tous les autres cas, la reconnaissance venait d'institutions québécoises ou européennes. Cette fois, avec le prix Molson du Conseil des Arts du Canada, la source est clairement fédérale. Informé de ce nouvel honneur, Miron demande quelques jours de réflexion. En d'autres circonstances, Hubert Aquin, Fernand Dumont, Fernand Ouellette ont tous refusé le prix du Gouverneur général géré par ce même Conseil des Arts. Le porte-flambeau de l'identité québécoise, le farouche indépendantiste ne risque-t-il pas de contredire tout son parcours en acceptant d'être couvert de lauriers par une instance canadienne ? Il en parle avec Marie-Andrée, il consulte Vadeboncœur, Girardin et quelques autres. Ils lui font valoir que le prix n'est pas politique, qu'il est décerné par un jury indépendant et qu'il veut couronner sa contribution globale au développement de la littérature québécoise, aussi bien en tant qu'éditeur et animateur qu'en tant qu'écrivain. Il est d'autant plus sensible à leurs arguments qu'il est bien placé pour mesurer le soutien vital accordé par le Conseil des Arts aux éditeurs et aux écrivains québécois, sous l'impulsion de son ami Naïm Kattan, toujours à la tête du Service des lettres et de l'édition — un soutien dont ont largement profité les Éditions de l'Hexagone. Le lendemain de l'élection du Parti québécois, le 15 novembre 1976, Kattan avait d'ailleurs reçu à Ottawa un appel plutôt inattendu. Que craignait au juste Miron ? Ce n'est pas clair, mais il tenait à assurer son ami du Conseil des Arts qu'il n'accepterait jamais de voir contesté ou dénigré par quiconque son travail soutenu en faveur de la littérature québécoise ; si cela devait arriver, il serait le premier à le défendre…

Le « poète national » du Québec consent donc à cet honneur, non sans éprouver le besoin de s'en expliquer longuement dans l'entretien qu'il accorde alors au *Devoir* : « J'ai accepté ce prix comme un homme et un poète libre, indépendant d'esprit [...]. Je suis souverain de moi-même[2] », confie-t-il à Jean Royer. Tant l'organisme que le prix sont « apolitiques », rappelle-t-il, et, comme toujours, c'est une récompense qu'il partage en mérite avec ceux de sa génération. Le poète de *L'Homme rapaillé* n'en fait pas moins la manchette de tous les quotidiens, à Montréal, à Québec et à Ottawa, avec sa photo tout sourire, seul ou en compagnie de l'autre lauréat, Ronald Melzack, de l'Université McGill, couronné en sciences humaines pour ses recherches sur la douleur. Le soir de la remise des prix, le vice-président du Conseil des Arts, Jacques Lefebvre, rend hommage au « chantre du pays » qui « a porté au cœur de l'expression poétique sa vision de la condition humaine québécoise[3] ». Miron tenait à ce que cette appartenance québécoise ne soit en aucune manière occultée : pas question de le noyer en cette occasion dans le grand Tout canadien.

La cérémonie qui a lieu à l'hôtel Ritz-Carlton attire forcément un public mixte, autant anglophone que francophone, et elle donne lieu à un incident plutôt cocasse. Après la remise des prix par Maureen Forrester, présidente du Conseil des Arts, Miron, Marie-Andrée et les amis qui les accompagnent se préparent à quitter l'hôtel, mais au moment où ils traversent le hall, un homme dans la cinquantaine s'approche et vient féliciter le poète en lui serrant la main. C'est nul autre que le romancier Mordecai Richler, le critique acerbe des nationalistes québécois qui n'a jamais raté une occasion de tourner en ridicule la Charte de la langue française ! Serrer la main de Richler ? Il y a quand même des limites et les amis ne cachent pas leur réprobation, jusqu'à ce que Miron les arrête : « Ce ne sont pas des adversaires politiques qui se rencontrent, c'est un écrivain qui salue un autre écrivain. »

À la journaliste de *The Gazette* venue rendre compte de l'évé-nement, il déclare que si le prix Apollinaire lui a donné la plus grande émotion, ce prix Molson l'emporte en prestige et aussi… en argent sonnant ! En effet, c'est avec un chèque de 50 000 $ qu'il repart ce soir-là, trois fois son revenu régulier pour une année entière. Une telle somme donne des ailes au poète Miron et, enthousiaste, il annonce à la journaliste du quotidien anglophone qu'il pourra enfin devenir « *a full-time writer* », un écrivain à plein temps, qui a d'ailleurs déjà en chantier, à l'en croire, pas moins de trois ouvrages : un recueil de poèmes, un recueil d'essais et une anthologie de son œuvre[4] !

On peut difficilement concevoir une image plus invraisem-blable : un Gaston Miron désormais presque riche et pouvant se consacrer entièrement à l'écriture de ses livres promis depuis des lunes. Gaston Miron en écrivain heureux ! Cette euphorie est d'autant plus paradoxale qu'à la même époque il pose souvent les diagnostics les plus sombres, les plus accablants, sur l'évolution du Québec. L'obtention du prix Molson fait d'ailleurs apparaître de manière criante ce contraste, car ce prix l'entraîne maintenant à tenir sur le peuple québécois, sa culture, sa littérature, un discours beaucoup moins pessimiste que celui de la « décomposition culturelle et politique » dont il peut faire état en d'autres circonstances. Parler d'un désastre collectif au moment où l'on souligne sa « contribution exceptionnelle » paraîtrait plutôt incongru. D'ailleurs,

notre peuple [...] a cessé d'être empêché. Il a relevé la tête, il a retrouvé
sa fierté et sa dignité. Il a atteint d'abord l'âge de la parole et voici venu
l'âge de la réflexion. Ce peuple connaît désormais les contours de son
être, il sait qui est l'*Autre*, et cet autre sait aussi que nous ne faisons partie
de lui que dans un système politique. La condition québécoise, qui enri-
chit l'humanité de sa différence, se met en relation dialectique avec celle
des autres[5][...]

explique le lauréat du prix Molson dans *La Presse*, ce qui est un tout
autre discours que celui de l'échec. On voit la conclusion malveillante
que l'on pourrait tirer de tels discours : Miron semble dire en public
le contraire de ce qu'il pense vraiment et qu'il chuchote à ses amis en
privé, surtout quand il parle du point de vue du Parisien heureux dans
sa langue française retrouvée...

Il est vrai que cette fois encore, il tient des propos sidérants : à
l'entendre, l'emploi du mot *pays* serait « rare » dans son œuvre !
« Trois fois peut-être », cherche-t-il à convaincre Réginald Martel,
ce qui montre seulement qu'il ne sait pas compter et qu'il néglige
en outre des synonymes flagrants, comme « terre de Québec ». De
manière plus fondamentale, il se heurte, dans les années 1980, à un
dilemme que tout le mouvement indépendantiste, y compris le Parti
québécois, affronte déjà depuis plusieurs années, non sans malaise, et
que ses opposants fédéralistes ont pris plaisir à mettre en relief, dès
le référendum de 1980 : si le Québec a pu se développer à ce point
depuis la Révolution tranquille, s'il a cessé d'être pauvre (ce que
Miron lui-même souligne), s'il a pu s'affirmer en vingt ans comme
une société progressiste et imposer, sinon l'exclusivité, du moins la
primauté de la langue française, n'est-ce pas parce qu'il a largement
surmonté sa situation de « colonisé » et que le cadre fédéral ne limite
guère son épanouissement ? Soit, mais à ce constat difficile à contester,
le poète éditeur peut opposer deux arguments, même si le premier
est peu présent dans ses interventions de l'automne 1985. D'abord,
la question de la langue n'est pas résolue et l'état de bilinguisme ne
cesse de ressurgir, comme l'a d'ailleurs montré le jugement de la Cour
supérieure du Québec sur l'affichage commercial. C'est le début d'un
nouveau conflit linguistique qui va culminer entre 1987 et 1989.
Quand Miron pense à cette question, tout son optimisme, tout son
discours sur le peuple québécois qui aurait « cessé d'être empêché » se
dissipent d'un seul coup... Mais son argument principal est d'un autre

ordre : c'est celui de la visibilité, de la présence au monde, qu'il servait jadis à Pierre Elliott Trudeau. Il peut parler en connaissance de cause, il est allé en Norvège, raconte-t-il, et à peu près personne n'y avait la moindre idée de l'existence des « six millions de Québécois » : « Il faut que nous ayons une dimension politique pour percer l'écran qui nous cache », tranche l'ambassadeur culturel de ce pays qui n'existe pas.

Tantôt affirmatif et enthousiaste, tantôt catastrophé, l'homme qui s'approche de la soixantaine marche sur une corde raide et sa connaissance du milieu littéraire québécois n'a rien pour réconcilier ses humeurs contraires. Car s'il y a un essor qu'il peut observer et auquel il a contribué largement, comme le lui a rappelé son prix Molson, c'est bien celui de la littérature québécoise. Par tempérament, il déteste les écoles esthétiques et autres dogmatismes : une vraie littérature ne peut être que plurielle, et c'est pourquoi l'éditeur Miron n'a pas cessé d'accueillir à l'Hexagone toutes les tendances, même les plus éloignées de « la poésie du pays ». Le problème, c'est peut-être justement la réussite de ce travail collectif auquel il a participé : la littérature québécoise, il le voit très bien, fonctionne plus que jamais comme une littérature aussi « normale » qu'elle peut l'être dans un pays qui ne l'est pas. Rien de commun avec la rareté et l'indigence de 1950 ou 1960. Ici encore, il marche sur un fil : il lui est arrivé de critiquer les écrivains, surtout parmi les « impavides cadets » dont parlait Albert Memmi, ces plus jeunes qui font leur œuvre comme si l'indépendance n'était plus un problème ou qu'elle était déjà réalisée. Cela relève pour lui d'une dénégation irritante, mais en même temps, peut-il ne pas se réjouir de voir la littérature québécoise parvenue ainsi à maturité, apte à traiter tous les thèmes, sur tous les tons, et à assimiler de multiples influences ? Il a vu advenir l'ère des best-sellers, celle du *Matou* d'Yves Beauchemin, des *Chroniques du Plateau-Mont-Royal* de Michel Tremblay et de l'exubérante *Maryse* de Francine Noël. Le réalisme, la parodie, la truculence carnavalesque, mais aussi la mélancolie, la cruauté, la tragédie, tout semble devenu possible. En première ligne comme administrateur du prix Nelligan, il a vu émerger la nouvelle poésie des années 1980, moins rigide et iconoclaste que celle de la décennie précédente : les femmes y sont plus présentes, les poètes formalistes se sont tournés vers les grands thèmes du monde contemporain et surtout, chose capitale pour lui, les œuvres s'établissent dans la durée, y compris celles des poètes de sa propre génération, les Brault, Ouellette, Van Schendel, Langevin, à qui la cinquantaine va très bien et dont les livres de la maturité tiennent ferme ce « fil conducteur de l'homme » qui a guidé sa propre démarche. Certes, il n'y a pas unanimité sur la qualité de la culture québécoise des années 1980, et à la revue *Liberté*, notamment, on peut lire des propos souvent cinglants sur la production littéraire et culturelle : Jean Larose, entre autres, y publie des essais corrosifs, impitoyables, qu'il va rassembler en 1987 dans un ouvrage dont le titre ose faire écho à l'ère duplessiste, *La Petite Noirceur*[6].

De toute évidence, la question nationale qui a nourri tout le parcours de Miron n'est plus un thème important de la nouvelle littérature québécoise. Certains, comme André Brochu, qui a été de la première équipe de *Parti pris*, sont sarcastiques :

> Le rêve est crevé mais le feu, le grand feu reste, il dévore. Jamais n'avons-nous tant vécu ni écrit, à tort et à travers, ouverts à tous les avenirs pourvu qu'ils ne répètent rien d'un passé qui n'a jamais fait d'autre preuve que celle de notre foncière inexistence[7].

L'écriture ou la vie ? On parle beaucoup en poésie d'un courant intimiste, plus intérieur, dans lequel la mémoire personnelle l'emporte souvent sur la mémoire collective : s'agit-il d'un repli sur soi, d'un aveu de défaite politique, d'un adieu au passé ? L'homme Miron s'est toujours voulu généreux et son combat n'est pas friand d'exclusives et d'excommunications. Alors, tout en sachant très bien séparer le bon grain de l'ivraie, distinguer les fabricants de textes des vrais écrivains, il soupèse, il réfléchit, il demeure sur le « qui-vive » tout en accueillant un foisonnement créateur qu'il a appelé de tous ses vœux et contribué à mettre en œuvre.

Par ailleurs, son intense fréquentation des pays étrangers, depuis cinq ou six ans, a renforcé en lui une conviction née dès l'époque du père Ambroise Lafortune et confirmée dans ses belles années à la Foire de Francfort : « L'homme québécois s'inscrit dans les lieux, dans les réseaux d'échanges des cultures, des langues, des civilisations[8]. » Ici encore, le paradoxe n'est pas aisé à tenir : peu visible, voire inconnu politiquement, le Québec fascine souvent par sa littérature et ses écrivains. Padraig O'Gormaile enseigne la littérature québécoise à Maynooth, David Parrish à Dublin, et Cedric May, chez qui il se rend en juin 1986 pour une lecture-conférence et le tournage d'un entretien vidéo, donne sur le sujet des cours très informés à Birmingham, au cœur de la vieille Angleterre. Les Italiens sont à la fine pointe de ce courant et, dans ce cas, les échanges trouvent une extension au Québec même, à la faveur d'une nouvelle génération d'écrivains et d'intellectuels immigrés en bas âge. À Montréal, Miron voit Marco Micone proposer, depuis sa pièce *Gens du silence*, une réflexion nouvelle sur la culture immigrante, et il côtoiera le dramaturge dans un colloque en Sicile en 1988. Il connaît depuis quelques années Antonio D'Alfonso, l'animateur des Éditions Guernica qui publient en quatre langues (français, anglais, italien, espagnol) et qui ont fait paraître les traductions anglaises des poèmes de *L'Homme rapaillé* par Marc Plourde et Doug Jones. Il a des échanges avec Fulvio Caccia, dont la revue *Vice versa*, créée en 1983, suscite la controverse en proposant une nouveau modèle de l'identité québécoise fondé sur le concept de « transculture ».

En 1949, le jeune Miron encore inconnu écrivait un petit essai resté inachevé sur le problème de l'immigration au Québec : or, pour la première fois, dans la suite logique de la loi 101 qui oblige les enfants d'immigrants à fréquenter l'école française, cette question se trouve au cœur des débats identitaires. Il a fréquenté les premiers poètes et écrivains haïtiens venus au Québec dans les années 1960, Anthony Phelps, Serge Legagneur, Gérard Étienne, mais à présent, en même temps que des vagues d'immigrants haïtiens, vietnamiens et autres s'établissent au Québec, une nouvelle cohorte d'écrivains se manifeste, les Dany Laferrière, Émile Ollivier, l'Égyptienne de naissance Anne-Marie Alonzo qui vient de remporter le prix Nelligan, la Française juive Régine Robin dont le roman *La Québécoite* cause des remous avec sa vision postmoderne et métissée d'un Québec contemporain où cherche à s'articuler une « parole immigrante ». Tout cela trouble et interpelle l'homme Miron, sans qu'il dévie de sa ligne directrice : la nécessité pour le Québec d'acquérir son plein statut politique et de consolider l'usage de la langue française, contre toute tentation de retour au bilinguisme.

*   *   *

Au milieu de ces turbulences, il apprend qu'une autre récompense littéraire va couronner son œuvre, la même qu'a reçue son ami Paul-Marie Lapointe dix ans plus tôt : le prix de l'International Poetry Forum, dont Samuel Hazo demeure toujours le maître d'œuvre à

Pittsburgh. Depuis plusieurs années, c'est toujours vers l'Europe que Miron a voyagé et ce retour aux États-Unis est l'occasion pour lui de découvrir Washington et Philadelphie, où il fait un détour avec son traducteur Doug Jones et la compagne de celui-ci, Monique Grandmangin. S'ensuit une cascade de réceptions officielles, entrecoupées de visites des musées Smithsonian dans la capitale, et de la Liberty Bell, haut lieu de l'indépendance américaine à Philadelphie, où Miron présente aussi une lecture publique à l'American Poetry Center. Il va se souvenir de son passage à Washington dans « Le mot juste », publié dans la revue *Possibles* quelques mois plus tard :

> À Washington, en décembre dernier, lors du lancement de mon livre *The March to Love*, un professeur américain m'avise : « Je vais souvent chez vous, votre cas m'intéresse. Vous avez un gros problème. » Lequel ? demandai-je. « Un gros problème d'identité. Il y a beaucoup d'anglais dans votre français, n'est-ce pas ? » J'avais l'air fin, comment lui expliquer que c'est en partie chose du passé[9] !

La question de la langue le poursuit décidément partout, avec l'obligation sans cesse renouvelée d'expliquer et de faire toutes les nuances nécessaires…

À Pittsburgh, le 10 décembre, on dirait la reprise de la soirée mémorable de décembre 1976, bien que Miron, cette fois, n'ait à voler la vedette à personne. Il est le héros incontesté de la fête, « *the voice of Quebec*[10] », selon les termes de Sam Hazo qui confirme, dans sa présentation, ce que le poète-conférencier lui-même a pu observer dans ses voyages à l'étranger et jusque dans la lointaine Norvège : même aux États-Unis, on ignore largement la réalité québécoise (comme aussi, ajoute Hazo, celle du Canada…), et l'on ne se doute même pas que la littérature du Québec est la deuxième en importance parmi les littératures de langue française, juste après celle de la France. On connaît et traduit les Prévert, Follain, Bonnefoy, mais des poètes québécois de qualité sensiblement égale demeurent tout à fait inconnus. Couronner Miron constitue donc en quelque sorte une rectification historique et culturelle. Si le poète haut en couleur a conquis son public, en 1976, en sortant d'emblée son harmonica, il réserve cette fois la musique et les chansons folkloriques (en hommage, explique-t-il, à plus de deux cent vingt-cinq ans de littérature orale au Québec) pour un intermède chaudement applaudi, entre ses lectures dialoguées avec Doug Jones, et notamment la lecture presque intégrale, et particulièrement vibrante, de *La Marche à l'amour*.

The March to Love[11] : c'est ce titre qu'on a donné au beau livre cartonné publié pour l'occasion par l'Ohio University Press, dans une collection qui a déjà accueilli des poètes majeurs comme Yannis Ritsos, Vicente Aleixandre et Adonis. Le poète Miron côtoie les plus grands, il appartient de plein droit à la confrérie mondiale des poètes. Sans reprendre *L'Homme rapaillé* en entier ni dans le même ordre, le recueil préparé par Doug Jones en donne les poèmes essentiels, traduits non seulement par Jones lui-même et par Marc Plourde, mais aussi par Louis Simpson et quelques autres traducteurs, dont Dennis Egan, qui publiera sa propre sélection des poèmes de Miron, *Counterpanes*, chez Guernica, en 1991. Guy Gervais a signé la préface à titre de responsable littéraire du ministère canadien des Affaires étrangères qui a financé tant le voyage que l'édition du recueil : Gervais, lui-même poète et responsable de plusieurs tournées internationales de Miron, souligne que l'objet de cette poésie est « la transformation de la vie » plutôt que les « manipulations verbales », et qu'elle répond au désir de « rendre le monde plus réel[12] ». Mais ce qu'éprouvent les lecteurs de *L'Homme rapaillé* est-il le point de vue du principal intéressé ?

*   *   *

On peut en douter, à entendre l'un de ses derniers poèmes, qu'il traîne dans sa poche en ces années incertaines pour le lire à ses connaissances et qui demeure l'un de ses plus beaux :

> Je le pense : ce monde a peu de réalité
> je suis fait des trous noirs de l'univers
> Parfois, quelquefois, en quelque lieu
> d'un paysage bouge une splendeur devant soi
> qui repose là dans sa migration
> et l'amertume d'être un homme se dissipe[13]

Le moins qu'on puisse dire, c'est qu'il est resté fidèle à un vieux portrait de lui-même et de sa propre pensée, lui qui parlait en 1959 des « trous noirs de [son] esprit[14] ». L'image s'est simplement agrandie jusqu'aux espaces cosmiques. Il est ici et ailleurs, présent et nulle part et, sous le poids de sa condition humaine et d'un destin collectif dont il voit mal l'issue, il en vient à rêver à un pur allégement. Peut-être y a-t-il une autre vie où naîtrait un Miron presque bouddhiste, à l'image de tous ces Québécois qui vont se purger l'esprit dans des ashrams en Inde et en reviennent un peu plus détachés des tourments de l'époque ? Mais ce Miron absorbé par une « splendeur » proche du néant ne serait pas l'homme du temps humain, qui se définit toujours dans un « parcours ». Cette idée ne le lâche pas dans la seconde moitié des années 1980 : l'« archaïque Miron » a beau dire qu'il a le cerveau comme une passoire, il demeure un archiviste inégalé de lui-même et de son époque, il a toujours tout conservé, le moindre brouillon de poème griffonné sur une enveloppe ou un napperon de restaurant, la moindre réflexion jetée à la sauvette sur un bout de papier, et des tonnes d'articles de journaux, sur des auteurs, des questions politiques et cent autres thèmes qui peuvent toujours servir pour quelque nouveau poème. Il en accumule dans un gros classeur, rue Saint-Hubert, il en transporte avec lui dans une vieille valise. C'était son idée quand il s'est installé comme boursier à Paris au début de l'automne 1984 : mettre en forme ses notes, organiser ces fragments pour en faire un ensemble cohérent. Il en parle souvent à Marie-Andrée : il y aurait là matière à un vrai livre, l'un de ceux qu'il écrirait s'il devenait enfin l'« écrivain à plein temps » annoncé encore au moment où il a reçu le prix Molson, un personnage à peine plus plausible que celui d'un Miron bouddhiste !

Faute de le voir réaliser son propre bilan, d'autres s'en chargent. En 1985, une thèse monumentale sur Gaston Miron, en quatre tomes, est déposée à l'Université de Montréal par Yrénée Bélanger, qui a étudié à Ottawa : on y trouve à peu près tout ce qu'on peut savoir sur le poète et sur son œuvre, mais le gigantisme même de ce travail va en compromettre sérieusement la diffusion. À l'inverse, il arrive que la destruction frappe : durant son séjour de cinq mois à Paris en 1986, on jette par inadvertance, dans les locaux de l'Hexagone, rue Ontario, sa collection de revues québécoises et françaises constituée depuis une trentaine d'années, ainsi que certains dossiers sur des écrivains. Comment Alain Horic a-t-il pu laisser faire une telle chose ? Même involontaire, cette destruction touche Miron en plein cœur, et quand il s'en confie à son fidèle chroniqueur Jean Royer, on dirait que c'est sa vie entière qui lui apparaît soudain ravagée comme une forêt par un incendie :

En 1971, une femme a détruit mon journal personnel que j'écrivais chaque jour depuis quinze ans. Aujourd'hui, c'est ma mémoire littéraire que je perds ! J'ai perdu ma vie personnelle en 1971, ma vie politique en 1980, ma mémoire littéraire en 1986. Je suis très chanceux dans la vie, moi[15] !

Contre l'homme qui s'est voulu « rapaillé », c'est la victoire hyperbolique des « trous noirs », de l'amnésie, du non-sens, c'est Ghislaine Duguay et le référendum confondus dans un même travail de sape — avec le retour, à contretemps et à l'envers de la gloire, de celui qui disait n'avoir « pas eu de chance dans la baraque de vie[16] » lorsqu'il n'avait encore que vingt-cinq ans.

Ramasser, conserver, thésauriser : a-t-il jamais oublié sa mère si peu instruite qui rangeait dans de modestes boîtes à chaussures, rue Saint-André à Sainte-Agathe, ses coupures de presse et ses transcriptions de belles citations entendues à la radio ? On comprend qu'il soit si acharné à reprendre sans cesse le même récit collectif et qu'il ait toujours admiré les ethnologues et les anthropologues, de Marius Barbeau à Rémi Savard, les greffiers de la culture profonde et du patrimoine comme l'historien Robert-Lionel Séguin ou encore, avec micro et caméra, son compagnon Pierre Perrault. Ce n'est pas par hasard qu'il attache autant d'importance aux anthologies et qu'il y consacre lui-même bien plus de travail qu'à sa nouvelle œuvre poétique annoncée avec une si grande conviction. Il a beaucoup misé, comme éditeur, sur *La Poésie québécoise des origines à nos jours* au début de la décennie, d'ailleurs en voie d'être rééditée dans un format de poche chez Typo. Il se réjouit, à Paris, d'apprendre que Jean Royer a signé un contrat avec Maspero pour une anthologie de la poésie québécoise contemporaine, qui paraît finalement en 1987 en même temps qu'une autre sélection, *Le Québec en poésie*, sortie chez Gallimard.

Lui-même s'est vu solliciter au Salon du livre de Paris, en mars 1985, par Bernard Delvaille des Éditions Seghers, dont les espoirs de mettre en marche un « Miron » dans sa collection « Poètes d'aujourd'hui » sont restés vains. Mais cette littérature québécoise dont parle avec tant de passion le poète québécois, il serait peut-être temps d'en offrir au public français un large aperçu, non seulement sous l'angle poétique, mais en incluant tous les principaux genres : roman, théâtre, essai. Miron est sensible à l'intérêt du projet, mais même si l'on jugeait bon de se limiter à la production contemporaine, soit depuis 1945 ou 1950, la tâche s'annoncerait colossale et il décrète sur-le-champ qu'il n'est pas question de s'y atteler seul. Un nom lui vient aussitôt à l'esprit : celui de Lise Gauvin, qui se trouve justement au Salon du livre à l'occasion de la publication récente, à l'enseigne de l'Hexagone et du Castor astral, de ses *Lettres d'une autre*, un livre remarqué qui adopte la manière des *Lettres persanes* de Montesquieu pour jeter du point de vue d'une étrangère fictive un regard pénétrant et nuancé sur le Québec des années 1980. Miron connaît depuis quinze ans la collègue de Jacques Brault et de Gilles Marcotte à l'Université de Montréal et il a confiance en son jugement littéraire. De plus, comme universitaire, elle aura accès à des subventions qui permettront de constituer une petite équipe d'étudiants-chercheurs.

L'accord de Lise Gauvin obtenu, le contrat est signé en juin avec Robert Laffont, propriétaire des Éditions Seghers : le travail s'étendra sur quatre années, de 1986 à 1989 : une saga, pleine de sinuosités, scandée par des interruptions nombreuses. La tâche impose de lourdes responsabilités et une anxiété croissante à mesure qu'approche la date d'échéance. Car si Miron a fortement soutenu et encouragé les anthologies des autres, c'est lui-même qui, cette fois, doit aller au front et assumer ses propres choix, lui qui connaît et encourage tous et chacun, surtout dans le milieu des poètes. Le rassembleur Miron se trouve dans la cruelle position où il a de toute évidence à sélectionner, donc à exclure, et cela le rend littéralement malade, en même temps que les nouvelles tribulations linguistiques au Québec le mobilisent. Lise Gauvin le voit fréquemment arriver dans un état de délabrement physique : à ses perpétuels maux de hanche s'ajoutent des problèmes organiques inquiétants, notamment des ulcères et des infections intestinales qui provoquent douleurs et fièvres, ce que son régime alimentaire négligent n'arrange pas.

Il a obtenu de la Société Saint-Jean-Baptiste une subvention supplémentaire qui vise à lui accorder du temps pour travailler, lui qui multiplie à droite et à gauche les lectures et les conférences afin de boucler son budget. En fait, travailler avec Gaston Miron demeure toujours la même expérience à la fois éprouvante et fascinante, la kyrielle d'alibis et de diversions tous azimuts ne se dissipant que pour laisser la place à une extrême application qui peut exaspérer les plus patients. Lise Gauvin a tôt fait de constater les diversions, au point que, par dérision, elle finit par dresser une liste des excuses que son partenaire anthologiste peut offrir pour annuler une séance de travail, parfois à une heure d'avis : assister à un lancement ou à un dîner, régler une question d'argent, répondre à un besoin d'Emmanuelle, s'occuper d'un Français qui vient de débarquer, contester sa hausse de loyer à la Régie du logement, préparer une intervention sur la langue. De retour d'un voyage d'un mois en Europe, elle apprend qu'il n'a toujours pas écrit une seule ligne de la notice qu'il a promis de rédiger sur Gérald Godin, à partir d'une première version pourtant déjà rédigée par un étudiant : c'est qu'il a connu un bête problème de plomberie dans les toilettes de son appartement et qu'il n'avait pas d'argent pour la réparation… Un mois entier ! Chose certaine, sur le plan financier, ni son prix Molson, ni la revente à Alain Horic de la dernière tranche d'actions qu'il détenait dans l'Hexagone et les entreprises connexes ne semblent lui avoir été d'aucun secours.

Pourtant, malgré ces multiples empêchements, les séances de travail sont nombreuses dès 1986 et le rythme va s'accélérer dans les années suivantes. Quand Miron se met finalement au travail, plus rien d'autre n'existe et il devient absorbé jusqu'à l'obsession. Il connaît à fond la littérature québécoise et ses jugements sont solidement fondés, mais, on s'en doute, c'est lorsqu'il s'agit d'écrire que les choses se compliquent. Ce n'est pas vrai seulement pour ses poèmes, même si ceux-ci font l'objet d'un perfectionnisme hors du commun. Rédiger quelques lignes de prose qui le satisfassent devient souvent pour lui un supplice. Pierre Filion l'a vu s'échiner parfois pendant des heures sur un simple communiqué de presse, ou Alain Horic, sur le texte en quatrième de couverture d'un livre à paraître à l'Hexagone. La rédaction des notices présentant les auteurs de l'anthologie Seghers constitue un écueil encore plus redoutable. L'écrivain Miron a des sueurs froides, il tourne et retourne sans fin une même phrase pour parvenir à la meilleure formulation, tout en faisant appel à son armada de dictionnaires pour s'assurer que tel terme choisi est bien « le mot juste ». Cela exige un temps énorme et ce n'est parfois qu'après trois séances de travail qu'une notice de vingt lignes trouve sa forme définitive, d'autant plus qu'au-delà du souci proprement linguistique se profile celui de rendre justice à des auteurs qui sont pour la plupart des connaissances ou des amis.

La vie continue par ailleurs : Lise Gauvin a ses obligations professionnelles, Miron ses engagements et il s'éloigne pour quelques nouveaux voyages. Après son séjour de cinq mois en France, dont il est rentré en septembre 1986, il repart pour le Salon du livre de Paris en mars 1987, revoit les chers amis, le groupe de la FIDELF et, au retour d'une petite tournée en Belgique, réussit en toute négligence à perdre son portefeuille qui contenait 800 $… Puis, après que Marie-Andrée est venue le rejoindre, c'est un nouveau périple en Angleterre : à Londres, tant la Délégation du Québec que l'ambassade du Canada le reçoivent avec tous les honneurs. On marche dans le quartier d'Oxford Street et celui de Bloomsbury, rendu célèbre par Virginia Woolf et le groupe d'écrivains qui s'y réunissaient. De retour à Paris, Miron et Marie-Andrée fréquentent beaucoup, ces années-là, l'écrivain Jean Sur et sa compagne Sonia Chane-Kune. Celle-ci a fait sa thèse avec Jacques Berque et Jean publiera un livre d'entretiens avec l'anthropologue[17]. L'année précédente, les deux couples se sont rendus chez Berque, à Saint-Julien-en-Born, dans la région de Bordeaux : l'auteur de *Dépossession du monde* reste lui aussi un « fil conducteur », un des frères intellectuels de Miron, avec Memmi et Glissant. « Aliénation […], dépossession. Ne plus s'appartenir. Devenir étranger à soi-même », voilà le mal qu'il faut conjurer, écrira Miron en écho à cette famille d'esprit dans « Le mot juste ».

En mai 1988, c'est une part de lui-même qu'il retrouve en terre italienne. Miron découvre alors la Sicile, le pays aride de Salvatore Quasimodo, un autre Prix Nobel, qu'il aime citer en exemple d'une poésie « locale » qui atteint à l'universel : « Le petit olivier de Sicile frémit de sécheresse dans le vent d'azur antique. Le petit olivier près de Palerme[18]. » Comment soutenir, comme certains, que son Saint-Agricole ou sa « St. Catherine Street » bien à lui sont des réalités régionales et provinciales, s'est-il indigné dans sa fameuse conférence de l'Estérel, en 1974 ? Un colloque a lieu à Catane où se rassemblent plusieurs de ses amis écrivains, Fernand Ouellette, Michel van Schendel, le dramaturge Marco Micone. On organise une excursion à Syracuse et le groupe assiste à une pièce d'Aristophane au théâtre grec d'Agrigente. De retour à Rome, Miron attend Marie-Andrée. À peine a-t-elle débarqué à l'aéroport qu'il lui fait faire un tour de ville en taxi afin qu'elle en admire la beauté : le Colisée, la place Victor-Emmanuel, les environs du Vatican, les rives du Tibre. Elle n'a jamais vu la capitale italienne, et souvent par la suite, il va l'interroger avec un petit sourire complice : « Dis-moi, si tu avais vraiment le choix, vivrais-tu à Paris ou à Rome ? » La question n'est qu'un prétexte pour soupeser ses deux amours de villes, dont les attraits et la richesse culturelle ne cessent de l'émerveiller.

Il aime le public italien et celui-ci l'adore, fasciné par sa verve, charmé par son naturel et sa conviction. C'est un conteur-né, un conteur informé, jamais à court de citations et de références. Mais il lui arrive d'en rajouter. Un jour, durant la période de questions qui suit une de ses prestations à laquelle assiste Marie-Andrée, un homme l'interroge sur les sources des chansons folkloriques, telle *La Complainte de la Mauricie,* qu'il vient de chanter en s'accompagnant de son harmonica. Sans doute porté par cet instrument, cher aux Noirs américains, le voilà lancé dans un exposé assez savant sur les liens historiques entre ces chansons et le blues américain : le public est ravi par un savoir apparemment si bien documenté. Marie-Andrée elle-même, quand ils se retrouvent seuls, lui confie que c'était brillant et passionnant. « Tu sais, j'ai tout inventé ! » lui avoue-t-il avec le sourire à peine confus d'un gamin qui a réussi son meilleur tour…

*   *   *

Seule la langue française, au bout du compte, peut faire en sorte que Paris l'emporte sur Rome, et la France sur l'Italie. Mais au Québec, où s'en va-t-elle, justement, cette langue française, à mesure que s'écoule la décennie 1980 ? En fait, sous la déprime ambiante, un volcan se ranime depuis 1984, dont Miron lui-même n'a pu évaluer l'ampleur qu'à distance. Dans une lettre à Alain Horic en mai 1986, il dit pourtant avoir reçu du Québec « des nouvelles inquiétantes au sujet de la loi 101 », tandis que, à Paris, Louise Beaudoin, « trop péquiste » aux yeux du gouvernement libéral, vient d'être limogée de la Délégation générale[19]. C'est que même si le jugement de la Cour supérieure du Québec invalidant l'interdiction d'afficher en anglais a été porté en appel par le gouvernement du Parti québécois toujours au pouvoir en 1984, rien n'assure que les libéraux de Robert Bourassa, récemment élus, vont défendre la Charte de la langue française avec la même énergie, eux qui subissent les fortes pressions de la minorité anglophone largement acquise à leur parti et animée d'un militantisme nouveau qu'incarne le groupe Alliance Québec. La « paix linguistique » est menacée : à la Société Saint-Jean-Baptiste, la nouvelle présidente Nicole Boudreau, qui a eu plusieurs échanges avec Miron à Paris, se prépare à sonner le rappel des troupes, le Mouvement Québec français en latence depuis 1977 retrouve son élan et les intellectuels, les écrivains et autres créateurs sont mobilisés par Bruno Roy, président de l'UNEQ, et par Serge Turgeon, de l'Union des artistes. L'assentiment est très large, bien que des revues comme *Vice versa* et *Spirale* fassent entendre des voix discordantes à l'égard d'un discours nationaliste « usé » et confiné à la défense de la langue[20]. Miron, qui tenait les propos les plus dépressifs sur le Québec à son retour de Paris en septembre 1986, se lance corps et âme dans la bataille. Son travail avec Lise Gauvin attendra un peu : il y a des affaires plus urgentes à traiter.

À la fête de la Saint-Jean, alors qu'il se trouve encore à Paris, la campagne « Ne touchez pas à la loi 101 ! » démarre dans l'effervescence et par un hommage à Camille Laurin, le père de la Charte de la langue française. La population va-t-elle emboîter le pas ? Seulement le tiers des Québécois appuient les positions de la SSJB sur la langue et, au Parti québécois, Pierre Marc Johnson se montre réticent. Néanmoins, durant tout l'automne, la coalition qui craint un retour de l'affichage bilingue prépare d'autres actions et, deux semaines avant Noël, on peut voir Miron dans un de ses rôles de prédilection : celui de guide touristique, bien que le « tourisme » soit ici d'un genre particulier. La SSJB a en effet loué dix autobus de la Société de transport de la Communauté urbaine de Montréal et recruté des personnalités, artistes, comédiens, poètes, pour un tour de ville qui vise à commenter pour le public la situation de l'affichage. Miron est survolté, il vient de replonger dans un militantisme mis en veilleuse depuis 1980. Aucun enjeu ne le touche plus intimement que celui de la langue, ni ne nourrit de manière plus vitale son combat politique. Dans un livre d'artiste accompagnant un poème de Michaël La Chance en 1983, il le dit avec une profondeur et une passion inégalées :

> Peut-être un grand malheur, en tout cas la plus triste chose, c'est de douter du langage. C'est alors tomber dans la méfiance et perdre l'espoir de se dire et de trouver du sens — perte d'identité, manque de réalité et, à l'échelle d'une société, constat d'une désintégration, d'un effondrement — atomisation, règne sauvage. Dans ce monde tel qu'il est et n'est pas, tout nous y porte. Lorsque nous ne sommes plus reliés par des significations à l'immensité du monde. Lorsque notre propre monde tourne à la récurrence barbare, à l'indicible de l'horreur et du cauchemar.

> Lorsqu'il se présente en système tout fait et que nous ne savons plus y voir et entendre. Lorsque le langage est déformé à des fins inavouables de pouvoir. Lorsque [...] les mots sont à la triche un peu partout. Comment alors ressentir et signifier personnellement les choses et le surgissement de l'être en nous, depuis le réel sensible jusque dans le monde humain[21] ?

C'est là exprimer dans les termes les plus nobles, et dans un style qu'on ne lui a pas vu souvent, la quintessence d'une pensée qui anime aussi bien le linguiste que le militant politique, quand l'aptitude même à signifier la réalité, à dire le monde, se trouve compromise. La méfiance, le doute ? Il a toujours pu en parler en connaissance de cause, il en a fait quotidiennement l'expérience, lui qui éprouve en même temps à Paris l'immense soulagement de ne plus douter de la langue et du sens des mots.

S'il tarde à écrire son propre « parcours », il se découvre soudain le temps et l'énergie, en 1987, pour écrire « Le mot juste », un vibrant plaidoyer contre le bilinguisme, écorchant au passage « la majeure partie de nos avant-gardes et de notre intelligentsia » pour qui les mots « *aliénation* », « *identité* » et « *indépendance* » sont devenus des « tabous[22] ». Au colloque sur la langue tenu en mars par l'Union des écrivains québécois, il laisse libre cours, en langue verte et populaire, à son exaspération : « Chus mauditement tanné ! » Ce n'est pas de la fatigue, c'est « la rage » de constater que des générations de Québécois, depuis Pierre Bédard et les Patriotes jusqu'à André Laurendeau, « un esprit exceptionnel, brillant et profond », en passant par Faucher de Saint-Maurice ont gaspillé le meilleur d'eux-mêmes à défendre la survie du français. Et dire qu'on doit encore reprendre ce combat en 1987 et que la même humiliation perdure ! Miron se déchaîne et trépigne, il déploie toute sa connaissance de l'histoire du Québec et appelle même à la rescousse un Emmanuel Kant peut-être apocryphe, qui aurait affirmé sur un ton bien étranger à sa *Critique de la raison pure* : « Quand on rampe comme un ver de terre, il ne faut pas s'étonner qu'on nous écrase[23]. » Le temps n'est plus aux nuances ni à la théorie : il faut, plus que jamais, se tenir debout.

Le militant Miron ne lésine pas sur les interventions publiques, tandis que dans l'ombre il ne cesse d'animer et de motiver. C'est une vieille habitude chez lui : faire à voix haute l'exégèse d'un article du journal au restaurant du coin ou dans une file d'attente ; appeler un ami, Girardin par exemple, et sans même dire « allo », s'exclamer :

« Mon vieux, as-tu lu la déclaration de Bourassa dans *Le Devoir* ? » — ou, le lendemain, appeler Nicole Boudreau pour la féliciter de son habile fermeté dans son débat de la veille avec Peter Blaikie, l'un des porte-paroles de la communauté anglophone, et suggérer des stratégies, des mots d'ordre, avec son art consommé de la formule.

Le combat pour la loi 101 se poursuit le printemps suivant, quand 25 000 personnes répondent à l'appel de la SSJB et du Mouvement national des Québécois, le dimanche 17 avril, pour réclamer un Québec français. Les chefs des grandes centrales syndicales et un fort contingent d'artistes et d'écrivains sont aux premières lignes : Miron y côtoie Michel Tremblay, Yves Beauchemin, Michèle Lalonde, Victor-Lévy Beaulieu, Marie Laberge, Louis Caron, Pierre Vadeboncœur, Pierre Perrault. Une pétition de 101 000 signatures sera acheminée à l'Assemblée nationale à Québec. « Ces dernières années, le nationalisme paraissait essoufflé et n'arrivait pas à mobiliser les citoyens », observe un chroniqueur de *La Presse*[24]. C'est un sentiment largement partagé : cette crise linguistique offre un regain inespéré à un mouvement indépendantiste qui broyait du noir depuis la défaite de 1980.

Le point culminant est atteint à la fin de l'année, quand tombe le jugement très attendu de la Cour suprême du Canada, sans grande surprise : interdire l'utilisation de l'anglais ou de toute autre langue dans l'affichage est aux yeux des juges une atteinte à la liberté d'expression et donc contraire à la Constitution. Tandis qu'Alliance Québec et le journal *The Gazette,* par la voix du très radical William Johnson, se réjouissent, c'est la colère et l'indignation chez les défenseurs du Québec français. *La Presse* consacre un cahier spécial de neuf pages au débat, sous la manchette : « Prédominance du français : Bourassa cherche un compromis[25] ». Même son de cloche du côté du *Devoir* : « Bourassa penche vers le bilinguisme partiel[26] ». Pour tous ceux qui, comme Miron, ont connu « la grande St. Catherine Street » et qui ont trop souvent vu l'affichage bilingue accorder la priorité à l'anglais, la perspective est alarmante, voire intolérable. « C'est comme une claque dans la face », affirme Pauline Julien, dans un reportage qui titre « Les artistes unanimes à dénoncer le jugement[27] ». Miron, toujours habile dialecticien, renverse le point de vue et déclare que les juges de la Cour suprême ont très bien travaillé, conformément au système canadien :

> Ce ne sont pas les juges, mais nous les Québécois qui ne sommes pas logiques. Il va falloir tirer des leçons politiques : le français n'aura de pérennité que dans un Québec maître de son destin. Il est anormal qu'un peuple étranger dispose du statut de notre langue[28].

Depuis ses premières batailles pour l'unilinguisme, c'est toujours ce qu'il a soutenu, dans la logique indépendantiste que préconise aussi Jacques Parizeau, devenu chef du Parti québécois plus tôt dans l'année : le problème ne sera réglé que si le Québec devient un pays. De son côté, le gouvernement Bourassa adopte en vitesse la loi 178, qui ne permet l'affichage bilingue qu'à l'intérieur des commerces, mais il doit recourir à la « clause dérogatoire » soustrayant cette loi au jugement de la Cour suprême pour une durée de cinq ans — des mesures tournées en dérision par Mordecai Richler dans un article célèbre, « Inside/Outside[29] ». Cela n'empêche pas 15 000 manifestants de descendre de nouveau dans la rue pour dénoncer les demi-mesures et réclamer un Québec français. Pour Miron et ses amis, une telle mobilisation attirant un grand nombre de jeunes est un soulagement : lui-même, au moment où il écrivait *L'Homme rapaillé*, a souvent insisté sur la place et la mission de sa génération. Le danger contenu en germe dans une telle vision, liée à une situation précise dans l'Histoire, c'était la possibilité que les plus jeunes voient les choses et agissent tout autrement. « Notre principale crainte était que le combat de la langue au Québec ne soit que le combat d'une génération. Mais on a la preuve aujourd'hui que les jeunes ont repris le flambeau[30] », note typiquement Guy Bouthillier, avec lequel Miron a souvent des échanges, au lendemain de la manifestation du 18 décembre. Le poète de *L'Homme rapaillé*, qui a vu les plus jeunes s'engager sur des voies poétiques bien différentes des siennes, est-il tout à fait rassuré par cette apparente continuité linguistique et politique ?

Au beau milieu de cette « tempête linguistique », il aime se définir comme un « poète inconstitutionnel ». Que tout un système politique et juridique puisse juger illégal le fait d'imposer le français comme langue d'usage et d'affichage heurte ses convictions les plus profondes, depuis longtemps exprimées. On condamne la coercition exercée par la Charte de la langue française pour mieux laisser agir, écrit-il, « une coercition à l'état sauvage, celle de la libre concurrence[31] ». Ce libéralisme qui ne se réclame de l'égalité des individus que pour donner l'avantage aux plus forts, il ne le pardonne pas à Pierre

Elliott Trudeau, sorti de sa retraite politique à la même époque pour dénoncer « l'accord du lac Meech », auquel ont consenti tous les chefs de gouvernement des provinces réunis en 1987 par le premier ministre du Canada, Brian Mulroney, mais qui ne sera jamais ratifié par tous les parlements. Cet accord, par lequel le Québec accepterait finalement de souscrire à la Constitution canadienne signée sans son adhésion, ne peut évidemment apparaître que comme un pauvre compromis à Miron et aux milieux indépendantistes, mais il est tout aussi inacceptable aux yeux de Trudeau et de ses alliés, parce qu'il accorderait des pouvoirs particuliers au Québec en tant que « société distincte ». Dans une note datant de 1989, Miron résume sa pensée sur l'homme qui, plus qu'aucun autre, s'est constamment situé aux antipodes de sa propre vision du Québec et qui, en outre, a été l'instigateur de la Loi des mesures de guerre qui a entraîné son incarcération en 1970 :

> L'être le plus néfaste qui a traversé notre culture, créateur de sophismes (lui-même un être-sophisme) et de confusion (son crime contre l'humanité), fut Pierre Elliott Trudeau. Lui, il ne venait pas de la privation et de la souffrance de la majorité[32]…

La charge est aussi impitoyable que révélatrice : le père de Trudeau, mort jeune comme celui de Miron, était millionnaire. Dans cette optique, le bilinguisme pancanadien défendu par Trudeau apparaît au poète comme un élitisme de riche qui a renié la condition du plus grand nombre au profit des « plus forts ». On n'explique jamais un parcours sans ses origines. « Je viens de la pauvreté (celle de St-Agricole au début du siècle, et tous, en général, d'un traumatisme (inconscient ou non) de la pauvreté[33] », écrit Miron à la même époque. Sans doute faut-il voir dans un tel propos la reconstruction mythique de ses origines. Mais ce mythe est aussi l'expression d'une solidarité : « Je sais, j'ai changé de classe, mais dans le monde de l'en bas, ma voix demeure avec tous[34]. » L'ascension sociale, soit, comme jadis celle de Charles-Auguste Miron, mais pas au prix d'oublier Jeanne Michauville et ses semblables. En ces dernières années de sa vie, il pourrait s'appeler Gaston Michauville-Miron, né à Saint-Agricole avant d'avoir grandi à Sainte-Agathe.

* * *

Naturellement, on fête ses soixante ans le 8 janvier 1988 : Marie-Andrée et ses amis lui offrent des cadeaux et lèvent leur verre à sa santé. On a cru lui faire plaisir, mais contre toute attente, l'atmosphère s'assombrit. Il pique une sainte colère, criant qu'on ne doit pas fêter ainsi quelqu'un qui a soixante ans, que tous les gens présents semblent souhaiter sa mort, et il va même jusqu'à lancer à travers la pièce, dans un geste de dépit, l'écharpe offerte par Marie-Andrée. Dix ans plus tôt, il proclamait : « J'aurai 50 ans toute ma vie » ; alors, se faire mettre sous le nez cette soixantaine le rend, dirait-on, un peu paranoïaque…

Comme pour oublier l'avenir menaçant qui se profile, il semble décidé, cette fois, à écrire son fameux « parcours », pour lequel il a obtenu une bourse de 30 000 $ du Conseil des Arts du Canada. Comment se fait-il qu'après toutes ces années il n'y arrive pas, alors que ce récit existe déjà largement dans ses innombrables interventions ? « Je n'écris pas parce que je ne suis jamais seul. Pourquoi ne suis-je jamais seul[35] ? » se demande-t-il. La question demeure sans réponse, mais c'est sans doute que la solitude serait la pire des privations et des souffrances, le vrai « retour à nulle part ». Sa plus grande richesse, c'est cette constellation d'amis et de frères dans laquelle il ne cesse d'évoluer et de se dépenser. C'est plus fort que lui.

À l'inverse, il n'y a pas pire solitude que celle qui lui a fait écrire quelques-uns de ses plus beaux vers, comme ceux de *Femme sans fin* évoquant « la tristesse sans tain des lacs glacés / où luit, fabuleuse, la solitude érotique[36] ». Ce démon immense, sorte de fantôme des hivers laurentiens, l'homme Miron est parvenu à le conjurer grâce à la présence de Marie-Andrée. Cette femme l'apaise et le civilise, ce qui n'empêche pas que ressurgisse parfois un autre Gaston Miron que l'on croyait disparu pour toujours, une sorte d'homme primitif manquant incroyablement de tact et de bonnes manières. À Paris, un jour, Ewa Lewinson lui donne rendez-vous dans un café avec une amie qui a lu ses poèmes et aimerait le rencontrer. À peine a-t-on commandé un verre que le *grand poète* fait une remarque tout à fait inconvenante sur la poitrine généreuse de la jeune femme qui, indignée, quitte aussitôt la table. Comment un homme de sa trempe peut-il conserver en lui une telle grossièreté, celle-là même qui a rebuté Marie-Andrée au premier abord ? Dans une soirée à Montréal où l'accompagne Robert Girardin, une scène semblable se répète, devant une femme d'une exceptionnelle beauté. Faire un compliment n'a rien de déplacé, mais le poète de *La Marche à l'amour* s'excite et dérape complètement : « Tout est beau en vous ! Vous avez de beaux yeux, une belle bouche, un beau nez, de belles épaules…. » Et de poursuivre l'énumération, devant la jeune femme incrédule et des témoins de plus en plus mal à l'aise.

Pourtant, malgré de telles bavures qui dépassent l'entendement, l'homme a trouvé avec Marie-Andrée une zone de sérénité. L'époque des amours explosives et éphémères est révolue : cette fois, le couple est établi dans la durée et un événement qui n'est jamais survenu avec Sandrine le confirme en 1988. Encore étudiante au doctorat, Marie-Andrée quitte son appartement de la rue Fraser à Québec pour venir s'installer à Montréal, rue Saint-Hubert. Cela ne se fait pas sans heurts. Claude Dansereau cohabitait avec Miron et Emmanuelle depuis 1971, il les tenait en grande affection, il avait ses habitudes de « vieux garçon » et protégeait son territoire. À la vue de cette jeune femme dont Miron est amoureux, il éprouve l'imminence d'un envahissement et d'une dépossession. Mais finalement, à son corps défendant, il doit céder sa place, au moment où Marie-Andrée met la dernière main à sa thèse qu'elle va soutenir en janvier 1989 à l'Université Laval. Après des années de vie commune intermittente, partagée entre Montréal, Québec et Paris, les années qui viennent promettent donc davantage de stabilité, tandis qu'Emmanuelle se fraie un chemin dans la vie adulte avec un lourd fardeau : être aux yeux de tous et chacun « la fille de Gaston Miron », sans cesse ramenée à cette seule identité qui n'en est pas une mais qui s'inscrit jusque dans les poèmes de *L'Homme rapaillé*. Il reste que la venue de Marie-Andrée recrée les conditions d'une vie familiale, d'autant plus que les enfants de celle-ci, Jean-François et Marie, jeunes adolescents toujours chez leur père en Mauricie, font de fréquentes visites à Montréal. Les vingt ans d'Emmanuelle, le 16 juillet 1989, sont l'occasion d'une de ces fêtes de famille comme les aime Miron et telles qu'il les a connues à Saint-Jérôme, chez sa mère et ses sœurs.

*   *   *

L'année des vingt ans d'Emmanuelle est en même temps une année riche en publications, unique dans la carrière littéraire de Gaston Miron. Deux livres paraissent en effet sous sa signature, mais aucun

des deux n'est l'édition révisée de *L'Homme rapaillé*, « en préparation »
depuis 1981, ni le « parcours » pour lequel il a obtenu une bourse. Il
y a d'abord l'anthologie à laquelle il n'a cessé de travailler avec Lise
Gauvin, malgré qu'il soit « tout abîmé dans la lutte des langues[37] »,
comme il l'écrit à son ami Temple. Le rythme de travail s'est intensifié
tout au long de l'année précédente et devient frénétique en 1989 : il
faut fignoler les notices de présentation, rédiger l'introduction, relire
laborieusement les épreuves. L'angoisse croît à mesure que l'heure de
la parution approche : comment le milieu littéraire va-t-il accueillir
cette sélection ? Que vont penser ceux et celles qui sont exclus ?

Écrivains contemporains du Québec paraît chez Seghers au cours
de l'automne 1989, au moment où Miron, enfin opéré de la hanche,
se trouve en convalescence dans un hôpital de réadaptation, Villa
Medica. Cette chirurgie devenue indispensable entraîne toutefois une
conséquence fâcheuse. Pour Bernard Pivot, la participation de Miron à
l'émission d'*Apostrophes* sur la poésie, en 1981, est restée mémorable,
et quand il apprend la parution de l'anthologie chez Seghers, il voit
enfin venue l'occasion de ramener sur son plateau le poète de *L'Homme
rapaillé*, dont il adore la verve et la passion. Quand l'invitation arrive,
la date de l'opération n'est pas encore fixée et Lise Gauvin, informée
par Miron, prend très mal la chose : ils sont tous deux coauteurs, pas
question qu'il aille seul à *Apostrophes* ! Miron est embarrassé, mais
rien n'y fait, c'est lui que Pivot veut recevoir, et lorsque survient la
nouvelle de l'opération à la hanche qui rend impossible le voyage à
Paris, l'invitation est annulée et Pivot se contentera de faire l'éloge du
livre parmi ceux qu'il présente toujours en fin d'émission. L'animateur
connaîtra la même malchance en 1993 quand, venu faire au Québec
un *Bouillon de culture*, selon la même formule qu'*Apostrophes*, Miron
lui apprend qu'il part bientôt pour Paris et qu'il ne pourra participer
à l'émission. Pivot, profondément déçu, vient de rater sa dernière
chance.

Écrivains contemporains du Québec veut fournir aux lecteurs
français et étrangers un large éventail d'une production littéraire
contemporaine passablement méconnue. Mais le livre n'a-t-il pas
quelque chose de la « boîte d'échantillons », comme le suggère
Réginald Martel non sans désobligeance[38] ? Donner des extraits
de romans et de pièces de théâtre n'est pas chose aisée. Il reste que
l'objectif de la diversité a été atteint et que plus de quatre-vingts
auteurs sont représentés : « Une littérature n'est pas faite que de

sommets », déclare Miron. Pourtant, les Français s'intéressent-ils à ce tableau d'ensemble ? L'accueil à Paris demeurera bien discret tandis qu'au Québec le coauteur de l'anthologie doit vivre avec les critiques et les mécontentements. Le pire, c'est la réaction d'Alphonse Piché, le vieux poète de Trois-Rivières, célèbre surtout pour avoir repris avec talent la forme médiévale de la ballade et qui figure depuis 1976 dans la collection « Rétrospectives » à l'Hexagone[39]. Miron et Marie-Andrée se sont rendus en Mauricie, en octobre 1988, pour lui dire leur estime et leur amitié au moment où l'Université du Québec lui décernait un doctorat *honoris causa*. Mais l'essentiel de l'œuvre de ce poète discret et chaleureux a paru avant 1950, une date butoir qui l'exclut de l'anthologie. À l'occasion d'une visite à Montréal, il en profite pour faire savoir à Miron combien cette absence l'a blessé : « Tu m'as toujours dit, Gaston, que tu aimais ma poésie. Tu me mentais… » Pendant des semaines, Miron va ruminer cette phrase : « trahir » un vieil ami, c'est la pire faute qu'il puisse commettre. Quelques années plus tard, il conviendra avec Lise Gauvin de fixer à 1945, plutôt qu'à 1950, la date charnière, ce qui permettra de rapatrier Piché dans une nouvelle édition purement québécoise, chez Typo : mais Miron, en 1998, ne sera plus de ce monde[40].

L'autre livre qui paraît en 1989, sous sa seule signature, est en quelque sorte une surprise, mais le plus surpris de tous est Alain Horic qui, écoutant à la fin mai l'émission *En toutes lettres* à la chaîne culturelle de Radio-Canada, y apprend la parution chez Leméac d'un livre de Gaston Miron, ses lettres à Claude Haeffely, à la rentrée d'automne. Il n'en croit pas ses oreilles, il est furieux ! Le plus irritant, c'est de n'avoir rien su de ce qui se tramait, ni de la part de Miron, ni de Haeffely, lui-même un poète de l'Hexagone, ni de leurs rencontres de l'année précédente avec Pierre Filion, l'éditeur de Leméac. Filion et Haeffely se sont connus en 1982 à l'occasion du lancement de *La Pointe du vent*, le livre de Haeffely, à l'atelier de Roland Giguère, et ils se rencontrent de temps à autre dans des événements littéraires. En 1988, Haeffely raconte à Filion qu'il a retrouvé dans ses dossiers une liasse de lettres, plus d'une cinquantaine, que Miron lui a adressées entre 1954 et 1965. Relues avec un recul de vingt-cinq ou trente ans, elles lui semblent d'un grand intérêt biographique et littéraire. La curiosité de l'éditeur est vive et, avec le consentement de Miron, Filion peut les lire à son tour. Ce sont en effet des lettres fascinantes, directes, dans lesquelles l'auteur se révèle plus que partout ailleurs et qui coïncident pour l'essentiel avec sa période d'écriture de *L'Homme rapaillé*. Seule déception : Miron cherche en vain dans ses propres archives les lettres de Haeffely qui auraient permis de publier une correspondance croisée. On ira donc de l'avant avec ses seules lettres, mais il tient d'abord à les relire avant de donner son accord. Dans une note de la même époque, il observe : « Correspondance Haeffely : je ne pourrais plus écrire de cette façon inattendue, car la littérature m'a domestiqué[41]. » Se croit-il à ce point devenu prévisible ? Il est vrai qu'il y a dans ces lettres un personnage brut et explosif qui n'a pas encore planté pour de bon les jalons de son « long chemin » et de son grand récit québécois.

Horic, de son côté, ne décolère pas. Dès le 2 juin, il écrit à Miron qui se trouve alors à Paris : cette publication chez Leméac, c'est « inadmissible », c'est une vraie « honte[42] »… Mais, lui explique un Miron visiblement ébranlé, c'est Haeffely qui est propriétaire de ces lettres : « Je ne pouvais bloquer par mon refus le projet d'un ami avec lequel j'ai animé tant d'événements culturels (comme, entre autres, la Nuit de la poésie)[43]. » Il pourrait ajouter que son affection pour Filion, un rival du point de vue de Horic, a sans doute pesé dans la balance : voilà un autre ami de longue date, côtoyé chez Leméac, éditeur de ses *Signes de l'identité* et, chose moins connue, auteur d'un roman, *Juré craché*, qui a le rare mérite de se situer à Saint-Agricole, au « bout du monde », à partir d'une histoire hallucinante que lui a racontée Miron lui-même[44].

C'est un problème perpétuel : l'homme a tant d'amis qu'il lui devient souvent impossible de concilier toutes les attentes et de ne pas décevoir. Avec Piché, avec Horic, cela confine presque à la « trahison ». Il ne peut qu'encaisser les coups et tenter de réparer les dégâts. Chose certaine, *À bout portant* paraît comme prévu en septembre, avec un drôle de dessin autoportrait de l'auteur en couverture, pendant que Horic règle ses comptes avec Haeffely, qui lui enjoint de se calmer[45]. « Ces lettres sont une voix, elles viennent d'un écrivain indiscutable, malgré les maladresses occasionnelles[46] », observe Gilles Marcotte dans sa recension d'*À bout portant*. Pierre Popovic y verra « un réservoir d'émotions crues, [qui] donne une idée des rêves de toute une génération qui avait tout à bâtir, tant sur le plan social que littéraire[47] ». Saluées pour leur teneur littéraire, les lettres de Miron trouveront pourtant assez peu de lecteurs, et même une nouvelle édition posthume dans la Bibliothèque québécoise (BQ), incluant cette fois les lettres de Haeffely retrouvées en 2006 par Marie-Andrée Beaudet, restera largement invendue.

Si Horic s'emporte à ce point, il faut dire qu'il connaît une assez mauvaise année comme directeur de l'Hexagone. Quelques mois auparavant, il a appris avec colère que Pierre Morency, un de ses poètes-vedettes et l'un des plus fidèles à l'Hexagone, allait publier chez Boréal *L'Œil américain*, le premier volume de ses *Histoires naturelles du Nouveau Monde* consacrées à son observation des oiseaux. Horic a reçu cette « défection » comme une gifle : la poésie à l'Hexagone, les ouvrages plus rentables chez d'autres éditeurs… À l'automne, quand Morency apporte en cadeau à Miron, alors en convalescence à la Villa Medica, un exemplaire de *L'Œil américain* frais sorti des presses, celui qui a été jusque-là son éditeur de poésie lui lance, jamais à court de boutades, et volontiers admiratif de ces ouvrages imposants qu'il n'a lui-même jamais écrits : « Te voilà maintenant un vrai écrivain ! » Horic ne l'entend pas de cette manière : sous ses manières affables, l'éditeur a un côté belliqueux avec lequel Miron, allergique aux conflits, a souvent eu du mal à composer ; mais celui-ci se rend-il compte à quel point le « maître à bord » de l'Hexagone est déjà exaspéré d'avoir attendu pendant cinq ans son manuscrit révisé de *L'Homme rapaillé* pour l'édition Typo ? Le voir soudain publier un livre chez Leméac, c'est un comble !

Pourtant, à l'automne 1989, tout indique que les atermoiements touchent à leur terme. Les placards de l'édition de poche, épreuves non encore mises en page et laissant des marges importantes, sont prêts et Miron, sorti de convalescence, tient même de nouvelles séances de travail avec Gilles Cyr, comme il l'a fait pour l'édition Maspero : c'est l'ultime révision, une autre pénible traversée des poèmes et de leurs « vers en souffrance », insupportables tares qui gâchent aux yeux de l'auteur un livre qui embrasse grand. En parallèle, j'en suis alors moi-même à rédiger la préface qui m'a été commandée avec l'accord de Miron : j'en écris les dernières lignes au bruit d'une épouvantable tragédie, le massacre de quatorze étudiantes de l'École polytechnique par un tueur misogyne. La décennie se clôt sur un décembre noir et glacial.

Il reste cette lumière : Horic m'informe que la parution du recueil de Miron est programmée pour février. Je rends ma préface avant

Noël et j'ai hâte d'assister à la sortie du livre. J'ignore que *L'Homme rapaillé* s'est enlisé dans les neiges de ce nouvel hiver, que le poète s'empêtre plus que jamais dans ses vers en souffrance. La lumière entrevue n'était qu'un leurre : un autre tunnel s'étire maintenant loin devant sans qu'on puisse en pressentir l'issue.

24

Le livre à venir

Attendre aussi tard que possible pour mettre le point final à *L'Homme rapaillé* : au fond, y a-t-il rien de plus logique ? Parachever le livre de sa vie, ne serait-ce pas mettre fin à sa vie elle-même, confirmer qu'il est bien mort et fossilisé ? « J'ai pu rien à dire[1] », confiait-il à Bruno Roy au lendemain de la mort subite de René Lévesque en 1987. « Je suis un monument qui s'effrite[2] », a-t-il déclaré dérisoirement à Patrick Straram et Michaël La Chance, un soir à la Casa Pedro. Il parlait à la blague de sa prétendue ostéoporose, mais cette phrase lui revient en mémoire, il n'y a plus à en rire et c'est sans doute avec un certain effroi qu'il la recopie maintenant dans ses notes. Passé le cap de ses soixante ans maudits, il sait que ce sont ses poèmes imparfaits, interminablement relus, triturés et polis, qui repoussent le plus sûrement la fin.

Il a appris à marcher avec sa nouvelle hanche, mais il n'est pas au bout de ses peines, car c'est maintenant l'autre hanche qui le fait souffrir et dont il devra être opéré en 1993. L'hospitalisation de l'automne 1990 l'aura empêché non seulement de retourner chez Bernard Pivot, mais aussi d'occuper son poste d'écrivain résident prévu à partir de septembre à l'Université de Montréal. Il ne retrouve donc qu'en janvier ses amis du Département d'études françaises, les Brault, Marcotte, Vachon et autres, qui ont accompagné son œuvre et contribué à la faire connaître. Cette invitation le rend heureux : le revoici dans son *alma mater*, cette institution fréquentée dès son arrivée à Montréal, quand il n'était encore qu'un jeune homme en mal de service social et de poésie. Écrivain résident : c'est un poste taillé sur mesure pour lui, bien rémunéré, sans cours réguliers à donner, propice aux interventions libres et aux conversations dans les bureaux et les couloirs du département ou dans les cafés de Côte-des-Neiges, chez Vito ou au Café Campus. Le Centre d'études québécoises lui demande tout de même une prestation spéciale, une grande conférence qui mettra en valeur sa présence avant la fin du trimestre. Une intervention publique de Miron, même à bâtons rompus, c'est toujours un événement, bien qu'en réalité personne n'espère de grandes surprises, tant il est vrai que l'homme est devenu assez prévisible avec les années. On se trompait : la conférence « Parcours et non-parcours », parfois désignée comme la « conférence au cahier noir », sera une révélation[3].

En cette fin d'après-midi du 28 mars, l'amphithéâtre M-415 est bondé ; c'est dans cette même salle que près d'un quart de siècle plus tôt, Jacques Brault a prononcé sa conférence au titre devenu légendaire : « Miron le magnifique ». Le public de 1966 découvrait l'œuvre, mais celle-ci est devenue familière aux lecteurs de 1990, qui croient aussi en connaître à fond la genèse étant donné que l'auteur n'a cessé de s'en expliquer. Ce qui étonne d'entrée de jeu, c'est le degré de préparation de Miron : on l'a vu si souvent miser sur quelques notes éparses et sur son talent pour l'improvisation. Or, il a beau se présenter une fois de plus comme un « autodidacte devant un public universitaire » et annoncer des « propos qui [...] paraîtront éparpillés », on ne l'a jamais connu si organisé ! Non pas qu'il soit linéaire et académique, car il demeure comme toujours un nœud de contradictions, mais il a rassemblé des séries de propositions, des ensembles de textes déjà rédigés, et cette constellation forme, comme il le remarque lui-même, « un certain tracé de [lui], moderne en ce sens que discontinu, éclaté, aléatoire... ». En fait, les auditeurs ne peuvent pas deviner que ce qu'ils entendent, ce sont les fragments du livre que Gaston Miron promet d'écrire depuis des années — celui dont il parlait en 1983, qu'il devait rédiger à Paris en 1984-1985, pour lequel il a obtenu une nouvelle bourse trois ans plus tard et dont il a confirmé le progrès à Alain Horic, à l'occasion de la querelle de l'été 1989 au sujet de ses lettres à Haeffely : « Je vais devoir demander [...] des autorisations pour des lettres que je veux publier dans *Parcours et non-parcours*, collection « Parcours », chez vous. Ça avance[4]. » « Je veux publier » ! C'est un véritable mantra, mais on comprend à présent qu'il vient de découvrir, au tournant de la décennie, une nouvelle voie de contournement : avec la publication d'*À bout portant*, avec cette conférence de mars puis la longue et capitale entrevue avec Jean Larose qui, l'automne suivant, vient compléter l'entreprise, il sera parvenu à donner l'essentiel de ce fameux « parcours » sans jamais écrire le livre annoncé !

La clé, elle est sans doute pour une bonne part dans la négation : « non-parcours ». Oui, il y a bel et bien un « tracé » dans sa démarche, mais discontinu, comme son esprit et son être entier faits « des trous noirs de l'univers ». Le livre s'est perdu dans ces abîmes. À l'époque de *Parti pris*, l'homme s'est raconté dans la plus rigoureuse cohérence, dans une logique existentielle et politique sans faille : c'était là son « long chemin », l'itinéraire définitif qui expliquait toute son œuvre et toute son action, à partir de la prise de conscience d'une aliénation collective[5]. Le Miron de « Parcours et non-parcours » apparaît plus complexe, plus inextricable aussi. Est-ce dû seulement à sa profonde désillusion politique ? Le poème en plusieurs fragments qu'il lit au début de sa conférence est un sombre testament à ses proches et une sorte d'adieu à un Québec dont il semble avoir fait le deuil :

> Nous n'aurons ni Dolmens de Bretagne
> ni Rochers d'Île de Pâques
>
> Emmanuelle, ma fille
> ma femme Marie-Andrée
> mes camarades
> enterrez le corps de poésie
> mon cadavre d'amour en ce peuple
> là où il n'y a pas d'écriteau
> mais où flageole une lumière brûlée
>
> Et n'usez plus vos yeux
> à faire se lever l'horizon
>
> Ici gît, rien que pour la frime
> Ici ne gît pas, mais dans sa langue
> Archaïque Miron
> enterré nulle part
>   comme le vent[6]

Ainsi refait surface, greffée sur quelques réminiscences des poèmes à Sandrine, l'épitaphe confiée quelques années plus tôt à Jean Royer. L'homme de 1965 croyait que l'Histoire avait un sens et que ce sens pouvait seul justifier et motiver sa démarche de poète. L'homme de 1990 prend acte d'un effondrement historique qui devrait, en principe, confiner au désespoir. Mais le poète en lui ne consent pas tout à fait à cette mise en terre : « Avant de mourir, j'aimerais pouvoir me dire que j'ai été le plus loin possible dans ma langue [...]. » Aller le plus loin possible, aller jusqu'au bout, « comme le vent ». Dans l'appréhension de la mort à venir, toute sa conférence est marquée par ce désir, et bien qu'il puisse soutenir encore une fois qu'il a été un poète à son « insu », « malgré [lui] et à [ses] dépens », la dénégation ne le convainc pas tout à fait lui-même : « J'ai toujours rêvé d'être un poète classique pour être un contemporain de toutes les époques. » A-t-il jamais dit aussi clairement son désir de dépasser sa propre condition historique, sa « finitude terrestre » ? L'Histoire, de toute manière, quel fardeau ! « Je m'abîmais dans le militantisme linguistique. Or, aussi paradoxal que cela paraisse, rien n'est plus éloigné du poème qu'un militant linguistique[7]. » Ce qui le hante désormais, c'est la perte possible de la beauté qu'ont chantée (et parfois malmenée) les poètes :

> J'entends toujours une voix qui me chuchote : « Tu ne seras plus là, tu ne verras plus la beauté du monde ». Une année avant sa mort, Grandbois me confiera : « Le monde est beau et j'ai tant aimé la vie ». J'ai eu mal avec lui, très fort, et j'ai vu deux larmes s'échapper de ses yeux.

Voilà un Miron que l'on n'attendait pas, étonnamment fragile, se cramponnant à la splendeur d'exister. La mort, tel est bien le « non-parcours » par excellence, le trou noir définitif, mais comme pour mieux montrer la limite de toutes les explications, de toutes les justifications historiques, il a réservé une autre surprise à son public, un vieux cahier noir qui se trouve là parmi ses notes, un cahier d'écolier qui remonte à l'époque où il portait encore la soutane et s'appelait frère Adrien, le Ménestrel, ce si pauvre poète ! S'il y a un mystère de la fin absolue qu'est la mort, il y a aussi un mystère des commencements. « À un moment donné de ce qu'on pourrait appeler un parcours, je me suis aperçu avec le recul qu'il y avait un trou, justement ce passage à blanc des années 1950-51, suivi en l'espace de six mois d'une mutation, d'une catharsis » : il a un plaisir immense, il jubile en tournant les pages, même s'il triche un peu sur les dates… Ces poèmes très appliqués, recopiés à la plume d'une main qui semble encore celle d'un enfant d'école, ils datent presque tous de 1946 à 1949, ce qui lui permet de réduire à six mois une « mutation » qui s'est étendue en réalité sur au moins trois ans. Mais n'importe, il faut les entendre, ces poèmes « préhistoriques » de Gaston Miron :

> Marchons d'une fraîcheur le long du ruisseau
> Mon âme avec des ritournelles de gros merles,
> Et des parements de beaucoup de perles,
> Marchons d'une fraîcheur le long du ruisseau […]

Ou, à peine mieux :

> Mon âme est une poésie
> Qui effleure de tout près la vie.
>
> Elle a des antennes de papillons
> Et dans sa montée, des visions.

Ainsi donc, c'est de ce lyrisme indigent et naïf que vient le poète de *L'Homme rapaillé* ! On pourrait croire à une curiosité anecdotique, conçue simplement pour dérider le public. Mais ce qu'il veut dire est beaucoup plus profond : la vraie poésie n'est jamais la poésie convenue, elle s'écrit toujours contre ce qu'on croyait être jusque-là la poésie. Il n'y a pas de « parcours » continu car l'écriture est toujours, quelque part, inexplicable et déroutante. C'est le Gaston Miron de 1990 qui parle, celui à qui l'on a trop souvent répété que ce qu'il a écrit dans les années récentes, « ce n'est pas du Miron ». Il est exaspéré par tous ces gens qui croient savoir une fois pour toutes qui est au juste le poète Miron, et peut-être, au fond, est-il exaspéré contre lui-même : « Je vais essayer de […] m'appliquer à briser continuellement mon image, en déjouant tout ce à quoi on s'attend de moi. » Il y a tous ces vers encore « en souffrance » dans *L'Homme rapaillé* mais surtout, « une cinquantaine de poèmes en chantier », qui seront de la même encre que *Répit* (« je suis fait des trous noirs de l'univers ») ou *Padoue*, ces deux poèmes « nouveaux » dont il donne lecture avant d'être ovationné. C'est tout : en remontant jusqu'aux origines de son œuvre, le poète Miron vient, une fois encore (mais le temps presse), de « dégager l'avenir ».

*   *   *

Cette « cinquantaine de poèmes », c'est évidemment une fable. Il n'existe guère de nouveau poème de Gaston Miron qui soit postérieur à 1986. Mais les désirs, quand ils sont si forts, peuvent-ils être qualifiés de purs mensonges ? Un peu plus tard cette année-là, il note cette phrase du poète suisse Maurice Chappaz : « « Il faut porter en soi la possibilité que la terre tremble et que le ciel s'ouvre[8]. » Oui, le grand cataclysme, la révélation ! C'est un nouvel octobre : j'ai invité l'émouvant Chappaz, de passage au Québec, à venir rencontrer mes étudiants de première année du bac en littérature, et j'ai aussi invité Miron, qui l'a entendu lire ses poèmes à la Maison de la poésie de Paris, en 1984. Dans cette salle de classe ordinaire, la révélation est vive pour ces jeunes gens qui, en présence du plus célèbre poète québécois, découvrent ce que celui-ci a clamé toute sa vie : qu'à partir du plus petit coin de pays, l'humble Valais de Chappaz coincé entre les Alpes, un vrai poète peut témoigner d'un rapport profond et entier au vaste monde.

Miron est toujours écrivain résident au cours de l'automne 1990 à l'Université de Montréal tandis que Marie-Andrée y est chargée de cours. La chaîne culturelle de Radio-Canada vient de diffuser le grand entretien avec Jean Larose[9], dans lequel Miron a repris plusieurs jalons de sa conférence de mars : c'est son « parcours » définitif, la somme de ses contradictions, sa longue marche à travers le sens et le non-sens : « J'ai toujours trouvé la vie absurdement belle et absurdement dénuée de sens, dans les conditions qui sont les miennes[10] », a-t-il résumé. La poésie tient aussi de ce non-sens, elle surgit contre les attentes, les styles établis, elle « se fait en dehors de la poésie ». Mais ce qui paraît sans doute plus absurde à ses yeux, sans qu'il le dise ouvertement, c'est le Québec lui-même, ce « peuple qui ne veut pas exister[11] », ce « peuple catastrophique[12] », comme il l'écrit ce même automne.

Il a promis qu'il briserait sa propre image, qu'il déjouerait toutes les attentes, mais faute d'écrire et de s'inventer autrement, est-ce pour cette raison qu'il décide de devenir résolument un homme de scène ? Naturellement, on a vu cent fois Gaston Miron se produire en public dans tous les lieux de la poésie depuis les années 1950 et la surprise ne saurait être complète : mais cette fois, c'est plus sérieux et organisé, il s'agit d'un vrai spectacle de deux heures, avec des musiciens et une mise en scène. L'idée a germé à l'occasion d'une invitation au Festival international de poésie de Trois-Rivières, qu'il fréquente chaque octobre depuis quelques années. Il s'agissait seulement d'une lecture de vingt minutes accompagnée par deux musiciens, Bernard Buisson et Pierre Saint-Jak, figures connues de la scène montréalaise et du Plateau-Mont-Royal, habitués du Quai des Brumes, rue Saint-Denis, où ils accompagnent fréquemment à l'époque les jeunes poètes. Ce qui ne devait être qu'une éphémère collaboration va devenir l'hiver suivant le spectacle *La Marche à l'amour*, présenté une soixantaine de fois entre février 1991 et février 1996 dans de nombreuses petites salles, le Théâtre de la Chapelle, la Licorne et le Lion d'or à Montréal, le Petit Champlain à Québec, mais aussi au Saguenay, à Trois-Pistoles, jusqu'à Toronto et même à Paris, à la Maison de la poésie, en 1994.

Miron, pourtant réticent au départ, par crainte que la musique n'enterre la poésie (comme il en avait déjà fait l'expérience), s'engage à fond dans l'entreprise. Lui qui a si souvent négligé son corps, il doit constater qu'il est devenu bedonnant avec les années : sous les projecteurs, ce sera bien difficile à cacher et il annonce à Marie-Andrée qu'il a décidé de faire des exercices et de soigner son régime pour affiner sa ligne… Elle le voit se préparer avec soin, hésiter sur le choix de la chemise qui pourra le mieux l'avantager sur scène. Exigeant physiquement, le spectacle l'oblige aussi à mémoriser certains poèmes même si la mise en scène lui permet d'en lire d'autres assis à une table. Aux répétitions, il prend chaque détail au sérieux, y compris sa diction : Bernard Buisson l'entend répéter dix fois « *lorsque* je suis à Rome, *lo-r-s-que* je suis…, *lo-r-s-que* je suis… », en s'efforçant de n'escamoter aucune consonne. Quand il lance de sa voix forte : « Spot ! », le spectacle démarre. Buisson, de formation classique, dernier pianiste de Pauline Julien, joue du Liszt et du Kurt Weill ; Saint-Jak fait de la musique expérimentale et du jazz ; une journaliste parlera d'une musique parfois « psychédélique[13] ». Entre les accents contemporains et des airs nostalgiques, Miron récite ses classiques de *L'Homme rapaillé* comme ses poèmes plus récents, *Padoue, Rome, Répit*. En harmonie avec Buisson, dans un état d'euphorie fraternelle, il reprend *La Rose et l'œillet* : il aime raconter à la blague, en la présentant, que lorsqu'il était jeune, il écrivait de vieilles chansons…

Sans attirer de grandes foules, le spectacle a du succès. « Miron, selon un critique de Québec, [est] en pleine possession de son extravagance », il reste « le seul à élever la voix jusqu'à la sainte colère[14] ». Une rare note discordante vient du chroniqueur Pierre Foglia de *La Presse*, qui aime Miron, l'a beaucoup lu et le considère comme un frère de Blaise Cendrars : « Mais sur scène, Gaston, je ne t'aime pas. Tu sais de quoi tu as l'air sur scène ? D'un chien entre deux musiciens. » Le poète fait semblant de déterrer ses mots, mais il les a inventés depuis longtemps et « ils n'ont pas besoin d'une autre musique que la leur[15] ». Le chroniqueur ne croit pas si bien dire, et cela dépasse de loin l'éternel débat entre poésie et musique : « Je me sens comme un chien perdu en écrivant de la poésie, confie-t-il à Marie-Andrée. Un vrai chien fou[16]. » Étrange destin canin pour celui qui n'a jamais aspiré à autre chose qu'à la dignité d'être un homme.

Entre-temps, des cinéastes ont flairé l'intérêt d'immortaliser ce Miron sur scène : en 1993, Jean Gagné vient rencontrer le trio et, avec son frère Serge, il amène son équipe de tournage à la Licorne et au Lion d'or, et l'équipe accompagnera même la tournée à Toronto. Miron est agacé par l'imposant dispositif, le va-et-vient et les conversations des techniciens qui perturbent sa concentration. Le film de 85 minutes ne verra le jour qu'en 1996[17] : son esthétique baroque et tapageuse peut déranger, comme aussi ses liens lourdement illustratifs… À la lecture des vers de *La Marche à l'amour*, « morte / dans le froid des plus lointaines flammes », est-il besoin d'enchaîner avec des images multiples de brasiers et d'incendies ? Rarement, toutefois, le visage de Miron aura-t-il été saisi avec autant de précision et de nuances, dans sa détermination pleine de candeur, sa volonté empreinte de timidité — et cette énergie batailleuse qui semble projeter ses plus vieux poèmes dans quelque avenir vaste et insondable. À la même période, un autre cinéaste, André Gladu, « anthrocinéaste » comme Miron est « anthropoète », fervent archiviste des musiques francophones d'Amérique, vient lui aussi capter des images en vue du documentaire qu'il prépare sur l'auteur de *L'Homme rapaillé* : son film, *Les Outils du poète*, sera lancé en 1994[18]. Désormais, par la grâce du cinéma, même le Gaston Miron des dernières années pourra échapper au temps.

*   *   *

« J'ai toujours été un bon élève […], je suis un naïf des mots », confie le poète aux membres de l'Académie canadienne-française réunis à Mont-Gabriel, en recevant des mains du président Jean-Guy Pilon la médaille qui couronne sa contribution littéraire. Alors, les éloges qu'on lui fait, même un peu incrédule, il les prend au pied de la lettre… Mais il a un autre aveu à faire : « J'ai aimé, même si je l'ai reniée cent et cent fois, la littérature, toute la littérature du monde, autant sinon plus que moi-même […][19]. » En ce novembre 1990, alors qu'il n'y a plus grand-chose à espérer du politique, c'est cette « invention sans cesse vraie de soi […], à la fois sur les plans individuel et collectif », qui paraît la plus sûre garantie de ne pas disparaître. « La question maintenant est de savoir si nous allons laisser des traces[20] », se demande-t-il dans cet incessant dialogue qu'il poursuit avec lui-même. Il pourrait aussi bien dire : « … si moi, Gaston Miron, *je* vais laisser des traces ». Quand on lui rend visite et qu'il montre sa bibliothèque, il ouvre parfois les livres dans lesquels des poètes l'ont salué, il lit par exemple *L'Orpailleur Miron* qu'a écrit André Frénaud[21] en son hommage et il ironise : « Au moins, je vais survivre dans les livres des autres… » — sans pourtant dissimuler tout à fait sa fierté.

Mais quelque part, son destin littéraire ne saurait se dissocier de celui de la littérature québécoise dans son ensemble. Il conçoit très bien ce paradoxe : une littérature sans peuple, pure mémoire spectrale d'un pays fantomatique. Pourtant, les livres, la critique, l'invention existent, comme les institutions. Il y a l'Académie, l'UNEQ qui vient d'emménager en septembre, rue Laval, dans la Maison des écrivains, ce qui a permis de belles retrouvailles avec les amis et une lecture collective en plein air, dans le carré Saint-Louis. Il y a les éditeurs nombreux, les anthologies, les dictionnaires, sans oublier les prix littéraires qui consacrent des livres ou des carrières. Élise Turcotte, la nièce de Denise Jodorowsky, remporte cette année-là le prix Nelligan dont il s'occupe toujours, mais un autre prix, déjà qualifié de « Nobel québécois », sera décerné pour la première fois par la « Fondation Nelligan », conséquence d'une tragédie survenue quelques années plus tôt : en mars 1986, Gilles Corbeil est décédé dans un accident de voiture au cours d'un voyage en Australie. Quatre ans plus tard, la capitalisation de sa fortune étant suffisante, le conseil d'administration formé de Miron, de Pierre Vadeboncœur et du politicien Jean-Paul L'Allier peut enfin honorer son testament et lancer officiellement le prix Gilles-Corbeil, d'une valeur de 100 000 $, accordé tous les trois ans à un écrivain pour l'ensemble de son œuvre. Le soir du 27 novembre 1990, au chic hôtel Ritz-Carlton que connaît bien Miron, le lauréat brille toutefois par son absence — ce qui n'a rien d'étonnant puisqu'il s'agit de Réjean Ducharme, le romancier invisible, qui a confié à sa compagne Claire Richard la mission d'aller à sa place cueillir le prix et de lire un poème en guise de remerciements, dans lequel, « devenu riche » mais pour éviter que cela lui « monte à la tête », il acquitte ses dettes envers sa mère, son frère Nelligan, les « gars de Berthier et de Joliette » et tous les autres qui ont nourri son œuvre[22].

Le paradoxe n'a jamais été aussi évident : la littérature québécoise fonctionne résolument comme une « grande » littérature au moment où le Québec, aux yeux de Miron, ne semble aller nulle part. À l'Hexagone même, il se brasse des affaires considérables avec la venue de la saison froide. Le 6 novembre, l'éditeur Pierre Lespérance, président de Sogides, convoque un déjeuner de presse pour annoncer la création du groupe Ville-Marie Littérature. C'est un événement majeur dans l'histoire de l'édition québécoise et la fin d'une époque pour la maison dont Alain Horic demeurait le seul actionnaire. L'acquisition de l'Hexagone par une entreprise qui n'a jamais caché sa vocation commerciale pourrait inquiéter, mais Lespérance s'empresse de rassurer le milieu : en achetant l'Hexagone, VLB éditeur et les Éditions Quinze, dit-il, il ne vise aucunement à dissoudre mais plutôt à « consolider [la] vocation spécifique[23] » de chaque maison. Il y aura en outre une certaine continuité dans le personnel de direction. En devenant le grand patron du groupe Ville-Marie Littérature, Jacques Lanctôt parachève pour ainsi dire sa « rédemption » politique : membre de la cellule Libération du FLQ qui a enlevé l'attaché britannique James Cross en 1970, exilé à Cuba et en France puis emprisonné à son retour, Lanctôt a assumé la succession de Victor-Lévy Beaulieu chez VLB éditeur peu après sa libération. Du côté de l'Hexagone, Sogides annonce par ailleurs la création d'un « comité d'édition » présidé par Alain Horic lui-même. Enfin, une autre figure connue des milieux de l'édition, Antoine Del Busso, qui a dirigé Boréal, présidera un comité de coordination entre les diverses maisons tout en s'occupant des Éditions de l'Homme et du Jour, le secteur le plus rentable de Sogides.

Pour Miron, on pourrait croire qu'il s'agit cette fois d'une retraite définitive, mais c'est le contraire qui se produit. Alors qu'il n'occupait plus de fonction officielle à l'Hexagone, il revient en 1991 au comité d'édition en compagnie de Horic et de Jean Royer, qui vient d'être nommé directeur littéraire de la maison, un poste d'abord à temps partiel qui l'oblige à abandonner, pour éviter les conflits d'intérêts, la direction des pages littéraires du *Devoir*. Malgré sa relative inexpérience de l'édition, la présence de Horic et de Miron au comité paraît conforter l'avenir de l'Hexagone.

L'une des valeurs sûres du groupe Ville-Marie est la collection de poche « Typo », née à l'Hexagone, puisant ses titres chez plusieurs éditeurs et comptant déjà sur un catalogue prestigieux qui inclut les noms de Rina Lasnier, Gilles Hénault, Roland Giguère, Marie-Claire Blais, Jacques Ferron. Réuni fin décembre 1991, le comité suggère que Typo soit désormais, plus qu'une collection, une « entité à part » dont Gaston Miron pourrait assumer la responsabilité[24]. L'idée est intéressante, mais il reste que Miron directeur de Typo, c'est une situation assez cocasse, car l'un des titres en attente de publication depuis 1989 dans la collection, c'est justement le sien : *L'Homme rapaillé* ! Quand Horic a transmis à Lanctôt les dossiers concernant Typo en février 1991, il a offert ces précisions :

> Les épreuves sont chez l'auteur depuis décembre 1989. Lors de sa dernière visite à mes bureaux, Gaston les a promises pour mars prochain. À toi de voir à ce que son engagement soit respecté. Tu trouveras dans le dossier la maquette de la couverture. Je te joins également le tableau qui illustrera la page couverture[25].

Bref, le livre serait fin prêt à aller sous presse si l'auteur ne gardait les épreuves chez lui depuis quinze mois, du jamais vu de mémoire d'éditeur ! Fin décembre 1991, ce sont maintenant deux années entières qui se sont écoulées : mais toujours rien… Pourra-t-on compter sur Gaston Miron, éditeur de Typo, pour forcer la main de Gaston Miron, auteur récalcitrant ?

*   *   *

Si sa vie professionnelle est toujours riche en rebondissements, si l'écrivain demeure trop souvent entravé, sa vie personnelle a trouvé son rythme de croisière. La vie quotidienne partagée avec Marie-Andrée l'a arraché pour de bon aux noirceurs de sa vie célibataire. Dans une note intime, il s'adresse ainsi à elle :

> Je t'aime, avec intensité et précarité à la fois. Je choisis de t'aimer chaque jour, avec espérance de vie et de durée, mais avec lucidité. La lucidité est notre forge ardente, notre mémoire brûlante. Nous nous sommes attentifs : nous savons de quoi notre amour peut mourir, ce qu'il y a précieux et rare dans cet amour[26].

Cet amour au quotidien, établi dans une durée précaire, rempli de tendresse, semble exclure ces déchirements tragiques qui ont jadis nourri sa poésie. Mais pourquoi ne songent-ils pas à s'épouser ? Quand elle évoque l'idée, il hoche la tête et ne rate jamais l'occasion, dans la rue, de désigner l'un de ces couples formés d'un homme âgé et d'une femme beaucoup plus jeune : « Regarde l'infirmière ! » chuchote-t-il avec dérision. Non, pas question de devenir un vieillard souffreteux et grincheux qu'elle promènerait à pas lents, une batterie de médicaments dans son sac à main. Mais mariés ou non, cela change-t-il quelque chose ? Peu importe, il n'aime pas l'idée d'un mariage.

Avec les années, la vie familiale a pris un autre visage. Emmanuelle a maintenant un copain et Marie-Andrée, qui voyait régulièrement ses enfants qui habitaient chez leur père, les voit davantage depuis qu'ils sont adolescents. Jean-François, bientôt âgé de dix-sept ans, vient même habiter à Montréal afin d'y poursuivre ses études. Miron, davantage encore qu'à l'époque de Sandrine, savoure la joie d'être le père d'une tribu familiale élargie, qui se réunit avec copains et copines pour les fêtes et les anniversaires. Mais l'appartement de la rue Saint-Hubert paraît exigu depuis que Marie-Andrée s'y est installée en 1988 : la compagne de Miron, de plus en plus orientée vers la carrière universitaire et récemment nommée directrice de la collection « Essais littéraires » à l'Hexagone, y manque d'un espace de travail convenable, tandis qu'Emmanuelle est devenue une jeune adulte. Un nouveau logement s'impose. Poussée jusque dans le quartier Notre-Dame-de-Grâce, où Miron voit toujours ses amis Girardin et Pilon, la recherche aboutit, une fois encore, dans le Plateau-Mont-Royal, et jusque dans la mémorable « rue au nom d'apôtre » de *La Batèche* ! Le 1er janvier 1991, la famille emménage au 4354, rue Saint-André, non loin de la rue Marie-Anne. Curieux coup du destin : l'adresse est même l'anagramme numérique de celle que Miron a occupée avant son premier départ pour Paris : le 4453… Ce qui n'empêche pas ce « retour aux sources » de se révéler très vite un mauvais choix :

l'appartement est grand, il permet à Marie-Andrée d'avoir un bureau fermé, mais le chauffage y est très déficient, de sorte que certaines pièces, la chambre d'Emmanuelle surtout, demeurent glaciales jusque tard au printemps. Au cours de l'année qui suit, la fille de Miron va finalement aller vivre dans son propre appartement, mais le bail signé pour dix-huit mois rue Saint-André obligera Miron et Marie-Andée à y passer un autre hiver avant de pouvoir songer à un nouveau déménagement.

C'est une année de recommencements et de nouveaux départs : l'Hexagone version Sogides, l'installation rue Saint-André, le spectacle de *La Marche à l'amour* dont la première a lieu en février au Théâtre de la Chapelle. Et c'est l'année Rimbaud, durant laquelle on commémore le centenaire de la mort du poète. Le cycle de conférences qu'organise à l'hiver le Département d'études françaises permet à Miron de revoir son ami Dominique Noguez, une figure bien connue à l'Université de Montréal, invité à présenter « son » Rimbaud ; Jean Larose et Gilles Marcotte vont compléter ce cycle très fréquenté, auquel Miron assiste assidûment. En juin, avec Marie-Andrée et son fils, le séjour annuel à Paris sera l'occasion d'un voyage en train à Charleville, lieu natal du poète des *Illuminations*. Miron est tout excité, il a en main le meilleur guide et un livre d'Alain Borer, qui connaît mieux que quiconque la vie du poète. « Tout un jour à Charleville, avec Marie-Andrée et son fils, dans les pas de Rimbaud. Génialement impressionnant et émouvant[27] », écrit-il à Robert Girardin. Il y a ensuite Amiens avec sa cathédrale, son musée Jules-Verne, puis, à Paris, des expositions Gombrowicz et André Breton à Beaubourg et, naturellement, la frénésie habituelle des rencontres avec les amis français ou québécois, une lecture de poésie à la Madeleine et le bonheur du Marché de la poésie, place Saint-Sulpice, où il se réjouit de voir l'édition québécoise mieux représentée que les années précédentes, avec la participation des Écrits des Forges, du Noroît, de Triptyque.

Mais le grand projet de Miron en 1991, aussi étonnant que cela paraisse, c'est une autre anthologie ! Tout indique qu'il y a pris goût avec Lise Gauvin et qu'il a oublié bien rapidement le labeur et les soucis qu'entraîne ce genre d'ouvrage. À l'occasion d'un lancement des Éditions Stanké au début d'avril, il prend à part Andrée Ferretti, l'une des militantes indépendantistes les plus indéfectibles depuis la glorieuse époque du RIN. Son mari décédé, l'éditeur Phoebe Ferretti, a beaucoup aidé Pierre Vallières durant ses années de prison et elle-même a été incarcérée pendant cinquante et un jours lors de la crise d'Octobre. C'est une femme fougueuse, toujours prête au combat, chaleureuse aussi et vouant à Miron une affection pleine d'étonnement : « Je connais tout de Gaston Miron et je ne sais rien de lui[28] », écrira-t-elle de cet homme qui, apparemment d'un seul bloc, demeure au fond une énigme indéchiffrable. D'entrée de jeu en tout cas, elle manifeste de l'enthousiasme devant sa proposition de rassembler les textes majeurs qui ont marqué la longue quête du Québec pour une indépendance toujours en souffrance. L'entreprise aura une valeur pédagogique en établissant que l'idée d'un pays nommé Québec ne date pas d'hier et qu'elle n'a cessé de susciter des plaidoyers fervents et fortement étayés. Le contexte politique s'y prête : depuis l'échec de l'accord du lac Meech, Robert Bourassa patauge dans de nouvelles tractations constitutionnelles. Déposé le 27 mars, le rapport bipartisan de la Commission nationale sur l'avenir du Québec, dite commission Bélanger-Campeau, vient de conclure que sans un fédéralisme fortement décentralisé, la souveraineté demeure la seule option, d'ailleurs estimée viable. Pourtant, au Canada anglais, même les revendications les plus timides de la part du Québec, à commencer par la notion désormais fameuse de *société distincte*, se heurtent toujours à une fin de non-recevoir.

Le pacte est donc conclu entre Miron et Andrée Ferretti en vue d'une substantielle sélection de textes indépendantistes. À l'Hexagone, Jean Royer se montre très intéressé à accueillir le projet et à accorder même un petit budget pour la recherche des textes les plus anciens, à laquelle la sœur d'Andrée, Claudine Bertrand, va contribuer. Mais le pacte entre les deux auteurs contient une condition implacable : la partenaire de Miron le connaît assez pour savoir combien il peut se disperser à tous vents à Montréal et elle exige qu'il vienne travailler chez elle, dans la belle maison qu'elle habite à Brigham dans les Cantons-de-l'Est, entre Cowansville et Bromont. Au cours de l'été 1991 surtout, et encore un peu l'été suivant, Miron arrive donc avec les textes qu'il a cueillis dans ses propres dossiers et dans les grandes bibliothèques, tandis que Ferretti a rassemblé les siens, qui remontent notamment à l'époque des débuts du RIN, très riche pour la réflexion indépendantiste, avec les Raoul Roy, Marcel Chaput, André D'Allemagne.

Le travail commence de grand matin, un régime éprouvant pour Miron, qui n'a jamais été un lève-tôt. Mais pas question de flâner et de temporiser : on a réuni des centaines de textes, on discute, on relit, on élimine. La pause du midi est brève et le travail intense se poursuit jusqu'en toute fin d'après-midi, lorsque Miron est enfin libre d'aller marcher tandis que son hôte prépare le repas du soir. La campagne est bucolique, tout en collines verdoyantes. Miron part le long du chemin et, au retour, il se promène dans le verger, en humant l'air qui fraîchit : « Que c'est beau, que c'est beau, batèche de batèche », s'exclame-t-il en arrivant sur la grande galerie où l'attend son amie. Ah ! si le pays pouvait n'être que ce pur accord avec le paysage, ce pur bien-être dans la beauté des lieux, plutôt que l'âpre souffrance de ne pas être, ce mal de langue qui fait mal au corps, cet empêchement qui vous reste en travers de la gorge. « C'est comme si nous n'étions pas. Il me semble que je suis si loin de tout, dans ce pays, comme en dehors du monde et qu'il est inutile d'écrire, car c'est comme si je devenais rien[29] », vient-il de confesser à Frédéric-Jacques Temple. Contre cet exil et cet anéantissement, il reste le beau pays de l'espérance ; il en parle avec Andrée à la tombée du jour devant le ciel qui rougeoie — c'est ce cri qu'il lance à la fin de son spectacle de *La Marche à l'amour* : « Car il n'est pas question de laisser tomber notre espérance ! » Ce livre qu'ils fabriquent à deux, ce sera une autre expression de ce même espoir.

Il n'est jamais facile de cerner l'homme. S'il est souvent accablé intérieurement, s'il doit subir des injections de cortisone pour sa vieille hanche usée, le marcheur ne ralentit pas, tandis que les séances de travail pour l'anthologie s'espacent au cours de l'hiver 1991-1992. On l'a confirmé dans ses fonctions de responsable de Typo, où il fait paraître au printemps *Bloody Mary* de France Théoret, le livre d'une pionnière de *La Barre du jour* regroupant certains des recueils les plus marquants de la révolution féministe. Miron continue de courir les salons du livre, qui ont toujours été de merveilleux théâtres pour son personnage, et il a le temps de s'envoler pour celui de Sept-Îles, en février, avant de revenir à Montréal répéter pour la reprise de son spectacle avec Buisson et Saint-Jak, au Lion d'or. Mais le plus grand salon, c'est celui de Paris qu'il a raté, exceptionnellement, en 1991 et auquel il compte bien assister cette fois, en cette ville où il retrouve par excellence le sentiment d'exister.

Ce seront deux mois entiers d'interruption dans le travail pour l'anthologie indépendantiste, entre la mi-mars et la mi-mai 1992, malgré quelques échanges téléphoniques avec Andrée Ferretti. La course aux rendez-vous reprend de plus belle tandis que Marie-

Andrée poursuit ses propres recherches à la Bibliothèque Sainte-Geneviève. En ce printemps des livres, un nouvel auteur de l'Hexagone est à l'honneur, et non des moindres, puisque l'éminent médiéviste Paul Zumthor, né à Genève mais établi au Québec depuis quelques années, vient de remporter le prix France-Québec pour son roman *La Traversée* : une réception souligne l'événement à la Délégation du Québec, rue Pergolèse. Entre Miron et Zumthor, grand spécialiste de la poésie orale, homme dont l'immense érudition n'a d'égale que la simplicité, l'affection a été immédiate et le professeur de l'Université de Montréal va publier à l'Hexagone de nombreux autres titres, romans, recueils de poèmes ou de nouvelles, dans les années à venir.

Miron, qui n'a cessé d'exprimer son bonheur de baigner dans une langue française souveraine chaque fois qu'il débarque à Paris, bute maintenant contre un point de vue fort différent. Que le français soit menacé au Québec, cela s'entend, mais en France même ? C'est du moins ce que soutiennent à Paris un groupe d'intellectuels : son ami Dominique Noguez, le journaliste Dominique Gallet, fervent promoteur de l'« espace francophone », et quelques autres, qui l'invitent à la Sorbonne le 21 mars pour débattre de la question. La mode est à l'anglais, aux manières américaines : qu'en est-il de l'avenir du français, surtout quand point à l'horizon la nouvelle Union européenne où rien n'assure que la langue de Molière continuera d'être dominante ? Étrange ironie, pour Miron, de se retrouver sur une tribune où la souveraineté de la France et le statut de sa langue sont dorénavant en cause ! L'été qui vient sera chargé à cet égard.

Il a quand même le loisir d'oublier quelque peu ces alarmes grâce au voyage à Prague qu'il fait à la mi-avril avec Marie-Andrée, après un bref détour par Berlin. Le pays tchèque connaît une période de renouveau et d'enthousiasme à la suite de l'écroulement du communisme. Prague, c'est la ville de Milan Kundera, qu'il a connu au Québec à la Rencontre des écrivains de *Liberté*, et du président-dramaturge Václav Havel. Ce sera aussi — on a peine à le croire — une expérience devenue habituelle : pendant une conversation animée, debout dans un tramway avec Marie-Andrée, il se fait voler plusieurs centaines de dollars… C'est mal commencer la visite, mais il reste la beauté de la vieille ville et la quête des traces de Franz Kafka. Miron l'a-t-il lu ? Il a dans sa bibliothèque *Le Procès* et *La Colonie pénitentiaire*, mais il lui arrive de dire à des amis, en leur montrant ces livres et d'autres classiques, comme le *Candide* de Voltaire :

« Il faudrait bien un jour que je lise ça… » Sur le terrain toutefois, devant sa maison natale, dans les rues qu'il a parcourues, au musée qui conserve des traces de son parcours, Kafka revit et devient « très émouvant », comme Miron le raconte de manière un peu énigmatique dans une carte à son ami Girardin : « Il n'y a rien à Prague que le passé et l'avenir. Kafka a tout dit du présent[30] ! » Peut-être, en fait, a-t-il dit quelque chose du présent de Gaston Miron lui-même ? Un an plus tard, dans le testament olographe signé par Miron le 8 juin 1993 à Montréal, l'auteur pragois fait un retour sous sa plume, non par ses œuvres elles-mêmes, mais par le fameux legs confié à son meilleur ami, Max Brod, lui commandant de brûler ses manuscrits après sa mort. Miron conclut ainsi la liste de ses dernières volontés :

> Pour ce qui concerne mes « manuscrits » (surtout les deux valises pleines), notes, je ne veux absolument pas qu'ils fassent l'objet de publication. Tout cela est à l'état d'ébauche, de notes furtives et j'ai horreur du manque de fini et de définition. Il y a peut-être des documents à déposer à la BN, mais pour le grand reste, de grâce les détruire, pas de coup à la Max Brod[31].

Pressent-il sa fin proche ? Chose certaine, la question de sa survivance et des traces qu'il laissera derrière lui le hante. Mais peut-il ignorer que le « coup » de Max Brod, qui a cru légitime d'outrepasser les dispositions du testament de son ami, a certes contribué à mythifier celui-ci mais a valu au monde quelques chefs-d'œuvre et paraît désormais, aux yeux de la plupart, comme « une noble trahison[32] » ?

*   *   *

Le séjour parisien se prolonge un autre mois entier, mais au retour la vie familiale connaît un rebondissement inattendu. Miron et Marie-Andrée sont repartis à la chasse aux appartements, puisque leur bail de la rue Saint-André se termine le 30 juin, ce qui n'est pas trop tôt. Finalement, leur choix se porte sur un rez-de-chaussée agréable et spacieux, le 1610, boulevard Saint-Joseph Est : ce sera le dernier arrêt de Miron dans le Plateau-Mont-Royal, son ultime adresse. Mais tandis qu'il répète avec ses musiciens en vue de la présentation d'une tranche de *La Marche à l'amour* sur les plaines d'Abraham pour la Saint-Jean, une nouvelle vient bousculer les projets d'emménagement du couple dans le nouveau logement. Marie-Andrée apprend en effet que, après quelques années comme chargée de cours dans les universités, on lui offre un poste régulier à l'Université Laval, à Québec. Au lieu de s'installer boulevard Saint-Joseph, elle prendra donc plutôt logis rue Aberdeen, dans le quartier Montcalm de la capitale. Il y a tout lieu de se réjouir, mais cela signifie que le couple ne pourra désormais se retrouver, le plus souvent, que durant les fins de semaine, du moins au cours de l'année universitaire. Dans l'appartement du boulevard Saint-Joseph, c'est plutôt Jean-François, le fils de Marie-Andrée, qui va emménager avec Miron — toute une expérience pour un jeune homme de dix-sept ans passionné de littérature…

Malgré ce branle-bas estival, Miron reprend les travaux avec Andrée Ferretti : la rédaction des notices de présentation et de l'introduction va bon train, et l'on en sera bientôt aux épreuves. Entre-temps, le colloque de mars à la Sorbonne connaît des suites. Noguez, Gallet et leurs amis ont décidé de créer un groupe, Avenir du français, qui entend dénoncer l'influence croissante des anglophiles et autres « angloglottes » dans l'Hexagone. Au Québec, grâce à Miron et à Jean-Marc Léger, une figure majeure des institutions de la francophonie et un militant de longue date en faveur de l'unilinguisme[33], un groupe d'appui se constitue et recrute des signatures. La coalition franco-québécoise se prépare à lancer un vibrant « appel » pour « l'avenir de la langue française », dans le style des pétitions et des manifestes qu'affectionne l'intelligentsia française. Ce cri d'alarme est publié à Paris dans *Le Monde* du 11 juillet 1992, et il n'y va pas de main morte : « Il existe en France des fanatiques du tout-anglais de plus en plus entreprenants. Ils contribuent à faire douter de leur langue les Français et, par voie de conséquence, à ébranler son crédit dans les autres pays[34]. » Ces « fanatiques » de l'anglais participent à un « travail d'autodestruction » que dénonce le manifeste tout en proposant des stratégies de renforcement du français dans l'enseignement et l'économie. Les Français en seraient donc à « douter de leur langue », eux aussi ? Plusieurs Québécois, dont Yves Beauchemin, Gilles Cyr et Yves Michaud, figurent avec Miron et Léger parmi les 300 premiers signataires (d'autres vont s'ajouter par la suite), aux côtés de Français comme Alain Finkielkraut, Dominique Noguez et le romancier Richard Millet, auteur du *Sentiment de la langue*, qui est venu au Québec en 1990 et a voyagé avec Miron tout le long du Saint-Laurent jusque dans Charlevoix.

La mobilisation se maintient au cours de l'été, car le débat fait rage entre « nationalistes » et « européanistes » à l'approche du référendum de septembre par lequel les Français seront appelés à se prononcer sur le traité de Maastricht créant l'Union européenne. Pour les signataires de « L'avenir de la langue française », la souveraineté de la France et l'intégrité de sa langue et de sa culture sont menacées. Une telle lutte contre l'Europe n'a-t-elle pas quelques relents réactionnaires ? Le spectre d'une dilution des cultures nationales dans un grand tout européen et mondialiste n'est pourtant pas un argument négligeable et il y a une indéniable lucidité à prévoir le déclin du français dans la nouvelle Europe. Gallet, un farouche opposant au traité de Maastricht, contacte Miron en août après avoir lu dans *Le Devoir* un vibrant plaidoyer contre le projet européen, signé par Jean-Marc Léger[35]. Gallet pense qu'un tel article pourrait inciter les intellectuels québécois à intervenir en France en faveur du « non ». À la suite d'une rencontre avec Léger, on parvient à réunir quelques signatures autour d'un texte, « Point de vue de quelques intellectuels québécois », que Miron va télécopier au journaliste français. Outre lui-même et Léger, Yves Beauchemin, Pierre de Bellefeuille, Andrée Ferretti, Robert Girardin, Yves Michaud, Yves Préfontaine ainsi qu'Élaine Audet, une militante indépendantiste et féministe de longue date, signent ce texte qui juge impératif que « la France conserve [sa] souveraineté et [sa] liberté, pour son salut et celui de l'Europe autant que pour la survie et le rayonnement de notre langue[36] ». Relayé dans tous les journaux et médias français, ce « point de vue » va toutefois sombrer dans une indifférence presque totale, sauf pour un maigre entrefilet dans le journal *Libération*. Par une très modeste majorité, les Français donnent leur accord au traité européen lors du référendum du 20 septembre.

Pour Miron et ses amis, la défaite est d'autant plus amère que loin de tenir un référendum sur la souveraineté, espéré en vain par les indépendantistes depuis 1980, le premier ministre Bourassa, qui, selon Miron, « n'a aucune autre vision que celle de sa calculette[37] », se prépare à soumettre au verdict populaire, comme ses homologues des autres provinces, « l'accord de Charlottetown », une version édulcorée de la réforme constitutionnelle qui a échoué en 1990. Ce référendum pancanadien tenu le 26 octobre ramènera cependant tout le monde à la case départ, puisqu'il sera rejeté aussi bien au Québec qu'au Canada anglais. C'est une mince satisfaction pour Miron et l'aile québécoise du groupe Avenir du français, qui continue de se réunir de manière informelle tout au long de l'année suivante chez Yves Michaud, dans le quartier Snowdon. On y retrouve souvent Guy Bouthillier, un militant indéfectible du Mouvement Québec français et de la SSJB, et le syndicaliste et journaliste Pierre Graveline, qui publie à cette époque dans *Le Devoir* ses « Chroniques d'une lutte nationale inachevée[38] ». Miron, dans ses carnets, se montre volontiers sarcastique. À l'occasion d'un spectacle de *La Marche à l'amour* à Jonquière, il note ces propos d'un travailleur venu l'entendre : « Pourquoi l'indépendance n'est jamais arrivée ? Je l'sais pourquoi. Parce que les Québécois ne sont pas sûrs d'être une nation. » À d'autres moments, sur un ton morose, c'est Lionel Groulx qui refait surface :

> Nous appartenons à ce petit groupe des peuples sur la terre au destin d'une espèce particulière : l'espèce tragique. Pour eux, l'anxiété n'est pas de savoir si demain ils seront prospères ou malheureux, grands ou petits, mais s'ils seront ou ne seront pas, s'ils se lèveront pour saluer le jour ou rentrer dans le néant (Lionel Groulx, 1937)[39].

Miron ajoute que de tels propos sont « à rapprocher de Kundera ». Si la France elle-même est menacée, que dire de ces peuples qui, comme les Québécois ou les Tchèques, semblent ramer à contre-courant d'une Histoire qui donne le plus souvent raison aux nations dominantes ?

*   *   *

La parution des *Grands Textes indépendantistes 1774-1992*, deux semaines avant le désolant référendum sur l'accord de Charlottetown, ne peut peser que d'un poids symbolique, en montrant que le véritable enjeu est esquivé. Depuis l'époque de l'indépendance américaine et celle des « fils de la liberté » de 1837 jusqu'à l'époque contemporaine, en passant par des interventions classiques de la Révolution tranquille, comme celle de Marcel Chaput dans *Pourquoi je suis séparatiste*, un fil conducteur n'en apparaît pas moins. Le livre est orienté et la substantielle introduction, pensée à deux mais rédigée pour l'essentiel par Andrée Ferretti, ne laisse aucune ambiguïté : il s'agit d'indépendance, non de « souveraineté », encore moins de « souveraineté-association ». Ce ne sont pas seulement les chantres fédéralistes de la nouvelle Europe qui sont la cible, mais tout autant le Parti québécois de René Lévesque, dont la fondation en 1968 est venue « briser l'élan initial » du mouvement indépendantiste, en substituant « la valeur d'égalité à celle de liberté[40] ». Devenu « marginal » dans les années 1980, le projet indépendantiste demeure pourtant plus que jamais, pour les deux auteurs, « l'affaire du peuple québécois » et la plus sûre manière de résister à la mondialisation tout en assumant une véritable présence au monde : « L'indépendance, aujourd'hui, c'est le devoir et le pouvoir de se penser et de se vivre dans l'universel[41]. »

Les réjouissances du lancement, le 13 octobre, à la Maison Duvernay de la Société Saint-Jean-Baptiste, donnent lieu à une fausse note qui, pour Miron, est un cruel écho de l'affaire Alphonse Piché, malheureux exclu de l'anthologie *Écrivains contemporains du Québec.* Cette fois, c'est Doris Lussier, le fameux père Gédéon de la série télévisée *La Famille Plouffe* tirée du roman de Roger Lemelin, qui, meurtri d'avoir été « oublié », se trouve à vrai dire au bord des larmes : sans se dépouiller tout à fait de son pittoresque personnage de Beauceron à l'humour gaillard, Lussier n'est-il pas en effet devenu, au fil des ans, une tête d'affiche du mouvement indépendantiste, présent sur de nombreuses tribunes ? Mais il semble oublier que l'ouvrage de Ferretti et de Miron est une anthologie de textes, et non un palmarès des militants de l'indépendance. Un deuxième volume, publié par Andrée Ferretti après la mort de Miron et couvrant la période 1992-2003, lui fera toutefois une petite place pour un article paru en 1993[42].

Quoi qu'il en soit, le mouvement ne peut être qu'en attente en cette fin de 1992, même si un nouveau front est désormais ouvert, sur le terrain fédéral, depuis la création du Bloc québécois que dirige à Ottawa Lucien Bouchard. Le thème continue d'animer les débats publics et les conversations privées. Dans la résidence au charme cossu d'Yves Michaud, les amis de l'Avenir du français se réunissent de temps à autre pour envisager les perspectives et les stratégies encore possibles. Miron et Pierre Graveline, qui s'y rendent souvent ensemble, ne se cachent pas qu'il y a une autre raison plus souriante et hédoniste de participer à ces réunions : l'incomparable cave à vins de Michaud, lui-même importateur, ce qui permet au groupe de rehausser les échanges en dégustant les meilleurs grands crus...

On pourrait croire, à ce stade, que Miron en a terminé avec ces anthologies qui ont drainé depuis le milieu des années 1980 une part importante de son énergie. Pas tout à fait, puisque avant même la sortie des *Grands Textes indépendantistes*, il a signé un contrat chez Leméac pour préparer avec Pierre Filion une anthologie d'un autre type : un choix des critiques de Réginald Martel écrites sur une période de plus de vingt-cinq ans pour le journal *La Presse* et qui paraîtra deux ans plus tard sous le titre *Le Premier Lecteur. Chroniques du roman québécois 1968-1994*[43]. Au-delà de son amitié pour Filion et de sa reconnaissance à l'égard du journaliste qui lui a souvent consacré des articles malgré un intérêt très marginal pour la poésie, il y a sans doute dans ce nouvel engagement de Miron une nécessité alimentaire : depuis son année comme écrivain résident à l'Université de Montréal, il n'a guère de revenus fixes, et ce ne sont pas les quelques centaines de dollars que lui procurent les spectacles de *La Marche à l'amour*, ni son maigre salaire comme responsable de Typo, qui peuvent suffire à payer son logement et son épicerie. Quant à l'Ordre des francophones d'Amérique dont il a été décoré, à la fin 1991, par le gouvernement du Québec, ou aux insignes de commandeur de l'ordre des Arts et des Lettres qu'il reçoit au consulat français en 1993, il ne s'agit pas d'honneurs monnayables, même si ces décorations font plaisir et viennent auréoler encore un peu plus sa tête de poète déjà couronnée…

Le public lecteur, cela dit, continue toujours d'attendre que le poète Miron donne la nouvelle édition québécoise de son livre unique. Cela devient intenable et absurde à la fin : au groupe Ville-Marie Littérature, on s'impatiente et on se désole de ne pouvoir répondre à des commandes nombreuses, notamment de la part des institutions d'enseignement, pour un livre au programme de plusieurs cours et dont la parution est annoncée depuis 1990. Cependant, l'heure de vérité est sur le point de sonner, car Jacques Lanctôt et Jean Royer décident que les atermoiements ont assez duré et qu'il faut frapper un grand coup. Ce ne sera pas une belle histoire et l'on n'aura peut-être jamais vu Gaston Miron dans un tel état de « vacarme » et de « massacre ».

L'après-midi du vendredi 30 avril 1993, boulevard Saint-Joseph, Miron est en train de boucler ses valises avec Marie-Andrée, arrivée de Québec. Le couple doit s'envoler ce soir-là pour un nouveau séjour à Paris et Robert Girardin est déjà sur place pour les conduire à l'aéroport de Mirabel. Il n'y a pas à s'étonner que Jean Royer surgisse à son tour, lui qui aime bien venir saluer son ami Gaston quand celui-ci part en voyage. Mais la visite impromptue du directeur littéraire de l'Hexagone a en réalité un autre but : remettre en main propre à Miron une lettre de l'assistante à l'édition du groupe Ville-Marie lui annonçant que l'échéance finale pour la mise en production de *L'Homme rapaillé*, édition Typo, a été fixée au 3 mai et que, faute d'avoir obtenu les dernières corrections, on ira de l'avant avec les épreuves que l'on a en sa possession. Incroyable : le 3 mai, c'est le lundi qui vient ! On savait très bien pourtant, et Royer lui-même au premier chef, que Miron se préparait à partir pour Paris ! Ce n'est rien de moins qu'une mise en demeure ; pire encore, un méchant piège qui met l'homme hors de lui. Comment des amis de longue date peuvent-ils lui faire un tel coup ? C'est une injure, un affront insupportable et il lance un avertissement à Royer :

> Je ne veux pas publier un livre plein d'erreurs. Je vais renier ce livre. Je ne ferai pas de promotion. Je vais dire à tout le monde que vous avez publié un livre bourré d'erreurs. Et je vais démissionner de la direction de Typo. Je veux être libre[44] !

L'indignation lui enlève tout le bonheur qu'il éprouve de s'envoler de nouveau pour la France. Eh bien, tant pis, il ne le fera pas, ce voyage, il restera à Montréal pour peiner encore davantage sur ses « vers en souffrance »… Marie-Andrée cherche à le convaincre que cela n'a pas de sens, Girardin met son grain de sel et c'est finalement de peine et de misère que l'on parvient à le faire monter dans la voiture pour se rendre à l'aéroport. Royer, de son côté, est reparti avec une version tapuscrite du recueil qui se trouvait sur la table.

Le séjour parisien, pour une fois, sera infernal. À l'hôtel Le Châtillon, où le couple a débarqué, Miron demeure dans un état d'extrême tension, au point que Marie-Andrée s'inquiète pour son cœur, qui a déjà connu des ratés. Le grand marcheur parisien ne veut même pas quitter sa chambre, il va et vient comme un ours en cage puis, de temps à autre, il se précipite brusquement à sa table pour griffonner une nouvelle correction dans le jeu d'épreuves qu'il a glissé dans sa valise. Il ne décolère pas, il fulmine, mais sans doute sait-il en même temps qu'il ne peut plus reculer. Pour faire plus vite, on a convenu que la représentante de Sogides pour les Éditions de l'Homme à Paris, Huguette Laurent, passerait cueillir à mesure les pages corrigées et les télécopierait à Montréal. Ce n'est qu'après avoir quitté l'hôtel, quelques jours plus tard, pour aller loger avec Marie-Andrée dans l'appartement prêté par Gilles Carle et sa compagne

Chloé Sainte-Marie, rue Cadet, que Miron retrouve un calme relatif. Au moins peut-il renouer avec le groupe de l'Académie Mallarmé, et fréquenter une fois encore les vieux amis : Bosquet, Guillevic, Pichette, Marteau et tant d'autres — Jacques Berque aussi, que Miron et Marie-Andrée revoient à l'occasion d'un souper chez Jean Sur et Sonia. Le grand absent, c'est André Frénaud, très malade : Miron va apprendre son décès à la fin juin, alors que, rentré à Montréal, il est lui-même hospitalisé pour son opération à la hanche.

Tout ce séjour parisien, anormalement court, demeure hanté par le livre à paraître contre son gré. Il se sent blessé au plus intime de lui-même et l'on dirait que, cramponné à ses poèmes, il est incapable de lâcher prise. Dominique Noguez, avec qui il prend un café près du Châtelet, n'en revient tout simplement pas. L'écrivain français connaît très bien cet hymne grandiose qu'est *Compagnon des Amériques*, il a lu et relu la grande envolée prophétique dans laquelle le poète énumère les lieux où il compte exercer sa passion pour cette « Terre de Québec » qu'il aime et qui le fait tant souffrir. Oui, je serai là, lance-t-il,

> dans le poitrail effervescent de tes poudreries
> dans la grande artillerie de tes couleurs d'automne
> dans tes hanches de montagnes
> dans l'accord comète de tes plaines
> dans l'artésienne vigueur de tes villes[45]

Qu'est-ce donc qui ne va pas ? Les images sont amples, le rythme est juste, pourquoi faudrait-il y changer quoi que ce soit ? Incrédule, Noguez voit Miron tiquer de la mâchoire et hocher la tête : « dans l'artésienne vigueur de tes villes » ? Non, il manque quelque chose à ce vers. Il faudrait dire : « dans l'artésienne vigueur *verticale* de tes villes ». Noguez lui objecte avec bienveillance : « Mais, Gaston, ce serait redondant, tu as déjà la verticale dans "artésienne" ». Soit, mais l'ami Gaston n'en continue pas moins de ruminer. Après un silence, il propose une nouvelle version : « dans l'artésienne vigueur de tes villes *debout* » ! Noguez, patiemment, reprend l'explication : « Mais tu vois bien que "debout" est tout aussi redondant ! » Pire : c'est carrément laid, cela brise l'harmonie et le rythme ! Rien n'y fait, et Miron persiste à tourner dans tous les sens ce « vers en souffrance ». Rentré chez lui, Noguez s'empresse de noter l'anecdote dans son journal et il commente : « À croire que les auteurs sont parfois les moins bons juges qui soient de leurs trouvailles[46]. » En fait, Miron a été le plus souvent un très bon juge de lui-même. Ainsi, dans le même poème, il corrige l'édition Maspero qui disait : « je me ferai porteur des germes de ton espérance » en biffant la métaphore trouble et inutile : « je me ferai porteur de ton espérance ». Les exemples semblables ne manquent pas. Mais en mai 1993, il lui arrive ce qui peut toujours arriver à un auteur qui a traîné trop longtemps son manuscrit et qui s'est trop relu : il ne parvient plus à y voir clair et il risque de tout gâcher. C'est peut-être l'indice que Royer, dans une action certes brutale et survenue à un bien mauvais moment, n'a pas eu tort sur le fond. Faute de quoi il est permis de croire que le nouvel *Homme rapaillé* n'aurait peut-être jamais vu le jour avant la mort de Miron.

De fait, les ultimes corrections étant obtenues, on va parvenir à mettre rapidement le livre en production et à le sortir des presses dès le début juin, non sans que l'auteur bousculé formule une ultime exigence, celle que l'on inscrive sur la page titre la mention : « Édition non définitive ». Car, rien à faire, et quoi qu'en pense Noguez, « dans l'artésienne vigueur de tes villes » reste et restera « en souffrance », comme une quinzaine d'autres vers de cette dernière mouture du recueil. Il n'empêche que l'homme s'est senti agressé par ce coup de force et qu'il va en conserver de l'amertume. Cette histoire malheureuse a créé un froid dans son amitié pour Royer, aggravé par certaines divergences de vues au sujet de la gestion de l'Hexagone et du traitement privilégié accordé à certains auteurs, à commencer par la romancière Micheline Lafrance, la conjointe de Royer. Une distance se crée de part et d'autre, surtout en 1994, sans jamais que le lien se brise, et cela, jusqu'à la toute fin, deux ans plus tard.

La critique et le public, de leur côté, se félicitent de la parution du recueil, enfin mis à jour et en format de poche, d'un poète qui demeure, envers et contre tout, « une sorte de barde national[47] », comme l'observe Réginald Martel dans sa recension estivale. Voilà Miron enfin rentré au bercail et, mieux encore, dans la grande famille de l'Hexagone où il ne s'est jamais lui-même invité. Sous la couverture un peu trop bleue au goût de Miron, ornée d'une œuvre de l'artiste Augusta Caïmmi-Lamoureux, *L'Homme rapaillé* a belle allure. Certes, on peut prendre acte du caractère « non définitif » de l'ouvrage et espérer encore, comme le critique de *La Presse*, voir *La Batèche* s'enrichir un jour de « pièces nouvelles ». Mais dans son compte rendu du *Devoir*, à la rentrée de septembre, François Dumont estime

que les changements sont mineurs par rapport à l'édition Maspero :
« *L'Homme rapaillé* semble désormais figé[48] » — ce qui ne fait peut-être
pas plaisir à Miron, qui s'est tant échiné sur chaque vers. Il demeure
vrai que si le livre a beaucoup évolué entre l'édition de 1970 et celle
de 1981, les changements sont ici moins apparents, tenant surtout
à des vers isolés, ou à quelques précisions, tel l'ajout tardif du nom
de Jean Corbo, le jeune felquiste tué par sa propre bombe en 1966,
dans le poème *Le Camarade*[49] — tandis que la structure générale s'est
consolidée : *La Batèche* devient une section autonome, très courte,
et les *Notes sur le non-poème et le poème* sont encore mieux intégrées
à la partie poétique du livre, juste après *L'Amour et le militant*. Le
« désormais » de Dumont n'en est pas moins prophétique : le recueil
ne connaîtra plus d'autre modification, malgré une nouvelle édition
parue à peine six mois plus tard, mais reprenant tels quels, sauf pour
quelques fautes ou coquilles corrigées, les poèmes et les proses de la
version de poche.

Cette édition de semi-luxe de *L'Homme rapaillé* qui voit le jour
en janvier 1994 veut à la fois rendre hommage à Miron et souligner
le quarantième anniversaire des Éditions de l'Hexagone. Chose
rare, le texte en quatrième de couverture est signé tant par Pierre
Lespérance, le président de Sogides, que par Jean Royer, à titre de
directeur littéraire de l'Hexagone : « Voici un poète incomparable et
un livre souverain », dont les éditeurs rappellent qu'il a atteint, « toutes
éditions confondues, un total de 65 000 exemplaires[50] vendus depuis
1970 ». Contrairement à l'édition Typo, légère et faite pour circuler
dans le grand public, ce livre anniversaire tient du monument, avec
son titre en lettres dorées et gaufrées, et la grande sérigraphie de René
Derouin, sorte d'hommage à la « tête de caboche » de Miron, envahie
par tous les mots de son recueil.

S'il reprend intégralement les poèmes et les proses de l'édition
Typo, le livre réserve deux nouveautés de taille à ses lecteurs. D'une
part, Royer a patiemment arraché à Miron des notes qui, en marge de
nombreux poèmes, en commentent les circonstances de composition,
tant sur le plan poétique que sur le plan politique. Le livre s'est peut-
être « figé », arrêté dans son écriture, mais il est le fruit d'une genèse,
d'une histoire, il s'inscrit dans les phases successives de la vie d'un
homme. Rien de plus mironien. On revoit défiler des épisodes souvent
connus et maintes fois racontés : la découverte par hasard de Patrice
de La Tour du Pin (« Tous les pays qui n'ont plus de légende / Seront

condamnés à mourir de froid ») ; la rencontre marquante d'Olivier Marchand ; la publication de *La Vie agonique* par Jean-Guy Pilon dans *Liberté* ; sa « prise en otage » par Pierre Maheu, rue Saint-André, qui l'a forcé à écrire en 1965 les *Notes sur le non-poème et le poème*. Telle note relate son évolution politique à l'époque de *Compagnon des Amériques*, telle autre son indignation à la lecture d'un article de Pierre Elliott Trudeau qui parlait de « notre engeance nationaliste », ce qui a donné ces vers : « puisque je suis devenu, comme un grand nombre / une engeance qui tant s'éreinte et tant s'esquinte », dans *Les Années de déréliction*[51]. Certains commentaires évoquent des circonstances plus intimes, comme celui-ci en marge d'un poème des *Courtepointes* : « Sur la tombe de mon père et de mon grand-père à Sainte-Agathe-des-Monts, en 1961. En plongée de mon regard et en contrebas du cimetière, le lac des Sables[52]. » Il y a eu, loin en arrière, les balbutiements, les amorces, les découvertes et autres révélations ; il y a toujours eu aussi la mémoire, la généalogie et l'horizon de la mort.

L'autre surprise, en janvier 1994, est de trouver dans le livre toute une section de « pages manuscrites » qui présentent, de la main même de Miron (sauf *Lisbonne*, évoquant la perte d'Ana Paula Araujo, tapé à la machine), plusieurs poèmes de sa dernière manière : *Automne alchimique* (« pour Marie-Andrée »), *Rome* saluant au passage le professeur Jannini, *TGV Lyon* et plusieurs autres. Certains sont annotés et corrigés, encore à l'état de brouillons, rattachés parfois à d'autres circonstances : ici un clin d'œil à Luc Perrier[53], le tout premier poète de la collection « Les Matinaux » en 1954 ; là, le mot d'enfant de Milena, à qui son père, Robert Girardin, tentait d'expliquer un jour que la mort, c'était peut-être comme avant la naissance, quand on n'existait pas encore : « Parce qu'après c'est comme avant ? » avait demandé la petite fille — et Miron, bouleversé, soudain absent au monde, s'était mis sur-le-champ à écrire *Forger l'effroi*[54]. Au fil des annotations et des commentaires, et jusque dans ces pages toujours en chantier, le livre parvient ainsi à demeurer vivant, en devenir. Le « monument » Miron ne s'effrite pas autant qu'il le soutient lui-même. *L'Homme rapaillé*, dans quelque version future, aurait-il fini par intégrer ces poèmes tardifs ? C'est dans la logique de l'œuvre, comme pour *Courtepointes*, mais si la porte se trouve ainsi entrouverte, la réponse ne viendra pas du vivant de l'auteur.

* * *

Quand il fête ses soixante-cinq ans, le 8 janvier 1993, il reprend dans son agenda sa phrase lancée quinze ans plus tôt, véritable leitmotiv : « J'aurai 50 ans toute ma vie[55] » — un âge de maturité énergique et d'accomplissements. Ce qu'il faut, coûte que coûte, au milieu de la soixantaine, c'est rester debout et en mouvement. Il est vrai que certains lui reprochent de radoter, de reprendre *ad nauseam* les mêmes rengaines et de mener un combat d'arrière-garde, dans le style de la droite gaulliste, contre la nouvelle Europe, au nom d'une conception défensive de la culture et de la langue. Pourtant, loin de lui l'intention de mettre la langue et l'identité au musée. Il note ce propos de Jacques Berque : « L'identité, c'est d'abord une interrogation. Que serait une identité satisfaite parfaitement d'elle-même ? L'identité est essentiellement recherche de l'identité[56]. » Et s'il est vrai qu'il se trouve trop souvent paralysé par sa propre langue, obsédé par l'impropriété ou le solécisme possible, il veut toujours « réactualiser la langue dans la modernité[57] », comme il l'explique dans son entretien avec Lise Gauvin au moment où paraît l'édition Typo de *L'Homme rapaillé*. La langue est organique, elle est en mouvement elle aussi, au jour le jour, dans la rue, dans les lieux publics. Il l'écoute, il est à l'affût de ses moindres inflexions. Ses derniers carnets sont remplis de mots, de variantes syntaxiques, de tournures entendues à Montréal ou à Paris : « Je pose la question tout à trac », « j'ai été amené à / entraîné à » ; « t'as besoin de l'faire / tu es mieux… / c'est dans ton intérêt… » ; « agripper une occasion », « teindue blonde », « nous confortons la maçonnerie de ce pont[58] ». Depuis ses débuts, cela n'a jamais cessé de le fasciner, ce lexique et ces manières de dire. Et pourtant, il écrit encore, en 1994 : « Je me sens qui m'enfouis dans une langue qui me déserte[59]… » Le drame, c'est qu'il ne parvient plus à transmuter cette langue en poésie et qu'il doit se contenter de la consigner, comme un secrétaire en manque d'inspiration.

Y a-t-il encore un avenir ? Son Québec a refusé de naître, Frénaud est mort, Gérald Godin est très malade à l'hôpital, Pauline Julien est en train de devenir aphasique, d'autres amis ne se savent pas encore menacés. Les anniversaires, les commémorations, les rappels de ce qui a été, est-ce pour ne pas trop penser à ce qui se déglingue dans la machine humaine ? Gaëtan Dostie organise une fête chez lui pour les soixante-six ans de Miron, avec les amis : les Perrault,

Royer et Micheline Lafrance, Lanctôt, Girardin, Bruno Roy aussi, le président de l'UNEQ devenu, ces dernières années, le porte-parole des « orphelins de Duplessis ». Roy, sous les airs de réjouissance, c'est le rappel d'un passé injuste et douloureux auquel Miron n'a pas été étranger, lui qui faisait du service dans le groupe des Amis de l'orphelin de son ami Laurent Crevier, à l'Ordre de Bon temps. Le petit Bruno et le moniteur Miron se sont sûrement croisés à l'occasion d'un de ces pique-niques annuels que Crevier organisait chaque été à l'île Sainte-Hélène. Pris en charge par les institutions religieuses, ces orphelins parvenus à l'âge scolaire ont souvent été traités comme des attardés mentaux, cohabitant avec des psychiatrisés, et ils demandent maintenant réparation. Miron et Roy en causent de temps à autre : ému en apprenant que « son » président de l'UNEQ, lui-même écrivain et poète, a déjà « vécu avec des fous », Miron ne cache pourtant pas sa réticence devant un combat qu'il craint de voir tourner à une attaque en règle contre les communautés religieuses : « Moi, j'ai été heureux chez les frères. J'ai aimé les frères[60] », objecte-t-il à Roy, au retour du Salon du livre de Québec. Cet héritage, il y tient, tout autant qu'à celui de son grand-père analphabète, même s'il peut comprendre la souffrance des orphelins et la lutte que mène en leur nom son ami.

Les religieux à soutane l'ont formé, et à la grande fête des quarante ans de l'Hexagone, le dernier jour de janvier, il est tout heureux de retrouver le vieux frère Roch dont il a été l'élève à l'école primaire de Sainte-Agathe avant de partir pour le Mont-Sacré-Cœur : « C'était un garçon simple aux yeux brillants, un peu sombre, mais toujours attentif, étudiant modèle avec une petite boucle noire », se souvient le frère instituteur. Miron acquiesce : « C'est vrai, j'étais un bon élève, partout, même aujourd'hui, mais par derrière moi, je n'en fais qu'à ma tête. » Il l'a déjà écrit depuis longtemps : sa « tête de caboche », il en est fier, et tant pis pour ceux qui l'accusent de radoter. Son entêtement, d'ailleurs, n'est pas que politique : « Si peu que j'aie écrit, la littérature a été, est toujours toute ma vie[61] », lance-t-il à la fin du discours qui ouvre cette célébration.

André Gladu a voulu capter des images de cette fête des quarante ans de l'Hexagone, où même Jacques Parizeau vient saluer le poète, qui l'encourage en aparté à se méfier de ses conseillers politiques et à rester fidèle à lui-même. Ce même hiver, Gladu et Miron montent à Val-des-Lacs pour aller filmer la maison des grands-parents Michauville :

il ne restera, dans *Les Outils du poète,* qu'un bref extrait de ce tournage, au cours duquel Miron récitait *Les Siècles de l'hiver.* Mais par moins 25 degrés, le plus infime mouvement des pieds dans la neige a produit un fort crissement rendant le son inutilisable…

Il y a une autre fête, un autre rappel du passé, en ce janvier de grands froids, même si le visage de ce temps ancien est celui d'une éternelle jeunesse. Anne Hébert est à Montréal ! La nouvelle fait grand bruit : l'auteure du *Tombeau des rois* et de *Kamouraska* est elle aussi une sorte de mythe vivant, mais aux antipodes de celui de Miron — une « légende » nourrie par une enfance mystérieuse dans la vallée de la rivière Jacques-Cartier et par le secret d'une longue existence parisienne à l'abri des intrigues du milieu littéraire québécois. Les visites de l'auteure au pays ont toujours été discrètes, mais cette fois, nouvelle lauréate du prix Gilles-Corbeil après Réjean Ducharme, elle ne peut éviter les feux de la rampe. Je fais partie du jury, cette année-là, et au début de décembre, en présence de Pierre Vadeboncœur, toujours administrateur de la Fondation Nelligan avec Miron, j'ai appelé la lauréate à Paris, après notre courte réunion, pour lui annoncer la nouvelle. Au bout du fil, elle est restée étonnée, incrédule, comme s'il y avait erreur sur la personne… Le soir du 10 janvier, devant la foule réunie à la Bibliothèque nationale, elle rayonne, grande et élégante dans ses soixante-dix-sept ans. Miron, fébrile mais appliqué à bien faire, est tout heureux de prendre la parole au nom de la fondation et de souligner cet honneur plus que mérité accordé à une aînée de la génération des Saint-Denys Garneau, Alain Grandbois et Rina Lasnier qui lui a toujours été chère. Cette fête, c'est aussi comme le retour au bercail d'une fille bien-aimée de la famille qui s'est longtemps absentée. Au souper qui suit la remise du prix et la réception, dans un restaurant de la rue Saint-Denis, les souvenirs de 1953 remontent à la surface, l'évocation d'une époque qui était dure pour les poètes mais où un bel avenir s'annonçait. C'était l'année du *Tombeau des rois* et celle de *Deux Sangs,* une humble plaquette signée par de jeunes inconnus, Olivier Marchand et Gaston Miron, qui lançaient alors avec des amis leurs Éditions de l'Hexagone. Anne Hébert et Gaston Miron au temps des origines : eux qui se connaissaient à peine et dont les itinéraires étaient si différents, cela les avait réunis à l'époque, elle qui avait dû payer en partie de sa poche l'édition de son recueil avec le soutien de Roger Lemelin, et ceux de l'Hexagone naissant qui prétendaient mettre fin à cet âge du compte d'auteur — et le plus beau souvenir qui leur revient, en cette mi-janvier 1994, c'est la soirée somptueuse de jadis à l'hôtel Windsor, cette « fête des poètes » de novembre 1953 avec Robert Choquette, Gatien Lapointe et les autres « poètes de l'année ». Une rare heure de gloire en des années difficiles où tout restait à faire, le jeune Miron, tout maladroit dans son corps et cachant mal sa pauvreté, Anne Hébert, un peu maniérée mais diaphane et exquise comme une fée. Quarante ans plus tard, ils ont frayé leur chemin, ils sont devenus des géants de la littérature québécoise, et pourtant un peu fragiles, attendris par ces retrouvailles propices à la nostalgie.

*   *   *

Malgré cette ouverture heureuse, 1994 promet plus que son lot de jours sombres et de drames. Il aura été bien court, le moment où, après la chute du communisme et du mur de Berlin, certains pouvaient se réjouir de voir les petites nations d'Europe s'émanciper et accéder à l'indépendance. En Yougoslavie surtout, l'effritement qui a donné naissance à la Slovénie, à la Croatie puis à la sécession de la Bosnie-Herzégovine tourne au cauchemar. La guerre de Bosnie atteint son paroxysme cette année-là : le 5 février, un obus serbe provoque l'hécatombe dans un grand marché de Sarajevo. Au Québec, où l'on suit de près la situation, un comité Québec-Bosnie créé en 1992, dont Pierre Vallières est l'une des figures de proue, s'active à la suite de ce massacre. Sarajevo, assiégée par l'armée serbe, apparaît désormais comme une ville martyre, le visage tragique de « l'assassinat d'une civilisation[62] ». Le café qui porte le nom de cette ville, rue Clark à Montréal, offre un point de ralliement au comité, qui réclame notamment auprès du maire Pierre Bourque le jumelage de Montréal et de la capitale bosniaque[63]. Miron, toujours sensible au destin des petites nations, comme il l'a été jadis à celui de la Hongrie écrasée par les Soviétiques, est d'autant plus touché par cette guerre que son ami Alain Horic est lui-même originaire de cette Bosnie musulmane en terre slave. Il participe à plusieurs réunions stratégiques du groupe et à la manifestation du 10 avril qui, partie du carré Saint-Louis vers la rue Sainte-Catherine, dénonce la passivité des grandes puissances et des institutions internationales tout en affirmant le droit de la Bosnie à son autodétermination. L'enjeu ne va quand même pas sans ambiguïté : en Sarajevo, c'est la ville cosmopolite, pluraliste dont on

pleure la destruction. Ni Miron ni à peu près personne n'a prévu que
la désintégration de l'empire soviétique conduirait si rapidement aux
« fureurs nationalistes » fustigées à présent par Vallières, qui écrit :
« Le culte de l'identité nationale et de la pureté ethnique comble
le vide laissé par l'absence de projet collectif sur la solidarité et
l'égalité[64] ». Qu'en est-il, justement, de ce projet de justice sociale dans
le mouvement souverainiste québécois de 1994 ? Le modèle fédéral,
qui était celui de la défunte Yougoslavie et qui se trouve à l'horizon de
la nouvelle Europe, n'acquiert-il pas dans cette conjoncture de guerres
ethniques une nouvelle légitimité ? Il est vrai que malgré sa « politique
étrangère commune », l'Union européenne se montre impuissante à
intervenir de manière efficace dans un conflit qui fait pourtant rage à
ses portes. Chose certaine, l'affirmation nationale du Québec se trouve
interpellée par cette situation, et l'on verra bientôt, dans le discours
politique, une distinction qui deviendra fameuse, bien que souvent
contestée, entre « nationalisme ethnique » (fermé, xénophobe) et
« nationalisme civique » (ouvert, inclusif). Miron est-il embarrassé
par de tels débats, lui qui a toujours pris le parti du Québec tout en
refusant l'étiquette de *nationaliste* ? Rien dans ses écrits tardifs ne
porte la trace d'une véritable réflexion à ce sujet.

Il ne s'engage pas moins dans la cause de Sarajevo et de la Bosnie,
tandis qu'il vaque à ses occupations : la préparation avec Pierre Filion
de l'édition des articles de Réginald Martel, les travaux à l'Hexagone
pour Typo, les invitations dans les cégeps et les universités, un saut au
Salon du livre de l'Outaouais où il participe à une table ronde avec
Vallières et Jean-Daniel Lafond sur le thème « Écrire avec la force
de ses racines ». Pourtant, il se sent « fatigué mort », complètement
« vanné[65] », ce printemps-là. Le soir du 19 avril, il reçoit un appel
dramatique de Lise Gauvin : Georges-André Vachon est décédé
subitement après avoir donné le dernier cours de sa carrière à
l'Université de Montréal ; ses amis sauront qu'en réalité il s'est donné
la mort. Pour Miron, la disparition de celui qui a accueilli *L'Homme
rapaillé* aux PUM pour le Prix de la revue *Études françaises* en 1970 est
un choc : il aimait cet homme secret, tendre sous des allures bourrues,
admirable essayiste aussi et auteur d'un bref récit autobiographique,
« Nominingue », qu'on a pu lire dans *Liberté*[66]. Nominingue, dans les
Hautes-Laurentides, c'était le Saint-Agricole de Vachon : le lieu d'une
vérité précédant l'histoire et la culture, d'une origine qui exprimait
« l'essentielle pauvreté québécoise[67] ». Dans le numéro d'hommage

à son ex-directeur que la revue *Études françaises* publiera en 1995, Miron salue l'auteur de ce récit des commencements en joignant un court poème, *Narrative Douleur*, écrit en 1984. « Tout écrivain de taille est au commencement du monde », écrit-il dans « Je m'appelle personne[68] » : mais « l'incertitude, le doute, la désespérance » dont parlait Vachon dans sa toute dernière chronique, était-ce encore le « commencement » qu'il voulait y voir ? N'était-ce pas plutôt un retour en boucle à la nuit des origines, à ce rien qu'avait saisi de manière fulgurante la petite Milena Girardin dans son mot d'enfant : « Parce qu'après c'est comme avant ? »

Souvent, au cours de ce même printemps, Miron fait un détour dans le quartier pour aller saluer, rue Pontiac, « Gerry », son ami Godin qui n'en mène pas large après une nouvelle hospitalisation de quatre mois. Ici, c'est la lenteur la plus impitoyable qui s'exerce, bientôt dix années de maladie entrecoupées de rémissions. Mais la recrudescence de la tumeur maligne au cerveau dont on l'a jadis opéré paraît cette fois sans appel et le député de Mercier a dû remettre sa démission. Après sa première opération, il a écrit ce poème, une conversation que l'on pourrait très bien imaginer entre lui et son ami Gaston :

> — Quoi tu te souviens plus de mon numéro ?
> — Écoute mon vieux moi tu sais
> on m'a enlevé une tumeur au cerveau
> de la grosseur d'une mandarine
> eh bien !
> ton numéro il était dedans[69]

Toujours hanté par l'amnésie, avec ses « trous noirs » au cerveau, Miron ne peut qu'être bouleversé par ce qui arrive à l'un de ses plus chers compagnons, qui a dix ans de moins que lui. Et puis, quel destin à contretemps que celui de Godin ! La politique, indifférente à son sort, s'affaire en effet à éveiller de nouveaux espoirs à l'approche des élections québécoises prévues pour le 12 septembre. Après une longue traversée du désert, le mouvement indépendantiste retrouve son élan, d'autant plus que le chef, Jacques Parizeau, a promis la tenue d'un référendum dès l'année qui suivra son élection. À l'UNEQ, Miron se joint durant l'été à Pierre de Bellefeuille, Pierre Graveline, Andrée Ferretti et Marco Micone au sein d'un comité politique qui compte faire entendre la voix des écrivains et des intellectuels dans le nouveau combat qui se prépare. Godin, de son côté, assiste en fauteuil roulant à l'investiture de son successeur Perrault dans Mercier : ce sera sa dernière sortie publique.

Malgré cette effervescence politique, Miron se rend par deux fois à Paris au cours de l'été. Avec Buisson et Saint-Jak, il prend l'avion le 7 juillet en vue de la présentation de leur spectacle à la Maison de la poésie, qui ne fait pas salle comble mais reçoit tout de même un bon accueil. Rentré trois semaines plus tard, il prend de courtes vacances avec Marie-Andrée à Ogunquit, dans le Maine, puis se replonge à bride abattue dans ses activités avant de repartir, fin août, pour participer à un colloque de l'Association des distributeurs exclusifs de livres en langue française (ADELF). La fatigue l'accable de nouveau, mais à son retour, le soir du 12 septembre, le Parti québécois fait élire 77 députés et reprend le pouvoir perdu en 1985 : étrange victoire, moins euphorique que celle de 1976, comme s'il fallait tempérer les espérances. Jacques Parizeau tient un discours sans envolée flamboyante ni triomphalisme qui appelle au dialogue et à la remise en mouvement ; un ton qui donne curieusement l'impression que le Québec sort de dix ou quinze années d'apathie et de stagnation. Pour Miron et ses amis, il n'empêche que la perspective vient de s'éclaircir : « ce peuple qui n'en finit pas de ne pas naître » réserve-t-il, au bout du compte, une autre surprise à ceux qui en étaient venus à perdre confiance ?

*   *   *

Peu après les élections, André Gladu invite Miron à un visionnement privé des *Outils du poète* dont le cinéaste vient d'achever un montage provisoire. Le tournage s'est poursuivi tout au long des douze derniers mois : au marché Jean-Talon avec Marie-Andrée, au Planétarium de Montréal avec l'astrophysicien Hubert Reeves, à l'Université Laval dans un cours du professeur Conrad Bureau qui y a invité Miron, à l'appartement du boulevard Saint-Joseph et dans les rues du Plateau-Mont-Royal glacées par l'hiver. Gladu a prévu au départ plusieurs témoignages d'amis et de lecteurs de Miron, notamment celui de Jacques Brault, qu'il choisit, non sans regret, d'éliminer au montage. Des séquences d'une grande émotion subissent le même sort, telle la rencontre, chez Miron, avec le musicien

Michel Faubert, l'un des principaux artisans de la renaissance du folklore au Québec depuis le début des années 1980. De sa chambre où il s'était retiré discrètement pour travailler, Jean-François Hamel a entendu soudain les deux hommes entonner ensemble *La Complainte de la Mauricie* : « Ah ! que le papier coûte cher dans le Bas-Canada »… C'était de toute beauté, et le jeune homme n'a pu se retenir d'ouvrir sa porte pour assister à ce spectacle impromptu, plein de tendresse et de fraternité.

Le film ne fera au final que 57 minutes, le format standard pour la télédiffusion : Gladu a choisi d'immortaliser les épisodes classiques du parcours de Miron, maintes fois racontés dans des entrevues ou des interventions, depuis la découverte de l'analphabétisme de son grand-père et ses premiers écrits poétiques chez les frères du Mont-Sacré-Cœur. Mais c'est aussi un Miron plus intime qui apparaît, accompagné par Marie-Andrée, dont la présence traverse tout le film, alors qu'elle lui tient le bras au marché Jean-Talon ou sur un trottoir verglacé du Plateau, et surtout lorsqu'elle évoque leurs premières rencontres, le « clown triste » qu'elle a d'abord vu en lui avant qu'elle le découvre dans ses livres et ses archives, leur passion commune pour la littérature, leur amour inscrit « prophétiquement » dans les poèmes. Tout finit par renvoyer au poète Miron, depuis l'artisan du vers, fils du menuisier Charles-Auguste Miron, capable d'élaguer « le bois mort » d'un poème pour en cerner l'essentiel, jusqu'à l'homme de la performance orale dans les séquences tournées au spectacle de *La Marche à l'amour*. Un curieux décalage temporel se produit lorsque Miron illustre sa méthode d'écriture en tapant à la machine le début de *Pour saluer les nouveaux poètes*[70], un poème écrit onze ans plus tôt, en 1983. Dans cette mise en scène d'un Miron en train d'écrire, faisant mine de chercher la suite du premier vers, comment ne pas voir une belle illusion et peut-être un ultime effort pour que reste vivant le poète désormais silencieux ?

Pourtant, l'édition de *L'Homme rapaillé* parue au début de l'année a montré que l'œuvre se veut encore en devenir, comme le souligne aussi un événement majeur de l'automne 1994, la parution à São Paulo de la traduction brésilienne du recueil, enfin achevée par Flavio Aguiar. Il y a du Miron chez Aguiar, dans la franche camaraderie, dans la temporisation (il lui a fallu presque quinze ans pour cette traduction !) et dans l'engagement politique. Mais finalement, voici le grand jour et, afin de marquer l'importance de l'événement, Aguiar a décidé d'inviter Miron à venir au Brésil pour le lancement et une tournée de lectures et de conférences. L'invitation est d'autant plus significative que Miron, malgré son amitié de longue date pour Édouard Glissant et sa lecture de Césaire et de Neruda, n'a jamais mis les pieds nulle part en Amérique latine pas plus que dans les Caraïbes. Curieux paradoxe : l'homme qui, comme éditeur et comme poète, a fondé sa démarche, dès les années 1950, sur notre différence américaine, notre sensibilité continentale propre, et qui voyait dans « les réussites du Mexique, du Chili, pour ne citer que ces deux pays[71] », un exemple littéraire et culturel à suivre, connaît encore à peine, vers la fin de sa vie, le continent américain. Son Québec peut bien être un « compagnon des Amériques », c'est un compagnon largement absent, un éternel exilé.

Ce voyage tardif au Brésil sera aussi sa dernière tournée d'écrivain. C'est la découverte d'un pays qui, contrairement au Québec, a accédé à l'indépendance tôt au XIXe siècle et acquis une « masse linguistique » suffisante pour imposer sa norme et supplanter la mère patrie portugaise. Aussitôt débarqué à São Paulo et conduit par Aguiar à la maison de campagne qu'il habite avec sa famille à Itapecerica, non loin de la métropole, Miron consigne dans son carnet les mots de la végétation nouvelle qui l'entoure : les « ipê » et les « jacaranda » aux fleurs bleu-violet, les « guapuruvu » à fleurs jaunes. Mais comme il le raconte dans le film de Gladu, les « claytonies » et « épilobes » du Québec n'ont-elles pas paru presque aussi exotiques à plusieurs lecteurs quand il a osé les introduire pour la première fois dans ses poèmes ?

Par-delà cette nature pleine de surprises, un programme de tournée très chargé attend Miron, qui doit aussitôt repartir pour Porto Alegre où il découvre que le Québec, là aussi, existe un peu, dans un milieu d'universitaires qui connaissent sa littérature : reçu par Zila Berndt, une grande figure des études québécoises au Brésil, il donne des entrevues aux médias, assiste au lancement de son livre et participe à une table ronde, tout en s'initiant à la culture des *gauchos*, les cowboys du Sud. « Fabuleux ! », note-t-il dans son carnet à la suite d'un souper dans une *churascaria* où il a pu déguster des viandes grillées en assistant à un spectacle *gaucho*. Après ce bref séjour dans le Rio Grande do Sul, Miron multiplie les conférences et les entrevues à l'Université de São Paulo et dans d'autres villes de l'État : Santos, Campinas. Ce serait un voyage tout à fait heureux, scandé de belles rencontres et de repas copieux, s'il n'éprouvait de terribles douleurs au dos, qui l'obligent parfois à s'allonger. C'est un mal assez nouveau, qu'il a aussi éprouvé à Paris. Rentré à Itapecerica le 12 octobre pour se reposer, il reçoit en fin d'après-midi un appel de Montréal : Emmanuelle lui annonce que Gérald Godin est mort le matin même. D'autres appels suivront : Jacques Lanctôt et Jean Royer lui suggèrent qu'il devrait peut-être interrompre son voyage et rentrer au Québec. Marie-Andrée, qui l'a aussi joint au téléphone, trouve ces pressions indélicates et émet un avis contraire. Miron, déchiré et infiniment triste de savoir son grand ami mort en son absence, décide finalement de poursuivre sa tournée : le destin en a voulu ainsi, et parcourir les milliers de kilomètres qui le séparent de la dépouille de Gérald n'y changerait rien. Il ne rentrera à Montréal que le 17 octobre, après de nouvelles prestations et une rencontre avec l'éditeur de son livre, Editora Brasiliense, à São Paulo.

Ce qu'il y a de mieux, en cette fin d'automne, outre le Salon du livre et la première des *Outils du poète*, le 15 novembre, une date qui ravive la perpétuelle nostalgie de 1976 et de la phrase fameuse de René Lévesque — « Nous sommes peut-être quelque chose comme un grand peuple » —, c'est le dépôt par Jacques Parizeau, le 6 décembre, de l'avant-projet de loi en vue du référendum sur la souveraineté. Les dés sont jetés : pour Miron, l'heure de l'ultime combat politique a sonné.

25

Des automnes de grand froid

Il a souvent rêvé à quelque métamorphose, mais pas dans le genre Kafka. On s'en souvient, il le disait dès la première parution de *L'Homme rapaillé*, et encore, en 1973, à Robert Dickson et à ses étudiants de Sudbury venus le rencontrer au carré Saint-Louis : un jour, il y aurait un homme et aussi un écrivain différent, dégagé du poids de l'histoire, allégé de la responsabilité du destin collectif et libre de s'écrire vraiment, comme un individu face à lui-même. Cela serait-il arrivé si les Québécois avaient voté « oui » en 1980 et accompli ainsi cette « naissance » historique que lui-même n'a cessé d'annoncer ? On ne peut récrire l'Histoire : il n'en a pas été ainsi, mais ce grand soir se fût-il produit, nul ne pourrait sans présomption prédire ce que serait devenu l'homme et le poète Miron, dans ce pays désormais souverain. Aurait-il écrit davantage ? Rien n'est moins sûr. Malgré tout, pendant quelques années, souvent à distance de ce Québec du refus, il a jeté les jalons, les fragments épars d'une autre œuvre possible, sans pousser plus loin l'entreprise. Est-ce la faute de tous ceux qui n'ont pas voulu de cet autre Gaston Miron et qui ont préféré le fixer dans son personnage ? Est-ce sa faute à lui qui, malgré sa volonté réitérée de déjouer les attentes et de briser sa propre image, n'a pu y parvenir ? Il a fait de la répétition une vertu : enfoncer cent fois le même clou, refaire mille fois la même démonstration concluant toujours à une nécessité politique absolue. À vrai dire, cela l'a appauvri d'une certaine manière, et les notes laconiques qu'il jette encore sur le papier dans les dernières années de sa vie sont parfois empreintes d'amertume et de rage : « Ce maudit peuple de branleux, de téteux, de bretteux, m'a complètement détraqué[1]… » C'est un blâme terrible, le cri d'un amoureux trahi qui, par-dessus le marché, ne peut exprimer son dépit qu'à lui-même, par simple décence, par respect pour lui-même et les compagnons qui mènent encore le combat. Il a le sentiment d'être resté irrémédiablement en arrière, ou peut-être s'est-il condamné à n'être plus que « l'archaïque Miron », en attente d'un présent impossible :

> Me suis-je jamais remis de mon retard (historique, et par consé-quent individuel) ? À vingt-cinq ans, après le constat qui a fait l'effet d'une catastrophe, je n'y ai plus pensé. C'est aujourd'hui qu'il réapparaît et j'en mesure l'effroyable conséquence (mon effroi, c'est cela)[2].

Pourrait-il, aurait-il pu penser les choses autrement ? La question paraît insensée, mais qui donc ne se l'est pas posée un jour à propos de soi-même ? Après tout, ses amis poètes de sa propre génération, parmi les meilleurs, les Brault, Lapointe, Ouellette, van Schendel et autres, ont tous pu accomplir leur œuvre, « avancer en poésie », sur des voies souvent inédites, aventureuses. Son invention à lui était-elle donc à ce point liée à une transition historique particulière qu'elle n'a pu se relancer autrement ? Presque au bout du parcours, il se fait à lui-même cette réflexion : « C'est par manque de narcissisme[3] », se dit-il, qu'il n'a pas écrit davantage. Le diagnostic est moins étonnant qu'il ne semble : « Miron est passé par toutes les écoles de la générosité[4] », disait de lui Jean Éthier-Blais peu après la crise d'Octobre. Le « personnage » Miron a toujours eu l'art de donner de lui-même pour mieux esquiver son propre moi, comme il le voyait d'ailleurs très bien au moment de sa rupture avec Sandrine.

Ses absences, ses « trous noirs », il les aura tout autant entretenus que colmatés par l'activisme et l'apostolat. Les poèmes du début des années 1980 n'ont pas eu de suite, et peut-être en perdant un peu de lui-même a-t-il perdu aussi cette « totalité-monde » dont son vieil ami Édouard Glissant vient exposer les modalités au tournant de l'hiver et du printemps 1995, à l'invitation du Centre d'études québécoises de l'Université de Montréal[5]. Occupé ailleurs le premier soir, Miron assiste fidèlement par la suite au cycle des quatre conférences qui attire un public important d'écrivains, d'intellectuels et d'étudiants, entre le 22 février et le 5 avril. Il a souvent revu Glissant à Paris, mais l'affection qu'ils ont l'un pour l'autre ne les a jamais empêchés d'avoir des échanges robustes, à la hauteur de leurs fortes personnalités.

Or, sous le thème du « divers », du « chaos-monde », c'est presque de bout en bout que la réflexion proposée par Glissant dans ses conférences interroge et ébranle la vision qu'a toujours défendue Miron. Le conférencier en est conscient qui avouera à la fin, lorsqu'on le questionne plus directement sur le Québec, qu'il doit être « d'une prudence diplomatique parce [qu'il a] beaucoup d'amis québécois[6] ». Ce n'est pas qu'il conteste les aspirations politiques du Québec, encore moins le désir de présence au monde que son « ami québécois » n'a cessé de revendiquer, mais c'est tout l'arrière-plan philosophique menant à une telle position qui fait problème.

L'ombre de la Bosnie et de Sarajevo, encore elle, plane sur les propos de Glissant, qui lit même des extraits d'un appel des Roms, les gitans d'Europe, au maire de la ville assiégée, demandant la tenue d'un congrès pour la paix sous le signe d'« un Sarajevo libre et pluriethnique[7] ». Mais que pense Miron lorsqu'il entend Glissant affirmer qu'il faut en finir avec la pensée occidentale de « l'être » et entrer plutôt dans une pensée de « la relation », que la valorisation de l'identité doit être fortement relativisée, que la revendication des origines, du commencement et d'une « genèse » collective entraîne toujours l'exclusion de l'autre, que « le monde se créolise » et que c'est ce processus extraordinaire de « conversion de l'être » qu'il faut assumer aujourd'hui ? Comment réagit-il devant la défense, par son ami martiniquais, de la diversité des langues, sa critique du monolinguisme, son éloge de la traduction ? Le plus troublant, c'est le silence relatif de Miron ; lorsqu'il intervient, après la conférence de Glissant ayant pour thème « Langues et langages », c'est pour déplorer la disparition de la moitié des langues du monde annoncée d'ici 2040 dans un article récent du *Devoir*[8]. L'enthousiasme de son ami pour le Babel contemporain du « Tout-monde », il ne parvient tout simplement pas à le partager. Il est venu surtout, semble-t-il, « pour apprendre », comme il aimait le dire en riant quand il participait aux rencontres d'écrivains de *Liberté* — et ce n'est qu'au terme du cycle entier qu'il intervient davantage, en suggérant notamment que la mondialisation, présentée par Glissant comme une occasion créatrice dans le domaine littéraire, n'est au fond qu'un « asservissement total [...] aux lois du marché[9] », ce que réfute le conférencier en rappelant que l'époque des littératures nationales « classiques » et des « identités ataviques » était celle d'un asservissement économique encore bien plus grand. Au fond, le débat fondamental n'a guère lieu, et c'est plutôt par des conversations amicales dans des restaurants de Côte-des-Neiges et, à la fin, rue Saint-Denis que se poursuivent les échanges, ce printemps-là. Miron reverra encore son ami à l'occasion d'un colloque sur Glissant, en avril 1996, à la City University de New York où enseigne alors l'écrivain, puis à Paris, quelques semaines plus tard, sans qu'ils se doutent l'un et l'autre qu'il s'agit de leurs adieux.

Glissant n'accorde-t-il pas un pouvoir démesuré à la littérature, sous-estimant du même coup le politique ? C'est ce que semble penser Miron, surtout dans un contexte québécois où la question politique est brûlante d'actualité en cette nouvelle année référendaire. L'« heure du choix », comme en parlent les journalistes, suscite un branle-bas important chez les écrivains et les intellectuels, et pas une semaine ne se passe, à partir du printemps, sans que Miron se rende à des réunions ou à des rencontres informelles, à l'Union des écrivains, chez Denis Monière, chez l'écrivain Maurice Champagne, au restaurant Hélène de Champlain où se retrouvent les « partenaires pour la souveraineté », à Québec aussi où il participe, en mars, à la présentation du mémoire de l'UNEQ, rédigé par Andrée Ferretti, devant la Commission nationale sur l'avenir du Québec. Miron, Pierre Graveline, Bruno Roy et quelques autres ont contribué à la réflexion : il faut choisir, une fois pour toutes, affirme le mémoire, entre « le monde ou la province ». Pourtant, les perspectives sont mauvaises pour le camp souverainiste dirigé par le premier ministre Parizeau : il faudra que Lucien Bouchard, à titre de chef du Bloc québécois, mette tout son prestige dans la balance pour que les sondages annoncent, au début de l'automne, la victoire possible du « oui », ce qui va créer la panique à Ottawa.

La fatigue, la maladie ? On dirait qu'il n'y a plus guère de temps pour de tels détails et que la fébrilité politique ambiante lui donne une énergie insoupçonnée, assez pour courir de plus belle d'un événement à l'autre, dans cette cascade ininterrompue de réunions, de lancements, de remises de prix, d'invitations diverses qui font sa vie. « Dis-moi, Gaston, quand nous reposerons-nous et surtout, quand nous reposerons-nous *ensemble*[10] ? » lui écrit Marie-Andrée depuis Québec, avec une tendresse teintée d'impatience. Le plus souvent, c'est elle qui fait le trajet vers Montréal, le vendredi, pour venir le rejoindre après sa semaine de travail à l'université. Mais très souvent, Gaston a des engagements même durant la fin de semaine et le feu roulant de la vie sociale laisse peu de temps au couple pour se retrouver en tête-à-tête. Quand lui-même se rend à Québec, c'est souvent parce que de nouvelles obligations professionnelles l'attendent là-bas : le Salon du livre, une intervention dans un cours du poète Marcel Bélanger à l'université, la Commission nationale sur l'avenir du Québec. Fin avril, ils parcourent chacun la moitié du chemin et se retrouvent à Trois-Rivières pour assister à une grande soirée d'hommage à Gérald Godin. Godin, pour lui, c'était comme La Boétie pour Montaigne, l'ami indéfectible, le compagnon du Plateau-Mont-Royal et de la rue Saint-Denis, entre Les Gâteries et le Théâtre d'aujourd'hui de Jean-Claude Germain : « Bon Dieu, Gerry, dans quel café te caches-tu[11] ? » Le plus triste, c'est de s'être trouvé au Brésil au moment de sa mort : une voix en son for intérieur continue de lui chuchoter qu'il aurait dû rentrer à Montréal sur-le-champ quand il a appris la mort de son ami, alors il préfère raconter au public qu'il ne l'a su qu'à son retour. Peu importe les circonstances, avoir été « absent » à quoi que ce soit ne cessera jamais d'être pour lui une faute ; sauf qu'à force de vouloir être présent à tout et à chacun il en vient à manquer à la femme qu'il aime…

À vrai dire, ce sont surtout les autres qui s'absentent, en 1995, sans que personne n'y puisse rien. Il s'est toujours reconnu en Rutebeuf et il pourrait maintenant répéter : « Que sont mes amis devenus ? » Cet hommage à Godin, et l'autre qu'il écrit, péniblement, à la mémoire de Georges-André Vachon pour la revue *Études françaises*, c'est déjà assez lourd, et pourtant de nouveaux deuils se succèdent à un rythme inquiétant : il y a eu Frénaud et plus récemment ce cher Paul Zumthor, au tout début de l'année, dont il prépare maintenant avec Jean Royer un recueil posthume. Mais cela ne s'arrête plus à mesure que l'année avance : la nouvelle de la mort de Jacques Berque vient assombrir le début de l'été, tandis qu'il apprend que Gilbert Langevin est tombé dans un coma sans rémission. Celui qui s'appelait aussi « Gilchrist Langenoir », alias « Zéro Legel », va mourir à son tour quelques jours avant le référendum, puis, coup sur coup en décembre, Andrée Maillet à qui le jeune poète Miron s'est présenté jadis en « homme fini », et Jean Éthier-Blais, le grand critique du *Devoir*, frappé comme par la foudre au milieu d'une conversation, sur un trottoir non loin de l'Université McGill. « Vienne, vienne le temps des vivants », chantait Pauline Julien dans les mots de Langevin : devant une telle hécatombe, la prophétie paraît décidément aussi nécessaire que fragile.

Miron, pourtant, ne ralentit pas. Il a des camarades plus jeunes aussi, qui lui permettent de conserver vive l'espérance et de penser que, quoi qu'il advienne, il léguera un héritage. Jean Royer, dont il n'approuve pas toujours les décisions, mène quand même toujours la barque à l'Hexagone, la collection « Typo » se porte bien et Pierre Graveline, avec qui il partage une même ferveur politique, prendra bientôt le gouvernail du groupe Ville-Marie, à la suite du départ de Jacques Lanctôt. Dans son quartier, Miron aime faire un bout de conversation avec Paul Bélanger, l'éditeur du Noroît, qui l'accompagne pour assister aux conférences de Glissant. On jauge les nouveaux poètes, on cause de littérature, du Québec qui joue son destin. Parfois, le propos dévie vers la beauté du monde, sans quoi tout serait invivable, et surtout vers celle des femmes… « Plus on vieillit, plus elles sont belles », soupire Miron à son ami plus jeune, avec un sourire songeur…

Il est vrai que la réalité est souvent terrible quand on regarde un peu ce qui se passe ailleurs. Au Café Sarajevo, il y a le lancement d'un ouvrage collectif dirigé par les amis Chamberland, Horic, France Théoret et Pierre Vallières : *La Bosnie nous regarde*[12]. Les fédéralistes européens et les socialistes nostalgiques voient d'un mauvais œil le désir de souveraineté des petites nations des Balkans, note Georges Leroux, et cela explique bien des inerties. Horic parle d'un génocide, Théoret décrit le viol à grande échelle des femmes musulmanes. Miron, absent de ce livre, rentre chez lui à pied en compagnie de Bélanger : comment ne pas souffrir avec ce petit État assiégé et ne pas s'indigner de l'impuissance des Nations unies et des louvoiements du Canada ? Éditer de la poésie, à l'Hexagone, au Noroît ou ailleurs, n'est-ce pas, bien modestement, un acte de foi en l'humanité, malgré tout ?

Depuis Pierre Vallières et ceux de *Parti pris*, Chamberland, Major, Piotte, il n'a cessé d'entretenir des liens avec des hommes qui ont dix, quinze, vingt ans de moins que lui : Royer, Dostie, Francœur, Beausoleil, la liste est longue. Le dernier en date, c'est Jean-François Nadeau qui habite dans le voisinage. Miron a entrepris de compléter l'éducation du jeune politologue et historien, il lui montre sa bibliothèque, lui indique des auteurs à lire, lui donne des livres, des dictionnaires. Le vendredi soir, quand Marie-Andrée ne peut venir de Québec, ils vont ensemble acheter *Le Monde*, avenue du Mont-Royal, et font le point sur l'actualité. Avec les plus jeunes, le mentor littéraire refait toujours surface et, en même temps, la question de sa propre postérité : « Si on retient trois ou quatre poèmes de moi dans cent ans, ce sera bien », lui confie Miron plus hanté que jamais par les milliers de poètes qui, au fil des âges, ont été célébrés de leur vivant pour sombrer rapidement dans l'oubli après leur mort. Il n'empêche que la vie littéraire se mène aussi dans un présent dont on ne doit rien rater : Miron traîne presque de force son jeune disciple dans des événements, un soir par exemple au consulat d'Israël où l'on accueille le poète et cinéaste Haïm Gouri : « Entre moi et la clarté se déplacent les brumes / comme une migration de peuple, signe de fin et de chaos[13] », a écrit l'Israélien dans des mots qui l'ont tout de suite révélé à Miron comme un autre de ces poètes frères tels qu'il en compte un peu partout sur la planète, lui dont la bibliothèque est remplie de recueils et d'anthologies de poètes étrangers. Lire Gouri, c'est très bien, mais profiter de son passage à Montréal pour aller le saluer, c'est essentiel, et Nadeau, même épuisé par sa journée de travail, n'a eu d'autre choix que d'accompagner à la réception son guide en poésie.

Le maître croit-il donc qu'il pourrait disparaître de la mémoire littéraire ? Ses contemporains, chose certaine, ne paraissent pas près de l'oublier. Au printemps, le recteur René Simard de l'Université de Montréal l'informe qu'un autre fleuron va s'ajouter à sa gloire : celui de docteur *honoris causa* dont le titre lui sera remis à la collation des grades du 26 mai 1995. Miron, docteur en lettres : on conçoit à peine toute la joie qu'en éprouve l'homme, si enclin à se décrire comme un autodidacte, voire comme un mal-instruit ! Mais l'émotion, comme il l'explique dans sa réponse au recteur Simard, vient aussi du fait qu'aucune institution n'aura autant été son « point d'ancrage[14] », un lieu essentiel d'amitiés, de collaborations et d'invitations multiples, tout au long de sa vie et de sa carrière d'écrivain, depuis son arrivée à Montréal en 1947. Sans surprise, c'est Gilles Marcotte qui a été mandaté pour présenter le nouveau docteur au cours de la cérémonie. L'époque depuis longtemps révolue des réticences du critique a fait place à une admiration sans réserve et à une affection mutuelle que la présence fréquente de Miron à l'université, ces dernières années, n'a pu que renforcer. « Gaston Miron n'est pas le simple barde populaire que la légende fait parfois de lui », déclare Marcotte devant l'assemblée des dignitaires et des diplômés :

> Ouverte à la simple lecture, à la récitation enchantée [...], cette poésie
> immédiatement émouvante est également une grande poésie savante,
> héritière non seulement de la saga québécoise mais aussi de la tradition
> poétique occidentale, de Rutebeuf à Hölderlin[15].

Voilà le poète de *L'Homme rapaillé* admis au panthéon des immortels.
Cela le rassure-t-il pour de bon ? À coup sûr, il rayonne avec son
diplôme, au bras de Marie-Andrée et de son accompagnateur, comme
tout au long de la réception offerte en soirée par le recteur. Rien ne
saurait amoindrir son bonheur, pas même les divergences politiques
qu'il a toujours connues avec Marcotte, l'un des rares écrivains
québécois à avoir pris publiquement position pour le « non » au
référendum de 1980. Au cours du repas, le diplômé se penche vers son
compagnon de table : « Tu sais, Gilles, il n'y a qu'une toute petite chose
qui nous sépare... » En cette année de nouvelle fièvre référendaire, la
chose est dite, fraternellement, avec un art consommé de la litote...

*   *   *

La littérature aura toujours été pour lui, par excellence, un terrain
d'entente, mais à Rome, dans les années 1980, il s'est découvert avec
ravissement un « frère » d'un autre ordre, le Caravage, et il a senti d'une
manière incomparable combien les œuvres d'art sont des réserves
puissantes d'immortalité. Les honneurs passent, les chefs-d'œuvre
demeurent, et peut-être surtout ceux des artistes dont le rapport à
la matière a toujours touché en lui une vieille mémoire artisanale,
celle de ses ancêtres Miron. Les mots sont si précaires, si incertains, si
fuyants : mais comme un grand nombre de poètes, il envie le poids de
réalité, la solidité concrète que possèdent un tableau, une gravure, un
objet d'art quelconque, tout comme l'objet-livre lui-même, auquel
toute sa vie d'éditeur a été consacrée. Sans doute ce sentiment a-t-il
nourri sa sympathie constante pour les artistes : Roland Giguère
bien sûr, mais aussi Robert Roussil, Robert Nadon, Robert Wolfe,
James Guitet, Claude Théberge, Louis-Pierre Bougie, qu'il a salués
pour la plupart dans des textes d'hommage[16]. Mais son amitié avec
René Derouin reste l'une des plus fortes et des plus durables depuis
l'époque du carré Saint-Louis et elle s'est enrichie par des visites
régulières à Val-David. Au printemps 1995, l'artiste annonce à Miron
sa décision d'organiser un symposium qu'il souhaiterait annuel et

dont l'objet central serait le territoire et le rapport aux lieux. Aux artistes québécois et étrangers invités à venir créer des œuvres, il tient à adjoindre aussi un poète : le nom de Miron s'est imposé à lui comme une évidence pour ce premier symposium qui se tiendra au cours de l'été.

« Les territoires rapaillés » : le thème est déjà en lui-même un hommage. Si « Miron occup[e] le territoire de la langue, explique Derouin dans une entrevue, lorsque je visualise un lieu, j'ai besoin du mot du poète pour faire correspondre l'imaginaire et le territoire[17] ». C'est une symbiose, dans une optique de continuité entre l'espace québécois et la géographie continentale. Le Mexique, la terre de prédilection du « migrant » Derouin, sera présent grâce à une conférence sur l'art des muralistes ; du côté du Québec, outre le géographe Serge Courville, le sculpteur Pierre Leblanc est convié, lequel est un praticien de la fusion du métal et de l'art monumental, tel son *Passage est-ouest, direction nord* du Centre hospitalier de Saint-Jérôme. L'ancrage dans le pays natal des Laurentides est évident et, en fait, ce premier symposium devient largement un « événement Miron ». Le samedi 19 août, le spectacle *La Marche à l'amour* est présenté en soirée à Val-David dans l'église Saint-Jean-Baptiste, remplie à craquer, et, le lendemain soir, *Les Outils du poète*, le film de Gladu, à la Maison du village. Le poète qui a chanté « les vieilles montagnes râpées du Nord » reçoit des mains du maire les « clés » symboliques de Val-David à titre de « citoyen d'honneur » de la municipalité. Ce n'est pas tout à fait Sainte-Agathe, mais c'est tout près, c'est l'espace élargi de son enfance et celui qu'habitait son père, qui y posait jadis des affiches annonçant sa petite entreprise — son père disparu depuis une éternité, semble-t-il, mais à qui Miron pense souvent cette année-là, puisqu'il aurait eu cent ans en 1995.

Ce que Derouin aime en Miron, c'est l'appropriation profonde, « tellurique », du territoire, mais c'est tout autant l'homme en mouvement, le corps animé et agité dans son inlassable gestuelle. En vue de l'exposition qui figure au programme, l'artiste a pris 200 photos de son ami qui captent celui-ci dans des postures variées : les bras levés au ciel comme s'il appelait au secours, le poing brandi au nom de l'espérance à maintenir, debout ou gesticulant assis sur un tabouret. Ces photos gravées en silhouettes sur une grande murale, *Les Territoires obscurs*, c'est l'homme en action, en constante métamorphose dans l'espace, le contraire d'un monument, d'une statue. Quant à Leblanc, il a choisi de couler sur place, à l'aide de sa « fonderie portative », des plaques d'aluminium avec des reliefs de Derouin et des vers gravés de Miron, au cours d'une journée « performance » au début de septembre réunissant les trois hommes devant des curieux fascinés[18]. Marie-Andrée et Jean Royer sont là mais aussi des inconnus, qui ont lu Miron ou qui le connaissent de réputation. Le poète met allègrement la main à la pâte, très à l'aise dans cette fête du feu et de la matière sur la place publique, loin du froid supplice de l'écriture.

Honoré, gravé dans le métal, immortalisé dans ses gestes et ses postures, il sait qu'il habite désormais le « non-poème », mais dans un sens plus radical encore que celui qu'il donnait à ce terme à l'époque de *Parti pris*. Cela rend d'autant plus curieux, et sans doute d'une ironie involontaire, le fait que Pierre Leblanc a décidé de produire, à l'occasion de l'événement, un coffret d'artiste : *Sur les traces du non-poème et de Gaston Miron*. C'est un petit meuble à tiroirs contenant des documents d'archives, des photos et d'autres menus objets. L'artiste a visité l'appartement du boulevard Saint-Joseph et il en a rapporté des frottis de clés et de vitraux. Ce Miron intime, habitant son foyer, est indissociable d'une longue mémoire : dans l'un des tiroirs, sous la grosse inscription de son année de naissance, 1928, apparaît la photo de son père, sa carte professionnelle et un dessin illustrant les rabots, les ciseaux et autres outils du menuisier. Dans le film d'André Gladu, Miron racontait qu'il avait pleuré quand sa mère avait dû vendre l'atelier et les outils de Charles-Auguste, en 1940.

Le « non-poème » a-t-il, tout compte fait, un lien secret avec cette dépossession initiale ? Pourquoi surtout, au bout du voyage, le poète Miron se retrouve-t-il à ce point dépourvu de poésie ? Il aurait souhaité, dit-il, « offrir une poignée de poèmes » à Gilles Marcotte, « l'indispensable compagnon de route[19] », qui quitte maintenant son poste à l'Université de Montréal. Mais le petit paragraphe qu'il parvient de peine et de misère à écrire pour le livre d'hommages offert au professeur-écrivain par ses collègues et amis n'exprime que le « chagrin » de celui qui n'a plus écrit de poème « depuis 1986 » et qui ne parvient pas à oublier le mot dubitatif de Jacques Ferron à son endroit : « Je me demande, Gaston, si tu es un vrai poète… comme Paul-Marie Lapointe. » Ce mot, quelle blessure intime, inguérissable depuis des décennies… Maintenant, avoue-t-il, il se sent plutôt comme la petite Jehanne de France du *Transsibérien* de Blaise Cendrars, qui demandait si le train allait bientôt arriver à Montmartre : « Dis, Gilles, il se fait tard, suis-je bien loin de la poésie ? » Mais comment savoir ? La seule réponse, c'est son court poème qui le hante depuis dix ans et qu'il ajoute en appendice à cette brève confidence en prose — c'est sa « stèle », son épitaphe : « ci-gît [...] ne gît pas [...] Archaïque Miron... ».

*   *   *

Pourtant, même si le train n'entre plus en gare de poésie, il y a un autre voyage heureux avec Marie-Andrée, dans la chaleur de juillet, en Bretagne et à Paris. Sans doute est-ce triste de ne plus y retrouver Jacques Berque, décédé en juin, mais voilà une destination qui a l'avantage de ne jamais se dérober : la France et d'abord Paris, le Luxembourg, le Café Rostand, les compagnons de toujours, Noguez, Oster, Deguy, Rita Gombrowicz — et puis une gare facile à trouver, celle de Montparnasse d'où ils prennent le train pour Rennes. La poésie se cache, on ne s'en doutait pas, dans quelque lieu secret de la Bretagne. À Jean Royer et Micheline Lafrance, Miron a écrit cette carte postale : « La parole, l'écriture ? Elles sont dans les personnages du magnifique calvaire de Plougastel-Daoulas[20]. » La sculpture, vraiment, parle mieux que les mots, et pour plus longtemps.

Il a fallu rentrer au Québec pour le symposium Derouin et pour la préparation de la rentrée littéraire, mais c'est le rendez-vous politique de l'automne qui mobilise surtout les ardeurs. Miron s'active avec Bruno Roy en vue de la participation de l'UNEQ au grand rassemblement des partenaires pour la souveraineté, à Québec, où il fait lecture d'un « Appel au peuple québécois » à la fin août. Quelques jours plus tard, le 6 septembre, il regarde à la télévision la « Déclaration de souveraineté » lue solennellement au Grand théâtre de Québec :

> Voici venu le temps de la moisson dans les champs de l'histoire. Il est enfin venu le temps de récolter ce que semaient pour nous quatre cents ans de femmes et d'hommes et de courage, enracinés au sol et dedans retournés[21].

Cette ouverture, portée par la voix vibrante de la romancière et dramaturge Marie Laberge, fait sourciller même des souverainistes, avec sa rhétorique ampoulée et datée. Pourtant, écrite conjointement par Laberge, Gilles Vigneault, Fernand Dumont et le journaliste Jean-

François Lisée, la « Déclaration » veut fonder la souveraineté sur une logique et une légitimité historiques tout en affirmant la créativité du Québec moderne et son ouverture sur le monde. Ni les peuples autochtones, ni la minorité anglophone ne sont oubliés : ce pays souverain sera la patrie de tous ceux qui veulent en être les citoyens. Mais puisque « l'État canadien a transgressé le pacte fédératif », et cela, à maintes reprises, il ne reste qu'à le proclamer symboliquement, dans des termes qui auront bientôt, espère-t-on, un caractère officiel : « Nous, peuple du Québec, par la voix de notre Assemblée nationale, proclamons ce qui suit : Le Québec est un pays souverain. »

On y croit, même si les sondages demeurent incertains. Après des années sombres confinant au désabusement, qui sait si le « rapatriement » annoncé par *L'Homme rapaillé* n'était pas contre toute attente prophétique ? Miron, une fois encore, se dépense sans compter. Il va appuyer Robert Perrault, qui a succédé à Gérald Godin comme député de Mercier, pour le lancement de la campagne du « Oui ». Il n'écrit plus guère, mais il motive, il encourage, il aiguillonne, présent à de nombreux ralliements et aux réunions privées du « Cercle Gérald Godin », avec Guy Bouthillier, Denis Monière et les autres. On le voit surgir tambour battant dans les lancements d'ouvrages souverainistes : *Je me souverains* de Robert Baillie, un auteur de l'Hexagone, *Trente Noms pour un oui* que publient chez Stanké un groupe d'écrivains, *Le Québec à la minute de vérité* du vénérable historien Michel Brunet. Il se trouve par ailleurs réquisitionné dans les collèges, où il a toujours connu du succès : il se rend au cégep Lévis-Lauzon et au collège Laflèche de Trois-Rivières à la fin septembre, aux cégeps de Rosemont et de Saint-Jérôme en octobre.

On aurait tort, cela dit, de croire qu'il n'en a plus que pour la campagne référendaire. Comment pourrait-il négliger les lancements des poètes, ceux des Écrits des Forges et du Noroît ; la remise du Prix de la revue *Études françaises* et de la francophonie à son ami Glissant, pour le livre réunissant les conférences présentées plus tôt dans l'année ; le colloque de l'Académie des lettres qui décerne sa médaille à Roland Giguère ? Et puis, il a ses propres responsabilités d'éditeur chez Typo : il en est à préparer la réédition d'*Aaron*, le roman d'Yves Thériault qui raconte la révolte d'un jeune juif contre son grand-père orthodoxe. Il ne néglige aucun détail et va même faire des recherches au Congrès juif canadien, avenue du Docteur-Penfield, pour trouver une illustration qui ornera la couverture. Il est fatigué, c'est certain, mais il ne saurait ignorer davantage ses amis français, Noguez et Deguy, qui débarquent tour à tour en ce début d'automne. Miron s'occupe avec l'UNEQ de la réception offerte à Deguy, venu à Montréal à titre de conférencier.

Les derniers jours de la campagne sont survoltés. Tandis que les forces fédéralistes tiennent un grand ralliement à Montréal, place du Canada, le vendredi 27 octobre, où convergent de nombreux Canadiens des autres provinces venus signifier leur « amour » du Québec, Miron assiste aux dernières assemblées du « Oui » : à Verdun, le 25 et à l'UQAM, le soir du 27, en compagnie de Claude Beausoleil, Jean-Claude Germain et Bruno Roy. Il y a de la fête dans l'air, des clowns et des acrobates, de la musique et de la danse.

La veille du jour fatidique, Jacques Parizeau réunit 6 000 personnes au Palladium de Longueuil. Le 30 octobre, Miron va voter dans son comté de Mercier à onze heures du matin et il se rend le soir chez Guy Bouthillier, où se trouvent déjà Pierre de Bellefeuille, Maurice Champagne et Denis Monière, réunis pour suivre les résultats à la télévision. L'excitation règne, car le Oui paraît gagnant et le groupe d'amis décide de se rendre au Palais des Congrès, où les partisans de la souveraineté ont été convoqués pour une soirée que l'on espère triomphale. Mais l'excitation fait lentement place à l'inquiétude, à mesure que tombent, avec une lenteur exaspérante, les résultats du vote pour la région montréalaise, la validité de chaque bulletin y étant scrutée à la loupe. Irrésistiblement, l'avance du « oui » commence à s'effriter et, tard en soirée, le verdict tombe : le Non l'emporte par 50,6 % du vote contre 49,4 % pour le Oui. Amer et probablement un peu ivre, le premier ministre Parizeau concède la défaite en laissant tomber une phrase qui va soulever une tempête : « Oui, c'est vrai, nous avons été battus, mais par quoi ? Par l'argent et des votes ethniques… » Certes, personne ne peut nier que le gouvernement fédéral de Jean Chrétien a mis tout son poids financier dans la balance et que, par ailleurs, les anglophones et les allophones ont très majoritairement voté pour le Non[22]. Il reste que l'occasion paraît mauvaise pour tenir un discours de division qui rétablit le vieux clivage entre « nous » et « les autres » et qu'en outre les Québécois francophones ont opté en majorité pour la souveraineté, mais pas massivement, notamment dans la région de Québec. Dans les jours qui suivent, critiqué même au sein du Parti québécois, Parizeau remet sa démission comme premier ministre et député. Lucien Bouchard, dont le prestige s'est accru durant cette campagne malheureuse, va lui succéder en janvier.

Il est difficile de mesurer exactement l'impact d'une telle défaite crève-cœur sur Miron. Extérieurement, comme en 1980, il est du genre à rester debout et à se replonger dans ses affaires tout en lançant quelques sarcasmes. Certes, si ce qu'il a pensé et exposé en long et en large depuis quarante ans est vrai, il y aura forcément tôt ou tard un autre rendez-vous avec l'indépendance, mais quand au juste ? N'y a-t-il pas en lui une cassure, une dévastation secrète ? Il est révélateur que, n'ayant plus écrit de poèmes depuis des années, il puisse écrire, sans doute dans les semaines qui suivent, l'ébauche d'une « chanson », retrouvée dans ses papiers par Marie-Andrée longtemps après sa mort :

> Adieu faucille adieu marteau
> un siècle s'en va, un autre arrive
> adieu signifiant, adieu signifié
> nous aimons notre aliénation
>
> Adieu pays, adieu patrimoine
> l'indépendance fout le camp
> nous autres avecque
> adieu liberté, adieu dignité
> nous aimons notre aliénation
>
> adieu pays adieu avenir
> l'indépendance...
> adieu liberté, adieu dignité
> nous aimons notre ghettoïsation[23]

Le premier vers est le plus étonnant, qui semble situer l'échec de l'indépendance dans le prolongement de l'effondrement du communisme. Serait-ce donc la « fin des grands récits » dont parlent les philosophes postmodernes, le crépuscule d'une certaine vision orientée de l'Histoire, d'un certain idéal d'égalité et de justice pour les individus et pour les peuples ? Et du même coup, pour l'homme du

temps historique, le poète de « l'avenir engagé », l'heure des adieux au
XXᵉ siècle ? Quoi qu'il en soit, l'amertume et la dérision sont totales ;
mais ce n'est pas une chanson à chanter sur la place publique…

*   *   *

Selon toute apparence pourtant, la vie continue. Avant de
participer au Salon du livre de Montréal, il est très occupé par les
Haïtiens en cette fin d'année : la visite du poète et romancier René
Depestre à Montréal, la première du nouveau film de Jean-Daniel
Lafond sur l'écrivain en exil, *Haïti dans tous mes rêves*, le lancement
d'un numéro de *La Tribune juive* sur les femmes haïtiennes. Il reçoit
ses amis indépendantistes, cause avec Pierre Falardeau, dont le film
Octobre est salué par la critique et couronné aux Rendez-vous du
cinéma québécois : mais elle semble bien lointaine à présent, l'époque
des combattants du FLQ…

Il assiste à la messe de Noël avec Marie-Andrée à l'église Saint-
Jean-Baptiste, rue Rachel : avec ses vieux rites, ses chants qui remontent à l'enfance, ses anges et ses bergers, cette fête de la naissance
l'émeut toujours autant, comme les grandes réunions de famille qui
l'accompagnent. Au jour de l'An, il revoit ses quatre sœurs et leur
famille à Saint-Jérôme, et aussi son demi-frère, Robert, qui a fait
carrière dans les forces policières. C'est l'année de ses soixante-huit
ans : deux jours avant son anniversaire, il peut voir le montage enfin
complété de *La Marche à l'amour* chez Serge Gagné à Saint-Henri.
Le 8 janvier, le téléphone ne cesse pas de sonner et le soir, avec
Emmanuelle et Jean-François, le fils de Marie-Andrée, on fait la fête
au restaurant Bill Wong : Horic et France Théoret, Royer et Micheline
Lafrance lèvent leur verre à sa santé. Dans son agenda, en date de ce
même lundi 8 janvier 1996, il ajoute une note : « François Mitterrand
est mort. »

Tout au long de l'hiver et jusqu'à la fin de l'été, il va profiter d'un
nouvel emploi, un contrat que ses amis politiques, le sentant en
manque de revenus, lui ont obtenu à la Bibliothèque nationale, où il a
pour tâche de vérifier le fonds de poésie québécoise depuis les origines
et d'y repérer les titres manquants : c'est sa dernière contribution à la
nation et à sa littérature. Si le « patrimoine » est en déroute, comme le
dit la chanson secrète qu'il a composée, ce ne sera pas sa faute…

Au début du printemps, un ouvrage collectif, *Pour saluer Robert Marteau,* est publié à Paris sous la direction de Richard Millet, qui a réuni de nombreux collaborateurs français, québécois et étrangers, dont Jacques Brault, Fernand Ouellette et Frédéric-Jacques Temple. Millet a attendu en vain le texte promis par Miron et, en désespoir de cause, il a envoyé son amoureuse québécoise, Jacqueline Royer, psychiatre et elle-même poète, recueillir son témoignage qui paraissait essentiel. Dans un roman autobiographique paru seulement en 2001, *La Voix d'alto,* Millet évoque la rencontre de la jeune femme (devenue « Nicole » dans le roman) avec « le vieil orignal fatigué » qui lui déclare, sur le trottoir en face du Café Cherrier, qu'elle a « une beauté singulière » et lui récite, sans qu'on sache si c'est fiction ou réalité, des passages de *La Marche à l'amour*[24]… À tout le moins, Miron a pu lui raconter sa rencontre en 1959 avec Marteau et le groupe de la revue *Esprit,* grâce à Henri Pichette, et lui tracer le portrait d'un poète discret, tout intérieur et d'une « haute exigence ». Son vieil ami, qui vient de fêter ses soixante-dix ans, a su lier « tradition et invention » et il a beaucoup aimé le Québec, même s'il en est reparti « déçu par l'échec du référendum [de 1980][25] » et par la situation culturelle ambiante qui le privait d'un emploi stable. Au bout du compte, par-delà son attachement profond à l'homme de la Charente et du Poitou, c'est cette image de Marteau qui lui reste : celle d'un homme à qui le Québec n'a pas rendu l'amour noble et généreux qu'il lui vouait.

À la fin avril, Miron et Marie-Andrée s'envolent pour New York, où a lieu un colloque consacré à Édouard Glissant à la City University : Miron y participe à une table ronde avec son ami martiniquais et la poète égypto-libanaise Andrée Chedid — ce qui laisse quand même du temps pour un tour de ville, la visite de l'Empire State, du World Trade Center et un retour émouvant au musée Guggenheim, où il a connu jadis un beau succès en compagnie de Marteau et de Jacques Brault. Le printemps est radieux, la saison culturelle et littéraire s'achève à Montréal, mais sitôt les valises défaites, le couple se prépare à partir de nouveau pour sa destination devenue rituelle : Paris, où il fait un temps froid et maussade en ce milieu de mai, mais où Glissant vient d'arriver. Il y a une nouveauté : la Librairie du Québec, rue Gay-Lussac, non loin du Luxembourg. Contre l'amertume des derniers mois, voici enfin quelque chose qui a bien marché, une solution durable venue remédier à la perpétuelle invisibilité du livre québécois en France. Invité à y faire une présentation, l'auteur de *L'Homme rapaillé* attire un fort public. Son ami Dominique Noguez, venu l'entendre, reconnaît le Miron de toujours, éloquent, « intarissable », donnant « des raisons d'espérer malgré tout [...], mêlant les apartés malicieux aux envolées lyriques[26] ».

Les apparences sont trompeuses : en réalité, cette prestation énergique dissimule un épuisement qui laisse Marie-Andrée inquiète et songeuse à chaque retour à l'hôtel : s'agit-il d'un passage dépressif, voire d'une certaine lassitude à son endroit, après plusieurs années d'amour partagé ? Malgré tout, le couple se promène sur les bords de la Seine et dans le Quartier latin, visite l'exposition Corot au Grand Palais, va au cinéma voir le film *Ridicule*. Une fois de plus, on fait la tournée des amis : les Guillevic, Oster, Temple, Deguy, et l'on revoit Marteau et Millet, en se félicitant du beau livre sur Marteau qui vient de paraître chez Champ Vallon et qui corrige un silence critique inadmissible à l'égard d'un poète qui a peut-être eu le tort, au dire de Millet dans son « liminaire », d'aller à l'encontre d'un « siècle qui continue de donner dans les "fausses fois" et les idéologies du pire[27] ».

Miron et Marie-Andrée rentrent à Montréal le 30 mai, juste à temps pour pouvoir regarder à la télévision, trois jours plus tard, le *Bouillon de culture* que Bernard Pivot est venu enregistrer au Québec, avec Lise Bissonnette, Pierre Falardeau, Neil Bissoondath, Joan Fraser, René-Daniel Dubois et Jacques Godbout, mais en l'absence navrante de son Québécois préféré. Durant une pause au milieu des échanges, Claude Gauthier chante ses « appartenances » dans *Le Plus Beau Voyage* :

> Je suis d'Amérique et de France
> Je suis de chômage et d'exil
> Je suis d'octobre et d'espérance
> Je suis une race en péril
>
> Je suis prévu pour l'an deux mille
> Je suis notre libération[28]

On dirait qu'il l'a écrite pour Miron et qu'en ce début d'été elle fait taire un instant l'amère chanson des « adieux ».

Miron est rentré de son voyage en France à bout de forces. Ce n'est pas d'hier, certes, qu'il éprouve de grandes fatigues après avoir tout donné de lui-même, mais une ou deux journées de repos suffisent en

général à le relancer. Cette fois, c'est une fatigue plus profonde, qui
ne le lâche guère. Si ce n'était sa volonté, sa dure « tête de caboche »,
il resterait couché. Pourtant, des tâches l'attendent à l'Hexagone
pour sa collection « Typo », dont il doit s'occuper avant les vacances
d'été, et il a ses recherches à poursuivre pour remplir son contrat à la
Bibliothèque nationale. Sur ces entrefaites, Pierre Oster débarque à
Montréal, pour son premier voyage en terre québécoise. Impossible
de ne pas l'accompagner à Québec, où il est invité à lire ses poèmes à
la Bibliothèque Gabrielle-Roy, d'autant plus qu'il y a une exposition
René Derouin à voir au Musée du Québec. Après avoir arpenté la
vieille ville tout un samedi, Miron et Oster partent avec Marie-Andrée
le lendemain, 9 juin, vers Charlevoix, ils passent saluer les Perrault
à Baie-Saint-Paul et décident de poursuivre le long de la côte. À
Saint-Joseph-de-la-Rive, par hasard, on croise Fernand Dumont et
sa femme. Dumont ne va pas très bien : un cancer dont il a été opéré
en 1992 connaît une récidive et il doit mener un nouveau combat.
Malgré la maladie, vaille que vaille, il a entrepris d'écrire un autre
livre, le récit de sa formation, de cette « émigration » qui l'a fait passer
du milieu pauvre et ouvrier de son enfance, à Montmorency, vers la
culture savante et le milieu universitaire[29]. La rétrospective de son
œuvre poétique, trop souvent occultée par son prestige de sociologue,
vient de paraître à l'Hexagone : *La Part de l'ombre*[30]. Lui et Miron ont
presque le même âge, solidaires dans le destin largement partagé d'une
génération qui s'est arrachée à un atavisme ancestral pour accéder à
l'élite intellectuelle et littéraire. Face à face tout à coup devant l'île aux
Coudres, ils ignorent qu'une autre solidarité, beaucoup plus tragique,
est sur le point de les frapper. On cause encore un peu et on promet de
se redonner des nouvelles d'ici l'automne.

Avec Oster, dans la tiédeur de ce jour d'été au bord du fleuve, on
pousse l'excursion encore plus loin et on traverse le fjord du Saguenay
jusqu'à Tadoussac. Dans ce lieu chargé d'histoire, le conteur du pays
et de ses légendes exulte et s'emballe : à son ami français, debout sur
les rochers, il brosse le tableau de ces voyageurs qui, par « hardiesse ou
folie », ont franchi l'océan pour venir s'établir sur cette terre nouvelle.
Fasciné, le poète français va en conserver quelques notes, les traits
ineffaçables d'un portrait posthume :

> Et voici qu'il déploie sur le mode lyrique le lien par lequel les siècles
> attachent les hommes. La terre ancestrale s'anime. Elle lui est intime et

douce. Un juste orgueil éclaire les traits du timide petit garçon de Sainte-Agathe, de l'adolescent en quête d'un espace propre, de l'écrivain et du militant toujours actif, toujours présent […][31].

C'est la trajectoire entière, en quelques mots… Mais si empanaché soit-il, « le solide lutteur de poésie » fait autant illusion qu'à Paris et chaque emportement, chaque envolée lyrique grève un peu plus ses forces. À son retour à Montréal, il griffonne dans son carnet : « Je me retire pour cette année[32]. » Miron qui prend sa retraite, même provisoire, ce serait toute une nouvelle, si seulement il la rendait publique.

Ce sera plutôt un été en dents de scie, entre regains d'énergie et rechutes. Il revoit son vieux compagnon Claude Dansereau, avec qui il a toujours gardé le contact depuis son départ de la rue Saint-Hubert, et l'on fête les vingt-sept ans d'Emmanuelle à Saint-Marc-sur-Richelieu. La vie se maintient contre le temps, contre la montre et tout ce qui s'ignore ou se devine peut-être au creux du ventre, à mesure que le corps malade impose sa loi. À son retour du deuxième Symposium Derouin à Val-David, où Claude Beausoleil est cette fois le poète invité, Miron subit de nouveaux examens à l'hôpital Notre-Dame. Le diagnostic demeure incertain, mais il y a de quoi s'inquiéter, et l'on commence à chuchoter le mot *cancer*.

Victor-Lévy Beaulieu l'a invité à Trois-Pistoles pour qu'il vienne à la fin août y lire ses poèmes, jouer de son harmonica et parler de poésie et de politique comme lui seul sait le faire. On a du mal à croire qu'il sera en état de faire, aller-retour, 500 kilomètres de route pour présenter une fois encore la « performance Miron ». Il y tient beaucoup pourtant, mais même s'il s'est laissé conduire par Marie-Andrée, il arrive là-bas très mal en point : Beaulieu, qui a tout de suite observé son souffle court et son teint gris, se demande sérieusement si l'événement prévu ce samedi soir dans son petit théâtre, Le Grenier d'Albertine, ne devra pas être annulé. Mais Gaston Miron se produisant dans le Bas-du-Fleuve, c'est un événement rare et le public serait bien déçu[33] ! Au cours de l'après-midi, dans la grande maison ancestrale de Beaulieu, fasciné par les bibliothèques qui occupent chaque pièce, l'homme qui a mis toute sa vie dans la littérature semble pourtant oublier — mais pour combien de temps encore — son épuisement. Sans doute le romancier des Beauchemin et des *Voyageries* a-t-il tort à ses yeux de conserver ses livres dans le plus joyeux désordre, car par

« respect » pour les livres, lui explique Miron, il faut les classer avec soin… Beaulieu, qui continue la tournée des pièces avec son visiteur, tire soudain d'un rayon son exemplaire dédicacé de la première édition de *L'Homme rapaillé*. Le sourire ému de Miron fait vite place à un air soucieux lorsqu'il entrouvre la vieille édition des PUM : cela n'a aucun bon sens que son ami Beaulieu lise ses poèmes dans leur état ancien ! Et voilà le poète qui sort en vitesse son stylo et, assis à une table, se met à raturer, à corriger de mémoire, comme il l'a fait toute sa vie, une page à tout le moins, un seul poème qui ne restera pas scandaleusement boiteux et empêtré. Mais ce travail, interrompu au bout de quelques minutes, l'a de nouveau vidé de ses forces, et il doit se reposer avant de se rendre au théâtre. Le soir, Le Grenier d'Albertine est rempli et il y a là aussi une vieille connaissance, Raôul Duguay, de passage dans la région pour y animer avec son ami romancier des ateliers de création. Dans les minutes qui précèdent l'entrée en scène, le doute envahit encore une fois Beaulieu tandis que Marie-Andrée s'effraie : une telle prestation devant un public, cela paraît trop pour un homme à ce point diminué et qui reste prostré sur sa chaise. Mais l'instant d'après, comme répondant à un appel urgent, Miron est debout, fonce sur la scène et entre « comme par magie en état de parlure », sans ménagement, pendant deux bonnes heures : « Jamais je ne l'avais vu aussi pétillant de malice, d'ironie et d'humour[34] », se souviendra Beaulieu. L'homme donne tout ce qu'il a et le public repart heureux. Le lendemain matin, en sortant de la maison pour se rendre à leur atelier d'écriture, Beaulieu et Duguay entendent un grand cri de joie venant du jardin : c'est Miron, déjà debout et qui, les mains toutes rouges, est en train de cueillir les dernières framboises de la saison : « Ça fait dix ans au moins que je ne suis pas allé aux fruitages, dit-il. C'est pourtant l'un des plus beaux souvenirs d'enfance que je garde[35]. » En cet été à bout de fertilité et de moissons dans le Bas-du-Fleuve, le grand livre de beauté se referme. Il ne reste plus qu'à faire le long chemin du retour vers Québec et Montréal.

* * *

À la Maison des écrivains, fin août, le milieu littéraire se presse pour saluer les quatre-vingts ans d'Anne Hébert, que l'on est heureux de retrouver encore une fois aussi alerte. Même Jacques Brault est venu, pourtant peu friand de réceptions et autres événements sociaux, mais en apercevant son ami Gaston, il comprend tout de suite que quelque chose ne va pas, ce que les jours suivants vont confirmer. Miron a pu assister à une projection de *La Marche à l'amour* au cinéma Loews et retourner à Val-David avec Jean Royer et Marie-Andrée pour le lancement de *Ressac*, un nouveau livre de René Derouin, mais le 1er septembre, de retour d'une promenade dans le Vieux-Montréal, il est pris d'un violent accès de fièvre et de vives douleurs à l'abdomen. En soirée, comme aucune amélioration ne se manifeste, Marie-Andrée le conduit à l'urgence de l'hôpital Notre-Dame : on va le libérer le lendemain matin après l'avoir soulagé, mais des examens plus poussés sont prévus dans les prochains jours. Le soir même, pourtant, il se rend chez Guy Bouthillier pour y discuter, en compagnie de Maurice Champagne et Pierre de Bellefeuille, d'un texte sur la langue qui paraîtra le 10 septembre dans *Le Devoir* : « Le retour à la loi 101 s'impose », affirment les quatre signataires, car cette charte de la langue française « est simplement l'expression de notre droit à la vie[36] ». C'est le tout dernier texte publié qui porte la signature de Gaston Miron.

Le jour même de cette parution, il apprend une très mauvaise nouvelle de la bouche du Dr Baillargeon : l'examen au scanner qu'il lui a fait subir révèle une masse importante au foie. Les résultats de la biopsie vont tomber comme un couperet une semaine plus tard : le 17 septembre, en fin d'après-midi, Miron apprend qu'il souffre d'un cancer dont le foyer demeure imprécis mais dont les métastases ont produit une tumeur maligne au foie, « de la taille d'un pamplemousse », précise le médecin. Marie-Andrée, informée du malheur, rentre en vitesse de Québec le soir même. Dès le lendemain, le patient est pris en charge par les oncologues : la chimiothérapie, bien tardive, constitue un ultime recours.

*   *   *

On voudrait que la vie continue comme si de rien n'était : c'est d'ailleurs ce que recommande le Dr Jean-Pierre Ayoub, le chef oncologue avec qui les rapports seront tendus et souvent irritants de bout en bout. Marie-Andrée reprend donc le chemin de Québec afin d'y donner ses cours à l'université pour la session d'automne, en écourtant un peu les semaines pour rentrer le plus souvent possible boulevard Saint-Joseph. De toute manière, Emmanuelle habite dans le quartier et Jean-François, toujours présent, se rapproche de l'homme pour qui il est demeuré « le fils de Marie-Andrée ». Pour la première fois peut-être, le jeune homme a l'impression d'être devant un père qui, devenu vulnérable, le reconnaît comme son propre fils. Avec lui, il cause de poésie et aussi d'un court récit de Borges, « Le témoin », qui paraît tout à coup d'un à-propos bouleversant : sans doute risquons-nous toujours d'être oubliés, mais n'est-il pas tout aussi dramatique de songer qu'en mourant, comme le note l'écrivain argentin, nous emportons avec nous une mémoire singulière qui sera à jamais perdue ? On est toujours le seul à avoir vu quelque chose, « tel cheval roux dans un terrain vague[37] », aperçu un jour entre deux villes, comme on peut être le dernier témoin d'un vieux rite, d'un événement, d'un mot ou même d'une langue. « Qu'est-ce qui mourra avec moi quand je mourrai ? » se demande Borges. Qu'est-ce qui mourra avec Gaston Miron, quel vol de corneille aperçu par lui seul un soir de juillet dans le ciel de l'Archambault, quel visage de femme en extase durant l'amour, quel vieux mot, comme *destine* ou *réguine*, que personne peut-être n'emploiera plus jamais ?

Dans le cercle des camarades, c'est la commotion depuis que l'on sait Miron gravement atteint. Les visites, les appels se multiplient, et les mots d'encouragement. Un de ses réconforts est de savoir qu'il n'est pas seul dans cette triste galère : tout l'automne, souvent plusieurs fois par semaine, il parle longuement au téléphone avec Fernand Dumont qui, là-bas à Québec, traverse la même épreuve. Chacun décrit à l'autre son état, ses derniers symptômes, et Dumont, qui a une plus longue expérience de cette maladie, lui donne des conseils. Dans des styles aux antipodes l'un de l'autre, les deux hommes ont été au premier rang pour exposer et soutenir une certaine vision de la société québécoise, de sa genèse, de sa culture en devenir ; les deux ont défendu un idéal de solidarité et de justice, ils ont plaidé pour des « raisons communes » contre l'individualisme et la perte de sens qui frappent les sociétés modernes. Une étrange fatalité fait d'eux à présent des frères « unis par un même malheur[38] », selon les mots qu'emploiera Dumont dans son livre posthume paru en 1997.

Est-ce durant ces mois où s'avancent le froid et l'obscurité que Miron jette sur le papier quelques notes en vue d'un hommage à l'artiste James Guitet, qui a illustré une édition des *Courtepointes* ? Il est possible que cette page ait été écrite un peu plus tôt, Miron ayant toujours répété qu'il s'écrivait « à l'avance ». Chose certaine, ce poème, qui se termine par un éloge de « ceux qui veillent dans l'arbre des rêves » et qui « parlent avec les grands ancêtres d'hier et de demain », devient, malgré son inachèvement et sa logique brisée, d'un à-propos troublant en cet automne 1996 :

Il y a longtemps que je suis mort derrière moi
je chemine avec l'ombre de moi devant moi
Il y a longtemps que je suis mort devant moi
ou encore je chemine avec l'ombre de moi devant moi
alors où suis-je ? où vais-je ?

alors où vis-je ? Il y a les amis, il y a
Guitet par exemple, les blancs et les noirs.
Car je ne sais plus où se trouve ma mort en ce peuple [...]³⁹

Le voilà peut-être tout près de la réponse — mais dans cette mystérieuse ignorance qui subsiste, devant cette ombre de lui-même, ne dirait-on pas qu'il retrouve du même coup Saint-Denys Garneau, par qui il a découvert la poésie moderne, et peut-être aussi le Borduas des derniers tableaux, d'où la couleur s'est estompée ? Lui qui rêvait de « poésie métaphysique », il y est à présent pour de bon, par nécessité : le sens de la vie, l'identité fantôme, la possibilité concrète de la mort…

Pourtant, il croit toujours pouvoir s'en sortir, d'autant plus que le chef oncologue ne cesse de tenir un discours optimiste suggérant que la chimiothérapie pourrait agir. D'autres médecins, dont Jean Beaudet, le frère de Marie-Andrée, jugeront que c'était là donner au malade de vaines espérances. Tant bien que mal, il s'efforce de sortir, il fait ses promenades dans le quartier et il se rend même jusqu'à une réception de l'Académie, puis, dans les premiers jours d'octobre, à la Bibliothèque nationale en espérant pouvoir y faire quelques heures de travail. Il parvient aussi à faire le voyage à Québec, à la mi-octobre, parce qu'il ne voudrait pour rien au monde y rater le Salon du livre ni l'occasion d'une visite à son ami Dumont. Chaque sortie lui coûte d'énormes efforts et quand il rentre pour se reposer, il aime s'allonger dans le noir en écoutant de la musique grégorienne. Il a demandé à Marie-Andrée de lui en acheter une cassette qu'il fait jouer inlassablement, étendu sur son lit sans bouger, lancinante musique sacrée où il trouve un certain apaisement et l'oubli de son mal.

Une grosse enveloppe leur arrive par la poste au milieu de l'automne : c'est le plus récent livre de Fernand Ouellette, *Je serai l'Amour*, une étude biographique consacrée à sainte Thérèse de Lisieux, qu'il leur a dédicacée. D'une main un peu tremblante, Miron lui écrit un mot daté du 31 octobre :

Très cher Fernand,

Merci grandement. Nous avons reçu avec joie ton livre sur Thérèse de Lisieux — pour laquelle j'avais une fascination particulière quand j'étais au noviciat des FSC à Granby. Tu trouveras également le programme d'un séminaire sur Kierkegaard, que l'on m'a fait parvenir [...]. Je sais que tu as été un passionné de Kierkegaard, pour en avoir si souvent parlé ensemble autrefois. Est-ce toujours le cas ?

Salut, Gaston[40].

Selon toute vraisemblance, c'est la dernière lettre qu'aura signée Gaston Miron. Typiquement, il préfère parler du passé et maintenir son rôle de « pollinisateur » plutôt que de dire un mot sur sa condition présente. Certes, il se sait très menacé et il craint la mort : un jour, durant une conversation avec Emmanuelle et Marie-Andrée où l'on soupèse les raisons d'espérer, il se trouve soudain pris de longs sanglots. Au-delà de tels moments de panique, comment envisage-t-il sa mort prochaine ? Il a toujours été d'une extraordinaire discrétion sur sa foi et même ses notes les plus tardives sont muettes à ce sujet. Il reste qu'il n'a jamais rompu explicitement avec ses origines catholiques, même à l'époque où il fréquentait le marxisme, pas plus qu'on ne l'a vu anticlérical. Il y a là une fidélité culturelle tout à fait conforme à son parcours, mais sans doute aussi une affection profonde pour la solennité des rites et pour une piété qui exprime l'humanité humble et vulnérable. Il n'a pas oublié les cérémonies et les oraisons de jadis : « Fais comme moi, confie-t-il un soir à Marie-Andrée qui partage son angoisse. Dis le *Notre Père*, c'est la plus belle prière, ça apaise. »

Claude Haeffely, le compagnon de toujours, vient faire une visite : ce sont d'autres souvenirs et, du même coup, l'image nécessaire et bien-aimée de Roland Giguère, qu'on ne voit plus beaucoup, que l'on sait dépressif et qui, terré chez lui, ne répond plus guère aux messages laissés sur son répondeur. Miron aimerait beaucoup le revoir. Cette fois, Giguère comprend que le message de Haeffely est urgent et, quelques jours plus tard, les trois amis se trouvent réunis dans l'appartement du boulevard Saint-Joseph. Parcouru depuis 1953, leur chemin partagé dans l'invention et la poésie se termine ici : au milieu du salon, avant de se quitter, le trio s'embrasse longuement, dans un silence chargé des pires augures.

À la mi-novembre, Miron trouve encore la force d'aller saluer une dernière fois ses amis du milieu littéraire au Salon du livre de Montréal. Amaigri, coiffé d'une tuque pour masquer la perte de ses cheveux, il parcourt péniblement les allées parmi la foule, s'arrête chez tous ses amis éditeurs, salue au passage René Derouin en train de signer son nouveau livre et cachant autant qu'il le peut son effarement à la vue de son ami poète. D'un stand à l'autre, il y a là tous ces écrivains qui, venus après Gaston Miron, ont donné un sens à son projet de créer une littérature québécoise vivante. Quoi qu'il advienne de lui-même et de ce « peuple » qui a jusqu'à la fin choisi « de ne pas naître », il doit savoir que cela va demeurer.

*   *   *

De cet automne-là, deux images successives de lui me restent en mémoire. J'ignorais qu'il était malade avant le 9 octobre. Ce soir-là, un groupe important de poètes et d'amis sont réunis dans un salon funéraire de la rue Rachel à la suite de la mort de Gilles Hénault survenue quelques jours plus tôt. Ceux de la « génération de l'Hexagone » sont présents : même Giguère est venu, aux côtés de Haeffely, Paul-Marie Lapointe, Yves Préfontaine, Claude Fournier. Ce qui étonne, tandis que tous sont debout en grande conversation, c'est d'apercevoir Miron assis dans un fauteuil, l'air fatigué. On pourrait croire que ce sont ses hanches qui le font de nouveau souffrir ou qu'il vient d'éprouver un malaise, mais au moment de partir, après la lecture de témoignages et de poèmes, Marie-Andrée me prend à part près du vestiaire : Gaston, m'apprend-elle, souffre d'un cancer et il vient d'entreprendre des traitements de chimiothérapie.

Pendant plusieurs semaines, je n'ai plus de nouvelles et, un peu négligent, absorbé par mes cours à l'université, je ne me décide à l'appeler que vers la fin novembre. L'homme qui me répond n'est pas Gaston Miron, du moins ce n'est pas sa voix, mais celle d'un vieillard très affaibli. Bouleversé, à court de paroles, j'exprime tout de même le souhait de lui faire une courte visite. Par un vendredi après-midi gris et glacial, je sonne au 1016, boulevard Saint-Joseph : c'est lui-même qui vient m'ouvrir, amaigri, blafard. Est-il donc seul ? Mais lorsqu'il m'invite à passer au salon, j'y découvre avec stupeur une Pauline Julien tout aussi diminuée : la femme fougueuse que j'ai vue sur scène chanter *Le Temps des vivants* et tant d'autres chansons, l'interprète qui se livrait corps et âme, avec sa voix rauque et ses bras agités, ne ressemble plus qu'à un pauvre oiseau blessé, muet, recroquevillé dans un coin du sofa comme pour y faire son dernier nid. Bientôt pourtant, elle se lève et, après avoir embrassé Gaston, elle repart sans un mot. Je me préparais à faire de même, mais à ma grande surprise, Miron semble ragaillardi, il se met à causer de la vie littéraire, du dernier numéro de la revue *Spirale* consacré aux intellectuels québécois, des débats sur l'identité québécoise, de la littérature des « écrivains migrants » à laquelle il sait que je m'intéresse. Ce diable d'homme miné par la maladie reste donc encore si informé ? Je le sens préoccupé par l'avenir du Québec et de sa littérature, inquiet d'une violence possible, d'un « effet serbe », qu'il signale en évoquant le mouvement « partitionniste » qui se manifeste dans la minorité anglophone du West Island depuis le référendum de 1995. Je trouve étrange qu'il mentionne une telle violence : il paraît si fragile tout à coup, si démuni devant l'avenir. Puis, il me parle de ses fréquents échanges téléphoniques avec Fernand Dumont, qui lui font du bien : ce qu'il ne parvient pourtant pas à comprendre, c'est que son ami malade soit encore en train d'écrire un livre ! Lui, il n'a plus la force d'écrire quoi que ce soit…

Notre conversation a été beaucoup trop longue, mais avant mon départ, il tient à me montrer quelque chose, au sous-sol : son gros classeur en métal gris dont il ouvre un tiroir pour m'indiquer les dossiers qui y sont rangés. Il y a là des programmes d'événements politiques et culturels, des photocopies et surtout d'innombrables coupures de presse. Comme ses livres, tout est soigneusement classé : des dossiers sur des écrivains, sur des thèmes littéraires, des questions linguistiques et aussi sur la nature, les fleurs, les oiseaux et divers autres sujets. Il ne me demande rien, il me montre simplement cette récolte de quelques décennies avec une évidente fierté, puis, ayant refermé le tiroir, avec une lassitude soudaine, il pointe le doigt vers le coin de la petite pièce où s'empilent des journaux : « Ceux-là, me dit-il, je n'ai pas eu le temps de les faire »…

Au rez-de-chaussée, Marie-Andrée vient d'arriver de Québec. Le malade, cette fois, est épuisé. Il ne me reste qu'à les saluer avant de repartir dans le soir qui tombe. Je ne reverrai plus Gaston Miron.

*   *   *

Dans un calepin à l'enseigne du groupe Ville-Marie Littérature, il griffonne un ultime commentaire laconique, en homme qui vient de découvrir une autre dimension du temps et de son propre corps : « Je sens l'avenir dans ma chair / il n'y a pas de belle mort ». Peut-être sent-il, dans cette imminence tragique, qu'il pourrait retrouver le nom du poète en lui-même ? Mais à présent, le mal progresse à un rythme fulgurant. Le matin du lundi suivant, 2 décembre, Pierre Vadeboncœur passe le prendre pour le conduire avec Marie-Andrée à l'hôpital Notre-Dame, où il doit subir de nouveaux traitements : le jugeant trop affaibli, on décide de le garder et de lui donner une chambre.

Il faut admettre la réalité : les traitements de dernière ligne ont échoué et il ne reste bientôt que les soins palliatifs. « Je croyais m'en tirer », soupire-t-il au médecin venu lui annoncer son transfert. Durant les deux semaines qui suivent, les amis défilent pour lui faire leurs adieux, tandis que Marie-Andrée, Emmanuelle et parfois ses sœurs le veillent tour à tour. « Nous aurions pu faire d'autres voyages », confie-t-il à sa fille unique, en songeant sans doute à Paris, à Rome et à tous ces paysages de la vieille Europe qu'ils ont sillonnés ensemble, dans l'harmonie comme dans la discorde. Avec ses sœurs, les souvenirs d'enfance ressurgissent. On se rappelle le désir qu'avait Charles-Auguste de le voir un jour capable de bien lire les plans de construction : « Penses-tu que papa aurait regretté que je n'aie pas étudié à l'École polytechnique ? » demande-t-il à Denise, comme si sa vocation de poète faisait encore, contre toute évidence, l'objet d'un doute…

Le fidèle Claude Dansereau a cru bon de lui apporter un transistor, pour qu'il puisse se distraire. Mais à peine son vieil ami est-il reparti que Miron demande à Marie-Andrée d'enlever la radio de sa chambre : écouter les nouvelles, de la musique, même du chant grégorien, c'est fini, il ne souhaite plus que le silence. Quelques jours plus tard, il sombre dans le coma.

En présence de Marie-Andrée, d'Emmanuelle et d'André Gladu venu ce matin-là avec sa compagne lui rendre une dernière visite,

Gaston Miron s'éteint à onze heures trente, le samedi 14 décembre 1996, moins d'un mois avant que l'on ne fête ses soixante-neuf ans.

*   *   *

Pendant qu'Emmanuelle passe un long moment seule dans la chambre à pleurer sur le corps de son père, la nouvelle se répand comme une traînée de poudre et on l'annonce déjà en début d'après-midi à la première chaîne de Radio-Canada. Plusieurs amis sont tout de suite arrivés : Graveline, Royer, Horic et France Théoret, mais aussi des inconnus qui, émus par la nouvelle, lecteurs de *L'Homme rapaillé* ou admirateurs du militant, surgissent dans le corridor en espérant peut-être rendre hommage au « poète national », à moins qu'ils ne soient mus par une curiosité malsaine. Il y a un danger que cela tourne au cirque et Marie-Andrée doit descendre à l'accueil pour exiger que l'on retire sur-le-champ le nom de Miron de la liste des patients avec son numéro de chambre. Entre-temps, un prêtre est passé faire une prière et les sœurs de Gaston sont arrivées.

La stature du poète et du personnage public n'impose-t-elle pas des rites funéraires d'une certaine ampleur ? La question se pose forcément, bien que les volontés exprimées par Miron dans son testament de 1993 soient à cet égard sans équivoque :

> Je veux être enterré à Sainte-Agathe-des-Monts, ma ville natale, dans mon terrain-lot 259, section F, là où sont mon grand-père, mon père et une petite sœur. Sous aucun prétexte, je ne veux être exposé en chapelle ardente ou autrement. Qu'on procède le plus rapidement possible à une modeste cérémonie (je veux être enterré dans le rite catholique, celui de mes pères et de ma culture) à Sainte-Agathe[41].

Marie-Andrée et Emmanuelle sont d'ores et déjà déterminées à ne pas aller à l'encontre d'un tel désir, mais il est clair que chez les amis, Graveline et Royer au premier chef, l'idée de demander au gouvernement des funérailles nationales s'est imposée dès les premiers instants. D'emblée, il paraît bien difficile de concilier les deux visions. Sans intervenir en aucune manière elles-mêmes, les deux femmes consentent malgré tout à ce que les amis éditeurs explorent cette dernière avenue, en se réservant le droit d'intervenir plus tard.

Les vingt-quatre heures qui suivent donnent lieu à un véritable déferlement devant lequel le gouvernement québécois ne pourra que s'incliner. Aussitôt rentrés aux bureaux de Ville-Marie Littérature, Graveline et Royer s'occupent de mettre la machine en marche — et en grande vitesse. Royer contacte les médias, rédige des communiqués, appelle des amis. Graveline, qui a beaucoup de relations au Parti québécois, devine que la partie n'est pas gagnée d'avance : aucun écrivain québécois n'a jamais eu droit à des funérailles nationales et c'est un honneur très rare dans la plupart des pays. Il faudra agir au niveau même du premier ministre Bouchard, dont on ignore la position, même si on le sait sympathique à Miron. On rejoint Nicole Boudreau, Andrée Ferretti et quelques autres figures influentes : on peut compter sur l'appui de la ministre de la Culture et des Communications, Louise Beaudoin, qui pourra intervenir auprès de ses collègues ; mais l'idée est aussi de multiplier les requêtes au cabinet même du premier ministre.

Tout au long du samedi après-midi et du dimanche, les appels à Québec fusent de toutes parts. La décision de céder à ces pressions se heurte pourtant à des réticences au cabinet de Lucien Bouchard : l'importance de Miron n'est pas en cause, mais la crainte d'un précédent qui susciterait d'autres demandes semblables pour des écrivains ou des artistes. Il reste que le titre de « poète national » attribué depuis longtemps à Miron n'est contesté par à peu près personne. Parmi les appels qui insistent, il semble que celui du cinéaste Claude Fournier, l'un des premiers poètes de l'Hexagone et un grand ami du premier ministre, ait été déterminant. La déclaration du chef du gouvernement, dès le dimanche, est sans équivoque : « D'autres peuples ont eu Pablo Neruda, Aimé Césaire, Léopold Senghor. Le peuple québécois a eu Gaston Miron et lui en sera toujours reconnaissant[42]. » En soirée, la décision officielle est prise et l'organisation se prépare à entrer en action.

Le lendemain, en fin de journée, la responsable du protocole au gouvernement, Lucie Latulippe, convoque dans les bureaux du ministère des Relations internationales, à Montréal, une grande réunion visant à régler la logistique de l'événement. Plusieurs représentants de la Sûreté du Québec, des chefs de cabinet, des représentants de ministres sont présents ; Marie-Andrée et Emmanuelle, Graveline et Royer, ainsi que le chanoine Jacques Grand'Maison ont également été invités. Le choix de celui-ci comme officiant à la cérémonie s'est imposé de lui-même aux yeux de la famille, à la fois parce qu'il aime Miron depuis longtemps, qu'il l'a côtoyé dans le groupe de la revue *Maintenant* et que sa pensée progressiste est bien connue.

D'entrée de jeu, le lieu où se tiendra la cérémonie pose problème. Au protocole, on ne cache pas que Montréal serait un bien meilleur choix : il y a un paradoxe à tenir des funérailles nationales dans une petite ville des Laurentides, où il faudra déplacer de nombreux dignitaires et assurer leur sécurité et où le retentissement sera forcément moindre. Malgré les pressions, Marie-Andrée et Emmanuelle demeurent inflexibles : conformément à la volonté du poète, les funérailles doivent se tenir à Sainte-Agathe. Cette question étant réglée, aucun détail n'est laissé au hasard : l'ordre d'entrée des dignitaires, la répartition des places à l'intérieur, la décoration même de l'église. Graveline et Royer font leurs suggestions : des roses et des œillets en abondance dans le chœur, avec une grande photo du poète ? Il n'en est pas question : aux yeux de Marie-Andrée et d'Emmanuelle, la sobriété s'impose, et si la télévision est présente, les caméras ne pourront pas circuler dans les allées durant la cérémonie. Même Pierre Falardeau qui, dans les jours suivants, demande la permission de venir tourner des images essuiera un refus.

Tout indique que Radio-Canada a au moins envisagé la diffusion de l'événement au Réseau de l'information (RDI) et que des démarches en ce sens ont été faites au sein même de la Société : des raisons politiques, bien plus que budgétaires, ont-elles joué dans l'abandon du projet[43] ? Certains le pensent sans qu'il soit aisé de le confirmer ; quoi qu'il en soit, c'est plutôt Télé-Québec, avec ses maigres moyens, qui prend en charge la télédiffusion. Néanmoins, la radio de Radio-Canada fera écho au décès de Miron, en y consacrant une heure entière de l'émission d'actualités *Maisonneuve à l'écoute* et en rediffusant sur la chaîne culturelle l'entretien de 1990 avec Jean Larose, commenté par Jacques Brault et André Major. Entre-temps, l'Assemblée nationale adopte unanimement une motion de Louise Beaudoin rendant hommage au poète disparu.

Pendant toute la semaine, les articles et les témoignages se multiplient dans les journaux. C'est Miron dans tous ses états : le mythe et la légende, le phare national, l'homme de la fidélité, le « prophète à la fois gênant et rassurant[44] », l'éditeur des autres plutôt que de lui-même, le pédagogue et le mentor, le « bouffon mal luné[45] », l'énigme indéchiffrable, l'ambassadeur dévoué, l'homme d'un seul livre, le géant de la littérature d'ici. On lui parle, on lui dit « mon cher Gaston », on espère encore le revoir aux Gâteries ou au hasard d'un bouquinage dans quelque librairie. « J'ai eu plusieurs camarades, je n'ai eu qu'un ami », dira Claude Dansereau. Finalement, au-delà de ses excès, de ses contradictions, de sa tonitruance, de ses absences même, l'homme était profondément aimé. « Il est parti, il ne nous quittera plus », conclut Réginald Martel[46].

À Paris, *Libération* consacre un petit article à l'événement, « Mort d'un barde québécois », en saluant l'homme aux « coups de gueule chaleureux », qui disait mâchouiller sans cesse des mots et pour qui la poésie était en même temps un mode « d'action politique[47] ». L'article plus étoffé de Dominique Noguez dans *Le Monde* évoque la visite récente de Miron à la Librairie du Québec, où il paraissait au sommet de son éloquence et de sa passion. Entre la poésie de l'amour et de la grande nature et le « recours didactique », le poète « de la race des Hugo et des Neruda » demeurait un indispensable « francophile », un « militant de la résistance à l'uniformisation culturelle ». Son message, conclut Noguez, « vaut pour la Terre entière[48] ».

Le matin du samedi 21 décembre, dans la lumière oblique et un peu rosée du solstice, une foule inhabituelle se presse au cœur de Sainte-Agathe, devant le parvis de la grande église où, près de soixante-neuf ans plus tôt, Charles et Charles-Auguste Miron ont amené le nouveau-né pour son baptême. Le long chemin du poète vient de trouver sa destination finale : des limousines noires stationnent dans la rue, les voitures laissent descendre les proches et les amis, tandis que la reporter de la télévision saisit au vol des témoignages. Le parolier Luc Plamondon, intercepté sur le parvis, fait valoir la grandeur du poète et livre une vibrante lecture de *L'Octobre*. À Montréal, dans les studios de Télé-Québec, on a réuni autour de l'animatrice Anne-Marie Dussault quatre hommes qui commentent les images et expliquent l'importance de Miron : Pierre Bourgault, André Brochu, Gilles Marcotte et le politologue Alain Gagnon. La question des funérailles nationales, que Louise Beaudoin a justifiées à son arrivée à l'église, refait surface : pourquoi cette première pour un écrivain, demande l'animatrice, pourquoi Gaston Miron et non pas, par exemple, Félix Leclerc ? La question aurait agacé Miron lui-même, qui voyait « une confusion des genres et des valeurs » dans cette équivalence, faite notamment par plusieurs journalistes à la mort de Leclerc en 1988, ou encore par tel libraire de Québec qui, un jour, en présence de Jean-François Nadeau, avait parlé de lui et de Leclerc comme de « deux immortels ».

Il n'y a plus, à présent, que l'égalité dans la mort et dans la légende, même si, dira tout à l'heure Pierre Vadeboncœur, « la légende ne convient pas à ce réaliste[49] ». Il n'a jamais tout à fait habité sa propre gloire et malgré la présence au premier rang des dignitaires politiques, Lucien Bouchard, Bernard Landry et d'autres du gouvernement, il n'y a ni faste ni grandiloquence dans la cérémonie, à l'image de cette église à l'intérieur simple, aux murs blancs dépouillés, dans laquelle le jeune Gaston servait jadis la messe du curé Bazinet. Six hommes, six amis de longue date portent le cercueil dans la nef : Pierre Perrault, Claude Beausoleil, Claude Dansereau, Paul-Marie Lapointe, Fernand Ouellette et Alain Horic. « Nous t'accueillons, Gaston. Que Dieu te garde toujours présent au milieu de nous », dit Jacques Grand'Maison. Celui qui a écrit : « Je suis un homme simple avec des mots qui peinent » se retrouve chez lui parmi les siens.

C'est ce que dira aussi Pierre Vadeboncœur, par la bouche du comédien Gilles Pelletier, lisant devant la crèche de Noël, dans la lumière solaire que filtrent les vitraux, l'hommage qu'a écrit l'essayiste : « Nous n'avons jamais traité Gaston comme un personnage mais comme l'un d'entre nous tous et comme un d'entre le peuple. » Choisi par Marie-Andrée, Emmanuelle et quelques amis, Vadeboncœur a d'abord voulu se dérober, raconte-t-il, à la responsabilité d'écrire un tel texte, avant de mesurer qu'il serait sauvé par son sujet lui-même. Comment dire la grandeur « sans emphase aucune », comment justifier la gloire sans donner dans l'hyperbole ? C'est le salut d'un homme simple à un autre, qui parvient à tenir ensemble noblesse et modestie, hauteur et dénuement, à conjuguer l'existence sur la terre et l'accès à l'intemporel : « La poésie, l'art, c'est ce qu'il y a de plus proche de l'éternité ; et c'est l'éternité. » C'était là un mot qu'affectionnait Miron.

Dehors, en ce midi d'hiver froid mais sans rigueur et presque habitable, il ne reste qu'à le porter en terre, au fond du cimetière d'où l'on aperçoit au-dessus des toits, à travers les arbres sans feuilles, l'étendue glacée du lac des Sables. Devant la foule recueillie autour de la fosse, Emmanuelle, Marie-Andrée, les proches et les amis jettent tour à tour une poignée de terre sur le cercueil. Avec Charles et Charles-Auguste retournés depuis longtemps en poussière, avec l'ombre de cette petite sœur anonyme morte jadis avant même de voir le jour, Gaston Miron reposera pour toujours à Sainte-Agathe-des-Monts.

Il y a encore cette dernière image : une fois la foule dispersée, un homme est resté devant la fosse. Il se nomme Gilles Garand, c'est un ami du cinéaste André Gladu. Presque personne n'a vu cet homme s'attarder et sortir de sa poche son harmonica. En plein midi, penché vers le cercueil, il lance un ultime appel, joue une dernière musique pour Gaston Miron. Puis, au terme de cet air lancinant, sans un mot, il jette son harmonica dans la fosse.

ÉPILOGUE

Au solstice d'hiver 1996, une seconde vie a commencé pour Gaston Miron, qui ne relève plus du biographe. Les hommages sentis, déjà nombreux dans les jours qui ont suivi sa mort, se sont multipliés : il y a peu de revues culturelles au Québec qui ne lui aient consacré des numéros entiers, dans lesquels ses amis et ses lecteurs ont pu témoigner de leur affection et résumer le sens de son œuvre. Des hommages publics, sur scène, ont eu lieu à Montréal et à Paris. C'était là comme une onde de choc, recueillant les réactions à vif, les bribes de souvenirs, l'extraordinaire richesse des rencontres et des dialogues nourriciers, la diversité des amitiés.

Puis, au fil des ans, insensiblement, on s'est rendu compte que le souhait de tous, exprimé par le célébrant au jour de ses funérailles, s'accomplissait. L'homme, le poète surtout, est « toujours présent », il refuse de s'ensevelir dans « les millénaires de la neige », il résiste au silence qu'il a pourtant salué au seuil de son *Homme rapaillé*. On apprend à le relire et à mieux comprendre pourquoi, lorsqu'il écrit : « Je te salue, silence », il ajoute que c'est là « ce qui commence ». Car depuis son repos définitif, une autre parole continue de monter, une autre musique, un autre appel. Cela aussi, malgré ses angoisses, il l'a pressenti bien avant son départ et l'a exposé clairement : le poème écrit « à hauteur d'homme et d'histoire[1] » transcende l'histoire, le poème imprégné des circonstances d'une époque et des hommes qui y vivent appartient à toutes les époques. Sans doute savait-il aussi que ce n'est vrai au bout du compte que pour de rares poètes, qui ont su porter le langage au-delà de lui-même et accéder à ce qui, traversant l'histoire, atteint à l'humaine éternité. Il avait beau en douter lui-même, nous sommes fondés à croire aujourd'hui que Gaston Miron est de ceux-là.

Curieusement, l'homme semble moins « archaïque » depuis qu'il n'est plus de ce monde, et le livre auquel il a consacré sa vie, loin de paraître daté, ne cesse de retrouver une nouvelle jeunesse. La pérennité de l'homme et de son œuvre se nourrit désormais de relectures, d'éditions de ses écrits et de ses interventions, de commémorations, de mises en musique et en spectacle. *L'Homme rapaillé* a trouvé d'autres voix, d'autres rythmes.

L'homme d'action et de parole s'est-il trop morfondu quant au sort du Québec, au point d'en venir parfois à désespérer de son avenir ? Sa vraie raison, c'était de donner à vivre, c'était d'animer comme on donne une âme, en faisant souffler malgré la souffrance une irrésistible promesse. C'est ainsi qu'un jour, convoquant ce grand souffle, il a voulu que l'on réveille ce pays qu'il voyait en son temps accablé et meurtri :

> les vents qui changez les sorts de place la nuit
> vents de rendez-vous, vents aux prunelles solaires
> vents telluriques, vents de l'âme, vents universels
> vents ameutez-le, et de vos bras de fleuve ensemble
> enserrez son visage de peuple abîmé, redonnez-lui
> la chaleur
>   et la profuse lumière des sillages d'hirondelles[2]

REMERCIEMENTS[*]

Tout travail biographique est nourri par une armée de personnes-ressources, mais je n'aurais pas entrepris ce livre sans la confiance et l'appui que m'ont accordés au départ Marie-Andrée Beaudet, compagne de Gaston Miron, et Emmanuelle Miron, fille unique du poète, ainsi que le reste de sa famille et, au premier chef, Denise Miron-Lévis, la plus âgée de ses quatre sœurs.

Ma gratitude s'adresse tout particulièrement à Marie-Andrée Beaudet, avec qui je partage le travail d'édition des œuvres de Gaston Miron amorcé au début des années 2000. Elle n'a cessé de nourrir ma recherche biographique de son propre fonds d'archives et de ses témoignages, avec une générosité, une rigueur professionnelle et une discrétion admirables.

La documentation personnelle d'Emmanuelle Miron, incluant l'iconographie, a apporté un éclairage unique et très précieux à mon travail.

Quelques autres personnes ont contribué d'une manière particulière à ma recherche. D'abord Christine Tellier, qui a inspiré et accompagné mes premières cueillettes documentaires au moment où elle rédigeait sa thèse de doctorat sur la fondation des Éditions de l'Hexagone (*Jeunesse et poésie*, Montréal, Fides, 2003). Il en est de même pour Mariloue Sainte-Marie, qui a été une collaboratrice exemplaire depuis le début des années 2000 et dont la thèse (à paraître) sur la correspondance de Gaston Miron entre 1949 et 1965 a nourri tout mon travail.

---

[*] Je prie à l'avance toute personne que j'oublierais dans cette longue liste de m'en excuser. J'espère que ces oublis seront signalés à mon attention et que j'aurai l'occasion de les corriger.

Je dois beaucoup à toutes les personnes qui m'ont accordé des entrevues, confié des témoignages ou transmis des documents. Chaque page de ce livre est empreinte de leur présence : je ne saurais trop dire combien leur appui généreux m'a été indispensable.

Mes remerciements s'adressent aussi aux divers membres de l'équipe d'édition de l'œuvre éparse de Gaston Miron qui, sous la direction de Marie-Andrée Beaudet, m'ont apporté une documentation très riche : outre Mariloue Sainte-Marie, il s'agit d'Ariane Audet, Jennifer Beaudry, Julien-Bernard Chabot, Caroline Chouinard, Nicoletta Dolce, Martin Jalbert, Myriam Lamoureux, Rosalie Lessard, Valérie Mailhot, Catherine Morency et Manon Plante, à l'époque où ils étaient étudiants, soit à l'Université de Montréal, soit à l'Université Laval. Cette entreprise d'édition a été rendue possible par les subventions soutenues, de 2000 à 2009, du Conseil de recherches en sciences humaines du Canada (CRSH).

Je suis aussi redevable à mes étudiants du Département des littératures de langue française de l'Université de Montréal qui, dans le cadre de mon séminaire sur Gaston Miron entre 2002 et 2009, ont émis des interprétations et des points de vue qui ont enrichi ma réflexion. Il en est de même pour des collègues universitaires, Marc-André Bernier de l'Université du Québec à Trois-Rivières, François Hébert de l'Université de Montréal, Jean-Pierre Bertrand de l'Université de Liège, Robert Dion de l'UQAM, qui m'ont fait diverses invitations à des colloques où j'ai pu approfondir ma démarche, à différentes étapes de mon parcours, comme cela a aussi été le cas pour un long entretien mené par Jean-Philippe Warren, de l'Université Concordia, pour la revue *Liberté* (n° 280, 2008).

Les personnes suivantes, souvent des professionnels (bibliothécaires, documentalistes, chercheurs), m'ont apporté de l'aide et ont facilité mon travail : Flavio Aguiar (Université de São Paulo), Brigitte Banville (BAnQ, Québec), Jennifer Beaudry (CAGM), Jean-Pierre Bertrand (Université de Liège), André Biron, Michel Biron (BAnQ), Michel Biron (Université McGill), Estelle Brisson (BAnQ), Yves Builly (France Inter, Paris), frère René Boucher (archives du Mont-Sacré-Cœur), Pascal Caron, Guylaine Charrette, Stéphanie Côté (Cinémathèque québécoise), Lise Demers, Guy Dinel (Division des archives, Université Laval), Claude Duguay, Jacinthe Duval (Centre des archives de l'Université d'Ottawa), Julie Fecteau (BAUS), André Gervais, Richard Giguère, Patricia Godbout (Université de Sherbrooke), Samuel Hazo (International Poetry Forum), Alain Horic, Claudette Hould, Anne Hurtubise, Jozef Kwaterko

(Université de Varsovie), frère Charles Lafrance (archives du Mont-Sacré-Cœur), Marie-Andrée Lamontagne, Martin Lanthier (BANC), Louise Lavallée (BAnQ), Karim Larose (CAGM), Stéphane Lépine, Irena Malyholowka (ENT), Ghislain Mallette (BANC), Fabrice Masson (CAGM), Pierre Michauville, Jacques Michon (Université de Sherbrooke), Sophie Montreuil (BAnQ), Jacques Paquin (UQTR), Marie Pelletier (archives du Séminaire de Nicolet), Micheline Perrault (Société généalogique canadienne-française), Gérard Purnelle (Université de Liège), Jacques Prince (BAnQ), Clothilde Roullier (Archives de la Ville de Paris), Marcel Samson (Maison des étudiants canadiens, Paris), Monique Voyer (archives de l'Université de Montréal), Francine Verrier (Université de Montréal), Nathalie Watteyne (Université de Sherbrooke).

Tant le travail d'édition de l'œuvre de Miron que celui que j'ai mené plus directement pour cette biographie ont reçu le soutien documentaire, et parfois financier, du Centre de recherche interuniversitaire sur la littérature et la culture québécoises (CRILCQ). Je remercie les équipes de documentalistes de ce centre et les directeurs successifs de son site Université de Montréal : Micheline Cambron, Élisabeth Nardout-Lafarge et Gilles Dupuis ainsi que son coordonnateur Patrick Poirier.

En fin de parcours, Valérie Mailhot m'a fourni un soutien précieux pour un grand nombre de vérifications et pour la révision minutieuse de toutes les références.

Les Éditions du Boréal et, au premier chef, Pascal Assathiany m'ont apporté un constant soutien, matériel et moral. Ma reconnaissance s'adresse à toute l'équipe, notamment à Jean Bernier et à Christophe Horguelin pour la révision finale, et à Francesca Roy pour l'iconographie et les demandes de droits.

François Ricard, de l'Université McGill et des Éditions du Boréal, Michel Biron, de l'Université McGill, ainsi que Louise Nepveu, correctrice (magazine *Spirale*), ont fait une relecture attentive et informée du manuscrit de cet ouvrage avant son dépôt. Ce livre doit beaucoup à leurs commentaires et aux corrections qu'ils m'ont suggérées. Je ne saurais assez leur exprimer ma gratitude.

Enfin, pendant plusieurs années, Francine Prévost, Viviane et Karine Prévost-Nepveu ont fait preuve d'une compréhension et d'une patience hors du commun, dans la vie quotidienne, pendant que je travaillais à ce livre. En ce qui les concerne, merci est un mot trop faible.

Sources documentaires

J e ne reprends pas ici la liste des nombreuses sources documentaires (ouvrages historiques, mémoires, biographies,
anthologies, numéros de revues, journaux, essais divers, etc.)
qui ont nourri en profondeur cette biographie. Les références à ces
ouvrages tous publiés apparaissent dans les notes. Je tiens toutefois
à mentionner ici certains ouvrages qui ont constitué pour moi des
sources majeures d'information et dont on aura sans doute remarqué
l'importance à divers moments de ce livre : les travaux historiques
de Serge Laurin sur Sainte-Agathe et sur les Laurentides, le livre de
Christine Tellier sur l'histoire de la fondation de l'Hexagone (*Jeunesse
et poésie*), l'édition critique de la correspondance de Miron (1949-
1965) par Mariloue Sainte-Marie, le *Voyage en Mironie* de Jean Royer
et l'*Album Miron* publié par Marie-Andrée Beaudet.

Il existe de nombreuses chronologies de Gaston Miron, tantôt
publiées, tantôt inédites, parfois dressées par le poète lui-même
et se trouvant dans ses archives personnelles. Outre celle qu'avait
préparée Renée Cimon pour la première édition de *L'Homme rapaillé*
aux PUM en 1970, forcément très incomplète et contenant certaines
inexactitudes, je n'en mentionnerai ici que deux, plus tardives et
justes : celle d'Yrénée Bélanger, *Chronologie de Gaston Miron, 1926-
1983*, « Rapports de recherche II », Montréal, Département d'études
françaises, Université de Montréal, juin 1987 ; et celle qu'a jointe
Marie-Andrée Beaudet à l'édition de *L'Homme rapaillé. Les poèmes*,
Paris, Gallimard, « Poésie », 2000, p. 181-193.

Par ailleurs, Yannick Gasquy-Resch, professeure aux universités
de Paris-III et d'Aix-en-Provence, a publié deux ouvrages de nature
partiellement ou entièrement biographique sur Gaston Miron : *Gaston*

Miron. Le forcené magnifique, Montréal, Hurtubise HMH, « America », 2003 ; et surtout *Gaston Miron, tel un naufragé*, biographie, préface de Raymond Jean, Croissy-Beaubourg, Seine-et-Marne, Éditions Aden, 2008. Toutefois, bien qu'on puisse le trouver aisément dans les bibliothèques, ce dernier ouvrage ne semble pas avoir été distribué commercialement au Québec.

Enfin, malgré le fait qu'il serait trop lourd de donner ici la bibliographie complète de Gaston Miron, incluant les ouvrages, les chapitres de livres, les articles, les colloques, etc., qui sont consacrés à son œuvre, on consultera deux bibliographies importantes :

Mario Selvaggio, « Pour une bibliographie mironienne », dans Hélène Mary, Anne Gaufret-Harvey et Sergio Zoppi (dir.), *Regards sur la littérature québécoise. Hommage à Gaston Miron*, Actes du troisième colloque des jeunes chercheurs européens en littérature québécoise, Rome, Bulzoni, 2001, p. 233-306.

Marc-André Brouillette, « Gaston Miron : repères bibliographiques », *Études françaises*, vol. 35, n°s 2-3, « Gaston Miron : Un poète dans la cité », 1999, p. 209-227.

Autres sources documentaires

I. Œuvres de Gaston Miron
a) Poésie

Deux Sangs, en collaboration avec Olivier Marchand, Montréal, Éditions de l'Hexagone, 1953.

L'Homme rapaillé, Montréal, Presses de l'Université de Montréal, « Prix de la revue *Études françaises* », 1970.

Courtepointes, Ottawa, Presses de l'Université d'Ottawa, 1975.

L'Homme rapaillé, Paris, François Maspero, « Voix », 1981.

L'Homme rapaillé (version non définitive), Montréal, Typo, 1993.

L'Homme rapaillé (édition de semi-luxe annotée), Montréal, Éditions de l'Hexagone, 1994.

L'Homme rapaillé (version définitive), Montréal, Typo, 1998.

L'Homme rapaillé. Les poèmes, Paris, Gallimard, « Poésie », 2000.

Poèmes épars, édition préparée par Marie-Andrée Beaudet et Pierre Nepveu, Montréal, Éditions de l'Hexagone, 2003.

b) Autres ouvrages

À bout portant. Correspondance de Gaston Miron à Claude Haeffely, Montréal, Leméac, 1989 (réédité avec les lettres de Claude Haeffely sous le titre : Claude Haeffely et Gaston Miron, *À bout portant. Correspondance 1954-1965*, Montréal, BQ, 2007).

Les Signes de l'identité, Montréal, Éditions du Silence, 1991.

Écrivains contemporains du Québec, anthologie, en collaboration avec Lise Gauvin, Paris, Seghers, 1989 ; réédition en version revue et augmentée par Lise Gauvin, Montréal, Typo, 1998.

Les Grands Textes indépendantistes, 1774-1992, anthologie, en collaboration avec Andrée Ferretti, Montréal, Éditions de l'Hexagone, 1992 ; réédition augmentée d'un second volume par Andrée Ferretti, Montréal, Typo, 1998.

Un long chemin. Proses 1953-1996, édition préparée par Marie-Andrée Beaudet et Pierre Nepveu, Montréal, Éditions de l'Hexagone, 2004.

L'Avenir dégagé. Entretiens 1959-1993, édition préparée par Marie-Andrée Beaudet et Pierre Nepveu, Montréal, Éditions de l'Hexagone, 2010.

[Correspondance de Gaston Miron :] Mariloue Sainte-Marie, « Écrire "du fond de cette attente éparpillée dans la foule". Édition critique des lettres de Gaston Miron (1949-1965) », thèse de Ph.D., Québec, Département des littératures, Université Laval, 2010 (à paraître).

c) Traductions

La Marcia all'amore. L'amore e il militante, traduction d'Angelo Bellettato, Padoue, Rebellato, 1972.

The Agonized Life. Poems and Prose, traduction de Marc Plourde, Montréal, Torchy Wharf, 1980.

L'Uomo rapezzato, traduction de Sergio Zoppi, Rome, Bulzoni, 1981.

Embers and Earth. Selected Poems, traduction de D.G. Jones et Marc Plourde, Montréal, Guernica, 1984.

The March to Love. Selected Poems, traduction de Dennis Egan, Brenda Fleet, John Glassco, D. G. Jones, Marc Plourde et Louis Simpson, Pittsburgh, International Poetry Forum, 1986, réédition à Athens, Ohio University Press, 1987.

Counterpanes, traduction de Dennis Egan, Montréal, Guernica, 1993.

O Homem restolhado, traduction de Flavio Aguiar, São Paulo, Editora Brasiliense, 1994.

El hombre redivivo, traduction de Marco Antonio Campos et Hernan

Bravo Varela [traduction révisée par Nicole et Émile Martel], Mexico et Trois-Rivières, Universidad nacional autonoma de Mexico et Écrits des Forges, 2001.

d) Films

Les Archives de l'âme, réalisé par Luc Cyr et Carl Leblanc, AD Hoc Films et Télé-Québec, 2001.

Le Cas Labrecque, réalisé par Pierre Daigneault et Bernard Devlin, Office national du film, 1956.

De défaite en défaite jusqu'à la victoire, vidéo réalisée par Jos Laforce et Réal Morissette, Vidéographe, 1974.

Les Écrivains québécois: Gaston Miron, réalisé par Roger Frappier, Office du film du Québec, Ministère de l'Éducation, 1971.

Gaston Miron. Les outils du poète, réalisé par André Gladu, Productions du lundi matin, 1994.

La Marche à l'amour, réalisé par Jean et Serge Gagné, Productions Cocagne, 1996.

La Nuit de la poésie 27 mars 1970, réalisé par Jean-Claude Labrecque et Jean-Pierre Masse, Office national du film, 1970.

La Nuit de la poésie 28 mars 1980, réalisé par Jean-Claude Labrecque et Jean-Pierre Masse, Office national du film, 1980.

Paroles du Québec: 7 poètes québécois en scène à La Rochelle, vidéo réalisée par Jean-Claude Labrecque, Société Radio-Canada, 1980.

II. Fonds d'archives

Au moment de son décès en 1996, Gaston Miron avait déjà déposé une partie importante de ses archives personnelles au Centre d'archives de Bibliothèque et Archives nationales du Québec (BAnQ). Mais un très grand nombre de documents demeuraient dans le fonds personnel de sa compagne Marie-Andrée Beaudet : ébauches de poèmes, notes et carnets, correspondances diverses, agendas, photos, etc. Dans le cadre du projet d'édition de l'œuvre éparse de Gaston Miron, mené par Marie-Andrée Beaudet et moi-même entre 2000 et 2010, ces documents ont été classés et plusieurs d'entre eux ont été déposés dans le fonds Gaston-Miron de la BAnQ. Il est fréquent, dans la présente biographie, que des documents attribués aux archives personnelles Marie-Andrée-Beaudet (AMAB) se trouvent désormais à la BAnQ. Quelle qu'en soit la localisation, il est évident que ces archives Miron ont été la source principale qui a alimenté ma recherche, à quoi il faut ajouter certaines archives de nature familiale qui sont toujours en possession de la fille du poète, Emmanuelle Miron.

Par ailleurs, malgré le fait que le fonds des Éditions de l'Hexagone (AÉH) déposé par Alain Horic au Bureau des archives de l'Université de Sherbrooke (BAUS) soit de nature essentiellement professionnelle (correspondances avec les auteurs, dossiers d'édition, demandes de subventions, etc.), de nombreuses lettres personnelles reçues par Gaston Miron se trouvent dans ces dossiers, sans doute par inadvertance.

a) Archives publiques et institutionnelles et autres ressources documentaires

Fonds Gaston-Miron (FGM), MSS-410, Centre d'archives de Montréal, BAnQ ; Archives du Centre de généalogie canadienne-française, Montréal ; Archives du Centre de recherche interuniversitaire en littérature et en culture québécoises (CRILCQ) et de l'ancien Centre d'études québécoises (CÉTUQ), Université de Montréal ; Archives de la Cinémathèque québécoise, Montréal ; Archives audio-visuelles de la Cinémathèque québécoise (Québec) ; Archives de l'International Poetry Forum, Pittsburgh ; Archives du Mont-Sacré-Cœur, Granby ; Archives de la municipalité de Val-des-Lacs ; Archives de l'Office national du film, Montréal ; Archives radiophoniques et télévisuelles de Radio-Canada, Centre d'archives Gaston-Miron, Université de Montréal ; Archives sonores de la radio-télévision française (RTF, Paris) ; Bibliothèque des lettres et des sciences humaines (Samuel-Bronfman), collection régulière et collection des livres rares, Université de Montréal ; Fonds Claude-Hurtubise, BAC, Ottawa ; Fonds du Département des lettres françaises, Archives de l'Université d'Ottawa ; Fonds des Éditions de l'Hexagone (AÉH), Bureau des archives de l'Université de Sherbrooke (BAUS), Sherbrooke ; Fonds Fernand-Ouellette, BAC, Ottawa ; Fonds Françoise-Gaudet-Smet, Archives du Séminaire de Nicolet ; Fonds François Maspero / La Découverte, Institut Mémoires de l'édition contemporaine (IMEC), Caen, France ; Fonds Gaëtan-Dostie, BAnQ ; Fonds Gilles-Carle, BAC ; Fonds Guy-Sylvestre, BAC ; Fonds Henri-Pichette, Librairie Les Autographes (Thierry Bodin), Paris ; Fonds Jacques-Brault, BAC ; Fonds de la Maison des étudiants canadiens, BAC ; Fonds Pierre-Perrault, Division des archives de l'Université Laval, Québec ; Fonds des Presses de l'Université de Montréal, Archives de l'Université de Montréal ; Fonds Rina-Lasnier, BAnQ ; Grande Bibliothèque, collection régulière et Collection nationale, BAnQ.

b) Archives personnelles

Archives personnelles Marie-Andrée Beaudet (AMAB) ; Alain Horic (AAH) ; Cécile Pelosse ; Christine Tellier, Claudine Bertrand et Lucien Francœur ; Denise Miron-Lévis ; Dominique Noguez ; Emmanuelle Miron (AEM) ; Frédéric-Jacques Temple ; Gilles Cyr ; Gilles Leclerc ; Giuliana Rossi ; Jean-Guy Pilon ; Michel van Schendel ; Olivier Marchand et Mathilde Ganzini ; Robert Girardin ; Samuel Hazo ; Sandrine Berthiaume (ASB).

III. Entrevues et témoignages

Rose Marie Arbour, Marie-Andrée Beaudet, Victor-Lévy Beaulieu, Claude Beausoleil, Paul Bélanger, Jean-Patrick Berthiaume, Sandrine Berthiaume[†], Louise Blouin[†], René Bonenfant, Denise Boucher, René Boucher, f.s.c., Nicole Boudreau, Jacques Brault, Marcelle Brisson, André Brochu, Ginette Brousseau, Bernard Buisson, Caroline Bussières, Hélène Cambron-Bruderlein, Françoise Careil, Claude Caron, Paul Chamberland, Sylvestre Clancier, Gilles Cyr, Michel Deguy, René Derouin, Gaëtan Dostie, François Dumont, Laurent Dupont, Andrée Ferretti, Pierre Filion, Jean Fisette, Thérèse Gagnon, Mathilde Ganzini, Michel Garneau, Lise Gauvin, André Gervais, Robert G. Girardin, Yves Gloutnez, f.s.c., Andrée Goyer, Pierrette Goyette, Monique Grandmangin, Pierre Graveline, Claude Haeffely, Jean-François Hamel, François Hébert (Herbes rouges), François Hébert (Université de Montréal), Lloyd Hamlyn Hobden, Samuel Hazo, Jean-Luc Herman, Alain Horic, D. G. Jones, Naïm Kattan, Kèro, Rita Labrosse-Gombrowicz, Michaël La Chance, Michèle Lalonde, Paul-Marie Lapointe, Jacques Lanctôt, Georges Laporte[†], Pierre Lebeau, Dennis Lee, Gérard Lefebvre, f.s.c., Ewa Lewinson, Laurent Mailhot, André Major, René Major, Olivier Marchand, Gilles Marcotte, Robert Marteau[†], Robert Melançon, Geneviève Mercure, Monique Michaud, Denise Miron-Lévis, Emmanuelle Miron, Germaine Miron, Gilles Miron, Serge Mongeau, Isabelle Montplaisir, Robert Myre, Jean-François Nadeau, Estelle Nepveu[†], Dominique Noguez, Pierre Oster, Fernand Ouellette, Hélène Pelletier-Baillargeon, Cécile Pelosse, Yolande Perrault, Jean-Guy Pilon, Jean-Marc Piotte, Bernard Pozier, Denise Richard, Yvon Rivard, Eugène Roberto, Giuliana Rossi, André Roy, Bruno Roy[†], Jean Royer, Micheline Sainte-Marie, Frédéric-Jacques Temple, Élise Turcotte, Pierre Vadeboncœur, Gisèle Verreault.

Abréviations

Œuvres de Gaston Miron

ABP	*À bout portant. Correspondance 1954-1965* [1989], édition BQ, Montréal, 2007
AD	*L'Avenir dégagé*
C	*Courtepointes*
DS	*Deux Sangs*
HR	*L'Homme rapaillé* [1970], édition Typo, Montréal, 1998
PÉ	*Poèmes épars*
ULC	*Un long chemin*

Autres sigles

AAH	Archives personnelles Alain Horic
ADELF	Association des distributeurs exclusifs de livres en langue française
AÉC	Association des éditeurs canadiens
AÉH	Archives des Éditions de l'Hexagone
AEM	Archives personnelles Emmanuelle Miron
AGC	Archives personnelles Guy Carle
AMAB	Archives personnelles Marie-Andrée Beaudet
ASB	Archives personnelles Sandrine Berthiaume
BAnQ	Bibliothèque et Archives nationales du Québec
BAC	Bibliothèque et Archives Canada
BAUS	Bureau des archives de l'Université de Sherbrooke
BQ	Bibliothèque québécoise
CAGM	Centre d'archives Gaston-Miron, Université de Montréal
CCF	Cooperative Commonwealth Federation
CSL	Conseil supérieur du livre
CSN	Confédération des syndicats nationaux
CTCC	Confédération des travailleurs catholiques du Canada
ENT	École nationale de théâtre
FGM	Fonds Gaston-Miron (BAnQ)

FIDELF	Fédération internationale des écrivains de langue française
FLP	Front de libération populaire
FLQ	Front de libération du Québec
FRAP	Front d'action politique
FSC	Frères du Sacré-Cœur
FTQ	Fédération des travailleurs du Québec
GRC	Gendarmerie royale du Canada
IMEC	Institut Mémoires de l'édition contemporaine
JEC	Jeunesse étudiante catholique
MDPPQ	Mouvement pour la défense des prisonniers politiques québécois
MIS	Mouvement pour l'intégration scolaire
MLF	Mouvement laïque de langue française
MLP	Mouvement de libération populaire
MQF	Mouvement Québec français
MSA	Mouvement souveraineté-association
MSM	Mariloue Sainte-Marie (édition critique de la correspondance de Gaston Miron)
NPD	Nouveau Parti démocratique
OBT	Ordre de Bon Temps
ONF	Office national du film du Canada
PQ	Parti québécois
PSD	Parti social-démocratique (aile québécoise du CCF canadien)
PSQ	Parti socialiste du Québec
PUL	Presses de l'Université Laval
PUM	Presses de l'Université de Montréal
PUO	Presses de l'Université d'Ottawa
PUQ	Presses de l'Université du Québec
RIN	Rassemblement pour l'indépendance nationale
SSJB	Société Saint-Jean-Baptiste
UNEQ	Union des écrivaines et des écrivains québécois

NOTES

AVANT-PROPOS

1. Cette conférence, dite « de l'Estérel », a été publiée dans Gaston Miron, *Un long chemin* (ci-après *ULC*), p. 117-157.
2. La thèse de Christine Tellier, dirigée par Gilles Marcotte à l'Université de Montréal, a été publiée sous le titre de *Jeunesse et poésie. De l'Ordre de Bon Temps aux Éditions de l'Hexagone*, Montréal, Fides, « Nouvelles études québécoises », 2003.

PREMIÈRE PARTIE : 1928-1953

CHAPITRE 1 • DE SAINTE-AGATHE À SAINT-AGRICOLE

1. Note non datée, carnet, 1991.
2. « Je m'appelle personne », titre de l'hommage rendu par Miron à Georges-André Vachon, professeur à l'Université de Montréal décédé en 1994 et premier éditeur de *L'Homme rapaillé* (PUM, 1970). D'abord paru en 1995 dans la revue *Études françaises*, ce texte est repris dans *ULC*, p. 286-287.
3. *Stèle*, dans *Poèmes épars* (ci-après *PÉ*), p. 69.
4. Registres de la paroisse de Sainte-Agathe-des-Monts, BAnQ.
5. Selon l'historien Serge Laurin (*Histoire des Laurentides*, Québec, Institut québécois de recherche sur la culture, 1995), la population de Sainte-Agathe passe de 1 643 à 1 703 habitants entre 1880 et 1890, une pauvre augmentation de 60 âmes sur dix ans !
6. Archives de la paroisse de Sainte-Adèle, BAnQ.
7. Edmond Grignon, cité par Serge Laurin dans *Sainte-Agathe-des-Monts. Un siècle et demi d'histoire*, Sainte-Foy, PUL, 2002, p. 33.
8. Journal personnel de Gaston Miron (1943-1950), 25 février 1948. Dans la suite des références, celui-ci sera cité par la simple mention « Journal ».
9. Note non datée, carnet, 1991.
10. Le mariage, le 21 novembre 1893, de Maxime Raymond dit Michauville et d'Eugénie Gervais (et non Servais) à Sainte-Lucie, un village un peu plus au sud, est attesté dans Gabriel Drouin *et al., La Féminine. Répertoire alphabétique des mariages des Canadiens français, 1760-1935*, Montréal, Éditions historiques et généalogiques Pepin, tome LVIII.
11. L'histoire du canton de l'Archambault et de Saint-Agricole est racontée sommairement par Serge Laurin, *Histoire des Laurentides*, p. 410-412. L'anthropologue

Claude Lambert a aussi consacré à l'histoire de Saint-Agricole une série de quatre articles parus dans le journal *Altitude*, Saint-Donat, entre avril et juillet 1998 (archives de la municipalité de Val-des-Lacs).

12. C'est le mot qu'emploie le vicaire Limoges de Sainte-Agathe dans une lettre à son évêque lorsqu'il accepte à contrecœur la cure de Saint-Agricole, en 1909. Cité par Laurin, *Histoire des Laurentides*, p. 411. Le vicaire Limoges allait de toute manière décéder dès 1911.

13. Archives sonores de la radio France Inter, Paris.

14. Carte postale de Gaston Miron à Fernand Ouellette, 3 septembre 1985, fonds Fernand-Ouellette, BAC.

15. Gilles Miron, petit-neveu du poète, écrit à celui-ci le 1er février 1995 pour lui faire part de ses recherches et lui raconter l'histoire de la famille, AMAB.

16. Voir Drouin *et al., La Féminine*, tome LVIII.

17. *L'Héritage et la descendance*, dans *L'Homme rapaillé* (ci-après *HR*), p. 177.

18. *Paris*, dans *HR*, p. 146. Marie-Andrée Beaudet a donné dans son *Album Miron* (Montréal, L'Hexagone, 2006, p. 88) deux brouillons de ce poème, dont l'un a pour titre « Depuis Saint-Agricole ». La version citée ici présente plusieurs variantes par rapport à celle que l'on peut lire dans *L'Homme rapaillé*. Je renvoie quand même le lecteur à l'édition Typo de 1998 comme je le fais dans d'autres cas semblables par la suite.

19. Le même *Album Miron* (p. 89) reproduit, en regard des deux brouillons mentionnés ci-haut, la version affichée en 1995 par la Régie autonome du transport parisien (RATP) dans plusieurs stations du métro de Paris.

20. *Fragment de la vallée*, dans *HR*, p. 164.

CHAPITRE 2 • Une enfance heureuse dans les pays d'en haut

1. Journal, 25 février 1948.

2. L'anglicisme *contracteur (contractor)* a longtemps été préféré au Québec à « entrepreneur ». Quant au mot « châssis », il désigne l'ensemble de la fenêtre plutôt que le seul cadrage en bois, un sens qui demeure en usage dans la langue populaire québécoise.

3. *HR*, p. 219-233. Ce texte a été repris, avec des notes critiques, dans *ULC*, p. 89-101. Miron l'avait d'abord écrit pour le numéro de la revue *Maintenant* consacré à la question de la langue au Québec : « Cheval ou bien donc joual ou bedon horse », *Maintenant*, nº 134, mars 1974, p. 6-9.

4. Table de toilette à miroir que l'on a longtemps désignée au Québec sous son appellation anglaise *(vanity)*.

5. Carnet, vers 1949.

6. Carnet, 8 octobre 1947.

7. Journal, 14 juillet 1948.

8. Note, 6 février 1949.

9. La Commission des liqueurs, organisme régi par le gouvernement du Québec et ayant le monopole de la vente de l'alcool au détail, est devenue par la suite le Régie des alcools avant de trouver sa dénomination contemporaine : Société des alcools du Québec (SAQ).

10. Gaston Miron a parlé de sa sensibilité aux beautés des rituels religieux dans l'entretien accordé à Jean Larose sur les ondes de Radio-Canada en 1990 et publié dans « Gaston Miron par lui-même », *Liberté*, n° 233, octobre 1997, p. 11-55.

11. *La Route que nous suivons, HR*, p. 53.

12. *L'Écho du Nord*, Saint-Jérôme, 20 janvier 1936, p. 1.

13. La Bolduc, de son vrai nom Mary Travers, compose et interprète plus de 300 chansons entre 1929 et 1941 et elle devient une grande vedette de la scène et de la radio.

14. Les *square dances*.

15. Journal, 8 août 1946.

16. Miron évoque ce « triangle » dans l'entrevue avec Jean Larose citée plus haut, mais il en parle plus longuement en 1976 dans son « Entretien avec Pierre Paquette » à la radio de Radio-Canada, réalisation d'André Hamelin ; publié dans Gaston Miron, *L'Avenir dégagé* (ci-après *AD*), p. 151-164.

17. *Fragment de la vallée, HR*, p. 164.

18. Entrevue de Gaston Miron avec son traducteur brésilien Flavio Aguiar, juin 1981, *AD*, p. 389. Miron commente alors le poème *Fragment de la vallée, HR*, p. 164.

19. *Compagnon des Amériques, HR*, p. 102.

20. *La Marche à l'amour, HR*, p. 62.

21. Journal, 8 août 1946.

22. On trouve notamment des versions de ce récit du grand-père analphabète dans le numéro de *Liberté* cité plus haut, n° 233, p. 20, et aussi dans le film d'André Gladu, *Gaston Miron. Les outils du poète*, Montréal, Les Productions du Lundi matin, distribution Cinéma Libre, 1994, 52 min.

23. *HR*, p. 53.

24. *HR*, p. 155.

25. Manchettes respectives (en page 1) des éditions du 17 août, du 31 août et du 23 octobre 1937 de *L'Action catholique*.

26. « M. L'abbé Groulx donnera une nouvelle série de conférences sur l'histoire du Canada, à Québec », titre ainsi *L'Action catholique* le 8 octobre 1937, p. 3.

27. *L'Action catholique*, 31 août 1937, p. 1.

28. Voir les pages que consacre à cette question Serge Laurin, « Une nouvelle croisade : flambée d'antisémitisme à l'été 1939 », dans *Sainte-Agathe-des-Monts*, p. 153-163. Pour une synthèse plus large, à la fois riche et nuancée, sur l'antisémitisme au Québec, on lira la section intitulée « La réaction du Québec français : 1880-1940 », dans Jacques Langlais et David Rome, *Juifs et Québécois français. 200 ans d'histoire commune*, Montréal, Fides, 1986, p. 93-186.

29. Voir Serge Laurin, *Sainte-Agathe-des-Monts*, p. 158-159.

30. Voir la note 12.

31. Dans *Gaston Miron. Les outils du poète*, film d'André Gladu.

32. Mordecai Richler, *Rue Saint-Urbain*, Montréal, BQ, 2002, p. 102.

33. Journal, 3 décembre 1947.

34. Il faudra attendre 1950 avant que ne soit inauguré le premier hôpital à Saint-Jérôme.

CHAPITRE 3 • Les deux vocations du frère Adrien

1. La revue mensuelle publiée chez les frères à Granby, *La Voix du Mont-Sacré-Cœur*, contient plusieurs appels de ce genre durant la période de formation de Gaston Miron, entre 1941 et 1946.
2. Journal, 6 juillet 1947.
3. Journal, 6 juillet 1947.
4. Archives du Mont-Sacré-Cœur, Granby.
5. Lettre à sa mère, 21 avril 1941.
6. Journal, 6 mars 1944.
7. « Je persévère dans ma vocation » : lettre à sa mère, 25 août 1942.
8. Lettre à sa mère, 27 avril 1941.
9. Lettre à ses sœurs, 29 novembre 1942.
10. Lettre à sa mère, 24 mai 1943.
11. Journal, 17 janvier 1950.
12. Journal, 12 avril 1948.
13. *La Voix du Mont-Sacré-Cœur*, vol. XVI, n° 2, octobre 1942.
14. *La Voix du Mont-Sacré-Coeur*, vol. XVII n° 7, mars 1944.
15. *La Voix du Mont-Sacré-Cœur*, vol. XX, n° 7, mars 1947.
16. *La Voix du Mont-Sacré-Cœur*, vol. XVII, n° 7, mars 1944.
17. Les résultats scolaires de Gaston Miron (frère Adrien) sont consignés sur une fiche cumulative non datée (mais il s'agit vraisemblablement de 1945) portant l'en-tête : « École normale, Scolasticat Mont-Sacré-Cœur, Granby », archives du Mont-Sacré-Cœur.
18. Lettre à sa mère, 19 juillet 1943.
19. Lettre à sa mère, 27 août 1943.
20. Marie-Andrée Beaudet, *Album Miron*, p. 34. Cette photo non datée est forcément postérieure à l'été 1943 et, malgré la légende, ne peut correspondre à l'époque du juvénat, puisque Miron y porte la soutane.
21. Cette série de cahiers, dont la dernière entrée est datée du 9 mai 1950, a été retrouvée par Marie-Andrée Beaudet parmi les archives personnelles du poète. La datation est régulière, sauf pour un intervalle d'une année et demie entre janvier 1945 et juillet 1946, ce qui laisse croire qu'au moins un ou deux autres cahiers semblables ont été perdus ou détruits.
22. Journal, 18 septembre 1943.
23. Carnet de retraite, 27-29 janvier 1944.
24. Journal, 25 avril 1944.
25. Journal, 9 août 1944.
26. Journal, 10 mars 1944.
27. Voir le programme de la « Soirée récréative » tenue au collège le 13 novembre 1943, dans *La Voix du Mont-Sacré-Cœur*, vol XVII, n° 3, novembre 1943.
28. Journal, 7 mars 1944.
29. Journal, 5 août 1944.
30. Journal, 8 septembre 1944.
31. Journal, 25 septembre 1944.
32. Journal, 19 octobre 1944.
33. Cette scène du collège de Granby est racontée, et même jouée par Gaston Miron, dans le film d'André Gladu, *Gaston Miron. Les outils du poète.*

34. Document imprimé sur feuilles volantes, AMAB.

35. Rainer Maria Rilke, *Poésie*, préface et traduction de Maurice Betz, Paris, Éditions Émile-Paul Frères, 1938.

36. Un document datant de 1947, retrouvé dans les archives du poète (AMAB), dresse l'inventaire de ses principales lectures de jeunesse. Il aurait lu une quarantaine de romans entre neuf et quinze ans, puis se serait davantage tourné vers les biographies et les ouvrages historiques.

37. *La Voix du Mont-Sacré-Cœur*, vol. XIX, n° 6, janvier 1946.

38. Journal, 15 juillet 1946.

39. Carnet de retraite, février 1945.

40. Lettre à sa mère, début août 1944 (la date exacte est manquante).

41. Carnet de retraite, 19 juillet 1945.

42. Marie-Andrée Beaudet, *Album Miron*, p. 37.

43. Note, 30 août 1946.

44. Journal, 25 juillet 1946.

45. Journal, 8 août 1946.

46. Journal, 23 janvier 1947.

47. Réjean Ducharme, *Le Nez qui voque*, Paris, Gallimard, 1967.

48. Journal, 23 août 1946.

49. Cité à la fin de « Parcours et non-parcours », conférence du 28 mars 1990, dans Gaston Miron, *ULC*, p. 181. Miron récite le même passage dans son entrevue de 1990 avec Jean Larose (*Liberté*, n° 233, 1997, p. 27). Pour une version orale, on reverra une fois de plus le film d'André Gladu, *Gaston Miron. Les outils du poète.*

50. *Avec toi*, *HR*, p. 71.

51. « laissez-moi donner la main à l'homme de peine / et amironner », dans *Séquences* de *La Batèche*, *HR*, p. 77.

52. Lettre à sa mère, 5 juillet 1946.

53. Cahier de poèmes, 1946.

54. Le réseau des caisses populaires Desjardins, la grande coopérative bancaire canadienne-française, est solidement implanté dans les paroisses tant urbaines que rurales du Québec à cette époque.

55. « Le caribou », FGM.

56. Lettre à sa mère, 16 octobre 1946.

57. Lettre à sa mère, 31 mars 1947.

58. Journal, 8 septembre 1946 (la visite à l'île Sainte-Hélène a eu lieu la veille).

59. Journal, 14 septembre 1946.

60. Journal, 22 septembre 1946.

61. Cahier noir du Mont-Sacré-Cœur, AMAB. Il ne faut pas confondre ce cahier avec un autre semblable, mais plus tardif, qui se trouve dans le fonds Gaston-Miron de la BAnQ.

62. Lettre du frère Sauveur au frère Adrien, 14 novembre 1946, AMAB.

63. Lettre du frère Cyprien au frère Adrien, 20 septembre 1946, AMAB.

64. Ménestrel, *Contemplation*, *La Voix du Mont-Sacré-Cœur*, vol. XX, n° 2, octobre 1946. Miron recopiera ce poème dans le cahier noir (FGM, BAnQ) qui rassemble sous forme de recueil manuscrit l'essentiel de sa production poétique entre 1946 et le début de 1949.

65. Lettre du frère Alban au frère Adrien, 14 décembre 1946, AMAB.

66. Ménestrel, *Ronde à la joie*, *La Voix du Mont-Sacré-Cœur*, vol. XX, n° 5, janvier 1947.
67. *La Braise et l'humus*, HR, p. 91.
68. Journal, 5 février 1947.
69. Journal, 20 mars 1947.
70. Journal, 3 janvier 1947.
71. Journal, 20 mars 1947.
72. Journal, 13 mai 1947.
73. Journal, feuillet inséré, avril 1947.
74. Journal, 13 mai 1947.
75. Journal, 20 avril 1947.
76. Journal, 10 mai 1947.
77. Lettre à sa mère, 27 avril 1947.
78. On désigne souvent ainsi, à l'époque, les bars de réputation douteuse.
79. Journal, 28 juin 1947.
80. Journal, 29 juin 1947.
81. Journal, 18 avril 1947.
82. Note non datée.
83. Journal, 3 juillet 1947.
84. Journal, 3 juin 1947.
85. Lettres du frère Laurent au frère Adrien, 11 et 18 juin 1947, AMAB.
86. Lettre du frère Laurent au frère Adrien, 18 juin 1947, AMAB.
87. Journal, 6 juillet 1947.
88. Feuille volante, recto verso, non datée, AMAB.
89. Journal, 6 juillet 1947.
90. Journal, 13 juillet 1947.

CHAPITRE 4 • La pauvreté Miron

1. Voir la « Conférence de l'Estérel », prononcée en 1974 : « Je lisais *Notre temps* toutes les semaines », *ULC*, p. 132.
2. Journal, 2 août 1947.
3. Formules présentes dans son journal, août 1947.
4. Journal, 20 juillet 1947.
5. *Ibid.*
6. Journal, 2 août 1947.
7. *L'Écho du Nord*, 15 août 1947.
8. Voir la réédition contemporaine de cet ouvrage : Robert Charbonneau, *La France et nous. Journal d'une querelle*, présentation d'Élisabeth Nardout-Lafarge, Montréal, BQ, 1993.
9. « Conférence de l'Estérel », p. 117-157. À propos du débat sur *La France et nous*, voir p. 129-132.
10. *L'Écho du Nord*, 5 septembre 1947.
11. Carnet de notes, été et automne 1947.
12. Journal, 20 août 1947.
13. Voir *Héritage de la tristesse*, HR, p. 85.

14. *Les Années de déréliction, HR*, p. 95.

15. Journal, 24 août 1947.

16. Entretien diffusé à l'émission *Témoignages d'écrivains*, réalisation de Fernand Ouellette, chaîne culturelle de Radio-Canada, Montréal, les 17 juin, 24 juin et 1ᵉʳ juillet 1964. Voir « Entretien avec Michel Roy », *AD*, p. 36-62.

17. Les 5-10-15 sont les magasins généraux de l'époque, offrant à prix modique toute la gamme des produits d'usage courant, comme les Zellers ou les Maxi d'aujourd'hui au Canada, ou les Monoprix en France.

18. Carnet de notes, automne 1947.

19. À la suite d'une conversation avec Guy Carle en août 1948 au cours de laquelle celui-ci lui a reproché son manque d'affection pour lui-même, Miron note dans son journal que son ami a raison : « Je n'aime pas dorloter ce corps. Je le néglige souvent. »

20. Journal, 18 novembre 1947.

21. Journal, 20 novembre 1947.

22. Journal, 3 novembre 1947.

23. Énoncé des objectifs et des programmes, Prospectus 1947, 1948 et 1949 de la Faculté, Archives de l'Université de Montréal.

24. Entrevue avec Michel Roy, p. 49-50.

25. Journal, 28 juillet 1948.

26. Journal, 18 septembre 1949.

27. Journal, non daté, août 1948.

28. Le cinéaste Gilles Carle, frère de Guy, a raconté ce voyage mémorable dans une entrevue accordée au journaliste Wilfrid Lemoine à la télévision de Radio-Canada, sous le titre « La vraie nature d'un cinéaste », 17 juin 1970, archives de Radio-Canada, Centre d'archives Gaston-Miron (CAGM), Université de Montréal.

29. L'expression est de Christine Tellier, dans son ouvrage sur les années qui ont précédé la fondation des Éditions de l'Hexagone, *Jeunesse et poésie. De l'Ordre de Bon temps aux Éditions de l'Hexagone,* Montréal, Fides, « Nouvelles études québécoises », 2003. L'auteure a réalisé des entrevues en 1997 tant avec Gilles qu'avec Guy Carle, et elle consacre des pages importantes aux deux jeunes hommes et à l'histoire de leur famille (surtout p. 107-125). Voir aussi : Gilles Carle, *La Nature d'un cinéaste,* Montréal, Liber, 1999, dans lequel il évoque sa jeunesse.

30. On peut penser à la nouvelle de Cesare Pavese, « Le diable sur les collines », dans *Le Bel Été,* traduit de l'italien par Michel Arnaud, Paris, Gallimard, 1972 [1955], p. 89-213.

31. Journal, 4 mai 1948.

32. Quelques lettres ou fragments de lettres du Cercle Québec ont été conservées par Gaston Miron dans ses archives, AMAB.

33. Lettre de Guy Carle aux membres du Cercle Québec, hiver 1951, AMAB.

34. Texte non daté de Gilles Carle adressé « À tous les membres du Cercle Québec », AMAB.

35. Lettre de Guy Carle aux membres du Cercle Québec, hiver 1951, AMAB.

36. Journal, 10 juillet 1946.

37. Voir « Ma bibliothèque idéale », *HR*, p. 188-190.

38. Cité par Christine Tellier, *Jeunesse et poésie*, p. 119.

39.   Journal, 25 mars 1949.

40.   *Ibid.*, 7 octobre 1949.

41.   Miron note dans son journal cette confidence à Olivier Marchand, le 24 août 1948. Le manifeste des Automatistes vient alors de paraître, le 9 août, aux Éditions Mythra-Mythe, sans que Miron y fasse toutefois référence.

42.   Pour des précisions biographiques plus détaillées sur Olivier Marchand, voir Christine Tellier, *Jeunesse et poésie*, surtout p. 90-97.

43.   Ce sont là les deux premiers vers de *La Quête de joie*, publié d'abord en 1939. Pour une édition moderne, voir Paris, Gallimard, « Poésie », 1967. Miron raconte sa découverte de ce livre dans plusieurs entrevues ainsi que dans un commentaire marginal de l'édition de luxe de *L'Homme rapaillé*, L'Hexagone, 1994, p. 32.

44.   Saint-Denys Garneau, « Petite fin du monde », *Regards et jeux dans l'espace*, Montréal, BQ, 1993, p. 75.

45.   Journal, 1er avril 1948.

46.   Les Éditions de l'Hexagone publieront d'abord le nouveau recueil de Grandbois, *L'Étoile pourpre*, en 1957, avant de présenter une édition complète des *Poèmes*, incluant *Les Îles de la nuit* et *Rivages de l'homme*, en 1963, ce qui prépare le création de la collection « Rétrospectives », l'une des plus fameuses de l'Hexagone.

47.   *Ma désolée sereine*, *Deux Sangs* (ci-après *DS*), p. 67 ; *HR*, p. 41.

48.   Miron note cette journée de ski au mont Royal en date du 20 février 1950 dans son journal.

49.   Journal, 1er mai 1950.

50.   Journal, 14 novembre 1947.

51.   Journal, 12 mai 1948.

52.   Carnet de notes, 1948.

53.   Journal, 11 septembre 1948.

54.   Épisode raconté dans son journal, 23 octobre 1949.

55.   Journal, 15 octobre 1949.

56.   Journal, 1er mai 1950.

57.   La raison sociale de cet hôtel peut étonner, puisqu'il existe un hôtel beaucoup plus connu portant ce nom à Saint-Faustin, sur les bords du lac Supérieur, au pied du mont Éléphant. Voulant profiter de la proximité de la clientèle montréalaise, les propriétaires avaient toutefois ouvert une auberge du même nom sur les bords du lac des Deux-Montagnes, à une époque où la villégiature se développait à Pointe-Calumet. Quelques brouillons de poèmes ou d'essais écrits par Miron au cours de l'été où il y travaille sont d'ailleurs rédigés sur du papier à en-tête portant l'adresse du Mount Elephant Lodge de Saint-Faustin, ce qui semble indiquer que l'hôtel de Pointe-Calumet était considéré comme une simple annexe.

58.   Journal, 8 septembre 1949.

59.   Journal, 1er juin 1949.

60.   Lettre à Guy Carle, 7 décembre 1949.

61.   Voir le texte de Gérard A. Boudreau, « Au revoir, Gaston », dossier « Miron le magnifique », *L'Action nationale*, vol. LXXXVII, n° 9, septembre 1997, p. 250-257. Plusieurs lettres de Gérard Boudreau à Gaston Miron, datant de 1947, 1948

et 1949, ont été retrouvées dans les archives du poète (AMAB). Les lettres de Miron à Boudreau sont par contre manquantes.

62. *J'parl' pour parler*, dans Laurent Mailhot et Pierre Nepveu, *La Poésie québécoise des origines à nos jours*, Montréal, Typo, 1986, p. 152. Jean Narrache, de son vrai nom Émile Coderre, avait publié deux recueils qui connurent une grande popularité durant les années de la crise : *Quand j'parl' tout seul*, en 1932, et *J'parl' pour parler*, en 1939. Gaston Miron note dans son journal du 13 novembre 1947 qu'il vient d'entendre à la Bibliothèque municipale Jean Narrache, qu'il décrit comme « un type de pauvre hère ». Il le réentend le 25 août 1948 au cours d'une fête musicale et dansante au parc La Fontaine.

63. *Les Prolétaires* et *Paroles aux compagnons*, dans Laurent Mailhot et Pierre Nepveu, *La Poésie québécoise des origines à nos jours*, p. 217-218.

64. *La Mort temporelle*, poème dactylographié joint à une lettre à Gérard Boudreau. Si la lettre de Miron est manquante, Boudreau l'a sûrement reçue en avril ou au début de mai 1949 puisque dans sa lettre à Miron datée du 16 mai, il dit avoir hâte de lire la suite de ce poème qui l'a beaucoup impressionné.

65. *ULC*, p. 180.

66. Paul-Marie Lapointe, *Le Réel absolu*, L'Hexagone, 1971, p. 63.

67. Roland Giguère, *L'Âge de la parole*, Montréal, Éditions de l'Hexagone, 1965, p. 11.

68. Miron conservait plusieurs ébauches et fragments de ce récit de Cadou dans ses archives personnelles, ainsi qu'un plan de *Ferveurs*, en sept parties (AMAB). Le nom de Cadou demeure d'origine obscure mais pourrait avoir été suggéré à Miron par la figure douloureuse du poète français René-Guy Cadou.

69. Fragment de l'histoire de Cadou, vers 1949, AMAB.

70. Journal, 21 janvier 1948.

71. Les lettres de Miron à Guy Carle, au nombre d'une quinzaine, ont été obtenues du destinataire par Christine Tellier. La première lettre date du 7 décembre 1949 et la dernière, du 12 juin 1951. Mariloue Ste-Marie a préparé l'édition de la correspondance de Miron dans le cadre de sa thèse de doctorat (voir la bibliographie des œuvres de Gaston Miron dans la section « Sources » du présent ouvrage). Ces lettres à Guy Carle sont d'un intérêt inestimable pour ce qui concerne la vie sociale et culturelle de Miron au tournant des années 1950.

72. Avant l'ouverture de grandes salles de spectacle et de concert comme celles de la Place des Arts, inaugurée seulement en 1963, c'est au Plateau, dans le parc La Fontaine, que sont présentés à l'époque la plupart des concerts symphoniques et des ballets.

73. Journal, 21 décembre 1949. D'après cette note, Miron serait allé au Faisan Doré quelques semaines plus tôt, probablement à la fin novembre.

74. Lettre de Miron à Guy Carle, 7 décembre 1949.

75. « Estampe morte », dans un ensemble de six poèmes manuscrits regroupés sous le titre « Cheminements », daté de 1949, AMAB.

76. « La Voix », poème tapuscrit daté de 1949, AMAB.

77. *HR*, p. 31-33.

78. « Tempête », dans « Cheminements ».

79. « Drame », *ibid.*

80. « Départ », *ibid.*

81. Sur le Caveau, voir Marcel Fortin, « Le Caveau d'Ottawa : une troupe amateur en quête de légitimité (1932-1951) », *Theater Research in Canada / Recherches théâtrales au Canada*, vol. 7, n° 1, printemps 1986, p. 33-49.

82. Lettre à sa mère, 6 juin 1949.

83. Lettre à sa mère, 12 juin 1948.

84. Lettre à sa mère, 12 juin 1948.

85. Lettre à sa mère, 30 juin 1949.

86. Gaston Miron, *PÉ*, p. 73. Voir la note explicative, p. 117, sur l'histoire de ce poème que publie d'abord *Le Courrier littéraire*, n° 3, décembre 1949, p. 73.

87. Lettre du père H. M. Robillard à Gaston Miron, 27 juin 1949, AMAB.

88. *PÉ*, p. 74 ; voir aussi la note explicative, p. 118. Le poème, qui a désormais pour titre *Les Bras solitaires*, paraît tout comme le précédent dans *Le Courrier littéraire* n° 3, p. 74.

89. *HR*, p. 76.

90. Lettre de H. M. Robillard à Gaston Miron, 5 juillet 1949, AMAB.

91. *Désemparé*, *Amérique française*, vol. 10, n° 4, juillet-août 1952, p. 67 ; *PÉ*, p. 73 ; *Les Bras solitaires*, *DS*, p. 55-56 ; *PÉ*, p. 74.

CHAPITRE 5 • Routes et danses carrées

1. Journal, 9 mai 1950.

2. Georges Huber, « S.S. Pie XII. Déclarations importantes », *La Patrie*, 1er mai 1949, p. 62. Cet article ainsi que l'essai qu'a rédigé Miron, « L'immigration et le Québec, 1949 », se trouvent dans le FGM.

3. Voir à ce sujet l'ouvrage de Jean-Claude Corbeil, *L'Embarras des langues. Origine, conception et évolution de la politique linguistique québécoise*, Montréal, Québec Amérique, 2007. Un chapitre sur les politiques d'immigration les fait remonter à la crise linguistique de Saint-Léonard en 1967 et à la création du ministère de l'Immigration en 1968.

4. « L'existence d'une littérature canadienne », FGM.

5. *Déclaration* et *La Route que nous suivons*, *HR*, p. 52-53.

6. « jeune fille plus perdue que toute la neige / les ans s'encordent sur mes longueurs de solitude », dans *Jeune Fille*, *HR*, p. 57.

7. Journal, 26 octobre 1949.

8. Journal, 18 septembre 1949.

9. Tout cela se trouve évoqué dans le journal de Miron, automne 1949.

10. Journal, 19 novembre 1949.

11. Journal, 17 janvier 1950.

12. Journal, 19 janvier 1950.

13. Journal, 20 février 1950.

14. Journal, 19 janvier 1950.

15. Journal, 1er mai 1949.

16. Voir Guy Messier, « L'Ordre de Bon Temps », appendice à Christine Tellier, *Jeunesse et Poésie. De l'Ordre de Bon temps aux Éditions de l'Hexagone*, Montréal, Fides, « Nouvelles études québécoises », 2003, p. 282.

17. Pour le récit de la fondation de *Cité Libre*, voir Gérard Pelletier, *Les Années d'impatience : 1950-1960*, Montréal, Stanké, 1983, p. 147-157.

18. *Le Devoir*, 15 avril 1950, p. 8-9. Miron mentionne cette lecture dans sa lettre à Guy Carle, 19 avril 1950.

19. Voir à ce sujet les chapitres 3, 4 et 5 du livre de Stéphanie Angers et Gérard Fabre, *Échanges intellectuels entre la France et le Québec : 1930-2000. Les réseaux de la revue* Esprit *avec* La Relève, Cité Libre, Parti pris *et* Possibles, Paris, L'Harmattan ; Québec, PUL, 2004, p. 48-116.

20. Lettre à Guy Carle, 28 mai 1950, archives personnelles Guy Carle, MSM. Toutes les références ultérieures aux lettres à Guy Carle viennent de ce fonds privé, d'abord recueilli par Christine Tellier. Pour l'édition critique de ces lettres, voir Mariloue Sainte-Marie, « Écrire "du fond de cette attente éparpillée partout dans la foule". Édition critique des lettres de Gaston Miron (1949-1965) », thèse de doctorat, Québec, Université Laval, 2010.

21. Voir à ce sujet Christine Tellier, *Jeunesse et poésie*, p. 95-97.

22. Gil La Roche (réalisation) et Jacques Bobet (scénario et texte), *Vieux Airs… nouveaux pas*, Montréal, ONF, 1949, 21 min.

23. Lettre à Guy Carle, 23 janvier 1950, AGC, MSM.

24. *Cris de victoire*, poème inédit daté de janvier 1950, AMAB.

25. Lettre de Claude Gauvreau, 16 février 1950, dans Claude Gauvreau et Jean-Claude Dussault, *Correspondance, 1949-1950*, Montréal, Éditions de l'Hexagone, 1993, p. 147.

26. Lettre à Guy Carle, 27 mars 1950, AGC, MSM.

27. Miron rapporte à Guy Carle sa présence à ce défilé de mode dans sa lettre du 14 février 1950, AGC, MSM.

28. Lettre à Guy Carle, 29 décembre 1949, AGC, MSM.

29. Lettre à Guy Carle, 4 avril 1950, AGC, MSM.

30. Journal, 30 mars 1950.

31. Lettre à Guy Carle, 19 avril 1950, AGC, MSM.

32. Lettre à Guy Carle, 19 avril 1950, AGC, MSM.

33. Lettre à Guy Carle, 17 mars 1950, AGC, MSM.

34. Lettre à Guy Carle, 19 avril 1950, AGC, MSM.

35. Carnet de notes, 15 mai 1950.

36. « La marche à l'amour », *HR*, p. 61. L'italique est de moi.

37. Lettre à Guy Carle, 28 mai 1950, AGC, MSM.

38. Lettre à Guy Carle, 16, 20 et 21 juin 1950, AGC, MSM.

39. Journal, 6 avril 1949.

40. *Les Enfants de* Refus global, titre du film de Manon Barbeau, Montréal, ONF, 1998, 74 min.

41. *Séquences* de *La Batèche*, *HR*, p. 78.

42. Dans sa nouvelle lettre à Guy Carle, datée des 2, 4 et 7 juillet 1950, AGC, MSM. On retrouve aussi le mot *hahuri* dans certaines notes et quelques brouillons de l'époque.

43. Carnet, 20 juillet 1950.

44. Carnet, 26 juillet 1950.

45. Gérard Pelletier, *Histoire des enfants tristes. Un reportage sur l'enfance sans soutien dans la province de Québec*, Montréal, Action nationale, 1950.

46. Gérard Pelletier, *Les Années d'impatience, 1950-1960*, p. 156-157.
47. Cette commémoration officieuse de la mort de Balzac a déjà été évoquée par Gilles Marcotte dans une émission en hommage à Gaston Miron diffusée sur France Culture en 1998, et elle est racontée par Henri Tranquille lui-même dans *Entretiens sur la passion de lire. Henri Tranquille interviewé par Yves Beauchemin*, Montréal, Québec Amérique, 1993, p. 191-193.
48. Carnet, 21 juillet 1950.
49. Louis Pronovost, *Les Godillots de feu. Une histoire du Clan Saint-Jacques*, Sillery, Septentrion, 2000, p. 19.
50. *Ibid.*, p. 23.
51. *HR*, p. 64.
52. Carnet, août 1949.
53. Pierre Vallières fait un long récit très éloquent de ce milieu dans *Nègres blancs d'Amérique. Autobiographie précoce d'un « terroriste » québécois*, Montréal, Parti pris, 1968. Voir la deuxième partie : « Le royaume de l'enfance », p. 91-138 (réédition : Montréal, Québec Amérique, 1979).
54. Le contrat entre la Municipalité scolaire de Longueuil et Gaston Miron, en date du 13 septembre 1950, se trouvait dans les archives personnelles du poète (AMAB). Ce contrat précise que l'employé s'engage à fournir « un certificat médical attestant qu'il n'a pas la tuberculose ni aucune autre infirmité ou maladie le rendant impropre à l'enseignement ».
55. Selon les chiffres de Statistique Canada, Gouvernement du Canada, pour l'année 1950.
56. Lettre à Guy Carle, 23 septembre 1950, AGC, MSM.
57. Lettre à Gilles Carle et à ses amis du Cercle Québec, 20 février 1951, AGC, MSM.
58. Jérôme Choquette, « Notre scoutisme colle-t-il au réel ? », *Godillot*, VIIIᵉ année, nº 32, octobre 1949, p. 11-12. Plusieurs réponses ont été publiées dans le numéro suivant de *Godillot* (VIIIᵉ année, nº 33, novembre 1949, p. 5-15.)
59. Pierre Vadeboncœur, « L'irréalisme de notre culture », *Cité Libre*, vol. 1, nº 4, décembre 1951, p. 20-26 ; « Pour une dynamique de notre culture », *Cité Libre*, vol. 2, nᵒˢ 1-2, juin-juillet 1952, p. 12-19.
60. Voir Guy Messier, « Appendice : L'Ordre de Bon Temps », dans Christine Tellier, *Jeunesse et poésie*, p. 282.
61. « Je sens le froid humain de la quarantaine d'années », *Art poétique*, *HR*, p. 147.
62. L'anecdote est racontée dans Christine Tellier, *Jeunesse et poésie*, p. 160.
63. Dans le film d'André Gladu, *Gaston Miron. Les outils du poète*, 1994.
64. *La Galette*, vol. III, nᵒˢ 1-2, septembre-octobre 1951, p. 11.
65. Voir Guy Messier, « Rapport du Conseil national tenu au camp de Vaudreuil du 25 juin au 3 juillet 1950 », FGM.
66. Carnet, 3-4 mars 1951.
67. Carnet, entrée non datée, mais vraisemblablement de 1950 ou 1951.
68. Cahier de notes, 27 mai 1951.
69. *Solitaire*, publié dans *Deux Sangs* sous le titre *Les Bras solitaires* ; *PÉ*, p. 74.
70. Lettre à Guy Carle, 12 juin 1951, AGC, MSM.
71. Lettre à Guy Carle, 29 mai 1951, AGC, MSM.

72. Carnet, 12 juin 1951.
73. Voir Louis Pronovost, *Les Godillots de feu*, p. 44-45.
74. Voir Guy Messier, « L'Ordre de Bon Temps », appendice à Christine Tellier, *Jeunesse et poésie*, p. 293-294.
75. Rapport du camp national de l'OBT, du 2 au 10 septembre 1950, FGM. Voir Louise Bienvenue, dans *Quand jeunesse entre en scène. L'Action catholique avant la Révolution tranquille*, Montréal, Boréal, 2003, sur le thème de l'ouverture au monde et de l'internationalisme dans les mouvements de jeunesse des années 1940 et 1950.
76. *Ma désolée sereine*, *HR*, p. 41 ; « l'ami des jours », dans ce poème, c'est Olivier [Marchand].
77. *HR*, p. 61.
78. *HR*, p. 85-86.
79. Le poème *Bonjour Ambroise* a été publié dans Pierre Valcour (dir.), *Ambroise… tout court*, Sillery, Septentrion, 1999, p. 21-22. Repris dans Gaston Miron, *ULC*, p. 213-215.
80. *Ibid.*, p. 214-215.
81. *HR*, p. 95.
82. Dossier OBT, FGM.

CHAPITRE 6 • DE JOURNALISTE À ÉDITEUR

1. Lettre à Gilles Cantin, 20 février 1952, AMAB.
2. Lettre à sa mère, 28 septembre 1951.
3. L'anecdote est racontée par Louis Pronovost, *Les Godillots de feu. Une histoire du Clan Saint-Jacques*, Sillery, Septentrion, 2000, p. 93, mais elle est aussi fraîche à la mémoire des gens qui ont côtoyé Miron à l'époque, notamment Claude Caron, Mathilde Ganzini et Olivier Marchand.
4. *En chemin*, *La Galette*, vol. IV, n° 1, septembre 1951, p. 9. On trouvera aussi la version intégrale de ce poème dans Christine Tellier, *Jeunesse et poésie. De l'Ordre de Bon Temps aux Éditions de l'Hexagone*, Montréal, Fides, « Nouvelles études québécoises », 2003, p. 167.
5. « De la lecture », *La Galette*, vol. IV, n° 7, juin 1952, p. 131.
6. Gabriel Marcel, *Le Monde cassé, pièce en quatre actes* suivi de *Position et approches concrètes du mystère ontologique*, Paris, Desclée, de Brouwer & cie, 1933, p. 285. Cité dans un carnet, hiver 1951.
7. Carnet, août-octobre 1951.
8. Emmanuel Mounier, *Le Personnalisme*, dans *Œuvres*, *tome III, 1944-1950*, Paris, Éditions du Seuil, 1962, p. 458.
9. Gaston Miron, « Aphorismes », *La Galette*, vol. III, n°s 9-10, juin 1951, p. 166.
10. La famille Von Trapp, célèbre pour ses concerts choraux, avait fui son Autriche natale sous la persécution nazie en passant en Suisse avant d'immigrer en Amérique et de s'installer à Stowe, dans le Vermont.
11. G.M.-L.P. [pour Gaston Miron et Louis Portugais], *La Galette*, vol. V, n° 1, septembre 1952, p. 9.

12. Paru dans *La Galette,* vol. III, nº 6, printemps 1951 ; repris en annexe à Gaston Miron, *ULC,* p. 475-477.

13. Guy Messier, « De la valeur de la critique négative », *La Galette,* vol. IV, nº 1, septembre 1951, p. 8.

14. Gaston Miron, « Une visite au jamboree », *Godillot,* XIᵉ année, nº 43, octobre-novembre 1951, p. 470-474.

15. « Lettre du comité national », *La Galette,* IV, nº 3, mars 1952, p. 41.

16. Gaston Miron, « Et voici que nous démarrons… », *ibid.,* p. 45.

17. Gaston Miron, « La route sur le pouce », *La Galette,* vol. IV, nº 7, juin 1952, p. 136.

18. Texte d'Ambroise Lafortune de source inconnue cité par Miron, « La route sur le pouce », *La Galette,* vol. IV, nº 7, juin 1952, p. 136.

19. Pierre Elliott Trudeau, « L'ascétisme en canot », *À contre-courant. Textes choisis, 1939-1996,* choix et présentation de Gérard Pelletier, Montréal, Stanké, 1996, p. 23.

20. Julien Labedan, « Esprit et alpinisme », *Godillot,* XIIᵉ année, nº 49, 20 septembre 1953, p. 13. L'article avait d'abord été publié dans *La Galette,* qui en a autorisé la reproduction.

21. Voir Yves Lavertu, *L'Affaire Bernonville. Le Québec face à Pétain et à la Collaboration (1948-1951),* Montréal, VLB éditeur, 1994. Julien Labedan y figure en bonne place parmi plusieurs collaborateurs pétainistes réfugiés au Canada à la suite de leur condamnation en France. Le plus fameux, Jacques de Bernonville, qui n'avait pas caché ses sympathies nazies, est alors vigoureusement défendu par un groupe de nationalistes québécois de droite menés par l'historien Robert Rumilly, mais où figurent aussi des noms aussi connus que le maire de Montréal Camillien Houde et le journaliste Roger Duhamel. Sur Julien Labedan, voir notamment p. 67, 95 et 128.

22. Louis Portugais, *La Galette,* vol. V, nº 5, janvier 1953, p. 75.

23. Gaston Miron, « Les livres. *D'estoc et de taille* », *Godillot,* XIᵉ année, nº 45, mai 1952, p. 28-30. La brochure du chanoine Drouin, auteur de nombreux ouvrages sur le scoutisme, n'est pas répertoriée par la Bibliothèque nationale du Québec.

24. Louis Portugais, « Un peu d'histoire », *La Galette,* vol. IV, nº 3, mars 1952.

25. Voir plus loin, chapitre 9, p. 366-367.

26. *Journal,* 25 février 1948.

27. Deux de ces rapports se trouvent dans le FGM. Tous deux sont signés conjointement par Gaston Miron et Louis Portugais « avec l'assentiment de l'équipe de *La Galette* ». Le premier est daté du 22 juin 1952, le second est signé du 16 et du 17 janvier 1953 (mais dans ce cas, l'en-tête est fautif, puisqu'il présente ce « mémoire » en vue d'une assemblée spéciale du Conseil national de l'OBT « à Montréal, les 17 et 18 janvier *1952* » (il faut lire : 1953).

28. Il en est ainsi du rapport que Miron rédige à ce titre en 1968 : « Texte de l'Association des éditeurs canadiens. Rapports [*sic*], considérations générales et terminales par Gaston Miron, délégué de l'AÉC à titre d'agent littéraire », *ULC,* p. 354-371.

29. Voir les témoignages et les documents cités par Christine Tellier, *Jeunesse et poésie,* surtout p. 196-197.

30. *Journal,* 1ᵉʳ mai 1950.

31. Carnet, 10 juillet 1950.
32. « elle aimait bien celui qui cache son visage », *Jeune Fille*, *HR*, p. 57. Les premières versions de ce poème datent justement de 1953.
33. Lettre à Andrée Maillet-Hobden, 9 mai 1952, FGM, MSM.
34. Ces formulaires ont été conservés dans les archives de l'Hexagone (AÉH).
35. Voir à ce sujet Christine Tellier, *Jeunesse et poésie*, p. 197-198.
36. Voir René Char, « Lettres à Jean-Guy Pilon », *Liberté*, n° 277, septembre 2007, p. 7-21.
37. *Le Devoir*, 30 mai 1953, p. 7 [sans titre].
38. Voir Christine Tellier, *op. cit*, p. 193.
39. Bien que l'inscription « Montréal, juin 1953 » apparaisse à la fin de *Deux sangs*, une lettre de Miron à Gilles Carle datée du 30 juin 1953 montre clairement que le livre était toujours à cette date chez l'imprimeur (fonds Gilles-Carle, BAC).
40. Une liste d'invités dressée par Miron (FGM) donne plutôt le vendredi 31 juillet comme date du lancement, mais celle-ci a pu être modifiée. Claude Haeffely, qui a rencontré Miron pour la première fois à cette occasion et a conservé des notes, affirme que le lancement a eu lieu le samedi précédent, 25 juillet (voir « Gaston Miron, événements et rencontres avec Claude Haeffely ou la petite histoire d'une longue amitié », dans Simone Bussières (dir.), *Les Adieux du Québec à Gaston Miron*, Montréal, Guérin littérature, 1997, p. 125). Christine Tellier (*Jeunesse et poésie*, p. 15) se range à cet avis.
41. Christine Tellier, *ibid.*, p. 16, note 3.
42. Par exemple, Claude Haeffely, dans le témoignage cité ci-dessus (voir note 40) substitue Hélène Pilote [*sic*] à Mathilde Ganzini dans sa liste des six fondateurs de l'Hexagone (*Les Adieux du Québec à Gaston Miron*, p. 125).
43. *DS*, p. 66 ; *Je t'écris*, *HR*, p. 39-40.

DEUXIÈME PARTIE : 1953-1959

CHAPITRE 7 • LA LÉGENDE D'ISABELLE

1. Extrait de *Paroles du très-souvenir*, FGM, reproduit dans Caroline Chouinard, « Fragments des mémoires d'un poème. Lecture génétique de "La marche à l'amour" (1952-1962) de Gaston Miron », mémoire de maîtrise, Montréal, Université de Montréal, 2005, p. 108.
2. *HR*, p. 64.
3. « Salut à toi territoire de ma poésie », dans *Compagnon des Amériques*, *HR*, p, 102.
4. *Jeune Fille*, *HR*, p. 57.
5. Manuscrit inédit (tapuscrit) de « La Bataille de soi », écrit sans doute en 1953-1954, n.p., AMAB. Plusieurs détails concernant la rencontre avec Isabelle Montplaisir sont consignés dans ce récit. En outre, un grand nombre de lettres de Miron (renvoyées par Isabelle Montplaisir au moment de leur rupture) ainsi que quelques lettres de celle-ci ont été retrouvées par Marie-Andrée Beaudet dans les archives du poète et permettent souvent de suivre l'évolution et le dénouement malheureux de leur relation.
6. « Vous pouvez vous imaginer quelle révolution ça m'a fait », « La Bataille de soi ».

7. Carnet, dimanche 8 juin 1952.

8. Lettre de Miron à Isabelle Montplaisir, 26 juin 1952, AMAB. Toutes les références ultérieures à la correspondance entre Miron et Isabelle Montplaisir ont la même source.

9. L'Union nationale de Duplessis obtient 51 % des voix et décroche 68 sièges sur 92 aux élections du 16 juillet 1952.

10. Lettre à Isabelle Montplaisir, 5 août 1952, AMAB.

11. Cité dans sa lettre non datée à Isabelle Montplaisir (mais sûrement vers le 10 juillet 1952), AMAB.

12. Lettre du 12 août 1952 à Isabelle Montplaisir, AMAB. L'en-tête « Montréal ma grand'ville » apparaît dans la plupart des lettres à Isabelle Montplaisir écrites en 1952.

13. Lettre du 14 septembre 1952 à Isabelle Montplaisir, AMAB. Les mots « après tout ça » ont été soulignés au crayon par la destinataire.

14. Lettre de Miron à Isabelle Montplaisir, 3 janvier 1953, AMAB.

15. Note, 4 mars 1962.

16. Lettre de Miron à Isabelle Montplaisir, datée de 1953, sans précision du jour, AMAB. Mais plusieurs indices permettent de conclure que cette missive suit de quelques jours seulement une autre lettre datée du 31 janvier. Il s'agit donc sans nul doute des tout premiers jours de février 1953.

17. Lettre de Miron à Isabelle Montplaisir, 3 janvier 1953, AMAB.

18. Extrait de *Paroles du très-souvenir*. Voir à ce sujet Caroline Chouinard, « Fragments des mémoires d'un poème », surtout le chapitre III, p. 88-121. Une partie de cette suite est reproduite dans le mémoire aux pages 109-111.

19. Dans l'entretien avec Pierre Paquette sur les ondes de Radio-Canada en 1976 (réalisation d'André Hamelin ; publié dans Gaston Miron, *AD*), Miron, après avoir chanté *Un soir m'y promenant*, la chanson de Saint-Élie-d'Orford que lui avait apprise DesRochers, s'aventure dans une analyse ethno-folklorique qui oppose les « chansons du Nord », plus frustes, aux « chansons du Sud », qui seraient plus complexes mélodiquement.

20. « Journal, 28 février 1953 » : deux feuillets tapuscrits accompagnés d'un autre ayant pour titre « Mon journal pour toi » et daté des 2, 3 et 4 mars 1953.

21. « Corneille, ma noire »…, *La Corneille*, *HR*, p. 150-151.

22. Annotation manuscrite d'Isabelle Montplaisir, au bas du deuxième feuillet du « Journal, 28 février » que lui a envoyé Miron, AMAB.

23. Lettre à Isabelle Montplaisir, 23 mars 1953, AMAB.

24. Archives personnelles Olivier Marchand et Mathilde Ganzini.

25. Jean Rousselot, *Panorama critique des nouveaux poètes français d'aujourd'hui*, Paris, Seghers, « Poètes d'aujourd'hui », 1952.

26. Archives personnelles Olivier Marchand.

27. Conférence « Parcours et non-parcours » donnée par Miron à l'Université de Montréal, le 28 mars 1990 ; *ULC*, p. 159-184 (citation, p. 179).

28. Entretien avec Jean Larose d'abord diffusé à l'émission *Littératures actuelles*, réalisation d'André Major, radio FM de Radio-Canada, Montréal, les 30 septembre et 7 octobre 1990. Rediffusé le 18 décembre 1996, quelques jours après le décès du poète, avec des interventions de Jacques Brault et d'André Major.

La transcription a été publiée sous le titre « Gaston Miron par lui-même » dans *Liberté*, n° 233, « Hommage à Gaston Miron », octobre 1997, p. 11-55, et dans André Major (dir.), *L'Écriture en question. Entretiens radiophoniques avec onze écrivains*, Montréal, Leméac, « L'Écritoire », 1997, p. 123-157. Repris dans Gaston Miron, *AD*, p. 229-266.

29. Lettre à Andrée Maillet-Hobden, 9 mai 1952, FGM, MSM.

30. Lettre à Isabelle Montplaisir, juillet 1952, AMAB.

31. « Journal, 28 février 1953 ».

32. Miron mentionne ces lieux de la bohème montréalaise dans sa conférence « Parcours et non-parcours », *ULC*, p. 178.

33. Voir Georges Dor, *Mémoires d'un homme de parole*, introduction et choix de textes par Bruno Roy, Montréal, Fides, 2002, p. 173-174.

34. Claude Gauvreau, *Beauté baroque*, dans *Œuvres créatrices complètes*, Montréal, Parti pris, 1977, p. 382.

35. L'anecdote, qui se serait déroulée au Moulin rouge, a été racontée par Miron lui-même dans la série d'émissions *Les Vingt-Cinq Ans de l'Hexagone* diffusée sur la chaîne culturelle de Radio-Canada en novembre 1978. Il l'a reprise dans une entrevue inédite accordée en 1985 au professeur anglais Cedric May, de l'Université de Birmingham, vidéo, archives personnelles Cedric May.

36. Propos rapportés par Yrénée Bélanger, « Gaston Miron. Un homme et une œuvre en marche », thèse de doctorat, Université de Montréal, Département d'études françaises, 1985, vol. 1, p. 102.

37. Carnet, 8 juillet 1952.

38. Sylvain Garneau, *Objets trouvés*, préface d'Alain Grandbois, Montréal, Éditions de Malte, 1951. Repris dans l'édition de son œuvre complète, *Objets retrouvés. Poèmes et proses*, introduction et notes de Guy Robert, Montréal, Librairie Déom, « Poésie canadienne 11-12 », 1965, p. 173-245 (préface de Grandbois, p. 177-179).

39. Le fait est souligné par Marie-Thérèse Lefebvre, *André Mathieu. Pianiste et compositeur (1929-1968)*, Montréal, Lidec, 2006, p. 36. Elle mentionne aussi les noms de l'écrivain André Pouliot et du comédien Jean Saint-Denis.

40. Dans ses mémoires, l'abbé Ambroise évoque cet épisode qui aurait eu lieu selon lui dès le début des années 1950 : voir Ambroise Lafortune, prêtre, *Heureux qui comme Ambroise…*, Montréal, Leméac, 1981, p. 51-57.

41. Ambroise Lafortune, « Le suicide de Gaston Miron », *ibid.*, p. 50-57.

42. Coupure d'un journal non identifié, 28 août 1955, AÉH.

43. « Je n'ai pas eu de chance dans la baraque de vie », *Déclaration*, *HR*, p. 52.

44. *Le Laid*, *Deux Sangs*, p. 49 ; *PÉ*, p. 76.

45. Gaëtan Picon, *Panorama de la nouvelle littérature française*, Paris, Éditions du Point du jour, 1949.

46. Carnet, 14 mars 1953.

47. Gaston Miron, « Fenêtre ouverte », *La Galette*, vol. V, n° 5, janvier 1953, p. 88. Le décès de Paul Éluard était survenu le 18 novembre 1952, à Charenton-le-Pont, près de Paris.

48. André Breton, René Char et Paul Éluard, *Ralentir travaux*, Paris, José Corti, 1989, p. 29.

49. *Arrière-souvenir*, dédié « à Isabelle Montplaisir », d'abord publié dans *Amérique française*, vol. 11, n° 6, décembre 1953, p. 20 ; *PÉ*, p. 79-80.

50.   « Journal, 28 février 1953 ».

51.   *Mon bel amour*, *DS*, p. 44 ; *HR*, p. 26 (avec quelques variantes).

52.   *Ma ravie*, *DS*, p. 65 ; *HR*, p. 39 (avec quelques variantes).

53.   Poème inédit, reproduit en fac-similé dans Caroline Chouinard, « Fragments des mémoires d'un poème », p. 93.

54.   Poème inédit, AMAB.

55.   *Séquences*, *HR*, p. 76.

56.   Lettre à Guy Carle, 21 juin 1950, AGC, MSM.

57.   Note non datée (mais sûrement de 1953).

58.   « Je t'envoie, ici, des extraits d'un long récit que j'ai écrit, qui n'est pas encore terminé. C'est un peu notre histoire », écrit Miron dans une lettre à Isabelle Montplaisir datée du 6 août 1953, AMAB.

59.   « La Bataille de soi ».

60.   « Je traverse des jours de miettes de pain / la nuit couleur de vin dans les caves », *Séquences*, *HR*, p. 76.

61.   Gaston Miron, « Poussières de mots. Notes inédites », présentation de Pierre Nepveu, *Contre-jour*, n° 5, hiver 2004, p. 16.

62.   *Ibid.*, p. 18.

63.   Note non datée, mais sûrement de 1953 ou 1954.

64.   *La Marche à l'amour*, *HR*, p. 60.

65.   *HR*, PUM, p. 58. Miron devait par la suite corriger ce vers et écrire plutôt : « je voudrais m'enfoncer dans la *nord* nuit de métal », *HR*, p. 92.

66.   Note non datée (1953 ou 1954). Voir le vers d'*Héritage de la tristesse* : « et par à travers les tunnels de son absence, un jour », *HR*, p, 85.

67.   Note, 16 mars 1954. Ces vers se trouvent dans la section 1 des *Courtepointes*, *HR*, p. 161.

68.   *La Braise et l'humus*, *HR*, p. 91.

69.   *L'Homme fini*, écrit à cette époque, est le premier titre du poème *Fait divers*, *HR*, p. 49. Miron commentera ce poème dans une lettre envoyée à Andrée Maillet le 10 mars 1954.

70.   Note, 6 août 1953. Il n'est pas certain que Miron l'ait envoyée à Isabelle Montplaisir.

71.   *Rue Saint-Christophe*, *HR*, p. 167.

72.   Lettre de Miron à Isabelle Montplaisir, 3 décembre 1953.

73.   Acheté à l'encan d'Iégor de Saint-Hippolyte en 2003 par Mme Marie-Ève Varon, le manuscrit n'a jamais pu être retrouvé par la suite, malgré de nombreux efforts, notamment ceux de Caroline Chouinard au moment de l'écriture de son mémoire sur la genèse de *La Marche à l'amour*, en 2004-2005 (voir note 1).

74.   FGM et AMAB.

75.   Jacques Brault, *Miron le magnifique*, Montréal, Université de Montréal, « Conférences J. A. de Sève », n° 6, 1966. Cette conférence a ensuite paru dans Jacques Brault, *Chemin faisant*, Montréal, La Presse, 1975, p. 19-48. Une version annotée a enfin été publiée dans Jacques Brault, *Chemin faisant*, Montréal, Boréal, 1994, p. 21-55.

76.   *Jeune Fille*, *HR*, p. 57.

CHAPITRE 8 • LA JEUNESSE DE L'HEXAGONE

1. Lettre à Gilles Carle, 30 juin 1953, fonds Gilles-Carle, BAC.
2. Un carnet de notes de Miron situe explicitement ce voyage au 10 septembre 1950. En outre, Christine Tellier a pu retrouver dans les archives du poète une photo de Françoise Gaudet-Smet dansant en plein air devant ses pensionnaires de Claire-Vallée et portant la même date (voir *Jeunesse et poésie*, section centrale consacrée aux photos, n.p.).
3. Cité par Pierre Popovic, *La Contradiction du poème. Poésie et discours social au Québec de 1948 à 1953*, Montréal, Éditions Balzac, « L'Univers des discours », 1992, p. 95.
4. « Me voici en moi comme un homme dans une maison », *L'Homme rapaillé* (poème liminaire), *HR*, p. 19.
5. Note inédite et non datée, AMAB.
6. Ce vin rouge très fruste que l'on n'aurait pas tort de qualifier de « piquette » était une boisson très répandue au Québec, avant que ne se développe le goût des meilleurs vins dans les années 1960 et 1970.
7. L'anecdote est évoquée par Marie-Thérèse Lefebvre, *André Mathieu. Pianiste et compositeur (1929-1968)*, Montréal, Lidec, 2006, p. 37.
8. Lettre de Saint-Denys Garneau à André Laurendeau, 11 juillet 1931, dans Saint-Denys Garneau, *Œuvres*, édition critique de Jacques Brault et Benoît Lacroix, Montréal, PUM, 1971, p. 910.
9. Voir le récit que fait Denise Boucher de ces duels poétiques dans *Une voyelle*, Montréal, Leméac, 2007, p. 91-97.
10. « Entretien avec Pierre Paquette » à la radio de Radio-Canada, réalisation d'André Hamelin ; publié dans Gaston Miron, *AD*, p. 149. Cette chanson a été répertoriée par sœur Marie-Ursule, sous le titre *Un soir en m'y promenant*, dans *Civilisation traditionnelle des Lavalois* (Québec, PUL, « Les Archives de folklore », 1951, p. 316).
11. Dans la section « Quelque part par ici », *HR*, respectivement p. 48, 50-51 et 49.
12. Lettre à Isabelle Montplaisir, 25 février 1954, AMAB.
13. C'est ce qu'observe d'entrée de jeu Gilles Marcotte dans *Le Temps des poètes. Description critique de la poésie actuelle au Canada français*, Montréal, HMH, 1969, p. 17.
14. Michel van Schendel, « Vues sur les tendances de la poésie canadienne-française », dans Michel van Schendel *et al.*, *La Poésie et nous*, Montréal, Éditions de l'Hexagone, 1958, p. 9-28.
15. Pour un bref tableau de la réception de *Deux sangs*, voir Christine Tellier, *Jeunesse et poésie*, p. 218-224. On y trouve la référence précise à tous les articles importants consacrés au recueil.
16. Gilles Marcotte, « Sur une chicane éternelle », *Vie étudiante*, 1er octobre 1953, p. 8 ; cité par Christine Tellier, *Jeunesse et Poésie*, p. 222.
17. Gilles Marcotte, « Trois nouveaux poètes : Olivier Marchand, Jean-Guy Pilon et Gaston Miron », *Le Devoir*, 12 septembre 1953, p. 7.
18. *Semaines*, *DS*, p. 50, sous le titre *Chanson*, *HR*, p. 30.
19. *Ce corps noueux*, *DS*, p. 46 ; *HR*, p. 28.

20. *Calme Éblouissement, DS*, p. 19.
21. *Berceuse d'horizons, DS*, p. 59-60 ; repris sous le titre *Cantique des horizons (sur un ton faussement valéryen), HR*, p. 34-35.
22. Lucette Robert, « Trois poètes canadiens : Marchand, Miron et Lemoine », *Photo Journal*, 17 septembre 1953, p. 6.
23. *Petite Suite en lest, DS*, p. 51-54 ; *HR*, p. 31-33.
24. *Ma désolée sereine, DS*, p. 67 ; *HR*, p. 41.
25. On se rappelle sa rencontre de mai 1950 avec Marcotte et l'admiration qu'il a alors éprouvée d'emblée à son égard. Voir chap. 5, p. 172, p. 198.
26. Archives personnelles Christine Tellier, sans date. Comme les « mauvaises critiques » paraissent entre septembre 1953 (Marcotte) et janvier 1954 (Duhamel), cette lettre doit dater de 1954.
27. Sur les ventes de *Deux Sangs*, voir Christine Tellier, *Jeunesse et poésie*, p. 218-219.
28. Jacques Michon (dir.), *Histoire de l'édition littéraire au Québec au XXᵉ siècle*, vol. 2 : *Les Temps des éditeurs, 1940-1959*, Montréal, Fides, 2004, p. 235.
29. C'est le romancier Roger Lemelin qui avait avancé la somme à Anne Hébert, qui finit par acquitter la facture de 659,40 $, une somme importante pour l'époque. Voir Jacques Michon, *Histoire de l'édition littéraire au Québec au XXᵉ siècle*, p. 329.
30. « On dit souvent que les premiers livres d'Erta étaient des livres d'artiste, mais c'est faux » : propos de Roland Giguère recueillis en 1983 par Richard Giguère (avec Hélène Lafrance), « Un surréalisme sans frontières. Les Éditions Erta », dans GRELQ, *L'Édition de poésie*, Sherbrooke, Ex-Libris, 1989, p. 63.
31. Andrée Maillet, *Amérique française*, vol. XI, nᵒ 5, décembre 1953, p. 76.
32. Les Éditions d'Orphée publient notamment la plupart des premiers livres de Jacques Ferron, mais elles accueillent de nombreux poètes à partir de la seconde moitié des années 1950 : Yves Préfontaine, Maurice Beaulieu, Michèle Lalonde, Wilfrid Lemoine, etc. Sur Orphée, voir André Marquis, « Conscience politique et ouverture culturelle. Les éditions d'Orphée », dans GRELQ, *L'Édition de poésie*, p. 87-120.
33. Jean-Paul Robillard, « Les Éditions de l'Hexagone : un nouvel éclair dans le ciel morne de notre littérature », *Le Petit Journal*, 9 mai 1954, p. 60.
34. Il s'agit de Lise Lavallée : voir à ce sujet Christine Tellier, *Jeunesse et poésie*, p. 95 et p. 240.
35. Propos de Roland Giguère rapportés dans Jacques Michon (dir.), *Histoire de l'édition littéraire au Québec au XXᵉ siècle*, p. 245.
36. Il s'agit évidemment de la correspondance entre Haeffely et Miron publiée sous le titre d'*À bout portant* (ci-après *ABP*).
37. Lettre à Gilles Carle, 30 septembre 1953, fonds Gilles-Carle, BAC, MSM ; « La route que nous suivons », *HR*, PUM, 1970, p. 31 ; *HR*, p. 53.
38. *Self-défense, HR*, p. 46.
39. Lettre à Gilles Carle, 16 novembre 1953, fonds Gilles-Carle, BAC, MSM.
40. Aquin devait finalement publier « Les Rédempteurs » dans *Les Écrits du Canada français*, vol. V, 1959, p. 45-114. Il est souvent question de ce « roman », en 1952 et 1953, dans son *Journal. 1948-1971* (Montréal, BQ, 1992). « Manuscrit des *Rédempteurs* déposé chez José Corti », peut-on lire en date du 14 octobre 1952 (p. 136).

41. Cette précision sur Lapointe vient dans une lettre ultérieure à Carle, datée du 8 décembre 1953, fonds Gilles-Carle, BAC, MSM.

42. « Prospectus, automne 1953 », dans Gaston Miron, *ULC*, p. 306.

43. Lettre à Isabelle Montplaisir, 3 décembre 1953, AMAB.

44. Lettre à Gilles Carle, 8 décembre 1953, fonds Gilles-Carle, BAC, MSM.

45. Marie-Andrée Beaudet, *Album Miron*, Montréal, Éditions de l'Hexagone, 2006, p. 76.

46. Robert Choquette, « Prologue » [*Suite marine*], *Poèmes choisis*, Montréal, Fides, 1970, p. 105.

47. Sur l'histoire de la publication du *Tombeau des rois* chez l'éditeur Paul Michaud (Institut littéraire du Québec), voir Jacques Michon, *Histoire de l'édition littéraire au Québec au XXᵉ siècle*, p. 328-329.

48. R., « La fête des poètes est de bon augure », *La Presse*, 24 novembre 1953, p. 7.

49. G.M. [Gilles Marcotte], « La Société d'études rend hommage aux poètes de 1953 », *Le Devoir*, 23 novembre 1953, p. 7.

50. Lettre à Isabelle Montplaisir, 3 décembre 1953, AMAB.

51. Sur ce volet canadien-anglais de l'Hexagone, voir Patricia Godbout, *Traduction littéraire et sociabilité interculturelle au Canada (1950-1960)*, Ottawa, Presses de l'Université d'Ottawa, 2004. Sur John Sutherland et la revue *First Statement*, voir notamment p. 70-72.

52. Jean-Guy Pilon, *La Fiancée du matin*, Montréal, Éditions Amicitia, 1953. Ce recueil va disparaître par la suite de la bibliographie des œuvres de Pilon.

53. « Prospectus 1954. Collection Les Matinaux », *ULC*, p. 308-312.

54. Michel Coulombe, *Entretiens avec Gilles Carle. Le Chemin secret du cinéma*, Montréal, Liber, « De vive voix », 1995, p. 31-32. Voir aussi Gilles Carle, *La Nature d'un cinéaste*, Montréal, Liber, 1999, p. 44-45.

55. Dans une lettre à Louis Portugais (2 mars 1954, fonds Gaëtan-Dostie, BAnQ, MSM), Miron transmet une note de Carle concernant l'Imprimerie Tremblay de Québec en vue de l'impression du prochain prospectus et des *Rédempteurs* d'Hubert Aquin.

56. Miron raconte sa conversation avec Marchand dans une lettre à Louis Portugais, 28 mai 1954, fonds Gaëtan Dostie, BAnQ, MSM.

57. Lettre à Andrée Maillet, 10 mars 1954, FGM, MSM.

58. Pour les lettres de René Char en réponse aux demandes de Pilon et sur l'influence de Char au Québec, voir le dossier publié dans *Liberté*, nᵒ 277, septembre 2007, p. 6-42. C'est dans sa lettre du 26 juin 1954 (p. 8) que Char donne son accord à l'utilisation du nom « Les Matinaux » par l'Hexagone.

59. Préface de René Char aux *Cloîtres de l'été*, dans Jean-Guy Pilon, *Comme eau retenue*, Montréal, Typo, 1985, p. 15.

60. Note de lecture de Jean-Guy Pilon, 30 septembre 1954, AÉH.

61. Note de lecture de Jean-Guy Pilon, 3 décembre 1954, AÉH. Le manuscrit soumis par Gilbert Choquette avait pour titre *Les Heures contre le temps*.

62. Lettre de Miron à Raymond Barbeau, 3 juin 1954, FGM, MSM.

63. Brouillon de lettre à Jean-Guy Pilon, 10 juin 1954, AÉH.

64. Lettre à André Langevin, 20 septembre 1954, FGM.

65. « Note d'un homme d'ici », *HR*, p. 183-185 ; *ULC*, p. 37-39.

66. Lettre de Jacques Rivière à Antonin Artaud, 2 mars 1924, dans Antonin Artaud, *L'Ombilic des limbes*, Paris, Gallimard, « Poésie », 1968, p. 31.

67. Jean-Paul Robillard, « Les Éditions de l'Hexagone : un nouvel éclair dans le ciel morne de notre littérature », *Le Petit Journal*, 9 mai 1954, p. 60.

68. Lettre à Jacqueline Jaried, 7 juillet 1954, AÉH, MSM.

69. Lettre de Louis Portugais à Mlle A. de G. Languedoc de la BNC, 21 janvier 1955, AÉH. Dans sa lettre, Portugais mentionne Raymond Savard, qui était le codirecteur de Nocturne avec Claude Marceau (voir Carole Hamelin, « Une expérience collective d'autoédition. L'Union des jeunes écrivains et les Éditions Nocturne », dans GRELQ, *L'Édition de poésie*, Sherbrooke, Ex-Libris, 1989, p. 121-144.

70. Dans sa lettre du 29 juillet 1954 à Claude Haeffely, Miron informe celui-ci qu'il a fait « expédier 6 *Totems* [de Gilles Hénault] et 6 *Armes blanches* [de Roland Giguère] à la Librairie Ducharme ». Il s'agit des deux premiers recueils de la collection « La Tête armée », créée chez Erta, et parus en 1953 et 1954 respectivement.

71. Cahier des comptes tenu par Louis Portugais, août 1955, AÉH.

72. Lettre à Jacqueline Jaried, 7 juillet 1954, AÉH, MSM.

73. Lettre à Jean Bruchési, 12 juillet 1954, AÉH.

74. Voir *L'Édition de poésie*, p. 91-92.

75. Lettre d'Hubert Aquin à Louis Portugais, 3 juin 1955, AÉH.

76. Hubert Aquin, *Journal 1948-1971*, édition critique établie par Bernard Beugnot, Montréal, BQ, 1992, p. 144.

77. Lettre d'Anne Hébert à Louis Portugais, 25 mai 1955, AÉH.

78. Lettre de Louis Portugais à la directrice du Centre d'art de Sainte-Adèle, 30 mai 1955, AÉH.

79. Lettre à Andrée Maillet, 10 mars 1954, FGM, MSM.

80. Lettre à Louis Portugais, 14 septembre 1954, fonds Gaëtan-Dostie, BAnQ, MSM.

81. Lettre à Jacqueline Jaried, 5 octobre 1954, AMAB.

82. Lettre à Claude Haeffely, 11 septembre 1957, *ABP*, p. 86.

83. Voir Fernand Ouellette, *Journal dénoué*, Montréal, Éditions de l'Hexagone, 1988, p. 73.

84. Raymond Barbeau, « Le désespoir de Léon Bloy et la révolte de Lautréamont », *Les Carnets viatoriens*, XIXe année, n° 2, avril 1954, p. 109-115 ; « Le désespoir de Léon Bloy et le tragique de Nietszche », *Les Carnets viatoriens*, XIXe année, n° 4, octobre 1954, p. 275-284.

85. Lettre à Raymond Barbeau, 28 juillet 1954, AMAB, MSM.

86. Lettre du 29 juillet 1954 à Claude Haeffely, *ABP*, p. 12.

87. Notes, 1er mars 1954.

88. *Courtepointes*, HR, p. 161. La première partie du poème se trouve dans une note inédite, 16 mars 1954.

89. *La Marche à l'amour*, HR, p. 61.

90. *Des pays et des vents*, lettre à Claude Haeffely du 21 septembre 1954, *ABP*, p. 17.

91. *Des pays et des vents*, Le Devoir, 15 novembre 1955, p. 22.

92. *Héritage de la tristesse*, HR, p. 85.

93. Miron publie une nouvelle version de *Des pays et des vents* sous le titre *Tristesse, ô ma pitié, mon pays* dans *La Vie agonique*, *Liberté*, n° 27, mai-juin 1963, p. 210-211, en faisant suivre le poème d'une date : « 1954 ».

94. « Il fait un temps fou de soleil carrousel / Le temps de jeune fille le temps ramage de toi », note inédite, non datée, mais que le contexte concernant « Ise » permet clairement de situer en 1953.

95. *Jeune Fille*, *Le Devoir*, 13 novembre 1954, p. 16. De manière assez cocasse mais combien typique de Miron, ce poème que nous lisons désormais dans les *Courtepointes* sous le titre *Le Temps de toi* est dédié en 1954 à une autre femme, « Huguette L. ». Quant au titre *Jeune Fille*, Miron va l'utiliser pour rebaptiser *La Légende d'Isabelle* envoyée à celle-ci en 1953 (*HR*, p. 57).

96. Note inédite, non datée, postérieure à 1957.

97. Hubert Aquin, « 6 avril 1963 », *Journal, 1948-1971*, BQ, 1992, p. 162.

98. Pierre Vadeboncœur, « Critique de notre psychologie de l'action », dans Yvan Lamonde (dir.), en collaboration avec Gérard Pelletier, *Cité Libre. Une anthologie*, Montréal, Stanké, 1991, p. 255. Article d'abord paru dans *Cité Libre*, vol. 3, n° 8, p. 11-28.

99. Gérard Pelletier, « Dissidence », *ibid.*, p. 260.

100. Hubert Aquin, « 6 février 1952 », *Journal, 1948-1971*, p. 102.

101. Denis Monière parle des « années de plomb » pour définir la période durant laquelle André Laurendeau combat le régime duplessiste au journal *Le Devoir* (Denis Monière, *André Laurendeau et le destin d'un peuple*, Montréal, Québec Amérique, 1983 : « Les années de plomb », p. 201-239). L'expression « la Grande Noirceur » est communément utilisée depuis la Révolution tranquille pour décrire cette période de l'après-guerre ou, plus largement, tout le Québec religieux traditionnel. À l'inverse, Paul-André Linteau et ses coauteurs parlent de « l'âge de l'impatience » et de « l'affirmation de la modernité » pour caractériser la période duplessiste, sans en négliger pour autant les résistances conservatrices, dans leur *Histoire du Québec contemporain. Le Québec depuis 1930*, Montréal, Boréal, 1986 (chap. 25 : « L'âge de l'impatience », p. 324-336, et chap. 29 : « L'affirmation de la modernité », p. 376-390).

102. Jacques Ferron et Pierre L'Hérault, *Par la porte d'en arrière. Entretiens*, Montréal, Lanctôt éditeur, 1997, p. 126.

103. Lettre à Louis Portugais, 28 mai 1954, fonds Gaëtan-Dostie, BAnQ, dans laquelle Miron résume une conversation récente avec Olivier Marchand.

104. Lettre à Jacqueline Jaried, 27 juillet 1954, FGM, MSM.

105. *Ibid.*

CHAPITRE 9 • RUE SAINT-CHRISTOPHE

1. Brouillon manuscrit de *La Batèche*, non daté mais probablement de 1954, FGM.

2. Miron a recyclé, dans les « Notes sur le non-poème et le poème » (« Je me hurle dans mes harnais », *HR*, p. 127) cette image qui apparaît fréquemment dans des ébauches de *La Batèche* à partir de 1954.

3. Michel Biron *et al.*, *Histoire de la littérature québécoise*, Montréal, Boréal, 2010, p. 230.

4. *Rue Saint-Christophe, HR*, p. 167. Bien que Miron ait daté de « 1956-1971 » ce poème dans la première édition des *Courtepointes*, Presses de l'Université d'Ottawa, 1975, p. 25), une version manuscrite assez complète retrouvée dans les brouillons est datée de mars 1954 (FGM).

5. Notes, 12 juin 1954, parues sous le titre « Poussières de mots. Notes inédites », *Contrejour*, n° 5, hiver 2004, p. 18.

6. Note, 28 décembre 1954. Citée par Caroline Chouinard, « Fragments des mémoires d'un poème », p. 63.

7. « si c'est ton visage au loin posé comme un phare », *HR*, p. 89. Ce vers apparaît dans un poème intégré à sa lettre à Thérèse Gagnon, 27 décembre 1954, AMAB.

8. Lettre à Thérèse Gagnon, 28 décembre 1954, AMAB.

9. Lettre à Thérèse Gagnon, non datée (probablement fin 1955), AMAB.

10. *Ibid.*

11. *La Marche à l'amour, HR*, p. 62. Cette séquence apparaît déjà telle quelle dans un brouillon daté de 1955, FGM.

12. *Ibid.*, p. 65. Cette séquence se trouve, avec quelques variantes, dans la même suite de brouillons datés de 1955.

13. La première version est celle de 1962 et 1970 (*HR*, PUM, p. 41) ; la seconde est la version finale, *HR*, p. 65.

14. Tous ces vers trouvent un écho dans *La Marche à l'amour* : « tes seins sont devenus des envoûtements » (*HR*, p. 59) ; « mon murmure de jours à mes cils d'abeille » et « ma danse carrée des quatre coins d'horizon » (*HR*, p. 61).

15. Un poème à Isabelle, *Naufrage du printemps 1953*, est explicite à cet égard : « J'ai fait l'amour avec les filles qui se vendaient pour dix billets », FGM.

16. Dossier « L'homme agonique », FGM.

17. Lettre de Françoise Gaudet-Smet à Miron, 10 septembre 1958, FGM.

18. *La Marche à l'amour, HR*, p. 60.

19. *Ibid.*, p. 64.

20. *Avec toi, HR*, p. 71.

21. *L'Octobre, HR*, p. 103.

22. *Art poétique, HR*, p. 147.

23. André Patry, *Visages d'André Malraux*, Montréal, Éditions de l'Hexagone, « Les Voix », 1956, p. 33.

24. Lettre de Claude Gauvreau à Jean-Claude Dussault, 10 mai 1950, dans Claude Gauvreau et Jean-Claude Dussault, *Correspondance 1949-1950*, Montréal, Éditions de l'Hexagone, 1993, p. 415.

25. Note non datée, probablement vers 1960.

26. Voir notamment un entretien avec Réjean Beaudoin, *Micro-portraits*, entrevue radiophonique réalisée par André Major, 7 janvier 1985, Société Radio-Canada ; *AD*, p. 312-321.

27. Lettre de Rosaire Dion-Lévesque aux Éditions de l'Hexagone, 27 mars 1956, et lettre de réponse de Jean-Guy Pilon, 31 mars 1956, AÉH.

28. Lettre d'Alain Grandbois à Jean-Guy Pilon, 10 mars 1953, dans Alain Grandbois, *Correspondance*, édition critique de Bernard Chassé, Montréal, PUM, « Bibliothèque du Nouveau Monde », 2003, p. 261.

29. Lettre inédite de Gaston Miron à Huguette Proulx, 25 août 1955, FGM, MSM. L'article d'Huguette Proulx venait de paraître dans *Radiomonde-Télémonde*,

semaine du 22-27 août 1955, p. 11 et 13. On notera que Miron cite Gauvreau et Lapointe comme des « opposants », signalant ainsi clairement leur appartenance à l'École automatiste.

30. Lettre à Claude Haeffely, 21 février 1956, *ABP*, p. 58.

31. Voir, par exemple, la lettre que Miron adresse à Rina Lasnier le 15 décembre 1958, AÉH, MSM.

32. Cité dans le texte liminaire non signé, *Les Cahiers de Nouvelle-France*, n° 1, janvier-mars 1956, p. 6. Laurendeau avait tenu ces propos en février 1956 dans *L'Action nationale*.

33. Raymond Barbeau, « L'esprit national dans le Québec d'aujourd'hui », *Les Cahiers de Nouvelle-France*, n° 1, janvier-mars 1956, p. 74.

34. Lettre de Rina Lasnier à Gaston Miron, 6 mars 1958, FGM.

35. *Les Cahiers de Nouvelle-France*, n° 7, juin-septembre 1958, p. 209.

36. Lettre d'Alain Grandbois à Jean-Guy Pilon, 12 novembre 1957, dans Alain Grandbois, *Correspondance*, p. 287.

37. Les élections provinciales tenues le 20 juin ont reporté l'Union nationale au pouvoir avec 51,5 % du vote populaire et 73 députés, contre 44 % du vote et 19 députés pour le Parti libéral de Georges-Émile Lapalme.

38. *La Presse*, 23 juin 1956, p. 57.

39. Voir *Liberté*, n°s 9-10, mai-août 1960.

40. Déclaration de société, Cour supérieure, 4 juillet 1956, AMAB.

41. Cité par Jacques Michon (dir.), *Histoire de l'édition littéraire au Québec au XXe siècle*, vol. 2 : *Les Temps des éditeurs, 1940-1959*, Montréal, Fides, 2004, p. 127. Sur l'histoire de la Librairie Beauchemin, voir la section « Beauchemin, entre littérature et commerce », p. 113-144.

42. Document de la Librairie Beauchemin, 1er février 1955, AMAB.

43. Lettre à Claude Haeffely, 21 septembre 1955, *ABP*, p. 47.

44. Lettre à Claude Haeffely, 21 février 1956, *ABP*, p. 60.

45. Lettre à Louis Portugais, 9 mai 1956, fonds Gaëtan-Dostie, BAnQ, MSM.

46. Lettre à Edmond Frenette, Librairie Beauchemin, 14 septembre 1956, AMAB.

47. Andrée Ferretti évoque sa première journée de travail sous les ordres de Miron dans « Le secret de son engagement : la souffrance au cœur du don », dans Simone Bussières (dir.), *Les Adieux du Québec à Gaston Miron*, Montréal, Guérin littérature, 1997, p. 78-79.

48. Voir à ce sujet Pierre Vallières, *Paroles d'un nègre blanc*, anthologie préparée par Jacques Jourdain et Mélanie Mailhot, Montréal, VLB éditeur, 2002, p. 26-27.

49. Miron raconte cette anecdote dans son journal, 12 septembre 1949, AMAB.

50. Lettre de Jeanne Michauville à Gaston Miron, 1er mai 1955, AMAB.

51. Lettre de Miron à sa mère, 4 août 1955, AMAB.

52. Pierre Vallières, *Nègres blancs d'Amérique*, Montréal, Parti pris, 1967, p. 205.

53. Dans sa lettre à Claude Haeffely du 21 février 1956, Miron écrit ainsi : « Je travaille toujours chez Beauchemin (comme assistant maintenant du directeur) ; *faute de revenus*, je n'ai pas encore réussi à m'échapper de cette damnée chambre où je pourris », *ABP*, p. 60.

54. Claude Jasmin, *Comme un fou*, Montréal, Éditions de l'Hexagone, 1992, p. 35.

55. *Rodolphe*, œuvre radiophonique réalisée par Claude Caron et diffusée les

     29 septembre, 6 octobre et 18 octobre 1956, texte d'Ambroise Lafortune et de Gaston Miron, Société Radio-Canada, CAGM.

56.   *Le Chauffeur de taxi*, réalisation et scénario de Louis Portugais, série *Silhouettes canadiennes*, ONF, 1954, archives de l'ONF.

57.   *Le Cas Labrecque*, réalisé par Bernard Devlin, série de télévision *Passe-partout*, production ONF, 1956, archives de l'ONF.

CHAPITRE 10 • La société des poètes

1.   Jacques Ferron, *La Nuit*, Montréal, Parti pris, 1965. Réédition avec une préface de Luc Gauvreau, Outremont, Lanctôt éditeur, 2005.

2.   Sur Frank Scott et, plus largement, sur les relations entre les poètes canadiens-français et anglais dans les années 1950, voir le chapitre « Frank Scott, gentleman traducteur », dans l'ouvrage de Patricia Godbout, *Traduction littéraire et sociabilité interculturelle au Canada (1950-1960)*, Ottawa, PUO, 2004, p. 67-120. Les pages qui suivent doivent beaucoup à cet ouvrage, ainsi qu'à un entretien réalisé par Patricia Godbout avec Micheline Sainte-Marie le 6 mars 2002.

3.   Lettre de W. D. B. Grant, de « Letters in Canada », *University of Toronto Quarterly*, 13 septembre 1955, AÉH.

4.   Abraham Moses Klein, *The Rocking Chair and Other Poems*, Toronto, Ryerson Press, 1948 ; *La Chaise berçante*, traduction de Marie Frankland, Montréal, Éditions du Noroît, 2006.

5.   Cité par Patricia Godbout, *Traduction littéraire et sociabilité interculturelle au Canada (1950-1960)*, p. 103.

6.   Lettre à Gael Turnbull, 20 janvier 1959, fonds Gael-Turnbull, BAC, MSM. Miron y explique à son destinataire que c'est Scott qui lui a donné son adresse à Worcester, en Angleterre.

7.   Le roman *Two Solitudes*, publié par Hugh MacLennan en 1945, devait paraître sous le titre *Deux Solitudes* dans une traduction française de Louise Gareau-Desbois à Paris, Éditions SPES, 1963.

8.   Mémoire de l'Hexagone à la Commission royale d'enquête sur la radio et la télévision, avril 1956, AMAB.

9.   F. R. Scott, *Bouclier laurentien (Laurentian Shield)*. Cité en anglais dans Sandra Djwa, *The Politics of Imagination. A Life of F.R. Scott*, Toronto, McClelland and Steward, 1987, p. 226. « *Hidden in wonder and snow, or sudden with summer / This Land stares at the sun in a huge silence / Endlessly repeating something we cannot hear, / Inarticulate, arctic // Not written on by history, empty as paper / It leans away from the world with songs in its lakes / Older than love, and lost in the miles.* » La traduction française est de moi.

10.   Voir Stanley Knowles, « The History of the CCF », dans *The New Party*, Toronto, McClelland and Stewart, 1961, p. 21-33.

11.   Michel Brunet, *Canadians et Canadiens*, Montréal, Fides, 1953, p. 30.

12.   La traduction française de cette conférence, qui reprend et développe les thèses de Brunet, a été publiée sous le titre « Vers un Québec indépendant ? », dans les *Cahiers de Nouvelle-France*, n° 7, juillet-septembre 1958, p. 221-225.

13. Dépliant électoral de Gaston Miron dans le comté fédéral d'Outremont–Saint-Jean, 1957, fonds Gaëtan-Dostie, BAnQ.

14. *Ibid.*

15. Jean-Paul Robillard, « Interview-éclair avec Gaston Miron », *Le Petit Journal*, 9 juin 1957, p. 64.

16. Note, mai 1956, AMAB.

17. Note, mai 1956, AMAB.

18. Lettre à Rina Lasnier, 7 octobre 1956, fonds Rina-Lasnier, BAnQ, MSM, et à Claude Haeffely, 26 novembre 1956, *ABP*, p. 72-77.

19. Lettre à Rina Lasnier, 7 août 1957, fonds Rina-Lasnier, BAnQ, MSM. Il s'agit des recueils de Pierre Trottier et de Jean-Guy Pilon.

20. Lettre de la Bibliothèque nationale du Canada à l'Hexagone, 14 juillet 1955, AÉH.

21. Lettre à Jean-Gilles Arcand, 10 juillet 1956, AÉH.

22. L'expression, qui revient souvent dans le discours de l'époque et sous la plume de Miron, a été mise en avant dès 1952 par le père Ernest Gagnon, professeur de littérature à l'Université de Montréal (*L'Homme d'ici*, Québec, Institut littéraire de Québec, 1952 ; HMH, 1963).

23. Lettre de Louis Portugais à Suzanne Paradis, 1er février 1957, AÉH.

24. Lettre à Suzanne Paradis, 5 mars 1957, AÉH.

25. Miron donne l'adresse du 6405, rue Lemay pour la diffusion de l'Hexagone dans sa lettre à Claude Haeffely du 31 mars 1958, *ABP*, p. 123.

26. Lettre à Rina Lasnier, 11 décembre 1957, fonds Rina-Lasnier, MSM. Le Conseil des Arts de la région métropolitaine de Montréal a été créé en 1956 par le maire Jean Drapeau, mais celui-ci a été battu par Sarto Fournier aux élections municipales de l'automne 1957.

27. Lettre du Conseil des Arts de la région métropolitaine de Montréal à Jean-Guy Pilon, 18 avril 1958, AÉH.

28. Lettre à Claude Haeffely, 11 septembre 1957, *ABP*, p. 87.

29. Lettre à Rina Lasnier, 11 décembre 1957, fonds Rina-Lasnier, BAnQ, MSM.

30. Gilles Hénault, « Bordeaux-sur-bagne », dans *Signaux pour les voyants*, Montréal, Typo, 1984, p. 44.

31. Marcel Chaput, *Pourquoi je suis séparatiste*, Montréal, BQ, 2007 [1961], p. 69.

32. Pierre Elliott Trudeau, « La nouvelle trahison des clercs », *Cité Libre*, no 46, avril 1962, p. 3-16 ; repris dans Yvan Lamonde (dir.), en collaboration avec Gérard Pelletier, *Cité Libre. Une anthologie*, Montréal, Stanké, 1991, p. 141-167.

33. Gaston Miron, « Note d'un homme d'ici », 12 juin 1959, *HR*, p. 185.

34. *Monologues de l'aliénation délirante*, *HR*, p. 93.

35. Note, 1958, AMAB.

36. Albert Camus, *Discours de Suède*, Paris, Gallimard, « Folio », 1997, p. 17.

37. Jacques Brault, Claude Mathieu et Richard Pérusse, Montréal, *Trinôme*, Éditions Molinet, 1957.

38. C'est ce que Miron affirme à Claude Haeffely dans sa lettre du 24 mars 1958 : « J'ai tout dit en cette occasion ce que je savais sur le sujet », *ABP*, p. 122.

39. Michel van Schendel, « Vues sur les tendances de la poésie canadienne-française », dans Michel van Schendel *et al.*, *La Poésie et nous*, Montréal, Éditions de l'Hexagone, 1958, p. 11. On connaît la phrase fameuse de Marx :

« Les philosophes n'ont jusqu'ici qu'interprété le monde, il s'agit maintenant de le transformer. »

40. Jacques Brault, « Propos sur la poésie et le langage », dans *La Poésie et nous,* p. 56.

41. *Ibid.*, p. 57.

42. Michel van Schendel, *La Poésie et nous*, p. 17.

43. Jacques Brault, *ibid.*, p. 60.

44. Voir la section « De la langue », dans *HR*, p. 205-243. Sur les thèses linguistiques de Miron et notamment le « traduidu » de même que sur celles de Jacques Brault, voir Karim Larose, « Gaston Miron et Jacques Brault : langue natale et horizon de parole », dans *La Langue de papier. Spéculations linguistiques au Québec*, Montréal, PUM, 2004, p. 313-389.

45. Tel sera l'objectif affirmé dans la « Présentation » du premier numéro de la revue *Liberté*, qui paraîtra en janvier-février 1959.

46. Miron évoque cette maladie non seulement dans sa lettre du 11 décembre 1957 à Rina Lasnier (fonds Rina-Lasnier, BAnQ, MSM), mais aussi dans plusieurs lettres à Claude Haeffely, datées du 12 décembre 1957 (*ABP*, p. 94) et des 10 et 18 février 1958 (*ABP*, p. 101 et 108).

47. Sur le projet du *Périscope*, voir les deux lettres des 6 et 7 février 1958 de Haeffely à Miron, *ABP*, p. 97-100.

48. Lettre à Claude Haeffely, 7 avril 1958, *ABP*, p. 125.

49. Lettre de Miron à Claude Haeffely, 10 février 1958, *ABP*, p. 101.

50. Miron a lu la phrase de Fitzgerald dans un article de Roger Grenier paru dans *L'Express*. Il la cite dans sa lettre du 18 février 1958 à Haeffely, *ABP*, p. 108.

51. Lettre à Claude Haeffely, 13 février 1958, *ABP*, p. 102.

52. Extrait du discours d'Eric Maclean, président du Cercle de la critique, cité dans *Le Devoir*, 25 mars 1958, p. 23. L'article est accompagné d'une photo de Miron et Pilon recevant le Prix au nom de l'Hexagone.

53. Discours de Maurice Duplessis devant la Jeune chambre de commerce de Montréal, 13 février 1958.

54. « Déclaration des intellectuels de langue française », *Le Quartier latin*, vol. 40, n° 22, 6 mars 1968, p. 2 ; *ULC*, p. 381-384.

55. Lettre à Jeanne Lapointe, 7 mars 1958, fonds Jeanne-Lapointe, BAC, MSM.

56. « Situation de notre poésie », *La Presse*, 22 juin 1957 ; repris dans *HR*, PUM, p. 90-98, mais retiré de toutes les éditions ultérieures ; *ULC*, p. 25-36.

57. Note, 1958, AMAB.

58. Note, 1958, AMAB.

CHAPITRE 11 • L'homme en fuite

1. Ce vers finalement abandonné apparaît en tête d'un grand nombre de brouillons de *La Batèche*.

2. Coupure d'un journal non identifié, 28 août 1955, AÉH.

3. Voir Jean-Paul Robillard, « Interview-éclair avec Gaston Miron », *Le Petit Journal*, 9 juin 1957, p. 64.

4. *Un homme...*, *Le Social-démocrate*, vol. 4, n° 1, décembre 1958, n.p.

5. Lettre à Claude Haeffely, 13 février 1958, *ABP*, p. 103.

6. *HR*, p. 45.

7. *HR*, p. 87 et 53-54, respectivement.

8. Carnet, non daté, décembre 1950 ou 1951, AMAB.

9. *Le Damned Canuck*, *HR*, p. 75 et *Séquences*, p. 76-79.

10. *Compagnon des Amériques*, *La Presse*, cahier spécial « Visages du Canada français », 23 juin 1956, p. 59.

11. *HR*, PUM, p. 56-57 ; Typo, p. 101-102.

12. *HR*, p. 62. La première édition de *L'Homme rapaillé* donnera encore : « la marche à l'amour s'ébruite en un voilier » (*HR*, PUM, p. 39). Il faudrait lire « volier », désignant un groupe d'oiseaux en vol, mais « voilier » n'est pas une coquille typographique, malgré ce qu'a prétendu Miron (jusque dans une note marginale de l'édition de 1994, voir p. 54). Les nombreux brouillons de ce poème montrent qu'il a lui-même longtemps écrit « voilier » avant de se raviser tardivement.

13. Brouillon de *La Batèche*, non daté mais sans doute vers le milieu des années 1950, FGM.

14. Extrait de *Solitaire*, poème primé par la Corporation des lettres du Caveau d'Ottawa en 1949.

15. Note, 1958, APGM. On reconnaît ici les deux premiers vers du poème *Art poétique* : « J'ai la trentaine à bride abattue dans ma vie / je vous cherche encore pâturages de l'amour », *HR*, p. 147.

16. Lettre à Claude Haeffely, 1er novembre 1958, *ABP*, p. 177.

17. Lettre de Claude Haeffely à Miron, 23 novembre 1958, *ABP*, p. 179.

18. Lettre de Jean-Guy Pilon à Charles Goulet, secrétaire du Conseil des Arts de Montréal, 3 mars 1958, AÉH.

19. Document ayant pour titre « Les buts de la revue *Liberté 58* », non daté mais sûrement de 1958, fonds de la revue *Liberté*, BAnQ.

20. « Présentation », *Liberté 59*, vol. 1, n° 1, janvier-février 1959, p. 1.

21. André Belleau, « Le nouveau statut de la radiodiffusion au Canada », *Liberté 59*, p. 3-9.

22. *Liberté 59*, vol. 1, n° 4, juillet-août 1959, p. 225-226.

23. Ces deux poèmes paraissent respectivement sous les titres *Hiver* et *Légende* dans les *Cahiers de Nouvelle-France*, n° 7, juillet-septembre 1958, p. 209. Miron envoie aussi à Rina Lasnier des versions à peu près achevées de *Pour mon rapatriement* (*HR*, p. 87), *D'office* (*L'Homme agonique*, *HR*, p. 83), *L'Intraitable Douleur* (*Ce monde sans issue*, *HR*, p. 50), qu'il joint à sa lettre du 19 septembre 1958, fonds Rina-Lasnier, BAnQ, MSM.

24. Gaston Miron, « Ex officio » [*sic*], *Situations*, vol. 1, n° 1, janvier 1959, p. 15.

25. Lettre à Claude Haeffely, 20 juillet 1958, *ABP*, p. 158.

26. Lettre à Haeffely, 13 février 1958, *ABP*, p. 103.

27. Lettre à Claude Haeffely, 5 septembre 1958, *ABP*, p. 169.

28. Denise Karas, *Fièvres pourpres*, Liège, L'Essai, 1962.

29. « Soudain j'apparais dans une rue au nom d'apôtre », *Séquences* de *La Batèche*, *HR*, p. 77.

30. Lettre de Denise Karas à Gaston Miron, non datée mais vraisemblablement du mois d'août 1957. La lettre suivante est datée du 16 septembre 1957, AMAB.

31. Lettre de Denise Karas à Miron, non datée mais sans doute de la fin septembre ou du début octobre 1957, AMAB.

32. Pierre Vallières, *Nègres blancs d'Amérique*, Montréal, Parti pris, 1967, p. 204.

33. Voir notamment la lettre de Miron à Claude Haeffely, 29 mai 1958, *ABP*, p. 149-150.

34. Lettre à Claude Haeffely, 29 mai 1958, *ibid.*, p. 150.

35. Henri Pichette, *Les Épiphanies*, Paris, Gallimard, « Poésie », 1969, p. 43 et 45.

36. Lettre à Claude Haeffely, 21 octobre 1958, *ABP*, p. 173.

37. Lettre de Jean-Charles Falardeau à Miron, 25 octobre 1958, FGM. Miron a écrit le 14 octobre à Marc Thibault, directeur du Services des émissions éducatives et d'affaires publiques, pour dénoncer l'attitude de Radio-Canada à l'égard de la liberté d'expression (lettre de Miron à Marc Thibault, 14 octobre 1958, AMAB).

38. « Lettre à bout portant » à Henri Pichette, 18 octobre 1958, FGM.

39. Sous le titre *Un homme…*, *Le Social-démocrate*.

40. À propos de la demande de bourse de Miron auprès du Conseil des Arts du Canada à la fin de 1958 et des autres demandes qui suivront, voir Robert Yergeau, *Art, argent, arrangement. Le mécénat d'État,* Ottawa, Éditions David, 2004, p. 361-373 (citation de la lettre de Miron, p. 362).

41. Lettre à Claude Haeffely, 29 avril 1959, *ABP*, p. 186.

42. Lettre à Claude Haeffely, 14 août 1959, *ABP*, p. 186.

43. Lettre à Claude Haeffely, 29 avril 1959, *ABP*, p. 185.

44. Lettre à Michel van Schendel, 5 août 1959, archives personnelles Michel van Schendel, MSM.

45. *Ibid.*

46. Voir le témoignage de Gérard A. Boudreau, « Au revoir, Gaston », *L'Action nationale*, vol. LXXXVII, n° 5, *Miron le magnifique*, septembre 1997, p. 256. Boudreau se rappelle : « Je le revis en 1959, chez moi à L'Ange-Gardien, près de Québec […]. Il parla de son travail d'éditeur qui était déjà bien enclenché, du rôle qu'il jouait dans le milieu des écrivains, de ses convictions nationalistes et du chemin qu'il avait parcouru pour en arriver là. C'était encore et toujours un passionné. »

47. Lettre de Miron à Henri Pichette, 8 juillet 1959, fonds Henri-Pichette, Thierry Bodin, Librairie Les Autographes, Paris ; MSM. « jusqu'à l'état de détritus s'il le faut » est un vers des *Monologues de l'aliénation délirante, HR*, p. 94.

TROISIÈME PARTIE : 1959-1971

CHAPITRE 12 • LE *CANUCK* PARISIEN

1. Carnet, 1959.

2. Lettre d'Henri Pichette à Miron, Paris, 9 septembre 1959, fonds Henri-Pichette, MSM.

3. « Je suis plus un agitateur qu'un poète. Entretien avec Gilles Constantineau », *Le Devoir*, 22 août 1959, p. 7 ; *AD*, p. 23-29.

4. Miron évoque ce sentiment de fierté dans l'entretien qu'il accorde à Paris à Jean Vaillancourt, « Gaston Miron, le plus militant des Canadiens français en France », *La Presse*, 27 décembre 1960, p. 10 et 14 ; *AD*, p. 30-34.

5. Monique Morissette Michaud évoque cette anecdote dans ses mémoires, *Tant qu'il y aura des étoiles. Voyage autour d'une vie*, Montréal, Carte blanche, 2006, p. 122.

6. Carnet, 1959.

7. Lettre de Miron à sa mère, Paris, 23 février 1960.

8. Lettre de Miron à sa mère, Paris, 29 septembre 1959.

9. Lettre de Miron à Claude Hurtubise, Paris, 12 octobre 1959, fonds Claude-Hurtubise, BAC, MSM.

10. Lettre de Miron à Michel van Schendel, Paris, 23 octobre 1959, archives personnelles Michel van Schendel, MSM.

11. Lettre de Claude Haeffely à Miron, Massugas, 10 octobre 1959, *ABP*, p. 192.

12. Lettre de Miron à sa mère, Paris, 14 novembre 1959.

13. Lettre de Claude Hurtubise à Miron, Massugas, 5 décembre 1959.

14. Lettre à Michel van Schendel, Paris, 23 octobre 1959, archives personnelles Michel van Schendel, MSM.

15. Lettre de Miron à Claude Haeffely, Paris, 20 juin 1960, *ABP*, p. 212.

16. Lettre de Claude Haeffely à Miron, Massugas, 23 juin 1960, *ABP*, p. 213.

17. *Paris 1960*, dans Marie-Andrée Beaudet, *Album Miron*, Montréal, Éditions de l'Hexagone, 2006, p. 89 ; *Paris*, *HR*, p. 146.

18. Lettre à Michel van Schendel, Paris, 4 décembre 1959, archives personnelles Michel van Schendel.

19. Lettre de Miron à sa mère, Paris, 10 octobre 1959.

20. Lettre à Michel van Schendel, Paris, 23 octobre 1959, archives personnelles Michel van Schendel, MSM.

21. Lettre à Claude Haeffely, Paris, 15 novembre 1959, *ABP*, p. 194.

22. Jean-Paul Filion raconte cette anecdote dans *Sur mon chemin, j'ai rencontré... Journal 1951-1959*, Montréal, Leméac, 2008, p. 188.

23. « Paris 1960 : Maurice Roche », *ULC*, p. 266.

24. Voir le « Cahier vert des disparitions en Algérie », contenant 150 fiches de disparus que présentent, dans une lettre à la Croix-Rouge internationale, les avocats Jacques Vergès et Michel Zavrian, *Les Temps modernes*, vol. 15, n°s 161-165, juillet-novembre 1959, p. 476-532.

25. « La guerre finie, nous continuerons de faire la guerre à ce mal honteux, mais cette fois avec l'espérance d'en atteindre, d'en détruire le dernier germe » : *L'Express*, n° 430, 3 septembre 1959, dans François Mauriac, *Bloc-notes. Tome II, 1958-1960*, Paris, Éditions du Seuil, « Essais », 1993, p. 309.

26. La « Déclaration sur le droit à l'insoumission dans la guerre d'Algérie », communément appelée « Manifeste des 121 », paraît à Paris dans le magazine *Vérité-Liberté* le 6 septembre 1960.

27. Attentat du 14 octobre 1959 contre une assemblée du Parti socialiste à la Mutualité.

28. Lettre de Miron à Michel van Schendel, Paris, 23 octobre 1959, archives personnelles Michel van Schendel, MSM.

29. Note, 27 janvier 1960, AMAB.

30. En ce qui a trait aux liens entre la revue *Esprit* et le Québec et, notamment, à l'évolution de la pensée de Domenach sur la question nationale québécoise, voir l'ouvrage de Stéphanie Angers et Gérard Fabre, *Échanges intellectuels entre la France et le Québec, 1930-2000. Les réseaux de la revue* Esprit *avec* La Relève, Cité Libre, Parti pris *et* Possibles, Sainte-Foy, PUL, 2004.

31. Voir Gaston Miron, *ULC*, p. 268.

32. « Ma bibliothèque idéale », *HR*, p. 192.

33. Robert Charbonneau, *La France et Nous. Journal d'une querelle*, Montréal, BQ, 1993, p. 34.

34. Emmanuel Mounier, *Éveil de l'Afrique noire*, dans *Œuvres. Tome III, 1944-1950*, Paris, Éditions du Seuil, 1962.

35. Gérard Pelletier, « D'un prolétariat spirituel », *Esprit*, « Le Canada français », 20ᵉ année, nᵒˢ 193-194, août-septembre 1952, p. 190-200.

36. Frank R. Scott, « Canada et Canada français », *ibid.*, p. 185. Cette phrase de Scott est reprise par Pierre Elliott Trudeau dans « Réflexions sur la politique au Canada français », *Cité Libre*, vol. 2, nᵒ 3, décembre 1952, p. 54. Repris aussi dans *Cité Libre. Une anthologie*, Montréal, Stanké, 1991, p. 88.

37. Jean-Marie Domenach, « Controverse sur un nationalisme », *Esprit*, février 1965, cité par Stéphanie Angers et Gérard Fabre, *Échanges intellectuels entre la France et le Québec. 1930-2000*, p. 88.

38. Ce collaborateur non identifié aurait raconté à Miron que c'est Albert Béguin, le directeur de la revue, qui avait perçu un « esprit de colonisé » dans les articles soumis pour le dossier de 1952 sur « Le Canada français » (Gaston Miron, « Un long chemin », *Parti pris*, janvier 1965 ; *ULC*, p. 51).

39. Lettre de Miron à Claude Hurtubise, 1ᵉʳ février 1960, fonds Claude-Hurtubise, BAC, MSM.

40. Carnet, 1960.

41. « Depuis quatre ans, je n'ai pas lu huit livres. Depuis mon arrivée en France, un seul : *La question* » : lettre à Claude Haeffely, 3 février 1960, *ABP*, p. 210. *La Question* d'Henri Alleg avait été publié aux Éditions La Cité, à Lausanne, en janvier 1958.

42. « Conversations : j'oublie tout », carnet, 1960.

43. Carnet, janvier 1960.

44. Carnet, 22 février 1960.

45. Lettre à Claude Haeffely, Paris, 20 juin 1960, *ABP*, p. 212.

46. *Mon garçon*, ébauche du *Damned Canuck*, non daté mais antérieur à 1959, FGM, BAnQ.

47. « Notes — La batèche », non datées mais antérieures à 1959, FGM.

48. Carnet, 1960. Les réflexions sur le *Canuck* font partie d'une longue suite de notes fragmentaires. Dès la toute première, Miron y écrit son âge : « J'ai 32 ans » (il a fêté son anniversaire à Paris le 8 janvier 1960).

49. Fernand Dumont, « Dimensions d'une recherche chrétienne », 1949, cité par É.-Martin Meunier et Jean-Philippe Warren, *Sortir de « La Grande Noirceur ». L'horizon personnaliste de la Révolution tranquille*, Québec, Cahiers du Septentrion, 2002, p. 121.

50. Jean Vaillancourt, « Gaston Miron, le plus militant des Canadiens français en France ».

51. Lettre de Miron à Fernand Ouellette, Paris, 10 mars 1960, fonds Fernand-Ouellette, BAC, MSM.

52. Voir Louise Desjardins, *Pauline Julien. La vie à mort*, Montréal, Leméac, 1999, p. 84.

53. Jean Vaillancourt, « Gaston Miron, le plus militant des Canadiens français en France », p. 10.

54. C'est Georges-Émile Lapalme, premier à occuper le poste de ministre des Affaires culturelles, qui est responsable de la mise sur pied de la Délégation du Québec en 1961. Quant à la bibliothèque, offrant un fonds important ouvert à tous les chercheurs européens, elle prendra le nom de Bibliothèque Gaston-Miron au cours d'une cérémonie tenue en juin 2003.

55. Lettre de Miron à sa mère, 9 mai 1960.

56. Un photographe de *Paris-Match* a immortalisé cette scène : voir *Album Miron*, p. 93.

57. Lettre de Miron à sa mère, Paris, 2 juillet 1960.

58. Lettre de Jeanne Michauville à Miron, Saint-Jérôme, 2 juin 1960.

59. Lettre de Miron à Claude Haeffely, 10 juillet 1960, *ABP*, p. 215.

60. Malgré des orthographes divergentes parfois attestées, comme Saint-Circq ou même Saint-Cirque, le site officiel de l'Office du tourisme du village écrit : « Saint-Cirq-Lapopie ».

61. Une note parisienne de Miron garde la trace de cette rencontre : « Breton à Saint-Cirq (juillet 1960) : Sentiment du sacré chez les Indiens — Critique passionnée, et partiale — pas neutre — l'Amour libre », AMAB.

62. Lettre de Miron à sa mère, Sérigny (Bourgogne), 30 juillet 1960.

63. Lettre de Miron à Claude Haeffely, Grenoble, 3 août 1960, *ABP*, p. 218-219.

64. Lettre de Miron à sa mère, Boulogne-sur-Mer, 10 août 1960.

65. « Blankenberge, août 1960 », brouillon de *La Marche à l'amour*, FGM. Blankenberge est une petite station balnéaire dotée d'un casino, sur la mer du Nord, à la hauteur de Bruges.

66. Lettre de Miron à Henri Pichette, Cologne, 15 août 1960, fonds Henri-Pichette, MSM.

67. *Nation nouvelle* est une revue éphémère qui n'a été publiée que pendant quelques mois en 1959, sous la direction d'André Dagenais et du père Gustave Lamarche, un grand ami de Rina Lasnier.

68. Lettre de Miron à Rina Lasnier, Paris, 25 novembre 1960, fonds Rina-Lasnier, BAnQ, MSM.

69. Lettre de Miron à sa mère, Paris, 8 septembre 1960.

70. Gaston Miron, *La Marche d'amour*, Le *Périscope*, n° 3, automne 1958, p. 8-9.

71. Lettre de Miron à Fernand Ouellette, Paris, 11 septembre 1960, fonds Fernand-Ouellette, BAC, MSM.

72. « Ma Rose Stellaire Rose Bouée Ma / Rose Éternité », *Poème de séparation 1*, *HR*, p. 67.

73. Lettre de Miron à sa mère, Paris, 14 novembre 1960.

74. Voir la lettre de Jeanne Michauville à Miron, Saint-Jérôme, 22 novembre 1960.

75. Carnet, automne 1960.

76. *Je ne voulais pas te perdre*, poème tapuscrit sur sept feuillets, janvier 1961, FGM.

77. *La Marche à l'amour, HR*, p. 59.
78. *Poème de séparation 1, HR*, p. 66.
79. Contrairement aux lettres à Isabelle, Miron ne semble pas avoir récupéré ses lettres à Rose Marie, qui ont peut-être été détruites.
80. Lettre de Miron à sa mère, Paris, 17 janvier 1961.
81. Lettre de Michel Foulon à Claude Hurtubise, Paris, 21 décembre 1960, fonds Claude-Hurtubise, BAC.
82. Lettre de Michel Foulon à Claude Hurtubise, Paris, 30 janvier 1961, fonds Claude-Hurtubise, BAC.

CHAPITRE 13 • AU CARREFOUR DES LIVRES

1. Jean-Paul Desbiens, *Les Insolences du frère Untel*, Montréal, Éditions de l'Homme, 1960, p. 17.
2. *Cahiers de Rabaska,* première année, nᵒˢ 2-5, novembre-décembre 1960, n. p.
3. Cet important numéro du *Devoir* du 22 octobre 1960 proposait un « Hommage à nos écrivains » présenté par Gilles Hénault et un « supplément littéraire » sur le thème « Comment concilier notre culture française et notre civilisation nord-américaine ? ». C'est dans ce supplément que paraît l'article d'Anne Hébert, « Quand il est question de nommer la vie tout court, nous ne pouvons que balbutier », p. 9.
4. Voir notamment *Liberté*, nᵒ 17, novembre 1961, sur le thème : « L'écrivain est-il récupérable ? ».
5. *Note d'un homme d'ici, HR*, p. 184 ; *ULC*, p. 38. Ce texte avait originellement paru dans *Cahier pour un paysage à inventer*, nᵒ 1, 1960, p. 19-20.
6. Lettre de Claude Gauvreau à Gaston Miron, 20 décembre 1960, FGM.
7. Lettre de Gilles Leclerc à Gaston Miron, 26 novembre 1958, archives personnelles Gilles Leclerc, MSM.
8. Gilles Leclerc, *Journal d'un inquisiteur*, Montréal, Éditions du Jour, 1974 [Éditions de l'Aube, 1960], p. 76.
9. Lettre de Gaston Miron à Gilles Leclerc, 3 juin 1960, archives personnelles Gilles Leclerc, MSM.
10. Lettre de Gilles Leclerc à Gaston Miron, 27 juin 1960, *ibid.*
11. Lettre de Gilles Leclerc à Gaston Miron, 27 décembre 1960, *ibid.*
12. Gaston Miron, *L'Amour et le militant, HR*, p. 107.
13. Lettre de Rita Labrosse à Miron, Paris, 5 juin 1961, AÉH.
14. Lettre de Camille Bourniquel à Miron, Paris, 6 juillet 1961, AÉH.
15. Lettre de Claire Martin à Gaston Miron, Ottawa, 26 juin 1961, AÉH.
16. Lettre de Denise Karas à Miron, Liège, 12 mai 1961, AÉH.
17. *Déclaration, Liberté*, nᵒ 14, mars-avril 1961, p. 545. *HR*, p. 52.
18. Lettre de Miron à Andrée Maillet-Hobden, 10 mars 1954, FGM, MSM.
19. *Les jours raccourcissent, Liberté*, nᵒˢ 15-16, mai-août 1961, p. 642 ; *Art poétique, HR*, p. 147.
20. *Quand morte sera la mort, Liberté*, nᵒˢ 15-16, p. 643 ; *L'Ombre de l'ombre, HR*, p. 152. Dans le film d'André Gladu, *Gaston Miron. Les outils du poète* (Montréal, Les Productions du Lundi matin, distribution Cinéma Libre, 1994, 52 min.), Miron fait devant un groupe d'étudiants une véritable performance de ce passage de *L'Ombre de l'ombre*, sur le rythme des danses folkloriques.

21. *Ma bibliothèque idéale, HR*, p. 188 ; *ULC,* p. 42. Texte lu par Miron sur les ondes de Radio-Canada le 16 septembre 1961.

22. *HR,* p. 192 ; *ULC,* p. 46.

23. Note, 26 octobre 1962.

24. Note titrée, « Je ne marche plus », 1961.

25. *La Marche à l'amour, HR,* p. 65.

26. Lettre de Michel Foulon à Claude Hurtubise, Paris, 6 février 1961, fonds Claude-Hurtubise, BAC.

27. Voir Pierre Elliott Trudeau, « La nouvelle trahison des clercs », *Cité Libre,* n° 46, avril 1962, p. 3-13 ; repris dans *Cité Libre. Une anthologie,* Montréal, Stanké, 1991, p. 141-167. Hubert Aquin, « La fatigue culturelle du Canada français », *Liberté,* n° 23, mai 1962, p. 299-325 ; repris dans *Blocs erratiques,* Montréal, Quinze, 1977, p. 69-103.

28. Lettre de Miron à Henri Pichette, 6 juillet 1961, fonds Henri-Pichette, MSM.

29. Après avoir publié *Carton-pâte* à Paris chez Seghers, puis *Les Pavés secs* chez Beauchemin, en 1956 et 1958, Godbout a fait paraître *C'est la chaude loi des hommes* à l'Hexagone, pendant le séjour de Miron à Paris.

30. Lettre de Miron à Claude Haeffely, 9 mai 1962, *ABP,* p. 236.

31. Alain Grandbois, *Poèmes,* Montréal, Éditions de l'Hexagone, 1963. Ce volume, qui annonce la collection « Rétrospectives », réunit les trois recueils déjà publiés par Grandbois : *Les Îles de la nuit* (1944), *Rivages de l'homme* (1948) et *L'Étoile pourpre* (1957).

32. Lettre d'Alain Grandbois à Miron, 22 janvier 1964, AÉH.

33. Journal, 25 février 1948.

34. « Situation de l'édition au Canada français », entrevue avec Martine de Barsy, à Paris, printemps 1960, antenne et date de diffusion inconnues.

35. Lettre de Jean-Guy Pilon à Miron, 16 avril 1960, AMAB.

36. Alain Horic, *L'Aube assassinée,* Montréal, Erta, 1957.

37. Adèle Lauzon, *Pas si tranquille. Souvenirs,* Montréal, Boréal, 2008, p. 144.

38. Ce sont les termes employés par Micheline Sainte-Marie dans un message daté du 10 juillet 2006, adressé à Patricia Godbout de l'Université de Sherbrooke, et relayé à l'auteur du présent ouvrage.

39. Gilles Hénault, *Sémaphore,* dans *Signaux pour les voyants,* Montréal, Éditions de l'Hexagone, 1972, p. 159-160.

40. On trouvera le récit détaillé de cette genèse de la collection « Rétrospectives » à l'Hexagone dans l'entretien accordé à Réjean Beaudoin sur les ondes de Radio-Canada le 7 janvier 1985 ; *AD,* p. 312-321.

41. Le prospectus de 1955 des Éditions de l'Hexagone parlait de l'« amour de la littérature qui se fait ». Dans sa série d'entretiens accordés à Pierre Popovic, *De la littérature avant toute chose* (Montréal, Liber, « De vive voix », 1996), Marcotte raconte qu'il a donné à son livre de critique paru en 1962 le titre d'*Une littérature qui se fait* sans s'être souvenu que Gaston Miron avait déjà utilisé cette expression (p. 85).

42. Voir Pierre Luc, « Gaston Miron à l'Hexagone. La poésie de porte en porte », *La Patrie du dimanche,* 11 juin 1961, p. 23.

43. « Rapport Francfort-Paris, préparé et présenté par M. Gaston Miron, délégué de l'AÉC à la Foire de Francfort de 1963, à l'Assemblée générale annuelle des membres, le mardi 14 janvier 1964 », AÉH.

44. Jean Chalon, « À la Foire de Francfort 1963, pas de moutons à cinq pattes », *Le Figaro littéraire*, 19 octobre 1963, p. 4.

CHAPITRE 14 • L'EFFET *PARTI PRIS*

1. Un exemplaire du journal de Cesare Pavese, *Le Métier de vivre* (traduit de l'italien par Michel Arnaud, Paris, Gallimard, 1958), se trouvait abondamment annoté, dans la bibliothèque de Gaston Miron.

2. Note, 19 novembre 1962, AMAB.

3. Note, 12 juin 1952.

4. Ce poème porte le titre de *Chanson*, dans *HR*, p. 30.

5. Lettre de Miron à Alain Bosquet, 6 juin 1962, AÉH, MSM.

6. *Pour mon rapatriement*, *HR*, p. 87 ; *Compagnon des Amériques*, *HR*, p. 101-102.

7. Lettre d'Henri Pichette à Miron, 12 avril 1965, fonds Henri-Pichette.

8. *La Pauvreté anthropos*, *HR*, p. 145.

9. Note, 17 novembre 1962.

10. Note, 19 novembre 1962.

11. *Héritage de la tristesse*, *HR*, p. 86.

12. Lettre de Jean Simard à Miron, 15 avril 1962, AÉH.

13. *La Marche à l'amour*, *Le Nouveau Journal*, 14 avril 1962 ; *HR*, p. 59.

14. *Notre jamais rencontrée*, lettre à Claude Haeffely, 12 octobre 1954, *ABP*, p. 23.

15. *La Marche d'amour*, *Le Périscope*, n° 3, automne 1958, p. 8-9.

16. Note, 29 octobre 1962.

17. Alain Bosquet, *La Poésie canadienne*, Paris, Seghers ; Montréal, HMH, 1962.

18. *Partage du jour*, émission radiophonique avec Gaston Miron réalisée par Lorenzo Godin, animée par Wilfrid Lemoine et Guy Viau et diffusée le 29 octobre 1962, Société Radio-Canada, CAGM.

19. Gilles Marcotte, *Une littérature qui se fait*, Montréal, BQ, 1994 [1962], p. 118.

20. *Ibid.*, p. 327.

21. Voir l'intervention de Michel van Schendel dans une émission consacrée au thème de l'amour dans la littérature québécoise, *Partage du jour*, émission radiophonique réalisée par Marcel Tremblay, animée par André Hébert et Réginald Martel et diffusée le 10 mars 1964, Société Radio-Canada, CAGM.

22. *La Marche à l'amour*, *HR*, p. 62.

23. Lettre de Gatien Lapointe à Miron, 28 mars 1961, AÉH.

24. Gatien Lapointe, *Ode au Saint-Laurent*, précédé de *J'appartiens à la terre*, Montréal, Éditions du Jour, « Les Poètes du jour », 1963, p. 65.

25. Paul Chamberland, Ghislain Côté, Nicole Drassel, Michel Garneau et André Major, *Le Pays*, Montréal, Librairie Déom, « Poésie canadienne 1 », 1963.

26. Yves Préfontaine, « Engagement et enracinement », *Liberté*, n° 17, novembre 1961, p. 720.

27. Gaston Miron, note non datée, contemporaine de la publication de *La Vie agonique*. Sur les circonstances de la publication de *La Vie agonique*, voir le bref récit qu'en donne Miron dans l'édition de luxe de *HR*, 1994, p. 71.

28. Gaston Miron, *La Vie agonique*, *Liberté*, n° 27, mai-juin 1963, p. 210-221. L'épigraphe d'Aragon, qui apparaît en tête de la suite, sera reprise dans toutes les éditions ultérieures de *L'Homme rapaillé*.

29. *Tristesse, ô ma pitié, mon pays*, *ibid.*, p. 210-211. Dans son propre exemplaire de la revue, Miron a biffé ces mots pour les remplacer par le titre définitif, *Héritage de la tristesse*, *HR*, p. 85-86.

30. Dans *Liberté*, les deux poèmes n'ont pour titre que *La Batèche (extrait)*, p. 215 et 216-217 respectivement. Voir *Le Damned Canuck*, *HR*, p. 75 et *Compagnon des Amériques*, *HR*, p. 101-102.

31. *La Braise et l'humus*, *Liberté*, n° 27, p. 214 ; *HR*, p. 91.

32. *Tête de caboche*, *ibid.* ; *HR*, p. 98

33. *Pour mon rapatriement*, *ibid.*, p. 211 ; *HR*, p. 87.

34. *L'Octobre*, *ibid.* ; *HR*, p. 103-104.

35. Cesare Pavese, *Le Métier de vivre*. Miron a écrit fautivement : « Je crois qu'*ils* sont aussi du temps. » Je corrige.

36. André Major, « Gaston Miron nous livre enfin sa magnifique poésie », *Le Petit Journal*, 4 août 1963, p. A-63.

37. Gilles Marcotte, « Gaston Miron : de l'oral à l'écrit », *La Presse*, 27 juillet 1963, p. 7.

38. Jean Hamelin, « La vie littéraire par Jean Hamelin », *Le Devoir*, 28 septembre 1963, p. 12.

39. Gaston Miron, « Situation de notre poésie », 1957 ; *ULC*, p. 26.

40. Lettre de Michel Bernard à Miron, Paris, 8 août 1963, AÉH.

41. Lettre de Roger Piault à Miron, Paris, 27 août 1963, AÉH.

42. Lettre de Jacques Berque à Miron, Paris, 20 septembre 1963, FGM.

43. Jacques Ferron, « Le PSD est un parti étranger au Québec. Adieu au PSD », *La Revue socialiste*, n° 4, été 1960, p. 7-14 ; repris dans *Escarmouches*, Montréal, Leméac, 1975, p. 20-21.

44. Éditorial, « L'aliénation anticléricale de *Cité Libre* », *La Revue socialiste*, n° 5, printemps 1961, p. 1

45. André Major, « Le pan-canadianisme, c'est le cléricalisme », *ibid.*, p. 24.

46. Jacques Berque, *Dépossession du monde*, Paris, Éditions du Seuil, 1964, p. 7.

47. Note, 30 septembre 1962.

48. Note, 21 février 1963.

49. Voir à ce sujet, Jean-Christian Pleau, *La Révolution québécoise. Hubert Aquin et Gaston Miron au tournant des années soixante*, Fides, « Nouvelles études québécoises », 2002. Sur la relation entre Berque et Miron, voir p. 165-170.

50. Gaston Miron, *Monologues de l'aliénation délirante*, *HR*, p. 93. Cité par Berque, *Dépossession du monde*, p. 67.

51. *Notes sur le non-poème et le poème*, *HR*, p. 125. Ce texte a d'abord paru dans *Parti pris*, n°s 10-11, juin-juillet 1965, p. 88-97.

52. Jacques Berque, *ibid.*, p. 22-23.

53. Note, 9 décembre 1962.

54. Gaston Miron, *L'Octobre*, *HR*, p. 104.

55. Yves Préfontaine, « Parti pris », *Liberté*, n° 23, mai 1962, p. 291-298, et Hubert Aquin, « La fatigue culturelle du Canada français », *ibid*.

56. André Major, « Les armes à la main », *Liberté*, n° 26, mars-avril 1963, p. 83-90.

57. Paul Chamberland, « Naissance du rebelle » et « Ode au guerrier de la joie », *ibid.*, p. 101-102 et 104-105.

58. André Brochu, « De la prime enfance d'Adéodat », *ibid.*, p. 100.

59. André Belleau, « La littérature est un combat », *ibid.*, p. 82.

60. Fernand Ouellette, « Lettre aux mystiques de la violence », *Liberté*, n° 26, encart ; repris dans *Les actes retrouvés*, Montréal, HMH, « Constantes », n° 24, 1970, p. 221-223.

61. « Vulgarités », *Parti pris*, vol. 1, n° 1, octobre 1963, p. 63.

62. André Laurendeau, « Les embusqués ont tué. Ça devait venir », *Le Devoir*, 22 avril 1963, p. 1.

63. Note, 22 avril 1963.

64. Note, 23 avril 1963.

65. Hubert Aquin, « Lettre morte à Gaston Miron », Montréal, 10 octobre 1963. Publiée dans *Liberté*, n° 150, décembre 1983, p. 4-6.

66. Jean-Marie Domenach, « Les damnés de la terre », *Esprit*, n° 191, avril 1962, p. 639.

67. Paul Chamberland, *Terre Québec* suivi de *L'afficheur hurle* et de *L'Inavouable*, Montréal, Typo, 1985, p. 73 et 118. *Terre Québec* a d'abord paru en 1964 chez Déom et *L'afficheur hurle* aux Éditions Parti pris en 1965.

68. Voir « Entretien avec Flavio Aguiar », juin 1981, *AD*, p. 380-381.

69. Note, 10 novembre 1962.

70. Gaston Miron, *Monologues de l'aliénation délirante*, *HR*, p. 93, et *Les Années de déréliction*, *HR*, p. 97.

71. Note, 31 mai 1963.

72. Dans *La Révolution québécoise. Hubert Aquin et Gaston Miron au tournant des années soixante*, Jean-Christian Pleau signale qu'André Laurendeau est celui qui aurait employé le premier cette expression, reprise ensuite par les radicaux (p. 116). Pleau offre par ailleurs un compte rendu très bien informé de la manifestation du 21 septembre 1963, p. 109-120.

73. Hubert Aquin, « Essai crucimorphe », *Blocs erratiques*, Montréal, Quinze, 1977, p. 179. Ce court essai avait paru dans *Liberté*, vol. 5, n° 4, juillet-août 1963, p. 323-325.

74. Gaston Miron, *Monologues de l'aliénation délirante*, *HR*, p. 93.

75. André Major, « Chronique d'une révolution. Progrès de manifestations », *Parti pris*, vol. 1, n° 2, novembre 1963, p. 55.

76. Denys Arcand, « Les divertissements », *Parti pris*, vol. 1, n° 2, novembre 1963, p. 57.

77. Pierre Maheu, « De la révolte à la révolution », *Parti pris*, vol. 1, n° 1, octobre 1963, p. 15.

78. Note non datée, mais certainement de 1963 ou 1964.

79. Entretien avec Michel Roy, *AD*, p. 59.

80. Gérald Godin, « Deux poètes », *Le Nouvelliste*, 25 mai 1963, p. 14 [sur *Pour saluer une ville* de Pilon et *Pays voilés* de Marie-Claire Blais] ; repris dans Gérald Godin, *Écrits et parlés 1. Culture*, édition préparée par André Gervais, Montréal, Éditions de l'Hexagone, 1993, p. 100.

81. Gaston Miron, *Le Salut d'entre les jours*, *Parti pris*, vol. 5, n° 8, été 1968, p. 79. D'abord publié sous une forme manuscrite dans la première édition de *HR*, Montréal, PUM, 1970, p. 151, le poème sera finalement intégré au cycle de *L'Amour et le militant*, *HR*, p. 113-114.

82. Voir les pages que consacre Malcolm Reid à Miron dans *Notre parti est pris*, Québec, PUL, 2009, p. 202-213. Il s'agit de la traduction d'un essai sur le groupe de *Parti pris* paru en anglais sous le titre *The Shouting-Signpainters*, New York et Londres, MR, 1972.

83. Gaston Miron, sans titre, *Parti pris*, vol. 1, n° 2, novembre 1963, p. 38 ; *Paris*, *HR*, p. 146).

84. *Ibid.*, p. 38 ; *L'Amour et le militant*, *HR*, p. 107. Miron remplacera le dernier syntagme, « un ordre nouveau » par « un cours nouveau » dans *HR*, dès sa première édition.

85. Jacques Berque, « Les révoltés du Québec », *Parti pris*, vol. 1, n° 3, décembre 1963, p. 49.

86. *Ibid.*

87. Voir dans *Parti pris*, vol. 1, n° 3, décembre 1963, l'éditorial « *Parti pris*, le RIN et la révolution » et le programme du RIN.

88. Voir Gaston Miron, « Budapest 1956 », *PÉ*, p. 87. Miron exprime aussi sa sympathie à l'égard de la cause hongroise dans sa lettre du 26 novembre 1956 à Claude Haeffely, *ABP*, p. 72-77.

89. Note, 22 juillet 1964.

90. Pierre Vallières, *Nègres blancs d'Amérique*, Montréal, Parti pris, 1967, p. 337.

91. Voir « Que faire ? » : Jean-Marc Piotte, « 1. Un appui critique à la néo-bourgeoisie », et Pierre Maheu, « 2. Perspectives d'actions », *Parti pris*, vol. 2, n° 3, novembre 1964, p. 6-15.

92. Voir l'éditorial « Le samedi de la matraque », *ibid.*, p. 2-5.

93. Jacques Renaud, « Poèmes », *Parti pris*, vol. 2, n° 3, novembre 1964, p. 43.

94. Note, 14 décembre 1963.

95. Lettre de Miron à Claude Haeffely, 30 juin 1964, *ABP*, p. 241.

96. Carnet « Oktavheft », 1964.

97. Lettre à Henri Pichette, 30 décembre 1964, fonds Henri-Pichette, MSM.

98. Aquin a publié plus tôt dans l'année son célèbre texte « Profession : écrivain », *Parti pris*, vol. 1, n° 4, janvier 1964 ; repris dans *Point de fuite*, Montréal, BQ, 1995, p. 45-60.

99. Gaston Miron, « Un long chemin », *Parti pris*, vol. 2, n° 5, janvier 1965, p. 25 ; *HR*, p. 193.

100. Voir le récit de Miron en marge des *Notes sur le non-poème et le poème* dans l'édition de luxe de *HR*, 1994, p. 109.

101. Gaston Miron, *Notes sur le non-poème et le poème*, *Parti pris*, vol. 2, n°s 10-11, juillet-août 1965, p. 92 ; *HR*, p. 130.

102. Dossier des *Notes sur le non-poème et le poème*, FGM.

103. Entretien avec Robert Dickson et quelques étudiants de Sudbury, Montréal, 31 mars 1973, *AD*, p. 129-148.

104. Brouillon de *La Batèche*, FGM.

105. Carnet non daté, époque parisienne, AMAB.

106. Paul Chamberland, *L'afficheur hurle*, p. 101.
107. *La Pauvreté anthropos, HR*, p. 145.
108. *L'Amour et le militant, HR*, p. 111.
109. Brouillons de *L'Amour et le militant*, FGM.

CHAPITRE 15 • Le forcené magnifique

1. Note, 3 janvier 1964.
2. *La Corneille, HR*, p. 150-151.
3. « Entretien avec Flavio Aguiar », juin 1981, *AD*, p. 380-381.
4. *L'Amour et le militant, HR*, p. 108-109.
5. *Arrêt au village. Le dernier recours didactique, HR*, p. 149.
6. Voir à ce sujet Louise Desjardins, *Pauline Julien. La vie à mort*, Montréal, Leméac, 1999, p. 86.
7. Brouillons de *L'Amour et le militant*, FGM.
8. Voir Normand Cloutier, « Le scandale du joual », *Maclean*, vol. 6, n° 2, février 1966, p. 10 et 26.
9. Lettre de Denise Jodorowsky à Miron, Mexico, 15 décembre 1966, AMAB.
10. Henri Michaux, *La Ralentie, Plume* précédé de *Lointain intérieur*, Paris, Gallimard, « Poésie », 1990, p. 49.
11. André Major, « La fièvre monte chez Dupuis », *Parti pris*, vol. 2, n° 1, septembre 1964, p. 67-69.
12. On trouvera l'ensemble de ces « Marginales » dans *ULC*, p. 459-472.
13. Lettre à Rina Lasnier, 15 juillet 1964, fonds Rina-Lasnier, BAnQ, MSM.
14. Lettre à Rina Lasnier, 14 mars 1961, *ibid.*
15. Roland Giguère, *Les Mots-flots. L'Âge de la parole*, Montréal, Éditions de l'Hexagone, 1965, p. 107.
16. « Connaissance de Giguère », *La Barre du jour*, n°s 11-12-13, décembre 1967-mai 1968.
17. « Une poésie d'invasion », *ibid.*, p. 127-128 ; *ULC*, p. 225-229.
18. « Les livres à lire », *Maclean*, vol. 6, n° 3, mars 1966, p. 46.
19. « Les livres à lire », *Maclean*, vol. 8, n° 8, août 1968, p. 32.
20. *Au sortir du labyrinthe, HR*, p. 141.
21. Guy Sylvestre, *Anthologie de la poésie canadienne-française*, Montréal, Beauchemin, 1964.
22. Jean-Guy Pilon, « *L'Anthologie de la poésie canadienne contemporaine de langue française* d'Alain Bosquet », octobre 1966, référence inconnue.
23. Lettre à Guy Sylvestre, 27 décembre 1965, fonds Guy-Sylvestre, BAC, MSM.
24. Guy Sylvestre et Gordon Green (dir.), *Un siècle de littérature canadienne / A Century of Canadian Literature*, Montréal, HMH et Toronto, Ryerson Press, 1967.
25. Lettre à Guy Sylvestre, 20 mai 1966, fonds Guy-Sylvestre, BAC, MSM.
26. Gaston Miron, *La Vie organique* [*sic*], *Les Lettres nouvelles*, numéro spécial hors série, décembre 1966-janvier 1967, p. 226-230.
27. Voir les poèmes *Padoue* et *Rome, PÉ*, p. 56 et 60.

28. Pour le récit des circonstances de ce premier séjour à Rome et de l'amitié qui s'y crée entre Miron et l'écrivain Ennio Flaiano, voir Marie-Andrée Beaudet, « Gaston Miron et Ennio Flaiano : une rencontre sous le signe de l'amitié et de l'art », dans Luigi Bruti Liberati et Giovanni Dotoli (dir.), *Lingue e linguaggi del Canada / Languages of Canada / Langues et langages du Canada*, actes du colloque international d'études canadiennes tenu à Capitolo-Monopoli du 25 au 28 septembre 2008, Fasano (Italie), Schena, 2009, p. 65-72.

29. Ennio Flaiano, *Journal des erreurs*, cité par Marie-André Beaudet, *ibid.*, p. 71.

30. Note, fin septembre 1966.

31. Lettre d'Angelo Bellettato à Miron, Padoue, 10 avril 1966, FGM.

32. Gaston Miron, *La Marcia all'amore* et *L'Amore e il militante*, traduit en italien par Angelo Bellettato, Padoue, Rebellato, « Poeti stranieri », 1972.

33. Jacques Brault, « Miron le magnifique », conférence J. A. de Sève prononcée le 10 février 1966 à l'Université de Montréal, dans Jacques Brault, *Chemin faisant*, Montréal, Éditions La Presse, 1975, p. 21.

34. *Foyer naturel*, HR, p. 155.

35. Note non datée, sans doute vers 1965, fonds Jacques-Brault, BAC.

36. Robert Barberis, « Aux conférences J. A. de Sève. Miron le magnifique », « Cahiers des arts et des lettres », 17 février 1966, p. 1 et 3, inséré dans *Le Quartier latin*, vol. XLVIII, n° 32.

37. Lettre à Louise Deneault-Turcot, 22 novembre 1968, FGM, MSM.

38. Voir Juan Garcia, *Corps de gloire*, Montréal, PUM, 1971. Ce recueil reprend notamment *Alchimie du corps*, Montréal, Éditions de l'Hexagone, 1967.

39. Lettre de Jean [Juan] Garcia à Miron, non datée et sans indication de lieu, jointe à une lettre de Jacques Brault à Miron datée du 20 mars 1968, AÉH.

40. Voir Juan Garcia, *Corps de gloire. Poèmes 1963-1988*, Montréal, Éditions de l'Hexagone, « Rétrospectives », 1989. Sur Garcia, voir aussi Jacques Brault, « Juan Garcia, voyageur de nuit », dans *Chemin faisant*, Montréal, Éditions La Presse, 1975, p. 127-140, et Isabelle Miron et Pierre Nepveu (dir.), *Relire Juan Garcia*, Québec, Éditions Nota Bene, 2006.

41. *Le Dossier Nelligan*, réalisé par Claude Fournier, Office du film du Québec, 1968. Je dois à André Gervais plusieurs détails concernant ce film.

42. Voir Gaston Miron, « L'importance de la gravure de Roussil », ULC, p. 221-224.

43. *L'Âme du Canada français par deux poètes du Québec*, entretien d'Hugues Desalle avec Gérald Godin et Gaston Miron, réalisations sonores de Hugues Desalle, coll. « L'âme de... », AM 15667, Paris. Toutes les citations viennent de la transcription effectuée par André Gervais et publiée dans Gaston Miron, *AD*, p. 63-90.

44. Un certain flottement a entouré le nom même du spectacle. Selon les documents, on trouve *Chants et poèmes de la résistance*, *Chansons et poèmes* ou encore *Poèmes et chansons de la résistance*.

45. *Sur la place publique*, dans *Chansons et poèmes de la résistance*, Montréal, Éditions d'Orphée, 1969, p. 46 ; *HR*, p. 99.

46. Claude Gauvreau, *Les Boucliers mégalomanes* (extraits), Montréal, Éditions d'Orphée, 1969, p. 61.

47. Lettre de Jacques Larue-Langlois aux participants, 8 octobre 1968, FGM.

48. *Après et plus tard*, *HR*, p. 142.
49. Note, brouillons de *L'Amour et le militant*, 1966, FGM.
50. *Seul et seule*, *HR*, p. 139.
51. Lettre de Miron à Camille, 23 septembre 1967, AMAB.
52. Lettre de Camille à Miron, non datée (mais la réponse de Miron, le 2 mai, parle de « ta lettre du 24 avril [1968] »), AMAB.
53. Lettre à Camille, 2 mai 1968, AMAB.
54. Pierre Maheu, « Engueulez Miron ! », *Parti pris,* vol. 5, n° 8, été 1968, p. 48-50.
55. *Parti pris,* vol. 5, n° 8, été 1968, p. 78-79 ; *Le Salut d'entre les jours, HR,* p. 113 ; *Doublure d'un combat, HR,* p. 170.
56. *Les Signes de notre vie, Parti pris,* vol. 5, n° 8, été 1968, p. 78 ; *Le Quatrième Amour, HR,* p. 153.
57. En ce qui concerne le texte intégral du rapport rédigé par Miron sur la Foire de Francfort de 1968, voir « Texte de l'Association des éditeurs canadiens, Francfort 1968 », dans *ULC,* p. 354-371.
58. Heureusement, la recherche très documentée qu'a menée Jozef Kwaterko, s'appuyant sur plusieurs entrevues et notamment sur les souvenirs de Rita Gombrowicz, permet de conserver l'essentiel de ces rencontres. Voir Jozef Kwaterko, « Miron et Gombrowicz : un entre-dialogue complice », suivi de deux appendices : Marie-Andrée Beaudet, « Miron, lecteur de Gombrowicz », et Rita Gombrowicz, « Miron et le *Journal* de Gombrowicz », dans Cécile Cloutier, Michel Lord et Ben-Z. Shek, *Miron ou La Marche à l'amour,* Montréal, Éditions de l'Hexagone, 2002, p. 183-198.
59. Voir Betty Bednarski, « Les Lettres polonaises », dans Brigitte Faivre-Duboz et Patrick Poirier (dir.), *Jacques Ferron. Le palimpseste infini,* Montréal, Lanctôt éditeur, 2002, p. 302.
60. Witold Gombrowicz, *Journal 1953-1956,* Paris, Julliard, « Les Lettres nouvelles », 1964, p. 158-159.

CHAPITRE 16 • Miron le père

1. L'achevé d'imprimer de *Comme eau retenue* de Jean-Guy Pilon porte la date du 15 janvier 1969, mais le copyright est de 1968.
2. [Sans auteur], « Michel Beaulieu ou le risque de l'avant-garde », *Le Devoir,* 18 novembre 1967, p. 14.
3. Lettre à Pierre Chatillon, 29 janvier 1968, AÉH.
4. Denise Boucher, « Salut Miron, et ne dis plus que tu n'es pas poète », *Perspectives,* n° 6, 10 février 1968, p. 34-36.
5. Sur l'histoire de l'obtention de cette bourse, voir Robert Yergeault, *Art, Argent, arrangement. Le mécénat d'Ottawa,* Ottawa, Éditions David, 2004, p. 370-373.
6. Luc Perreault, « Il ne manquait qu'un bénitier à la sortie ! », *La Presse,* 6 mars 1968, p. 67.
7. Pierrot Léger, « La sensation d'être un hors-la-loi », *Maclean,* vol. 7, n° 12, décembre 1967, p. 39.
8. « Entretien avec Flavio Aguiar », juin 1981, *AD.*

9. Lettre de Jeanne Michauville à Miron, 27 décembre 1968.

10. Lettre de Jeanne Michauville à Miron, 25 mars 1969.

11. Lettre de Ghislaine Duguay à Jeanne Michauville, 6 mai 1971, AMAB.

12. Deux formations musicales, Le Quatuor de jazz libre du Québec et L'Infonie incarnent à cette époque des courants alternatifs, modernes et débridés, en rupture avec le style des chansonniers.

13. Lettre à René Lacôte, 27 janvier 1969, AMAB.

14. Gaston Miron, « Un long chemin » (1965), *HR*, p. 200.

15. Sur la notion de *langue natale* chez Miron, voir « Sous le maternel, le natal », dans Karim Larose, *La Langue de papier. Spéculations linguistiques au Québec*, Montréal, PUM, 2004, p. 327-337. Tout l'ouvrage de Larose est une référence incontournable sur la question de la langue au Québec depuis les années 1950 et, notamment, sur l'émergence de la notion d'*unilinguisme*.

16. Michel Brunet, « Pourquoi parlons-nous le français ? », *La Presse*, 22 juin 1957, cité par Karim Larose, *ibid.*, p. 50.

17. Gaston Miron, *Notes sur le non-poème et le poème* (1965), *HR*, p. 127.

18. *Ibid.*, p. 126.

19. Lettre de Miron à Rina Lasnier, 2 juillet 1969, fonds Rina-Lasnier, BAnQ.

20. Fiche médicale de l'hôpital Sainte-Jeanne-d'Arc, 5 septembre 1969, archives personnelles Emmanuelle Miron (AEM).

21. Léon Dion, « L'épisode du bill 63 : escalade vers l'anarchie ? », *Le Devoir*, 1er novembre 1969, p. 5.

22. Cité par Louise Desjardins, *Pauline Julien. La vie à mort*, Montréal, Leméac, 1999, p. 204.

23. Gaston Miron, *L'Homme rapaillé. Liminaire*, *HR*, p. 19. Dans les versions ultérieures du poème, Miron corrigera légèrement : « je ne suis *pas* revenu pour revenir ».

24. Miron a raconté les circonstances de l'écriture de ce poème et sa recherche d'un titre (qui allait devenir aussi le titre de son livre) dans l'édition de 1994 de *HR*, p. 15-16.

25. Voir notamment la lettre de Miron à Ronald Sutherland, professeur à l'Université de Sherbrooke, 14 août 1969, AMAB.

26. « Littérature du Québec », *Europe*, nos 478-479, février-mars 1969.

27. Georges-André Vachon, « Une tradition à inventer », texte de la conférence prononcée le 2 mai 1968 à la Faculté des lettres de l'Université de Montréal dans le cadre des Conférences J. A. de Sève, Montréal, PUM, 1968 ; repris dans l'ouvrage éponyme de Vachon, *Une tradition à inventer*, Montréal, Boréal, 1997, p. 13-30.

28. Note de Ghislaine Duguay déposée chez Miron, Montréal, 23 janvier 1970, APEM.

29. Manifestation du 10 décembre 1969, reportage de Radio-Canada, CAGM.

30. Lettre de Georges-André Vachon à Miron, 5 mars 1970, AMAB.

31. *Après et plus tard*, *HR*, p. 142.

32. *Avec toi*, *HR*, p. 71.

33. Un enregistrement audio de ce « Jeudi de la poésie », 12 mars 1970, se trouve aux Archives de l'Université de Montréal.

34. Claude Haeffely, *La Pointe du vent*, Montréal, Éditions de l'Hexagone, « Parcours », 1982, p. 35. Haeffely consacre plusieurs pages de son livre à relater cet événement : « La Nuit de la poésie », p. 31-38.
35. Pierre Vallières, *Poème de prison* (1969), *Paroles d'un nègre blanc*, anthologie préparée par Jacques Jourdain et Mélanie Mailhot, Montréal, VLB éditeur, 2002, p. 124-125.
36. Pierre Vadeboncœur, *La Dernière Heure et la première*, Montréal, Éditions de l'Hexagone, 1970, p. 51.
37. Jean Basile, « Gaston Miron reçoit le prix d'*Études françaises* », *Le Devoir*, 15 avril 1970, p. 3.
38. *Ibid.*
39. C.B., « C'est un peu moi qui me suis fait rapailler – Gaston Miron », *Forum*, vol. 4, nº 31, 20 avril 1970, p. 7.

CHAPITRE 17 • La gloire d'un livre

1. Paul Chamberland, « Fondation du territoire », *Un parti pris anthropologique*, Montréal, Éditions Parti pris, 1983, p. 241-278. Ce texte capital de Chamberland avait d'abord paru dans la revue *Parti pris*, vol. 4, nᵒˢ 9-12, p. 11-42.
2. Cité par François Dumont, *Usages de la poésie*, Québec, PUL, « Vie des lettres québécoises », 1993, p. 168. Le chapitre « Concordances » (p. 165-204) de cet ouvrage de Dumont dresse un tableau très complet et éclairant des diverses conceptions de la poésie au Québec au tournant de 1970.
3. Ivanhoé Beaulieu, « Miron sur la place publique », *Le Soleil*, 18 avril 1970, p. 46.
4. Jean-Guy Pilon, « Un camarade et un exemple », *Le Devoir*, 18 avril 1970, p. 15.
5. Pierre Chatillon et Gatien Lapointe, « Miron, poète national du Québec », *Le Journal* (Trois-Rivières), vol. 1, nº 2, 22 avril 1970, p. 5. La série de témoignages, réunissant Armand Guilmette, Gilles Boulet, André Héroux, Gilles de Lafontaine, Étienne Duval, François Bruneau, Madeleine Saint-Pierre, Clément Marchand et André Dionne, se trouve à la page 4.
6. Jean Royer, « Gaston Miron, l'Homme rapaillé », *L'Action* (Québec), 18 avril 1970, p. 21 ; repris sous le titre « Le poids de la création », dans *Gaston Miron sur parole. Un portrait et sept entretiens*, Montréal, BQ, 2007, p. 53-66.
7. Jean Basile, « Pour un Gaston Miron rétrospectif », *Le Devoir*, 18 avril 1970, p. 15.
8. Jean Royer, « Gaston Miron, l'homme rapaillé ».
9. Jean Basile, « Pour un Gaston Miron rétrospectif ».
10. Gaston Miron, « Miron et l'engagement politique », *Le Devoir*, 25 avril 1970, p. 15.
11. Réginald Martel, « Deux témoins, deux acteurs », *La Presse*, 25 avril 1970, p. 39. Outre *L'Homme rapaillé*, le critique fait la recension du livre d'André Laurendeau, *Ces choses qui nous arrivent. Chronique des années 1961-1966*, Montréal, HMH, 1970.
12. Lise Moreau, « La vedette de la semaine : Gaston Miron », *La Presse*, 22 avril 1970, p. 32.
13. René Lacôte, « Gaston Miron », *Les Lettres françaises*, 3 juin 1970, p. 8.

14. Robert Marteau, « Miron de plus en plus magnifique », *Esprit*, vol. 38, n°s 7-8, juillet-août 1970, p. 294.

15. *Ibid.*, p. 298.

16. Alain Bosquet, « *L'Homme rapaillé* de Gaston Miron », *Le Monde*, 3 octobre 1970, p. 17.

17. Dominique Noguez, « Gaston Miron du Québec », *La Quinzaine littéraire*, du 16 au 31 janvier 1971, p. 9.

18. Rapport annuel des PUM, 1970-1971, fonds PUM, Archives de l'Université de Montréal.

19. *Pour mon rapatriement*, HR, p. 87.

20. Serge Mongeau, *Kidnappé par la police*, Montréal, Éditions Écosociété, « Retrouvailles », 2001, p. 105-110 (d'abord paru aux Éditions du Jour, 1971).

21. Jean-Guy Pilon, *Poèmes 70. Anthologie des poèmes de l'année au Québec*, Montréal, Éditions de l'Hexagone, 1970 ; Nicole Brossard, *Suite logique*, Montréal, Éditions de l'Hexagone, 1970 ; Yves Préfontaine, *Débâcles* suivi de *À l'orée des travaux*, Montréal, Éditions de l'Hexagone, 1970.

22. Lettre de Miron à Rina Lasnier, 27 août 1970, fonds Rina-Lasnier, BAnQ.

23. Lettres d'Alain Horic à Mme Éloi de Grandmont, 2 décembre 1970, et à Gatien Lapointe, 16 février 1971, AÉH.

24. Gérald Godin, « Journal d'un prisonnier de guerre », dans *Écrits et parlés II. Traces pour une autobiographie*, Montréal, Éditions de l'Hexagone, 1994, p. 105-113 (paru d'abord dans *Québec-Presse*, 1er novembre 1970, p. 28-29).

25. Serge Mongeau, *Kidnappé par la police*.

26. Michel Garneau, « Le langage de la justice », dans *Discrète Parade d'éléphants*, Montréal, Lanctôt éditeur, 2004, p. 82-85.

27. Louise Desjardins cite cette chronologie dans *Pauline Julien, op. cit.*, p. 210-211.

28. « Je n'ai pas été en prison, j'ai été dans un univers concentrationnaire », explique Miron dans son entretien avec Robert Dickson et quelques étudiants de Sudbury, Montréal, 31 mars 1973, *AD*, p. 129-148.

29. « Document Miron », *La Barre du jour*, n° 26, octobre 1970.

30. Jacques Brault, « Poésie et politique : d'après Gaston Miron », « Document Miron », p. 16.

31. Laurent Mailhot, « L'octobre du Québécanthrope », *La Barre du jour*, n° 26, octobre 1970, p. 27.

32. L'intervention de Gilles Hénault ne figure pas dans *La Barre du jour*. On peut en lire toutefois le texte dans Gilles Hénault, *Interventions critiques. Essais, notes et entretiens*, édition préparée par Karim Larose et Manon Plante, Montréal, Éditions Sémaphore, 2008, p. 75-77.

33. Dominique Noguez, « Gaston Miron du Québec », *La Quinzaine littéraire*, du 16 au 31 janvier 1971, p. 9.

34. Gaston Miron, lettre circulaire non datée (janvier 1971), Département des lettres françaises, Université d'Ottawa, AMAB.

35. *Maintenant*, n° 102, janvier 1971 ; *La route que nous suivons*, HR, p. 54.

36. Victor-Lévy Beaulieu, « Gaston Miron : vivre dans la vigilance et notre dignité réalisée », *Maintenant*, n° 102, janvier 1971, p. 13-15.

37. Gérald Godin, « Mon ami Gaston Miron », *Québec-Presse*, 7 mars 1971, p. 17A ; repris dans G. Godin, *Écrits et parlés I. Culture*, édition d'André Gervais, Montréal, Éditions de l'Hexagone, 1993, p. 122-123.

38. Voir le texte de ce discours, « Prix littéraire de la Ville de Montréal », *ULC*, p. 190-192.

39. *Les Écrivains québécois. Gaston Miron*, film réalisé par Roger Frappier, Office du film du Québec, Ministère de l'Éducation, 1971, Archives audio-visuelles, BAnQ.

40. Berthio, caricature de Gaston Miron, *Le Devoir*, 11 mars 1971, p. 4.

QUATRIÈME PARTIE : 1971-1981

CHAPITRE 18 • L'ÂGE D'HOMME

1. Lettre de Ghislaine Duguay à Miron, 21 février 1971, AEM.

2. Note non datée, mais sûrement vers 1989.

3. Jean Royer, *Voyage en Mironie*, Montréal, Éditions de l'Hexagone, 2004, p. 132.

4. *Poème dans le goût ancien*, *PÉ*, p. 81.

5. Voir « Prospectus 1971 », *ULC*, p. 332-333.

6. « Rue Saint-Denis », *La Presse*, 17 juillet 1970, p. D4 ; *ULC*, p. 230-232.

7. Voir Jacques Ferron, « Claude Gauvreau », dans *Du fond de mon arrière-cuisine*, Montréal, Éditions du Jour, 1973, p. 201-264.

8. Fernand Ouellette, *Les Actes retrouvés*, Montréal, HMH, 1970.

9. Fernand Ouellette, « Le Temps des veilleurs », dans *Journal dénoué*, Montréal, Typo, 1988, p. 222. D'abord paru en 1971 dans *Liberté*, nº 73, p. 112-113.

10. François Charron, *Au « sujet » de la poésie*, Montréal, Éditions de l'Hexagone, 1972, p. 12.

11. Voir François Charron, *Littérature / obscénités*, Montréal, Éditions Danielle Laliberté, 1974.

12. Lettres de Lucien Francœur à Miron, North Hollywood, 2 et 23 décembre 1971, AMAB.

13. Lucien Francœur, *Minibrixes réactés*, Montréal, Éditions de l'Hexagone, 1972, p. 18.

14. Paul Chamberland, *Demain les dieux naîtront*, Montréal, Éditions de l'Hexagone, 1974, p. 171.

15. Claude Beausoleil, « Les fausses lectures », *Hobo-Québec*, nº 4, avril 1973, p. 8 et 17.

16. François Hébert, Marcel Hébert et Claude Robitaille, « Interview avec Gilbert Langevin », *Hobo-Québec*, nᵒˢ 5-7, juin-août 1973, p. 26.

17. Jean-Marc Piotte, Madeleine Gagnon, Patrick Straram le Bison ravi, *Portraits du voyage*, Montréal, L'Aurore, 1975, p. 28.

18. Pierre Vadeboncœur, *Indépendances*, Montréal, Éditions de l'Hexagone et Parti pris, 1972, p. 104.

19. *Ibid.*, p. 167.

20. Jean Bouthillette, *Le Canadien français et son double*, Montréal, Éditions de l'Hexagone, 1972, p. 89.

21. Pierre Vadeboncœur, *Les Deux Royaumes*, Montréal, Éditions de l'Hexagone, 1978, p. 17.

22. Gaston Miron, « De quelques propositions. À propos de l'espace chez Robert Nadon », *Presqu'Amérique*, vol. 2, n° 1, janvier 1973, p. 28 ; *ULC*, p. 236.

23. *Le Temps des cerises*, paroles de Jean-Baptiste Clément, musique de A. Renard, 1867.

24. *Femme d'aujourd'hui*, entrevue télévisuelle avec Gaston Miron réalisée par Jac Segard, menée par Judith Paré et diffusée le 9 décembre 1974, Société Radio-Canada, CAGM.

25. Le poète et journaliste juif montréalais Abraham Moses Klein a remporté un Prix du Québec pour son recueil *The Rocking Chair and Other Poems*, Toronto, Ryerson Press, 1948 ; *La Chaise berçante*, traduction de Marie Frankland, Montréal, Éditions du Noroît, 2006.

26. Gaston Miron, « Identifier clairement l'ennemi et ses tactiques... remettre à l'honneur le projet global... », *Le Jour*, 12 avril 1975 ; repris dans *ULC*, p. 417-422 (p. 417 et 419 pour les citations).

27. *De défaite en défaite jusqu'à la victoire*, vidéo réalisée par Jo Laforce et Réal Morissette, Vidéographe, 1974.

28. Gaston Miron et Gaëtan Dostie, « Contre la dilapidation nationale des manuscrits », *Le Devoir*, 25 janvier 1973, p. 4 ; *ULC*, p. 411-416 (p. 411 pour la citation).

29. Voir Gaëtan Dostie, *L'Affaire des manuscrits ou la dilapidation du patrimoine national*, Montréal, Éditions du Jour et Éditions de l'Hexagone, 1973.

30. Interventions de Gaston Miron, actes de la Rencontre québécoise internationale des écrivains de 1974, « L'écriture est-elle récupérable ? », *Liberté*, n°s 97-98, janvier-avril 1975, p. 287.

31. Lettre de Miron à Claude Hacffely, 11 septembre 1957, *ABP*, p. 86.

32. Yves Berger, « Être écrivain au Québec », *Le Magazine littéraire*, n° 47, décembre 1970, p. 53.

33. Jules Fournier, lettre à Charles ab Der Halden, 1917, citée par Marie-Andrée Beaudet, *Langue et littérature au Québec, 1895-1914*, Montréal, Éditions de l'Hexagone, « Essais littéraires », 1991, p. 70.

34. *Aliénation délirante*, *HR*, p. 115-122.

35. Fernand Ouellette, « La Lutte des langues et la dualité du langage », *Les Actes retrouvés*, p. 187-214 (d'abord paru dans *Liberté*, n°s 31-32, mars-avril 1964, p. 87-113).

36. *Le bilingue de naissance*, *HR*, p. 219.

37. *Décoloniser la langue*, *HR*, p. 207. Article d'abord paru dans *Maintenant*, n° 125, avril 1973, p. 12-14.

38. Jean Marcel, *Le Joual de Troie*, Montréal, Éditions du Jour, 1973, p. 13.

39. Pour un compte rendu des débats linguistiques des années 1970 autour de la question du joual et de la langue québécoise, voir Karim Larose, « Au cœur de la poudrière linguistique. La querelle du joual », dans *La Langue de papier. Spéculations linguistiques au Québec*, Montréal, PUM, 2004, p. 199-312.

40. *Voir Décoloniser la langue*, *HR*, p. 207-218.

41. Hubert Aquin, « Le joual-refuge », *Maintenant*, n° 134, mars 1974, p. 18.

42. « Situation de notre poésie », *ULC*, p. 26-27.

43. *Ibid*, p. 143.

44. Gérald Godin, « Le Joual et nous », *Parti pris*, vol. 2, n° 5, « Pour une littérature québécoise », janvier 1965, p. 19.

45. Jacques Renaud, « Comme tout le monde ou le post-scriptum », *Parti pris*, vol. 2, n° 5, janvier 1965, p. 23.

46. Henri Bélanger, *Place à l'homme*, Montréal, HMH, 1969.

47. Victor-Lévy Beaulieu, « Quelques problèmes urgents de la politique culturelle québécoise », *Maintenant*, n° 107, juin-juillet 1971, p. 195.

48. *HR*, Maspero, p. 153-174.

49. Victor-Lévy Beaulieu, « Moman, popa, l'joual pis moué ! », *Maintenant*, n° 134, mars 1974, p. 15.

50. Hélène-Pelletier-Baillargeon, « Le joual. Un concept-bidon », *ibid*., p. 23.

51. Fernand Dumont, « Réticences d'un cheval ordinaire », *ibid*., p. 24-25.

52. *Avec toi*, *HR*, p. 71.

53. François Ricard, allocution d'ouverture, Rencontre québécoise internationale des écrivains de 1976, « Où en sont les littératures nationales ? », 12 octobre 1976, *Liberté*, n°s 112-113, juillet-octobre 1977, p. 15.

54. Gaston Miron, « Entretien avec Robert Dickson », *AD*, p. 131.

55. *Les Années de déréliction*, *HR*, p. 96.

56. Voir « Conférence de l'Estérel », *ULC*, p. 117-157.

57. Jacques Larue-Langlois, « Gaston Miron. Voyage au bout de l'amour ? », *Livre d'ici*, n° 26, hiver 1975-1976, n. p.

CHAPITRE 19 • La femme éternité

1. *L'Héritage et la descendance*, *HR*, p. 177-179.

2. *Courtepointes* (ci-après *C*), p. 51 ; *HR* (avec une variante), p. 179.

3. *Séquences de la batèche*, *C*, p. 45 ; *HR*, p. 78.

4. Miron raconte par écrit cette anecdote en marge des *Séquences de la batèche* dans l'édition de 1994 de l'*HR*, p. 65.

5. Eugène Roberto, « Avant-propos », *C*, p. 9.

6. Eugène Roberto, « Miron poète », *Le Droit*, 7 février 1976, p. 18.

7. Jean Royer, « Un événement littéraire. La parution de *Courtepointes* de Gaston Miron », *Le Soleil*, 7 février 1976, p. C1.

8. Jacques Larue-Langlois, « Gaston Miron. Voyage au bout de l'amour ? », *Livre d'ici*, n° 26, hiver 1975-1976, n. p.

9. Gaëtan Dostie, « Vient de paraître », *Le Jour*, vol. 1, n° 10, 10 juin 1977, p. 4 et 6.

10. Noël Audet, « De la poésie… », *Voix et images*, vol. 2, n° 1, 1976, p. 137.

11. Philippe Haeck, « Des catastrophes intimes », *Le Devoir*, 24 avril 1976, p. 15.

12. Philippe Haeck, « La poésie en 1975 », *Chroniques*, n° 15, mars 1976, p. 39-52.

13. *Courtepointes*, p. 32 ; *De contre*, *HR*, p. 171-172.

14. Normand de Bellefeuille, « Cris et rapaillage de Miron », *La Presse*, 24 avril 1976, p. D3.

15. Jean Cassou, « Miron. Poésie de l'amertume », *La Presse*, 28 février 1976, p. D2.

16. Georges Mounin, *Camarade poète*, tome 1, Paris, Galilée/Oswald, 1979, p. 154.

17. *C*, p. 10.

18. Voir à ce sujet l'entretien de Richard Giguère et André Marquis avec Alain Horic, dans Alain Horic, *Mon parcours d'éditeur avec Gaston Miron*, Montréal, Éditions de l'Hexagone, 2004, surtout p. 152-153.

19. *Séquences de la batèche*, *HR*, p. 79.

20. Cette lettre, cosignée avec plusieurs écrivains et intellectuels, dont Jacques Dofny, Madeleine Gagnon, Arthur Lamothe, Gilles Groulx, Gilles Vigneault, Simonne Chartrand, Jean-Marc Piotte et Pierre Vadeboncœur, paraît dans la section « Courrier » du journal *Le Jour*, 10 juin 1977.

21. *Fragment de la vallée*, *C*, p. 19 ; *HR*, p. 164.

22. *En Archambault*, *C*, p. 20 ; *HR*, p. 165.

23. Entretien avec Pierre Paquette sur les ondes de Radio-Canada en 1976 (réalisation d'André Hamelin), *AD*, p. 149-171.

24. Hubert Aquin, Michèle Lalonde, Gaston Miron et Pierre Vadeboncœur, « Manifeste des quatre. Réflexion à quatre voix sur l'émergence d'un pouvoir québécois », *Change*, n°s 30-31, mars 1977, p. 5-10 ; *ULC*, p. 421-429 ; repris par Andrée Ferretti et Gaston Miron, *Les Grands Textes indépendantistes 1774-1992*, Montréal, Typo, 1992, p. 245-251.

25. *ULC*, p. 424.

26. *L'Amour et le militant*, *HR*, p. 109.

27. *Femme sans fin*, *Possibles*, vol. 4, n°s 3-4, printemps-été 1980, p. 273-284 ; *PÉ*, p. 31-46.

28. *La Fin du passé*, *Estuaire*, n° 3, février 1977, p. 17 ; *PÉ*, p. 27.

29. Gaston Miron, *Le Mémorable*, *Estuaire*, n° 3, février 1977, p. 18 ; *PÉ*, p. 34.

30. Lettre de Normand Wener, vice-doyen, Famille formation des maîtres, UQAM, « À qui de droit », 25 février 1977, ASB.

31. Lettre à Sandrine Berthiaume, 15 octobre 1977, ASB.

32. « Jeune fille », *HR*, p. 57, *R*, p. HR.

33. *Avec toi*, *HR*, p. 70. Écrit à l'époque de *L'Amour et le militant*, ce poème figure plutôt dans le cycle de *La Marche à l'amour* dans toutes les éditions de *L'Homme rapaillé*.

34. *Nos sommeils*, *PÉ*, p. 45.

35. Lettre de Miron à Ghislaine Duguay, Montréal, 9 avril 1971, AEM.

36. Lettre d'un psychiatre de l'hôpital Louis-H. LaFontaine à la cour municipale de Montréal, 8 septembre 1977, AEM.

37. Télégramme de Ghislaine Duguay à Miron, Montréal, 30 juillet 1977, AEM.

38. *Polyphonie pour nous*, 23 octobre 1977, ASB.

39. Note, 1993, AMAB.

40. André Major, « Pourquoi pas le prix Nobel à Gaston Miron ? », *Forces*, 2e trimestre 1977, p. 50.

41. Pierre Perrault, discours de présentation de Gaston Miron au prix Duvernay, 27 février 1978 ; repris dans *De la parole aux actes*, Montréal, Éditions de l'Hexagone, 1985, p. 374.

42. Voir Jacques Brault, *Poèmes des quatre côtés*, Saint-Lambert, Éditions du Noroît, 1975.

43. *Les Siècles de l'hiver*, traduction en arabe de Shawqi bu Shaqra, *Shi'r*, vol. VII, n° 25, hiver 1963, p. 40-41 ; *Poème de séparation 2* et autres poèmes dans Wolfram Burghardt (dir.), *Poésie-Québec. De Saint-Denys Garneau à nos jours / Poeziia Kvebek. Vid Sen-Deni-Garno do nashykh dniv*, édition bilingue français-ukrainien, Montréal, Éditions du Jour, 1972, p. 122-155.

44. *Ellipse*, « Gaston Miron / Raymond Souster », n° 5, automne 1970.

45. Dennis Lee, *Élégies civiles et autres poèmes*, édition bilingue, traduit de l'anglais par Marc Lebel, Montréal, Éditions de l'Hexagone, 1980.

46. Gaston Miron, *The Agonized Life*, traduit par Marc Plourde, Montréal, Torchy Warf, 1980.

47. Gaston Miron, *Embers and Earth. Selected Poems*, édition bilingue, traduit par D. G. Jones et Marc Plourde, Montréal, Éditions Guernica, 1984.

48. Paul-Marie Lapointe, *The Terror of the Snows*, traduit par D. G. Jones, Pittsburgh, University of Pittsburgh Press, 1976.

49. « *I share your views about the inescapable need for a literature that is native to the country and not an echo of another culture* » : lettre de Samuel Hazo à Miron, Pittsburgh, 22 août 1975, FGM.

50. Ruth Heimbucher, « Poets Stress Quebec's Autonomy », référence inconnue, 9 décembre 1976, archives personnelles Samuel Hazo.

51. Henry Giniger, « Gaston Miron. Poetic Voice of Quebec Nationalism », *New York Times*, 2 avril 1978, p. 52.

52. « Anthologie pour elle, Sandrine », dossier non daté (mais sans doute constitué à partir de 1977 ou 1978), ASB.

53. Voir *American Poetry Review*, vol. 9, n° 1, janvier-février 1980, p. 45-46.

54. Lettre de Miron à Sandrine Berthiaume, Nice, 16 mai 1978, ASB.

55. Lettre de François Maspero à Miron, Paris, 30 novembre 1976, FGM.

CHAPITRE 20 • Le temps de quelques naufrages

1. Gilles Marcotte, « Une aventure exemplaire », dans [s.a.], *L'Hexagone 25. Rétrospective 1953-1978*, Montréal, Ministère des Affaires culturelles du Québec / BNQ, 1979, p. 13.

2. Jean-Louis Major, « L'Hexagone. Une aventure en poésie québécoise », dans Centre de recherches en littérature canadienne-française (Université d'Ottawa), *La Poésie canadienne-française*, tome IV. *Archives des lettres canadiennes*, Montréal, Fides, 1969, p. 180.

3. Gilles Marcotte, « L'Hexagone et compagnie », *Liberté*, n° 120, « Pour l'Hexagone », novembre-décembre 1978, p. 21 ; repris dans Gilles Marcotte, *Littérature et circonstances*, Montréal, Éditions de l'Hexagone, « Essais littéraires », 1989, p. 113.

4. Gaston Miron, « L'Hexagone pour demain », dans *L'Hexagone 25. Rétrospective 1953-1978*, p. 8 ; *ULC*, p. 340.

5. Carte du jour de l'An 1979 à Sandrine Berthiaume, ASB.

6. *Femme d'aujourd'hui*, entrevue télévisuelle avec Gaston Miron et Gérald Godin réalisée par Yvette Pard, menée par Lise Gauvin et diffusée le 28 février 1979, Société Radio-Canada, CAGM.

7. Claude Gauvreau, *Œuvres créatrices complètes*, Montréal, Parti pris, 1977, p. 497.

8. Alain Horic, *Mon parcours d'éditeur avec Gaston Miron*, Montréal, Éditions de l'Hexagone, 2004, p. 31.

9. Richard Giguère et André Marquis, « Entretien avec Alain Horic », dans Alain Horic, *ibid.*, p. 115.

10. Georges Laporte, note liminaire, *Catalogue général*, Messageries littéraires des éditeurs réunis inc., 1980, p. 1, AAH.

11. Intervention à la Rencontre québécoise internationale des écrivains, Mont-Gabriel, 15 octobre 1976, *Liberté*, nos 112-113, juillet-octobre 1977, p. 299.

12. Lettre de Michèle Lalonde à tous les auteurs de l'Hexagone, 10 décembre 1979, AÉH.

13. Cité par Jean-Pierre Faye, « La Parlure », préface à Michèle Lalonde, *Défense et illustration de la langue québécoise* suivi de *Prose et poèmes*, Paris, Seghers/Laffont, « Change », 1979, p. 7.

14. Lettre de Michèle Lalonde à Luc Bigaouette, de la CAPAC (Composers, Authors and Publishers Association of Canada) et copie à l'Hexagone, 7 mars 1975, AÉH.

15. Gaston Miron, *The Agonized Life*, traduit par Marc Plourde, Montréal, Torch Warf, 1980, p. 39 : traduction d'un vers de *L'Octobre* ; « Et toi, Terre de Québec, Mère Courage ».

16. « Anthologie pour elle », ASB.

17. Lettre de Sandrine Berthiaume à Miron, 30 novembre 1978, ASB.

18. Gaston Miron, carte d'anniversaire à Sandrine Berthiaume, 21 août 1979, ASB.

19. *Un long chemin*, HR, p. 201.

20. Lettre de François Maspero à Miron, 13 avril 1979, FGM.

21. Maurice Lemire *et al.* (dir.), *Dictionnaire des œuvres littéraires du Québec*, vol. 1, Montréal, Fides, 1978.

22. Les détails de ces querelles importent peu, dans la mesure où Miron semble y avoir joué un rôle assez passif, au mieux celui d'un arbitre. Il existe toutefois un volumineux dossier du conflit qui a opposé Gaëtan Dostie au directeur des PUQ, Thomas Déri, dans le fonds Gaëtan-Dostie, BAnQ. Chose certaine, l'animosité de Dostie à l'égard de l'institution universitaire, qui aurait selon lui « délesté les écrivains de [leur] écriture » et au premier chef Miron (lettre du 13 septembre à Jean-Marc Gagnon, directeur des PUQ, successeur de Thomas Déri), n'a jamais été partagée par l'auteur de *L'Homme rapaillé*, comme le reconnaît d'ailleurs Dostie.

23. Pierre Nepveu, « Le retour de la pensée mesquine », *Le Devoir*, 23 juin 1977.

24. Gaston Miron, *En une seule phrase nombreuse*, HR, p. 157.

25. *Passages de l'amnésie*, dans *Femme sans fin*, *Possibles*, vol. 4, nos 3-4, printemps-été 1980, p. 279 ; PÉ, p. 40.

26. Lettre de Miron à Sandrine Berthiaume, 28-29 février 1980, ASB.

27. « Nous n'irons plus mourir de langueur », vers de *La Marche à l'amour*, HR, p. 60 ; quant au « bourdonnement de l'inessentiel », Miron reprend l'image dans le poème éponyme (III) de *Femme sans fin*, PÉ, p. 36.

28. Note à Sandrine Berthiaume, 18 juin 1980, ASB.

29. *Femme sans fin*, *Possibles*, vol. 4, nos 3-4, printemps-été 1980, p. 273-284 ; PÉ, p. 31-46.

30. *PÉ*, p. 37.
31. *Ibid.*, p. 39.
32. *Ibid.*, p. 33.
33. *Ibid.*, p. 45.
34. *Ibid.*, p. 41.
35. *Ibid.*, p. 39.
36. *Ibid.*, p. 44.
37. *Ibid.*, p. 43.
38. *La Nuit de la poésie 1980*, film réalisé par Jean-Claude Labrecque et Jean-Pierre Masse, ONF, 1980.
39. *Compagnon des Amériques, HR*, p. 102.
40. *La Rose et l'œillet, PÉ*, p. 93.
41. *Lisbonne* apparaît, sous la forme d'un tapuscrit annoté, dans *HR*, 1994, p. 163 ; *PÉ*, p. 51-52.
42. Lettre de Miron à Sandrine Berthiaume, 15 avril 1980, ASB.
43. [S.a.], « Échos du congrès de la SSJB », *L'Information nationale*, avril 1980, p. 5, fonds Gaëtan-Dostie, BAnQ.
44. Claude Gravel, « [Camille] Laurin : le regroupement des écrivains est une promesse de dynamisme », *La Presse*, 13 mai 1980, p. A8, fonds Gaëtan-Dostie, BAnQ.
45. Note non datée, fin avril ou début mai 1980, FGM.
46. *Pour mon rapatriement, HR*, p. 87.
47. « Gaston Miron, prix Duvernay. Je suis fier d'appartenir à la littérature québécoise », propos recueillis par Jean Royer, *Le Devoir*, 4 mars 1978, p. 36 ; repris dans Jean Royer, *Gaston Miron sur parole. Un portrait et sept entretiens*, Montréal, BQ, 2007, p. 72.
48. Lettre à Cécile Pelosse, 25 juin 1980, archives personnelles Cécile Pelosse.

CHAPITRE 21 • LE DEUXIÈME SOUFFLE DE *L'HOMME RAPAILLÉ*

1. *Paroles du Québec. 7 poètes québécois en scène à La Rochelle*, vidéo réalisée par Jean-Claude Labrecque, Société Radio-Canada, 1980, CAGM.
2. [Presse canadienne], « Éclatante consécration de la poésie québécoise à La Rochelle », *La Presse*, 8 juillet 1980, p. A13, fonds Gaëtan-Dostie, BAnQ.
3. Paul Claudel, *Théâtre*, tome I, Paris, Gallimard, « La Pléiade », 1956, p. 1086.
4. Cité par Mariloue Sainte-Marie, « Écrire "du fond de cette attente éparpillée partout dans la foule". Édition critique des lettres de Gaton Miron (1949-1965) », thèse de doctorat, Québec, Université Laval, 2010, p. 36. Propos de 1958.
5. Lettre de Marie-Andrée Hamel à Miron, « quelque part à la fin d'août 1980 », AMAB.
6. Lettre de Miron à Marie-Andrée Hamel, [8] janvier 1981 (« le jour de mon anniversaire »), AMAB.
7. Lettre de Miron à François Maspero, non datée mais sûrement février 1981, « Dossier de fabrication de *L'Homme rapaillé* », fonds Maspero/La Découverte, IMEC.

8. Il est difficile de savoir si l'inversion des deux termes est une erreur. C'est bien « Notes sur le non-poème et le poème » qui avait toujours été le titre, aussi bien en 1965 dans *Parti pris* que dans l'édition des PUM – et c'est aussi l'ordre que va rétablir Miron dans l'édition Typo de 1993.

9. Lettre de Miron à François Maspero, « Dossier de fabrication de *L'Homme rapaillé* ».

10. *Je t'écris*, *HR*, p. 39.

11. Entretien avec Flavio Aguiar, juin 1981, *AD*, p. 356.

12. *La route que nous suivons*, *HR*, p. 53.

13. *Compagnon des Amériques*, *HR*, p. 101.

14. *Art poétique*, *HR*, p. 147.

15. *Plus belle que les larmes*, *HR*, p. 58.

16. Lettre de Miron à François Maspero, « Dossier de fabrication de *L'Homme rapaillé* ».

17. *Bulletin de la librairie François Maspero*, Paris, janvier-février-mars 1981, FGM.

18. Voir la reproduction de cette annonce dans Marie-Andrée Beaudet, *Album Miron*, Montréal, Éditions de l'Hexagone, 2006, p. 140.

19. « Gaston Miron, poète québécois. "Mes ancêtres étaient des coureurs des bois" », textes de présentation et propos recueillis par André Laude, *Le Monde*, vendredi 8 mai 1981, p. 21 et 26 ; *AD*, p. 207-212.

20. André Laude, « *L'Homme rapaillé* de Gaston Miron », *Les Nouvelles littéraires*, n° 2787, 14-20 mai 1981, p. 41.

21. Propos rapportés par *Le Figaro*, « Le prix Apollinaire à Gaston Miron », 16 mai 1981.

22. Lettre de Miron à Sandrine Berthiaume, 13 mai 1981, ASB.

23. Alain Breton, « *L'Homme rapaillé* de Gaston Miron », *Poésie 1*, n° 95, janvier-février 1982, p. 115-118.

24. Jean-Pierre Faye, « Gaston Miron. Un écrivain au pays de la minorité majoritaire », *Les Nouvelles littéraires*, n° 2792, 18-25 juin 1981, p. 41.

25. Jacques Robert, « Les 20 meilleurs livres de l'année [1981] », *Lire*, n° 77, janvier 1982, p. 17-25.

26. Alain Horic, *Mon parcours d'éditeur avec Gaston Miron*, Montréal, Éditions de l'Hexagone, 2004, p. 43.

27. Lettre de Miron à Sandrine Berthiaume, 13 mai 1981, ASB.

28. Lettre de Miron à Guy Carle, 17 mars 1950, AGC, MSM.

29. Lettre de Miron à Frédéric-Jacques Temple, 20 mai 1983, archives personnelles Frédéric-Jacques Temple.

30. Note non datée, dans un carnet 1983-1985, AMAB.

31. Les négociations fédérales-provinciales de l'automne 1981 aboutissent à une entente qui isole René Lévesque et qui entraînera le rapatriement de la Constitution canadienne jusque-là conservée à Londres. La nouvelle « loi constitutionnelle » est signée, contre la volonté du Québec, par Pierre Elliott Trudeau et la reine Élisabeth II à Ottawa, le 17 avril 1982.

32. Michèle Lalonde et Denis Monière, *Cause commune. Manifeste pour une internationale des petites cultures*, Montréal, Éditions de l'Hexagone, 1981.

33. Poème manuscrit inédit, non daté (mais sans doute vers 1982), archives personnelles Robert Girardin.

34. Gaston Miron, *Lisbonne, HR*, 1994, p. 163. Il s'agit du fac-similé d'une version tapuscrite comportant quelques annotations ; *PÉ*, p. 51-52.
35. Gaston Miron, « Mythology and Marginality », texte traduit du français par Donald Bruce, dans The Toronto Arts Group for Human Rights (dir.), *The Writer and Human Rights*, Garden City (New York), Anchor Press, 1983, p. 138-140.

CINQUIÈME PARTIE : 1982-1996

CHAPITRE 22 • Une vie française

1. Gaston Miron, *L'Uomo rappezzato*, traduction en italien de Sergio Zoppi, préface de Pasquale Jannini, Rome, Bulzoni, 1981.
2. Cité par Miron dans « Entretien avec Flavio Aguiar », *AD*, p. 387.
3. *Monologues de l'aliénation délirante, HR*, p. 94.
4. Entretien avec Claude Filteau, *AD*, p. 225.
5. *AD*, p. 145.
6. Dédicace de *L'Uomo rappezzato* à Giuliana Rossi, non datée mais presque certainement 3 décembre 1981, archives personnelles Giuliana Rossi.
7. Carte postale à « Papy » (Jean-Patrick Berthiaume), Pise, 3 décembre 1981, ASB.
8. Cité par Jean Royer, *Voyage en Mironie*, Montréal, Éditions de l'Hexagone, 2004, p. 186-187. Bien qu'il commette une légère imprécision en situant ce voyage en 1982, Royer a consigné de manière très détaillée le récit que Miron lui a fait, en août 1982, de sa tournée italienne de l'hiver précédent (p. 183-187).
9. Cité par Jean Royer, *ibid.*, p. 185.
10. Voir Jean Royer, *ibid.*
11. Lettre de Miron à Alain Horic, Paris, 16 février 1985, AAH.
12. Lettre de Miron à Alain Horic, Paris, 22 et 23 juin 1989, archives de l'Hexagone, BAUS.
13. Cité par Jean Royer, *ibid.*, p. 32.
14. Lettre de Michel Brunet à Miron, 23 février 1983, AÉH.
15. D'après Betty Bednarski, « De l'anglicité chez Ferron : retours et prolongements », dans Ginette Michaud et Patrick Poirier, *L'Autre Ferron*, Montréal, Fides-CÉTUQ, « Nouvelles études québécoises », 1995, p. 209.
16. Albert Memmi, « Portrait du décolonisé ? », *Le Devoir*, 17 juillet 1982, p. 17.
17. Note non datée, vers 1983, AMAB.
18. Marie-Andrée Hamel, « Une impavide cadette répond à Albert Memmi », *Le Devoir*, 31 juillet 1982, p. 17.
19. Albert Memmi, « Réponse à mes impavides cadets », *Le Devoir*, 18 septembre 1982, p. 15.
20. Lettre de Marie-Andrée Hamel à Miron, Saint-Boniface-de-Shawinigan, 19 juillet 1982, AMAB.
21. Exemplaire dédicacé de *Regards sur le monde actuel* de Valéry, AMAB.
22. Lettre de la SODICC à Alain Horic, directeur des Messageries littéraires, 16 août 1983, AÉH.
23. Lettre de Gaston Miron à l'Hexagone, 21 avril 1983, AAH.

24. Lettre de Miron à Alain Horic, Paris, 16 février 1985, AAH.

25. Lettre à Frédéric-Jacques Temple, 20 mai 1983, archives personnelles Frédéric-Jacques Temple.

26. *Padoue*, PÉ, p. 56. Le brouillon du poème indique que Miron l'a écrit à Venise et dans le train qui, via Milan, le menait ensuite à Paris, à la fin mai 1983, FGM.

27. *TGV Lyon*, PÉ, p. 57. Jean Royer raconte l'épisode qui a donné naissance à ce poème, dans *Voyage en Mironie*, p. 40.

28. Miron, qui raconte volontiers cette expérience vers 1986, va l'évoquer encore dans sa conférence « Parcours et non-parcours » présentée à l'Université de Montréal en mars 1990 : « Quand je lis de nouveaux poèmes, souvent les gens me disent : "Ce n'est pas du Miron" » (*ULC*, p. 183).

29. *Rome*, PÉ, p. 60. Le poème a vraisemblablement été écrit à la suite d'un nouveau voyage de Miron à Rome, au printemps 1985.

30. Jean Royer, « Gaston Miron, "Les poètes montent la garde du monde" », *Le Devoir*, 15 octobre 1983, p. 17 ; repris dans *Gaston Miron sur parole. Un portrait et sept entretiens*, Montréal, BQ, 2007, p. 90.

31. Ce discours a été publié par la suite sous forme de plaquette à tirage limité : Gaston Miron, *Les Signes de l'identité*, Montréal, Éditions du Silence, 1991 ; repris sous le titre « Prix Athanase-David », *ULC*, p. 198-202.

32. Carte postale à Sandrine Berthiaume, Stockholm, 31 octobre 1983, ASB.

33. *Pour saluer les nouveaux poètes*, PÉ, p. 54. Le second vers se lit désormais comme suit : « Adieu métaphores dont j'ai fait le tour ». Une première version de ce poème a été publiée en tirage limité par la Papeterie Saint-Gilles, à Saint-Joseph-de-la-Rive.

34. Jean Royer, *Voyage en Mironie*, op. cit., p. 61.

35. Lettre de Miron à Frédéric Jacques Temple, 30 mai 1984, archives personnelles Frédéric-Jacques Temple.

36. Formulaire d'une demande de bourse au ministère des Affaires culturelles du Québec, 12 avril 1983, AMAB. Miron ne semble toutefois jamais avoir touché cette bourse.

37. Claude Haeffely, *La Pointe du vent*, Montréal, Éditions de l'Hexagone, « Parcours », 1982. Haeffely y publie alors pour la première fois une lettre de Miron datée du 29 juillet 1954 et qui marque le début de leur correspondance ; *ABP*, p. 11-14.

38. Claude Filteau, *L'Homme rapaillé de Gaston Miron*, Montréal, Trécarré et Paris, Bordas, 1984. Voir « Entretien avec Claude Filteau », *AD*, p. 213-228.

39. Transcription intégrale de l'« Hommage à Gaston Miron », Paris, Maison de la poésie (Forum des Halles), 4, 7 et 14 juin 1984, AMAB. Jean Royer donne un compte rendu très détaillé de l'événement et cite ou résume la plupart des interventions dans *Voyage en Mironie*, p. 87-115.

40. *Séquences de la batèche*, C, p. 43 ; HR, p. 76.

41. « Note d'un homme d'ici », HR, p. 185.

42. Cité par Claude Filteau dans son intervention du 7 juin 1984, voir la note 38.

43. Voir « Le mot juste », HR, p. 234-243. Ce texte avait d'abord été publié dans la revue *Possibles*, vol. 2, n° 3, printemps-été 1987, p. 196-203.

44. Miron cite son vers de *La Marche à l'amour*, « je m'en vais… », (HR, p. 64) en 1993, dans « Malmener la langue. Entretien avec Lise Gauvin », *AD*, p. 283 ; *L'Ombre de l'ombre*, HR, p. 152.

45. Jean Royer, *Voyage en Mironie*, p. 56.
46. Citations tirées respectivement des poèmes *Je m'appelle personne* (*PÉ*, p. 59), *Retour à nulle part* (*PÉ*, p. 61) et *Conjuration au destin* (*PÉ*, p. 67).
47. *Retour à nulle part*, *PÉ*, p. 67.
48. Lettre de Miron à Frédéric Jacques Temple, Montréal, 30 mai 1984, archives personnelles Frédéric-Jacques-Temple.
49. *La Naissance et la mort de l'amour*, *Liberté*, nº 150, décembre 1983, p. 71 ; repris sous le titre *Naissance et mort de l'amour*, *PÉ*, p. 53.
50. *Quelque automne*, *Liberté*, nº 150, p. 70. Miron donne à ce poème le titre d'*Été indien* et il le dédie à Marie-Andrée, dans les pages manuscrites de l'édition de 1994 de *L'Homme rapaillé*, p. 159 ; *PÉ*, p. 55.
51. « Cette parole et cette culture sont souveraines (Pierre Perrault) », *ULC*, p. 261.
52. Jean-Paul Soulié, « Monique Larouche-Thibault : "Prendre dans les gens ce qu'ils ont de bon" », *La Presse*, 3 novembre 1982, p. E2 ; Anonyme, « Rectificatif », *La Presse*, 10 novembre 1984, p. E5. (Le « rectificatif » cite la lettre d'Alain Horic datée du 8 novembre.)
53. Lettre de Miron à Alain Horic, Paris, 16 février 1985, AAH.
54. « Procuration de Gaston Miron à Alain Horic », signée devant le notaire Robert Laniel, Montréal, 9 août 1984. Une lettre de Miron à M. Guy Nadeau, directeur de la Caisse populaire Saint-Louis-de-France, 745, rue Roy Est à Montréal, et datée du 20 septembre 1984, confirme d'ailleurs cette procuration et celle que Miron accorde également à Claude Dansereau sur son compte nº 4132, AAH.
55. « Je vis comme un étudiant », écrit Miron à Horic le 16 février 1985, AAH.
56. Alain Michel, « Entrevue avec Gaston Miron », *Le Continuum*, journal des étudiants de l'Université de Montréal, 1ᵉʳ octobre 1984, p. 12.
57. Jean Royer, *Voyage en Mironie*, p. 31.
58. Lettre de Miron à Marie-Andrée Beaudet, Paris, 4 octobre 1984, AMAB.
59. Lettre de Miron à Claudine Bertrand et Lucien Francœur, Paris, 18 mars 1985, archives personnelles Claudine Bertrand et Lucien Francoeur.
60. Voir « Paris 1960. Maurice Roche », *Lèvres urbaines*, nº 9, 1984, p. 15-18 ; *ULC*, p. 266-270. Voir aussi le récit que fait Claude Beausoleil des difficultés qu'il a eues à obtenir cet article de Miron, *Librement dit*, Montréal, Éditions de l'Hexagone, 1997, p. 82-84.
61. Lettre de Miron à Marie-Andrée Beaudet, Paris, 9-10 janvier 1985, AMAB.
62. « Je n'avance en rien dans mon travail, c'est-à-dire dans ce qui devrait être mon occupation principale au cours de cette année sabbatique : lire et écrire » : lettre de Miron à Claudine Bertrand et Lucien Francoeur, Paris, 18 mars 1985, archives personnelles Claudine Bertrand et Lucien Francœur.
63. Note non datée, automne 1984, AMAB.
64. La villa Médicis est un palais à Rome qui abrite depuis 1803 l'Académie de France en Italie. Des écrivains français sont régulièrement invités à y séjourner.
65. Lettre de Miron à Alain Horic, Paris, 16 février 1985, AAH.
66. Confidence de Miron citée par Jean-Pierre Guay, *Journal*, vol. 1, janvier-août 1985, Montréal, Cercle du livre de France – Pierre Tisseyre, 1985, p. 193.
67. Lettre de Miron à Marie-Andrée Beaudet, Paris, 22 avril 1985, AMAB.
68. Lettre de Miron à Alain Horic, Paris, 24 août 1985, AAH.

69. Lettre de Miron à Sandrine Berthiaume, Paris, 11 septembre 1985, ASB.

70. Lettre de Marie-Andrée Beaudet à Miron, Québec, 25 août 1985, AMAB.

71. Lettre de Miron à Frédéric-Jacques Temple, 11 mars 1986, archives personnelles Frédéric-Jacques Temple.

72. Lettre de Miron envoyée de Paris, 20 août 1986, citée par Jean Royer, *Voyage en Mironie*, p. 130.

73. Voir « Entrevue avec Gaston Miron », *Nord-Info*, n° 38, 23 septembre 1986.

74. Gaston Miron, « Le mot juste », *Possibles*, vol. 2, n° 3, printemps-été 1987, p. 196-203 ; *HR*, p. 234-243 ; *ULC*, p. 103-111.

75. Rodrigue Larose, « La langue de l'avenir au Québec, c'est l'anglais », *Le Devoir*, 8 mars 1986. Photocopie jointe à la lettre de Miron à Marie-Andrée Beaudet, Montréal, 10 mars 1986, AMAB.

76. Réginald Martel, « Littérature. Chez les libraires, droit et histoire », *La Presse*, 10 mars 1986, p. B4. Martel y fait notamment la recension du livre de Marie-Andrée Beaudet, *L'Ironie de la forme. Essai sur* L'Élan d'Amérique *d'André Langevin*, Montréal, Cercle du livre de France, 1985.

CHAPITRE 23 • Le Québec malgré tout

1. Lettre de Miron à Henri Pichette, 31 janvier 1986, fonds Henri-Pichette.

2. Jean Royer, « Je suis souverain de moi-même », *Le Devoir*, 9 novembre 1985, p. 23 ; repris dans Jean Royer, *Gaston Miron sur parole. Un portrait et sept entretiens*, Montréal, BQ, 2007, p. 97-109.

3. Jacques Lefebvre, « Hommage à Gaston Miron », allocution prononcée à la remise des prix Molson, *Le Devoir*, 9 novembre 1985, p. 26.

4. Heather Hill, « Quebec Poet, Authority on Pain Winners of 1985 Molson Prizes », *The Gazette*, 5 novembre 1985.

5. Réginald Martel, « Gaston Miron, prix Molson. Le grand thème, la condition humaine », *La Presse*, 9 novembre 1985, p. E1.

6. Jean Larose, *La Petite Noirceur*, Montréal, Boréal, « Papiers collés », 1987.

7. André Brochu, « *Lettres d'une autre* de Lise Gauvin », *Voix et images*, vol. 11, n° 1, 1985, p. 123.

8. Réginald Martel, « Gaston Miron, prix Molson. Le grand thème, la condition humaine ».

9. « Le mot juste », *HR*, p. 241 ; texte d'abord paru dans *Possibles*, vol. 2, n° 3, printemps-été 1987, p. 196-203 ; *ULC*, p. 103-111.

10. Discours de présentation de Gaston Miron par Samuel Hazo, Pittsburgh, 10 décembre 1986, archives Samuel-Hazo, International Poetry Forum.

11. Gaston Miron, *The March to Love. Selected Poems*, traductions en anglais de Douglas C. Jones, Marc Plourde, Louis Simpson, Brenda Fleet, John Glassco et Dennis Egan, Athens, Ohio University Press, « International Poetry Series, volume X », 1986.

12. Guy Gervais, « Introduction » à *The March to Love* : « *A Transformation of Life* » (p. iii) ; « *to make the world more real* » (p. ii).

13. *Répit*, *PÉ*, p. 63. Ce poème a d'abord paru sous une forme manuscrite dans *Revue Maison de la poésie*, n°s 2-3, Paris, 1988, p. 76.

14. « Note d'un homme d'ici » (12 juin 1959), *HR*, p. 185.

15. Cité par Jean Royer, *Voyage en Mironie*, p. 132.

16. *Déclaration*, *HR*, p. 52.

17. Jacques Berque, *Il reste un avenir. Entretiens avec Jean Sur*, Paris, Arléa, 1993.

18. Miron a souvent cité en exemple Quasimodo, prix Nobel en 1959, notamment dans sa « Conférence de l'Estérel » en 1974, *ULC*, p. 144.

19. Lettre de Miron à Alain Horic, Paris, 2 mai 1986, AAH.

20. Voir notamment *Vice versa*, « Écrire la différence », vol. II, n° 3, mars-avril 1985, et *Spirale*, « Niveaux de langue », n° 67, février 1987.

21. Gaston Miron, « Après-dire », dans Michaël La Chance, *Le Prince sans rire*, avec douze eaux-fortes de Louis-Pierre Bougie, Montréal, Éditions Lui-même, 1983, n. p. [livre d'artiste tiré à trente-huit exemplaires] ; repris dans Michaël La Chance, *Leçons d'orage*, Montréal, Éditions de l'Hexagone, 1998, p. 73-76 ; *ULC*, p. 263-265.

22. Gaston Miron, « Le mot juste » (1987) ; *HR*, p. 241 ; *ULC*, p. 110.

23. La phrase de Kant, dont la provenance est inconnue, est citée par Miron dans « Chus tanné », *ULC*, p. 439. Ce texte est la transcription de l'intervention de Miron au colloque de l'UNEQ tenu à Montréal les 2 et 3 mars 1987 sous le thème « L'avenir du français au Québec ».

24. Marc Laurendeau, « La marche pour préserver le français », *La Presse*, 18 avril 1988, p. B3. *La Presse*, 16 décembre 1988, p. A1.

25. Denis Lessard, « Prédominance du français : Bourassa cherche le compromis », *La Presse*, 16 décembre 1988, p. A1.

26. Bernard Descôteaux, « Bourassa penche vers le bilinguisme partiel », *Le Devoir*, 16 décembre 1988, p. A1.

27. André Noël, « Les artistes unanimes à dénoncer le jugement », *La Presse*, 16 décembre 1988, p. B7.

28. *Ibid.*

29. Mordecai Richler, « A Reporter at Large : Inside/Outside », *The New Yorker*, 23 septembre 1991, p. 40-46.

30. Cité par Marc Doré et Suzanne Colpron, « 15 000 manifestants pour un Québec français », *La Presse*, 19 décembre 1988, p. A2.

31. Note non datée, probablement années 1980.

32. Note non datée, dans un carnet de 1989.

33. Note non datée, dans le carnet parisien de 1991.

34. Note non datée, probablement années 1980.

35. Note non datée, dans le carnet parisien de 1991.

36. *Femme sans fin*, *PÉ*, p. 41.

37. Lettre de Miron à Frédéric-Jacques Temple, 12 mai 1989, archives personnelles Frédéric-Jacques Temple.

38. Réginald Martel, « Notre littérature telle qu'elle est », *La Presse*, 27 janvier 1990, p. K3.

39. Alphonse Piché, *Poèmes, 1946-1968*, Montréal, Éditions de l'Hexagone, « Rétrospectives », 1976.

40. Lise Gauvin et Gaston Miron, *Écrivains contemporains du Québec*, Montréal, Éditions de l'Hexagone, « Typo », 1998.

41. Note non datée, mais sûrement fin 1989 ou début 1990, AMAB.

42. Cette lettre de Horic à Miron datée du 2 juin 1989 ne semble pas avoir été conservée, mais Miron la cite dans sa réponse du 27 juin, et Horic lui-même, dans une lettre subséquente (11 septembre), confirme qu'il a bien écrit à Miron le 2 juin, AAH.
43. Lettre à Alain Horic, Paris, 27 juin 1989, AAH.
44. Voir Pierre Filion, *Juré craché*, Montréal, VLB éditeur, 1981.
45. Il existe un virulent échange de lettres entre Horic et Haeffely, entre le 11 septembre et le 23 octobre 1989, AAH.
46. Gilles Marcotte, « Gaston Miron à bout portant », *L'actualité*, janvier 1990, p. 159.
47. Pierre Popovic, « Adresses du poème », *Spirale*, n° 94, février 1990, p. 4.

CHAPITRE 24 • Le livre à venir

1. Cité par Bruno Roy, « 23 novembre 1987 », dans *Journal dérivé. III. L'espace public 1970-2000*, Montréal, XYZ éditeur, 2006, p. 69.
2. Cité par Miron lui-même, note non datée, mais sûrement 1989 ou 1990, AMAB. Le texte exact de la note se lit comme suit : « Je suis un monument qui s'effrite. M[ichaël] La Chance me rappelle lui avoir dit cela. »
3. Pour la transcription intégrale de cette conférence du 28 mars 1990, voir *ULC*, p. 159-184.
4. Lettre de Miron à Alain Horic, Paris, 27 juin 1989, AMAB.
5. Voir « Un long chemin », *HR*, p. 193-203.
6. *ULC*, p. 162-163. Ce poème est en fait le collage de deux poèmes différents, *Conjuration au destin* et *Stèle*, dont on peut lire les versions finales dans *PÉ*, p. 68 et 69.
7. Miron va reprendre le même propos dans son entretien de 1993 sur la langue avec Lise Gauvin : « Rien n'est plus éloigné de la poésie qu'un militant linguistique », *AD*, p. 284.
8. Cité par Miron, carnet 1990, AMAB.
9. Voir « Entretien avec Jean Larose », *AD*.
10. *Ibid.*, p. 231.
11. Cité par Dominique Noguez, Journal inédit, 3 juin 1991, archives personnelles Dominique Noguez.
12. Carnet 1990.
13. Carmen Montessuit, « Gaston Miron : un beau mariage entre les mots et la musique », *Le Journal de Montréal*, 27 octobre 1992.
14. Régis Tremblay, « Miron, l'unique voix qui crie toujours ! », *Le Soleil*, 28 février 1992, p. A12.
15. Pierre Foglia, « La Complexité des choses », *La Presse*, 2 novembre 1992, p. D2.
16. Cité par Jean Royer, *Voyage en Mironie*, p. 217.
17. Jean et Serge Gagné (réalisateurs), *La Marche à l'amour*, Productions Cocagne, 1996, 85 minutes.
18. André Gladu (réalisateur), *Gaston Miron. Les outils du poète*, Productions du Lundi matin, 1994, 57 minutes.

19. Discours de réception, « Médaille de l'Académie canadienne-française », Mont-Gabriel, 3 novembre 1990 ; *ULC*, p. 205-207.

20. Carnet 1991.

21. André Frénaud, « Toast à l'orpailleur Miron », *Haeres. Poèmes 1968-1981*, Paris, Gallimard, p. 124.

22. Réjean Ducharme, « Mot de remerciements », *Textes en hommage aux lauréats des prix triennaux (1990-2005)*, Montréal, Fondation Émile-Nelligan, 2005, p. 21-23.

23. Communiqué émis par Sogides, 6 novembre 1990, à l'occasion du déjeuner de presse. Pierre Lespérance reprend les principaux articles de ce communiqué dans sa lettre du 11 février 1991 à Jean Royer, AAH.

24. Procès-verbal, comité d'édition de l'Hexagone, 30 décembre 1991, AAH.

25. Lettre d'Alain Horic à Jacques Lanctôt, Montréal, 7 février 1991, AAH.

26. Note non datée, probablement années 1990.

27. Carte postale de Miron à Robert Girardin, Paris, non datée, sûrement entre le 12 et le 17 juin 1991, archives personnelles Robert Girardin.

28. Andrée Ferretti, « Conversation souveraine. Lettre à Gaston Miron », *L'Action nationale*, « Miron le magnifique », vol. LXXXVII, nº 9, septembre 1997, p. 279.

29. Lettre à Frédéric-Jacques Temple, Montréal, 28 mai 1991, archives personnelles Frédéric-Jacques Temple.

30. Carte postale de Miron à Robert Girardin, Prague, 15 avril 1992, archives personnelles Robert Girardin.

31. Testament olographe de Gaston Miron, Montréal, 8 juin 1993, AMAB. Les passages soulignés le sont de la main de Miron.

32. L'expression est du critique tchèque Václav Richter, « Franz Kafka et Max Brod : une noble trahison », émission *Rencontres littéraires*, Radio Prague, 29 novembre 2003, transcription sur le site Internet de Radio Praha, www.radio.cz/fr/rubrique/literature/franz-kafka-et-max-brod-une-noble-trahison.

33. À propos du rôle de Jean-Marc Léger dans la réflexion linguistique au Québec dès les années 1950, voir Karim Larose, « Jean-Marc Léger, penser dangereusement », dans *La Langue de papier*, p. 53-70.

34. « Appel. L'avenir de la langue française », plus de 300 signataires, *Le Monde*, 11 juillet 1992, p. 5.

35. Jean-Marc Léger, « Maastricht contre l'Europe. Vers un super-État anonyme qui signerait le crépuscule du Vieux Continent », *Le Devoir*, 15 août 1992, p. B14.

36. Cité par Dominique Gallet, *Pour une ambition francophone. Le désir et l'indifférence*, Paris, L'Harmattan, 1995, p. 108.

37. Note non datée, carnet 1991-1992.

38. Voir Pierre Graveline, « Chroniques d'une lutte nationale inachevée », *Une planète nommée Québec. Chroniques sociales et politiques*, Montréal, VLB éditeur, 1996, p. 21-133.

39. Note non datée, carnet 1991-1992, AMAB.

40. Andrée Ferretti et Gaston Miron, *Les Grands Textes indépendantistes, 1774-1992*, Montréal, Typo, 1998 [1992], « Introduction », p. 32.

41. *Ibid.*, p. 35.

42. Voir Doris Lussier, « La langue, signe et ciment de la nation », dans Andrée Ferretti, *Les Grands Textes indépendantistes 2, 1992-2003*, Montréal, Typo, 2004, p. 47-57 (texte d'abord paru dans *L'Action nationale*, vol. LXXXIII, n° 3, mars 1993, p. 385-391).

43. Réginald Martel, *Le Premier Lecteur. Chroniques du roman québécois 1968-1994*, Montréal, Leméac, 1994.

44. Propos rapportés par Jean Royer, *Voyage en Mironie*, p. 225. Royer donne un récit détaillé de son intervention et de ses suites dans le même ouvrage, p. 225-229.

45. *Compagnon des Amériques*, HR, p. 102.

46. Dominique Noguez, Journal intime, 7 mai 1993, inédit, archives personnelles Dominique Noguez.

47. Réginald Martel, « Un nouveau regard sur l'entreprise littéraire de celui qui est devenu une sorte de barde national », *La Presse*, 11 juillet 1993, p. B4.

48. François Dumont, « Miron rapatrié. Une nouvelle édition québécoise "non définitive" de *L'Homme rapaillé*, *Le Devoir*, 25-26 septembre 1993, p. D6.

49. *Le Camarade*, HR, p. 112.

50. Dans *Voyage en Mironie*, Royer parle plutôt de « 60,000 exemplaires » (p. 233).

51. HR, 1994, p. 81 ; HR, p. 96.

52. *Ibid.*, p. 145 ; *Dans mes arpents d'yeux*, HR, p. 166.

53. *Ibid.*, p. 166.

54. *Ibid.*, p. 160 ; *Forger l'effroi*, PÉ, p. 58.

55. Miron recopie cette phrase dans son agenda, en date du 8 janvier 1993, AMAB.

56. Note non datée, carnet 1991 et 1992.

57. « Malmener la langue. Entretien avec Lise Gauvin », avril et juin 1993 ; *AD*, p. 285.

58. Notes éparses non datées, carnets 1993 et 1994.

59. Note non datée, carnet 1995.

60. Cité par Bruno Roy, *Journal dérivé. III. L'espace public 1970-2000*, p. 228.

61. Gaston Miron, « Les quarante ans de l'Hexagone », *ULC*, p. 346.

62. Voir la lettre de Pierre Vallières, « Sarajevo : l'assassinat d'une civilisation », *Paroles d'un nègre blanc*, Montréal, VLB, « Partis pris actuels », 2002, p. 261-265. Article d'abord paru dans *L'actualité*, vol. 19, n° 14, 15 septembre 1994, p. 36-41.

63. Voir la lettre de Pierre Vallières à Pierre Bourque au nom du comité Québec-Bosnie, Montréal, 12 février 1994, dans *Paroles d'un nègre blanc*, p. 259-260.

64. Pierre Vallières, *Le Devoir de résistance*, Montréal, VLB éditeur, 1994, cité dans *Paroles d'un nègre blanc*, p. 255.

65. Agenda de Miron, 16 avril 1994, AMAB. Cette fatigue est mentionnée à d'autres dates en 1994, notamment le 10 avril et le 21 août.

66. Georges-André Vachon, « Nominingue. Fragments d'un récit », *Liberté*, n° 144, décembre 1982, p. 2-21 ; repris dans *Une tradition à inventer*, Montréal, Boréal, « Papiers collés », 1997, p. 205-222. Aussi publié en tirage limité par les Éditions du Silence, 1995.

67. Georges-André Vachon, « Nominingue », *Une tradition à inventer*, p. 207.

68. Gaston Miron, « Je m'appelle personne », suivi de *Narrative Douleur*, *Études françaises*, vol. 31, n° 2, 1995, p. 129 ; repris dans les « Notes » de PÉ, p. 108-109.

69. Gérard Godin, « Ton numéro », *Ils ne demandaient qu'à brûler,* Montréal, Éditions de l'Hexagone, « Rétrospectives », 2001, p. 396. D'abord publié dans *Soirs sans atout,* Trois-Rivières, Écrits des Forges ; Cesson, La Table rase, 1986, p. 40.

70. *Pour saluer les nouveaux poètes, PÉ,* p. 54.

71. « Situation de notre poésie », *HR,* PUM, p. 91 [1957].

CHAPITRE 25 • DES AUTOMNES DE GRAND FROID

1. Note non datée, carnet 1991.

2. *Ibid.*

3. Note non datée mais certainement années 1990.

4. Jean Éthier-Blais, « Gaston Miron ou les fêtes du lendemain », *Le Devoir,* 14 novembre 1970, supplément littéraire, p. III, fonds Gaëtan-Dostie, BAnQ.

5. Les conférences de Glissant se situaient dans le cadre plus large d'une réflexion sur les nouvelles manières de concevoir l'identité dans une culture pluraliste, menée grâce à une importante subvention obtenue du financier montréalais Stephen Jarislowsky. Des conférences de Gérard Bouchard, Nancy Huston, Jean-Paul Desbiens furent aussi présentées, parallèlement à la tenue de séminaires.

6. Édouard Glissant, *Introduction à une poétique du divers,* Paris, Gallimard, 1996, p. 99. Ce livre est pour une large part la transcription des quatre conférences données par Glissant à l'Université de Montréal en 1995, augmentée de deux entretiens avec Lise Gauvin. Une édition québécoise de ce livre avait été publiée auparavant par les PUM et avait mérité à Glissant le Prix de la revue *Études françaises.*

7. *Ibid.,* p. 64.

8. Miron fait allusion à cet article sans le citer tel quel dans une question qu'il adresse à Glissant, *Introduction à une poétique du divers,* p. 55-56.

9. Question posée à Glissant par Miron, *ibid.,* p. 102.

10. Lettre de Marie-Andrée Beaudet à Miron, Québec, 20 septembre 1995, AMAB.

11. « Présence ininterrompue (Gérald Godin) », *ULC,* p. 282. Texte d'abord lu le 28 avril 1995 à la salle Thompson de Trois-Rivières, dans le cadre d'un hommage à Gérald Godin.

12. Paul Chamberland *et al., La Bosnie nous regarde,* Montréal, Éditions du Quartier libre, 1995.

13. Haïm Gouri, « Le voyage de la brume », dans *Anthologie de la poésie en hébreu moderne,* Paris, Gallimard, 2001, p. 203.

14. Lettre de Miron au recteur René Simard, Montréal, 21 mars 1995, archives de l'Université de Montréal.

15. Gilles Marcotte, « Présentation de M. Gaston Miron au titre de docteur *honoris causa* de l'Université de Montréal », 26 mai 1995, Archives de l'Université de Montréal.

16. Voir la section « Hommages, préfaces, après-dire et notes », dans *ULC,* p. 209-296.

17. Entrevue donnée par Derouin et Miron à l'émission *Radar,* Radio-Canada, 1993, citée par Derouin dans *Pour une culture du territoire,* sous la direction de René Derouin, avec la collaboration de Gilles Lapointe, Montréal, Éditions de l'Hexagone, 2001, p. 21.

18. Voir « Entretien avec Pierre Leblanc », dans *Pour une culture du territoire*, p. 57-63.

19. « L'indispensable compagnon de route (Gilles Marcotte) », *ULC*, p. 284. Texte d'abord paru dans Benoît Melançon et Pierre Popovic (dir.), *Miscellanées en l'honneur de Gilles Marcotte*, Montréal, Fides, 1995, p. 33-34.

20. Carte postale de Miron et Marie-Andrée à Jean Royer et Micheline Lafrance, Bretagne, 17 juillet 1995.

21. « Déclaration de souveraineté », texte écrit par Fernand Dumont, Marie Laberge, Jean-François Lisée et Gilles Vigneault, Grand Théâtre de Québec, 6 septembre 1995.

22. Pierre Drouilly, « Le référendum du 30 octobre 1995 : une analyse des résultats », dans Robert Boily (dir.), *L'Année politique au Québec 1995-1996*, Montréal, Fides, 1997, p. 119-143. Drouilly montre notamment la corrélation très étroite entre, d'une part, la proportion de francophones et le vote en faveur du Oui(dans les 80 circonscriptions qui ont accordé la majorité au Oui) et, d'autre part, entre la proportion d'anglophones et d'allophones et le Non, dans les 45 comtés où ce Non a été majoritaire.

23. Chanson inédite retrouvée dans ses notes, non datée mais sûrement après le 30 octobre 1995, AMAB.

24. Richard Millet, *La Voix d'alto*, Paris, Gallimard, 2001, p. 236.

25. Gaston Miron, « Une longue marche à l'amour : entretien avec Jacqueline Royer (Robert Marteau) », *ULC*, p. 294. Cet hommage à Marteau a d'abord paru dans Richard Millet (dir.), *Pour saluer Robert Marteau*, Paris, Champ Vallon, 1996, p. 37-40.

26. Noguez évoque cette présentation faite le 15 mai à la Librairie du Québec, dans son article paru dans *Le Monde*, le 19 décembre 1996 (p. 12), quelques jours après la mort de Miron.

27. Richard Millet, « Liminaire », *Pour saluer Robert Marteau*, p. 3.

28. Claude Gauthier, *Le plus beau voyage*, http ://archives.vigile.net/chansons/gauthiervoyage.html.

29. Ce livre, *Récit d'une émigration*, Montréal, Boréal, 1997, paraîtra peu après la mort de Dumont.

30. Fernand Dumont, *La Part de l'ombre. Poèmes 1952-1995*, Montréal, Éditions de l'Hexagone, 1996.

31. Pierre Oster Soussouev, « À Tadoussac, avec Marie-Andrée Beaudet, 9 juin 96 », *Poésie*, no 81, 1997, p. 47.

32. Agenda, 17 juin 1996, AMAB.

33. Victor-Lévy Beaulieu raconte lui-même cette dernière visite de Miron à Trois-Pistoles, les 24 et 25 août 1996, dans *Québec ostinato*, Trois-Pistoles, Éditions Trois-Pistoles, 1998, p. 69-79.

34. *Ibid.*, p. 77.

35. *Ibid.*, p. 78.

36. Maurice Champagne, Guy Bouthillier, Pierre de Bellefeuille et Gaston Miron, « Le retour à la loi 101 s'impose », *Le Devoir*, 10 septembre 1996, p. A7.

37. Jorge Luis Borges, « Le témoin », dans *L'Auteur et autres textes*, Paris, Gallimard, « L'Imaginaire », 1982, p. 67.

38. Fernand Dumont, *Récit d'une émigration*, p. 248-249.

39. « Hommage à James Guitet », *ULC*, p. 295. Texte retrouvé après la mort de Miron, non daté, AMAB.

40. Lettre de Miron à Fernand Ouellette, Montréal, 31 octobre 1996, fonds Fernand-Ouellette, BAC.

41. Testament olographe de Gaston Miron, AMAB.

42. « [Lucien] Bouchard salue Gaston Miron », *La Presse*, 16 décembre 1996, p. B9.

43. La question a fait l'objet d'un article de Mario Cloutier, « Miron à Télé-Québec mais pas à RDI », *Le Devoir*, 20 décembre 1996, p. A1.

44. Pierre Gravel, « Mort d'un poète », *La Presse*, 17 décembre 1996, p. B2.

45. Nathalie Petrowski, « Revoir Gaston », *La Presse*, 18 décembre 1996, p. A5.

46. Réginald Martel, « L'Homme rapaillé », *La Presse*, 15 décembre 1996, p. B10.

47. Alain Gerber, « Mort d'un barde québécois. Le poète et grande gueule Gaston Miron avait 68 ans », *Libération*, 18 décembre 1996, p. 31.

48. Dominique Noguez, « Gaston Miron. Le chantre d'un Québec souverain », *Le Monde*, 19 décembre 1996, p. 12.

49. Pierre Vadeboncœur, « Hommage à Gaston Miron », lu aux funérailles du poète, le 21 décembre 1996 par Gilles Pelletier. Ce texte a été publié par la suite dans *Liberté*, « Hommage à Miron », n° 233, octobre 1997, p. 6-10 (p. 9 pour la citation).

Épilogue

1. « Entretien avec Claude Filteau » (1984), *AD*, p. 225.

2. *Héritage de la tristesse, HR*, p. 86.

INDEX

41, 43-47, 49-51, 576 ; Denise, 33,
35, 54, 58-59, 73, 88, 102, 183, 541,
571, 678, 771, 783-784 ; Germaine,
33, 58, 73, 771, 784 ; Henri, 58, 104,
106, 110, 147, 154-155, 160-161 ;
Suzanne, 33, 35, 54, 58, 73, 88, 478,
571, 678, 771, 784 ; Thérèse, 33, 44,
49, 54, 58, 73, 88, 95, 417, 771, 784 ;
Yolande, 33, 771, 784
Miron, Emmanuelle, 19, 151, 423, 434,
439, 448, 472-473, 477-478,
480-481, 510, 515-516, 523-524,
526, 537, 539-542, 550, 560,
562-563, 568-569, 571-573,
577-580, 595, 600, 612-613, 628,
630-631, 633, 645, 647-648, 663,
675-676, 678-679, 681-682,
684-685, 712, 730-731, 755, 771,
775, 777, 780, 783-786, 788
Miron, Jeanne, *voir* Raymond dit
Michauville, Jeanne
Miron le magnifique, 444-447
Mitterrand, François, 334, 642, 661, 771
Modiano, Patrick, 638
Molière, 345
Molinari, Guido, 204, 260
Mon bel amour, 208
Mon garçon, 340
Mon oncle Antoine, 539
*Mon parcours d'éditeur avec Gaston
Miron*, 598-599
Mon refuge est un volcan, 597
Monastesse, Louis-Marc, 112, 116, 122,
139, 181
Monde (Le), 355, 503, 642-643, 671,
736, 787
Monde des livres, 642
Monet, Simonne, 289
Mongeau, Serge (D^r), 506-507, 509, 512
Monière, Denis, 646, 661, 686, 760,
768-769
Monologues de l'aliénation délirante,
214, 296, 402, 409-410, 446, 490,
493, 546, 629, 654

Monsieur Pélastim, 235
Montagne sacrée (La), 428
Montague, John, 555, 687
Montesquieu, 702
Montpetit, Édouard, 108, 117
Montplaisir, Isabelle, 189, 193-200, 203,
206-207, 209, 214, 218, 646
Montréal-Matin, 230, 474
Moreau, Lise, 502
Morency, Pierre, 491, 493, 537, 575,
579, 597, 716
Morin, Edgar, 336
Morin, Jacques-Yvan, 550
Morin, Lorenzo, 428, 433, 527
Morisseau, Roland, 450
Morissette, Monique, 327
Morrison, Jim, 531, 540
Mort temporelle (La), 124-126
Mot juste (Le), 475, 553, 672, 688, 698,
704, 707
Mounier, Bernard, 628
Mounier, Emmanuel, 142, 176-177,
222, 277, 335-337, 411, 414, 530
Mounin, Georges, 567-568, 634
Mouskouri, Nana, 540
Mousseau, Jean-Paul, 204, 260, 316, 391
Mousso, Dyne, 316
Mouvement : de libération du taxi,
478 ; laïque de langue française,
550 ; national des Québécois, 708 ;
pour la défense des prisonniers
politiques québécois (MDPPQ),
469, 506-507, 509, 518 ; pour
l'intégration scolaire (MIS), 474 ;
Québec français, 547, 686, 706, 738 ;
souveraineté-association (MSA),
466
Mulroney, Brian, 686, 710
Murray Hill, 478
Muses de la Nouvelle-France, 629
Myre, Robert, 469, 473, 515
Mythe de Nelligan, 611

TABLE DES MATIÈRES

CRÉDITS ET REMERCIEMENTS

Les Éditions du Boréal reconnaissent l'aide financière du gouvernement du Canada par l'entremise du Fonds du livre du Canada (FLC) pour leurs activités d'édition et remercient le Conseil des Arts du Canada pour son soutien financier.

Les Éditions du Boréal sont inscrites au programme d'aide aux entreprises du livre et de l'édition spécialisée de la SODEC et bénéficient du programme de crédit d'impôt pour l'édition de livres du gouvernement du Québec.

Photographie de la couverture : Francine Prévost

Ce livre a été imprimé sur du papier certifié FSC.®

MISE EN PAGES ET TYPOGRAPHIE :
OLIVIER LASSER ET AMÉLIE BARRETTE

ACHEVÉ D'IMPRIMER EN AOÛT 2011
SUR LES PRESSES DE TRANSCONTINENTAL GAGNÉ
À LOUISEVILLE (QUÉBEC).